Beamtenrecht

dtv

Schnellübersicht

Allgemeines GleichbehandlungsG 5
AltersteilzeitzuschlagsVO 22
ArbeitszeitVO 10
BeamtenaltersteilzeitVO 14
BeamtenrechtsrahmenG 3
BeamtenstatusG 4
BeamtenversorgungsG 27
Beamtenversorgungs-ÜbergangsVO 28
BesoldungsüberleitungsG 19
BundesbeamtenG 2
BundesbeihilfeVO 23
BundesbesoldungsG 18
BundesdisziplinarG 17
BundesgleichstellungsG 6
Bundeselterngeld- und ElternzeitG 16
BundeslaufbahnVO 8
BundesleistungsbesoldungsVO 20
BundesmehrarbeitsvergütungsVO 21
BundesnebentätigkeitsVO 11
BundespersonalvertretungsG (Auszug) 29
BundesreisekostenG 24
BundesumzugskostenG 25
ErholungsurlaubsVO 12
Ernennung und Entlassung v. Beamten und Richtern, AnO 7
Grundgesetz (Auszug) 1
LaufbahnbefähigungsanerkennungsVO 9
Mutterschutz- und ElternzeitVO 15
SonderurlaubsVO 13
TrennungsgeldVO 26

Beamtenrecht

Textausgabe mit Sachregister
und einer Einführung von Prof. em. Dr. Dr. h. c. Ulrich Battis

36. Auflage
Stand: 1. Januar 2022

dtv

Redaktioneller Hinweis:
Paragraphenüberschriften in eckigen Klammern sind nichtamtlich.
Sie sind ebenso wie alle übrigen nichtamtlichen Bestandteile urheber- und wettbewerbsrechtlich geschützt.
Die Angaben zum Stand der Sammlung auf dem Titelblatt beziehen sich auf das Ausgabedatum der maßgeblichen Gesetz-, Verordnungs- und Amtsblätter.
Für Hinweise, Anregungen und Kritik ist der Verlag stets dankbar.
Richten Sie diese bitte an den Verlag C. H. Beck, Lektorat Amtliche Texte, Postfach 40 03 40, 80703 München. – E-Mail: amtliche.texte@beck.de

www.dtv.de
www.beck.de

Sonderausgabe
dtv Verlagsgesellschaft mbH & Co. KG,
Tumblingerstraße 21, 80337 München

Gesamtherstellung: Druckerei C. H. Beck, Nördlingen
(Adresse der Druckerei: Wilhelmstraße 9, 80801 München)
Umschlagtypographie auf der Grundlage
der Gestaltung von Celestino Piatti

CO_2 neutral
chbeck.de/nachhaltig

ISBN 978-3-423-53090-3 (dtv)
ISBN 978-3-406-77253-5 (C. H. Beck)

9 783406 772535

Inhaltsverzeichnis

Abkürzungsverzeichnis VII

Einführung von Professor em. Dr. Dr. h. c. Ulrich Battis IX

1. **Grundgesetz** für die Bundesrepublik Deutschland vom 23. 5. 1949 *(Auszug)* 1
2. **Bundesbeamtengesetz (BBG)** vom 5. 2. 2009 5
3. Rahmengesetz zur Vereinheitlichung des Beamtenrechts **(Beamtenrechtsrahmengesetz – BRRG)** idF der Bek. vom 31. 3. 1999 71
4. Gesetz zur Regelung des Statusrechts der Beamtinnen und Beamten in den Ländern **(Beamtenstatusgesetz – BeamtStG)** vom 17. 6. 2008 80
5. **Allgemeines Gleichbehandlungsgesetz (AGG)** vom 14. 8. 2006 101
6. Gesetz für die Gleichstellung von Frauen und Männern in der Bundesverwaltung und in den Unternehmen und Gerichten des Bundes **(Bundesgleichstellungsgesetz – BGleiG)** vom 24. 4. 2015 114
7. Anordnung des Bundespräsidenten über die **Ernennung und Entlassung** der Beamtinnen, Beamten, Richterinnen und Richter des Bundes vom 23. 6. 2004 137
8. Verordnung über die Laufbahnen der Bundesbeamtinnen und Bundesbeamten **(Bundeslaufbahnverordnung – BLV)** vom 12. 2. 2009 138
9. Verordnung über die Anerkennung europäischer Berufsqualifikationen als Laufbahnbefähigung **(Laufbahnbefähigungsanerkennungsverordnung – LBAV)** vom 23. 11. 2009 180
10. Verordnung über die Arbeitszeit der Beamtinnen und Beamten des Bundes **(Arbeitszeitverordnung – AZV)** vom 23. 2. 2006 187
11. Verordnung über die Nebentätigkeit der Bundesbeamten, Berufssoldaten und Soldaten auf Zeit **(Bundesnebentätigkeitsverordnung – BNV)** idF der Bek. vom 12. 11. 1987 196
12. Verordnung über den Erholungsurlaub der Beamtinnen, Beamten, Richterinnen und Richter des Bundes **(Erholungsurlaubsverordnung – EUrlV)** idF der Bek. vom 11. 11. 2004 202
13. Verordnung über den Sonderurlaub für Bundesbeamtinnen und Bundesbeamte sowie für Richterinnen und Richter des Bundes **(Sonderurlaubsverordnung – SUrlV)** vom 1. 6. 2016 209
14. Verordnung über die Altersteilzeit von Beamtinnen und Beamten des Bundes **(Beamtenaltersteilzeitverordnung – BATZV)** vom 6. 1. 2011 219

15. Verordnung über den Mutterschutz für Beamtinnen des Bundes und die Elternzeit für Beamtinnen und Beamte des Bundes **(Mutterschutz- und Elternzeitverordnung – MuSchEltZV)** vom 12. 2. 2009 221

16. Gesetz zum Elterngeld und zur Elternzeit **(Bundeselterngeld- und Elternzeitgesetz – BEEG)** idF der Bek. vom 27. 1. 2015 225

17. **Bundesdisziplinargesetz (BDG)** vom 9. 7. 2001 251

18. **Bundesbesoldungsgesetz** idF der Bek. vom 19. 6. 2009 285

19. **Besoldungsüberleitungsgesetz (BesÜG)** vom 5. 2. 2009 ... 375

20. Verordnung des Bundes über leistungsbezogene Besoldungsinstrumente **(Bundesleistungsbesoldungsverordnung – BLBV)** vom 23. 7. 2009 383

21. Verordnung über die Gewährung von Mehrarbeitsvergütung für Beamtinnen und Beamte des Bundes **(Bundesmehrarbeitsvergütungsverordnung – BMVergV)** idF der Bek. vom 4. 11. 2009 387

22. Verordnung über die Gewährung eines Zuschlags bei Altersteilzeit **(Altersteilzeitzuschlagsverordnung – ATZV)** idF der Bek. vom 23. 8. 2001 390

23. Verordnung über Beihilfe in Krankheits-, Pflege- und Geburtsfällen **(Bundesbeihilfeverordnung – BBhV)** vom 13. 2. 2009 392

24. **Bundesreisekostengesetz (BRKG)** vom 26. 5. 2005 502

25. Gesetz über die Umzugskostenvergütung für die Bundesbeamten, Richter im Bundesdienst und Soldaten **(Bundesumzugskostengesetz – BUKG)** idF der Bek. vom 11. 12. 1990 509

26. Verordnung über das Trennungsgeld bei Versetzungen und Abordnungen im Inland **(Trennungsgeldverordnung – TGV)** idF der Bek. vom 29. 6. 1999 520

27. Gesetz über die Versorgung der Beamten und Richter des Bundes **(Beamtenversorgungsgesetz – BeamtVG)** idF der Bek. vom 24. 2. 2010 527

28. Verordnung über beamtenversorgungsrechtliche Übergangsregelungen nach Herstellung der Einheit Deutschlands **(Beamtenversorgungs-Übergangsverordnung – BeamtVÜV)** idF der Bek. vom 19. 3. 1993 603

29. **Bundespersonalvertretungsgesetz (BPersVG)** vom 9. 6. 2021 *(Auszug)* 607

Sachverzeichnis 619

Abkürzungsverzeichnis

Abs.	Absatz/Absätze
AGG	Allgemeines Gleichbehandlungsgesetz
ALR	Allgemeines Landrecht
Anl.	Anlage(n)
Anm.	Anmerkung(en)
AnO	Anordnung
Art.	Artikel
ATZV	Altersteilzeitzuschlagsverordnung
AVwV	Allgemeine Verwaltungsvorschrift
AZV	Arbeitszeitverordnung
BAG	Bundesarbeitsgericht
BAT	Bundes-Angestelltentarifvertrag
BATZV	Beamtenaltersteilzeitverordnung
BBesG	Bundesbesoldungsgesetz
BBG	Bundesbeamtengesetz
BBhV	Bundesbeihilfeverordnung
BBVAnpG	Bundesbesoldungs- und -versorgungsanpassungsgesetz
BeamtStG	Beamtenstatusgesetz
BeamtVG	Beamtenversorgungsgesetz
BeamtVÜV	Beamtenversorgungs-Übergangsverordnung
BEEG	Bundeselterngeld- und Elternzeitgesetz
Bek.	Bekanntmachung
BesGr.	Besoldungsgruppe
BesÜG	Besoldungsüberleitungsgesetz
BGBl. I	Bundesgesetzblatt (Teil I)
BGleiG	Bundesgleichstellungsgesetz
BLBV	Bundesleistungsbesoldungsverordnung
BLV	Bundeslaufbahnverordnung
BMF	Bundesministerium der Finanzen
BMI	Bundesministerium des Innern
BMVergV	Bundesmehrarbeitsvergütungsverordnung
BNV	Bundesnebentätigkeitsverordnung
BPersVG	Bundespersonalvertretungsgesetz
BRKG	Bundesreisekostengesetz
BRRG	Beamtenrechtsrahmengesetz
BUKG	Bundesumzugskostengesetz
BVerfG	Bundesverfassungsgericht
BVerwG	Bundesverwaltungsgericht
EGStGB	Einführungsgesetz zum Strafgesetzbuch
Einf.	Einführung
EuGH	Gerichtshof der Europäischen Union
EUrlV	Erholungsurlaubsverordnung

Abkürzungsverzeichnis

Fn.	Fußnote(n)
FNA	Fundstellennachweis A (Bundesrecht ohne völkerrechtliche Vereinbarungen)
G	Gesetz(e)
gem.	gemäß
GG	Grundgesetz
GMBl	Gemeinsames Ministerialblatt
GVBl.	Gesetz- und Verordnungsblatt
idF	in der Fassung
iSd	im Sinne des/der
iVm	in Verbindung mit
LBAV	Laufbahnbefähigungsanerkennungsverordnung
MuSchEltZV	Mutterschutz- und Elternzeitverordnung
mWv	mit Wirkung vom
Nr.	Nummer(n)
RL(n)	Richtlinie(n)
Rn.	Randnummer(n)
S.	Seite(n)
s. a.	siehe auch
SUrlV	Sonderurlaubsverordnung
TGV	Trennungsgeldverordnung
TV	Tarifvertrag
V/VO	Verordnung
v.	vom
Vorschr.	Vorschrift(en)
VwGO	Verwaltungsgerichtsordnung
VwV	Verwaltungsvorschrift
WRV	Weimarer Reichsverfassung

Einführung

von Professor em. Dr. Dr. h. c. Ulrich Battis

I. Geschichtlicher Abriss

Mit dem modernen Staat hat sich schrittweise auch das Berufsbeamtentum entwickelt. Noch zu Beginn des 17. Jahrhunderts wurden die Bediensteten vom Landesherrn überwiegend auf lehns- und privatrechtlicher Grundlage eingesetzt, ohne dass zwischen persönlichem und staatlichem Herrschaftsbereich klar geschieden wurde. Anders als der über Territorium und Herrschaftsrecht verfügende Adel waren diese Bediensteten dem Landesherrn zur persönlichen Hingabe an den Dienst verpflichtet. Dafür erhielten sie Schutz und Fürsorge. Im Zuge der Ausweitung der Staatstätigkeit im Absolutismus – Einrichtung eines stehenden Heeres und eines festbesoldeten Behördenapparates – wurde die Position der zunehmend auch aus dem Bürgertum rekrutierten Beamten schrittweise verrechtlicht. Kennzeichnend blieb, dass das Rechtsverhältnis einseitig vom Landesherrn gestaltet wurde. So bestimmt das preußische allgemeine Landrecht von 1794 für die Diener des Staates: „Sie sind, außer den allgemeinen Untertanenpflichten, dem Oberhaupte des Staates besondere Treue und Gehorsam schuldig" (ALR II 10 § 2). Die Rechte und Pflichten der Beamten in Bezug auf das ihnen anvertraute Amt werden „durch die darüber ergangenen besonderen Gesetze und durch ihre Amtsinstruktionen bestimmt" (ALR II 10 § 80). Weiter heißt es, dass „niemandem ein Amt übertragen werden soll, der sich dazu nicht hinlänglich qualifiziert und Proben seiner Geschicklichkeit abgelegt hat" (§ 70). Das Dienstverhältnis währte der Regel nach lebenslänglich. Willkürliche Entlassung war ausgeschlossen. Das erste selbständige Beamtengesetzbuch war die bayerische Hauptlandespragmatik für die Dienstverhältnisse der Staatsdiener vom 1. 6. 1805. Im 19. Jahrhundert entfaltete sich unter der monarchisch konstitutionellen Ära das Beamtenrecht vollends. Die Rechtsstellung der Beamten wurde durch Gesetze detailliert geregelt, insbesondere hinsichtlich der Pflichten und Rechte wie z.B. der im Beamteneid verankerten allgemeinen Treuepflicht und der Pflicht zur politischen Zurückhaltung und Neutralität. Neben den sich zu einem besonderen Gewaltverhältnis verdichtenden Pflichten standen besondere Rechte, die zugleich der Funktionsfähigkeit des öffentlichen Dienstes dienen, wie der Sicherung der Unabhängigkeit der Amtsführung durch Ausbildung einer eigenen Disziplinargerichtsbarkeit. Bildungspolitisch von großer Bedeutung war die Ausbildung eines differenzierten Laufbahnsystems, dessen einzelne Laufbahnen bestimmte das Ausbildungssystem prägende Qualifikationen voraussetzte. Die politische Treuepflicht diente dazu, Vertreter von Gruppen, die der Staatsführung missliebig waren – neben Juden z.B. Sozialdemokraten, in Preußen auch Polen, Dänen, Welfen und vielfach auch Katholiken – vom Staatsapparat, zumindest von höheren Ämtern, auszuschließen.

Die Revolution von 1918 beseitigte das Beamtentum nicht. Die Weimarer Reichsverfassung verpflichtete den Beamten als Diener der Gesamtheit, nicht einer Partei (Art. 130 I WRV). Zugleich wurde garantiert: Die Anstellung auf Lebenszeit als Regel (Art. 129 I 1 WRV), gesetzliche Regelung von Ruhegehalt und Hinterbliebenenversorgung (Art. 129 I 2 WRV), Unverletzlichkeit der wohlerworbenen Rechte (Art. 129 I 3 WRV), Rechtsweg für die vermögensrechtlichen Ansprüche der Beamten (Art. 129 I 4 WRV), Amtsenthebung, Ruhestandsversetzung oder Versetzung in ein anderes Amt mit geringerem Gehalt nur unter den gesetzlich bestimmten Voraussetzungen und in den vorgeschriebenen Formen (Art. 129 II WRV), Beschwerdeweg gegen jedes dienstliche Straferkenntnis und Möglichkeit eines Wiederaufnahmeverfahrens (Art. 129 III 1 WRV), Eintragung von ungünstigen Tatsachen in die Personalakten erst nach vorheriger Gelegenheit zur Äußerung, Einsichtsrecht in die Personalakten (Art. 129 III 2, 3 WRV), Gewährleistung der Freiheit der politischen Gesinnung und der Vereinigungsfreiheit (Art. 130 II WRV), besondere Beamtenvertretungen nach näherer reichsgesetzlicher Bestimmung, die jedoch nur im Erlasswege als Gegenstück zu den Betriebsräten nach Art. 165 erging (Art. 130 II WRV), grundsätzliche Haftung des Staates bei Amtspflichtverletzung eines Beamten (Art. 131 WRV). Den auf die Verfassung vereidigten Beamten wurde das Streikrecht nicht garantiert, Ansätze zu seiner Durchsetzung (Eisenbahnerstreik 1922) scheiterten.

Unter dem Nationalsozialismus diente das „Gesetz zur Wiederherstellung des Berufsbeamtentums" v. 7. 4. 1933 dazu, alle politisch und rassisch missliebigen Personen zu entfernen. Das deutsche Beamtengesetz von 1937 kodifizierte zwar reichseinheitlich die Rechtsstellung der Beamten, richtete aber die Beamten auf die nationalsozialistische Ideologie aus, insbesondere durch den auf den Führer zu leistenden Treueeid sowie durch systemkonforme Auslegung der Zugangsvoraussetzungen und der Treuepflicht. Mit dem Zusammenbruch der Naziherrschaft sind alle Beamtenverhältnisse erloschen.

In der frühen Nachkriegszeit war die Wiedereinführung des Beamtentums umstritten. Nach dem Willen der Alliierten und gem. der Verfassung von Hessen, Groß-Berlin und Bremen sollte ein einheitliches Dienstrecht aller Beschäftigten des öffentlichen Dienstes auf arbeitsrechtlicher Grundlage eingerichtet werden. Die Verfassungen aller süddeutschen Länder garantierten hingegen das Berufsbeamtentum. Der Konflikt wurde durch Art. 33 IV, V GG im Sinne der Zweispurigkeit des öffentlichen Dienstes – nebeneinander von Beamten und Tarifbeschäftigten – entschieden.

In der DDR gab es keine Berufsbeamten. Für die Mitarbeiter in den staatlichen Organen galten aber zusätzliche Vorschriften zu dem für alle Werktätigen geltenden Arbeitsgesetzbuch.

Weiterführend: Hattenhauer, Geschichte des deutschen Beamtentums, 2. A., 1993.

II. Verfassungsrechtliche Grundlagen

Das in Art. 33 II GG statuierte Leistungsprinzip eröffnet den gleichen Zugang zu öffentlichen Ämtern, und zwar ausschließlich nach Eignung, Befähigung und fachlicher Leistung. Dem und Art. 3 III GG entsprechend verbietet es Art. 33 III GG, die Zulassung zu öffentlichen Ämtern von religiösem Bekenntnis und Weltanschauung abhängig zu machen. Art. 3 II 2 GG gebietet, die tatsächliche Gleichstellung von Männern und Frauen zu fördern. Art. 33 IV und V GG enthalten eine institutionelle Garantie des Berufsbeamtentums. Gemäß Art. 33 IV GG ist die Ausübung hoheitsrechtlicher Befugnisse als ständige Aufgabe in der Regel den Beamten zu übertragen. Dieser sogenannte Funktionsvorbehalt für Beamte sichert die Zweispurigkeit des öffentlichen Dienstes,

also die Unterscheidung von Bediensteten, die in einem öffentlich-rechtlichen Dienst- und Treueverhältnis (Beamte) und solche, die in einem privatrechtlichen Dienstverhältnis stehen (Beschäftigte, zuvor Angestellte und Arbeiter). Art. 33 V GG verpflichtet den Gesetzgeber dazu, das Recht des öffentlichen Dienstes unter Berücksichtigung der hergebrachten Grundsätze des Berufsbeamtentums zu regeln und fortzuentwickeln.
Die Föderalismusreform I hat durch das Gesetz v. 28. 8. 2006 die verfassungsrechtlichen Grundlagen des Berufsbeamtentums verändert, und zwar durch die Einfügung einer Fortentwicklungsklausel in Art. 33 V GG, der Nr. 27 in Art. 74 I GG (Statusrechte und -pflichten der Beamten) und durch die Abschaffung von Art. 74 a GG (einheitliche Besoldung und Versorgung aller Beamten bei Bund, Ländern und Gemeinden) sowie der Rahmengesetzgebung (Art. 75 I Nr. 1 GG). Das gem. Art. 75 I Nr. 1 GG a. F. erlassene BeamtenrechtsrahmenG (Nr. **3**) galt zunächst gem. Art. 125 a I GG als Bundesrecht fort. Seit dem 1. 4. 2009 ist es bis auf Kapitel II und § 135 durch das Beamtenstatusgesetz des Bundes vom 17. 6. 2008 (BGBl. I S. 1010) abgelöst worden. Das BeamtStG (Nr. **4**) hat der Bund gem. Art. 74 I Nr. 27 GG zur Regelung der Staturrechte und Statuspflichten – mit Ausnahme der Laufbahnen, Besoldung und Versorgung – der Beamten der Länder, Gemeinden und anderer Körperschaften des öffentlichen Rechts sowie der Richter in den Ländern erlassen.

Gem. Art. 73 I Nr. 8 GG hat der Bund die ausschließliche Gesetzgebungskompetenz für die Rechtsverhältnisse der im Dienst des Bundes und der bundesunmittelbaren Körperschaften des öffentlichen Rechts stehenden Beamten. Die einheitliche Regelung der Besoldung und Versorgung der Beamten durch Bundesgesetz (Art. 74 a GG a. F.) ist abgeschafft. Die Länder haben die Gesetzgebungskompetenz für ihre Beamten hinsichtlich Laufbahn, Besoldung und Versorgung (s. a. Art. 74 I Nr. 27 GG). Das entspricht im Wesentlichen dem Rechtszustand, der vor der Verfassungsänderung von 1971 bestand.

Weitere, für den öffentlichen Dienst bedeutsame Bestimmungen des Grundgesetzes sind Art. 9 GG (Vereinigungsfreiheit), Art. 34 GG (Staatshaftung), Art. 137 GG (Wählbarkeit von Angehörigen des öffentlichen Dienstes) und Art. 36 GG (Auswahl der bei den obersten Bundesbehörden beschäftigten Beamten nach föderalem Proporz). Der inzwischen praktisch bedeutungslose Art. 131 GG betrifft frühere Angehörige des öffentlichen Dienstes, die am 8. 5. 1945 – dem Tag der deutschen Kapitulation – im öffentlichen Dienst standen.

Öffentlicher Dienst ist die Tätigkeit im Dienst einer juristischen Person des öffentlichen Rechts. Unter diesen formellen Begriff des öffentlichen Dienstes fallen außer den Beamten auch die Richter, Berufssoldaten, die freiwilligen Soldaten auf Zeit und die Beschäftigten (zuvor Angestellten und Arbeiter), die im Dienst einer juristischen Person des öffentlichen Rechts stehen. Bundesweit befinden sich die Beamten insbesondere wegen der Personalstruktur der mittelbaren Bundesverwaltung gegenüber den nach dem TVöD und TV-L Beschäftigten im öffentlichen Dienst in der Minderheit (5 Mio. Personen, davon 1,7 Mio. Beamte und Richter - Statistisches Bundesamt, Stand November 2021). Im öffentlichen Dienst der Länder bilden die Beamten wegen der großen Zahl der Polizeibeamten und der Lehrer die Mehrheit. Innerhalb der Kommunalverwaltungen sind die Beamten besonders schwach vertreten. Der Funktionsvorbehalt des Art. 33 IV GG wird in der Praxis nur mangelhaft beachtet. Nicht nur in den Gemeinden, sondern auch im höheren Dienst der allgemeinen Verwaltung, vor allem aber in den Spezialverwaltungen sind vielfach Tarifbeschäftigte an die Stelle der Beamten getreten. Andererseits werden Beamte nicht nur dort verwendet, wo sie verwendet werden müssten. Art. 33 IV GG, § 4 BBG werden nicht zuletzt deshalb so ungenügend beachtet, weil der Begriff der hoheitsrechtlichen Verwaltung angesichts der Ausweitung der Leistungsverwaltung umstritten geblieben ist. Die öffentlich-rechtliche Natur des Dienst- und Treueverhältnisses (Art. 33 IV GG, § 4 BBG) unterscheidet das Beamtenverhältnis von den privatrechtlichen Arbeitsverhältnissen der Tarifbeschäftigten im öffentlichen Dienst. Wichtigste Folge des öffentlich-rechtlichen Dienst- und Treueverhältnisses ist die beiderseitige Treuepflicht, die Dienstherr und Beamte einander schulden.

Die Treuepflicht des Dienstherrn ist Richtschnur für den Gesetzgeber und gem. § 78 BBG in Gestalt von Fürsorge- und Schutzpflicht als grundlegendes Auffangrecht des Beamten fixiert. Trotz der weitgehenden Normierung des Beamtenverhältnisses hat die Fürsorgepflicht als Generalklausel eine selbständige Funktion zur Feinabstimmung der beiderseitigen Rechte und Pflichten im Einzelfall. Wichtige Ausprägungen der allgemeinen Treuepflicht sind die politische Treuepflicht des Beamten (§ 60 I BBG) und das Streikverbot. Letzteres hat BVerfGE 148, 296 in Auseinandersetzung mit der Rechtsprechung des EGMR zu Art. 11 EMRK bekräftigt. Den Streikeinsatz von Beamten auf Dienstposten von Arbeitnehmern hat das BVerfG mangels ausdrücklicher gesetzlicher Ermächtigung für unzulässig erklärt. Die Konzeption des Beamtenverhältnisses als öffentlich-rechtliches Dienst- und Treueverhältnis wird als hergebrachter Grundsatz des Berufsbeamtentums von Art. 33 V GG geschützt. Art. 33 V GG ist nicht nur ein Programmsatz, sondern unmittelbar geltendes Recht. Hergebrachter Grundsatz i. S. d. Art. 33 V GG ist nicht jede überkommene beamtenrechtliche Detailregelung. Vielmehr „kann es sich nur um jenen Kernbestand von Strukturprinzipien handeln, die allgemein oder doch ganz überwiegend und während eines längeren traditionsbildenden Zeitraums mindestens unter der Reichsverfassung von Weimar als verbindlich anerkannt und gewahrt worden sind". Das Bundesverfassungsgericht (E 139, 64; Beschl. v. 4.5.2020, 2 BvL 4/18) hat das Alimentationsprinzip und das Abstandsgebot als hergebrachte Grundsätze des Berufsbeamtentums zu gerichtlich durchsetzbaren Kontrollmaßstäben für die amtsangemessene Besoldung und Versorgung geschärft.

Zu den durch Traditionalität und Substanziabilität gekennzeichneten hergebrachten Grundsätzen des Berufsbeamtentums zählen z. B. auch das in Art. 33 II geregelte Leistungsprinzip, das Laufbahnprinzip, das Alimentationsprinzip, das Lebenszeitprinzip und die Fürsorgepflicht des Dienstherrn. In seiner neueren Rechtsprechung hat das BVerfG die Möglichkeit eröffnet, die hergebrachten Grundsätze fortzuentwickeln, indem es diese den veränderten Umständen anpasst. Die dabei gewonnene Konkretisierung der hergebrachten Grundsätze brauchte selbst nicht als hergebracht erwiesen zu sein. So hat das BVerfG den Alimentationsgrundsatz unter Rückgriff auf das Sozialstaatsprinzip und Art. 6 I GG zugunsten der Beamten fortentwickelt. Die durch die Föderalismusreform eingefügte Klausel zur Fortentwicklung des Dienstrechts räumt den Gesetzgebern in Bund und Ländern nicht mehr Befugnisse ein, als nach der bisherigen Rechtsprechung des BVerfG zur Fortentwicklung der hergebrachten Grundsätze schon bestanden. Die Klausel erlaubt nicht die Abschaffung oder Aushöhlung des Berufsbeamtentums. Art. 33 V GG spricht anders als Art. 129 I 3 WRV nicht von „wohlerworbenen Rechten" der Beamten, zielt also primär auf die Erhaltung der Institution im Interesse der Allgemeinheit. Gleichwohl ist aus Art. 33 V GG ein subjektives, durch Verfassungsbeschwerde verfolgbares,

grundrechtsähnliches Individualrecht abzuleiten. Denn der gerichtliche Rechtsschutz gehört gerade zu den hergebrachten Grundsätzen. Dementsprechend spricht Art. 93 I Nr. 4a GG uneingeschränkt von den in Art. 33 GG enthaltenen Rechten.
Die institutionelle Komponente der hergebrachten Grundsätze kann im Einzelfall Grundrechtsbeschränkungen des Beamten rechtfertigen. Gemäß dem Grundsatz der praktischen Konkordanz dürfen weder Grundrechte dem Beamtenverhältnis zum Opfer gebracht werden, noch dürfen die grundrechtlichen Gewährleistungen die Funktion des Beamtenverhältnisses unmöglich machen. Das Ausmaß der Grundrechtsschranke ist im Einzelfall im Hinblick auf Aufgabenbereich und Dienststellung des Beamten unter Beachtung des Grundsatzes der Verhältnismäßigkeit zu bestimmen. Praktisch bedeutungsvoll ist die Berufung auf Grundrechte für das außerdienstliche Verhalten, z. B. Meinungsfreiheit, weniger hingegen für das innerdienstliche Verhalten. So steht die Gewissensfreiheit der Ausrüstung weiblicher Kriminalbeamter mit Dienstwaffen nicht entgegen. Eine ein muslimisches Kopftuch im Unterricht tragende Lehrerin kann sich hingegen auf die Glaubensfreiheit berufen, wodurch aber ein auf ein spezielles Gesetz gestütztes Verbot nicht ausgeschlossen wird. Soweit ein Beamter von einer Maßnahme nur als Amtswalter, also als Organ der öffentlichen Verwaltung betroffen ist, kann er sich nicht auf Grundrechte berufen. Diese gelten nur für Bürger, nicht für Staatsorgane. Da die Grundrechte auch im Beamtenverhältnis gelten, kann die Lehre vom besonderen Gewaltverhältnis weder Einschränkungen von Grundrechten ohne gesetzliche Grundlage ersetzen noch den gerichtlichen Rechtsschutz ausschließen. Gleichwohl hat der sich in einem öffentlichen Dienst- und Treueverhältnis befindliche Beamte einen durch eine öffentlich-rechtliche Sonderbindung gekennzeichneten Status.

Das öffentlich-rechtliche Beamtenverhältnis und das privatrechtliche Dienstverhältnis der Beschäftigten im öffentlichen Dienst lassen sich formal glatt unterscheiden. So wird z. B. das Beamtenverhältnis einseitig durch Verwaltungsakt, das Beschäftigtenverhältnis durch gegenseitigen Vertrag begründet. Die amtsangemessene Besoldung und Versorgung der i. d. R. auf Lebenszeit bestellten Beamten muss durch Gesetz geregelt werden. Das Arbeitsentgelt der streikberechtigten und grundsätzlich kündbaren, nach Tätigkeitsmerkmalen bestimmten Beschäftigten regeln die Tarifverträge für den öffentlichen Dienst (TVöD, TV-L). Nur für Beamte gilt ein besonderes materielles und formelles Disziplinarrecht. Für beamtenrechtliche Streitigkeiten ist der Verwaltungsrechtsweg eröffnet. Streitigkeiten der Tarifbeschäftigten entscheiden die Arbeitsgerichte. Durch wechselseitige Beeinflussung haben sich jedoch Beamtenrecht und Arbeitsrecht des öffentlichen Dienstes materiell weitgehend angeglichen. Einwirkungen des Arbeitsrechts auf das Beamtenrecht sind z. B. die gesetzliche Höchstgrenze der regelmäßigen Arbeitszeit (§ 87 BBG), die Mehrarbeitsregelung (§ 88 BBG), die Vorschriften über Teilzeitbeschäftigung und Dauerurlaub (§§ 91–93 BBG), die zahlreichen Zulagen (§ 47 BBesG), die jährliche Sonderzuwendung (Weihnachtsgeld). Die Sonderstellung der öffentlichen Dienstnehmer gegenüber den privatwirtschaftlichen Arbeitnehmern haben TVöD und TV-L anders als der frühere BAT und auch der frühere MTB II abgeschwächt.

Ein allen Angehörigen des öffentlichen Dienstes gemeinsames Verfahrensrecht ist das arbeitsrechtlich beeinflusste BundespersonalvertretungsG (hier auszugsweise, Nr. **29**).

Einführung

Es lag in der Logik des Beitritts der DDR nach Art. 23 GG a. F. und des in Art. 2 des Vertrages über die Schaffung einer Währungs-, Wirtschafts- und Sozialunion enthaltenen Bekenntnisses zur freiheitlichen, demokratischen, föderativen, rechtsstaatlichen und sozialen Grundordnung auch die Grundentscheidung des Grundgesetzes für das zweispurige öffentliche Dienstrecht i. S. v. Art. 33 IV GG – also Beamte einerseits und Tarifbeschäftigte andererseits – zu übernehmen.

Eine gegen Ende der 1960er Jahre gestartete Dienstrechtsreform hat ihr Ziel, ein einheitliches Dienstrecht, nicht erreicht. Art. 33 IV GG (Funktionsvorbehalt) und Art. 33 V GG (Garantie der hergebrachten Grundsätze des Berufsbeamtentums), setzen einer solchen Reform hohe parlamentarische Hürden (Art. 79 II GG). Die 1993/94 durch Änderung des Grundgesetzes (Art. 80 II, 87 I, 87 e, f, 143 a, 143 b) erfolgte Privatisierung von Bahn und Post hat zu einer weitergehenden schrittweisen „Entbeamtung" dieser früheren Betriebsverwaltungen geführt.

Weiterführend: Stern, Staatsrecht der Bundesrepublik Deutschland I, 2. A., 1984, § 11.

III. Reformgesetzgebung

Mit dem DienstrechtsreformG v. 24. 2. 1997 (BGBl. I S. 232) hat der Bundesgesetzgeber die Modernisierung des öffentlichen Dienstes eingeleitet. Das Gesetz hat das Leistungsprinzip gestärkt, insbesondere durch die als sekundäres System der Personalführung konzipierten Leistungsprämien und Leistungszulagen (§ 42 a BBesG), die obligatorische Vergabe von Führungspositionen auf Probe in einem besonderen Probebeamtenverhältnis (§ 24 BBG, § 4 III b BeamtStG) oder in einem Beamtenverhältnis auf Zeit (§ 4 II b BeamtStG), zugleich hat es die Mobilität gefördert durch die Ausweitung der Abordnung (§ 27 BBG), der Versetzungsmöglichkeiten (§ 28 BBG) und der Zuweisung (§ 29 BBG, § 20 BeamtStG) sowie des Ausschlusses der aufschiebenden Wirkung von Widerspruch und Anfechtungsklage gegen Versetzung und Abordnung (§ 126 IV BBG, § 51 IV BeamtStG).

Das Versorgungsreformgesetz vom 29. 6. 1998 (BGBl. I S. 1166) diente primär der Entlastung der Haushalte von Bund, Ländern und Gemeinden. In einem zweiten Schritt sind weitere Vorschläge des 1. Versorgungsberichts zur Senkung der Versorgungslast umgesetzt worden. Erstmals wurde für den Bund die Bildung einer Versorgungsrücklage vorgeschriebenen und die Teildienstfähigkeit eingeführt. Bis zum fünfundsechzigsten Lebensjahr werden alle Erwerbs- und Erwerbsersatzeinkünfte – gleichgültig ob aus privaten oder öffentlichen Kassen – auf die Versorgung angerechnet, danach nur noch Einkommen aus dem öffentlichen Dienst.

Das Gesetz zur Neuordnung der Versorgungsabschläge v. 19. 12. 2000 (BGBl. I S. 1786) und das VersorgungsänderungsG 2001 v. 20. 12. 2001 (BGBl. I S. 3926) haben die einschneidende Sparpolitik fortgesetzt. Die Eckpunkte der Rentenreform sollen auf systemgerechte Art wirkungsgleich auf die Beamtenversorgung übertragen werden. Dazu dient die Absenkung des Ruhegehaltssatzes und des Versorgungshöchstsatzes bei gleichzeitiger steuerlicher Förderung der privaten Altersvorsorge. Die Neuregelung gilt für sämtliche Versorgungsempfänger, also Bestand und Zugang. Eine Verminderung der Versorgungsbezüge tritt nicht ein, aber der Anstieg bei den regelmäßigen Versorgungsanpassungen fällt geringer aus.

Das ProfessorenbesoldungsreformG v. 16. 2. 2002 (BGBl. I S. 686) hat mit der neuen Besoldungsordnung W leistungsbezogene Besoldungsbestandteile ausgeweitet. Aufgrund einer Entscheidung des BVerfG hat das Professorenbesoldungsneuregelungsg vom 11. 6. 2013 die W2-Besoldung angehoben und strukturelle Veränderungen durch die Einführung von Erfahrungsstufen gebracht.

In Vollzug der Föderalismusreform I ist im Jahre 2008 das Beamtenrecht von Bund und Ländern erheblich umgestaltet worden. Für Landes- und Kommunalbeamte sowie Landesrichter regelt das **BeamtenstatusG** (Nr. **4**) die Staturrechte dieser Personen mit Ausnahme der Laufbahn, Besoldung und Versorgung. Letzteres regeln die Länder selbst. Alle Länder haben inzwischen ihre Landesbeamtengesetze, vor allem hinsichtlich des Laufbahnrechts, modernisiert, allerdings ziemlich unterschiedlich.

Im Vergleich zum BRRG schöpft das BeamtStG den durch Art. 74 Nr. 27 GG gegebenen Rahmen nicht aus. Es fördert in den Ländern die Flexibilität zu Gunsten der Dienstherren und stärkt das Leistungsprinzip. Die Rechte und Pflichten der Beamten werden in sprachlich leicht modernisierter Form neu geordnet.

Das am 12. 2. 2009 in Kraft getretene DienstrechtsneuordnungsG (**DNeuG**) fasst mit gleicher Zielsetzung wie das BeamtStG zur Förderung des Leistungsprinzips und des flexibleren Personaleinsatzes das BBG (Nr. **2**) neu und novelliert das BBesG (Nr. **18**) insbesondere durch eine vereinfachende Fortentwicklung der Leistungsentgelte sowie das BeamtVG (Nr. **27**) durch wirkungsgleiche Übertragung der Kürzungen der Leistungen der privaten Rentenversicherung und führt als Art. 3 das BesoldungsüberleitungsG (Nr. **19**) ein. Weitere Änderungen betreffen das Soldatengesetz, das Soldatenversorgungsgesetz, das Bundespolizeibeamtengesetz, das Gesetz für den Auswärtigen Dienst und das Deutsche Richtergesetz.

Das BBG soll das Leistungsprinzip durch erhöhte Anforderungen an die Probezeit und die Erweiterung des Kreises der Führungsämter stärken und der Sicherung der Wettbewerbsfähigkeit des öffentlichen Dienstes dienen, z. B. durch Flexibilisierung der Laufbahnen und der Öffnung des Laufbahnenrechts für neue Qualifikationen, die Förderung der Mobilität zwischen öffentlichem Dienst und Privatwirtschaft und internationalen Organisationen. Zugleich wird das Pensionseintrittsalter stufenweise wie in der gesetzlichen Rentenversicherung auf 67 Jahre angehoben. Art. 4 des DNeuG zeichnet die Änderung des Rentenrechts für die Beamtenversorgung nach. Das in der Bundeslaufbahnverordnung vom 12. 2. 2009 (Nr. **8**) neu geregelte Laufbahnenrecht soll ein zukunftorientiertes Personalmanagement fördern. Die Wettbewerbsfähigkeit des öffentlichen Dienstes bei der Personalgewinnung stärken das Gesetz zur Unterstützung der Fachkräftegewinnung v. 15. 3. 2012 und das BesoldungsstrukturenmodernisierungsG v. 9.12.2019 (BGBl. I S. 2053 nebst ÄnderungsVO v. 8.1.2020 (BGBl. I S. 27). Das Gesetz zur Übertragung ehebezogener Regelungen im öffentlichen Dienstrecht auf Lebenspartnerschaften setzt Entscheidungen des BVerfG um. Das durch Gesetz vom 28. 8. 2013 eingeführte Altersgeld soll den Wechsel aus dem öffentlichen Dienst in die Wirtschaft erleichtern. Die Gesetze v. 20.05.2020 (BGBl. I S. 1061) und v. 25.5.2020 (BGBl. I S. 1063) ergänzen - ausgelöst durch die COVID-19-Pandemie - das BEEG (Nr. **16**), die MuSchEltZV (Nr. **15**), das BeamtVG (Nr. **27**) und das BPersVG (Nr. **29**).

IV. Beamtenrechtliche Gesetze, Rechtsverordnungen und Verwaltungsvorschriften

1. Kernstück des Rechts der Bundesbeamten ist das **Bundesbeamtengesetz** (BBG, Nr. **2**).

Das **Beamtenstatusgesetz** (BeamtStG, Nr. **4**) gilt anders als das bis auf Kapitel II und § 135 außer Kraft getretene Beamtenrechtsrahmengesetz (BRRG, Nr. **3**) unmittelbar für alle Beamten der Länder, Gemeinden und sonstigen Körperschaften des öffentlichen Rechts sowie mittelbar für Richter der Länder.

Regelfall des Beamtenverhältnisses ist das des Berufsbeamten auf Lebenszeit (§ 6 I BBG). Allein dieses ist durch Art. 33 V GG garantiert. Mit dem Eintritt in den Ruhestand endet nur das aktive Beamtenverhältnis. Das Grundverhältnis bleibt bestehen.

Beamter auf Probe ist, wer zur späteren Verwendung als Beamter auf Lebenszeit eine Probezeit, z. B. als Assessor, zurückzulegen hat (§ 6 III Nr. 1 BBG) oder wem ein Amt mit leitender Funktion (§ 24 BBG) übertragen werden soll (§ 6 III Nr. 2 BBG, § 4 III b BeamtStG).

Beamter auf Widerruf ist, wer z. B. als Referendar den vorgeschriebenen oder üblichen Vorbereitungsdienst abzuleisten hat oder wer nur vorübergehend Beamtenaufgaben wahrnimmt (§ 6 IV Nr. 1, 2 BBG).

Beamter auf Zeit ist, wer nur für eine bestimmte Dauer in das Beamtenverhältnis berufen wird (§ 6 II BBG). Im Landesrecht bilden die von den kommunalen Vertretungskörperschaften gewählten kommunalen Wahlbeamten, z. B. Bürgermeister, Beigeordnete die wichtigste Gruppe innerhalb dieser atypischen Beamtenart. § 4 II b BeamtStG ermöglicht die Vergabe von Führungspositionen im Beamtenverhältnis auf Zeit.

Keine besondere Art des Beamtenverhältnisses sind die die Arbeitszeit modifizierenden verschiedenen Arten der Teilzeitbeschäftigung und der Dauerurlaub ohne Dienstbezüge (§§ 91–95 BBG).

Innerhalb der Berufsbeamten sind nach der für die Wahrnehmung des Amtes erforderlichen Vorbildung und Ausbildung zu unterscheiden die Laufbahnbewerber und die anderen Bewerber, die zwar nicht die für die betreffende Laufbahn erforderliche Vorbildung besitzen, aber die Befähigung durch Lebens- und Berufserfahrung erworben haben (§ 19 BBG).

Eine atypische Sondergruppe unter den Berufsbeamten auf Lebenszeit bilden die sogenannten politischen Beamten, die bei der Ausübung ihres Amtes in fortdauernder Übereinstimmung mit den grundsätzlichen politischen Ansichten und Zielen der Regierung stehen müssen (§ 54 BBG). Sie können daher jederzeit, allerdings nicht willkürlich in den einstweiligen Ruhestand versetzt werden.

Den Gegentypus zum Berufsbeamten bildet der Ehrenbeamte (§§ 6 V, 133 BBG, § 5 BeamtStG). Er nimmt neben seinem eigentlichen Beruf ein hoheitliches Amt ohne Besoldung und Versorgung wahr, wie z. B. in Nordrhein-Westfalen die vom Kreistag gewählten Mitglieder des Kreisausschusses und ihre Stellvertreter (§§ 35 II, 52 nwKreisO).

Durch die Ernennung wird das Beamtenverhältnis begründet oder wesentlich verändert. Einer Ernennung bedarf es gem. § 10 BBG zur Begründung des Beamtenverhältnisses, der Einstellung, zur Umwandlung des Beamtenverhältnisses in ein solches anderer Art (z. B. vom Beamten auf Probe zum Lebenszeitbeamten), zur Verleihung eines anderen Amtes mit anderem Endgrundgehalt und anderer Amtsbezeichnung (z. B. Beförderung vom Inspektor zum Oberinspektor), zur Verleihung eines anderen Amtes mit anderer Amtsbezeichnung beim Wechsel der Laufbahngruppe (z.B. Aufstieg eines Amtsrates – Spitzenamt des gehobenen Dienstes – zum Regierungsrat – Eingangsamt des höheren Dienstes).

Die Ernennung erfolgt durch Aushändigung einer Ernennungsurkunde, deren Inhalt gesetzlich festgelegt ist. Das Urkundsprinzip (§ 10 II BBG) dient der Rechtssicherheit und Rechtsklarheit. Hat die Ernennungsurkunde z.B. nicht den vorgeschriebenen Wortlaut „unter Berufung in das Beamtenverhältnis", so liegt keine Ernennung vor (§ 13 I Nr. 1 BBG). § 13 II BBG und § 14 BBG in der Fassung des DNeuG haben Heilungsmöglichkeiten für Ernennungsfehler eingeführt und die Rücknahme der Ernennung modifiziert. Die Ernennung ist ein mitwirkungsbedürftiger Verwaltungsakt. Ohne Zustimmung des zu Ernennenden ist sie nichtig. Als verwaltungsrechtliche, empfangsbedürftige Willenserklärung ist die Zustimmung analog §§ 119, 123 BGB wegen Irrtums oder Drohung anfechtbar. Durch eine wirksame Anfechtung wird die Ernennung rückwirkend beseitigt. Verweigert der zu Ernennende die Entgegennahme der Urkunde, so ist die Ernennung mangels Zustimmung nichtig. Wichtigste persönliche Voraussetzungen der Ernennung sind, dass der zu Ernennende die erforderliche Vorbildung besitzt (§ 7 I Nr. 3 BBG), dass er Deutscher i.S.v. Art. 116 GG ist oder Staatsangehöriger eines anderen EG-Mitgliedstaates, eines anderen Vertragsstaates des Abkommens über den europäischen Wirtschaftsraum (z.B. Norwegen) oder eines Drittstaates, dem die Bundesrepublik oder die EU vertraglich einen entsprechenden Anspruch auf Anerkennung der Berufsqualifikation eingeräumt haben (z.B. Schweiz) oder der Brexitklausel unterfällt (§ 7 I Nr. 1 a–c, II, III BBG) und dass der Bewerber die Gewähr bietet, dass er jederzeit für die freiheitlich demokratische Grundordnung i.S.d. Grundgesetzes eintritt (§ 7 I Nr. 2 BBG). Nur wenn dies der Fall ist, kann der Bewerber die jedem Beamten obliegende, durch Art. 33 V GG garantierte Verfassungstreuepflicht erfüllen. Bei dieser in jedem Einzelfall erforderlichen Eignungsbeurteilung hat der Dienstherr ein prognostisches Urteil über die Persönlichkeit des Bewerbers zu treffen. Die Öffnung des Beamtenstatus für Staatsangehörige anderer EG-Mitgliedstaaten ist in Verwirklichung der Garantie der Freizügigkeit für Arbeitnehmer (Art. 48 EGV, jetzt Art. 45 AEUV) durch das 10. Gesetz zur Änderung dienstrechtlicher Vorschriften v. 20. 12. 1993 (BGBl. I S. 2136) eingeführt worden.

Das DNeuG hat das Laufbahnrecht des BBG (§§ 16–26) vereinfacht, aber die vier Laufbahngruppen, anders als z.B. Niedersachsen (zwei Laufbahngruppen), Bayern (eine Leistungslaufbahn mit vier Einstiegsebenen), beibehalten. Die durch VO v. 16.8.2021 (BGBl. I S. 3582) novellierte **BundeslaufbahnVO** (Nr. **8**) regelt nur noch acht Laufbahnen. Der Wechsel aus dem privaten Sektor in den öffentlichen Dienst wird erleichtert. Der Einsatz im Ausland wird stärker gewichtet. Der besseren Durchlässigkeit dient auch die **LaufbahnbefähigungsanerkennungsVO** (Nr. **9**).

Veränderungen im bestehenden Beamtenverhältnis sind Abordnung (§ 27 BBG), Versetzung (§ 28 BBG), Zuweisung (§ 29 BBG) und die gesetzlich nicht geregelte Umsetzung. Die Versetzung ist die auf Dauer angelegte Übertragung eines anderen Amtes im abstrakt-funktionalen Sinne, entweder unter Fortdauer des Beamtenverhältnisses bei einer anderen Behörde des Dienstherrn oder unter Fortsetzung des Beamtenverhältnisses bei einem anderen Dienstherrn. Den Gegentypus bildet die Umsetzung als die dauernde oder zeitweilige Zuweisung eines neuen Amtes im konkret-funktionalen Sinne. Der Beamte erhält mithin nur einen anderen Dienstposten. Die Abordnung ist die vorübergehende u. U. nur teilweise Übertragung eines neuen Amtes im konkret-funktionalen Sinne bei einer anderen Dienststelle desselben oder eines anderen Dienstherrn bei fortdauernder Zugehörigkeit zur bisherigen Stammdienststelle, aber einstweiliger Aufgabe der bisherigen Amtsstelle. Die Zuweisung ermöglicht es, dem Beamten ganz oder teilweise vorübergehend oder auf Dauer eine dem bisherigen Amt entsprechende Tätigkeit bei einer öffentlichen oder privatisierten Einrichtung zu übertragen.

Der Abschnitt 6 des BBG gestaltet das in Art. 33 IV GG verfassungsrechtlich vorgegebene, in § 4 BBG wiederholte öffentlich-rechtliche Dienst- und Treueverhältnis des Beamten als Rechtsverhältnis hinsichtlich der Pflichten und Rechte detailliert aus. Der durch G v. 29.11.2018, BGBl I S. 2232 leicht überarbeitete Unterabschnitt 1 regelt allgemeine Pflichten und Rechte (§§ 60–86). § 60 BBG regelt die Grundpflichten des Beamten zur Unparteilichkeit, zur Wahrung des Gemeinwohls, zur politischen Treuepflicht und zur politischen Mäßigung. Mit der Regelung des § 60 korrespondiert die als allgemeine Grundsatz- und Auffangvorschrift konzipierte Fürsorgepflicht des Dienstherrn (§ 78 BBG). Auch wenn die Pflichten des Beamten gesetzlich detailliert festgelegt sind, ist ihre vollständige Aufzählung im einzelnen in sachgerechter Weise kaum möglich. Auf die allgemeinen Pflichten des § 60 I, II folgen die Pflicht zum vollen Einsatz im Beruf (§ 61 I 1 – statt bisheriger Hingabepflicht gem. § 54 a. F.), die Pflicht zur Qualifizierung (§ 61 III), die durch G. v. 28.6.2021 (BGBl. I S. 2250) erweiterte Regelung zum äußeren Erscheinungsbild (§ 61 II), die Beratungs-, Unterstützungs- und Gehorsamspflicht (§ 62), die Pflicht zur eigenverantwortlichen Amtsführung (§ 61 I 2) einschließlich der Remonstrationspflicht (§ 63) und die Unvereinbarkeit von Amt und Mandat (§ 40) – folgen die Pflichten zur Leistung des Diensteides (§ 64), Beschränkungen bei der Vornahme von Amtshandlungen (§ 65), das vorübergehende Verbot der Führung der Amtsgeschäfte (§ 66), die Pflicht zur Amtsverschwiegenheit (§ 67) sowie diese ergänzend, die Regelung der Aussagegenehmigung (§ 68), die Genehmigungspflicht für gutachterliche Tätigkeit (§ 69), die Regelung zur Erteilung von Auskünften an die Medien (§ 70), das Verbot der Annahme von Belohnungen, Geschenken und sonstigen Vorteilen (§ 71, einschließlich der Pflicht zur Herausgabe), die Wahl der Wohnung (§ 72), die Aufenthaltspflicht (§ 73), die Dienstkleidung (§ 74), die Pflicht zum Schadensersatz (§ 75) und die Folgen der Nichterfüllung von Pflichten (§ 77). Konkretisierungen der Fürsorgepflicht sind Mutterschutz, Elternzeit, Jugendarbeitschutz (§ 79), Beihilfe in Krankheits- und Geburtsfällen (§ 80), die Gewährung von Reisekosten (§ 81), Umzugskosten (§ 82), Trennungsgeld (§ 83) und die Jubiläumszuwendung (§ 84). Der Unterabschnitt 2 regelt die Arbeitszeit (§ 87), die Mehrarbeit (§ 88), den Erholungsurlaub (§ 89), den Urlaub aus besonderen Anlässen und den Urlaub von Mandatsträgern (§ 90), die Teilzeitbeschäftigung und den Dauerurlaub (§§ 91–95) und die Folgen vom unerlaubten Fernbleiben vom Dienst (§ 96). Der Unterabschnitt 3 regelt das Nebentätigkeitsrecht (§§ 97–105), der Unterabschnitt 4 das Personalaktenrecht (§§ 106–114) einschließlich der Übermittlungen in Strafverfahren (§ 115). Als nicht vermögensrechtliche Berechtigungen hat der Beamte insbesondere das Recht auf amtsangemessene und wirklichkeitsgerechte Amtsbezeichnung (§ 86), auf ein Dienstzeugnis (§ 85), die Art. 9 GG ausgestaltende Vereinigungsfreiheit (§ 116), ein Antrags- und Beschwerderecht (§ 125) und ein Klagerecht (§ 126). Die Personalvertretung und die Beteiligung der Spitzenverbände wird garantiert (§§ 117, 118).

Das Beamtenverhältnis endet außer durch Tod, Entlassung, Eintritt in den Ruhestand, Verlust der Beamtenrechte, Entfernung aus dem Dienst durch Urteil eines Disziplinargerichts und bei kommunalen Wahlbeamten ggf. durch Abberufung. § 66 GO NRW verwirklicht den hergebrachten Grundsatz des Berufsbeamtentums, dass ein wirksam begründetes Beamtenverhältnis nur in den Formen beendet werden kann, die gesetzlich zugelassen sind. Die berufliche Sicherheit des Beamten wird geschützt, um die Unabhängigkeit, Neutralität und Funktionsfähigkeit des vom Lebenszeitprinzip geprägten Berufsbeamtentums zu gewährleisten.

Gemäß § 125 BBG hat der Beamte ein Antrags- und Beschwerderecht bis zur obersten Dienstbehörde. Bei dieser beamtenrechtlichen Ausgestaltung des Petitionsrechts (Art. 17 GG) muss der Beamte, soweit es sich um amtsbezogene Beschwerden handelt, den Dienstweg einhalten. Unabhängig von § 125 BBG besteht das Recht, Anregungen und Beschwerden beim Personalrat vorzubringen. Für alle Klagen aus dem Beamtenverhältnis des Beamten ist gem. § 126 BBG der Verwaltungsrechtsweg gegeben. Klagen aus dem Beamtenverhältnis sind auch Streitigkeiten um Ansprüche vorbeamtlicher Art aus einer dem Beamtenrecht zuzuordnenden Anspruchsgrundlage, z. B. Zulassung zu einer beamtenrechtlichen Eignungsprüfung. Jeder Klage aus dem Beamtenverhältnis, gleichgültig, ob Anfechtungs-, Verpflichtungs-, Leistungs- oder Feststellungsklage hat ein Vorverfahren nach dem 8. Abschn. der VwGO (§§ 68–80 VwGO) vorauszugehen. Dieses gilt nicht bei Untätigkeit der Behörde trotz Antrags (§§ 68 II, 75 VwGO). Eines Vorverfahrens bedarf es auch dann, wenn der Verwaltungsakt von der obersten Dienstbehörde erlassen worden ist (§ 126 II 2 BBG). Da Art. 33 V GG nicht nur eine institutionelle Garantie des Berufsbeamtentums, sondern auch ein durch Verfassungsbeschwerde verfolgbares grundrechtsgleiches Recht der Beamten verbürgt, ist der Rechtsschutz vor dem BVerfG für die Entwicklung des Beamtenrechts von überragender Bedeutung. Um sich von dem Verdacht eines Dienstvergehens zu reinigen, kann der Beamte die Einleitung eines förmlichen Disziplinarverfahrens gegen sich selbst beantragen (§ 18 BDG). Auf diese Weise kann es zu einer Entscheidung der Disziplinargerichtsbarkeit kommen.

2. a) Gemäß § 87 I BBG darf die regelmäßige Arbeitszeit wöchentlich im Durchschnitt 44 Stunden nicht überschreiten. Die gesetzlichen Vorschriften über die Arbeitszeit konkretisieren den hergebrachten Grundsatz des Berufsbeamtentums, dass der Beamte verpflichtet ist, sich mit voller Hingabe seinem Beruf zu widmen. Da die gesetzlichen Vorschriften nur eine Durchschnittsregelung treffen, ist regelmäßige Mehr- oder Minderarbeit in einer Woche zulässig. Im Einzelnen geregelt ist die Arbeitszeit in der **Arbeitszeitverordnung** (Nr. **10**). In Übereinstimmung mit den hergebrachten Grundsätzen des Berufsbeamtentums ist Mehrarbeit (§ 88 BBG) zulässig, wenn zwingende dienstliche Verhältnisse dies erfordern und sich die Mehrarbeit auf Ausnahmefälle beschränkt. Das Nähere regelt die **BundesmehrarbeitsvergütungsVO** (Nr. **21**).

b) Seit ihren Anfängen in den 1960er Jahren ist die Teilzeitbeschäftigung im Beamtenrecht stetig ausgeweitet worden, zuletzt durch das DNeuG (§§ 91–95 BBG).

Das als Art. 2 des G für die gleichberechtigte Teilhabe von Frauen und Männern an Führungspositionen in der Privatwirtschaft und im öffentlichen Dienst ergangene **BundesgleichstellungsG** vom 24. 4. 2015 (BGBl. I S. 642; Nr. **6**) verpflichtet den Dienstherrn zu einer aktiven Gleichstellungspolitik (Gender-

Mainstreaming). Das **Allgemeine GleichbehandlungsG** (Nr. **5**) führt diese Linie zur Umsetzung unionsrechtlicher Vorgaben nicht nur für den öffentlichen Dienst fort. Im besonderen Maße arbeitsrechtlich beeinflusst ist eine Sonderform der Teilzeitbeschäftigung, die Altersteilzeit (dazu **BeamtenaltersteilzeitVO** v. 6. 1. 2011, Nr. **14**).

c) Der Anspruch jeder Mutter auf den Schutz und die Fürsorge der Gemeinschaft (Art. 6 IV GG) wird für Beamtinnen des Bundes in Anlehnung an das für Arbeitnehmerinnen geltende Mutterschutzgesetz (das durch G v. 23.5.2017, BGBl. I S. 1228 neu geregelt wurde) in § 79 BBG und in der **MuSchEltZV** (Nr. **15**) konkretisiert.

Für die Beamtin gelten ohne Einfluss auf die Dienstbezüge Beschäftigungsverbote in entsprechender Anwendung des Mutterschutzgesetzes (§ 1 I MuSchEltZV).

Das **Bundeselterngeld- und ElternzeitG** (Nr. **16**) hat den Erziehungsurlaub und den Mutterschaftsurlaub ersetzt. Es gilt unmittelbar auch für Beamtinnen und Beamte.

d) Der Beamte hat einen Rechtsanspruch auf alljährlichen Erholungsurlaub unter Fortgewährung der Dienstbezüge (§ 89 BBG). Zweck der Urlaubsgewährung ist es, dass der Beamte alljährlich im eigenen wie im Interesse des Dienstherrn seine Gesundheit auffrischt zur Erhaltung seiner Leistungsfähigkeit. Der Beamte ist verpflichtet, die Urlaubszeit zur Erholung zu nutzen. Im Einzelnen wird der Urlaub in der durch das G v. 6. 3. 2015 (BGBl. I S. 250) an unionsrechtliche Vorgaben angepassten **Erholungsurlaubsverordnung** geregelt (Nr. **12**). Der Zweckbestimmung des Erholungsurlaubs entspricht die Regelung, dass der Erholungsurlaub nur dann auf Antrag in das folgende Urlaubsjahr übertragen werden darf soweit er aus dienstlichen Gründen oder wegen einer Erkrankung des Beamten oder anderen zwingenden, von dem Beamten nicht zu vertretenden Gründen, nicht angetreten werden konnte. Daher ist die Übertragung von Urlaub im äußersten Falle bis zum Ende des folgenden Halbjahres zulässig. Der Zweckbestimmung des Erholungsurlaubs widerspräche es, nicht genommenen Urlaub finanziell abzugelten. Die Urlaubsdauer ist nach Lebensalter und Besoldungsgruppe abgestuft.

e) Die **Sonderurlaubsverordnung** vom 1. 6. 2016 (Nr. **13**) regelt die Bewilligung von Urlaub aus anderen Anlässen als zur Erholung und bestimmt, ob und inwieweit die Dienstbezüge während eines solchen Urlaubs zu belassen sind. Urlaub aus besonderem Anlass (§ 90 BBG) ist zu gewähren z. B. zur Ausübung bestimmter staatsbürgerlicher Rechte und Pflichten, für Familienheimfahrten anlässlich bestimmter ärztlicher Behandlungen. Sonderurlaub soll gewährt werden z. B. für Zwecke der militärischen und zivilen Verteidigung, für gewerkschaftliche Zwecke. Sonderurlaub kann gewährt werden z. B. für die Wahrnehmung öffentlicher Ehrenämter oder ehrenamtlicher Tätigkeit. Sonderurlaub wird regelmäßig unter Fortzahlung der Dienstbezüge gewährt. Ausnahmsweise können die Dienstbezüge entfallen.

f) Der Beamte bedarf zur Übernahme jeder Nebentätigkeit, zu der er nicht verpflichtet ist, der vorherigen Genehmigung (§ 99 I 1 BBG). Dies gilt nicht für nicht genehmigungspflichtige Nebentätigkeiten i. S. d. § 100 BBG. § 99 II, IV BBG präzisieren, unter welchen Voraussetzungen die Genehmigung zu versagen oder eine erteilte Genehmigung zu widerrufen ist. Einzelheiten regelt die **Verordnung über die Nebentätigkeit der Bundesbeamten, Berufsoldaten und Soldaten auf Zeit** (BNV, Nr. **11**). Für Richter und Hochschullehrer gelten Sonderregelungen.

3. Der Alimentationsgrundsatz fordert als hergebrachter Grundsatz i. S. v. Art. 33 V GG eine amtsangemessene Besoldung und Versorgung des Beamten. Aufgrund dieser verfassungsrechtlichen Grundlage sind die Dienstbezüge so zu bemessen, dass sie je nach Dienstrang, Bedeutung und Verantwortung des Amtes und entsprechender Entwicklung der allgemeinen Verhältnisse angemessenen Lebensunterhalt gewähren und als Voraussetzung dafür genügen, dass sich der Beamte ganz dem öffentlichen Dienst als Lebensberuf widmen und in rechtlicher und wirtschaftlicher Unabhängigkeit dazu beitragen kann, die dem Berufsbeamtentum vom Grundgesetz zugewiesenen Aufgaben zu erfüllen, nämlich im politischen Kräftespiel eine stabile gesetzestreue Verwaltung zu sichern. Die Alimentation darf weder erstritten noch vereinbart werden. Dem Beamten steht Besoldung und Versorgung nach Maßgabe des Gesetzes zu (§ 2 BBesG). Diese Gesetzesbindung der Besoldung und Versorgung gestalten für Bundesbeamte das zuletzt durch das G zur Anpassung der Bundesbesoldung und -versorgung für 2021/2022 v. 9.7.2021 (BGBl I S. 2444) geänderte **Bundesbesoldungsgesetz** (Nr. **18**) und das **Beamtenversorgungsgesetz** (Nr. **27**) aus. Der Grundsatz der funktionsgerechten Besoldung (§ 18 BBesG) besagt, dass die Funktionen der Beamten nach den mit ihnen verbundenen Anforderungen sachgerecht zu bewerten und Ämtern zuzuordnen sind. Diese Ämter sind dann den Besoldungsgruppen zuzuordnen. Die Besoldung besteht aus Dienstbezügen und sonstigen Bezügen. Die Dienstbezüge setzen sich zusammen aus Grundgehalt, Familienzuschlag, Zulagen und Vergütungen und ggf. Auslandsbezügen und Zuschüssen zum Grundgehalt von Professoren. Die Grundgehälter sind in Besoldungsordnungen A 1–A 16 (aufsteigend); B 1– B 11 (fest); W (Hochschullehrer; für „Altfälle“ weiter fortgeltend C); R (Richter und Staatsanwälte ab R 2 fest) und in Besoldungsgruppen eingeteilt. Die **Bundesleistungsbesoldungs VO** (Nr. **20**) gestaltet zur Sicherung des Leistungsprinzips die leistungsbezogenen Elemente der Besoldung zu einem Instrument der Personalführung unterhalb der Beförderung näher aus.

Die Novellierung des BBesG durch das DNeuG hat die einheitliche Grundgehaltstabelle für Beamte und Soldaten neu gestaltet, insbesondere durch Ablösung des altersbedingten Aufstiegs in den Stufen durch Wegfall des überkommenen Besoldungsdienstalters, durch Neustrukturierung der Grundgehaltsstufen, durch die gesetzliche Festschreibung des vorhandenen Budgets für die Leistungsbezahlung mit Auskehrzwang und Ausbau der Höchstgrenze für Teamprämien, durch Einbau der bisher gezahlten Sonderzahlung sowie allgemein gewährte Bezügebestandteile in die Grundgehaltstabelle. Die Novellierung des BeamtVG enthält unter anderem die wirkungsgleiche Übertragung von Maßnahmen in der gesetzlichen Rentenversicherung unter Berücksichtigung der Unterschiedlichkeit der Alterssicherungssysteme, die wirkungsgleiche Übertragung der erhöhten Beiträge in der Pflegeversicherung in das BeamtVG, die Überleitung der Versorgungsempfänger in die neugestalteten Grundgehaltstabellen des Besoldungsrechts und die Abschaffung der besonderen Wartefrist für die Versorgung auf dem letzten Amt nach dem Vorgaben des BVerfG (E 117, 372).

Sonstige Bezüge sind Anwärterbezüge (§§ 59–66 BBesG), die jährliche Sonderzuwendung und Sachbezüge (§ 10 BBesG).

4. Art. 33 V GG garantiert das System der lebenslänglichen amtsangemessenen Versorgung bei Erreichen der Altersgrenze oder bei Dienstunfähigkeit. Die Versorgung beruht nicht auf Vorleistungen des Beamten. Das Ruhegehalt und die Hinterbliebenenversorgung sind im Einzelnen im **Beamtenversorgungs-**

gesetz (Nr. **27**) ausgestaltet. Zu den Versorgungsbezügen gehören Ruhegehalt oder Unterhaltsbeitrag (§§ 4ff.), Hinterbliebenenversorgung (§§ 16ff.), Bezüge bei Verschollenheit (§ 29), Unfallfürsorge (§§ 30ff.), Übergangsgeld (§ 47) und Ausgleich bei besonderen Altersgrenzen (§ 48). Wird ein Beamter durch einen Dienstunfallverletzt, so hat er gegen den Dienstherrn nur die in §§ 30–43 BeamtVG geregelten Ansprüche (§ 46 I 1). Weitergehende Ansprüche aufgrund allgemeiner gesetzlicher Vorschriften können gegen einen öffentlich-rechtlichen Dienstherrn oder gegen die in seinem Dienst stehenden Personen nur dann geltend gemacht werden, wenn der Dienstunfall durch eine vorsätzliche unerlaubte Handlung einer solchen Person verursacht worden ist. Die **Beamtenversorgungs-Übergangsverordnung** (Nr. **28**) soll den Besonderheiten der neuen Länder Rechnung tragen.

5. Die **Bundesbeihilfeverordnung** (Nr. **23**) soll finanzielle Sonderbelastungen lindern. Sie gewährt in Krankheits-, Pflege- und Geburtsfällen Ausgleich der entstehenden Aufwendungen, allerdings nicht in voller Höhe. Der Beamte soll im Übrigen auch durch eine Krankenversicherung selbst Vorsorge treffen.

6. Gemäß § 88 BBG a. F. sind die Reise- und Umzugskostenvergütungen der Beamten durch Gesetz zu regeln. Das **Bundesreisekostengesetz** (Nr. **24**) und das **Bundesumzugskostengesetz** (Nr. **25**) gehen als besondere, die Fürsorgepflicht in einem Teilbereich konkretisierende Regelungen der allgemeinen Vorschrift über die Fürsorgepflicht des Dienstherrn (§ 78 BBG) vor. Gem. §§ 81, 82 n. F. werden künftig Reisekosten und Umzugskosten und wie bisher schon das Trennungsgeld (§ 83) durch Rechtsverordnungen geregelt werden (siehe die **TrennungsgeldVO**, Nr. **26**).

7. Im Interesse der Leistungsfähigkeit der öffentlichen Verwaltung soll das in § 77 BBG geregelte Disziplinarrecht gewährleisten, dass die Beamten die innerhalb und außerhalb des Dienstes bestehenden dienstrechtlichen Pflichten beachten, und damit das Vertrauen der Öffentlichkeit in die Integrität des Beamtentums gewahrt bleibt. Das Disziplinarrecht verfolgt präventive Erziehungszwecke gegenüber allen Beamten und Reinigungszwecke gegenüber einzelnen Beamten, indem es auf die Störung von Verwaltungsinteressen durch Verwaltungsangehörige reagiert. Gleichzeitig schützt es die Rechtsstellung des einzelnen Beamten durch die förmliche Ausgestaltung des im **Bundesdisziplinargesetz** (Nr. **17**) geregelten behördlichen Disziplinarverfahrens, das in ein Disziplinarverfahren vor der Verwaltungsgerichtsbarkeit münden kann.

Das BDG löst abweichend von der früheren BundesdisziplinarO das Disziplinarrecht weitgehend von den Bindungen an das Strafprozessrecht und lehnt es eng an das Verwaltungsverfahrensrecht und an das Verwaltungsprozessrecht an. Der rechtsstaatliche Standard für die betroffenen Beamten soll verbessert werden.

Das behördliche Disziplinarverfahren kann von Amts wegen (§ 17) oder auf Antrag des Beamten (§ 18) eingeleitet werden. Der Beamte ist über die Einleitung des Disziplinarverfahrens zu unterrichten und zu belehren (§ 20 I BDG). Ihm steht ein auf einen Monat befristetes Recht zur schriftlichen Äußerung zu (§ 20 II BDG). Das behördliche Disziplinarverfahren kann durch Einstellungsverfügung (§ 32 BDG), Disziplinarverfügung (§ 33 BDG) oder durch Erhebung einer Disziplinarklage (§ 34 BDG) abgeschlossen werden. Arten der Disziplinarmaßnahmen sind: Verweis (§ 6 BDG), Geldbuße (§ 7 BDG), Kürzung der Dienstbezüge (§ 8 BDG), Zurückstufung (§ 9 BDG) und Entfernung aus dem Beamtenverhältnis (§ 10 BDG). Disziplinarmaßnahmen gegen Ruhestandsbeamte sind: Kürzung des Ruhegehalts (§ 11 BDG) und Aberkennung des

Ruhegehalts (§ 12 BDG). Gegen Beamte auf Probe und Beamte auf Widerruf können nur Verweise erteilt und Geldbußen auferlegt werden. Für ihre Entlassung wegen eines Dienstvergehens gelten § 34 I Nr. 1 und III sowie § 37 BBG (§ 5 III BDG). Soll gegen den Beamten auf Zurückstufung, auf Entfernung aus dem Beamtenverhältnis oder auf Aberkennung des Ruhegehalts erkannt werden, so ist gegen ihn Disziplinarklage vor dem Verwaltungsgericht zu erheben (§ 34 BDG). Die für die Erhebung der Disziplinarklage zuständige Behörde kann eine vorläufige Dienstenthebung und die Einbehaltung von Bezügen anordnen (§ 38 BDG).

Gegen die Abschlussentscheidung des behördlichen Verfahrens kann der Beamte ein Widerspruchsverfahren einleiten (§ 41 BDG). Inhalt, Form und Frist der Klageerhebung regelt § 52 BDG.

Ist ein behördliches Disziplinarverfahren nicht innerhalb von sechs Monaten durch Einstellung, durch Erlass einer Disziplinarverfügung oder durch Erhebung der Disziplinarklage abgeschlossen worden, kann der Beamte beim Verwaltungsgericht die gerichtliche Bestimmung einer Frist zum Abschluss des Disziplinarverfahrens beantragen (§ 62 BDG). Gerichtlicher Rechtsschutz besteht auch gegen die Aussetzung der vorläufigen Dienstenthebung und die Einbehaltung von Bezügen (§ 63 BDG).

Das Disziplinarverfahren vor den Oberverwaltungsgerichten findet als Berufungsverfahren (§ 64 BDG), das vor dem Bundesverwaltungsgericht als reines Revisionsverfahren (§§ 69, 70 BDG) statt.

Das BDG regelt außerdem die Wiederaufnahme des gerichtlichen Disziplinarverfahrens (§§ 71 ff. BDG), die Kostenentscheidung im gerichtlichen Disziplinarverfahren (§§ 77, 78 BDG) und das Recht, einen Unterhaltsbeitrag bei Entfernung aus dem Beamtenverhältnis oder bei Aberkennung des Ruhegehalts zu gewähren (§ 79 BDG), das Recht eine Unterhaltsleistung bei Mithilfe zur Aufdeckung von Straftaten (§ 80 BDG) sowie das Recht zur Begnadigung (§ 81 BDG).

8. Das durch G v. 9.6.2021 (BGBl. I S. 1614) novellierte **Bundespersonalvertretungsgesetz** (hier auszugsweise, Nr. **29**) regelt die Interessen der im öffentlichen Dienst Beschäftigten, also der Beamten und Tarifbeschäftigten, bei innerdienstlichen Maßnahmen. Das Personalvertretungsrecht hat sich als öffentlich-rechtliches Gegenstück zum arbeitsrechtlichen Betriebsverfassungsrecht entwickelt. Kernstück der Personalvertretung ist die Mitbestimmung und Mitwirkung des Personalrats in Personalangelegenheiten.

1. Grundgesetz für die Bundesrepublik Deutschland

Vom 23. Mai 1949
(BGBl. S. 1)

BGBl. III/FNA 100-1

zuletzt geänd. durch Art. 1 und 2 ÄndG (Art. 104a, 143h) v. 29.9.2020 (BGBl. I S. 2048)

– Auszug –

Art. 20 [Bundesstaatliche Verfassung; Widerstandsrecht] (1) Die Bundesrepublik Deutschland ist ein demokratischer und sozialer Bundesstaat.

(2) [1] Alle Staatsgewalt geht vom Volke aus. [2] Sie wird vom Volke in Wahlen und Abstimmungen und durch besondere Organe der Gesetzgebung, der vollziehenden Gewalt und der Rechtsprechung ausgeübt.

(3) Die Gesetzgebung ist an die verfassungsmäßige Ordnung, die vollziehende Gewalt und die Rechtsprechung sind an Gesetz und Recht gebunden.

(4) Gegen jeden, der es unternimmt, diese Ordnung zu beseitigen, haben alle Deutschen das Recht zum Widerstand, wenn andere Abhilfe nicht möglich ist.

Art. 33 [Staatsbürgerliche Rechte] (1) Jeder Deutsche hat in jedem Lande die gleichen staatsbürgerlichen Rechte und Pflichten.

(2) Jeder Deutsche hat nach seiner Eignung, Befähigung und fachlichen Leistung gleichen Zugang zu jedem öffentlichen Amte.

(3) [1] Der Genuß bürgerlicher und staatsbürgerlicher Rechte, die Zulassung zu öffentlichen Ämtern sowie die im öffentlichen Dienste erworbenen Rechte sind unabhängig von dem religiösen Bekenntnis. [2] Niemandem darf aus seiner Zugehörigkeit oder Nichtzugehörigkeit zu einem Bekenntnisse oder einer Weltanschauung ein Nachteil erwachsen.

(4) Die Ausübung hoheitsrechtlicher Befugnisse ist als ständige Aufgabe in der Regel Angehörigen des öffentlichen Dienstes zu übertragen, die in einem öffentlich-rechtlichen Dienst- und Treueverhältnis stehen.

(5) Das Recht des öffentlichen Dienstes ist unter Berücksichtigung der hergebrachten Grundsätze des Berufsbeamtentums zu regeln und fortzuentwickeln.

Art. 34 [Haftung bei Amtspflichtverletzung] [1] Verletzt jemand in Ausübung eines ihm anvertrauten öffentlichen Amtes die ihm einem Dritten gegenüber obliegende Amtspflicht, so trifft die Verantwortlichkeit grundsätzlich den Staat oder die Körperschaft, in deren Dienst er steht. [2] Bei Vorsatz oder grober Fahrlässigkeit bleibt der Rückgriff vorbehalten. [3] Für den Anspruch auf Schadensersatz und für den Rückgriff darf der ordentliche Rechtsweg nicht ausgeschlossen werden.

Art. 36 [Beamte der Bundesbehörden] (1) [1] Bei den obersten Bundesbehörden sind Beamte aus allen Ländern in angemessenem Verhältnis zu verwenden. [2] Die bei den übrigen Bundesbehörden beschäftigten Personen sollen in der Regel aus dem Lande genommen werden, in dem sie tätig sind.

(2) Die Wehrgesetze haben auch die Gliederung des Bundes in Länder und ihre besonderen landsmannschaftlichen Verhältnisse zu berücksichtigen.

Art. 60 [Ernennung der Bundesbeamten und Soldaten] (1) Der Bundespräsident ernennt und entläßt die Bundesrichter, die Bundesbeamten, die Offiziere und Unteroffiziere, soweit gesetzlich nichts anderes bestimmt ist.

(2) Er übt im Einzelfalle für den Bund das Begnadigungsrecht aus.

(3) Er kann diese Befugnisse auf andere Behörden übertragen.

(4) Die Absätze 2 bis 4 des Artikels 46 finden auf den Bundespräsidenten entsprechende Anwendung.

Art. 73 [Gegenstände der ausschließlichen Gesetzgebung] (1) Der Bund hat die ausschließliche Gesetzgebung über:

1.–7. […]

8. die Rechtsverhältnisse der im Dienste des Bundes und der bundesunmittelbaren Körperschaften des öffentlichen Rechtes stehenden Personen;

9.–14. […]

(2) […]

Art. 74 [Gegenstände der konkurrierenden Gesetzgebung] (1) Die konkurrierende Gesetzgebung erstreckt sich auf folgende Gebiete:

1.–26. […]

27. die Statusrechte und -pflichten der Beamten der Länder, Gemeinden und anderen Körperschaften des öffentlichen Rechts sowie der Richter in den Ländern mit Ausnahme der Laufbahnen, Besoldung und Versorgung;

28.–33. […]

(2) Gesetze nach Absatz 1 Nr. 25 und 27 bedürfen der Zustimmung des Bundesrates.

Art. 116 [Begriff des „Deutschen"; nationalsozialistische Ausbürgerung] (1) Deutscher im Sinne dieses Grundgesetzes ist vorbehaltlich anderweitiger gesetzlicher Regelung, wer die deutsche Staatsangehörigkeit besitzt oder als Flüchtling oder Vertriebener deutscher Volkszugehörigkeit oder als dessen Ehegatte oder Abkömmling in dem Gebiete des Deutschen Reiches nach dem Stande vom 31. Dezember 1937 Aufnahme gefunden hat.

(2) [1] Frühere deutsche Staatsangehörige, denen zwischen dem 30. Januar 1933 und dem 8. Mai 1945 die Staatsangehörigkeit aus politischen, rassischen oder religiösen Gründen entzogen worden ist, und ihre Abkömmlinge sind auf Antrag wieder einzubürgern. [2] Sie gelten als nicht ausgebürgert, sofern sie nach dem 8. Mai 1945 ihren Wohnsitz in Deutschland genommen haben und nicht einen entgegengesetzten Willen zum Ausdruck gebracht haben.

Art. 125a [Fortgeltung von Bundesrecht; Ersetzung durch Landesrecht] (1) [1] Recht, das als Bundesrecht erlassen worden ist, aber wegen der Änderung des Artikels 74 Abs. 1, der Einfügung des Artikels 84 Abs. 1 Satz 7, des Artikels 85 Abs. 1 Satz 2 oder des Artikels 105 Abs. 2a Satz 2 oder wegen der Aufhebung der Artikel 74a[1], 75[2] oder 98 Abs. 3 Satz 2 nicht mehr als Bundesrecht erlassen werden könnte, gilt als Bundesrecht fort. [2]Es kann durch Landesrecht ersetzt werden.

(2) [1]Recht, das auf Grund des Artikels 72 Abs. 2 in der bis zum 15. November 1994 geltenden Fassung erlassen worden ist, aber wegen Änderung des Artikels 72 Abs. 2 nicht mehr als Bundesrecht erlassen werden könnte, gilt als Bundesrecht fort. [2]Durch Bundesgesetz kann bestimmt werden, dass es durch Landesrecht ersetzt werden kann.

(3) [1]Recht, das als Landesrecht erlassen worden ist, aber wegen Änderung des Artikels 73 nicht mehr als Landesrecht erlassen werden könnte, gilt als Landesrecht fort. [2]Es kann durch Bundesrecht ersetzt werden.

Art. 125b [Fortgeltung von Bundesrecht; abweichende Regelungen durch die Länder] (1) [1]Recht, das auf Grund des Artikels 75 in der bis zum 1. September 2006 geltenden Fassung erlassen worden ist und das auch nach diesem Zeitpunkt als Bundesrecht erlassen werden könnte, gilt als Bundesrecht fort. [2]Befugnisse und Verpflichtungen der Länder zur Gesetzgebung bleiben insoweit bestehen. [3]Auf den in Artikel 72 Abs. 3 Satz 1 genannten Gebieten können die Länder von diesem Recht abweichende Regelungen treffen, auf den Gebieten des Artikels 72 Abs. 3 Satz 1 Nr. 2, 5 und 6 jedoch erst, wenn und soweit der Bund ab dem 1. September 2006 von seiner Gesetzgebungszuständigkeit Gebrauch gemacht hat, in den Fällen der Nummern 2 und 5 spätestens ab dem 1. Januar 2010, im Falle der Nummer 6 spätestens ab dem 1. August 2008.

(2) Von bundesgesetzlichen Regelungen, die auf Grund des Artikels 84 Abs. 1 in der vor dem 1. September 2006 geltenden Fassung erlassen worden

---

[1] Der mWv 1. 9. 2006 aufgehobene Art. 74a GG hatte folgenden Wortlaut:

„**Art. 74a** (1) Die konkurrierende Gesetzgebung erstreckt sich ferner auf die Besoldung und Versorgung der Angehörigen des öffentlichen Dienstes, die in einem öffentlich-rechtlichen Dienst- und Treueverhältnis stehen, soweit dem Bund nicht nach Artikel 73 Nr. 8 die ausschließliche Gesetzgebung zusteht.

(2) Bundesgesetze nach Absatz 1 bedürfen der Zustimmung des Bundesrates.

(3) Der Zustimmung des Bundesrates bedürfen auch Bundesgesetze nach Artikel 73 Nr. 8, soweit sie andere Maßstäbe für den Aufbau oder die Bemessung der Besoldung und Versorgung einschließlich der Bewertung der Ämter oder andere Mindest- oder Höchstbeträge vorsehen als Bundesgesetze nach Absatz 1.

(4) [1]Die Absätze 1 und 2 gelten entsprechend für die Besoldung und Versorgung der Landesrichter. [2]Für Gesetze nach Artikel 98 Abs. 1 gilt Absatz 3 entsprechend."

[2] Der mWv 1. 9. 2006 aufgehobene Art. 75 GG hatte folgenden Wortlaut:

„**Art. 75** (1) [1]Der Bund hat das Recht, unter den Voraussetzungen des Artikels 72 Rahmenvorschriften für die Gesetzgebung der Länder zu erlassen über:

1. die Rechtsverhältnisse der im öffentlichen Dienste der Länder, Gemeinden und anderen Körperschaften des öffentlichen Rechtes stehenden Personen, soweit Artikel 74a nichts anderes bestimmt;

1a.–6. […]

[2]Artikel 72 Abs. 3 gilt entsprechend.

(2) Rahmenvorschriften dürfen nur in Ausnahmefällen in Einzelheiten gehende oder unmittelbar geltende Regelungen enthalten.

(3) Erläßt der Bund Rahmenvorschriften, so sind die Länder verpflichtet, innerhalb einer durch das Gesetz bestimmten angemessenen Frist die erforderlichen Landesgesetze zu erlassen."

Zur Fortgeltung von Kapitel II und § 135 des BeamtenrechtsrahmenG (Nr. **3**) siehe § 63 Abs. 3 BeamtStG (Nr. **4**).

sind, können die Länder abweichende Regelungen treffen, von Regelungen des Verwaltungsverfahrens bis zum 31. Dezember 2008 aber nur dann, wenn ab dem 1. September 2006 in dem jeweiligen Bundesgesetz Regelungen des Verwaltungsverfahrens geändert worden sind.

(3) Auf dem Gebiet des Artikels 72 Absatz 3 Satz 1 Nummer 7 darf abweichendes Landesrecht der Erhebung der Grundsteuer frühestens für Zeiträume ab dem 1. Januar 2025 zugrunde gelegt werden.

Art. 137 [Wählbarkeit von Angehörigen des Öffentlichen Dienstes u.a.] (1) Die Wählbarkeit von Beamten, Angestellten des öffentlichen Dienstes, Berufssoldaten, freiwilligen Soldaten auf Zeit und Richtern im Bund, in den Ländern und den Gemeinden kann gesetzlich beschränkt werden.

(2) Für die Wahl des ersten Bundestages, der ersten Bundesversammlung und des ersten Bundespräsidenten der Bundesrepublik gilt das vom Parlamentarischen Rat zu beschließende Wahlgesetz.

(3) Die dem Bundesverfassungsgerichte gemäß Artikel 41 Absatz 2 zustehende Befugnis wird bis zu seiner Errichtung von dem Deutschen Obergericht für das Vereinigte Wirtschaftsgebiet wahrgenommen, das nach Maßgabe seiner Verfahrensordnung entscheidet.

Art. 143b [Umwandlung der Deutschen Bundespost] (1) [1]Das Sondervermögen Deutsche Bundespost wird nach Maßgabe eines Bundesgesetzes in Unternehmen privater Rechtsform umgewandelt. [2]Der Bund hat die ausschließliche Gesetzgebung über alle sich hieraus ergebenden Angelegenheiten.

(2) [1]Die vor der Umwandlung bestehenden ausschließlichen Rechte des Bundes können durch Bundesgesetz für eine Übergangszeit den aus der Deutschen Bundespost POSTDIENST und der Deutschen Bundespost TELEKOM hervorgegangenen Unternehmen verliehen werden. [2]Die Kapitalmehrheit am Nachfolgeunternehmen der Deutschen Bundespost POSTDIENST darf der Bund frühestens fünf Jahre nach Inkrafttreten des Gesetzes aufgeben. [3]Dazu bedarf es eines Bundesgesetzes mit Zustimmung des Bundesrates.

(3) [1]Die bei der Deutschen Bundespost tätigen Bundesbeamten werden unter Wahrung ihrer Rechtsstellung und der Verantwortung des Dienstherrn bei den privaten Unternehmen beschäftigt. [2]Die Unternehmen üben Dienstherrenbefugnisse aus. [3]Das Nähere bestimmt ein Bundesgesetz.

2. Bundesbeamtengesetz (BBG)[1)]

Vom 5. Februar 2009

(BGBl. I S. 160)

FNA 2030-2-30

zuletzt geänd. durch Art. 1 G zur Regelung des Erscheinungsbilds von Beamtinnen und Beamten sowie zur Änd. weiterer dienstrechtl. Vorschriften v. 28.6.2021 (BGBl. I S. 2250)

Inhaltsübersicht

Abschnitt 1. Allgemeine Vorschriften

§ 1 Geltungsbereich
§ 2 Dienstherrnfähigkeit
§ 3 Begriffsbestimmungen

Abschnitt 2. Beamtenverhältnis

§ 4 Beamtenverhältnis
§ 5 Zulässigkeit des Beamtenverhältnisses
§ 6 Arten des Beamtenverhältnisses
§ 7 Voraussetzungen des Beamtenverhältnisses
§ 8 Stellenausschreibung
§ 9 Auswahlkriterien
§ 10 Ernennung
§ 11 Voraussetzungen der Ernennung auf Lebenszeit; Verordnungsermächtigung
§ 11a Ableisten eines Vorbereitungsdienstes durch Beamtinnen auf Lebenszeit und Beamte auf Lebenszeit
§ 12 Zuständigkeit und Wirksamwerden der Ernennung
§ 13 Nichtigkeit der Ernennung
§ 14 Rücknahme der Ernennung
§ 15 Rechtsfolgen nichtiger oder zurückgenommener Ernennungen

Abschnitt 3. Laufbahnen

§ 16 Laufbahn
§ 17 Zulassung zu den Laufbahnen
§ 18 Anerkennung der Laufbahnbefähigung aufgrund der Richtlinie 2005/36/EG und aufgrund in Drittstaaten erworbener Berufsqualifikationen
§ 19 Andere Bewerberinnen und andere Bewerber
§ 20 Einstellung
§ 21 Dienstliche Beurteilung; Verordnungsermächtigung
§ 22 Beförderungen
§ 22a Aufstieg; Verordnungsermächtigung
§ 23 Beförderungssperre zwischen zwei Mandaten
§ 24 Führungsämter auf Probe
§ 25 Benachteiligungsverbote
§ 26 Ermächtigung zum Erlass von Laufbahn- und Vorbereitungsdienstverordnungen

Abschnitt 4. Abordnung, Versetzung und Zuweisung

§ 27 Abordnung
§ 28 Versetzung
§ 29 Zuweisung

Abschnitt 5. Beendigung des Beamtenverhältnisses

Unterabschnitt 1. Entlassung

§ 30 Beendigungsgründe
§ 31 Entlassung kraft Gesetzes
§ 32 Entlassung aus zwingenden Gründen
§ 33 Entlassung auf Verlangen

[1)] Verkündet als Art. 1 DienstrechtsneuordnungsG v. 5.2.2009 (BGBl. I S. 160); Inkrafttreten gem. Art. 17 Abs. 11 dieses G am 12.2.2009.

§ 34 Entlassung von Beamtinnen auf Probe und Beamten auf Probe
§ 35 Entlassung von Beamtinnen und Beamten in Führungsämtern auf Probe
§ 36 Entlassung von politischen Beamtinnen auf Probe und politischen Beamten auf Probe
§ 37 Entlassung von Beamtinnen auf Widerruf und Beamten auf Widerruf
§ 38 Verfahren der Entlassung
§ 39 Folgen der Entlassung
§ 40 Ausscheiden bei Wahlen oder Übernahme politischer Ämter
§ 41 Verlust der Beamtenrechte
§ 42 Wirkung eines Wiederaufnahmeverfahrens
§ 43 Gnadenrecht

Unterabschnitt 2. Dienstunfähigkeit

§ 44 Dienstunfähigkeit
§ 45 Begrenzte Dienstfähigkeit
§ 46 Wiederherstellung der Dienstfähigkeit
§ 47 Verfahren bei Dienstunfähigkeit
§ 48 Ärztliche Untersuchung
§ 49 Ruhestand beim Beamtenverhältnis auf Probe wegen Dienstunfähigkeit

Unterabschnitt 3. Ruhestand

§ 50 Wartezeit
§ 51 Ruhestand wegen Erreichens der Altersgrenze
§ 52 Ruhestand auf Antrag
§ 53 Hinausschieben des Eintritts in den Ruhestand
§ 54 Einstweiliger Ruhestand
§ 55 Einstweiliger Ruhestand bei organisatorischen Veränderungen
§ 56 Beginn des einstweiligen Ruhestands
§ 57 Erneute Berufung
§ 58 Ende des einstweiligen Ruhestands
§ 59 Zuständigkeit bei Versetzung in den Ruhestand

Abschnitt 6. Rechtliche Stellung im Beamtenverhältnis

Unterabschnitt 1. Allgemeine Pflichten und Rechte

§ 60 Grundpflichten
§ 61 Wahrnehmung der Aufgaben, Verhalten und Erscheinungsbild
§ 62 Folgepflicht
§ 63 Verantwortung für die Rechtmäßigkeit
§ 64 Eidespflicht, Eidesformel
§ 65 Befreiung von Amtshandlungen
§ 66 Verbot der Führung der Dienstgeschäfte
§ 67 Verschwiegenheitspflicht
§ 68 Versagung der Aussagegenehmigung
§ 69 Gutachtenerstattung
§ 70 Auskünfte an die Medien
§ 71 Verbot der Annahme von Belohnungen, Geschenken und sonstigen Vorteilen
§ 72 Wahl der Wohnung
§ 73 Aufenthaltspflicht
§ 74 Dienstkleidung
§ 75 Pflicht zum Schadensersatz
§ 76 Übergang eines Schadensersatzanspruchs gegen Dritte
§ 77 Nichterfüllung von Pflichten
§ 78 Fürsorgepflicht des Dienstherrn
§ 78a Zahlung durch den Dienstherrn bei Schmerzensgeldansprüchen
§ 79 Mutterschutz, Elternzeit und Jugendarbeitsschutz
§ 80 Beihilfe in Krankheits-, Pflege- und Geburtsfällen
§ 81 Reisekosten
§ 82 Umzugskosten
§ 83 Trennungsgeld
§ 84 Jubiläumszuwendung
§ 84a Rückforderung zu viel gezahlter Geldleistungen
§ 85 Dienstzeugnis
§ 86 Amtsbezeichnungen

Unterabschnitt 2. Arbeitszeit

§ 87 Arbeitszeit
§ 88 Mehrarbeit
§ 89 Erholungsurlaub
§ 90 Urlaub aus anderen Anlässen, Mandatsträgerinnen und Mandatsträger
§ 91 Teilzeit
§ 92 Familienbedingte Teilzeit, familienbedingte Beurlaubung
§ 92a Familienpflegezeit mit Vorschuss
§ 92b Pflegezeit mit Vorschuss
§ 93 Altersteilzeit
§ 94 Hinweispflicht
§ 95 Beurlaubung ohne Besoldung
§ 96 Fernbleiben vom Dienst

Unterabschnitt 3. Nebentätigkeit

§ 97 Begriffsbestimmungen
§ 98 Nebentätigkeit im öffentlichen Dienst
§ 99 Genehmigungspflichtige Nebentätigkeiten
§ 100 Nicht genehmigungspflichtige Nebentätigkeiten
§ 101 Ausübung von Nebentätigkeiten
§ 102 Regressanspruch für die Haftung aus angeordneter Nebentätigkeit
§ 103 Erlöschen der mit dem Hauptamt verbundenen Nebentätigkeit
§ 104 Erlass ausführender Rechtsverordnungen
§ 105 Anzeigepflicht nach Beendigung des Beamtenverhältnisses

Unterabschnitt 4. Personalaktenrecht

§ 106 Personalakte
§ 107 Zugang zur Personalakte
§ 108 Beihilfeakte
§ 109 Anhörung
§ 110 Auskunft
§ 111 Übermittlung von Personalaktendaten und Auskünfte an Dritte
§ 111a Verarbeitung von Personalaktendaten im Auftrag
§ 111b Aufgabenübertragung
§ 112 Entfernung von Unterlagen
§ 113 Aufbewahrungsfrist
§ 114 Automatisierte Verarbeitung von Personalaktendaten
§ 115 Übermittlungen in Strafverfahren

Abschnitt 7. Beamtenvertretung

§ 116 Mitgliedschaft in Gewerkschaften und Berufsverbänden
§ 117 Personalvertretung
§ 118 Beteiligung der Spitzenorganisationen

Abschnitt 8. Bundespersonalausschuss

§ 119 Aufgaben; Verordnungsermächtigung
§ 120 Mitglieder
§ 121 Rechtsstellung der Mitglieder
§ 122 Geschäftsordnung
§ 123 Sitzungen und Beschlüsse
§ 124 Beweiserhebung, Auskünfte und Amtshilfe

Abschnitt 9. Beschwerdeweg und Rechtsschutz

§ 125 Dienstweg bei Anträgen und Beschwerden
§ 126 Verwaltungsrechtsweg
§ 127 Vertretung des Dienstherrn
§ 128 Zustellung von Verfügungen und Entscheidungen

Abschnitt 10. Besondere Rechtsverhältnisse

§ 129 Beamtinnen und Beamte oberster Bundesorgane
§ 130 Wissenschaftliches und leitendes Personal der Hochschulen des Bundes
§ 131 Einstellungsvoraussetzungen für Hochschullehrerinnen und Hochschullehrer sowie wissenschaftliche Mitarbeiterinnen und wissenschaftliche Mitarbeiter

§ 132 Dienstrechtliche Stellung des hauptberuflichen wissenschaftlichen und leitenden Personals der Hochschulen
§ 133 Ehrenbeamtinnen und Ehrenbeamte

Abschnitt 11. Umbildung von Körperschaften

§ 134 Umbildung einer Körperschaft
§ 135 Rechtsfolgen der Umbildung
§ 136 Rechtsstellung der Beamtinnen und Beamten
§ 137 Rechtsstellung der Versorgungsempfängerinnen und Versorgungsempfänger

Abschnitt 12. Spannungs- und Verteidigungsfall, Verwendungen im Ausland

§ 138 Anwendungsbereich
§ 139 Dienstleistung im Verteidigungsfall
§ 140 Aufschub der Entlassung und des Ruhestands
§ 141 Erneute Berufung von Ruhestandsbeamtinnen und Ruhestandsbeamten
§ 142 Verpflichtung zur Gemeinschaftsunterkunft und Mehrarbeit
§ 143 Verwendungen im Ausland

Abschnitt 13. Übergangs- und Schlussvorschriften

§ 144 Entscheidungsrecht oberster Bundesbehörden
§ 145 Rechtsverordnungen, Durchführungsvorschriften
§ 146 Öffentlich-rechtliche Religionsgesellschaften
§ 147 Übergangsregelungen

Abschnitt 1. Allgemeine Vorschriften

§ 1 Geltungsbereich. Dieses Gesetz gilt für die Beamtinnen und Beamten des Bundes, soweit nicht gesetzlich etwas anderes bestimmt ist.

§ 2 Dienstherrnfähigkeit. Das Recht, Beamtinnen und Beamte zu haben, besitzen der Bund sowie bundesunmittelbare Körperschaften, Anstalten und Stiftungen des öffentlichen Rechts, die dieses Recht zum Zeitpunkt des Inkrafttretens dieses Gesetzes besitzen oder denen es danach durch Gesetz oder aufgrund eines Gesetzes verliehen wird.

§ 3 Begriffsbestimmungen. (1) Oberste Dienstbehörde der Beamtin oder des Beamten ist die oberste Behörde eines Dienstherrn, in deren Geschäftsbereich die Beamtin oder der Beamte ein Amt wahrnimmt.

(2) Dienstvorgesetzte oder Dienstvorgesetzter ist, wer für beamtenrechtliche Entscheidungen über die persönlichen Angelegenheiten der ihr oder ihm nachgeordneten Beamtinnen und Beamten zuständig ist.

(3) Vorgesetzte oder Vorgesetzter ist, wer dienstliche Anordnungen erteilen darf.

(4) Die Dienstvorgesetzten- und Vorgesetzteneigenschaft bestimmt sich nach dem Aufbau der Verwaltung.

Abschnitt 2. Beamtenverhältnis

§ 4 Beamtenverhältnis. Beamtinnen und Beamte stehen zu ihrem Dienstherrn in einem öffentlich-rechtlichen Dienst- und Treueverhältnis (Beamtenverhältnis).

§ 5 Zulässigkeit des Beamtenverhältnisses. Die Berufung in das Beamtenverhältnis ist nur zulässig zur Wahrnehmung

1. hoheitsrechtlicher Aufgaben oder

2. von Aufgaben, die zur Sicherung des Staates oder des öffentlichen Lebens nicht ausschließlich Personen übertragen werden dürfen, die in einem privatrechtlichen Arbeitsverhältnis stehen.

§ 6 Arten des Beamtenverhältnisses. (1) [1]Das Beamtenverhältnis auf Lebenszeit dient der dauernden Wahrnehmung von Aufgaben nach § 5. [2]Es bildet die Regel.

(2) [1]Das Beamtenverhältnis auf Zeit ist in gesetzlich besonders bestimmten Fällen zulässig und dient der befristeten Wahrnehmung von Aufgaben nach § 5. [2]Für das Beamtenverhältnis auf Zeit gelten die Vorschriften über das Beamtenverhältnis auf Lebenszeit entsprechend, soweit nicht gesetzlich etwas anderes bestimmt ist.

(3) Das Beamtenverhältnis auf Probe dient der Ableistung einer Probezeit

1. zur späteren Verwendung auf Lebenszeit oder
2. zur Übertragung eines Amtes mit leitender Funktion.

(4) Das Beamtenverhältnis auf Widerruf dient

1. der Ableistung eines Vorbereitungsdienstes oder
2. der vorübergehenden Wahrnehmung von Aufgaben nach § 5.

(5) [1]Das Ehrenbeamtenverhältnis dient der unentgeltlichen Wahrnehmung von Aufgaben nach § 5. [2]Es kann nicht in ein Beamtenverhältnis anderer Art und ein solches kann nicht in ein Ehrenbeamtenverhältnis umgewandelt werden.

§ 7 Voraussetzungen des Beamtenverhältnisses. (1) [1]In das Beamtenverhältnis darf berufen werden, wer

1. Deutsche oder Deutscher im Sinne des Artikels 116 Absatz 1 des Grundgesetzes[1)] ist oder die Staatsangehörigkeit
   a) eines anderen Mitgliedstaates der Europäischen Union oder
   b) eines anderen Vertragsstaates des Abkommens über den Europäischen Wirtschaftsraum oder
   c) eines Drittstaates, dem die Bundesrepublik Deutschland und die Europäische Union vertraglich einen entsprechenden Anspruch auf Anerkennung der Berufsqualifikationen eingeräumt haben,

   besitzt,
2. die Gewähr dafür bietet, jederzeit für die freiheitliche demokratische Grundordnung im Sinne des Grundgesetzes einzutreten, und
3. a) die für die entsprechende Laufbahn vorgeschriebene Vorbildung besitzt oder
   b) die erforderliche Befähigung durch Lebens- und Berufserfahrung erworben hat.

[2]In das Beamtenverhältnis darf nicht berufen werden, wer unveränderliche Merkmale des Erscheinungsbilds aufweist, die mit der Erfüllung der Pflichten nach § 61 Absatz 2 nicht vereinbar sind.

[1)] Nr. 1.

(2) Wenn die Aufgaben es erfordern, darf nur eine Deutsche oder ein Deutscher im Sinne des Artikels 116 Absatz 1 des Grundgesetzes[1)] in ein Beamtenverhältnis berufen werden.

(3) Das Bundesministerium des Innern, für Bau und Heimat kann Ausnahmen von Absatz 1 Nr. 1 und Absatz 2 zulassen, wenn für die Berufung der Beamtin oder des Beamten ein dringendes dienstliches Bedürfnis besteht.

§ 8 Stellenausschreibung. (1) [1] Zu besetzende Stellen sind auszuschreiben. [2] Bei der Einstellung von Bewerberinnen und Bewerbern muss die Ausschreibung öffentlich sein. [3] Ausnahmen von den Sätzen 1 und 2 kann die Bundesregierung durch Rechtsverordnung regeln.

(2) [1] Die Art der Ausschreibung regelt die oberste Dienstbehörde nach Maßgabe des § 6 des Bundesgleichstellungsgesetzes[2)]. [2] Sie kann diese Befugnis auf unmittelbar nachgeordnete Behörden übertragen.

§ 9 Auswahlkriterien. [1] Die Auswahl der Bewerberinnen und Bewerber richtet sich nach Eignung, Befähigung und fachlicher Leistung ohne Rücksicht auf Geschlecht, Abstammung, Rasse oder ethnische Herkunft, Behinderung, Religion oder Weltanschauung, politische Anschauungen, Herkunft, Beziehungen oder sexuelle Identität. [2] Dem stehen gesetzliche Maßnahmen zur Durchsetzung der tatsächlichen Gleichstellung im Erwerbsleben, insbesondere Quotenregelungen mit Einzelfallprüfung sowie zur Förderung schwerbehinderter Menschen nicht entgegen.

§ 10 Ernennung. (1) Einer Ernennung bedarf es zur

1. Begründung des Beamtenverhältnisses,
2. Umwandlung des Beamtenverhältnisses in ein solches anderer Art,
3. Verleihung eines anderen Amtes mit anderem Endgrundgehalt und anderer Amtsbezeichnung oder
4. Verleihung eines anderen Amtes mit anderer Amtsbezeichnung beim Wechsel der Laufbahngruppe.

(2) [1] Die Ernennung erfolgt durch Aushändigung einer Ernennungsurkunde. [2] In der Urkunde müssen enthalten sein

1. bei der Begründung des Beamtenverhältnisses die Wörter „unter Berufung in das Beamtenverhältnis“ mit dem die Art des Beamtenverhältnisses bestimmenden Zusatz „auf Lebenszeit“, „auf Probe“, „auf Widerruf“ oder „als Ehrenbeamtin“ oder „als Ehrenbeamter“ oder „auf Zeit“ mit der Angabe der Zeitdauer der Berufung,
2. bei der Umwandlung des Beamtenverhältnisses in ein solches anderer Art die diese Art bestimmenden Wörter nach Nummer 1 und
3. bei der Verleihung eines Amtes die Amtsbezeichnung.

(3) Mit der Begründung eines Beamtenverhältnisses auf Probe, auf Lebenszeit und auf Zeit wird gleichzeitig ein Amt verliehen.

[1)] Nr. **1**.
[2)] Nr. **6**.

§ 11 Voraussetzungen der Ernennung auf Lebenszeit; Verordnungsermächtigung. (1) [1] Zur Beamtin auf Lebenszeit oder zum Beamten auf Lebenszeit darf nur ernannt werden, wer

1. die in § 7 bezeichneten Voraussetzungen erfüllt und
2. sich in einer Probezeit in vollem Umfang bewährt hat.

[2] Für die Feststellung der Bewährung gilt ein strenger Maßstab. [3] Die Probezeit dauert mindestens drei Jahre. [4] Die Anrechnung einer gleichwertigen Tätigkeit kann bis zu einer Mindestprobezeit von einem Jahr vorgesehen werden. [5] Die Bundesregierung regelt durch Rechtsverordnung die Einzelheiten, insbesondere regelt sie

1. die Kriterien und das Verfahren der Bewährungsfeststellung,
2. die Mindestprobezeit sowie Ausnahmen von der Mindestprobezeit,
3. die Verlängerung der Probezeit und die Anrechnung von Zeiten gleichwertiger Tätigkeiten auf die Probezeit.

(2) [1] Ein Beamtenverhältnis auf Probe ist spätestens nach fünf Jahren in ein solches auf Lebenszeit umzuwandeln, wenn die beamtenrechtlichen Voraussetzungen hierfür erfüllt sind. [2] Die Frist verlängert sich um die Zeit, um die sich die Probezeit wegen Elternzeit oder einer Beurlaubung unter Wegfall der Besoldung verlängert.

§ 11a Ableisten eines Vorbereitungsdienstes durch Beamtinnen auf Lebenszeit und Beamte auf Lebenszeit. (1) Eine Beamtin auf Lebenszeit oder ein Beamter auf Lebenszeit kann zur Ableistung eines fachspezifischen Vorbereitungsdienstes des Bundes zur Erlangung der Befähigung für eine höhere Laufbahn oder für eine andere Laufbahn derselben oder einer höheren Laufbahngruppe zur Beamtin auf Widerruf oder zum Beamten auf Widerruf ernannt werden, wenn die Dienstbehörde die Fortdauer des Beamtenverhältnisses auf Lebenszeit neben dem Beamtenverhältnis auf Widerruf anordnet.

(2) Hat eine Beamtin auf Lebenszeit oder ein Beamter auf Lebenszeit den Vorbereitungsdienst nach Absatz 1 abgeschlossen, kann sie oder er zur Ableistung einer Probezeit für die neue Laufbahn zur Beamtin auf Probe oder zum Beamten auf Probe ernannt werden, wenn die bisherige Dienstbehörde im Einvernehmen mit der neuen Dienstbehörde die Fortdauer des Beamtenverhältnisses auf Lebenszeit neben dem Beamtenverhältnis auf Probe anordnet.

(3) Für die Dauer des Vorbereitungsdienstes und der Probezeit ruhen die Rechte und Pflichten aus dem im Beamtenverhältnis auf Lebenszeit übertragenen Amt.

(4) Vorschriften über den Wechsel in eine andere Laufbahn derselben Laufbahngruppe bleiben unberührt.

§ 12 Zuständigkeit und Wirksamwerden der Ernennung. (1) Die Bundespräsidentin oder der Bundespräsident oder eine von ihr oder ihm bestimmte Stelle ernennt die Beamtinnen und Beamten, soweit gesetzlich nichts anderes bestimmt ist.

(2) [1] Die Ernennung wird mit dem Tag der Aushändigung der Ernennungsurkunde wirksam, wenn nicht in der Urkunde ausdrücklich ein späterer Zeitpunkt bestimmt ist. [2] Eine Ernennung auf einen zurückliegenden Zeitpunkt ist unzulässig und insoweit unwirksam.

(3) Mit der Ernennung erlischt ein privatrechtliches Arbeitsverhältnis zum Dienstherrn.

§ 13 Nichtigkeit der Ernennung. (1) Die Ernennung ist nichtig, wenn
1. sie nicht der in § 10 Abs. 2 vorgeschriebenen Form entspricht,
2. sie von einer sachlich unzuständigen Behörde ausgesprochen wurde oder
3. zum Zeitpunkt der Ernennung
   a) nach § 7 Absatz 1 Satz 1 Nummer 1 keine Ernennung erfolgen durfte und keine Ausnahme nach § 7 Abs. 3 zugelassen war oder
   b) die Fähigkeit zur Wahrnehmung öffentlicher Ämter nicht vorlag.

(2) Die Ernennung ist von Anfang an als wirksam anzusehen, wenn
1. im Fall des Absatzes 1 Nummer 1 aus der Urkunde oder aus dem Akteninhalt eindeutig hervorgeht, dass die für die Ernennung zuständige Stelle ein bestimmtes Beamtenverhältnis begründen oder ein bestehendes Beamtenverhältnis in ein solches anderer Art umwandeln wollte, für das die sonstigen Voraussetzungen vorliegen, und die oder der Dienstvorgesetzte dies schriftlich festgestellt hat; das Gleiche gilt, wenn die Angabe der Dauer fehlt, die Dauer aber durch Rechtsvorschrift bestimmt ist,
2. im Fall des Absatzes 1 Nr. 2 die sachlich zuständige Behörde die Ernennung bestätigt oder
3. im Fall des Absatzes 1 Nr. 3 Buchstabe a eine Ausnahme nach § 7 Abs. 3 nachträglich zugelassen wird.

§ 14 Rücknahme der Ernennung. (1) Die Ernennung ist mit Wirkung auch für die Vergangenheit zurückzunehmen, wenn
1. sie durch Zwang, arglistige Täuschung oder Bestechung herbeigeführt wurde,
2. dem Dienstherrn zum Zeitpunkt der Ernennung nicht bekannt war, dass die ernannte Person vor ihrer Ernennung ein Verbrechen oder ein Vergehen begangen hat, aufgrund dessen sie vor oder nach ihrer Ernennung rechtskräftig zu einer Strafe verurteilt worden ist und das sie für die Berufung in das Beamtenverhältnis als unwürdig erscheinen lässt, oder
3. die Ernennung nach § 7 Abs. 2 nicht erfolgen durfte und eine Ausnahme nach § 7 Abs. 3 nicht zugelassen war und eine Ausnahme nicht nachträglich zugelassen wird.

(2) [1] Die Ernennung soll zurückgenommen werden, wenn dem Dienstherrn nicht bekannt war, dass gegen die ernannte Person in einem Disziplinarverfahren auf Entfernung aus dem Beamtenverhältnis oder auf Aberkennung des Ruhegehalts erkannt worden war. [2] Dies gilt auch, wenn die Entscheidung gegen eine Beamtin oder einen Beamten der Europäischen Union oder eines Staates nach § 7 Absatz 1 Satz 1 Nummer 1 ergangen ist.

(3) [1] Die oberste Dienstbehörde nimmt die Ernennung innerhalb von sechs Monaten zurück, nachdem sie von ihr und dem Grund der Rücknahme Kenntnis erlangt hat. [2] Der Rücknahmebescheid wird der Beamtin oder dem Beamten zugestellt. [3] Die oberste Dienstbehörde kann die Aufgaben nach den Sätzen 1 und 2 auf unmittelbar nachgeordnete Behörden übertragen.

§ 15 Rechtsfolgen nichtiger oder zurückgenommener Ernennungen. [1] Ist die erstmalige Ernennung nichtig oder zurückgenommen worden, hat die oder der Dienstvorgesetzte jede weitere Wahrnehmung der Dienstgeschäfte zu verbieten. [2] Bei Nichtigkeit ist das Verbot erst dann auszusprechen, wenn die sachlich zuständige Behörde es abgelehnt hat, die Ernennung zu bestätigen, oder die Ausnahme nach § 7 Abs. 3 nicht nachträglich zugelassen wird. [3] Die bis zu dem Verbot oder bis zur Zustellung der Erklärung der Rücknahme vorgenommenen Amtshandlungen sind in gleicher Weise gültig, wie wenn eine Beamtin oder ein Beamter sie ausgeführt hätte. [4] Die gezahlte Besoldung kann belassen werden.

Abschnitt 3. Laufbahnen

§ 16 Laufbahn. (1) Eine Laufbahn umfasst alle Ämter, die verwandte und gleichwertige Vor- und Ausbildungen voraussetzen.

(2) [1] Die Befähigung für die Laufbahn, in die eingestellt, gewechselt oder von einem anderen Dienstherrn versetzt werden soll, ist festzustellen und der Beamtin oder dem Beamten schriftlich mitzuteilen. [2] Gleiches gilt, wenn die Beamtin oder der Beamte infolge der Umbildung einer Körperschaft übernommen wird oder kraft Gesetzes in den Dienst der aufnehmenden Körperschaft übertritt.

§ 17 Zulassung zu den Laufbahnen. (1) Für die Zulassung zu den Laufbahnen werden die Bildungsgänge und ihre Abschlüsse den Laufbahnen unter Berücksichtigung der mit der Laufbahn verbundenen Anforderungen zugeordnet.

(2) Für die Zulassung zu den Laufbahnen des einfachen Dienstes sind mindestens zu fordern

1. als Bildungsvoraussetzung
   a) der erfolgreiche Besuch einer Hauptschule oder
   b) ein als gleichwertig anerkannter Bildungsstand und
2. als sonstige Voraussetzung
   a) ein Vorbereitungsdienst oder
   b) eine abgeschlossene Berufsausbildung.

(3) Für die Zulassung zu den Laufbahnen des mittleren Dienstes sind mindestens zu fordern

1. als Bildungsvoraussetzung
   a) der Abschluss einer Realschule oder
   b) der erfolgreiche Besuch einer Hauptschule und eine abgeschlossene Berufsausbildung oder
   c) der erfolgreiche Besuch einer Hauptschule und eine Ausbildung in einem öffentlich-rechtlichen Ausbildungsverhältnis oder
   d) ein als gleichwertig anerkannter Bildungsstand und
2. als sonstige Voraussetzung
   a) ein mit einer Laufbahnprüfung abgeschlossener Vorbereitungsdienst oder
   b) eine inhaltliche dessen Anforderungen entsprechende abgeschlossene Berufsausbildung oder

c) eine abgeschlossene Berufsausbildung und eine hauptberufliche Tätigkeit.

(4) Für die Zulassung zu den Laufbahnen des gehobenen Dienstes sind mindestens zu fordern

1. als Bildungsvoraussetzung
   a) eine zu einem Hochschulstudium berechtigende Schulbildung oder
   b) ein als gleichwertig anerkannter Bildungsstand und
2. als sonstige Voraussetzung
   a) ein mit einer Laufbahnprüfung abgeschlossener Vorbereitungsdienst oder
   b) ein inhaltlich dessen Anforderungen entsprechendes mit einem Bachelor abgeschlossenes Hochschulstudium oder ein gleichwertiger Abschluss oder
   c) ein mit einem Bachelor abgeschlossenes Hochschulstudium oder ein gleichwertiger Abschluss und eine hauptberufliche Tätigkeit.

(5) Für die Zulassung zu den Laufbahnen des höheren Dienstes sind mindestens zu fordern

1. als Bildungsvoraussetzung
   a) ein mit einem Master abgeschlossenes Hochschulstudium oder
   b) ein gleichwertiger Abschluss und
2. als sonstige Voraussetzung
   a) ein mit einer Laufbahnprüfung abgeschlossener Vorbereitungsdienst oder
   b) eine inhaltlich dem Vorbereitungsdienst entsprechende Ausbildung und eine inhaltlich der Laufbahnprüfung entsprechende Prüfung oder
   c) eine hauptberufliche Tätigkeit.

(6) Vor- und Ausbildung, Prüfung sowie sonstige Voraussetzungen müssen geeignet sein, die Befähigung für die Laufbahn zu vermitteln.

(7) Die Bundesregierung kann durch Rechtsverordnung Ausnahmen von den Absätzen 2 bis 5 zulassen.

§ 18 Anerkennung der Laufbahnbefähigung aufgrund der Richtlinie 2005/36/EG und aufgrund in Drittstaaten erworbener Berufsqualifikationen. (1) Die Laufbahnbefähigung kann auch aufgrund

1. der Richtlinie 2005/36/EG des Europäischen Parlaments und des Rates vom 7. September 2005 über die Anerkennung von Berufsqualifikationen (ABl. L 255 vom 30.9.2005, S. 22, L 271 vom 16.10.2007, S. 18, L 93 vom 4.4.2008, S. 28, L 33 vom 3.2.2009, S. 49), die zuletzt durch die Richtlinie 2013/55/EU (ABl. L 354 vom 28.12.2013, S. 132) geändert worden ist,
2. eines mit einem Drittstaat geschlossenen Vertrages, in dem die Bundesrepublik Deutschland und die Europäische Union einen entsprechenden Anspruch auf Anerkennung der Berufsqualifikationen eingeräumt haben, oder
3. einer auf eine Tätigkeit in einer öffentlichen Verwaltung vorbereitenden Berufsqualifikation, die in einem von § 7 Absatz 1 Satz 1 Nummer 1 Buchstabe c nicht erfassten Drittstaat erworben worden ist,

anerkannt werden.

(2) Die deutsche Sprache muss in dem für die Wahrnehmung der Aufgaben der Laufbahn erforderlichen Maß beherrscht werden.

(3) Das Bundesministerium des Innern, für Bau und Heimat wird ermächtigt, durch Rechtsverordnung die Voraussetzungen und das Verfahren der Anerkennung zu bestimmen.

(4) Das Berufsqualifikationsfeststellungsgesetz findet mit Ausnahme des § 12 Absatz 5 Satz 2 und des § 17 keine Anwendung.

§ 19 Andere Bewerberinnen und andere Bewerber. Der Bundespersonalausschuss oder ein von ihm bestimmter unabhängiger Ausschuss stellt fest, wer die Befähigung für eine Laufbahn ohne die vorgeschriebene Vorbildung durch Lebens- und Berufserfahrung erworben hat.

§ 20 Einstellung. [1] Die Einstellung in ein höheres Amt als das Eingangsamt der Laufbahn ist zulässig bei entsprechenden beruflichen Erfahrungen oder sonstigen Qualifikationen, die zusätzlich zu den Abschlüssen und beruflichen Erfahrungen, die für die Anerkennung der Laufbahnbefähigung erforderlich sind, erworben wurden. [2] Das Nähere regelt die Bundesregierung durch Rechtsverordnung.

§ 21 Dienstliche Beurteilung; Verordnungsermächtigung. (1) [1] Eignung, Befähigung und fachliche Leistung der Beamtinnen und Beamten sind regelmäßig, mindestens jedoch alle drei Jahre, zu beurteilen. [2] Sie sind zusätzlich zu beurteilen, wenn es die dienstlichen oder persönlichen Verhältnisse erfordern.

(2) Die Bundesregierung wird ermächtigt, durch Rechtsverordnung Grundsätze für dienstliche Beurteilungen sowie für das Beurteilungsverfahren zu regeln, insbesondere über

1. den Inhalt der Beurteilung, beispielsweise die Festlegung von zu beurteilenden Merkmalen von Eignung, Befähigung und fachlicher Leistung,
2. ein Bewertungssystem für die Beurteilung,
3. die Ausgestaltung des Beurteilungsmaßstabs, beispielsweise die konkrete Festlegung von Richtwerten oder die Möglichkeit, von den Richtwerten aus Gründen der Einzelfallgerechtigkeit abzuweichen,
4. die Festlegung von Mindestanforderungen an die an der Beurteilung mitwirkenden Personen,
5. die Bekanntgabe des Ergebnisses eines Beurteilungsdurchgangs,
6. die Voraussetzungen und das Verfahren einer fiktiven Fortschreibung von Beurteilungen und
7. Ausnahmen von der Beurteilungspflicht.

§ 22 Beförderungen. (1) [1] Für Beförderungen gelten die Grundsätze des § 9. [2] Erfolgt die Auswahlentscheidung auf der Grundlage dienstlicher Beurteilungen, darf das Ende des letzten Beurteilungszeitraums zum Zeitpunkt der Auswahlentscheidung höchstens drei Jahre zurückliegen.

(2) Beförderungen, die mit einer höherwertigen Funktion verbunden sind, setzen eine mindestens sechsmonatige Erprobungszeit voraus.

(3) Ämter, die nach der Gestaltung der Laufbahn regelmäßig zu durchlaufen sind, dürfen nicht übersprungen werden.

(4) Eine Beförderung ist unzulässig vor Ablauf eines Jahres

1. seit der Einstellung in das Beamtenverhältnis auf Probe oder

2. a) seit der Einstellung in das Beamtenverhältnis auf Lebenszeit oder
   b) seit der letzten Beförderung,

   es sei denn, das bisherige Amt musste nicht regelmäßig durchlaufen werden.

(5) Der Bundespersonalausschuss kann Ausnahmen von den Absätzen 2 bis 4 zulassen, wenn sie die Bundesregierung nicht durch Rechtsverordnung regelt.

§ 22a Aufstieg; Verordnungsermächtigung. (1) Vor dem Wechsel in ein Amt einer höheren Laufbahngruppe (Aufstieg) ist die erforderliche Qualifikation durch eine Prüfung nachzuweisen.

(2) Die Bundesregierung regelt durch Rechtsverordnung die Einzelheiten zu den Voraussetzungen und zum Verfahren des Aufstiegs, insbesondere

1. legt sie Aufstiegsverfahren für die verschiedenen Laufbahngruppen fest,
2. gestaltet sie die Auswahlverfahren für den Aufstieg aus,
3. legt sie Altersgrenzen für die Zulassung zum Auswahlverfahren fest,
4. gestaltet sie die Aufstiegsverfahren aus,
5. legt sie die Voraussetzungen für die Übertragung des Amtes der neuen Laufbahn fest und
6. legt sie die Voraussetzungen für die Erstattung von Kosten einer Aufstiegsausbildung im Fall einer Entlassung fest.

§ 23 Beförderungssperre zwischen zwei Mandaten. [1] Legen Beamtinnen oder Beamte, deren Rechte und Pflichten aus dem Beamtenverhältnis ruhen oder die ohne Besoldung beurlaubt sind, ihr Mandat im Europäischen Parlament, im Deutschen Bundestag oder in der gesetzgebenden Körperschaft eines Landes nieder und bewerben sie sich zu diesem Zeitpunkt erneut um ein Mandat, ist die Übertragung eines anderen Amtes mit höherem Endgrundgehalt und die Übertragung eines anderen Amtes beim Wechsel der Laufbahngruppe nicht zulässig. [2] Satz 1 gilt entsprechend für die Zeit zwischen zwei Wahlperioden.

§ 24 Führungsämter auf Probe. (1) [1] Ein Amt mit leitender Funktion wird zunächst im Beamtenverhältnis auf Probe übertragen. [2] Die regelmäßige Probezeit beträgt zwei Jahre. [3] Die oberste Dienstbehörde kann eine Verkürzung zulassen, wenn vor Ablauf der Probezeit eine höherwertige Funktion übertragen wird oder die Funktion als ständige Vertretung der Amtsinhaberin oder des Amtsinhabers mindestens sechs Monate tatsächlich wahrgenommen wurde. [4] Die Mindestprobezeit beträgt ein Jahr. [5] Angerechnet werden können Zeiten, in denen die leitende Funktion oder eine gleichwertige Funktion als Beamtin oder Beamter der Bundesbesoldungsordnungen B, W oder R oder der früheren Bundesbesoldungsordnung C oder entsprechender Landesbesoldungsordnungen oder als Richterin oder Richter bereits übertragen war. [6] Eine Verlängerung der Probezeit ist nicht zulässig, es sei denn, wegen Elternzeit konnte die Mindestprobezeit nicht geleistet werden. [7] Bei Beurlaubungen im dienstlichen Interesse kann von der Probezeit abgesehen werden. [8] § 22 Abs. 2 und 4 Nr. 1 ist nicht anzuwenden.

(2) [1] In ein Amt mit leitender Funktion darf berufen werden, wer

1. sich in einem Beamtenverhältnis auf Lebenszeit befindet und
2. in dieses Amt auch als Beamtin auf Lebenszeit oder Beamter auf Lebenszeit berufen werden könnte.

[2]Mit der Ernennung ruhen für die Dauer der Probezeit die Rechte und Pflichten aus dem zuletzt im Beamtenverhältnis auf Lebenszeit übertragenen Amt mit Ausnahme der Pflicht zur Verschwiegenheit und des Verbotes der Annahme von Belohnungen, Geschenken und sonstigen Vorteilen. [3]Das Beamtenverhältnis auf Lebenszeit besteht fort. [4]Dienstvergehen, die mit Bezug auf das Beamtenverhältnis auf Lebenszeit oder das Beamtenverhältnis auf Probe begangen worden sind, werden so verfolgt, als stünde die Beamtin oder der Beamte nur im Beamtenverhältnis auf Lebenszeit.

(3) [1]Der Bundespersonalausschuss kann Ausnahmen von Absatz 2 Satz 1 zulassen, wenn sie die Bundesregierung nicht durch Rechtsverordnung regelt. [2]Besteht nur ein Beamtenverhältnis auf Probe nach Absatz 1, beträgt die regelmäßige Probezeit drei Jahre und die Mindestprobezeit zwei Jahre. [3]Die für die Beamtinnen auf Probe und Beamten auf Probe geltenden Vorschriften des Bundesdisziplinargesetzes[1)] bleiben unberührt.

(4) [1]Mit erfolgreichem Abschluss der Probezeit soll das Amt nach Absatz 1 auf Dauer im Beamtenverhältnis auf Lebenszeit übertragen werden. [2]Eine erneute Berufung in ein Beamtenverhältnis auf Probe zur Übertragung dieses Amtes innerhalb eines Jahres ist nicht zulässig. [3]Wird das Amt nicht auf Dauer übertragen, erlischt der Anspruch auf Besoldung aus diesem Amt. [4]Weiter gehende Ansprüche bestehen nicht.

(5) [1]Ämter im Sinne des Absatzes 1 sind Ämter der Besoldungsgruppen B 6 bis B 9 in obersten Bundesbehörden sowie die der Besoldungsordnung B angehörenden Ämter der Leiterinnen und Leiter der übrigen Bundesbehörden sowie der bundesunmittelbaren Körperschaften, Anstalten und Stiftungen des öffentlichen Rechts, wenn sie keine richterliche Unabhängigkeit besitzen. [2]Ausgenommen sind das Amt der Direktorin und des Direktors beim Bundesverfassungsgericht sowie die den Funktionen der stellvertretenden Direktorin und des stellvertretenden Direktors des Bundesrates zugeordneten Ämter.

(6) [1]Beamtinnen und Beamte führen während ihrer Amtszeit im Dienst nur die Amtsbezeichnung des ihnen nach Absatz 1 übertragenen Amtes. [2]Sie dürfen nur diese auch außerhalb des Dienstes führen. [3]Wird ihnen das Amt nach Absatz 1 nicht auf Dauer übertragen, dürfen sie die Amtsbezeichnung nach Satz 1 nach dem Ausscheiden aus dem Beamtenverhältnis auf Probe nicht weiterführen.

§ 25 Benachteiligungsverbote. [1]Schwangerschaft, Mutterschutz und Elternzeit dürfen sich bei der Einstellung und dem beruflichen Fortkommen nicht nachteilig auswirken. [2]Dies gilt auch für Teilzeit, Telearbeit und familienbedingte Beurlaubung, wenn nicht zwingende sachliche Gründe vorliegen.

§ 26 Ermächtigung zum Erlass von Laufbahn- und Vorbereitungsdienstverordnungen. (1) Die Bundesregierung wird ermächtigt, durch Rechtsverordnung nach Maßgabe der §§ 16 bis 25 allgemeine Vorschriften für die Laufbahnen und die Vorbereitungsdienste zu erlassen, insbesondere Vorschriften über

1. die Gestaltung der Laufbahnen, einschließlich der regelmäßig zu durchlaufenden Ämter,

---

[1)] Nr. 17.

2. den Erwerb und die Anerkennung der Laufbahnbefähigung, einschließlich der Festlegung gleichwertiger Abschlüsse,
3. die Rahmenregelungen für Auswahlverfahren für die Einstellung in einen Vorbereitungsdienst,
4. die Anrechnung von Zeiten auf den Vorbereitungsdienst und die Voraussetzungen für eine Verkürzung des Vorbereitungsdienstes,
5. die Einstellungsvoraussetzungen für andere Bewerberinnen und andere Bewerber,
6. die Festlegung von Altersgrenzen,
7. die Voraussetzungen für den Laufbahnwechsel und
8. die Voraussetzungen für Beförderungen.

(2) [1]Die Bundesregierung wird ermächtigt, durch Rechtsverordnung nach Maßgabe der §§ 16 bis 25 besondere Vorschriften für die einzelnen Laufbahnen und Vorbereitungsdienste zu erlassen, insbesondere Vorschriften über
1. das Auswahlverfahren für die Einstellung in den Vorbereitungsdienst,
2. den Ablauf des Vorbereitungsdienstes, insbesondere über dessen Inhalte und Dauer,
3. die Prüfung und das Prüfungsverfahren, einschließlich der Prüfungsnoten, sowie
4. die Folgen der Nichtteilnahme an Prüfungen und die Folgen von Ordnungsverstößen.

[2]Die Bundesregierung kann die Befugnis nach Satz 1 durch Rechtsverordnung obersten Dienstbehörden übertragen.

Abschnitt 4. Abordnung, Versetzung und Zuweisung

§ 27 Abordnung. (1) [1]Eine Abordnung ist die vorübergehende Übertragung einer dem Amt der Beamtin oder des Beamten entsprechenden Tätigkeit bei einer anderen Dienststelle desselben oder eines anderen Dienstherrn unter Beibehaltung der Zugehörigkeit zur bisherigen Dienststelle. [2]Die Abordnung kann ganz oder teilweise erfolgen.

(2) [1]Eine Abordnung ist ganz oder teilweise aus dienstlichen Gründen auch zu einer nicht dem bisherigen Amt entsprechenden Tätigkeit möglich, wenn die Wahrnehmung der neuen Tätigkeit aufgrund der Vorbildung oder Berufsausbildung zumutbar ist. [2]Dabei ist auch die Abordnung zu einer Tätigkeit zulässig, die nicht einem Amt mit demselben Endgrundgehalt entspricht.

(3) [1]Die Abordnung bedarf der Zustimmung der Beamtin oder des Beamten, wenn sie
1. im Fall des Absatzes 2 länger als zwei Jahre dauert oder
2. zu einem anderen Dienstherrn erfolgt.

[2]Die Abordnung zu einem anderen Dienstherrn ist ohne Zustimmung zulässig, wenn die Tätigkeit einem Amt mit demselben Endgrundgehalt auch einer anderen Laufbahn entspricht und nicht länger als fünf Jahre dauert.

(4) [1]Die Abordnung zu einem anderen Dienstherrn wird von dem abgebenden im Einverständnis mit dem aufnehmenden Dienstherrn verfügt. [2]Das Einverständnis ist schriftlich oder elektronisch zu erklären.

(5) Werden Beamtinnen und Beamte des Bundes zu einem Land, einer Gemeinde, einem Gemeindeverband oder einer sonstigen nicht der Bundesaufsicht unterstehenden Körperschaft, Anstalt oder Stiftung des öffentlichen Rechts zur vorübergehenden Beschäftigung abgeordnet, sind, soweit zwischen den Dienstherren nichts anderes vereinbart ist, die für den Bereich des aufnehmenden Dienstherrn geltenden Vorschriften über die Pflichten und Rechte der Beamtinnen und Beamten entsprechend anzuwenden mit Ausnahme der Regelungen über Diensteid, Amtsbezeichnung, Zahlung von Bezügen, Krankenfürsorgeleistungen und Versorgung.

(6) Die Verpflichtung zur Zahlung der Besoldung hat auch der Dienstherr, zu dem die Abordnung erfolgt ist.

§ 28 Versetzung. (1) Eine Versetzung ist die auf Dauer angelegte Übertragung eines anderen Amtes bei einer anderen Dienststelle bei demselben oder einem anderen Dienstherrn.

(2) Eine Versetzung ist auf Antrag der Beamtin oder des Beamten oder aus dienstlichen Gründen ohne ihre oder seine Zustimmung zulässig, wenn das Amt mit mindestens demselben Endgrundgehalt verbunden ist wie das bisherige Amt, und die Tätigkeit aufgrund der Vorbildung oder Berufsausbildung zumutbar ist.

(3) [1] Bei der Auflösung oder einer wesentlichen Änderung des Aufbaus oder der Aufgaben einer Behörde oder der Verschmelzung von Behörden können Beamtinnen und Beamte, deren Aufgabengebiet davon berührt wird, ohne ihre Zustimmung in ein anderes Amt derselben oder einer anderen Laufbahn mit geringerem Endgrundgehalt im Bereich desselben Dienstherrn versetzt werden, wenn eine dem bisherigen Amt entsprechende Verwendung nicht möglich ist. [2] Das Endgrundgehalt muss mindestens dem des Amtes entsprechen, das die Beamtin oder der Beamte vor dem bisherigen Amt wahrgenommen hat. [3] Beamtinnen und Beamte sind verpflichtet, an Qualifizierungsmaßnahmen zum Erwerb der Befähigung für eine andere Laufbahn teilzunehmen.

(4) Im Übrigen bedarf die Versetzung der Zustimmung der Beamtin oder des Beamten.

(5) [1] Die Versetzung zu einem anderen Dienstherrn wird von dem abgebenden im Einverständnis mit dem aufnehmenden Dienstherrn verfügt. [2] Das Einverständnis ist schriftlich oder elektronisch zu erklären.

§ 29 Zuweisung. (1) [1] Beamtinnen und Beamten kann mit ihrer Zustimmung vorübergehend ganz oder teilweise eine ihrem Amt entsprechende Tätigkeit

1. bei einer öffentlichen Einrichtung ohne Dienstherrnfähigkeit im dienstlichen oder öffentlichen Interesse oder
2. bei einer anderen Einrichtung, wenn ein öffentliches Interesse es erfordert,

zugewiesen werden. [2] Die Entscheidung trifft die oberste Dienstbehörde oder eine von ihr bestimmte Stelle.

(2) Beamtinnen und Beamten einer Dienststelle, die ganz oder teilweise in eine öffentlich-rechtlich organisierte Einrichtung ohne Dienstherrnfähigkeit oder eine privatrechtlich organisierte Einrichtung der öffentlichen Hand umgewandelt wird, kann auch ohne ihre Zustimmung eine ihrem Amt entsprechen-

de Tätigkeit bei dieser Einrichtung zugewiesen werden, wenn öffentliche Interessen es erfordern.

(3) Die Rechtsstellung der Beamtinnen und Beamten bleibt unberührt.

Abschnitt 5. Beendigung des Beamtenverhältnisses

Unterabschnitt 1. Entlassung

§ 30 Beendigungsgründe. Das Beamtenverhältnis endet durch

1. Entlassung,
2. Verlust der Beamtenrechte,
3. Entfernung aus dem Beamtenverhältnis nach dem Bundesdisziplinargesetz[1] oder
4. Eintritt oder Versetzung in den Ruhestand.

§ 31 Entlassung kraft Gesetzes. (1) [1] Beamtinnen und Beamte sind entlassen, wenn

1. die Voraussetzungen des § 7 Absatz 1 Satz 1 Nummer 1 nicht mehr vorliegen und eine Ausnahme nach § 7 Abs. 3 auch nachträglich nicht zugelassen wird,
2. sie in ein öffentlich-rechtliches Dienst- oder Amtsverhältnis zu einem anderen Dienstherrn oder zu einer Einrichtung ohne Dienstherrnfähigkeit nach deutschem Recht treten oder zur Berufssoldatin, zum Berufssoldaten, zur Soldatin auf Zeit oder zum Soldaten auf Zeit ernannt werden, sofern gesetzlich nichts anderes bestimmt ist oder
3. sie in den Fällen des § 11a Absatz 2 eine Probezeit für die neue Laufbahn abgeleistet haben und in der neuen Laufbahn zu Beamtinnen auf Lebenszeit oder zu Beamten auf Lebenszeit ernannt sind.

[2] Satz 1 Nummer 2 gilt nicht, wenn

1. die Beamtin oder der Beamte in ein Beamtenverhältnis auf Widerruf oder in ein Ehrenbeamtenverhältnis eintritt oder
2. die oberste Dienstbehörde nach ihrem Ermessen die Fortdauer des Beamtenverhältnisses angeordnet hat, bevor die Beamtin oder der Beamte in das Dienst- oder Amtsverhältnis zu dem anderen Dienstherrn oder der Einrichtung eingetreten ist; bei Dienstherren im Sinne des Beamtenstatusgesetzes[2] kann die Fortdauer nur mit deren Einvernehmen angeordnet werden.

(2) [1] Die oberste Dienstbehörde entscheidet darüber, ob die Voraussetzungen des Absatzes 1 Satz 1 vorliegen, und stellt den Tag der Beendigung des Beamtenverhältnisses fest. [2] Die oberste Dienstbehörde kann diese Aufgaben auf unmittelbar nachgeordnete Behörden übertragen.

§ 32 Entlassung aus zwingenden Gründen. (1) Beamtinnen und Beamte sind zu entlassen, wenn sie

1. den Diensteid oder ein an dessen Stelle vorgeschriebenes Gelöbnis verweigern,

---

[1] Nr. 17.
[2] Nr. 4.

2. nicht in den Ruhestand oder einstweiligen Ruhestand versetzt werden können, weil eine versorgungsrechtliche Wartezeit nicht erfüllt ist, oder
3. zur Zeit der Ernennung Inhaberin oder Inhaber eines Amtes, das kraft Gesetzes mit dem Mandat unvereinbar ist, Mitglied des Deutschen Bundestages oder des Europäischen Parlaments waren und nicht innerhalb der von der obersten Dienstbehörde gesetzten angemessenen Frist ihr Mandat niederlegen.

(2) Beamtinnen und Beamte können entlassen werden, wenn sie in den Fällen des § 7 Abs. 2 die Eigenschaft als Deutsche oder Deutscher im Sinne des Artikels 116 Absatz 1 des Grundgesetzes[1)] verlieren.

§ 33 Entlassung auf Verlangen. (1) [1] Beamtinnen und Beamte sind zu entlassen, wenn sie gegenüber der zuständigen Behörde schriftlich ihre Entlassung verlangen. [2] Die Erklärung kann, solange die Entlassungsverfügung noch nicht zugegangen ist, innerhalb von zwei Wochen nach Zugang bei der zuständigen Behörde zurückgenommen werden, mit Zustimmung der zuständigen Behörde auch nach Ablauf dieser Frist.

(2) [1] Die Entlassung kann jederzeit verlangt werden. [2] Sie ist für den beantragten Zeitpunkt auszusprechen. [3] Sie kann jedoch so lange hinausgeschoben werden, bis die Beamtin oder der Beamte die ihr oder ihm übertragenen Aufgaben ordnungsgemäß erledigt hat, längstens drei Monate.

§ 34 Entlassung von Beamtinnen auf Probe und Beamten auf Probe.

(1) [1] Beamtinnen auf Probe und Beamte auf Probe im Sinne des § 6 Absatz 3 Nummer 1 können außerdem entlassen werden, wenn einer der folgenden Entlassungsgründe vorliegt:
1. ein Verhalten, das im Beamtenverhältnis auf Lebenszeit mindestens eine Kürzung der Dienstbezüge zur Folge hätte,
2. fehlende Bewährung im Sinne des § 11 Abs. 1 Satz 1 Nr. 2,
3. Dienstunfähigkeit, ohne dass eine Versetzung in den Ruhestand erfolgt ist, oder
4. Auflösung oder wesentliche Änderung des Aufbaus oder der Aufgaben der Beschäftigungsbehörde oder deren Verschmelzung mit einer anderen Behörde, wenn das übertragene Aufgabengebiet davon berührt wird und eine anderweitige Verwendung nicht möglich ist.

[2] Im Fall des Satzes 1 Nr. 2 ist bei allein mangelnder gesundheitlicher Eignung und im Fall der Nummer 3 eine anderweitige Verwendung entsprechend zu prüfen.

(2) [1] Die Frist für die Entlassung beträgt bei einer Beschäftigungszeit
1. bis zum Ablauf von drei Monaten zwei Wochen zum Monatsschluss und
2. von mehr als drei Monaten sechs Wochen zum Schluss eines Kalendervierteljahres.

[2] Als Beschäftigungszeit gilt die Zeit ununterbrochener Tätigkeit im Beamtenverhältnis auf Probe im Bereich derselben obersten Dienstbehörde.

---

1) Nr. 1.

(3) [1] Im Fall des Absatzes 1 Nr. 1 ist eine Entlassung ohne Einhaltung einer Frist möglich. [2] Die §§ 21 bis 29 des Bundesdisziplinargesetzes[1)] sind entsprechend anzuwenden.

(4) Beamtinnen auf Probe und Beamte auf Probe sind mit dem Ende des Monats entlassen, in dem sie die im Beamtenverhältnis auf Lebenszeit geltende Altersgrenze erreichen.

§ 35 Entlassung von Beamtinnen und Beamten in Führungsämtern auf Probe. [1] Beamtinnen und Beamte in Ämtern mit leitender Funktion sind

1. mit Ablauf der Probezeit nach § 24 Abs. 1,
2. mit Beendigung des Beamtenverhältnisses auf Lebenszeit,
3. mit Versetzung zu einem anderen Dienstherrn,
4. mit Festsetzung mindestens einer Kürzung der Dienstbezüge als Disziplinarmaßnahme oder
5. in den Fällen, in denen nur ein Beamtenverhältnis auf Probe besteht, mit Ende des Monats, in dem sie die im Beamtenverhältnis auf Lebenszeit geltende Altersgrenze erreichen,

aus dem Beamtenverhältnis auf Probe nach § 24 Abs. 1 entlassen. [2] Die §§ 31 bis 33 bleiben unberührt. [3] § 34 Abs. 1 gilt entsprechend.

§ 36 Entlassung von politischen Beamtinnen auf Probe und politischen Beamten auf Probe. Politische Beamtinnen und politische Beamte, die sich in einem Beamtenverhältnis auf Probe befinden, können jederzeit aus diesem entlassen werden.

§ 37 Entlassung von Beamtinnen auf Widerruf und Beamten auf Widerruf. (1) [1] Beamtinnen auf Widerruf und Beamte auf Widerruf können jederzeit entlassen werden. [2] Die Entlassung ist ohne Einhaltung einer Frist möglich. [3] § 34 Abs. 4 gilt entsprechend.

(2) [1] Beamtinnen auf Widerruf und Beamten auf Widerruf im Vorbereitungsdienst soll Gelegenheit gegeben werden, den Vorbereitungsdienst abzuleisten und die Prüfung abzulegen. [2] Sie sind mit Ablauf des Tages aus dem Beamtenverhältnis entlassen, an dem ihnen

1. das Bestehen oder endgültige Nichtbestehen der Prüfung oder
2. das endgültige Nichtbestehen einer vorgeschriebenen Zwischenprüfung

bekannt gegeben wird.

§ 38 Verfahren der Entlassung. [1] Soweit gesetzlich nichts anderes bestimmt ist, wird die Entlassung von der Stelle schriftlich verfügt, die für die Ernennung zuständig wäre. [2] Die Entlassung wird im Fall des § 32 Abs. 1 Nr. 1 mit der Zustellung, im Übrigen mit dem Ablauf des Monats wirksam, der auf den Monat folgt, in dem der Beamtin oder dem Beamten die Entlassungsverfügung zugestellt wird.

§ 39 Folgen der Entlassung. [1] Nach der Entlassung besteht kein Anspruch auf Besoldung und Versorgung, soweit gesetzlich nichts anderes bestimmt ist. [2] Die oberste Dienstbehörde kann die Erlaubnis erteilen, die Amtsbezeichnung

---

[1)] Nr. **17**.

mit dem Zusatz „außer Dienst" oder „a.D." sowie die im Zusammenhang mit dem Amt verliehenen Titel zu führen. [3]Die Erlaubnis kann zurückgenommen werden, wenn die frühere Beamtin oder der frühere Beamte sich ihrer als nicht würdig erweist. [4]Die oberste Dienstbehörde kann die Befugnis nach den Sätzen 2 und 3 auf nachgeordnete Behörden übertragen.

§ 40 Ausscheiden bei Wahlen oder Übernahme politischer Ämter.

(1) [1]Beamtinnen und Beamte müssen aus ihrem Amt ausscheiden, wenn sie die Wahl zum Europäischen Parlament oder zum Deutschen Bundestag annehmen. [2]Das Nähere bestimmt ein Gesetz. [3]Für Beamtinnen und Beamte, die in die gesetzgebende Körperschaft eines Landes gewählt worden sind und deren Amt kraft Gesetzes mit dem Mandat unvereinbar ist, gelten die für in den Deutschen Bundestag gewählte Beamtinnen und Beamte maßgebenden Vorschriften der §§ 5 bis 7, 8 Abs. 2, der §§ 9, 23 Abs. 5 und des § 36 Abs. 1 des Abgeordnetengesetzes entsprechend.

(2) [1]Werden Beamtinnen oder Beamte zum Mitglied der Regierung eines Landes ernannt, gilt § 18 Abs. 1 und 2 des Bundesministergesetzes entsprechend. [2]Dies gilt auch für den Eintritt in ein Amtsverhältnis, das dem Parlamentarischer Staatssekretärinnen oder Parlamentarischer Staatssekretäre im Sinne des Gesetzes über die Rechtsverhältnisse der Parlamentarischen Staatssekretäre entspricht.

(3) [1]Bei Eintritt in ein kommunales Wahlbeamtenverhältnis auf Zeit ist § 31 Abs. 1 Satz 1 Nr. 2 nicht anzuwenden. [2]Die Rechte und Pflichten aus dem zuletzt im Beamtenverhältnis wahrgenommenen Amt ruhen für die Dauer des Wahlbeamtenverhältnisses mit Ausnahme der Pflicht zur Verschwiegenheit und des Verbotes der Annahme von Belohnungen, Geschenken und sonstigen Vorteilen. [3]Beamtinnen und Beamte kehren nach Beendigung ihrer Amtszeit unter Übertragung ihres letzten Amtes in ihr Dienstverhältnis zurück, sofern sie zu diesem Zeitpunkt noch nicht die für sie geltende Altersgrenze erreicht haben. [4]Die Beamtinnen und Beamten erhalten nach Beendigung des Wahlbeamtenverhältnisses die Besoldung aus dem zuletzt im Beamtenverhältnis des Bundes wahrgenommenen Amt. [5]Wird die Rückkehr nach Beendigung des Wahlbeamtenverhältnisses abgelehnt oder ihr nicht gefolgt, sind sie zu entlassen. [6]Die Entlassung wird von der Stelle schriftlich verfügt, die für die Ernennung zuständig wäre. [7]Die Entlassung tritt mit dem Ablauf des Monats ein, der auf den Monat folgt, in dem die Entlassungsverfügung zugestellt wird.

§ 41 Verlust der Beamtenrechte. (1) [1]Werden Beamtinnen oder Beamte im ordentlichen Strafverfahren durch das Urteil eines deutschen Gerichts

1. wegen einer vorsätzlichen Tat zu einer Freiheitsstrafe von mindestens einem Jahr oder
2. wegen einer vorsätzlichen Tat, die nach den Vorschriften über Friedensverrat, Hochverrat, Gefährdung des demokratischen Rechtsstaates oder Landesverrat und Gefährdung der äußeren Sicherheit oder, soweit sich die Tat auf eine Diensthandlung im Hauptamt bezieht, Bestechlichkeit strafbar ist, zu einer Freiheitsstrafe von mindestens sechs Monaten

verurteilt, endet das Beamtenverhältnis mit der Rechtskraft des Urteils. [2]Entsprechendes gilt, wenn die Fähigkeit zur Wahrnehmung öffentlicher Ämter aberkannt wird oder wenn Beamtinnen oder Beamte aufgrund einer Entscheidung des Bundesverfassungsgerichts nach Artikel 18 des Grundgesetzes ein Grundrecht verwirkt haben.

(2) [1] Nach Beendigung des Beamtenverhältnisses nach Absatz 1 besteht kein Anspruch auf Besoldung und Versorgung, soweit gesetzlich nichts anderes bestimmt ist. [2] Die Amtsbezeichnung und die im Zusammenhang mit dem Amt verliehenen Titel dürfen nicht weiter geführt werden.

§ 42 Wirkung eines Wiederaufnahmeverfahrens. (1) [1] Wird eine Entscheidung, die den Verlust der Beamtenrechte bewirkt hat, im Wiederaufnahmeverfahren durch eine Entscheidung ersetzt, die diese Wirkung nicht hat, gilt das Beamtenverhältnis als nicht unterbrochen. [2] Beamtinnen und Beamte haben, sofern sie die Altersgrenze noch nicht erreicht haben und dienstfähig sind, Anspruch auf Übertragung eines Amtes derselben oder einer mindestens gleichwertigen Laufbahn wie ihr bisheriges Amt und mit mindestens demselben Endgrundgehalt. [3] Bis zur Übertragung des neuen Amtes erhalten sie die Besoldung, die ihnen aus ihrem bisherigen Amt zugestanden hätte.

(2) [1] Ist aufgrund des im Wiederaufnahmeverfahren festgestellten Sachverhalts oder aufgrund eines rechtskräftigen Strafurteils, das nach der früheren Entscheidung ergangen ist, ein Disziplinarverfahren mit dem Ziel der Entfernung aus dem Beamtenverhältnis eingeleitet worden, verliert die Beamtin oder der Beamte die ihr oder ihm nach Absatz 1 zustehenden Ansprüche, wenn auf Entfernung aus dem Beamtenverhältnis erkannt wird. [2] Bis zur Rechtskraft der Entscheidung können die Ansprüche nicht geltend gemacht werden.

(3) Absatz 2 gilt entsprechend in Fällen der Entlassung von Beamtinnen auf Probe und Beamten auf Probe oder von Beamtinnen auf Widerruf und Beamten auf Widerruf wegen eines Verhaltens im Sinne des § 34 Abs. 1 Nr. 1.

(4) [1] Auf die Besoldung nach Absatz 1 Satz 3 wird ein anderes Arbeitseinkommen oder ein Unterhaltsbeitrag angerechnet. [2] Die Beamtinnen und Beamten sind hierüber zur Auskunft verpflichtet.

§ 43 Gnadenrecht. [1] Der Bundespräsidentin oder dem Bundespräsidenten oder der von ihr oder ihm bestimmten Stelle steht hinsichtlich des Verlustes der Beamtenrechte das Gnadenrecht zu. [2] Wird im Gnadenweg der Verlust der Beamtenrechte in vollem Umfang beseitigt, gilt ab diesem Zeitpunkt § 42 entsprechend.

Unterabschnitt 2. Dienstunfähigkeit

§ 44 Dienstunfähigkeit. (1) [1] Die Beamtin auf Lebenszeit oder der Beamte auf Lebenszeit ist in den Ruhestand zu versetzen, wenn sie oder er wegen des körperlichen Zustandes oder aus gesundheitlichen Gründen zur Erfüllung der Dienstpflichten dauernd unfähig (dienstunfähig) ist. [2] Als dienstunfähig kann auch angesehen werden, wer infolge Erkrankung innerhalb von sechs Monaten mehr als drei Monate keinen Dienst getan hat, wenn keine Aussicht besteht, dass innerhalb weiterer sechs Monate die Dienstfähigkeit wieder voll hergestellt ist. [3] In den Ruhestand wird nicht versetzt, wer anderweitig verwendbar ist.

(2) [1] Eine anderweitige Verwendung ist möglich, wenn ein anderes Amt, auch einer anderen Laufbahn, übertragen werden kann. [2] Die Übertragung eines anderen Amtes ohne Zustimmung ist zulässig, wenn das neue Amt zum Bereich desselben Dienstherrn gehört, es mit mindestens demselben Endgrundgehalt verbunden ist wie das bisherige Amt und zu erwarten ist, dass die

Beamtin oder der Beamte den gesundheitlichen Anforderungen des neuen Amtes genügt.

(3) Zur Vermeidung der Versetzung in den Ruhestand kann einer Beamtin oder einem Beamten unter Beibehaltung des übertragenen Amtes ohne Zustimmung auch eine geringerwertige Tätigkeit übertragen werden, wenn eine anderweitige Verwendung nicht möglich und die Wahrnehmung der neuen Aufgabe unter Berücksichtigung der bisherigen Tätigkeit zumutbar ist.

(4) [1] Zur Vermeidung einer Versetzung in den Ruhestand kann die Beamtin oder der Beamte nach dem Erwerb der Befähigung für eine neue Laufbahn auch ohne Zustimmung in ein Amt dieser Laufbahn mit geringerem Endgrundgehalt versetzt werden, wenn eine dem bisherigen Amt entsprechende Verwendung nicht möglich und die Wahrnehmung der neuen Aufgabe unter Berücksichtigung der bisherigen Tätigkeit zumutbar ist. [2] Das neue Amt muss derselben Laufbahngruppe zugeordnet sein wie das derzeitige Amt. [3] Für die Übertragung bedarf es keiner Ernennung.

(5) Die Beamtin oder der Beamte, die oder der nicht die Befähigung für eine andere Laufbahn besitzt, ist verpflichtet, an Qualifizierungsmaßnahmen für den Erwerb der neuen Befähigung teilzunehmen.

(6) Bestehen Zweifel über die Dienstunfähigkeit, besteht die Verpflichtung, sich nach Weisung der Behörde ärztlich untersuchen und, falls dies aus amtsärztlicher Sicht für erforderlich gehalten wird, auch beobachten zu lassen.

(7) Gesetzliche Vorschriften, die für einzelne Gruppen von Beamtinnen und Beamten andere Voraussetzungen für die Beurteilung der Dienstunfähigkeit bestimmen, bleiben unberührt.

§ 45 Begrenzte Dienstfähigkeit. (1) [1] Von der Versetzung in den Ruhestand wegen Dienstunfähigkeit ist abzusehen, wenn die Beamtin oder der Beamte unter Beibehaltung des übertragenen Amtes die Dienstpflichten noch während mindestens der Hälfte der regelmäßigen Arbeitszeit erfüllen kann (begrenzte Dienstfähigkeit). [2] Von der begrenzten Dienstfähigkeit soll abgesehen werden, wenn der Beamtin oder dem Beamten nach § 44 Abs. 2 oder 3 ein anderes Amt oder eine geringerwertige Tätigkeit übertragen werden kann.

(2) [1] Die Arbeitszeit ist entsprechend der begrenzten Dienstfähigkeit zu verkürzen. [2] Mit Zustimmung der Beamtin oder des Beamten ist auch eine Verwendung in einer nicht dem Amt entsprechenden Tätigkeit möglich.

(3) [1] Die für die Ernennung zuständige Behörde entscheidet über die Feststellung der begrenzten Dienstfähigkeit. [2] Für das Verfahren gelten die Vorschriften über die Dienstunfähigkeit entsprechend.

§ 46 Wiederherstellung der Dienstfähigkeit. (1) [1] Beamtinnen und Beamte, die wegen Dienstunfähigkeit in den Ruhestand versetzt wurden, sind verpflichtet, einer erneuten Berufung in das Beamtenverhältnis Folge zu leisten, wenn ihnen im Dienstbereich ihres früheren Dienstherrn ein Amt ihrer früheren oder einer anderen Laufbahn mit mindestens demselben Endgrundgehalt übertragen werden soll und zu erwarten ist, dass sie den gesundheitlichen Anforderungen des neuen Amtes genügen. [2] Der Dienstherr ist verpflichtet, in regelmäßigen Abständen das Vorliegen der Voraussetzungen für die Dienstunfähigkeit zu überprüfen, es sei denn, nach den Umständen des Einzelfalls kommt eine erneute Berufung in das Beamtenverhältnis nicht in Betracht.

(2) Beamtinnen und Beamten, die wegen Dienstunfähigkeit in den Ruhestand versetzt wurden, kann ferner unter Übertragung eines Amtes ihrer früheren Laufbahn nach Absatz 1 auch eine geringerwertige Tätigkeit übertragen werden, wenn eine anderweitige Verwendung nicht möglich ist und ihnen die Wahrnehmung der neuen Aufgabe unter Berücksichtigung ihrer früheren Tätigkeit zumutbar ist.

(3) Beamtinnen und Beamte, die nicht die Befähigung für die andere Laufbahn besitzen, haben an Qualifizierungsmaßnahmen für den Erwerb der neuen Befähigung teilzunehmen.

(4) [1] Beamtinnen und Beamte sind verpflichtet, zur Wiederherstellung ihrer Dienstfähigkeit an geeigneten und zumutbaren gesundheitlichen und beruflichen Rehabilitationsmaßnahmen teilzunehmen. [2] Diese Verpflichtung gilt auch zur Vermeidung einer drohenden Dienstunfähigkeit. [3] Vor der Versetzung in den Ruhestand sind sie auf diese Pflicht hinzuweisen, es sei denn, nach den Umständen des Einzelfalls kommt eine erneute Berufung in das Beamtenverhältnis nicht in Betracht. [4] Der Dienstherr hat, sofern keine anderen Ansprüche bestehen, die Kosten für diese gesundheitlichen und beruflichen Rehabilitationsmaßnahmen zu tragen.

(5) Beantragen Beamtinnen oder Beamte nach Wiederherstellung ihrer Dienstfähigkeit die erneute Berufung in das Beamtenverhältnis, ist diesem Antrag zu entsprechen, falls nicht zwingende dienstliche Gründe entgegenstehen.

(6) Die erneute Berufung in ein Beamtenverhältnis ist auch in den Fällen der begrenzten Dienstfähigkeit möglich.

(7) [1] Zur Prüfung ihrer Dienstfähigkeit sind Beamtinnen und Beamte verpflichtet, sich nach Weisung der Behörde ärztlich untersuchen zu lassen. [2] Sie können eine solche Untersuchung verlangen, wenn sie einen Antrag auf erneute Berufung in das Beamtenverhältnis stellen.

(8) Bei einer erneuten Berufung gilt das frühere Beamtenverhältnis als fortgesetzt.

§ 47 Verfahren bei Dienstunfähigkeit. (1) [1] Hält die oder der Dienstvorgesetzte die Beamtin oder den Beamten aufgrund eines ärztlichen Gutachtens über den Gesundheitszustand für dienstunfähig und ist eine anderweitige Verwendung nicht möglich oder liegen die Voraussetzungen für die begrenzte Dienstfähigkeit nicht vor, teilt sie oder er der Beamtin oder dem Beamten mit, dass die Versetzung in den Ruhestand beabsichtigt ist. [2] Dabei sind die Gründe für die Versetzung in den Ruhestand anzugeben.

(2) [1] Die Beamtin oder der Beamte kann innerhalb eines Monats Einwendungen erheben. [2] Danach entscheidet die für die Ernennung zuständige Behörde über die Versetzung in den Ruhestand mit Zustimmung der obersten Dienstbehörde oder der von ihr bestimmten Stelle, soweit gesetzlich nichts anderes bestimmt ist. [3] Die oberste Dienstbehörde kann bestimmen, dass ihre Zustimmung nicht erforderlich ist.

(3) [1] Die Versetzungsverfügung ist der Beamtin oder dem Beamten schriftlich zuzustellen. [2] Sie kann bis zum Beginn des Ruhestands zurückgenommen werden.

(4) [1] Der Ruhestand beginnt mit dem Ende des Monats, in dem die Versetzung in den Ruhestand der Beamtin oder dem Beamten bekannt gegeben

worden ist. [2]Zu diesem Zeitpunkt wird die Besoldung einbehalten, die das Ruhegehalt übersteigt.

§ 48 Ärztliche Untersuchung. (1) [1]In den Fällen der §§ 44 bis 47 kann die zuständige Behörde die ärztliche Untersuchung nur einer Amtsärztin oder einem Amtsarzt übertragen oder einer Ärztin oder einem Arzt, die oder der als Gutachterin oder Gutachter nach Satz 2 zugelassen ist. [2]Die oberste Dienstbehörde bestimmt, welche Ärztin oder welcher Arzt mit der Fertigung von Gutachten beauftragt werden kann. [3]Sie kann diese Befugnis auf nachgeordnete Behörden übertragen.

(2) [1]Die Ärztin oder der Arzt teilt der Behörde auf Anforderung im Einzelfall die tragenden Gründe des Gutachtens mit, soweit deren Kenntnis für die Behörde unter Beachtung des Grundsatzes der Verhältnismäßigkeit für die von ihr zu treffende Entscheidung erforderlich ist. [2]Diese Mitteilung ist in einem gesonderten und versiegelten Umschlag zu übersenden und versiegelt zur Personalakte zu nehmen. [3]Sie darf nur für die Entscheidung der in Absatz 1 genannten Fälle verwendet werden.

(3) [1]Zu Beginn der Untersuchung ist die Beamtin oder der Beamte auf deren Zweck und die Mitteilungspflicht nach Absatz 2 hinzuweisen. [2]Die Ärztin oder der Arzt übermittelt der Beamtin oder dem Beamten oder, soweit dem ärztliche Gründe entgegenstehen, einer oder einem Bevollmächtigten ein Doppel der Mitteilung nach Absatz 2.

§ 49 Ruhestand beim Beamtenverhältnis auf Probe wegen Dienstunfähigkeit. (1) Beamtinnen auf Probe und Beamte auf Probe sind in den Ruhestand zu versetzen, wenn sie infolge Krankheit, Verwundung oder sonstiger Beschädigung, die sie sich ohne grobes Verschulden bei Ausübung oder aus Veranlassung des Dienstes zugezogen haben, dienstunfähig geworden sind.

(2) [1]Beamtinnen auf Probe und Beamte auf Probe können in den Ruhestand versetzt werden, wenn sie aus anderen Gründen dienstunfähig geworden sind. [2]Die Entscheidung trifft die oberste Dienstbehörde. [3]Die Befugnis kann auf andere Behörden übertragen werden.

(3) Die §§ 44 bis 48 mit Ausnahme des § 44 Abs. 4 sind entsprechend anzuwenden.

Unterabschnitt 3. Ruhestand

§ 50 Wartezeit. Der Eintritt in den Ruhestand setzt eine versorgungsrechtliche Wartezeit voraus, soweit gesetzlich nichts anderes bestimmt ist.

§ 51 Ruhestand wegen Erreichens der Altersgrenze. (1) [1]Beamtinnen auf Lebenszeit und Beamte auf Lebenszeit treten mit dem Ende des Monats in den Ruhestand, in dem sie die für sie jeweils geltende Altersgrenze erreichen. [2]Die Altersgrenze wird in der Regel mit Vollendung des 67. Lebensjahres erreicht (Regelaltersgrenze), soweit nicht gesetzlich eine andere Altersgrenze (besondere Altersgrenze) bestimmt ist.

(2) [1]Beamtinnen auf Lebenszeit und Beamte auf Lebenszeit, die vor dem 1. Januar 1947 geboren sind, erreichen die Regelaltersgrenze mit Vollendung des 65. Lebensjahres. [2]Für Beamtinnen auf Lebenszeit und Beamte auf Lebenszeit, die nach dem 31. Dezember 1946 geboren sind, wird die Regelaltersgrenze wie folgt angehoben:

Geburtsjahr	Anhebung um Monate	Altersgrenze	
		Jahr	Monat
1947	1	65	1
1948	2	65	2
1949	3	65	3
1950	4	65	4
1951	5	65	5
1952	6	65	6
1953	7	65	7
1954	8	65	8
1955	9	65	9
1956	10	65	10
1957	11	65	11
1958	12	66	0
1959	14	66	2
1960	16	66	4
1961	18	66	6
1962	20	66	8
1963	22	66	10

(3) [1] Beamtinnen auf Lebenszeit und Beamte auf Lebenszeit im Feuerwehrdienst der Bundeswehr treten mit dem Ende des Monats in den Ruhestand, in dem sie das 62. Lebensjahr vollenden. [2] Dies gilt auch für Beamtinnen auf Lebenszeit und Beamte auf Lebenszeit in den Laufbahnen des feuerwehrtechnischen Dienstes, die 22 Jahre im Feuerwehrdienst beschäftigt waren. [3] Beamtinnen und Beamte im Sinne der Sätze 1 und 2 treten mit dem Ende des Monats in den Ruhestand, in dem sie das 60. Lebensjahr vollenden, wenn sie vor dem 1. Januar 1952 geboren sind. [4] Für Beamtinnen und Beamte im Sinne der Sätze 1 und 2, die nach dem 31. Dezember 1951 geboren sind, wird die Altersgrenze wie folgt angehoben:

Geburtsjahr Geburtsmonat	Anhebung um Monate	Altersgrenze	
		Jahr	Monat
1952			
Januar	1	60	1
Februar	2	60	2
März	3	60	3
April	4	60	4
Mai	5	60	5
Juni-Dezember	6	60	6
1953	7	60	7
1954	8	60	8
1955	9	60	9
1956	10	60	10

Geburtsjahr Geburtsmonat	Anhebung um Monate	Altersgrenze	
		Jahr	Monat
1957	11	60	11
1958	12	61	0
1959	14	61	2
1960	16	61	4
1961	18	61	6
1962	20	61	8
1963	22	61	10

(4) [1] Wer die Regelaltersgrenze oder eine gesetzlich bestimmte besondere Altersgrenze erreicht hat, darf nicht zur Beamtin oder zum Beamten ernannt werden. [2] Wer trotzdem ernannt worden ist, ist zu entlassen.

§ 52 Ruhestand auf Antrag. (1) Beamtinnen auf Lebenszeit und Beamte auf Lebenszeit können auf ihren Antrag in den Ruhestand versetzt werden, wenn

1. sie das 62. Lebensjahr vollendet haben und
2. schwerbehindert im Sinne des § 2 Abs. 2 des Neunten Buches Sozialgesetzbuch sind.

(2) [1] Beamtinnen auf Lebenszeit und Beamte auf Lebenszeit, die schwerbehindert im Sinne des § 2 Abs. 2 des Neunten Buches Sozialgesetzbuch sind und vor dem 1. Januar 1952 geboren sind, können auf ihren Antrag in den Ruhestand versetzt werden, wenn sie das 60. Lebensjahr vollendet haben. [2] Für Beamtinnen auf Lebenszeit und Beamte auf Lebenszeit, die schwerbehindert im Sinne des § 2 Abs. 2 des Neunten Buches Sozialgesetzbuch sind und nach dem 31. Dezember 1951 geboren sind, wird die Altersgrenze wie folgt angehoben:

Geburtsjahr Geburtsmonat	Anhebung um Monate	Altersgrenze	
		Jahr	Monat
1952			
Januar	1	60	1
Februar	2	60	2
März	3	60	3
April	4	60	4
Mai	5	60	5
Juni-Dezember	6	60	6
1953	7	60	7
1954	8	60	8
1955	9	60	9
1956	10	60	10
1957	11	60	11
1958	12	61	0
1959	14	61	2

Geburtsjahr Geburtsmonat	Anhebung um Monate	Altersgrenze	
		Jahr	Monat
1960	16	61	4
1961	18	61	6
1962	20	61	8
1963	22	61	10

(3) Beamtinnen auf Lebenszeit und Beamte auf Lebenszeit können auf ihren Antrag in den Ruhestand versetzt werden, wenn sie das 63. Lebensjahr vollendet haben.

§ 53 Hinausschieben des Eintritts in den Ruhestand. (1) [1] Auf Antrag der Beamtin oder des Beamten kann der Eintritt in den Ruhestand bis zu drei Jahre hinausgeschoben werden, wenn

1. dies im dienstlichen Interesse liegt und
2. die Arbeitszeit mindestens die Hälfte der regelmäßigen wöchentlichen Arbeitszeit beträgt.

[2] Der Antrag ist spätestens sechs Monate vor dem Eintritt in den Ruhestand zu stellen. [3] Unter den gleichen Voraussetzungen kann der Eintritt in den Ruhestand bei einer besonderen Altersgrenze um bis zu drei Jahre hinausgeschoben werden.

(1a) [1] Dem Antrag nach Absatz 1 ist zu entsprechen, wenn

1. die Beamtin oder der Beamte familienbedingt
   a) teilzeitbeschäftigt oder beurlaubt nach § 92 gewesen ist,
   b) Familienpflegezeit nach § 92a in Anspruch genommen hat oder
   c) Pflegezeit nach § 92b in Anspruch genommen hat,
2. das Ruhegehalt, das sie oder er bei Eintritt in den Ruhestand wegen Erreichens der Altersgrenze erhalten würde, nicht die Höchstgrenze erreicht,
3. die Arbeitszeit mindestens die Hälfte der regelmäßigen wöchentlichen Arbeitszeit beträgt und
4. dienstliche Belange einem Hinausschieben nicht entgegenstehen.

[2] Den familienbedingten Abwesenheitszeiten nach Satz 1 Nummer 1 stehen entsprechende Zeiten im Beamten- oder Richterverhältnis oder als Tarifbeschäftigte beim Bund oder bei einem anderen Dienstherrn oder bei einem öffentlichen Arbeitgeber gleich. [3] Der Eintritt in den Ruhestand kann höchstens um die Dauer der familienbedingten Teilzeitbeschäftigung oder Beurlaubung oder Familienpflegezeit hinausgeschoben werden.

(1b) Dienstliche Belange stehen einem Hinausschieben des Eintritts in den Ruhestand insbesondere dann entgegen, wenn

1. die bisher wahrgenommenen Aufgaben wegfallen,
2. Planstellen eingespart werden sollen,
3. die Beamtin oder der Beamte in einem Planstellenabbaubereich beschäftigt ist,
4. die Aufgabe, die die Beamtin oder der Beamte wahrnimmt, einem festen Rotationsprinzip unterliegt,

5. andere personalwirtschaftliche Gründe gegen eine Weiterbeschäftigung sprechen oder
6. zu erwarten ist, dass sie oder er den Anforderungen des Dienstes nicht mehr gewachsen ist.

(2) [1]Der Eintritt in den Ruhestand kann im Einzelfall mit Zustimmung der Beamtin oder des Beamten um höchstens drei Jahre hinausgeschoben werden, wenn

1. die Dienstgeschäfte nur durch diese Beamtin oder diesen Beamten fortgeführt werden können und
2. die Arbeitszeit der Beamtin oder des Beamten mindestens die Hälfte der regelmäßigen Arbeitszeit beträgt.

[2]Das Gleiche gilt bei einer besonderen Altersgrenze.

(3) Die Absätze 1 und 2 gelten im Beamtenverhältnis auf Probe nach § 24 entsprechend.

(4) [1]Auf Antrag der Beamtin oder des Beamten kann der Eintritt in den Ruhestand bei Vorliegen eines dienstlichen Interesses um höchstens zwei Jahre hinausgeschoben werden. [2]Das gilt nur, wenn für einen Zeitraum von höchstens zwei Jahren vor Beginn des Monats, in dem die jeweils geltende Regelaltersgrenze oder die besondere Altersgrenze erreicht wird, und höchstens zwei Jahre danach Teilzeitbeschäftigung mit der Hälfte der regelmäßigen Arbeitszeit bewilligt wird. [3]Die Zeiträume vor und nach der jeweils geltenden Regelaltersgrenze oder der besonderen Altersgrenze müssen gleich lang sein. [4]Sie muss vor dem 1. Januar 2023 beginnen. [5]Eine Bewilligung nach § 9 Absatz 2 der Arbeitszeitverordnung[1)] ist nicht möglich. [6]Der Antrag ist spätestens sechs Monate vor dem Zeitpunkt zu stellen, zu dem die Teilzeitbeschäftigung beginnen soll.

(5) [1]Dem Antrag nach Absatz 4 darf nur entsprochen werden, wenn die Beamtin oder der Beamte sich verpflichtet, während des Bewilligungszeitraumes berufliche Verpflichtungen außerhalb des Beamtenverhältnisses nur in dem Umfang einzugehen, in dem Vollzeitbeschäftigten die Ausübung von Nebentätigkeiten gestattet ist. [2]Ausnahmen hiervon sind nur zulässig, soweit dies mit dem Beamtenverhältnis vereinbar ist. [3]Dabei ist von der regelmäßigen wöchentlichen Arbeitszeit für Vollzeitbeschäftigte auszugehen. [4]Wird der Verpflichtung nach Satz 1 schuldhaft nicht nachgekommen, soll die Bewilligung mit Wirkung für die Zukunft widerrufen werden.

(6) [1]Die Bewilligung nach Absatz 4 darf außer in den Fällen des Absatzes 5 Satz 4 mit Wirkung für die Zukunft nur widerrufen werden, wenn der Beamtin oder dem Beamten die Teilzeitbeschäftigung nicht mehr zugemutet werden kann. [2]Wird die Bewilligung widerrufen, nach dem die Regelaltersgrenze oder die besondere Altersgrenze erreicht worden ist, tritt die Beamtin oder der Beamte mit dem Ende des Monats in den Ruhestand, in dem der Widerruf bekannt gegeben worden ist. [3]Die Vorschriften über die Beendigung des Beamtenverhältnisses wegen Dienstunfähigkeit und die Feststellung der begrenzten Dienstfähigkeit bleiben unberührt.

[1)] Nr. **10**.

§ 54 Einstweiliger Ruhestand. (1) Die Bundespräsidentin oder der Bundespräsident kann jederzeit die nachfolgend genannten politischen Beamtinnen und politischen Beamten in den einstweiligen Ruhestand versetzen, wenn sie Beamtinnen auf Lebenszeit oder Beamte auf Lebenszeit sind:

1. Staatssekretärinnen und Staatssekretäre sowie Ministerialdirektorinnen und Ministerialdirektoren,
2. sonstige Beamtinnen und Beamte des höheren Dienstes im auswärtigen Dienst von der Besoldungsgruppe B 3 an aufwärts sowie Botschafterinnen und Botschafter in der Besoldungsgruppe A 16,
3. Beamtinnen und Beamte des höheren Dienstes des Militärischen Abschirmdienstes, des Bundesamtes für Verfassungsschutz und des Bundesnachrichtendienstes von der Besoldungsgruppe B 6 an aufwärts,
4. die Chefin oder den Chef des Presse- und Informationsamtes der Bundesregierung, deren oder dessen Stellvertretung und die Stellvertretende Sprecherin oder den Stellvertretenden Sprecher der Bundesregierung,
5. die Generalbundesanwältin oder den Generalbundesanwalt beim Bundesgerichtshof,
6. *(aufgehoben)*
7. die Präsidentin oder den Präsidenten des Bundeskriminalamtes,
8. die Präsidentin oder den Präsidenten des Bundespolizeipräsidiums,
9. die Präsidentin oder den Präsidenten des Bundesamtes für das Personalmanagement der Bundeswehr
10. die Präsidentin oder den Präsidenten des Bundesamtes für Ausrüstung, Informationstechnik und Nutzung der Bundeswehr,
11. die Präsidentin oder den Präsidenten des Bundesamtes für Infrastruktur, Umweltschutz und Dienstleistungen der Bundeswehr und
12. die Präsidentin oder den Präsidenten der Generalzolldirektion.

(2) Gesetzliche Vorschriften, nach denen andere politische Beamtinnen und politische Beamte in den einstweiligen Ruhestand versetzt werden können, bleiben unberührt.

§ 55 Einstweiliger Ruhestand bei organisatorischen Veränderungen. [1] Im Fall der Auflösung oder einer wesentlichen Änderung des Aufbaus oder der Aufgaben einer Behörde oder der Verschmelzung von Behörden können Beamtinnen auf Lebenszeit und Beamte auf Lebenszeit, deren Aufgabengebiet davon betroffen ist und die ein Amt der Bundesbesoldungsordnung B[1)] wahrnehmen, in den einstweiligen Ruhestand versetzt werden, wenn durch die organisatorische Änderung eine ihrem Amt entsprechende Planstelle eingespart wird und eine Versetzung nicht möglich ist. [2] Frei werdende Planstellen sollen den in den einstweiligen Ruhestand versetzten Beamtinnen und Beamten, die dafür geeignet sind, vorbehalten werden.

§ 56 Beginn des einstweiligen Ruhestands. [1] Wenn nicht im Einzelfall ausdrücklich ein späterer Zeitpunkt festgesetzt wird, beginnt der einstweilige Ruhestand mit dem Zeitpunkt, zu dem die Versetzung in den einstweiligen Ruhestand der Beamtin oder dem Beamten bekannt gegeben wird, spätestens

[1)] Nr. **18**.

jedoch mit dem Ende des dritten Monats, der auf den Monat der Bekanntgabe folgt. [2]Die Verfügung kann bis zum Beginn des Ruhestands zurückgenommen werden.

§ 57 Erneute Berufung. Die in den einstweiligen Ruhestand versetzten Beamtinnen und Beamten sind verpflichtet, einer erneuten Berufung in das Beamtenverhältnis auf Lebenszeit Folge zu leisten, wenn ihnen im Dienstbereich ihres früheren Dienstherrn ein Amt mit mindestens demselben Endgrundgehalt verliehen werden soll.

§ 58 Ende des einstweiligen Ruhestands. (1) Der einstweilige Ruhestand endet bei erneuter Berufung in das Beamtenverhältnis auf Lebenszeit.

(2) Die in den einstweiligen Ruhestand versetzten Beamtinnen und Beamten gelten mit Erreichen der Regelaltersgrenze als dauernd in den Ruhestand versetzt.

§ 59 Zuständigkeit bei Versetzung in den Ruhestand. [1]Die Versetzung in den Ruhestand wird von der für die Ernennung zuständigen Stelle verfügt, soweit gesetzlich nichts anderes bestimmt ist. [2]Die Versetzungsverfügung ist der Beamtin oder dem Beamten schriftlich zuzustellen. [3]Sie kann bis zum Beginn des Ruhestands zurückgenommen werden.

Abschnitt 6. Rechtliche Stellung im Beamtenverhältnis

Unterabschnitt 1. Allgemeine Pflichten und Rechte

§ 60 Grundpflichten. (1) [1]Beamtinnen und Beamte dienen dem ganzen Volk, nicht einer Partei. [2]Sie haben ihre Aufgaben unparteiisch und gerecht zu erfüllen und ihr Amt zum Wohl der Allgemeinheit zu führen. [3]Beamtinnen und Beamte müssen sich durch ihr gesamtes Verhalten zu der freiheitlichen demokratischen Grundordnung im Sinne des Grundgesetzes[1)] bekennen und für deren Erhaltung eintreten.

(2) Beamtinnen und Beamte haben bei politischer Betätigung diejenige Mäßigung und Zurückhaltung zu wahren, die sich aus ihrer Stellung gegenüber der Allgemeinheit und aus der Rücksicht auf die Pflichten ihres Amtes ergeben.

§ 61 Wahrnehmung der Aufgaben, Verhalten und Erscheinungsbild.

(1) [1]Beamtinnen und Beamte haben sich mit vollem persönlichem Einsatz ihrem Beruf zu widmen. [2]Sie haben das ihnen übertragene Amt uneigennützig nach bestem Gewissen wahrzunehmen. [3]Ihr Verhalten innerhalb und außerhalb des Dienstes muss der Achtung und dem Vertrauen gerecht werden, die ihr Beruf erfordert.

(2) [1]Beamtinnen und Beamte haben bei Ausübung des Dienstes oder bei einer Tätigkeit mit unmittelbarem Dienstbezug auch hinsichtlich ihres Erscheinungsbilds Rücksicht auf das ihrem Amt entgegengebrachte Vertrauen zu nehmen. [2]Insbesondere das Tragen von bestimmten Kleidungsstücken, Schmuck, Symbolen und Tätowierungen im sichtbaren Bereich sowie die Art der Haar- und Barttracht können von der obersten Dienstbehörde einge-

---

1) Auszugsweise abgedruckt unter Nr. **1**.

schränkt oder untersagt werden, soweit die Funktionsfähigkeit der Verwaltung oder die Pflicht zum achtungs- und vertrauenswürdigen Verhalten dies erfordert. [3]Das ist insbesondere dann der Fall, wenn Merkmale des Erscheinungsbilds nach Satz 2 durch ihre über das übliche Maß hinausgehende besonders individualisierende Art geeignet sind, die amtliche Funktion der Beamtin oder des Beamten in den Hintergrund zu drängen. [4]Religiös oder weltanschaulich konnotierte Merkmale des Erscheinungsbilds nach Satz 2 können nur dann eingeschränkt oder untersagt werden, wenn sie objektiv geeignet sind, das Vertrauen in die neutrale Amtsführung der Beamtin oder des Beamten zu beeinträchtigen. [5]Das Bundesministerium des Innern, für Bau und Heimat, das Bundesministerium der Finanzen sowie das Bundesministerium der Justiz und für Verbraucherschutz werden ermächtigt, jeweils für ihren Geschäftsbereich die Einzelheiten zu den Sätzen 2 bis 4 durch Rechtsverordnung zu regeln. [6]Die Verhüllung des Gesichts bei der Ausübung des Dienstes oder bei einer Tätigkeit mit unmittelbarem Dienstbezug ist stets unzulässig, es sei denn, dienstliche oder gesundheitliche Gründe erfordern dies.

(3) Beamtinnen und Beamte sind verpflichtet, an Maßnahmen der dienstlichen Qualifizierung zur Erhaltung oder Fortentwicklung ihrer Kenntnisse und Fähigkeiten teilzunehmen.

§ 62 Folgepflicht. (1) [1]Beamtinnen und Beamte haben ihre Vorgesetzten zu beraten und zu unterstützen. [2]Sie sind verpflichtet, deren dienstliche Anordnungen auszuführen und deren allgemeine Richtlinien zu befolgen. [3]Dies gilt nicht, soweit die Beamtinnen und Beamten nach besonderen gesetzlichen Vorschriften an Weisungen nicht gebunden und nur dem Gesetz unterworfen sind.

(2) Beamtinnen und Beamte haben bei organisatorischen Veränderungen dem Dienstherrn Folge zu leisten.

§ 63 Verantwortung für die Rechtmäßigkeit. (1) Beamtinnen und Beamte tragen für die Rechtmäßigkeit ihrer dienstlichen Handlungen die volle persönliche Verantwortung.

(2) [1]Bedenken gegen die Rechtmäßigkeit dienstlicher Anordnungen haben Beamtinnen und Beamte unverzüglich bei der oder dem unmittelbaren Vorgesetzten geltend zu machen. [2]Wird die Anordnung aufrechterhalten, haben sie sich, wenn ihre Bedenken gegen deren Rechtmäßigkeit fortbestehen, an die nächsthöhere Vorgesetzte oder den nächsthöheren Vorgesetzten zu wenden. [3]Wird die Anordnung bestätigt, müssen die Beamtinnen und Beamten sie ausführen und sind von der eigenen Verantwortung befreit. [4]Dies gilt nicht, wenn das aufgetragene Verhalten die Würde des Menschen verletzt oder strafbar oder ordnungswidrig ist und die Strafbarkeit oder Ordnungswidrigkeit für die Beamtinnen und Beamten erkennbar ist. [5]Die Bestätigung hat auf Verlangen schriftlich zu erfolgen.

(3) [1]Verlangt eine Vorgesetzte oder ein Vorgesetzter die sofortige Ausführung der Anordnung, weil Gefahr im Verzug ist und die Entscheidung der oder des höheren Vorgesetzten nicht rechtzeitig herbeigeführt werden kann, gilt Absatz 2 Satz 3 und 4 entsprechend. [2]Die Anordnung ist durch die anordnende oder den anordnenden Vorgesetzten schriftlich zu bestätigen, wenn die Beamtin oder der Beamte dies unverzüglich nach Ausführung der Anordnung verlangt.

§ 64 Eidespflicht, Eidesformel. (1) Beamtinnen und Beamte haben folgenden Diensteid zu leisten: „Ich schwöre, das Grundgesetz und alle in der Bundesrepublik Deutschland geltenden Gesetze zu wahren und meine Amtspflichten gewissenhaft zu erfüllen, so wahr mir Gott helfe."

(2) Der Eid kann auch ohne die Worte „so wahr mir Gott helfe" geleistet werden.

(3) Lehnt eine Beamtin oder ein Beamter aus Glaubens- oder Gewissensgründen die Ablegung des vorgeschriebenen Eides ab, können an Stelle der Worte „Ich schwöre" die Worte „Ich gelobe" oder eine andere Beteuerungsformel gesprochen werden.

(4) [1] In den Fällen, in denen nach § 7 Abs. 3 eine Ausnahme von § 7 Absatz 1 Satz 1 Nummer 1 zugelassen worden ist, kann von einer Eidesleistung abgesehen werden. [2] Sofern gesetzlich nichts anderes bestimmt ist, hat die Beamtin oder der Beamte in diesen Fällen zu geloben, ihre oder seine Amtspflichten gewissenhaft zu erfüllen.

§ 65 Befreiung von Amtshandlungen. (1) Beamtinnen und Beamte sind von Amtshandlungen zu befreien, die sich gegen sie selbst oder Angehörige richten würden, zu deren Gunsten ihnen wegen familienrechtlicher Beziehungen im Strafverfahren das Zeugnisverweigerungsrecht zusteht.

(2) Gesetzliche Vorschriften, nach denen Beamtinnen oder Beamte von einzelnen Amtshandlungen ausgeschlossen sind, bleiben unberührt.

§ 66 Verbot der Führung der Dienstgeschäfte. [1] Die oberste Dienstbehörde oder die von ihr bestimmte Behörde kann einer Beamtin oder einem Beamten aus zwingenden dienstlichen Gründen die Führung der Dienstgeschäfte verbieten. [2] Das Verbot erlischt, wenn nicht bis zum Ablauf von drei Monaten gegen die Beamtin oder den Beamten ein Disziplinarverfahren oder ein sonstiges auf Rücknahme der Ernennung oder auf Beendigung des Beamtenverhältnisses gerichtetes Verfahren eingeleitet worden ist.

§ 67 Verschwiegenheitspflicht. (1) [1] Beamtinnen und Beamte haben über die ihnen bei oder bei Gelegenheit ihrer amtlichen Tätigkeit bekannt gewordenen dienstlichen Angelegenheiten Verschwiegenheit zu bewahren. [2] Dies gilt auch über den Bereich eines Dienstherrn hinaus sowie nach Beendigung des Beamtenverhältnisses.

(2) [1] Absatz 1 gilt nicht, soweit

1. Mitteilungen im dienstlichen Verkehr geboten sind,
2. Tatsachen mitgeteilt werden, die offenkundig sind oder ihrer Bedeutung nach keiner Geheimhaltung bedürfen, oder
3. gegenüber der zuständigen obersten Dienstbehörde, einer Strafverfolgungsbehörde oder einer von der obersten Dienstbehörde bestimmten weiteren Behörde oder außerdienstlichen Stelle ein durch Tatsachen begründeter Verdacht einer Korruptionsstraftat nach den §§ 331 bis 337 des Strafgesetzbuches angezeigt wird.

[2] Im Übrigen bleiben die gesetzlich begründeten Pflichten, geplante Straftaten anzuzeigen und für die Erhaltung der freiheitlichen demokratischen Grundordnung einzutreten, von Absatz 1 unberührt.

(3) [1]Beamtinnen und Beamte dürfen ohne Genehmigung über Angelegenheiten nach Absatz 1 weder vor Gericht noch außergerichtlich aussagen oder Erklärungen abgeben. [2]Die Genehmigung erteilt die oder der Dienstvorgesetzte oder, wenn das Beamtenverhältnis beendet ist, die oder der letzte Dienstvorgesetzte. [3]Hat sich der Vorgang, der den Gegenstand der Äußerung bildet, bei einem früheren Dienstherrn ereignet, darf die Genehmigung nur mit dessen Zustimmung erteilt werden.

(4) [1]Beamtinnen und Beamte haben, auch nach Beendigung des Beamtenverhältnisses, auf Verlangen der oder des Dienstvorgesetzten oder der oder des letzten Dienstvorgesetzten amtliche Schriftstücke, Zeichnungen, bildliche Darstellungen sowie Aufzeichnungen jeder Art über dienstliche Vorgänge, auch soweit es sich um Wiedergaben handelt, herauszugeben. [2]Entsprechendes gilt für ihre Hinterbliebenen und Erben.

§ 68 Versagung der Aussagegenehmigung. (1) Die Genehmigung, als Zeugin oder Zeuge auszusagen, darf nur versagt werden, wenn die Aussage dem Wohle des Bundes oder eines deutschen Landes Nachteile bereiten oder die Erfüllung öffentlicher Aufgaben ernstlich gefährden oder erheblich erschweren würde.

(2) [1]Sind Beamtinnen oder Beamte Partei oder Beschuldigte in einem gerichtlichen Verfahren oder soll ihr Vorbringen der Wahrnehmung ihrer berechtigten Interessen dienen, darf die Genehmigung auch dann, wenn die Voraussetzungen des Absatzes 1 erfüllt sind, nur versagt werden, wenn die dienstlichen Rücksichten dies unabweisbar erfordern. [2]Wird die Genehmigung versagt, haben die oder der Dienstvorgesetzte der Beamtin oder dem Beamten den Schutz zu gewähren, den die dienstlichen Rücksichten zulassen.

(3) [1]Über die Versagung der Genehmigung entscheidet die oberste Dienstbehörde. [2]Sie kann diese Befugnis auf andere Behörden übertragen.

§ 69 Gutachtenerstattung. [1]Die Genehmigung, ein Gutachten zu erstatten, kann versagt werden, wenn die Erstattung den dienstlichen Interessen Nachteile bereiten würde. [2]§ 68 Abs. 3 gilt entsprechend.

§ 70 Auskünfte an die Medien. Die Leitung der Behörde entscheidet, wer den Medien Auskünfte erteilt.

§ 71 Verbot der Annahme von Belohnungen, Geschenken und sonstigen Vorteilen. (1) [1]Beamtinnen und Beamte dürfen, auch nach Beendigung des Beamtenverhältnisses, keine Belohnungen, Geschenke oder sonstigen Vorteile für sich oder einen Dritten in Bezug auf ihr Amt fordern, sich versprechen lassen oder annehmen. [2]Ausnahmen bedürfen der Zustimmung der obersten oder der letzten obersten Dienstbehörde. [3]Die Befugnis zur Zustimmung kann auf andere Behörden übertragen werden.

(2) [1]Wer gegen das in Absatz 1 genannte Verbot verstößt, hat auf Verlangen das aufgrund des pflichtwidrigen Verhaltens Erlangte dem Dienstherrn herauszugeben, soweit nicht im Strafverfahren die Einziehung von Taterträgen angeordnet worden oder es auf andere Weise auf den Staat übergegangen ist. [2]Für den Umfang des Herausgabeanspruchs gelten die Vorschriften des Bürgerlichen Gesetzbuches über die Herausgabe einer ungerechtfertigten Bereicherung entsprechend. [3]Die Herausgabepflicht nach Satz 1 umfasst auch die Pflicht, dem Dienstherrn Auskunft über Art, Umfang und Verbleib des Erlangten zu geben.

§ 72 Wahl der Wohnung. (1) Beamtinnen und Beamte haben ihre Wohnung so zu nehmen, dass die ordnungsmäßige Wahrnehmung ihrer Dienstgeschäfte nicht beeinträchtigt wird.

(2) Die oder der Dienstvorgesetzte kann, wenn die dienstlichen Verhältnisse es erfordern, anweisen, dass die Wohnung innerhalb einer bestimmten Entfernung von der Dienststelle zu nehmen oder eine Dienstwohnung zu beziehen ist.

§ 73 Aufenthaltspflicht. Wenn besondere dienstliche Verhältnisse es dringend erfordern, kann die Beamtin oder der Beamte angewiesen werden, sich während der dienstfreien Zeit in erreichbarer Nähe des Dienstortes aufzuhalten.

§ 74 Dienstkleidung. Die Bundespräsidentin oder der Bundespräsident oder die von ihr oder ihm bestimmte Stelle erlässt die Bestimmungen über Dienstkleidung, die bei Wahrnehmung des Amtes üblich oder erforderlich ist.

§ 75 Pflicht zum Schadensersatz. (1) [1] Beamtinnen und Beamte, die vorsätzlich oder grob fahrlässig die ihnen obliegenden Pflichten verletzt haben, haben dem Dienstherrn, dessen Aufgaben sie wahrgenommen haben, den daraus entstehenden Schaden zu ersetzen. [2] Haben zwei oder mehr Beamtinnen und Beamte gemeinsam den Schaden verursacht, haften sie gesamtschuldnerisch.

(2) Hat der Dienstherr Dritten Schadensersatz geleistet, gilt als Zeitpunkt, zu dem der Dienstherr Kenntnis im Sinne der Verjährungsvorschriften des Bürgerlichen Gesetzbuches erlangt, der Zeitpunkt, zu dem der Ersatzanspruch gegenüber Dritten vom Dienstherrn anerkannt oder dem Dienstherrn gegenüber rechtskräftig festgestellt wird.

(3) Leistet die Beamtin oder der Beamte dem Dienstherrn Ersatz und hat dieser einen Ersatzanspruch gegen Dritte, geht der Ersatzanspruch auf sie oder ihn über.

§ 76 Übergang eines Schadensersatzanspruchs gegen Dritte. [1] Werden Beamtinnen, Beamte, Versorgungsberechtigte oder ihre Angehörigen körperlich verletzt oder getötet, geht ein gesetzlicher Schadensersatzanspruch, der diesen Personen infolge der Körperverletzung oder der Tötung gegen Dritte zusteht, insoweit auf den Dienstherrn über, als dieser während einer auf der Körperverletzung beruhenden Aufhebung der Dienstfähigkeit oder infolge der Körperverletzung oder der Tötung zur Gewährung von Leistungen verpflichtet ist. [2] Ist eine Versorgungskasse zur Gewährung der Versorgung verpflichtet, geht der Anspruch auf sie über. [3] Der Übergang des Anspruchs kann nicht zum Nachteil der Verletzten oder der Hinterbliebenen geltend gemacht werden.

§ 77 Nichterfüllung von Pflichten. (1) [1] Beamtinnen und Beamte begehen ein Dienstvergehen, wenn sie schuldhaft die ihnen obliegenden Pflichten verletzen. [2] Außerhalb des Dienstes ist dieses nur dann ein Dienstvergehen, wenn die Pflichtverletzung nach den Umständen des Einzelfalls in besonderem Maße geeignet ist, das Vertrauen in einer für ihr Amt oder das Ansehen des Beamtentums bedeutsamen Weise zu beeinträchtigen.

(2) [1]Bei Ruhestandsbeamtinnen und Ruhestandsbeamten sowie früheren Beamtinnen mit Versorgungsbezügen und früheren Beamten mit Versorgungsbezügen gilt es als Dienstvergehen, wenn sie

1. sich gegen die freiheitliche demokratische Grundordnung im Sinne des Grundgesetzes[1)] betätigen,
2. an Bestrebungen teilnehmen, die darauf abzielen, den Bestand oder die Sicherheit der Bundesrepublik Deutschland zu beeinträchtigen,
3. gegen die Verschwiegenheitspflicht, gegen die Anzeigepflicht oder das Verbot einer Tätigkeit nach Beendigung des Beamtenverhältnisses oder gegen das Verbot der Annahme von Belohnungen, Geschenken und sonstigen Vorteilen verstoßen oder
4. einer Verpflichtung nach § 46 Absatz 1, 2, 4 oder 7 oder § 57 schuldhaft nicht nachkommen.

[2]Satz 1 Nummer 1 bis 3 gilt auch für frühere Beamtinnen mit Anspruch auf Altersgeld und frühere Beamte mit Anspruch auf Altersgeld.

(3) Die Verfolgung von Dienstvergehen richtet sich nach dem Bundesdisziplinargesetz[2)].

§ 78 Fürsorgepflicht des Dienstherrn. [1]Der Dienstherr hat im Rahmen des Dienst- und Treueverhältnisses für das Wohl der Beamtinnen und Beamten und ihrer Familien, auch für die Zeit nach Beendigung des Beamtenverhältnisses, zu sorgen. [2]Er schützt die Beamtinnen und Beamten bei ihrer amtlichen Tätigkeit und in ihrer Stellung.

§ 78a Zahlung durch den Dienstherrn bei Schmerzensgeldansprüchen. (1) [1]Hat eine Beamtin oder ein Beamter wegen einer vorsätzlichen Verletzung des Körpers, der Gesundheit, der Freiheit oder der sexuellen Selbstbestimmung, die ihr oder ihm wegen ihrer oder seiner Eigenschaft als Amtsträgerin oder Amtsträger zugefügt worden ist, einen durch ein rechtskräftiges Endurteil eines deutschen Gerichts festgestellten Anspruch auf Schmerzensgeld gegen einen Dritten, so soll der Dienstherr auf Antrag die Zahlung auf diesen Anspruch bis zur Höhe des zuerkannten Schmerzensgeldanspruchs übernehmen, sofern dies zur Vermeidung einer unbilligen Härte notwendig ist. [2]Der rechtskräftigen Feststellung steht ein nicht oder nicht mehr widerruflicher Vergleich nach § 794 Absatz 1 Nummer 1 der Zivilprozessordnung gleich, wenn er der Höhe nach angemessen ist.

(2) Eine unbillige Härte liegt insbesondere vor, wenn ein Versuch der Vollstreckung in das Vermögen nicht zu einer vollständigen Befriedigung der Beamtin oder des Beamten geführt hat, sofern der Betrag, hinsichtlich dessen die Beamtin oder der Beamte nicht befriedigt wurde, mindestens 250 Euro erreicht.

(3) Der Dienstherr kann die Zahlung nach Absatz 1 ablehnen, wenn aufgrund desselben Sachverhalts eine einmalige Unfallentschädigung (§ 43 des Beamtenversorgungsgesetzes[3)]) oder ein Unfallausgleich (§ 35 des Beamtenversorgungsgesetzes) gezahlt wird.

[1)] Auszugsweise abgedruckt unter Nr. **1**.
[2)] Nr. **17**.
[3)] Nr. **27**.

(4) [1]Der Antrag nach Absatz 1 kann innerhalb einer Ausschlussfrist von zwei Jahren nach Eintritt der Rechtskraft des Urteils nach Absatz 1 Satz 1 oder nach Eintritt der Unwiderruflichkeit des Vergleichs nach Absatz 1 Satz 2 schriftlich oder elektronisch gestellt werden. [2]Dem Antrag ist ein Nachweis des Vollstreckungsversuches beizufügen. [3]Die Entscheidung trifft die oberste Dienstbehörde oder die von ihr bestimmte Behörde. [4]Für Versorgungsempfängerinnen und Versorgungsempfänger ist die für die Zahlung der Versorgungsbezüge verantwortliche Behörde zuständig. [5]Soweit der Dienstherr die Zahlung übernommen hat, gehen Ansprüche gegen Dritte auf ihn über. [6]Der Übergang der Ansprüche kann nicht zum Nachteil der oder des Geschädigten geltend gemacht werden.

(5) Absatz 1 ist nicht anzuwenden auf Schmerzensgeldansprüche, die im Wege des Urkundenprozesses nach den §§ 592 bis 600 der Zivilprozessordnung festgestellt worden sind.

§ 79 Mutterschutz, Elternzeit und Jugendarbeitsschutz. (1) [1]Die Bundesregierung regelt durch Rechtsverordnung die der Eigenart des öffentlichen Dienstes entsprechende Anwendung der Vorschriften des Mutterschutzgesetzes auf Beamtinnen. [2]Diese Rechtsverordnung stellt für Beamtinnen hinsichtlich Inhalt, Art und Umfang den Schutz sicher, der Frauen nach dem Mutterschutzgesetz gewährleistet wird. [3]Für die Kontrolle und Überwachung der Einhaltung der dem Gesundheitsschutz dienenden mutterschutzrechtlichen Vorschriften gilt § 29 des Mutterschutzgesetzes entsprechend.

(2) [1]Die Bundesregierung regelt durch Rechtsverordnung die der Eigenart des öffentlichen Dienstes entsprechende Anwendung der Vorschriften des Bundeselterngeld- und Elternzeitgesetzes[1)] über die Elternzeit auf Beamtinnen und Beamte. [2]Das Bundesministerium des Innern, für Bau und Heimat kann in den Fällen des Artikels 91 Absatz 2 Satz 1 und des Artikels 115f Absatz 1 Nummer 1 des Grundgesetzes den Anspruch auf Elternzeit für Polizeivollzugsbeamtinnen und Polizeivollzugsbeamte in der Bundespolizei aus zwingenden Gründen der inneren Sicherheit ausschließen oder einschränken.

(3) [1]Das Jugendarbeitsschutzgesetz gilt für jugendliche Beamtinnen und jugendliche Beamte entsprechend. [2]Die Bundesregierung kann durch Rechtsverordnung Ausnahmen von den Vorschriften des Jugendarbeitsschutzgesetzes für jugendliche Polizeivollzugsbeamtinnen und jugendliche Polizeivollzugsbeamte bestimmen, soweit diese aufgrund der Eigenart des Polizeivollzugsdienstes oder aus Gründen der inneren Sicherheit erforderlich sind.

§ 80 Beihilfe in Krankheits-, Pflege- und Geburtsfällen. (1) [1]Beihilfe erhalten:

1. Beamtinnen und Beamte, die Anspruch auf Besoldung haben oder die Elternzeit in Anspruch nehmen,
2. Versorgungsempfängerinnen und Versorgungsempfänger, die Anspruch auf Versorgungsbezüge haben,
3. frühere Beamtinnen und frühere Beamte für den Zeitraum, in dem sie einen Unterhaltsbeitrag oder Übergangsgeld nach dem Beamtenversorgungsgesetz[2)] beziehen,

---

1) Nr. **16**.
2) Nr. **27**.

4. frühere Beamtinnen auf Zeit und frühere Beamte auf Zeit für den Zeitraum, in dem sie Übergangsgeld nach dem Beamtenversorgungsgesetz beziehen.

[2] Satz 1 gilt auch, wenn Bezüge aufgrund der Anwendung von Ruhens- oder Anrechnungsvorschriften nicht gezahlt werden.

(2) [1] Beihilfe wird auch gewährt für Aufwendungen

1. der Ehegattin oder des Ehegatten, der Lebenspartnerin oder des Lebenspartners, die oder der kein zur wirtschaftlichen Selbständigkeit führendes Einkommen hat, und
2. der Kinder, die beim Familienzuschlag nach dem Bundesbesoldungsgesetz[1)] berücksichtigungsfähig sind.

[2] Satz 1 Nummer 2 gilt nicht für Kinder, die Waisengeld nach § 23 des Beamtenversorgungsgesetzes erhalten.

(3) [1] Beihilfefähig sind grundsätzlich nur notwendige und wirtschaftlich angemessene Aufwendungen

1. in Krankheits- und Pflegefällen,
2. für die Behandlung von Behinderungen,
3. für die Früherkennung von Krankheiten und für Schutzimpfungen,
4. in Geburtsfällen, für eine künstliche Befruchtung, für Maßnahmen zur Empfängnisregelung und -verhütung sowie in Ausnahmefällen bei Sterilisation und Schwangerschaftsabbruch sowie
5. bei Organspenden.

(4) [1] Beihilfe kann nur gewährt werden

1. als mindestens 50-prozentige Erstattung der beihilfefähigen Aufwendungen,
2. in Pflegefällen auch in Form einer Pauschale, deren Höhe sich am tatsächlichen Versorgungsaufwand orientiert, oder
3. im Wege der Beteiligung an den Kosten individueller Leistungen von Leistungserbringerinnen oder Leistungserbringern.

[2] Beihilfe darf nur gewährt werden, soweit sie zusammen mit anderen aus demselben Anlass zu gewährenden Leistungen die dem Grunde nach beihilfefähigen Aufwendungen nicht überschreitet. [3] Nicht beihilfefähig sind Aufwendungen beihilfeberechtigter Polizeivollzugsbeamtinnen und Polizeivollzugsbeamter der Bundespolizei, denen Leistungen nach § 70 Absatz 2 des Bundesbesoldungsgesetzes zustehen.

(5) [1] Steht einer beihilfeberechtigten oder berücksichtigungsfähigen Person gegen eine Leistungserbringerin oder einen Leistungserbringer wegen einer unrichtigen Abrechnung ein Anspruch auf Erstattung oder Schadensersatz zu, kann der Dienstherr durch schriftliche oder elektronische Anzeige gegenüber der Leistungserbringerin oder dem Leistungserbringer bewirken, dass der Anspruch insoweit auf ihn übergeht, als er aufgrund der unrichtigen Abrechnung zu hohe Beihilfeleistungen erbracht hat. [2] Satz 1 gilt für den Anspruch gegen eine Abrechnungsstelle der Leistungserbringerin oder des Leistungserbringers entsprechend.

(6) [1] Das Bundesministerium des Innern, für Bau und Heimat regelt im Einvernehmen mit dem Auswärtigen Amt, dem Bundesministerium der Finan-

---

[1)] Nr. **18**.

zen, dem Bundesministerium der Verteidigung und dem Bundesministerium für Gesundheit durch Rechtsverordnung ohne Zustimmung des Bundesrates die näheren Einzelheiten, insbesondere zu den beihilfeberechtigten und berücksichtigungsfähigen Personen sowie zu Inhalt und Umfang der Beihilfen. [2] In der Rechtsverordnung können unter anderem vorgesehen werden:

1. Höchstbeträge,
2. in Anlehnung an das Fünfte Buch Sozialgesetzbuch
   a) der Ausschluss der Beihilfefähigkeit von Aufwendungen für Untersuchungen, Behandlungen, Arznei-, Heil- und Hilfsmittel, deren diagnostischer oder therapeutischer Nutzen nicht nach dem allgemein anerkannten Stand der medizinischen Erkenntnisse nachgewiesen ist,
   b) der Ausschluss der Beihilfefähigkeit von Aufwendungen für Arznei-, Heil- und Hilfsmittel, die zur Behandlung geringfügiger Erkrankungen bestimmt sind und deren Kosten geringfügig oder der allgemeinen Lebenshaltung zuzurechnen sind,
   c) die Beschränkung der Beihilfefähigkeit von Aufwendungen für Untersuchungen und Behandlungen, Arznei-, Heil- und Hilfsmittel, Geräte zur Selbstbehandlung und Körperersatzstücke, Krankenhausleistungen, häusliche Krankenpflege, Familien- und Haushaltshilfen, Fahrt- und Unterkunftskosten, Anschlussheil- und Suchtbehandlungen sowie für Rehabilitationsmaßnahmen auf bestimmte Personengruppen, Umstände oder Indikationen,
3. Eigenbehalte,
4. Belastungsgrenzen und
5. die Beihilfefähigkeit von Aufwendungen für Präventionsmaßnahmen zur Verhinderung und Verminderung von Krankheitsrisiken.

§ 81 Reisekosten. (1) [1] Beamtinnen und Beamte erhalten die notwendigen Kosten einer dienstlich veranlassten Reise (Dienstreise) vergütet. [2] Die Reisekostenvergütung umfasst die Fahrt- und Flugkosten, eine Wegstreckenentschädigung, Tage- und Übernachtungsgelder, Reisebeihilfen für Familienheimfahrten sowie sonstige Kosten, die durch die Reise veranlasst sind.

(2) [1] Die Einzelheiten zu Art und Umfang der Reisekostenvergütung sowie die Grundsätze des Abrechnungsverfahrens regelt die Bundesregierung durch Rechtsverordnung. [2] Bei der Bemessung der Reisekostenvergütung können Höchstgrenzen oder Pauschalen für eine Erstattung festgesetzt und abweichende Regelungen für besondere Fälle getroffen werden.

(3) [1] Für Reisen nach Absatz 1 im oder in das Ausland sowie vom Ausland in das Inland (Auslandsdienstreisen) kann das Bundesministerium des Innern, für Bau und Heimat im Einvernehmen mit dem Auswärtigen Amt, dem Bundesministerium der Verteidigung und dem Bundesministerium der Finanzen durch Rechtsverordnung abweichende Vorschriften erlassen. [2] Dazu gehören die Anordnung und Genehmigung von Dienstreisen sowie der Umfang der Reisekostenvergütung einschließlich zusätzlich zu erstattender notwendiger Kosten, die der Erreichung des Zwecks von Auslandsdienstreisen dienen und die die besonderen Verhältnisse im Ausland berücksichtigen.

§ 82 Umzugskosten. (1) [1] Beamtinnen und Beamte sowie ihre Hinterbliebenen erhalten die notwendigen Kosten für einen Umzug vergütet (Umzugskostenvergütung), wenn die Übernahme der Umzugskosten zugesagt worden ist. [2]Die Umzugskostenzusage kann bei einem dienstlich veranlassten Umzug oder in besonderen Fällen gegeben werden. [3]Die Umzugskostenvergütung umfasst

1. Beförderungsauslagen,
2. Reisekosten,
3. Trennungsgeld,
4. Mietentschädigung und
5. sonstige Auslagen.

(2) [1]Die Einzelheiten zu Art und Umfang der Umzugskostenvergütung sowie die Grundsätze des Abrechnungsverfahrens regelt die Bundesregierung durch Rechtsverordnung. [2]Bei der Bemessung der Umzugskostenvergütung können Höchstgrenzen oder Pauschalen für eine Erstattung festgesetzt und abweichende Regelungen für besondere Fälle getroffen werden.

(3) Für Umzüge nach Absatz 1 im oder in das Ausland sowie aus dem Ausland in das Inland (Auslandsumzüge) kann das Auswärtige Amt im Einvernehmen mit dem Bundesministerium des Innern, für Bau und Heimat, dem Bundesministerium der Verteidigung und dem Bundesministerium der Finanzen durch Rechtsverordnung abweichende Vorschriften zur Umzugskostenvergütung erlassen, soweit die besonderen Bedürfnisse des Auslandsdienstes und die besonderen Verhältnisse im Ausland es erfordern.

§ 83 Trennungsgeld. (1) [1]Beamtinnen und Beamte, die an einen Ort außerhalb des Dienst- oder Wohnortes abgeordnet, versetzt, zugewiesen oder aufgrund einer anderen personellen Maßnahme an einem Ort außerhalb ihres bisherigen Dienst- oder Wohnortes beschäftigt werden, erhalten die notwendigen Kosten erstattet, die durch die häusliche Trennung oder in besonderen Fällen entstehen (Trennungsgeld). [2]Dabei sind die häuslichen Ersparnisse zu berücksichtigen.

(2) Werden Beamtinnen auf Widerruf und Beamte auf Widerruf im Vorbereitungsdienst zum Zweck ihrer Ausbildung einer Ausbildungsstelle an einen anderen Ort als dem bisherigen Dienst- oder Wohnort zugewiesen, können ihnen die dadurch entstehenden notwendigen Mehrausgaben ganz oder teilweise erstattet werden.

(3) [1]Die Einzelheiten zu Art und Umfang des Trennungsgeldes und der Gewährung von Reisebeihilfen für Familienheimfahrten sowie die Grundsätze des Abrechnungsverfahrens regelt die Bundesregierung durch Rechtsverordnung. [2]Bei der Bemessung des Trennungsgeldes und der Reisebeihilfen für Familienheimfahrten können Höchstgrenzen und Pauschalen für eine Erstattung festgesetzt und abweichende Regelungen für besondere Fälle getroffen werden.

(4) Für Maßnahmen nach Absatz 1 im oder in das Ausland sowie vom Ausland in das Inland kann das Auswärtige Amt im Einvernehmen mit dem Bundesministerium des Innern, für Bau und Heimat, dem Bundesministerium der Verteidigung und dem Bundesministerium der Finanzen durch Rechtsverordnung abweichende Vorschriften zu Trennungsgeld und Reisebeihilfen für Familienheimfahrten erlassen, soweit die besonderen Bedürfnisse des Auslandsdienstes und die besonderen Verhältnisse im Ausland es erfordern.

§ 84 Jubiläumszuwendung. [1] Beamtinnen und Beamten wird bei Dienstjubiläen eine Zuwendung gewährt. [2] Das Nähere regelt die Bundesregierung durch Rechtsverordnung.

§ 84a Rückforderung zu viel gezahlter Geldleistungen. [1] Die Rückforderung zu viel gezahlter Geldleistungen, die der Dienstherr auf Grund beamtenrechtlicher Vorschriften geleistet hat, richtet sich nach den Vorschriften des Bürgerlichen Gesetzbuchs über die Herausgabe einer ungerechtfertigten Bereicherung. [2] Der Kenntnis des Mangels des rechtlichen Grundes der Zahlung steht es gleich, wenn der Mangel so offensichtlich war, dass die Empfängerin oder der Empfänger ihn hätte erkennen müssen. [3] Von der Rückforderung kann aus Billigkeitsgründen mit Zustimmung der obersten Dienstbehörde oder der von ihr bestimmten Stelle ganz oder teilweise abgesehen werden.

§ 85 Dienstzeugnis. [1] Beamtinnen und Beamten wird auf Antrag ein Dienstzeugnis über Art und Dauer der von ihnen wahrgenommenen Ämter erteilt, wenn sie daran ein berechtigtes Interesse haben oder das Beamtenverhältnis beendet ist. [2] Das Dienstzeugnis muss auf Verlangen auch über die ausgeübte Tätigkeit und die erbrachten Leistungen Auskunft geben.

§ 86 Amtsbezeichnungen. (1) Die Bundespräsidentin oder der Bundespräsident oder eine von ihr oder ihm bestimmte Stelle setzt die Amtsbezeichnungen fest, soweit gesetzlich nichts anderes bestimmt ist.

(2) [1] Beamtinnen und Beamte führen im Dienst die Amtsbezeichnung des ihnen übertragenen Amtes. [2] Sie dürfen sie auch außerhalb des Dienstes führen. [3] Nach dem Wechsel in ein anderes Amt dürfen sie die bisherige Amtsbezeichnung nicht mehr führen. [4] Ist das neue Amt mit einem niedrigeren Endgrundgehalt verbunden, darf neben der neuen Amtsbezeichnung die des früheren Amtes mit dem Zusatz „außer Dienst" oder „a.D." geführt werden.

(3) [1] Ruhestandsbeamtinnen und Ruhestandsbeamte dürfen die ihnen bei der Versetzung in den Ruhestand zustehende Amtsbezeichnung mit dem Zusatz „außer Dienst" oder „a.D." und die im Zusammenhang mit dem Amt verliehenen Titel weiter führen. [2] Ändert sich die Bezeichnung des früheren Amtes, darf die geänderte Amtsbezeichnung geführt werden.

Unterabschnitt 2. Arbeitszeit

§ 87 Arbeitszeit. (1) Die regelmäßige Arbeitszeit darf wöchentlich im Durchschnitt 44 Stunden nicht überschreiten.

(2) Soweit Bereitschaftsdienst besteht, kann die Arbeitszeit entsprechend den dienstlichen Bedürfnissen verlängert werden.

(3) [1] Das Nähere zur Regelung der Arbeitszeit, insbesondere zur Dauer, zu Möglichkeiten ihrer flexiblen Ausgestaltung und zur Kontrolle ihrer Einhaltung, regelt die Bundesregierung durch Rechtsverordnung. [2] Eine Kontrolle der Einhaltung der Arbeitszeit mittels automatisierter Datenverarbeitungssysteme ist zulässig, soweit diese Systeme eine Mitwirkung der Beamtinnen und Beamten erfordern. [3] Die erhobenen Daten dürfen nur für Zwecke der Arbeitszeitkontrolle, der Wahrung arbeitsschutzrechtlicher Bestimmungen und des gezielten Personaleinsatzes verwendet werden, soweit dies zur Aufgabenwahrnehmung der jeweils zuständigen Stelle erforderlich ist. [4] In der Rechtsverordnung sind Löschfristen für die erhobenen Daten vorzusehen.

§ 88 Mehrarbeit. [1]Beamtinnen und Beamte sind verpflichtet, ohne Vergütung über die regelmäßige wöchentliche Arbeitszeit hinaus Dienst zu tun, wenn zwingende dienstliche Verhältnisse dies erfordern und sich die Mehrarbeit auf Ausnahmefälle beschränkt. [2]Werden sie durch eine dienstlich angeordnete oder genehmigte Mehrarbeit mehr als fünf Stunden im Monat über die regelmäßige Arbeitszeit hinaus beansprucht, ist ihnen innerhalb eines Jahres für die Mehrarbeit, die sie über die regelmäßige Arbeitszeit hinaus leisten, entsprechende Dienstbefreiung zu gewähren. [3]Bei Teilzeitbeschäftigung sind die fünf Stunden anteilig zu kürzen. [4]Ist die Dienstbefreiung aus zwingenden dienstlichen Gründen nicht möglich, können Beamtinnen und Beamte in Besoldungsgruppen mit aufsteigenden Gehältern eine Vergütung erhalten.

§ 89 Erholungsurlaub. [1]Beamtinnen und Beamten steht jährlich ein Erholungsurlaub unter Fortgewährung der Besoldung zu. [2]Die Bewilligung, die Dauer und die Abgeltung des Erholungsurlaubs regelt die Bundesregierung durch Rechtsverordnung. [3]Die Dauer des zusätzlichen Urlaubs für in das Ausland entsandte Beamtinnen und Beamte des Auswärtigen Dienstes regelt das Gesetz über den Auswärtigen Dienst.

§ 90 Urlaub aus anderen Anlässen, Mandatsträgerinnen und Mandatsträger. (1) Die Bundesregierung regelt durch Rechtsverordnung die Bewilligung von Urlaub aus anderen Anlässen und bestimmt, inwieweit die Besoldung während eines solchen Urlaubs fortbesteht.

(2) Stimmen Beamtinnen und Beamte ihrer Aufstellung als Bewerberinnen oder Bewerber für die Wahl zum Europäischen Parlament oder zum Deutschen Bundestag oder zu der gesetzgebenden Körperschaft eines Landes zu, ist ihnen auf Antrag innerhalb der letzten zwei Monate vor dem Wahltag der zur Vorbereitung ihrer Wahl erforderliche Urlaub unter Wegfall der Besoldung zu gewähren.

(3) [1]Beamtinnen und Beamten, die in die gesetzgebende Körperschaft eines Landes gewählt worden sind und deren Rechte und Pflichten aus dem Beamtenverhältnis nicht nach § 40 Abs. 1 ruhen, ist zur Ausübung des Mandats auf Antrag

1. Teilzeitbeschäftigung im Umfang von mindestens 30 Prozent der regelmäßigen Arbeitszeit zu bewilligen oder
2. ein Urlaub unter Wegfall der Besoldung zu gewähren.

[2]Der Antrag soll jeweils für den Zeitraum von mindestens sechs Monaten gestellt werden. [3]§ 23 Abs. 5 des Abgeordnetengesetzes ist entsprechend anzuwenden. [4]Auf Beamtinnen und Beamte, denen nach Satz 1 Nr. 2 Urlaub unter Wegfall der Besoldung gewährt wird, ist § 7 Abs. 1, 3 und 4 des Abgeordnetengesetzes entsprechend anzuwenden.

(4) [1]Für die Tätigkeit als Mitglied einer kommunalen Vertretung, eines nach Kommunalverfassungsrecht gebildeten Ausschusses oder vergleichbarer Einrichtungen in Gemeindebezirken ist Beamtinnen und Beamten der erforderliche Urlaub unter Fortzahlung der Besoldung zu gewähren. [2]Satz 1 gilt auch für die von einer kommunalen Vertretung gewählten ehrenamtlichen Mitglieder von Ausschüssen, die aufgrund eines Gesetzes gebildet worden sind.

§ 91 Teilzeit. (1) Beamtinnen und Beamten, die Anspruch auf Besoldung haben, kann auf Antrag Teilzeitbeschäftigung bis zur Hälfte der regelmäßigen

Arbeitszeit und bis zur jeweils beantragten Dauer bewilligt werden, soweit dienstliche Belange dem nicht entgegenstehen.

(2) [1] Dem Antrag nach Absatz 1 darf nur entsprochen werden, wenn die Beamtinnen und Beamten sich verpflichten, während des Bewilligungszeitraumes außerhalb des Beamtenverhältnisses berufliche Verpflichtungen nur in dem Umfang einzugehen, der den Vollzeitbeschäftigten für die Ausübung von Nebentätigkeiten gestattet ist. [2] Ausnahmen hiervon sind nur zulässig, soweit dies mit dem Beamtenverhältnis vereinbar ist. [3] Dabei ist von der regelmäßigen wöchentlichen Arbeitszeit ohne Rücksicht auf die Bewilligung von Teilzeitbeschäftigung auszugehen. [4] Wird die Verpflichtung nach Satz 1 schuldhaft verletzt, soll die Bewilligung widerrufen werden.

(3) [1] Die zuständige Dienstbehörde kann nachträglich die Dauer der Teilzeitbeschäftigung beschränken oder den Umfang der zu leistenden Arbeitszeit erhöhen, soweit zwingende dienstliche Belange dies erfordern. [2] Sie soll eine Änderung des Umfangs der Teilzeitbeschäftigung oder den Übergang zur Vollzeitbeschäftigung zulassen, wenn der Beamtin oder dem Beamten die Teilzeitbeschäftigung im bisherigen Umfang nicht mehr zugemutet werden kann und dienstliche Belange dem nicht entgegenstehen.

§ 92 Familienbedingte Teilzeit, familienbedingte Beurlaubung.

(1) [1] Beamtinnen und Beamten, die Anspruch auf Besoldung haben, wird auf Antrag Teilzeitbeschäftigung oder Urlaub ohne Besoldung bewilligt, wenn

1. sie
   a) mindestens ein Kind, das das 18. Lebensjahr noch nicht vollendet hat, tatsächlich betreuen oder pflegen oder
   b) eine sonstige Angehörige oder einen sonstigen Angehörigen tatsächlich betreuen oder pflegen, die oder der pflegebedürftig ist nach einer Bescheinigung der Pflegekasse oder des Medizinischen Dienstes der Krankenversicherung, nach einer entsprechenden Bescheinigung einer privaten Pflegeversicherung oder nach einem ärztlichen Gutachten oder an einer Erkrankung nach § 3 Absatz 6 Satz 1 des Pflegezeitgesetzes leidet, und
2. keine zwingenden dienstlichen Belange entgegenstehen.

[2] § 91 Absatz 3 Satz 1 gilt entsprechend. [3] Teilzeitbeschäftigung, Familienpflegezeiten und Pflegezeiten mit weniger als der Hälfte der regelmäßigen wöchentlichen Arbeitszeit oder Urlaub ohne Besoldung dürfen zusammen nicht länger als 15 Jahre dauern. [4] Ausnahmen hiervon sind in besonders begründeten Fällen zulässig.

(2) [1] Die Dienststelle muss die Ablehnung von Anträgen im Einzelnen begründen. [2] Bei Beamtinnen und Beamten im Schul- und Hochschuldienst kann der Bewilligungszeitraum bis zum Ende des laufenden Schulhalbjahres oder Semesters ausgedehnt werden. [3] Der Antrag auf Verlängerung einer Beurlaubung ist spätestens sechs Monate vor Ablauf der genehmigten Beurlaubung zu stellen.

(3) Während einer Freistellung vom Dienst nach Absatz 1 dürfen nur solche Nebentätigkeiten genehmigt werden, die dem Zweck der Freistellung nicht zuwiderlaufen.

(4) [1] Die zuständige Dienststelle kann eine Rückkehr aus dem Urlaub zulassen, wenn die Fortsetzung des Urlaubs nicht zumutbar ist und dienstliche

Belange dem nicht entgegenstehen. [2]Teilzeitbeschäftigte mit Familienpflichten, die eine Vollzeitbeschäftigung beantragen, und Beurlaubte mit Familienpflichten, die eine vorzeitige Rückkehr aus der Beurlaubung beantragen, müssen bei der Besetzung von Vollzeitstellen unter Beachtung des Leistungsprinzips und der Regelungen des Bundesgleichstellungsgesetzes[1)] vorrangig berücksichtigt werden.

(5) [1]Während der Zeit der Beurlaubung nach Absatz 1 besteht ein Anspruch auf Leistungen der Krankheitsfürsorge in entsprechender Anwendung der Beihilferegelungen für Beamtinnen mit Anspruch auf Besoldung und Beamte mit Anspruch auf Besoldung. [2]Dies gilt nicht, wenn die Beamtin oder der Beamte berücksichtigungsfähige Angehörige oder berücksichtigungsfähiger Angehöriger einer oder eines Beihilfeberechtigten wird oder in der gesetzlichen Krankenversicherung nach § 10 Abs. 1 des Fünften Buches Sozialgesetzbuch versichert ist. [3]Beamtinnen und Beamte, die die Voraussetzungen des § 3 Abs. 1 des Pflegezeitgesetzes erfüllen, erhalten für die Dauer der Pflegezeit nach § 4 des Pflegezeitgesetzes Leistungen entsprechend § 44a Abs. 1 des Elften Buches Sozialgesetzbuch.

(6) [1]Die Dienststelle hat durch geeignete Maßnahmen den aus familiären Gründen Beurlaubten die Verbindung zum Beruf und den beruflichen Wiedereinstieg zu erleichtern. [2]Dazu gehören das Angebot von Urlaubs- und Krankheitsvertretungen, ihre rechtzeitige Unterrichtung über das Fortbildungsprogramm und das Angebot der Teilnahme an der Fortbildung während oder nach der Beurlaubung. [3]Die Teilnahme an einer Fortbildungsveranstaltung während der Beurlaubung begründet einen Anspruch auf bezahlte Dienstbefreiung nach Ende der Beurlaubung. [4]Die Dauer der bezahlten Dienstbefreiung richtet sich nach der Dauer der Fortbildung. [5]Mit den Beurlaubten sind rechtzeitig vor Ablauf einer Beurlaubung Beratungsgespräche zu führen, in denen sie über die Möglichkeiten ihrer Beschäftigung nach der Beurlaubung informiert werden.

§ 92a Familienpflegezeit mit Vorschuss. (1) Beamtinnen und Beamten, die Anspruch auf Besoldung haben, wird auf Antrag für längstens 24 Monate Teilzeitbeschäftigung mit einer regelmäßigen wöchentlichen Arbeitszeit von mindestens 15 Stunden als Familienpflegezeit bewilligt, wenn

1. sie eine nahe Angehörige oder einen nahen Angehörigen nach § 7 Absatz 3 des Pflegezeitgesetzes tatsächlich betreuen oder pflegen, die oder der pflegebedürftig ist nach einer Bescheinigung der Pflegekasse oder des Medizinischen Dienstes der Krankenversicherung, einer entsprechenden Bescheinigung einer privaten Pflegeversicherung oder einem ärztlichen Gutachten oder an einer Erkrankung nach § 3 Absatz 6 Satz 1 des Pflegezeitgesetzes leidet, und
2. keine dringenden dienstlichen Belange entgegenstehen.

(2) Ist die Familienpflegezeit für weniger als 24 Monate bewilligt worden, kann sie nachträglich bis zur Dauer von 24 Monaten verlängert werden.

(3) Familienpflegezeit und Pflegezeit dürfen zusammen nicht länger als 24 Monate je pflegebedürftigen nahen Angehörigen dauern.

(4) Die Beamtin oder der Beamte hat jede Änderung der Tatsachen mitzuteilen, die für die Bewilligung maßgeblich sind.

[1)] Nr. 6.

(5) Liegen die Voraussetzungen für die Bewilligung der Familienpflegezeit nicht mehr vor, so ist die Bewilligung zu widerrufen, und zwar mit Ablauf des zweiten Monats, der auf den Wegfall der Voraussetzungen folgt.

(6) Ist der Beamtin oder dem Beamten die Teilzeitbeschäftigung im bisherigen Umfang nicht mehr zumutbar, ist die Bewilligung zu widerrufen, wenn keine dringenden dienstlichen Belange entgegenstehen.

§ 92b Pflegezeit mit Vorschuss. (1) Unter den Voraussetzungen des § 92a Absatz 1 wird auf Antrag für längstens sechs Monate Teilzeitbeschäftigung mit einer regelmäßigen wöchentlichen Arbeitszeit von weniger als 15 Stunden oder Urlaub ohne Besoldung als Pflegezeit bewilligt.

(2) Ist die Pflegezeit für weniger als sechs Monate bewilligt worden, kann sie nachträglich bis zur Dauer von sechs Monaten verlängert werden.

(3) § 92 Absatz 5 und § 92a Absatz 3 bis 6 gelten entsprechend.

§ 93 Altersteilzeit. (1) Beamtinnen und Beamten, die Anspruch auf Besoldung haben, kann auf Antrag, der sich auf die Zeit bis zum Beginn des Ruhestands erstrecken muss, Teilzeitbeschäftigung als Altersteilzeit mit der Hälfte der bisherigen Arbeitszeit, höchstens der Hälfte der in den letzten zwei Jahren vor Beginn der Altersteilzeit durchschnittlich zu leistenden Arbeitszeit, bewilligt werden, wenn

1. a) sie das 60. Lebensjahr vollendet haben,
   b) das 55. Lebensjahr vollendet haben und zum Zeitpunkt der Antragstellung schwerbehindert im Sinne des § 2 Abs. 2 des Neunten Buches Sozialgesetzbuch sind oder
   c) das 55. Lebensjahr vollendet haben und in einem besonders festgelegten Stellenabbaubereich beschäftigt sind

und

2. sie in den letzten fünf Jahren vor Beginn der Altersteilzeit drei Jahre mindestens teilzeitbeschäftigt waren,
3. die Altersteilzeit vor dem 1. Januar 2010 beginnt und
4. dringende dienstliche Belange dem nicht entgegenstehen.

(2) [1] Beamtinnen und Beamten kann Altersteilzeit in Form der Blockbildung im Sinne des § 9 der Arbeitszeitverordnung[1)] nach Maßgabe des Absatzes 1 bewilligt werden, wenn sie

1. das 60. Lebensjahr vollendet haben und bei vorheriger Teilzeitbeschäftigung die Zeiten der Freistellung von der Arbeit in der Weise zusammengefasst werden, dass zuvor mit mindestens der Hälfte der regelmäßigen Arbeitszeit, im Fall des § 92 Abs. 1, der §§ 92a, 92b oder bei Teilzeitbeschäftigung während der Elternzeit mindestens im Umfang der bisherigen Teilzeitbeschäftigung Dienst geleistet wird, wobei geringfügige Unterschreitungen des notwendigen Umfangs der Arbeitszeit unberücksichtigt bleiben, oder
2. die Voraussetzungen des Absatzes 1 Nr. 1 Buchstabe c vorliegen.

[2] Beamtinnen auf Lebenszeit und Beamte auf Lebenszeit, denen vor dem 1. Januar 2010 Altersteilzeitbeschäftigung in Form der Blockbildung im Sinne des § 9 der Arbeitszeitverordnung bewilligt worden ist, erreichen die Alters-

---

1) Nr. **10**.

grenze mit Vollendung des 65. Lebensjahres. [3]Beim Ruhestand auf Antrag nach § 52 bleibt es bei der Altersgrenze nach § 42 Abs. 4 des Bundesbeamtengesetzes in der bis zum 11. Februar 2009 geltenden Fassung.

(3) [1]Beamtinnen und Beamten, die Anspruch auf Besoldung haben, kann auf Antrag, Teilzeitbeschäftigung als Altersteilzeit mit der Hälfte der bisherigen Arbeitszeit, höchstens der Hälfte der in den letzten zwei Jahren vor Beginn der Altersteilzeit durchschnittlich zu leistenden Arbeitszeit bewilligt werden, wenn

1. sie bei Beginn der Altersteilzeit das 60. Lebensjahr vollendet haben,
2. sie in den letzten fünf Jahren vor Beginn der Altersteilzeit drei Jahre mindestens teilzeitbeschäftigt waren,
3. die Altersteilzeit vor dem 1. Januar 2023 beginnt,
4. sie in einem festgelegten Restrukturierungs- oder Stellenabbaubereich beschäftigt sind und
5. dienstliche Belange dem nicht entgegenstehen.

[2]Der Antrag muss sich auf die gesamte Zeit bis zum Eintritt in den Ruhestand erstrecken. [3]Altersteilzeit nach Satz 1 kann auch im Blockmodell nach § 9 Absatz 2 der Arbeitszeitverordnung bewilligt werden.

(4) [1]Beamtinnen und Beamten ist unter den Voraussetzungen des Absatzes 3 Satz 1 mit Ausnahme des Satzes 1 Nummer 4 und 5 Altersteilzeit im Rahmen einer Quote von 2,5 Prozent der Beamtinnen und Beamten der obersten Dienstbehörden einschließlich ihrer Geschäftsbereiche zu bewilligen. [2]Die Bewilligung von Altersteilzeit ist ausgeschlossen, wenn diese Quote durch die Altersteilzeitverhältnisse nach Satz 1 und den Absätzen 1 bis 3 ausgeschöpft ist oder der Bewilligung dienstliche Belange entgegenstehen.

(5) Das Bundesministerium des Innern, für Bau und Heimat regelt im Einvernehmen mit dem Bundesministerium der Finanzen durch Rechtsverordnung die Einzelheiten der Altersteilzeitbewilligung, insbesondere die Festlegung der Restrukturierungs- und Stellenabbaubereiche nach Absatz 3 Satz 1 Nummer 4 und die Verteilung der Quote nach Absatz 4.

(6) Änderungen der regelmäßigen wöchentlichen Arbeitszeit nach den Arbeitszeitregelungen gelten für die zu leistende Arbeitszeit entsprechend.

(7) § 91 Abs. 2 gilt entsprechend.

§ 94 Hinweispflicht. Wird eine Verkürzung der Arbeitszeit oder eine langfristige Beurlaubung beantragt, sind die Beamtinnen und Beamten auf die Folgen verkürzter Arbeitszeit oder langfristiger Beurlaubungen hinzuweisen, insbesondere auf die Folgen für Ansprüche aufgrund beamtenrechtlicher Regelungen sowie auf die Möglichkeit einer Befristung mit Verlängerung und deren Folgen.

§ 95 Beurlaubung ohne Besoldung. (1) Beamtinnen und Beamten, die Anspruch auf Besoldung haben, kann in Bereichen, in denen wegen der Arbeitsmarktsituation ein außergewöhnlicher Überhang an Bewerberinnen und Bewerbern besteht und deshalb ein dringendes öffentliches Interesse daran besteht, verstärkt Bewerberinnen und Bewerber im öffentlichen Dienst zu beschäftigen, auf Antrag Urlaub ohne Besoldung

1. bis zur Dauer von insgesamt sechs Jahren oder
2. für einen Zeitraum, der sich bis zum Beginn des Ruhestands erstrecken muss

bewilligt werden, wenn dienstliche Belange dem nicht entgegenstehen.

(2) Beamtinnen und Beamten, die Anspruch auf Besoldung haben, kann in Bereichen, in denen ein Stellenüberhang abgebaut werden soll, auf Antrag Urlaub ohne Besoldung bewilligt werden, wenn dienstliche Belange dem nicht entgegenstehen.

(3) [1] Dem Antrag nach den Absätzen 1 und 2 darf nur entsprochen werden, wenn die Beamtinnen und Beamten erklären, während der Dauer des Bewilligungszeitraums auf die Ausübung genehmigungspflichtiger Nebentätigkeiten zu verzichten und nicht genehmigungspflichtige Nebentätigkeiten nur in dem Umfang auszuüben, wie sie bei Vollzeitbeschäftigung ohne Verletzung dienstlicher Pflichten ausgeübt werden könnten. [2] Wird diese Verpflichtung schuldhaft verletzt, soll die Bewilligung widerrufen werden. [3] Die zuständige Dienstbehörde darf trotz der Erklärung der Beamtinnen oder Beamten nach Satz 1 Nebentätigkeiten genehmigen, soweit sie dem Zweck der Bewilligung des Urlaubs nicht zuwiderlaufen. [4] Sie kann eine Rückkehr aus dem Urlaub zulassen, wenn der Beamtin oder dem Beamten die Fortsetzung des Urlaubs nicht zugemutet werden kann und dienstliche Belange dem nicht entgegenstehen.

(4) [1] Urlaub nach den Absätzen 1 und 2 darf, auch im Zusammenhang mit Urlaub oder Teilzeitbeschäftigung mit weniger als der Hälfte der regelmäßigen Arbeitszeit nach § 92 Abs. 1, die Dauer von 15 Jahren nicht überschreiten. [2] Bei Beamtinnen im Schul- und Hochschuldienst und Beamten im Schul- und Hochschuldienst kann der Bewilligungszeitraum bis zum Ende des laufenden Schulhalbjahres oder Semesters ausgedehnt werden. [3] In den Fällen des Absatzes 1 Nr. 2 ist Satz 1 nicht anzuwenden, wenn es den Beamtinnen und Beamten nicht mehr zuzumuten ist, zur Voll- oder Teilzeitbeschäftigung zurückzukehren.

(5) In den Fällen, in denen nach § 72e Abs. 1 Nr. 2 und Abs. 4 des Bundesbeamtengesetzes in der bis zum 11. Februar 2009 geltenden Fassung Urlaub ohne Dienstbezüge bis zum Beginn des Ruhestands bewilligt worden ist, gilt § 93 Abs. 2 Satz 2 entsprechend.

§ 96 Fernbleiben vom Dienst. (1) [1] Beamtinnen und Beamte dürfen dem Dienst nicht ohne Genehmigung ihrer Dienstvorgesetzten fernbleiben. [2] Dienstunfähigkeit infolge von Krankheit ist auf Verlangen nachzuweisen.

(2) Verliert die Beamtin oder der Beamte wegen unentschuldigten Fernbleibens vom Dienst nach dem Bundesbesoldungsgesetz[1)] den Anspruch auf Besoldung, wird dadurch die Durchführung eines Disziplinarverfahrens nicht ausgeschlossen.

Unterabschnitt 3. Nebentätigkeit

§ 97 Begriffsbestimmungen. (1) Nebentätigkeit ist die Wahrnehmung eines Nebenamtes oder die Ausübung einer Nebenbeschäftigung.

(2) Nebenamt ist ein nicht zu einem Hauptamt gehörender Kreis von Aufgaben, der aufgrund eines öffentlich-rechtlichen Dienst- oder Amtsverhältnisses wahrgenommen wird.

(3) Nebenbeschäftigung ist jede sonstige, nicht zu einem Hauptamt gehörende Tätigkeit innerhalb oder außerhalb des öffentlichen Dienstes.

[1)] Nr. 18.

(4) Als Nebentätigkeit gilt nicht die Wahrnehmung öffentlicher Ehrenämter sowie einer unentgeltlichen Vormundschaft, Betreuung oder Pflegschaft.

§ 98 Nebentätigkeit im öffentlichen Dienst. Beamtinnen und Beamte sind verpflichtet, auf Verlangen ihrer Dienstbehörde eine Nebentätigkeit im öffentlichen Dienst auszuüben, sofern diese Tätigkeit ihrer Vorbildung oder Berufsausbildung entspricht und sie nicht über Gebühr in Anspruch nimmt.

§ 99 Genehmigungspflichtige Nebentätigkeiten. (1) [1] Beamtinnen und Beamte bedürfen zur Ausübung jeder entgeltlichen Nebentätigkeit, mit Ausnahme der in § 100 Abs. 1 abschließend aufgeführten, der vorherigen Genehmigung, soweit sie nicht nach § 98 zu ihrer Ausübung verpflichtet sind. [2] Gleiches gilt für folgende unentgeltliche Nebentätigkeiten:

1. Wahrnehmung eines Nebenamtes,
2. gewerbliche oder freiberufliche Tätigkeiten oder die Mitarbeit bei einer dieser Tätigkeiten und
3. Eintritt in ein Organ eines Unternehmens mit Ausnahme einer Genossenschaft.

(2) [1] Die Genehmigung ist zu versagen, wenn zu besorgen ist, dass durch die Nebentätigkeit dienstliche Interessen beeinträchtigt werden. [2] Ein solcher Versagungsgrund liegt insbesondere vor, wenn die Nebentätigkeit

1. nach Art und Umfang die Arbeitskraft so stark in Anspruch nimmt, dass die ordnungsgemäße Erfüllung der dienstlichen Pflichten behindert werden kann,
2. die Beamtin oder den Beamten in einen Widerstreit mit den dienstlichen Pflichten bringen kann,
3. in einer Angelegenheit ausgeübt wird, in der die Behörde, der die Beamtin oder der Beamte angehört, tätig wird oder tätig werden kann,
4. die Unparteilichkeit oder Unbefangenheit der Beamtin oder des Beamten beeinflussen kann,
5. zu einer wesentlichen Einschränkung der künftigen dienstlichen Verwendbarkeit der Beamtin oder des Beamten führen kann oder
6. dem Ansehen der öffentlichen Verwaltung abträglich sein kann.

[3] Ein solcher Versagungsgrund liegt in der Regel auch vor, wenn sich die Nebentätigkeit wegen gewerbsmäßiger Dienst- oder Arbeitsleistung oder sonst nach Art, Umfang, Dauer oder Häufigkeit als Ausübung eines Zweitberufs darstellt.

(3) [1] Die Voraussetzung des Absatzes 2 Satz 2 Nr. 1 gilt in der Regel als erfüllt, wenn die zeitliche Beanspruchung durch eine oder mehrere Nebentätigkeiten in der Woche ein Fünftel der regelmäßigen wöchentlichen Arbeitszeit überschreitet. [2] Bei begrenzter Dienstfähigkeit ist ein Fünftel der nach § 45 Abs. 2 Satz 1 verkürzten Arbeitzeit zugrunde zu legen. [3] Soweit der Gesamtbetrag der Vergütung für eine oder mehrere Nebentätigkeiten 40 Prozent des jährlichen Endgrundgehalts des Amtes der Beamtin oder des Beamten übersteigt, liegt ein Versagungsgrund vor. [4] Die Dienstbehörde kann Ausnahmen zulassen, wenn die Beamtin oder der Beamte durch Angabe bestimmter Tatsachen nachweist, dass die zeitliche Beanspruchung ein Fünftel der regelmäßigen wöchentlichen Arbeitszeit nicht übersteigt oder die Versagung unter Berück-

sichtigung der Umstände des Einzelfalls nicht angemessen wäre. [5]Bei Anwendung der Sätze 1 bis 4 sind genehmigungs- und anzeigepflichtige Nebentätigkeiten zusammen zu berücksichtigen.

(4) [1]Die Genehmigung ist auf längstens fünf Jahre zu befristen. [2]Sie kann mit Auflagen und Bedingungen versehen werden. [3]Ergibt sich eine Beeinträchtigung dienstlicher Interessen nach Erteilung der Genehmigung, ist diese zu widerrufen.

(5) [1]Die Genehmigung erteilt die oberste Dienstbehörde. [2]Sie kann diese Zuständigkeit auf nachgeordnete Behörden übertragen. [3]Anträge auf Erteilung einer Genehmigung sowie Entscheidungen über diese Anträge bedürfen der Schriftform. [4]Die Beamtin oder der Beamte hat dabei die für die Entscheidung erforderlichen Nachweise zu führen, insbesondere über Art und Umfang der Nebentätigkeit sowie die Entgelte und geldwerten Vorteile hieraus. [5]Jede Änderung ist unverzüglich schriftlich oder elektronisch anzuzeigen.

§ 100 Nicht genehmigungspflichtige Nebentätigkeiten. (1) Nicht genehmigungspflichtig sind

1. die Verwaltung eigenen oder der Nutznießung der Beamtin oder des Beamten unterliegenden Vermögens,
2. schriftstellerische, wissenschaftliche, künstlerische oder Vortragstätigkeiten,
3. mit Lehr- oder Forschungsaufgaben zusammenhängende selbstständige Gutachtertätigkeiten von Lehrerinnen und Lehrern an öffentlichen Hochschulen und an Hochschulen der Bundeswehr sowie von Beamtinnen und Beamten an wissenschaftlichen Instituten und Anstalten und
4. Tätigkeiten zur Wahrung von Berufsinteressen in Gewerkschaften oder Berufsverbänden oder in Selbsthilfeeinrichtungen der Beamtinnen und Beamten.

(2) [1]Tätigkeiten nach Absatz 1 Nr. 2 und 3 sowie eine Tätigkeit in Selbsthilfeeinrichtungen nach Absatz 1 Nr. 4 sind der Dienstbehörde schriftlich oder elektronisch vor ihrer Aufnahme anzuzeigen, wenn für sie ein Entgelt oder ein geldwerter Vorteil geleistet wird. [2]Hierbei sind insbesondere Art und Umfang der Nebentätigkeit sowie die voraussichtliche Höhe der Entgelte und geldwerten Vorteile anzugeben. [3]Jede Änderung ist unverzüglich schriftlich oder elektronisch mitzuteilen.

(3) Die Dienstbehörde kann aus begründetem Anlass verlangen, dass über eine ausgeübte nicht genehmigungspflichtige Nebentätigkeit schriftlich oder elektronisch Auskunft erteilt wird, insbesondere über deren Art und Umfang.

(4) Eine nicht genehmigungspflichtige Nebentätigkeit ist ganz oder teilweise zu untersagen, wenn die Beamtin oder der Beamte bei ihrer Ausübung dienstliche Pflichten verletzt.

§ 101 Ausübung von Nebentätigkeiten. (1) [1]Nebentätigkeiten dürfen nur außerhalb der Arbeitszeit ausgeübt werden, es sei denn, sie werden auf Verlangen der oder des Dienstvorgesetzten ausgeübt oder es besteht ein dienstliches Interesse an der Ausübung der Nebentätigkeit. [2]Das dienstliche Interesse ist aktenkundig zu machen. [3]Ausnahmen dürfen nur in besonders begründeten Fällen, insbesondere im öffentlichen Interesse, auf schriftlichen oder elektronischen Antrag zugelassen werden, wenn dienstliche Gründe dem nicht entgegenstehen und die versäumte Arbeitszeit nachgeleistet wird.

(2) [1]Bei der Ausübung von Nebentätigkeiten dürfen Einrichtungen, Personal oder Material des Dienstherrn nur bei Vorliegen eines öffentlichen oder wissenschaftlichen Interesses mit dessen Genehmigung und gegen Entrichtung eines angemessenen Entgelts in Anspruch genommen werden. [2]Das Entgelt ist nach den dem Dienstherrn entstehenden Kosten zu bemessen und muss den besonderen Vorteil berücksichtigen, der der Beamtin oder dem Beamten durch die Inanspruchnahme entsteht.

§ 102 Regressanspruch für die Haftung aus angeordneter Nebentätigkeit. [1]Beamtinnen und Beamte, die aus einer auf Verlangen, Vorschlag oder Veranlassung der oder des Dienstvorgesetzten ausgeübten Tätigkeit im Vorstand, Aufsichtsrat, Verwaltungsrat oder in einem sonstigen Organ einer Gesellschaft, Genossenschaft oder eines in einer anderen Rechtsform betriebenen Unternehmens haftbar gemacht werden, haben gegen den Dienstherrn Anspruch auf Ersatz des ihnen entstandenen Schadens. [2]Ist der Schaden vorsätzlich oder grob fahrlässig herbeigeführt, ist der Dienstherr nur dann ersatzpflichtig, wenn die Beamtin oder der Beamte auf Verlangen der oder des Vorgesetzten gehandelt hat.

§ 103 Erlöschen der mit dem Hauptamt verbundenen Nebentätigkeit. Endet das Beamtenverhältnis, enden, wenn im Einzelfall nichts anderes bestimmt wird, auch die Nebenämter und Nebenbeschäftigungen, die im Zusammenhang mit dem Hauptamt übertragen sind oder die auf Verlangen, Vorschlag oder Veranlassung der oder des Dienstvorgesetzten ausgeübt worden sind.

§ 104 Erlass ausführender Rechtsverordnungen. [1]Die zur Ausführung der §§ 97 bis 103 notwendigen weiteren Vorschriften zu Nebentätigkeiten von Beamtinnen und Beamten erlässt die Bundesregierung durch Rechtsverordnung. [2]In ihr kann bestimmt werden,

1. welche Tätigkeiten als öffentlicher Dienst im Sinne dieser Vorschriften anzusehen sind oder ihm gleichstehen,
2. ob und inwieweit eine im öffentlichen Dienst ausgeübte oder auf Verlangen, Vorschlag oder Veranlassung der oder des Dienstvorgesetzten ausgeübte Nebentätigkeit vergütet wird oder eine Vergütung abzuführen ist,
3. unter welchen Voraussetzungen die Beamtin oder der Beamte zur Ausübung von Nebentätigkeiten Einrichtungen, Personal oder Material des Dienstherrn in Anspruch nehmen darf und in welcher Höhe hierfür ein Entgelt an den Dienstherrn zu entrichten ist; das Entgelt kann pauschaliert in einem Prozentsatz des aus der Nebentätigkeit erzielten Bruttoeinkommens festgelegt werden und bei unentgeltlich ausgeübter Nebentätigkeit entfallen,
4. dass die Beamtin oder der Beamte verpflichtet werden kann, nach Ablauf eines jeden Kalenderjahres der oder dem Dienstvorgesetzten die ihr oder ihm zugeflossenen Entgelte und geldwerten Vorteile aus Nebentätigkeiten anzugeben.

§ 105 Anzeigepflicht nach Beendigung des Beamtenverhältnisses.

(1) [1]Ruhestandsbeamtinnen, Ruhestandsbeamte, frühere Beamtinnen mit Versorgungsbezügen und frühere Beamte mit Versorgungsbezügen haben eine Erwerbstätigkeit oder sonstige Beschäftigung außerhalb des öffentlichen Diens-

tes, die mit ihrer dienstlichen Tätigkeit in den letzten fünf Jahren vor Beendigung des Beamtenverhältnisses im Zusammenhang steht und durch die dienstliche Interessen beeinträchtigt werden können, vor ihrer Aufnahme schriftlich oder elektronisch anzuzeigen. [2]Die Anzeigepflicht endet, wenn die Beamtinnen und Beamten mit Erreichen der Regelaltersgrenze in den Ruhestand treten, drei Jahre, im Übrigen fünf Jahre nach Beendigung des Beamtenverhältnisses. [3]Die Sätze 1 und 2 gelten auch für frühere Beamtinnen mit Anspruch auf Altersgeld und frühere Beamte mit Anspruch auf Altersgeld.

(2) [1]Die Erwerbstätigkeit oder sonstige Beschäftigung ist zu untersagen, soweit zu besorgen ist, dass durch sie dienstliche Interessen beeinträchtigt werden. [2]Die Untersagung ist für den Zeitraum bis zum Ende der Anzeigepflicht auszusprechen, es sei denn, die Voraussetzungen für eine Untersagung liegen nur für einen kürzeren Zeitraum vor.

(3) [1]Zuständig ist die letzte oberste Dienstbehörde. [2]Sie kann ihre Zuständigkeit auf nachgeordnete Behörden übertragen.

Unterabschnitt 4. Personalaktenrecht

§ 106 Personalakte. (1) [1]Für jede Beamtin und jeden Beamten ist eine Personalakte zu führen. [2]Sie ist vertraulich zu behandeln und durch technische und organisatorische Maßnahmen nach den Artikeln 24, 25 und 32 der Verordnung (EU) 2016/679 des Europäischen Parlaments und des Rates vom 27. April 2016 zum Schutz natürlicher Personen bei der Verarbeitung personenbezogener Daten, zum freien Datenverkehr und zur Aufhebung der Richtlinie 95/46/EG (Datenschutz-Grundverordnung) (ABl. L 119 vom 4.5. 2016, S. 1; L 314 vom 22.11.2016, S. 72; L 127 vom 23.5.2018, S. 2) in der jeweils geltenden Fassung vor unbefugter Einsichtnahme zu schützen. [3]Die Akte kann in Teilen oder vollständig automatisiert geführt werden. [4]Zur Personalakte gehören alle Unterlagen, die die Beamtin oder den Beamten betreffen, soweit sie mit ihrem oder seinem Dienstverhältnis in einem unmittelbaren inneren Zusammenhang stehen (Personalaktendaten). [5]Andere Unterlagen dürfen in die Personalakte nicht aufgenommen werden. [6]Nicht Bestandteil der Personalakte sind Unterlagen, die besonderen, von der Person und dem Dienstverhältnis sachlich zu trennenden Zwecken dienen, insbesondere Prüfungs-, Sicherheits- und Kindergeldakten. [7]Kindergeldakten können mit Besoldungs- und Versorgungsakten verbunden geführt werden, wenn diese von der übrigen Personalakte getrennt sind und von einer von der Personalverwaltung getrennten Organisationseinheit bearbeitet werden.

(2) [1]Die Personalakte kann nach sachlichen Gesichtspunkten in Grundakte und Teilakten gegliedert werden. [2]Teilakten können bei der für den betreffenden Aufgabenbereich zuständigen Behörde geführt werden. [3]Nebenakten (Unterlagen, die sich auch in der Grundakte oder in Teilakten befinden) dürfen nur geführt werden, wenn die personalverwaltende Behörde nicht zugleich Beschäftigungsbehörde ist oder wenn mehrere personalverwaltende Behörden für die Beamtin oder den Beamten zuständig sind; sie dürfen nur solche Unterlagen enthalten, deren Kenntnis zur rechtmäßigen Aufgabenerledigung der betreffenden Behörde erforderlich ist. [4]In die Grundakte ist ein vollständiges Verzeichnis aller Teil- und Nebenakten aufzunehmen. [5]Wird die Personalakte weder vollständig in Schriftform noch vollständig elektronisch geführt, so muss sich aus

dem Verzeichnis nach Satz 4 ergeben, welche Teile der Personalakte in welcher Form geführt werden.

(3) Personalaktendaten dürfen ohne Einwilligung der Beamtin oder des Beamten nur für Zwecke der Personalverwaltung oder der Personalwirtschaft verarbeitet werden.

(4) Der Dienstherr darf personenbezogene Daten über Bewerberinnen, Bewerber, Beamtinnen und Beamte sowie über ehemalige Beamtinnen und ehemalige Beamte nur erheben, soweit dies zur Begründung, Durchführung, Beendigung oder Abwicklung des Dienstverhältnisses oder zur Durchführung organisatorischer, personeller oder sozialer Maßnahmen, insbesondere zu Zwecken der Personalplanung oder des Personaleinsatzes, erforderlich ist oder eine Rechtsvorschrift dies erlaubt.

§ 107 Zugang zur Personalakte. (1) [1]Zugang zur Personalakte dürfen nur Beschäftigte haben, die im Rahmen der Personalverwaltung mit der Bearbeitung von Personalangelegenheiten beauftragt sind, und nur soweit dies zu Zwecken der Personalverwaltung oder der Personalwirtschaft erforderlich ist. [2]Zugang zu Personalaktendaten darf auch Beschäftigten, die Aufgaben des ärztlichen Dienstes wahrnehmen, gewährt werden, soweit die Kenntnis der Daten zur Erfüllung ihrer Aufgaben erforderlich ist. [3]Zugang zu entscheidungsrelevanten Teilen der Personalakte haben auch Gleichstellungsbeauftragte, soweit dies zur Wahrnehmung ihrer Aufgaben erforderlich ist.

(2) [1]Den mit Angelegenheiten der Innenrevision beauftragten Beschäftigten ist Einsicht in die Personalakte zu gewähren, soweit sie die zur Erfüllung ihrer Aufgaben erforderlichen Erkenntnisse nicht durch eine in sonstiger Weise erteilte Auskunft aus der Personalakte gewinnen können. [2]Jede Einsichtnahme nach Satz 1 ist zu dokumentieren.

§ 108 Beihilfeakte. (1) [1]Unterlagen über Beihilfen sind als Teilakte zu führen. [2]Diese ist von der übrigen Personalakte getrennt aufzubewahren. [3]Sie soll in einer von der übrigen Personalverwaltung getrennten Organisationseinheit bearbeitet werden. [4]Zugang sollen nur Beschäftigte dieser Organisationseinheit haben.

(2) [1]Personenbezogene Daten dürfen ohne Einwilligung für Beihilfezwecke verarbeitet werden, soweit die Daten für diese Zwecke erforderlich sind; Näheres regelt die Rechtsverordnung nach § 80 Absatz 6. [2]Für andere Zwecke dürfen personenbezogene Daten aus der Beihilfeakte verarbeitet werden, wenn sie erforderlich sind

1. für die Einleitung oder Durchführung eines behördlichen oder gerichtlichen Verfahrens, das im Zusammenhang mit einem Beihilfeantrag steht, oder
2. zur Abwehr erheblicher Nachteile für das Gemeinwohl, zur Abwehr einer sonst unmittelbar drohenden Gefahr für die öffentliche Sicherheit oder zur Abwehr einer schwerwiegenden Beeinträchtigung der Rechte einer anderen Person.

(3) Die Absätze 1 und 2 gelten entsprechend für Unterlagen über Heilfürsorge und Heilverfahren.

(4) [1]Personenbezogene Daten aus der Beihilfeakte dürfen ohne Einwilligung genutzt oder an eine andere Behörde übermittelt werden, soweit sie für die Festsetzung und Berechnung der Besoldung oder Versorgung oder für die

Prüfung der Kindergeldberechtigung erforderlich sind. [2]Dies gilt auch für Daten aus der Besoldungsakte und der Versorgungsakte, soweit sie für die Festsetzung und Berechnung der Beihilfe erforderlich sind.

(5) [1]Die Beihilfebearbeitung sowie die Führung der Beihilfeakte können mit Zustimmung der obersten Dienstbehörde auf eine andere Stelle des Bundes übertragen werden. [2]Dieser Stelle dürfen personenbezogene Daten, einschließlich Gesundheitsangaben, übermittelt werden, soweit deren Kenntnis für die Beihilfebearbeitung erforderlich ist. [3]Die Absätze 1 bis 3 sind für diese Stelle anzuwenden.

§ 109 Anhörung. [1]Beamtinnen und Beamte sind zu Beschwerden, Behauptungen und Bewertungen, die für sie ungünstig sind oder ihnen nachteilig werden können, vor deren Aufnahme in die Personalakte zu hören, soweit die Anhörung nicht nach anderen Rechtsvorschriften erfolgt. [2]Ihre Äußerungen sind zur Personalakte zu nehmen.

§ 110 Auskunft. (1) [1]Das Recht der Beamtin oder des Beamten auf Auskunft gemäß Artikel 15 der Verordnung (EU) 2016/679 umfasst auch das Recht auf Einsicht in die vollständige Personalakte. [2]Dies gilt auch nach Beendigung des Beamtenverhältnisses. [3]Soweit keine dienstlichen Gründe entgegenstehen, werden Kopien oder Ausdrucke aus der Personalakte angefertigt. [4]Der Beamtin oder dem Beamten ist auf Verlangen ein Ausdruck der Personalaktendaten zu überlassen, die zu ihrer oder seiner Person automatisiert gespeichert sind.

(2) [1]Die Beamtin oder der Beamte hat ein Recht auf Auskunft auch über personenbezogene Daten über sie oder ihn, die in anderen Akten enthalten sind und für ihr oder sein Dienstverhältnis verarbeitet werden, soweit gesetzlich nichts anderes bestimmt ist. [2]Das Recht auf Auskunft umfasst auch das Recht auf Einsicht in die Akten. [3]Keine Einsicht wird gewährt, soweit die anderen Akten personenbezogene Daten Dritter oder geheimhaltungsbedürftige nicht personenbezogene Daten enthalten, die mit den Daten der Beamtin oder des Beamten derart verbunden sind, dass eine Trennung nicht oder nur mit unverhältnismäßig großem Aufwand möglich ist. [4]Nicht der Auskunft unterliegen Sicherheitsakten.

(3) [1]Bevollmächtigten der Beamtin oder des Beamten ist Auskunft aus der Personalakte zu erteilen, soweit dienstliche Gründe nicht entgegenstehen. [2]Das Recht auf Auskunft umfasst auch das Recht auf Einsicht in die vollständige Personalakte. [3]Entsprechendes gilt für Hinterbliebene der Beamtin oder des Beamten und für Bevollmächtigte der Hinterbliebenen, wenn ein berechtigtes Interesse glaubhaft gemacht wird.

(4) Für Fälle der Einsichtnahme bestimmt die aktenführende Behörde, wo die Einsicht gewährt wird.

§ 111 Übermittlung von Personalaktendaten und Auskünfte an Dritte. (1) [1]Ohne Einwilligung der Beamtin oder des Beamten ist es zulässig, die Personalakte der obersten Dienstbehörde oder einer im Rahmen der Dienstaufsicht weisungsbefugten Behörde zu übermitteln, soweit dies für Zwecke der Personalverwaltung oder Personalwirtschaft erforderlich ist. [2]Das Gleiche gilt für Behörden desselben Geschäftsbereichs, soweit die Übermittlung zur Vorbereitung oder Durchführung einer Personalentscheidung notwendig ist, sowie für Behörden eines anderen Geschäftsbereichs desselben Dienstherrn, soweit diese an einer Personalentscheidung mitzuwirken haben. [3] Einer Ärztin oder einem Arzt, die oder der im Auftrag der personalverwaltenden Behörde ein medizinisches Gutachten erstellt, darf die Personalakte ebenfalls ohne Einwilligung übermittelt werden. [4] Für Auskünfte aus der Personalakte gelten die Sätze 1 bis 3 entsprechend. [5] Soweit eine Auskunft ausreicht, ist von einer Übermittlung abzusehen.

(2) [1] Auskünfte an Dritte dürfen ohne Einwilligung der Beamtin oder des Beamten erteilt werden, wenn dies zwingend erforderlich ist

1. für die Abwehr einer erheblichen Beeinträchtigung des Gemeinwohls oder
2. für den Schutz berechtigter, höherrangiger Interessen der oder des Dritten.

[2] In diesen Fällen wird keine Akteneinsicht gewährt. [3] Inhalt und Empfängerin oder Empfänger der Auskunft sind der Beamtin oder dem Beamten schriftlich mitzuteilen.

§ 111a Verarbeitung von Personalaktendaten im Auftrag. (1) [1] Die Erteilung eines Auftrags zur Verarbeitung von Personalaktendaten einschließlich der Inanspruchnahme einer weiteren Auftragsverarbeiterin oder eines weiteren Auftragsverarbeiters im Sinne des Artikels 28 der Verordnung (EU) 2016/679 ist nur zulässig, wenn

1. die dort genannten Voraussetzungen vorliegen und
2. die oberste Dienstbehörde der Auftragserteilung zugestimmt hat.

[2] Die personalverwaltende Behörde hat die Einhaltung der beamten- und datenschutzrechtlichen Vorschriften durch die Auftragsverarbeiterin oder den Auftragsverarbeiter regelmäßig zu kontrollieren.

(2) Eine nichtöffentliche Stelle darf nur beauftragt werden, wenn

1. bei der personalverwaltenden Behörde sonst Störungen im Geschäftsablauf auftreten können oder die Auftragsverarbeiterin oder der Auftragsverarbeiter die übertragenen Aufgaben erheblich kostengünstiger erledigen kann und
2. die bei der Auftragsverarbeiterin oder dem Auftragsverarbeiter zur Verarbeitung der Personalaktendaten befugten Personen besonders auf den Schutz der Personalaktendaten verpflichtet sind.

§ 111b Aufgabenübertragung. (1) [1] Soweit gesetzlich nichts anderes bestimmt ist, darf die personalverwaltende Behörde mit Zustimmung der obersten Bundesbehörde Aufgaben, die ihr gegenüber Bewerberinnen und Bewerbern, Beamtinnen und Beamten sowie gegenüber ehemaligen Beamtinnen und Beamten obliegen, auf eine andere öffentliche Stelle im Sinne des § 2 Absatz 1 und 3 des Bundesdatenschutzgesetzes übertragen. [2] Die oberste Bundesbehörde kann die Zuständigkeit für die Entscheidung über die Zustimmung auf die oberste Dienstbehörde übertragen.

(2) Soweit es zur Erfüllung der übertragenen Aufgaben erforderlich ist, darf die personalverwaltende Stelle der Stelle, der sie Aufgaben übertragen hat,

1. personenbezogene Daten von Bewerberinnen und Bewerbern sowie Personalaktendaten von Beamtinnen und Beamten und ehemaligen Beamtinnen und Beamten übermitteln und
2. die Führung der Personalakte übertragen.

(3) [1] Auf Vereinigungen des privaten Rechts von öffentlichen Stellen des Bundes dürfen Aufgaben nur mit Zustimmung der obersten Dienstbehörde und nur dann übertragen werden, wenn die Vereinigungen die Voraussetzungen des § 2 Absatz 3 Satz 1 des Bundesdatenschutzgesetzes erfüllen. [2] § 2 Absatz 5 des Bundesdatenschutzgesetzes gilt insoweit nicht.

§ 112 Entfernung von Unterlagen. (1) [1] Unterlagen über Beschwerden, Behauptungen und Bewertungen, auf die § 16 Abs. 3 und 4 Satz 1 des Bundesdisziplinargesetzes[1)] nicht anzuwenden ist, sind,

1. falls sie sich als unbegründet oder falsch erwiesen haben, mit Zustimmung der Beamtin oder des Beamten unverzüglich aus der Personalakte zu entfernen und zu vernichten, oder
2. falls sie für die Beamtin oder den Beamten ungünstig sind oder ihr oder ihm nachteilig werden können, auf Antrag nach zwei Jahren zu entfernen und zu vernichten; dies gilt nicht für dienstliche Beurteilungen.

[2] Die Frist nach Satz 1 Nr. 2 wird durch erneute Sachverhalte im Sinne dieser Vorschrift oder durch die Einleitung eines Straf- oder Disziplinarverfahrens unterbrochen. [3] Stellt sich der erneute Vorwurf als unbegründet oder falsch heraus, gilt die Frist als nicht unterbrochen.

(2) [1] Mitteilungen in Strafsachen, soweit sie nicht Bestandteil einer Disziplinarakte sind, sowie Auskünfte aus dem Bundeszentralregister sind mit Zustimmung der Beamtin oder des Beamten nach zwei Jahren zu entfernen und zu vernichten. [2] Absatz 1 Satz 2 und 3 gilt entsprechend.

§ 113 Aufbewahrungsfrist. (1) [1] Personalakten sind nach ihrem Abschluss von der personalaktenführenden Behörde fünf Jahre aufzubewahren. [2] Personalakten sind abgeschlossen,

1. wenn die Beamtin oder der Beamte ohne Versorgungsansprüche aus dem öffentlichen Dienst ausgeschieden ist, mit Ablauf des Jahres des Erreichens der Regelaltersgrenze, in den Fällen des § 41 oder des § 10 des Bundesdisziplinargesetzes[1)] jedoch erst, wenn mögliche Versorgungsempfängerinnen und Versorgungsempfänger nicht mehr vorhanden sind,
2. wenn die Beamtin oder der Beamte ohne versorgungsberechtigte oder altersgeldberechtigte Hinterbliebene verstorben ist, mit Ablauf des Todesjahres oder,
3. wenn nach dem Tod der Beamtin oder des Beamten versorgungsberechtigte oder altersgeldberechtigte Hinterbliebene vorhanden sind, mit Ablauf des Jahres, in dem die letzte Versorgungsverpflichtung entfallen ist.

[3] Kann der nach Satz 2 Nr. 2 und 3 maßgebliche Zeitpunkt nicht festgestellt werden, ist § 11 Absatz 2 Satz 2 und 3 des Bundesarchivgesetzes entsprechend anzuwenden.

(2) [1] Unterlagen über Beihilfen, Heilfürsorge, Heilverfahren, Unterstützungen, Erkrankungen, Umzugs- und Reisekosten sind fünf Jahre, Unterlagen über Erholungsurlaub sind drei Jahre nach Ablauf des Jahres aufzubewahren, in dem die Bearbeitung des einzelnen Vorgangs abgeschlossen wurde. [2] Für zahlungsbegründende Unterlagen nach Satz 1 beträgt die Aufbewahrungsfrist sechs

---

[1)] Nr. **17**.

Jahre. [3]Unterlagen, aus denen die Art einer Erkrankung ersichtlich ist, sind unverzüglich zurückzugeben oder zu vernichten, wenn sie für den Zweck, zu dem sie vorgelegt worden sind, nicht mehr benötigt werden. [4]Als Zweck, zu dem die Unterlagen vorgelegt worden sind, gelten auch Verfahren, mit denen Rabatte oder Erstattungen geltend gemacht werden.

(3) [1]Versorgungsakten und Altersgeldakten sind zehn Jahre nach Ablauf des Jahres aufzubewahren, in dem die letzte Versorgungszahlung oder Altersgeld- oder Hinterbliebenenaltersgeldzahlung geleistet worden ist. [2]Besteht die Möglichkeit eines Wiederauflebens des Anspruchs, sind die Akten 30 Jahre aufzubewahren.

(4) Die Personalakten sind nach Ablauf der Aufbewahrungsfrist zu vernichten, sofern sie nicht nach den §§ 5 bis 7 des Bundesarchivgesetzes vom Bundesarchiv oder einem Landesarchiv übernommen werden.

§ 114 Automatisierte Verarbeitung von Personalaktendaten. (1) [1]Personalaktendaten dürfen nur für Zwecke der Personalverwaltung oder der Personalwirtschaft automatisiert verarbeitet werden. [2]Ihre Übermittlung ist nur nach Maßgabe des § 111 zulässig. [3]Ein automatisierter Datenabruf durch andere Behörden ist unzulässig, soweit durch besondere Rechtsvorschrift nichts anderes bestimmt ist.

(2) Personalaktendaten im Sinne des § 108 dürfen nur im Rahmen ihrer Zweckbestimmung und nur von den übrigen Personaldateien technisch und organisatorisch getrennt automatisiert verarbeitet werden.

(3) Von den Unterlagen über medizinische oder psychologische Untersuchungen und Tests dürfen im Rahmen der Personalverwaltung nur die Ergebnisse automatisiert verarbeitet werden, soweit sie die Eignung betreffen und ihre Verwendung dem Schutz der Beamtin oder des Beamten dient.

(4) Beamtenrechtliche Entscheidungen dürfen nicht ausschließlich auf eine automatisierte Verarbeitung personenbezogener Daten gestützt werden, die der Bewertung einzelner Persönlichkeitsmerkmale dienen.

(5) [1]Bei erstmaliger Speicherung ist der Beamtin oder dem Beamten die Art der zu ihrer oder seiner Person nach Absatz 1 gespeicherten Daten mitzuteilen, bei wesentlichen Änderungen sind sie zu benachrichtigen. [2]Ferner sind die Verarbeitungs- und Nutzungsformen automatisierter Personalverwaltungsverfahren zu dokumentieren und einschließlich des jeweiligen Verwendungszweckes sowie der regelmäßigen Empfänger und des Inhalts automatisierter Datenübermittlung allgemein bekannt zu geben.

§ 115 Übermittlungen in Strafverfahren. (1) [1]Das Gericht, die Strafverfolgungs- oder die Strafvollstreckungsbehörde hat in Strafverfahren gegen Beamtinnen und Beamte zur Sicherstellung der erforderlichen dienstrechtlichen Maßnahmen im Fall der Erhebung der öffentlichen Klage

1. die Anklageschrift oder eine an ihre Stelle tretende Antragsschrift,
2. den Antrag auf Erlass eines Strafbefehls und
3. die einen Rechtszug abschließende Entscheidung mit Begründung

zu übermitteln. [2]Ist gegen die Entscheidung ein Rechtsmittel eingelegt worden, ist die Entscheidung unter Hinweis auf das eingelegte Rechtsmittel zu übermitteln. [3]Der Erlass und der Vollzug eines Haftbefehls oder eines Unterbringungsbefehls sind mitzuteilen.

(2) In Verfahren wegen fahrlässig begangener Straftaten werden die in Absatz 1 Satz 1 bestimmten Übermittlungen nur vorgenommen, wenn

1. es sich um schwere Verstöße handelt, namentlich Vergehen der Trunkenheit im Straßenverkehr oder der fahrlässigen Tötung, oder
2. in sonstigen Fällen die Kenntnis der Daten aufgrund der Umstände des Einzelfalls erforderlich ist, um zu prüfen, ob dienstrechtliche Maßnahmen zu ergreifen sind.

(3) [1] Entscheidungen über Verfahrenseinstellungen, die nicht bereits nach Absatz 1 oder 2 zu übermitteln sind, sollen übermittelt werden, wenn die in Absatz 2 Nr. 2 genannten Voraussetzungen erfüllt sind. [2] Dabei ist zu berücksichtigen, wie gesichert die Erkenntnisse sind, die der zu übermittelnden Entscheidung zugrunde liegen.

(4) [1] Sonstige Tatsachen, die in einem Strafverfahren bekannt werden, dürfen mitgeteilt werden, wenn ihre Kenntnis aufgrund besonderer Umstände des Einzelfalls für dienstrechtliche Maßnahmen gegen eine Beamtin oder einen Beamten erforderlich ist und soweit nicht für die übermittelnde Stelle erkennbar ist, dass schutzwürdige Interessen der Beamtin oder des Beamten an dem Ausschluss der Übermittlung überwiegen. [2] Erforderlich ist die Kenntnis der Daten auch dann, wenn diese Anlass zur Prüfung bieten, ob dienstrechtliche Maßnahmen zu ergreifen sind. [3] Absatz 3 Satz 2 ist entsprechend anzuwenden.

(5) Nach den Absätzen 1 bis 4 übermittelte Daten dürfen auch für die Wahrnehmung der Aufgaben nach dem Sicherheitsüberprüfungsgesetz oder einem entsprechenden Gesetz verwendet werden.

(6) [1] Übermittlungen nach den Absätzen 1 bis 3 sind auch zulässig, soweit sie Daten betreffen, die dem Steuergeheimnis (§ 30 der Abgabenordnung) unterliegen. [2] Übermittlungen nach Absatz 4 sind unter den Voraussetzungen des § 30 Abs. 4 Nr. 5 der Abgabenordnung zulässig.

(7) Mitteilungen sind an die zuständigen Dienstvorgesetzten oder deren Vertretung im Amt zu richten und als „Vertrauliche Personalsache" zu kennzeichnen.

Abschnitt 7. Beamtenvertretung

§ 116 Mitgliedschaft in Gewerkschaften und Berufsverbänden.

(1) [1] Beamtinnen und Beamte haben das Recht, sich in Gewerkschaften oder Berufsverbänden zusammenzuschließen. [2] Sie können die für sie zuständigen Gewerkschaften oder Berufsverbände mit ihrer Vertretung beauftragen, soweit gesetzlich nichts anderes bestimmt ist.

(2) Keine Beamtin und kein Beamter darf wegen Betätigung für eine Gewerkschaft oder einen Berufsverband dienstlich gemaßregelt oder benachteiligt werden.

§ 117 Personalvertretung. [1] Die Personalvertretung der Beamtinnen und Beamten ist zu gewährleisten. [2] Das Nähere wird durch Gesetz geregelt.

§ 118 Beteiligung der Spitzenorganisationen. Die Spitzenorganisationen der zuständigen Gewerkschaften sind bei der Vorbereitung allgemeiner Regelungen der beamtenrechtlichen Verhältnisse zu beteiligen.

Abschnitt 8. Bundespersonalausschuss

§ 119 Aufgaben; Verordnungsermächtigung. (1) [1]Der Bundespersonalausschuss dient der einheitlichen Handhabung beamtenrechtlicher Ausnahmevorschriften. [2]Weitere als die in diesem Gesetz vorgesehenen Aufgaben kann die Bundesregierung dem Bundespersonalausschuss durch Rechtsverordnung übertragen, insbesondere

1. die Feststellung des erfolgreichen Abschlusses von Aufstiegsverfahren,
2. der Erlass von Regelungen über die Feststellungsverfahren nach Nummer 1 und § 19.

(2) Der Bundespersonalausschuss übt seine Tätigkeit unabhängig und in eigener Verantwortung aus.

§ 120 Mitglieder. (1) Der Bundespersonalausschuss besteht aus acht ordentlichen und acht stellvertretenden Mitgliedern.

(2) [1]Ständige ordentliche Mitglieder sind die Präsidentin des Bundesrechnungshofes oder der Präsident des Bundesrechnungshofes als Vorsitzende oder Vorsitzender und die Leiterin der Dienstrechtsabteilung oder der Leiter der Dienstrechtsabteilung des Bundesministeriums des Innern, für Bau und Heimat. [2]Nichtständige ordentliche Mitglieder sind die Leiterinnen der Zentralabteilungen und Leiter der Zentralabteilungen von zwei anderen obersten Bundesbehörden und vier weitere Beamtinnen und Beamte des Bundes. [3]Stellvertretende Mitglieder sind je eine Beamtin oder ein Beamter des Bundes der in Satz 1 genannten Behörden, die Leiterinnen der Zentralabteilungen und Leiter der Zentralabteilungen von zwei weiteren obersten Bundesbehörden sowie vier weitere Beamtinnen oder Beamte des Bundes.

(3) Die nichtständigen ordentlichen Mitglieder sowie die stellvertretenden Mitglieder werden von der Bundespräsidentin oder vom Bundespräsidenten auf Vorschlag der Bundesministerin des Innern, für Bau und Heimat oder des Bundesministers des Innern, für Bau und Heimat für die Dauer von vier Jahren bestellt, davon vier ordentliche und vier stellvertretende Mitglieder aufgrund einer Benennung durch die Spitzenorganisationen der zuständigen Gewerkschaften.

(4) Der Bundespersonalausschuss wird zur Durchführung seiner Aufgaben durch eine Geschäftsstelle im Bundesministerium des Innern, für Bau und Heimat unterstützt.

§ 121 Rechtsstellung der Mitglieder. Die Dienstaufsicht über die Mitglieder des Bundespersonalausschusses führt im Auftrag der Bundesregierung die Bundesministerin des Innern, für Bau und Heimat oder der Bundesminister des Innern, für Bau und Heimat mit folgenden Maßgaben:

1. Die Mitglieder des Bundespersonalausschusses sind unabhängig und nur dem Gesetz unterworfen. Sie dürfen wegen ihrer Tätigkeit weder dienstlich gemaßregelt noch benachteiligt werden.
2. Sie scheiden aus ihrem Amt als Mitglied des Bundespersonalausschusses aus
   a) durch Zeitablauf,
   b) durch Ausscheiden aus dem Hauptamt oder aus der Behörde, die für ihre Mitgliedschaft maßgeblich sind,

c) durch Beendigung des Beamtenverhältnisses oder
d) unter den gleichen Voraussetzungen, unter denen Mitglieder einer Kammer oder eines Senats für Disziplinarsachen wegen einer rechtskräftigen Entscheidung in einem Straf- oder Disziplinarverfahren ihr Amt verlieren; § 66 ist nicht anzuwenden.

§ 122 Geschäftsordnung. Der Bundespersonalausschuss gibt sich eine Geschäftsordnung.

§ 123 Sitzungen und Beschlüsse. (1) [1]Die Sitzungen des Bundespersonalausschusses sind nicht öffentlich. [2]Der Bundespersonalausschuss kann von den Verwaltungen beauftragten Personen sowie Dritten die Anwesenheit bei der Verhandlung gestatten.

(2) [1]Die oder der Vorsitzende des Bundespersonalausschusses oder die oder der stellvertretende Vorsitzende des Bundespersonalausschusses leitet die Sitzungen. [2]Sind beide verhindert, tritt an ihre Stelle das dienstälteste Mitglied.

(3) Die von den Verwaltungen beauftragten Personen sind auf Verlangen zu hören.

(4) [1]Beschlüsse werden mit Stimmenmehrheit gefasst. [2]Zur Beschlussfähigkeit ist die Anwesenheit von mindestens sechs Mitgliedern erforderlich. [3]Bei Stimmengleichheit entscheidet die Stimme der oder des Vorsitzenden.

(5) [1]Beschlüsse des Bundespersonalausschusses sind bekannt zu machen, soweit sie allgemeine Bedeutung haben. [2]Art und Umfang regelt die Geschäftsordnung.

(6) Soweit dem Bundespersonalausschuss eine Entscheidungsbefugnis eingeräumt ist, binden seine Beschlüsse die beteiligten Verwaltungen.

§ 124 Beweiserhebung, Auskünfte und Amtshilfe. (1) Der Bundespersonalausschuss kann zur Durchführung seiner Aufgaben in entsprechender Anwendung der Vorschriften der Verwaltungsgerichtsordnung Beweise erheben.

(2) [1]Die beteiligten Verwaltungen haben dem Bundespersonalausschuss auf Verlangen Auskünfte zu erteilen und Akten vorzulegen, soweit dies zur Durchführung seiner Aufgaben erforderlich ist. [2]Alle Dienststellen haben dem Bundespersonalausschuss unentgeltlich Amtshilfe zu leisten.

Abschnitt 9. Beschwerdeweg und Rechtsschutz

§ 125 Dienstweg bei Anträgen und Beschwerden. (1) [1]Beamtinnen und Beamte können Anträge und Beschwerden vorbringen. [2]Hierbei ist der Dienstweg einzuhalten. [3]Der Beschwerdeweg bis zur obersten Dienstbehörde steht offen.

(2) Richtet sich die Beschwerde gegen die unmittelbare Vorgesetzte oder den unmittelbaren Vorgesetzten, kann sie bei der oder dem nächsthöheren Vorgesetzten unmittelbar eingereicht werden.

§ 126 Verwaltungsrechtsweg. (1) Für alle Klagen der Beamtinnen, Beamten, Ruhestandsbeamtinnen, Ruhestandsbeamten, früheren Beamtinnen, früheren Beamten und der Hinterbliebenen aus dem Beamtenverhältnis sowie für Klagen des Dienstherrn ist der Verwaltungsrechtsweg gegeben.

(2) [1] Vor allen Klagen ist ein Vorverfahren nach den Vorschriften des 8. Abschnitts der Verwaltungsgerichtsordnung durchzuführen. [2] Dies gilt auch dann, wenn die Maßnahme von der obersten Dienstbehörde getroffen worden ist.

(3) [1] Den Widerspruchsbescheid erlässt die oberste Dienstbehörde. [2] Sie kann die Entscheidung für Fälle, in denen sie die Maßnahme nicht selbst getroffen hat, durch allgemeine Anordnung anderen Behörden übertragen. [3] Die Anordnung ist zu veröffentlichen.

(4) Widerspruch und Anfechtungsklage gegen die Abordnung oder die Versetzung haben keine aufschiebende Wirkung.

§ 127 Vertretung des Dienstherrn. (1) [1] Bei Klagen aus dem Beamtenverhältnis wird der Dienstherr durch die oberste Dienstbehörde vertreten, der die Beamtin oder der Beamte untersteht oder bei der Beendigung des Beamtenverhältnisses unterstanden hat. [2] Bei Ansprüchen nach den §§ 53 bis 61 des Beamtenversorgungsgesetzes[1)] wird der Dienstherr durch die oberste Dienstbehörde vertreten, deren sachlicher Weisung die Regelungsbehörde untersteht.

(2) Besteht die oberste Dienstbehörde nicht mehr und ist eine andere Dienstbehörde nicht bestimmt, tritt an ihre Stelle das Bundesministerium des Innern, für Bau und Heimat.

(3) [1] Die oberste Dienstbehörde kann die Vertretung durch eine allgemeine Anordnung anderen Behörden übertragen. [2] Die Anordnung ist im Bundesgesetzblatt zu veröffentlichen.

§ 128 Zustellung von Verfügungen und Entscheidungen. [1] Verfügungen und Entscheidungen, die Beamtinnen und Beamten oder Versorgungsberechtigten nach den Vorschriften dieses Gesetzes bekannt zu geben sind, sind zuzustellen, wenn durch sie eine Frist in Lauf gesetzt wird oder Rechte der Beamtin oder des Beamten oder der Versorgungsberechtigten durch sie berührt werden. [2] Soweit gesetzlich nichts anderes bestimmt ist, richtet sich die Zustellung nach den Vorschriften des Verwaltungszustellungsgesetzes.

Abschnitt 10. Besondere Rechtsverhältnisse

§ 129 Beamtinnen und Beamte oberster Bundesorgane. [1] Die Beamtinnen und Beamten des Bundestages, des Bundesrates und des Bundesverfassungsgerichtes sind Beamtinnen und Beamte des Bundes. [2] Die Ernennung, Entlassung und Versetzung in den Ruhestand werden durch die Präsidentin oder den Präsidenten des Bundestages, die Präsidentin oder den Präsidenten des Bundesrates oder durch die Präsidentin oder den Präsidenten des Bundesverfassungsgerichtes vorgenommen. [3] Diese sind jeweils die oberste Dienstbehörde.

§ 130 Wissenschaftliches und leitendes Personal der Hochschulen des Bundes. (1) Die beamteten Leiterinnen und beamteten Leiter, die beamteten hauptberuflichen Mitglieder von Leitungsgremien sowie die zum wissenschaftlichen Personal zählenden Beamtinnen und Beamten einer Hochschule des Bundes, die nach Landesrecht die Eigenschaft einer staatlich anerkannten

---

1) Nr. 27.

Hochschule erhalten hat und deren Personal im Dienst des Bundes steht, stehen in einem Beamtenverhältnis zum Bund.

(2) Das wissenschaftliche Personal dieser Hochschulen besteht insbesondere aus den Hochschullehrerinnen und Hochschullehrern (Professorinnen und Professoren, Juniorprofessorinnen und Juniorprofessoren), den wissenschaftlichen Mitarbeiterinnen und wissenschaftlichen Mitarbeitern sowie den Lehrkräften für besondere Aufgaben.

(3) Die Hochschullehrerinnen und Hochschullehrer nehmen die ihrer Hochschule jeweils obliegenden Aufgaben in Wissenschaft, Forschung, Lehre und Weiterbildung in ihren Fächern nach näherer Ausgestaltung ihres Dienstverhältnisses selbstständig wahr.

(4) [1] Professuren und Juniorprofessuren sind öffentlich auszuschreiben. [2] Von einer Ausschreibung kann abgesehen werden, wenn

1. ein bereits bestehendes Beamtenverhältnis auf Zeit auf derselben Professur in ein Beamtenverhältnis auf Lebenszeit umgewandelt oder
2. eine Juniorprofessorin oder ein Juniorprofessor der eigenen Hochschule berufen

werden soll.

(5) [1] Wissenschaftliche Mitarbeiterinnen und wissenschaftliche Mitarbeiter sind die Beamtinnen und Beamten, denen wissenschaftliche Dienstleistungen obliegen. [2] In begründeten Fällen kann ihnen auch die selbstständige Wahrnehmung von Aufgaben in Forschung und Lehre übertragen werden.

(6) Lehrkräfte für besondere Aufgaben sind, soweit sie nicht in einem privatrechtlichen Dienstverhältnis stehen, Beamtinnen und Beamte, die auch ohne Erfüllung der Einstellungsvoraussetzungen für Hochschullehrerinnen und Hochschullehrer beschäftigt werden können, sofern überwiegend die Vermittlung praktischer Fähigkeiten und Kenntnisse erforderlich ist.

§ 131 Einstellungsvoraussetzungen für Hochschullehrerinnen und Hochschullehrer sowie wissenschaftliche Mitarbeiterinnen und wissenschaftliche Mitarbeiter. (1) Einstellungsvoraussetzungen für Professorinnen und Professoren sind neben den allgemeinen dienstrechtlichen Voraussetzungen

1. ein abgeschlossenes Hochschulstudium,
2. die pädagogische Eignung,
3. eine besondere Befähigung zu wissenschaftlicher Arbeit, die in der Regel durch die Qualität einer Promotion nachgewiesen wird, und
4. je nach den Anforderungen der Stelle
   a) zusätzliche wissenschaftliche Leistungen oder
   b) besondere Leistungen bei der Anwendung oder Entwicklung wissenschaftlicher Erkenntnisse und Methoden in einer mehrjährigen beruflichen Praxis.

(2) [1] Einstellungsvoraussetzungen für Juniorprofessorinnen und Juniorprofessoren sind neben den allgemeinen dienstrechtlichen Voraussetzungen

1. ein abgeschlossenes Hochschulstudium,
2. die pädagogische Eignung und
3. eine besondere Befähigung zu wissenschaftlicher Arbeit, die in der Regel durch die herausragende Qualität einer Promotion nachgewiesen wird.

[2]Sofern vor oder nach der Promotion ein Beschäftigungsverhältnis als wissenschaftliche Mitarbeiterin oder wissenschaftlicher Mitarbeiter bestand, sollen Promotions- und Beschäftigungsphase zusammen nicht mehr als sechs Jahre betragen haben. [3]Verlängerungen aufgrund von Zeiten eines mutterschutzrechtlichen Beschäftigungsverbots, Inanspruchnahme von Elternzeit, Beurlaubung oder Herabsetzung der Arbeitszeit wegen Betreuung oder Pflege eines Kindes unter 18 Jahren oder einer oder eines pflegebedürftigen sonstigen Angehörigen sowie einer Freistellung bleiben hierbei unberücksichtigt. [4]Auf die Zeiten nach Satz 2 sind alle befristeten Arbeitsverhältnisse mit mehr als einem Viertel der regelmäßigen Arbeitszeit, die mit einer deutschen Hochschule oder einer Forschungseinrichtung abgeschlossen wurden, sowie entsprechende Beamtenverhältnisse auf Zeit und privatrechtliche Dienstverhältnisse anzurechnen.

(3) Einstellungsvoraussetzung für wissenschaftliche Mitarbeiterinnen und wissenschaftliche Mitarbeiter ist neben den allgemeinen dienstrechtlichen Voraussetzungen ein abgeschlossenes Hochschulstudium.

§ 132 Dienstrechtliche Stellung des hauptberuflichen wissenschaftlichen und leitenden Personals der Hochschulen. (1) [1]Professorinnen und Professoren werden, soweit kein privatrechtliches Dienstverhältnis begründet wird, bei erstmaliger Berufung in das Professorenverhältnis für sechs Jahre zu Beamtinnen auf Zeit und Beamten auf Zeit ernannt. [2]Abweichend hiervon ist die sofortige Begründung eines Beamtenverhältnisses auf Lebenszeit möglich, wenn

1. Bewerberinnen und Bewerber für ein Professorenamt sonst nicht gewonnen werden können oder
2. eine Juniorprofessorin oder ein Juniorprofessor der eigenen Hochschule berufen wird.

[3]Werden Professorinnen oder Professoren aus einem Beamtenverhältnis auf Lebenszeit berufen, ruht dieses Rechtsverhältnis mit allen Rechten und Pflichten für die Dauer des Beamtenverhältnisses auf Zeit. [4]Davon ausgenommen sind die Pflicht zur Verschwiegenheit und das Verbot, Belohnungen, Geschenke und sonstige Vorteile anzunehmen. [5]Nach frühestens drei Jahren kann das Beamtenverhältnis auf Zeit in ein solches auf Lebenszeit umgewandelt werden, wenn die Hochschule zuvor ein Bewertungsverfahren mit positivem Ergebnis durchgeführt hat. [6]Erfolgt keine Umwandlung in ein Beamtenverhältnis auf Lebenszeit, sind die Professorinnen und Professoren mit Ablauf ihrer Amtszeit oder Erreichen der Altersgrenze aus dem Beamtenverhältnis auf Zeit entlassen. [7]Eine einmalige erneute Berufung in ein Beamtenverhältnis auf Zeit auf derselben Professur ist zulässig.

(2) [1]Juniorprofessorinnen und Juniorprofessoren werden, soweit kein privatrechtliches Dienstverhältnis begründet wird, für drei Jahre zu Beamtinnen auf Zeit oder Beamten auf Zeit ernannt. [2]Das Beamtenverhältnis soll im Laufe des dritten Jahres um weitere drei Jahre verlängert werden, wenn die Juniorprofessorin oder der Juniorprofessor sich als Hochschullehrerin oder Hochschullehrer bewährt hat. [3]Anderenfalls kann es um bis zu einem Jahr verlängert werden. [4]Eine weitere Verlängerung ist, abgesehen von den Fällen des Absatzes 5, nicht zulässig. [5]Dies gilt auch für eine erneute Einstellung als Juniorprofessorin oder Juniorprofessor.

(3) [1] Wissenschaftliche Mitarbeiterinnen und wissenschaftliche Mitarbeiter, deren Stelle eine befristete Beschäftigung vorsieht, werden, soweit kein privatrechtliches Dienstverhältnis begründet wird, für die Dauer von drei Jahren zu Beamtinnen auf Zeit und Beamten auf Zeit ernannt. [2] Eine einmalige Verlängerung des Beamtenverhältnisses auf Zeit um weitere drei Jahre ist zulässig.

(4) Für beamtete Hochschuldozentinnen und beamtete Hochschuldozenten gelten die §§ 42 und 48d, für beamtete Oberassistentinnen, beamtete Oberassistenten, beamtete Oberingenieurinnen und beamtete Oberingenieure die §§ 42 und 48b und für beamtete wissenschaftliche und künstlerische Assistentinnen und Assistenten die §§ 42 und 48 des Hochschulrahmengesetzes in der bis zum 30. Dezember 2004 geltenden Fassung entsprechend.

(5) Soweit Hochschullehrerinnen und Hochschullehrer oder wissenschaftliche Mitarbeiterinnen und wissenschaftliche Mitarbeiter Beamtinnen auf Zeit und Beamte auf Zeit sind, ist das Dienstverhältnis, sofern dienstliche Gründe dem nicht entgegenstehen, auf Antrag der Beamtin oder des Beamten um Zeiten eines mutterschutzrechtlichen Beschäftigungsverbots und der Inanspruchnahme von Elternzeit sowie, von bis zu drei Jahren, um Zeiten einer familienbedingten Teilzeit oder Beurlaubung nach § 92 und um Zeiten einer Familienpflegezeit nach § 92a oder um Zeiten einer Pflegezeit nach § 92b zu verlängern.

(6) [1] Der Eintritt einer Professorin oder eines Professors in den Ruhestand wegen Erreichens der Altersgrenze wird zum Ende des Semesters oder Trimesters wirksam, in dem die Regelaltersgrenze erreicht wird. [2] Eine Versetzung in den Ruhestand auf Antrag soll zum Ende des Semesters oder Trimesters ausgesprochen werden, es sei denn, dass gesundheitliche Gründe dem entgegenstehen. [3] Eine Entlassung aus dem Beamtenverhältnis auf Antrag kann bis zum Ende des Semesters oder Trimesters hinausgeschoben werden, wenn dienstliche Belange dies erfordern.

(7) [1] Auf Antrag der Professorin oder des Professors kann der Eintritt in den Ruhestand insgesamt bis zum Ende des Monats, in dem das 75. Lebensjahr vollendet wird, hinausgeschoben werden, wenn dies wegen der besonderen wissenschaftlichen Leistungen im Einzelfall im dienstlichen Interesse liegt. [2] § 53 Abs. 1 Satz 2 gilt entsprechend.

(8) [1] Beamtete Leiterinnen und beamtete Leiter und beamtete hauptberufliche Mitglieder von Leitungsgremien werden für sechs Jahre in ein Beamtenverhältnis auf Zeit berufen. [2] Sie sind mit Ablauf ihrer Amtszeit oder Erreichen der Regelaltersgrenze aus diesem Beamtenverhältnis entlassen. [3] Abweichend von Satz 2 treten sie mit Ablauf ihrer Amtszeit oder mit Erreichen der Regelaltersgrenze in den Ruhestand, wenn sie

1. eine Dienstzeit von insgesamt mindestens zehn Jahren in Beamtenverhältnissen oder in einem Dienstverhältnis als Berufssoldatin oder Berufssoldat mit Anspruch auf Besoldung zurückgelegt haben oder
2. aus einem Beamtenverhältnis auf Lebenszeit oder aus einem Dienstverhältnis als Berufssoldatin oder Berufssoldat in ein Beamtenverhältnis auf Zeit berufen worden waren.

[4] Handelt es sich in den Fällen des Satzes 3 Nummer 2 um ein Beamtenverhältnis auf Lebenszeit zum Bund, so gilt Absatz 1 Satz 3 und 4 entsprechend.

(9) [1] Die Vorschriften über die Laufbahnen und über den einstweiligen Ruhestand sowie die §§ 87 und 88 sind auf Hochschullehrerinnen und Hochschullehrer nicht anzuwenden. [2] Erfordert der Aufgabenbereich einer Hochschuleinrichtung eine regelmäßige oder planmäßige Anwesenheit, kann die oberste Dienstbehörde die §§ 87 und 88 für bestimmte Gruppen von Beamtinnen und Beamten für anwendbar erklären.

(10) [1] Hochschullehrerinnen und Hochschullehrer können nur mit ihrer Zustimmung abgeordnet oder versetzt werden. [2] Bei der Auflösung, der Verschmelzung oder einer wesentlichen Änderung des Aufbaues oder der Aufgaben von staatlich anerkannten Hochschulen des Bundes, deren Ausbildungsgänge ausschließlich auf den öffentlichen Dienst ausgerichtet sind, gilt § 28 Abs. 3 für beamtete Professorinnen, Professoren, Juniorprofessorinnen, Juniorprofessoren sowie Hochschuldozentinnen und Hochschuldozenten entsprechend.

§ 133 Ehrenbeamtinnen und Ehrenbeamte. (1) Für Ehrenbeamtinnen und Ehrenbeamte nach § 6 Abs. 5 gelten die Vorschriften dieses Gesetzes mit folgenden Maßgaben:

1. Nach Erreichen der Regelaltersgrenze können Ehrenbeamtinnen und Ehrenbeamte verabschiedet werden. Sie sind zu verabschieden, wenn die sonstigen Voraussetzungen für die Versetzung einer Beamtin oder eines Beamten in den Ruhestand gegeben sind.
2. Nicht anzuwenden sind die §§ 28, 53 Abs. 2, §§ 72, 76, 87, 88, 97 bis 101 und 104, auf Honorarkonsularbeamtinnen und Honorarkonsularbeamte, außerdem § 7 Absatz 1 Satz 1 Nummer 1.

(2) Die Unfallfürsorge für Ehrenbeamtinnen und Ehrenbeamte und ihre Hinterbliebenen richtet sich nach § 68 des Beamtenversorgungsgesetzes[1)].

(3) Im Übrigen regeln sich die Rechtsverhältnisse nach den besonderen für die einzelnen Gruppen der Ehrenbeamtinnen und Ehrenbeamten geltenden Vorschriften.

Abschnitt 11. Umbildung von Körperschaften

§ 134 Umbildung einer Körperschaft. (1) Beamtinnen und Beamte einer juristischen Person des öffentlichen Rechts mit Dienstherrnfähigkeit (Körperschaft), die vollständig in eine andere Körperschaft eingegliedert wird, treten mit der Umbildung kraft Gesetzes in den Dienst der aufnehmenden Körperschaft über.

(2) [1] Beamtinnen und Beamte einer Körperschaft, die vollständig in mehrere andere Körperschaften eingegliedert wird, sind anteilig in den Dienst der aufnehmenden Körperschaften zu übernehmen. [2] Die beteiligten Körperschaften haben innerhalb einer Frist von sechs Monaten nach dem Zeitpunkt, in dem die Umbildung vollzogen ist, im Einvernehmen miteinander zu bestimmen, von welchen Körperschaften die einzelnen Beamtinnen und Beamten zu übernehmen sind. [3] Solange die Übernahme nicht erfolgt ist, haften alle beteiligten Körperschaften für die zustehenden Bezüge als Gesamtschuldner.

---

1) Nr. 27.

(3) [1]Beamtinnen und Beamte einer Körperschaft, die teilweise in eine oder mehrere andere Körperschaften eingegliedert wird, sind zu einem verhältnismäßigen Teil, bei mehreren Körperschaften anteilig, in den Dienst der aufnehmenden Körperschaften zu übernehmen. [2]Absatz 2 Satz 2 findet Anwendung.

(4) Die Absätze 1 bis 3 gelten entsprechend, wenn eine Körperschaft mit einer oder mehreren anderen Körperschaften zu einer neuen Körperschaft zusammengeschlossen wird, wenn aus einer Körperschaft oder aus Teilen einer Körperschaft eine oder mehrere neue Körperschaften gebildet werden oder wenn Aufgaben einer Körperschaft vollständig oder teilweise auf eine oder mehrere andere Körperschaften übergehen.

§ 135 Rechtsfolgen der Umbildung. (1) Tritt eine Beamtin oder ein Beamter aufgrund des § 134 Abs. 1 kraft Gesetzes in den Dienst einer anderen Körperschaft über oder wird sie oder er aufgrund des § 134 Abs. 2 oder 3 von einer anderen Körperschaft übernommen, wird das Beamtenverhältnis mit dem neuen Dienstherrn fortgesetzt.

(2) Im Fall des § 134 Abs. 1 ist der Beamtin oder dem Beamten von der aufnehmenden oder neuen Körperschaft die Fortsetzung des Beamtenverhältnisses schriftlich zu bestätigen.

(3) [1]In den Fällen des § 134 Abs. 2 und 3 wird die Übernahme von der Körperschaft verfügt, in deren Dienst die Beamtin oder der Beamte treten soll. [2]Die Verfügung wird mit der Zustellung an die Beamtin oder den Beamten wirksam. [3]Die Beamtin oder der Beamte ist verpflichtet, der Verfügung Folge zu leisten. [4]Kommt sie oder er der Verpflichtung nicht nach, wird sie oder er entlassen.

(4) Die Absätze 1 bis 3 gelten entsprechend in den Fällen des § 134 Abs. 4.

§ 136 Rechtsstellung der Beamtinnen und Beamten. (1) [1]Den nach § 134 in den Dienst einer anderen Körperschaft übergetretenen oder von ihr übernommenen Beamtinnen und Beamten soll ein dem bisherigen Amt nach Bedeutung und Inhalt gleich zu bewertendes Amt übertragen werden. [2]Wenn eine dem bisherigen Amt entsprechende Verwendung nicht möglich ist, sind § 28 Abs. 3 und § 34 Abs. 1 Satz 1 Nr. 4 entsprechend anzuwenden. [3]Bei Anwendung des § 28 Abs. 3 darf die Beamtin oder der Beamte neben der neuen Amtsbezeichnung die des früheren Amtes mit dem Zusatz „außer Dienst“ oder „a.D.“ führen.

(2) [1]Die aufnehmende oder neue Körperschaft kann, wenn die Zahl der bei ihr nach der Umbildung vorhandenen Beamtinnen und Beamten den tatsächlichen Bedarf übersteigt, innerhalb einer Frist von sechs Monaten die entbehrlichen Beamtinnen auf Lebenszeit oder auf Zeit oder die Beamten auf Lebenszeit oder auf Zeit, deren Aufgabengebiet von der Umbildung berührt wurde, in den einstweiligen Ruhestand versetzen. [2]Die Frist des Satzes 1 beginnt im Fall des § 134 Abs. 1 mit dem Übertritt, in den Fällen des § 134 Abs. 2 und 3 mit der Bestimmung derjenigen Beamtinnen und Beamten, zu deren Übernahme die Körperschaft verpflichtet ist. [3]Entsprechendes gilt in den Fällen des § 134 Abs. 4. [4]§ 55 Satz 2 ist anzuwenden. [5]Bei Beamtinnen auf Zeit und Beamten auf Zeit, die nach Satz 1 in den einstweiligen Ruhestand versetzt sind, endet der einstweilige Ruhestand mit Ablauf der Amtszeit. [6]Sie gelten zu diesem Zeitpunkt als dauernd in den Ruhestand versetzt, wenn sie bei Verbleiben im Amt mit Ablauf der Amtszeit in den Ruhestand getreten wären.

§ 137 Rechtsstellung der Versorgungsempfängerinnen und Versorgungsempfänger. (1) Die Vorschriften des § 134 Abs. 1 und 2 und des § 135 gelten entsprechend für die zum Zeitpunkt der Umbildung bei der abgebenden Körperschaft vorhandenen Versorgungsempfängerinnen und Versorgungsempfänger.

(2) In den Fällen des § 134 Abs. 3 bleiben die Ansprüche der zum Zeitpunkt der Umbildung vorhandenen Versorgungsempfängerinnen und Versorgungsempfänger gegenüber der abgebenden Körperschaft bestehen.

(3) Die Absätze 1 und 2 gelten entsprechend in den Fällen des § 134 Abs. 4.

Abschnitt 12. Spannungs- und Verteidigungsfall, Verwendungen im Ausland

§ 138 Anwendungsbereich. [1]Beschränkungen, Anordnungen und Verpflichtungen nach den §§ 139 bis 142 sind nur nach Maßgabe des Artikels 80a des Grundgesetzes zulässig. [2]Sie sind auf Personen im Sinne des § 5 Abs. 1 des Arbeitssicherstellungsgesetzes nicht anzuwenden.

§ 139 Dienstleistung im Verteidigungsfall. (1) Beamtinnen und Beamte können für Zwecke der Verteidigung auch ohne ihre Zustimmung zu einem anderen Dienstherrn abgeordnet oder zur Dienstleistung bei über- oder zwischenstaatlichen zivilen Dienststellen verpflichtet werden.

(2) [1]Beamtinnen und Beamten können für Zwecke der Verteidigung auch Aufgaben übertragen werden, die nicht ihrem Amt oder ihrer Laufbahnbefähigung entsprechen, sofern ihnen die Übernahme nach ihrer Vor- und Ausbildung und im Hinblick auf die Ausnahmesituation zumutbar ist. [2]Aufgaben einer Laufbahn mit geringeren Zugangsvoraussetzungen dürfen ihnen nur übertragen werden, wenn dies aus dienstlichen Gründen unabweisbar ist.

(3) Beamtinnen und Beamte haben bei der Erfüllung der ihnen für Zwecke der Verteidigung übertragenen Aufgaben Gefahren und Erschwernisse auf sich zu nehmen, soweit diese ihnen nach den Umständen und den persönlichen Verhältnissen zugemutet werden können.

(4) Beamtinnen und Beamte sind bei einer Verlegung ihrer Behörde oder Dienststelle auch in das Ausland zur Dienstleistung am neuen Dienstort verpflichtet.

§ 140 Aufschub der Entlassung und des Ruhestands. [1]Die Entlassung der Beamtinnen und Beamten auf ihren Antrag kann für Zwecke der Verteidigung hinausgeschoben werden, wenn dies im öffentlichen Interesse erforderlich ist und der Personalbedarf der öffentlichen Verwaltung im Bereich ihres Dienstherrn auf freiwilliger Grundlage nicht gedeckt werden kann. [2]Satz 1 gilt entsprechend für den Ablauf der Amtszeit bei Beamtenverhältnissen auf Zeit. [3]Der Eintritt in den Ruhestand nach Erreichen der Altersgrenze und die vorzeitige Versetzung in den Ruhestand auf Antrag ohne Nachweis der Dienstunfähigkeit können unter den Voraussetzungen des Satzes 1 bis zum Ende des Monats hinausgeschoben werden, in dem die Regelaltersgrenze erreicht wird.

§ 141 Erneute Berufung von Ruhestandsbeamtinnen und Ruhestandsbeamten. [1]Ruhestandsbeamtinnen und Ruhestandsbeamte, die die Regelaltersgrenze noch nicht erreicht haben, können für Zwecke der Verteidigung erneut in ein Beamtenverhältnis berufen werden, wenn dies im öffentlichen Interesse erforderlich ist und der Personalbedarf der öffentlichen Verwaltung im Bereich ihres bisherigen Dienstherrn auf freiwilliger Grundlage nicht gedeckt werden kann. [2]Das Beamtenverhältnis endet, wenn es nicht vorher beendet wird, mit dem Ende des Monats, in dem die Regelaltersgrenze erreicht wird.

§ 142 Verpflichtung zur Gemeinschaftsunterkunft und Mehrarbeit.

(1) Wenn dienstliche Gründe es erfordern, können Beamtinnen und Beamte für Zwecke der Verteidigung verpflichtet werden, vorübergehend in einer Gemeinschaftsunterkunft zu wohnen und an einer Gemeinschaftsverpflegung teilzunehmen.

(2) [1]Beamtinnen und Beamte sind verpflichtet, für Zwecke der Verteidigung über die regelmäßige Arbeitszeit hinaus ohne besondere Vergütung Dienst zu tun. [2]Für die Mehrbeanspruchung wird ein Freizeitausgleich nur gewährt, soweit es die dienstlichen Erfordernisse gestatten.

§ 143 Verwendungen im Ausland. (1) [1]Beamtinnen und Beamte, die zur Wahrnehmung des ihnen übertragenen Amts im Ausland oder außerhalb des deutschen Hoheitsgebiets auf Schiffen oder in Luftfahrzeugen verwendet werden und dabei wegen vom Inland wesentlich abweichender Verhältnisse erhöhten Gefahren ausgesetzt sind, können aus dienstlichen Gründen verpflichtet werden,

1. vorübergehend in einer Gemeinschaftsunterkunft zu wohnen und an einer Gemeinschaftsverpflegung teilzunehmen,
2. Schutzkleidung zu tragen,
3. Dienstkleidung zu tragen und
4. über die regelmäßige Arbeitszeit hinaus ohne besondere Vergütung Dienst zu tun.

[2]In den Fällen des Satzes 1 Nr. 4 wird für die Mehrbeanspruchung ein Freizeitausgleich nur gewährt, soweit es die dienstlichen Erfordernisse gestatten.

(2) Sind nach Absatz 1 verwendete Beamtinnen und Beamte zum Zeitpunkt des vorgesehenen Eintritts in den Ruhestand nach den §§ 44, 51 und 53 oder des vorgesehenen Ablaufs ihrer Amtszeit wegen Verschleppung, Gefangenschaft oder aus sonstigen mit dem Dienst zusammenhängenden Gründen, die sie nicht zu vertreten haben, dem Einflussbereich des Dienstherrn entzogen, verlängert sich das Beamtenverhältnis bis zum Ablauf des auf die Beendigung dieses Zustands folgenden Monats.

Abschnitt 13. Übergangs- und Schlussvorschriften

§ 144 Entscheidungsrecht oberster Bundesbehörden. (1) [1]Ist eine bundesunmittelbare Körperschaft, Anstalt oder Stiftung des öffentlichen Rechts Dienstherr einer Beamtin oder eines Beamten, kann die für die Aufsicht zuständige oberste Bundesbehörde in den Fällen, in denen nach diesem Gesetz oder dem Beamtenversorgungsgesetz[1)] die oberste Dienstbehörde die Entscheidung hat, sich diese Entscheidung vorbehalten oder die Entscheidung von ihrer

[1)] Nr. 27.

vorherigen Zustimmung abhängig machen. [2]Sie kann auch verbindliche Grundsätze für die Entscheidung aufstellen.

(2) Für bundesunmittelbare Körperschaften, Anstalten und Stiftungen des öffentlichen Rechts, die Behörden nicht besitzen, tritt an deren Stelle für die in diesem Gesetz oder dem Beamtenversorgungsgesetz einer Behörde übertragenen oder zu übertragenden Zuständigkeiten die zuständige Verwaltungsstelle.

§ 145 Rechtsverordnungen, Durchführungsvorschriften. (1) Rechtsverordnungen nach diesem Gesetz bedürfen nicht der Zustimmung des Bundesrates.

(2) Die zur Durchführung dieses Gesetzes und der auf Grund dieses Gesetzes erlassenen Rechtsverordnungen erforderlichen allgemeinen Verwaltungsvorschriften erlässt das Bundesministerium des Innern, für Bau und Heimat, soweit dieses Gesetz nichts anderes bestimmt.

§ 146 Öffentlich-rechtliche Religionsgesellschaften. [1]Dieses Gesetz gilt nicht für die öffentlich-rechtlichen Religionsgesellschaften und ihre Verbände. [2]Diesen bleibt es überlassen, die Rechtsverhältnisse ihrer Beamtinnen und Beamten und Seelsorgerinnen und Seelsorger diesem Gesetz entsprechend zu regeln oder Vorschriften dieses Gesetzes für anwendbar zu erklären.

§ 147 Übergangsregelungen. (1) [1]Für Beamtinnen und Beamte, die vor Inkrafttreten dieses Gesetzes in ein Beamtenverhältnis auf Probe berufen worden sind, sind anstelle des § 10 Abs. 1 und 3 und des § 11 der § 6 Abs. 1 und der § 9 des Bundesbeamtengesetzes in der Fassung der Bekanntmachung vom 31. März 1999 (BGBl. I S. 675) in der bis zum 11. Februar 2009 geltenden Fassung anzuwenden. [2]Abweichend von Satz 1 werden Beamtinnen und Beamte, die vor dem 12. Februar 2009 in ein Beamtenverhältnis auf Probe berufen worden sind, auf Antrag in ein Beamtenverhältnis auf Lebenszeit berufen, wenn

1. sie sich in der Probezeit in vollem Umfang bewährt haben und
2. seit der Berufung in das Beamtenverhältnis auf Probe mindestens drei Jahre vergangen sind.

(2) Die Bundesregierung überprüft die Anhebung der Altersgrenzen nach den §§ 51 und 52 unter Beachtung des Berichts nach § 154 Abs. 4 des Sechsten Buches Sozialgesetzbuch.

3. Rahmengesetz zur Vereinheitlichung des Beamtenrechts (Beamtenrechtsrahmengesetz – BRRG)[1)]

In der Fassung der Bekanntmachung vom 31. März 1999[2)]
(BGBl. I S. 654)

FNA 2030-1

zuletzt geänd. durch Art. 6 Abs. 1 G zur Neuregelung des Mutterschutzrechts v. 23.5.2017 (BGBl. I S. 1228)

Inhaltsübersicht

	§§
Kapitel I. *(aufgehoben)*	1–120
Kapitel II. Vorschriften, die einheitlich und unmittelbar gelten	
Abschnitt I: Allgemeines	121–125c
Abschnitt II: Rechtsweg	126, 127
Abschnitt III: Rechtsstellung der Beamten und Versorgungsempfänger bei der Umbildung von Körperschaften	128–133
Abschnitt IV: Sonderregelungen für den Spannungs- und Verteidigungsfall	133a–133e
Abschnitt V: Sonderregelungen für Verwendungen im Ausland	133f
Kapitel III. Allgemeine Schlußvorschriften	134–142

Kapitel I. *(Vorschriften für die Landesgesetzgebung)*

§§ 1–120 *(aufgehoben)*

Kapitel II. Vorschriften, die einheitlich und unmittelbar gelten

Abschnitt I. Allgemeines

§ 121 [Dienstherrnfähigkeit] Das Recht, Beamte zu haben, besitzen außer dem Bund

1. die Länder, die Gemeinden und die Gemeindeverbände,
2. sonstige Körperschaften, Anstalten und Stiftungen des öffentlichen Rechts, die dieses Recht im Zeitpunkt des Inkrafttretens dieses Gesetzes besitzen oder denen es nach diesem Zeitpunkt durch Gesetz, Rechtsverordnung oder Satzung verliehen wird; derartige Satzungen bedürfen der Genehmigung durch eine gesetzlich hierzu ermächtigte Stelle.

§ 122 [Zulassung zum Vorbereitungsdienst; Laufbahnbefähigung]

(1) Die Zulassung zum Vorbereitungsdienst einer Laufbahn darf nicht deshalb abgelehnt werden, weil der Bewerber die für seine Laufbahn vorgeschriebene Vorbildung (§ 13) im Bereich eines anderen Dienstherrn erworben hat.

(2) [1] Wer unter den Voraussetzungen der §§ 13 bis 14c die Befähigung für eine Laufbahn erworben hat, besitzt die Befähigung für entsprechende Laufbahnen bei allen Dienstherren im Geltungsbereich dieses Gesetzes. [2] Das glei-

---

[1)] Das BRRG ist gem. § 63 Abs. 2 G v. 17.6.2008 (BGBl. I S. 1010) mit Ausnahme von Kapitel II und § 135 **mWv 1.4.2009 außer Kraft getreten**. Siehe jetzt das BeamtenstatusG (Nr. 4).

[2)] Neubekanntmachung des BRRG idF der Bek. v. 27.2.1985 (BGBl. I S. 462) in der ab 1.1.1999 geltenden Fassung.

che gilt, wenn die Befähigung auf Grund der Maßgaben in Anlage I Kapitel XIX Sachgebiet A Abschnitt III Nr. 2 Buchstabe c oder Nr. 3 Buchstabe b des Einigungsvertrages vom 31. August 1990 in Verbindung mit Artikel 1 des Gesetzes vom 23. September 1990 (BGBl. 1990 II S. 885, 1141) festgestellt worden ist und der Beamte die laufbahnrechtliche Probezeit erfolgreich abgeleistet hat.

§ 123 [Abordnung oder Versetzung zu einem anderen Dienstherrn]

(1) Der Beamte kann nach Maßgabe der §§ 17 und 18 auch über den Bereich des Bundes oder eines Landes hinaus zu einem anderen Dienstherrn im Geltungsbereich dieses Gesetzes abgeordnet oder versetzt werden.

(2) [1]Die Abordnung oder Versetzung wird von dem abgebenden im Einverständnis mit dem aufnehmenden Dienstherrn verfügt; das Einverständnis ist schriftlich oder elektronisch zu erklären. [2]In der Verfügung ist zum Ausdruck zu bringen, daß das Einverständnis vorliegt.

§ 123a [Zuweisung einer vorübergehenden Tätigkeit bei einer öffentlichen Einrichtung außerhalb des BRRG, Zuweisung bei Privatisierung] (1) [1]Dem Beamten kann im dienstlichen oder öffentlichen Interesse mit seiner Zustimmung vorübergehend eine seinem Amt entsprechende Tätigkeit bei einer öffentlichen Einrichtung außerhalb des Anwendungsbereichs dieses Gesetzes zugewiesen werden. [2]Die Zuweisung einer Tätigkeit bei einer anderen Einrichtung ist zulässig, wenn dringende öffentliche Interessen dies erfordern; die Entscheidung trifft die oberste Dienstbehörde.

(2) Dem Beamten einer Dienststelle, die ganz oder teilweise in eine öffentlich-rechtlich organisierte Einrichtung ohne Dienstherrneigenschaft oder eine privatrechtlich organisierte Einrichtung der öffentlichen Hand umgewandelt wird, kann auch ohne seine Zustimmung eine seinem Amt entsprechende Tätigkeit bei dieser Einrichtung zugewiesen werden, wenn dringende öffentliche Interessen dies erfordern.

(3) Die Rechtsstellung des Beamten bleibt unberührt.

§ 124 [Verschwiegenheitspflicht; Aussagegenehmigung] § 39 findet auch insoweit Anwendung, als seine Voraussetzungen über den Bereich des Bundes oder eines Landes hinaus gegeben sind.

§ 125 [Entlassung bei Ernennung zum Soldaten] [1]Der Beamte ist entlassen, wenn er zum Berufssoldaten oder zum Soldaten auf Zeit ernannt wird. [2]Die Entlassung gilt als Entlassung auf eigenen Antrag.

§ 125a [Polizeivollzugsbeamte auf Widerruf] (1) [1]Bewirbt sich ein Polizeivollzugsbeamter auf Widerruf oder früherer Polizeivollzugsbeamter auf Widerruf, der ein Dienstverhältnis von nicht mehr als drei Jahren eingegangen ist und mindestens zwei Jahre Vollzugsdienst im Bundesgrenzschutz oder in der Bundespolizei geleistet hat, bis zum Ablauf von sechs Monaten nach Beendigung des Dienstverhältnisses als Polizeivollzugsbeamter auf Widerruf um Einstellung als Beamter und wird er in den Vorbereitungsdienst eingestellt, so darf nach Erwerb der Befähigung für die Laufbahn die Anstellung nicht über den Zeitpunkt hinausgeschoben werden, zu dem der Beamte ohne Ableisten eines Vollzugsdienstes bis zur Dauer des Grundwehrdienstes zur Anstellung herangestanden hätte. [2]Das Ableisten der vorgeschriebenen Probezeit wird dadurch nicht berührt. [3] Die Sätze 1 und 2 gelten für Beförderungen sinngemäß, sofern die dienstlichen Leistungen eine Beförderung während der Probezeit rechtfertigen.

(2) [1] Beginnt ein früherer Polizeivollzugsbeamter auf Widerruf, der ein Dienstverhältnis von nicht mehr als drei Jahren eingegangen war und mindestens zwei Jahre Vollzugsdienst im Bundesgrenzschutz oder in der Bundespolizei geleistet hat, im Anschluß an den Vollzugsdienst im Bundesgrenzschutz oder in der Bundespolizei eine für den künftigen Beruf als Beamter oder Richter vorgeschriebene Ausbildung (Hochschul-, Fachschul- oder praktische Ausbildung) oder wird diese durch den Vollzugsdienst im Bundesgrenzschutz oder in der Bundespolizei unterbrochen, so gilt Absatz 1 entsprechend, wenn er sich bis zum Ablauf von sechs Monaten nach Abschluß der Ausbildung um Einstellung als Beamter oder Richter bewirbt und auf Grund dieser Bewerbung eingestellt wird. [2] Dienstzeiten, die Voraussetzung für eine Beförderung sind, beginnen für den unter den Voraussetzungen des Satzes 1 eingestellten Richter mit dem Zeitpunkt, zu dem er ohne Ableisten eines Vollzugsdienstes bis zur Dauer des Grundwehrdienstes zur Ernennung auf Lebenszeit herangestanden hätte.

(3) Die Absätze 1 und 2 gelten entsprechend für einen früheren Polizeivollzugsbeamten auf Widerruf, dessen Ausbildung für ein späteres Beamtenverhältnis durch eine festgesetzte mehrjährige Tätigkeit im Arbeitsverhältnis an Stelle des sonst vorgeschriebenen Vorbereitungsdienstes durchgeführt wird.

§ 125b [Änderung der Einstellungsvoraussetzungen während des Mutterschutzes bzw. Erziehungsurlaubs] (1) [1] Haben sich die Anforderungen an die fachliche Eignung für die Einstellung in den öffentlichen Dienst in der Zeit erhöht, in der sich die Bewerbung um Einstellung nur infolge der Geburt oder der Betreuung eines Kindes verzögert hat, und ist die Bewerbung innerhalb von drei Jahren nach der Geburt dieses Kindes oder sechs Monate nach Erfüllung der ausbildungsmäßigen Einstellungsvoraussetzungen erfolgt, so ist der Grad der fachlichen Eignung nach den Anforderungen zu prüfen, die zu einem Zeitpunkt bestanden haben, zu dem die Bewerbung ohne die Geburt oder die Betreuung des Kindes hätte erfolgen können. [2] Führt die Prüfung zu dem Ergebnis, dass der Bewerber ohne diese Verzögerung eingestellt worden wäre, kann er vor anderen Bewerbern eingestellt werden. [3] Die Zahl der Stellen, die diesen Bewerbern in einem Einstellungstermin vorbehalten werden kann, bestimmt sich nach dem zahlenmäßigen Verhältnis der Bewerber mit Verzögerung zu denjenigen ohne eine solche Verzögerung; Bruchteile von Stellen sind zu Gunsten der betroffenen Bewerber aufzurunden. [4] Für die Berechnung des Zeitraums der Verzögerung sind nur die einen Anspruch auf Elternzeit nach § 15 Abs. 1 Satz 1 und Abs. 2 des Bundeselterngeld- und Elternzeitgesetzes[1)] begründenden Zeiten sowie bei Frauen zusätzlich die Zeiten nach § 3 des Mutterschutzgesetzes zu berücksichtigen.

(2) [1] Verzögert sich die Bewerbung um Einstellung nur wegen der tatsächlichen Pflege eines nach ärztlichem Gutachten pflegebedürftigen sonstigen nahen Angehörigen im Sinne des § 12 Abs. 2, gilt Absatz 1 Satz 1 bis 3 entsprechend. [2] Der berücksichtigungsfähige Zeitraum beträgt längstens drei Jahre.

[1)] Nr. **16**.

§ 125c [Übermittlungen bei Strafverfahren gegen Beamte] (1) [1]Das Gericht, die Strafverfolgungs- oder die Strafvollstreckungsbehörde hat in Strafverfahren gegen Beamte zur Sicherstellung der erforderlichen dienstrechtlichen Maßnahmen im Falle der Erhebung der öffentlichen Klage

1. die Anklageschrift oder eine an ihre Stelle tretende Antragsschrift,
2. den Antrag auf Erlaß eines Strafbefehls und
3. die einen Rechtszug abschließende Entscheidung mit Begründung

zu übermitteln; ist gegen die Entscheidung ein Rechtsmittel eingelegt worden, ist die Entscheidung unter Hinweis auf das eingelegte Rechtsmittel zu übermitteln. [2]Der Erlaß und der Vollzug eines Haftbefehls oder eines Unterbringungsbefehls sind mitzuteilen.

(2) In Verfahren wegen fahrlässig begangener Straftaten werden die in Absatz 1 Satz 1 bestimmten Übermittlungen nur vorgenommen, wenn

1. es sich um schwere Verstöße, namentlich Vergehen der Trunkenheit im Straßenverkehr oder der fahrlässigen Tötung, handelt oder
2. in sonstigen Fällen die Kenntnis der Daten auf Grund der Umstände des Einzelfalls erforderlich ist, um zu prüfen, ob dienstrechtliche Maßnahmen zu ergreifen sind.

(3) [1]Entscheidungen über Verfahrenseinstellungen, die nicht bereits nach Absatz 1 oder 2 zu übermitteln sind, sollen übermittelt werden, wenn die in Absatz 2 Nr. 2 genannten Voraussetzungen erfüllt sind. [2]Dabei ist zu berücksichtigen, wie gesichert die zu übermittelnden Erkenntnisse sind.

(4) [1]Sonstige Tatsachen, die in einem Strafverfahren bekannt werden, dürfen mitgeteilt werden, wenn ihre Kenntnis auf Grund besonderer Umstände des Einzelfalls für dienstrechtliche Maßnahmen gegen einen Beamten erforderlich ist und soweit nicht für die übermittelnde Stelle erkennbar ist, daß schutzwürdige Interessen des Beamten an dem Ausschluß der Übermittlung überwiegen; erforderlich ist die Kenntnis der Daten auch dann, wenn diese Anlaß zur Prüfung bieten, ob dienstrechtliche Maßnahmen zu ergreifen sind. [2]Absatz 3 Satz 2 ist entsprechend anzuwenden.

(5) Nach den Absätzen 1 bis 4 übermittelte Daten dürfen auch für die Wahrnehmung der Aufgaben nach dem Sicherheitsüberprüfungsgesetz oder einem entsprechenden Landesgesetz verwendet werden.

(6) [1]Übermittlungen nach den Absätzen 1 bis 3 sind auch zulässig, soweit sie Daten betreffen, die dem Steuergeheimnis (§ 30 der Abgabenordnung) unterliegen. [2]Übermittlungen nach Absatz 4 sind unter den Voraussetzungen des § 30 Abs. 4 Nr. 5 der Abgabenordnung zulässig.

(7) Mitteilungen sind an den zuständigen Dienstvorgesetzten oder seinen Vertreter im Amt zu richten und als „Vertrauliche Personalsache" zu kennzeichnen.

Abschnitt II. Rechtsweg

§ 126 [Verwaltungsrechtsweg, Vorverfahren] (1) Für alle Klagen der Beamten, Ruhestandsbeamten, früheren Beamten und der Hinterbliebenen aus dem Beamtenverhältnis ist der Verwaltungsrechtsweg gegeben.

(2) Für Klagen des Dienstherrn gilt das gleiche.

(3) Für Klagen nach Absatz 1, einschließlich der Leistungs- und Feststellungsklagen, gelten die Vorschriften des 8. Abschnitts der Verwaltungsgerichtsordnung mit folgenden Maßgaben:

1. Eines Vorverfahrens bedarf es auch dann, wenn die Maßnahme von der obersten Dienstbehörde getroffen worden ist.
2. [1] Den Widerspruchsbescheid erläßt die oberste Dienstbehörde. [2] Sie kann die Entscheidung für Fälle, in denen sie die Maßnahme nicht selbst getroffen hat, durch allgemeine Anordnung auf andere Behörden übertragen; die Anordnung ist zu veröffentlichen.
3. Widerspruch und Anfechtungsklage gegen die Abordnung oder die Versetzung haben keine aufschiebende Wirkung.
4. Eines Vorverfahrens bedarf es nicht, wenn ein Gesetz dies bestimmt.

§ 127 [Revision] Für die Revision gegen das Urteil eines Oberverwaltungsgerichts über eine Klage aus dem Beamtenverhältnis gilt folgendes:

1. Die Revision ist außer in den Fällen des § 132 Abs. 2 der Verwaltungsgerichtsordnung zuzulassen, wenn das Urteil von der Entscheidung eines anderen Oberverwaltungsgerichts abweicht und auf dieser Abweichung beruht, solange eine Entscheidung des Bundesverwaltungsgerichts in der Rechtsfrage nicht ergangen ist.
2. Die Revision kann außer auf die Verletzung von Bundesrecht darauf gestützt werden, daß das angefochtene Urteil auf der Verletzung von Landesrecht beruht.

Abschnitt III. Rechtsstellung der Beamten und Versorgungsempfänger bei der Umbildung von Körperschaften

§ 128 [Übertritt oder Übernahme von Beamten und Versorgungsempfängern bei der Umbildung von Körperschaften] (1) Die Beamten einer Körperschaft, die vollständig in eine andere Körperschaft eingegliedert wird, treten mit der Umbildung kraft Gesetzes in den Dienst der aufnehmenden Körperschaft über.

(2) [1] Die Beamten einer Körperschaft, die vollständig in mehrere andere Körperschaften eingegliedert wird, sind anteilig in den Dienst der aufnehmenden Körperschaften zu übernehmen. [2] Die beteiligten Körperschaften haben innerhalb einer Frist von sechs Monaten nach dem Zeitpunkt, in dem die Umbildung vollzogen ist, im Einvernehmen miteinander zu bestimmen, von welchen Körperschaften die einzelnen Beamten zu übernehmen sind. [3] Solange ein Beamter nicht übernommen ist, haften alle aufnehmenden Körperschaften für die ihm zustehenden Bezüge als Gesamtschuldner.

(3) [1] Die Beamten einer Körperschaft, die teilweise in eine oder mehrere andere Körperschaften eingegliedert wird, sind zu einem verhältnismäßigen Teil, bei mehreren Körperschaften anteilig, in den Dienst der aufnehmenden Körperschaften zu übernehmen. [2] Absatz 2 Satz 2 findet Anwendung.

(4) Die Absätze 1 bis 3 gelten entsprechend, wenn eine Körperschaft mit einer oder mehreren anderen Körperschaften zu einer neuen Körperschaft zusammengeschlossen wird, wenn aus einer Körperschaft oder aus Teilen einer Körperschaft eine oder mehrere neue Körperschaften gebildet werden, oder

wenn Aufgaben einer Körperschaft vollständig oder teilweise auf eine oder mehrere andere Körperschaften übergehen.

§ 129 [Verfahren bei Übertritt oder Übernahme in den Dienst einer anderen Körperschaft] (1) Tritt ein Beamter auf Grund des § 128 Abs. 1 kraft Gesetzes in den Dienst einer anderen Körperschaft über oder wird er auf Grund des § 128 Abs. 2 oder 3 von einer anderen Körperschaft übernommen, so gilt § 18 Abs. 4 entsprechend.

(2) Im Falle des § 128 Abs. 1 ist dem Beamten von der aufnehmenden oder neuen Körperschaft die Fortsetzung des Beamtenverhältnisses schriftlich, aber nicht in elektronischer Form zu bestätigen.

(3) [1] In den Fällen des § 128 Abs. 2 und 3 wird die Übernahme von der Körperschaft verfügt, in deren Dienst der Beamte treten soll; die Verfügung wird mit der Zustellung an den Beamten wirksam. [2] Der Beamte ist verpflichtet, der Übernahmeverfügung Folge zu leisten; kommt er der Verpflichtung nicht nach, so ist er zu entlassen.

(4) Die Absätze 1 bis 3 gelten entsprechend in den Fällen des § 128 Abs. 4.

§ 130 [Übertragung eines gleich zu bewertenden Amtes; einstweiliger Ruhestand] (1) [1] Dem nach § 128 in den Dienst einer anderen Körperschaft kraft Gesetzes übergetretenen oder von ihr übernommenen Beamten soll ein seinem bisherigen Amt nach Bedeutung und Inhalt ohne Rücksicht auf Dienststellung und Dienstalter gleichzubewertendes Amt übertragen werden. [2] Wenn eine dem bisherigen Amt entsprechende Verwendung nicht möglich ist, finden § 18 Abs. 2 Satz 2 und § 23 Abs. 3 Nr. 3 entsprechende Anwendung. [3] Bei Anwendung des § 18 Abs. 2 Satz 2 darf der Beamte neben der neuen Amtsbezeichnung die des früheren Amtes mit dem Zusatz „außer Dienst" („a.D.") führen.

(2) [1] Die aufnehmende oder neue Körperschaft kann, wenn die Zahl der bei ihr nach der Umbildung vorhandenen Beamten den tatsächlichen Bedarf übersteigt, innerhalb einer Frist von sechs Monaten die entbehrlichen Beamten auf Lebenszeit oder auf Zeit, deren Aufgabengebiet von der Umbildung berührt wurde, in den einstweiligen Ruhestand versetzen. [2] Die Frist des Satzes 1 beginnt im Falle des § 128 Abs. 1 mit dem Übertritt, in den Fällen des § 128 Abs. 2 und 3 mit der Bestimmung derjenigen Beamten, zu deren Übernahme die Körperschaft verpflichtet ist; entsprechendes gilt in den Fällen des § 128 Abs. 4. [3] § 20 Satz 3 findet Anwendung. [4] Bei Beamten auf Zeit, die nach Satz 1 in den einstweiligen Ruhestand versetzt sind, endet der einstweilige Ruhestand mit Ablauf der Amtszeit; sie gelten in diesem Zeitpunkt als dauernd in den Ruhestand versetzt, wenn sie bei Verbleiben im Amt mit Ablauf der Amtszeit in den Ruhestand getreten wären.

§ 131 [Ernennung von Beamten bei bevorstehender Umbildung]

[1] Ist innerhalb absehbarer Zeit mit einer Umbildung im Sinne des § 128 zu rechnen, so können die obersten Aufsichtsbehörden der beteiligten Körperschaften anordnen, daß Beamte, deren Aufgabengebiet von der Umbildung voraussichtlich berührt wird, nur mit ihrer Genehmigung ernannt werden dürfen. [2] Die Anordnung darf höchstens für die Dauer eines Jahres ergehen. [3] Sie ist den beteiligten Körperschaften zuzustellen. [4] Die Genehmigung soll nur versagt werden, wenn durch derartige Ernennungen die Durchführung der

nach den §§ 128 bis 130 erforderlichen Maßnahmen wesentlich erschwert würde.

§ 132 [Umbildung, Versorgungsempfänger] (1) Die Vorschriften des § 128 Abs. 1 und 2 und des § 129 gelten entsprechend für die im Zeitpunkt der Umbildung bei der abgebenden Körperschaft vorhandenen Versorgungsempfänger.

(2) In den Fällen des § 128 Abs. 3 bleiben die Ansprüche der im Zeitpunkt der Umbildung vorhandenen Versorgungsempfänger gegenüber der abgebenden Körperschaft bestehen.

(3) Die Absätze 1 und 2 gelten entsprechend in den Fällen des § 128 Abs. 4.

§ 133 [Körperschaft; Begriff] Als Körperschaft im Sinne der Vorschriften dieses Abschnittes gelten alle juristischen Personen des öffentlichen Rechts mit Dienstherrnfähigkeit (§ 121).

Abschnitt IV. Sonderregelungen für den Spannungs- und Verteidigungsfall

§ 133a [Anwendungsbereich] [1] Beschränkungen, Anordnungen und Verpflichtungen nach den §§ 133b bis 133e sind nur nach Maßgabe des Artikels 80a des Grundgesetzes zulässig. [2] Sie finden keine Anwendung auf Personen im Sinne des § 5 Abs. 1 des Arbeitssicherstellungsgesetzes vom 9. Juli 1968 (BGBl. I S. 787), zuletzt geändert durch Artikel 32 des Gesetzes vom 18. Dezember 1989 (BGBl. I S. 2261).

§ 133b [Abordnung; Verpflichtung zu anderen nicht laufbahngerechten oder erschwerten Aufgaben; Verlegung des Dienstortes] (1) Der Beamte kann für Zwecke der Verteidigung auch ohne seine Zustimmung zu einem anderen Dienstherrn abgeordnet oder zur Dienstleistung bei über- oder zwischenstaatlichen zivilen Dienststellen verpflichtet werden.

(2) [1] Dem Beamten können für Zwecke der Verteidigung auch Aufgaben übertragen werden, die nicht seinem Amt oder seiner Laufbahnbefähigung entsprechen, sofern ihm die Übernahme nach seiner Vor- und Ausbildung und im Hinblick auf die Ausnahmesituation zumutbar ist. [2] Aufgaben einer niedrigeren Laufbahngruppe dürfen ihm nur übertragen werden, wenn dies aus dienstlichen Gründen unabweisbar ist.

(3) Der Beamte hat bei der Erfüllung der ihm für Zwecke der Verteidigung übertragenen Aufgaben Gefahren und Erschwernisse auf sich zu nehmen, soweit diese ihm nach den Umständen und seinen persönlichen Verhältnissen zugemutet werden können.

(4) Der Beamte ist bei einer Verlegung der Behörde oder Dienststelle – auch außerhalb des Geltungsbereiches dieses Gesetzes – zur Dienstleistung am neuen Dienstort verpflichtet.

§ 133c [Aufschub der Entlassung, des Ruhestandes] [1] Die Entlassung eines Beamten auf seinen Antrag kann für Zwecke der Verteidigung hinausgeschoben werden, wenn dies im öffentlichen Interesse erforderlich ist und der Personalbedarf der öffentlichen Verwaltung im Bereich seines Dienstherrn auf freiwilliger Grundlage nicht gedeckt werden kann. [2] Satz 1 gilt entsprechend für den Ablauf der Amtszeit bei Beamtenverhältnissen auf Zeit. [3] Der Eintritt des Beamten in den Ruhestand nach Erreichen der Altersgrenze und die vorzeitige Versetzung in den Ruhestand auf Antrag ohne Nachweis der Dienstunfähigkeit können unter den Voraussetzungen des Satzes 1 bis zum Ende des Monats hinausgeschoben werden, in dem der Beamte das 65. Lebensjahr vollendet.

§ 133d [Erneute Berufung von Ruhestandsbeamten unter 65 Jahren]

[1] Ein Ruhestandsbeamter, der das 65. Lebensjahr noch nicht vollendet hat, kann für Zwecke der Verteidigung erneut in ein Beamtenverhältnis berufen werden, wenn dies im öffentlichen Interesse erforderlich ist und der Personalbedarf der öffentlichen Verwaltung im Bereich seines bisherigen Dienstherrn auf freiwilliger Grundlage nicht gedeckt werden kann. [2] Das Beamtenverhältnis endet, wenn es nicht vorher beendet wird, mit dem Ende des Monats, in dem der Beamte das 65. Lebensjahr vollendet.

§ 133e [Verpflichtung zur Gemeinschaftsunterkunft, Teilnahme an Gemeinschaftsverpflegung und zur Mehrarbeit] (1) Wenn dienstliche Gründe es erfordern, kann der Beamte für Zwecke der Verteidigung verpflichtet werden, vorübergehend in Gemeinschaftsunterkunft zu wohnen und an Gemeinschaftsverpflegung teilzunehmen.

(2) [1] Der Beamte ist verpflichtet, für Zwecke der Verteidigung über die regelmäßige Arbeitszeit hinaus ohne besondere Vergütung Dienst zu tun. [2] Für die Mehrbeanspruchung wird ein Freizeitausgleich nur gewährt, soweit es die dienstlichen Erfordernisse gestatten.

Abschnitt V. Sonderregelungen für Verwendungen im Ausland

§ 133f [Sonderregelungen für Verwendungen im Ausland] (1) Die Vorschriften dieses Abschnitts gelten für Beamte, die zur Wahrnehmung des ihnen übertragenen Amtes im Ausland oder außerhalb des Deutschen Hoheitsgebiets auf Schiffen oder in Luftfahrzeugen verwendet werden und dabei wegen vom Inland wesentlich abweichender Verhältnisse erhöhten Gefahren ausgesetzt sind.

(2) [1] Ein gemäß Absatz 1 verwendeter Beamter kann, soweit dienstliche Gründe es erfordern, verpflichtet werden,

1. vorübergehend in einer Gemeinschaftsunterkunft zu wohnen und an einer Gemeinschaftsverpflegung teilzunehmen,
2. Schutzkleidung zu tragen,
3. Dienstkleidung zu tragen,
4. über die regelmäßige Arbeitszeit hinaus ohne besondere Vergütung Dienst zu tun.

[2] In den Fällen der Nummer 4 wird für die Mehrbeanspruchung ein Freizeitausgleich nur gewährt, soweit es die dienstlichen Erfordernisse gestatten.

(3) Der Dienstherr hat darauf hinzuwirken, daß die erforderlichen Maßnahmen zum Schutz und zur Fürsorge für die gemäß Absatz 1 verwendeten Beamten getroffen werden.

(4) Ist ein gemäß Absatz 1 verwendeter Beamter zum Zeitpunkt des vorgesehenen Eintritts in den Ruhestand nach den §§ 25 und 26 oder des vorgesehenen Ablaufs seiner Amtszeit wegen Verschleppung, Gefangenschaft oder

aus sonstigen mit dem Dienst zusammenhängenden Gründen, die er nicht zu vertreten hat, dem Einflußbereich des Dienstherrn entzogen, verlängert sich das Dienstverhältnis bis zum Ablauf des auf die Beendigung dieses Zustands folgenden Monats.

Kapitel III. *(Allgemeine Schlußvorschriften)*

§ 134 *(aufgehoben)*

§ 135 [Keine Geltung dieses Gesetzes für öffentlich-rechtliche Religionsgesellschaften] [1]Dieses Gesetz gilt nicht für die öffentlich-rechtlichen Religionsgesellschaften und ihre Verbände. [2]Diesen bleibt es überlassen, die Rechtsverhältnisse ihrer Beamten und Seelsorger diesem Gesetz entsprechend zu regeln und die Vorschriften des Kapitels II Abschnitt II für anwendbar zu erklären.

§§ 136–142 *(aufgehoben)*

4. Gesetz zur Regelung des Statusrechts der Beamtinnen und Beamten in den Ländern (Beamtenstatusgesetz – BeamtStG)

Vom 17. Juni 2008
(BGBl. I S. 1010)

FNA 2030-1-9

zuletzt geänd. durch Art. 2 G zur Regelung des Erscheinungsbilds von Beamtinnen und Beamten sowie zur Änd. weiterer dienstrechtl. Vorschriften v. 28.6.2021 (BGBl. I S. 2250)

Der Bundestag hat mit Zustimmung des Bundesrates das folgende Gesetz beschlossen:

Inhaltsübersicht

Abschnitt 1. Allgemeine Vorschriften

§ 1 Geltungsbereich
§ 2 Dienstherrnfähigkeit

Abschnitt 2. Beamtenverhältnis

§ 3 Beamtenverhältnis
§ 4 Arten des Beamtenverhältnisses
§ 5 Ehrenbeamtinnen und Ehrenbeamte
§ 6 Beamtenverhältnis auf Zeit
§ 7 Voraussetzungen des Beamtenverhältnisses
§ 8 Ernennung
§ 9 Kriterien der Ernennung
§ 10 Voraussetzung der Ernennung auf Lebenszeit
§ 11 Nichtigkeit der Ernennung
§ 12 Rücknahme der Ernennung

Abschnitt 3. Länderübergreifender Wechsel und Wechsel in die Bundesverwaltung

§ 13 Grundsatz
§ 14 Abordnung
§ 15 Versetzung
§ 16 Umbildung einer Körperschaft
§ 17 Rechtsfolgen der Umbildung
§ 18 Rechtsstellung der Beamtinnen und Beamten
§ 19 Rechtsstellung der Versorgungsempfängerinnen und Versorgungsempfänger

Abschnitt 4. Zuweisung einer Tätigkeit bei anderen Einrichtungen

§ 20 Zuweisung

Abschnitt 5. Beendigung des Beamtenverhältnisses

§ 21 Beendigungsgründe
§ 22 Entlassung kraft Gesetzes
§ 23 Entlassung durch Verwaltungsakt
§ 24 Verlust der Beamtenrechte
§ 25 Ruhestand wegen Erreichens der Altersgrenze
§ 26 Dienstunfähigkeit
§ 27 Begrenzte Dienstfähigkeit
§ 28 Ruhestand beim Beamtenverhältnis auf Probe
§ 29 Wiederherstellung der Dienstfähigkeit
§ 30 Einstweiliger Ruhestand
§ 31 Einstweiliger Ruhestand bei Umbildung und Auflösung von Behörden
§ 32 Wartezeit

Abschnitt 6. Rechtliche Stellung im Beamtenverhältnis

§ 33 Grundpflichten
§ 34 Wahrnehmung der Aufgaben, Verhalten und Erscheinungsbild

§ 35 Folgepflicht
§ 36 Verantwortung für die Rechtmäßigkeit
§ 37 Verschwiegenheitspflicht
§ 38 Diensteid
§ 39 Verbot der Führung der Dienstgeschäfte
§ 40 Nebentätigkeit
§ 41 Tätigkeit nach Beendigung des Beamtenverhältnisses
§ 42 Verbot der Annahme von Belohnungen, Geschenken und sonstigen Vorteilen
§ 43 Teilzeitbeschäftigung
§ 44 Erholungsurlaub
§ 45 Fürsorge
§ 46 Mutterschutz und Elternzeit
§ 47 Nichterfüllung von Pflichten
§ 48 Pflicht zum Schadensersatz
§ 49 Übermittlungen bei Strafverfahren
§ 50 Personalakte
§ 51 Personalvertretung
§ 52 Mitgliedschaft in Gewerkschaften und Berufsverbänden
§ 53 Beteiligung der Spitzenorganisationen

Abschnitt 7. Rechtsweg

§ 54 Verwaltungsrechtsweg

Abschnitt 8. Spannungs- und Verteidigungsfall

§ 55 Anwendungsbereich
§ 56 Dienstleistung im Verteidigungsfall
§ 57 Aufschub der Entlassung und des Ruhestands
§ 58 Erneute Berufung von Ruhestandsbeamtinnen und Ruhestandsbeamten
§ 59 Verpflichtung zur Gemeinschaftsunterkunft und Mehrarbeit

Abschnitt 9. Sonderregelungen für Verwendungen im Ausland

§ 60 Verwendungen im Ausland

Abschnitt 10. Sonderregelungen für wissenschaftliches Hochschulpersonal

§ 61 Hochschullehrerinnen und Hochschullehrer

Abschnitt 11. Schlussvorschriften

§ 62 Folgeänderungen
§ 63 Inkrafttreten, Außerkrafttreten

Abschnitt 1. Allgemeine Vorschriften

§ 1 Geltungsbereich. Dieses Gesetz regelt das Statusrecht der Beamtinnen und Beamten der Länder, Gemeinden und Gemeindeverbände sowie der sonstigen der Aufsicht eines Landes unterstehenden Körperschaften, Anstalten und Stiftungen des öffentlichen Rechts.

§ 2 Dienstherrnfähigkeit. Das Recht, Beamtinnen und Beamte zu haben, besitzen

1. Länder, Gemeinden und Gemeindeverbände,
2. sonstige Körperschaften, Anstalten und Stiftungen des öffentlichen Rechts, die dieses Recht im Zeitpunkt des Inkrafttretens dieses Gesetzes besitzen oder denen es durch ein Landesgesetz oder aufgrund eines Landesgesetzes verliehen wird.

Abschnitt 2. Beamtenverhältnis

§ 3 Beamtenverhältnis. (1) Beamtinnen und Beamte stehen zu ihrem Dienstherrn in einem öffentlich-rechtlichen Dienst- und Treueverhältnis (Beamtenverhältnis).

(2) Die Berufung in das Beamtenverhältnis ist nur zulässig zur Wahrnehmung

1. hoheitsrechtlicher Aufgaben oder
2. solcher Aufgaben, die aus Gründen der Sicherung des Staates oder des öffentlichen Lebens nicht ausschließlich Personen übertragen werden dürfen, die in einem privatrechtlichen Arbeitsverhältnis stehen.

§ 4 Arten des Beamtenverhältnisses. (1) [1]Das Beamtenverhältnis auf Lebenszeit dient der dauernden Wahrnehmung von Aufgaben nach § 3 Abs. 2. [2]Es bildet die Regel.

(2) Das Beamtenverhältnis auf Zeit dient

a) der befristeten Wahrnehmung von Aufgaben nach § 3 Abs. 2 oder
b) der zunächst befristeten Übertragung eines Amtes mit leitender Funktion.

(3) Das Beamtenverhältnis auf Probe dient der Ableistung einer Probezeit

a) zur späteren Verwendung auf Lebenszeit oder
b) zur Übertragung eines Amtes mit leitender Funktion.

(4) Das Beamtenverhältnis auf Widerruf dient

a) der Ableistung eines Vorbereitungsdienstes oder
b) der nur vorübergehenden Wahrnehmung von Aufgaben nach § 3 Abs. 2.

§ 5 Ehrenbeamtinnen und Ehrenbeamte. (1) Als Ehrenbeamtin oder Ehrenbeamter kann berufen werden, wer Aufgaben im Sinne des § 3 Abs. 2 unentgeltlich wahrnehmen soll.

(2) Die Rechtsverhältnisse der Ehrenbeamtinnen und Ehrenbeamten können durch Landesrecht abweichend von den für Beamtinnen und Beamte allgemein geltenden Vorschriften geregelt werden, soweit es deren besondere Rechtsstellung erfordert.

(3) Ein Ehrenbeamtenverhältnis kann nicht in ein Beamtenverhältnis anderer Art, ein solches Beamtenverhältnis nicht in ein Ehrenbeamtenverhältnis umgewandelt werden.

§ 6 Beamtenverhältnis auf Zeit. Für die Rechtsverhältnisse der Beamtinnen auf Zeit und Beamten auf Zeit gelten die Vorschriften für Beamtinnen auf Lebenszeit und Beamte auf Lebenszeit entsprechend, soweit durch Landesrecht nichts anderes bestimmt ist.

§ 7 Voraussetzungen des Beamtenverhältnisses. (1) [1]In das Beamtenverhältnis darf nur berufen werden, wer

1. Deutsche oder Deutscher im Sinne des Artikels 116 Absatz 1 des Grundgesetzes[1)] ist oder die Staatsangehörigkeit

---

[1)] Nr. 1.

a) eines anderen Mitgliedstaates der Europäischen Union oder
b) eines anderen Vertragsstaates des Abkommens über den Europäischen Wirtschaftsraum oder
c) eines Drittstaates, dem die Bundesrepublik Deutschland und die Europäische Union vertraglich einen entsprechenden Anspruch auf Anerkennung von Berufsqualifikationen eingeräumt haben,

besitzt,

2. die Gewähr dafür bietet, jederzeit für die freiheitliche demokratische Grundordnung im Sinne des Grundgesetzes[1] einzutreten, und
3. die nach Landesrecht vorgeschriebene Befähigung besitzt.

[2] In das Beamtenverhältnis darf nicht berufen werden, wer unveränderliche Merkmale des Erscheinungsbilds aufweist, die mit der Erfüllung der Pflichten nach § 34 Absatz 2 nicht vereinbar sind.

(2) Wenn die Aufgaben es erfordern, darf nur eine Deutsche oder ein Deutscher im Sinne des Artikels 116 Absatz 1 des Grundgesetzes[2] in ein Beamtenverhältnis berufen werden.

(3) Ausnahmen von Absatz 1 Nr. 1 und Absatz 2 können nur zugelassen werden, wenn

1. für die Gewinnung der Beamtin oder des Beamten ein dringendes dienstliches Interesse besteht oder
2. bei der Berufung von Hochschullehrerinnen und Hochschullehrern und anderen Mitarbeiterinnen und Mitarbeitern des wissenschaftlichen und künstlerischen Personals in das Beamtenverhältnis andere wichtige Gründe vorliegen.

§ 8 Ernennung. (1) Einer Ernennung bedarf es zur

1. Begründung des Beamtenverhältnisses,
2. Umwandlung des Beamtenverhältnisses in ein solches anderer Art (§ 4),
3. Verleihung eines anderen Amtes mit anderem Grundgehalt oder
4. Verleihung eines anderen Amtes mit anderer Amtsbezeichnung, soweit das Landesrecht dies bestimmt.

(2) [1] Die Ernennung erfolgt durch Aushändigung einer Ernennungsurkunde. [2] In der Urkunde müssen enthalten sein

1. bei der Begründung des Beamtenverhältnisses die Wörter „unter Berufung in das Beamtenverhältnis" mit dem die Art des Beamtenverhältnisses bestimmenden Zusatz „auf Lebenszeit", „auf Probe", „auf Widerruf", „als Ehrenbeamtin" oder „als Ehrenbeamter" oder „auf Zeit" mit der Angabe der Zeitdauer der Berufung,
2. bei der Umwandlung des Beamtenverhältnisses in ein solches anderer Art die diese Art bestimmenden Worte nach Nummer 1 und
3. bei der Verleihung eines Amtes die Amtsbezeichnung.

(3) Mit der Begründung eines Beamtenverhältnisses auf Probe, auf Lebenszeit und auf Zeit wird gleichzeitig ein Amt verliehen.

---

[1] Auszugsweise abgedruckt unter Nr. **1**.
[2] Nr. **1**.

(4) Eine Ernennung auf einen zurückliegenden Zeitpunkt ist unzulässig und insoweit unwirksam.

§ 9 Kriterien der Ernennung. Ernennungen sind nach Eignung, Befähigung und fachlicher Leistung ohne Rücksicht auf Geschlecht, Abstammung, Rasse oder ethnische Herkunft, Behinderung, Religion oder Weltanschauung, politische Anschauungen, Herkunft, Beziehungen oder sexuelle Identität vorzunehmen.

§ 10 Voraussetzung der Ernennung auf Lebenszeit. [1]Die Ernennung zur Beamtin auf Lebenszeit oder zum Beamten auf Lebenszeit ist nur zulässig, wenn die Beamtin oder der Beamte sich in einer Probezeit von mindestens sechs Monaten und höchstens fünf Jahren bewährt hat. [2]Von der Mindestprobezeit können durch Landesrecht Ausnahmen bestimmt werden.

§ 11 Nichtigkeit der Ernennung. (1) Die Ernennung ist nichtig, wenn
1. sie nicht der in § 8 Abs. 2 vorgeschriebenen Form entspricht,
2. sie von einer sachlich unzuständigen Behörde ausgesprochen wurde oder
3. zum Zeitpunkt der Ernennung
   a) nach § 7 Absatz 1 Satz 1 Nummer 1 keine Ernennung erfolgen durfte und keine Ausnahme nach § 7 Abs. 3 zugelassen war,
   b) nicht die Fähigkeit zur Bekleidung öffentlicher Ämter vorlag oder
   c) eine ihr zu Grunde liegende Wahl unwirksam ist.

(2) Die Ernennung ist von Anfang an als wirksam anzusehen, wenn
1. im Fall des Absatzes 1 Nr. 1 aus der Urkunde oder aus dem Akteninhalt eindeutig hervorgeht, dass die für die Ernennung zuständige Stelle ein bestimmtes Beamtenverhältnis begründen oder ein bestehendes Beamtenverhältnis in ein solches anderer Art umwandeln wollte, für das die sonstigen Voraussetzungen vorliegen, und die für die Ernennung zuständige Stelle die Wirksamkeit schriftlich bestätigt; das Gleiche gilt, wenn die Angabe der Zeitdauer fehlt, durch Landesrecht aber die Zeitdauer bestimmt ist,
2. im Fall des Absatzes 1 Nr. 2 die sachlich zuständige Behörde die Ernennung bestätigt oder
3. im Fall des Absatzes 1 Nr. 3 Buchstabe a eine Ausnahme nach § 7 Abs. 3 nachträglich zugelassen wird.

§ 12 Rücknahme der Ernennung. (1) Die Ernennung ist mit Wirkung für die Vergangenheit zurückzunehmen, wenn
1. sie durch Zwang, arglistige Täuschung oder Bestechung herbeigeführt wurde,
2. dem Dienstherrn zum Zeitpunkt der Ernennung nicht bekannt war, dass die ernannte Person vor ihrer Ernennung ein Verbrechen oder Vergehen begangen hat, aufgrund dessen sie vor oder nach ihrer Ernennung rechtskräftig zu einer Strafe verurteilt worden ist und das sie für die Berufung in das Beamtenverhältnis als unwürdig erscheinen lässt,
3. die Ernennung nach § 7 Abs. 2 nicht erfolgen durfte und eine Ausnahme nach § 7 Abs. 3 nicht zugelassen war und die Ausnahme nicht nachträglich erteilt wird oder

4. eine durch Landesrecht vorgeschriebene Mitwirkung einer unabhängigen Stelle oder einer Aufsichtsbehörde unterblieben ist und nicht nachgeholt wurde.

(2) [1]Die Ernennung soll zurückgenommen werden, wenn nicht bekannt war, dass gegen die ernannte Person in einem Disziplinarverfahren auf Entfernung aus dem Beamtenverhältnis oder auf Aberkennung des Ruhegehalts erkannt worden war. [2]Dies gilt auch, wenn die Entscheidung gegen eine Beamtin oder einen Beamten der Europäischen Union oder eines Staates nach § 7 Absatz 1 Satz 1 Nummer 1 ergangen ist.

Abschnitt 3. Länderübergreifender Wechsel und Wechsel in die Bundesverwaltung

§ 13 Grundsatz. Die Vorschriften dieses Abschnitts gelten nur bei landesübergreifender Abordnung, Versetzung und Umbildung von Körperschaften sowie bei einer Abordnung oder Versetzung aus einem Land in die Bundesverwaltung.

§ 14 Abordnung. (1) Beamtinnen und Beamte können aus dienstlichen Gründen vorübergehend ganz oder teilweise zu einer dem übertragenen Amt entsprechenden Tätigkeit in den Bereich eines Dienstherrn eines anderen Landes oder des Bundes abgeordnet werden.

(2) [1]Aus dienstlichen Gründen ist eine Abordnung vorübergehend ganz oder teilweise auch zu einer nicht dem Amt entsprechenden Tätigkeit zulässig, wenn der Beamtin oder dem Beamten die Wahrnehmung der neuen Tätigkeit aufgrund der Vorbildung oder Berufsausbildung zuzumuten ist. [2]Dabei ist auch die Abordnung zu einer Tätigkeit, die nicht einem Amt mit demselben Grundgehalt entspricht, zulässig.

(3) [1]Die Abordnung bedarf der Zustimmung der Beamtin oder des Beamten. [2]Abweichend von Satz 1 ist die Abordnung auch ohne Zustimmung zulässig, wenn die neue Tätigkeit zuzumuten ist und einem Amt mit demselben Grundgehalt entspricht und die Abordnung die Dauer von fünf Jahren nicht übersteigt.

(4) [1]Die Abordnung wird von dem abgebenden im Einverständnis mit dem aufnehmenden Dienstherrn verfügt. [2]Soweit zwischen den Dienstherren nichts anderes vereinbart ist, sind die für den Bereich des aufnehmenden Dienstherrn geltenden Vorschriften über die Pflichten und Rechte der Beamtinnen und Beamten mit Ausnahme der Regelungen über Diensteid, Amtsbezeichnung, Zahlung von Bezügen, Krankenfürsorgeleistungen und Versorgung entsprechend anzuwenden. [3]Die Verpflichtung zur Bezahlung hat auch der Dienstherr, zu dem die Abordnung erfolgt ist.

§ 15 Versetzung. (1) Beamtinnen und Beamte können auf Antrag oder aus dienstlichen Gründen in den Bereich eines Dienstherrn eines anderen Landes oder des Bundes in ein Amt einer Laufbahn versetzt werden, für die sie die Befähigung besitzen.

(2) [1]Eine Versetzung bedarf der Zustimmung der Beamtin oder des Beamten. [2]Abweichend von Satz 1 ist die Versetzung auch ohne Zustimmung zulässig, wenn das neue Amt mit mindestens demselben Grundgehalt verbun-

den ist wie das bisherige Amt. [3]Stellenzulagen gelten hierbei nicht als Bestandteile des Grundgehalts.

(3) [1]Die Versetzung wird von dem abgebenden im Einverständnis mit dem aufnehmenden Dienstherrn verfügt. [2]Das Beamtenverhältnis wird mit dem neuen Dienstherrn fortgesetzt.

§ 16 Umbildung einer Körperschaft. (1) Beamtinnen und Beamte einer juristischen Person des öffentlichen Rechts mit Dienstherrnfähigkeit (Körperschaft), die vollständig in eine andere Körperschaft eingegliedert wird, treten mit der Umbildung kraft Gesetzes in den Dienst der aufnehmenden Körperschaft über.

(2) [1]Die Beamtinnen und Beamten einer Körperschaft, die vollständig in mehrere andere Körperschaften eingegliedert wird, sind anteilig in den Dienst der aufnehmenden Körperschaften zu übernehmen. [2]Die beteiligten Körperschaften haben innerhalb einer Frist von sechs Monaten nach der Umbildung im Einvernehmen miteinander zu bestimmen, von welchen Körperschaften die einzelnen Beamtinnen und Beamten zu übernehmen sind. [3]Solange eine Beamtin oder ein Beamter nicht übernommen ist, haften alle aufnehmenden Körperschaften für die ihr oder ihm zustehenden Bezüge als Gesamtschuldner.

(3) [1]Die Beamtinnen und Beamten einer Körperschaft, die teilweise in eine oder mehrere andere Körperschaften eingegliedert wird, sind zu einem verhältnismäßigen Teil, bei mehreren Körperschaften anteilig, in den Dienst der aufnehmenden Körperschaften zu übernehmen. [2]Absatz 2 Satz 2 ist entsprechend anzuwenden.

(4) Die Absätze 1 bis 3 gelten entsprechend, wenn eine Körperschaft mit einer oder mehreren anderen Körperschaften zu einer neuen Körperschaft zusammengeschlossen wird, wenn ein oder mehrere Teile verschiedener Körperschaften zu einem oder mehreren neuen Teilen einer Körperschaft zusammengeschlossen werden, wenn aus einer Körperschaft oder aus Teilen einer Körperschaft eine oder mehrere neue Körperschaften gebildet werden, oder wenn Aufgaben einer Körperschaft vollständig oder teilweise auf eine oder mehrere andere Körperschaften übergehen.

§ 17 Rechtsfolgen der Umbildung. (1) Tritt eine Beamtin oder ein Beamter aufgrund des § 16 Abs. 1 kraft Gesetzes in den Dienst einer anderen Körperschaft über oder wird sie oder er aufgrund des § 16 Abs. 2 oder 3 von einer anderen Körperschaft übernommen, wird das Beamtenverhältnis mit dem neuen Dienstherrn fortgesetzt.

(2) Im Fall des § 16 Abs. 1 ist der Beamtin oder dem Beamten von der aufnehmenden oder neuen Körperschaft die Fortsetzung des Beamtenverhältnisses schriftlich zu bestätigen.

(3) [1]In den Fällen des § 16 Abs. 2 und 3 wird die Übernahme von der Körperschaft verfügt, in deren Dienst die Beamtin oder der Beamte treten soll. [2]Die Verfügung wird mit der Zustellung an die Beamtin oder den Beamten wirksam. [3]Die Beamtin oder der Beamte ist verpflichtet, der Übernahmeverfügung Folge zu leisten. [4]Kommt die Beamtin oder der Beamte der Verpflichtung nicht nach, ist sie oder er zu entlassen.

(4) Die Absätze 1 bis 3 gelten entsprechend in den Fällen des § 16 Abs. 4.

§ 18 Rechtsstellung der Beamtinnen und Beamten. (1) [1]Beamtinnen und Beamten, die nach § 16 in den Dienst einer anderen Körperschaft kraft Gesetzes übertreten oder übernommen werden, soll ein gleich zu bewertendes Amt übertragen werden, das ihrem bisherigen Amt nach Bedeutung und Inhalt ohne Rücksicht auf Dienststellung und Dienstalter entspricht. [2]Wenn eine dem bisherigen Amt entsprechende Verwendung nicht möglich ist, kann ihnen auch ein anderes Amt mit geringerem Grundgehalt übertragen werden. [3]Das Grundgehalt muss mindestens dem des Amtes entsprechen, das die Beamtinnen und Beamten vor dem bisherigen Amt innehatten. [4]In diesem Fall dürfen sie neben der neuen Amtsbezeichnung die des früheren Amtes mit dem Zusatz „außer Dienst" („a.D.") führen.

(2) [1]Die aufnehmende oder neue Körperschaft kann, wenn die Zahl der bei ihr nach der Umbildung vorhandenen Beamtinnen und Beamten den tatsächlichen Bedarf übersteigt, innerhalb einer Frist, deren Bestimmung dem Landesrecht vorbehalten bleibt, Beamtinnen und Beamte im Beamtenverhältnis auf Lebenszeit oder auf Zeit in den einstweiligen Ruhestand versetzen, wenn deren Aufgabengebiet von der Umbildung berührt wurde. [2]Bei Beamtinnen auf Zeit und Beamten auf Zeit, die nach Satz 1 in den einstweiligen Ruhestand versetzt sind, endet der einstweilige Ruhestand mit Ablauf der Amtszeit; sie gelten in diesem Zeitpunkt als dauernd in den Ruhestand versetzt, wenn sie bei Verbleiben im Amt mit Ablauf der Amtszeit in den Ruhestand getreten wären.

§ 19 Rechtsstellung der Versorgungsempfängerinnen und Versorgungsempfänger. (1) Die Vorschriften des § 16 Abs. 1 und 2 und des § 17 gelten entsprechend für die im Zeitpunkt der Umbildung bei der abgebenden Körperschaft vorhandenen Versorgungsempfängerinnen und Versorgungsempfänger.

(2) In den Fällen des § 16 Abs. 3 bleiben die Ansprüche der im Zeitpunkt der Umbildung vorhandenen Versorgungsempfängerinnen und Versorgungsempfänger gegenüber der abgebenden Körperschaft bestehen.

(3) Die Absätze 1 und 2 gelten entsprechend in den Fällen des § 16 Abs. 4.

Abschnitt 4. Zuweisung einer Tätigkeit bei anderen Einrichtungen

§ 20 Zuweisung. (1) Beamtinnen und Beamten kann mit ihrer Zustimmung vorübergehend ganz oder teilweise eine ihrem Amt entsprechende Tätigkeit zugewiesen werden

1. bei einer öffentlichen Einrichtung ohne Dienstherrneigenschaft oder bei einer öffentlich-rechtlichen Religionsgemeinschaft im dienstlichen oder öffentlichen Interesse oder
2. bei einer anderen Einrichtung, wenn öffentliche Interessen es erfordern.

(2) Beamtinnen und Beamten einer Dienststelle, die ganz oder teilweise in eine öffentlich-rechtlich organisierte Einrichtung ohne Dienstherrneigenschaft oder eine privatrechtlich organisierte Einrichtung der öffentlichen Hand umgewandelt wird, kann auch ohne ihre Zustimmung ganz oder teilweise eine ihrem Amt entsprechende Tätigkeit bei dieser Einrichtung zugewiesen werden, wenn öffentliche Interessen es erfordern.

(3) Die Rechtsstellung der Beamtinnen und Beamten bleibt unberührt.

Abschnitt 5. Beendigung des Beamtenverhältnisses

§ 21 Beendigungsgründe. Das Beamtenverhältnis endet durch
1. Entlassung,
2. Verlust der Beamtenrechte,
3. Entfernung aus dem Beamtenverhältnis nach den Disziplinargesetzen oder
4. Eintritt oder Versetzung in den Ruhestand.

§ 22 Entlassung kraft Gesetzes. (1) Beamtinnen und Beamte sind entlassen, wenn
1. die Voraussetzungen des § 7 Absatz 1 Satz 1 Nummer 1 nicht mehr vorliegen und eine Ausnahme nach § 7 Absatz 3 auch nachträglich nicht zugelassen wird oder
2. sie die Altersgrenze erreichen und das Beamtenverhältnis nicht durch Eintritt in den Ruhestand endet.

(2) [1] Die Beamtin oder der Beamte ist entlassen, wenn ein öffentlich-rechtliches Dienst- oder Amtsverhältnis zu einem anderen Dienstherrn oder zu einer Einrichtung ohne Dienstherrneigenschaft begründet wird, sofern nicht im Einvernehmen mit dem neuen Dienstherrn oder der Einrichtung die Fortdauer des Beamtenverhältnisses neben dem neuen Dienst- oder Amtsverhältnis angeordnet oder durch Landesrecht etwas anderes bestimmt wird. [2] Dies gilt nicht für den Eintritt in ein Beamtenverhältnis auf Widerruf oder als Ehrenbeamtin oder Ehrenbeamter.

(3) Die Beamtin oder der Beamte ist mit der Berufung in ein Beamtenverhältnis auf Zeit aus einem anderen Beamtenverhältnis bei demselben Dienstherrn entlassen, soweit das Landesrecht keine abweichenden Regelungen trifft.

(4) Das Beamtenverhältnis auf Widerruf endet mit Ablauf des Tages der Ablegung oder dem endgültigen Nichtbestehen der für die Laufbahn vorgeschriebenen Prüfung, sofern durch Landesrecht nichts anderes bestimmt ist.

(5) Das Beamtenverhältnis auf Probe in einem Amt mit leitender Funktion endet mit Ablauf der Probezeit oder mit Versetzung zu einem anderen Dienstherrn.

§ 23 Entlassung durch Verwaltungsakt. (1) [1] Beamtinnen und Beamte sind zu entlassen, wenn sie
1. den Diensteid oder ein an dessen Stelle vorgeschriebenes Gelöbnis verweigern,
2. nicht in den Ruhestand oder einstweiligen Ruhestand versetzt werden können, weil eine versorgungsrechtliche Wartezeit nicht erfüllt ist,
3. dauernd dienstunfähig sind und das Beamtenverhältnis nicht durch Versetzung in den Ruhestand endet,
4. die Entlassung in schriftlicher Form verlangen oder
5. nach Erreichen der Altersgrenze berufen worden sind.

[2] Im Fall des Satzes 1 Nr. 3 ist § 26 Abs. 2 entsprechend anzuwenden.

(2) Beamtinnen und Beamte können entlassen werden, wenn sie in Fällen des § 7 Abs. 2 die Eigenschaft als Deutsche oder Deutscher im Sinne des Artikels 116 Absatz 1 des Grundgesetzes[1)] verlieren.

(3) [1] Beamtinnen auf Probe und Beamte auf Probe können entlassen werden,

1. wenn sie eine Handlung begehen, die im Beamtenverhältnis auf Lebenszeit mindestens eine Kürzung der Dienstbezüge zur Folge hätte,
2. wenn sie sich in der Probezeit nicht bewährt haben oder
3. wenn ihr Aufgabengebiet bei einer Behörde von der Auflösung dieser Behörde oder einer auf landesrechtlicher Vorschrift beruhenden wesentlichen Änderung des Aufbaus oder Verschmelzung dieser Behörde mit einer anderen oder von der Umbildung einer Körperschaft berührt wird und eine andere Verwendung nicht möglich ist.

[2] Im Fall des Satzes 1 Nr. 2 ist § 26 Abs. 2 bei allein mangelnder gesundheitlicher Eignung entsprechend anzuwenden.

(4) [1] Beamtinnen auf Widerruf und Beamte auf Widerruf können jederzeit entlassen werden. [2] Die Gelegenheit zur Beendigung des Vorbereitungsdienstes und zur Ablegung der Prüfung soll gegeben werden.

§ 24 Verlust der Beamtenrechte. (1) [1] Wenn eine Beamtin oder ein Beamter im ordentlichen Strafverfahren durch das Urteil eines deutschen Gerichts

1. wegen einer vorsätzlichen Tat zu einer Freiheitsstrafe von mindestens einem Jahr oder
2. wegen einer vorsätzlichen Tat, die nach den Vorschriften über Friedensverrat, Hochverrat und Gefährdung des demokratischen Rechtsstaates, Landesverrat und Gefährdung der äußeren Sicherheit oder, soweit sich die Tat auf eine Diensthandlung im Hauptamt bezieht, Bestechlichkeit, strafbar ist, zu einer Freiheitsstrafe von mindestens sechs Monaten

verurteilt wird, endet das Beamtenverhältnis mit der Rechtskraft des Urteils. [2] Entsprechendes gilt, wenn die Fähigkeit zur Bekleidung öffentlicher Ämter aberkannt wird oder wenn die Beamtin oder der Beamte aufgrund einer Entscheidung des Bundesverfassungsgerichts nach Artikel 18 des Grundgesetzes ein Grundrecht verwirkt hat.

(2) Wird eine Entscheidung, die den Verlust der Beamtenrechte zur Folge hat, in einem Wiederaufnahmeverfahren aufgehoben, gilt das Beamtenverhältnis als nicht unterbrochen.

§ 25 Ruhestand wegen Erreichens der Altersgrenze. Beamtinnen auf Lebenszeit und Beamte auf Lebenszeit treten nach Erreichen der Altersgrenze in den Ruhestand.

§ 26 Dienstunfähigkeit. (1) [1] Beamtinnen auf Lebenszeit und Beamte auf Lebenszeit sind in den Ruhestand zu versetzen, wenn sie wegen ihres körperlichen Zustands oder aus gesundheitlichen Gründen zur Erfüllung ihrer Dienstpflichten dauernd unfähig (dienstunfähig) sind. [2] Als dienstunfähig kann auch angesehen werden, wer infolge Erkrankung innerhalb eines Zeitraums von sechs Monaten mehr als drei Monate keinen Dienst getan hat und keine Aussicht besteht, dass innerhalb einer Frist, deren Bestimmung dem Landes-

[1)] Nr. 1.

recht vorbehalten bleibt, die Dienstfähigkeit wieder voll hergestellt ist. [3]In den Ruhestand wird nicht versetzt, wer anderweitig verwendbar ist. [4]Für Gruppen von Beamtinnen und Beamten können besondere Voraussetzungen für die Dienstunfähigkeit durch Landesrecht geregelt werden.

(2) [1]Eine anderweitige Verwendung ist möglich, wenn der Beamtin oder dem Beamten ein anderes Amt derselben oder einer anderen Laufbahn übertragen werden kann. [2]In den Fällen des Satzes 1 ist die Übertragung eines anderen Amtes ohne Zustimmung zulässig, wenn das neue Amt zum Bereich desselben Dienstherrn gehört, es mit mindestens demselben Grundgehalt verbunden ist wie das bisherige Amt und wenn zu erwarten ist, dass die gesundheitlichen Anforderungen des neuen Amtes erfüllt werden. [3]Beamtinnen und Beamte, die nicht die Befähigung für die andere Laufbahn besitzen, haben an Qualifizierungsmaßnahmen für den Erwerb der neuen Befähigung teilzunehmen.

(3) Zur Vermeidung der Versetzung in den Ruhestand kann der Beamtin oder dem Beamten unter Beibehaltung des übertragenen Amtes ohne Zustimmung auch eine geringerwertige Tätigkeit im Bereich desselben Dienstherrn übertragen werden, wenn eine anderweitige Verwendung nicht möglich ist und die Wahrnehmung der neuen Aufgabe unter Berücksichtigung der bisherigen Tätigkeit zumutbar ist.

§ 27 Begrenzte Dienstfähigkeit. (1) Von der Versetzung in den Ruhestand wegen Dienstunfähigkeit ist abzusehen, wenn die Beamtin oder der Beamte unter Beibehaltung des übertragenen Amtes die Dienstpflichten noch während mindestens der Hälfte der regelmäßigen Arbeitszeit erfüllen kann (begrenzte Dienstfähigkeit).

(2) [1]Die Arbeitszeit ist entsprechend der begrenzten Dienstfähigkeit herabzusetzen. [2]Mit Zustimmung der Beamtin oder des Beamten ist auch eine Verwendung in einer nicht dem Amt entsprechenden Tätigkeit möglich.

§ 28 Ruhestand bei Beamtenverhältnis auf Probe. (1) Beamtinnen auf Probe und Beamte auf Probe sind in den Ruhestand zu versetzen, wenn sie infolge Krankheit, Verwundung oder sonstiger Beschädigung, die sie sich ohne grobes Verschulden bei Ausübung oder aus Veranlassung des Dienstes zugezogen haben, dienstunfähig geworden sind.

(2) Beamtinnen auf Probe und Beamte auf Probe können in den Ruhestand versetzt werden, wenn sie aus anderen Gründen dienstunfähig geworden sind.

(3) § 26 Abs. 1 Satz 3, Abs. 2 und 3 sowie § 27 sind entsprechend anzuwenden.

§ 29 Wiederherstellung der Dienstfähigkeit. (1) Wird nach der Versetzung in den Ruhestand wegen Dienstunfähigkeit die Dienstfähigkeit wiederhergestellt und beantragt die Ruhestandsbeamtin oder der Ruhestandsbeamte vor Ablauf einer Frist, deren Bestimmung dem Landesrecht vorbehalten bleibt, spätestens zehn Jahre nach der Versetzung in den Ruhestand, eine erneute Berufung in das Beamtenverhältnis, ist diesem Antrag zu entsprechen, falls nicht zwingende dienstliche Gründe entgegenstehen.

(2) [1]Beamtinnen und Beamte, die wegen Dienstunfähigkeit in den Ruhestand versetzt worden sind, können erneut in das Beamtenverhältnis berufen werden, wenn im Dienstbereich des früheren Dienstherrn ein Amt mindes-

tens demselben Grundgehalt übertragen werden soll und wenn zu erwarten ist, dass die gesundheitlichen Anforderungen des neuen Amtes erfüllt werden. [2]Beamtinnen und Beamte, die nicht die Befähigung für die andere Laufbahn besitzen, haben an Qualifizierungsmaßnahmen für den Erwerb der neuen Befähigung teilzunehmen. [3]Den wegen Dienstunfähigkeit in den Ruhestand versetzten Beamtinnen und Beamten kann unter Übertragung eines Amtes ihrer früheren Laufbahn nach Satz 1 auch eine geringerwertige Tätigkeit im Bereich desselben Dienstherrn übertragen werden, wenn eine anderweitige Verwendung nicht möglich ist und die Wahrnehmung der neuen Aufgabe unter Berücksichtigung ihrer früheren Tätigkeit zumutbar ist.

(3) Die erneute Berufung in ein Beamtenverhältnis ist auch in den Fällen der begrenzten Dienstfähigkeit möglich.

(4) Beamtinnen und Beamte, die wegen Dienstunfähigkeit in den Ruhestand versetzt worden sind, sind verpflichtet, sich geeigneten und zumutbaren Maßnahmen zur Wiederherstellung ihrer Dienstfähigkeit zu unterziehen; die zuständige Behörde kann ihnen entsprechende Weisungen erteilen.

(5) [1]Die Dienstfähigkeit der Ruhestandsbeamtin oder des Ruhestandsbeamten kann nach Maßgabe des Landesrechts untersucht werden; sie oder er ist verpflichtet, sich nach Weisung der zuständigen Behörde ärztlich untersuchen zu lassen. [2]Die Ruhestandsbeamtin oder der Ruhestandsbeamte kann eine solche Untersuchung verlangen, wenn sie oder er einen Antrag nach Absatz 1 zu stellen beabsichtigt.

(6) Bei einer erneuten Berufung gilt das frühere Beamtenverhältnis als fortgesetzt.

§ 30 Einstweiliger Ruhestand. (1) [1]Beamtinnen auf Lebenszeit und Beamte auf Lebenszeit können jederzeit in den einstweiligen Ruhestand versetzt werden, wenn sie ein Amt bekleiden, bei dessen Ausübung sie in fortdauernder Übereinstimmung mit den grundsätzlichen politischen Ansichten und Zielen der Regierung stehen müssen. [2]Die Bestimmung der Ämter nach Satz 1 ist dem Landesrecht vorbehalten.

(2) Beamtinnen und Beamte, die auf Probe ernannt sind und ein Amt im Sinne des Absatzes 1 bekleiden, können jederzeit entlassen werden.

(3) [1]Für den einstweiligen Ruhestand gelten die Vorschriften über den Ruhestand. [2]§ 29 Abs. 2 und 6 gilt entsprechend. [3]Der einstweilige Ruhestand endet bei erneuter Berufung in das Beamtenverhältnis auf Lebenszeit auch bei einem anderen Dienstherrn, wenn den Beamtinnen oder Beamten ein Amt verliehen wird, das derselben oder einer gleichwertigen Laufbahn angehört wie das frühere Amt und mit mindestens demselben Grundgehalt verbunden ist.

(4) Erreichen Beamtinnen und Beamte, die in den einstweiligen Ruhestand versetzt sind, die gesetzliche Altersgrenze, gelten sie mit diesem Zeitpunkt als dauernd in den Ruhestand versetzt.

§ 31 Einstweiliger Ruhestand bei Umbildung und Auflösung von Behörden. (1) [1]Bei der Auflösung einer Behörde oder bei einer auf landesrechtlicher Vorschrift beruhenden wesentlichen Änderung des Aufbaus oder bei Verschmelzung einer Behörde mit einer oder mehreren anderen kann eine Beamtin auf Lebenszeit oder ein Beamter auf Lebenszeit in den einstweiligen Ruhestand versetzt werden, wenn das übertragene Aufgabengebiet von der

Auflösung oder Umbildung berührt wird und eine Versetzung nach Landesrecht nicht möglich ist. [2] Zusätzliche Voraussetzungen können geregelt werden.

(2) [1] Die erneute Berufung der in den einstweiligen Ruhestand versetzten Beamtin oder des in den einstweiligen Ruhestand versetzten Beamten in ein Beamtenverhältnis ist vorzusehen, wenn ein der bisherigen Tätigkeit entsprechendes Amt zu besetzen ist, für das sie oder er geeignet ist. [2] Für erneute Berufungen nach Satz 1, die weniger als fünf Jahre vor Erreichen der Altersgrenze (§ 25) wirksam werden, können durch Landesrecht abweichende Regelungen getroffen werden.

(3) § 29 Abs. 6 gilt entsprechend.

§ 32 Wartezeit. Die Versetzung in den Ruhestand setzt die Erfüllung einer versorgungsrechtlichen Wartezeit voraus.

Abschnitt 6. Rechtliche Stellung im Beamtenverhältnis

§ 33 Grundpflichten. (1) [1] Beamtinnen und Beamte dienen dem ganzen Volk, nicht einer Partei. [2] Sie haben ihre Aufgaben unparteiisch und gerecht zu erfüllen und ihr Amt zum Wohl der Allgemeinheit zu führen. [3] Beamtinnen und Beamte müssen sich durch ihr gesamtes Verhalten zu der freiheitlichen demokratischen Grundordnung im Sinne des Grundgesetzes[1)] bekennen und für deren Erhaltung eintreten.

(2) Beamtinnen und Beamte haben bei politischer Betätigung diejenige Mäßigung und Zurückhaltung zu wahren, die sich aus ihrer Stellung gegenüber der Allgemeinheit und aus der Rücksicht auf die Pflichten ihres Amtes ergibt.

§ 34 Wahrnehmung der Aufgaben, Verhalten und Erscheinungsbild.

(1) [1] Beamtinnen und Beamte haben sich mit vollem persönlichen Einsatz ihrem Beruf zu widmen. [2] Sie haben die übertragenen Aufgaben uneigennützig nach bestem Gewissen wahrzunehmen. [3] Ihr Verhalten innerhalb und außerhalb des Dienstes muss der Achtung und dem Vertrauen gerecht werden, die ihr Beruf erfordern.

(2) [1] Beamtinnen und Beamte haben bei der Ausübung des Dienstes oder bei einer Tätigkeit mit unmittelbarem Dienstbezug auch hinsichtlich ihres Erscheinungsbilds Rücksicht auf das ihrem Amt entgegengebrachte Vertrauen zu nehmen. [2] Insbesondere das Tragen von bestimmten Kleidungsstücken, Schmuck, Symbolen und Tätowierungen im sichtbaren Bereich sowie die Art der Haar- und Barttracht können eingeschränkt oder untersagt werden, soweit die Funktionsfähigkeit der Verwaltung oder die Pflicht zum achtungs- und vertrauenswürdigen Verhalten dies erfordert. [3] Das ist insbesondere dann der Fall, wenn Merkmale des Erscheinungsbilds nach Satz 2 durch ihre über das übliche Maß hinausgehende besonders individualisierende Art geeignet sind, die amtliche Funktion der Beamtin oder des Beamten in den Hintergrund zu drängen. [4] Religiös oder weltanschaulich konnotierte Merkmale des Erscheinungsbilds nach Satz 2 können nur dann eingeschränkt oder untersagt werden, wenn sie objektiv geeignet sind, das Vertrauen in die neutrale Amtsführung der Beamtin oder des Beamten zu beeinträchtigen. [5] Die Einzelheiten nach den Sätzen 2 bis 4 können durch Landesrecht bestimmt werden. [6] Die Verhüllung

---

1) Auszugsweise abgedruckt unter Nr. 1.

des Gesichts bei der Ausübung des Dienstes oder bei einer Tätigkeit mit unmittelbarem Dienstbezug ist stets unzulässig, es sei denn, dienstliche oder gesundheitliche Gründe erfordern dies.

§ 35 Folgepflicht. (1) [1]Beamtinnen und Beamte haben ihre Vorgesetzten zu beraten und zu unterstützen. [2]Sie sind verpflichtet, deren dienstliche Anordnungen auszuführen und deren allgemeine Richtlinien zu befolgen. [3]Dies gilt nicht, soweit die Beamtinnen und Beamten nach besonderen gesetzlichen Vorschriften an Weisungen nicht gebunden und nur dem Gesetz unterworfen sind.

(2) Beamtinnen und Beamte haben bei organisatorischen Veränderungen dem Dienstherrn Folge zu leisten.

§ 36 Verantwortung für die Rechtmäßigkeit. (1) Beamtinnen und Beamte tragen für die Rechtmäßigkeit ihrer dienstlichen Handlungen die volle persönliche Verantwortung.

(2) [1]Bedenken gegen die Rechtmäßigkeit dienstlicher Anordnungen haben Beamtinnen und Beamte unverzüglich auf dem Dienstweg geltend zu machen. [2]Wird die Anordnung aufrechterhalten, haben sie sich, wenn die Bedenken fortbestehen, an die nächst höhere Vorgesetzte oder den nächst höheren Vorgesetzten zu wenden. [3]Wird die Anordnung bestätigt, müssen die Beamtinnen und Beamten sie ausführen und sind von der eigenen Verantwortung befreit. [4]Dies gilt nicht, wenn das aufgetragene Verhalten die Würde des Menschen verletzt oder strafbar oder ordnungswidrig ist und die Strafbarkeit oder Ordnungswidrigkeit für die Beamtinnen oder Beamten erkennbar ist. [5]Die Bestätigung hat auf Verlangen schriftlich zu erfolgen.

(3) [1]Wird von den Beamtinnen oder Beamten die sofortige Ausführung der Anordnung verlangt, weil Gefahr im Verzug besteht und die Entscheidung der oder des höheren Vorgesetzten nicht rechtzeitig herbeigeführt werden kann, gilt Absatz 2 Satz 3 und 4 entsprechend. [2]Die Anordnung ist durch die anordnende oder den anordnenden Vorgesetzten schriftlich zu bestätigen, wenn die Beamtin oder der Beamte dies unverzüglich nach Ausführung der Anordnung verlangt.

§ 37 Verschwiegenheitspflicht. (1) [1]Beamtinnen und Beamte haben über die ihnen bei oder bei Gelegenheit ihrer amtlichen Tätigkeit bekannt gewordenen dienstlichen Angelegenheiten Verschwiegenheit zu bewahren. [2]Dies gilt auch über den Bereich eines Dienstherrn hinaus sowie nach Beendigung des Beamtenverhältnisses.

(2) [1]Absatz 1 gilt nicht, soweit

1. Mitteilungen im dienstlichen Verkehr geboten sind,
2. Tatsachen mitgeteilt werden, die offenkundig sind oder ihrer Bedeutung nach keiner Geheimhaltung bedürfen, oder
3. gegenüber der zuständigen obersten Dienstbehörde, einer Strafverfolgungsbehörde oder einer durch Landesrecht bestimmten weiteren Behörde oder außerdienstlichen Stelle ein durch Tatsachen begründeter Verdacht einer Korruptionsstraftat nach den §§ 331 bis 337 des Strafgesetzbuches angezeigt wird.

[2]Im Übrigen bleiben die gesetzlich begründeten Pflichten, geplante Straftaten anzuzeigen und für die Erhaltung der freiheitlichen demokratischen Grundordnung einzutreten, von Absatz 1 unberührt.

(3) [1]Beamtinnen und Beamte dürfen ohne Genehmigung über Angelegenheiten, für die Absatz 1 gilt, weder vor Gericht noch außergerichtlich aussagen oder Erklärungen abgeben. [2]Die Genehmigung erteilt der Dienstherr oder, wenn das Beamtenverhältnis beendet ist, der letzte Dienstherr. [3]Hat sich der Vorgang, der den Gegenstand der Äußerung bildet, bei einem früheren Dienstherrn ereignet, darf die Genehmigung nur mit dessen Zustimmung erteilt werden. [4]Durch Landesrecht kann bestimmt werden, dass an die Stelle des in den Sätzen 2 und 3 genannten jeweiligen Dienstherrn eine andere Stelle tritt.

(4) [1]Die Genehmigung, als Zeugin oder Zeuge auszusagen, darf nur versagt werden, wenn die Aussage dem Wohl des Bundes oder eines deutschen Landes erhebliche Nachteile bereiten oder die Erfüllung öffentlicher Aufgaben ernstlich gefährden oder erheblich erschweren würde. [2]Durch Landesrecht kann bestimmt werden, dass die Verweigerung der Genehmigung zur Aussage vor Untersuchungsausschüssen des Deutschen Bundestages oder der Volksvertretung eines Landes einer Nachprüfung unterzogen werden kann. [3]Die Genehmigung, ein Gutachten zu erstatten, kann versagt werden, wenn die Erstattung den dienstlichen Interessen Nachteile bereiten würde.

(5) [1]Sind Beamtinnen oder Beamte Partei oder Beschuldigte in einem gerichtlichen Verfahren oder soll ihr Vorbringen der Wahrnehmung ihrer berechtigten Interessen dienen, darf die Genehmigung auch dann, wenn die Voraussetzungen des Absatzes 4 Satz 1 erfüllt sind, nur versagt werden, wenn die dienstlichen Rücksichten dies unabweisbar erfordern. [2]Wird sie versagt, ist Beamtinnen oder Beamten der Schutz zu gewähren, den die dienstlichen Rücksichten zulassen.

(6) [1]Beamtinnen und Beamte haben, auch nach Beendigung des Beamtenverhältnisses, auf Verlangen des Dienstherrn oder des letzten Dienstherrn amtliche Schriftstücke, Zeichnungen, bildliche Darstellungen sowie Aufzeichnungen jeder Art über dienstliche Vorgänge, auch soweit es sich um Wiedergaben handelt, herauszugeben. [2]Die gleiche Verpflichtung trifft ihre Hinterbliebenen und Erben.

§ 38 Diensteid. (1) [1]Beamtinnen und Beamte haben einen Diensteid zu leisten. [2]Der Diensteid hat eine Verpflichtung auf das Grundgesetz[1)] zu enthalten.

(2) In den Fällen, in denen Beamtinnen und Beamte erklären, dass sie aus Glaubens- oder Gewissensgründen den Eid nicht leisten wollen, kann für diese an Stelle des Eides ein Gelöbnis zugelassen werden.

(3) In den Fällen, in denen nach § 7 Abs. 3 eine Ausnahme von § 7 Absatz 1 Satz 1 Nummer 1 zugelassen worden ist, kann an Stelle des Eides ein Gelöbnis vorgeschrieben werden.

§ 39 Verbot der Führung der Dienstgeschäfte. [1]Beamtinnen und Beamten kann aus zwingenden dienstlichen Gründen die Führung der Dienstgeschäfte verboten werden. [2]Das Verbot erlischt, wenn nicht bis zum Ablauf von drei Monaten gegen die Beamtin oder den Beamten ein Disziplinarver-

---

1) Auszugsweise abgedruckt unter Nr. 1.

fahren oder ein sonstiges auf Rücknahme der Ernennung oder auf Beendigung des Beamtenverhältnisses gerichtetes Verfahren eingeleitet worden ist.

§ 40 Nebentätigkeit. [1] Eine Nebentätigkeit ist grundsätzlich anzeigepflichtig. [2] Sie ist unter Erlaubnis- oder Verbotsvorbehalt zu stellen, soweit sie geeignet ist, dienstliche Interessen zu beeinträchtigen.

§ 41 Tätigkeit nach Beendigung des Beamtenverhältnisses. [1] Ruhestandsbeamtinnen und Ruhestandsbeamte sowie frühere Beamtinnen mit Versorgungsbezügen und frühere Beamte mit Versorgungsbezügen haben die Ausübung einer Erwerbstätigkeit oder sonstigen Beschäftigung außerhalb des öffentlichen Dienstes, die mit der dienstlichen Tätigkeit innerhalb eines Zeitraums, dessen Bestimmung dem Landesrecht vorbehalten bleibt, im Zusammenhang steht und durch die dienstliche Interessen beeinträchtigt werden können, anzuzeigen. [2] Die Erwerbstätigkeit oder sonstige Beschäftigung ist zu untersagen, wenn zu besorgen ist, dass durch sie dienstliche Interessen beeinträchtigt werden. [3] Das Verbot endet spätestens mit Ablauf von fünf Jahren nach Beendigung des Beamtenverhältnisses.

§ 42 Verbot der Annahme von Belohnungen, Geschenken und sonstigen Vorteilen. (1) [1] Beamtinnen und Beamte dürfen, auch nach Beendigung des Beamtenverhältnisses, keine Belohnungen, Geschenke oder sonstigen Vorteile für sich oder eine dritte Person in Bezug auf ihr Amt fordern, sich versprechen lassen oder annehmen. [2] Ausnahmen bedürfen der Zustimmung ihres gegenwärtigen oder letzten Dienstherrn.

(2) Wer gegen das in Absatz 1 genannte Verbot verstößt, hat das aufgrund des pflichtwidrigen Verhaltens Erlangte auf Verlangen dem Dienstherrn herauszugeben, soweit nicht die Einziehung von Taterträgen angeordnet worden oder es auf andere Weise auf den Staat übergegangen ist.

§ 43 Teilzeitbeschäftigung. Teilzeitbeschäftigung ist zu ermöglichen.

§ 44 Erholungsurlaub. Beamtinnen und Beamten steht jährlicher Erholungsurlaub unter Fortgewährung der Bezüge zu.

§ 45 Fürsorge. [1] Der Dienstherr hat im Rahmen des Dienst- und Treueverhältnisses für das Wohl der Beamtinnen und Beamten und ihrer Familien, auch für die Zeit nach Beendigung des Beamtenverhältnisses, zu sorgen. [2] Er schützt die Beamtinnen und Beamten bei ihrer amtlichen Tätigkeit und in ihrer Stellung.

§ 46 Mutterschutz und Elternzeit. Effektiver Mutterschutz und Elternzeit sind zu gewährleisten.

§ 47 Nichterfüllung von Pflichten. (1) [1] Beamtinnen und Beamte begehen ein Dienstvergehen, wenn sie schuldhaft die ihnen obliegenden Pflichten verletzen. [2] Ein Verhalten außerhalb des Dienstes ist nur dann ein Dienstvergehen, wenn es nach den Umständen des Einzelfalls in besonderem Maße geeignet ist, das Vertrauen in einer für ihr Amt bedeutsamen Weise zu beeinträchtigen.

(2) [1] Bei Ruhestandsbeamtinnen und Ruhestandsbeamten oder früheren Beamtinnen mit Versorgungsbezügen und früheren Beamten mit Versorgungsbezügen gilt es als Dienstvergehen, wenn sie sich gegen die freiheitliche

demokratische Grundordnung im Sinne des Grundgesetzes[1)] betätigen oder an Bestrebungen teilnehmen, die darauf abzielen, den Bestand oder die Sicherheit der Bundesrepublik Deutschland zu beeinträchtigen, oder wenn sie schuldhaft gegen die in den §§ 37, 41 und 42 bestimmten Pflichten verstoßen. [2]Bei sonstigen früheren Beamtinnen und früheren Beamten gilt es als Dienstvergehen, wenn sie schuldhaft gegen die in den §§ 37, 41 und 42 bestimmten Pflichten verstoßen. [3]Für Beamtinnen und Beamte nach den Sätzen 1 und 2 können durch Landesrecht weitere Handlungen festgelegt werden, die als Dienstvergehen gelten.

(3) Das Nähere über die Verfolgung von Dienstvergehen regeln die Disziplinargesetze.

§ 48 Pflicht zum Schadensersatz. [1]Beamtinnen und Beamte, die vorsätzlich oder grob fahrlässig die ihnen obliegenden Pflichten verletzen, haben dem Dienstherrn, dessen Aufgaben sie wahrgenommen haben, den daraus entstehenden Schaden zu ersetzen. [2]Haben mehrere Beamtinnen oder Beamte gemeinsam den Schaden verursacht, haften sie als Gesamtschuldner.

§ 49 Übermittlungen bei Strafverfahren. (1) [1]Das Gericht, die Strafverfolgungs- oder die Strafvollstreckungsbehörde hat in Strafverfahren gegen Beamtinnen und Beamte zur Sicherstellung der erforderlichen dienstrechtlichen Maßnahmen im Fall der Erhebung der öffentlichen Klage

1. die Anklageschrift oder eine an ihre Stelle tretende Antragsschrift,
2. den Antrag auf Erlass eines Strafbefehls und
3. die einen Rechtszug abschließende Entscheidung mit Begründung

zu übermitteln. [2]Ist gegen die Entscheidung ein Rechtsmittel eingelegt worden, ist die Entscheidung unter Hinweis auf das eingelegte Rechtsmittel zu übermitteln. [3]Der Erlass und der Vollzug eines Haftbefehls oder eines Unterbringungsbefehls sind mitzuteilen.

(2) In Verfahren wegen fahrlässig begangener Straftaten werden die in Absatz 1 Satz 1 bestimmten Übermittlungen nur vorgenommen, wenn

1. es sich um schwere Verstöße handelt, namentlich Vergehen der Trunkenheit im Straßenverkehr oder der fahrlässigen Tötung, oder
2. in sonstigen Fällen die Kenntnis der Daten aufgrund der Umstände des Einzelfalls erforderlich ist, um zu prüfen, ob dienstrechtliche Maßnahmen zu ergreifen sind.

(3) [1]Entscheidungen über Verfahrenseinstellungen, die nicht bereits nach Absatz 1 oder 2 zu übermitteln sind, sollen übermittelt werden, wenn die in Absatz 2 Nr. 2 genannten Voraussetzungen erfüllt sind. [2]Dabei ist zu berücksichtigen, wie gesichert die zu übermittelnden Erkenntnisse sind.

(4) [1]Sonstige Tatsachen, die in einem Strafverfahren bekannt werden, dürfen mitgeteilt werden, wenn ihre Kenntnis aufgrund besonderer Umstände des Einzelfalls für dienstrechtliche Maßnahmen gegen eine Beamtin oder einen Beamten erforderlich ist und soweit nicht für die übermittelnde Stelle erkennbar ist, dass schutzwürdige Interessen der Beamtin oder des Beamten an dem Ausschluss der Übermittlung überwiegen. [2]Erforderlich ist die Kenntnis der

---

[1)] Auszugsweise abgedruckt unter Nr. **1**.

Daten auch dann, wenn diese Anlass zur Prüfung bieten, ob dienstrechtliche Maßnahmen zu ergreifen sind. [3]Absatz 3 Satz 2 ist entsprechend anzuwenden.

(5) Nach den Absätzen 1 bis 4 übermittelte Daten dürfen auch für die Wahrnehmung der Aufgaben nach dem Sicherheitsüberprüfungsgesetz oder einem entsprechenden Landesgesetz verwendet werden.

(6) [1]Übermittlungen nach den Absätzen 1 bis 3 sind auch zulässig, soweit sie Daten betreffen, die dem Steuergeheimnis (§ 30 der Abgabenordnung) unterliegen. [2]Übermittlungen nach Absatz 4 sind unter den Voraussetzungen des § 30 Abs. 4 Nr. 5 der Abgabenordnung zulässig.

§ 50 Personalakte. [1]Für jede Beamtin und jeden Beamten ist eine Personalakte zu führen. [2]Zur Personalakte gehören alle Unterlagen, die die Beamtin oder den Beamten betreffen, soweit sie mit dem Dienstverhältnis in einem unmittelbaren inneren Zusammenhang stehen (Personalaktendaten). [3]Die Personalakte ist vertraulich zu behandeln. [4]Personalaktendaten dürfen ohne Einwilligung der Beamtin oder des Beamten nur für Zwecke der Personalverwaltung oder Personalwirtschaft verarbeitet werden. [5]Für Ausnahmefälle kann landesrechtlich eine von Satz 4 abweichende Verarbeitung vorgesehen werden.

§ 51 Personalvertretung. Die Bildung von Personalvertretungen zum Zweck der vertrauensvollen Zusammenarbeit zwischen der Behördenleitung und dem Personal ist unter Einbeziehung der Beamtinnen und Beamten zu gewährleisten.

§ 52 Mitgliedschaft in Gewerkschaften und Berufsverbänden. [1]Beamtinnen und Beamte haben das Recht, sich in Gewerkschaften oder Berufsverbänden zusammenzuschließen. [2]Sie dürfen wegen Betätigung für ihre Gewerkschaft oder ihren Berufsverband nicht dienstlich gemaßregelt oder benachteiligt werden.

§ 53 Beteiligung der Spitzenorganisationen. [1]Bei der Vorbereitung gesetzlicher Regelungen der beamtenrechtlichen Verhältnisse durch die obersten Landesbehörden sind die Spitzenorganisationen der zuständigen Gewerkschaften und Berufsverbände zu beteiligen. [2]Das Beteiligungsverfahren kann auch durch Vereinbarung ausgestaltet werden.

Abschnitt 7. Rechtsweg

§ 54 Verwaltungsrechtsweg. (1) Für alle Klagen der Beamtinnen, Beamten, Ruhestandsbeamtinnen, Ruhestandsbeamten, früheren Beamtinnen, früheren Beamten und der Hinterbliebenen aus dem Beamtenverhältnis sowie für Klagen des Dienstherrn ist der Verwaltungsrechtsweg gegeben.

(2) [1]Vor allen Klagen ist ein Vorverfahren nach den Vorschriften des 8. Abschnitts der Verwaltungsgerichtsordnung durchzuführen. [2]Dies gilt auch dann, wenn die Maßnahme von der obersten Dienstbehörde getroffen worden ist. [3]Ein Vorverfahren ist nicht erforderlich, wenn ein Landesgesetz dieses ausdrücklich bestimmt.

(3) [1]Den Widerspruchsbescheid erlässt die oberste Dienstbehörde. [2]Sie kann die Entscheidung für Fälle, in denen sie die Maßnahme nicht selbst getroffen hat, durch allgemeine Anordnung auf andere Behörden übertragen. [3]Die Anordnung ist zu veröffentlichen.

(4) Widerspruch und Anfechtungsklage gegen Abordnung oder Versetzung haben keine aufschiebende Wirkung.

Abschnitt 8. Spannungs- und Verteidigungsfall

§ 55 Anwendungsbereich. [1]Beschränkungen, Anordnungen und Verpflichtungen nach den §§ 56 bis 59 sind nur nach Maßgabe des Artikels 80a des Grundgesetzes zulässig. [2]Sie sind auf Personen im Sinne des § 5 Abs. 1 des Arbeitssicherstellungsgesetzes nicht anzuwenden.

§ 56 Dienstleistung im Verteidigungsfall. (1) Beamtinnen und Beamte können für Zwecke der Verteidigung auch ohne ihre Zustimmung zu einem anderen Dienstherrn abgeordnet oder zur Dienstleistung bei über- oder zwischenstaatlichen zivilen Dienststellen verpflichtet werden.

(2) [1]Beamtinnen und Beamten können für Zwecke der Verteidigung auch Aufgaben übertragen werden, die nicht ihrem Amt oder ihrer Laufbahnbefähigung entsprechen, sofern ihnen die Übernahme nach ihrer Vor- und Ausbildung und im Hinblick auf die Ausnahmesituation zumutbar ist. [2]Aufgaben einer Laufbahn mit geringeren Zugangsvoraussetzungen dürfen ihnen nur übertragen werden, wenn dies aus dienstlichen Gründen unabweisbar ist.

(3) Beamtinnen und Beamte haben bei der Erfüllung der ihnen für Zwecke der Verteidigung übertragenen Aufgaben Gefahren und Erschwernisse auf sich zu nehmen, soweit diese ihnen nach den Umständen und den persönlichen Verhältnissen zugemutet werden können.

(4) Beamtinnen und Beamte sind bei einer Verlegung der Behörde oder Dienststelle auch in das Ausland zur Dienstleistung am neuen Dienstort verpflichtet.

§ 57 Aufschub der Entlassung und des Ruhestands. [1]Die Entlassung der Beamtinnen und Beamten auf ihren Antrag kann für Zwecke der Verteidigung hinausgeschoben werden, wenn dies im öffentlichen Interesse erforderlich ist und der Personalbedarf der öffentlichen Verwaltung im Bereich ihres Dienstherrn auf freiwilliger Grundlage nicht gedeckt werden kann. [2]Satz 1 gilt entsprechend für den Ablauf der Amtszeit bei Beamtenverhältnissen auf Zeit. [3]Der Eintritt der Beamtinnen und Beamten in den Ruhestand nach Erreichen der Altersgrenze und die vorzeitige Versetzung in den Ruhestand auf Antrag ohne Nachweis der Dienstunfähigkeit können unter den Voraussetzungen des Satzes 1 bis zum Ende des Monats hinausgeschoben werden, in dem die für Bundesbeamtinnen und Bundesbeamte geltende Regelaltersgrenze erreicht wird.

§ 58 Erneute Berufung von Ruhestandsbeamtinnen und Ruhestandsbeamten. [1]Ruhestandsbeamtinnen und Ruhestandsbeamte, die die für Bundesbeamtinnen und Bundesbeamte geltende Regelaltersgrenze noch nicht erreicht haben, können für Zwecke der Verteidigung erneut in ein Beamtenverhältnis berufen werden, wenn dies im öffentlichen Interesse erforderlich ist und der Personalbedarf der öffentlichen Verwaltung im Bereich ihres bisherigen Dienstherrn auf freiwilliger Grundlage nicht gedeckt werden kann. [2]Das Beamtenverhältnis endet, wenn es nicht vorher beendet wird, mit dem Ende des Monats, in dem die für Bundesbeamtinnen und Bundesbeamte geltende Regelaltersgrenze erreicht wird.

§ 59 Verpflichtung zur Gemeinschaftsunterkunft und Mehrarbeit.

(1) Wenn dienstliche Gründe es erfordern, können Beamtinnen und Beamte für Zwecke der Verteidigung verpflichtet werden, vorübergehend in einer Gemeinschaftsunterkunft zu wohnen und an einer Gemeinschaftsverpflegung teilzunehmen.

(2) [1] Beamtinnen und Beamte sind verpflichtet, für Zwecke der Verteidigung über die regelmäßige Arbeitszeit hinaus ohne besondere Vergütung Dienst zu tun. [2] Für die Mehrbeanspruchung wird ein Freizeitausgleich nur gewährt, soweit es die dienstlichen Erfordernisse gestatten.

Abschnitt 9. Sonderregelungen für Verwendungen im Ausland

§ 60 Verwendungen im Ausland. (1) [1] Beamtinnen und Beamte, die zur Wahrnehmung des ihnen übertragenen Amtes im Ausland oder außerhalb des Deutschen Hoheitsgebiets auf Schiffen oder in Luftfahrzeugen verwendet werden und dabei wegen vom Inland wesentlich abweichender Verhältnisse erhöhten Gefahren ausgesetzt sind, können aus dienstlichen Gründen verpflichtet werden,

1. vorübergehend in einer Gemeinschaftsunterkunft zu wohnen und an einer Gemeinschaftsverpflegung teilzunehmen,
2. Schutzkleidung zu tragen,
3. Dienstkleidung zu tragen und
4. über die regelmäßige Arbeitszeit hinaus ohne besondere Vergütung Dienst zu tun.

[2] In den Fällen des Satzes 1 Nr. 4 wird für die Mehrbeanspruchung ein Freizeitausgleich nur gewährt, soweit es die dienstlichen Erfordernisse gestatten.

(2) Sind nach Absatz 1 verwendete Beamtinnen und Beamte zum Zeitpunkt des vorgesehenen Eintritts in den Ruhestand nach den §§ 25 und 26 oder des vorgesehenen Ablaufs ihrer Amtszeit wegen Verschleppung, Gefangenschaft oder aus sonstigen mit dem Dienst zusammenhängenden Gründen, die sie nicht zu vertreten haben, dem Einflussbereich des Dienstherrn entzogen, verlängert sich das Dienstverhältnis bis zum Ablauf des auf die Beendigung dieses Zustands folgenden Monats.

Abschnitt 10. Sonderregelungen für wissenschaftliches Hochschulpersonal

§ 61 Hochschullehrerinnen und Hochschullehrer. [1] Abweichend von den §§ 14 und 15 können Hochschullehrerinnen und Hochschullehrer nur mit ihrer Zustimmung in den Bereich eines Dienstherrn eines anderen Landes oder des Bundes abgeordnet oder versetzt werden. [2] Abordnung und Versetzung im Sinne von Satz 1 sind auch ohne Zustimmung der Hochschullehrerinnen oder Hochschullehrer zulässig, wenn die Hochschule oder die Hochschuleinrichtung, an der sie tätig sind, aufgelöst oder mit einer anderen Hochschule zusammengeschlossen wird oder wenn die Studien- oder Fachrichtung, in der sie tätig sind, ganz oder teilweise aufgehoben oder an eine andere Hochschule verlegt wird. [3] In diesen Fällen beschränkt sich eine Mitwirkung der aufnehmenden Hochschule oder Hochschuleinrichtung bei der Einstellung auf eine

Anhörung. [4] Die Vorschriften über den einstweiligen Ruhestand sind auf Hochschullehrerinnen und Hochschullehrer nicht anzuwenden.

Abschnitt 11. Schlussvorschriften

§ 62 Folgeänderungen. *(hier nicht wiedergegeben)*

§ 63 Inkrafttreten, Außerkrafttreten. (1) [1] Die §§ 25 und 50 treten am Tag nach der Verkündung[1)] in Kraft. [2] Gleichzeitig treten die §§ 25 und 26 Abs. 3 sowie die §§ 56 bis 56f des Beamtenrechtsrahmengesetzes in der Fassung der Bekanntmachung vom 31. März 1999 (BGBl. I S. 654), das zuletzt durch Artikel 2 Abs. 1 des Gesetzes vom 5. Dezember 2006 (BGBl. I S. 2748) geändert worden ist, außer Kraft.

(2) § 62 Abs. 13 und 14 tritt für Bundesbeamtinnen und Bundesbeamte am 12. Februar 2009 in Kraft.

(3) [1] Im Übrigen tritt das Gesetz am 1. April 2009 in Kraft. [2] Gleichzeitig tritt das Beamtenrechtsrahmengesetz mit Ausnahme von Kapitel II und § 135 außer Kraft.

(4) [1] Die Länder können für die Zeit bis zum Inkrafttreten des § 11 Landesregelungen im Sinne dieser Vorschrift in Kraft setzen. [2] In den Ländern, die davon Gebrauch machen, ist § 8 des Beamtenrechtsrahmengesetzes nicht anzuwenden.

[1)] Verkündet am 19.6.2008.

5. Allgemeines Gleichbehandlungsgesetz (AGG)[1) 2)]

Vom 14. August 2006
(BGBl. I S. 1897)

FNA 402-40

zuletzt geänd. durch Art. 8 SEPA-BegleitG v. 3.4.2013 (BGBl. I S. 610)

Nichtamtliche Inhaltsübersicht

Abschnitt 1. Allgemeiner Teil

§ 1 Ziel des Gesetzes
§ 2 Anwendungsbereich
§ 3 Begriffsbestimmungen
§ 4 Unterschiedliche Behandlung wegen mehrerer Gründe
§ 5 Positive Maßnahmen

Abschnitt 2. Schutz der Beschäftigten vor Benachteiligung

Unterabschnitt 1. Verbot der Benachteiligung

§ 6 Persönlicher Anwendungsbereich
§ 7 Benachteiligungsverbot
§ 8 Zulässige unterschiedliche Behandlung wegen beruflicher Anforderungen
§ 9 Zulässige unterschiedliche Behandlung wegen der Religion oder Weltanschauung
§ 10 Zulässige unterschiedliche Behandlung wegen des Alters

Unterabschnitt 2. Organisationspflichten des Arbeitgebers

§ 11 Ausschreibung
§ 12 Maßnahmen und Pflichten des Arbeitgebers

Unterabschnitt 3. Rechte der Beschäftigten

§ 13 Beschwerderecht
§ 14 Leistungsverweigerungsrecht
§ 15 Entschädigung und Schadensersatz
§ 16 Maßregelungsverbot

Unterabschnitt 4. Ergänzende Vorschriften

§ 17 Soziale Verantwortung der Beteiligten
§ 18 Mitgliedschaft in Vereinigungen

Abschnitt 3. Schutz vor Benachteiligung im Zivilrechtsverkehr

§ 19 Zivilrechtliches Benachteiligungsverbot
§ 20 Zulässige unterschiedliche Behandlung
§ 21 Ansprüche

Abschnitt 4. Rechtsschutz

§ 22 Beweislast
§ 23 Unterstützung durch Antidiskriminierungsverbände

[1)] **Amtl. Anm.:** Dieses Gesetz dient der Umsetzung der Richtlinien:
- 2000/43/EG des Rates vom 29. Juni 2000 zur Anwendung des Gleichbehandlungsgrundsatzes ohne Unterschied der Rasse oder der ethnischen Herkunft (ABl. EG Nr. L 180 S. 22),
- 2000/78/EG des Rates vom 27. November 2000 zur Festlegung eines allgemeinen Rahmens für die Verwirklichung der Gleichbehandlung in Beschäftigung und Beruf (ABl. EG Nr. L 303 S. 16),
- 2002/73/EG des Europäischen Parlaments und des Rates vom 23. September 2002 zur Änderung der Richtlinie 76/207/EWG des Rates zur Verwirklichung des Grundsatzes der Gleichbehandlung von Männern und Frauen hinsichtlich des Zugangs zur Beschäftigung, zur Berufsbildung und zum beruflichen Aufstieg sowie in Bezug auf die Arbeitsbedingungen (ABl. EG Nr. L 269 S. 15) und
- 2004/113/EG des Rates vom 13. Dezember 2004 zur Verwirklichung des Grundsatzes der Gleichbehandlung von Männern und Frauen beim Zugang zu und bei der Versorgung mit Gütern und Dienstleistungen (ABl. EU Nr. L 373 S. 37).

[2)] Verkündet als Art. 1 G zur Umsetzung europ. RL zur Verwirklichung des Grundsatzes der Gleichbehandlung v. 14.8.2006 (BGBl. I S. 1897); Inkrafttreten gem. Art. 4 Satz 1 dieses G am 18.8. 2006.

Abschnitt 5. Sonderregelungen für öffentlich-rechtliche Dienstverhältnisse
§ 24 Sonderregelung für öffentlich-rechtliche Dienstverhältnisse
Abschnitt 6. Antidiskriminierungsstelle
§ 25 Antidiskriminierungsstelle des Bundes
§ 26 Rechtsstellung der Leitung der Antidiskriminierungsstelle des Bundes
§ 27 Aufgaben
§ 28 Befugnisse
§ 29 Zusammenarbeit mit Nichtregierungsorganisationen und anderen Einrichtungen
§ 30 Beirat
Abschnitt 7. Schlussvorschriften
§ 31 Unabdingbarkeit
§ 32 Schlussbestimmung
§ 33 Übergangsbestimmungen

Abschnitt 1. Allgemeiner Teil

§ 1 Ziel des Gesetzes. Ziel des Gesetzes ist, Benachteiligungen aus Gründen der Rasse oder wegen der ethnischen Herkunft, des Geschlechts, der Religion oder Weltanschauung, einer Behinderung, des Alters oder der sexuellen Identität zu verhindern oder zu beseitigen.

§ 2 Anwendungsbereich. (1) Benachteiligungen aus einem in § 1 genannten Grund sind nach Maßgabe dieses Gesetzes unzulässig in Bezug auf:

1. die Bedingungen, einschließlich Auswahlkriterien und Einstellungsbedingungen, für den Zugang zu unselbstständiger und selbstständiger Erwerbstätigkeit, unabhängig von Tätigkeitsfeld und beruflicher Position, sowie für den beruflichen Aufstieg,
2. die Beschäftigungs- und Arbeitsbedingungen einschließlich Arbeitsentgelt und Entlassungsbedingungen, insbesondere in individual- und kollektivrechtlichen Vereinbarungen und Maßnahmen bei der Durchführung und Beendigung eines Beschäftigungsverhältnisses sowie beim beruflichen Aufstieg,
3. den Zugang zu allen Formen und allen Ebenen der Berufsberatung, der Berufsbildung einschließlich der Berufsausbildung, der beruflichen Weiterbildung und der Umschulung sowie der praktischen Berufserfahrung,
4. die Mitgliedschaft und Mitwirkung in einer Beschäftigten- oder Arbeitgebervereinigung oder einer Vereinigung, deren Mitglieder einer bestimmten Berufsgruppe angehören, einschließlich der Inanspruchnahme der Leistungen solcher Vereinigungen,
5. den Sozialschutz, einschließlich der sozialen Sicherheit und der Gesundheitsdienste,
6. die sozialen Vergünstigungen,
7. die Bildung,
8. den Zugang zu und die Versorgung mit Gütern und Dienstleistungen, die der Öffentlichkeit zur Verfügung stehen, einschließlich von Wohnraum.

(2) [1] Für Leistungen nach dem Sozialgesetzbuch gelten § 33c des Ersten Buches Sozialgesetzbuch und § 19a des Vierten Buches Sozialgesetzbuch. [2] Für die betriebliche Altersvorsorge gilt das Betriebsrentengesetz.

(3) [1] Die Geltung sonstiger Benachteiligungsverbote oder Gebote der Gleichbehandlung wird durch dieses Gesetz nicht berührt. [2] Dies gilt auch für

öffentlich-rechtliche Vorschriften, die dem Schutz bestimmter Personengruppen dienen.

(4) Für Kündigungen gelten ausschließlich die Bestimmungen zum allgemeinen und besonderen Kündigungsschutz.

§ 3 Begriffsbestimmungen. (1) [1]Eine unmittelbare Benachteiligung liegt vor, wenn eine Person wegen eines in § 1 genannten Grundes eine weniger günstige Behandlung erfährt, als eine andere Person in einer vergleichbaren Situation erfährt, erfahren hat oder erfahren würde. [2]Eine unmittelbare Benachteiligung wegen des Geschlechts liegt in Bezug auf § 2 Abs. 1 Nr. 1 bis 4 auch im Falle einer ungünstigeren Behandlung einer Frau wegen Schwangerschaft oder Mutterschaft vor.

(2) Eine mittelbare Benachteiligung liegt vor, wenn dem Anschein nach neutrale Vorschriften, Kriterien oder Verfahren Personen wegen eines in § 1 genannten Grundes gegenüber anderen Personen in besonderer Weise benachteiligen können, es sei denn, die betreffenden Vorschriften, Kriterien oder Verfahren sind durch ein rechtmäßiges Ziel sachlich gerechtfertigt und die Mittel sind zur Erreichung dieses Ziels angemessen und erforderlich.

(3) Eine Belästigung ist eine Benachteiligung, wenn unerwünschte Verhaltensweisen, die mit einem in § 1 genannten Grund in Zusammenhang stehen, bezwecken oder bewirken, dass die Würde der betreffenden Person verletzt und ein von Einschüchterungen, Anfeindungen, Erniedrigungen, Entwürdigungen oder Beleidigungen gekennzeichnetes Umfeld geschaffen wird.

(4) Eine sexuelle Belästigung ist eine Benachteiligung in Bezug auf § 2 Abs. 1 Nr. 1 bis 4, wenn ein unerwünschtes, sexuell bestimmtes Verhalten, wozu auch unerwünschte sexuelle Handlungen und Aufforderungen zu diesen, sexuell bestimmte körperliche Berührungen, Bemerkungen sexuellen Inhalts sowie unerwünschtes Zeigen und sichtbares Anbringen von pornographischen Darstellungen gehören, bezweckt oder bewirkt, dass die Würde der betreffenden Person verletzt wird, insbesondere wenn ein von Einschüchterungen, Anfeindungen, Erniedrigungen, Entwürdigungen oder Beleidigungen gekennzeichnetes Umfeld geschaffen wird.

(5) [1]Die Anweisung zur Benachteiligung einer Person aus einem in § 1 genannten Grund gilt als Benachteiligung. [2]Eine solche Anweisung liegt in Bezug auf § 2 Abs. 1 Nr. 1 bis 4 insbesondere vor, wenn jemand eine Person zu einem Verhalten bestimmt, das einen Beschäftigten oder eine Beschäftigte wegen eines in § 1 genannten Grundes benachteiligt oder benachteiligen kann.

§ 4 Unterschiedliche Behandlung wegen mehrerer Gründe. Erfolgt eine unterschiedliche Behandlung wegen mehrerer der in § 1 genannten Gründe, so kann diese unterschiedliche Behandlung nach den §§ 8 bis 10 und 20 nur gerechtfertigt werden, wenn sich die Rechtfertigung auf alle diese Gründe erstreckt, derentwegen die unterschiedliche Behandlung erfolgt.

§ 5 Positive Maßnahmen. Ungeachtet der in den §§ 8 bis 10 sowie in § 20 benannten Gründe ist eine unterschiedliche Behandlung auch zulässig, wenn durch geeignete und angemessene Maßnahmen bestehende Nachteile wegen eines in § 1 genannten Grundes verhindert oder ausgeglichen werden sollen.

Abschnitt 2. Schutz der Beschäftigten vor Benachteiligung

Unterabschnitt 1. Verbot der Benachteiligung

§ 6 Persönlicher Anwendungsbereich. (1) [1] Beschäftigte im Sinne dieses Gesetzes sind

1. Arbeitnehmerinnen und Arbeitnehmer,
2. die zu ihrer Berufsbildung Beschäftigten,
3. Personen, die wegen ihrer wirtschaftlichen Unselbstständigkeit als arbeitnehmerähnliche Personen anzusehen sind; zu diesen gehören auch die in Heimarbeit Beschäftigten und die ihnen Gleichgestellten.

[2] Als Beschäftigte gelten auch die Bewerberinnen und Bewerber für ein Beschäftigungsverhältnis sowie die Personen, deren Beschäftigungsverhältnis beendet ist.

(2) [1] Arbeitgeber (Arbeitgeber und Arbeitgeberinnen) im Sinne dieses Abschnitts sind natürliche und juristische Personen sowie rechtsfähige Personengesellschaften, die Personen nach Absatz 1 beschäftigen. [2] Werden Beschäftigte einem Dritten zur Arbeitsleistung überlassen, so gilt auch dieser als Arbeitgeber im Sinne dieses Abschnitts. [3] Für die in Heimarbeit Beschäftigten und die ihnen Gleichgestellten tritt an die Stelle des Arbeitgebers der Auftraggeber oder Zwischenmeister.

(3) Soweit es die Bedingungen für den Zugang zur Erwerbstätigkeit sowie den beruflichen Aufstieg betrifft, gelten die Vorschriften dieses Abschnitts für Selbstständige und Organmitglieder, insbesondere Geschäftsführer oder Geschäftsführerinnen und Vorstände, entsprechend.

§ 7 Benachteiligungsverbot. (1) Beschäftigte dürfen nicht wegen eines in § 1 genannten Grundes benachteiligt werden; dies gilt auch, wenn die Person, die die Benachteiligung begeht, das Vorliegen eines in § 1 genannten Grundes bei der Benachteiligung nur annimmt.

(2) Bestimmungen in Vereinbarungen, die gegen das Benachteiligungsverbot des Absatzes 1 verstoßen, sind unwirksam.

(3) Eine Benachteiligung nach Absatz 1 durch Arbeitgeber oder Beschäftigte ist eine Verletzung vertraglicher Pflichten.

§ 8 Zulässige unterschiedliche Behandlung wegen beruflicher Anforderungen. (1) Eine unterschiedliche Behandlung wegen eines in § 1 genannten Grundes ist zulässig, wenn dieser Grund wegen der Art der auszuübenden Tätigkeit oder der Bedingungen ihrer Ausübung eine wesentliche und entscheidende berufliche Anforderung darstellt, sofern der Zweck rechtmäßig und die Anforderung angemessen ist.

(2) Die Vereinbarung einer geringeren Vergütung für gleiche oder gleichwertige Arbeit wegen eines in § 1 genannten Grundes wird nicht dadurch gerechtfertigt, dass wegen eines in § 1 genannten Grundes besondere Schutzvorschriften gelten.

§ 9 Zulässige unterschiedliche Behandlung wegen der Religion oder Weltanschauung. (1) Ungeachtet des § 8 ist eine unterschiedliche Behandlung wegen der Religion oder der Weltanschauung bei der Beschäftigung durch Religionsgemeinschaften, die ihnen zugeordneten Einrichtungen ohne Rücksicht auf ihre Rechtsform oder durch Vereinigungen, die sich die gemeinschaftliche Pflege einer Religion oder Weltanschauung zur Aufgabe machen, auch zulässig, wenn eine bestimmte Religion oder Weltanschauung unter Beachtung des Selbstverständnisses der jeweiligen Religionsgemeinschaft oder Vereinigung im Hinblick auf ihr Selbstbestimmungsrecht oder nach der Art der Tätigkeit eine gerechtfertigte berufliche Anforderung darstellt.

(2) Das Verbot unterschiedlicher Behandlung wegen der Religion oder der Weltanschauung berührt nicht das Recht der in Absatz 1 genannten Religionsgemeinschaften, der ihnen zugeordneten Einrichtungen ohne Rücksicht auf ihre Rechtsform oder der Vereinigungen, die sich die gemeinschaftliche Pflege einer Religion oder Weltanschauung zur Aufgabe machen, von ihren Beschäftigten ein loyales und aufrichtiges Verhalten im Sinne ihres jeweiligen Selbstverständnisses verlangen zu können.

§ 10 Zulässige unterschiedliche Behandlung wegen des Alters. [1]Ungeachtet des § 8 ist eine unterschiedliche Behandlung wegen des Alters auch zulässig, wenn sie objektiv und angemessen und durch ein legitimes Ziel gerechtfertigt ist. [2]Die Mittel zur Erreichung dieses Ziels müssen angemessen und erforderlich sein. [3]Derartige unterschiedliche Behandlungen können insbesondere Folgendes einschließen:

1. die Festlegung besonderer Bedingungen für den Zugang zur Beschäftigung und zur beruflichen Bildung sowie besonderer Beschäftigungs- und Arbeitsbedingungen, einschließlich der Bedingungen für Entlohnung und Beendigung des Beschäftigungsverhältnisses, um die berufliche Eingliederung von Jugendlichen, älteren Beschäftigten und Personen mit Fürsorgepflichten zu fördern oder ihren Schutz sicherzustellen,
2. die Festlegung von Mindestanforderungen an das Alter, die Berufserfahrung oder das Dienstalter für den Zugang zur Beschäftigung oder für bestimmte mit der Beschäftigung verbundene Vorteile,
3. die Festsetzung eines Höchstalters für die Einstellung auf Grund der spezifischen Ausbildungsanforderungen eines bestimmten Arbeitsplatzes oder auf Grund der Notwendigkeit einer angemessenen Beschäftigungszeit vor dem Eintritt in den Ruhestand,
4. die Festsetzung von Altersgrenzen bei den betrieblichen Systemen der sozialen Sicherheit als Voraussetzung für die Mitgliedschaft oder den Bezug von Altersrente oder von Leistungen bei Invalidität einschließlich der Festsetzung unterschiedlicher Altersgrenzen im Rahmen dieser Systeme für bestimmte Beschäftigte oder Gruppen von Beschäftigten und die Verwendung von Alterskriterien im Rahmen dieser Systeme für versicherungsmathematische Berechnungen,
5. eine Vereinbarung, die die Beendigung des Beschäftigungsverhältnisses ohne Kündigung zu einem Zeitpunkt vorsieht, zu dem der oder die Beschäftigte eine Rente wegen Alters beantragen kann; § 41 des Sechsten Buches Sozialgesetzbuch bleibt unberührt,
6. Differenzierungen von Leistungen in Sozialplänen im Sinne des Betriebsverfassungsgesetzes, wenn die Parteien eine nach Alter oder Betriebszugehörigkeit gestaffelte Abfindungsregelung geschaffen haben, in der die wesentlich vom Alter abhängenden Chancen auf dem Arbeitsmarkt durch eine verhältnismäßig starke Betonung des Lebensalters erkennbar berücksichtigt

worden sind, oder Beschäftigte von den Leistungen des Sozialplans ausgeschlossen haben, die wirtschaftlich abgesichert sind, weil sie, gegebenenfalls nach Bezug von Arbeitslosengeld, rentenberechtigt sind.

Unterabschnitt 2. Organisationspflichten des Arbeitgebers

§ 11 Ausschreibung. Ein Arbeitsplatz darf nicht unter Verstoß gegen § 7 Abs. 1 ausgeschrieben werden.

§ 12 Maßnahmen und Pflichten des Arbeitgebers. (1) [1]Der Arbeitgeber ist verpflichtet, die erforderlichen Maßnahmen zum Schutz vor Benachteiligungen wegen eines in § 1 genannten Grundes zu treffen. [2]Dieser Schutz umfasst auch vorbeugende Maßnahmen.

(2) [1]Der Arbeitgeber soll in geeigneter Art und Weise, insbesondere im Rahmen der beruflichen Aus- und Fortbildung, auf die Unzulässigkeit solcher Benachteiligungen hinweisen und darauf hinwirken, dass diese unterbleiben. [2]Hat der Arbeitgeber seine Beschäftigten in geeigneter Weise zum Zwecke der Verhinderung von Benachteiligung geschult, gilt dies als Erfüllung seiner Pflichten nach Absatz 1.

(3) Verstoßen Beschäftigte gegen das Benachteiligungsverbot des § 7 Abs. 1, so hat der Arbeitgeber die im Einzelfall geeigneten, erforderlichen und angemessenen Maßnahmen zur Unterbindung der Benachteiligung wie Abmahnung, Umsetzung, Versetzung oder Kündigung zu ergreifen.

(4) Werden Beschäftigte bei der Ausübung ihrer Tätigkeit durch Dritte nach § 7 Abs. 1 benachteiligt, so hat der Arbeitgeber die im Einzelfall geeigneten, erforderlichen und angemessenen Maßnahmen zum Schutz der Beschäftigten zu ergreifen.

(5) [1]Dieses Gesetz und § 61b des Arbeitsgerichtsgesetzes sowie Informationen über die für die Behandlung von Beschwerden nach § 13 zuständigen Stellen sind im Betrieb oder in der Dienststelle bekannt zu machen. [2]Die Bekanntmachung kann durch Aushang oder Auslegung an geeigneter Stelle oder den Einsatz der im Betrieb oder der Dienststelle üblichen Informations- und Kommunikationstechnik erfolgen.

Unterabschnitt 3. Rechte der Beschäftigten

§ 13 Beschwerderecht. (1) [1]Die Beschäftigten haben das Recht, sich bei den zuständigen Stellen des Betriebs, des Unternehmens oder der Dienststelle zu beschweren, wenn sie sich im Zusammenhang mit ihrem Beschäftigungsverhältnis vom Arbeitgeber, von Vorgesetzten, anderen Beschäftigten oder Dritten wegen eines in § 1 genannten Grundes benachteiligt fühlen. [2]Die Beschwerde ist zu prüfen und das Ergebnis der oder dem beschwerdeführenden Beschäftigten mitzuteilen.

(2) Die Rechte der Arbeitnehmervertretungen bleiben unberührt.

§ 14 Leistungsverweigerungsrecht. [1]Ergreift der Arbeitgeber keine oder offensichtlich ungeeignete Maßnahmen zur Unterbindung einer Belästigung oder sexuellen Belästigung am Arbeitsplatz, sind die betroffenen Beschäftigten berechtigt, ihre Tätigkeit ohne Verlust des Arbeitsentgelts einzustellen, soweit dies zu ihrem Schutz erforderlich ist. [2]§ 273 des Bürgerlichen Gesetzbuchs bleibt unberührt.

§ 15 Entschädigung und Schadensersatz. (1) [1]Bei einem Verstoß gegen das Benachteiligungsverbot ist der Arbeitgeber verpflichtet, den hierdurch entstandenen Schaden zu ersetzen. [2]Dies gilt nicht, wenn der Arbeitgeber die Pflichtverletzung nicht zu vertreten hat.

(2) [1]Wegen eines Schadens, der nicht Vermögensschaden ist, kann der oder die Beschäftigte eine angemessene Entschädigung in Geld verlangen. [2]Die Entschädigung darf bei einer Nichteinstellung drei Monatsgehälter nicht übersteigen, wenn der oder die Beschäftigte auch bei benachteiligungsfreier Auswahl nicht eingestellt worden wäre.

(3) Der Arbeitgeber ist bei der Anwendung kollektivrechtlicher Vereinbarungen nur dann zur Entschädigung verpflichtet, wenn er vorsätzlich oder grob fahrlässig handelt.

(4) [1]Ein Anspruch nach Absatz 1 oder 2 muss innerhalb einer Frist von zwei Monaten schriftlich geltend gemacht werden, es sei denn, die Tarifvertragsparteien haben etwas anderes vereinbart. [2]Die Frist beginnt im Falle einer Bewerbung oder eines beruflichen Aufstiegs mit dem Zugang der Ablehnung und in den sonstigen Fällen einer Benachteiligung zu dem Zeitpunkt, in dem der oder die Beschäftigte von der Benachteiligung Kenntnis erlangt.

(5) Im Übrigen bleiben Ansprüche gegen den Arbeitgeber, die sich aus anderen Rechtsvorschriften ergeben, unberührt.

(6) Ein Verstoß des Arbeitgebers gegen das Benachteiligungsverbot des § 7 Abs. 1 begründet keinen Anspruch auf Begründung eines Beschäftigungsverhältnisses, Berufsausbildungsverhältnisses oder einen beruflichen Aufstieg, es sei denn, ein solcher ergibt sich aus einem anderen Rechtsgrund.

§ 16 Maßregelungsverbot. (1) [1]Der Arbeitgeber darf Beschäftigte nicht wegen der Inanspruchnahme von Rechten nach diesem Abschnitt oder wegen der Weigerung, eine gegen diesen Abschnitt verstoßende Anweisung auszuführen, benachteiligen. [2]Gleiches gilt für Personen, die den Beschäftigten hierbei unterstützen oder als Zeuginnen oder Zeugen aussagen.

(2) [1]Die Zurückweisung oder Duldung benachteiligender Verhaltensweisen durch betroffene Beschäftigte darf nicht als Grundlage für eine Entscheidung herangezogen werden, die diese Beschäftigten berührt. [2]Absatz 1 Satz 2 gilt entsprechend.

(3) § 22 gilt entsprechend.

Unterabschnitt 4. Ergänzende Vorschriften

§ 17 Soziale Verantwortung der Beteiligten. (1) Tarifvertragsparteien, Arbeitgeber, Beschäftigte und deren Vertretungen sind aufgefordert, im Rahmen ihrer Aufgaben und Handlungsmöglichkeiten an der Verwirklichung des in § 1 genannten Ziels mitzuwirken.

(2) [1]In Betrieben, in denen die Voraussetzungen des § 1 Abs. 1 Satz 1 des Betriebsverfassungsgesetzes vorliegen, können bei einem groben Verstoß des Arbeitgebers gegen Vorschriften aus diesem Abschnitt der Betriebsrat oder eine im Betrieb vertretene Gewerkschaft unter der Voraussetzung des § 23 Abs. 3 Satz 1 des Betriebsverfassungsgesetzes die dort genannten Rechte gerichtlich geltend machen; § 23 Abs. 3 Satz 2 bis 5 des Betriebsverfassungsgesetzes gilt entsprechend. [2]Mit dem Antrag dürfen nicht Ansprüche des Benachteiligten geltend gemacht werden.

§ 18 Mitgliedschaft in Vereinigungen. (1) Die Vorschriften dieses Abschnitts gelten entsprechend für die Mitgliedschaft oder die Mitwirkung in einer

1. Tarifvertragspartei,
2. Vereinigung, deren Mitglieder einer bestimmten Berufsgruppe angehören oder die eine überragende Machtstellung im wirtschaftlichen oder sozialen Bereich innehat, wenn ein grundlegendes Interesse am Erwerb der Mitgliedschaft besteht,

sowie deren jeweiligen Zusammenschlüssen.

(2) Wenn die Ablehnung einen Verstoß gegen das Benachteiligungsverbot des § 7 Abs. 1 darstellt, besteht ein Anspruch auf Mitgliedschaft oder Mitwirkung in den in Absatz 1 genannten Vereinigungen.

Abschnitt 3. Schutz vor Benachteiligung im Zivilrechtsverkehr

§ 19 Zivilrechtliches Benachteiligungsverbot. (1) Eine Benachteiligung aus Gründen der Rasse oder wegen der ethnischen Herkunft, wegen des Geschlechts, der Religion, einer Behinderung, des Alters oder der sexuellen Identität bei der Begründung, Durchführung und Beendigung zivilrechtlicher Schuldverhältnisse, die

1. typischerweise ohne Ansehen der Person zu vergleichbaren Bedingungen in einer Vielzahl von Fällen zustande kommen (Massengeschäfte) oder bei denen das Ansehen der Person nach der Art des Schuldverhältnisses eine nachrangige Bedeutung hat und die zu vergleichbaren Bedingungen in einer Vielzahl von Fällen zustande kommen oder
2. eine privatrechtliche Versicherung zum Gegenstand haben,

ist unzulässig.

(2) Eine Benachteiligung aus Gründen der Rasse oder wegen der ethnischen Herkunft ist darüber hinaus auch bei der Begründung, Durchführung und Beendigung sonstiger zivilrechtlicher Schuldverhältnisse im Sinne des § 2 Abs. 1 Nr. 5 bis 8 unzulässig.

(3) Bei der Vermietung von Wohnraum ist eine unterschiedliche Behandlung im Hinblick auf die Schaffung und Erhaltung sozial stabiler Bewohnerstrukturen und ausgewogener Siedlungsstrukturen sowie ausgeglichener wirtschaftlicher, sozialer und kultureller Verhältnisse zulässig.

(4) Die Vorschriften dieses Abschnitts finden keine Anwendung auf familien- und erbrechtliche Schuldverhältnisse.

(5) [1] Die Vorschriften dieses Abschnitts finden keine Anwendung auf zivilrechtliche Schuldverhältnisse, bei denen ein besonderes Nähe- oder Vertrauensverhältnis der Parteien oder ihrer Angehörigen begründet wird. [2] Bei Mietverhältnissen kann dies insbesondere der Fall sein, wenn die Parteien oder ihre Angehörigen Wohnraum auf demselben Grundstück nutzen. [3] Die Vermietung von Wohnraum zum nicht nur vorübergehenden Gebrauch ist in der Regel kein Geschäft im Sinne des Absatzes 1 Nr. 1, wenn der Vermieter insgesamt nicht mehr als 50 Wohnungen vermietet.

§ 20 Zulässige unterschiedliche Behandlung. (1) [1] Eine Verletzung des Benachteiligungsverbots ist nicht gegeben, wenn für eine unterschiedliche

Behandlung wegen der Religion, einer Behinderung, des Alters, der sexuellen Identität oder des Geschlechts ein sachlicher Grund vorliegt. [2] Das kann insbesondere der Fall sein, wenn die unterschiedliche Behandlung

1. der Vermeidung von Gefahren, der Verhütung von Schäden oder anderen Zwecken vergleichbarer Art dient,
2. dem Bedürfnis nach Schutz der Intimsphäre oder der persönlichen Sicherheit Rechnung trägt,
3. besondere Vorteile gewährt und ein Interesse an der Durchsetzung der Gleichbehandlung fehlt,
4. an die Religion eines Menschen anknüpft und im Hinblick auf die Ausübung der Religionsfreiheit oder auf das Selbstbestimmungsrecht der Religionsgemeinschaften, der ihnen zugeordneten Einrichtungen ohne Rücksicht auf ihre Rechtsform sowie der Vereinigungen, die sich die gemeinschaftliche Pflege einer Religion zur Aufgabe machen, unter Beachtung des jeweiligen Selbstverständnisses gerechtfertigt ist.

(2) [1] Kosten im Zusammenhang mit Schwangerschaft und Mutterschaft dürfen auf keinen Fall zu unterschiedlichen Prämien oder Leistungen führen. [2] Eine unterschiedliche Behandlung wegen der Religion, einer Behinderung, des Alters oder der sexuellen Identität ist im Falle des § 19 Abs. 1 Nr. 2 nur zulässig, wenn diese auf anerkannten Prinzipien risikoadäquater Kalkulation beruht, insbesondere auf einer versicherungsmathematisch ermittelten Risikobewertung unter Heranziehung statistischer Erhebungen.

§ 21 Ansprüche. (1) [1] Der Benachteiligte kann bei einem Verstoß gegen das Benachteiligungsverbot unbeschadet weiterer Ansprüche die Beseitigung der Beeinträchtigung verlangen. [2] Sind weitere Beeinträchtigungen zu besorgen, so kann er auf Unterlassung klagen.

(2) [1] Bei einer Verletzung des Benachteiligungsverbots ist der Benachteiligende verpflichtet, den hierdurch entstandenen Schaden zu ersetzen. [2] Dies gilt nicht, wenn der Benachteiligende die Pflichtverletzung nicht zu vertreten hat. [3] Wegen eines Schadens, der nicht Vermögensschaden ist, kann der Benachteiligte eine angemessene Entschädigung in Geld verlangen.

(3) Ansprüche aus unerlaubter Handlung bleiben unberührt.

(4) Auf eine Vereinbarung, die von dem Benachteiligungsverbot abweicht, kann sich der Benachteiligende nicht berufen.

(5) [1] Ein Anspruch nach den Absätzen 1 und 2 muss innerhalb einer Frist von zwei Monaten geltend gemacht werden. [2] Nach Ablauf der Frist kann der Anspruch nur geltend gemacht werden, wenn der Benachteiligte ohne Verschulden an der Einhaltung der Frist verhindert war.

Abschnitt 4. Rechtsschutz

§ 22 Beweislast. Wenn im Streitfall die eine Partei Indizien beweist, die eine Benachteiligung wegen eines in § 1 genannten Grundes vermuten lassen, trägt die andere Partei die Beweislast dafür, dass kein Verstoß gegen die Bestimmungen zum Schutz vor Benachteiligung vorgelegen hat.

§ 23 Unterstützung durch Antidiskriminierungsverbände. (1) [1] Antidiskriminierungsverbände sind Personenzusammenschlüsse, die nicht gewerbsmäßig und nicht nur vorübergehend entsprechend ihrer Satzung die besonderen Interessen von benachteiligten Personen oder Personengruppen nach Maßgabe von § 1 wahrnehmen. [2] Die Befugnisse nach den Absätzen 2 bis 4 stehen ihnen zu, wenn sie mindestens 75 Mitglieder haben oder einen Zusammenschluss aus mindestens sieben Verbänden bilden.

(2) [1] Antidiskriminierungsverbände sind befugt, im Rahmen ihres Satzungszwecks in gerichtlichen Verfahren als Beistände Benachteiligter in der Verhandlung aufzutreten. [2] Im Übrigen bleiben die Vorschriften der Verfahrensordnungen, insbesondere diejenigen, nach denen Beiständen weiterer Vortrag untersagt werden kann, unberührt.

(3) Antidiskriminierungsverbänden ist im Rahmen ihres Satzungszwecks die Besorgung von Rechtsangelegenheiten Benachteiligter gestattet.

(4) Besondere Klagerechte und Vertretungsbefugnisse von Verbänden zu Gunsten von behinderten Menschen bleiben unberührt.

Abschnitt 5. Sonderregelungen für öffentlich-rechtliche Dienstverhältnisse

§ 24 Sonderregelung für öffentlich-rechtliche Dienstverhältnisse.

Die Vorschriften dieses Gesetzes gelten unter Berücksichtigung ihrer besonderen Rechtsstellung entsprechend für

1. Beamtinnen und Beamte des Bundes, der Länder, der Gemeinden, der Gemeindeverbände sowie der sonstigen der Aufsicht des Bundes oder eines Landes unterstehenden Körperschaften, Anstalten und Stiftungen des öffentlichen Rechts,
2. Richterinnen und Richter des Bundes und der Länder,
3. Zivildienstleistende sowie anerkannte Kriegsdienstverweigerer, soweit ihre Heranziehung zum Zivildienst betroffen ist.

Abschnitt 6. Antidiskriminierungsstelle

§ 25 Antidiskriminierungsstelle des Bundes. (1) Beim Bundesministerium für Familie, Senioren, Frauen und Jugend wird unbeschadet der Zuständigkeit der Beauftragten des Deutschen Bundestages oder der Bundesregierung die Stelle des Bundes zum Schutz vor Benachteiligungen wegen eines in § 1 genannten Grundes (Antidiskriminierungsstelle des Bundes) errichtet.

(2) [1] Der Antidiskriminierungsstelle des Bundes ist die für die Erfüllung ihrer Aufgaben notwendige Personal- und Sachausstattung zur Verfügung zu stellen. [2] Sie ist im Einzelplan des Bundesministeriums für Familie, Senioren, Frauen und Jugend in einem eigenen Kapitel auszuweisen.

§ 26 Rechtsstellung der Leitung der Antidiskriminierungsstelle des Bundes. (1) [1] Die Bundesministerin oder der Bundesminister für Familie, Senioren, Frauen und Jugend ernennt auf Vorschlag der Bundesregierung eine Person zur Leitung der Antidiskriminierungsstelle des Bundes. [2] Sie steht nach Maßgabe dieses Gesetzes in einem öffentlich-rechtlichen Amtsverhältnis zum Bund. [3] Sie ist in Ausübung ihres Amtes unabhängig und nur dem Gesetz unterworfen.

(2) Das Amtsverhältnis beginnt mit der Aushändigung der Urkunde über die Ernennung durch die Bundesministerin oder den Bundesminister für Familie, Senioren, Frauen und Jugend.

(3) [1] Das Amtsverhältnis endet außer durch Tod

1. mit dem Zusammentreten eines neuen Bundestages,
2. durch Ablauf der Amtszeit mit Erreichen der Altersgrenze nach § 51 Abs. 1 und 2 des Bundesbeamtengesetzes[1)],
3. mit der Entlassung.

[2] Die Bundesministerin oder der Bundesminister für Familie, Senioren, Frauen und Jugend entlässt die Leiterin oder den Leiter der Antidiskriminierungsstelle des Bundes auf deren Verlangen oder wenn Gründe vorliegen, die bei einer Richterin oder einem Richter auf Lebenszeit die Entlassung aus dem Dienst rechtfertigen. [3] Im Falle der Beendigung des Amtsverhältnisses erhält die Leiterin oder der Leiter der Antidiskriminierungsstelle des Bundes eine von der Bundesministerin oder dem Bundesminister für Familie, Senioren, Frauen und Jugend vollzogene Urkunde. [4] Die Entlassung wird mit der Aushändigung der Urkunde wirksam.

(4) [1] Das Rechtsverhältnis der Leitung der Antidiskriminierungsstelle des Bundes gegenüber dem Bund wird durch Vertrag mit dem Bundesministerium für Familie, Senioren, Frauen und Jugend geregelt. [2] Der Vertrag bedarf der Zustimmung der Bundesregierung.

(5) [1] Wird eine Bundesbeamtin oder ein Bundesbeamter zur Leitung der Antidiskriminierungsstelle des Bundes bestellt, scheidet er oder sie mit Beginn des Amtsverhältnisses aus dem bisherigen Amt aus. [2] Für die Dauer des Amtsverhältnisses ruhen die aus dem Beamtenverhältnis begründeten Rechte und Pflichten mit Ausnahme der Pflicht zur Amtsverschwiegenheit und des Verbots der Annahme von Belohnungen oder Geschenken. [3] Bei unfallverletzten Beamtinnen oder Beamten bleiben die gesetzlichen Ansprüche auf das Heilverfahren und einen Unfallausgleich unberührt.

§ 27 Aufgaben. (1) Wer der Ansicht ist, wegen eines in § 1 genannten Grundes benachteiligt worden zu sein, kann sich an die Antidiskriminierungsstelle des Bundes wenden.

(2) [1] Die Antidiskriminierungsstelle des Bundes unterstützt auf unabhängige Weise Personen, die sich nach Absatz 1 an sie wenden, bei der Durchsetzung ihrer Rechte zum Schutz vor Benachteiligungen. [2] Hierbei kann sie insbesondere

1. über Ansprüche und die Möglichkeiten des rechtlichen Vorgehens im Rahmen gesetzlicher Regelungen zum Schutz vor Benachteiligungen informieren,
2. Beratung durch andere Stellen vermitteln,
3. eine gütliche Beilegung zwischen den Beteiligten anstreben.

[3] Soweit Beauftragte des Deutschen Bundestages oder der Bundesregierung zuständig sind, leitet die Antidiskriminierungsstelle des Bundes die Anliegen der in Absatz 1 genannten Personen mit deren Einverständnis unverzüglich an diese weiter.

[1)] Nr. 2.

(3) Die Antidiskriminierungsstelle des Bundes nimmt auf unabhängige Weise folgende Aufgaben wahr, soweit nicht die Zuständigkeit der Beauftragten der Bundesregierung oder des Deutschen Bundestages berührt ist:

1. Öffentlichkeitsarbeit,
2. Maßnahmen zur Verhinderung von Benachteiligungen aus den in § 1 genannten Gründen,
3. Durchführung wissenschaftlicher Untersuchungen zu diesen Benachteiligungen.

(4) [1] Die Antidiskriminierungsstelle des Bundes und die in ihrem Zuständigkeitsbereich betroffenen Beauftragten der Bundesregierung und des Deutschen Bundestages legen gemeinsam dem Deutschen Bundestag alle vier Jahre Berichte über Benachteiligungen aus den in § 1 genannten Gründen vor und geben Empfehlungen zur Beseitigung und Vermeidung dieser Benachteiligungen. [2] Sie können gemeinsam wissenschaftliche Untersuchungen zu Benachteiligungen durchführen.

(5) Die Antidiskriminierungsstelle des Bundes und die in ihrem Zuständigkeitsbereich betroffenen Beauftragten der Bundesregierung und des Deutschen Bundestages sollen bei Benachteiligungen aus mehreren der in § 1 genannten Gründe zusammenarbeiten.

§ 28 Befugnisse. (1) Die Antidiskriminierungsstelle des Bundes kann in Fällen des § 27 Abs. 2 Satz 2 Nr. 3 Beteiligte um Stellungnahmen ersuchen, soweit die Person, die sich nach § 27 Abs. 1 an sie gewandt hat, hierzu ihr Einverständnis erklärt.

(2) [1] Alle Bundesbehörden und sonstigen öffentlichen Stellen im Bereich des Bundes sind verpflichtet, die Antidiskriminierungsstelle des Bundes bei der Erfüllung ihrer Aufgaben zu unterstützen, insbesondere die erforderlichen Auskünfte zu erteilen. [2] Die Bestimmungen zum Schutz personenbezogener Daten bleiben unberührt.

§ 29 Zusammenarbeit mit Nichtregierungsorganisationen und anderen Einrichtungen. Die Antidiskriminierungsstelle des Bundes soll bei ihrer Tätigkeit Nichtregierungsorganisationen sowie Einrichtungen, die auf europäischer, Bundes-, Landes- oder regionaler Ebene zum Schutz vor Benachteiligungen wegen eines in § 1 genannten Grundes tätig sind, in geeigneter Form einbeziehen.

§ 30 Beirat. (1) [1] Zur Förderung des Dialogs mit gesellschaftlichen Gruppen und Organisationen, die sich den Schutz vor Benachteiligungen wegen eines in § 1 genannten Grundes zum Ziel gesetzt haben, wird der Antidiskriminierungsstelle des Bundes ein Beirat beigeordnet. [2] Der Beirat berät die Antidiskriminierungsstelle des Bundes bei der Vorlage von Berichten und Empfehlungen an den Deutschen Bundestag nach § 27 Abs. 4 und kann hierzu sowie zu wissenschaftlichen Untersuchungen nach § 27 Abs. 3 Nr. 3 eigene Vorschläge unterbreiten.

(2) [1] Das Bundesministerium für Familie, Senioren, Frauen und Jugend beruft im Einvernehmen mit der Leitung der Antidiskriminierungsstelle des Bundes sowie den entsprechend zuständigen Beauftragten der Bundesregierung oder des Deutschen Bundestages die Mitglieder dieses Beirats und für jedes Mitglied eine Stellvertretung. [2] In den Beirat sollen Vertreterinnen und Ver-

treter gesellschaftlicher Gruppen und Organisationen sowie Expertinnen und Experten in Benachteiligungsfragen berufen werden. [3]Die Gesamtzahl der Mitglieder des Beirats soll 16 Personen nicht überschreiten. [4]Der Beirat soll zu gleichen Teilen mit Frauen und Männern besetzt sein.

(3) Der Beirat gibt sich eine Geschäftsordnung, die der Zustimmung des Bundesministeriums für Familie, Senioren, Frauen und Jugend bedarf.

(4) [1]Die Mitglieder des Beirats üben die Tätigkeit nach diesem Gesetz ehrenamtlich aus. [2]Sie haben Anspruch auf Aufwandsentschädigung sowie Reisekostenvergütung, Tagegelder und Übernachtungsgelder. [3]Näheres regelt die Geschäftsordnung.

Abschnitt 7. Schlussvorschriften

§ 31 Unabdingbarkeit. Von den Vorschriften dieses Gesetzes kann nicht zu Ungunsten der geschützten Personen abgewichen werden.

§ 32 Schlussbestimmung. Soweit in diesem Gesetz nicht Abweichendes bestimmt ist, gelten die allgemeinen Bestimmungen.

§ 33 Übergangsbestimmungen. (1) Bei Benachteiligungen nach den §§ 611a, 611b und 612 Abs. 3 des Bürgerlichen Gesetzbuchs oder sexuellen Belästigungen nach dem Beschäftigtenschutzgesetz ist das vor dem 18. August 2006 maßgebliche Recht anzuwenden.

(2) [1]Bei Benachteiligungen aus Gründen der Rasse oder wegen der ethnischen Herkunft sind die §§ 19 bis 21 nicht auf Schuldverhältnisse anzuwenden, die vor dem 18. August 2006 begründet worden sind. [2]Satz 1 gilt nicht für spätere Änderungen von Dauerschuldverhältnissen.

(3) [1]Bei Benachteiligungen wegen des Geschlechts, der Religion, einer Behinderung, des Alters oder der sexuellen Identität sind die §§ 19 bis 21 nicht auf Schuldverhältnisse anzuwenden, die vor dem 1. Dezember 2006 begründet worden sind. [2]Satz 1 gilt nicht für spätere Änderungen von Dauerschuldverhältnissen.

(4) [1]Auf Schuldverhältnisse, die eine privatrechtliche Versicherung zum Gegenstand haben, ist § 19 Abs. 1 nicht anzuwenden, wenn diese vor dem 22. Dezember 2007 begründet worden sind. [2]Satz 1 gilt nicht für spätere Änderungen solcher Schuldverhältnisse.

(5) [1]Bei Versicherungsverhältnissen, die vor dem 21. Dezember 2012 begründet werden, ist eine unterschiedliche Behandlung wegen des Geschlechts im Falle des § 19 Absatz 1 Nummer 2 bei den Prämien oder Leistungen nur zulässig, wenn dessen Berücksichtigung bei einer auf relevanten und genauen versicherungsmathematischen und statistischen Daten beruhenden Risikobewertung ein bestimmender Faktor ist. [2]Kosten im Zusammenhang mit Schwangerschaft und Mutterschaft dürfen auf keinen Fall zu unterschiedlichen Prämien oder Leistungen führen.

6. Gesetz für die Gleichstellung von Frauen und Männern in der Bundesverwaltung und in den Gerichten des Bundes (Bundesgleichstellungsgesetz – BGleiG)[1]

Vom 24. April 2015
(BGBl. I S. 642, 643)

FNA 205-3

zuletzt geänd. durch Art. 2 G zur Ergänzung und Änd. der Regelungen für die gleichberechtigte Teilhabe von Frauen an Führungspositionen in der Privatwirtschaft und im öffentlichen Dienst v. 7.8. 2021 (BGBl. I S. 3311)

Inhaltsübersicht

Abschnitt 1. Allgemeine Bestimmungen

§ 1 Ziele des Gesetzes
§ 2 Geltungsbereich
§ 3 Begriffsbestimmungen
§ 4 Allgemeine Pflichten

Abschnitt 2. Maßnahmen zur Gleichstellung von Frauen und Männern

§ 5 Ausnahmen von der Anwendung
§ 6 Arbeitsplatzausschreibung
§ 7 Bewerbungsgespräche
§ 8 Auswahlentscheidungen bei Einstellung, beruflichem Aufstieg und der Vergabe von Ausbildungsplätzen
§ 9 Qualifikation von Bewerberinnen und Bewerbern
§ 10 Fortbildung, Dienstreisen

Abschnitt 3. Gleichstellungsplan

§ 11 Zweck
§ 12 Erstellung
§ 13 Inhalt
§ 14 Veröffentlichung und Kenntnisgabe

Abschnitt 4. Vereinbarkeit von Familie oder Pflege mit der Berufstätigkeit

§ 15 Arbeitszeiten und sonstige Rahmenbedingungen
§ 16 Teilzeitbeschäftigung, Telearbeit, mobiles Arbeiten und Beurlaubung zur Wahrnehmung von Familien- oder Pflegeaufgaben
§ 17 Wechsel zur Vollzeitbeschäftigung, beruflicher Wiedereinstieg
§ 18 Verbot von Benachteiligungen

Abschnitt 5. Gleichstellungsbeauftragte, Stellvertreterin und Vertrauensfrau

§ 19 Wahl, Verordnungsermächtigung
§ 20 Bestellung
§ 21 Anfechtung der Wahl
§ 22 Vorzeitiges Ausscheiden
§ 23 Zusammenlegung, Aufspaltung und Eingliederung
§ 24 Rechtsstellung
§ 25 Aufgaben, Rechte und Pflichten der Gleichstellungsbeauftragten
§ 26 Aufgaben der Stellvertreterin und der Vertrauensfrau
§ 27 Beteiligung und Unterstützung der Gleichstellungsbeauftragten
§ 28 Schutzrechte
§ 29 Ausstattung

---

[1] Verkündet als Art. 2 des G für die gleichberechtigte Teilhabe von Frauen und Männern an Führungspositionen in der Privatwirtschaft und im öffentlichen Dienst v. 24.4.2015 (BGBl. I S. 642); Inkrafttreten gem. Art. 24 Abs. 2 Satz 1 dieses G am 1.5.2015.

§ 30 Zusammenarbeit und Information
§ 31 Verschwiegenheitspflicht
§ 32 Form der Mitwirkung und Stufenbeteiligung
§ 33 Einspruchsrecht und Einspruchsverfahren
§ 34 Gerichtliches Verfahren
§ 35 Fragerecht
§ 36 Interministerieller Arbeitskreis der Gleichstellungsbeauftragten

Abschnitt 6. Sonderregelungen, Statistik, Bericht und Übergangsbestimmungen

§ 37 Sonderregelungen für den Bundesnachrichtendienst
§ 38 Statistik, Verordnungsermächtigung
§ 39 Bericht
§ 40 Übergangsbestimmung

Abschnitt 1. Allgemeine Bestimmungen

§ 1 Ziele des Gesetzes. (1) Ziel des Gesetzes ist es,

1. die Gleichstellung von Frauen und Männern zu verwirklichen,
2. bestehende Benachteiligungen auf Grund des Geschlechts, insbesondere Benachteiligungen von Frauen, zu beseitigen und künftige Benachteiligungen zu verhindern sowie
3. die Familienfreundlichkeit sowie die Vereinbarkeit von Familie, Pflege und Berufstätigkeit für die Beschäftigten zu verbessern.

(2) [1] Nach Maßgabe dieses Gesetzes wird die tatsächliche Durchsetzung der Gleichberechtigung von Frauen und Männern gefördert. [2] Strukturelle Benachteiligungen von Frauen sind durch deren gezielte Förderung zu beheben. [3] Ziel ist es, die gleichberechtigte Teilhabe von Frauen und Männern an Führungspositionen nach Maßgabe dieses Gesetzes bis zum 31. Dezember 2025 zu erreichen.

(3) [1] Bei der Erreichung der Ziele sind die besonderen Belange von Frauen mit Behinderungen und von Behinderung bedrohter Frauen im Sinne von § 2 Absatz 1 des Neunten Buches Sozialgesetzbuch zu berücksichtigen. [2] Im Übrigen gilt § 2 Absatz 1 Satz 2 des Behindertengleichstellungsgesetzes.

§ 2 Geltungsbereich. (1) Dieses Gesetz gilt für die Dienststellen nach § 3 Nummer 5.

(2) [1] Juristische Personen, an denen der Bund mittelbar oder unmittelbar beteiligt ist, können dieses Gesetz in der Satzung ganz oder teilweise für sich verbindlich erklären. [2] Ein entsprechender Beschluss zur Satzungsänderung muss einstimmig gefasst werden.

§ 3 Begriffsbestimmungen. Im Sinne dieses Gesetzes sind:

1. Arbeitsplätze: Ausbildungsplätze, Stellen, Planstellen sowie Dienstposten, die mit Beschäftigten im Sinne dieses Gesetzes besetzbar sind und für deren personelle Ausführung lediglich finanzielle Mittel benötigt werden, unabhängig davon, ob die Beschäftigung aus für Stellen und Planstellen bereitgestellten oder sonstigen Haushaltsmitteln finanziert wird;
2. Bereiche: Besoldungs- und Entgeltgruppen oder Laufbahngruppen, Laufbahnen und Fachrichtungen, Berufsausbildungen einschließlich des Vorbereitungsdienstes sowie Ebenen mit Führungspositionen einschließlich der Stellen und Planstellen Vorsitzender Richterinnen und Vorsitzender Richter;

3. beruflicher Aufstieg: Beförderungen, Höhergruppierungen, Höherreihungen sowie Übertragungen höher bewerteter Dienstposten und Arbeitsplätze;
4. Beschäftigte: Beamtinnen und Beamte, Arbeitnehmerinnen und Arbeitnehmer einschließlich Auszubildender, Richterinnen und Richter sowie Inhaberinnen und Inhaber öffentlich-rechtlicher Ämter;
5. Dienststellen:
   a) Bundesgerichte,
   b) Behörden und Verwaltungsstellen der unmittelbaren Bundesverwaltung einschließlich solcher im Bereich der Streitkräfte sowie
   c) Körperschaften, Anstalten und Stiftungen des öffentlichen Rechts des Bundes;

   maßgebend sind § 4 Absatz 1 Nummer 4 und 6 sowie § 6 des Bundespersonalvertretungsgesetzes;
6. Familienaufgaben: die tatsächliche Betreuung von mindestens einem Kind unter 18 Jahren durch Beschäftigte; dies schließt auch die Inanspruchnahme einer Elternzeit nach dem Bundeselterngeld- und Elternzeitgesetz[1] ein;
7. Pflegeaufgaben: die tatsächliche, nicht erwerbsmäßige häusliche Pflege oder Betreuung einer im Sinne des Siebten Kapitels des Zwölften Buches Sozialgesetzbuch pflegebedürftigen Person durch Beschäftigte; dies schließt auch die Inanspruchnahme einer Pflegezeit nach dem Pflegezeitgesetz sowie die Inanspruchnahme einer Familienpflegezeit nach dem Familienpflegezeitgesetz ein;
8. Qualifikation: Eignung, Befähigung und fachliche Leistung;
9. unterrepräsentiert: Status von Frauen, wenn ihr jeweiliger Anteil an der Gesamtzahl der weiblichen und männlichen Beschäftigten in einem einzelnen Bereich unter 50 Prozent liegt; bei einer ungeraden Gesamtzahl der weiblichen und männlichen Beschäftigten sind Frauen unterrepräsentiert, wenn das Ungleichgewicht mindestens zwei Personen beträgt;
10. Führungspositionen: alle Arbeitsplätze mit Vorgesetzten- oder Leitungsaufgaben.

§ 4 Allgemeine Pflichten. (1) [1]Die Beschäftigten, insbesondere solche in den Führungspositionen, sowie die Leitung und Personalverwaltung der Dienststelle haben die Erreichung der Ziele dieses Gesetzes zu fördern. [2]Diese Verpflichtung ist als durchgängiges Leitprinzip bei allen Aufgabenbereichen und Entscheidungen der Dienststellen sowie bei der Zusammenarbeit von Dienststellen zu berücksichtigen. [3]Auch bei grundlegenden Änderungen von Verfahrensabläufen in personellen, organisatorischen oder sozialen Angelegenheiten, insbesondere durch Automatisierung oder Auslagerung, ist die Durchsetzung dieses Gesetzes sicherzustellen.

(2) [1]Gewähren Dienststellen Zuwendungen nach § 23 der Bundeshaushaltsordnung als institutionelle Förderungen, so sollen sie durch Nebenbestimmung zum Zuwendungsbescheid oder vertragliche Vereinbarung sicherstellen, dass die institutionellen Zuwendungsempfängerinnen und -empfänger die Grundzüge dieses Gesetzes anwenden. [2]Aus der Nebenbestimmung zum Zuwendungsbescheid oder der vertraglichen Vereinbarung muss hervorgehen, welche

[1] Nr. **16**.

Vorschriften anzuwenden sind. [3] Die Sätze 1 und 2 gelten auch für den Fall, dass Stellen außerhalb der Bundesverwaltung mit Bundesmitteln im Wege der Zuweisung institutionell gefördert werden.

(3) [1] Die Rechts- und Verwaltungsvorschriften des Bundes, die Dienstvereinbarungen der Dienststellen sowie die Satzungen, Verträge und Vertragsformulare der Körperschaften, Anstalten und Stiftungen sollen die Gleichstellung von Frauen und Männern auch sprachlich zum Ausdruck bringen. [2] Dies gilt auch für den Schriftverkehr.

Abschnitt 2. Maßnahmen zur Gleichstellung von Frauen und Männern

§ 5 Ausnahmen von der Anwendung. (1) Die Vorschriften dieses Abschnitts sind nur dann nicht anzuwenden, wenn die Zugehörigkeit zu einem bestimmten Geschlecht unverzichtbare Voraussetzung für die auszuübende Tätigkeit ist.

(2) Die Beteiligungsrechte der Personalvertretung und die der Schwerbehindertenvertretung bleiben unberührt.

§ 6 Arbeitsplatzausschreibung. (1) [1] Ausschreibungen von Arbeitsplätzen müssen geschlechtsneutral erfolgen. [2] Es ist insbesondere unzulässig, Arbeitsplätze nur für Männer oder nur für Frauen auszuschreiben. [3] Der Ausschreibungstext muss so formuliert sein, dass er alle Geschlechter in gleicher Weise anspricht. [4] Sind Frauen in dem jeweiligen Bereich unterrepräsentiert, so sind sie verstärkt zur Bewerbung aufzufordern. [5] Jede Ausschreibung, insbesondere die Ausschreibungen für die Besetzung von Führungspositionen ungeachtet der Hierarchieebene, hat den Hinweis zu enthalten, dass der ausgeschriebene Arbeitsplatz in Teilzeit besetzt werden kann. [6] Der Hinweis darf entfallen, sofern einer Besetzung in Teilzeit zwingende dienstliche Belange entgegenstehen.

(2) [1] Wenn in einem Bereich Frauen unterrepräsentiert sind, soll ein freier Arbeitsplatz ausgeschrieben werden, um die Zahl der Bewerberinnen zu erhöhen. [2] Der Arbeitsplatz soll öffentlich ausgeschrieben werden, wenn dieses Ziel weder mit einer hausinternen noch mit einer dienststellenübergreifenden Ausschreibung erreicht werden kann. [3] Ausnahmen nach § 8 Absatz 1 Satz 3 des Bundesbeamtengesetzes[1)] bleiben unberührt.

(3) Arbeitsplatzausschreibungen müssen die Anforderungen des zu besetzenden Arbeitsplatzes festlegen und im Hinblick auf mögliche künftige Funktionen der Bewerberinnen und Bewerber auch das vorausgesetzte Anforderungs- und Qualifikationsprofil der Laufbahn oder des Funktionsbereichs enthalten.

§ 7 Bewerbungsgespräche. (1) [1] Liegen in ausreichender Zahl Bewerbungen von Frauen vor, die das in der Ausschreibung vorgegebene Anforderungs- und Qualifikationsprofil aufweisen, müssen bei der Besetzung von Arbeitsplätzen in einem Bereich, in dem Frauen unterrepräsentiert sind, mindestens ebenso viele Frauen wie Männer zu Vorstellungsgesprächen oder besonderen Auswahlverfahren eingeladen werden. [2] § 165 des Neunten Buches Sozialgesetzbuch bleibt unberührt.

---

1) Nr. 2.

(2) In Vorstellungsgesprächen und besonderen Auswahlverfahren sind insbesondere Fragen nach dem Familienstand, einer bestehenden oder geplanten Schwangerschaft sowie nach bestehenden oder geplanten Familien- oder Pflegeaufgaben unzulässig.

(3) [1] Auswahlkommissionen sollen geschlechterparitätisch besetzt sein. [2] Ist eine paritätische Besetzung aus triftigen Gründen nicht möglich, sind die jeweiligen Gründe aktenkundig zu machen.

§ 8 Auswahlentscheidungen bei Einstellung, beruflichem Aufstieg und der Vergabe von Ausbildungsplätzen. (1) [1] Sind Frauen in einem Bereich unterrepräsentiert, so hat die Dienststelle sie bei gleicher Qualifikation wie ihre Mitbewerber bevorzugt zu berücksichtigen

1. bei der Besetzung von Ausbildungsplätzen,
2. bei der Einstellung,
3. beim beruflichen Aufstieg,
4. bei der Versetzung, wenn ihr ein Ausschreibungsverfahren vorausgeht, sowie
5. bei der Abordnung und Umsetzung für jeweils mehr als drei Monate, wenn ihr ein Ausschreibungsverfahren vorausgeht.

[2] Die bevorzugte Berücksichtigung ist ausgeschlossen, wenn rechtlich schutzwürdige Interessen überwiegen, die in der Person eines Mitbewerbers liegen.

(2) [1] Absatz 1 gilt insbesondere für

1. die Besetzung von Stellen von Beamtinnen und Beamten, von Arbeitnehmerinnen und Arbeitnehmern, von Auszubildenden sowie von Richterinnen und Richtern, es sei denn, für die Berufung von Richterinnen und Richtern ist eine Wahl oder die Mitwirkung eines Wahlausschusses vorgeschrieben;
2. den beruflichen Aufstieg, es sei denn, die Entscheidung über diesen Aufstieg erfolgt durch eine Wahl oder unter Mitwirkung eines Wahlausschusses.

[2] Satz 1 schließt auch Führungspositionen ungeachtet der Hierarchieebene ein.

(3) Die Ausnahmeregelung in Absatz 2 Satz 1 Nummer 1 gilt entsprechend für die Stellen von Mitgliedern des Bundesrechnungshofes, für deren Ernennung nach § 5 Absatz 2 Satz 2 des Bundesrechnungshofgesetzes vom 11. Juli 1985 (BGBl. I S. 1445), das zuletzt durch Artikel 15 Absatz 82 des Gesetzes vom 5. Februar 2009 (BGBl. I S. 160) geändert worden ist, der Ständige Ausschuss des Großen Senats des Bundesrechnungshofes zu hören ist.

§ 9 Qualifikation von Bewerberinnen und Bewerbern. (1) [1] Die Qualifikation einer Bewerberin oder eines Bewerbers wird anhand der Anforderungen des zu besetzenden Arbeitsplatzes ermittelt, insbesondere aus der hierfür erforderlichen Ausbildung, dem Qualifikationsprofil der Laufbahn oder des Funktionsbereichs sowie aus den beruflichen Erfahrungen. [2] Das Dienstalter, die Beschäftigungsdauer und der Zeitpunkt der letzten Beförderung von Bewerberinnen und Bewerbern dürfen nur insoweit berücksichtigt werden, wie sie für die Qualifikation für den betreffenden Arbeitsplatz von Bedeutung sind. [3] Spezifische, durch Familien- oder Pflegeaufgaben erworbene Erfahrungen und Fähigkeiten sind zu berücksichtigen, soweit sie für die Ausübung der jeweiligen Tätigkeit von Bedeutung sind.

(2) Folgende Umstände dürfen nicht Teil der vergleichenden Bewertung sein:

1. durch die Wahrnehmung von Familien- oder Pflegeaufgaben bedingte
   a) Unterbrechungen der Berufstätigkeit,
   b) geringere Anzahl aktiver Dienst- oder Beschäftigungsjahre,
   c) Reduzierungen der Arbeitszeit oder Verzögerungen beim Abschluss einzelner Ausbildungsgänge,
   d) zeitliche Belastungen,
2. die Einkommenssituation des Ehegatten, der Lebenspartnerin oder des Lebenspartners, der Lebensgefährtin oder des Lebensgefährten,
3. die Absicht, von der Möglichkeit der Arbeitszeitreduzierung oder einer Beurlaubung zur Wahrnehmung von Familien- oder Pflegeaufgaben Gebrauch zu machen,
4. organisatorische und personalwirtschaftliche Erwägungen.

§ 10 Fortbildung, Dienstreisen. (1) [1]Die Dienststelle hat die Teilnahme der Beschäftigten an Fortbildungen zu unterstützen. [2]Bei der Einführungs-, Förderungs- und Anpassungsfortbildung sind Frauen mindestens entsprechend ihrem Anteil an der jeweiligen Zielgruppe der Fortbildung zu berücksichtigen.

(2) [1]Die Dienststelle muss Beschäftigten mit Familien- oder Pflegeaufgaben im Rahmen der dienstlichen Möglichkeiten die Teilnahme an dienstlichen Fortbildungen sowie an Dienstreisen ermöglichen. [2]Soweit erforderlich, sind im Rahmen der dienstlichen Möglichkeiten zusätzliche Veranstaltungen oder alternative Dienstreisezeiträume anzubieten, die den räumlichen und zeitlichen Bedürfnissen von Beschäftigten mit Familien- oder Pflegeaufgaben entsprechen. [3]Darüber hinaus kann die Dienststelle Beschäftigten mit Familien- oder Pflegeaufgaben im Rahmen der dienstlichen Möglichkeiten die Teilnahme an dienstlichen Ausbildungen anbieten. [4]Für die Dauer der Teilnahme an

1. Maßnahmen nach Satz 1 kann im Bedarfsfall die Betreuung von Kindern oder pflegebedürftigen Personen angeboten werden,
2. Maßnahmen nach den Sätzen 1 und 3 können auf Antrag zusätzlich anfallende, unabwendbare Betreuungskosten für Kinder oder pflegebedürftige Personen erstattet werden.

(3) [1]Die Dienststelle soll in ausreichendem Maße Fortbildungen anbieten, die den beruflichen Aufstieg und den beruflichen Wiedereinstieg nach einer Unterbrechung der Berufstätigkeit zur Wahrnehmung von Familien- oder Pflegeaufgaben erleichtern. [2]Absatz 2 gilt entsprechend.

(4) [1]Die Beschäftigten der Personalverwaltung und die Beschäftigten in Führungspositionen sind verpflichtet, sich über Maßnahmen zur Gleichstellung von Frauen und Männern sowie zur Vereinbarkeit von Familie, Pflege und Berufstätigkeit zu informieren. [2]Sie sollen entsprechende Fortbildungen besuchen.

(5) Der Gleichstellungsbeauftragten und ihren Stellvertreterinnen ist zu Beginn und während ihrer Amtszeit Gelegenheit zur Fortbildung, insbesondere auf den Gebieten des Gleichstellungsrechts und des Rechts des öffentlichen Dienstes, des Arbeitsrechts sowie des Personalvertretungs-, Organisations- und des Haushaltsrechts, zu geben.

Abschnitt 3. Gleichstellungsplan

§ 11 Zweck. [1] Der Gleichstellungsplan dient der Erreichung der Ziele dieses Gesetzes und ist ein wesentliches Instrument der Personalplanung, insbesondere der Personalentwicklung. [2] Seine Umsetzung ist besondere Verpflichtung der Personalverwaltung, der Beschäftigten in Führungspositionen sowie der Dienststellenleitung.

§ 12 Erstellung. (1) [1] Jede Dienststelle hat einen Gleichstellungplan für jeweils vier Jahre zu erstellen, der nach zwei Jahren den aktuellen Gegebenheiten angepasst werden kann. [2] Die Rechte der Personalvertretung und die der Schwerbehindertenvertretung bleiben unberührt.

(2) [1] Der Gleichstellungsplan ist bis zum 31. Dezember zu erstellen und tritt am 1. Januar des Folgejahres in Kraft. [2] Für Dienststellen mit einem großen Geschäftsbereich sowie im Falle umfassender organisatorischer Änderungen in der Dienststelle können abweichend von Satz 1 im Einvernehmen mit der Gleichstellungsbeauftragten andere Stichtage festgelegt werden.

§ 13 Inhalt. (1) [1] Der Gleichstellungsplan muss eine Bestandsaufnahme vornehmen, indem er die bestehende Situation der Frauen und Männer in der Dienststelle zum 30. Juni des Jahres seiner Erstellung beschreibt und die bisherige Förderung der Beschäftigten in den einzelnen Bereichen für die vergangenen vier Jahre auswertet. [2] Zur Bestandsaufnahme gehört auch eine Darstellung, die zeigt, wie Frauen und Männer die Maßnahmen zur besseren Vereinbarkeit von Familie, Pflege und Berufstätigkeit in Anspruch genommen haben und wie sich ihr beruflicher Aufstieg darstellt im Vergleich zu Frauen und Männern, die solche Maßnahmen nicht in Anspruch genommen haben. [3] Sind die Zielvorgaben des vorherigen Gleichstellungsplans nicht umgesetzt worden, so sind im aktuellen Gleichstellungsplan die Gründe für die Zielverfehlung darzulegen.

(2) [1] Der Gleichstellungsplan legt fest, wie und bis wann

1. erreicht werden soll, dass die Führungspositionen, in denen Frauen bisher unterrepräsentiert waren, mit annähernd numerischer Gleichheit mit Frauen und Männern besetzt werden, um das Ziel des § 1 Absatz 2 Satz 2 zu erreichen,
2. die Unterrepräsentanz von Frauen in anderen Bereichen abgebaut werden soll und
3. die Vereinbarkeit von Familie oder Pflege mit der Berufstätigkeit verbessert werden soll und wie insbesondere Männer motiviert werden sollen, Angebote, die eine solche Vereinbarkeit ermöglichen, stärker in Anspruch zu nehmen.

[2] Im Gleichstellungsplan sind konkrete Zielvorgaben insbesondere zum Frauen- und Männeranteil für jede einzelne Führungsebene festzulegen. [3] Sofern Zielvorgaben zur Besetzung von Arbeitsplätzen zu entwickeln sind, über deren Besetzung die Dienststelle nicht entscheidet, sind die Vorgaben in Absprache mit der für die Arbeitsplatzbesetzung zuständigen Stelle zu entwickeln.

(3) [1] Der Gleichstellungsplan hat für jede Zielvorgabe konkrete Maßnahmen personeller, sozialer oder organisatorischer Art zur Erreichung der jeweiligen

Zielvorgabe zu benennen. [2] Er enthält insbesondere auch Maßnahmen zur Förderung der Vereinbarkeit von Familie, Pflege und Berufstätigkeit.

(4) Sofern personalwirtschaftliche Maßnahmen vorgesehen sind, durch die Stellen oder Planstellen gesperrt werden oder wegfallen, ist im Gleichstellungsplan vorzusehen, dass der Anteil des unterrepräsentierten Geschlechts in den betreffenden Bereichen zumindest nicht sinkt.

(5) Der Gleichstellungsplan darf keine personenbezogenen Daten enthalten.

§ 14 Veröffentlichung und Kenntnisgabe. Die Dienststelle hat den Gleichstellungsplan innerhalb eines Monats nach Beginn seiner Geltungsdauer im Intranet zu veröffentlichen und jeder einzelnen und jedem einzelnen Beschäftigten in Textform zur Kenntnis zu geben.

Abschnitt 4. Vereinbarkeit von Familie oder Pflege mit der Berufstätigkeit

§ 15 Arbeitszeiten und sonstige Rahmenbedingungen. [1] Die Dienststellen haben Arbeitszeiten und sonstige Rahmenbedingungen anzubieten, die allen Beschäftigten die Vereinbarkeit von Familie oder Pflege mit der Berufstätigkeit erleichtern, soweit zwingende dienstliche Belange oder zwingende betriebliche Belange dem nicht entgegenstehen. [2] Zu den sonstigen Rahmenbedingungen können Möglichkeiten zur Betreuung von Kindern oder pflegebedürftigen Personen einschließlich entsprechender Beratungs- und Vermittlungsleistungen gehören.

§ 16 Teilzeitbeschäftigung, Telearbeit, mobiles Arbeiten und Beurlaubung zur Wahrnehmung von Familien- oder Pflegeaufgaben. (1) [1] Die Dienststellen haben den Anträgen von Beschäftigten mit Familien- oder Pflegeaufgaben auf familien- oder pflegebedingte Teilzeitbeschäftigung oder auf Beurlaubung zu entsprechen, soweit zwingende dienstliche Belange dem nicht entgegenstehen. [2] Dies gilt auch für Anträge von Beschäftigten in Führungspositionen ungeachtet der Hierarchieebene.

(2) Im Rahmen der dienstlichen Möglichkeiten haben die Dienststellen den Beschäftigten mit Familien- oder Pflegeaufgaben auch Telearbeitsplätze, mobile Arbeit oder familien- oder pflegefreundliche Arbeitszeit- und Präsenzzeitmodelle anzubieten.

(3) Die Ablehnung von Anträgen nach Absatz 1 oder 2 muss in Textform begründet werden.

(4) Die Dienststellen müssen Beschäftigte, die einen Antrag auf Teilzeitbeschäftigung, familien- oder pflegefreundliche Arbeitszeitmodelle oder Beurlaubung zur Wahrnehmung von Familien- oder Pflegeaufgaben stellen, frühzeitig in Textform hinweisen auf:

1. die Folgen einer Bewilligung, insbesondere in beamten-, arbeits-, versorgungs- und rentenrechtlicher Hinsicht, sowie
2. die Möglichkeit einer Befristung mit Verlängerungsoption und deren Folgen.

(5) Die Dienststellen haben darauf zu achten, dass

1. Beschäftigte, deren Antrag auf Teilzeitbeschäftigung, familien- oder pflegefreundliche Arbeitszeitmodelle oder Beurlaubung zur Wahrnehmung von Familien- oder Pflegeaufgaben positiv entschieden wurde, eine ihrer er-

mäßigten Arbeitszeit entsprechende Entlastung von ihren dienstlichen Aufgaben erhalten und
2. sich aus der ermäßigten Arbeitszeit keine dienstlichen Mehrbelastungen für andere Beschäftigte der Dienststelle ergeben.

(6) Die Vorschriften des Teilzeit- und Befristungsgesetzes zur Teilzeitbeschäftigung sowie sonstige gesetzliche Regelungen zur Teilzeitbeschäftigung oder zur Beurlaubung bleiben von den Absätzen 1 bis 5 unberührt.

§ 17 Wechsel zur Vollzeitbeschäftigung, beruflicher Wiedereinstieg.

(1) Bei Vorliegen der gleichen Qualifikation müssen im Rahmen der Besetzung von Arbeitsplätzen vorrangig berücksichtigt werden:
1. Teilzeitbeschäftigte mit Familien- oder Pflegeaufgaben, die eine Vollzeitbeschäftigung oder eine Erhöhung ihrer wöchentlichen Arbeitszeit beantragen, sowie
2. beurlaubte Beschäftigte, die während der Beurlaubung Familien- oder Pflegeaufgaben wahrgenommen haben und eine vorzeitige Rückkehr aus der Beurlaubung beantragen.

(2) [1] Die Dienststellen haben den auf Grund von Familien- oder Pflegeaufgaben beurlaubten Beschäftigten die Verbindung zum Beruf und den beruflichen Wiedereinstieg zu erleichtern. [2] Als Maßnahmen hierfür kommen insbesondere in Betracht:
1. die Möglichkeit der Teilzeitbeschäftigung nach dem Bundeselterngeld- und Elternzeitgesetz[1)],
2. die Möglichkeit der Teilzeitbeschäftigung nach dem Teilzeit- und Befristungsgesetz, soweit die Art der Tätigkeit eine Teilzeitbeschäftigung nicht ausschließt,
3. die rechtzeitige Unterrichtung über Fortbildungsangebote,
4. das Angebot zur Teilnahme an Fortbildungen während oder nach der Beurlaubung sowie
5. das Angebot von Urlaubs- und Krankheitsvertretungen.

(3) [1] Die Teilnahme an einer Fortbildung während der Beurlaubung zur Wahrnehmung von Familien- oder Pflegeaufgaben begründet einen Anspruch auf bezahlte Dienst- oder Arbeitsbefreiung nach dem Ende der Beurlaubung. [2] Die Dauer der bezahlten Dienst- oder Arbeitsbefreiung richtet sich nach der Dauer der Fortbildung.

(4) Die Dienststelle hat rechtzeitig vor Ablauf einer Beurlaubung zur Wahrnehmung von Familien- oder Pflegeaufgaben Personalgespräche mit den betroffenen Beschäftigten zu führen, in denen deren weitere berufliche Entwicklung zu erörtern ist.

§ 18 Verbot von Benachteiligungen. (1) [1] Folgende Umstände dürfen die Einstellung sowie die berufliche Entwicklung einschließlich des beruflichen Aufstiegs nicht beeinträchtigen und sich, sofern die dienstliche Leistung beurteilt wird, nicht nachteilig auf diese Beurteilung auswirken:
1. Teilzeitbeschäftigung,

[1)] Nr. 16.

2. Telearbeit, mobiles Arbeiten sowie die Teilnahme an flexiblen Arbeits- oder Präsenzzeiten,
3. eine bestehende Schwangerschaft,
4. schwangerschafts- oder mutterschaftsbedingte Abwesenheiten auf Grund mutterschutzrechtlicher Beschäftigungsverbote,
5. Beurlaubungen auf Grund von Familien- oder Pflegeaufgaben.

[2] Dies schließt nicht aus, dass Zeiten nach Satz 1 Nummer 1 anders behandelt werden als Zeiten nach Satz 1 Nummer 4 und 5.

(2) [1] Eine unterschiedliche Behandlung von Teilzeitbeschäftigung im Verhältnis zu Vollzeitbeschäftigung ist nur zulässig, wenn zwingende sachliche Gründe dies rechtfertigen. [2] Dies gilt für Telearbeit, mobiles Arbeiten und Beurlaubungen auf Grund von Familien- oder Pflegeaufgaben mit Ausnahme der Elternzeit entsprechend.

(3) Schwangerschafts- und mutterschaftsbedingte Abwesenheiten auf Grund mutterschutzrechtlicher Beschäftigungsverbote sowie Beurlaubungen auf Grund von Familien- oder Pflegeaufgaben sind bei der Anrechnung von Wartezeiten für eine Beförderung nach § 22 Absatz 4 des Bundesbeamtengesetzes[1)] zu berücksichtigen.

Abschnitt 5. Gleichstellungsbeauftragte, Stellvertreterin und Vertrauensfrau

§ 19 Wahl, Verordnungsermächtigung. (1) [1] In jeder Dienststelle mit in der Regel mindestens 100 Beschäftigten wird eine Gleichstellungsbeauftragte gewählt. [2] Dies gilt auch für oberste Bundesbehörden mit in der Regel weniger als 100 Beschäftigten.

(2) Die Verwaltungen mit einem großen Geschäftsbereich können abweichend von Absatz 1 Satz 1 weniger Gleichstellungsbeauftragte wählen lassen, sofern sichergestellt ist, dass die Beschäftigten des gesamten Geschäftsbereichs angemessen durch eine Gleichstellungsbeauftragte vertreten werden.

(3) Gewählt werden

1. in den Dienststellen mit mindestens 100 und höchstens 1 499 Beschäftigten sowie in Dienststellen mit weniger als 100 Beschäftigten, die eine eigene Gleichstellungsbeauftragte wählen, eine Stellvertreterin,
2. in den Dienststellen mit mindestens 1 500 und höchstens 1 999 Beschäftigten zwei Stellvertreterinnen,
3. in den Dienststellen mit höchstens 1 999 Beschäftigten und einem großen Zuständigkeits- oder komplexen Aufgabenbereich zwei oder drei Stellvertreterinnen,
4. in den Verwaltungen mit einem großen Geschäftsbereich, die von der Ausnahmeregelung nach Absatz 2 Gebrauch machen, sowie in Verwaltungen, zu denen Dienststellen mit weniger als 100 Beschäftigten gehören, die keine eigene Gleichstellungsbeauftragte wählen,
   a) bei insgesamt höchstens 1 499 Beschäftigten in allen Dienststellen, die durch eine Gleichstellungsbeauftragte vertreten werden, eine Stellvertreterin,

---

[1)] Nr. 2.

b) bei insgesamt mindestens 1 500 und höchstens 1 999 Beschäftigten in allen Dienststellen, die durch eine Gleichstellungsbeauftragte vertreten werden, zwei Stellvertreterinnen,

c) bei insgesamt mindestens 2 000 Beschäftigten in allen Dienststellen, die durch eine Gleichstellungsbeauftragte vertreten werden, drei Stellvertreterinnen und

5. in den Dienststellen mit mindestens 2 000 Beschäftigten drei Stellvertreterinnen.

(4) [1]Die Wahl der Gleichstellungsbeauftragten und der jeweiligen Zahl an Stellvertreterinnen findet in getrennten Wahlgängen nach Maßgabe der allgemeinen Wahlrechtsgrundsätze statt. [2]Wahlberechtigt und wählbar sind die weiblichen Beschäftigten der Dienststelle. [3]Die Wiederwahl ist zulässig. [4]Die weiblichen Beschäftigten einer Dienststelle ohne eigene Gleichstellungsbeauftragte sind bei der nächsthöheren Dienststelle wahlberechtigt.

(5) Die Bundesregierung regelt durch Rechtsverordnung ohne Zustimmung des Bundesrates das Verfahren der Wahl nach den Absätzen 1 bis 4.

§ 20 Bestellung. (1) [1]Die Dienststelle bestellt die gewählten Beschäftigten für jeweils vier Jahre zur Gleichstellungsbeauftragten oder zur Stellvertreterin. [2]Die Bestellung setzt voraus, dass die gewählten Beschäftigten ab dem Zeitpunkt der Bestellung weder dem Personalrat noch der Schwerbehindertenvertretung angehören.

(2) [1]Findet sich für die Wahl der Gleichstellungsbeauftragten keine Kandidatin oder ist nach der Wahl keine Kandidatin gewählt, so bestellt die Dienststellenleitung die Gleichstellungsbeauftragte aus dem Kreis der weiblichen Beschäftigten von Amts wegen ohne weitere Wahl. [2]Hierzu bedarf es der Zustimmung der zu bestellenden Beschäftigten.

(3) [1]Finden sich für die Wahl der Stellvertreterinnen nicht genügend Kandidatinnen oder sind nach der Wahl nicht genügend Kandidatinnen gewählt, so bestellt die Dienststellenleitung die Stellvertreterinnen auf Vorschlag der Gleichstellungsbeauftragten von Amts wegen ohne weitere Wahl. [2]Hierzu bedarf es der Zustimmung der zu bestellenden Beschäftigten.

(4) [1]Für Dienststellen, in denen nach § 19 Absatz 2 keine eigene Gleichstellungsbeauftragte gewählt wird, und Dienststellen mit weniger als 100 Beschäftigten, die keine eigene Gleichstellungsbeauftragte wählen, sowie für Nebenstellen und Teile einer Dienststelle, die räumlich weit von dem Dienst- oder Arbeitsort der Gleichstellungsbeauftragten entfernt im Inland liegen, muss auf Vorschlag der zuständigen Gleichstellungsbeauftragten eine Vertrauensfrau bestellt werden. [2]Für Nebenstellen und Teile einer Dienststelle, die nicht räumlich weit entfernt liegen, kann die Dienststelle nach pflichtgemäßem Ermessen im Einvernehmen mit der Gleichstellungsbeauftragten eine Vertrauensfrau bestellen. [3]Die Vertrauensfrau muss Beschäftigte der jeweiligen Dienststelle, der Nebenstelle der Dienststelle oder des jeweiligen Dienststellenteils sein. [4]Die Bestellung der Vertrauensfrauen bedarf der Zustimmung der zu bestellenden weiblichen Beschäftigten.

(5) [1]Ist nach Absatz 1 oder 3 nur eine Stellvertreterin bestellt worden, so soll die Gleichstellungsbeauftragte für den Fall, dass sie und ihre Stellvertreterin gleichzeitig abwesend sind, eine Beschäftigte als zweite Stellvertreterin vorschlagen. [2]Die Dienststelle bestellt die von der Gleichstellungsbeauftragten

vorgeschlagene Beschäftigte zur zweiten Stellvertreterin. [3] Die Bestellung bedarf der Zustimmung der zu bestellenden Beschäftigten.

§ 21 Anfechtung der Wahl. (1) [1] Die Wahl kann angefochten werden, wenn gegen wesentliche Vorschriften zur Wahl verstoßen worden und der Verstoß nicht berichtigt worden ist. [2] Eine Anfechtung der Wahl scheidet aus, wenn das Wahlergebnis durch einen Verstoß gegen wesentliche Vorschriften zur Wahl nicht geändert oder beeinflusst werden konnte.

(2) Anfechtungsberechtigt sind eine Gruppe von mindestens drei Wahlberechtigten und die Dienststellenleitung.

(3) Die Anfechtung muss vor dem Verwaltungsgericht innerhalb von zwölf Arbeitstagen nach Bekanntgabe des Wahlergebnisses erfolgen.

§ 22 Vorzeitiges Ausscheiden. (1) [1] Scheidet die Gleichstellungsbeauftragte vorzeitig aus ihrem Amt aus oder ist sie nicht nur vorübergehend verhindert, ihr Amt auszuüben, hat die Dienststelle für die restliche Amtszeit unverzüglich eine neue Gleichstellungsbeauftragte zu bestellen. [2] § 19 findet keine Anwendung, wenn die Dauer der restlichen Amtszeit zwei Jahre oder weniger beträgt.

(2) [1] Scheidet eine Stellvertreterin oder eine Vertrauensfrau vorzeitig aus ihrem Amt aus oder ist sie nicht nur vorübergehend verhindert, ihr Amt auszuüben, hat die Dienststelle auf Vorschlag der Gleichstellungsbeauftragten für die restliche Amtszeit eine neue Stellvertreterin oder eine neue Vertrauensfrau zu bestellen. [2] Absatz 1 Satz 2 gilt entsprechend.

(3) Scheiden sowohl die Gleichstellungsbeauftragte als auch all ihre Stellvertreterinnen vorzeitig aus ihrem Amt aus oder sind sie nicht nur vorübergehend verhindert, ihr Amt auszuüben, finden Neuwahlen nach § 19 statt.

(4) Eine Verhinderung ist nicht nur vorübergehend, wenn das Amt auf Grund krankheitsbedingter Arbeits- oder Dienstunfähigkeit für mehr als sechs Monate ununterbrochen nicht ausgeübt werden konnte.

§ 23 Zusammenlegung, Aufspaltung und Eingliederung. (1) [1] Bei der Zusammenlegung von Dienststellen zu einer neuen Dienststelle endet die Amtszeit der Gleichstellungsbeauftragten und die der Stellvertreterinnen spätestens ein Jahr nach der Zusammenlegung. [2] Bis zu diesem Zeitpunkt erfolgt die Aufgabenaufteilung und -wahrnehmung in gegenseitigem Einvernehmen zwischen den Gleichstellungsbeauftragten und Stellvertreterinnen. [3] Neuwahlen nach § 19 müssen rechtzeitig vor Ablauf eines Jahres nach Zusammenlegung der Dienststellen abgeschlossen sein.

(2) [1] Im Falle der Teilung oder Aufspaltung einer Dienststelle in zwei oder mehrere Dienststellen endet die Amtszeit der Gleichstellungsbeauftragten und die der Stellvertreterinnen spätestens ein Jahr nach dem Vollzug des Organisationsaktes. [2] Absatz 1 Satz 3 gilt entsprechend.

(3) Wird eine Dienststelle in eine andere Dienststelle eingegliedert, endet die Amtszeit der Gleichstellungsbeauftragten und die der Stellvertreterinnen der eingegliederten Dienststelle mit Vollzug des Organisationsaktes der Eingliederung.

§ 24 Rechtsstellung. (1) [1] Die Gleichstellungsbeauftragte gehört der Personalverwaltung an. [2] In Dienststellen ist sie unmittelbar der Dienststellenleitung zugeordnet. [3] In den obersten Bundesbehörden, in denen die Personalangelegenheiten, die organisatorischen Angelegenheiten und die sozialen Angelegenheiten in einer Abteilung zusammengefasst sind, ist auch eine Zuordnung zur Leitung dieser Abteilung möglich.

(2) [1]Die Gleichstellungsbeauftragte ist in der Ausübung ihrer Tätigkeit weisungsfrei. [2]Sie darf nur in ihrer Eigenschaft als Gleichstellungsbeauftragte mit Personalangelegenheiten befasst sein. [3]Von Satz 2 unberührt bleibt ihre Befugnis, sich mit den Personalangelegenheiten der ihr zugeordneten Mitarbeiterinnen und Mitarbeiter zu befassen.

(3) Die Rechte und Pflichten der Gleichstellungsbeauftragten nach den Absätzen 1 und 2 sowie nach den §§ 28 bis 35 gelten auch für die Stellvertreterinnen, soweit dieses Gesetz nichts anderes bestimmt.

§ 25 Aufgaben, Rechte und Pflichten der Gleichstellungsbeauftragten. (1) [1]Die Gleichstellungsbeauftragte hat die Aufgabe, den Vollzug dieses Gesetzes sowie des Allgemeinen Gleichbehandlungsgesetzes[1)] im Hinblick auf den Schutz der Beschäftigten vor Benachteiligungen wegen ihres Geschlechts, insbesondere bei Benachteiligungen von Frauen, zu fördern und zu überwachen. [2]Dies umfasst auch den Schutz von Frauen mit einer Behinderung oder von Frauen, die von einer Behinderung bedroht sind, sowie den Schutz vor sexueller Belästigung am Arbeitsplatz.

(2) Zu den Aufgaben der Gleichstellungsbeauftragten zählen insbesondere:

1. die Dienststelle dabei zu unterstützen, die Ziele dieses Gesetzes zu erreichen und die Erfüllung der allgemeinen Pflichten nach § 4 zu fördern,
2. bei allen personellen, organisatorischen und sozialen Maßnahmen der Dienststelle mitzuwirken, die die Gleichstellung von Frauen und Männern, die Beseitigung von Unterrepräsentanzen, die Vereinbarkeit von Familie, Pflege und Berufstätigkeit sowie den Schutz vor sexueller Belästigung am Arbeitsplatz betreffen,
3. einzelne Beschäftigte bei Bedarf zu beraten und zu unterstützen, insbesondere in den Bereichen der beruflichen Entwicklung und Förderung sowie der Vereinbarkeit von Familie, Pflege und Berufstätigkeit sowie in Bezug auf den Schutz vor Benachteiligungen, und
4. die Fortbildungsangebote nach § 10 Absatz 5 wahrzunehmen.

(3) [1]Die Gleichstellungsbeauftragte kann Sprechstunden durchführen und jährliche Versammlungen der weiblichen Beschäftigten einberufen. [2]Sie unterrichtet die Dienststellenleitung im Vorfeld über die Einberufung einer Versammlung nach Satz 1. [3]Die Gleichstellungsbeauftragte kann an Personalversammlungen teilnehmen und hat dort ein Rederecht.

(4) [1]Im Falle des § 19 Absatz 4 Satz 4 nimmt die Gleichstellungsbeauftragte der nächsthöheren Dienststelle die ihr nach den Absätzen 1 und 2 zugewiesenen Aufgaben auch für nachgeordnete Dienststellen wahr. [2]Absatz 3 gilt entsprechend.

(5) Die Gleichstellungsbeauftragte der obersten Bundesbehörde ist für den Informations- und Erfahrungsaustausch der Gleichstellungsbeauftragten, Stellvertreterinnen und Vertrauensfrauen in ihrem Geschäftsbereich verantwortlich.

---

1) Nr. 5.

(6) Die Gleichstellungsbeauftragte eines Bundesgerichts hat das Recht, an den Sitzungen des Präsidialrates und dessen Ausschüssen teilzunehmen.

(7) Die Aufgabenwahrnehmung als Gleichstellungsbeauftragte hat Vorrang vor der Wahrnehmung anderer Aufgaben.

§ 26 Aufgaben der Stellvertreterin und der Vertrauensfrau. (1) Die Stellvertreterin wird grundsätzlich im Vertretungsfall tätig.

(2) [1] Abweichend von Absatz 1 kann die Gleichstellungsbeauftragte der Stellvertreterin mit deren Einverständnis einen Teil der Aufgaben nach § 25 zur eigenständigen Erledigung übertragen. [2] In Dienststellen mit mehr als einer nach § 20 Absatz 1 oder 3 bestellten Stellvertreterin erfolgt die Aufgabenaufteilung zwischen der Gleichstellungsbeauftragten und den Stellvertreterinnen in gegenseitigem Einvernehmen. [3] Eine Änderung oder Aufhebung der Delegationsentscheidung nach den Sätzen 1 und 2 kann die Gleichstellungsbeauftragte jederzeit ohne Zustimmung der Stellvertreterin oder der Stellvertreterinnen vornehmen. [4] § 24 Absatz 2 Satz 2 gilt entsprechend.

(3) [1] Die Absätze 1 und 2 finden keine Anwendung auf die nach § 20 Absatz 5 bestellte zweite Stellvertreterin. [2] Diese darf nur tätig werden, wenn die Gleichstellungsbeauftragte und die nach § 20 Absatz 1 oder 3 bestellte Stellvertreterin gleichzeitig abwesend sind und sie diese beiden vertritt.

(4) [1] Die Stellvertreterin hat die von der Gleichstellungsbeauftragten vorgegebenen Leitlinien der Gleichstellungsarbeit zu beachten. [2] Die Gesamtverantwortung für die Aufgabenerledigung verbleibt bei der Gleichstellungsbeauftragten.

(5) [1] Die Vertrauensfrau ist Ansprechpartnerin für die Beschäftigten der jeweiligen Dienststelle, Nebenstelle oder des jeweiligen Dienststellenteils sowie für die zuständige Gleichstellungsbeauftragte. [2] Ihr obliegt die Vermittlung von Informationen zwischen den Beschäftigten und der Gleichstellungsbeauftragten. [3] Sind sowohl die Gleichstellungsbeauftragte als auch ihre Stellvertreterinnen verhindert, kann die Vertrauensfrau im Auftrag der Gleichstellungsbeauftragten an Vorstellungsgesprächen, besonderen Auswahlverfahren, an Sitzungen von Auswahlkommissionen oder an Personalgesprächen teilnehmen; die Ausübung des Mitwirkungsrechts nach § 32 bleibt in diesem Fall weiterhin der Gleichstellungsbeauftragten vorbehalten. [4] Macht die Dienststelle von der Möglichkeit in § 19 Absatz 2 Gebrauch, kann die Gleichstellungsbeauftragte der Vertrauensfrau mit deren Einverständnis auch Aufgaben zur eigenständigen Erledigung bei der örtlichen Dienststelle übertragen.

§ 27 Beteiligung und Unterstützung der Gleichstellungsbeauftragten.

(1) Die Dienststelle beteiligt die Gleichstellungsbeauftragten frühzeitig, insbesondere bei

1. personellen Angelegenheiten; dies betrifft die Vorbereitung und Entscheidung über
   a) die Vergabe von Ausbildungsplätzen,
   b) die Einstellung und die Versetzung sowie die Abordnung und Umsetzung von Beschäftigten für jeweils mehr als drei Monate,
   c) die Fortbildung und den beruflichen Aufstieg von Beschäftigten,
   d) die Abmahnung, die Einleitung und den Abschluss eines Disziplinarverfahrens einschließlich der vorläufigen Dienstenthebung,

e) Kündigung sowie Aufhebungsvertrag, Entlassung, Versetzung in den Ruhestand und vergleichbare Entscheidungen,

2. organisatorischen und sozialen Angelegenheiten,
3. der Abfassung von Beurteilungsrichtlinien sowie bei Besprechungen, die die einheitliche Anwendung dieser Richtlinien in der Dienststelle sicherstellen sollen,
4. Verfahren zur Besetzung von Gremien nach Maßgabe des Bundesgremienbesetzungsgesetzes, sofern keine Organisationseinheit zur Gleichstellung von Frauen und Männern in der Dienststelle eingerichtet ist, sowie
5. der Erstellung des Gleichstellungsplans.

(2) Eine frühzeitige Beteiligung nach Absatz 1 liegt vor, wenn die Gleichstellungsbeauftragte mit Beginn des Entscheidungsprozesses auf Seiten der Dienststelle beteiligt wird und die jeweilige Entscheidung oder Maßnahme noch gestaltungsfähig ist.

(3) [1] Die Beteiligung der Gleichstellungsbeauftragten geht einem Beteiligungsverfahren nach dem Bundespersonalvertretungsgesetz und dem Neunten Buch Sozialgesetzbuch voraus; das Verfahren nach § 32 Absatz 3 muss abgeschlossen sein. [2] Erfolgt entgegen Satz 1 eine parallele Beteiligung von Personal- oder Schwerbehindertenvertretung, ist die Gleichstellungsbeauftragte über die Gründe zu informieren.

§ 28 Schutzrechte. (1) [1] Die Gleichstellungsbeauftragte darf bei der Erfüllung ihrer Pflichten nicht behindert und wegen ihrer Tätigkeit als Gleichstellungsbeauftragte in ihrer beruflichen Entwicklung nicht benachteiligt oder begünstigt werden. [2] Insbesondere übt sie ihr Amt ohne Minderung ihrer bisherigen Bezüge oder ihres bisherigen Arbeitsentgelts aus und nimmt am beruflichen Aufstieg so teil, wie dieser ohne die Übernahme des Amtes erfolgt wäre.

(2) [1] Die Gleichstellungsbeauftragte wird von anderweitigen Tätigkeiten in dem Ausmaß entlastet, wie dies zur ordnungsgemäßen Wahrnehmung ihrer Aufgaben als Gleichstellungsbeauftragte erforderlich ist. [2] In Dienststellen mit in der Regel weniger als 600 Beschäftigten beträgt die Entlastung mindestens die Hälfte der regelmäßigen Arbeitszeit einer Vollzeitkraft. [3] Bei einer Beschäftigtenzahl von in der Regel mindestens 600 Beschäftigten wird die Gleichstellungsbeauftragte im Umfang der Regelarbeitszeit einer Vollzeitkraft entlastet. [4] Übt die Gleichstellungsbeauftragte eine Teilzeitbeschäftigung aus, ist der Entlastungsumfang der Stellvertreterin oder der Stellvertreterinnen entsprechend zu erhöhen; dies gilt unabhängig von den Vorgaben zur Entlastung der Stellvertreterin in Absatz 5. [5] Ist die Gleichstellungsbeauftragte gemäß § 19 Absatz 4 Satz 4 für mehr als eine Dienststelle zuständig, ist für die Höhe der Entlastung die Gesamtzahl der Beschäftigten aller Dienststellen maßgebend.

(3) [1] Die Dienststellen haben die berufliche Entwicklung der Gleichstellungsbeauftragten von Amts wegen fiktiv nachzuzeichnen. [2] Diese Pflicht gilt ungeachtet des Entlastungsumfangs der Gleichstellungsbeauftragten. [3] Die fiktive Nachzeichnung dient als Grundlage für Personalauswahlentscheidungen. [4] Der Anspruch auf fiktive Nachzeichnung der dienstlichen Beurteilung nach § 33 Absatz 3 der Bundeslaufbahnverordnung[1)] bleibt unberührt. [5] Die Dienst-

[1)] Nr. 8.

stellen haben der Gleichstellungsbeauftragten auf deren Antrag hin eine Aufgabenbeschreibung als Nachweis über ihre Tätigkeit als Gleichstellungsbeauftragte zu erteilen.

(4) Vor Kündigung, Versetzung und Abordnung ist die Gleichstellungsbeauftragte wie ein Mitglied der Personalvertretung geschützt.

(5) [1] Wird eine Stellvertreterin im Vertretungsfall tätig, so ist sie mit Beginn der Vertretungstätigkeit in dem Ausmaß ihrer Tätigkeit als Stellvertreterin von anderweitigen Tätigkeiten zu entlasten. [2] Üben Stellvertreterinnen Aufgaben zur eigenständigen Erledigung aus, so werden sie von ihren anderweitigen Tätigkeiten wie folgt entlastet:

1. in Dienststellen mit höchstens 1 499 Beschäftigten und nur einer nach § 20 Absatz 1 oder 3 bestellten Stellvertreterin im Umfang von bis zu einem Viertel der regelmäßigen Arbeitszeit einer Vollzeitkraft,
2. in Dienststellen mit mindestens 1 500 und höchstens 1 999 Beschäftigten für eine der beiden Stellvertreterinnen im Umfang von bis zur Hälfte der regelmäßigen Arbeitszeit einer Vollzeitkraft,
3. in Dienststellen mit mindestens 2 000 und höchstens 2 499 Beschäftigten
   a) für zwei Stellvertreterinnen jeweils im Umfang der Hälfte der regelmäßigen Arbeitszeit einer Vollzeitkraft oder
   b) für eine Stellvertreterin im Umfang der Regelarbeitszeit einer Vollzeitkraft,
4. in Dienststellen mit mindestens 2 500 Beschäftigten
   a) für alle drei Stellvertreterinnen jeweils im Umfang der Hälfte der regelmäßigen Arbeitszeit einer Vollzeitkraft oder
   b) für eine Stellvertreterin im Umfang der regelmäßigen Arbeitszeit einer Vollzeitkraft und für eine weitere Stellvertreterin im Umfang der Hälfte der regelmäßigen Arbeitszeit einer Vollzeitkraft,
5. in denjenigen Dienststellen mit höchstens 1 999 Beschäftigten, die einen großen Zuständigkeitsbereich oder einen komplexen Aufgabenbereich haben,
   a) bei zwei Stellvertreterinnen
      aa) für beide Stellvertreterinnen jeweils im Umfang der Hälfte der regelmäßigen Arbeitszeit einer Vollzeitkraft oder
      bb) für eine der beiden Stellvertreterinnen im Umfang der Regelarbeitszeit einer Vollzeitkraft,
   b) bei drei Stellvertreterinnen
      aa) für alle drei Stellvertreterinnen jeweils im Umfang der Hälfte der regelmäßigen Arbeitszeit einer Vollzeitkraft oder
      bb) für eine Stellvertreterin im Umfang der regelmäßigen Arbeitszeit einer Vollzeitkraft und für eine weitere Stellvertreterin im Umfang der Hälfte der regelmäßigen Arbeitszeit einer Vollzeitkraft,
6. in denjenigen Dienststellen mit mindestens 2 000 und höchstens 2 499 Beschäftigten, die einen großen Zuständigkeitsbereich oder einen komplexen Aufgabenbereich haben,
   a) für alle drei Stellvertreterinnen jeweils im Umfang der Hälfte der regelmäßigen Arbeitszeit einer Vollzeitkraft oder

b) für eine Stellvertreterin im Umfang der regelmäßigen Arbeitszeit einer Vollzeitkraft und für eine weitere Stellvertreterin im Umfang der Hälfte der regelmäßigen Arbeitszeit einer Vollzeitkraft.

[3]Satz 2 Nummer 1 bis 4 gilt in den Verwaltungen mit einem großen Geschäftsbereich, die von der Ausnahmeregelung nach § 19 Absatz 2 Gebrauch machen, sowie in Verwaltungen, zu denen Dienststellen mit weniger als 100 Beschäftigten gehören, die keine eigene Gleichstellungsbeauftragte wählen, hinsichtlich der Gesamtzahl der im Zuständigkeitsbereich der Gleichstellungsbeauftragten tätigen Beschäftigten entsprechend. [4]Der Umfang der Entlastung der einzelnen Stellvertreterinnen nach den Sätzen 2 und 3 darf nicht auf die Entlastung der Gleichstellungsbeauftragten angerechnet werden.

(6) [1]Vertrauensfrauen werden von anderweitigen Tätigkeiten in dem Ausmaß entlastet, wie dies zur ordnungsgemäßen Wahrnehmung ihrer Aufgaben als Informationsvermittlerin erforderlich ist. [2]Die Entlastung beträgt mindestens ein Zehntel und bis zu einem Viertel der regelmäßigen Arbeitszeit einer Vollzeitkraft.

§ 29 Ausstattung. (1) Der Gleichstellungsbeauftragten ist mit Beginn und bis zum Ende ihrer Amtszeit die notwendige personelle, räumliche und sachliche Ausstattung zur Verfügung zu stellen.

(2) [1]Bei einer Beschäftigtenzahl von in der Regel weniger als 1 000 kann der Gleichstellungsbeauftragten eine Mitarbeiterin oder ein Mitarbeiter zugeordnet werden. [2]In einer Dienststelle mit in der Regel mindestens 1 000 Beschäftigten ist der Gleichstellungsbeauftragten mindestens eine Mitarbeiterin oder ein Mitarbeiter zuzuordnen.

(3) [1]Die Aufgabe der Mitarbeiterinnen und Mitarbeiter beschränkt sich auf die Unterstützung der Gleichstellungsbeauftragten. [2]§ 26 Absatz 5 Satz 3 gilt entsprechend.

(4) [1]Die Gleichstellungsbeauftragte erhält einen monatlichen Verfügungsfonds. [2]Die Höhe des Verfügungsfonds der vollständig von anderweitigen Aufgaben entlasteten Gleichstellungsbeauftragten entspricht der Höhe der Aufwandsentschädigung für ganz von ihrer dienstlichen Tätigkeit freigestellte Mitglieder von Personalräten, Gesamtpersonalräten, Bezirkspersonalräten und Hauptpersonalräten. [3]Die teilweise von anderweitigen Aufgaben entlastete Gleichstellungsbeauftragte erhält einen Verfügungsfonds, der dem Anteil ihrer Entlastung entspricht. [4]Die Verordnung über die Höhe der Aufwandsentschädigung für vom Dienst freigestellte Personalvertretungsmitglieder gilt entsprechend.

§ 30 Zusammenarbeit und Information. (1) Die Dienststellenleitung und die Gleichstellungsbeauftragte arbeiten zum Wohle der Beschäftigten und zur Erfüllung der in § 1 genannten Ziele eng zusammen.

(2) [1]Die Dienststellenleitung unterstützt die Gleichstellungsbeauftragte bei der Wahrnehmung ihrer Aufgaben und der Ausübung ihrer Mitwirkungsrechte, indem sie die Gleichstellungsbeauftragte insbesondere unverzüglich und umfassend informiert. [2]Die zur Wahrnehmung ihrer Aufgaben erforderlichen Unterlagen, insbesondere Bewerbungsunterlagen, vergleichende Übersichten und Auswahlvermerke, sind ihr frühestmöglich vorzulegen und die erbetenen Auskünfte zu erteilen. [3]Die Dienststellenleitung soll der Gleichstellungsbeauftragten Gelegenheit zur aktiven Teilnahme an allen Entscheidungsprozessen zu

personellen, organisatorischen und sozialen Angelegenheiten geben und den Informations- und Erfahrungsaustausch der Gleichstellungsbeauftragten mit anderen Gleichstellungsbeauftragten unterstützen.

(3) Die Gleichstellungsbeauftragte hat das Recht, Einsicht in die entscheidungsrelevanten Teile von Personalakten zu nehmen, soweit die Kenntnis des Akteninhalts zur Erfüllung ihrer Aufgaben erforderlich ist.

§ 31 Verschwiegenheitspflicht. Die Gleichstellungsbeauftragte und ihre Stellvertreterinnen, die Mitarbeiterinnen und Mitarbeiter sowie die Vertrauensfrauen sind hinsichtlich persönlicher Verhältnisse der Beschäftigten und anderer vertraulicher Angelegenheiten in der Dienststelle ab dem Zeitpunkt ihrer Bestellung sowie über die Zeit ihrer Bestellung hinaus zum Stillschweigen verpflichtet.

§ 32 Form der Mitwirkung und Stufenbeteiligung. (1) [1]Die Gleichstellungsbeauftragte hat das Recht und die Pflicht, unmittelbar bei der Dienststellenleitung vorzutragen. [2]Sie hat in allen Angelegenheiten, die nach § 25 Absatz 1 und § 27 Absatz 1 ihrer Mitwirkung unterliegen, ein Initiativrecht. [3]Die Dienststelle hat über einen Initiativantrag innerhalb angemessener Zeit, spätestens nach einem Monat, zu entscheiden. [4]In Ausnahmefällen ist die endgültige Entscheidung nach drei Monaten vorzunehmen. [5]Die Entscheidung ist der Gleichstellungsbeauftragten in Textform mitzuteilen.

(2) [1]Die Mitwirkung der Gleichstellungsbeauftragten erfolgt regelmäßig durch Votum, das zu den Akten zu nehmen ist. [2]Das Votum ist innerhalb von zehn Arbeitstagen ab Zugang der Mitteilung über die beabsichtigte Maßnahme oder Entscheidung in Textform abzugeben; von dieser Frist kann im Einvernehmen mit der Gleichstellungsbeauftragten abgewichen werden. [3]Nur in besonders dringenden Fällen darf die Frist zur Abgabe des Votums ausnahmsweise auf drei Arbeitstage verkürzt werden. [4]Hat die Gleichstellungsbeauftragte innerhalb von zehn Arbeitstagen oder im Falle des Satzes 3 innerhalb von drei Arbeitstagen kein Votum abgegeben, so gilt die beabsichtigte Maßnahme oder Entscheidung als gebilligt.

(3) [1]Folgt die Dienststelle dem Votum der Gleichstellungsbeauftragten nicht, so hat sie die Gleichstellungsbeauftragte hierüber unverzüglich formlos in Kenntnis zu setzen. [2]Die Gleichstellungsbeauftragte kann bei der Abgabe des Votums oder spätestens bis zum Ablauf des auf das Inkenntnissetzen folgenden Arbeitstages eine Mitteilung der Gründe für die Nichtbefolgung des Votums verlangen. [3]Die Dienststelle hat der Gleichstellungsbeauftragten innerhalb von 15 Arbeitstagen ab Zugang des Verlangens die Gründe für die Nichtbefolgung in Textform mitzuteilen.

(4) [1]Soweit in Dienststellen Entscheidungen für nachgeordnete Dienststellen getroffen werden, hat jede beteiligte Dienststelle die für sie zuständige Gleichstellungsbeauftragte nach Maßgabe der §§ 25, 27 und 30 sowie nach den Absätzen 1 und 2 an dem bei ihr anhängigen Teilverfahren zu beteiligen. [2]Das in Textform verfasste Votum der Gleichstellungsbeauftragten der nachgeordneten Dienststelle ist zusammen mit den weiteren entscheidungsrelevanten Unterlagen der nächsthöheren Dienststelle und von dieser der bei ihr bestellten Gleichstellungsbeauftragten vorzulegen. [3]Bei personellen Angelegenheiten gelten die Sätze 1 bis 3 für den Fall, dass personalbearbeitende Dienststelle und Beschäftigungsdienststelle nicht identisch sind, entsprechend. [4]Satz 1 gilt auch,

wenn Vorgänge, die Aufgaben der Gleichstellungsbeauftragten nach Absatz 1 betreffen, mit Wirkung für eine andere Dienststelle bearbeitet werden, die nicht nachgeordnete Dienststelle nach § 25 Absatz 4 ist.

§ 33 Einspruchsrecht und Einspruchsverfahren. (1) Die Gleichstellungsbeauftragte hat ein Einspruchsrecht gegenüber der Dienststellenleitung, wenn sie geltend macht, die Dienststelle habe

1. entgegen § 12 Absatz 1 einen Gleichstellungsplan nicht erstellt oder die Frist nach § 12 Absatz 2 erheblich verletzt,
2. einen Gleichstellungsplan erstellt, der nicht den Vorgaben des § 13 entspricht,
3. entgegen § 27 Absatz 1 Nummer 5 die Gleichstellungsbeauftragte bei der Erstellung des Gleichstellungsplans nicht beteiligt,
4. entgegen § 14 den Gleichstellungsplan nicht bekannt gegeben,
5. Rechte der Gleichstellungsbeauftragten verletzt oder
6. gegen weitere Vorschriften dieses Gesetzes oder gegen andere Vorschriften über die Gleichstellung von Frauen und Männern verstoßen.

(2) [1] Der Einspruch ist innerhalb einer Woche ab Zugang der Begründung gemäß § 32 Absatz 3 Satz 3 in Textform bei der Dienststellenleitung einzulegen. [2] Er hat aufschiebende Wirkung. [3] § 80 Absatz 2 Satz 1 Nummer 4 und Absatz 3 der Verwaltungsgerichtsordnung gilt entsprechend. [4] Im Falle der sofortigen Vollziehung unterrichtet die Dienststellenleitung die Gleichstellungsbeauftragte unverzüglich.

(3) [1] Die Dienststellenleitung soll über den Einspruch innerhalb eines Monats nach Zugang des Einspruchs entscheiden. [2] Hält sie den Einspruch für begründet, sind die betreffenden Maßnahmen und ihre Folgen zu berichtigen sowie die Ergebnisse des Einspruchs bei weiteren vergleichbaren Fällen zu berücksichtigen.

(4) [1] Hält die Dienststellenleitung den Einspruch für unbegründet, legt sie diesen der nächsthöheren Dienststellenleitung unverzüglich vor. [2] Bei selbständigen bundesunmittelbaren Körperschaften, Anstalten und Stiftungen ohne mehrstufigen Verwaltungsaufbau wird der Einspruch entsprechend deren Vorstand oder Geschäftsführung vorgelegt. [3] Die Entscheidung der nächsthöheren Dienststellenleitung, des Vorstandes oder der Geschäftsführung erfolgt entsprechend Absatz 3.

(5) Die Entscheidung über den Einspruch ist in Textform zu begründen und der Gleichstellungsbeauftragten unverzüglich zu übermitteln.

§ 34 Gerichtliches Verfahren. (1) [1] Bleibt der Einspruch nach § 33 erfolglos, so kann die Gleichstellungsbeauftragte oder die Dienststelle einen außergerichtlichen Einigungsversuch unternehmen. [2] Haben die Gleichstellungsbeauftragte und die Dienststelle in Textform den Verzicht auf einen außergerichtlichen Einigungsversuch erklärt oder hat die Gleichstellungsbeauftragte oder die Dienststelle das Scheitern des außergerichtlichen Einigungsversuchs in Textform festgestellt, so kann die Gleichstellungsbeauftragte innerhalb eines Monats das Verwaltungsgericht anrufen. [3] Die Anrufung hat keine aufschiebende Wirkung.

(2) Die Anrufung des Gerichts kann nur darauf gestützt werden, dass die Dienststelle

1. Rechte der Gleichstellungsbeauftragten verletzt hat oder
2. einen Gleichstellungsplan erstellt hat, der nicht den Vorgaben der §§ 12 bis 14 entspricht.

(3) [1] Abweichend von Absatz 1 Satz 3 ist die Anrufung des Gerichts auch zulässig, wenn über den Einspruch ohne zureichenden Grund in angemessener Frist sachlich nicht entschieden worden ist. [2] § 75 Satz 2 bis 4 der Verwaltungsgerichtsordnung gilt entsprechend.

(4) Die Dienststelle trägt die Kosten, die der Gleichstellungsbeauftragten auf Grund von Rechtsbehelfen nach den Absätzen 1 oder 2 entstehen.

§ 35 Fragerecht. (1) [1] Zur Klärung von Fragen grundsätzlicher Bedeutung, insbesondere zur Auslegung dieses Gesetzes, können sich die Gleichstellungsbeauftragte und die Stellvertreterinnen unmittelbar an das Bundesministerium für Familie, Senioren, Frauen und Jugend wenden. [2] Personenbezogene Daten von Beschäftigten dürfen dem Bundesministerium für Familie, Senioren, Frauen und Jugend nur mit Einwilligung der betroffenen Beschäftigten übermittelt werden.

(2) [1] Anfragen nach Absatz 1 sollen innerhalb eines Monats beantwortet werden. [2] Das Bundesministerium für Familie, Senioren, Frauen und Jugend leitet seine Antwort der jeweils zuständigen obersten Bundesbehörde nachrichtlich zu.

§ 36 Interministerieller Arbeitskreis der Gleichstellungsbeauftragten. [1] Die Gleichstellungsbeauftragten der obersten Bundesbehörden bilden zusammen den Interministeriellen Arbeitskreis der Gleichstellungsbeauftragten der obersten Bundesbehörden. [2] Der Arbeitskreis informiert die Gleichstellungsbeauftragten aus den Geschäftsbereichen regelmäßig über seine Tätigkeit. [3] Die Möglichkeit, im Geltungsbereich dieses Gesetzes weitere Arbeitskreise zur Koordinierung der Arbeit von Gleichstellungsbeauftragten einzurichten, bleibt von den Sätzen 1 und 2 unberührt.

Abschnitt 6. Sonderregelungen, Statistik, Bericht und Übergangsbestimmungen

§ 37 Sonderregelungen für den Bundesnachrichtendienst. Für den Bundesnachrichtendienst gilt dieses Gesetz mit folgenden Abweichungen:

1. der Bundesnachrichtendienst gilt als einheitliche Dienststelle, in der keine Vertrauensfrauen bestellt werden,
2. § 6 Absatz 2 Satz 2 ist nicht anzuwenden,
3. § 14 gilt nicht; die Beschäftigten des Bundesnachrichtendienstes sind berechtigt, den Gleichstellungsplan bei den von der Personalverwaltung bezeichneten Stellen einzusehen,
4. beim Bundesnachrichtendienst beschäftigte Soldatinnen sind gemäß § 19 Absatz 4 Satz 2 aktiv wahlberechtigt,
5. beim Bundesnachrichtendienst tätige Soldatinnen und Soldaten gelten hinsichtlich der Zuständigkeit der dort bestellten Gleichstellungsbeauftragten als Beschäftigte des Bundesnachrichtendienstes, soweit dessen Leitung oder das Bundeskanzleramt für die Entscheidung in personellen, sozialen oder organisatorischen Angelegenheiten dieses Personenkreises zuständig ist,

6. beim Informations- und Erfahrungsaustausch der Gleichstellungsbeauftragten gemäß § 25 Absatz 5 sind die für den Bundesnachrichtendienst geltenden Sicherheitsbestimmungen zu beachten,
7. ein Votum der Gleichstellungsbeauftragten des Bundesnachrichtendienstes, das diese gemäß den §§ 25, 27 und 32 abgegeben hat, ist dem Bundeskanzleramt vorzulegen, soweit im Bundeskanzleramt Entscheidungen für den Bundesnachrichtendienst getroffen werden und die Gleichstellungsbeauftragte des Bundeskanzleramtes insoweit nicht zu beteiligen ist,
8. § 32 Absatz 4 und § 38 Absatz 1 Satz 5 sind nicht anzuwenden,
9. die Gleichstellungsbeauftragte bedarf des Einvernehmens der Dienststelle, soweit im Falle des § 35 eine Angelegenheit behandelt werden soll, die als Verschlusssache eingestuft ist,
10. bei Vorliegen besonderer Sicherheitsvorfälle oder einer besonderen Einsatzsituation, von der der Bundesnachrichtendienst ganz oder teilweise betroffen ist, ruhen die Rechte und Pflichten der Gleichstellungsbeauftragten; Beginn und Ende des Ruhens werden jeweils von der Leitung des Bundesnachrichtendienstes im Einvernehmen mit der Chefin oder dem Chef des Bundeskanzleramtes festgestellt.

§ 38 Statistik, Verordnungsermächtigung. (1) [1]Jede Dienststelle erfasst alle zwei Jahre die Zahl aller in der Dienststelle beschäftigten Frauen und Männer sowie die Zahl der Frauen und Männer nach den folgenden weiteren Kriterien:

1. einzelne Bereiche, dabei Ebenen mit Führungspositionen ab Ebene der Referatsleitung,
2. Voll- und Teilzeitbeschäftigung,
3. Inanspruchnahme einer Beurlaubung auf Grund von Familien- oder Pflegeaufgaben,
4. Bewerbung, Einstellung sowie beruflicher Aufstieg,
5. beruflicher Aufstieg von
   a) Beschäftigten, die eine Beurlaubung auf Grund von Familien- oder Pflegeaufgaben in Anspruch genommen haben, und
   b) Beschäftigten, die eine solche Beurlaubung nicht in Anspruch genommen haben,
6. die Zahl von Beschäftigten in Führungspositionen ab Ebene der Referatsleitung in Voll- und Teilzeitbeschäftigung sowie
7. Beurteilungsergebnisse von Regelbeurteilungen im höheren Dienst in den in § 3 Nummer 5 Buchstabe a und b genannten Dienststellen.

[2]Die Daten nach Satz 1 Nummer 1 bis 3 und 6 sind zum 30. Juni des Berichtsjahres zu erfassen. [3]Die Daten nach Satz 1 Nummer 4, 5 und 7 sind für den Zeitraum vom 1. Juli des vorletzten Jahres bis zum 30. Juni des Berichtsjahres zu erfassen. [4]Die Sätze 1 bis 3 finden unter Beachtung der datenschutzrechtlichen Vorgaben auf Beschäftigte mit dem Geschlechtseintrag „divers“ oder „keine Angabe“ entsprechende Anwendung, soweit Informationen dazu vorliegen. [5]Die Daten der nachgeordneten Bundesbehörden sowie des mittelbaren Bundesdienstes sind bis zum 30. September der obersten Bundesbehörde oder der obersten Aufsichtsbehörde zu melden. [6]Die obersten Bundesbehörden melden dem Statistischen Bundesamt bis zum 31. Dezember ihre eigenen

Daten, die zusammengefassten Daten des jeweiligen Geschäftsbereichs sowie die zusammengefassten Daten der ihrer Rechtsaufsicht unterstehenden mittelbaren Bundesverwaltung. 7 Bei der Zusammenfassung sind die Gruppen Körperschaften, Anstalten und Stiftungen, bei Körperschaften der Sozialversicherung die Zweige der Sozialversicherung voneinander zu trennen.

(2) 1 Jede oberste Bundesbehörde erfasst jährlich die Zahl aller in der obersten Bundesbehörde beschäftigten Frauen und Männer sowie die Zahl der Frauen und Männer nach folgenden weiteren Kriterien:

1. Laufbahngruppe des höheren Dienstes,
2. einzelne Ebenen mit Führungspositionen ab Ebene der Referatsleitung einschließlich der politischen Leitungsämter,
3. Voll- und Teilzeitbeschäftigung, auch für Beschäftigte in Führungspositionen ab Ebene der Referatsleitung,
4. Inanspruchnahme einer Beurlaubung auf Grund von Familien- oder Pflegeaufgaben,
5. beruflicher Aufstieg.

2 Soweit hierüber Informationen vorliegen, wird unter Beachtung der datenschutzrechtlichen Vorgaben auch die jeweilige Zahl der Beschäftigten mit dem Geschlechtseintrag „divers" oder „keine Angabe" erfasst. 3 Die Daten nach Satz 1 Nummer 1 bis 4 sind zum 30. Juni des Berichtsjahres zu erfassen, die Daten nach Satz 1 Nummer 5 für den Zeitraum vom 1. Juli des Vorjahres bis zum 30. Juni des Berichtsjahres. 4 Die Meldung an das Statistische Bundesamt hat bis zum 30. September zu erfolgen.

(3) Das Statistische Bundesamt erstellt im Auftrag des Bundesministeriums für Familie, Senioren, Frauen und Jugend

1. alle zwei Jahre eine Gleichstellungsstatistik zu den nach Absatz 1 erhobenen Daten der Dienststellen und leitet die Gleichstellungsstatistik den obersten Bundesbehörden zu und
2. jährlich einen Gleichstellungsindex aus den nach Absatz 2 erhobenen Daten der obersten Bundesbehörden und veröffentlicht den Gleichstellungsindex jeweils bis zum 31. Dezember.

(4) 1 Die Bundesregierung regelt durch Rechtsverordnung ohne Zustimmung des Bundesrates die einzelnen Vorgaben für die Erfassung und Mitteilung der statistischen Daten. 2 Die Rechtsverordnung nach Satz 1 beschränkt den Kreis der mitteilungspflichtigen Dienststellen auf das Notwendige. 3 In der Rechtsverordnung können auch Bestimmungen zu Inhalt, Ausarbeitung und zur jährlichen Aktualisierung der Anlagen zur Rechtsverordnung getroffen werden.

§ 39 Bericht. (1) 1 Die Bundesregierung legt dem Deutschen Bundestag alle vier Jahre einen Bericht vor. 2 Der Bericht legt dar,

1. wie sich in den letzten vier Jahren die Situation für Personen der einzelnen Geschlechter in den Dienststellen entwickelt hat,
2. inwieweit die Ziele dieses Gesetzes erreicht sind und
3. wie dieses Gesetz angewendet worden ist.

3 Zudem weist er vorbildhafte Gleichstellungsmaßnahmen einzelner Dienststellen aus.

(2) [1] Grundlage des Gleichstellungsberichts sind die nach § 38 Absatz 1 und 2 erfassten Daten. [2] Die obersten Bundesbehörden haben durch die Bereitstellung der erforderlichen Angaben bei der Erstellung des Gleichstellungsberichts mitzuwirken.

(3) An der Erstellung des Gleichstellungsberichts ist der Interministerielle Arbeitskreis der Gleichstellungsbeauftragten der obersten Bundesbehörden zu beteiligen.

(4) Der Gleichstellungsbericht darf keine personenbezogenen Daten enthalten.

§ 40 Übergangsbestimmung. Gleichstellungspläne, die am 12. August 2021 bestehen, gelten auch nach dem Inkrafttreten des Gesetzes zur Ergänzung und Änderung der Regelungen für die gleichberechtigte Teilhabe von Frauen an Führungspositionen in der Privatwirtschaft und im öffentlichen Dienst[1] weiter.

[1] In Kraft ab 12.8.2021.

7. Anordnung des Bundespräsidenten über die Ernennung und Entlassung der Beamtinnen, Beamten, Richterinnen und Richter des Bundes

Vom 23. Juni 2004

(BGBl. I S. 1286)

FNA 2030-11-48

Auf Grund des Artikels 60 des Grundgesetzes für die Bundesrepublik Deutschland[1] ordne ich an:

Art. 1 [Ernennungs- und Entlassungsrecht] (1) [1] Ich übertrage die Ausübung des Rechtes zur Ernennung und Entlassung aller Bundesbeamtinnen und Bundesbeamten der Bundesbesoldungsordnung A, der Besoldungsgruppen C 1 bis C 3 der Bundesbesoldungsordnung C, der Besoldungsgruppen W 1 bis W 3 der Bundesbesoldungsordnung W und aller Richterinnen und Richter des Bundes der Besoldungsgruppen R 1 und R 2 der Bundesbesoldungsordnung R den obersten Bundesbehörden. [2] Sie können diese Befugnis hinsichtlich der Beamtinnen und Beamten des Bundes auf die nachgeordneten Behörden oder auf die Stellen, bei denen Beamtinnen und Beamten des Bundes beschäftigt sind, weiter übertragen. [3] Die Ausübung des Rechtes zur Ernennung und Entlassung der deutschen Honorarkonsularbeamtinnen und Honorarkonsularbeamten übertrage ich der Bundesministerin oder dem Bundesminister des Auswärtigen.

(2) Soweit ich das Recht zur Ernennung und Entlassung der Beamtinnen, Beamten, Richterinnen und Richter des Bundes ausübe, sind mir Vorschläge von den zuständigen obersten Bundesbehörden einzureichen.

Art. 2 [Besondere Fälle] Für besondere Fälle behalte ich mir die Ernennung und Entlassung der in Artikel 1 Abs. 1 genannten Beamtinnen, Beamten, Richterinnen und Richter des Bundes vor.

Art. 3 [Durchführungsbestimmungen] Die zur Durchführung dieser Anordnung erforderlichen Bestimmungen erlässt das Bundesministerium des Innern.

Art. 4 [Inkrafttreten] [1] Diese Anordnung tritt am Tag nach der Verkündung[2] in Kraft. [2] Gleichzeitig tritt die Anordnung über die Ernennung und Entlassung der Bundesbeamten und Richter im Bundesdienst vom 14. Juli 1975 (BGBl. I S. 1915), zuletzt geändert durch die Anordnung vom 11. November 1996 (BGBl. I S. 1772), außer Kraft.

---

[1] Auszugsweise abgedruckt unter Nr. **1**.

[2] Verkündet am 28.6.2004.

8. Verordnung über die Laufbahnen der Bundesbeamtinnen und Bundesbeamten (Bundeslaufbahnverordnung – BLV)

Vom 12. Februar 2009
(BGBl. I S. 284)

FNA 2030-7-3-1

zuletzt geänd. durch Art. 1 VO zur Fortentwicklung laufbahnrechtl. und weiterer dienstrechtl. Vorschriften v. 16.8.2021 (BGBl. I S. 3582)

Auf Grund des § 8 Absatz 1 Satz 3, § 11 Absatz 1 Satz 5, § 17 Absatz 7, § 20 Satz 2, § 21 Satz 2, § 22 Absatz 5 Satz 2 und des § 26 des Bundesbeamtengesetzes[1] vom 5. Februar 2009 (BGBl. I S. 160) verordnet die Bundesregierung:

Inhaltsübersicht

Abschnitt 1. Allgemeines

§ 1 Geltungsbereich
§ 2 Begriffsbestimmungen
§ 3 Mutterschutz
§ 4 Stellenausschreibungspflicht
§ 5 Schwerbehinderte Menschen

Abschnitt 2. Einstellung von Bewerberinnen und Bewerbern

Unterabschnitt 1. Gemeinsame Vorschriften

§ 6 Gestaltung der Laufbahnen
§ 7 Laufbahnbefähigung
§ 8 Feststellung der Laufbahnbefähigung
§ 9 Ämter der Laufbahnen

Unterabschnitt 2. Vorbereitungsdienste

§ 10 Einrichtung von Vorbereitungsdiensten
§ 10a Auswahlverfahren für die Einstellung in den Vorbereitungsdienst
§ 11 Einstellung in den Vorbereitungsdienst
§ 11a Einfacher Dienst
§ 12 Mittlerer Dienst
§ 13 Gehobener Dienst
§ 14 Höherer Dienst
§ 15 Verlängerung der Vorbereitungsdienste
§ 16 Verkürzung der Vorbereitungsdienste
§ 17 Laufbahnprüfung

Unterabschnitt 3. Anerkennung von Befähigungen

§ 18 Einfacher Dienst
§ 19 Mittlerer Dienst
§ 20 Gehobener Dienst
§ 21 Höherer Dienst
§ 22 Andere Bewerberinnen und andere Bewerber

Unterabschnitt 4. Sonderregelungen

§ 23 Besondere Qualifikationen und Zeiten
§ 24 Zulassung zur höheren Laufbahn bei Besitz einer Berufsausbildung oder einer Hochschulausbildung
§ 25 Einstellung in ein Beförderungsamt
§ 26 Übernahme von Richterinnen und Richtern
§ 27 Ausnahmen für besonders leistungsstarke Beamtinnen und Beamte

---

[1] Nr. 2.

Abschnitt 3. Berufliche Entwicklung
Unterabschnitt 1. Probezeit
§ 28 Dauer der Probezeit und Feststellung der Bewährung
§ 29 Anrechnung hauptberuflicher Tätigkeiten
§ 30 Verlängerung der Probezeit
§ 31 Mindestprobezeit
Unterabschnitt 2. Beförderung
§ 32 Voraussetzungen einer Beförderung
§ 33 Auswahlentscheidungen
§ 34 Erprobungszeit
Unterabschnitt 3. Aufstieg
§ 35 Voraussetzungen für den Aufstieg
§ 36 Auswahlverfahren für den Aufstieg
§ 37 Teilnahme an Vorbereitungsdiensten
§ 38 Fachspezifische Qualifizierungen
§ 39 Hochschulstudium und berufspraktische Einführung
§ 40 Übertragung eines Amtes der neuen Laufbahn
§ 41 Erstattung der Kosten einer Aufstiegsausbildung
Unterabschnitt 4. Sonstiges
§ 42 Laufbahnwechsel
§ 43 Wechsel von Wissenschaftlerinnen und Wissenschaftlern
§ 44 Wechsel von einem anderen Dienstherrn
§ 45 Internationale Verwendungen
Abschnitt 4. Personalentwicklung und Qualifizierung
§ 46 Personalentwicklung
§ 47 Dienstliche Qualifizierung
Abschnitt 5. Dienstliche Beurteilung
§ 48 Ausnahmen von der regelmäßigen Beurteilung
§ 49 Inhalt der dienstlichen Beurteilung
§ 50 Beurteilungsverfahren und Beurteilungsmaßstab
Abschnitt 6. Übergangs- und Schlussvorschriften
§ 51 Überleitung der Beamtinnen und Beamten
§ 52 Vorbereitungsdienste
§ 53 Beamtenverhältnis auf Probe
§ 54 Aufstieg
§ 55 Übergangsregelung zu § 27
§ 56 Folgeänderungen
§ 57 Inkrafttreten, Außerkrafttreten
Anlage 1 (zu § 9 Absatz 1)
Anlage 2 (zu § 10 Absatz 1)
Anlage 3 (zu § 10 Absatz 2)
Anlage 4 (zu § 51 Absatz 1)

Abschnitt 1. Allgemeines

§ 1 Geltungsbereich. Diese Verordnung gilt für die Beamtinnen und Beamten des Bundes, soweit nicht gesetzlich etwas anderes bestimmt ist.

§ 2 Begriffsbestimmungen. (1) Einstellung ist eine Ernennung unter Begründung eines Beamtenverhältnisses.

(2) Eignung erfasst insbesondere Persönlichkeit und charakterliche Eigenschaften, die für ein bestimmtes Amt von Bedeutung sind.

(3) Befähigung umfasst die Fähigkeiten, Kenntnisse, Fertigkeiten und sonstigen Eigenschaften, die für die dienstliche Verwendung wesentlich sind.

(4) Die fachliche Leistung ist insbesondere nach den Arbeitsergebnissen, der praktischen Arbeitsweise, dem Arbeitsverhalten und für Beamtinnen oder Beamte, die bereits Vorgesetzte sind, nach dem Führungsverhalten zu beurteilen.

(5) Hauptberuflich ist eine Tätigkeit, wenn sie entgeltlich ist, gewolltermaßen den Schwerpunkt der beruflichen Tätigkeit darstellt, in der Regel den überwiegenden Teil der Arbeitskraft beansprucht und dem durch Ausbildung und Berufswahl geprägten Berufsbild entspricht oder nahekommt.

(6) Probezeit ist die Zeit in einem Beamtenverhältnis auf Probe, in der sich die Beamtinnen und Beamten nach Erwerb der Laufbahnbefähigung zur späteren Verwendung auf Lebenszeit oder zur Übertragung eines Amtes mit leitender Funktion bewähren sollen.

(7) Erprobungszeit ist die Zeit, in der die Beamtin oder der Beamte die Eignung für einen höher bewerteten Dienstposten nachzuweisen hat.

(8) [1] Beförderung ist die Verleihung eines anderen Amtes mit höherem Endgrundgehalt. [2] Sie erfolgt in den Fällen, in denen die Amtsbezeichnung wechselt, durch Ernennung.

§ 3 Mutterschutz. [1] Zeiten des Mutterschutzes sind auf Zeiten anzurechnen, die nach dieser Verordnung Voraussetzung für eine Einstellung oder für die berufliche Entwicklung sind. [2] Die Verlängerung eines Vorbereitungsdienstes nach § 15 Absatz 1 Satz 1 Nummer 2 bleibt unberührt.

§ 4 Stellenausschreibungspflicht. (1) [1] Zu besetzende Stellen sind außer in den Fällen des Absatzes 2 auszuschreiben. [2] Der Einstellung von Bewerberinnen und Bewerbern muss eine öffentliche Ausschreibung vorausgehen.

(2) Die Pflicht zur Stellenausschreibung nach Absatz 1 gilt nicht

1. für Stellen der Staatssekretärinnen und Staatssekretäre, Abteilungsleiterinnen und Abteilungsleiter in den Bundesministerien und im Bundestag, sonstigen politischen Beamtinnen und Beamten, Leitungen der anderen obersten Bundesbehörden und Leiterinnen und Leiter der den Bundesministerien unmittelbar nachgeordneten Behörden sowie der bundesunmittelbaren Körperschaften, Anstalten und Stiftungen des öffentlichen Rechts,
2. für Stellen der persönlichen Referentinnen und Referenten der Leiterinnen und Leiter der obersten Bundesbehörden sowie der beamteten und Parlamentarischen Staatssekretärinnen und Staatssekretäre,
3. für Stellen, die mit Beamtinnen und Beamten unmittelbar nach Abschluss ihres Vorbereitungsdienstes oder eines Aufstiegsverfahrens besetzt werden,
4. für Stellen, die durch Versetzung nach vorangegangener Abordnung, nach Übertritt oder nach Übernahme von Beamtinnen und Beamten besetzt werden,
5. für Stellen, die zur Vermeidung der Versetzung in den Ruhestand wegen Dienstunfähigkeit oder zur erneuten Berufung in das Beamtenverhältnis nach Wiederherstellung der Dienstfähigkeit besetzt werden,
6. für Stellen des einfachen Dienstes, für die Bewerberinnen und Bewerber von der Bundesagentur für Arbeit vermittelt werden können.

(3) Von einer Stellenausschreibung kann abgesehen werden

1. allgemein oder in Einzelfällen, wenn Gründe der Personalplanung oder des Personaleinsatzes entgegenstehen und es sich nicht um Einstellungen handelt,
2. in besonderen Einzelfällen auch bei einer Einstellung aus den in Nummer 1 genannten Gründen.

§ 5 Schwerbehinderte Menschen. (1) Von schwerbehinderten Menschen darf nur das Mindestmaß an körperlicher Eignung verlangt werden.

(2) In Auswahlverfahren und in Prüfungsverfahren im Sinne dieser Verordnung sind für schwerbehinderte Menschen Erleichterungen vorzusehen, die ihrer Behinderung angemessen sind.

(3) Bei der Beurteilung der Leistung schwerbehinderter Menschen ist eine etwaige Einschränkung der Arbeits- und Verwendungsfähigkeit wegen der Behinderung zu berücksichtigen.

Abschnitt 2. Einstellung von Bewerberinnen und Bewerbern

Unterabschnitt 1. Gemeinsame Vorschriften

§ 6 Gestaltung der Laufbahnen. (1) [1] Die Laufbahnen sind den Laufbahngruppen des einfachen, mittleren, gehobenen und höheren Dienstes zugeordnet. [2] Die Zugehörigkeit einer Laufbahn zu einer Laufbahngruppe richtet sich nach dem im Bundesbesoldungsgesetz[1)] bestimmten Eingangsamt.

(2) In den Laufbahngruppen können folgende Laufbahnen eingerichtet werden:
1. der nichttechnische Verwaltungsdienst,
2. der technische Verwaltungsdienst,
3. der sprach- und kulturwissenschaftliche Dienst,
4. der naturwissenschaftliche Dienst,
5. der agrar-, forst- und ernährungswissenschaftliche sowie tierärztliche Dienst,
6. der ärztliche und gesundheitswissenschaftliche Dienst,
7. der sportwissenschaftliche Dienst und
8. der kunstwissenschaftliche Dienst.

§ 7 Laufbahnbefähigung. Bewerberinnen und Bewerber erlangen die Laufbahnbefähigung
1. durch den erfolgreichen Abschluss eines fachspezifischen Vorbereitungsdienstes des Bundes oder eines Aufstiegsverfahrens des Bundes oder
2. durch Anerkennung, wenn sie außerhalb eines Vorbereitungsdienstes des Bundes oder eines Aufstiegsverfahrens des Bundes Folgendes erworben haben:
   a) die für die entsprechende Laufbahn vorgeschriebene Vorbildung oder
   b) die erforderliche Befähigung durch Lebens- und Berufserfahrung.

§ 8 Feststellung der Laufbahnbefähigung. (1) [1] Besitzen Bewerberinnen oder Bewerber die für die entsprechende Laufbahn vorgeschriebene Vorbil-

[1)] Nr. 18.

dung, erkennt die zuständige oberste Dienstbehörde die Laufbahnbefähigung an. [2] Sie kann diese Befugnis auf andere Behörden übertragen.

(2) Haben Bewerberinnen oder Bewerber die erforderliche Befähigung durch Lebens- und Berufserfahrung erworben, erkennt der Bundespersonalausschuss oder ein von ihm zu bestimmender unabhängiger Ausschuss die Laufbahnbefähigung an.

(3) [1] Im Anschluss an das Anerkennungsverfahren nach Absatz 1 oder 2 teilt die zuständige oberste Dienstbehörde der Bewerberin oder dem Bewerber die Feststellung der Laufbahnbefähigung schriftlich mit. [2] Sie kann diese Befugnis auf andere Behörden übertragen. [3] Die Laufbahn und das Datum des Befähigungserwerbs sind in der Mitteilung zu bezeichnen.

§ 9 Ämter der Laufbahnen. (1) [1] Die zu den Laufbahnen gehörenden Ämter sowie die dazugehörigen Amtsbezeichnungen ergeben sich aus Anlage 1. [2] Für die Dauer einer Tätigkeit im Auswärtigen Dienst können die Amtsbezeichnungen des Auswärtigen Dienstes verliehen werden.

(2) Die Ämter der Bundesbesoldungsordnung A sind regelmäßig zu durchlaufen.

Unterabschnitt 2. Vorbereitungsdienste

§ 10 Einrichtung von Vorbereitungsdiensten. (1) Die Befugnis nach § 26 Absatz 2 des Bundesbeamtengesetzes[1)] wird für die in Anlage 2 genannten fachspezifischen Vorbereitungsdienste den dort genannten obersten Dienstbehörden übertragen.

(2) [1] Die Rechtsverordnungen nach Absatz 1 müssen insbesondere Inhalt und Dauer der Vorbereitungsdienste sowie die Prüfung und das Prüfungsverfahren regeln. [2] Die vorzusehenden Prüfungsnoten ergeben sich aus Anlage 3.

(3) Die Rechtsverordnungen nach Absatz 1 können vorsehen, dass mit erfolgreichem Abschluss eines Vorbereitungsdienstes für den mittleren Dienst eine Berufsbezeichnung verliehen wird.

§ 10a Auswahlverfahren für die Einstellung in den Vorbereitungsdienst. (1) [1] Voraussetzung für die Einstellung in den Vorbereitungsdienst ist die erfolgreiche Teilnahme an einem Auswahlverfahren. [2] In dem Auswahlverfahren wird die Eignung und Befähigung der Bewerberinnen und Bewerber festgestellt. [3] Dafür können Allgemeinwissen, kognitive, methodische und soziale Fähigkeiten, Intelligenz, Persönlichkeitsmerkmale, Motivation sowie Fachwissen, Sprachkenntnisse, körperliche Fähigkeiten und praktische Fertigkeiten geprüft werden. [4] Die Anforderungen an die Eignung und Befähigung der Bewerberinnen und Bewerber sowie die Auswahlkriterien richten sich nach den Anforderungen des Vorbereitungsdienstes.

(2) [1] Zum Auswahlverfahren wird zugelassen, wer die Voraussetzungen erfüllt, die in der Ausschreibung für die Einstellung in den Vorbereitungsdienst bestimmt sind. [2] Ob diese Voraussetzungen erfüllt werden, wird durch eine Auswertung der Bewerbungsunterlagen festgestellt, insbesondere von Zeugnisnoten, Studienleistungen oder Arbeitszeugnissen. [3] Ferner können Tests zur Erfassung von kognitiver Leistungsfähigkeit, sozialen Fähigkeiten, Persönlich-

---

1) Nr. 2.

keitsmerkmalen, Motivation oder Sprachkenntnissen durchgeführt werden. [4]Die Tests können unterstützt durch Informationstechnologie durchgeführt werden.

(3) [1]Übersteigt die Zahl der Bewerberinnen und Bewerber, die die in der Ausschreibung bestimmten Voraussetzungen erfüllen, das Dreifache der für den Vorbereitungsdienst angebotenen Plätze, so kann die Zahl der am Auswahlverfahren Teilnehmenden beschränkt werden. [2]Dabei sind jedoch mindestens dreimal so viele Bewerberinnen und Bewerber zuzulassen, wie Plätze für den Vorbereitungsdienst angeboten werden. [3]Zum Auswahlverfahren wird in diesem Fall zugelassen, wer nach den Bewerbungsunterlagen und etwaigen Tests nach Absatz 2 Satz 3 am besten geeignet ist.

(4) [1]Das Auswahlverfahren besteht aus einem schriftlichen Teil und einem mündlichen Teil, die jeweils aus mehreren Abschnitten bestehen können. [2]Wenn es für die Laufbahn erforderlich ist, können in einem weiteren Teil die körperliche Tauglichkeit oder praktische Fertigkeiten geprüft werden. [3]Ist ein abgeschlossenes Hochschulstudium Voraussetzung für die Einstellung in den Vorbereitungsdienst, kann das Auswahlverfahren nur aus einem mündlichen Teil bestehen. [4]Von den in einem Teil oder in einem Abschnitt erbrachten Leistungen kann die Teilnahme am weiteren Auswahlverfahren abhängig gemacht werden.

(5) [1]Für den schriftlichen Teil ist eines oder eine Kombination der folgenden Auswahlinstrumente anzuwenden:

1. Aufsatz,
2. Leistungstest,
3. Persönlichkeitstest,
4. Simulationsaufgaben,
5. biographischer Fragebogen.

[2]Bei besonderen Anforderungen einer Laufbahn kann der schriftliche Teil durch weitere Auswahlinstrumente ergänzt werden. [3]Der schriftliche Teil kann unterstützt durch Informationstechnologie durchgeführt werden. [4]Bei Unterstützung durch Informationstechnologie ist für den Zeitraum bis zum Ablauf der Aufbewahrungsfrist sicherzustellen, dass die dabei anfallenden Daten unverwechselbar und dauerhaft der Bewerberin oder dem Bewerber zugeordnet werden können.

(6) [1]Für den mündlichen Teil ist eines oder eine Kombination der folgenden Auswahlinstrumente anzuwenden:

1. strukturiertes oder halbstrukturiertes Interview,
2. Referat,
3. Präsentation,
4. Simulationsaufgaben,
5. Gruppenaufgaben,
6. Gruppendiskussion,
7. Fachkolloquium.

[2]Bei besonderen Anforderungen einer Laufbahn kann der mündliche Teil durch weitere Auswahlinstrumente ergänzt werden. [3]Der mündliche Teil kann in einer Fremdsprache durchgeführt werden.

(6a) Bis zum 31. Dezember 2022 kann der mündliche Teil des Auswahlverfahrens unter Nutzung von Videokonferenztechnik durchgeführt werden, wenn dies wegen der zur Bewältigung der COVID-19-Pandemie getroffenen Maßnahmen geboten ist und wenn geeignete technische Einrichtungen zur Verfügung stehen.

(7) [1] Die im Auswahlverfahren erbrachten Leistungen sind mit Punkten oder Noten zu bewerten. [2] Es ist eine Rangfolge der geeigneten Bewerberinnen und Bewerber festzulegen. [3] Die Rangfolge ist für die Einstellung in den Vorbereitungsdienst maßgeblich.

(8) In den Rechtsverordnungen nach § 26 Absatz 2 Satz 1 des Bundesbeamtengesetzes[1)] ist zu regeln,

1. welche wesentlichen Anforderungen an die Eignung und Befähigung der Bewerberinnen und Bewerber dem Auswahlverfahren zu Grunde liegen,
2. aus welchen Teilen und Abschnitten das Auswahlverfahren besteht,
3. welche Auswahlinstrumente angewendet werden können,
4. wie die Teile und Abschnitte bei der Gesamtbewertung der im Auswahlverfahren erbrachten Leistungen gewichtet werden,
5. wenn von der Möglichkeit nach Absatz 4 Satz 4 Gebrauch gemacht wird: wovon die weitere Teilnahme abhängig gemacht werden soll,
6. wenn von der Möglichkeit nach Absatz 6 Satz 3 Gebrauch gemacht wird: in welcher Fremdsprache der mündliche Teil durchgeführt werden kann.

§ 11 Einstellung in den Vorbereitungsdienst. [1] Die Bewerberinnen und Bewerber werden als Beamtinnen und Beamte auf Widerruf in den Vorbereitungsdienst eingestellt. [2] Sie führen als Dienstbezeichnung die Amtsbezeichnung des Eingangsamts ihrer Laufbahn mit dem Zusatz „Anwärterin" oder „Anwärter", in Laufbahnen des höheren Dienstes die Dienstbezeichnung „Referendarin" oder „Referendar". [3] Die für die Gestaltung des Vorbereitungsdienstes zuständige oberste Dienstbehörde kann im Einvernehmen mit dem Bundesministerium des Innern, für Bau und Heimat andere Dienstbezeichnungen festsetzen.

§ 11a Einfacher Dienst. Ein Vorbereitungsdienst für den einfachen Dienst dauert mindestens sechs Monate.

§ 12 Mittlerer Dienst. [1] Ein Vorbereitungsdienst für den mittleren Dienst dauert mindestens ein Jahr, in der Regel jedoch zwei Jahre. [2] Er besteht aus einer fachtheoretischen und einer berufspraktischen Ausbildung.

§ 13 Gehobener Dienst. (1) [1] Ein Vorbereitungsdienst für den gehobenen Dienst dauert in der Regel drei Jahre und besteht aus Fachstudien und berufspraktischen Studienzeiten. [2] Der Vorbereitungsdienst wird als Hochschulstudiengang, der mit einem Bachelor oder einem Diplomgrad mit dem Zusatz „Fachhochschule" abschließt, durchgeführt.

(2) [1] Der Vorbereitungsdienst kann bis auf ein Jahr verkürzt werden, wenn die für die Laufbahnaufgaben erforderlichen wissenschaftlichen und methodischen Grundkenntnisse durch ein mit einem Bachelor abgeschlossenes Hoch-

---

[1)] Nr. 2.

schulstudium oder durch einen gleichwertigen Abschluss nachgewiesen werden. [2]Zum Erwerb erforderlicher Spezialkenntnisse sind Fachstudien oder Lehrgänge, zum Erwerb erforderlicher berufspraktischer Fähigkeiten und Kenntnisse berufspraktische Studienzeiten und ergänzende Lehrveranstaltungen vorzusehen. [3]Eine Verkürzung lediglich auf Fachstudien oder Lehrgänge ist nicht zulässig.

§ 14 Höherer Dienst. [1]Ein Vorbereitungsdienst für den höheren Dienst dauert mindestens 18 Monate, in der Regel jedoch zwei Jahre. [2]Er vermittelt die für die Laufbahn erforderlichen berufspraktischen Fähigkeiten und Kenntnisse.

§ 15 Verlängerung der Vorbereitungsdienste. (1) [1]Der Vorbereitungsdienst ist nach Anhörung der Referendarinnen, Referendare, Anwärterinnen und Anwärter im Einzelfall zu verlängern, wenn er wegen

1. einer Erkrankung,
2. des Mutterschutzes,
3. einer Elternzeit,
4. der Ableistung eines Wehr-, Zivil-, Bundesfreiwilligen- oder Entwicklungsdienstes, freiwilligen sozialen oder ökologischen Jahres, anderen Dienstes im Ausland, Internationalen Jugendfreiwilligendienstes, Europäischen Freiwilligendienstes, Freiwilligendienstes „weltwärts" des Bundesministeriums für wirtschaftliche Zusammenarbeit und Entwicklung oder Zivilen Friedensdienstes,
5. anderer zwingender Gründe

unterbrochen wurde und durch die Verkürzung von Ausbildungsabschnitten die zielgerechte Fortsetzung des Vorbereitungsdienstes nicht gewährleistet ist. [2]Dabei können Abweichungen vom Ausbildungs-, Lehr- oder Studienplan zugelassen werden.

(2) Bei Teilzeitbeschäftigung gilt Absatz 1 entsprechend.

(3) Der Vorbereitungsdienst kann in den Fällen des Absatzes 1 Satz 1 Nummer 1 und 5 und bei Teilzeitbeschäftigung höchstens zweimal, insgesamt jedoch nicht mehr als 24 Monate verlängert werden.

§ 16 Verkürzung der Vorbereitungsdienste. (1) Der Vorbereitungsdienst kann verkürzt werden, wenn

1. das Erreichen des Ausbildungsziels nicht gefährdet ist und
2. nachgewiesen wird, dass die für die Laufbahnbefähigung erforderlichen Fähigkeiten, Kenntnisse und Fertigkeiten erworben worden sind durch
   a) eine geeignete, mit einer Prüfung abgeschlossene Berufsausbildung oder
   b) gleichwertige, in den Laufbahnen des höheren Dienstes nach Bestehen der ersten Staats- oder Hochschulprüfung ausgeübte hauptberufliche Tätigkeiten.

(2) [1]Auf einen Vorbereitungsdienst für den gehobenen Dienst können Studienleistungen, die an einer Hochschule erbracht worden sind, angerechnet werden, wenn

1. die Bewerberinnen und Bewerber Studienabschnitte absolviert haben, die inhaltlich den Anforderungen eines Abschnitts dieses Vorbereitungsdienstes entsprechen, und
2. die Studienleistungen durch bestandene Prüfungen nachgewiesen werden.

[2]Die Rechtsverordnungen nach § 26 Absatz 2 Satz 1 des Bundesbeamtengesetzes[1)] können die Anrechnung weiterer Studien- und Prüfungsleistungen regeln.

(3) Der Vorbereitungsdienst dauert nach einer Verkürzung oder nach der Anrechnung von Studien- und Prüfungsleistungen mindestens sechs Monate.

(4) Bei einer Verkürzung oder bei der Anrechnung von Studien- und Prüfungsleistungen können Abweichungen vom Ausbildungs-, Lehr- oder Studienplan zugelassen werden.

(5) Bei einer Verkürzung oder für die Anrechnung von Studien- und Prüfungsleistungen können die Bildungsvoraussetzungen und sonstigen Voraussetzungen nach § 17 Absatz 2 bis 5 des Bundesbeamtengesetzes nicht berücksichtigt werden.

(6) Rechtsverordnungen nach § 26 Absatz 2 Satz 1 des Bundesbeamtengesetzes können vorsehen, dass ein erfolgreich abgeschlossener Vorbereitungsdienst für eine Laufbahn auf den Vorbereitungsdienst für die nächsthöhere Laufbahn bis zu sechs Monaten angerechnet werden kann.

§ 17 Laufbahnprüfung. (1) [1]Im Rahmen des Vorbereitungsdienstes ist eine Laufbahnprüfung abzulegen. [2]Sie kann in Form von Modulprüfungen durchgeführt werden.

(2) Ist der Vorbereitungsdienst nach § 13 Absatz 2 Satz 1 oder nach § 16 verkürzt worden, sind die Ausbildungsinhalte des geleisteten Vorbereitungsdienstes Gegenstand der Laufbahnprüfung.

(3) Folgende Prüfungen können, wenn sie nicht bestanden worden sind, einmal wiederholt werden:

1. die Laufbahnprüfung,
2. die Zwischenprüfung, wenn deren Bestehen Voraussetzung für die Fortsetzung des Vorbereitungsdienstes ist, sowie
3. Modul- und Teilprüfungen, wenn deren Bestehen Voraussetzung für die Fortsetzung des Vorbereitungsdienstes ist.

(4) Noch ein zweites Mal können folgende Prüfungen, wenn sie auch in der ersten Wiederholung nicht bestanden worden sind, wiederholt werden:

1. in einem Vorbereitungsdienst, der als Bachelorstudiengang und nur mit Pflichtmodulen durchgeführt wird: zwei Modulprüfungen und
2. in einem Vorbereitungsdienst, der als Bachelorstudiengang mit Wahl- und Pflichtmodulen durchgeführt wird:
   a) eine Modulprüfung in einem der Pflichtmodule und
   b) eine Modulprüfung in einem der Wahlmodule.

(5) [1]In anderen Vorbereitungsdiensten kann die oberste Dienstbehörde in begründeten Ausnahmefällen bei folgenden Prüfungen, wenn sie auch in der

---

[1)] Nr. 2.

ersten Wiederholung nicht bestanden worden sind, noch eine zweite Wiederholung zulassen:

1. bei der Laufbahnprüfung,
2. bei der Zwischenprüfung, wenn deren Bestehen Voraussetzung für die Fortsetzung des Vorbereitungsdienstes ist, und
3. bei Modul- und Teilprüfungen, wenn deren Bestehen Voraussetzung für die Fortsetzung des Vorbereitungsdienstes ist.

[2]Die Befugnis zur Zulassung einer zweiten Wiederholung kann von der obersten Dienstbehörde auf die unmittelbar nachgeordneten Behörden übertragen werden.

Unterabschnitt 3. Anerkennung von Befähigungen

§ 18 Einfacher Dienst. Die Anerkennung der Befähigung für eine Laufbahn des einfachen Dienstes nach § 7 Nummer 2 Buchstabe a[1)] setzt neben den Bildungsvoraussetzungen eine abgeschlossene Berufsausbildung voraus.

§ 19 Mittlerer Dienst. (1) Die Anerkennung der Befähigung für eine Laufbahn des mittleren Dienstes nach § 7 Nummer 2 Buchstabe a[1)] setzt neben den Bildungsvoraussetzungen Folgendes voraus:

1. eine abgeschlossene Berufsausbildung, die inhaltlich den Anforderungen eines fachspezifischen Vorbereitungsdienstes entspricht, oder
2. eine abgeschlossene Berufsausbildung und eine hauptberufliche Tätigkeit von mindestens einem Jahr und sechs Monaten.

(2) Eine Ausbildung entspricht inhaltlich den Anforderungen eines fachspezifischen Vorbereitungsdienstes, wenn

1. sie seine wesentlichen Inhalte in gleicher Breite und Tiefe vermittelt hat und
2. die abschließende Prüfung der entsprechenden Laufbahnprüfung gleichwertig ist.

(3) [1]Die hauptberufliche Tätigkeit muss nach Fachrichtung und Schwierigkeit der Tätigkeit einer Beamtin oder eines Beamten derselben Laufbahn entsprechen. [2]Erfüllt sie diese Voraussetzung, so darf sie von der nach § 8 Absatz 1 zuständigen Behörde nicht bei der Anerkennung der Befähigung ausgeschlossen werden. [3]Bei einer hauptberuflichen Tätigkeit, die im öffentlichen Dienst ausgeübt worden ist, richtet sich die Bewertung der Schwierigkeit nach der besoldungsrechtlichen oder tarifrechtlichen Bewertung dieser Tätigkeit.

(4) Ermäßigte und regelmäßige Arbeitszeiten sind gleich zu behandeln, soweit nicht zwingende sachliche Gründe entgegenstehen.

(5) [1]Elternzeit gilt als hauptberufliche Tätigkeit, wenn vor Beginn der Elternzeit eine hauptberufliche Tätigkeit von insgesamt mindestens sechs Monaten ausgeübt worden ist. [2]Ist die hauptberufliche Tätigkeit im öffentlichen Dienst ausgeübt worden, so gilt Elternzeit auch dann als ausgeübte hauptberufliche Tätigkeit, wenn die hauptberufliche Tätigkeit vor Beginn der Elternzeit weniger als sechs Monate ausgeübt worden ist.

[1)] Nr. 8.

§ 20 Gehobener Dienst. (1) [1]Die Anerkennung der Befähigung für eine Laufbahn des gehobenen Dienstes nach § 7 Nummer 2 Buchstabe a[1)] setzt Folgendes voraus:

1. einen an einer Hochschule erworbenen Bachelor oder einen gleichwertigen Abschluss, wenn die jeweilige Ausbildung inhaltlich den Anforderungen eines fachspezifischen Vorbereitungsdienstes entsprochen hat, oder
2. einen an einer Hochschule erworbenen Bachelor sowie eine hauptberufliche Tätigkeit oder einen Abschluss, der einem Bachelor gleichwertig ist, sowie eine hauptberufliche Tätigkeit.

[2]Die Regelstudiendauer des Studiengangs, mit dem der Bachelor oder der gleichwertige Abschluss nach Satz 1 abgeschlossen wurde, muss mindestens drei Jahre betragen haben. [3]Die Dauer der hauptberuflichen Tätigkeit nach Satz 1 Nummer 2 beträgt mindestens ein Jahr und sechs Monate. [4]§ 19 Absatz 2 bis 5 gilt entsprechend.

(2) Die Befähigung für den gehobenen technischen Verwaltungsdienst hat auch, wer einen der folgenden Vorbereitungsdienste abgeschlossen hat:

1. den gehobenen Verwaltungsinformatikdienst des Bundes oder
2. den gehobenen nichttechnischen Verwaltungsdienst des Bundes – Fachrichtung digitale Verwaltung und IT-Sicherheit –.

§ 21 Höherer Dienst. (1) [1]Die Anerkennung der Befähigung für eine Laufbahn des höheren Dienstes nach § 7 Nummer 2 Buchstabe a[1)] setzt Folgendes voraus:

1. eine inhaltlich den Anforderungen eines fachspezifischen Vorbereitungsdienstes entsprechende Ausbildung oder
2. eine hauptberufliche Tätigkeit in der geforderten Dauer und einen der folgenden Ausbildungsabschlüsse:
   a) einen an einer Hochschule erworbenen Bachelor und einen an einer Hochschule erworbenen Master,
   b) einen Abschluss, der einem an einer Hochschule erworbenen Bachelor gleichwertig ist und einen an einer Hochschule erworbenen Master oder
   c) einen Abschluss, der einem an einer Hochschule erworbenen Master gleichwertig ist.

[2]Als Dauer der hauptberuflichen Tätigkeit nach Satz 1 Nummer 2 werden gefordert:

1. mindestens zwei Jahre und sechs Monate, wenn
   a) mit den Studiengängen, die zum Bachelor und Master geführt haben, mindestens 300 Leistungspunkte nach dem Europäischen System zur Übertragung und Akkumulierung von Studienleistungen erworben worden sind,
   b) die Regelstudiendauer des dem Bachelor gleichwertigen Abschlusses drei Jahre betragen hat und mit dem Studiengang, der zum Master geführt hat, mindestens 120 Leistungspunkte erworben worden sind,

---

[1)] Nr. 8.

c) die Regelstudiendauer des dem Bachelor gleichwertigen Abschlusses vier Jahre betragen hat und mit dem Studiengang, der zum Master geführt hat, mindestens 60 Leistungspunkte erworben worden sind oder
d) ein Abschluss nach Satz 1 Nummer 2 Buchstabe c vorliegt,

2. mindestens drei Jahre, wenn
a) mit den Studiengängen, die zum Bachelor und Master geführt haben, mindestens 270, aber weniger als 300 Leistungspunkte erworben worden sind, oder
b) die Regelstudiendauer des dem Bachelor gleichwertigen Abschlusses drei Jahre betragen hat und mit dem Studiengang, der zum Master geführt hat, mindestens 90, aber weniger als 120 Leistungspunkte erworben worden sind, und

3. mindestens drei Jahre und sechs Monate, wenn
a) mit den Studiengängen, die zum Bachelor und zum Master geführt haben, mindestens 240, aber weniger als 270 Leistungspunkte erworben worden sind, oder
b) die Regelstudiendauer des mit dem Bachelor gleichwertigen Abschlusses drei Jahre betragen hat und mit dem Studiengang, der zum Master geführt hat, mindestens 60, aber weniger als 90 Leistungspunkte erworben worden sind.

[3] § 19 Absatz 2 bis 5 gilt entsprechend.

(2) Die Laufbahnbefähigung für den höheren nichttechnischen Verwaltungsdienst hat auch, wer die Befähigung zum Richteramt hat.

§ 22 Andere Bewerberinnen und andere Bewerber. (1) Wer nicht die Voraussetzungen des § 7 Nummer 1 oder 2 Buchstabe a erfüllt, darf nur berücksichtigt werden, wenn keine geeigneten Bewerberinnen und Bewerber mit einer Laufbahnbefähigung für die entsprechende Laufbahn zur Verfügung stehen oder die Einstellung von besonderem dienstlichen Interesse ist.

(2) [1] Nach Absatz 1 berücksichtigte Bewerberinnen und Bewerber müssen durch ihre Lebens- und Berufserfahrung befähigt sein, im Beamtendienst die Aufgaben ihrer künftigen Laufbahn wahrzunehmen. [2] Eine bestimmte Vorbildung darf außer im Fall des Absatzes 3 von ihnen nicht gefordert werden.

(3) Ist eine bestimmte Vorbildung, Ausbildung oder Prüfung durch besondere Rechtsvorschrift vorgeschrieben oder nach ihrer Eigenart zwingend erforderlich, ist eine Einstellung nach Absatz 1 nicht möglich.

(4) Das Verfahren zur Feststellung der Laufbahnbefähigung nach § 8 Absatz 2 regelt der Bundespersonalausschuss.

Unterabschnitt 4. Sonderregelungen

§ 23 Besondere Qualifikationen und Zeiten. (1) Abweichend von § 17 Absatz 3 Nummer 1 Buchstabe a des Bundesbeamtengesetzes[1)] können Beamtinnen und Beamte, die einen Hauptschulabschluss oder einen als gleichwertig anerkannten Bildungsstand besitzen, für eine Laufbahn des mittleren Dienstes zugelassen werden, wenn die abgeschlossene Berufsausbildung und hauptberuf-

[1)] Nr. 2.

liche Tätigkeit geeignet sind, die Befähigung für die Laufbahn des mittleren Dienstes zu vermitteln.

(2) Bei Personen, die ein Hochschulstudium und eine hauptberufliche Tätigkeit, die für Beamtinnen und Beamte als Aufstiegsverfahren nach § 39 mit Hochschulstudium und berufspraktischer Einführung eingerichtet sind, absolviert haben, kann

1. bei der Zulassung zu einer Laufbahn des gehobenen Dienstes abgesehen werden von der Voraussetzung der hauptberuflichen Tätigkeit nach § 17 Absatz 4 Nummer 2 Buchstabe c des Bundesbeamtengesetzes und
2. bei der Zulassung zu einer Laufbahn des höheren Dienstes abgesehen werden von der Voraussetzung der hauptberuflichen Tätigkeit nach § 17 Absatz 5 Nummer 2 Buchstabe c des Bundesbeamtengesetzes.

(3) Abweichend von § 17 Absatz 4 Nummer 2 Buchstabe c des Bundesbeamtengesetzes kann für die Zulassung zur Laufbahn des gehobenen nichttechnischen Verwaltungsdienstes für eine Verwendung in der Aufsicht über die Flugsicherung anstelle eines mit einem Bachelor abgeschlossenen Hochschulstudiums auch eine abgeschlossene Ausbildung zur Fluglotsin oder zum Fluglotsen an der Flugsicherungsakademie der DFS Deutsche Flugsicherung GmbH berücksichtigt werden.

(4) Abweichend von § 17 Absatz 4 Nummer 1 und 2 Buchstabe c des Bundesbeamtengesetzes kann für die Zulassung zur Laufbahn des gehobenen technischen Verwaltungsdienstes für eine Verwendung

1. in der Überwachung der Flugtüchtigkeit von Luftfahrzeugen,
2. in der Überwachung von Luftfahrtunternehmen, Organisationen, die fliegendes Personal ausbilden, und Unternehmen, die Luftfahrtgerät entwickeln, herstellen, instand halten oder ändern, sowie
3. in der Flugunfalluntersuchung

anstelle eines mit einem Bachelor abgeschlossenen Hochschulstudiums auch der Erwerb einer Lizenz für Berufspilotinnen oder -piloten nach der Verordnung (EU) Nr. 1178/2011 der Kommission vom 3. November 2011 zur Festlegung technischer Vorschriften und von Verwaltungsverfahren in Bezug auf das fliegende Personal in der Zivilluftfahrt gemäß der Verordnung (EG) Nr. 216/2008 des Europäischen Parlaments und des Rates (ABl. L 311 vom 25.11.2011, S. 1) in der jeweils geltenden Fassung berücksichtigt werden.

(5) [1] Abweichend von § 17 Absatz 5 Nummer 1 Buchstabe a des Bundesbeamtengesetzes kann für die Zulassung zu den Laufbahnen

1. des höheren technischen Verwaltungsdienstes,
2. des höheren sprach- und kulturwissenschaftlichen Dienstes,
3. des höheren naturwissenschaftlichen Dienstes sowie
4. des höheren ärztlichen und gesundheitswissenschaftlichen Dienstes

anstelle eines an einer Hochschule erworbenen Masters ein an einer Hochschule erworbener Bachelor oder ein gleichwertiger Abschluss, jeweils in Verbindung mit einer Promotion oder einer hauptberuflichen Tätigkeit von mindestens zwei Jahren und sechs Monaten, berücksichtigt werden. [2] Die hauptberufliche Tätigkeit muss nach Fachrichtung und Schwierigkeit der Tätigkeit einer Beamtin oder eines Beamten derselben Laufbahn entsprechen. [3] Bei einer hauptberuflichen Tätigkeit, die im öffentlichen Dienst ausgeübt worden ist, richtet sich die Bewertung der Schwierigkeit nach der besoldungsrechtlichen oder tarifrechtlichen Bewertung dieser Tätigkeit.

(6) Abweichend von § 17 Absatz 5 Nummer 1 Buchstabe a des Bundesbeamtengesetzes kann für die Zulassung zur Laufbahn des höheren technischen Verwaltungsdienstes für eine Verwendung

1. in der Überwachung der Flugtüchtigkeit von Luftfahrzeugen,
2. in der Überwachung von Luftfahrtunternehmen, Organisationen, die fliegendes Personal ausbilden, und Unternehmen, die Luftfahrtgerät entwickeln, herstellen, instand halten oder ändern, sowie
3. in der Flugunfalluntersuchung

anstelle eines mit einem Master abgeschlossenen Hochschulstudiums auch der Erwerb einer Lizenz für Verkehrspilotinnen oder -piloten nach der Verordnung (EU) Nr. 1178/2011 der Kommission vom 3. November 2011 zur Festlegung technischer Vorschriften und von Verwaltungsverfahren in Bezug auf das fliegende Personal in der Zivilluftfahrt gemäß der Verordnung (EG) Nr. 216/2008 des Europäischen Parlaments und des Rates (ABl. L 311 vom 25.11.2011, S. 1) in der jeweils geltenden Fassung berücksichtigt werden.

(7) Abweichend von § 17 Absatz 4 Nummer 2 Buchstabe c und Absatz 5 Nummer 2 Buchstabe c des Bundesbeamtengesetzes können anstelle von Zeiten einer hauptberuflichen Tätigkeit folgende Zeiten anerkannt werden:

1. bei Ärztinnen und Ärzten:
   a) Zeiten einer als Pflicht- oder Medizinalassistentin oder als Pflicht- oder Medizinalassistent und als Ärztin oder Arzt im Praktikum ausgeübten Tätigkeit oder
   b) Zeiten einer Weiterbildung zur Tropenmedizinerin oder zum Tropenmediziner,
2. bei Lebensmittelchemikerinnen und Lebensmittelchemikern: Zeiten der zusätzlich vorgeschriebenen Ausbildung und
3. bei Wissenschaftlerinnen und Wissenschaftlern: Zeiten einer Habilitation.

(8) Abweichend von § 17 Absatz 5 des Bundesbeamtengesetzes können Beamtinnen und Beamte, die die Voraussetzungen des § 17 Absatz 4 des Bundesbeamtengesetzes erfüllen,

1. im Schulaufsichtsdienst der Bundeswehrfachschulen bis zur Besoldungsgruppe A 15 der Bundesbesoldungsordnung A und
2. als Lehrerinnen und Lehrer an Bundeswehrfachschulen bis zur Besoldungsgruppe A 14 der Bundesbesoldungsordnung A

für Laufbahnen des höheren Dienstes zugelassen werden.

(9) Abweichend von § 17 des Bundesbeamtengesetzes können bei Personen, die berufsmäßigen Wehrdienst geleistet haben, anstelle des Vorbereitungsdienstes inhaltlich den Anforderungen eines Vorbereitungsdienstes entsprechende Qualifizierungen berücksichtigt werden.

§ 24 Zulassung zur höheren Laufbahn bei Besitz einer Berufsausbildung oder einer Hochschulausbildung. (1) Abweichend von § 17 Absatz 2 bis 5 des Bundesbeamtengesetzes[1] können Beamtinnen und Beamte, die die

[1] Nr. 2.

für eine höhere Laufbahn erforderliche Berufsausbildung oder Hochschulausbildung besitzen, für eine höhere Laufbahn zugelassen werden, wenn sie an einem für Regelbewerberinnen und Regelbewerber vorgesehenen Auswahlverfahren erfolgreich teilgenommen haben.

(2) [1] Sie verbleiben in ihrem bisherigen beamtenrechtlichen Status, bis sie

1. folgende Voraussetzungen erfüllen:
   a) im mittleren Dienst die sonstigen Voraussetzungen nach § 17 Absatz 3 Nummer 2 des Bundesbeamtengesetzes,
   b) im gehobenen Dienst die sonstigen Voraussetzungen nach § 17 Absatz 4 Nummer 2 des Bundesbeamtengesetzes und
   c) im höheren Dienst die sonstigen Voraussetzungen nach § 17 Absatz 5 Nummer 2 des Bundesbeamtengesetzes und
2. sich nach Erlangung der Befähigung sechs Monate in der neuen Laufbahn bewährt haben.

[2] Die Zeit einer geforderten hauptberuflichen Tätigkeit und der Bewährung darf nicht wegen Elternzeit verlängert werden. [3] Beträgt die Zeit, in der tatsächlich Dienst geleistet worden ist, wegen Elternzeit weniger als ein Jahr, muss eine Verlängerung erfolgen. [4] Die Verlängerung erfolgt um denjenigen Zeitraum der erforderlich ist, damit ein Jahr tatsächlich Dienst geleistet wird.

(3) [1] Nach der Bewährung wird den Beamtinnen und Beamten im Rahmen der besetzbaren Planstellen ein Amt der höheren Laufbahn verliehen. [2] Das erste Beförderungsamt darf frühestens nach Ablauf einer Dienstzeit von einem Jahr seit der ersten Verleihung eines Amtes der höheren Laufbahngruppe verliehen werden.

§ 25 Einstellung in ein Beförderungsamt. (1) [1] Eine Bewerberin oder ein Bewerber kann in ein Beförderungsamt eingestellt werden, wenn sie oder er

1. das angestrebte Amt nach dem individuellen fiktiven Werdegang erreichen kann und
2. für den Zeitraum des individuellen fiktiven Werdegangs hauptberufliche Tätigkeiten nachweist, die
   a) nach Fachrichtung und Schwierigkeit der Tätigkeit einer Beamtin oder eines Beamten in der angestrebten Laufbahn entsprochen haben und
   b) innerhalb dieses Zeitraums für eine Dauer von mindestens sechs Monaten nach ihrer Art und Bedeutung dem angestrebten Amt entsprochen haben.

[2] Liegt keine hauptberufliche Tätigkeit nach Satz 1 Nummer 2 vor, so ist die besondere Befähigung für das angestrebte Amt durch förderliche Zusatzqualifikationen nachzuweisen.

(2) [1] Der Zeitraum des individuellen fiktiven Werdegangs ist die Summe aus

1. einem Zeitraum von drei Jahren, der an die Stelle der Probezeit tritt, die von einer Beamtin oder einem Beamten zu absolvieren ist, und
2. einem Zeitraum von einem Jahr, der an die Stelle jeder Sperrfrist tritt, die bei einer Beamtin oder einem Beamten nach dem Erreichen des ersten Beförderungsamtes bis zum Erreichen des angestrebten Amtes einzuhalten ist.

[2] Wenn in der Dienstbehörde üblicherweise ein längerer Zeitraum als ein Jahr zwischen zwei Beförderungen liegt, so kann die Dienstbehörde abweichend von Satz 1 Nummer 2 diesen längeren Zeitraum festlegen.

(3) § 19 Absatz 4 und 5 gilt entsprechend.

(4) Soweit hauptberufliche Tätigkeiten bereits auf den Vorbereitungsdienst angerechnet worden sind, dürfen sie bei der Einstellung in ein Beförderungsamt nicht einbezogen werden.

§ 26 Übernahme von Richterinnen und Richtern. (1) [1] Abweichend von § 25 kann Richterinnen und Richtern, die in die Laufbahn des höheren nichttechnischen Verwaltungsdienstes wechseln, ein Amt der Besoldungsgruppe A 14 der Bundesbesoldungsordnung A nach einem Jahr, ein Amt der Besoldungsgruppe A 15 nach zwei Jahren seit der Ernennung zur Richterin oder zum Richter auf Lebenszeit übertragen werden. [2] Einer Richterin oder einem Richter der Besoldungsgruppe R 2 der Bundesbesoldungsordnung R kann ein Amt der Besoldungsgruppe A 16 der Bundesbesoldungsordnung A übertragen werden.

(2) Absatz 1 gilt für Staatsanwältinnen und Staatsanwälte entsprechend.

§ 27 Ausnahmen für besonders leistungsstarke Beamtinnen und Beamte. (1) [1] Abweichend von § 17 Absatz 3 bis 5 des Bundesbeamtengesetzes[1)] können geeignete Dienstposten nach entsprechender Ausschreibung auch mit Beamtinnen und Beamten besetzt werden, die

1. seit mindestens drei Jahren das Endamt ihrer bisherigen Laufbahn erreicht haben,
2. sich in mindestens zwei Verwendungen bewährt haben,
3. in den letzten zwei dienstlichen Beurteilungen mit der höchsten oder zweithöchsten Note ihrer Besoldungsgruppe oder ihrer Funktionsebene beurteilt worden sind und
4. ein Auswahlverfahren nach Absatz 3 erfolgreich durchlaufen haben.

[2] Abweichend von Satz 1 Nummer 1 können die obersten Dienstbehörden für ihren nachgeordneten Geschäftsbereich anstelle des Erreichens des Endamtes der bisherigen Laufbahn das Erreichen des vorletzten Amtes als Voraussetzung festlegen.

(2) [1] Geeignet sind Dienstposten bis zum zweiten Beförderungsamt der höheren Laufbahn, bei denen eine lange berufliche Erfahrung ein wesentliches Merkmal des Anforderungsprofils ist. [2] In obersten Dienstbehörden können im Einzelfall auch Dienstposten des dritten Beförderungsamtes der höheren Laufbahn geeignet sein, wenn neben der langen beruflichen Erfahrung eines der beiden folgenden Merkmale wesentliches Merkmal des Anforderungsprofils ist:

1. eine dreijährige Verwendung auf Dienstposten nach Satz 1 oder
2. eine gleichwertige berufliche Erfahrung, die erworben worden ist, nachdem das derzeitige Amt nach Absatz 4 Satz 1 oder Satz 2 Nummer 1 oder 2 verliehen worden ist.

---

1) Nr. 2.

[3] Die obersten Dienstbehörden können über die Anforderungen nach den Sätzen 1 und 2 hinausgehende Anforderungen an die Eignung der Dienstposten bestimmen.

(3) [1] Die obersten Dienstbehörden bestimmen Auswahlkommissionen, die die Auswahlverfahren durchführen. [2] Sie bestehen in der Regel aus vier Mitgliedern und sollen zu gleichen Teilen mit Frauen und Männern besetzt sein. [3] Die Mitglieder müssen einer höheren Laufbahn als die Bewerberinnen und Bewerber angehören. [4] Sie sind unabhängig und an Weisungen nicht gebunden. [5] In dem Auswahlverfahren wird, gemessen an den Anforderungen des zu besetzenden Dienstpostens, die Eignung und Befähigung der Beamtinnen und Beamten überprüft. [6] Eignung und Befähigung sind in einer Vorstellung vor einer Auswahlkommission nachzuweisen, die einen schriftlichen und mündlichen Teil umfasst. [7] Die Auswahlkommission bewertet die Ergebnisse und macht einen Vorschlag für die Besetzung des Dienstpostens. [8] Die obersten Dienstbehörden können ihre Befugnisse auf andere Behörden übertragen.

(4) [1] Den in Absatz 1 genannten Beamtinnen und Beamten wird im Rahmen der besetzbaren Planstellen das Eingangsamt der höheren Laufbahn verliehen. [2] Für die Verleihung von Beförderungsämtern gilt, dass

1. das erste Beförderungsamt frühestens ein Jahr nach der ersten Verleihung eines Amtes der höheren Laufbahn verliehen werden darf,
2. das zweite Beförderungsamt frühestens ein Jahr nach der Verleihung des ersten Beförderungsamtes verliehen werden darf und
3. das dritte Beförderungsamt frühestens zwei Jahre nach der Verleihung des zweiten Beförderungsamtes verliehen werden darf.

[3] Weitere Beförderungen sind ausgeschlossen.

(5) Beamtinnen und Beamte, die nach den Absätzen 1 bis 4 ein Amt einer höheren Laufbahn verliehen bekommen haben, können auch auf anderen geeigneten Dienstposten im Sinne des Absatzes 2 eingesetzt werden.

Abschnitt 3. Berufliche Entwicklung

Unterabschnitt 1. Probezeit

§ 28 Dauer der Probezeit und Feststellung der Bewährung. (1) Die regelmäßige Probezeit dauert drei Jahre.

(2) Die Beamtinnen und Beamten haben sich in der Probezeit in vollem Umfang bewährt, wenn sie nach Eignung, Befähigung und fachlicher Leistung wechselnde Anforderungen ihrer Laufbahn erfüllen können.

(3) Die Beamtinnen und Beamten sind während der Probezeit in mindestens zwei Verwendungsbereichen einzusetzen, wenn nicht dienstliche Gründe entgegenstehen.

(4) [1] Eignung, Befähigung und fachliche Leistung der Beamtinnen und Beamten sind spätestens nach der Hälfte der festgesetzten Probezeit erstmals und vor Ablauf der festgesetzten Probezeit mindestens ein zweites Mal zu beurteilen. [2] Auf besondere Eignungen und auf bestehende Mängel ist in der Beurteilung hinzuweisen.

(5) Kann die Bewährung wegen besonderer Umstände des Einzelfalls bis zum Ablauf der regelmäßigen Probezeit nicht abschließend festgestellt werden, kann die Probezeit verlängert werden.

(6) Beamtinnen und Beamte, die sich in der Probezeit nicht in vollem Umfang bewährt haben, werden spätestens mit Ablauf der Probezeit entlassen.

§ 29 Anrechnung hauptberuflicher Tätigkeiten. (1) Hauptberufliche Tätigkeiten, die nach Art und Schwierigkeit mindestens der Tätigkeit in einem Amt der betreffenden Laufbahn entsprechen, können auf die Probezeit angerechnet werden.

(2) Nicht anzurechnen sind hauptberufliche Tätigkeiten,
1. die auf den Vorbereitungsdienst angerechnet worden sind oder
2. deren Ausübung Voraussetzung für die Zulassung zur Laufbahn ist.

(3) § 19 Absatz 4 gilt entsprechend.

§ 30 Verlängerung der Probezeit. (1) [1]Die Probezeit verlängert sich um die Zeit einer Beurlaubung ohne Besoldung. [2]Dies gilt nicht, wenn die oberste Dienstbehörde bei der Gewährung der Beurlaubung festgestellt hat, dass die Beurlaubung dienstlichen Interessen oder öffentlichen Belangen dient. [3]Die obersten Dienstbehörden bestimmen im Einvernehmen mit dem Bundesministerium des Innern, für Bau und Heimat, unter welchen Voraussetzungen dienstliche oder öffentliche Belange anerkannt werden können.

(2) [1]Die Probezeit wird nicht verlängert durch Zeiten
1. einer Teilzeitbeschäftigung,
2. einer Kinderbetreuung bis zu drei Jahren pro Kind,
3. der tatsächlichen Pflege von nach ärztlichem Gutachten pflegebedürftigen nahen Angehörigen im Sinne des § 7 Absatz 3 des Pflegezeitgesetzes bis zu drei Jahren pro Angehöriger oder Angehörigem sowie
4. einer Beurlaubung nach § 24 Absatz 2 des Gesetzes über den Auswärtigen Dienst bis zu drei Jahren.

[2]§ 19 Absatz 4 gilt entsprechend.

§ 31 Mindestprobezeit. (1) Die Probezeit muss mindestens ein Jahr dauern (Mindestprobezeit).

(2) Auf die Mindestprobezeit können hauptberufliche Tätigkeiten nicht nach § 29 Absatz 1 angerechnet werden.

(3) Auf die Mindestprobezeit kann jedoch eine hauptberufliche Tätigkeit angerechnet werden, soweit die hauptberufliche Tätigkeit
1. nach Art und Schwierigkeit mindestens der Tätigkeit in einem Amt der betreffenden Laufbahn entspricht und
2. ausgeübt worden ist
   a) im berufsmäßigen Wehrdienst,
   b) in der obersten Dienstbehörde, die für die Bewährungsfeststellung zuständig ist, oder in deren Dienstbereich oder
   c) in einem Beamtenverhältnis als Beamtin oder Beamter der Bundesbesoldungsordnung W oder C.

Unterabschnitt 2. Beförderung

§ 32 Voraussetzungen einer Beförderung. Eine Beamtin oder ein Beamter kann befördert werden, wenn

1. sie oder er nach Eignung, Befähigung und fachlicher Leistung ausgewählt worden ist,
2. im Fall der Übertragung einer höherwertigen Funktion die Eignung in einer Erprobungszeit nachgewiesen wurde und
3. kein Beförderungsverbot vorliegt.

§ 33 Auswahlentscheidungen. (1) [1] Feststellungen über Eignung, Befähigung und fachliche Leistung sind in der Regel auf der Grundlage aktueller dienstlicher Beurteilungen zu treffen. [2] Frühere Beurteilungen sind zusätzlich zu berücksichtigen und vor Hilfskriterien heranzuziehen. [3] Zur Überprüfung der Erfüllung von Anforderungen, zu denen die dienstlichen Beurteilungen keinen oder keinen hinreichenden Aufschluss geben, können eignungsdiagnostische Instrumente eingesetzt werden. [4] Dies kann insbesondere der Fall sein, wenn erstmals Leitungs- oder Führungsaufgaben übertragen werden sollen. [5] Die §§ 8 und 9 des Bundesgleichstellungsgesetzes[1)] sind zu beachten.

(2) [1] Erfolgreich absolvierte Tätigkeiten in einer öffentlichen zwischenstaatlichen oder überstaatlichen Einrichtung, in der Verwaltung eines Mitgliedstaats der Europäischen Union oder in einer öffentlichen Einrichtung eines Mitgliedstaats der Europäischen Union während einer Beurlaubung nach § 6 Absatz 1 der Sonderurlaubsverordnung[2)] sind besonders zu berücksichtigen. [2] Langjährige Leistungen, die wechselnden Anforderungen gleichmäßig gerecht geworden sind, sind angemessen zu berücksichtigen.

(2a) [1] Beamtinnen und Beamte, die zur Ausübung einer gleichwertigen hauptberuflichen Tätigkeit bei einer Fraktion des Deutschen Bundestages, eines Landtages oder des Europäischen Parlaments beurlaubt sind, sind in entsprechender Anwendung des § 21 des Bundesbeamtengesetzes[3)] von der Fraktion zu beurteilen. [2] § 50 Absatz 2 findet in diesen Fällen keine Anwendung. [3] Der Zeitpunkt der Erstellung der Beurteilung richtet sich nach dem Regelbeurteilungsdurchgang der beurlaubenden Dienststelle.

(3) [1] Liegt keine aktuelle dienstliche Beurteilung vor, ist jedenfalls in folgenden Fällen die letzte regelmäßige dienstliche Beurteilung unter Berücksichtigung der Entwicklung vergleichbarer Beamtinnen und Beamten fiktiv fortzuschreiben:

1. bei Beurlaubungen nach § 6 Absatz 1 der Sonderurlaubsverordnung zur Ausübung einer gleichwertigen hauptberuflichen Tätigkeit, wenn die Vergleichbarkeit der Beurteilung der öffentlichen zwischenstaatlichen oder überstaatlichen Einrichtung, der Verwaltung eines Mitgliedstaats der Europäischen Union oder der öffentlichen Einrichtung eines Mitgliedstaats der Europäischen Union mit der dienstlichen Beurteilung nicht gegeben ist,
2. bei Elternzeit mit vollständiger Freistellung von der dienstlichen Tätigkeit und
3. bei Freistellungen von der dienstlichen Tätigkeit wegen einer Mitgliedschaft im Personalrat, als Vertrauensperson der schwerbehinderten Menschen oder bei Entlastungen als Gleichstellungsbeauftragte, wenn die dienstliche Tätigkeit jeweils weniger als 25 Prozent der Arbeitszeit beansprucht.

[1)] Nr. 6.
[2)] Nr. 13.
[3)] Nr. 2.

[2] In den Fällen des Satzes 1 Nummer 1 sollen für die fiktive Fortschreibung auch Beurteilungen der aufnehmenden Stelle herangezogen werden.

(4) [1] Haben sich Vorbereitungsdienst und Probezeit um Zeiten verlängert, in denen ein Dienst nach § 15 Absatz 1 Satz 1 Nummer 4 abgeleistet worden ist, sind die sich daraus ergebenden zeitlichen Verzögerungen angemessen auszugleichen. [2] Zu diesem Zweck kann während der Probezeit befördert werden, wenn die sonstigen Voraussetzungen des § 32 vorliegen. [3] Die Sätze 1 und 2 gelten entsprechend für eine Person, die einen der in § 15 Absatz 1 Satz 1 Nummer 4 genannten Dienste abgeleistet und

1. sich innerhalb von sechs Monaten nach Beendigung des Dienstes um Einstellung beworben hat,
2. im Anschluss an den Dienst einen Ausbildungsgang zum Erwerb eines berufsqualifizierenden Abschlusses begonnen und sich innerhalb von sechs Monaten nach Erwerb des Abschlusses um Einstellung beworben hat,
3. im Anschluss an den Dienst einen Ausbildungsgang zum Erwerb eines berufsqualifizierenden Abschlusses begonnen und im Anschluss an den Erwerb des berufsqualifizierenden Abschlusses eine hauptberufliche Tätigkeit nach den §§ 19 bis 21 begonnen und sich innerhalb von sechs Monaten nach Ableistung der vorgeschriebenen Tätigkeit um Einstellung beworben hat oder
4. im Anschluss an den Dienst eine hauptberufliche Tätigkeit nach den §§ 19 bis 21 begonnen und sich innerhalb von sechs Monaten nach Ableistung der vorgeschriebenen Tätigkeit um Einstellung beworben hat

und auf Grund der Bewerbung eingestellt worden ist. [4] Nicht auszugleichen sind Zeiten eines Dienstes nach § 15 Absatz 1 Satz 1 Nummer 4, wenn diese als Voraussetzung für die Zulassung zur Laufbahn oder nach § 20 des Bundesbeamtengesetzes berücksichtigt oder auf die Probezeit angerechnet worden sind.

§ 34 Erprobungszeit. (1) [1] Die Erprobungszeit beträgt mindestens sechs Monate und soll ein Jahr nicht überschreiten. [2] § 19 Absatz 4 gilt entsprechend.

(2) [1] Die in § 33 Absatz 3 genannten Zeiten und Erprobungszeiten auf einem anderen Dienstposten gleicher Bewertung gelten als geleistete Erprobungszeit, wenn die Beamtin oder der Beamte bei Berücksichtigung sämtlicher Erkenntnisse die Erprobung aller Voraussicht nach erfolgreich absolviert hätte. [2] Gleiches gilt für Zeiten, in denen während einer Beurlaubung gleichwertige Tätigkeiten in einer Forschungseinrichtung ausgeübt worden sind.

(3) Kann die Eignung nicht festgestellt werden, ist von der dauerhaften Übertragung des Dienstpostens abzusehen oder die Übertragung zu widerrufen.

Unterabschnitt 3. Aufstieg

§ 35 Voraussetzungen für den Aufstieg. (1) [1] Der Aufstieg setzt die erfolgreiche Teilnahme an einem Auswahlverfahren voraus. [2] Weitere Voraussetzungen sind:

1. für den Aufstieg in den mittleren Dienst: der erfolgreiche Abschluss eines fachspezifischen Vorbereitungsdienstes oder einer fachspezifischen Qualifizierung,

2. für den Aufstieg in den gehobenen Dienst:
   a) der erfolgreiche Abschluss eines fachspezifischen Vorbereitungsdienstes oder einer fachspezifischen Qualifizierung oder
   b) der erfolgreiche Abschluss eines Hochschulstudiums und eine berufspraktische Einführung in der nächsthöheren Laufbahn,
3. für den Aufstieg in den höheren Dienst:
   a) der erfolgreiche Abschluss eines fachspezifischen Vorbereitungsdienstes oder
   b) der erfolgreiche Abschluss eines Hochschulstudiums und eine berufspraktische Einführung in der nächsthöheren Laufbahn.

(2) [1] Bei der Auswahl und Gestaltung der Aufstiegsverfahren sind die Benachteiligungsverbote des § 25 des Bundesbeamtengesetzes[1)] zu beachten. [2] Berufsbegleitende und modularisierte Aufstiegsverfahren sind anzubieten, sofern dienstliche Gründe nicht entgegenstehen. [3] Die Bundesakademie für öffentliche Verwaltung unterstützt die obersten Dienstbehörden bei der Ermittlung geeigneter Studiengänge und der Entwicklung familienfreundlicher Konzepte.

§ 36 Auswahlverfahren für den Aufstieg. (1) [1] Vor der Durchführung eines Auswahlverfahrens geben die obersten Dienstbehörden in einer Ausschreibung bekannt, welche fachspezifischen Vorbereitungsdienste, Studiengänge oder sonstigen Qualifizierungen für den Aufstieg angeboten werden. [2] Sie können diese Befugnis auf andere Behörden übertragen.

(2) [1] Voraussetzung für die Zulassung zum Auswahlverfahren ist, dass sich die Bewerberinnen und Bewerber nach Ablauf der Probezeit in einer Dienstzeit von mindestens drei Jahren bewährt und bei Ablauf der Ausschreibungsfrist das 58. Lebensjahr noch nicht vollendet haben. [2] Voraussetzung für die Zulassung zum Auswahlverfahren für die fachspezifische Qualifizierung für den Aufstieg in den gehobenen Dienst ist neben den in Satz 1 genannten Voraussetzungen, dass die Bewerberinnen und Bewerber bei Ablauf der Ausschreibungsfrist
1. das zweite Beförderungsamt erreicht haben und
2. in der letzten dienstlichen Beurteilung mit der höchsten oder zweithöchsten Note ihrer Besoldungsgruppe oder Funktionsebene beurteilt worden sind.

[3] Ist das zweite Beförderungsamt das Endamt der Laufbahn, ist abweichend von Satz 2 Nummer 1 Voraussetzung für die Zulassung zum Auswahlverfahren, dass die Bewerberinnen und Bewerber bei Ablauf der Ausschreibungsfrist seit mindestens drei Jahren das erste Beförderungsamt erreicht haben. [4] § 19 Absatz 4 gilt entsprechend.

(3) [1] Die obersten Dienstbehörden bestimmen Auswahlkommissionen, die die Auswahlverfahren durchführen. [2] Sie können diese Befugnis auf unmittelbar nachgeordnete Behörden übertragen. [3] Die Bundesakademie für öffentliche Verwaltung, die Hochschule des Bundes oder das Bundesverwaltungsamt können mit der Durchführung der Auswahlverfahren betraut werden. [4] Die Auswahlkommissionen bestehen in der Regel aus vier Mitgliedern und sollen zu gleichen Teilen mit Frauen und Männern besetzt sein. [5] Die Mitglieder müssen einer höheren Laufbahn als die Bewerberinnen und Bewerber angehören. [6] Der Auswahlkommission können auch Arbeitnehmerinnen oder Arbeitnehmer an-

---

[1)] Nr. 2.

gehören. [7] Sie müssen bei Auswahlverfahren für den Aufstieg in Laufbahnen des mittleren Dienstes mindestens eine abgeschlossene Berufsausbildung oder eine gleichwertige Qualifikation, bei Auswahlverfahren für den Aufstieg in Laufbahnen des gehobenen Dienstes mindestens einen Bachelorabschluss oder eine gleichwertige Qualifikation und bei Auswahlverfahren für den Aufstieg in Laufbahnen des höheren Dienstes einen Master oder eine gleichwertige Qualifikation besitzen. [8] Die Mitglieder der Auswahlkommission sind unabhängig und an Weisungen nicht gebunden.

(4) [1] In dem Auswahlverfahren wird, gemessen an den Anforderungen der künftigen Laufbahnaufgaben, die Eignung und Befähigung der Beamtinnen und Beamten überprüft. [2] Sie sind mindestens in einer Vorstellung vor einer Auswahlkommission nachzuweisen. [3] Beim Aufstieg in eine Laufbahn des gehobenen oder des höheren Dienstes sind auch schriftliche Aufgaben zu bearbeiten. [4] Die Auswahlkommission bewertet die Ergebnisse. [5] Sie kann die weitere Vorstellung vor der Auswahlkommission von den in den schriftlichen Aufgaben erzielten Ergebnissen abhängig machen. [6] Für jedes Auswahlverfahren ist anhand der ermittelten Gesamtergebnisse eine Rangfolge der erfolgreichen Bewerberinnen und Bewerber festzulegen. [7] Die Rangfolge ist für die Entscheidung über die Zulassung zum Aufstiegsverfahren maßgeblich. [8] Die Teilnahme ist erfolglos, wenn sie nicht mit ausreichendem Ergebnis abgeschlossen wurde.

(5) Die zuständige Dienstbehörde kann auf der Grundlage der dienstlichen Beurteilungen und sonstiger Anforderungen eine Vorauswahl für die Teilnahme am Auswahlverfahren treffen.

(6) [1] Über die Zulassung zum Aufstiegsverfahren entscheidet die oberste Dienstbehörde unter Berücksichtigung des Vorschlags der Auswahlkommission. [2] Sie kann diese Befugnis auf eine andere Behörde übertragen.

§ 37 Teilnahme an Vorbereitungsdiensten. (1) Nehmen die Beamtinnen und Beamten an einem fachspezifischen Vorbereitungsdienst teil, sind die für die Referendarinnen, Referendare, Anwärterinnen und Anwärter im fachspezifischen Vorbereitungsdienst geltenden Bestimmungen zu Ausbildung und Prüfung entsprechend anzuwenden.

(2) Ist der Vorbereitungsdienst auf eine berufspraktische Studienzeit beschränkt, regeln die Rechtsverordnungen über besondere Vorschriften für die einzelnen Laufbahnen und Vorbereitungsdienste nach § 26 Absatz 2 Satz 1 des Bundesbeamtengesetzes[1)] die Voraussetzungen des Aufstiegs.

§ 38 Fachspezifische Qualifizierungen. (1) Fachspezifische Qualifizierungen dauern

1. für den Aufstieg in den mittleren Dienst mindestens ein Jahr und sechs Monate und
2. für den Aufstieg in den gehobenen Dienst mindestens zwei Jahre.

(2) [1] Die fachtheoretische Ausbildung soll für den Aufstieg in den mittleren Dienst sechs Monate und für den Aufstieg in den gehobenen Dienst acht Monate nicht unterschreiten. [2] Sie kann für den Aufstieg in den gehobenen Dienst zum Teil berufsbegleitend durchgeführt werden. [3] Die fachtheoretische

---

[1)] Nr. 2.

Ausbildung vermittelt entsprechend den Anforderungen der Laufbahn Folgendes:

1. fachspezifische Kenntnisse und Fähigkeiten sowie
2. Kenntnisse und Fähigkeiten auf folgenden Gebieten:
   a) Verfassungs- und Europarecht,
   b) allgemeines Verwaltungsrecht,
   c) Recht des öffentlichen Dienstes,
   d) Haushaltsrecht,
   e) bürgerliches Recht,
   f) Organisation der Bundesverwaltung,
   g) Aufgaben des öffentlichen Dienstes sowie
   h) wirtschaftliches Verwaltungshandeln.

[4] Die Teilnahme an der fachtheoretischen Ausbildung ist durch Leistungstests zu belegen. [5] Leistungstests, die vor Beginn des Aufstiegsverfahrens erworben wurden, können auf Antrag angerechnet werden. [6] Hat eine Person einen Leistungstest endgültig nicht bestanden, so ist für sie das Aufstiegsverfahren beendet.

(3) [1] Während der berufspraktischen Einführung werden die Aufgaben der nächsthöheren Laufbahn wahrgenommen. [2] Sie schließt mit einer dienstlichen Beurteilung ab, aus der hervorgeht, ob sich die Beamtin oder der Beamte in der nächsthöheren Laufbahn bewährt hat. [3] Beim Aufstieg in den mittleren Dienst kann die berufspraktische Einführung um höchstens sechs Monate verkürzt werden, wenn die Beamtinnen und Beamten während ihrer bisherigen Tätigkeit hinreichende für die neue Laufbahn qualifizierende Kenntnisse erworben haben.

(4) [1] Der Bundespersonalausschuss oder ein von ihm beauftragter unabhängiger Ausschuss stellt nach einer Vorstellung der Beamtin oder des Beamten fest, ob die fachspezifische Qualifizierung erfolgreich abgeschlossen ist. [2] Mit Zustimmung des Bundespersonalausschusses kann die oberste Dienstbehörde oder können von ihr bestimmte unmittelbar nachgeordnete Behörden das Feststellungsverfahren selbst regeln und durchführen. [3] Das Feststellungsverfahren kann einmal wiederholt werden.

§ 39 Hochschulstudium und berufspraktische Einführung. (1) Die Aufstiegsausbildung kann auch außerhalb eines fachspezifischen Vorbereitungsdienstes in einem Studiengang an einer Hochschule erfolgen, wenn hierfür ein dienstliches Interesse besteht.

(2) Die Laufbahnbefähigung für den gehobenen Dienst setzt ein mit einem Bachelor abgeschlossenes Hochschulstudium oder einen gleichwertigen Abschluss sowie eine berufspraktische Einführung von einem Jahr in der nächsthöheren Laufbahn voraus.

(3) Die Laufbahnbefähigung für den höheren Dienst setzt ein mit einem Master abgeschlossenes Hochschulstudium oder einen gleichwertigen Abschluss sowie eine berufspraktische Einführung von einem Jahr in der nächsthöheren Laufbahn voraus.

(4) Die berufspraktische Einführung schließt mit einer dienstlichen Beurteilung ab, aus der hervorgeht, ob sich die Beamtin oder der Beamte in der nächsthöheren Laufbahn bewährt hat.

(5) Das Aufstiegsverfahren kann auf die berufspraktische Einführung von einem Jahr beschränkt werden, wenn die Beamtin oder der Beamte die in der Ausschreibung geforderte Hochschulausbildung und das Auswahlverfahren nach § 36 erfolgreich durchlaufen hat.

(6) [1] Für den Aufstieg können die obersten Dienstbehörden Studiengänge einrichten. [2] Ihnen wird die in § 26 Absatz 2 Satz 1 des Bundesbeamtengesetzes[1)] enthaltene Ermächtigung übertragen, für den Aufstieg durch Rechtsverordnung besondere Vorschriften zu erlassen.

§ 40 Übertragung eines Amtes der neuen Laufbahn. [1] Nach Erwerb der Befähigung für die höhere Laufbahn wird den Beamtinnen und Beamten im Rahmen der besetzbaren Planstellen ein Amt der neuen Laufbahn verliehen. [2] Das erste Beförderungsamt darf frühestens nach Ablauf einer Dienstzeit von einem Jahr seit der ersten Verleihung eines Amtes der höheren Laufbahngruppe verliehen werden.

§ 41 Erstattung der Kosten einer Aufstiegsausbildung. [1] Hat eine Beamtin oder ein Beamter an einer fachspezifischen Qualifizierung oder an einer Hochschulausbildung teilgenommen, muss sie oder er im Fall einer Entlassung die vom Dienstherrn getragenen Kosten der fachspezifischen Qualifizierung oder der Hochschulausbildung erstatten, wenn sie oder er nicht eine Dienstzeit von der dreifachen Dauer der fachspezifischen Qualifizierung oder des Studiums geleistet hat. [2] Auf die Erstattung kann ganz oder teilweise verzichtet werden, wenn sie für die Beamtin oder den Beamten eine besondere Härte bedeuten würde.

Unterabschnitt 4. Sonstiges

§ 42 Laufbahnwechsel. (1) Der Wechsel in eine andere Laufbahn derselben Laufbahngruppe ist aus dienstlichen Gründen zulässig, wenn die Beamtin oder der Beamte die Befähigung für die andere Laufbahn besitzt.

(2) [1] Der Erwerb der Befähigung für die andere Laufbahn setzt eine Qualifizierung voraus, die

1. im einfachen Dienst drei Monate,
2. im mittleren Dienst ein Jahr und
3. im gehobenen und höheren Dienst ein Jahr und sechs Monate

nicht unterschreiten darf. [2] Während der Qualifizierung müssen der Beamtin oder dem Beamten die für die Laufbahn erforderlichen Fach-, Methoden- und sozialen Kompetenzen vermittelt werden.

§ 43 Wechsel von Wissenschaftlerinnen und Wissenschaftlern. Wenn sie die Befähigung für die vorgesehene Laufbahn besitzen, kann Beamtinnen und Beamten, die seit mindestens sechs Monaten

1. ein Amt der Besoldungsgruppe W 1 der Bundesbesoldungsordnung W oder C 1 der früheren Bundesbesoldungsordnung C innehaben, ein Amt der Besoldungsgruppe A 13 übertragen werden,
2. ein Amt der Besoldungsgruppe W 2 der Bundesbesoldungsordnung W oder C 2 der früheren Bundesbesoldungsordnung C innehaben, nach vier Jahren

---

[1)] Nr. 2.

in Ämtern der Bundesbesoldung W oder der früheren Bundesbesoldungsordnung C ein Amt der Besoldungsgruppe A 14 übertragen werden,
3. ein Amt der Besoldungsgruppe W 2 der Bundesbesoldungsordnung W oder C 2 der früheren Bundesbesoldungsordnung C innehaben, nach fünf Jahren in Ämtern der Bundesbesoldungsordnung W oder der früheren Bundesbesoldungsordnung C ein Amt der Besoldungsgruppe A 15 übertragen werden,
4. ein Amt der Besoldungsgruppe W 2 der Bundesbesoldungsordnung W oder C 3 der früheren Bundesbesoldungsordnung C innehaben, nach sechs Jahren in Ämtern der Bundesbesoldungsordnung W oder der früheren Bundesbesoldungsordnung C ein Amt der Besoldungsgruppe A 16 oder B 3 übertragen werden,
5. ein Amt der Besoldungsgruppe W 3 der Bundesbesoldungsordnung W oder C 4 der früheren Bundesbesoldungsordnung C innehaben, nach sieben Jahren in Ämtern der Bundesbesoldungsordnung W oder der früheren Bundesbesoldungsordnung C ein Amt der Besoldungsgruppe B 3 oder B 4[1)]

übertragen werden.

§ 44 Wechsel von einem anderen Dienstherrn. (1) Beim Wechsel von Beamtinnen und Beamten und früheren Beamtinnen und Beamten anderer Dienstherren in ein Beamtenverhältnis beim Bund sowie bei bundesunmittelbaren Körperschaften, Anstalten und Stiftungen des öffentlichen Rechts sind die §§ 6 bis 9 und die §§ 18 bis 26 sowie § 43 entsprechend anzuwenden.

(2) Auf die Mindestprobezeit und auf die Probezeit sind die Zeiten anzurechnen, in denen sich die Beamtin oder der Beamte, nachdem sie oder er die Laufbahnbefähigung erworben hat, bei einem anderen Dienstherrn in einer gleichwertigen Laufbahn bewährt hat.

§ 45 Internationale Verwendungen. [1] Erfolgreich absolvierte hauptberufliche Tätigkeiten in einer öffentlichen zwischenstaatlichen oder überstaatlichen Einrichtung, in der Verwaltung eines Mitgliedstaats der Europäischen Union oder in einer öffentlichen Einrichtung eines Mitgliedstaats der Europäischen Union während einer Beurlaubung nach § 6 Absatz 1 der Sonderurlaubsverordnung[2)] sind besonders zu berücksichtigen, wenn Erfahrungen und Kenntnisse im internationalen Bereich für den Dienstposten wesentlich sind. [2] Sie dürfen sich im Übrigen nicht nachteilig auf das berufliche Fortkommen der Beamtinnen und Beamten auswirken.

Abschnitt 4. Personalentwicklung und Qualifizierung

§ 46 Personalentwicklung. (1) [1] Als Grundlage für die Personalentwicklung sind Personalentwicklungskonzepte zu erstellen. [2] Über die Gestaltung entscheidet die oberste Dienstbehörde. [3] Sie kann diese Befugnis auf andere Behörden übertragen.

(2) [1] Im Rahmen der Personalentwicklungskonzepte sind Eignung, Befähigung und fachliche Leistung durch Personalführungs- und Personalentwicklungsmaßnahmen zu erhalten und zu fördern. [2] Dazu gehören zum Beispiel

1. die dienstliche Qualifizierung,

---

1) Wortlaut amtlich.

2) Nr. **13**.

2. die Führungskräfteentwicklung,
3. Kooperationsgespräche,
4. die dienstliche Beurteilung,
5. Zielvereinbarungen,
6. die Einschätzung der Vorgesetzten durch ihre Mitarbeiterinnen und Mitarbeiter sowie
7. ein die Fähigkeiten und Kenntnisse erweiternder regelmäßiger Wechsel der Verwendung, insbesondere auch in Tätigkeiten bei internationalen Organisationen.

§ 47 Dienstliche Qualifizierung. (1) [1] Die dienstliche Qualifizierung ist zu fördern. [2] Qualifizierungsmaßnahmen sind insbesondere

1. die Erhaltung und Fortentwicklung der Fach-, Methoden- und sozialen Kompetenzen für die Aufgaben des übertragenen Dienstpostens und
2. der Erwerb ergänzender Qualifikationen für höher bewertete Dienstposten und für die Wahrnehmung von Führungsaufgaben.

[3] Die dienstliche Qualifizierung wird durch zentral organisierte Fortbildungsmaßnahmen der Bundesregierung geregelt, soweit sie nicht besonderen Fortbildungseinrichtungen einzelner oberster Dienstbehörden obliegt. [4] Die Bundesakademie für öffentliche Verwaltung unterstützt die Behörden bei der Entwicklung von Personalentwicklungskonzepten und bei der Durchführung von Qualifizierungsmaßnahmen.

(2) Die Beamtinnen und Beamten sind verpflichtet, an dienstlichen Qualifizierungen nach Absatz 1 Satz 2 Nummer 1 teilzunehmen.

(3) [1] Den Beamtinnen und Beamten soll ihrer Eignung entsprechend Gelegenheit gegeben werden, an dienstlichen Qualifizierungen nach Absatz 1 Nummer 2 teilzunehmen, sofern das dienstliche Interesse gegeben ist. [2] Die Beamtinnen und Beamten können von der oder dem zuständigen Vorgesetzten vorgeschlagen werden oder sich selbst bewerben.

(4) [1] Bei der Gestaltung von Qualifizierungsmaßnahmen ist die besondere Situation der Beamtinnen und Beamten mit Familienpflichten, mit Teilzeitbeschäftigung und Telearbeitsplätzen zu berücksichtigen. [2] Insbesondere ist die gleichberechtigte Teilnahme an Qualifizierungsmaßnahmen zu ermöglichen, wenn nicht zwingende sachliche Gründe entgegenstehen. [3] Die Bundesakademie für öffentliche Verwaltung unterstützt die obersten Dienstbehörden bei der Entwicklung und Fortschreibung dieser Qualifizierungsmaßnahmen.

(5) [1] Beamtinnen und Beamte, die durch Qualifizierung ihre Fähigkeiten und fachlichen Kenntnisse nachweislich wesentlich gesteigert haben, sollen gefördert werden. [2] Vor allem ist ihnen nach Möglichkeit Gelegenheit zu geben, in Abstimmung mit der Dienstbehörde ihre Fachkenntnisse in höher bewerteten Dienstgeschäften anzuwenden und hierbei ihre besondere fachliche Eignung nachzuweisen.

Abschnitt 5. Dienstliche Beurteilung

§ 48 Ausnahmen von der regelmäßigen Beurteilung. [1] Ausnahmen von der regelmäßigen Beurteilung können zugelassen werden, wenn eine dienstliche Beurteilung nicht zweckmäßig ist. [2] Dies ist insbesondere in herausgehobenen Führungsfunktionen der Fall. [3] Die §§ 28 bis 31 bleiben unberührt.

§ 49 Inhalt der dienstlichen Beurteilung. (1) In der dienstlichen Beurteilung sind die fachliche Leistung der Beamtin oder des Beamten nachvollziehbar darzustellen sowie Eignung und Befähigung einzuschätzen.

(2) [1] Die fachliche Leistung ist insbesondere nach den Arbeitsergebnissen, der praktischen Arbeitsweise, dem Arbeitsverhalten und für Beamtinnen oder Beamte, die bereits Vorgesetzte sind, nach dem Führungsverhalten zu beurteilen. [2] Soweit Zielvereinbarungen getroffen werden, soll der Grad der Zielerreichung in die Gesamtwertung der dienstlichen Beurteilung einfließen.

(3) [1] Die Beurteilung schließt mit einem Gesamturteil und einem Vorschlag für die weitere dienstliche Verwendung. [2] Sie bewertet die Eignung für Leitungs- und Führungsaufgaben, wenn entsprechende Aufgaben wahrgenommen werden, und kann eine Aussage über die Eignung für Aufgaben der nächsthöheren Laufbahn enthalten.

§ 50 Beurteilungsverfahren und Beurteilungsmaßstab. (1) [1] Die dienstlichen Beurteilungen erfolgen nach einem einheitlichen Beurteilungsmaßstab unter Berücksichtigung der Anforderungen des Amtes und in der Regel von mindestens zwei Personen. [2] Einzelheiten des Beurteilungsverfahrens, insbesondere die Zahl der Beurteilerinnen und Beurteiler sowie gegebenenfalls die Rolle und Verantwortlichkeit mitwirkender Berichterstatterinnen und Berichterstatter, regeln die obersten Dienstbehörden in den Beurteilungsrichtlinien. [3] Sie können diese Befugnis auf andere Behörden übertragen.

(2) [1] Der Anteil der Beamtinnen und Beamten einer Besoldungsgruppe oder einer Funktionsebene, die beurteilt werden, soll bei der höchsten Note zehn Prozent und bei der zweithöchsten Note zwanzig Prozent nicht überschreiten. [2] Im Interesse der Einzelfallgerechtigkeit ist eine Überschreitung um jeweils bis zu fünf Prozentpunkte möglich. [3] Ist die Bildung von Richtwerten wegen zu geringer Fallzahlen nicht möglich, sind die dienstlichen Beurteilungen in geeigneter Weise entsprechend zu differenzieren.

(3) [1] Die dienstliche Beurteilung ist der Beamtin oder dem Beamten in ihrem vollen Wortlaut zu eröffnen und mit ihr oder ihm zu besprechen. [2] Die Eröffnung ist aktenkundig zu machen und mit der Beurteilung zu den Personalakten zu nehmen.

(4) [1] Das Ergebnis eines Beurteilungsdurchgangs soll den Beurteilten in Form eines Notenspiegels in geeigneter Weise bekannt gegeben werden. [2] Hierbei soll der Anteil an Frauen, Männern, Teilzeit- und Telearbeitskräften und schwerbehinderten Menschen jeweils gesondert ausgewiesen werden, wenn die Anonymität der Beurteilungen gewahrt bleibt.

Abschnitt 6. Übergangs- und Schlussvorschriften

§ 51 Überleitung der Beamtinnen und Beamten. (1) [1] Beamtinnen und Beamte, die sich beim Inkrafttreten dieser Rechtsverordnung bereits in einer Laufbahn befinden, die in § 35 Absatz 8 oder den Anlagen 1 bis 5 der Bundeslaufbahnverordnung in der Fassung der Bekanntmachung vom 2. Juli 2002 (BGBl. I S. 2459, 2671), die zuletzt durch Artikel 15 Absatz 28 des Gesetzes vom 5. Februar 2009 (BGBl. I S. 160) geändert worden ist, genannt wird, besitzen die Befähigung für die in § 6 dieser Rechtsverordnung aufgeführte entsprechende Laufbahn. [2]Welche Laufbahnen sich entsprechen, ist in Anlage 4 festgelegt. [3]Im Übrigen besitzen sie die Befähigung für eine in § 6 dieser Rechtsverordnung aufgeführte Laufbahn, die ihrer Fachrichtung entspricht.

(2) Beamtinnen und Beamte, die sich bei Inkrafttreten dieser Rechtsverordnung in Laufbahnen des Post- und Fernmeldedienstes oder der ehemaligen Bundesanstalt für Flugsicherung befinden, besitzen auch die Befähigung für eine in § 6 dieser Rechtsverordnung aufgeführte Laufbahn, die ihrer Fachrichtung entspricht.

(3) Beamtinnen und Beamte, die sich am 26. Januar 2017 in einer der Laufbahnen des tierärztlichen Dienstes oder des agrar-, forst- und ernährungswissenschaftlichen Dienstes befunden haben, besitzen die Befähigung für die Laufbahn des agrar-, forst- und ernährungswissenschaftlichen sowie tierärztlichen Dienstes in ihrer bisherigen Laufbahngruppe.

(4) Amtsbezeichnungen, die beim Inkrafttreten dieser Rechtsverordnung geführt werden, können bis zur Übertragung eines anderen Amtes weitergeführt werden.

(5) Beamtinnen und Beamte, die am 1. März 2020 die Amtsbezeichnung Oberamtsgehilfin/Oberamtsgehilfe oder Wachtmeisterin/Wachtmeister führen, können diese bis zur Übertragung eines anderen Amtes weiterführen.

§ 52 Vorbereitungsdienste. (1) [1]Die in Anlage 2 aufgeführten obersten Dienstbehörden erlassen nach § 10 die den jeweiligen fachspezifischen Vorbereitungsdienst regelnden Rechtsverordnungen bis zum 31. Dezember 2018. [2]Bis zum Inkrafttreten der den jeweiligen fachspezifischen Vorbereitungsdienst regelnden Rechtsverordnungen sind die entsprechend geltenden Laufbahn-, Ausbildungs- und Prüfungsordnungen, die aufgrund des § 2 Absatz 4 der Bundeslaufbahnverordnung in der Fassung der Bekanntmachung vom 2. Juli 2002 (BGBl. I S. 2459, 2671), die zuletzt durch Artikel 15 Absatz 28 des Gesetzes vom 5. Februar 2009 (BGBl. I S. 160) geändert worden ist, erlassen wurden, in ihrer jeweils geltenden Fassung mit Ausnahme der Regelungen zu den Ämtern der Laufbahn weiter anzuwenden.

(2) Auf Beamtinnen und Beamte, deren Vorbereitungsdienst vor dem Inkrafttreten dieser Rechtsverordnung begonnen hat, ist unabhängig vom Inkrafttreten der entsprechenden Rechtsverordnung nach Absatz 1 Satz 1 die Laufbahn-, Ausbildungs- und Prüfungsordnung weiter anzuwenden, die aufgrund des § 2 Absatz 4 der Bundeslaufbahnverordnung in der Fassung der Bekanntmachung vom 2. Juli 2002 (BGBl. I S. 2459, 2671), die zuletzt durch Artikel 15 Absatz 28 des Gesetzes vom 5. Februar 2009 (BGBl. I S. 160) geändert worden ist, erlassen wurde.

§ 53 Beamtenverhältnis auf Probe. (1) Für Beamtinnen und Beamte, die vor dem 12. Februar 2009 in ein Beamtenverhältnis auf Probe berufen worden sind, gelten anstelle der §§ 28 bis 31 die §§ 7 bis 10 und § 44 Absatz 1 Nummer 2 und 3 der Bundeslaufbahnverordnung in der Fassung der Bekanntmachung vom 2. Juli 2002 (BGBl. I S. 2459, 2671), die zuletzt durch Artikel 15 Absatz 28 des Gesetzes vom 5. Februar 2009 (BGBl. I S. 160) geändert worden ist, mit der Maßgabe, dass sich die Probezeit nicht durch Mutterschutz, Elternzeit und Teilzeit verlängert und § 19 Absatz 4 entsprechend anzuwenden ist.

(2) Auf Beamtinnen und Beamte, die vor dem 26. Februar 2013 in ein Beamtenverhältnis auf Probe berufen worden sind, ist § 29 in seiner bis dahin geltenden Fassung anzuwenden.

§ 54 Aufstieg. (1) Auf Beamtinnen und Beamte, die bis zum 31. Dezember 2015 nach § 54 Absatz 2 Satz 1 der bis zum 26. Januar 2017 geltenden Fassung erfolgreich an einer Vorauswahl für die Teilnahme am Auswahlverfahren für den Aufstieg teilgenommen haben oder die zum Aufstieg zugelassen worden sind, sind die §§ 33 bis 33b der Bundeslaufbahnverordnung in der Fassung der Bekanntmachung vom 2. Juli 2002 (BGBl. I S. 2459, 2671), die zuletzt durch Artikel 15 Absatz 28 des Gesetzes vom 5. Februar 2009 (BGBl. I S. 160) geändert worden ist, weiterhin anzuwenden.

(2) [1] Auf Beamtinnen und Beamte, die die Befähigung nach den §§ 23, 29 und 33a der Bundeslaufbahnverordnung in der bis zum 9. Juli 2002 geltenden Fassung erworben haben, sind die §§ 23, 29 und 33a der Bundeslaufbahnverordnung in der bis zum 9. Juli 2002 geltenden Fassung anzuwenden. [2] Abweichend von § 23 Absatz 2 Satz 2 und 3, § 29 Absatz 2 Satz 2 und 3 und § 33a Absatz 2 Satz 2 und 3 der Bundeslaufbahnverordnung in der bis zum 9. Juli 2002 geltenden Fassung können Ämter der Besoldungsgruppe A9, A13 oder A16 der Bundesbesoldungsordnung A ohne Befähigungserweiterung zugeordnet werden.

(3) Auf Beamtinnen und Beamte, die zum Zeitpunkt des Inkrafttretens dieser Verordnung nach § 5a der Bundeslaufbahnverordnung in der Fassung der Bekanntmachung vom 2. Juli 2002 (BGBl. I S. 2459, 2671), die zuletzt durch Artikel 15 Absatz 28 des Gesetzes vom 5. Februar 2009 (BGBl. I S. 160) geändert worden ist, erfolgreich an dem für Regelbewerberinnen und Regelbewerber vorgesehenen Auswahlverfahren teilgenommen haben, ist anstelle des § 39 Absatz 5 dieser Verordnung der § 5a der Bundeslaufbahnverordnung in der Fassung der Bekanntmachung vom 2. Juli 2002 (BGBl. I S. 2459, 2671), die zuletzt durch Artikel 15 Absatz 28 des Gesetzes vom 5. Februar 2009 (BGBl. I S. 160) geändert worden ist, anzuwenden.

§ 55 Übergangsregelung zu § 27. Auf Beamtinnen und Beamte, die zum Zeitpunkt des Inkrafttretens dieser Verordnung die Voraussetzungen des § 27 Absatz 1 Nummer 1 und 2 erfüllen, ist § 27 Absatz 1 Nummer 3 bis zum 31. Dezember 2019 mit der Maßgabe anzuwenden, dass anstelle der letzten zwei Beurteilungen eine Anlassbeurteilung erstellt werden kann.

§ 56 Folgeänderungen. *(hier nicht wiedergegeben)*

§ 57 Inkrafttreten, Außerkrafttreten. (1) Diese Verordnung tritt vorbehaltlich des Absatzes 2 am Tag nach der Verkündung[1)] in Kraft.

(2) § 29 Absatz 3 Nummer 4 tritt am 1. Juli 2009 in Kraft.

(3) Am Tag nach der Verkündung treten außer Kraft:

1. die Bundeslaufbahnverordnung in der Fassung der Bekanntmachung vom 2. Juli 2002 (BGBl. I S. 2459, 2671), die zuletzt durch Artikel 15 Absatz 28 des Gesetzes vom 5. Februar 2009 (BGBl. I S. 160) geändert worden ist,

---

[1)] Verkündet am 13.2.2009.

2. die Verordnung über die Laufbahn und Ausbildung für den Amtsgehilfendienst in der Bundeswehrverwaltung vom 13. März 2002 (BGBl. I S. 1073), die durch Artikel 3 Absatz 52 des Gesetzes vom 19. Februar 2007 (BGBl. I S. 122) geändert worden ist,
3. die Verordnung über die Laufbahn und Ausbildung für den einfachen Lagerverwaltungsdienst in der Bundeswehrverwaltung vom 13. März 2002 (BGBl. I S. 1077), die durch Artikel 3 Absatz 53 des Gesetzes vom 19. Februar 2007 (BGBl. I S. 122) geändert worden ist, und
4. die Verordnung über die Laufbahnen des gehobenen und höheren Fachschuldienstes an Bundeswehrfachschulen vom 29. April 2002 (BGBl. I S. 1674).

Anlage 1
(zu § 9 Absatz 1)

Nr.	Laufbahngruppe	Zu den Laufbahnen der Laufbahngruppe gehörende Ämter	Amtsbezeichnungen
1	**Einfacher Dienst**		
2		Besoldungsgruppe A 3	Hauptamtsgehilfin/Hauptamtsgehilfe; Oberaufseherin/Oberaufseher; Oberwachtmeisterin/Oberwachtmeister
3		Besoldungsgruppe A 4	Amtsmeisterin/Amtsmeister; Hauptaufseherin/Hauptaufseher; Hauptwachtmeisterin/Hauptwachtmeister
4		Besoldungsgruppe A 5	Erste Hauptwachtmeisterin/Erster Hauptwachtmeister; Betriebsassistentin/Betriebsassistent; Oberamtsmeisterin/Oberamtsmeister
5		Besoldungsgruppe A 6	Erste Hauptwachtmeisterin/Erster Hauptwachtmeister; Betriebsassistentin/Betriebsassistent; Oberamtsmeisterin/Oberamtsmeister
6	**Mittlerer Dienst**		
7		Besoldungsgruppe A 6	Sekretärin/Sekretär
8		Besoldungsgruppe A 7	Brandmeisterin/Brandmeister; Obersekretärin/Obersekretär
9		Besoldungsgruppe A 8	Hauptsekretärin/Hauptsekretär; Oberbrandmeisterin/Oberbrandmeister
10		Besoldungsgruppe A 9	Amtsinspektorin/Amtsinspektor; Hauptbrandmeisterin/Hauptbrandmeister
11	**Gehobener Dienst**		
12		Besoldungsgruppe A 9	Inspektorin/Inspektor; Kapitänin/Kapitän
13		Besoldungsgruppe A 10	Oberinspektorin/Oberinspektor; Seekapitänin/Seekapitän
14		Besoldungsgruppe A 11	Amtfrau/Amtmann; Seeoberkapitänin/Seeoberkapitän
15		Besoldungsgruppe A 12	Amtsrätin/Amtsrat; Rechnungsrätin/Rechnungsrat – als Prüfungsbeamtin oder Prüfungsbeamter bei einem Rechnungshof –;

Nr.	Laufbahngruppe	Zu den Laufbahnen der Laufbahngruppe gehörende Ämter	Amtsbezeichnungen
			Seehauptkapitänin/Seehauptkapitän
16		Besoldungsgruppe A 13	Fachschuloberlehrerin/Fachschuloberlehrer; Oberamtsrätin/Oberamtsrat; Oberrechnungsrätin/Oberrechnungsrat – als Prüfungsbeamtin oder Prüfungsbeamter bei einem Rechnungshof –; Seehauptkapitänin/Seehauptkapitän
17	**Höherer Dienst**		
18		Besoldungsgruppe A 13	Akademische Rätin/Akademischer Rat – als wissenschaftliche Mitarbeiterin oder wissenschaftlicher Mitarbeiter einer Hochschule; Fachschuloberlehrerin/Fachschuloberlehrer; Kustodin/Kustos; Pfarrerin/Pfarrer; Rätin/Rat; Studienrätin/Studienrat
19		Besoldungsgruppe A 14	Akademische Oberrätin/Akademischer Oberrat – als wissenschaftlicher Mitarbeiter an einer Hochschule –; Fachschuloberlehrerin/Fachschuloberlehrer; Oberkustodin/Oberkustos; Oberrätin/Oberrat; Oberstudienrätin/Oberstudienrat; Pfarrerin/Pfarrer; Regierungsschulrätin/Regierungsschulrat
20		Besoldungsgruppe A 15	Akademische Direktorin/Akademischer Direktor – als wissenschaftlicher Mitarbeiter an einer Hochschule –; Dekanin/Dekan; Direktorin/Direktor; Direktorin/Direktor einer Fachschule; Hauptkustodin/Hauptkustos; Museumsdirektorin und Professorin/Museumsdirektor und Professor; Regierungsschuldirektorin/Regierungsschuldirektor; Studiendirektorin/Studiendirektor
21		Besoldungsgruppe A 16	Abteilungsdirektorin/Abteilungsdirektor; Abteilungspräsidentin/Abteilungspräsident; Leitende Dekanin/Leitender Dekan; Direktorin/Direktor Kanzlerin/Kanzler einer Universität der Bundeswehr; Leitende Akademische Direktorin/Leitender Akademischer Direktor; Leitende Direktorin/Leitender Direktor;

Nr.	Laufbahngruppe	Zu den Laufbahnen der Laufbahngruppe gehörende Ämter	Amtsbezeichnungen
			Leitende Regierungsschuldirektorin/Leitender Regierungsschuldirektor; Ministerialrätin/Ministerialrat; Museumsdirektorin und Professorin/Museumsdirektor und Professor; Oberstudiendirektorin/Oberstudiendirektor
22		Ämter der Bundesbesoldungsordnung B	Amtsbezeichnungen der Ämter der Bundesbesoldungsordnung B

Anlage 2
(zu § 10 Absatz 1)

Nr.	Laufbahn	Fachspezifischer Vorbereitungsdienst	Oberste Dienstbehörde(n)
1	**Mittlerer nichttechnischer Dienst**		
2		Mittlerer Dienst im Bundesnachrichtendienst und mittlerer Dienst im Verfassungsschutz des Bundes	Bundeskanzleramt und Bundesministerium des Innern, für Bau und Heimat
3		Mittlerer Zolldienst des Bundes	Bundesministerium der Finanzen
4		Mittlerer Steuerdienst des Bundes	Bundesministerium der Finanzen
5		Mittlerer nichttechnischer Dienst in der allgemeinen und inneren Verwaltung des Bundes	Bundesministerium des Innern, für Bau und Heimat
6		Mittlerer nichttechnischer Verwaltungsdienst in der Bundeswehrverwaltung	Bundesministerium der Verteidigung
7	**Mittlerer technischer Verwaltungsdienst**		
8		Mittlerer feuerwehrtechnischer Dienst in der Bundeswehr	Bundesministerium der Verteidigung
9		Mittlerer technischer Dienst in der Bundeswehrverwaltung – Fachrichtung Wehrtechnik –	Bundesministerium der Verteidigung
10		Mittlerer technischer Dienst der Fernmelde- und Elektronischen Aufklärung des Bundes	Bundesministerium der Verteidigung
11		Mittlerer technischer Dienst in der Wasserstraßen- und Schifffahrtsverwaltung des Bundes	Bundesministerium für Verkehr und digitale Infrastruktur
12	**Mittlerer naturwissenschaftlicher Dienst**		
13		Mittlerer Wetterdienst des Bundes	Bundesministerium für Verkehr und digitale Infrastruktur
14	**Gehobener nichttechnischer Verwaltungsdienst**		
15		Gehobener Dienst im Bundesnachrichtendienst und gehobener Dienst im Verfassungsschutz des Bundes	Bundeskanzleramt und Bundesministerium des Innern, für Bau und Heimat

Nr.	Laufbahn	Fachspezifischer Vorbereitungsdienst	Oberste Dienstbehörde(n)
16		Gehobener nichttechnischer Dienst des Bundes in der Sozialversicherung	Vorstand der Deutschen Rentenversicherung Bund im Einvernehmen mit dem Vorstand der Deutschen Rentenversicherung Knappschaft-Bahn-See
17		Gehobener nichttechnischer Zolldienst des Bundes	Bundesministerium der Finanzen
18		Gehobener Steuerdienst des Bundes	Bundesministerium der Finanzen
19		Gehobener Archivdienst des Bundes	Der Beauftragte der Bundesregierung für Kultur und Medien
20		Gehobener Verwaltungsinformatikdienst des Bundes	Bundesministerium des Innern, für Bau und Heimat
21		Gehobener nichttechnischer Dienst in der allgemeinen und inneren Verwaltung des Bundes	Bundesministerium des Innern, für Bau und Heimat
22		Gehobener nichttechnischer Verwaltungsdienst des Bundes – Fachrichtung digitale Verwaltung und Cyber-Sicherheit –	Bundesministerium des Innern, für Bau und Heimat
23		Gehobener nichttechnischer Verwaltungsdienst in der Bundeswehrverwaltung	Bundesministerium der Verteidigung
24	**Gehobener technischer Verwaltungsdienst**		
25		Gehobener bautechnischer Verwaltungsdienst des Bundes	Bundesministerium des Innern, für Bau und Heimat
26		Gehobener technischer Dienst – Fachrichtung Bahnwesen –	Bundesministerium für Verkehr und digitale Infrastruktur
27		Gehobener technischer Verwaltungsdienst in der Wasserstraßen- und Schifffahrtsverwaltung des Bundes	Bundesministerium für Verkehr und digitale Infrastruktur
28		Gehobener technischer Verwaltungsdienst in der Straßenbauverwaltung des Bundes	Bundesministerium für Verkehr und digitale Infrastruktur
29		Gehobener technischer Verwaltungsdienst im Informationstechnikzentrum Bund	Bundesministerium der Finanzen
30		Gehobener technischer Dienst in der Bundeswehrverwaltung – Fachrichtung Wehrtechnik –	Bundesministerium der Verteidigung
31		Gehobener feuerwehrtechnischer Dienst in der Bundeswehr	Bundesministerium der Verteidigung
32		Gehobener technischer Dienst bei der Unfallversicherung Bund und Bahn	Vorstand der Unfallversicherung Bund und Bahn
33		Gehobener technischer Dienst der Fernmelde- und Elektronischen Aufklärung des Bundes	Bundesministerium der Verteidigung
34	**Gehobener naturwissenschaftlicher Dienst**		

Nr.	Laufbahn	Fachspezifischer Vorbereitungsdienst	Oberste Dienstbehörde(n)
35		Gehobener Wetterdienst des Bundes	Bundesministerium für Verkehr und digitale Infrastruktur
36	**Höherer nichttechnischer Verwaltungsdienst**		
37		Höherer Archivdienst des Bundes	Der Beauftragte der Bundesregierung für Kultur und Medien
38		Höherer Dienst an wissenschaftlichen Bibliotheken des Bundes	Bundesministerium des Innern, für Bau und Heimat
39	**Höherer technischer Verwaltungsdienst**		
40		Höherer technischer Verwaltungsdienst des Bundes, Fachrichtungen Bauingenieurwesen, Bahnwesen, Maschinen- und Elektrotechnik Fachgebiet Maschinen- und Elektrotechnik der Wasserstraßen, Luftfahrttechnik, Straßenwesen	Bundesministerium für Verkehr und digitale Infrastruktur
41		Höherer technischer Verwaltungsdienst des Bundes, Fachrichtungen Hochbau, Maschinen- und Elektrotechnik Fachgebiet Maschinen- und Elektrotechnik in der Verwaltung	Bundesministerium des Innern, für Bau und Heimat
42		Höherer technischer Dienst in der Bundeswehrverwaltung – Fachrichtung Wehrtechnik –	Bundesministerium der Verteidigung
43		Höherer feuerwehrtechnischer Dienst in der Bundeswehr	Bundesministerium der Verteidigung
44		Höherer technischer Dienst bei der Unfallversicherung Bund und Bahn	Vorstand der Unfallversicherung Bund und Bahn

Anlage 3
(zu § 10 Absatz 2 Satz 2)

Prüfungsnoten

In den Rechtsverordnungen nach § 10 Absatz 1 sind folgende Prüfungsnoten vorzusehen:

	Note	Notendefinition
	1	2
1	sehr gut (1)	eine Leistung, die den Anforderungen in besonderem Maß entspricht
2	gut (2)	eine Leistung, die den Anforderungen voll entspricht
3	befriedigend (3)	eine Leistung, die im Allgemeinen den Anforderungen entspricht
4	ausreichend (4)	eine Leistung, die zwar Mängel aufweist, aber im Ganzen den Anforderungen noch entspricht
5	mangelhaft (5)	eine Leistung, die den Anforderungen nicht entspricht, jedoch erkennen lässt, dass die notwendigen Grundkenntnisse vorhanden sind und die Mängel in absehbarer Zeit behoben werden können
6	ungenügend (6)	eine Leistung, die den Anforderungen nicht entspricht und bei der selbst die Grundkenntnisse so lückenhaft sind, dass die Mängel in absehbarer Zeit nicht behoben werden können

Zur Bildung der Prüfungsnoten können die Einzelleistungen und die Gesamtleistung der Prüfung nach einem System von Punktzahlen bewertet werden.

Bei Vorbereitungsdiensten, die mit einem Bachelor abschließen, sind neben der Note zusätzlich die Leistungspunkte nach dem Europäischen System zur Übertragung und Akkumulierung von Studienleistungen auszuweisen.

Anlage 4
(zu § 51 Absatz 1)

Tabelle 1

Entsprechungstabelle zu den Laufbahnen nach Anlage 1 der Bundeslaufbahnverordnung in der Fassung der Bekanntmachung vom 2. Juli 2002 (BGBl. I S. 2459, 2671), die zuletzt durch Artikel 15 Absatz 28 des Gesetzes vom 5. Februar 2009 (BGBl. I S. 160) geändert worden ist

	Laufbahn nach der BLV 2002	Entsprechende Laufbahn
	1	2
1	Ärztlicher Dienst	Höherer ärztlicher und gesundheitswissenschaftlicher Dienst
2	Archäologischer Dienst	Höherer sprach- und kulturwissenschaftlicher Dienst
3	Bibliotheksdienst	Höherer sprach- und kulturwissenschaftlicher Dienst
4	Biologischer Dienst	Höherer naturwissenschaftlicher Dienst
5	Chemischer Dienst einschließlich der Fachrichtungen physikalische Chemie, Bio- und Geochemie	Höherer naturwissenschaftlicher Dienst
6	Ethnologischer Dienst	Höherer sprach- und kulturwissenschaftlicher Dienst
7	Forst- und holzwirtschaftlicher Dienst	Bis 26. Januar 2017: höherer agrar-, forst- und ernährungswissenschaftlicher Dienst Seit 27. Januar 2017: höherer agrar-, forst- und ernährungswissenschaftlicher sowie tierärztlicher Dienst
8	Gartenbaulicher Dienst einschließlich der Fachrichtung Landespflege	Bis 26. Januar 2017: höherer agrar-, forst- und ernährungswissenschaftlicher Dienst Seit 27. Januar 2017: höherer agrar-, forst- und ernährungswissenschaftlicher sowie tierärztlicher Dienst
9	Geographischer Dienst	Höherer naturwissenschaftlicher Dienst
10	Geologischer Dienst	Höherer naturwissenschaftlicher Dienst
11	Geophysikalischer Dienst	Höherer naturwissenschaftlicher Dienst
12	Gesellschafts- und sozialwissenschaftlicher Dienst	Höherer nichttechnischer Verwaltungsdienst
13	Haus- und ernährungswissenschaftlicher Dienst	Bis 26. Januar 2017: höherer agrar-, forst- und ernährungswissenschaftlicher Dienst Seit 27. Januar 2017: höherer agrar-, forst- und ernährungswissenschaftlicher sowie tierärztlicher Dienst
14	Historischer Dienst	Höherer sprach- und kulturwissenschaftlicher Dienst
15	Informationstechnischer Dienst	Höherer naturwissenschaftlicher Dienst
16	Kryptologischer Dienst	Höherer naturwissenschaftlicher Dienst
17	Kunsthistorischer Dienst	Höherer kunstwissenschaftlicher Dienst
18	Landwirtschaftlicher Dienst	Bis 26. Januar 2017: höherer agrar-, forst- und ernährungswissenschaftlicher Dienst Seit 27. Januar 2017: höherer agrar-, forst- und ernährungswissenschaftlicher sowie tierärztlicher Dienst

	Laufbahn nach der BLV 2002	Entsprechende Laufbahn
	1	2
19	Lebensmittelchemischer Dienst	Höherer naturwissenschaftlicher Dienst
20	Mathematischer Dienst	Höherer naturwissenschaftlicher Dienst
21	Medien- und kommunikationswissenschaftlicher Dienst	Höherer sprach- und kulturwissenschaftlicher Dienst
22	Mineralogischer Dienst	Höherer naturwissenschaftlicher Dienst
23	Musikwissenschaftlicher Dienst	Höherer kunstwissenschaftlicher Dienst
24	Orientalischer Dienst	Höherer sprach- und kulturwissenschaftlicher Dienst
25	Ozeanographischer Dienst	Höherer naturwissenschaftlicher Dienst
26	Pharmazeutischer Dienst	Höherer naturwissenschaftlicher Dienst
27	Physikalischer Dienst	Höherer naturwissenschaftlicher Dienst
28	Raumordnungsdienst	Bei Vorliegen der akademischen Grade Diplom-Betriebswirtin/Diplom-Betriebswirt, Diplom-Kauffrau/Diplom-Kaufmann, Diplom-Soziologin/Diplom-Soziologe oder Diplom-Volkswirtin/Diplom-Volkswirt: höherer nichttechnischer Verwaltungsdienst Bei Vorliegen der akademischen Grade Diplom-Agraringenieurin/Diplom-Agraringenieur oder Diplom-Ingenieurin/Diplom-Ingenieur: höherer technischer Verwaltungsdienst Bei Vorliegen der akademischen Grade Diplom-Geographin/Diplom-Geograph: höherer naturwissenschaftlicher Dienst Bei Vorliegen der akademischen Grade Diplom-Forstwirtin/Diplom-Forstwirt: Bis 26. Januar 2017: höherer agrar-, forst- und ernährungswissenschaftlicher Dienst Seit 27. Januar 2017: höherer agrar-, forst- und ernährungswissenschaftlicher sowie tierärztlicher Dienst
29	Romanistischer Dienst	Höherer sprach- und kulturwissenschaftlicher Dienst
30	Slawistischer Dienst	Höherer sprach- und kulturwissenschaftlicher Dienst
31	Sprachendienst	Höherer sprach- und kulturwissenschaftlicher Dienst
32	Statistischer Dienst	Höherer naturwissenschaftlicher Dienst
33	Stenographischer Dienst in der Parlamentsverwaltung	Höherer nichttechnischer Verwaltungsdienst
34	Technischer Dienst nach Maßgabe des § 37	Höherer technischer Verwaltungsdienst
35	Tierärztlicher Dienst	Bis 26. Januar 2017: höherer tierärztlicher Dienst Seit 27. Januar 2017: höherer agrar-, forst- und ernährungswissenschaftlicher sowie tierärztlicher Dienst
36	Wetterdienst	Höherer naturwissenschaftlicher Dienst
37	Wirtschaftsverwaltungsdienst	Höherer nichttechnischer Verwaltungsdienst
38	Zahnärztlicher Dienst	Höherer ärztlicher und gesundheitswissenschaftlicher Dienst

Tabelle 2

Entsprechungstabelle zu den Laufbahnen nach Anlage 2 der Bundeslaufbahnverordnung in der Fassung der Bekanntmachung vom 2. Juli 2002 (BGBl. I S. 2459, 2671), die zuletzt durch Artikel 15 Absatz 28 des Gesetzes vom 5. Februar 2009 (BGBl. I S. 160) geändert worden ist

	Laufbahn nach der BLV 2002	Entsprechende Laufbahn
	1	2
1	Bibliotheksdienst	Gehobener sprach- und kulturwissenschaftlicher Dienst
2	Dienst in der gesetzlichen Krankenversicherung, Krankenkassendienst	Gehobener nichttechnischer Verwaltungsdienst
3	Dienst in der gesetzlichen Unfallversicherung	Gehobener nichttechnischer Verwaltungsdienst
4	Dienst als Sozialarbeiterinnen und Sozialarbeiter und als Sozialpädagoginnen und Sozialpädagogen	Gehobener nichttechnischer Verwaltungsdienst
5	Dokumentationsdienst	Gehobener sprach- und kulturwissenschaftlicher Dienst
6	Gartenbaulicher Dienst einschließlich der Fachrichtung Landespflege	Bis 26. Januar 2017: gehobener agrar-, forst- und ernährungswissenschaftlicher Dienst Seit 27. Januar 2017: gehobener agrar-, forst- und ernährungswissenschaftlicher sowie tierärztlicher Dienst
7	Informationstechnischer Dienst	Gehobener naturwissenschaftlicher Dienst
8	Land- und forstwirtschaftlicher Dienst nach Maßgabe des § 37	Bis 26. Januar 2017: gehobener agrar-, forst- und ernährungswissenschaftlicher Dienst Seit 27. Januar 2017: gehobener agrar-, forst- und ernährungswissenschaftlicher sowie tierärztlicher Dienst
9	Landwirtschaftlich-hauswirtschaftlicher Dienst	Bis 26. Januar 2017: gehobener agrar-, forst- und ernährungswissenschaftlicher Dienst Seit 27. Januar 2017: gehobener agrar-, forst- und ernährungswissenschaftlicher sowie tierärztlicher Dienst
10	Nautischer Dienst	Gehobener technischer Verwaltungsdienst
11	Raumordnungsdienst	Gehobener technischer Verwaltungsdienst
12	Seevermessungstechnischer Dienst	Gehobener technischer Verwaltungsdienst
13	Schiffsmaschinendienst	Gehobener technischer Verwaltungsdienst
14	Technischer Dienst nach Maßgabe des § 37	Gehobener technischer Verwaltungsdienst
15	Weinbaulicher Dienst	Bis 26. Januar 2017: gehobener agrar-, forst- und ernährungswissenschaftlicher Dienst Seit 27. Januar 2017: gehobener agrar-, forst- und ernährungswissenschaftlicher sowie tierärztlicher Dienst
16	Wirtschaftsverwaltungsdienst	Gehobener nichttechnischer Verwaltungsdienst

Tabelle 3

Entsprechungstabelle zu den Laufbahnen nach Anlage 3 der Bundeslaufbahnverordnung in der Fassung der Bekanntmachung vom 2. Juli 2002 (BGBl. I S. 2459, 2671), die zuletzt durch Artikel 15 Absatz 28 des Gesetzes vom 5. Februar 2009 (BGBl. I S. 160) geändert worden ist

	Laufbahn nach der BLV 2002	Entsprechende Laufbahn
	1	2
1	Technischer Dienst nach Maßgabe des § 35 Absatz 2 Satz 2 und 4	Mittlerer technischer Verwaltungsdienst

	Laufbahn nach der BLV 2002	Entsprechende Laufbahn
	1	2
	und des § 37 bei Abschluss der Berufsausbildung als: – Technische Assistentinnen und Assistenten mit staatlicher Anerkennung – staatlich geprüfte Chemotechnikerinnen und Chemotechniker – Handwerksmeisterinnen, Handwerksmeister, Industriemeisterinnen und Industriemeister in ihrem jeweiligen Beruf – Kartographinnen und Kartographen – Laborantinnen und Laboranten – Landkartentechnikerinnen und Landkartentechniker – Operateurinnen und Operateure in Kernforschungseinrichtungen – staatlich geprüfte Technikerinnen und Techniker – Technikerinnen und Techniker mit staatlicher Anerkennung – Strahlenschutztechnikerinnen und Strahlenschutztechniker in Kernforschungseinrichtungen – Vermessungstechnikerinnen und Vermessungstechniker – Werkstoffprüferinnen und Werkstoffprüfer – Zeichnerinnen und Zeichner	
2	Archivdienst bei Abschluss der Berufsausbildung als Fachangestellte für Medien- und Informationsdienste – Fachrichtung Archiv –	Mittlerer nichttechnischer Verwaltungsdienst
3	Bibliotheksdienst bei Abschluss der Berufsausbildung als: – Bibliotheksassistentinnen und Bibliotheksassistenten – Fachangestellte für Medien- und Informationsdienste – Fachrichtung Bibliothek, Information und Dokumentation, Bildagentur –	Mittlerer sprach- und kulturwissenschaftlicher Dienst
4	Nautischer Dienst	Mittlerer technischer Verwaltungsdienst

Tabelle 4

Entsprechungstabelle zu den Laufbahnen nach Anlage 5 der Bundeslaufbahnverordnung in der Fassung der Bekanntmachung vom 2. Juli 2002 (BGBl. I S. 2459, 2671), die zuletzt durch Artikel 15 Absatz 28 des Gesetzes vom 5. Februar 2009 (BGBl. I S. 160) geändert worden ist

	Laufbahn nach der BLV 2002	Entsprechende Laufbahn
	1	2
1	Einfacher Zolldienst des Bundes	Einfacher nichttechnischer Verwaltungsdienst
2	Einfacher nichttechnischer Dienst in der allgemeinen und inneren Verwaltung des Bundes	Einfacher nichttechnischer Verwaltungsdienst

	Laufbahn nach der BLV 2002	Entsprechende Laufbahn
	1	2
3	Amtsgehilfendienst in der Bundeswehrverwaltung	Einfacher nichttechnischer Verwaltungsdienst
4	Einfacher Lagerverwaltungsdienst in der Bundeswehrverwaltung	Einfacher nichttechnischer Verwaltungsdienst
5	Einfacher technischer Dienst bei der Museumsstiftung Post und Telekommunikation	Einfacher technischer Verwaltungsdienst
6	Einfacher technischer Dienst bei der Bundesanstalt für Post und Telekommunikation Deutsche Bundespost	Einfacher technischer Verwaltungsdienst
7	Einfacher technischer Dienst bei der Unfallkasse Post und Telekom	Einfacher technischer Verwaltungsdienst
8	Einfacher technischer Dienst bei der Unfallversicherung Bund und Bahn	Einfacher technischer Verwaltungsdienst
9	Mittlerer Auswärtiger Dienst	Mittlerer Auswärtiger Dienst
10	Mittlerer Dienst im Bundesnachrichtendienst	Mittlerer nichttechnischer Verwaltungsdienst
11	Mittlerer nichttechnischer Dienst des Bundes in der Sozialversicherung	Mittlerer nichttechnischer Verwaltungsdienst
12	Mittlerer Forstdienst in der Bundesverwaltung	Bis 26. Januar 2017: mittlerer agrar-, forst- und ernährungswissenschaftlicher Dienst Seit 27. Januar 2017: mittlerer agrar-, forst- und ernährungswissenschaftlicher sowie tierärztlicher Dienst
13	Mittlerer nautischer und maschinentechnischer Zolldienst des Bundes	Mittlerer technischer Verwaltungsdienst
14	Mittlerer Zolldienst des Bundes	Mittlerer nichttechnischer Verwaltungsdienst
15	Mittlerer Steuerdienst des Bundes	Mittlerer nichttechnischer Verwaltungsdienst
16	Mittlerer Dienst an wissenschaftlichen Bibliotheken des Bundes	Mittlerer sprach- und kulturwissenschaftlicher Dienst
17	Mittlerer Dienst im Verfassungsschutz des Bundes	Mittlerer nichttechnischer Verwaltungsdienst
18	Mittlerer nichttechnischer Dienst in der allgemeinen und inneren Verwaltung des Bundes	Mittlerer nichttechnischer Verwaltungsdienst
19	Mittlerer nichttechnischer Dienst in der Wasserstraßen- und Schifffahrtsverwaltung des Bundes	Mittlerer nichttechnischer Verwaltungsdienst
20	Mittlerer technischer Dienst in der Wasserstraßen- und Schifffahrtsverwaltung des Bundes	Mittlerer technischer Verwaltungsdienst
21	Mittlerer Wetterdienst des Bundes	Mittlerer naturwissenschaftlicher Dienst
22	Mittlerer Dienst der Fernmelde- und Elektronischen Aufklärung des Bundes	Mittlerer nichttechnischer Verwaltungsdienst
23	Mittlerer feuerwehrtechnischer Dienst in der Bundeswehr	Mittlerer technischer Verwaltungsdienst

	Laufbahn nach der BLV 2002	Entsprechende Laufbahn
	1	2
24	Mittlerer nichttechnischer Verwaltungsdienst in der Bundeswehrverwaltung	Mittlerer nichttechnischer Verwaltungsdienst
25	Mittlerer technischer Dienst in der Bundeswehrverwaltung – Fachrichtung Wehrtechnik –	Mittlerer technischer Verwaltungsdienst
26	Mittlerer technischer Dienst bei der Museumsstiftung Post und Telekommunikation	Mittlerer technischer Verwaltungsdienst
27	Mittlerer technischer Dienst bei der Bundesanstalt für Post und Telekommunikation Deutsche Bundespost	Mittlerer technischer Verwaltungsdienst
28	Mittlerer technischer Dienst bei der Unfallkasse Post und Telekom	Mittlerer technischer Verwaltungsdienst
29	Mittlerer technischer Dienst bei der Unfallversicherung Bund und Bahn	Mittlerer technischer Verwaltungsdienst
30	Gehobener Auswärtiger Dienst	Gehobener Auswärtiger Dienst
31	Gehobener nichttechnischer Dienst in der Bundesagentur für Arbeit	Gehobener nichttechnischer Verwaltungsdienst
32	Gehobener Dienst im Bundesnachrichtendienst	Gehobener nichttechnischer Verwaltungsdienst
33	Gehobener nichttechnischer Dienst des Bundes in der Sozialversicherung	Gehobener nichttechnischer Verwaltungsdienst
34	Gehobener Forstdienst des Bundes	Bis 26. Januar 2017: gehobener agrar-, forst- und ernährungswissenschaftlicher Dienst Seit 27. Januar 2017: gehobener agrar-, forst- und ernährungswissenschaftlicher sowie tierärztlicher Dienst
35	Gehobener nichttechnischer Dienst der Bundesvermögensverwaltung	Gehobener nichttechnischer Verwaltungsdienst
36	Gehobener nichttechnischer Zolldienst des Bundes	Gehobener nichttechnischer Verwaltungsdienst
37	Gehobener Steuerdienst des Bundes	Gehobener nichttechnischer Verwaltungsdienst
38	Gehobener Archivdienst des Bundes	Gehobener nichttechnischer Verwaltungsdienst
39	Gehobener Dienst im Verfassungsschutz des Bundes	Gehobener nichttechnischer Verwaltungsdienst
40	Gehobener nichttechnischer Dienst in der allgemeinen und inneren Verwaltung des Bundes	Gehobener nichttechnischer Verwaltungsdienst
41	Gehobener Schuldienst in der Bundespolizei	Gehobener sprach- und kulturwissenschaftlicher Dienst
42	Gehobener bautechnischer Verwaltungsdienst des Bundes	Gehobener technischer Verwaltungsdienst
43	Gehobener technischer Dienst – Fachrichtung Bahnwesen –	Gehobener technischer Verwaltungsdienst

	Laufbahn nach der BLV 2002	Entsprechende Laufbahn
	1	2
44	Gehobener technischer Verwaltungsdienst in der Wasserstraßen- und Schifffahrtsverwaltung des Bundes	Gehobener technischer Verwaltungsdienst
45	Gehobener Wetterdienst des Bundes	Gehobener naturwissenschaftlicher Dienst
46	Gehobener feuerwehrtechnischer Dienst in der Bundeswehr	Gehobener technischer Verwaltungsdienst
47	Gehobener Dienst der Fernmelde- und Elektronischen Aufklärung des Bundes	Gehobener nichttechnischer Verwaltungsdienst
48	Gehobener Fachschuldienst an Bundeswehrfachschulen	Gehobener sprach- und kulturwissenschaftlicher Dienst
49	Gehobener nichttechnischer Verwaltungsdienst in der Bundeswehrverwaltung	Gehobener nichttechnischer Verwaltungsdienst
50	Gehobener technischer Dienst in der Bundeswehrverwaltung – Fachrichtung Wehrtechnik –	Gehobener technischer Verwaltungsdienst
51	Gehobener technischer Dienst bei der Museumsstiftung Post und Telekommunikation	Gehobener technischer Verwaltungsdienst
52	Gehobener technischer Dienst bei der Bundesanstalt für Post und Telekommunikation Deutsche Bundespost	Gehobener technischer Verwaltungsdienst
53	Gehobener technischer Dienst bei der Unfallkasse Post und Telekom	Gehobener technischer Verwaltungsdienst
54	Gehobener technischer Dienst bei der Unfallversicherung Bund und Bahn	Gehobener technischer Verwaltungsdienst
55	Höherer Auswärtiger Dienst	Höherer Auswärtiger Dienst
56	Höherer nichttechnischer Dienst in der Bundesagentur für Arbeit	Höherer nichttechnischer Verwaltungsdienst
57	Höherer Dienst im Bundesnachrichtendienst	Höherer nichttechnischer Verwaltungsdienst
58	Höherer Forstdienst des Bundes	Bis 26. Januar 2017: höherer agrar-, forst- und ernährungswissenschaftlicher Dienst Seit 27. Januar 2017: höherer agrar-, forst- und ernährungswissenschaftlicher sowie tierärztlicher Dienst
59	Höherer Zolldienst des Bundes	Höherer nichttechnischer Verwaltungsdienst
60	Höherer allgemeiner Verwaltungsdienst des Bundes	Höherer nichttechnischer Verwaltungsdienst
61	Höherer Archivdienst des Bundes	Höherer nichttechnischer Verwaltungsdienst
62	Höherer Dienst an wissenschaftlichen Bibliotheken des Bundes	Höherer sprach- und kulturwissenschaftlicher Dienst
63	Höherer Dienst im Verfassungsschutz des Bundes	Höherer nichttechnischer Verwaltungsdienst
64	Höherer Schuldienst in der Bundespolizei	Höherer sprach- und kulturwissenschaftlicher Dienst
65	Höherer technischer Verwaltungsdienst des Bundes	Höherer technischer Verwaltungsdienst

	Laufbahn nach der BLV 2002	Entsprechende Laufbahn
	1	2
66	Höherer Fachschuldienst an Bundeswehrfachschulen	Höherer sprach- und kulturwissenschaftlicher Dienst
67	Höherer technischer Dienst in der Bundeswehrverwaltung – Fachrichtung Wehrtechnik –	Höherer technischer Verwaltungsdienst
68	Höherer technischer Dienst bei der Museumsstiftung Post und Telekommunikation	Höherer technischer Verwaltungsdienst
69	Höherer technischer Dienst bei der Bundesanstalt für Post und Telekommunikation Deutsche Bundespost	Höherer technischer Verwaltungsdienst
70	Höherer technischer Dienst bei der Unfallkasse Post und Telekom	Höherer technischer Verwaltungsdienst
71	Höherer technischer Dienst bei der Unfallversicherung Bund und Bahn	Höherer technischer Verwaltungsdienst

9. Verordnung über die Anerkennung europäischer Berufsqualifikationen als Laufbahnbefähigung (Laufbahnbefähigungsanerkennungsverordnung – LBAV)[1]

Vom 23. November 2009

(BGBl. I S. 3824)

FNA 2030-2-30-3

zuletzt geänd. durch Art. 3 VO zur Fortentwicklung laufbahnrechtl. und weiterer dienstrechtl. Vorschriften v. 16.8.2021 (BGBl. I S. 3582)

Auf Grund des § 18 Absatz 4 des Bundesbeamtengesetzes[2] vom 5. Februar 2009 (BGBl. I S. 160) in Verbindung mit dem 2. Abschnitt des Verwaltungskostengesetzes vom 23. Juni 1970 (BGBl. I S. 821) verordnet das Bundesministerium des Innern:

Inhaltsübersicht

§ 1 Persönlicher Geltungsbereich
§ 1a Regelungsgegenstand
§ 2 Anerkennungsvoraussetzungen
§ 3 Antrag
§ 4 Zuständige Stelle
§ 5 Ausgleichsmaßnahmen
§ 6 Eignungsprüfung
§ 7 Anpassungslehrgang
§ 8 Verfahren
§ 9 (weggefallen)
§ 10 Verwaltungszusammenarbeit
§ 11 Übermittlung personenbezogener Daten
§ 12 Inkrafttreten, Außerkrafttreten

§ 1 Persönlicher Geltungsbereich. Diese Verordnung gilt für die in § 7 Absatz 1 Satz 1 Nummer 1 des Bundesbeamtengesetzes[2] genannten Personen.

§ 1a Regelungsgegenstand. Diese Verordnung regelt die Anerkennung von Berufsqualifikation als Befähigung für eine Laufbahn im Bundesdienst auf Grund der Richtlinie 2005/36/EG des Europäischen Parlaments und des Rates vom 7. September 2005 über die Anerkennung von Berufsqualifikationen (ABl. L 255 vom 30.9.2005, S. 22; L 271 vom 16.10.2007, S. 18; L 93 vom 4.4.2008, S. 28; L 33 vom 3.2.2009, S. 49), die zuletzt durch die Richtlinie 2013/55/EU (ABl. L 354 vom 28.12.2013, S. 132) geändert worden ist.

§ 2 Anerkennungsvoraussetzungen. (1) [1]Eine Berufsqualifikation wird auf Antrag als Laufbahnbefähigung anerkannt, wenn sie

---

[1] **Amtl. Anm.:** Diese Verordnung dient der Umsetzung der Richtlinie 2005/36/EG des Europäischen Parlaments und des Rates vom 7. September 2005 über die Anerkennung von Berufsqualifikationen (ABl. L 255 vom 30.9.2005, S. 22, L 271 vom 16.10.2007, S. 18, L 93 vom 4.4.2008, S. 28, L 33 vom 3.2.2009, S. 49), die zuletzt durch die Richtlinie 2013/55/EU (ABl. L 354 vom 28.12.2013, S. 132) geändert worden ist.

[2] Nr. **2**.

1. in einem Staat, der in § 7 Absatz 1 Satz 1 Nummer 1 des Bundesbeamtengesetzes[1] genannt ist, erworben worden ist (Qualifikationsstaat),
2. im Qualifikationsstaat für den unmittelbaren Zugang zu einer Tätigkeit im öffentlichen Dienst erforderlich ist und
3. im Vergleich zu den Voraussetzungen, die nach Bundesrecht für den Erwerb der Laufbahnbefähigung zu erfüllen sind, keine wesentlichen Unterschiede aufweist.

[2] Weist die Berufsqualifikation im Vergleich zu den Voraussetzungen, die für den Erwerb der Laufbahnbefähigung zu erfüllen sind, wesentliche Unterschiede auf, muss die Antragstellerin oder der Antragsteller

1. eine Eignungsprüfung (§ 6) bestanden haben,
2. an einem Anpassungslehrgang (§ 7) erfolgreich teilgenommen haben oder
3. eine Eignungsprüfung (§ 6) bestanden und an einem Anpassungslehrgang (§ 7) erfolgreich teilgenommen haben.

(2) Hat die Antragstellerin oder der Antragsteller eine Tätigkeit im öffentlichen Dienst ausgeübt, die im Qualifikationsstaat nicht im Sinne des Artikels 3 Absatz 1 Buchstabe a der Richtlinie 2005/36/EG reglementiert ist, wird die Berufsqualifikation nach Maßgabe des Absatzes 1 anerkannt, wenn die Antragstellerin oder der Antragsteller auf die Ausübung des betreffenden Berufs vorbereitet worden ist und

1. die Tätigkeit innerhalb der letzten zehn Jahre ein Jahr lang ausgeübt worden ist oder
2. der zur Berufsqualifikation führende Ausbildungsgang reglementiert war.

(3) Einer Berufsqualifikation nach Absatz 1 sind gleichgestellt:

1. eine Berufsqualifikation, die
   a) in einem Staat, der nicht in § 7 Absatz 1 Satz 1 Nummer 1 des Bundesbeamtengesetzes genannt ist, erworben worden ist und
   b) von einem Staat anerkannt worden ist, der in § 7 Absatz 1 Satz 1 Nummer 1 des Bundesbeamtengesetzes genannt ist,

   sofern die Antragstellerin oder der Antragsteller durch eine vom Anerkennungsstaat ausgestellte Bescheinigung nachweist, dass sie oder er den betreffenden Beruf drei Jahre lang im Anerkennungsstaat ausgeübt hat, sowie
2. eine in Artikel 12 der Richtlinie 2005/36/EG aufgeführte Berufsqualifikation.

(4) [1] Abweichend von Absatz 1 wird eine Berufsqualifikation nach den Absätzen 1 bis 3 auf Antrag als Befähigung für eine Laufbahn im Bundesdienst mit partiellem Zugang zu einer bestimmten Tätigkeit anerkannt, wenn

1. die Antragstellerin oder der Antragsteller im Qualifikationsstaat oder im Anerkennungsstaat ohne Einschränkung qualifiziert ist, die Tätigkeit auszuüben, für die ein partieller Zugang beantragt wird,
2. die Unterschiede zwischen der Tätigkeit im Qualifikationsstaat oder im Anerkennungsstaat und der Tätigkeit in der Laufbahn so groß sind, dass die Ausgleichsmaßnahmen nach Absatz 1 Nummer 2, 3 oder 4 einer Ausbildung für die Laufbahn gleichkäme, und

---

[1] Nr. 2.

3. sich die Tätigkeit, für die ein partieller Zugang beantragt wird, objektiv von anderen Tätigkeiten der Laufbahn trennen lässt.

[2] Aufgrund der Anerkennung der Befähigung nach Satz 1 kann die Antragstellerin oder der Antragsteller zur Ausübung einer bestimmten Tätigkeit der Laufbahn zugelassen werden.

§ 3 Antrag. (1) Die Anerkennung ist unter Angabe der angestrebten Tätigkeit oder Laufbahn schriftlich oder elektronisch zu beantragen.

(2) Dem Antrag sind beizufügen:

1. ein Nachweis der Staatsangehörigkeit,
2. die Befähigungs- oder Ausbildungsnachweise,
3. gegebenenfalls eine Bescheinigung einer zuständigen Stelle in der Bundesrepublik Deutschland, die die Voraussetzungen nach Artikel 13 oder die Voraussetzungen einer automatischen Anerkennung nach Kapitel II oder Kapitel III des Titels III der Richtlinie 2005/36/EG für den entsprechenden Beruf außerhalb des öffentlichen Dienstes des Bundes bereits geprüft hat,
4. gegebenenfalls Bescheinigungen über erworbene Berufserfahrungen sowie
5. gegebenenfalls von einer dazu berechtigten Stelle ausgestellte Bescheinigungen über Kenntnisse, Fähigkeiten und Kompetenzen, die außerhalb von formalen Bildungseinrichtungen erworben worden sind.

(3) [1] Von der Antragstellerin oder dem Antragsteller dürfen weitere Angaben einschließlich personenbezogener Daten verlangt werden, soweit diese erforderlich sind, um festzustellen, ob eine abgeschlossene Ausbildung wesentliche Unterschiede zu der Ausbildung aufweist, die nach Bundesrecht gefordert wird. [2] Ist die Antragstellerin oder der Antragsteller nicht in der Lage, die Angaben zu machen, ersucht das Bundesverwaltungsamt oder die nach § 4 Absatz 2 beauftragte Behörde den einheitlichen Ansprechpartner nach § 10, die zuständige Behörde oder eine andere zuständige Stelle des Qualifikations- oder *Anerkennungsstaat*[1)] um Übermittlung der Angaben.

(4) [1] Die Unterlagen sind in Kopie vorzulegen. [2] Im Fall begründeter Zweifel an der Echtheit darf von der Antragstellerin oder dem Antragsteller die Vorlage beglaubigter Kopien verlangt werden. [3] Diese Aufforderung hemmt nicht den Fristablauf nach § 8 Absatz 2 Satz 1.

(5) Fremdsprachigen Unterlagen ist eine beglaubigte Übersetzung beizufügen.

§ 4 Zuständige Stelle. (1) Über die Anerkennung entscheidet das Bundesverwaltungsamt.

(2) Das Bundesministerium des Innern, für Bau und Heimat kann die Befugnisse des Bundesverwaltungsamts, die in dieser Verordnung geregelt sind, im Einvernehmen mit einer obersten Dienstbehörde ganz oder teilweise auf diese oder eine Behörde ihres Geschäftsbereichs übertragen.

§ 5 Ausgleichsmaßnahmen. (1) [1] Das Bundesverwaltungsamt oder die nach § 4 Absatz 2 beauftragte Behörde prüft, ob die Anerkennungsvoraussetzungen nach § 2 erfüllt sind. [2] Dabei wird insbesondere geprüft, ob wesentliche Unterschiede zwischen der erworbenen Berufsqualifikation und den Voraussetzun-

---

[1)] Richtig wohl: „Anerkennungsstaats".

gen, die nach Bundesrecht für den Erwerb der Laufbahnbefähigung erfüllt sein müssen, durch Berufserfahrung, Zusatzqualifikationen oder Kenntnisse, Fähigkeiten und Kompetenzen, die außerhalb von formalen Bildungseinrichtungen erworben und von einer dazu berechtigten Stelle bescheinigt worden sind, ausgeglichen worden sind. [3]Bleiben wesentliche Unterschiede bestehen, ist die Anerkennung der Berufsqualifikation als Befähigung für eine Laufbahn von einer Eignungsprüfung oder einem Anpassungslehrgang abhängig zu machen.

(2) Wesentlich ist ein Unterschied, wenn

1. die nachgewiesenen Ausbildungsinhalte erheblich von denen abweichen, die nach Bundesrecht für die Fachrichtung der Laufbahn vorgeschrieben sind, und die Kenntnis dieser Inhalte eine wesentliche Voraussetzung für den Erwerb der Laufbahnbefähigung ist, oder
2. die Laufbahn eine oder mehrere Tätigkeiten umfasst, die im Qualifikationsstaat nicht Bestandteil des entsprechenden reglementierten Berufs sind, und wenn
   a) die Inhalte sich erheblich von denen unterscheiden, die von dem vorgelegten Befähigungs- oder Ausbildungsnachweis abgedeckt werden, und
   b) die Kenntnis dieser Inhalte eine wesentliche Voraussetzung für den Erwerb der Laufbahnbefähigung ist.

(3) [1]Bei einer Anerkennung für eine Laufbahn

1. des einfachen und des mittleren Dienstes kann die Antragstellerin oder der Antragsteller zwischen einer Eignungsprüfung und einem Anpassungslehrgang wählen,
2. des gehobenen und des höheren Dienstes kann die Antragstellerin oder der Antragsteller zwischen einer Eignungsprüfung und einem Anpassungslehrgang wählen, wenn der Befähigungsnachweis mindestens Artikel 11 Buchstabe c der Richtlinie 2005/36/EG entspricht.

[2]In den übrigen Fällen legt das Bundesverwaltungsamt oder die nach § 4 Absatz 2 beauftragte Behörde die Ausgleichsmaßnahme fest. [3]Dabei können folgende Ausgleichsmaßnahmen festgelegt werden:

1. bei einer Anerkennung für eine Laufbahn des gehobenen oder des höheren Dienstes eine Eignungsprüfung und ein Anpassungslehrgang, wenn der Befähigungsnachweis höchstens Artikel 11 Buchstabe a der Richtlinie 2005/36/EG entspricht,
2. in den übrigen Fällen eine Eignungsprüfung oder ein Anpassungslehrgang.

(4) Abweichend von Absatz 1 kann das Bundesverwaltungsamt oder die nach § 4 Absatz 2 beauftragte Behörde die Anerkennung einer Befähigung für eine Laufbahn des höheren Dienstes aufgrund eines Befähigungsnachweises, der nicht mindestens Artikel 11 Buchstabe b der Richtlinie 2005/36/EG entspricht, ablehnen.

§ 6 Eignungsprüfung. (1) [1]Die Eignungsprüfung ist eine Prüfung, mit der festgestellt wird, ob die Antragstellerin oder der Antragsteller in der Lage ist, die Aufgaben der angestrebten Laufbahn auszuüben. [2]Sie muss spätestens sechs Monate nach der Entscheidung der Antragstellerin oder des Antragstellers, als Ausgleichsmaßnahme eine Eignungsprüfung abzulegen, oder nach der Entscheidung des Bundesverwaltungsamtes oder der nach § 4 Absatz 2 beauftragten

Behörde, als Ausgleichsmaßnahme eine Eignungsprüfung festzulegen, durchgeführt werden.

(2) [1]Das Bundesverwaltungsamt oder die nach § 4 Absatz 2 beauftragte Behörde vergleicht auf der Grundlage der Ausbildungs-, Studien- und Prüfungsordnungen die Inhalte, die für die Fachrichtung der Laufbahn als unverzichtbar angesehen werden, mit den Qualifikationen und Berufserfahrungen der Antragstellerin oder des Antragstellers und legt Inhalt und Umfang der Prüfung fest. [2]Im Fall des § 5 Absatz 2 Nummer 1 dürfen Gegenstand der Prüfung nur Gebiete sein, auf denen wesentliche Unterschiede festgestellt worden sind.

(3) [1]Die Eignungsprüfung wird durch eine Prüfungskommission durchgeführt, die vom Bundesverwaltungsamt oder von einer nach § 4 Absatz 2 beauftragten Behörde bestimmt wird. [2]Diese besteht in der Regel aus einer oder einem Vorsitzenden und drei weiteren Mitgliedern und soll zu gleichen Teilen mit Frauen und Männern besetzt sein. [3]Sie ist unabhängig und nicht weisungsgebunden.

(4) [1]Die Eignungsprüfung besteht aus einem schriftlichen und einem mündlichen Teil. [2]Der schriftliche Teil kann mehrere Aufsichtsarbeiten umfassen. [3]§ 10 Absatz 2 Satz 2 und § 17 Absatz 3 Nummer 1 und Absatz 5 Satz 1 Nummer 1 der Bundeslaufbahnverordnung[1)] sind entsprechend anzuwenden.

(5) Über den Prüfungshergang ist ein Protokoll mit folgenden Angaben aufzunehmen:
1. Zeit und Ort der mündlichen Prüfung,
2. die Namen der Mitglieder der Prüfungskommission,
3. die Namen der Prüfungsteilnehmerinnen und Prüfungsteilnehmer,
4. die Prüfungsthemen,
5. die Bewertung des schriftlichen Teils der Prüfung,
6. die Bewertung des mündlichen Teils der Prüfung,
7. das abschließende Prüfungsergebnis und
8. besondere Vorkommnisse.

(6) [1]Über die Folgen eines ordnungswidrigen Verhaltens entscheidet die Prüfungskommission nach Anhörung der Antragstellerin oder des Antragstellers. [2]Die Anhörung ist zu protokollieren. [3]Versucht die Antragstellerin oder der Antragsteller, das Ergebnis des schriftlichen oder des mündlichen Teils der Prüfung durch Täuschung zu beeinflussen, ist die jeweilige Prüfungsleistung von der Prüfungskommission mit „ungenügend" zu bewerten. [4]In schweren Fällen ist die Eignungsprüfung für nicht bestanden zu erklären. [5]Im Fall einer vollendeten Täuschung entscheidet das Bundesverwaltungsamt oder die nach § 4 Absatz 2 beauftragte Behörde. [6]Die Antragstellerin oder der Antragsteller ist vor Beginn der Prüfung auf die Folgen ordnungswidrigen Verhaltens hinzuweisen. [7]Die Belehrung ist zu protokollieren.

(7) [1]Ein Rücktritt von der Prüfung ist nur bis zum Beginn der Prüfung zulässig. [2]Er ist dem Bundesverwaltungsamt oder der nach § 4 Absatz 2 beauftragten Behörde unverzüglich zu erklären. [3]Genehmigt das Bundesverwaltungsamt oder die nach § 4 Absatz 2 beauftragte Behörde den Rücktritt, gilt die Prüfung als nicht unternommen.

[1)] Nr. **8**.

(8) [1]Wird der schriftliche oder der mündliche Teil oder das Gesamtergebnis der Prüfung mit „mangelhaft" oder „ungenügend" bewertet, ist die Eignungsprüfung nicht bestanden. [2]Die oder der Vorsitzende der Prüfungskommission gibt der Antragstellerin oder dem Antragsteller im Anschluss an die mündliche Prüfung das Ergebnis der Eignungsprüfung bekannt. [3]Die Antragstellerin oder der Antragsteller erhält über das Ergebnis der Prüfung zeitnah einen schriftlichen Bescheid.

§ 7 Anpassungslehrgang. (1) [1]Das Bundesverwaltungsamt oder die nach § 4 Absatz 2 beauftragte Behörde vergleicht auf der Grundlage der Ausbildungs-, Studien- und Prüfungsordnungen die Inhalte, die für die Fachrichtung der Laufbahn als unverzichtbar angesehen werden, mit den Qualifikationen und Berufserfahrungen der Antragstellerin oder des Antragstellers und regelt die Durchführung des höchstens dreijährigen Anpassungslehrgangs. [2]Insbesondere sind die Dauer des Lehrgangs, Art und Zahl der zu erbringenden Leistungen und die unverzichtbaren Inhalte, die noch vermittelt werden müssen, zu bestimmen.

(2) Die Rechte und Pflichten der Antragstellerin oder des Antragstellers während eines Anpassungslehrgangs werden durch einen Vertrag mit dem Bundesverwaltungsamt oder der nach § 4 Absatz 2 beauftragten Behörde festgelegt.

(3) [1]Der Anpassungslehrgang schließt mit einer Gesamtbewertung der Leistungen ab, in der festgestellt wird, ob die wesentlichen Unterschiede ausgeglichen sind. [2]Die Antragstellerin oder der Antragsteller erhält über das Ergebnis einen schriftlichen Bescheid.

§ 8 Verfahren. (1) Das Bundesverwaltungsamt oder die nach § 4 Absatz 2 beauftragte Behörde bestätigt innerhalb eines Monats den Empfang der Antragsunterlagen und teilt gegebenenfalls mit, welche Unterlagen fehlen.

(2) [1]Die Entscheidung über den Antrag ergeht durch schriftlichen Bescheid und ist der Antragstellerin oder dem Antragsteller spätestens drei Monate nach Vorlage der vollständigen Unterlagen mitzuteilen. [2]Werden wesentliche Unterschiede in der Berufsqualifikation festgestellt, die durch Ausgleichsmaßnahmen ausgeglichen werden können, wird die Laufbahnbefähigung unter der Bedingung anerkannt, dass die wesentlichen Unterschiede ausgeglichen werden. [3]Die wesentlichen Unterschiede in der Berufsqualifikation und die Inhalte der erforderlichen Ausgleichsmaßnahmen sind im Einzelnen darzulegen. [4]Die Entscheidung ist zu begründen und mit einer Rechtsbehelfsbelehrung zu versehen.

(3) Wird eine Ausgleichsmaßnahme festgelegt, muss die Begründung auch Aussagen dazu enthalten,

1. welchem Qualifikationsniveau nach Artikel 11 der Richtlinie 2005/36/EG
   a) die für die Laufbahn zu fordernde Berufsqualifikation entspricht und
   b) die erworbene Berufsqualifikation entspricht,
2. weshalb wesentliche Unterschiede nicht durch Berufserfahrung, Zusatzqualifikationen oder Kenntnisse, Fähigkeiten und Kompetenzen, die außerhalb von formalen Bildungseinrichtungen erworben worden sind (§ 5 Absatz 1 Satz 2), ausgeglichen werden können.

(4) In dem Bescheid über die Anerkennung der Befähigung für eine Laufbahn mit partiellem Zugang ist die Tätigkeit aufzuführen, zu der die Antragstellerin oder der Antragsteller zugelassen werden kann.

(5) Die Anerkennung der Berufsqualifikation als Laufbahnbefähigung oder als Laufbahnbefähigung mit partiellem Zugang zu einer bestimmten Tätigkeit begründet keinen Anspruch auf Einstellung.

§ 9 *(aufgehoben)*

§ 10 Verwaltungszusammenarbeit. Das Bundesverwaltungsamt arbeitet mit den zuständigen Behörden der Qualifikations- oder Anerkennungsstaaten, den Beratungszentren nach Artikel 57b der Richtlinie 2005/36/EG sowie mit den einheitlichen Ansprechpartnern nach Artikel 6 der Richtlinie 2006/123/EG des Europäischen Parlaments und des Rates vom 12. Dezember 2006 über Dienstleistungen im Binnenmarkt (ABl. L 376 vom 27.12.2006, S. 36) zusammen und leistet Amtshilfe, um die Anwendung der Richtlinie 2005/36/EG zu erleichtern.

§ 11 Übermittlung personenbezogener Daten. (1) Das Bundesverwaltungsamt stellt den in § 10 genannten Stellen auf Ersuchen die erforderlichen Angaben über die Voraussetzungen der Anerkennung der Qualifikationen als Laufbahnbefähigung zur Verfügung, wenn die Antragstellerin oder der Antragsteller nicht in der Lage ist, den in § 10 genannten Stellen entsprechende Angaben zu machen.

(2) [1]Beantragt eine Beamtin oder ein Beamter die Anerkennung ihrer oder seiner Berufsqualifikation in einem der in § 7 Absatz 1 Satz 1 Nummer 1 des Bundesbeamtengesetzes genannten Staaten, unterrichtet die Dienstbehörde nach Anhörung der oder des Betroffenen die zuständige Behörde des Staates, in dem der Antrag gestellt worden ist, über Dienstvergehen, Straftaten, Ordnungswidrigkeiten, die sich auf die Zulässigkeit der Ausübung der Tätigkeit auswirken können. [2]Dienstvergehen, Straftaten und Ordnungswidrigkeiten dürfen nur mitgeteilt werden, wenn sie unanfechtbar festgestellt worden sind und der empfangende Staat zusichert,

1. die Angaben nur für die Entscheidung über die Anerkennung der Berufsqualifikation zu verwenden und
2. die nach deutschem Recht geltenden Löschungs- oder Tilgungsfristen zu beachten.

§ 12 Inkrafttreten, Außerkrafttreten. [1]Diese Verordnung tritt am Tag nach der Verkündung[1)] in Kraft. [2]Gleichzeitig tritt die EG-Hochschuldiplomanerkennungsverordnung vom 2. November 1995 (BGBl. I S. 1493), die zuletzt durch § 56 Absatz 2 der Verordnung vom 12. Februar 2009 (BGBl. I S. 284) geändert worden ist, außer Kraft.

[1)] Verkündet am 3.12.2009.

10. Verordnung über die Arbeitszeit der Beamtinnen und Beamten des Bundes (Arbeitszeitverordnung – AZV)

Vom 23. Februar 2006
(BGBl. I S. 427)

FNA 2030-2-29

zuletzt geänd. durch Art. 1, 2 VO zur Weiterentwicklung dienstrechtl. Regelungen zu Arbeitszeit und Sonderurlaub v. 17.12.2020 (BGBl. I S. 3011)

Nichtamtliche Inhaltsübersicht

§ 1 Geltungsbereich
§ 2 Begriffsbestimmungen
§ 3 Regelmäßige wöchentliche Arbeitszeit
§ 4 Regelmäßige tägliche Arbeitszeit
§ 5 Ruhepausen und Ruhezeit
§ 6 Dienstfreie Tage
§ 7 Gleitzeit
§ 7a Langzeitkonten
§ 7b Zeitausgleich bei Langzeitkonten
§ 7c Abordnung; Zuweisung; Versetzung; Beendigung des Beamtenverhältnisses
§ 8 Schichtdienst
§ 9 Zusammenfassung der Freistellung von der Arbeit bei Teilzeitbeschäftigung
§ 10 Arbeitsplatz
§ 11 Dienstreisen
§ 12 Rufbereitschaft
§ 13 Bereitschaftsdienst
§ 14 Nachtdienst
§ 15 Ausnahmen bei spezifischen Tätigkeiten
§ 16 Zuständigkeit

§ 1 Geltungsbereich. [1] Diese Verordnung gilt für alle Beamtinnen und Beamten des Bundes, soweit nicht besondere Arbeitszeitregelungen gelten. [2] Sie gilt nicht für Ehrenbeamtinnen und Ehrenbeamte. [3] Für Beamtinnen auf Widerruf und Beamte auf Widerruf ist zu bestimmen, ob und inwieweit die Vorschriften dieser Verordnung anzuwenden sind.

§ 2 Begriffsbestimmungen. Im Sinne dieser Verordnung ist

1. Abrechnungszeitraum bei Gleitzeit der Zeitraum, in dem ein Über- oder Unterschreiten der regelmäßigen wöchentlichen Arbeitszeit auszugleichen ist,
2. Arbeitsplatz grundsätzlich die Dienststelle oder ein von der oder dem Dienstvorgesetzten bestimmter Ort, an dem Dienst zu leisten ist,
3. Arbeitstag grundsätzlich der Werktag,
4. Bereitschaftsdienst die Pflicht, sich, ohne ständig zur Dienstleistung verpflichtet zu sein, an einer vom Dienstherrn bestimmten Stelle aufzuhalten, um im Bedarfsfall den Dienst aufzunehmen, wenn dabei Zeiten ohne Arbeitsleistung überwiegen,
5. Blockmodell die Zusammenfassung der Freistellung von der Arbeit bis zu fünf Jahren bei Teilzeitbeschäftigung,

6. Funktionszeit der Teil der regelmäßigen täglichen Arbeitszeit, in dem der Dienstbetrieb durch Absprache der Beamtinnen und Beamten sichergestellt wird,
7. Gleitzeit die Arbeitszeit, bei der Beamtinnen und Beamte Beginn und Ende der täglichen Arbeitszeit in gewissen Grenzen selbst bestimmen können,
8. Gleittag ein mit Zustimmung der oder des unmittelbaren Vorgesetzten gewährter ganztägiger Zeitausgleich im Abrechnungszeitraum bei Gleitzeit, dabei gelten tägliche Arbeitszeiten von weniger als zwei Stunden als Gleittag,
9. Kernarbeitszeit der Teil der regelmäßigen täglichen Arbeitszeit, in dem grundsätzlich alle Beamtinnen und Beamten in der Dienststelle anwesend sein müssen,
10. Langzeitkonto ein personenbezogenes Arbeitszeitkonto, auf dem durch erhöhten Arbeitsanfall bedingte Zeitguthaben für Freistellungszeiten angespart werden können,
11. Nachtdienst ein Dienst, der zwischen 20 Uhr und 6 Uhr zu leisten ist,
12. regelmäßige wöchentliche Arbeitszeit die innerhalb von zwölf Monaten durchschnittlich zu erbringende wöchentliche Arbeitszeit,
13. Reisezeit die Zeit ohne Wartezeit (Nummer 17), die die Beamtin oder der Beamte benötigt für den Weg zwischen
    a) der Wohnung oder der Dienststätte und der Stelle des auswärtigen Dienstgeschäfts oder der auswärtigen Unterkunft (Anreise),
    b) der Stelle des auswärtigen Dienstgeschäfts oder der auswärtigen Unterkunft und der Stelle eines weiteren auswärtigen Dienstgeschäfts oder einer weiteren auswärtigen Unterkunft,
    c) der Stelle des auswärtigen Dienstgeschäfts oder der auswärtigen Unterkunft und der Wohnung oder der Dienststätte (Abreise),
14. Rufbereitschaft die Pflicht, sich außerhalb des Arbeitsplatzes bereitzuhalten, um bei Bedarf sofort zu Dienstleistungen abgerufen werden zu können,
15. Ruhepause der Zeitraum, in dem Beamtinnen und Beamte keinen Dienst leisten,
16. Schichtdienst der Dienst nach einem Schichtplan, der einen regelmäßigen Wechsel der täglichen Arbeitszeit in Zeitabschnitten von längstens einem Monat vorsieht,
17. Wartezeit eine während einer Dienstreise anfallende Zeit ohne Dienstleistung zwischen
    a) dem Ende der Anreise und dem Beginn der dienstlichen Tätigkeit,
    b) dem Ende der dienstlichen Tätigkeit an einem Tag und dem Beginn der dienstlichen Tätigkeit an einem anderen Tag,
    c) dem Ende der dienstlichen Tätigkeit und dem Beginn der Abreise.

§ 3 Regelmäßige wöchentliche Arbeitszeit. (1) [1]Die regelmäßige wöchentliche Arbeitszeit beträgt 41 Stunden. [2]Schwerbehinderte Beamtinnen und schwerbehinderte Beamte können eine Verkürzung der regelmäßigen wöchentlichen Arbeitszeit auf 40 Stunden beantragen. [3]Gleiches gilt für Beamtinnen und Beamte,

1. die für ein Kind unter zwölf Jahren Kindergeld erhalten,

2. die eine nahe Angehörige oder einen nahen Angehörigen nach § 7 Absatz 3 des Pflegezeitgesetzes im eigenen Haushalt oder im eigenen Haushalt der oder des nahen Angehörigen tatsächlich betreut oder pflegt, die oder der
   a) pflegebedürftig ist und die Pflegebedürftigkeit nach § 18 des Elften Buches Sozialgesetzbuch durch eine Bescheinigung der Pflegekasse, des Medizinischen Dienstes der Krankenversicherung, nach einer entsprechenden Bescheinigung einer privaten Pflegeversicherung oder nach einem ärztlichen Gutachten festgestellt worden ist oder
   b) an einer durch ein ärztliches Zeugnis nachgewiesenen Erkrankung nach § 3 Absatz 6 Satz 1 des Pflegezeitgesetzes leidet.

[4] Die Verkürzung beginnt bei Vorliegen der Voraussetzungen mit Beginn des Monats der Antragstellung und endet mit Ablauf des Monats, in dem ihre Voraussetzungen nicht mehr vorliegen. [5] § 116 Abs. 1 des Neunten Buches Sozialgesetzbuch bleibt unberührt. [6] Die Beamtinnen und Beamten sind verpflichtet, jede Änderung unverzüglich anzuzeigen und auf Verlangen entsprechende Nachweise zu erbringen. [7] Bei Teilzeitbeschäftigung wird die regelmäßige wöchentliche Arbeitszeit nach den Sätzen 1 bis 3 entsprechend dem Umfang der bewilligten Teilzeitbeschäftigung verkürzt.

(2) [1] Die regelmäßige wöchentliche Arbeitszeit wird bei Vollzeitbeschäftigung und Teilzeitbeschäftigung mit einer Ermäßigung der Arbeitszeit um weniger als 10 Prozent auf Montag bis Freitag verteilt. [2] Aus dienstlichen Gründen kann sie auf sechs Tage verteilt werden.

(3) [1] Die regelmäßige wöchentliche Arbeitszeit verkürzt sich für jeden gesetzlich anerkannten Feiertag sowie für Heiligabend und Silvester um die darauf entfallende Arbeitszeit. [2] Im selben Umfang wird die Arbeitszeit für Beamtinnen und Beamte, die im Schichtdienst eingesetzt sind, verkürzt. [3] Hierbei bleibt unberücksichtigt, ob und wie lange an diesen Tagen tatsächlich Dienst geleistet werden muss.

(4) Die regelmäßige wöchentliche Arbeitszeit kann ausnahmsweise verkürzt werden, soweit besondere Bedürfnisse dies erfordern.

(5) Ist ein Ausgleich der regelmäßigen wöchentlichen Arbeitszeit innerhalb von zwölf Monaten aufgrund zwingender dienstlicher Verhältnisse nicht möglich, darf die durchschnittliche Arbeitszeit hierbei 48 Stunden im Siebentageszeitraum nicht überschreiten.

§ 4 Regelmäßige tägliche Arbeitszeit. [1] Die regelmäßige tägliche Arbeitszeit sowie deren Beginn und Ende sind festzulegen. [2] Hierbei dürfen 13 Stunden einschließlich der Pausen nicht überschritten werden. [3] Bei Teilzeitbeschäftigung ist die regelmäßige tägliche Arbeitszeit individuell festzulegen.

§ 5 Ruhepausen und Ruhezeit. (1) [1] Die Arbeit ist spätestens nach 6 Stunden durch eine Ruhepause von mindestens 30 Minuten zu unterbrechen. [2] Nach mehr als 9 Stunden beträgt die Ruhepause mindestens 45 Minuten. [3] Ruhepausen können in Zeitabschnitte von jeweils 15 Minuten aufgeteilt werden.

(2) [1] Ruhepausen werden nicht auf die Arbeitszeit angerechnet, es sei denn, dass

1. die Voraussetzungen des § 17a der Erschwerniszulagenverordnung mit der Maßgabe erfüllt sind, dass im Kalendermonat mindestens 35 Nachtdienststunden geleistet werden, oder
2. die zuständige Behörde die Anrechnung bei operativen Tätigkeiten in Einsatzbereichen, in denen die ständige Einsatzfähigkeit gewährleistet werden muss, zum Ausgleich der damit verbundenen Belastungen zulässt.

[2] Bei Teilzeitbeschäftigung verringern sich die nach Satz 1 Nummer 1 erforderlichen Nachtdienststunden entsprechend dem Verhältnis zwischen der ermäßigten und der regelmäßigen wöchentlichen Arbeitszeit.

(3) [1] Pro 24-Stunden-Zeitraum ist eine Mindestruhezeit von 11 zusammenhängenden Stunden zu gewähren. [2] Pro 7-Tage-Zeitraum ist zusätzlich eine Mindestruhezeit von 24 zusammenhängenden Stunden zu gewähren. [3] Für die Ruhezeit nach Satz 2 gilt ein Bezugszeitraum von 14 Tagen. [4] Von den Regelungen in den Sätzen 1 bis 3 können Ausnahmen zugelassen werden, wenn dienstliche Belange im Sinne des Artikels 17 Absatz 3 Buchstabe c und e sowie Absatz 4 der Richtlinie 2003/88/EG des Europäischen Parlaments und des Rates vom 4. November 2003 über bestimmte Aspekte der Arbeitszeitgestaltung (ABl. L 299 vom 18.11.2003, S. 9) dies erfordern.

§ 6 Dienstfreie Tage. (1) [1] Sonnabend, Heiligabend und Silvester sind grundsätzlich dienstfrei. [2] Soweit dienstliche Gründe es erfordern, kann an diesen Tagen und an Sonntagen und gesetzlich anerkannten Feiertagen Dienst angeordnet werden.

(2) Mit Zustimmung der obersten Dienstbehörde und der oder des unmittelbaren Vorgesetzten kann die Beamtin oder der Beamte freiwillig sonnabends Dienst leisten.

§ 7 Gleitzeit. (1) [1] Soweit dienstliche Gründe nicht entgegenstehen, kann die oberste Dienstbehörde Gleitzeit ermöglichen. [2] Die zur Erfüllung der Aufgaben jeweils erforderliche dienstliche Anwesenheit der Beamtinnen und Beamten ist durch diese und ihre Vorgesetzten sicherzustellen.

(2) Die höchstzulässige tägliche Arbeitszeit sowie der früheste Dienstbeginn und das späteste Dienstende sind festzulegen.

(3) [1] Es sind Kernarbeitszeiten oder Funktionszeiten festzulegen. [2] Soweit dienstliche Gründe es zulassen, kann auf eine solche Festlegung verzichtet werden. [3] Über die Kernarbeitszeit oder Funktionszeit hinaus ist die dienstliche Anwesenheit der Beamtinnen und Beamten durch diese und ihre Vorgesetzten sicherzustellen, soweit die Erfüllung der Aufgaben dies erfordert. [4] Die Kernarbeitszeit ist bei Teilzeitbeschäftigung individuell festzulegen.

(4) [1] Unterschreitungen der regelmäßigen wöchentlichen Arbeitszeit sind bis zu höchstens 40 Stunden zulässig. [2] Ein Über- oder Unterschreiten der regelmäßigen wöchentlichen Arbeitszeit ist grundsätzlich innerhalb des Abrechnungszeitraums auszugleichen. [3] Abrechnungszeitraum ist das Kalenderjahr oder ein anderer festgelegter Zeitraum von höchstens zwölf Monaten. [4] In den nächsten Abrechnungszeitraum dürfen höchstens 40 Stunden übertragen werden.

(5) [1] Bei automatisierter Zeiterfassung kommen bis zu zwölf Gleittage in Betracht. [2] Wenn es dienstlichen Belangen förderlich oder nach den dienstlichen Verhältnissen zweckmäßig ist, können bis zu 24 Gleittage zugelassen

werden. [3]Es kann festgelegt werden, dass an bestimmten Tagen allgemein kein Dienst zu leisten und die ausfallende Zeit vor- oder nachzuarbeiten ist. [4]Für Auslandsvertretungen können Ausnahmen von der Notwendigkeit der automatisierten Zeiterfassung zugelassen werden.

(6) [1]Ist eine Kernarbeitszeit festgelegt, können auch halbe Gleittage zugelassen werden. [2]Außerdem können unmittelbare Vorgesetzte eine im Einzelfall aus wichtigen persönlichen Gründen erforderliche Nichteinhaltung der Kernarbeitszeit genehmigen.

(7) [1]Die dienstliche Anwesenheit der Beamtinnen und Beamten ist unter ihrer Mitwirkung automatisiert zu erfassen. [2]Von der automatisierten Erfassung können in Einzelfällen Ausnahmen zugelassen werden. [3]Die Daten sind mindestens drei Monate nach Ablauf des Kalendermonats, in dem sie erhoben wurden, aufzubewahren. [4]Die oberste Dienstbehörde legt fest, ob die Daten entweder spätestens sechs Monate nach Ablauf des Abrechnungszeitraums oder spätestens 13 Monate nach Ablauf des Kalendermonats, in dem sie erhoben wurden, zu löschen sind.

(8) [1]Verstöße gegen Gleitzeitregelungen dürfen den jeweils zuständigen Vorgesetzten mitgeteilt werden. [2]Darüber hinaus sind den unmittelbaren Vorgesetzten ausschließlich für Zwecke des gezielten Personaleinsatzes die Gleitzeitsalden ihrer Mitarbeiterinnen und Mitarbeiter mitzuteilen, sofern sich positive Salden von mehr als 20 Stunden oder negative Salden von mehr als zehn Stunden ergeben. [3]Daten nach Satz 2 dürfen nicht für eine Kontrolle oder Bewertung der Leistung oder des Verhaltens der Beamtinnen und Beamten verwendet werden.

§ 7a Langzeitkonten. (1) Die obersten Dienstbehörden können für die bei ihnen beschäftigten Beamtinnen und Beamten Langzeitkonten führen und den Behörden ihres Geschäftsbereichs die Führung von Langzeitkonten für die dort beschäftigten Beamtinnen und Beamten gestatten, soweit dienstliche Gründe nicht entgegenstehen.

(2) Langzeitkonten werden unabhängig von im Rahmen der Gleitzeit eingerichteten Gleitzeitkonten und unabhängig vom jeweils vereinbarten Arbeitszeitmodell geführt.

(3) Langzeitkonten können nicht geführt werden

1. für Beamtinnen und Beamte auf Widerruf sowie
2. für Beamtinnen und Beamte, die jederzeit in den einstweiligen Ruhestand versetzt werden können.

(4) [1]Für Beamtinnen und Beamte, denen die Führung eines Langzeitkontos gestattet worden ist, wird die regelmäßige wöchentliche Arbeitszeit auf ihren Antrag um bis zu drei Stunden verlängert, wenn dies auf Grund erhöhten Arbeitsanfalls für die Erfüllung ihrer dienstlichen Aufgaben angemessen und zweckmäßig ist. [2]Dies kann bis zu vier Wochen rückwirkend erfolgen, in vom Vorgesetzten zu begründenden Ausnahmefällen mit Zustimmung der Personalverwaltung auch zwölf Wochen rückwirkend. [3]Das Vorliegen der Voraussetzungen für die Verlängerung der regelmäßigen wöchentlichen Arbeitszeit ist mindestens alle zwei Jahre sowie bei einem Wechsel der Organisationseinheit zu überprüfen.

(5) [1]Die Differenz zwischen der regelmäßigen wöchentlichen Arbeitszeit nach § 3 Absatz 1 und der tatsächlich geleisteten Arbeitszeit wird dem Lang-

zeitkonto als Zeitguthaben bis zur Höhe der nach Absatz 4 Satz 1 vereinbarten Verlängerung gutgeschrieben. [2]Darüber hinaus geleistete Arbeitszeit ist dem Gleitzeitkonto nach § 7 oder, sofern die Voraussetzungen des § 88 des Bundesbeamtengesetzes[1)] vorliegen, dem Mehrarbeitskonto gutzuschreiben. [3]Dem Langzeitkonto können auf Antrag auch Ansprüche auf Dienstbefreiung für dienstlich angeordnete oder genehmigte Mehrarbeit im Umfang von bis zu 40 Stunden im Jahr gutgeschrieben werden. [4]Dem Langzeitkonto kann ein Zeitguthaben bis zur Höhe von 1400 Stunden gutgeschrieben werden.

(6) [1]Den unmittelbaren Vorgesetzten sind ausschließlich für Zwecke des gezielten Personaleinsatzes und für die Überprüfung nach Absatz 4 Satz 3 die Salden der Langzeitkonten ihrer Mitarbeiterinnen und Mitarbeiter mitzuteilen. [2]Daten nach Satz 1 dürfen nicht für eine Kontrolle oder Bewertung der Leistung oder des Verhaltens der Beamtinnen oder Beamten verwendet werden. [3]Die Aufbewahrung und Löschung der Daten erfolgt entsprechend § 7 Absatz 7 Satz 3 und 4.

(7) Nähere Bestimmungen über das Langzeitkonto und den Zeitausgleich werden in Dienstvereinbarungen festgelegt.

§ 7b Zeitausgleich bei Langzeitkonten. (1) [1]Für das Zeitguthaben der Langzeitkonten wird der Beamtin oder dem Beamten auf Antrag Zeitausgleich gewährt. [2]Sie oder er wird unter Fortzahlung der Besoldung, auf die im Zeitraum der Entnahme entsprechend dem diesem Zeitraum zugrundeliegenden Arbeitszeitmodell ein Anspruch besteht, vom Dienst freigestellt. [3]Ein Anspruch auf Auszahlung besteht nicht. [4]Zeitguthaben sollen grundsätzlich im Inland entnommen werden. [5]Mehrarbeitsstunden nach § 88 des Bundesbeamtengesetzes[1)] sind vorrangig auszugleichen.

(2) [1]Eine Freistellung ist für einen zusammenhängenden Zeitraum von grundsätzlich höchstens drei Monaten oder einer Verkürzung der Arbeitszeit möglich. [2]Sofern die Freistellung einen zusammenhängenden Zeitraum von sechs Wochen überschreiten soll, soll diese mindestens drei Monate vor dem Datum des gewünschten Beginns der Freistellung beantragt werden.

(3) [1]Der Zeitausgleich unmittelbar vor Eintritt in den Ruhestand ist für einen zusammenhängenden Zeitraum von höchstens drei Monaten möglich. [2]Die Kombination mit einem Hinausschieben des Ruhestandes nach § 53 des Bundesbeamtengesetzes ist ausgeschlossen.

(4) [1]Der Antrag auf Freistellung kann aus dienstlichen Gründen abgelehnt werden. [2]In diesem Fall ist in Abstimmung mit der Beamtin oder dem Beamten ein Zeitraum festzulegen, in dem eine Freistellung im beantragten Umfang möglich ist.

(5) Ein gewährter Zeitausgleich wird nur in Fällen des Mutterschutzes und Elternzeit unterbrochen.

(6) [1]Ein gewährter Zeitausgleich kann ausnahmsweise widerrufen werden, wenn bei Abwesenheit der Beamtin oder des Beamten die ordnungsgemäße Erledigung der Dienstgeschäfte nicht gewährleistet wäre. [2]Mehraufwendungen, die der Beamtin oder dem Beamten durch den Widerruf entstehen, werden nach den Bestimmungen des Reisekostenrechts ersetzt.

[1)] Nr. 2.

§ 7c Abordnung; Zuweisung; Versetzung; Beendigung des Beamtenverhältnisses. (1) [1] In den Fällen der Abordnung, Zuweisung oder einer anderen vorübergehenden Abwesenheit kann bis zur Rückkehr in die Dienststelle kein weiteres Zeitguthaben angespart werden. [2] Das Langzeitkonto bleibt bei der bisherigen Dienststelle bestehen.

(2) [1] In den Fällen der Versetzung oder der Beendigung des Beamtenverhältnisses ist das Zeitguthaben grundsätzlich bei derjenigen Dienststelle auszugleichen, bei der es erworben worden ist. [2] Diese Dienststelle soll den Ausgleich gegebenenfalls durch Anordnung ermöglichen.

(3) [1] Im Fall einer Versetzung kann im Einvernehmen mit der Dienststelle, zu der die Beamtin oder der Beamte versetzt wird, ein Zeitguthaben übertragen werden, sofern diese Dienststelle ebenfalls Langzeitkonten führt. [2] Ein Anspruch auf Übertragung des Zeitguthabens besteht nicht.

§ 8 Schichtdienst. [1] Sind die Dienststunden so festgelegt, dass die regelmäßige tägliche Arbeitszeit von Beamtinnen oder Beamten überschritten wird, sind sie durch Schichtdienst einzuhalten. [2] Von Schichtdienst soll abgesehen werden, wenn die Überschreitung im Rahmen der Gleitzeit ausgeglichen werden kann.

§ 9 Zusammenfassung der Freistellung von der Arbeit bei Teilzeitbeschäftigung. (1) [1] Wenn dienstliche Gründe nicht entgegenstehen, kann bei Teilzeitbeschäftigung die Zeit einer Freistellung bis zu drei Monaten zusammengefasst werden. [2] Wird die Freistellung an das Ende der bewilligten Teilzeitbeschäftigung gelegt, darf sie bis zu einem Jahr zusammengefasst werden.

(2) Eine Teilzeitbeschäftigung, die sich auf die Zeit bis zum Beginn des Ruhestandes erstreckt, kann im Blockmodell bewilligt werden, wenn die Freistellung an das Ende der bewilligten Teilzeitbeschäftigung gelegt wird und zwingende dienstliche Gründe nicht entgegenstehen.

§ 10 Arbeitsplatz. Bei mobilem Arbeiten kann von der Dienstleistungspflicht am Arbeitsplatz abgewichen werden, soweit dienstliche Gründe nicht entgegenstehen.

§ 11 Dienstreisen. (1) [1] Bei Dienstreisen ist die Zeit zur Erledigung von Dienstgeschäften außerhalb der Dienststätte Arbeitszeit. [2] Bei ganz- oder mehrtägigen Dienstreisen gilt die regelmäßige Arbeitszeit des jeweiligen Tages als geleistet. [3] Reisezeiten und Wartezeiten sind keine Arbeitszeit. [4] Sie werden jedoch als Arbeitszeit berücksichtigt, soweit

1. sie innerhalb der regelmäßigen täglichen Arbeitszeit anfallen oder
2. die Arbeitszeit innerhalb eines Tages durch Dienstreisen unterbrochen wird.

(2) [1] Bei Teilzeitbeschäftigung wird die Dauer der Dienstreise bis zur Länge der regelmäßigen täglichen Arbeitszeit für Vollzeitbeschäftigung zugrunde gelegt. [2] Fällt eine Dienstreise bei Teilzeitbeschäftigung auf einen nach dem jeweiligen Arbeitszeitmodell dienstfreien Montag bis Freitag, kann dieser Tag mit einem anderen Tag zeitnah getauscht werden.

(3) [1] Bei Dienstreisen, die über die regelmäßige tägliche Arbeitszeit hinausgehen, ist ein Freizeitausgleich in Höhe von einem Drittel der nicht anrechenbaren Reisezeiten zu gewähren. [2] Dies gilt auch für Reisezeiten an Sonnabenden, Sonntagen oder gesetzlichen Feiertagen. [3] Bei Gleitzeit wird ein Drittel der nicht anrechenbaren Reisezeiten dem Gleitzeitkonto gutgeschrieben. [4] Die

tatsächlichen Reisezeiten sind von der Beamtin oder dem Beamten anzuzeigen. [5]Auf Verlangen sind Nachweise über die Reisezeiten vorzulegen. [6]Wird die Dienstreise von der Wohnung angetreten oder beendet, darf höchstens die Reisezeit berücksichtigt werden, die bei einer Abreise von oder der Ankunft an der Dienststätte angefallen wäre. [7]Reisezeiten sind keine Mehrarbeit im Sinne der §§ 88 und 143 Absatz 1 Satz 1 Nummer 4 des Bundesbeamtengesetzes[1)]. [8]Absatz 2 Satz 1 gilt entsprechend. [9]Wird eine Dienstreise mit einer privaten Reise oder einer privaten Fahrt verbunden, so wird für die auf den betroffenen Reiseweg entfallene Reisezeit kein Freizeitausgleich nach Satz 1 gewährt.

§ 12 Rufbereitschaft. [1]Zeiten der Rufbereitschaft sind keine Arbeitszeit. [2]Hat die Beamtin oder der Beamte jedoch über die Arbeitszeit hinaus mehr als zehn Stunden im Kalendermonat Rufbereitschaft, wird innerhalb von zwölf Monaten ein Achtel der über zehn Stunden hinausgehenden Zeit bei feststehender Arbeitszeit als Freizeitausgleich gewährt und bei Gleitzeit dem Gleitzeitkonto gutgeschrieben, soweit nicht zwingende dienstliche Gründe entgegenstehen.

§ 13 Bereitschaftsdienst. (1) [1]Bei Bereitschaftsdienst kann die regelmäßige tägliche Arbeitszeit und die regelmäßige wöchentliche Arbeitszeit entsprechend den dienstlichen Bedürfnissen angemessen verlängert werden. [2]Hierbei darf in einem Bezugszeitraum von zwölf Monaten die durchschnittliche Arbeitszeit 48 Stunden im Siebentageszeitraum nicht überschreiten.

(2) [1]Unter Beachtung der allgemeinen Grundsätze der Sicherheit der Beschäftigten und des Gesundheitsschutzes kann die Arbeitszeit auf bis zu 54 Stunden im Siebentageszeitraum verlängert werden, wenn hierfür ein zwingendes dienstliches Bedürfnis besteht und sich die Beamtin oder der Beamte zu der Verlängerung der Arbeitszeit schriftlich oder elektronisch bereit erklärt. [2]Beamtinnen und Beamten, die sich zu der Verlängerung der Arbeitszeit nicht bereit erklären, dürfen daraus keine Nachteile entstehen. [3]Die Erklärung kann mit einer Frist von sechs Monaten widerrufen werden. [4]Die Beamtinnen und Beamten sind auf die Widerrufsmöglichkeiten schriftlich oder elektronisch hinzuweisen.

(3) [1]Die Dienstbehörden führen Listen der Beamtinnen und Beamten, die eine nach Absatz 2 Satz 1 verlängerte Arbeitszeit leisten. [2]Die Listen sind zwei Jahre nach ihrer Erstellung aufzubewahren und den zuständigen Behörden auf Ersuchen zur Verfügung zu stellen. [3]Auf Ersuchen sind die zuständigen Behörden über diese Beamtinnen und Beamten zu unterrichten. [4]Nach Ablauf der Aufbewahrungsfrist sind die Listen zu vernichten.

§ 14 Nachtdienst. (1) [1]Die Gestaltung von Nachtdienst muss der besonderen Beanspruchung der Arbeitskraft Rechnung tragen. [2]Dabei darf die Arbeitszeit in einem Bezugszeitraum von zwölf Monaten im Durchschnitt acht Stunden pro 24-Stunden-Zeitraum nicht überschreiten.

(2) Ist die Arbeit mit besonderen Gefahren oder einer erheblichen körperlichen oder geistigen Anspannung verbunden, darf in einem 24-Stunden-Zeitraum, in dem der Nachtdienst verrichtet wird, die Arbeitszeit nicht mehr als acht Stunden betragen.

[1)] Nr. 2.

§ 15 Ausnahmen bei spezifischen Tätigkeiten. [1]Soweit Besonderheiten bestimmter spezifischer Tätigkeiten, die dem Schutz der Bevölkerung oder des Allgemeinwohls zur Abwehr schwerwiegender kollektiver Gefahrensituationen dienen, der Anwendung von Regelungen dieser Verordnung zwingend entgegenstehen, kann von dieser Verordnung abgewichen werden. [2]In diesen Ausnahmefällen ist gleichwohl dafür Sorge zu tragen, dass unter Berücksichtigung der Ziele der Richtlinie 89/391/EWG des Rates vom 12. Juni 1989 über die Durchführung von Maßnahmen zur Verbesserung der Sicherheit und des Gesundheitsschutzes der Arbeitnehmer bei der Arbeit (ABl. EG Nr. L 183 S. 1) eine größtmögliche Sicherheit und ein größtmöglicher Gesundheitsschutz der Beamtinnen und Beamten gewährleistet ist.

§ 16 Zuständigkeit. [1]Zuständige Behörde im Sinne dieser Verordnung ist die oberste Dienstbehörde, soweit nichts Abweichendes bestimmt ist. [2]Die oberste Dienstbehörde kann ihre Befugnisse nach dieser Verordnung auf andere Behörden übertragen. [3]Die für Teilzeitbeschäftigung notwendigen individuellen Festsetzungen trifft die Dienstbehörde.

§ 17 *(aufgehoben)*

11. Verordnung über die Nebentätigkeit der Bundesbeamten, Berufssoldaten und Soldaten auf Zeit (Bundesnebentätigkeitsverordnung – BNV)[1]

In der Fassung der Bekanntmachung vom 12. November 1987[2]
(BGBl. I S. 2376)

FNA 2030-2-9

zuletzt geänd. durch Art. 7 G zum Abbau verzichtbarer Anordnungen der Schriftform im Verwaltungsrecht des Bundes v. 29.3.2017 (BGBl. I S. 626)

Nichtamtliche Inhaltsübersicht

Erster Abschnitt. Ausübung von Nebentätigkeiten

§ 1 *(aufgehoben)*
§ 2 Nebentätigkeit im öffentlichen Dienst
§ 3 Zulässigkeit von Nebentätigkeiten im Bundesdienst
§ 4 Vergütung
§ 5 Allgemeine Erteilung, Widerruf der Genehmigung
§ 6 Vergütungen für Nebentätigkeiten und Ablieferungspflicht
§ 7 Ausnahmen von § 6
§ 8 Abrechnung über die Vergütung aus Nebentätigkeiten

Zweiter Abschnitt. Inanspruchnahme von Einrichtungen, Personal oder Material des Dienstherrn

§ 9 Genehmigungspflicht
§ 10 Grundsätze für die Bemessung des Entgelts
§ 11 Allgemeines Entgelt
§ 12 Entgelt für ärztliche und zahnärztliche Nebentätigkeiten
§ 13 Festsetzung des Entgelts

Dritter Abschnitt. Geltungsbereich; Berlin-Klausel; Inkrafttreten

§ 14 Geltung für Berufssoldaten und Soldaten auf Zeit
§ 15 *(aufgehoben)*
§ 16 (Inkrafttreten)

Erster Abschnitt. Ausübung von Nebentätigkeiten

§ 1 *(aufgehoben)*

§ 2 Nebentätigkeit im öffentlichen Dienst. (1) Nebentätigkeit im öffentlichen Dienst ist jede für den Bund, ein Land oder andere Körperschaften, Anstalten oder Stiftungen des öffentlichen Rechts im Bundesgebiet (einschließlich des Landes Berlin) oder für Verbände von solchen ausgeübte Nebentätigkeit; ausgenommen ist eine Nebentätigkeit für öffentlich-rechtliche Religionsgesellschaften oder deren Verbände.

(2) Einer Nebentätigkeit im öffentlichen Dienst steht gleich eine Nebentätigkeit für

1. Vereinigungen, Einrichtungen oder Unternehmen, deren Kapital (Grund- oder Stammkapital) sich unmittelbar oder mittelbar ganz oder überwiegend

---

[1] Die VO wurde erlassen auf Grund von § 69 BBG und § 20 Abs. 4 iVm § 72 Abs. 1 Nr. 1 SoldatenG.

[2] Neubekanntmachung der BundesnebentätigkeitsVO idF der Bek. v. 28.8.1974 (BGBl. I S. 2117) in der ab 1.1.1988 geltenden Fassung.

in öffentlicher Hand befindet oder die fortlaufend ganz oder überwiegend aus öffentlichen Mitteln unterhalten werden,
2. zwischenstaatliche oder überstaatliche Einrichtungen, an denen eine juristische Person oder ein Verband im Sinne des Absatzes 1 Halbsatz 1 durch Zahlung von Beiträgen oder Zuschüssen oder in anderer Weise beteiligt ist,
3. natürliche oder juristische Personen, die der Wahrung von Belangen einer juristischen Person oder eines Verbandes im Sinne des Absatzes 1 Halbsatz 1 dient.

§ 3 Zulässigkeit von Nebentätigkeiten im Bundesdienst. [1] Aufgaben, die für den Bund oder bundesunmittelbare Körperschaften, Anstalten oder Stiftungen des öffentlichen Rechts wahrgenommen werden, sind grundsätzlich in ein Hauptamt einzuordnen. [2] Sie sollen nicht als Nebentätigkeit zugelassen werden, wenn sie mit dem Hauptamt in Zusammenhang stehen.

§ 4 Vergütung. (1) Vergütung für eine Nebentätigkeit ist jede Gegenleistung in Geld oder geldwerten Vorteilen, auch wenn kein Rechtsanspruch auf sie besteht.

(2) Als Vergütung im Sinne des Absatzes 1 gelten nicht
1. der Ersatz von Fahrkosten sowie Tagegelder bis zur Höhe des Betrages, den die Reisekostenvorschriften für Beamte in der höchsten Reisekostenstufe für den vollen Kalendertag vorsehen, oder, sofern bei Anwendung dieser Vorschriften ein Zuschuß zustehen würde, bis zur Höhe des Gesamtbetrages; Entsprechendes gilt für Übernachtungsgelder,
2. der Ersatz sonstiger barer Auslagen, wenn keine Pauschalierung vorgenommen wird.

(3) Pauschalierte Aufwandsentschädigungen sind in vollem Umfang, Tage- und Übernachtungsgelder insoweit, als sie die Beträge nach Absatz 2 Nr. 1 übersteigen, als Vergütung anzusehen.

§ 5 Allgemeine Erteilung, Widerruf der Genehmigung. (1) [1] Die zur Übernahme einer oder mehrerer Nebenbeschäftigungen gegen Vergütung erforderliche Genehmigung gilt allgemein als erteilt, wenn die Nebenbeschäftigungen insgesamt geringen Umfang haben, außerhalb der Dienstzeit ausgeübt werden und kein gesetzlicher Versagungsgrund vorliegt. [2] Der Umfang einer oder mehrerer Nebenbeschäftigungen ist als gering anzusehen, wenn die Vergütung hierfür insgesamt 100 Euro im Monat nicht übersteigt und die zeitliche Beanspruchung durch eine oder mehrere Nebenbeschäftigungen in der Woche ein Fünftel der regelmäßigen wöchentlichen Arbeitszeit nicht überschreitet. [3] In diesen Fällen ist die Nebenbeschäftigung dem Dienstvorgesetzten anzuzeigen, es sei denn, daß es sich um eine einmalige, gelegentliche Nebenbeschäftigung handelt.

(2) Eine als genehmigt geltende Nebenbeschäftigung ist zu untersagen, wenn ihre Ausübung dienstliche Interessen beeinträchtigt.

(3) Wird eine Genehmigung widerrufen oder eine als genehmigt geltende Nebenbeschäftigung oder eine nicht genehmigungspflichtige Nebentätigkeit untersagt, so soll dem Beamten eine angemessene Frist zur Abwicklung der Nebentätigkeit eingeräumt werden, soweit die dienstlichen Interessen dies gestatten.

§ 6 Vergütungen für Nebentätigkeiten und Ablieferungspflicht.

(1) [1] Für eine Nebentätigkeit im Bundesdienst (§ 3) wird grundsätzlich eine Vergütung nicht gewährt. [2] Ausnahmen können zugelassen werden für

1. Gutachtertätigkeiten und schriftstellerische Tätigkeiten,
2. Tätigkeiten, deren unentgeltliche Ausübung dem Beamten nicht zugemutet werden kann.

[3] Wird der Beamte für die Nebentätigkeit entsprechend entlastet, darf eine Vergütung nicht gewährt werden.

(2) [1] Werden Vergütungen nach Absatz 1 Satz 2 gewährt, so dürfen sie im Kalenderjahr insgesamt nicht übersteigen

für Beamte in den Besoldungsgruppen	Euro (Bruttobetrag)
A 1 bis A 8	3 700
A 9 bis A 12	4 300
A 13 bis A 16, B 1, C 1, C 2 bis C 3, R 1 und R 2	4 900
B 2 bis B 5, C 4, R 3 bis R 5	5 500
ab B 6, ab R 6	6 100.

[2] Innerhalb des Höchstbetrages ist die Vergütung nach dem Umfang und der Bedeutung der Nebentätigkeit abzustufen. [3] Mit Ausnahme von Tage- und Übernachtungsgeldern dürfen Auslagen nicht pauschaliert werden.

(3) [1] Erhält ein Beamter Vergütungen für eine oder mehrere Nebentätigkeiten im Bundesdienst oder für sonstige Nebentätigkeiten, die er im öffentlichen oder in dem ihm gleichstehenden Dienst oder auf Verlangen, Vorschlag oder Veranlassung seines Dienstvorgesetzten ausübt, so hat er sie insoweit an seinen Dienstherrn im Hauptamt abzuliefern, als sie für die in einem Kalenderjahr ausgeübten Tätigkeiten die in Absatz 2 Satz 1 genannten Bruttobeträge übersteigen. [2] Vor der Ermittlung des abzuliefernden Betrages sind von den Vergütungen abzusetzen die im Zusammenhang mit der Nebentätigkeit entstandenen Aufwendungen für

1. Fahrkosten sowie Unterkunft und Verpflegung bis zur Höhe der in § 4 Abs. 2 Nr. 1 genannten Beträge,
2. die Inanspruchnahme von Einrichtungen, Personal oder Material des Dienstherrn (einschließlich Vorteilsausgleich),
3. sonstige Hilfeleistungen und selbst beschafftes Material.

[3] Voraussetzung ist, daß der Beamte für diese Aufwendungen keinen Auslagenersatz erhalten hat.

(4) Vergütungen im Sinne des Absatzes 3 sind abzuliefern, sobald sie den Betrag übersteigen, der dem Beamten zu belassen ist.

(5) Die Verpflichtungen nach den Absätzen 3 und 4 treffen auch Ruhestandsbeamte und frühere Beamte insoweit, als die Vergütungen für vor der Beendigung des Beamtenverhältnisses ausgeübte Nebentätigkeiten gewährt sind.

§ 7 Ausnahmen von § 6. § 6 ist mit Ausnahme des Absatzes 1 Satz 3 nicht anzuwenden auf Vergütungen für

1. Lehr-, Unterrichts-, Vortrags- oder Prüfungstätigkeiten,
2. Tätigkeiten als gerichtlicher oder staatsanwaltschaftlicher Sachverständiger,
3. Tätigkeiten auf dem Gebiet der wissenschaftlichen Forschung,
4. Gutachtertätigkeiten von Ärzten, Zahnärzten oder Tierärzten für Versicherungsträger oder für andere juristische Personen des öffentlichen Rechts sowie ärztliche, zahnärztliche oder tierärztliche Verrichtungen dieser Personen, für die nach den Gebührenordnungen Gebühren zu zahlen sind,
5. Tätigkeiten, die während eines unter Wegfall der Besoldung gewährten Urlaubs ausgeübt werden.

§ 8 Abrechnung über die Vergütung aus Nebentätigkeiten. [1]Die Beamten haben nach Ablauf eines jeden Kalenderjahres ihrem Dienstvorgesetzten eine Abrechnung über die ihnen zugeflossenen Vergütungen im Sinne des § 6 vorzulegen, wenn die Vergütungen 500 Euro (brutto) im Kalenderjahr übersteigen. [2]In den Fällen des § 6 Abs. 5 sind auch Ruhestandsbeamte und frühere Beamte hierzu verpflichtet.

Zweiter Abschnitt. Inanspruchnahme von Einrichtungen, Personal oder Material des Dienstherrn

§ 9 Genehmigungspflicht. (1) Der Beamte bedarf der vorherigen schriftlichen Genehmigung seiner obersten Dienstbehörde oder der von ihr beauftragten Behörde, wenn er bei der Ausübung einer Nebentätigkeit Einrichtungen, Personal oder Material seines Dienstherrn in Anspruch nehmen will.

(2) [1]Einrichtungen sind die sächlichen Mittel, insbesondere die Diensträume und deren Ausstattung einschließlich Apparate und Instrumente, mit Ausnahme von Bibliotheken. [2]Material sind die verbrauchbaren Sachen und die Energie.

(3) [1]Aus Anlaß der Mitwirkung an der Nebentätigkeit darf Mehrarbeit, Bereitschaftsdienst oder Rufbereitschaft nicht angeordnet, genehmigt und vergütet werden. [2]Vereinbarungen über eine private Mitarbeit außerhalb der Dienstzeit bleiben unberührt.

(4) [1]Die Genehmigung darf nur erteilt werden, wenn ein öffentliches oder wissenschaftliches Interesse an der Ausübung der Nebentätigkeit besteht. [2]Die Genehmigung ist widerruflich; sie kann befristet werden. [3]In dem Genehmigungsbescheid ist der Umfang der zugelassenen Inanspruchnahme anzugeben. [4]Die Genehmigung darf nur unter der Auflage erteilt werden, daß ein Entgelt für die Inanspruchnahme von Einrichtungen, Personal oder Material gezahlt wird; § 10 Abs. 1 Satz 2 bleibt unberührt.

§ 10 Grundsätze für die Bemessung des Entgelts. (1) [1]Für die Inanspruchnahme von Einrichtungen, Personal oder Material des Dienstherrn hat der Beamte ein angemessenes Entgelt zu entrichten. [2]Auf die Entrichtung eines Entgelts kann verzichtet werden

1. bei einer unentgeltlichen Nebentätigkeit,
2. wenn die Nebentätigkeit auf Verlangen, Vorschlag oder Veranlassung des Dienstvorgesetzten ausgeübt wird oder
3. wenn der Betrag 100 Euro im Kalenderjahr nicht übersteigt.

(2) Die Höhe des Entgelts richtet sich nach den Grundsätzen der Kostendeckung und des Vorteilsausgleichs.

(3) Nehmen mehrere Beamte Einrichtungen, Personal oder Material des Dienstherrn gemeinschaftlich in Anspruch, sind sie als Gesamtschuldner zur Entrichtung des Entgelts verpflichtet.

§ 11 Allgemeines Entgelt. (1) [1] Das Entgelt außerhalb des in § 12 geregelten Bereichs wird pauschaliert nach einem Vomhundertsatz der für die Nebentätigkeit bezogenen (Brutto-)Vergütung bemessen. [2] Es beträgt im Regelfall

5 v.H. für die Inanspruchnahme von Einrichtungen,
10 v.H. für die Inanspruchnahme von Personal,
5 v.H. für den Verbrauch von Material,
10 v.H. für den durch die Inanspruchnahme von Einrichtungen, Personal oder Material erwachsenen wirtschaftlichen Vorteil.

(2) Die oberste Dienstbehörde kann im Einvernehmen mit dem Bundesminister der Finanzen abweichend von Absatz 1 Gebührenordnungen und sonstige allgemeine Kostentarife, soweit sie die entstandenen Kosten abdecken und Vorteile ausgleichen, für anwendbar erklären; das gleiche gilt für die Aufsichtsbehörde der Träger der Sozialversicherung, soweit der zuständige Fachminister ihr diese Befugnis übertragen hat.

(3) Wird die Nebentätigkeit unentgeltlich ausgeübt, ohne daß auf ein Entgelt nach § 10 Abs. 1 Satz 2 Nr. 1 verzichtet wird, so bemißt sich die Höhe des Entgelts nach dem Wert der Inanspruchnahme von Personal, Einrichtungen oder Material; das Entgelt für den wirtschaftlichen Vorteil entfällt.

(4) [1] Wird nachgewiesen, daß das nach den Vomhundertsätzen des Absatzes 1 berechnete Entgelt offensichtlich um mehr als 25 v.H. niedriger oder höher ist als es dem Wert der Inanspruchnahme entspricht, so ist es von Amts wegen oder auf Antrag des Beamten nach dem Wert

1. der anteiligen Kosten für die Beschaffung, Unterhaltung und Verwaltung der benutzten Einrichtungen,
2. der anteiligen Kosten für das in Anspruch genommene Personal einschließlich der Personalnebenkosten und der Gemeinkosten,
3. der Beschaffungs- und anteiligen Verwaltungskosten für das Material,
4. des durch die Bereitstellung von Einrichtungen, Personal oder Material erwachsenen wirtschaftlichen Vorteils des Beamten (Vorteilsausgleich)

festzusetzen. [2] Der Beamte muß den Nachweis innerhalb einer Ausschlußfrist von drei Monaten nach Festsetzung des Entgelts erbringen. [3] Die Entscheidung trifft die oberste Dienstbehörde. [4] Sie kann diese Befugnis auf unmittelbar nachgeordnete Behörden übertragen.

§ 12 Entgelt für ärztliche und zahnärztliche Nebentätigkeiten. (1) [1] Das Entgelt (Kostenerstattung und Vorteilsausgleich) für ärztliche und zahnärztliche Nebentätigkeiten in Krankenhäusern und in den sanitätsdienstlichen Einrichtungen der Bundeswehr ist zu pauschalieren, soweit in den Absätzen 2 und 3 nichts anderes bestimmt oder zugelassen wird. [2] Für ärztliche und zahnärztliche Nebentätigkeiten in anderen Tätigkeitsbereichen richtet sich die Höhe des Entgelts nach den allgemeinen Bestimmungen des § 11.

(2) [1] Die Höhe der Kostenerstattung bemißt sich nach den vom zuständigen Fachminister zu erlassenden Bestimmungen, die den Grundsätzen der Kostendeckung entsprechen müssen; für die Träger der Sozialversicherung kann die

Regelungsbefugnis der Aufsichtsbehörde übertragen werden. [2]Soweit Ärzte oder Zahnärzte für die in Absatz 1 Satz 1 genannten Tätigkeiten bereits nach Rechtsvorschriften des Bundes eine den Grundsätzen der Kostendeckung entsprechende Kostenerstattung leisten, entfällt eine Kostenerstattung nach Satz 1.

(3) [1]Der Vorteilsausgleich beträgt 20 vom Hundert der im Kalenderjahr aus der Nebentätigkeit erzielten Einnahmen bis 100 000 Euro, die dem Beamten nach Abzug der nach Absatz 2 zu erstattenden Kosten verbleiben, und 30 vom Hundert von dem darüber hinausgehenden Mehrbetrag. [2]Bei einem Honorarverzicht ist ein Vorteilsausgleich nicht zu entrichten.

§ 13 Festsetzung des Entgelts. (1) [1]Das zu zahlende Entgelt wird von der für die Genehmigung nach § 9 Abs. 1 zuständigen oder der von ihr mit seiner Berechnung beauftragten Stelle nach dem Ende der Inanspruchnahme, mindestens jedoch halbjährlich festgesetzt. [2]Ist die Höhe des Entgelts bereits im Zeitpunkt der Genehmigung zu übersehen, so soll das Entgelt zugleich mit der Genehmigung festgesetzt werden. [3]Das Entgelt wird einen Monat nach der Festsetzung fällig, im Falle des Satzes 2 einen Monat nach dem Ende der Inanspruchnahme, mindestens jedoch halbjährlich.

(2) [1]Der Beamte ist verpflichtet, das Ende der Inanspruchnahme der nach § 9 Abs. 1 zuständigen Stelle unverzüglich schriftlich oder elektronisch anzuzeigen. [2]Er hat die für die Berechnung des Entgelts notwendigen Aufzeichnungen zu führen und mit den zur Glaubhaftmachung notwendigen Belegen unverzüglich nach Beendigung, bei fortlaufender Inanspruchnahme mindestens halbjährlich vorzulegen. [3]Diese Unterlagen sind fünf Jahre, vom Tage der Festsetzung des Entgelts an gerechnet, aufzubewahren.

Dritter Abschnitt. Geltungsbereich; Berlin-Klausel; Inkrafttreten

§ 14 Geltung für Berufssoldaten und Soldaten auf Zeit. Diese Verordnung gilt für Berufssoldaten und Soldaten auf Zeit entsprechend.

§ 15 *(aufgehoben)*

§ 16 (Inkrafttreten)

12. Verordnung über den Erholungsurlaub der Beamtinnen, Beamten, Richterinnen und Richter des Bundes (Erholungsurlaubsverordnung – EUrlV)[1]

In der Fassung der Bekanntmachung vom 11. November 2004[2]
(BGBl. I S. 2831)

FNA 2030-2-3

zuletzt geänd. durch Art. 6 VO zur Fortentwicklung laufbahnrechtlicher und weiterer dienstrechtlicher Vorschriften v. 16.8.2021 (BGBl. I S. 3582)

Nichtamtliche Inhaltsübersicht

§ 1	Urlaubsjahr
§ 2	Gewährleistung des Dienstbetriebes
§§ 3, 4	*(aufgehoben)*
§ 5	Urlaubsdauer
§ 5a	Urlaubsdauer bei Übergang zu Teilzeit
§ 6	Anrechnung und Übertragung von Urlaub aus anderen Beschäftigungsverhältnissen
§ 7	Inanspruchnahme von Urlaub; Verfall des Urlaubs
§ 7a	Urlaubsansparung zur Kinderbetreuung
§ 8	Widerruf und Verlegung
§ 9	Erkrankung
§ 10	Abgeltung
§ 11	(weggefallen)
§ 12	Zusatzurlaub
§ 13	Sonderregelungen für ehemals bundeseigene Unternehmen
§ 14	Zusatzurlaub für Beamtinnen und Beamte in besonderen Verwendungen
§ 15	Geltungsbereich
§ 16	Auslandsverwendung
§ 17	*(aufgehoben)*

§ 1 Urlaubsjahr [1]Urlaubsjahr ist das Kalenderjahr. [2]Für die bei den Postnachfolgeunternehmen beschäftigten Beamtinnen und Beamten kann die oberste Dienstbehörde eine abweichende Regelung treffen.

§ 2 Gewährleistung des Dienstbetriebes. (1) Der beantragte Urlaub ist nach den folgenden Vorschriften zu erteilen, sofern die ordnungsmäßige Erledigung der Dienstgeschäfte gewährleistet ist; Stellvertretungskosten sind möglichst zu vermeiden.

(2) [1]Der Erholungsurlaub kann geteilt gewährt werden, soweit dadurch der Urlaubszweck nicht gefährdet wird. [2]Es werden nur ganze Arbeitstage Erholungsurlaub gewährt.

§§ 3, 4 *(aufgehoben)*

§ 5 Urlaubsdauer. (1) Der Erholungsurlaub beträgt für Beamtinnen und Beamte, deren regelmäßige Arbeitszeit auf 5 Tage in der Kalenderwoche verteilt ist, für jedes Urlaubsjahr 30 Arbeitstage.

---

[1] Die VO wurde erlassen auf Grund von § 89 Abs. 1 Satz 2 BBG iVm § 46 DRiG.

[2] Neubekanntmachung der ErholungsurlaubsVO idF der Bek. v. 17.7.2001 (BGBl. I S. 1671) in der ab 1.1.2005 geltenden Fassung.

(2) Beamtinnen und Beamten steht für jeden vollen Monat der Dienstleistungspflicht ein Zwölftel des Jahresurlaubs nach Absatz 1 zu, wenn

1. sie im Laufe des Urlaubsjahres in den öffentlichen Dienst eingetreten sind,
2. ein Urlaub ohne Besoldung durch Aufnahme des Dienstes vorübergehend unterbrochen wird oder
3. das Beamtenverhältnis im Laufe des Urlaubsjahres endet.

(3) [1] Der Jahresurlaub nach Absatz 1 wird für jeden vollen Kalendermonat

1. eines Urlaubs ohne Besoldung oder
2. einer Freistellung von der Arbeit nach § 9 der Arbeitszeitverordnung[1)]

um ein Zwölftel gekürzt.

(4) [1] Arbeitstage im Sinne dieser Verordnung sind alle Kalendertage, an denen die Beamtin oder der Beamte Dienst zu leisten hat. [2] Endet ein Dienst erst am folgenden Kalendertag, gilt als Arbeitstag nur der Kalendertag, an dem der Dienst begonnen hat. [3] Ein nach Absatz 1 als Erholungsurlaub zustehender Arbeitstag entspricht einem Fünftel der jeweiligen regelmäßigen Arbeitszeit der Beamtin oder des Beamten; ändert sich deren Dauer im Laufe eines Monats, ist die höhere Dauer für den ganzen Monat anzusetzen.

(5) [1] Ist die regelmäßige Arbeitszeit im Durchschnitt des Urlaubsjahres auf mehr oder weniger als fünf Tage in der Kalenderwoche verteilt, ist der Urlaubsanspruch nach Absatz 1 entsprechend umzurechnen. [2] Bei der Umrechnung auf eine Sechs-Tage-Woche gelten alle Kalendertage, die nicht Sonntage sind, als Arbeitstage; ausgenommen sind gesetzlich anerkannte Feiertage, Heiligabend und Silvester, soweit diese zu einer Verminderung der regelmäßigen Arbeitszeit führen. [3] In Verwaltungen, in denen die Verteilung der regelmäßigen Arbeitszeit häufig wechselt, kann der Erholungsurlaub generell auf der Grundlage einer Sechs-Tage-Woche berechnet werden.

(6) Die Dienststelle kann den Erholungsurlaub einschließlich eines Zusatzurlaubs nach Stunden berechnen.

(7) Ergeben sich bei der Berechnung des Urlaubsanspruchs Bruchteile eines Tages oder einer Stunde, wird kaufmännisch gerundet.

(8) [1] In einem Urlaubsjahr zu viel gewährter Erholungsurlaub ist so bald wie möglich durch Anrechnung auf einen neuen Urlaubsanspruch auszugleichen. [2] Soweit Beamtinnen oder Beamte den ihnen zustehenden Erholungsurlaub vor dem Beginn eines Urlaubs ohne Besoldung oder vor Beginn der mutterschutzrechtlichen Beschäftigungsverbote nicht in Anspruch genommen haben, ist der Resturlaub nach dem Ende dieses Urlaubs ohne Besoldung oder dieser Schutzfristen dem Erholungsurlaub des laufenden Urlaubsjahres hinzuzufügen. [3] Der übertragene Resturlaub kann in vollem Umfang nach § 7a angespart werden, soweit der Beamtin oder dem Beamten für das Kalenderjahr, in dem der Urlaubsanspruch entstanden ist, die Personensorge für ein Kind unter zwölf Jahren zusteht.

(9) [1] Für Professorinnen und Professoren sowie Juniorprofessorinnen und Juniorprofessoren an Hochschulen und Lehrerinnen und Lehrer an Bundeswehrfachschulen wird der Anspruch auf Erholungsurlaub durch die vorlesungs- oder unterrichtsfreie Zeit abgegolten. [2] Bei einer Erkrankung während der vorlesungs- oder unterrichtsfreien Zeit gilt § 9 entsprechend. [3] Bleiben wegen

---

[1)] Nr. **10**.

einer dienstlichen Inanspruchnahme oder einer Erkrankung die vorlesungs- oder unterrichtsfreien Tage hinter der Zahl der zustehenden Urlaubstage zurück, so ist insoweit Erholungsurlaub außerhalb der vorlesungs- oder unterrichtsfreien Zeit zu gewähren.

§ 5a Urlaubsdauer bei Übergang zu Teilzeit. (1) [1]Verringert sich bei einem Übergang von Vollzeit- zu Teilzeitbeschäftigung die Zahl der wöchentlichen Arbeitstage, so bleibt der bis dahin erworbene Erholungsurlaubsanspruch in Höhe des unionsrechtlich gewährleisteten Mindesturlaubsanspruchs (Artikel 7 Absatz 1 der Richtlinie 2003/88/EG des Europäischen Parlaments und des Rates vom 4. November 2003 über bestimmte Aspekte der Arbeitszeitgestaltung [ABl. L 299 vom 18.11.2003, S. 9]) unberührt, soweit er aus einem der folgenden Gründe nicht erfüllt werden konnte:
1. Ablehnung oder Widerruf des Erholungsurlaubs,
2. durch ein ärztliches Zeugnis nachgewiesene Dienstunfähigkeit infolge von Krankheit (§ 96 Absatz 1 Satz 2 des Bundesbeamtengesetzes[1)]),
3. Beschäftigungsverbot nach § 16 Absatz 1 des Mutterschutzgesetzes in Verbindung mit § 2 Absatz 1 Satz 1 Nummer 5 der Mutterschutz- und Elternzeitverordnung[2)].[3)]
4. Dienstunfähigkeit nach § 44 des Bundesbeamtengesetzes,
5. begrenzte Dienstfähigkeit nach § 45 des Bundesbeamtengesetzes.

[2]Satz 1 Nummer 4 findet nur Anwendung, wenn eine erneute Berufung in das Beamtenverhältnis nach § 46 des Bundesbeamtengesetzes erfolgt.

(2) [1]Der Urlaubsanspruch, der über den Urlaubsanspruch hinausgeht, der nach Absatz 1 unberührt bleibt, ist ab dem Zeitpunkt des Übergangs im selben Verhältnis zu verringern wie die Zahl der wöchentlichen Arbeitstage. [2]Das gilt nicht, wenn der Erholungsurlaub nach Stunden berechnet wird.

§ 6 Anrechnung und Übertragung von Urlaub aus anderen Beschäftigungsverhältnissen. (1) [1]Erholungsurlaub, den die Beamtin oder der Beamte in einem anderen Beschäftigungsverhältnis für das laufende Urlaubsjahr in Anspruch genommen hat, ist auf den Erholungsurlaub anzurechnen. [2]Erholungsurlaub aus vorangegangenen Urlaubsjahren wird nicht angerechnet.

(2) Erholungsurlaub, den die Beamtin oder der Beamte in einem anderen Beschäftigungsverhältnis während einer Beurlaubung ohne Besoldung aus vorangegangenen Urlaubsjahren erworben und nicht in Anspruch genommen hat, wird nicht übertragen.

§ 7 Inanspruchnahme von Urlaub; Verfall des Urlaubs. (1) Der Urlaub soll grundsätzlich im Urlaubsjahr in Anspruch genommen werden.

(2) Vorbehaltlich des Absatzes 3 verfällt Urlaub, der nicht innerhalb von zwölf Monaten nach dem Ende des Urlaubsjahres in Anspruch genommen worden ist.

(3) Soweit der Erholungsurlaub in Höhe des unionsrechtlich gewährleisteten Mindesturlaubsanspruchs (Artikel 7 Absatz 1 der Richtlinie 2003/88/EG)

---

1) Nr. **2**.
2) Nr. **15**.
3) Satzzeichen amtlich.

wegen vorübergehender Dienstunfähigkeit nicht genommen wird, verfällt er spätestens mit Ablauf von 15 Monaten nach dem Ende des Urlaubsjahres.

(4) Für die bei den Postnachfolgeunternehmen beschäftigten Beamtinnen und Beamten kann die oberste Dienstbehörde mit Zustimmung des Bundesministeriums des Innern, für Bau und Heimat und des Bundesministeriums der Finanzen Regelungen treffen, die von den Absätzen 2 und 3 abweichen.

§ 7a Urlaubsansparung zur Kinderbetreuung. (1) Beamtinnen und Beamte können auf Antrag den Erholungsurlaub nach § 5 Abs. 1, der einen Zeitraum von vier Wochen übersteigt, ansparen, solange ihnen für mindestens ein Kind unter zwölf Jahren die Personensorge zusteht.

(2) [1] Der angesparte Erholungsurlaub wird dem Erholungsurlaub des zwölften Urlaubsjahres ab der Geburt des letzten Kindes hinzugefügt, soweit er noch nicht abgewickelt ist. [2] Eine zusammenhängende Inanspruchnahme des angesparten Erholungsurlaubs von mehr als 30 Arbeitstagen soll mindestens drei Monate vorher beantragt werden. [3] Bei der Urlaubsgewährung sind dienstliche Belange zu berücksichtigen.

(3) [1] Der angesparte Erholungsurlaub ist nach Stunden zu berechnen. [2] Bei der Berechnung ist die wöchentliche Arbeitszeit in dem Urlaubsjahr maßgeblich, aus dem Urlaub angespart werden soll.

§ 8 Widerruf und Verlegung. (1) [1] Erholungsurlaub kann ausnahmsweise widerrufen werden, wenn bei Abwesenheit der Beamtin oder des Beamten die ordnungsmäßige Erledigung der Dienstgeschäfte nicht gewährleistet wäre. [2] Mehraufwendungen, die der Beamtin oder dem Beamten durch den Widerruf entstehen, werden nach den Bestimmungen des Reisekostenrechts ersetzt.

(2) Wünscht die Beamtin oder der Beamte aus wichtigen Gründen den Urlaub hinauszuschieben oder abzubrechen, so ist dem Wunsche zu entsprechen, wenn dies mit den Erfordernissen des Dienstes vereinbar ist und die Arbeitskraft der Beamtin oder des Beamten dadurch nicht gefährdet wird.

§ 9 Erkrankung. (1) [1] Werden Beamtinnen oder Beamte während ihres Urlaubs durch Krankheit dienstunfähig und zeigen sie dies unverzüglich an, wird ihnen die Zeit der Dienstunfähigkeit nicht auf den Erholungsurlaub angerechnet. [2] Die Dienstunfähigkeit ist durch ein ärztliches, auf Verlangen durch ein amts- oder vertrauensärztliches Zeugnis nachzuweisen.

(2) Für die Inanspruchnahme von Urlaub wegen der Erkrankung über die bewilligte Zeit hinaus bedarf es einer neuen Bewilligung.

§ 10 Abgeltung. (1) Soweit der Erholungsurlaub in Höhe des unionsrechtlich gewährleisteten Mindesturlaubsanspruchs (Artikel 7 Absatz 1 der Richtlinie 2003/88/EG) vor Beendigung des Beamtenverhältnisses wegen vorübergehender Dienstunfähigkeit nicht genommen worden ist, wird er abgegolten.

(2) Im Urlaubsjahr bereits genommener Erholungsurlaub oder Zusatzurlaub ist auf den unionsrechtlich gewährleisteten Mindesturlaubsanspruch (Artikel 7 Absatz 1 der Richtlinie 2003/88/EG) anzurechnen, unabhängig davon, zu welchem Zeitpunkt der Anspruch entstanden ist.

(3) [1] Die Höhe des Abgeltungsbetrages bemisst sich nach dem Durchschnitt der Bruttobesoldung für die letzten drei Monate vor Beendigung des Beamtenverhältnisses. [2] Bruttobesoldung sind die Dienstbezüge (§ 1 Absatz 2 des

Bundesbesoldungsgesetzes[1)]), die während eines Erholungsurlaubs weitergezahlt worden wären.

(4) Der Abgeltungsanspruch verjährt innerhalb der regelmäßigen Verjährungsfrist von drei Jahren, beginnend mit dem Ende des Urlaubsjahres, in dem das Beamtenverhältnis beendet wird.

§ 11 *(weggefallen)*

§ 12 Zusatzurlaub. (1) [1] Beamtinnen und Beamte haben Anspruch auf einen halben Arbeitstag zusätzlichen Erholungsurlaub (Zusatzurlaub) im Kalendermonat, wenn sie

1. zu wechselnden Zeiten zum Dienst herangezogen werden und
2. im Kalendermonat mindestens 35 Stunden Dienst in der Zeit zwischen 20 Uhr und 6 Uhr (Nachtdienststunden) leisten.

[2] Dienst zu wechselnden Zeiten wird geleistet, wenn mindestens viermal im Kalendermonat die Differenz zwischen den Anfangsuhrzeiten zweier Dienste mindestens 7 und höchstens 17 Stunden beträgt. [3] Bereitschaftsdienst gilt nicht als Dienst im Sinne dieser Vorschrift. [4] Geleistete Nachtdienststunden, die nicht für einen halben Arbeitstag Zusatzurlaub ausreichen, und Nachtdienststunden, die in einem Kalendermonat über 35 Nachtdienststunden hinaus geleistet worden sind, werden jeweils in den folgenden Kalendermonat übertragen. [5] Der Übertrag ist auf 70 Nachtdienststunden begrenzt. [6] Im Urlaubsjahr werden bis zu sechs Arbeitstage Zusatzurlaub gewährt. [7] Es werden nur ganze Arbeitstage Zusatzurlaub gewährt. [8] Absatz 5 bleibt unberührt. [9] § 5 Absatz 5 ist nicht anzuwenden.

(2) [1] Soweit Beamtinnen und Beamte die Voraussetzungen des Absatzes 1 Satz 1 nicht erfüllen, erhalten sie für jeweils 100 geleistete Nachtdienststunden einen Arbeitstag Zusatzurlaub. [2] Im Urlaubsjahr werden bis zu sechs Arbeitstage Zusatzurlaub gewährt. [3] Nachtdienststunden, die nicht durch die Gewährung eines Arbeitstages Zusatzurlaub abgegolten sind, und Nachtdienststunden, die in einem Urlaubsjahr über 600 Nachtdienststunden hinaus geleistet worden sind, werden in das folgende Urlaubsjahr übertragen. [4] Der Übertrag ist auf 100 Nachtdienststunden begrenzt. [5] Absatz 5 bleibt unberührt. [6] § 5 Absatz 5 ist nicht anzuwenden.

(3) [1] Bei Teilzeitbeschäftigung verringern sich die für die Gewährung von Zusatzurlaub erforderlichen Nachtdienststunden entsprechend dem Verhältnis zwischen der ermäßigten und der regelmäßigen wöchentlichen Arbeitszeit. [2] § 5 Absatz 4 Satz 3 gilt entsprechend. [3] Der Zusatzurlaub ist nach Stunden zu berechnen. [4] Für die Umrechnung entspricht ein als Zusatzurlaub zustehender Arbeitstag der ermäßigten wöchentlichen Arbeitszeit, geteilt durch die Zahl der Wochentage, auf die die ermäßigte Arbeitszeit verteilt ist.

(4) [1] Die Absätze 1 und 2 sind nebeneinander anzuwenden. [2] Der Zusatzurlaub darf insgesamt sechs Arbeitstage je Urlaubsjahr nicht überschreiten. [3] Am Ende des Urlaubsjahres werden übertragene Nachtdienststunden nach Absatz 1 auf übertragene Nachtdienststunden nach Absatz 2 angerechnet, sofern sich hieraus ein Anspruch auf einen weiteren Arbeitstag Zusatzurlaub ergibt und der

---

[1)] Nr. **18**.

Anspruch auf maximal sechs Arbeitstage Zusatzurlaub im Urlaubsjahr noch nicht ausgeschöpft ist. [4] Absatz 5 bleibt unberührt.

(5) Der Zusatzurlaub nach den Absätzen 1 und 2 erhöht sich

1. für Beamtinnen und Beamte, die das 50. Lebensjahr im Laufe des Urlaubsjahres vollenden, um einen Arbeitstag,
2. für Beamtinnen und Beamte, die das 60. Lebensjahr im Laufe des Urlaubsjahres vollenden, um einen weiteren Arbeitstag.

§ 13 Sonderregelungen für ehemals bundeseigene Unternehmen.

(1) Für den Bereich der Deutschen Bahn Aktiengesellschaft oder einer Gesellschaft, die ausgegliedert worden ist nach § 2 Absatz 1 und § 3 Absatz 3 des Deutsche Bahn Gründungsgesetzes vom 27. Dezember 1993 (BGBl. I S. 2378, 2386), das zuletzt durch Artikel 307 der Verordnung vom 31. Oktober 2006 (BGBl. I S. 2407) geändert worden ist, kann die oberste Dienstbehörde von der Anwendung des § 12 Absatz 1 absehen.

(2) Für Beamtinnen und Beamte, die bei den Postnachfolgeunternehmen beschäftigt sind, kann die oberste Dienstbehörde

1. statt des Zusatzurlaubs Freischichten in entsprechendem Umfang gewähren oder
2. von der Anwendung des § 12 Absatz 1 absehen.

§ 14 Zusatzurlaub für Beamtinnen und Beamte in besonderen Verwendungen. [1] Der Zusatzurlaub für Dienst zu wechselnden Zeiten wird nicht gewährt

1. Beamtinnen und Beamten der Feuerwehr oder des Wachdienstes, wenn sie nach einem Schichtplan eingesetzt sind, der für den Regelfall Schichten von 24 Stunden Dauer vorsieht,
2. Beamtinnen und Beamten, die sich zwischen Dienstende und nächstem Dienstbeginn an Bord von ruhenden Schiffen oder auf ruhenden schwimmenden Geräten bereithalten,
3. Beamtinnen und Beamten, die an Bord von Schiffen oder auf schwimmenden Geräten zur Bord- und Hafenwache oder zur Ankerwache eingesetzt sind.

[2] Dauert mindestens ein Viertel der Schichten, die Beamtinnen und Beamte der Feuerwehr oder des Wachdienstes leisten, weniger als 24, aber mehr als 11 Stunden, erhalten sie für je fünf Monate Schichtdienst im Urlaubsjahr einen Arbeitstag Zusatzurlaub; § 12 Absatz 5 ist nicht anzuwenden.

§ 15 Geltungsbereich. Diese Verordnung gilt auch für die Richterinnen und Richter des Bundes und die Beamtinnen und Beamten der nach Artikel 130 des Grundgesetzes der Bundesregierung unterstehenden Verwaltungsorgane und Einrichtungen.

§ 16 Auslandsverwendung. (1) [1] Für im Ausland tätige Beamtinnen und Beamte, die nicht dem Auswärtigen Dienst angehören, gilt die Heimaturlaubsverordnung entsprechend. [2] Soweit Beamtinnen und Beamte an Dienstorten nach § 1 der Heimaturlaubsverordnung vom 3. Juni 2002 (BGBl. I S. 1784), die zuletzt durch Artikel 1 der Verordnung vom 15. Juni 2010 (BGBl. I S. 792) geändert worden ist, tätig sind, die nicht in der Allgemeinen Verwaltungsvorschrift über zusätzliche Urlaubstage für Beamtinnen und Beamte des Auswärtigen Dienstes an ausländischen Dienstorten erfasst sind, setzt das Bundesministerium des Innern, für Bau und Heimat den Zusatzurlaub im Einvernehmen mit dem Auswärtigen Amt fest.

(2) Im Ausland tätige schwerbehinderte Beamtinnen und Beamte erhalten einen Zusatzurlaub von fünf Arbeitstagen im Jahr; bei Verteilung der regelmäßigen Arbeitszeit auf mehr oder weniger als fünf Arbeitstage in der Kalenderwoche erhöht oder vermindert sich der Zusatzurlaub entsprechend.

§ 17 *(aufgehoben)*

13. Verordnung über den Sonderurlaub für Bundesbeamtinnen und Bundesbeamte sowie für Richterinnen und Richter des Bundes (Sonderurlaubsverordnung – SUrlV)[1)]

Vom 1. Juni 2016
(BGBl. I S. 1284)

FNA 2030-2-30-5

zuletzt geänd. durch Art. 1–4 Zweite ÄndVO v. 22.12.2021 (BGBl. I S. 5257)

Auf Grund des § 90 Absatz 1 des Bundesbeamtengesetzes[2)] vom 5. Februar 2009 (BGBl. I S. 160) verordnet die Bundesregierung:

Inhaltsübersicht

§ 1 Geltungsbereich
§ 2 Zuständigkeit
§ 3 Voraussetzungen
§ 4 Dauer
§ 5 Sonderurlaub zur Ausübung staatsbürgerlicher Rechte und zur Erfüllung staatsbürgerlicher Pflichten
§ 6 Sonderurlaub zur Ausübung einer Tätigkeit in öffentlichen zwischenstaatlichen oder überstaatlichen Einrichtungen oder in einer öffentlichen Einrichtung eines Mitgliedstaates der Europäischen Union
§ 7 Sonderurlaub zur Wahrnehmung von Aufgaben der Entwicklungszusammenarbeit
§ 8 Sonderurlaub im Rahmen des Aufstiegs in eine Laufbahn des gehobenen oder höheren Dienstes
§ 9 Sonderurlaub für Aus- oder Fortbildung
§ 10 Sonderurlaub für fremdsprachliche Aus- oder Fortbildung
§ 11 Sonderurlaub für Zwecke der militärischen und zivilen Verteidigung
§ 12 Sonderurlaub für vereinspolitische Zwecke
§ 13 Sonderurlaub zur Ableistung von Freiwilligendiensten
§ 14 Sonderurlaub für eine Ausbildung zur Schwesternhelferin oder zum Pflegediensthelfer
§ 15 Sonderurlaub für gewerkschaftliche Zwecke
§ 16 Sonderurlaub für kirchliche Zwecke
§ 17 Sonderurlaub für sportliche Zwecke
§ 18 Sonderurlaub für Familienheimfahrten
§ 19 Sonderurlaub aus dienstlichen Anlässen
§ 20 Sonderurlaub aus medizinischen Anlässen
§ 21 Sonderurlaub aus persönlichen Anlässen
§ 22 Sonderurlaub in anderen Fällen
§ 23 Verfahren
§ 24 Widerruf
§ 25 Ersatz von Mehraufwendungen
§ 26 Besoldung
§ 27 Inkrafttreten, Außerkrafttreten

§ 1 Geltungsbereich. (1) [1] Diese Verordnung gilt für die Beamtinnen und Beamten des Bundes. [2] Für die Richterinnen und Richter im Bundesdienst gilt diese Verordnung nach § 46 des Deutschen Richtergesetzes entsprechend.

[1)] Die Änderung durch G v. 12.12.2019 (BGBl. I S. 2652) tritt erst **mWv 1.1.2024** in Kraft und ist im Text noch nicht berücksichtigt.

[2)] Nr. 2.

(2) Ansprüche auf Sonderurlaub für Beamtinnen und Beamte des Bundes sowie Richterinnen und Richter des Bundes, die sich aus anderen Rechtsvorschriften ergeben, bleiben unberührt.

§ 2 Zuständigkeit. Die Entscheidung über die Gewährung von Sonderurlaub trifft – außer in den Fällen des § 22 Absatz 1 Satz 2 und Absatz 3 Satz 2 – die personalverwaltende Dienstbehörde.

§ 3 Voraussetzungen. Sonderurlaub wird nur gewährt, wenn

1. der Anlass, für den Sonderurlaub beantragt wurde, nicht außerhalb der Arbeitszeit wahrgenommen oder erledigt werden kann,
2. dienstliche Gründe nicht entgegenstehen und
3. die jeweiligen Voraussetzungen der §§ 5 bis 22 erfüllt sind.

§ 4 Dauer. Die in den folgenden Vorschriften bestimmte Urlaubsdauer verlängert sich um erforderliche Reisezeiten.

§ 5 Sonderurlaub zur Ausübung staatsbürgerlicher Rechte und zur Erfüllung staatsbürgerlicher Pflichten. Sonderurlaub unter Fortzahlung der Besoldung ist zu gewähren

1. für die Teilnahme an öffentlichen Wahlen und Abstimmungen,
2. zur Wahrnehmung amtlicher, insbesondere gerichtlicher, staatsanwaltschaftlicher oder polizeilicher Termine, sofern sie nicht durch private Angelegenheiten der Beamtin oder des Beamten veranlasst sind, oder
3. zur Ausübung einer ehrenamtlichen Tätigkeit oder eines öffentlichen Ehrenamtes, wenn die Übernahme der Tätigkeit auf einer gesetzlichen Vorschrift beruht.

§ 6 Sonderurlaub zur Ausübung einer Tätigkeit in öffentlichen zwischenstaatlichen oder überstaatlichen Einrichtungen oder in einer öffentlichen Einrichtung eines Mitgliedstaates der Europäischen Union.

(1) [1] Sonderurlaub unter Wegfall der Besoldung ist zu gewähren bei Entsendung für eine hauptberufliche Tätigkeit

1. in einer öffentlichen zwischenstaatlichen oder überstaatlichen Einrichtung,
2. in der Verwaltung eines Mitgliedstaates der Europäischen Union oder
3. in einer öffentlichen Einrichtung eines Mitgliedstaates der Europäischen Union.

[2] Die Dauer des Sonderurlaubs richtet sich nach der Dauer der Entsendung.

(2) Sonderurlaub von bis zu einem Jahr unter Wegfall der Besoldung ist auch für die Wahrnehmung einer hauptberuflichen Tätigkeit nach Absatz 1 Satz 1 zu gewähren, wenn die Beamtin oder der Beamte zu dieser hauptberuflichen Tätigkeit nicht entsandt wird.

§ 7 Sonderurlaub zur Wahrnehmung von Aufgaben der Entwicklungszusammenarbeit. Zur Wahrnehmung von Aufgaben der Entwicklungszusammenarbeit sind bis zu fünf Jahre Sonderurlaub unter Wegfall der Besoldung zu gewähren.

§ 8 Sonderurlaub im Rahmen des Aufstiegs in eine Laufbahn des gehobenen oder höheren Dienstes. Mit Zustimmung des Bundesministeriums des Innern, für Bau und Heimat ist Sonderurlaub unter Fortzahlung der Besoldung zu gewähren, wenn Beamtinnen oder Beamte im Rahmen eines Aufstiegs in eine Laufbahn des gehobenen oder des höheren Dienstes nach § 39 Absatz 1 der Bundeslaufbahnverordnung[1)] an Studiengängen außerhalb der Hochschulen des Bundes teilnehmen.

§ 9 Sonderurlaub für Aus- oder Fortbildung. (1) Je Kalenderjahr sind insgesamt jeweils bis zu fünf Arbeitstage Sonderurlaub unter Fortzahlung der Besoldung zu gewähren

1. für die Teilnahme an wissenschaftlichen Tagungen sowie an beruflichen Aus- und Fortbildungsveranstaltungen, die von staatlichen oder kommunalen Stellen durchgeführt werden, wenn die Teilnahme für die dienstliche Tätigkeit von Nutzen ist,
2. zum Ablegen von Abschlussprüfungen nach einer Aus- oder Fortbildung im Sinne der Nummer 1 und bei Verwaltungs- und Wirtschaftsakademien zum Ablegen von Abschlussprüfungen,
3. für die Teilnahme an Lehrgängen, die der Ausbildung zur Jugendgruppenleiterin oder zum Jugendgruppenleiter dienen, oder
4. für die Tätigkeit als ehrenamtliche Jugendgruppenleiterin oder ehrenamtlicher Jugendgruppenleiter bei Lehrgängen oder Veranstaltungen, wenn diese von Trägern der öffentlichen Jugendhilfe oder anerkannten Trägern der freien Jugendhilfe (§ 75 des Achten Buches Sozialgesetzbuch) durchgeführt werden.

(2) [1] Für die Teilnahme an förderungswürdigen staatspolitischen Bildungsveranstaltungen sind bis zu zehn Arbeitstage Sonderurlaub unter Fortzahlung der Besoldung zu gewähren. [2] Wird die Bildungsveranstaltung nicht von einer staatlichen Stelle durchgeführt, so gilt dies nur, wenn die Bundeszentrale für politische Bildung die Förderungswürdigkeit anerkannt hat; das Nähere regelt das Bundesministerium des Innern, für Bau und Heimat.

(3) Weiterer Sonderurlaub nach Absatz 2 darf frühestens zwei Jahre nach Beendigung des letzten Sonderurlaubs nach Absatz 2 gewährt werden.

§ 10 Sonderurlaub für fremdsprachliche Aus- oder Fortbildung.

(1) [1] Für eine fremdsprachliche Aus- oder Fortbildung in einem Land, in dem die zu erlernende Sprache gesprochen wird, sind bis zu drei Monate Sonderurlaub unter Fortzahlung der Besoldung zu gewähren. [2] Die Aus- oder Fortbildung muss im dienstlichen Interesse liegen.

(2) Weiterer Sonderurlaub nach Absatz 1 darf frühestens zwei Jahre nach Beendigung des letzten Sonderurlaubs nach Absatz 1 gewährt werden.

§ 11 Sonderurlaub für Zwecke der militärischen und zivilen Verteidigung. (1) Für die Teilnahme an Ausbildungsveranstaltungen von Organisationen der zivilen Verteidigung ist je Kalenderjahr bis zu zehn Arbeitstage Sonderurlaub unter Fortzahlung der Besoldung zu gewähren.

[1)] Nr. 8.

(2) Für die Teilnahme an dienstlichen Veranstaltungen im Sinne des § 81 Absatz 1 des Soldatengesetzes oder für die Dauer eines Einsatzes als Mitglied einer Organisation der zivilen Verteidigung ist Sonderurlaub unter Fortzahlung der Besoldung zu gewähren.

(3) Sonderurlaub unter Fortzahlung der Besoldung ist bei Vorliegen eines dringenden öffentlichen Interesses zu gewähren, für die Dauer der Heranziehung

1. zum Feuerlöschdienst einschließlich der von den örtlichen Wehrleitungen angeordneten Übungen,
2. zum Wasserwehr- oder Deichdienst einschließlich der von den örtlichen Wehrleitungen angeordneten Übungen oder
3. zum Bergwacht- oder Seenotrettungsdienst zwecks Rettung von Menschenleben und zum freiwilligen Sanitätsdienst.

§ 12 Sonderurlaub für vereinspolitische Zwecke. (1) Einer Beamtin oder einem Beamten, die oder der als Mitglied des Vorstandes einer überörtlichen Selbsthilfeorganisation zur Betreuung behinderter oder suchtkranker Personen an auf Bundes- oder Landesebene stattfindenden Arbeitstagungen solcher Organisationen teilnimmt, sind je Kalenderjahr bis zu fünf Arbeitstage Sonderurlaub unter Fortzahlung der Besoldung zu gewähren.

(2) Je Kalenderjahr sind bis zu fünf Arbeitstage Sonderurlaub unter Fortzahlung der Besoldung auch zu gewähren für die Teilnahme

1. an Sitzungen eines überörtlichen Parteivorstandes, dem die Beamtin oder der Beamte angehört, oder
2. an Bundes-, Landes- oder Bezirksparteitagen, wenn die Beamtin oder der Beamte als Mitglied eines Parteivorstandes oder als Delegierte oder Delegierter teilnimmt.

§ 13 Sonderurlaub zur Ableistung von Freiwilligendiensten. Bis zu zwei Jahre Sonderurlaub unter Wegfall der Besoldung sind zu gewähren, wenn eine Beamtin oder ein Beamter

1. ein freiwilliges soziales Jahr nach § 3 oder § 6 des Jugendfreiwilligendienstegesetzes,
2. ein freiwilliges ökologisches Jahr nach § 4 oder § 6 des Jugendfreiwilligendienstegesetzes oder
3. einen Bundesfreiwilligendienst nach dem Bundesfreiwilligendienstgesetz

ableistet.

§ 14 Sonderurlaub für eine Ausbildung zur Schwesternhelferin oder zum Pflegediensthelfer. Für eine Ausbildung zur Schwesternhelferin oder zum Pflegediensthelfer ist Sonderurlaub unter Fortzahlung der Besoldung für die Dauer eines geschlossenen Lehrganges, höchstens jedoch für 20 Arbeitstage im Kalenderjahr, zu gewähren.

§ 15 Sonderurlaub für gewerkschaftliche Zwecke. Sonderurlaub von jeweils bis zu fünf Arbeitstagen im Kalenderjahr unter Fortzahlung der Besoldung ist zu gewähren für die Teilnahme

1. an Sitzungen eines überörtlichen Gewerkschafts- oder Berufsverbandsvorstandes, dem die Beamtin oder der Beamte angehört, oder

2. an Tagungen von Gewerkschaften oder Berufsverbänden auf internationaler Ebene, auf Bundes- oder Landesebene oder, sofern es keine Landesebene gibt, auf Bezirksebene, wenn die Beamtin oder der Beamte als Mitglied eines Gewerkschafts- oder Berufsverbandsvorstandes oder als Delegierte oder Delegierter teilnimmt.

§ 16 Sonderurlaub für kirchliche Zwecke. Sonderurlaub von bis zu fünf Arbeitstagen im Kalenderjahr unter Fortzahlung der Besoldung ist zu gewähren für die Teilnahme

1. an Sitzungen der Verfassungsorgane oder an Sitzungen überörtlicher Verwaltungsgremien der Kirchen oder der sonstigen öffentlich-rechtlichen Religionsgesellschaften, wenn die Beamtin oder der Beamte dem Verfassungsorgan oder dem Gremium angehört,
2. an Tagungen der Kirchen oder der öffentlich-rechtlichen Religionsgesellschaften, wenn die Beamtin oder der Beamte auf Anforderung der Kirchenleitung oder der obersten Leitung der Religionsgesellschaft als Delegierte oder Delegierter oder als Mitglied eines Verwaltungsgremiums der Kirche oder der Religionsgesellschaft teilnimmt, oder
3. an Veranstaltungen des Deutschen Evangelischen Kirchentages, des Deutschen Katholikentages, des Ökumenischen Kirchentages oder des Weltjugendtages.

§ 17 Sonderurlaub für sportliche Zwecke. (1) [1] Sonderurlaub unter Fortzahlung der Besoldung ist zu gewähren

1. für die Teilnahme als aktive Sportlerin oder aktiver Sportler an
   a) Olympischen Spielen, Paralympischen Spielen, Deaflympischen Spielen, Welt- und Europameisterschaften und den dazugehörigen Vorbereitungswettkämpfen auf Bundesebene sowie den für die Qualifikation erforderlichen sonstigen internationalen Länderwettkämpfen,
   b) Weltcup- und Europacup-Veranstaltungen sowie Europapokal-Wettbewerben,

   wenn die Beamtin oder der Beamte von einem dem Deutschen Olympischen Sportbund angeschlossenen Verband als aktive Sportlerin oder aktiver Sportler benannt worden ist,
2. für die Teilnahme an Kongressen und Vorstandssitzungen internationaler Sportverbände, denen der Deutsche Olympische Sportbund oder ein ihm angeschlossener Sportverband angehört, an Mitgliederversammlungen und Vorstandssitzungen des Deutschen Olympischen Sportbundes und ihm angeschlossener Sportverbände auf Bundesebene sowie an Vorstandssitzungen solcher Verbände auf Landesebene, wenn die Beamtin oder der Beamte dem Gremium angehört.

[2] Im Fall des Satzes 1 Nummer 2 werden bis zu fünf Arbeitstage Sonderurlaub gewährt.

(2) [1] Sonderurlaub unter Fortzahlung der Besoldung ist auch Beamtinnen und Beamten zu gewähren, deren Teilnahme für den sportlichen Einsatz der Sportlerinnen und Sportler oder der Mannschaft bei Veranstaltungen im Sinne des Absatzes 1 dringend erforderlich ist. [2] Eine entsprechende Bescheinigung

von einem dem Deutschen Olympischen Sportbund angeschlossenen Verband oder Verein ist vorzulegen.

§ 18 Sonderurlaub für Familienheimfahrten. (1) [1] Beamtinnen und Beamten, die Trennungsgeld nach der Trennungsgeldverordnung[1)] erhalten, ist für Familienheimfahrten Sonderurlaub unter Fortzahlung der Besoldung zu gewähren, wenn die Beamtinnen oder Beamten

1. mit ihrem Ehegatten oder ihrer Ehegattin oder ihrer Lebenspartnerin oder ihrem Lebenspartner im Sinn des Lebenspartnerschaftsgesetzes in häuslicher Gemeinschaft leben oder
2. mit einer oder einem Verwandten bis zum vierten Grad, einer oder einem Verschwägerten bis zum zweiten Grad, einem Pflegekind oder Pflegeeltern in häuslicher Gemeinschaft leben und ihnen auf Grund gesetzlicher oder sittlicher Verpflichtung nicht nur vorübergehend Unterkunft und Unterhalt ganz oder überwiegend gewähren.

[2] Als Sonderurlaub wird im Kalenderjahr innerhalb eines Zeitraums von zwei Monaten ein Arbeitstag gewährt.

(2) Sonderurlaub wird nur gewährt, wenn

1. die regelmäßige Arbeitszeit auf mindestens fünf Arbeitstage in der Woche verteilt ist und
2. die kürzeste Reisestrecke zwischen der Wohnung der Familie und dem Ort der Dienstleistung an jedem Arbeitstag nach Nummer 1 mindestens 150 Kilometer beträgt.

(3) Der Beginn des Sonderurlaubs ist mit den dienstlichen Bedürfnissen abzustimmen.

(4) [1] Beamtinnen und Beamten, die im Ausland tätig sind, ist für jede Heimfahrt, für die sie eine Reisebeihilfe nach § 13 Absatz 1 der Auslandstrennungsgeldverordnung erhalten, Sonderurlaub unter Fortzahlung der Besoldung zu gewähren. [2] Sonderurlaub kann für bis zu drei Arbeitstage pro Heimfahrt gewährt werden. [3] Für Heimfahrten dürfen pro Kalenderjahr höchstens zwölf Arbeitstage Sonderurlaub gewährt werden.

(5) Für die bei den Postnachfolgeunternehmen beschäftigten Beamtinnen und Beamten kann die oberste Dienstbehörde im Einvernehmen mit dem Bundesministerium der Finanzen von Absatz 1 abweichende Regelungen treffen.

§ 19 Sonderurlaub aus dienstlichen Anlässen. (1) Sonderurlaub unter Fortzahlung der Besoldung ist im nachstehend angegebenen Umfang zu gewähren:

1. zwei Arbeitstage für einen Wohnortwechsel aus dienstlichem Anlass,
2. drei Arbeitstage für einen Umzug ins Ausland oder aus dem Ausland ins Inland aus dienstlichem Anlass,
3. ein Arbeitstag aus Anlass des 25-, 40- und 50-jährigen Dienstjubiläums.

(2) [1] Für die im Bereich der Deutschen Bahn Aktiengesellschaft sowie einer nach § 2 Absatz 1 und § 3 Absatz 3 des Deutsche Bahn Gründungsgesetzes ausgegliederten Gesellschaft beschäftigten Beamtinnen und Beamten kann die

---

[1)] Nr. **26**.

oberste Dienstbehörde im Einvernehmen mit dem Bundesministerium des Innern, für Bau und Heimat von Absatz 1 abweichende Regelungen treffen. [2] Für die bei den Postnachfolgeunternehmen beschäftigten Beamtinnen und Beamten kann die oberste Dienstbehörde im Einvernehmen mit dem Bundesministerium der Finanzen von Absatz 1 abweichende Regelungen treffen.

§ 20 Sonderurlaub aus medizinischen Anlässen. (1) Sonderurlaub unter Fortzahlung der Besoldung ist zu gewähren für die Dauer der notwendigen Abwesenheit

1. einer amts-, vertrauens- oder versorgungsärztlich angeordneten Untersuchung,
2. einer kurzfristigen Behandlung einschließlich der Anpassung, Wiederherstellung oder Erneuerung von Körperersatzstücken oder
3. einer ärztlich verordneten sonstigen Behandlung.

(2) Sonderurlaub unter Fortzahlung der Besoldung ist zu gewähren

1. für eine stationäre oder ambulante Rehabilitationsmaßnahme,
2. für eine Maßnahme der medizinischen Rehabilitation für Mütter und Väter nach § 41 des Fünften Buches Sozialgesetzbuch,
3. für die Betreuung eines Kindes unter zwölf Jahren während einer Rehabilitationsmaßnahme als medizinisch notwendig anerkannte Begleitperson,
4. für eine ärztlich verordnete familienorientierte Rehabilitation im Fall einer Krebs-, Herz- oder Mukoviszidoseerkrankung eines Kindes oder für ein Kind, dessen Zustand im Fall einer Operation am Herzen oder einer Organtransplantation eine solche Maßnahme erfordert,
5. für ärztlich verordneten Rehabilitationssport oder Funktionstraining in Gruppen nach § 44 Absatz 1 Nummer 3 und 4 des Neunten Buches Sozialgesetzbuch oder
6. für die Durchführung einer Badekur nach § 11 Absatz 2 des Bundesversorgungsgesetzes.

(3) [1] Sonderurlaub nach Absatz 2 Nummer 1 bis 3 wird nur bei Vorlage des Anerkennungsbescheids der Beihilfefestsetzungsstelle oder des Bescheids der Krankenkasse über die Gewährung der Rehabilitationsleistung gewährt. [2] Die Maßnahmen müssen entsprechend den darin genannten Festlegungen zur Behandlung und zum Behandlungsort durchgeführt werden.

(4) [1] Die Notwendigkeit der Maßnahmen nach Absatz 2 Nummer 1 bis 3 muss durch eine ärztliche Bescheinigung nachgewiesen werden. [2] Die Notwendigkeit der Maßnahme nach Absatz 2 Nummer 4 muss durch ein Zeugnis des behandelnden Arztes in der Klinik nachgewiesen werden.

(5) Dauer und Häufigkeit des Sonderurlaubs nach Absatz 2 Nummer 1 bis 4 und 6 bestimmen sich nach § 35 Absatz 2 Satz 2 Nummer 5 und § 36 Absatz 2 der Bundesbeihilfeverordnung[1)].

§ 21[2)] Sonderurlaub aus persönlichen Anlässen. (1) Sonderurlaub unter Fortzahlung der Besoldung ist wie folgt zu gewähren:

[1)] Nr. **23**.

[2)] § 21 Abs. 2b und 2c werden **mWv 20.3.2022** aufgehoben; Abs. 1 Nr. 6a wird **mWv 1.4.2022** aufgehoben; Abs. 2a wird **mWv 1.1.2023** aufgehoben (VO v. 22.12.2021, BGBl. I S. 5257).

	Anlass	Urlaubsdauer
1.	Niederkunft der Ehefrau, der Lebenspartnerin oder der mit der Beamtin oder dem Beamten in ehe- oder lebenspartnerschaftsähnlicher Gemeinschaft lebenden Lebensgefährtin	ein Arbeitstag
2.	Tod der Ehefrau oder des Ehemanns, der Lebenspartnerin oder des Lebenspartners, eines Kindes oder eines Elternteils der Beamtin oder des Beamten	zwei Arbeitstage
3.	bei ärztlich bescheinigter Erkrankung und bei ärztlicher Bescheinigung über die Notwendigkeit zur Pflege, Beaufsichtigung oder Betreuung einer oder eines im Haushalt der Beamtin oder des Beamten lebenden Angehörigen im Sinne des § 20 Absatz 5 Satz 1 des Verwaltungsverfahrensgesetzes	ein Arbeitstag im Urlaubsjahr
4.	bei ärztlich bescheinigter Erkrankung und bei ärztlicher Bescheinigung über die Notwendigkeit zur Pflege, Beaufsichtigung oder Betreuung eines Kindes der Beamtin oder des Beamten, das noch nicht zwölf Jahre alt ist, oder eines behinderten und auf Hilfe angewiesenen Kindes	für jedes Kind bis zu vier Arbeitstage im Urlaubsjahr
5.	Erkrankung der Betreuungsperson eines Kindes der Beamtin oder des Beamten, das noch nicht acht Jahre alt ist oder wegen körperlicher, geistiger oder seelischer Behinderung auf Hilfe angewiesen ist	bis zu vier Arbeitstage im Urlaubsjahr
6.	Fälle, in denen für eine nahe Angehörige oder einen nahen Angehörigen im Sinne des § 7 Absatz 3 des Pflegezeitgesetzes in einer akut auftretenden Pflegesituation eine bedarfsgerechte Pflege organisiert oder eine pflegerische Versorgung sichergestellt werden muss, nach Verlangen unter Vorlage einer ärztlichen Bescheinigung über die Pflegebedürftigkeit im Sinne des § 14 Absatz 1 des Elften Buches Sozialgesetzbuch	für jede pflegebedürftige Person bis zu neun Arbeitstage
6a.	abweichend von Nummer 6 und befristet bis zum 31. März 2022 für Fälle, in denen die Beamtin oder der Beamte in einer wegen der COVID-19-Pandemie akut aufgetretenen Pflegesituation eine bedarfsgerechte häusliche Pflege für die Betreuung einer oder eines nahen Angehörigen im Sinne des § 7 Absatz 3 des Pflegezeitgesetzes sicherstellen oder organisieren muss und in denen die Pflege nicht anderweitig gewährleistet werden kann; dass die Pflegesituation wegen der COVID-19-Pandemie aufgetreten ist, wird bis zum 31. März 2022 vermutet	für jede pflegebedürftige Person bis zu 20 Arbeitstage
7.	Spende von Organen und Geweben, die nach § 8 des Transplantationsgesetzes erfolgt, oder für eine Blutspende zur Separation von Blutstammzellen oder anderer Blutbestandteile im Sinne von § 1 des Transfusionsgesetzes, soweit eine ärztliche Bescheinigung vorgelegt wird	Dauer der notwendigen Abwesenheit

(2) In den Fällen des Absatzes 1 Nummer 4 darf die Dauer des gewährten Sonderurlaubs bei Beamtinnen und Beamten, deren Dienstbezüge oder Anwärterbezüge nicht die Jahresarbeitsentgeltgrenze nach § 6 Absatz 6 des Fünften Buches Sozialgesetzbuch überschreiten, bis zu 75 Prozent der Arbeitstage betragen, die in § 45 Absatz 2 Satz 1 und 2 des Fünften Buches Sozialgesetzbuch für eine Freistellung von der Arbeitsleistung vorgesehen sind.

(2a) Für das Jahr 2022 erhöht sich die Dauer des Sonderurlaubs nach Absatz 1 Nummer 4, auch in Verbindung mit Absatz 2,

1. bei alleinerziehenden Beamtinnen und Beamten für jedes Kind um 40 Arbeitstage, für alle Kinder zusammen höchstens um 86 Arbeitstage, und
2. bei den übrigen Beamtinnen und Beamten für jedes Kind um 20 Arbeitstage, für alle Kinder zusammen höchstens um 43 Arbeitstage.

(2b) [1] Bis zum Ablauf des 19. März 2022 besteht der Anspruch auf Sonderurlaub nach Absatz 1 Nummer 4, auch in Verbindung mit den Absätzen 2 und 2a, auch dann, wenn die Beamtin oder der Beamte ihr oder sein Kind, das noch nicht zwölf Jahre alt ist oder das behindert und auf Hilfe angewiesen ist, betreut, weil

1. zur Verhinderung der Verbreitung von Infektionen oder übertragbaren Krankheiten die Schule des Kindes, die Einrichtung zur Betreuung des Kindes oder die Einrichtung für Menschen mit Behinderungen auf Grund des Infektionsschutzgesetzes vorübergehend geschlossen worden ist,
2. das Betreten der Schule des Kindes, der Einrichtung zur Betreuung des Kindes oder der Einrichtung für Menschen mit Behinderungen – auch auf Grund einer Absonderung – untersagt worden ist,
3. Schul- oder Betriebsferien von der zuständigen Behörde aus Gründen des Infektionsschutzes angeordnet oder verlängert worden sind,
4. die Präsenzpflicht in der Schule des Kindes aufgehoben worden ist,
5. der Zugang zu einem Angebot der Kinderbetreuung eingeschränkt worden ist oder
6. das Kind auf Grund einer behördlichen Empfehlung die Schule, die Einrichtung zur Betreuung des Kindes oder die Einrichtung für Menschen mit Behinderungen nicht besucht.

[2] In den Fällen des Satzes 1 Nummer 1 bis 6 kann die Dienststelle die Vorlage einer Bescheinigung der Schule oder der Einrichtung verlangen.

(2c) Für die Zeit, in der ein Elternteil Sonderurlaub nach Absatz 1 Nummer 4, auch in Verbindung mit den Absätzen 2 und 2b, in Anspruch nimmt, ruht für beide Elternteile die Möglichkeit, aus demselben Grund Sonderurlaub nach § 22 Absatz 2 in Anspruch zu nehmen.

(3) [1] In den Fällen des Absatzes 1 Nummer 3 bis 5 können auch halbe Sonderurlaubstage gewährt werden. [2] Ein halber Sonderurlaubstag entspricht der Hälfte der für den jeweiligen Arbeitstag festgesetzten regelmäßigen Arbeitszeit.

(4) Die oberste Dienstbehörde kann im Einvernehmen mit dem Bundesministerium des Innern, für Bau und Heimat von den Absätzen 1 bis 3 abweichende Regelungen treffen für Beamtinnen und Beamte, die beschäftigt sind

1. im Bereich der Deutschen Bahn Aktiengesellschaft,
2. bei einer Gesellschaft, die nach § 2 Absatz 1 und § 3 Absatz 3 Satz 2 des Deutsche Bahn Gründungsgesetzes ausgegliedert worden ist.

(5) Für die bei den Postnachfolgeunternehmen beschäftigten Beamtinnen und Beamten kann die oberste Dienstbehörde im Einvernehmen mit dem Bundesministerium der Finanzen und dem Bundesministerium des Innern, für Bau und Heimat von den Absätzen 1 bis 3 abweichende Regelungen treffen.

§ 22 Sonderurlaub in anderen Fällen. (1) [1] Sonderurlaub unter Wegfall der Besoldung kann gewährt werden, wenn ein wichtiger Grund vorliegt. [2] Für mehr als drei Monate kann Sonderurlaub unter Wegfall der Besoldung nur in besonders begründeten Fällen und nur durch die oberste Dienstbehörde oder die von ihr bestimmte unmittelbar nachgeordnete Behörde genehmigt werden.

(2) Mit Zustimmung des Bundesministeriums des Innern, für Bau und Heimat kann Sonderurlaub aus wichtigen persönlichen Gründen auch unter Fortzahlung der Besoldung gewährt werden.

(3) [1] Für einen in den §§ 5 bis 21 nicht genannten Zweck kann Beamtinnen und Beamten Sonderurlaub unter Fortzahlung der Besoldung gewährt werden, wenn der Sonderurlaub auch dienstlichen Zwecken dient. [2] Sonderurlaub unter Fortzahlung der Besoldung für mehr als zwei Wochen bedarf der Zustimmung

der obersten Dienstbehörde oder der von ihr bestimmten unmittelbar nachgeordneten Behörde. [3]Sonderurlaub für mehr als sechs Monate bedarf der Zustimmung des Bundesministeriums des Innern, für Bau und Heimat.

§ 23 Verfahren. [1]Der Sonderurlaub ist unverzüglich nach Bekanntwerden des Anlasses zu beantragen. [2]Sonderurlaub nach § 21 ist zeitnah zu beantragen.

§ 24 Widerruf. Die Genehmigung von Sonderurlaub ist zu widerrufen, wenn

1. zwingende dienstliche Gründe dies erfordern,
2. der Sonderurlaub zu einem anderen als dem genehmigten Zweck verwendet wird,
3. andere Gründe, die die Beamtin oder der Beamte zu vertreten hat, den Widerruf erfordern.

§ 25 Ersatz von Mehraufwendungen. (1) Folgende Mehraufwendungen werden der Beamtin oder dem Beamten nach den Bestimmungen des Reisekostenrechts ersetzt:

1. Mehraufwendungen, die durch den Widerruf der Genehmigung von Sonderurlaub nach § 24 Nummer 1 entstehen,
2. Mehraufwendungen, die anlässlich der Wiederaufnahme des Dienstes nach einem Sonderurlaub zur Ausübung einer Tätigkeit in öffentlichen zwischenstaatlichen oder überstaatlichen Einrichtungen (§ 6 Absatz 1 Satz 1) oder nach einem Sonderurlaub zur Wahrnehmung von Aufgaben der Entwicklungszusammenarbeit (§ 7) entstehen, wenn die oberste Dienstbehörde oder die von ihr bestimmte Stelle spätestens bei Beendigung des Sonderurlaubs schriftlich anerkannt hat, dass der Sonderurlaub dienstlichen Interessen oder öffentlichen Belangen diente.

(2) Zuwendungen, die die Beamtin oder der Beamte von anderer Seite zur Deckung der Aufwendungen erhalten hat, sind anzurechnen.

§ 26 Besoldung. (1) Zur Besoldung im Sinne dieser Verordnung gehören die in § 1 Absatz 2 und 3 des Bundesbesoldungsgesetzes[1)] genannten Bezüge.

(2) [1]Erhält die Beamtin oder der Beamte in den Fällen des § 10 oder des § 22 Absatz 3 Zuwendungen von anderer Seite, so ist die Besoldung entsprechend zu kürzen. [2]Das gilt nicht, wenn der Wert der Zuwendungen gering ist.

(3) Dauert der Sonderurlaub unter Wegfall der Besoldung nicht länger als einen Monat, bleibt der Anspruch auf Beihilfe oder auf Heilfürsorge nach § 70 Absatz 2 des Bundesbesoldungsgesetzes unberührt.

§ 27 Inkrafttreten, Außerkrafttreten. [1]Diese Verordnung tritt am Tag nach der Verkündung[2)] in Kraft. [2]Gleichzeitig tritt die Sonderurlaubsverordnung in der Fassung der Bekanntmachung vom 11. November 2004 (BGBl. I S. 2836), die zuletzt durch Artikel 15 Absatz 22 des Gesetzes vom 5. Februar 2009 (BGBl. I S. 160) geändert worden ist, außer Kraft.

[1)] Nr. **18**.
[2)] Verkündet am 8.6.2016.

14. Verordnung über die Altersteilzeit von Beamtinnen und Beamten des Bundes (Beamtenaltersteilzeitverordnung – BATZV)

Vom 6. Januar 2011
(BGBl. I S. 2)

FNA 2030-2-30-4

zuletzt geänd. durch Art. 10 Abs. 1 G zur besseren Vereinbarkeit von Familie, Pflege und Beruf für Beamtinnen und Beamte des Bundes und Soldatinnen und Soldaten sowie zur Änd. weiterer dienstrechtlicher Vorschriften v. 19.10.2016 (BGBl. I S. 2362)

Auf Grund des § 93 Absatz 5 des Bundesbeamtengesetzes[1)], der durch Artikel 11 Nummer 2 Buchstabe a des Gesetzes vom 19. November 2010 (BGBl. I S. 1552) eingefügt worden ist, verordnet das Bundesministerium des Innern im Einvernehmen mit dem Bundesministerium der Finanzen:

§ 1 Festlegung der Restrukturierungs- und Stellenabbaubereiche.

Restrukturierungs- und Stellenabbaubereiche nach § 93 Absatz 3 Satz 1 Nummer 4 des Bundesbeamtengesetzes[1)] legt die oberste Dienstbehörde im Einvernehmen mit dem Bundesministerium der Finanzen und dem Haushaltsausschuss des Deutschen Bundestages fest.

§ 2 Ermittlung der Quote. (1) [1]Die Quote für die Altersteilzeit nach § 93 Absatz 4 des Bundesbeamtengesetzes[1)] wird jährlich für das laufende Kalenderjahr auf der Grundlage der Statistik nach § 1 Nummer 4 des Finanz- und Personalstatistikgesetzes aus dem Verhältnis der Zahl der Beamtinnen und Beamten und der Zahl der bestehenden Altersteilzeitverhältnisse ermittelt. [2]Bei der Ermittlung der Quote werden auch beurlaubte Beamtinnen und Beamte berücksichtigt; Beamtinnen und Beamte auf Widerruf im Vorbereitungsdienst werden nicht berücksichtigt. [3]Stichtag für die Ermittlung der Quote ist der 30. Juni des Vorjahres.

(2) Die oberste Dienstbehörde kann die Quote ermitteln

1. als Ressortquote für sich und ihren nachgeordneten Geschäftsbereich oder
2. als Behördenquote für jede Behörde oder Dienststelle ihres Geschäftsbereichs oder für mehrere Behörden oder Dienststellen gemeinsam.

(3) Ergeben sich bei der Berechnung der Zahl der Beamtinnen und Beamten, denen Altersteilzeit bewilligt werden kann, Bruchteile, so wird auf ganze Zahlen abgerundet.

§ 3 Antrag. [1]Altersteilzeit kann frühestens ein Jahr vor Erfüllung der Voraussetzungen nach § 93 Absatz 3 oder Absatz 4 des Bundesbeamtengesetzes[1)] und spätestens drei Monate vor Beginn der Altersteilzeit beantragt werden. [2]Sie kann entweder im Blockmodell oder im Teilzeitmodell bis zum Eintritt in den Ruhestand beantragt werden.

§ 4 Bewilligung. (1) [1]Über den Antrag auf Altersteilzeit entscheidet die Dienstbehörde unter Berücksichtigung der dienstlichen Belange. [2]Beamtinnen

---

[1)] Nr. 2.

und Beamten, die vor der Altersteilzeit teilzeitbeschäftigt waren, kann Altersteilzeit nur im Blockmodell bewilligt werden. [3] In diesem Fall werden die Zeiten der Freistellung von der Arbeit in der Weise zusammengefasst, dass vor der Freistellung mit mindestens der Hälfte der regelmäßigen Arbeitszeit Dienst zu leisten ist. [4] Im Fall des § 92 Absatz 1, des § 92a oder des § 92b des Bundesbeamtengesetzes[1)] oder bei Teilzeitbeschäftigung während der Elternzeit ist mindestens im Umfang der bisherigen Teilzeitbeschäftigung Dienst zu leisten. [5] Geringfügige Unterschreitungen des notwendigen Umfangs der Arbeitszeit bleiben in beiden Fällen unberücksichtigt.

(2) Im Fall der Überschreitung der Quote nach § 93 Absatz 4 des Bundesbeamtengesetzes ist über die Anträge in der Reihenfolge der Zeitpunkte zu entscheiden, zu denen die persönlichen Bewilligungsvoraussetzungen erfüllt sind, hilfsweise in der Reihenfolge des Eingangs der Anträge.

§ 5 Übergangsvorschrift. Soweit vor dem Inkrafttreten dieser Verordnung Stellenabbaubereiche auf Grund des § 93 Absatz 1 Nummer 1 Buchstabe c des Bundesbeamtengesetzes[1)] festgelegt worden sind, gelten diese Festlegungen fort.

§ 6 Inkrafttreten. Diese Verordnung tritt am Tag nach der Verkündung[2)] in Kraft.

[1)] Nr. 2.
[2)] Verkündet am 17.1.2011.

15. Verordnung über den Mutterschutz für Beamtinnen des Bundes und die Elternzeit für Beamtinnen und Beamte des Bundes (Mutterschutz- und Elternzeitverordnung – MuSchEltZV)[1)]

Vom 12. Februar 2009
(BGBl. I S. 320)

FNA 2030-2-30-2

zuletzt geänd. durch Art. 5 VO zur Fortentwicklung laufbahnrechtlicher und weiterer dienstrechtlicher Vorschriften v. 16.8.2021 (BGBl. I S. 3582)

Abschnitt 1. Mutterschutz

§ 1 Allgemeines. Für den Mutterschutz von Personen in einem Beamtenverhältnis beim Bund sowie bei bundesunmittelbaren Körperschaften, Anstalten und Stiftungen des öffentlichen Rechts gelten die §§ 2 bis 5.

§ 2 Anwendung des Mutterschutzgesetzes. (1) [1]Die folgenden Vorschriften des Mutterschutzgesetzes sind entsprechend anzuwenden:

1. zu Begriffsbestimmungen (§ 2 Absatz 1 Satz 1, Absatz 3 Satz 1 und Absatz 4 des Mutterschutzgesetzes),
2. zur Gestaltung der Arbeitsbedingungen (§§ 9, 10 Absatz 1 und 2, §§ 11, 12, 13 Absatz 1 Nummer 1 des Mutterschutzgesetzes),
3. zum Arbeitsplatzwechsel (§ 13 Absatz 1 Nummer 2 des Mutterschutzgesetzes),
4. zur Dokumentation und Information durch den Arbeitgeber (§ 14 des Mutterschutzgesetzes),
5. zu Beschäftigungsverboten (§§ 3 bis 6, 10 Absatz 3, § 13 Absatz 1 Nummer 3 und § 16 des Mutterschutzgesetzes),
6. zu Mitteilungen und Nachweisen über die Schwangerschaft und das Stillen (§ 15 des Mutterschutzgesetzes),
7. zur Freistellung für Untersuchungen und zum Stillen (§ 7 des Mutterschutzgesetzes),
8. zu den Mitteilungs- und Aufbewahrungspflichten des Arbeitgebers (§ 27 Absatz 1 bis 5 des Mutterschutzgesetzes) sowie
9. zum behördlichen Genehmigungsverfahren für eine Beschäftigung zwischen 20 und 22 Uhr (§ 28 des Mutterschutzgesetzes).

[2]Andere Arbeitsschutzvorschriften bleiben unberührt.

(2) In jeder Dienststelle, bei der regelmäßig mehr als drei Personen tätig sind, sind ein Abdruck des Mutterschutzgesetzes sowie ein Abdruck dieser Verordnung an geeigneter Stelle zur Einsicht auszulegen, auszuhändigen oder in einem elektronischen Informationssystem jederzeit zugänglich zu machen.

[1)] Verkündet als Art. 1 VO v. 12.2.2009 (BGBl. I S. 320); Inkrafttreten gem. Art. 4 dieser VO am 14.2.2009. Die VO wurde erlassen auf Grund des § 79 Abs. 1 Satz 1 BBG iVm § 46 DRiG.

§ 3 Besoldung bei Beschäftigungsverbot, Untersuchungen und Stillen. (1) [1]Durch die mutterschutzrechtlichen Beschäftigungsverbote mit Ausnahme des Verbots der Mehrarbeit wird die Zahlung der Dienst- und Anwärterbezüge nicht berührt (§§ 3 bis 6, 10 Absatz 3, § 13 Absatz 1 Nummer 3 und § 16 des Mutterschutzgesetzes). [2]Dies gilt auch für das Dienstversäumnis wegen ärztlicher Untersuchungen bei Schwangerschaft und Mutterschaft sowie während des Stillens (§ 7 des Mutterschutzgesetzes).

(2) Im Fall der vorzeitigen Beendigung einer Elternzeit nach § 16 Absatz 3 Satz 3 des Bundeselterngeld- und Elternzeitgesetzes[1)] richtet sich die Höhe der Dienst- und Anwärterbezüge nach dem Beschäftigungsumfang vor der Elternzeit oder während der Elternzeit, wobei die höheren Bezüge maßgeblich sind.

(3) Bemessungsgrundlage für die Zahlung von Erschwerniszulagen nach der Erschwerniszulagenverordnung sowie für die Vergütung nach der Vollstreckungsvergütungsverordnung in der Fassung der Bekanntmachung vom 6. Januar 2003 (BGBl. I S. 8) in der jeweils geltenden Fassung ist der Durchschnitt der Zulagen und der Vergütungen der letzten drei Monate vor Beginn des Monats, in dem die Schwangerschaft eingetreten ist.

§ 4 Entlassung während der Schwangerschaft, nach einer Fehlgeburt und nach der Entbindung. (1) [1]Während der Schwangerschaft, bis zum Ablauf von vier Monaten nach einer Fehlgeburt nach der zwölften Schwangerschaftswoche und bis zum Ende der Schutzfrist nach der Entbindung, mindestens bis zum Ablauf von vier Monaten nach der Entbindung, darf die Entlassung von Beamtinnen auf Probe und von Beamtinnen auf Widerruf gegen ihren Willen nicht ausgesprochen werden, wenn der oder dem Dienstvorgesetzten die Schwangerschaft, die Fehlgeburt nach der zwölften Schwangerschaftswoche oder die Entbindung bekannt ist. [2]Eine ohne diese Kenntnis ergangene Entlassungsverfügung ist zurückzunehmen, wenn innerhalb von zwei Wochen nach ihrer Zustellung der oder dem Dienstvorgesetzten die Schwangerschaft, die Fehlgeburt nach der zwölften Schwangerschaftswoche oder die Entbindung mitgeteilt wird. [3]Das Überschreiten dieser Frist ist unbeachtlich, wenn dies auf einem von der Beamtin nicht zu vertretenden Grund beruht und die Mitteilung über die Schwangerschaft, die Fehlgeburt oder die Entbindung unverzüglich nachgeholt wird. [4]Die Sätze 1 bis 3 gelten entsprechend für Vorbereitungsmaßnahmen des Dienstherrn, die er im Hinblick auf eine Entlassung einer Beamtin trifft.

(2) Die oberste Dienstbehörde kann in besonderen Fällen, die nicht mit dem Zustand der Beamtin in der Schwangerschaft, nach einer Fehlgeburt nach der zwölften Schwangerschaftswoche oder nach der Entbindung in Zusammenhang stehen, ausnahmsweise die Entlassung für zulässig erklären.

(3) Die §§ 31, 32, 34 Absatz 4, § 35 Satz 1, letzterer vorbehaltlich der Fälle des § 24 Absatz 3, sowie die §§ 36 und 37 Absatz 1 Satz 3 des Bundesbeamtengesetzes[2)] bleiben unberührt.

§ 5 Zuschuss bei Beschäftigungsverbot während einer Elternzeit. [1]Beamtinnen erhalten einen Zuschuss von 13 Euro für jeden Kalendertag eines Beschäftigungsverbots in den letzten sechs Wochen vor der Entbindung

---

[1)] Nr. **16**.
[2)] Nr. **2**.

und eines Beschäftigungsverbots nach der Entbindung – einschließlich des Entbindungstages –, der in eine Elternzeit fällt. [2]Dies gilt nicht, wenn sie während der Elternzeit teilzeitbeschäftigt sind. [3]Der Zuschuss ist auf 210 Euro begrenzt, wenn die Dienst- oder Anwärterbezüge ohne die mit Rücksicht auf den Familienstand gewährten Zuschläge und ohne Leistungen nach Abschnitt 5 des Bundesbesoldungsgesetzes[1)] die Versicherungspflichtgrenze in der gesetzlichen Krankenversicherung überschreiten oder überschreiten würden.

Abschnitt 2. Elternzeit

§ 6 Anwendung des Bundeselterngeld- und Elternzeitgesetzes. Beamtinnen und Beamte haben Anspruch auf Elternzeit ohne Dienst- oder Anwärterbezüge entsprechend des § 15 Absatz 1 bis 3 sowie der §§ 16 und 28 Absatz 1 Satz 1 des Bundeselterngeld- und Elternzeitgesetzes[2)].

§ 7 Teilzeitbeschäftigung während der Elternzeit. (1) Während der Elternzeit ist Beamtinnen und Beamten, die Anspruch auf Dienst- oder Anwärterbezüge haben, auf Antrag eine Teilzeitbeschäftigung bei ihrem Dienstherrn bis zu 32 Wochenstunden im Durchschnitt eines Monats zu bewilligen, wenn zwingende dienstliche Belange nicht entgegenstehen.

(2) [1]Mit Genehmigung der zuständigen Dienstbehörde darf während der Elternzeit auch eine Teilzeitbeschäftigung außerhalb des Beamtenverhältnisses in dem in Absatz 1 genannten Umfang ausgeübt werden. [2]Die Genehmigung kann nur innerhalb von vier Wochen ab Antragstellung versagt werden, wenn dringende dienstliche Belange entgegenstehen. [3]Sie ist zu versagen, wenn einer der in § 99 Absatz 2 Satz 2 Nummer 2 bis 6 des Bundesbeamtengesetzes[3)] genannten Gründe vorliegt.

§ 8 Entlassung während der Elternzeit. (1) [1]Während der Elternzeit darf die Entlassung von Beamtinnen und Beamten auf Probe und von Beamtinnen und Beamten auf Widerruf gegen ihren Willen nicht ausgesprochen werden. [2]Dies gilt nicht für Zeiten einer Teilzeitbeschäftigung nach § 7 Absatz 1.

(2) In besonderen Fällen kann die oberste Dienstbehörde die Entlassung ausnahmsweise für zulässig erklären.

(3) § 4 Absatz 3 gilt entsprechend.

§ 9 Erstattung von Krankenversicherungsbeiträgen. (1) [1]Beamtinnen und Beamten werden für die Dauer der Elternzeit die Beiträge für ihre Kranken- und Pflegeversicherung bis zu monatlich 31 Euro erstattet, wenn ihre Dienst- oder Anwärterbezüge vor Beginn der Elternzeit die Versicherungspflichtgrenze in der gesetzlichen Krankenversicherung nicht überschritten haben oder überschritten hätten. [2]Hierbei werden die mit Rücksicht auf den Familienstand gewährten Zuschläge sowie Leistungen nach Abschnitt 5 des Bundesbesoldungsgesetzes[1)] nicht berücksichtigt. [3]Nehmen die Eltern gemeinsam Elternzeit, steht die Beitragserstattung nur dem Elternteil zu, bei dem das Kind im Familienzuschlag berücksichtigt wird oder berücksichtigt werden soll.

---

1) Nr. **18**.
2) Nr. **16**.
3) Nr. **2**.

(2) [1] Für die Zeit, für die sie Elterngeld nach den §§ 4 und 4c des Bundeselterngeld- und Elternzeitgesetzes[1)] beziehen, werden Beamtinnen und Beamten mit Dienstbezügen bis einschließlich der Besoldungsgruppe A 8 sowie Beamtinnen und Beamten mit Anwärterbezügen auf Antrag die Beiträge für die Kranken- und Pflegeversicherung über die Erstattung nach Absatz 1 hinaus in voller Höhe erstattet, soweit sie auf einen auf den Beihilfebemessungssatz abgestimmten Prozenttarif oder einen die jeweilige Beihilfe ergänzenden Tarif einschließlich etwaiger darin enthaltener Altersrückstellungen entfallen. [2] Für andere Monate einer Elternzeit wird die Beitragserstattung nach Satz 1 weitergezahlt, solange keine Beschäftigung mit mindestens der Hälfte der regelmäßigen Arbeitszeit ausgeübt wird.

(3) Die Absätze 1 und 2 gelten entsprechend für auf die Beamtin oder den Beamten entfallende Beiträge für die freiwillige gesetzliche Krankenversicherung und Pflegeversicherung.

§ 10 Sonderregelung für Richterinnen und Richter im Bundesdienst. Während der Elternzeit ist eine Teilzeitbeschäftigung als Richterin oder Richter von mindestens der Hälfte bis zu drei Vierteln des regelmäßigen Dienstes zulässig.

Abschnitt 3. Übergangs- und Schlussvorschriften

§ 11 Übergangsvorschrift. Auf die vor dem 14. Februar 2009 geborenen Kinder oder auf die vor diesem Zeitpunkt mit dem Ziel der Adoption aufgenommenen Kinder ist § 1 Absatz 2 Satz 2 und 3 der Elternzeitverordnung in der bis zum 13. Februar 2009 geltenden Fassung anzuwenden.

---

1) Nr. **16**.

16. Gesetz zum Elterngeld und zur Elternzeit (Bundeselterngeld- und Elternzeitgesetz – BEEG)[1) 2)]

In der Fassung der Bekanntmachung vom 27. Januar 2015[3)]
(BGBl. I S. 33)

FNA 85-5

zuletzt geänd. durch Art. 1 Zweites G zur Änd. des Bundeselterngeld- und ElternzeitG v. 15.2.2021 (BGBl. I S. 239)

Nichtamtliche Inhaltsübersicht

Abschnitt 1. Elterngeld

§ 1 Berechtigte
§ 2 Höhe des Elterngeldes
§ 2a Geschwisterbonus und Mehrlingszuschlag
§ 2b Bemessungszeitraum
§ 2c Einkommen aus nichtselbstständiger Erwerbstätigkeit
§ 2d Einkommen aus selbstständiger Erwerbstätigkeit
§ 2e Abzüge für Steuern
§ 2f Abzüge für Sozialabgaben
§ 3 Anrechnung von anderen Einnahmen
§ 4 Bezugsdauer, Anspruchsumfang
§ 4a Berechnung von Basiselterngeld und Elterngeld Plus
§ 4b Partnerschaftsbonus
§ 4c Alleiniger Bezug durch einen Elternteil
§ 4d Weitere Berechtigte

Abschnitt 2. Verfahren und Organisation

§ 5 Zusammentreffen von Ansprüchen
§ 6 Auszahlung
§ 7 Antragstellung
§ 8 Auskunftspflicht, Nebenbestimmungen
§ 9 Einkommens- und Arbeitszeitnachweis, Auskunftspflicht des Arbeitgebers
§ 10 Verhältnis zu anderen Sozialleistungen
§ 11 Unterhaltspflichten
§ 12 Zuständigkeit; Bewirtschaftung der Mittel
§ 13 Rechtsweg
§ 14 Bußgeldvorschriften

Abschnitt 3. Elternzeit für Arbeitnehmerinnen und Arbeitnehmer

§ 15 Anspruch auf Elternzeit
§ 16 Inanspruchnahme der Elternzeit
§ 17 Urlaub
§ 18 Kündigungsschutz
§ 19 Kündigung zum Ende der Elternzeit
§ 20 Zur Berufsbildung Beschäftigte, in Heimarbeit Beschäftigte
§ 21 Befristete Arbeitsverträge

Abschnitt 4. Statistik und Schlussvorschriften

§ 22 Bundesstatistik
§ 23 Auskunftspflicht; Datenübermittlung an das Statistische Bundesamt
§ 24 Übermittlung von Tabellen mit statistischen Ergebnissen durch das Statistische Bundesamt

---

[1)] Die Änderungen durch G v. 21.12.2021 (BGBl. I S. 3096) treten erst **mWv 1.1.2024** in Kraft und sind im Text noch nicht berücksichtigt.

[2)] Die Änderungen durch G v. 15.2.2021 (BGBl. I S. 239) treten teilweise erst **mWv 1.1.2023** in Kraft und sind insoweit im Text noch nicht berücksichtigt.

[3)] Neubekanntmachung des Bundeselterngeld- und ElternzeitG v. 5.12.2006 (BGBl. I S. 2748) in der ab 1.1.2015 geltenden Fassung; beachte die Übergangsvorschriften in § 27.

§ 24a Übermittlung von Einzelangaben durch das Statistische Bundesamt
§ 24b Elektronische Unterstützung bei der Antragstellung
§ 25 Datenübermittlung durch die Standesämter
§ 26 Anwendung der Bücher des Sozialgesetzbuches
§ 27 Sonderregelung aus Anlass der COVID-19-Pandemie
§ 28 Übergangsvorschrift

Abschnitt 1. Elterngeld

§ 1 Berechtigte. (1) [1] Anspruch auf Elterngeld hat, wer

1. einen Wohnsitz oder seinen gewöhnlichen Aufenthalt in Deutschland hat,
2. mit seinem Kind in einem Haushalt lebt,
3. dieses Kind selbst betreut und erzieht und
4. keine oder keine volle Erwerbstätigkeit ausübt.

[2] Bei Mehrlingsgeburten besteht nur ein Anspruch auf Elterngeld.

(2) [1] Anspruch auf Elterngeld hat auch, wer, ohne eine der Voraussetzungen des Absatzes 1 Satz 1 Nummer 1 zu erfüllen,

1. nach § 4 des Vierten Buches Sozialgesetzbuch dem deutschen Sozialversicherungsrecht unterliegt oder im Rahmen seines in Deutschland bestehenden öffentlich-rechtlichen Dienst- oder Amtsverhältnisses vorübergehend ins Ausland abgeordnet, versetzt oder kommandiert ist,
2. Entwicklungshelfer oder Entwicklungshelferin im Sinne des § 1 des Entwicklungshelfer-Gesetzes ist oder als Missionar oder Missionarin der Missionswerke und -gesellschaften, die Mitglieder oder Vereinbarungspartner des Evangelischen Missionswerkes Hamburg, der Arbeitsgemeinschaft Evangelikaler Missionen e.V. oder der Arbeitsgemeinschaft pfingstlich-charismatischer Missionen sind, tätig ist oder
3. die deutsche Staatsangehörigkeit besitzt und nur vorübergehend bei einer zwischen- oder überstaatlichen Einrichtung tätig ist, insbesondere nach den Entsenderichtlinien des Bundes beurlaubte Beamte und Beamtinnen, oder wer vorübergehend eine nach § 123a des Beamtenrechtsrahmengesetzes[1)] oder § 29 des Bundesbeamtengesetzes[2)] zugewiesene Tätigkeit im Ausland wahrnimmt.

[2] Dies gilt auch für mit der nach Satz 1 berechtigten Person in einem Haushalt lebende Ehegatten oder Ehegattinnen.

(3) [1] Anspruch auf Elterngeld hat abweichend von Absatz 1 Satz 1 Nummer 2 auch, wer

1. mit einem Kind in einem Haushalt lebt, das er mit dem Ziel der Annahme als Kind aufgenommen hat,
2. ein Kind des Ehegatten oder der Ehegattin in seinen Haushalt aufgenommen hat oder
3. mit einem Kind in einem Haushalt lebt und die von ihm erklärte Anerkennung der Vaterschaft nach § 1594 Absatz 2 des Bürgerlichen Gesetzbuchs noch nicht wirksam oder über die von ihm beantragte Vaterschaftsfeststellung nach § 1600d des Bürgerlichen Gesetzbuchs noch nicht entschieden ist.

[1)] Nr. 3.
[2)] Nr. 2.

[2] Für angenommene Kinder und Kinder im Sinne des Satzes 1 Nummer 1 sind die Vorschriften dieses Gesetzes mit der Maßgabe anzuwenden, dass statt des Zeitpunktes der Geburt der Zeitpunkt der Aufnahme des Kindes bei der berechtigten Person maßgeblich ist.

(4) Können die Eltern wegen einer schweren Krankheit, Schwerbehinderung oder Todes der Eltern ihr Kind nicht betreuen, haben Verwandte bis zum dritten Grad und ihre Ehegatten oder Ehegattinnen Anspruch auf Elterngeld, wenn sie die übrigen Voraussetzungen nach Absatz 1 erfüllen und wenn von anderen Berechtigten Elterngeld nicht in Anspruch genommen wird.

(5) Der Anspruch auf Elterngeld bleibt unberührt, wenn die Betreuung und Erziehung des Kindes aus einem wichtigen Grund nicht sofort aufgenommen werden kann oder wenn sie unterbrochen werden muss.

(6) Eine Person ist nicht voll erwerbstätig, wenn ihre Arbeitszeit 32 Wochenstunden im Durchschnitt des Lebensmonats nicht übersteigt, sie eine Beschäftigung zur Berufsbildung ausübt oder sie eine geeignete Tagespflegeperson im Sinne des § 23 des Achten Buches Sozialgesetzbuch ist und nicht mehr als fünf Kinder in Tagespflege betreut.

(7) [1] Ein nicht freizügigkeitsberechtigter Ausländer oder eine nicht freizügigkeitsberechtigte Ausländerin ist nur anspruchsberechtigt, wenn diese Person

1. eine Niederlassungserlaubnis oder eine Erlaubnis zum Daueraufenthalt-EU besitzt,
2. eine Blaue Karte EU, eine ICT-Karte, eine Mobiler-ICT-Karte oder eine Aufenthaltserlaubnis besitzt, die für einen Zeitraum von mindestens sechs Monaten zur Ausübung einer Erwerbstätigkeit berechtigen oder berechtigt haben oder diese erlauben, es sei denn, die Aufenthaltserlaubnis wurde
   a) nach § 16e des Aufenthaltsgesetzes zu Ausbildungszwecken, nach § 19c Absatz 1 des Aufenthaltsgesetzes zum Zweck der Beschäftigung als Au-Pair oder zum Zweck der Saisonbeschäftigung, nach § 19e des Aufenthaltsgesetzes zum Zweck der Teilnahme an einem Europäischen Freiwilligendienst oder nach § 20 Absatz 1 und 2 des Aufenthaltsgesetzes zur Arbeitsplatzsuche erteilt,
   b) nach § 16b des Aufenthaltsgesetzes zum Zweck eines Studiums, nach § 16d des Aufenthaltsgesetzes für Maßnahmen zur Anerkennung ausländischer Berufsqualifikationen oder nach § 20 Absatz 3 des Aufenthaltsgesetzes zur Arbeitsplatzsuche erteilt und er ist weder erwerbstätig noch nimmt er Elternzeit nach § 15 des Bundeselterngeld- und Elternzeitgesetzes oder laufende Geldleistungen nach dem Dritten Buch Sozialgesetzbuch in Anspruch,
   c) nach § 23 Absatz 1 des Aufenthaltsgesetzes wegen eines Krieges in seinem Heimatland oder nach den §§ 23a, 24 oder § 25 Absatz 3 bis 5 des Aufenthaltsgesetzes erteilt,
3. eine in Nummer 2 Buchstabe c genannte Aufenthaltserlaubnis besitzt und im Bundesgebiet berechtigt erwerbstätig ist oder Elternzeit nach § 15 des Bundeselterngeld- und Elternzeitgesetzes oder laufende Geldleistungen nach dem Dritten Buch Sozialgesetzbuch in Anspruch nimmt,
4. eine in Nummer 2 Buchstabe c genannte Aufenthaltserlaubnis besitzt und sich seit mindestens 15 Monaten erlaubt, gestattet oder geduldet im Bundesgebiet aufhält oder

5. eine Beschäftigungsduldung gemäß § 60d in Verbindung mit § 60a Absatz 2 Satz 3 des Aufenthaltsgesetzes besitzt.

[2]Abweichend von Satz 1 Nummer 3 erste Alternative ist ein minderjähriger nicht freizügigkeitsberechtigter Ausländer oder eine minderjährige nicht freizügigkeitsberechtigte Ausländerin unabhängig von einer Erwerbstätigkeit anspruchsberechtigt.

(8) [1]Ein Anspruch entfällt, wenn die berechtigte Person im letzten abgeschlossenen Veranlagungszeitraum vor der Geburt des Kindes ein zu versteuerndes Einkommen nach § 2 Absatz 5 des Einkommensteuergesetzes in Höhe von mehr als 250 000 Euro erzielt hat. [2]Erfüllt auch eine andere Person die Voraussetzungen des Absatzes 1 Satz 1 Nummer 2 oder der Absätze 3 oder 4, entfällt abweichend von Satz 1 der Anspruch, wenn die Summe des zu versteuernden Einkommens beider Personen mehr als 300 000 Euro beträgt.

§ 2 Höhe des Elterngeldes. (1) [1]Elterngeld wird in Höhe von 67 Prozent des Einkommens aus Erwerbstätigkeit vor der Geburt des Kindes gewährt. [2]Es wird bis zu einem Höchstbetrag von 1 800 Euro monatlich für volle Lebensmonate gezahlt, in denen die berechtigte Person kein Einkommen aus Erwerbstätigkeit hat. [3]Das Einkommen aus Erwerbstätigkeit errechnet sich nach Maßgabe der §§ 2c bis 2f aus der um die Abzüge für Steuern und Sozialabgaben verminderten Summe der positiven Einkünfte aus

1. nichtselbständiger Arbeit nach § 2 Absatz 1 Satz 1 Nummer 4 des Einkommensteuergesetzes sowie
2. Land- und Forstwirtschaft, Gewerbebetrieb und selbständiger Arbeit nach § 2 Absatz 1 Satz 1 Nummer 1 bis 3 des Einkommensteuergesetzes,

die im Inland zu versteuern sind und die die berechtigte Person durchschnittlich monatlich im Bemessungszeitraum nach § 2b oder in Lebensmonaten der Bezugszeit nach § 2 Absatz 3 hat.

(2) [1]In den Fällen, in denen das Einkommen aus Erwerbstätigkeit vor der Geburt geringer als 1 000 Euro war, erhöht sich der Prozentsatz von 67 Prozent um 0,1 Prozentpunkte für je 2 Euro, um die dieses Einkommen den Betrag von 1 000 Euro unterschreitet, auf bis zu 100 Prozent. [2]In den Fällen, in denen das Einkommen aus Erwerbstätigkeit vor der Geburt höher als 1 200 Euro war, sinkt der Prozentsatz von 67 Prozent um 0,1 Prozentpunkte für je 2 Euro, um die dieses Einkommen den Betrag von 1 200 Euro überschreitet, auf bis zu 65 Prozent.

(3) [1]Für Lebensmonate nach der Geburt des Kindes, in denen die berechtigte Person ein Einkommen aus Erwerbstätigkeit hat, das durchschnittlich geringer ist als das Einkommen aus Erwerbstätigkeit vor der Geburt, wird Elterngeld in Höhe des nach Absatz 1 oder 2 maßgeblichen Prozentsatzes des Unterschiedsbetrages dieser Einkommen aus Erwerbstätigkeit gezahlt. [2]Als Einkommen aus Erwerbstätigkeit vor der Geburt ist dabei höchstens der Betrag von 2 770 Euro anzusetzen. [3]Der Unterschiedsbetrag nach Satz 1 ist für das Einkommen aus Erwerbstätigkeit in Lebensmonaten, in denen die berechtigte Person Basiselterngeld in Anspruch nimmt, und in Lebensmonaten, in denen sie Elterngeld Plus im Sinne des § 4a Absatz 2 in Anspruch nimmt, getrennt zu berechnen.

(4) [1]Elterngeld wird mindestens in Höhe von 300 Euro gezahlt. [2]Dies gilt auch, wenn die berechtigte Person vor der Geburt des Kindes kein Einkommen aus Erwerbstätigkeit hat.

§ 2a Geschwisterbonus und Mehrlingszuschlag. (1) [1]Lebt die berechtigte Person in einem Haushalt mit

1. zwei Kindern, die noch nicht drei Jahre alt sind, oder
2. drei oder mehr Kindern, die noch nicht sechs Jahre alt sind,

wird das Elterngeld um 10 Prozent, mindestens jedoch um 75 Euro erhöht (Geschwisterbonus). [2]Zu berücksichtigen sind alle Kinder, für die die berechtigte Person die Voraussetzungen des § 1 Absatz 1 und 3 erfüllt und für die sich das Elterngeld nicht nach Absatz 4 erhöht.

(2) [1]Für angenommene Kinder, die noch nicht 14 Jahre alt sind, gilt als Alter des Kindes der Zeitraum seit der Aufnahme des Kindes in den Haushalt der berechtigten Person. [2]Dies gilt auch für Kinder, die die berechtigte Person entsprechend § 1 Absatz 3 Satz 1 Nummer 1 mit dem Ziel der Annahme als Kind in ihren Haushalt aufgenommen hat. [3]Für Kinder mit Behinderung im Sinne von § 2 Absatz 1 Satz 1 des Neunten Buches Sozialgesetzbuch liegt die Altersgrenze nach Absatz 1 Satz 1 bei 14 Jahren.

(3) Der Anspruch auf den Geschwisterbonus endet mit Ablauf des Monats, in dem eine der in Absatz 1 genannten Anspruchsvoraussetzungen entfällt.

(4) [1]Bei Mehrlingsgeburten erhöht sich das Elterngeld um je 300 Euro für das zweite und jedes weitere Kind (Mehrlingszuschlag). [2]Dies gilt auch, wenn ein Geschwisterbonus nach Absatz 1 gezahlt wird.

§ 2b Bemessungszeitraum. (1) [1]Für die Ermittlung des Einkommens aus nichtselbstständiger Erwerbstätigkeit im Sinne von § 2c vor der Geburt sind die zwölf Kalendermonate vor dem Kalendermonat der Geburt des Kindes maßgeblich. [2]Bei der Bestimmung des Bemessungszeitraums nach Satz 1 bleiben Kalendermonate unberücksichtigt, in denen die berechtigte Person

1. im Zeitraum nach § 4 Absatz 1 Satz 2 und 3 und Absatz 5 Satz 3 Nummer 2 Elterngeld für ein älteres Kind bezogen hat,
2. während der Schutzfristen nach § 3 des Mutterschutzgesetzes nicht beschäftigt werden durfte oder Mutterschaftsgeld nach dem Fünften Buch Sozialgesetzbuch oder nach dem Zweiten Gesetz über die Krankenversicherung der Landwirte bezogen hat,
3. eine Krankheit hatte, die maßgeblich durch eine Schwangerschaft bedingt war, oder
4. Wehrdienst nach dem Wehrpflichtgesetz in der bis zum 31. Mai 2011 geltenden Fassung oder nach dem Vierten Abschnitt des Soldatengesetzes oder Zivildienst nach dem Zivildienstgesetz geleistet hat

und in den Fällen der Nummern 3 und 4 dadurch ein geringeres Einkommen aus Erwerbstätigkeit hatte. [3]Abweichend von Satz 2 sind Kalendermonate im Sinne des Satzes 2 Nummer 1 bis 4 auf Antrag der berechtigten Person zu berücksichtigen. [4]Abweichend von Satz 2 bleiben auf Antrag bei der Ermittlung des Einkommens für die Zeit vom 1. März 2020 bis zum Ablauf des 31. Dezember 2021 auch solche Kalendermonate unberücksichtigt, in denen die berechtigte Person aufgrund der COVID-19-Pandemie ein geringeres Einkommen aus Erwerbstätigkeit hatte und dies glaubhaft machen kann. [5]Satz 2

Nummer 1 gilt in den Fällen des § 27 Absatz 1 Satz 1 mit der Maßgabe, dass auf Antrag auch Kalendermonate mit Elterngeldbezug für ein älteres Kind nach Vollendung von dessen 14. Lebensmonat unberücksichtigt bleiben, soweit der Elterngeldbezug von der Zeit vor Vollendung des 14. Lebensmonats auf danach verschoben wurde.

(2) [1] Für die Ermittlung des Einkommens aus selbstständiger Erwerbstätigkeit im Sinne von § 2d vor der Geburt sind die jeweiligen steuerlichen Gewinnermittlungszeiträume maßgeblich, die dem letzten abgeschlossenen steuerlichen Veranlagungszeitraum vor der Geburt des Kindes zugrunde liegen. [2] Haben in einem Gewinnermittlungszeitraum die Voraussetzungen des Absatzes 1 Satz 2 oder Satz 3 vorgelegen, sind auf Antrag die Gewinnermittlungszeiträume maßgeblich, die dem diesen Ereignissen vorangegangenen abgeschlossenen steuerlichen Veranlagungszeitraum zugrunde liegen.

(3) [1] Abweichend von Absatz 1 ist für die Ermittlung des Einkommens aus nichtselbstständiger Erwerbstätigkeit vor der Geburt der letzte abgeschlossene steuerliche Veranlagungszeitraum vor der Geburt maßgeblich, wenn die berechtigte Person in den Zeiträumen nach Absatz 1 oder Absatz 2 Einkommen aus selbstständiger Erwerbstätigkeit hatte. [2] Haben im Bemessungszeitraum nach Satz 1 die Voraussetzungen des Absatzes 1 Satz 2 oder Satz 3 vorgelegen, ist Absatz 2 Satz 2 mit der zusätzlichen Maßgabe anzuwenden, dass für die Ermittlung des Einkommens aus nichtselbstständiger Erwerbstätigkeit vor der Geburt der vorangegangene steuerliche Veranlagungszeitraum maßgeblich ist.

(4) [1] Abweichend von Absatz 3 ist auf Antrag der berechtigten Person für die Ermittlung des Einkommens aus nichtselbstständiger Erwerbstätigkeit allein der Bemessungszeitraum nach Absatz 1 maßgeblich, wenn die zu berücksichtigende Summe der Einkünfte aus Land- und Forstwirtschaft, Gewerbebetrieb und selbstständiger Arbeit nach § 2 Absatz 1 Satz 1 Nummer 1 bis 3 des Einkommensteuergesetzes

1. in den jeweiligen steuerlichen Gewinnermittlungszeiträumen, die dem letzten abgeschlossenen steuerlichen Veranlagungszeitraum vor der Geburt des Kindes zugrunde liegen, durchschnittlich weniger als 35 Euro im Kalendermonat betrug und
2. in den jeweiligen steuerlichen Gewinnermittlungszeiträumen, die dem steuerlichen Veranlagungszeitraum der Geburt des Kindes zugrunde liegen, bis einschließlich zum Kalendermonat vor der Geburt des Kindes durchschnittlich weniger als 35 Euro im Kalendermonat betrug.

[2] Abweichend von § 2 Absatz 1 Satz 3 Nummer 2 ist für die Berechnung des Elterngeldes im Fall des Satzes 1 allein das Einkommen aus nichtselbstständiger Erwerbstätigkeit maßgeblich. [3] Die für die Entscheidung über den Antrag notwendige Ermittlung der Höhe der Einkünfte aus Land- und Forstwirtschaft, Gewerbebetrieb und selbstständiger Arbeit erfolgt für die Zeiträume nach Satz 1 Nummer 1 entsprechend § 2d Absatz 2; in Fällen, in denen zum Zeitpunkt der Entscheidung kein Einkommensteuerbescheid vorliegt, und für den Zeitraum nach Satz 1 Nummer 2 erfolgt die Ermittlung der Höhe der Einkünfte entsprechend § 2d Absatz 3. [4] Die Entscheidung über den Antrag erfolgt abschließend auf der Grundlage der Höhe der Einkünfte, wie sie sich aus den gemäß Satz 3 vorgelegten Nachweisen ergibt.

§ 2c Einkommen aus nichtselbstständiger Erwerbstätigkeit. (1) [1]Der monatlich durchschnittlich zu berücksichtigende Überschuss der Einnahmen aus nichtselbstständiger Arbeit in Geld oder Geldeswert über ein Zwölftel des Arbeitnehmer-Pauschbetrags, vermindert um die Abzüge für Steuern und Sozialabgaben nach den §§ 2e und 2f, ergibt das Einkommen aus nichtselbstständiger Erwerbstätigkeit. [2]Nicht berücksichtigt werden Einnahmen, die im Lohnsteuerabzugsverfahren nach den lohnsteuerlichen Vorgaben als sonstige Bezüge zu behandeln sind. [3]Die zeitliche Zuordnung von Einnahmen erfolgt nach den lohnsteuerlichen Vorgaben für das Lohnsteuerabzugsverfahren. [4]Maßgeblich ist der Arbeitnehmer-Pauschbetrag nach § 9a Satz 1 Nummer 1 Buchstabe a des Einkommensteuergesetzes in der am 1. Januar des Kalenderjahres vor der Geburt des Kindes für dieses Jahr geltenden Fassung.

(2) [1]Grundlage der Ermittlung der Einnahmen sind die Angaben in den für die maßgeblichen Kalendermonate erstellten Lohn- und Gehaltsbescheinigungen des Arbeitgebers. [2]Die Richtigkeit und Vollständigkeit der Angaben in den maßgeblichen Lohn- und Gehaltsbescheinigungen wird vermutet.

(3) [1]Grundlage der Ermittlung der nach den §§ 2e und 2f erforderlichen Abzugsmerkmale für Steuern und Sozialabgaben sind die Angaben in der Lohn- und Gehaltsbescheinigung, die für den letzten Kalendermonat im Bemessungszeitraum mit Einnahmen nach Absatz 1 erstellt wurde. [2]Soweit sich in den Lohn- und Gehaltsbescheinigungen des Bemessungszeitraums eine Angabe zu einem Abzugsmerkmal geändert hat, ist die von der Angabe nach Satz 1 abweichende Angabe maßgeblich, wenn sie in der überwiegenden Zahl der Kalendermonate des Bemessungszeitraums gegolten hat. [3]§ 2c Absatz 2 Satz 2 gilt entsprechend.

§ 2d Einkommen aus selbstständiger Erwerbstätigkeit. (1) Die monatlich durchschnittlich zu berücksichtigende Summe der positiven Einkünfte aus Land- und Forstwirtschaft, Gewerbebetrieb und selbstständiger Arbeit (Gewinneinkünfte), vermindert um die Abzüge für Steuern und Sozialabgaben nach den §§ 2e und 2f, ergibt das Einkommen aus selbstständiger Erwerbstätigkeit.

(2) [1]Bei der Ermittlung der im Bemessungszeitraum zu berücksichtigenden Gewinneinkünfte sind die entsprechenden im Einkommensteuerbescheid ausgewiesenen Gewinne anzusetzen. [2]Ist kein Einkommensteuerbescheid zu erstellen, werden die Gewinneinkünfte in entsprechender Anwendung des Absatzes 3 ermittelt.

(3) [1]Grundlage der Ermittlung der in den Bezugsmonaten zu berücksichtigenden Gewinneinkünfte ist eine Gewinnermittlung, die mindestens den Anforderungen des § 4 Absatz 3 des Einkommensteuergesetzes entspricht. [2]Als Betriebsausgaben sind 25 Prozent der zugrunde gelegten Einnahmen oder auf Antrag die damit zusammenhängenden tatsächlichen Betriebsausgaben anzusetzen.

(4) [1]Soweit nicht in § 2c Absatz 3 etwas anderes bestimmt ist, sind bei der Ermittlung der nach § 2e erforderlichen Abzugsmerkmale für Steuern die Angaben im Einkommensteuerbescheid maßgeblich. [2]§ 2c Absatz 3 Satz 2 gilt entsprechend.

(5) Die zeitliche Zuordnung von Einnahmen und Ausgaben erfolgt nach den einkommensteuerrechtlichen Grundsätzen.

§ 2e Abzüge für Steuern. (1) [1]Als Abzüge für Steuern sind Beträge für die Einkommensteuer, den Solidaritätszuschlag und, wenn die berechtigte Person kirchensteuerpflichtig ist, die Kirchensteuer zu berücksichtigen. [2]Die Abzüge für Steuern werden einheitlich für Einkommen aus nichtselbstständiger und selbstständiger Erwerbstätigkeit auf Grundlage einer Berechnung anhand des am 1. Januar des Kalenderjahres vor der Geburt des Kindes für dieses Jahr geltenden Programmablaufplans für die maschinelle Berechnung der vom Arbeitslohn einzubehaltenden Lohnsteuer, des Solidaritätszuschlags und der Maßstabsteuer für die Kirchenlohnsteuer im Sinne von § 39b Absatz 6 des Einkommensteuergesetzes nach den Maßgaben der Absätze 2 bis 5 ermittelt.

(2) [1]Bemessungsgrundlage für die Ermittlung der Abzüge für Steuern ist die monatlich durchschnittlich zu berücksichtigende Summe der Einnahmen nach § 2c, soweit sie von der berechtigten Person zu versteuern sind, und der Gewinneinkünfte nach § 2d. [2]Bei der Ermittlung der Abzüge für Steuern nach Absatz 1 werden folgende Pauschalen berücksichtigt:

1. der Arbeitnehmer-Pauschbetrag nach § 9a Satz 1 Nummer 1 Buchstabe a des Einkommensteuergesetzes, wenn die berechtigte Person von ihr zu versteuernde Einnahmen hat, die unter § 2c fallen, und
2. eine Vorsorgepauschale
   a) mit den Teilbeträgen nach § 39b Absatz 2 Satz 5 Nummer 3 Buchstabe b und c des Einkommensteuergesetzes, falls die berechtigte Person von ihr zu versteuernde Einnahmen nach § 2c hat, ohne in der gesetzlichen Rentenversicherung oder einer vergleichbaren Einrichtung versicherungspflichtig gewesen zu sein, oder
   b) mit den Teilbeträgen nach § 39b Absatz 2 Satz 5 Nummer 3 Buchstabe a bis c des Einkommensteuergesetzes in allen übrigen Fällen,

   wobei die Höhe der Teilbeträge ohne Berücksichtigung der besonderen Regelungen zur Berechnung der Beiträge nach § 55 Absatz 3 und § 58 Absatz 3 des Elften Buches Sozialgesetzbuch bestimmt wird.

(3) [1]Als Abzug für die Einkommensteuer ist der Betrag anzusetzen, der sich unter Berücksichtigung der Steuerklasse und des Faktors nach § 39f des Einkommensteuergesetzes nach § 2c Absatz 3 ergibt; die Steuerklasse VI bleibt unberücksichtigt. [2]War die berechtigte Person im Bemessungszeitraum nach § 2b in keine Steuerklasse eingereiht oder ist ihr nach § 2d zu berücksichtigender Gewinn höher als ihr nach § 2c zu berücksichtigender Überschuss der Einnahmen über ein Zwölftel des Arbeitnehmer-Pauschbetrags, ist als Abzug für die Einkommensteuer der Betrag anzusetzen, der sich unter Berücksichtigung der Steuerklasse IV ohne Berücksichtigung eines Faktors nach § 39f des Einkommensteuergesetzes ergibt.

(4) [1]Als Abzug für den Solidaritätszuschlag ist der Betrag anzusetzen, der sich nach den Maßgaben des Solidaritätszuschlagsgesetzes 1995 für die Einkommensteuer nach Absatz 3 ergibt. [2]Freibeträge für Kinder werden nach den Maßgaben des § 3 Absatz 2a des Solidaritätszuschlagsgesetzes 1995 berücksichtigt.

(5) [1]Als Abzug für die Kirchensteuer ist der Betrag anzusetzen, der sich unter Anwendung eines Kirchensteuersatzes von 8 Prozent für die Einkommensteuer nach Absatz 3 ergibt. [2]Freibeträge für Kinder werden nach den Maßgaben des § 51a Absatz 2a des Einkommensteuergesetzes berücksichtigt.

(6) Vorbehaltlich der Absätze 2 bis 5 werden Freibeträge und Pauschalen nur berücksichtigt, wenn sie ohne weitere Voraussetzung jeder berechtigten Person zustehen.

§ 2f Abzüge für Sozialabgaben. (1) [1] Als Abzüge für Sozialabgaben sind Beträge für die gesetzliche Sozialversicherung oder für eine vergleichbare Einrichtung sowie für die Arbeitsförderung zu berücksichtigen. [2] Die Abzüge für Sozialabgaben werden einheitlich für Einkommen aus nichtselbstständiger und selbstständiger Erwerbstätigkeit anhand folgender Beitragssatzpauschalen ermittelt:

1. 9 Prozent für die Kranken- und Pflegeversicherung, falls die berechtigte Person in der gesetzlichen Krankenversicherung nach § 5 Absatz 1 Nummer 1 bis 12 des Fünften Buches Sozialgesetzbuch versicherungspflichtig gewesen ist,
2. 10 Prozent für die Rentenversicherung, falls die berechtigte Person in der gesetzlichen Rentenversicherung oder einer vergleichbaren Einrichtung versicherungspflichtig gewesen ist, und
3. 2 Prozent für die Arbeitsförderung, falls die berechtigte Person nach dem Dritten Buch Sozialgesetzbuch versicherungspflichtig gewesen ist.

(2) [1] Bemessungsgrundlage für die Ermittlung der Abzüge für Sozialabgaben ist die monatlich durchschnittlich zu berücksichtigende Summe der Einnahmen nach § 2c und der Gewinneinkünfte nach § 2d. [2] Einnahmen aus Beschäftigungen im Sinne des § 8, des § 8a oder des § 20 Absatz 3 Satz 1 des Vierten Buches Sozialgesetzbuch werden nicht berücksichtigt. [3] Für Einnahmen aus Beschäftigungsverhältnissen im Sinne des § 20 Absatz 2 des Vierten Buches Sozialgesetzbuch ist der Betrag anzusetzen, der sich nach § 344 Absatz 4 des Dritten Buches Sozialgesetzbuch für diese Einnahmen ergibt, wobei der Faktor im Sinne des § 163 Absatz 10 Satz 2 des Sechsten Buches Sozialgesetzbuch unter Zugrundelegung der Beitragssatzpauschalen nach Absatz 1 bestimmt wird.

(3) Andere Maßgaben zur Bestimmung der sozialversicherungsrechtlichen Beitragsbemessungsgrundlagen werden nicht berücksichtigt.

§ 3 Anrechnung von anderen Einnahmen. (1) [1] Auf das der berechtigten Person nach § 2 oder nach § 2 in Verbindung mit § 2a zustehende Elterngeld werden folgende Einnahmen angerechnet:

1. Mutterschaftsleistungen
   a) in Form des Mutterschaftsgeldes nach dem Fünften Buch Sozialgesetzbuch oder nach dem Zweiten Gesetz über die Krankenversicherung der Landwirte mit Ausnahme des Mutterschaftsgeldes nach § 19 Absatz 2 des Mutterschutzgesetzes oder
   b) in Form des Zuschusses zum Mutterschaftsgeld nach § 20 des Mutterschutzgesetzes, die der berechtigten Person für die Zeit ab dem Tag der Geburt des Kindes zustehen,
2. Dienst- und Anwärterbezüge sowie Zuschüsse, die der berechtigten Person nach beamten- oder soldatenrechtlichen Vorschriften für die Zeit eines Beschäftigungsverbots ab dem Tag der Geburt des Kindes zustehen,
3. dem Elterngeld vergleichbare Leistungen, auf die eine nach § 1 berechtigte Person außerhalb Deutschlands oder gegenüber einer über- oder zwischenstaatlichen Einrichtung Anspruch hat,

4. Elterngeld, das der berechtigten Person für ein älteres Kind zusteht, sowie
5. Einnahmen, die der berechtigten Person als Ersatz für Erwerbseinkommen zustehen und
   a) die nicht bereits für die Berechnung des Elterngeldes nach § 2 berücksichtigt werden oder
   b) bei deren Berechnung das Elterngeld nicht berücksichtigt wird.

[2] Stehen der berechtigten Person die Einnahmen nur für einen Teil des Lebensmonats des Kindes zu, sind sie nur auf den entsprechenden Teil des Elterngeldes anzurechnen. [3] Für jeden Kalendermonat, in dem Einnahmen nach Satz 1 Nummer 4 oder Nummer 5 im Bemessungszeitraum bezogen worden sind, wird der Anrechnungsbetrag um ein Zwölftel gemindert. [4] Beginnt der Bezug von Einnahmen nach Satz 1 Nummer 5 nach der Geburt des Kindes und berechnen sich die anzurechnenden Einnahmen auf der Grundlage eines Einkommens, das geringer ist als das Einkommen aus Erwerbstätigkeit im Bemessungszeitraum, so ist der Teil des Elterngeldes in Höhe des nach § 2 Absatz 1 oder 2 maßgeblichen Prozentsatzes des Unterschiedsbetrages zwischen dem durchschnittlichen monatlichen Einkommen aus Erwerbstätigkeit im Bemessungszeitraum und dem durchschnittlichen monatlichen Bemessungseinkommen der anzurechnenden Einnahmen von der Anrechnung freigestellt.

(2) [1] Bis zu einem Betrag von 300 Euro ist das Elterngeld von der Anrechnung nach Absatz 1 frei, soweit nicht Einnahmen nach Absatz 1 Satz 1 Nummer 1 bis 3 auf das Elterngeld anzurechnen sind. [2] Dieser Betrag erhöht sich bei Mehrlingsgeburten um je 300 Euro für das zweite und jedes weitere Kind.

(3) Solange kein Antrag auf die in Absatz 1 Satz 1 Nummer 3 genannten vergleichbaren Leistungen gestellt wird, ruht der Anspruch auf Elterngeld bis zur möglichen Höhe der vergleichbaren Leistung.

§ 4 Bezugsdauer, Anspruchsumfang. (1) [1] Elterngeld wird als Basiselterngeld oder als Elterngeld Plus gewährt. [2] Es kann ab dem Tag der Geburt bezogen werden. [3] Basiselterngeld kann bis zur Vollendung des 14. Lebensmonats des Kindes bezogen werden. [4] Elterngeld Plus kann bis zur Vollendung des 32. Lebensmonats bezogen werden, solange es ab dem 15. Lebensmonat in aufeinander folgenden Lebensmonaten von zumindest einem Elternteil in Anspruch genommen wird. [5] Für angenommene Kinder und Kinder im Sinne des § 1 Absatz 3 Satz 1 Nummer 1 kann Elterngeld ab Aufnahme bei der berechtigten Person längstens bis zur Vollendung des achten Lebensjahres des Kindes bezogen werden.

(2) [1] Elterngeld wird in Monatsbeträgen für Lebensmonate des Kindes gezahlt. [2] Der Anspruch endet mit dem Ablauf des Lebensmonats, in dem eine Anspruchsvoraussetzung entfallen ist. [3] Die Eltern können die jeweiligen Monatsbeträge abwechselnd oder gleichzeitig beziehen.

(3) [1] Die Eltern haben gemeinsam Anspruch auf zwölf Monatsbeträge Basiselterngeld. [2] Ist das Einkommen aus Erwerbstätigkeit eines Elternteils in zwei Lebensmonaten gemindert, haben die Eltern gemeinsam Anspruch auf zwei weitere Monate Basiselterngeld (Partnermonate). [3] Statt für einen Lebensmonat Basiselterngeld zu beanspruchen, kann die berechtigte Person jeweils zwei Lebensmonate Elterngeld Plus beziehen.

(4) [1] Ein Elternteil hat Anspruch auf höchstens zwölf Monatsbeträge Basiselterngeld zuzüglich der höchstens vier zustehenden Monatsbeträge Partner-

schaftsbonus nach § 4b. [2] Ein Elternteil hat nur Anspruch auf Elterngeld, wenn er es mindestens für zwei Lebensmonate bezieht. [3] Lebensmonate des Kindes, in denen einem Elternteil nach § 3 Absatz 1 Satz 1 Nummer 1 bis 3 anzurechnende Leistungen oder nach § 192 Absatz 5 Satz 2 des Versicherungsvertragsgesetzes Versicherungsleistungen zustehen, gelten als Monate, für die dieser Elternteil Basiselterngeld nach § 4a Absatz 1 bezieht.

(5) [1] Abweichend von Absatz 3 Satz 1 beträgt der gemeinsame Anspruch der Eltern auf Basiselterngeld für ein Kind, das

1. mindestens sechs Wochen vor dem voraussichtlichen Tag der Entbindung geboren wurde:
   13 Monatsbeträge Basiselterngeld;
2. mindestens acht Wochen vor dem voraussichtlichen Tag der Entbindung geboren wurde:
   14 Monatsbeträge Basiselterngeld;
3. mindestens zwölf Wochen vor dem voraussichtlichen Tag der Entbindung geboren wurde:
   15 Monatsbeträge Basiselterngeld;
4. mindestens 16 Wochen vor dem voraussichtlichen Tag der Entbindung geboren wurde:
   16 Monatsbeträge Basiselterngeld.

[2] Für die Berechnung des Zeitraums zwischen dem voraussichtlichen Tag der Entbindung und dem tatsächlichen Tag der Geburt ist der voraussichtliche Tag der Entbindung maßgeblich, wie er sich aus dem ärztlichen Zeugnis oder dem Zeugnis einer Hebamme oder eines Entbindungspflegers ergibt.
[3] Im Fall von

1. Satz 1 Nummer 1
   a) hat ein Elternteil abweichend von Absatz 4 Satz 1 Anspruch auf höchstens 13 Monatsbeträge Basiselterngeld zuzüglich der höchstens vier zustehenden Monatsbeträge Partnerschaftsbonus nach § 4b,
   b) kann Basiselterngeld abweichend von Absatz 1 Satz 3 bis zur Vollendung des 15. Lebensmonats des Kindes bezogen werden und
   c) kann Elterngeld Plus abweichend von Absatz 1 Satz 4 bis zur Vollendung des 32. Lebensmonats des Kindes bezogen werden, solange es ab dem 16. Lebensmonat in aufeinander folgenden Lebensmonaten von zumindest einem Elternteil in Anspruch genommen wird;
2. Satz 1 Nummer 2
   a) hat ein Elternteil abweichend von Absatz 4 Satz 1 Anspruch auf höchstens 14 Monatsbeträge Basiselterngeld zuzüglich der höchstens vier zustehenden Monatsbeträge Partnerschaftsbonus nach § 4b,
   b) kann Basiselterngeld abweichend von Absatz 1 Satz 3 bis zur Vollendung des 16. Lebensmonats des Kindes bezogen werden und
   c) kann Elterngeld Plus abweichend von Absatz 1 Satz 4 bis zur Vollendung des 32. Lebensmonats des Kindes bezogen werden, solange es ab dem 17. Lebensmonat in aufeinander folgenden Lebensmonaten von zumindest einem Elternteil in Anspruch genommen wird;
3. Satz 1 Nummer 3

a) hat ein Elternteil abweichend von Absatz 4 Satz 1 Anspruch auf höchstens 15 Monatsbeträge Basiselterngeld zuzüglich der höchstens vier zustehenden Monatsbeträge Partnerschaftsbonus nach § 4b,
b) kann Basiselterngeld abweichend von Absatz 1 Satz 3 bis zur Vollendung des 17. Lebensmonats des Kindes bezogen werden und
c) kann Elterngeld Plus abweichend von Absatz 1 Satz 4 bis zur Vollendung des 32. Lebensmonats des Kindes bezogen werden, solange es ab dem 18. Lebensmonat in aufeinander folgenden Lebensmonaten von zumindest einem Elternteil in Anspruch genommen wird;

4. Satz 1 Nummer 4
a) hat ein Elternteil abweichend von Absatz 4 Satz 1 Anspruch auf höchstens 16 Monatsbeträge Basiselterngeld zuzüglich der höchstens vier zustehenden Monatsbeträge Partnerschaftsbonus nach § 4b,
b) kann Basiselterngeld abweichend von Absatz 1 Satz 3 bis zur Vollendung des 18. Lebensmonats des Kindes bezogen werden und
c) kann Elterngeld Plus abweichend von Absatz 1 Satz 4 bis zur Vollendung des 32. Lebensmonats des Kindes bezogen werden, solange es ab dem 19. Lebensmonat in aufeinander folgenden Lebensmonaten von zumindest einem Elternteil in Anspruch genommen wird.

§ 4a Berechnung von Basiselterngeld und Elterngeld Plus. (1) Basiselterngeld wird allein nach den Vorgaben der §§ 2 bis 3 ermittelt.

(2) [1]Elterngeld Plus wird nach den Vorgaben der §§ 2 bis 3 und den zusätzlichen Vorgaben der Sätze 2 und 3 ermittelt. [2]Das Elterngeld Plus beträgt monatlich höchstens die Hälfte des Basiselterngeldes, das der berechtigten Person zustünde, wenn sie während des Elterngeldbezugs keine Einnahmen im Sinne des § 2 oder des § 3 hätte oder hat. [3]Für die Berechnung des Elterngeldes Plus halbieren sich:

1. der Mindestbetrag für das Elterngeld nach § 2 Absatz 4 Satz 1,
2. der Mindestbetrag des Geschwisterbonus nach § 2a Absatz 1 Satz 1,
3. der Mehrlingszuschlag nach § 2a Absatz 4 sowie
4. die von der Anrechnung freigestellten Elterngeldbeträge nach § 3 Absatz 2.

§ 4b Partnerschaftsbonus. (1) Wenn beide Elternteile

1. nicht weniger als 24 und nicht mehr als 32 Wochenstunden im Durchschnitt des Lebensmonats erwerbstätig sind und
2. die Voraussetzungen des § 1 erfüllen,

hat jeder Elternteil für diesen Lebensmonat Anspruch auf einen zusätzlichen Monatsbetrag Elterngeld Plus (Partnerschaftsbonus).

(2) [1]Die Eltern haben je Elternteil Anspruch auf höchstens vier Monatsbeträge Partnerschaftsbonus. [2]Sie können den Partnerschaftsbonus nur beziehen, wenn sie ihn jeweils für mindestens zwei Lebensmonate in Anspruch nehmen.

(3) Die Eltern können den Partnerschaftsbonus nur gleichzeitig und in aufeinander folgenden Lebensmonaten beziehen.

(4) Treten während des Bezugs des Partnerschaftsbonus die Voraussetzungen für einen alleinigen Bezug nach § 4c Absatz 1 Nummer 1 bis 3 ein, so kann der Bezug durch einen Elternteil nach § 4c Absatz 2 fortgeführt werden.

(5) Das Erfordernis des Bezugs in aufeinander folgenden Lebensmonaten nach Absatz 3 und § 4 Absatz 1 Satz 4 gilt auch dann als erfüllt, wenn sich während des Bezugs oder nach dem Ende des Bezugs herausstellt, dass die Voraussetzungen für den Partnerschaftsbonus nicht in allen Lebensmonaten, für die der Partnerschaftsbonus beantragt wurde, vorliegen oder vorlagen.

§ 4c Alleiniger Bezug durch einen Elternteil. (1) Ein Elternteil kann abweichend von § 4 Absatz 4 Satz 1 zusätzlich auch das Elterngeld für die Partnermonate nach § 4 Absatz 3 Satz 3 beziehen, wenn das Einkommen aus Erwerbstätigkeit für zwei Lebensmonate gemindert ist und

1. bei diesem Elternteil die Voraussetzungen für den Entlastungsbetrag für Alleinerziehende nach § 24b Absatz 1 und 3 des Einkommensteuergesetzes vorliegen und der andere Elternteil weder mit ihm noch mit dem Kind in einer Wohnung lebt,
2. mit der Betreuung durch den anderen Elternteil eine Gefährdung des Kindeswohls im Sinne von § 1666 Absatz 1 und 2 des Bürgerlichen Gesetzbuchs verbunden wäre oder
3. die Betreuung durch den anderen Elternteil unmöglich ist, insbesondere, weil er wegen einer schweren Krankheit oder einer Schwerbehinderung sein Kind nicht betreuen kann; für die Feststellung der Unmöglichkeit der Betreuung bleiben wirtschaftliche Gründe und Gründe einer Verhinderung wegen anderweitiger Tätigkeiten außer Betracht.

(2) Liegt eine der Voraussetzungen des Absatzes 1 Nummer 1 bis 3 vor, so hat ein Elternteil, der in mindestens zwei bis höchstens vier aufeinander folgenden Lebensmonaten nicht weniger als 24 und nicht mehr als 32 Wochenstunden im Durchschnitt des Lebensmonats erwerbstätig ist, für diese Lebensmonate Anspruch auf zusätzliche Monatsbeträge Elterngeld Plus.

§ 4d Weitere Berechtigte. [1]Die §§ 4 bis 4c gelten in den Fällen des § 1 Absatz 3 und 4 entsprechend. [2]Der Bezug von Elterngeld durch nicht sorgeberechtigte Elternteile und durch Personen, die nach § 1 Absatz 3 Satz 1 Nummer 2 und 3 Anspruch auf Elterngeld haben, bedarf der Zustimmung des sorgeberechtigten Elternteils.

Abschnitt 2. Verfahren und Organisation

§ 5 Zusammentreffen von Ansprüchen. (1) Erfüllen beide Elternteile die Anspruchsvoraussetzungen, bestimmen sie, wer von ihnen die Monatsbeträge für welche Lebensmonate des Kindes in Anspruch nimmt.

(2) [1]Beanspruchen beide Elternteile zusammen mehr als die ihnen nach § 4 Absatz 3 und § 4b oder nach § 4 Absatz 3 und § 4b in Verbindung mit § 4d zustehenden Monatsbeträge, so besteht der Anspruch eines Elternteils, der nicht über die Hälfte der zustehenden Monatsbeträge hinausgeht, ungekürzt; der Anspruch des anderen Elternteils wird gekürzt auf die vom Gesamtanspruch verbleibenden Monatsbeträge. [2]Beansprucht jeder der beiden Elternteile mehr als die Hälfte der ihm zustehenden Monatsbeträge, steht jedem Elternteil die Hälfte des Gesamtanspruchs der Monatsbeträge zu.

(3) [1]Die Absätze 1 und 2 gelten in den Fällen des § 1 Absatz 3 und 4 entsprechend. [2]Wird eine Einigung mit einem nicht sorgeberechtigten Elternteil oder einer Person, die nach § 1 Absatz 3 Satz 1 Nummer 2 und 3 Anspruch

auf Elterngeld hat, nicht erzielt, so kommt es abweichend von Absatz 2 allein auf die Entscheidung des sorgeberechtigten Elternteils an.

§ 6 Auszahlung. Elterngeld wird im Laufe des Lebensmonats gezahlt, für den es bestimmt ist.

§ 7 Antragstellung. (1) [1]Elterngeld ist schriftlich zu beantragen. [2]Es wird rückwirkend nur für die letzten drei Lebensmonate vor Beginn des Lebensmonats geleistet, in dem der Antrag auf Elterngeld eingegangen ist. [3]Im Antrag ist anzugeben, für welche Lebensmonate Basiselterngeld, für welche Lebensmonate Elterngeld Plus oder für welche Lebensmonate Partnerschaftsbonus beantragt wird.

(2) [1]Die im Antrag getroffenen Entscheidungen können bis zum Ende des Bezugszeitraums geändert werden. [2]Eine Änderung kann rückwirkend nur für die letzten drei Lebensmonate vor Beginn des Lebensmonats verlangt werden, in dem der Änderungsantrag eingegangen ist. [3]Sie ist außer in den Fällen besonderer Härte unzulässig, soweit Monatsbeträge bereits ausgezahlt sind. [4]Abweichend von den Sätzen 2 und 3 kann für einen Lebensmonat, in dem bereits Elterngeld Plus bezogen wurde, nachträglich Basiselterngeld beantragt werden. [5]Im Übrigen finden die für die Antragstellung geltenden Vorschriften auch auf den Änderungsantrag Anwendung.

(3) [1]Der Antrag ist, außer im Fall des § 4c und der Antragstellung durch eine allein sorgeberechtigte Person, zu unterschreiben von der Person, die ihn stellt, und zur Bestätigung der Kenntnisnahme auch von der anderen berechtigten Person. [2]Die andere berechtigte Person kann gleichzeitig

1. einen Antrag auf Elterngeld stellen oder
2. der Behörde anzeigen, wie viele Monatsbeträge sie beansprucht, wenn mit ihrem Anspruch die Höchstgrenzen nach § 4 Absatz 3 in Verbindung mit § 4b überschritten würden.

[3]Liegt der Behörde von der anderen berechtigten Person weder ein Antrag auf Elterngeld noch eine Anzeige nach Satz 2 vor, so werden sämtliche Monatsbeträge der berechtigten Person ausgezahlt, die den Antrag gestellt hat; die andere berechtigte Person kann bei einem späteren Antrag abweichend von § 5 Absatz 2 nur die unter Berücksichtigung von § 4 Absatz 3 in Verbindung mit § 4b vom Gesamtanspruch verbleibenden Monatsbeträge erhalten.

§ 8 Auskunftspflicht, Nebenbestimmungen. (1) Soweit im Antrag auf Elterngeld Angaben zum voraussichtlichen Einkommen aus Erwerbstätigkeit gemacht wurden, ist nach Ablauf des Bezugszeitraums für diese Zeit das tatsächliche Einkommen aus Erwerbstätigkeit nachzuweisen.

(1a) [1]Die Mitwirkungspflichten nach § 60 des Ersten Buches Sozialgesetzbuch gelten

1. im Falle des § 1 Absatz 8 Satz 2 auch für die andere Person im Sinne des § 1 Absatz 8 Satz 2 und
2. im Falle des § 4b oder des § 4b in Verbindung mit § 4d Satz 1 für beide Personen, die den Partnerschaftsbonus beantragt haben.

[2]§ 65 Absatz 1 und 3 des Ersten Buches Sozialgesetzbuch gilt entsprechend.

(2) [1]Elterngeld wird in den Fällen, in denen die berechtigte Person nach ihren Angaben im Antrag im Bezugszeitraum voraussichtlich kein Einkommen

aus Erwerbstätigkeit haben wird, unter dem Vorbehalt des Widerrufs für den Fall gezahlt, dass sie entgegen ihren Angaben im Antrag Einkommen aus Erwerbstätigkeit hat. [2]In den Fällen, in denen zum Zeitpunkt der Antragstellung der Steuerbescheid für den letzten abgeschlossenen steuerlichen Veranlagungszeitraum vor der Geburt des Kindes nicht vorliegt und nach den Angaben im Antrag die Beträge nach § 1 Absatz 8 voraussichtlich nicht überschritten werden, wird das Elterngeld unter dem Vorbehalt des Widerrufs für den Fall gezahlt, dass entgegen den Angaben im Antrag die Beträge nach § 1 Absatz 8 überschritten werden.

(3) Das Elterngeld wird bis zum Nachweis der jeweils erforderlichen Angaben vorläufig unter Berücksichtigung der glaubhaft gemachten Angaben gezahlt, wenn

1. zum Zeitpunkt der Antragstellung der Steuerbescheid für den letzten abgeschlossenen Veranlagungszeitraum vor der Geburt des Kindes nicht vorliegt und noch nicht angegeben werden kann, ob die Beträge nach § 1 Absatz 8 überschritten werden,
2. das Einkommen aus Erwerbstätigkeit vor der Geburt nicht ermittelt werden kann oder
3. die berechtigte Person nach den Angaben im Antrag auf Elterngeld im Bezugszeitraum voraussichtlich Einkommen aus Erwerbstätigkeit hat.

§ 9 Einkommens- und Arbeitszeitnachweis, Auskunftspflicht des Arbeitgebers. (1) [1]Soweit es zum Nachweis des Einkommens aus Erwerbstätigkeit oder der wöchentlichen Arbeitszeit erforderlich ist, hat der Arbeitgeber der nach § 12 zuständigen Behörde für bei ihm Beschäftigte das Arbeitsentgelt, die für die Ermittlung der nach den §§ 2e und 2f erforderlichen Abzugsmerkmale für Steuern und Sozialabgaben sowie die Arbeitszeit auf Verlangen zu bescheinigen; das Gleiche gilt für ehemalige Arbeitgeber. [2]Für die in Heimarbeit Beschäftigten und die ihnen Gleichgestellten (§ 1 Absatz 1 und 2 des Heimarbeitsgesetzes) tritt an die Stelle des Arbeitgebers der Auftraggeber oder Zwischenmeister.

(2) [1]Für den Nachweis des Einkommens aus Erwerbstätigkeit kann die nach § 12 Absatz 1 zuständige Behörde auch das in § 108a Absatz 1 des Vierten Buches Sozialgesetzbuch vorgesehene Verfahren zur elektronischen Abfrage und Übermittlung von Entgeltbescheinigungsdaten nutzen. [2]Sie darf dieses Verfahren nur nutzen, wenn die betroffene Arbeitnehmerin oder der betroffene Arbeitnehmer zuvor in dessen Nutzung eingewilligt hat. [3]Wenn der betroffene Arbeitgeber ein systemgeprüftes Entgeltabrechnungsprogramm nutzt, ist er verpflichtet, die jeweiligen Entgeltbescheinigungsdaten mit dem in § 108a Absatz 1 des Vierten Buches Sozialgesetzbuch vorgesehenen Verfahren zu übermitteln.

§ 10 Verhältnis zu anderen Sozialleistungen. (1) Das Elterngeld und vergleichbare Leistungen der Länder sowie die nach § 3 auf die Leistung angerechneten Einnahmen oder Leistungen bleiben bei Sozialleistungen, deren Zahlung von anderen Einkommen abhängig ist, bis zu einer Höhe von insgesamt 300 Euro im Monat als Einkommen unberücksichtigt.

(2) Das Elterngeld und vergleichbare Leistungen der Länder sowie die nach § 3 auf die Leistung angerechneten Einnahmen oder Leistungen dürfen bis zu einer Höhe von insgesamt 300 Euro nicht dafür herangezogen werden, um auf

Rechtsvorschriften beruhende Leistungen anderer, auf die kein Anspruch besteht, zu versagen.

(3) Soweit die berechtigte Person Elterngeld Plus bezieht, bleibt das Elterngeld nur bis zur Hälfte des Anrechnungsfreibetrags, der nach Abzug der anderen nach Absatz 1 nicht zu berücksichtigenden Einnahmen für das Elterngeld verbleibt, als Einkommen unberücksichtigt und darf nur bis zu dieser Höhe nicht dafür herangezogen werden, um auf Rechtsvorschriften beruhende Leistungen anderer, auf die kein Anspruch besteht, zu versagen.

(4) Die nach den Absätzen 1 bis 3 nicht zu berücksichtigenden oder nicht heranzuziehenden Beträge vervielfachen sich bei Mehrlingsgeburten mit der Zahl der geborenen Kinder.

(5) [1] Die Absätze 1 bis 4 gelten nicht bei Leistungen nach dem Zweiten Buch Sozialgesetzbuch, dem Zwölften Buch Sozialgesetzbuch, § 6a des Bundeskindergeldgesetzes und dem Asylbewerberleistungsgesetz. [2] Bei den in Satz 1 bezeichneten Leistungen bleiben das Elterngeld und vergleichbare Leistungen der Länder sowie die nach § 3 auf das Elterngeld angerechneten Einnahmen in Höhe des nach § 2 Absatz 1 berücksichtigten Einkommens aus Erwerbstätigkeit vor der Geburt bis zu 300 Euro im Monat als Einkommen unberücksichtigt. [3] Soweit die berechtigte Person Elterngeld Plus bezieht, verringern sich die Beträge nach Satz 2 um die Hälfte.

(6) Die Absätze 1 bis 4 gelten entsprechend, soweit für eine Sozialleistung ein Kostenbeitrag erhoben werden kann, der einkommensabhängig ist.

§ 11 Unterhaltspflichten. [1] Unterhaltsverpflichtungen werden durch die Zahlung des Elterngeldes und vergleichbarer Leistungen der Länder nur insoweit berührt, als die Zahlung 300 Euro monatlich übersteigt. [2] Soweit die berechtigte Person Elterngeld Plus bezieht, werden die Unterhaltspflichten insoweit berührt, als die Zahlung 150 Euro übersteigt. [3] Die in den Sätzen 1 und 2 genannten Beträge vervielfachen sich bei Mehrlingsgeburten mit der Zahl der geborenen Kinder. [4] Die Sätze 1 bis 3 gelten nicht in den Fällen des § 1361 Absatz 3, der §§ 1579, 1603 Absatz 2 und des § 1611 Absatz 1 des Bürgerlichen Gesetzbuchs.

§ 12 Zuständigkeit; Bewirtschaftung der Mittel. (1) [1] Die Landesregierungen oder die von ihnen beauftragten Stellen bestimmen die für die Ausführung dieses Gesetzes zuständigen Behörden. [2] Zuständig ist die von den Ländern für die Durchführung dieses Gesetzes bestimmte Behörde des Bezirks, in dem das Kind, für das Elterngeld beansprucht wird, zum Zeitpunkt der ersten Antragstellung seinen inländischen Wohnsitz hat. [3] Hat das Kind, für das Elterngeld beansprucht wird, in den Fällen des § 1 Absatz 2 zum Zeitpunkt der ersten Antragstellung keinen inländischen Wohnsitz, so ist die von den Ländern für die Durchführung dieses Gesetzes bestimmte Behörde des Bezirks zuständig, in dem die berechtigte Person ihren letzten inländischen Wohnsitz hatte; hilfsweise ist die Behörde des Bezirks zuständig, in dem der entsendende Dienstherr oder Arbeitgeber der berechtigten Person oder der Arbeitgeber des Ehegatten oder der Ehegattin der berechtigten Person den inländischen Sitz hat.

(2) Den nach Absatz 1 zuständigen Behörden obliegt auch die Beratung zur Elternzeit.

(3) Der Bund trägt die Ausgaben für das Elterngeld und das Betreuungsgeld.

§ 13 Rechtsweg. (1) [1] Über öffentlich-rechtliche Streitigkeiten in Angelegenheiten der §§ 1 bis 12 entscheiden die Gerichte der Sozialgerichtsbarkeit. [2] § 85 Absatz 2 Nummer 2 des Sozialgerichtsgesetzes gilt mit der Maßgabe, dass die zuständige Stelle nach § 12 bestimmt wird.

(2) Widerspruch und Anfechtungsklage haben keine aufschiebende Wirkung.

§ 14 Bußgeldvorschriften. (1) Ordnungswidrig handelt, wer vorsätzlich oder fahrlässig

1. entgegen § 8 Absatz 1 einen Nachweis nicht, nicht richtig, nicht vollständig oder nicht rechtzeitig erbringt,
2. entgegen § 9 Absatz 1 eine dort genannte Angabe nicht, nicht richtig, nicht vollständig oder nicht rechtzeitig bescheinigt,
3. entgegen § 60 Absatz 1 Satz 1 Nummer 1 des Ersten Buches Sozialgesetzbuch, auch in Verbindung mit § 8 Absatz 1a Satz 1, eine Angabe nicht, nicht richtig, nicht vollständig oder nicht rechtzeitig macht,
4. entgegen § 60 Absatz 1 Satz 1 Nummer 2 des Ersten Buches Sozialgesetzbuch, auch in Verbindung mit § 8 Absatz 1a Satz 1, eine Mitteilung nicht, nicht richtig, nicht vollständig oder nicht rechtzeitig macht oder
5. entgegen § 60 Absatz 1 Satz 1 Nummer 3 des Ersten Buches Sozialgesetzbuch, auch in Verbindung mit § 8 Absatz 1a Satz 1, eine Beweisurkunde nicht, nicht richtig, nicht vollständig oder nicht rechtzeitig vorlegt.

(2) Die Ordnungswidrigkeit kann mit einer Geldbuße von bis zu zweitausend Euro geahndet werden.

(3) Verwaltungsbehörden im Sinne des § 36 Absatz 1 Nummer 1 des Gesetzes über Ordnungswidrigkeiten sind die in § 12 Absatz 1 genannten Behörden.

Abschnitt 3. Elternzeit für Arbeitnehmerinnen und Arbeitnehmer

§ 15 Anspruch auf Elternzeit. (1) [1] Arbeitnehmerinnen und Arbeitnehmer haben Anspruch auf Elternzeit, wenn sie

1. a) mit ihrem Kind,
   b) mit einem Kind, für das sie die Anspruchsvoraussetzungen nach § 1 Absatz 3 oder 4 erfüllen, oder
   c) mit einem Kind, das sie in Vollzeitpflege nach § 33 des Achten Buches Sozialgesetzbuch aufgenommen haben,

   in einem Haushalt leben und
2. dieses Kind selbst betreuen und erziehen.

[2] Nicht sorgeberechtigte Elternteile und Personen, die nach Satz 1 Nummer 1 Buchstabe b und c Elternzeit nehmen können, bedürfen der Zustimmung des sorgeberechtigten Elternteils.

(1a) [1] Anspruch auf Elternzeit haben Arbeitnehmerinnen und Arbeitnehmer auch, wenn sie mit ihrem Enkelkind in einem Haushalt leben und dieses Kind selbst betreuen und erziehen und

1. ein Elternteil des Kindes minderjährig ist oder

2. ein Elternteil des Kindes sich in einer Ausbildung befindet, die vor Vollendung des 18. Lebensjahres begonnen wurde und die Arbeitskraft des Elternteils im Allgemeinen voll in Anspruch nimmt.

[2]Der Anspruch besteht nur für Zeiten, in denen keiner der Elternteile des Kindes selbst Elternzeit beansprucht.

(2) [1]Der Anspruch auf Elternzeit besteht bis zur Vollendung des dritten Lebensjahres eines Kindes. [2]Ein Anteil von bis zu 24 Monaten kann zwischen dem dritten Geburtstag und dem vollendeten achten Lebensjahr des Kindes in Anspruch genommen werden. [3]Die Zeit der Mutterschutzfrist nach § 3 Absatz 2 und 3 des Mutterschutzgesetzes wird für die Elternzeit der Mutter auf die Begrenzung nach den Sätzen 1 und 2 angerechnet. [4]Bei mehreren Kindern besteht der Anspruch auf Elternzeit für jedes Kind, auch wenn sich die Zeiträume im Sinne der Sätze 1 und 2 überschneiden. [5]Bei einem angenommenen Kind und bei einem Kind in Vollzeit- oder Adoptionspflege kann Elternzeit von insgesamt bis zu drei Jahren ab der Aufnahme bei der berechtigten Person, längstens bis zur Vollendung des achten Lebensjahres des Kindes genommen werden; die Sätze 2 und 4 sind entsprechend anwendbar, soweit sie die zeitliche Aufteilung regeln. [6]Der Anspruch kann nicht durch Vertrag ausgeschlossen oder beschränkt werden.

(3) [1]Die Elternzeit kann, auch anteilig, von jedem Elternteil allein oder von beiden Elternteilen gemeinsam genommen werden. [2]Satz 1 gilt in den Fällen des Absatzes 1 Satz 1 Nummer 1 Buchstabe b und c entsprechend.

(4) [1]Der Arbeitnehmer oder die Arbeitnehmerin darf während der Elternzeit nicht mehr als 32 Wochenstunden im Durchschnitt des Monats erwerbstätig sein. [2]Eine im Sinne des § 23 des Achten Buches Sozialgesetzbuch geeignete Tagespflegeperson darf bis zu fünf Kinder in Tagespflege betreuen, auch wenn die wöchentliche Betreuungszeit 32 Stunden übersteigt. [3]Teilzeitarbeit bei einem anderen Arbeitgeber oder selbstständige Tätigkeit nach Satz 1 bedürfen der Zustimmung des Arbeitgebers. [4]Dieser kann sie nur innerhalb von vier Wochen aus dringenden betrieblichen Gründen schriftlich ablehnen.

(5) [1]Der Arbeitnehmer oder die Arbeitnehmerin kann eine Verringerung der Arbeitszeit und ihre Verteilung beantragen. [2]Über den Antrag sollen sich der Arbeitgeber und der Arbeitnehmer oder die Arbeitnehmerin innerhalb von vier Wochen einigen. [3]Der Antrag kann mit der schriftlichen Mitteilung nach Absatz 7 Satz 1 Nummer 5 verbunden werden. [4]Unberührt bleibt das Recht, sowohl die vor der Elternzeit bestehende Teilzeitarbeit unverändert während der Elternzeit fortzusetzen, soweit Absatz 4 beachtet ist, als auch nach der Elternzeit zu der Arbeitszeit zurückzukehren, die vor Beginn der Elternzeit vereinbart war.

(6) Der Arbeitnehmer oder die Arbeitnehmerin kann gegenüber dem Arbeitgeber, soweit eine Einigung nach Absatz 5 nicht möglich ist, unter den Voraussetzungen des Absatzes 7 während der Gesamtdauer der Elternzeit zweimal eine Verringerung seiner oder ihrer Arbeitszeit beanspruchen.

(7) [1]Für den Anspruch auf Verringerung der Arbeitszeit gelten folgende Voraussetzungen:

1. Der Arbeitgeber beschäftigt, unabhängig von der Anzahl der Personen in Berufsbildung, in der Regel mehr als 15 Arbeitnehmer und Arbeitnehmerinnen,

2. das Arbeitsverhältnis in demselben Betrieb oder Unternehmen besteht ohne Unterbrechung länger als sechs Monate,
3. die vertraglich vereinbarte regelmäßige Arbeitszeit soll für mindestens zwei Monate auf einen Umfang von nicht weniger als 15 und nicht mehr als 32 Wochenstunden im Durchschnitt des Monats verringert werden,
4. dem Anspruch stehen keine dringenden betrieblichen Gründe entgegen und
5. der Anspruch auf Teilzeit wurde dem Arbeitgeber
   a) für den Zeitraum bis zum vollendeten dritten Lebensjahr des Kindes sieben Wochen und
   b) für den Zeitraum zwischen dem dritten Geburtstag und dem vollendeten achten Lebensjahr des Kindes 13 Wochen

   vor Beginn der Teilzeittätigkeit schriftlich mitgeteilt.

[2] Der Antrag muss den Beginn und den Umfang der verringerten Arbeitszeit enthalten. [3] Die gewünschte Verteilung der verringerten Arbeitszeit soll im Antrag angegeben werden. [4] Falls der Arbeitgeber die beanspruchte Verringerung oder Verteilung der Arbeitszeit ablehnen will, muss er dies innerhalb der in Satz 5 genannten Frist mit schriftlicher Begründung tun. [5] Hat ein Arbeitgeber die Verringerung der Arbeitszeit

1. in einer Elternzeit zwischen der Geburt und dem vollendeten dritten Lebensjahr des Kindes nicht spätestens vier Wochen nach Zugang des Antrags oder
2. in einer Elternzeit zwischen dem dritten Geburtstag und dem vollendeten achten Lebensjahr des Kindes nicht spätestens acht Wochen nach Zugang des Antrags

schriftlich abgelehnt, gilt die Zustimmung als erteilt und die Verringerung der Arbeitszeit entsprechend den Wünschen der Arbeitnehmerin oder des Arbeitnehmers als festgelegt. [6] Haben Arbeitgeber und Arbeitnehmerin oder Arbeitnehmer über die Verteilung der Arbeitszeit kein Einvernehmen nach Absatz 5 Satz 2 erzielt und hat der Arbeitgeber nicht innerhalb der in Satz 5 genannten Fristen die gewünschte Verteilung schriftlich abgelehnt, gilt die Verteilung der Arbeitszeit entsprechend den Wünschen der Arbeitnehmerin oder des Arbeitnehmers als festgelegt. [7] Soweit der Arbeitgeber den Antrag auf Verringerung oder Verteilung der Arbeitszeit rechtzeitig ablehnt, kann die Arbeitnehmerin oder der Arbeitnehmer Klage vor dem Gericht für Arbeitssachen erheben.

§ 16 Inanspruchnahme der Elternzeit. (1) [1] Wer Elternzeit beanspruchen will, muss sie

1. für den Zeitraum bis zum vollendeten dritten Lebensjahr des Kindes spätestens sieben Wochen und
2. für den Zeitraum zwischen dem dritten Geburtstag und dem vollendeten achten Lebensjahr des Kindes spätestens 13 Wochen

vor Beginn der Elternzeit schriftlich vom Arbeitgeber verlangen. [2] Verlangt die Arbeitnehmerin oder der Arbeitnehmer Elternzeit nach Satz 1 Nummer 1, muss sie oder er gleichzeitig erklären, für welche Zeiten innerhalb von zwei Jahren Elternzeit genommen werden soll. [3] Bei dringenden Gründen ist ausnahmsweise eine angemessene kürzere Frist möglich. [4] Nimmt die Mutter die Elternzeit im Anschluss an die Mutterschutzfrist, wird die Zeit der Mutterschutzfrist nach § 3 Absatz 2 und 3 des Mutterschutzgesetzes auf den Zeitraum nach Satz 2 angerechnet. [5] Nimmt die Mutter die Elternzeit im Anschluss an einen auf die Mutterschutzfrist folgenden Erholungsurlaub, werden die Zeit der Mutterschutzfrist nach § 3 Absatz 2 und 3 des Mutterschutzgesetzes und die Zeit des Erholungsurlaubs auf den Zweijahreszeitraum nach Satz 2 angerechnet. [6] Jeder Elternteil kann seine Elternzeit auf drei Zeitabschnitte verteilen; eine Verteilung auf weitere Zeitabschnitte ist nur mit der Zustimmung des Arbeitgebers möglich. [7] Der Arbeitgeber kann die Inanspruchnahme eines dritten Abschnitts einer Elternzeit innerhalb von acht Wochen nach Zugang des Antrags aus dringenden betrieblichen Gründen ablehnen, wenn dieser Abschnitt im Zeitraum zwischen dem dritten Geburtstag und dem vollendeten achten Lebensjahr des Kindes liegen soll. [8] Der Arbeitgeber hat dem Arbeitnehmer oder der Arbeitnehmerin die Elternzeit zu bescheinigen. [9] Bei einem Arbeitgeberwechsel ist bei der Anmeldung der Elternzeit auf Verlangen des neuen Arbeitgebers eine Bescheinigung des früheren Arbeitgebers über bereits genommene Elternzeit durch die Arbeitnehmerin oder den Arbeitnehmer vorzulegen.

(2) Können Arbeitnehmerinnen aus einem von ihnen nicht zu vertretenden Grund eine sich unmittelbar an die Mutterschutzfrist des § 3 Absatz 2 und 3 des Mutterschutzgesetzes anschließende Elternzeit nicht rechtzeitig verlangen, können sie dies innerhalb einer Woche nach Wegfall des Grundes nachholen.

(3) [1] Die Elternzeit kann vorzeitig beendet oder im Rahmen des § 15 Absatz 2 verlängert werden, wenn der Arbeitgeber zustimmt. [2] Die vorzeitige Beendigung wegen der Geburt eines weiteren Kindes oder in Fällen besonderer Härte, insbesondere bei Eintritt einer schweren Krankheit, Schwerbehinderung oder Tod eines Elternteils oder eines Kindes der berechtigten Person oder bei erheblich gefährdeter wirtschaftlicher Existenz der Eltern nach Inanspruchnahme der Elternzeit, kann der Arbeitgeber unbeschadet von Satz 3 nur innerhalb von vier Wochen aus dringenden betrieblichen Gründen schriftlich ablehnen. [3] Die Elternzeit kann zur Inanspruchnahme der Schutzfristen des § 3 des Mutterschutzgesetzes auch ohne Zustimmung des Arbeitgebers vorzeitig beendet werden; in diesen Fällen soll die Arbeitnehmerin dem Arbeitgeber die Beendigung der Elternzeit rechtzeitig mitteilen. [4] Eine Verlängerung der Elternzeit kann verlangt werden, wenn ein vorgesehener Wechsel der Anspruchsberechtigten aus einem wichtigen Grund nicht erfolgen kann.

(4) Stirbt das Kind während der Elternzeit, endet diese spätestens drei Wochen nach dem Tod des Kindes.

(5) Eine Änderung in der Anspruchsberechtigung hat der Arbeitnehmer oder die Arbeitnehmerin dem Arbeitgeber unverzüglich mitzuteilen.

§ 17 Urlaub. (1) [1] Der Arbeitgeber kann den Erholungsurlaub, der dem Arbeitnehmer oder der Arbeitnehmerin für das Urlaubsjahr zusteht, für jeden vollen Kalendermonat der Elternzeit um ein Zwölftel kürzen. [2] Dies gilt nicht, wenn der Arbeitnehmer oder die Arbeitnehmerin während der Elternzeit bei seinem oder ihrem Arbeitgeber Teilzeitarbeit leistet.

(2) Hat der Arbeitnehmer oder die Arbeitnehmerin den ihm oder ihr zustehenden Urlaub vor dem Beginn der Elternzeit nicht oder nicht vollständig erhalten, hat der Arbeitgeber den Resturlaub nach der Elternzeit im laufenden oder im nächsten Urlaubsjahr zu gewähren.

(3) Endet das Arbeitsverhältnis während der Elternzeit oder wird es im Anschluss an die Elternzeit nicht fortgesetzt, so hat der Arbeitgeber den noch nicht gewährten Urlaub abzugelten.

(4) Hat der Arbeitnehmer oder die Arbeitnehmerin vor Beginn der Elternzeit mehr Urlaub erhalten, als ihm oder ihr nach Absatz 1 zusteht, kann der Arbeitgeber den Urlaub, der dem Arbeitnehmer oder der Arbeitnehmerin nach dem Ende der Elternzeit zusteht, um die zu viel gewährten Urlaubstage kürzen.

§ 18 Kündigungsschutz. (1) [1] Der Arbeitgeber darf das Arbeitsverhältnis ab dem Zeitpunkt, von dem an Elternzeit verlangt worden ist, nicht kündigen. [2] Der Kündigungsschutz nach Satz 1 beginnt

1. frühestens acht Wochen vor Beginn einer Elternzeit bis zum vollendeten dritten Lebensjahr des Kindes und
2. frühestens 14 Wochen vor Beginn einer Elternzeit zwischen dem dritten Geburtstag und dem vollendeten achten Lebensjahr des Kindes.

[3] Während der Elternzeit darf der Arbeitgeber das Arbeitsverhältnis nicht kündigen. [4] In besonderen Fällen kann ausnahmsweise eine Kündigung für zulässig erklärt werden. [5] Die Zulässigkeitserklärung erfolgt durch die für den Arbeitsschutz zuständige oberste Landesbehörde oder die von ihr bestimmte Stelle. [6] Die Bundesregierung kann mit Zustimmung des Bundesrates allgemeine Verwaltungsvorschriften zur Durchführung des Satzes 4 erlassen.

(2) Absatz 1 gilt entsprechend, wenn Arbeitnehmer oder Arbeitnehmerinnen

1. während der Elternzeit bei demselben Arbeitgeber Teilzeitarbeit leisten oder
2. ohne Elternzeit in Anspruch zu nehmen, Teilzeitarbeit leisten und Anspruch auf Elterngeld nach § 1 während des Zeitraums nach § 4 Absatz 1 Satz 2, 3 und 5 haben.

§ 19 Kündigung zum Ende der Elternzeit. Der Arbeitnehmer oder die Arbeitnehmerin kann das Arbeitsverhältnis zum Ende der Elternzeit nur unter Einhaltung einer Kündigungsfrist von drei Monaten kündigen.

§ 20 Zur Berufsbildung Beschäftigte, in Heimarbeit Beschäftigte. (1) [1] Die zu ihrer Berufsbildung Beschäftigten gelten als Arbeitnehmer und Arbeitnehmerinnen im Sinne dieses Gesetzes. [2] Die Elternzeit wird auf die Dauer einer Berufsausbildung nicht angerechnet, es sei denn, dass während der Elternzeit die Berufsausbildung nach § 7a des Berufsbildungsgesetzes oder § 27b der Handwerksordnung in Teilzeit durchgeführt wird. [3] § 15 Absatz 4 Satz 1 bleibt unberührt.

(2) [1] Anspruch auf Elternzeit haben auch die in Heimarbeit Beschäftigten und die ihnen Gleichgestellten (§ 1 Absatz 1 und 2 des Heimarbeitsgesetzes), soweit sie am Stück mitarbeiten. [2] Für sie tritt an die Stelle des Arbeitgebers der Auftraggeber oder Zwischenmeister und an die Stelle des Arbeitsverhältnisses das Beschäftigungsverhältnis.

§ 21 Befristete Arbeitsverträge. (1) Ein sachlicher Grund, der die Befristung eines Arbeitsverhältnisses rechtfertigt, liegt vor, wenn ein Arbeitnehmer oder eine Arbeitnehmerin zur Vertretung eines anderen Arbeitnehmers oder einer anderen Arbeitnehmerin für die Dauer eines Beschäftigungsverbotes nach dem Mutterschutzgesetz, einer Elternzeit, einer auf Tarifvertrag, Betriebsvereinbarung oder einzelvertraglicher Vereinbarung beruhenden Arbeitsfreistellung zur Betreuung eines Kindes oder für diese Zeiten zusammen oder für Teile davon eingestellt wird.

(2) Über die Dauer der Vertretung nach Absatz 1 hinaus ist die Befristung für notwendige Zeiten einer Einarbeitung zulässig.

(3) Die Dauer der Befristung des Arbeitsvertrags muss kalendermäßig bestimmt oder bestimmbar oder den in den Absätzen 1 und 2 genannten Zwecken zu entnehmen sein.

(4) [1] Der Arbeitgeber kann den befristeten Arbeitsvertrag unter Einhaltung einer Frist von mindestens drei Wochen, jedoch frühestens zum Ende der Elternzeit, kündigen, wenn die Elternzeit ohne Zustimmung des Arbeitgebers vorzeitig endet und der Arbeitnehmer oder die Arbeitnehmerin die vorzeitige Beendigung der Elternzeit mitgeteilt hat. [2] Satz 1 gilt entsprechend, wenn der Arbeitgeber die vorzeitige Beendigung der Elternzeit in den Fällen des § 16 Absatz 3 Satz 2 nicht ablehnen darf.

(5) Das Kündigungsschutzgesetz ist im Falle des Absatzes 4 nicht anzuwenden.

(6) Absatz 4 gilt nicht, soweit seine Anwendung vertraglich ausgeschlossen ist.

(7) [1] Wird im Rahmen arbeitsrechtlicher Gesetze oder Verordnungen auf die Zahl der beschäftigten Arbeitnehmer und Arbeitnehmerinnen abgestellt, so sind bei der Ermittlung dieser Zahl Arbeitnehmer und Arbeitnehmerinnen, die sich in der Elternzeit befinden oder zur Betreuung eines Kindes freigestellt sind, nicht mitzuzählen, solange für sie aufgrund von Absatz 1 ein Vertreter oder eine Vertreterin eingestellt ist. [2] Dies gilt nicht, wenn der Vertreter oder die Vertreterin nicht mitzuzählen ist. [3] Die Sätze 1 und 2 gelten entsprechend, wenn im Rahmen arbeitsrechtlicher Gesetze oder Verordnungen auf die Zahl der Arbeitsplätze abgestellt wird.

Abschnitt 4. Statistik und Schlussvorschriften

§ 22 Bundesstatistik. (1) [1] Zur Beurteilung der Auswirkungen dieses Gesetzes sowie zu seiner Fortentwicklung sind laufende Erhebungen zum Bezug von Elterngeld als Bundesstatistiken durchzuführen. [2] Die Erhebungen erfolgen zentral beim Statistischen Bundesamt.

(2) [1] Die Statistik zum Bezug von Elterngeld erfasst vierteljährlich zum jeweils letzten Tag des aktuellen und der vorangegangenen zwei Kalendermonate für Personen, die in einem dieser Kalendermonate Elterngeld bezogen haben, für jedes den Anspruch auslösende Kind folgende Erhebungsmerkmale:

1. Art der Berechtigung nach § 1,
2. Grundlagen der Berechnung des zustehenden Monatsbetrags nach Art und Höhe (§ 2 Absatz 1, 2, 3 oder 4, § 2a Absatz 1 oder 4, § 2c, die §§ 2d, 2e oder § 2f),
3. Höhe und Art des zustehenden Monatsbetrags (§ 4a Absatz 1 und 2 Satz 1) ohne die Berücksichtigung der Einnahmen nach § 3,
4. Art und Höhe der Einnahmen nach § 3,

5. Inanspruchnahme der als Partnerschaftsbonus gewährten Monatsbeträge nach § 4b Absatz 1 und der weiteren Monatsbeträge Elterngeld Plus nach § 4c Absatz 2,
6. Höhe des monatlichen Auszahlungsbetrags,
7. Geburtstag des Kindes,
8. für die Elterngeld beziehende Person:
   a) Geschlecht, Geburtsjahr und -monat,
   b) Staatsangehörigkeit,
   c) Wohnsitz oder gewöhnlicher Aufenthalt,
   d) Familienstand und unverheiratetes Zusammenleben mit dem anderen Elternteil,
   e) Vorliegen der Voraussetzungen nach § 4c Absatz 1 Nummer 1 und
   f) Anzahl der im Haushalt lebenden Kinder.

[2] Die Angaben nach den Nummern 2, 3, 5 und 6 sind für jeden Lebensmonat des Kindes bezogen auf den nach § 4 Absatz 1 möglichen Zeitraum des Leistungsbezugs zu melden.

(3) Hilfsmerkmale sind:
1. Name und Anschrift der zuständigen Behörde,
2. Name und Telefonnummer sowie Adresse für elektronische Post der für eventuelle Rückfragen zur Verfügung stehenden Person und
3. Kennnummer des Antragstellers oder der Antragstellerin.

§ 23 Auskunftspflicht; Datenübermittlung an das Statistische Bundesamt. (1) [1] Für die Erhebung nach § 22 besteht Auskunftspflicht. [2] Die Angaben nach § 22 Absatz 4 Nummer 2 sind freiwillig. [3] Auskunftspflichtig sind die nach § 12 Absatz 1 zuständigen Stellen.

(2) [1] Der Antragsteller oder die Antragstellerin ist gegenüber den nach § 12 Absatz 1 zuständigen Stellen zu den Erhebungsmerkmalen nach § 22 Absatz 2 und 3 auskunftspflichtig. [2] Die zuständigen Stellen nach § 12 Absatz 1 dürfen die Angaben nach § 22 Absatz 2 Satz 1 Nummer 8 und Absatz 3 Satz 1 Nummer 4, soweit sie für den Vollzug dieses Gesetzes nicht erforderlich sind, nur durch technische und organisatorische Maßnahmen getrennt von den übrigen Daten nach § 22 Absatz 2 und 3 und nur für die Übermittlung an das Statistische Bundesamt verwenden und haben diese unverzüglich nach Übermittlung an das Statistische Bundesamt zu löschen.

(3) Die in sich schlüssigen Angaben sind als Einzeldatensätze elektronisch bis zum Ablauf von 30 Arbeitstagen nach Ablauf des Berichtszeitraums an das Statistische Bundesamt zu übermitteln.

§ 24 Übermittlung von Tabellen mit statistischen Ergebnissen durch das Statistische Bundesamt. [1] Zur Verwendung gegenüber den gesetzgebenden Körperschaften und zu Zwecken der Planung, jedoch nicht zur Regelung von Einzelfällen, übermittelt das Statistische Bundesamt Tabellen mit statistischen Ergebnissen, auch soweit Tabellenfelder nur einen einzigen Fall ausweisen, an die fachlich zuständigen obersten Bundes- oder Landesbehörden. [2] Tabellen, deren Tabellenfelder nur einen einzigen Fall ausweisen, dürfen nur dann übermittelt werden, wenn sie nicht differenzierter als auf Regierungsbezirksebene, im Falle der Stadtstaaten auf Bezirksebene, aufbereitet sind.

§ 24a Übermittlung von Einzelangaben durch das Statistische Bundesamt. (1) [1] Zur Abschätzung von Auswirkungen der Änderungen dieses Gesetzes im Rahmen der Zwecke nach § 24 übermittelt das Statistische Bundesamt auf Anforderung des fachlich zuständigen Bundesministeriums diesem oder von ihm beauftragten Forschungseinrichtungen Einzelangaben ab dem Jahr 2007 ohne Hilfsmerkmale mit Ausnahme des Merkmals nach § 22 Absatz 4 Nummer 3 für die Entwicklung und den Betrieb von Mikrosimulationsmodellen. [2] Die Einzelangaben dürfen nur im hierfür erforderlichen Umfang und mittels eines sicheren Datentransfers übermittelt werden.

(2) [1] Bei der Verarbeitung der Daten nach Absatz 1 ist das Statistikgeheimnis nach § 16 des Bundesstatistikgesetzes zu wahren. [2] Dafür ist die Trennung von statistischen und nichtstatistischen Aufgaben durch Organisation und Verfahren zu gewährleisten. [3] Die nach Absatz 1 übermittelten Daten dürfen nur für die Zwecke verwendet werden, für die sie übermittelt wurden. [4] Die übermittelten Einzeldaten sind nach dem Erreichen des Zweckes zu löschen, zu dem sie übermittelt wurden.

(3) [1] Personen, die Empfängerinnen und Empfänger von Einzelangaben nach Absatz 1 Satz 1 sind, unterliegen der Pflicht zur Geheimhaltung nach § 16 Absatz 1 und 10 des Bundesstatistikgesetzes. [2] Personen, die Einzelangaben nach Absatz 1 Satz 1 erhalten sollen, müssen Amtsträger oder für den öffentlichen Dienst besonders Verpflichtete sein. [3] Personen, die Einzelangaben erhalten sollen und die nicht Amtsträger oder für den öffentlichen Dienst besonders Verpflichtete sind, sind vor der Übermittlung zur Geheimhaltung zu verpflichten. [4] § 1 Absatz 2, 3 und 4 Nummer 2 des Verpflichtungsgesetzes vom 2. März 1974 (BGBl. I S. 469, 547), das durch § 1 Nummer 4 des Gesetzes vom 15. August 1974 (BGBl. I S. 1942) geändert worden ist, gilt in der jeweils geltenden Fassung entsprechend. [5] Die Empfängerinnen und Empfänger von Einzelangaben dürfen aus ihrer Tätigkeit gewonnene Erkenntnisse nur für die in Absatz 1 genannten Zwecke verwenden.

§ 24b Elektronische Unterstützung bei der Antragstellung. (1) [1] Zur elektronischen Unterstützung bei der Antragstellung kann der Bund ein Internetportal einrichten und betreiben. [2] Das Internetportal ermöglicht das elektronische Ausfüllen der Antragsformulare der Länder sowie die Übermittlung der Daten aus dem Antragsformular an die nach § 12 zuständige Behörde. [3] Zuständig für Einrichtung und Betrieb des Internetportals ist das Bundesministerium für Familie, Senioren, Frauen und Jugend. [4] Die Ausführung dieses Gesetzes durch die nach § 12 zuständigen Behörden bleibt davon unberührt.

(2) [1] Das Bundesministerium für Familie, Senioren, Frauen und Jugend ist für das Internetportal datenschutzrechtlich verantwortlich. [2] Für die elektronische Unterstützung bei der Antragstellung darf das Bundesministerium für Familie, Senioren, Frauen und Jugend die zur Beantragung von Elterngeld erforderlichen personenbezogenen Daten sowie die in § 22 genannten statistischen Erhebungsmerkmale verarbeiten, sofern der Nutzer in die Verarbeitung eingewilligt hat. [3] Die statistischen Erhebungsmerkmale einschließlich der zur Beantragung von Elterngeld erforderlichen personenbezogenen Daten sind nach Beendigung der Nutzung des Internetportals unverzüglich zu löschen.

§ 25 Datenübermittlung durch die Standesämter. Beantragt eine Person Elterngeld, so darf das für die Entgegennahme der Anzeige der Geburt zuständige Standesamt der nach § 12 Absatz 1 zuständigen Behörde die erforderlichen Daten über die Beurkundung der Geburt eines Kindes elektronisch übermitteln, wenn die antragstellende Person zuvor in die elektronische Datenübermittlung eingewilligt hat.

§ 26 Anwendung der Bücher des Sozialgesetzbuches. (1) Soweit dieses Gesetz zum Elterngeld keine ausdrückliche Regelung trifft, ist bei der Ausführung des Ersten, Zweiten und Dritten Abschnitts das Erste Kapitel des Zehnten Buches Sozialgesetzbuch anzuwenden.

(2) § 328 Absatz 3 und § 331 des Dritten Buches Sozialgesetzbuch gelten entsprechend.

§ 27 Sonderregelung aus Anlass der COVID-19-Pandemie. (1) [1] Übt ein Elternteil eine systemrelevante Tätigkeit aus, so kann sein Bezug von Elterngeld auf Antrag für die Zeit vom 1. März 2020 bis 31. Dezember 2020 aufgeschoben werden. [2] Der Bezug der verschobenen Lebensmonate ist spätestens bis zum 30. Juni 2021 anzutreten. [3] Wird von der Möglichkeit des Aufschubs Gebrauch gemacht, so kann das Basiselterngeld abweichend von § 4 Absatz 1 Satz 2 und 3 auch noch nach Vollendung des 14. Lebensmonats bezogen werden. [4] In der Zeit vom 1. März 2020 bis 30. Juni 2021 entstehende Lücken im Elterngeldbezug sind abweichend von § 4 Absatz 1 Satz 4 unschädlich.

(2) [1] Für ein Verschieben des Partnerschaftsbonus genügt es, wenn nur ein Elternteil einen systemrelevanten Beruf ausübt. [2] Hat der Bezug des Partnerschaftsbonus bereits begonnen, so gelten allein die Bestimmungen des Absatzes 3.

(3) Liegt der Bezug des Partnerschaftsbonus ganz oder teilweise vor dem Ablauf des 31. Dezember 2021 und kann die berechtigte Person die Voraussetzungen des Bezugs aufgrund der COVID-19-Pandemie nicht einhalten, gelten die Angaben zur Höhe des Einkommens und zum Umfang der Arbeitszeit, die bei der Beantragung des Partnerschaftsbonus glaubhaft gemacht worden sind.

§ 28 Übergangsvorschrift. (1) Für die vor dem 1. September 2021 geborenen oder mit dem Ziel der Adoption aufgenommenen Kinder ist dieses Gesetz in der bis zum 31. August 2021 geltenden Fassung weiter anzuwenden.

(1a) Soweit dieses Gesetz Mutterschaftsgeld nach dem Fünften Buch Sozialgesetzbuch oder nach dem Zweiten Gesetz über die Krankenversicherung der Landwirte in Bezug nimmt, gelten die betreffenden Regelungen für Mutterschaftsgeld nach der Reichsversicherungsordnung oder nach dem Gesetz über die Krankenversicherung der Landwirte entsprechend.

(2) Für die dem Erziehungsgeld vergleichbaren Leistungen der Länder sind § 8 Absatz 1 und § 9 des Bundeserziehungsgeldgesetzes in der bis zum 31. Dezember 2006 geltenden Fassung weiter anzuwenden.

(3) [1] § 1 Absatz 7 Satz 1 Nummer 1 bis 4 in der Fassung des Artikels 36 des Gesetzes vom 12. Dezember 2019 (BGBl. I S. 2451) ist für Entscheidungen anzuwenden, die Zeiträume betreffen, die nach dem 29. Februar 2020 beginnen. [2] § 1 Absatz 7 Satz 1 Nummer 5 in der Fassung des Artikels 36 des Gesetzes vom 12. Dezember 2019 (BGBl. I S. 2451) ist für Entscheidungen anzuwenden, die Zeiträume betreffen, die nach dem 31. Dezember 2019 beginnen.

(4) [1] § 9 Absatz 2 und § 25 sind auf Kinder anwendbar, die nach dem 31. Dezember 2021 geboren oder nach dem 31. Dezember 2021 mit dem Ziel der Adoption aufgenommen worden sind. [2] Zur Erprobung des Verfahrens können diese Regelungen in Pilotprojekten mit Zustimmung des Bundesministeriums für Familie, Senioren, Frauen und Jugend, des Bundesministeriums für Arbeit und Soziales und des Bundesministeriums des Innern, für Bau und Heimat auf Kinder, die vor dem 1. Januar 2022 geboren oder vor dem 1. Januar 2022 zur Adoption aufgenommen worden sind, angewendet werden.

17. Bundesdisziplinargesetz (BDG)[1)]

Vom 9. Juli 2001
(BGBl. I S. 1510)

FNA 2031-4

zuletzt geänd. durch Art. 62 Elfte ZuständigkeitsanpassungsVO v. 19.6.2020 (BGBl. I S. 1328)

Inhaltsübersicht

Teil 1. Allgemeine Bestimmungen

§ 1 Persönlicher Geltungsbereich
§ 2 Sachlicher Geltungsbereich
§ 3 Ergänzende Anwendung des Verwaltungsverfahrensgesetzes und der Verwaltungsgerichtsordnung
§ 4 Gebot der Beschleunigung

Teil 2. Disziplinarmaßnahmen

§ 5 Arten der Disziplinarmaßnahmen
§ 6 Verweis
§ 7 Geldbuße
§ 8 Kürzung der Dienstbezüge
§ 9 Zurückstufung
§ 10 Entfernung aus dem Beamtenverhältnis
§ 11 Kürzung des Ruhegehalts
§ 12 Aberkennung des Ruhegehalts
§ 13 Bemessung der Disziplinarmaßnahme
§ 14 Zulässigkeit von Disziplinarmaßnahmen nach Straf- oder Bußgeldverfahren
§ 15 Disziplinarmaßnahmeverbot wegen Zeitablaufs
§ 16 Verwertungsverbot, Entfernung aus der Personalakte

Teil 3. Behördliches Disziplinarverfahren

Kapitel 1. Einleitung, Ausdehnung und Beschränkung

§ 17 Einleitung von Amts wegen
§ 18 Einleitung auf Antrag des Beamten
§ 19 Ausdehnung und Beschränkung

Kapitel 2. Durchführung

§ 20 Unterrichtung, Belehrung und Anhörung des Beamten
§ 21 Pflicht zur Durchführung von Ermittlungen, Ausnahmen
§ 22 Zusammentreffen von Disziplinarverfahren mit Strafverfahren oder anderen Verfahren, Aussetzung
§ 23 Bindung an tatsächliche Feststellungen aus Strafverfahren oder anderen Verfahren
§ 24 Beweiserhebung
§ 25 Zeugen und Sachverständige
§ 26 Herausgabe von Unterlagen
§ 27 Beschlagnahmen und Durchsuchungen
§ 28 Protokoll
§ 29 Innerdienstliche Informationen
§ 29a Informationen nach Maßgabe des Artikels 56a der Richtlinie 2005/36/EG
§ 30 Abschließende Anhörung
§ 31 Abgabe des Disziplinarverfahrens

Kapitel 3. Abschlussentscheidung

§ 32 Einstellungsverfügung
§ 33 Disziplinarverfügung
§ 34 Erhebung der Disziplinarklage
§ 35 Grenzen der erneuten Ausübung der Disziplinarbefugnisse

[1)] Verkündet als Art. 1 G zur Neuordnung des Bundesdisziplinarrechts v. 9.7.2001 (BGBl. I S. 1510); Inkrafttreten gem. Art. 27 Abs. 1 Satz 3 dieses G am 1.1.2002.

§ 36 Verfahren bei nachträglicher Entscheidung im Straf- oder Bußgeldverfahren
§ 37 Kostentragungspflicht

Kapitel 4. Vorläufige Dienstenthebung und Einbehaltung von Bezügen

§ 38 Zulässigkeit
§ 39 Rechtswirkungen
§ 40 Verfall und Nachzahlung der einbehaltenen Beträge

Kapitel 5. Widerspruchsverfahren

§ 41 Erforderlichkeit, Form und Frist des Widerspruchs
§ 42 Widerspruchsbescheid
§ 43 Grenzen der erneuten Ausübung der Disziplinarbefugnisse
§ 44 Kostentragungspflicht

Teil 4. Gerichtliches Disziplinarverfahren

Kapitel 1. Disziplinargerichtsbarkeit

§ 45 Zuständigkeit der Verwaltungsgerichtsbarkeit
§ 46 Kammer für Disziplinarsachen
§ 47 Beamtenbeisitzer
§ 48 Ausschluss von der Ausübung des Richteramts
§ 49 Nichtheranziehung eines Beamtenbeisitzers
§ 50 Entbindung vom Amt des Beamtenbeisitzers
§ 51 Senate für Disziplinarsachen

Kapitel 2. Disziplinarverfahren vor dem Verwaltungsgericht

Abschnitt 1. Klageverfahren

§ 52 Klageerhebung, Form und Frist der Klage
§ 53 Nachtragsdisziplinarklage
§ 54 Belehrung des Beamten
§ 55 Mängel des behördlichen Disziplinarverfahrens oder der Klageschrift
§ 56 Beschränkung des Disziplinarverfahrens
§ 57 Bindung an tatsächliche Feststellungen aus anderen Verfahren
§ 58 Beweisaufnahme
§ 59 Entscheidung durch Beschluss
§ 60 Mündliche Verhandlung, Entscheidung durch Urteil
§ 61 Grenzen der erneuten Ausübung der Disziplinarbefugnisse

Abschnitt 2. Besondere Verfahren

§ 62 Antrag auf gerichtliche Fristsetzung
§ 63 Antrag auf Aussetzung der vorläufigen Dienstenthebung und der Einbehaltung von Bezügen

Kapitel 3. Disziplinarverfahren vor dem Oberverwaltungsgericht

Abschnitt 1. Berufung

§ 64 Statthaftigkeit, Form und Frist der Berufung
§ 65 Berufungsverfahren
§ 66 Mündliche Verhandlung, Entscheidung durch Urteil

Abschnitt 2. Beschwerde

§ 67 Statthaftigkeit, Form und Frist der Beschwerde
§ 68 Entscheidung des Oberverwaltungsgerichts

Kapitel 4. Disziplinarverfahren vor dem Bundesverwaltungsgericht

§ 69 Form, Frist und Zulassung der Revision
§ 70 Revisionsverfahren, Entscheidung über die Revision

Kapitel 5. Wiederaufnahme des gerichtlichen Disziplinarverfahrens

§ 71 Wiederaufnahmegründe
§ 72 Unzulässigkeit der Wiederaufnahme
§ 73 Frist, Verfahren
§ 74 Entscheidung durch Beschluss
§ 75 Mündliche Verhandlung, Entscheidung des Gerichts
§ 76 Rechtswirkungen, Entschädigung

Kapitel 6. Kosten

§ 77 Kostentragung und erstattungsfähige Kosten
§ 78 Gerichtskosten

Teil 5. Unterhaltsbeitrag, Unterhaltsleistung und Begnadigung
§ 79 Unterhaltsbeitrag bei Entfernung aus dem Beamtenverhältnis oder bei Aberkennung des Ruhegehalts
§ 80 Unterhaltsleistung bei Mithilfe zur Aufdeckung von Straftaten
§ 81 Begnadigung
Teil 6. Besondere Bestimmungen für einzelne Beamtengruppen und für Ruhestandsbeamte
§ 82 Polizeivollzugsbeamte des Bundes
§ 83 Beamte der bundesunmittelbaren Körperschaften, Anstalten und Stiftungen des öffentlichen Rechts
§ 84 Ausübung der Disziplinarbefugnisse bei Ruhestandsbeamten
Teil 7. Übergangs- und Schlussbestimmungen
§ 85 Übergangsbestimmungen
§ 86 Verwaltungsvorschriften
Anlage (zu § 78) Gebührenverzeichnis

Teil 1. Allgemeine Bestimmungen

§ 1 Persönlicher Geltungsbereich. [1]Dieses Gesetz gilt für Beamte und Ruhestandsbeamte im Sinne des Bundesbeamtengesetzes[1)]. [2]Frühere Beamte, die Unterhaltsbeiträge nach den Bestimmungen des Beamtenversorgungsgesetzes[2)] oder entsprechender früherer Regelungen beziehen, gelten bis zum Ende dieses Bezuges als Ruhestandsbeamte, ihre Bezüge als Ruhegehalt. [3]Frühere Beamte mit Anspruch auf Altersgeld gelten, auch soweit der Anspruch ruht, als Ruhestandsbeamte; das Altersgeld gilt als Ruhegehalt.

§ 2 Sachlicher Geltungsbereich. (1) Dieses Gesetz gilt für die

1. von Beamten während ihres Beamtenverhältnisses begangenen Dienstvergehen (§ 77 Abs. 1 des Bundesbeamtengesetzes[1)]) und
2. von Ruhestandsbeamten
   a) während ihres Beamtenverhältnisses begangenen Dienstvergehen (§ 77 Abs. 1 des Bundesbeamtengesetzes) und
   b) nach Eintritt in den Ruhestand begangenen als Dienstvergehen geltenden Handlungen (§ 77 Abs. 2 des Bundesbeamtengesetzes).

(2) [1]Für Beamte und Ruhestandsbeamte, die früher in einem anderen Dienstverhältnis als Beamte, Richter, Berufssoldaten oder Soldaten auf Zeit gestanden haben, gilt dieses Gesetz auch wegen solcher Dienstvergehen, die sie in dem früheren Dienstverhältnis oder als Versorgungsberechtigte aus einem solchen Dienstverhältnis begangen haben; auch bei den aus einem solchen Dienstverhältnis Ausgeschiedenen und Entlassenen gelten Handlungen, die in § 77 Abs. 2 des Bundesbeamtengesetzes bezeichnet sind, als Dienstvergehen. [2]Ein Wechsel des Dienstherrn steht der Anwendung dieses Gesetzes nicht entgegen.

(3) Für Beamte, die Wehrdienst im Rahmen einer Wehrübung, einer Übung, einer besonderen Auslandsverwendung, einer Hilfeleistung im Innern oder einer Hilfeleistung im Ausland leisten, gilt dieses Gesetz auch wegen solcher Dienstvergehen, die während des Wehrdienstes begangen wurden, wenn das Verhalten sowohl soldatenrechtlich als auch beamtenrechtlich ein Dienstvergehen darstellt.

---

1) Nr. 2.
2) Nr. 27.

§ 3 Ergänzende Anwendung des Verwaltungsverfahrensgesetzes und der Verwaltungsgerichtsordnung. Zur Ergänzung dieses Gesetzes sind die Bestimmungen des Verwaltungsverfahrensgesetzes und der Verwaltungsgerichtsordnung entsprechend anzuwenden, soweit sie nicht zu den Bestimmungen dieses Gesetzes in Widerspruch stehen oder soweit nicht in diesem Gesetz etwas anderes bestimmt ist.

§ 4 Gebot der Beschleunigung. Disziplinarverfahren sind beschleunigt durchzuführen.

Teil 2. Disziplinarmaßnahmen

§ 5 Arten der Disziplinarmaßnahmen. (1) Disziplinarmaßnahmen gegen Beamte sind:

1. Verweis (§ 6)
2. Geldbuße (§ 7)
3. Kürzung der Dienstbezüge (§ 8)
4. Zurückstufung (§ 9) und
5. Entfernung aus dem Beamtenverhältnis (§ 10).

(2) Disziplinarmaßnahmen gegen Ruhestandsbeamte sind:

1. Kürzung des Ruhegehalts (§ 11) und
2. Aberkennung des Ruhegehalts (§ 12).

(3) [1] Beamten auf Probe und Beamten auf Widerruf können nur Verweise erteilt und Geldbußen auferlegt werden. [2] Für die Entlassung von Beamten auf Probe und Beamten auf Widerruf wegen eines Dienstvergehens gelten § 34 Abs. 1 Nr. 1 und Abs. 3 sowie § 37 des Bundesbeamtengesetzes[1)].

§ 6 Verweis. [1] Der Verweis ist der schriftliche Tadel eines bestimmten Verhaltens des Beamten. [2] Missbilligende Äußerungen (Zurechtweisungen, Ermahnungen oder Rügen), die nicht ausdrücklich als Verweis bezeichnet werden, sind keine Disziplinarmaßnahmen.

§ 7 Geldbuße. [1] Die Geldbuße kann bis zur Höhe der monatlichen Dienst- oder Anwärterbezüge des Beamten auferlegt werden. [2] Hat der Beamte keine Dienst- oder Anwärterbezüge, darf die Geldbuße bis zu dem Betrag von 500 Euro auferlegt werden.

§ 8 Kürzung der Dienstbezüge. (1) [1] Die Kürzung der Dienstbezüge ist die bruchteilmäßige Verminderung der monatlichen Dienstbezüge des Beamten um höchstens ein Fünftel auf längstens drei Jahre. [2] Sie erstreckt sich auf alle Ämter, die der Beamte bei Eintritt der Unanfechtbarkeit der Entscheidung inne hat. [3] Hat der Beamte aus einem früheren öffentlich-rechtlichen Dienstverhältnis einen Versorgungsanspruch erworben, bleibt dieser von der Kürzung der Dienstbezüge unberührt.

(2) [1] Die Kürzung der Dienstbezüge beginnt mit dem Kalendermonat, der auf den Eintritt der Unanfechtbarkeit der Entscheidung folgt. [2] Tritt der Beamte vor Eintritt der Unanfechtbarkeit der Entscheidung in den Ruhestand, gilt eine

---

[1)] Nr. 2.

entsprechende Kürzung des Ruhegehalts (§ 11) als festgesetzt. [3]Tritt der Beamte während der Dauer der Kürzung der Dienstbezüge in den Ruhestand, wird sein Ruhegehalt entsprechend wie die Dienstbezüge für denselben Zeitraum gekürzt. [4]Sterbegeld sowie Witwen- und Waisengeld werden nicht gekürzt.

(3) [1]Die Kürzung der Dienstbezüge wird gehemmt, solange der Beamte ohne Dienstbezüge beurlaubt ist. [2]Er kann jedoch für die Dauer seiner Beurlaubung den Kürzungsbetrag monatlich vorab an den Dienstherrn entrichten; die Dauer der Kürzung der Dienstbezüge nach der Beendigung der Beurlaubung verringert sich entsprechend.

(4) [1]Solange seine Dienstbezüge gekürzt werden, darf der Beamte nicht befördert werden. [2]Der Zeitraum kann in der Entscheidung abgekürzt werden, sofern dies im Hinblick auf die Dauer des Disziplinarverfahrens angezeigt ist.

(5) [1]Die Rechtsfolgen der Kürzung der Dienstbezüge erstrecken sich auch auf ein neues Beamtenverhältnis. [2]Hierbei steht bei Anwendung des Absatzes 4 die Einstellung oder Anstellung in einem höheren als dem bisherigen Amt der Beförderung gleich.

§ 9 Zurückstufung. (1) [1]Die Zurückstufung ist die Versetzung des Beamten in ein Amt derselben Laufbahn mit geringerem Endgrundgehalt. [2]Der Beamte verliert alle Rechte aus seinem bisherigen Amt einschließlich der damit verbundenen Dienstbezüge und der Befugnis, die bisherige Amtsbezeichnung zu führen. [3]Soweit in der Entscheidung nichts anderes bestimmt ist, enden mit der Zurückstufung auch die Ehrenämter und die Nebentätigkeiten, die der Beamte im Zusammenhang mit dem bisherigen Amt oder auf Verlangen, Vorschlag oder Veranlassung seines Dienstvorgesetzten übernommen hat.

(2) [1]Die Dienstbezüge aus dem neuen Amt werden von dem Kalendermonat an gezahlt, der dem Eintritt der Unanfechtbarkeit der Entscheidung folgt. [2]Tritt der Beamte vor Eintritt der Unanfechtbarkeit der Entscheidung in den Ruhestand, erhält er Versorgungsbezüge nach der in der Entscheidung bestimmten Besoldungsgruppe.

(3) [1]Der Beamte darf frühestens fünf Jahre nach Eintritt der Unanfechtbarkeit der Entscheidung befördert werden. [2]Der Zeitraum kann in der Entscheidung verkürzt werden, sofern dies im Hinblick auf die Dauer des Disziplinarverfahrens angezeigt ist.

(4) [1]Die Rechtsfolgen der Zurückstufung erstrecken sich auch auf ein neues Beamtenverhältnis. [2]Hierbei steht im Hinblick auf Absatz 3 die Einstellung oder Anstellung in einem höheren Amt als dem, in welches der Beamte zurückgestuft wurde, der Beförderung gleich.

§ 10 Entfernung aus dem Beamtenverhältnis. (1) [1]Mit der Entfernung aus dem Beamtenverhältnis endet das Dienstverhältnis. [2]Der Beamte verliert den Anspruch auf Diensbezüge und Versorgung sowie die Befugnis, die Amtsbezeichnung und die im Zusammenhang mit dem Amt verliehenen Titel zu führen und die Dienstkleidung zu tragen.

(2) [1]Die Zahlung der Dienstbezüge wird mit dem Ende des Kalendermonats eingestellt, in dem die Entscheidung unanfechtbar wird. [2]Tritt der Beamte in den Ruhestand, bevor die Entscheidung über die Entfernung aus dem Beamtenverhältnis unanfechtbar wird, gilt die Entscheidung als Aberkennung des Ruhegehalts.

(3) [1] Der aus dem Beamtenverhältnis entfernte Beamte erhält für die Dauer von sechs Monaten einen Unterhaltsbeitrag in Höhe von 50 Prozent der Dienstbezüge, die ihm bei Eintritt der Unanfechtbarkeit der Entscheidung zustehen; eine Einbehaltung von Dienstbezügen nach § 38 Abs. 2 bleibt unberücksichtigt. [2] Die Gewährung des Unterhaltsbeitrags kann in der Entscheidung ganz oder teilweise ausgeschlossen werden, soweit der Beamte ihrer nicht würdig oder den erkennbaren Umständen nach nicht bedürftig ist. [3] Sie kann in der Entscheidung über sechs Monate hinaus verlängert werden, soweit dies notwendig ist, um eine unbillige Härte zu vermeiden; der Beamte hat die Umstände glaubhaft zu machen. [4] Für die Zahlung des Unterhaltsbeitrags gelten die besonderen Regelungen des § 79.

(4) Die Entfernung aus dem Beamtenverhältnis und ihre Rechtsfolgen erstrecken sich auf alle Ämter, die der Beamte bei Eintritt der Unanfechtbarkeit der Entscheidung inne hat.

(5) Wird ein Beamter, der früher in einem anderen Dienstverhältnis im Bundesdienst gestanden hat, aus dem Beamtenverhältnis entfernt, verliert er auch die Ansprüche aus dem früheren Dienstverhältnis, wenn diese Disziplinarmaßnahme wegen eines Dienstvergehens ausgesprochen wird, das in dem früheren Dienstverhältnis begangen wurde.

(6) Ist ein Beamter aus dem Beamtenverhältnis entfernt worden, darf er nicht wieder zum Beamten ernannt werden; es soll auch kein anderes Beschäftigungsverhältnis begründet werden.

§ 11 Kürzung des Ruhegehalts. [1] Die Kürzung des Ruhegehalts ist die bruchteilmäßige Verminderung des monatlichen Ruhegehalts des Ruhestandsbeamten um höchstens ein Fünftel auf längstens drei Jahre. [2] § 8 Abs. 1 Satz 2 und 3 sowie Abs. 2 Satz 1 und 4 gilt entsprechend.

§ 12 Aberkennung des Ruhegehalts. (1) Mit der Aberkennung des Ruhegehalts verliert der Ruhestandsbeamte den Anspruch auf Versorgung einschließlich der Hinterbliebenenversorgung und die Befugnis, die Amtsbezeichnung und die Titel zu führen, die im Zusammenhang mit dem früheren Amt verliehen wurden.

(2) [1] Nach der Aberkennung des Ruhegehalts erhält der Ruhestandsbeamte bis zur Gewährung einer Rente auf Grund einer Nachversicherung, längstens jedoch für die Dauer von sechs Monaten, einen Unterhaltsbeitrag in Höhe von 70 Prozent des Ruhegehalts, das ihm bei Eintritt der Unanfechtbarkeit der Entscheidung zusteht; eine Kürzung des Ruhegehalts nach § 38 Abs. 3 bleibt unberücksichtigt. [2] § 10 Abs. 3 Satz 2 bis 4 gilt entsprechend.

(3) Die Aberkennung des Ruhegehalts und ihre Rechtsfolgen erstrecken sich auf alle Ämter, die der Ruhestandsbeamte bei Eintritt in den Ruhestand inne gehabt hat.

(4) § 10 Abs. 2 Satz 1 sowie Abs. 5 und 6 gilt entsprechend.

§ 13 Bemessung der Disziplinarmaßnahme. (1) [1] Die Entscheidung über eine Disziplinarmaßnahme ergeht nach pflichtgemäßem Ermessen. [2] Die Disziplinarmaßnahme ist nach der Schwere des Dienstvergehens zu bemessen. [3] Das Persönlichkeitsbild des Beamten ist angemessen zu berücksichtigen. [4] Ferner soll berücksichtigt werden, in welchem Umfang der Beamte das Vertrauen des Dienstherrn oder der Allgemeinheit beeinträchtigt hat.

(2) [1] Ein Beamter, der durch ein schweres Dienstvergehen das Vertrauen des Dienstherrn oder der Allgemeinheit endgültig verloren hat, ist aus dem Beamtenverhältnis zu entfernen. [2] Dem Ruhestandsbeamten wird das Ruhegehalt aberkannt, wenn er als noch im Dienst befindlicher Beamter aus dem Beamtenverhältnis hätte entfernt werden müssen.

§ 14 Zulässigkeit von Disziplinarmaßnahmen nach Straf- oder Bußgeldverfahren. (1) Ist gegen einen Beamten im Straf- oder Bußgeldverfahren unanfechtbar eine Strafe, Geldbuße oder Ordnungsmaßnahme verhängt worden oder kann eine Tat nach § 153a Abs. 1 Satz 5 oder Abs. 2 Satz 2 der Strafprozessordnung nach der Erfüllung von Auflagen und Weisungen nicht mehr als Vergehen verfolgt werden, darf wegen desselben Sachverhalts

1. ein Verweis, eine Geldbuße oder eine Kürzung des Ruhegehalts nicht ausgesprochen werden,
2. eine Kürzung der Dienstbezüge nur ausgesprochen werden, wenn dies zusätzlich erforderlich ist, um den Beamten zur Pflichterfüllung anzuhalten.

(2) Ist der Beamte im Straf- oder Bußgeldverfahren rechtskräftig freigesprochen worden, darf wegen des Sachverhalts, der Gegenstand der gerichtlichen Entscheidung gewesen ist, eine Disziplinarmaßnahme nur ausgesprochen werden, wenn dieser Sachverhalt ein Dienstvergehen darstellt, ohne den Tatbestand einer Straf- oder Bußgeldvorschrift zu erfüllen.

§ 15 Disziplinarmaßnahmeverbot wegen Zeitablaufs. (1) Sind seit der Vollendung eines Dienstvergehens mehr als zwei Jahre vergangen, darf ein Verweis nicht mehr erteilt werden.

(2) Sind seit der Vollendung eines Dienstvergehens mehr als drei Jahre vergangen, darf eine Geldbuße, eine Kürzung der Dienstbezüge oder eine Kürzung des Ruhegehalts nicht mehr ausgesprochen werden.

(3) Sind seit der Vollendung eines Dienstvergehens mehr als sieben Jahre vergangen, darf auf Zurückstufung nicht mehr erkannt werden.

(4) Die Fristen der Absätze 1 bis 3 werden durch die Einleitung oder Ausdehnung des Disziplinarverfahrens, die Erhebung der Disziplinarklage, die Erhebung der Nachtragsdisziplinarklage oder die Anordnung oder Ausdehnung von Ermittlungen gegen Beamte auf Probe und Beamte auf Widerruf nach § 34 Abs. 3 Satz 2 und § 37 Abs. 1 in Verbindung mit § 34 Abs. 3 Satz 2 des Bundesbeamtengesetzes[1)] unterbrochen.

(5) [1] Die Fristen der Absätze 1 bis 3 sind für die Dauer des Widerspruchsverfahrens, des gerichtlichen Disziplinarverfahrens, für die Dauer einer Aussetzung des Disziplinarverfahrens nach § 22 oder für die Dauer der Mitwirkung des Personalrats gehemmt. [2] Ist vor Ablauf der Frist wegen desselben Sachverhalts ein Straf- oder Bußgeldverfahren eingeleitet oder eine Klage aus dem Beamtenverhältnis erhoben worden, ist die Frist für die Dauer dieses Verfahrens gehemmt.

§ 16 Verwertungsverbot, Entfernung aus der Personalakte. (1) [1] Ein Verweis darf nach zwei Jahren, eine Geldbuße, eine Kürzung der Dienstbezüge und eine Kürzung des Ruhegehalts dürfen nach drei Jahren und eine Zurück-

---

1) Nr. 2.

stufung darf nach sieben Jahren bei weiteren Disziplinarmaßnahmen und bei sonstigen Personalmaßnahmen nicht mehr berücksichtigt werden (Verwertungsverbot). [2]Der Beamte gilt nach dem Eintritt des Verwertungsverbots als von der Disziplinarmaßnahme nicht betroffen.

(2) [1]Die Frist für das Verwertungsverbot beginnt, sobald die Entscheidung über die Disziplinarmaßnahme unanfechtbar ist. [2]Sie endet nicht, solange ein gegen den Beamten eingeleitetes Straf- oder Disziplinarverfahren nicht unanfechtbar abgeschlossen ist, eine andere Disziplinarmaßnahme berücksichtigt werden darf, eine Entscheidung über die Kürzung der Dienstbezüge noch nicht vollstreckt ist oder ein gerichtliches Verfahren über die Beendigung des Beamtenverhältnisses oder über die Geltendmachung von Schadenersatz gegen den Beamten anhängig ist.

(3) [1]Eintragungen in der Personalakte über die Disziplinarmaßnahme sind nach Eintritt des Verwertungsverbots von Amts wegen zu entfernen und zu vernichten. [2]Das Rubrum und die Entscheidungsformel einer abschließenden gerichtlichen Entscheidung, mit der auf eine Zurückstufung erkannt wurde, verbleiben in der Personalakte. [3]Dabei sind die Bezeichnung weiterer Beteiligter und der Bevollmächtigten, die Namen der Richter sowie die Kostenentscheidung unkenntlich zu machen. [4]Auf Antrag des Beamten unterbleibt die Entfernung oder erfolgt eine gesonderte Aufbewahrung. [5]Der Antrag ist innerhalb eines Monats zu stellen, nachdem dem Beamten die bevorstehende Entfernung mitgeteilt und er auf sein Antragsrecht und die Antragsfrist hingewiesen worden ist. [6]Wird der Antrag gestellt oder verbleiben Rubrum und Entscheidungsformel einer abschließenden gerichtlichen Entscheidung nach Satz 2 in der Personalakte, ist das Verwertungsverbot bei den Eintragungen zu vermerken.

(4) [1]Die Absätze 1 bis 3 gelten entsprechend für Disziplinarvorgänge, die nicht zu einer Disziplinarmaßnahme geführt haben. [2]Die Frist für das Verwertungsverbot beträgt, wenn das Disziplinarverfahren nach § 32 Abs. 1 Nr. 1 eingestellt wird, drei Monate und im Übrigen zwei Jahre. [3]Die Frist beginnt mit dem Eintritt der Unanfechtbarkeit der Entscheidung, die das Disziplinarverfahren abschließt, im Übrigen mit dem Tag, an dem der Dienstvorgesetzte, der für die Einleitung des Disziplinarverfahrens zuständig ist, zureichende tatsächliche Anhaltspunkte erhält, die den Verdacht eines Dienstvergehens rechtfertigen.

(5) Auf die Entfernung und Vernichtung von Disziplinarvorgängen, die zu einer missbilligenden Äußerung geführt haben, findet § 112 Abs. 1 Satz 1 Nr. 2, Satz 2 und 3 des Bundesbeamtengesetzes[1)] Anwendung.

Teil 3. Behördliches Disziplinarverfahren

Kapitel 1. Einleitung, Ausdehnung und Beschränkung

§ 17 Einleitung von Amts wegen. (1) [1]Liegen zureichende tatsächliche Anhaltspunkte vor, die den Verdacht eines Dienstvergehens rechtfertigen, hat der Dienstvorgesetzte die Dienstpflicht, ein Disziplinarverfahren einzuleiten. [2]Der höhere Dienstvorgesetzte und die oberste Dienstbehörde stellen im Rahmen ihrer Aufsicht die Erfüllung dieser Pflicht sicher; sie können das Diszipli-

[1)] Nr. 2.

narverfahren jederzeit an sich ziehen. [3]Die Einleitung ist aktenkundig zu machen.

(2) [1]Ist zu erwarten, dass nach den §§ 14 und 15 eine Disziplinarmaßnahme nicht in Betracht kommt, wird ein Disziplinarverfahren nicht eingeleitet. [2]Die Gründe sind aktenkundig zu machen und dem Beamten bekannt zu geben.

(3) [1]Hat ein Beamter zwei oder mehrere Ämter inne, die nicht im Verhältnis von Haupt- zu Nebenamt stehen, und beabsichtigt der Dienstvorgesetzte, zu dessen Geschäftsbereich eines dieser Ämter gehört, ein Disziplinarverfahren gegen ihn einzuleiten, teilt er dies den Dienstvorgesetzten mit, die für die anderen Ämter zuständig sind. [2]Ein weiteres Disziplinarverfahren kann gegen den Beamten wegen desselben Sachverhalts nicht eingeleitet werden. [3]Hat ein Beamter zwei oder mehrere Ämter inne, die im Verhältnis von Haupt- zu Nebenamt stehen, kann nur der Dienstvorgesetzte ein Disziplinarverfahren gegen ihn einleiten, der für das Hauptamt zuständig ist.

(4) [1]Die Zuständigkeiten nach den Absätzen 1 bis 3 werden durch eine Beurlaubung, eine Abordnung oder eine Zuweisung nicht berührt. [2]Bei einer Abordnung geht die aus Absatz 1 sich ergebende Pflicht hinsichtlich der während der Abordnung begangenen Dienstvergehen auf den neuen Dienstvorgesetzten über, soweit dieser nicht ihre Ausübung den anderen Dienstvorgesetzten überlässt oder soweit nichts anderes bestimmt ist.

§ 18 Einleitung auf Antrag des Beamten. (1) Der Beamte kann bei dem Dienstvorgesetzten oder dem höheren Dienstvorgesetzten die Einleitung eines Disziplinarverfahrens gegen sich selbst beantragen, um sich von dem Verdacht eines Dienstvergehens zu entlasten.

(2) [1]Der Antrag darf nur abgelehnt werden, wenn keine zureichenden tatsächlichen Anhaltspunkte vorliegen, die den Verdacht eines Dienstvergehens rechtfertigen. [2]Die Entscheidung ist dem Beamten mitzuteilen.

(3) § 17 Abs. 1 Satz 2 zweiter Halbsatz und Satz 3 sowie Abs. 3 und 4 gilt entsprechend.

§ 19 Ausdehnung und Beschränkung. (1) [1]Das Disziplinarverfahren kann bis zum Erlass einer Entscheidung nach den §§ 32 bis 34 auf neue Handlungen ausgedehnt werden, die den Verdacht eines Dienstvergehens rechtfertigen. [2]Die Ausdehnung ist aktenkundig zu machen.

(2) [1]Das Disziplinarverfahren kann bis zum Erlass einer Entscheidung nach den §§ 32 bis 34 oder eines Widerspruchsbescheids nach § 42 beschränkt werden, indem solche Handlungen ausgeschieden werden, die für die Art und Höhe der zu erwartenden Disziplinarmaßnahme voraussichtlich nicht ins Gewicht fallen. [2]Die Beschränkung ist aktenkundig zu machen. [3]Die ausgeschiedenen Handlungen können nicht wieder in das Disziplinarverfahren einbezogen werden, es sei denn, die Voraussetzungen für die Beschränkung entfallen nachträglich. [4]Werden die ausgeschiedenen Handlungen nicht wieder einbezogen, können sie nach dem unanfechtbaren Abschluss des Disziplinarverfahrens nicht Gegenstand eines neuen Disziplinarverfahrens sein.

Kapitel 2. Durchführung

§ 20 Unterrichtung, Belehrung und Anhörung des Beamten. (1) [1]Der Beamte ist über die Einleitung des Disziplinarverfahrens unverzüglich zu unterrichten, sobald dies ohne Gefährdung der Aufklärung des Sachverhalts möglich ist. [2]Hierbei ist ihm zu eröffnen, welches Dienstvergehen ihm zur Last gelegt wird. [3]Er ist gleichzeitig darauf hinzuweisen, dass es ihm freisteht, sich mündlich oder schriftlich zu äußern oder nicht zur Sache auszusagen und sich jederzeit eines Bevollmächtigten oder Beistands zu bedienen.

(2) [1]Für die Abgabe einer schriftlichen Äußerung wird dem Beamten eine Frist von einem Monat und für die Abgabe der Erklärung, sich mündlich äußern zu wollen, eine Frist von zwei Wochen gesetzt. [2]Hat der Beamte rechtzeitig erklärt, sich mündlich äußern zu wollen, ist die Anhörung innerhalb von drei Wochen nach Eingang der Erklärung durchzuführen. [3]Ist der Beamte aus zwingenden Gründen gehindert, eine Frist nach Satz 1 einzuhalten oder einer Ladung zur mündlichen Verhandlung Folge zu leisten, und hat er dies unverzüglich mitgeteilt, ist die maßgebliche Frist zu verlängern oder er erneut zu laden. [4]Die Fristsetzungen und Ladungen sind dem Beamten zuzustellen.

(3) Ist die nach Absatz 1 Satz 2 und 3 vorgeschriebene Belehrung unterblieben oder unrichtig erfolgt, darf die Aussage des Beamten nicht zu seinem Nachteil verwertet werden.

§ 21 Pflicht zur Durchführung von Ermittlungen, Ausnahmen.

(1) [1]Zur Aufklärung des Sachverhalts sind die erforderlichen Ermittlungen durchzuführen. [2]Dabei sind die belastenden, die entlastenden und die Umstände zu ermitteln, die für die Bemessung einer Disziplinarmaßnahme bedeutsam sind. [3]Der höhere Dienstvorgesetzte und die oberste Dienstbehörde können die Ermittlungen an sich ziehen.

(2) [1]Von Ermittlungen ist abzusehen, soweit der Sachverhalt auf Grund der tatsächlichen Feststellungen eines rechtskräftigen Urteils im Straf- oder Bußgeldverfahren oder im verwaltungsgerichtlichen Verfahren, durch das nach § 9 des Bundesbesoldungsgesetzes[1)] über den Verlust der Besoldung bei schuldhaftem Fernbleiben vom Dienst entschieden worden ist, feststeht. [2]Von Ermittlungen kann auch abgesehen werden, soweit der Sachverhalt auf sonstige Weise aufgeklärt ist, insbesondere nach der Durchführung eines anderen gesetzlich geordneten Verfahrens.

§ 22 Zusammentreffen von Disziplinarverfahren mit Strafverfahren oder anderen Verfahren, Aussetzung. (1) [1]Ist gegen den Beamten wegen des Sachverhalts, der dem Disziplinarverfahren zugrunde liegt, im Strafverfahren die öffentliche Klage erhoben worden, wird das Disziplinarverfahren ausgesetzt. [2]Die Aussetzung unterbleibt, wenn keine begründeten Zweifel am Sachverhalt bestehen oder wenn im Strafverfahren aus Gründen nicht verhandelt werden kann, die in der Person des Beamten liegen.

(2) Das nach Absatz 1 Satz 1 ausgesetzte Disziplinarverfahren ist unverzüglich fortzusetzen, wenn die Voraussetzungen des Absatzes 1 Satz 2 nachträglich eintreten, spätestens mit dem rechtskräftigen Abschluss des Strafverfahrens.

(3) [1]Das Disziplinarverfahren kann auch ausgesetzt werden, wenn in einem anderen gesetzlich geordneten Verfahren über eine Frage zu entscheiden ist, deren Beurteilung für die Entscheidung im Disziplinarverfahren von wesentlicher Bedeutung ist. [2]Absatz 1 Satz 2 und Absatz 2 gelten entsprechend.

[1)] Nr. **18**.

§ 23 Bindung an tatsächliche Feststellungen aus Strafverfahren oder anderen Verfahren. (1) Die tatsächlichen Feststellungen eines rechtskräftigen Urteils im Straf- oder Bußgeldverfahren oder im verwaltungsgerichtlichen Verfahren, durch das nach § 9 des Bundesbesoldungsgesetzes[1)] über den Verlust der Besoldung bei schuldhaftem Fernbleiben vom Dienst entschieden worden ist, sind im Disziplinarverfahren, das denselben Sachverhalt zum Gegenstand hat, bindend.

(2) Die in einem anderen gesetzlich geordneten Verfahren getroffenen tatsächlichen Feststellungen sind nicht bindend, können aber der Entscheidung im Disziplinarverfahren ohne nochmalige Prüfung zugrunde gelegt werden.

§ 24 Beweiserhebung. (1) [1]Die erforderlichen Beweise sind zu erheben. [2]Hierbei können insbesondere

1. schriftliche dienstliche Auskünfte eingeholt werden,
2. Zeugen und Sachverständige vernommen oder ihre schriftliche Äußerung eingeholt werden,
3. Urkunden und Akten beigezogen sowie
4. der Augenschein eingenommen werden.

(2) Niederschriften über Aussagen von Personen, die schon in einem anderen gesetzlich geordneten Verfahren vernommen worden sind, sowie Niederschriften über einen richterlichen Augenschein können ohne erneute Beweiserhebung verwertet werden.

(3) [1]Über einen Beweisantrag des Beamten ist nach pflichtgemäßem Ermessen zu entscheiden. [2]Dem Beweisantrag ist stattzugeben, soweit er für die Tat- oder Schuldfrage oder für die Bemessung der Art und Höhe einer Disziplinarmaßnahme von Bedeutung sein kann.

(4) [1]Dem Beamten ist Gelegenheit zu geben, an der Vernehmung von Zeugen und Sachverständigen sowie an der Einnahme des Augenscheins teilzunehmen und hierbei sachdienliche Fragen zu stellen. [2]Er kann von der Teilnahme ausgeschlossen werden, soweit dies aus wichtigen Gründen, insbesondere mit Rücksicht auf den Zweck der Ermittlungen oder zum Schutz der Rechte Dritter, erforderlich ist. [3]Ein schriftliches Gutachten ist ihm zugänglich zu machen, soweit nicht zwingende Gründe dem entgegenstehen.

§ 25 Zeugen und Sachverständige. (1) [1]Zeugen sind zur Aussage und Sachverständige zur Erstattung von Gutachten verpflichtet. [2]Die Bestimmungen der Strafprozessordnung über die Pflicht, als Zeuge auszusagen oder als Sachverständiger ein Gutachten zu erstatten, über die Ablehnung von Sachverständigen sowie über die Vernehmung von Angehörigen des öffentlichen Dienstes als Zeugen oder Sachverständige gelten entsprechend.

(2) [1]Verweigern Zeugen oder Sachverständige ohne Vorliegen eines der in den §§ 52 bis 55 und 76 der Strafprozessordnung bezeichneten Gründe die Aussage oder die Erstattung des Gutachtens, kann das Gericht um die Vernehmung ersucht werden. [2]In dem Ersuchen sind der Gegenstand der Vernehmung darzulegen sowie die Namen und Anschriften der Beteiligten anzugeben. [3]Das Gericht entscheidet über die Rechtmäßigkeit der Verweigerung der Aussage oder der Erstattung des Gutachtens.

[1)] Nr. **18**.

(3) Ein Ersuchen nach Absatz 2 darf nur von dem Dienstvorgesetzten, seinem allgemeinen Vertreter oder einem beauftragten Beschäftigten gestellt werden, der die Befähigung zum Richteramt hat.

§ 26 Herausgabe von Unterlagen. [1]Der Beamte hat Schriftstücke, Zeichnungen, bildliche Darstellungen und Aufzeichnungen einschließlich technischer Aufzeichnungen, die einen dienstlichen Bezug aufweisen, auf Verlangen für das Disziplinarverfahren zur Verfügung zu stellen. [2]Das Gericht kann die Herausgabe auf Antrag durch Beschluss anordnen und sie durch die Festsetzung von Zwangsgeld erzwingen; für den Antrag gilt § 25 Abs. 3 entsprechend. [3]Der Beschluss ist unanfechtbar.

§ 27 Beschlagnahmen und Durchsuchungen. (1) [1]Das Gericht kann auf Antrag durch Beschluss Beschlagnahmen und Durchsuchungen anordnen; § 25 Abs. 3 gilt entsprechend. [2]Die Anordnung darf nur getroffen werden, wenn der Beamte des ihm zur Last gelegten Dienstvergehens dringend verdächtig ist und die Maßnahme zu der Bedeutung der Sache und der zu erwartenden Disziplinarmaßnahme nicht außer Verhältnis steht. [3]Die Bestimmungen der Strafprozessordnung über Beschlagnahmen und Durchsuchungen gelten entsprechend, soweit nicht in diesem Gesetz etwas anderes bestimmt ist.

(2) Die Maßnahmen nach Absatz 1 dürfen nur durch die nach der Strafprozessordnung dazu berufenen Behörden durchgeführt werden.

(3) Durch Absatz 1 wird das Grundrecht der Unverletzlichkeit der Wohnung (Artikel 13 Abs. 1 des Grundgesetzes) eingeschränkt.

§ 28 Protokoll. [1]Über Anhörungen des Beamten und Beweiserhebungen sind Protokolle aufzunehmen; § 168a der Strafprozessordnung gilt entsprechend. [2]Bei der Einholung von schriftlichen dienstlichen Auskünften sowie der Beiziehung von Urkunden und Akten genügt die Aufnahme eines Aktenvermerks.

§ 29 Innerdienstliche Informationen. (1) Die Vorlage von Personalakten und anderen Behördenunterlagen mit personenbezogenen Daten sowie die Erteilung von Auskünften aus diesen Akten und Unterlagen an die mit Disziplinarvorgängen befassten Stellen und die Verarbeitung oder Nutzung der so erhobenen personenbezogenen Daten im Disziplinarverfahren sind, soweit nicht andere Rechtsvorschriften dem entgegenstehen, auch gegen den Willen des Beamten oder anderer Betroffener zulässig, wenn und soweit die Durchführung des Disziplinarverfahrens dies erfordert und überwiegende Belange des Beamten, anderer Betroffener oder der ersuchten Stellen nicht entgegenstehen.

(2) Zwischen den Dienststellen eines oder verschiedener Dienstherrn sowie zwischen den Teilen einer Dienststelle sind Mitteilungen über Disziplinarverfahren, über Tatsachen aus Disziplinarverfahren und über Entscheidungen der Disziplinarorgane sowie die Vorlage hierüber geführter Akten zulässig, wenn und soweit dies zur Durchführung des Disziplinarverfahrens, im Hinblick auf die künftige Übertragung von Aufgaben oder Ämtern an den Beamten oder im Einzelfall aus besonderen dienstlichen Gründen unter Berücksichtigung der Belange des Beamten oder anderer Betroffener erforderlich ist.

§ 29a Informationen nach Maßgabe des Artikels 56a der Richtlinie 2005/36/EG. [1]Nach Maßgabe des Artikels 56a der Richtlinie 2005/36/EG des Europäischen Parlaments und des Rates vom 7. September 2005 über die Anerkennung von Berufsqualifikationen (ABl. L 255 vom 30.9.2005, S. 22, L 271 vom 16.10.2007, S. 18, L 93 vom 4.4.2008, S. 28, L 33 vom 3.2.2009, S. 49), die zuletzt durch die Richtlinie 2013/55/EU (ABl. L 354 vom 28.12. 2013, S. 132) geändert worden ist, unterrichten die Dienststellen die zuständigen Behörden der Mitgliedstaaten der Europäischen Union über Entscheidungen der Disziplinarorgane über die

1. Entfernung aus dem Beamtenverhältnis nach § 5 Absatz 1 Nummer 5 in Verbindung mit § 10 Absatz 1,
2. Einstellung eines Disziplinarverfahrens, wenn das Disziplinarverfahren wegen Beendigung des Beamtenverhältnisses nach § 41 Absatz 1 des Bundesbeamtengesetzes[1] nicht zu Ende geführt wird, und
3. Einstellung eines Disziplinarverfahrens, wenn die Beamtin oder der Beamte auf Verlangen nach § 33 des Bundesbeamtengesetzes aus dem Beamtenverhältnis entlassen wird und das Disziplinarverfahren voraussichtlich zur Entfernung aus dem Beamtenverhältnis geführt hätte.

[2]Der Zeitraum nach Artikel 56a Absatz 2 Satz 2 Buchstabe e der Richtlinie 2005/36/EG nach Satz 1 ist der Zeitraum bis zum Erreichen der für die jeweilige Laufbahn maßgeblichen gesetzlichen Altersgrenze für den Eintritt in den Ruhestand, längstens jedoch 15 Jahre.

§ 30 Abschließende Anhörung. [1]Nach der Beendigung der Ermittlungen ist dem Beamten Gelegenheit zu geben, sich abschließend zu äußern; § 20 Abs. 2 gilt entsprechend. [2]Die Anhörung kann unterbleiben, wenn das Disziplinarverfahren nach § 32 Abs. 2 Nr. 2 oder 3 eingestellt werden soll.

§ 31 Abgabe des Disziplinarverfahrens. [1]Hält der Dienstvorgesetzte nach dem Ergebnis der Anhörungen und Ermittlungen seine Befugnisse nach den §§ 32 bis 34 nicht für ausreichend, so führt er die Entscheidung des höheren Dienstvorgesetzten oder der obersten Dienstbehörde herbei. [2]Der höhere Dienstvorgesetzte oder die oberste Dienstbehörde können das Disziplinarverfahren an den Dienstvorgesetzten zurückgeben, wenn sie weitere Ermittlungen für geboten oder dessen Befugnisse für ausreichend halten.

Kapitel 3. Abschlussentscheidung

§ 32 Einstellungsverfügung. (1) Das Disziplinarverfahren wird eingestellt, wenn

1. ein Dienstvergehen nicht erwiesen ist,
2. ein Dienstvergehen zwar erwiesen ist, eine Disziplinarmaßnahme jedoch nicht angezeigt erscheint,
3. nach § 14 oder § 15 eine Disziplinarmaßnahme nicht ausgesprochen werden darf oder
4. das Disziplinarverfahren oder eine Disziplinarmaßnahme aus sonstigen Gründen unzulässig ist.

(2) Das Disziplinarverfahren wird ferner eingestellt, wenn

1. der Beamte stirbt,

---

[1] Nr. 2.

2. das Beamtenverhältnis durch Entlassung, Verlust der Beamtenrechte oder Entfernung endet oder
3. bei einem Ruhestandsbeamten die Folgen einer gerichtlichen Entscheidung nach § 59 Abs. 1 des Beamtenversorgungsgesetzes[1)] eintreten.

(3) Die Einstellungsverfügung ist zu begründen und zuzustellen.

§ 33 Disziplinarverfügung. (1) Ist ein Verweis, eine Geldbuße, eine Kürzung der Dienstbezüge oder eine Kürzung des Ruhegehalts angezeigt, wird eine solche Maßnahme durch Disziplinarverfügung ausgesprochen.

(2) Jeder Dienstvorgesetzte ist zu Verweisen und Geldbußen gegen die ihm unterstellten Beamten befugt.

(3) Kürzungen der Dienstbezüge können festsetzen:
1. die oberste Dienstbehörde bis zum Höchstmaß und
2. die der obersten Dienstbehörde unmittelbar nachgeordneten Dienstvorgesetzten bis zu einer Kürzung um ein Fünftel der Dienstbezüge auf zwei Jahre.

(4) Kürzungen des Ruhegehalts bis zum Höchstmaß kann der nach § 84 zur Ausübung der Disziplinarbefugnisse zuständige Dienstvorgesetzte festsetzen.

(5) Die oberste Dienstbehörde kann ihre Befugnisse nach Absatz 3 Nr. 1 durch allgemeine Anordnung ganz oder teilweise auf nachgeordnete Dienstvorgesetzte übertragen; die Anordnung ist im Bundesgesetzblatt zu veröffentlichen.

(6) Die Disziplinarverfügung ist zu begründen und zuzustellen.

§ 34 Erhebung der Disziplinarklage. (1) Soll gegen den Beamten auf Zurückstufung, auf Entfernung aus dem Beamtenverhältnis oder auf Aberkennung des Ruhegehalts erkannt werden, ist gegen ihn Disziplinarklage zu erheben.

(2) [1] Die Disziplinarklage wird bei Beamten durch die oberste Dienstbehörde, bei Ruhestandsbeamten durch den nach § 84 zur Ausübung der Disziplinarbefugnisse zuständigen Dienstvorgesetzten erhoben. [2] Die oberste Dienstbehörde kann ihre Befugnis nach Satz 1 durch allgemeine Anordnung ganz oder teilweise auf nachgeordnete Dienstvorgesetzte übertragen; die Anordnung ist im Bundesgesetzblatt zu veröffentlichen. [3] § 17 Abs. 1 Satz 2 zweiter Halbsatz sowie Abs. 3 und 4 gilt entsprechend.

§ 35 Grenzen der erneuten Ausübung der Disziplinarbefugnisse.

(1) [1] Die Einstellungsverfügung und die Disziplinarverfügung sind dem höheren Dienstvorgesetzten unverzüglich zuzuleiten. [2] Hält dieser seine Befugnisse nach den Absätzen 2 und 3 nicht für ausreichend, hat er die Einstellungsverfügung oder die Disziplinarverfügung unverzüglich der obersten Dienstbehörde zuzuleiten. [3] Die oberste Dienstbehörde kann das Disziplinarverfahren an den höheren Dienstvorgesetzten zurückgeben, wenn sie weitere Ermittlungen für geboten oder seine Befugnisse für ausreichend hält.

(2) [1] Der höhere Dienstvorgesetzte oder die oberste Dienstbehörde kann ungeachtet einer Einstellung des Disziplinarverfahrens nach § 32 Abs. 1 im Rahmen ihrer Zuständigkeiten wegen desselben Sachverhalts eine Disziplinar-

---

[1)] Nr. 27.

verfügung erlassen oder Disziplinarklage erheben. [2]Eine Entscheidung nach Satz 1 ist nur innerhalb von drei Monaten nach der Zustellung der Einstellungsverfügung zulässig, es sei denn, es ergeht wegen desselben Sachverhalts ein rechtskräftiges Urteil auf Grund von tatsächlichen Feststellungen, die von denjenigen tatsächlichen Feststellungen, auf denen die Entscheidung beruht, abweichen.

(3) [1]Der höhere Dienstvorgesetzte oder die oberste Dienstbehörde kann eine Disziplinarverfügung eines nachgeordneten Dienstvorgesetzten, die oberste Dienstbehörde auch eine von ihr selbst erlassene Disziplinarverfügung jederzeit aufheben. [2]Sie können im Rahmen ihrer Zuständigkeiten in der Sache neu entscheiden oder Disziplinarklage erheben. [3]Eine Verschärfung der Disziplinarmaßnahme nach Art oder Höhe oder die Erhebung der Disziplinarklage ist nur innerhalb von drei Monaten nach der Zustellung der Disziplinarverfügung zulässig, es sei denn, es ergeht wegen desselben Sachverhalts ein rechtskräftiges Urteil auf Grund von tatsächlichen Feststellungen, die von denjenigen tatsächlichen Feststellungen, auf denen die Entscheidung beruht, abweichen.

§ 36 Verfahren bei nachträglicher Entscheidung im Straf- oder Bußgeldverfahren. (1) Ergeht nach dem Eintritt der Unanfechtbarkeit der Disziplinarverfügung in einem Straf- oder Bußgeldverfahren, das wegen desselben Sachverhalts eingeleitet worden ist, unanfechtbar eine Entscheidung, nach der gemäß § 14 die Disziplinarmaßnahme nicht zulässig wäre, ist die Disziplinarverfügung auf Antrag des Beamten von dem Dienstvorgesetzten, der sie erlassen hat, aufzuheben und das Disziplinarverfahren einzustellen.

(2) [1]Die Antragsfrist beträgt drei Monate. [2]Sie beginnt mit dem Tag, an dem der Beamte von der in Absatz 1 bezeichneten Entscheidung Kenntnis erhalten hat.

§ 37 Kostentragungspflicht. (1) [1]Dem Beamten, gegen den eine Disziplinarmaßnahme verhängt wird, können die entstandenen Auslagen auferlegt werden. [2]Bildet das Dienstvergehen, das dem Beamten zur Last gelegt wird, nur zum Teil die Grundlage für die Disziplinarverfügung oder sind durch Ermittlungen, deren Ergebnis zugunsten des Beamten ausgefallen ist, besondere Kosten entstanden, können ihm die Auslagen nur in verhältnismäßigem Umfang auferlegt werden.

(2) [1]Wird das Disziplinarverfahren eingestellt, trägt der Dienstherr die entstandenen Auslagen. [2]Erfolgt die Einstellung trotz Vorliegens eines Dienstvergehens, können die Auslagen dem Beamten auferlegt oder im Verhältnis geteilt werden.

(3) Bei einem Antrag nach § 36 gilt im Falle der Ablehnung des Antrags Absatz 1 und im Falle seiner Stattgabe Absatz 2 entsprechend.

(4) [1]Soweit der Dienstherr die entstandenen Auslagen trägt, hat er dem Beamten auch die Aufwendungen zu erstatten, die zur zweckentsprechenden Rechtsverfolgung notwendig waren. [2]Hat sich der Beamte eines Bevollmächtigten oder Beistands bedient, sind auch dessen Gebühren und Auslagen erstattungsfähig. [3]Aufwendungen, die durch das Verschulden des Beamten entstanden sind, hat dieser selbst zu tragen; das Verschulden eines Vertreters ist ihm zuzurechnen.

Kapitel 4. Vorläufige Dienstenthebung und Einbehaltung von Bezügen

§ 38 Zulässigkeit. (1) [1] Die für die Erhebung der Disziplinarklage zuständige Behörde kann einen Beamten gleichzeitig mit oder nach der Einleitung des Disziplinarverfahrens vorläufig des Dienstes entheben, wenn im Disziplinarverfahren voraussichtlich auf Entfernung aus dem Beamtenverhältnis oder auf Aberkennung des Ruhegehalts erkannt werden wird oder wenn bei einem Beamten auf Probe oder einem Beamten auf Widerruf voraussichtlich eine Entlassung nach § 5 Abs. 3 Satz 2 dieses Gesetzes in Verbindung mit § 34 Abs. 1 Satz 1 Nr. 1 oder § 37 Abs. 1 Satz 1 des Bundesbeamtengesetzes[1)] erfolgen wird. [2] Sie kann den Beamten außerdem vorläufig des Dienstes entheben, wenn durch sein Verbleiben im Dienst der Dienstbetrieb oder die Ermittlungen wesentlich beeinträchtigt würden und die vorläufige Dienstenthebung zu der Bedeutung der Sache und der zu erwartenden Disziplinarmaßnahme nicht außer Verhältnis steht.

(2) [1] Die für die Erhebung der Disziplinarklage zuständige Behörde kann gleichzeitig mit oder nach der vorläufigen Dienstenthebung anordnen, dass dem Beamten bis zu 50 Prozent der monatlichen Dienst- oder Anwärterbezüge einbehalten werden, wenn im Disziplinarverfahren voraussichtlich auf Entfernung aus dem Beamtenverhältnis oder auf Aberkennung des Ruhegehalts erkannt werden wird. [2] Das Gleiche gilt, wenn der Beamte im Beamtenverhältnis auf Probe oder auf Widerruf voraussichtlich nach § 5 Abs. 3 Satz 2 dieses Gesetzes in Verbindung mit § 34 Abs. 1 Satz 1 Nr. 1 oder § 37 Abs. 1 Satz 1 des Bundesbeamtengesetzes entlassen werden wird.

(3) Die für die Erhebung der Disziplinarklage zuständige Behörde kann gleichzeitig mit oder nach der Einleitung des Disziplinarverfahrens anordnen, dass dem Ruhestandsbeamten bis zu 30 Prozent des Ruhegehalts einbehalten werden, wenn im Disziplinarverfahren voraussichtlich auf Aberkennung des Ruhegehalts erkannt werden wird.

(4) Die für die Erhebung der Disziplinarklage zuständige Behörde kann die vorläufige Dienstenthebung, die Einbehaltung von Dienst- oder Anwärterbezügen sowie die Einbehaltung von Ruhegehalt jederzeit ganz oder teilweise aufheben.

§ 39 Rechtswirkungen. (1) [1] Die vorläufige Dienstenthebung wird mit der Zustellung, die Einbehaltung von Bezügen mit dem auf die Zustellung folgenden Fälligkeitstag wirksam und vollziehbar. [2] Sie erstrecken sich auf alle Ämter, die der Beamte inne hat.

(2) Für die Dauer der vorläufigen Dienstenthebung ruhen die im Zusammenhang mit dem Amt entstandenen Ansprüche auf Aufwandsentschädigung.

(3) [1] Wird der Beamte vorläufig des Dienstes enthoben, während er schuldhaft dem Dienst fernbleibt, dauert der nach § 9 des Bundesbesoldungsgesetzes[2)] begründete Verlust der Bezüge fort. [2] Er endet mit dem Zeitpunkt, zu dem der Beamte seinen Dienst aufgenommen hätte, wenn er hieran nicht durch die vorläufige Dienstenthebung gehindert worden wäre. [3] Der Zeitpunkt ist von der für die Erhebung der Disziplinarklage zuständigen Behörde festzustellen und dem Beamten mitzuteilen.

[1)] Nr. 2.
[2)] Nr. **18**.

(4) Die vorläufige Dienstenthebung und die Einbehaltung von Bezügen enden mit dem rechtskräftigen Abschluss des Disziplinarverfahrens.

§ 40 Verfall und Nachzahlung der einbehaltenen Beträge. (1) Die nach § 38 Abs. 2 und 3 einbehaltenen Bezüge verfallen, wenn

1. im Disziplinarverfahren auf Entfernung aus dem Beamtenverhältnis oder auf Aberkennung des Ruhegehalts erkannt worden oder eine Entlassung nach § 5 Abs. 3 Satz 2 dieses Gesetzes in Verbindung mit § 34 Abs. 1 Satz 1 Nr. 1 oder § 37 Abs. 1 Satz 1 des Bundesbeamtengesetzes[1] erfolgt ist,
2. in einem wegen desselben Sachverhalts eingeleiteten Strafverfahren eine Strafe verhängt worden ist, die den Verlust der Rechte als Beamter oder Ruhestandsbeamter zur Folge hat,
3. das Disziplinarverfahren auf Grund des § 32 Abs. 1 Nr. 3 eingestellt worden ist und ein neues Disziplinarverfahren, das innerhalb von drei Monaten nach der Einstellung wegen desselben Sachverhalts eingeleitet worden ist, zur Entfernung aus dem Beamtenverhältnis oder zur Aberkennung des Ruhegehalts geführt hat oder
4. das Disziplinarverfahren aus den Gründen des § 32 Abs. 2 Nr. 2 oder 3 eingestellt worden ist und die für die Erhebung der Disziplinarklage zuständige Behörde (§ 34 Abs. 2) festgestellt hat, dass die Entfernung aus dem Beamtenverhältnis oder die Aberkennung des Ruhegehalts gerechtfertigt gewesen wäre.

(2) [1] Wird das Disziplinarverfahren auf andere Weise als in den Fällen des Absatzes 1 unanfechtbar abgeschlossen, sind die nach § 38 Abs. 2 und 3 einbehaltenen Bezüge nachzuzahlen. [2] Auf die nachzuzahlenden Dienstbezüge können Einkünfte aus genehmigungspflichtigen Nebentätigkeiten (§ 99 des Bundesbeamtengesetzes) angerechnet werden, die der Beamte aus Anlass der vorläufigen Dienstenthebung ausgeübt hat, wenn eine Disziplinarmaßnahme verhängt worden ist oder die für die Erhebung der Disziplinarklage zuständige Behörde feststellt, dass ein Dienstvergehen erwiesen ist. [3] Der Beamte ist verpflichtet, über die Höhe solcher Einkünfte Auskunft zu geben.

Kapitel 5. Widerspruchsverfahren

§ 41 Erforderlichkeit, Form und Frist des Widerspruchs. (1) [1] Vor der Erhebung der Klage des Beamten ist ein Widerspruchsverfahren durchzuführen. [2] Ein Widerspruchsverfahren findet nicht statt, wenn die angefochtene Entscheidung durch die oberste Dienstbehörde erlassen worden ist.

(2) Für die Form und die Frist des Widerspruchs gilt § 70 der Verwaltungsgerichtsordnung.

§ 42 Widerspruchsbescheid. (1) [1] Der Widerspruchsbescheid wird durch die oberste Dienstbehörde, bei Ruhestandsbeamten durch den nach § 84 zuständigen Dienstvorgesetzten erlassen. [2] Die oberste Dienstbehörde kann ihre Zuständigkeit nach Satz 1 durch allgemeine Anordnung ganz oder teilweise auf nachgeordnete Behörden übertragen; die Anordnung ist im Bundesgesetzblatt zu veröffentlichen.

---

[1] Nr. 2.

(2) [1] In dem Widerspruchsbescheid darf die angefochtene Entscheidung nicht zum Nachteil des Beamten abgeändert werden. [2] Die Befugnis, eine abweichende Entscheidung nach § 35 Abs. 3 zu treffen, bleibt unberührt.

§ 43 Grenzen der erneuten Ausübung der Disziplinarbefugnisse.

[1] Der Widerspruchsbescheid ist der obersten Dienstbehörde unverzüglich zuzuleiten. [2] Diese kann den Widerspruchsbescheid, durch den über eine Disziplinarverfügung entschieden worden ist, jederzeit aufheben. [3] Sie kann in der Sache neu entscheiden oder Disziplinarklage erheben. [4] Eine Verschärfung der Disziplinarmaßnahme nach Art oder Höhe oder die Erhebung der Disziplinarklage ist nur innerhalb von drei Monaten nach der Zustellung des Widerspruchsbescheids zulässig, es sei denn, es ergeht wegen desselben Sachverhalts ein rechtskräftiges Urteil auf Grund von tatsächlichen Feststellungen, die von denjenigen tatsächlichen Feststellungen, auf denen die Entscheidung beruht, abweichen.

§ 44 Kostentragungspflicht. (1) [1] Im Widerspruchsverfahren trägt der unterliegende Teil die entstandenen Auslagen. [2] Hat der Widerspruch teilweise Erfolg, sind die Auslagen im Verhältnis zu teilen. [3] Wird eine Disziplinarverfügung trotz des Vorliegens eines Dienstvergehens aufgehoben, können die Auslagen ganz oder teilweise dem Beamten auferlegt werden.

(2) Nimmt der Beamte den Widerspruch zurück, trägt er die entstandenen Auslagen.

(3) Erledigt sich das Widerspruchsverfahren in der Hauptsache auf andere Weise, ist über die entstandenen Auslagen nach billigem Ermessen zu entscheiden.

(4) § 37 Abs. 4 gilt entsprechend.

Teil 4. Gerichtliches Disziplinarverfahren

Kapitel 1. Disziplinargerichtsbarkeit

§ 45 Zuständigkeit der Verwaltungsgerichtsbarkeit. [1] Die Aufgaben der Disziplinargerichtsbarkeit nach diesem Gesetz nehmen die Gerichte der Verwaltungsgerichtsbarkeit wahr. [2] Hierzu werden bei den Verwaltungsgerichten Kammern und bei den Oberverwaltungsgerichten Senate für Disziplinarsachen gebildet. [3] Die Landesgesetzgebung kann die Zuweisung der in Satz 1 genannten Aufgaben an ein Gericht für die Bezirke mehrerer Gerichte anordnen. [4] Soweit nach Landesrecht für Verfahren nach dem Landesdisziplinargesetz ein Gericht für die Bezirke mehrerer Gerichte zuständig ist, ist dieses Gericht, wenn nichts anderes bestimmt wird, auch für die in Satz 1 genannten Aufgaben zuständig. [5] § 50 Abs. 1 Nr. 4 der Verwaltungsgerichtsordnung bleibt unberührt.

§ 46 Kammer für Disziplinarsachen. (1) [1] Die Kammer für Disziplinarsachen entscheidet in der Besetzung von drei Richtern und zwei Beamtenbeisitzern als ehrenamtlichen Richtern, wenn nicht ein Einzelrichter entscheidet. [2] An Beschlüssen außerhalb der mündlichen Verhandlung und an Gerichtsbescheiden wirken die Beamtenbeisitzer nicht mit. [3] Einer der Beamtenbeisitzer soll dem Verwaltungszweig und der Laufbahngruppe des Beamten angehören, gegen den sich das Disziplinarverfahren richtet.

(2) [1] Für die Übertragung des Rechtsstreits auf den Einzelrichter gilt § 6 der Verwaltungsgerichtsordnung. [2] In dem Verfahren der Disziplinarklage ist eine Übertragung auf den Einzelrichter ausgeschlossen.

(3) [1] Der Vorsitzende der Kammer für Disziplinarsachen entscheidet, wenn die Entscheidung im vorbereitenden Verfahren ergeht,

1. bei Zurücknahme der Klage, des Antrags oder eines Rechtsmittels,
2. bei Erledigung des gerichtlichen Disziplinarverfahrens in der Hauptsache und
3. über die Kosten.

[2] Ist ein Berichterstatter bestellt, entscheidet er anstelle des Vorsitzenden.

(4) [1] Die Landesgesetzgebung kann die Besetzung der Kammer für Disziplinarsachen abweichend von den Absätzen 1 bis 3 regeln. [2] Soweit nach Landesrecht für die Verfahren nach dem Landesdisziplinargesetz eine andere Besetzung der Kammer für Disziplinarsachen vorgesehen ist, gilt diese Besetzung, wenn nichts anderes bestimmt wird, auch für die gerichtlichen Verfahren nach diesem Gesetz.

§ 47 Beamtenbeisitzer. (1) [1] Die Beamtenbeisitzer müssen auf Lebenszeit ernannte Beamte im Bundesdienst sein und bei ihrer Auswahl oder Bestellung ihren dienstlichen Wohnsitz (§ 15 des Bundesbesoldungsgesetzes[1)]) im Bezirk des zuständigen Verwaltungsgerichts haben. [2] Ist einem Verwaltungsgericht die Zuständigkeit für die Bezirke mehrerer Verwaltungsgerichte übertragen, müssen die Beamtenbeisitzer ihren dienstlichen Wohnsitz in einem dieser Bezirke haben.

(2) Die §§ 20 bis 29 und 34 der Verwaltungsgerichtsordnung sind vorbehaltlich des § 50 Abs. 3 auf die Beamtenbeisitzer nicht anzuwenden.

(3) Das Verfahren zur Auswahl oder Bestellung der Beamtenbeisitzer bestimmt sich nach Landesrecht.

§ 48 Ausschluss von der Ausübung des Richteramts. (1) Ein Richter oder Beamtenbeisitzer ist von der Ausübung des Richteramts kraft Gesetzes ausgeschlossen, wenn er

1. durch das Dienstvergehen verletzt ist,
2. Ehegatte, Lebenspartner oder gesetzlicher Vertreter des Beamten oder des Verletzten ist oder war,
3. mit dem Beamten oder dem Verletzten in gerader Linie verwandt oder verschwägert oder in der Seitenlinie bis zum dritten Grad verwandt oder bis zum zweiten Grad verschwägert ist oder war,
4. in dem Disziplinarverfahren gegen den Beamten tätig war oder als Zeuge gehört wurde oder als Sachverständiger ein Gutachten erstattet hat,
5. in einem wegen desselben Sachverhalts eingeleiteten Straf- oder Bußgeldverfahren gegen den Beamten beteiligt war,
6. Dienstvorgesetzter des Beamten ist oder war oder bei einem Dienstvorgesetzten des Beamten mit der Bearbeitung von Personalangelegenheiten des Beamten befasst ist oder

---

1) Nr. **18**.

7. als Mitglied einer Personalvertretung in dem Disziplinarverfahren gegen den Beamten mitgewirkt hat.

(2) Ein Beamtenbeisitzer ist auch ausgeschlossen, wenn er der Dienststelle des Beamten angehört.

§ 49 Nichtheranziehung eines Beamtenbeisitzers. Ein Beamtenbeisitzer, gegen den Disziplinarklage oder wegen einer vorsätzlich begangenen Straftat die öffentliche Klage erhoben oder der Erlass eines Strafbefehls beantragt oder dem die Führung seiner Dienstgeschäfte verboten worden ist, darf während dieser Verfahren oder für die Dauer des Verbots zur Ausübung seines Amts nicht herangezogen werden.

§ 50 Entbindung vom Amt des Beamtenbeisitzers. (1) Der Beamtenbeisitzer ist von seinem Amt zu entbinden, wenn

1. er im Strafverfahren rechtskräftig zu einer Freiheitsstrafe verurteilt worden ist,
2. im Disziplinarverfahren gegen ihn unanfechtbar eine Disziplinarmaßnahme mit Ausnahme eines Verweises ausgesprochen worden ist,
3. er in ein Amt außerhalb der Bezirke, für die das Gericht zuständig ist, versetzt wird,
4. das Beamtenverhältnis endet oder
5. die Voraussetzungen für das Amt des Beamtenbeisitzers nach § 47 Abs. 1 bei ihrer Auswahl oder Bestellung nicht vorlagen.

(2) In besonderen Härtefällen kann der Beamtenbeisitzer auch auf Antrag von der weiteren Ausübung des Amts entbunden werden.

(3) Für die Entscheidung gilt § 24 Abs. 3 der Verwaltungsgerichtsordnung entsprechend.

§ 51 Senate für Disziplinarsachen. (1) Für den Senat für Disziplinarsachen des Oberverwaltungsgerichts gelten § 46 Abs. 1 und 3 sowie die §§ 47 bis 50 entsprechend.

(2) Für das Bundesverwaltungsgericht gilt § 48 Abs. 1 entsprechend.

Kapitel 2. Disziplinarverfahren vor dem Verwaltungsgericht

Abschnitt 1. Klageverfahren

§ 52 Klageerhebung, Form und Frist der Klage. (1) [1] Die Disziplinarklage ist schriftlich zu erheben. [2] Die Klageschrift muss den persönlichen und beruflichen Werdegang des Beamten, den bisherigen Gang des Disziplinarverfahrens, die Tatsachen, in denen ein Dienstvergehen gesehen wird, und die anderen Tatsachen und Beweismittel, die für die Entscheidung bedeutsam sind, geordnet darstellen. [3] Liegen die Voraussetzungen des § 23 Abs. 1 vor, kann wegen der Tatsachen, in denen ein Dienstvergehen gesehen wird, auf die bindenden Feststellungen der ihnen zugrunde liegenden Urteile verwiesen werden.

(2) [1] Für die Form und Frist der übrigen Klagen gelten die §§ 74, 75 und 81 der Verwaltungsgerichtsordnung. [2] Der Lauf der Frist des § 75 Satz 2 der Verwaltungsgerichtsordnung ist gehemmt, solange das Disziplinarverfahren nach § 22 ausgesetzt ist.

§ 53 Nachtragsdisziplinarklage. (1) Neue Handlungen, die nicht Gegenstand einer anhängigen Disziplinarklage sind, können nur durch Erhebung einer Nachtragsdisziplinarklage in das Disziplinarverfahren einbezogen werden.

(2) [1] Hält der Dienstherr die Einbeziehung neuer Handlungen für angezeigt, teilt er dies dem Gericht unter Angabe der konkreten Anhaltspunkte mit, die den Verdacht eines Dienstvergehens rechtfertigen. [2] Das Gericht setzt das Disziplinarverfahren vorbehaltlich des Absatzes 3 aus und bestimmt eine Frist, bis zu der die Nachtragsdisziplinarklage erhoben werden kann. [3] Die Frist kann auf einen vor ihrem Ablauf gestellten Antrag des Dienstherrn verlängert werden, wenn dieser sie aus Gründen, die er nicht zu vertreten hat, voraussichtlich nicht einhalten kann. [4] Die Fristsetzung und ihre Verlängerung erfolgen durch Beschluss. [5] Der Beschluss ist unanfechtbar.

(3) [1] Das Gericht kann von einer Aussetzung des Disziplinarverfahrens nach Absatz 2 absehen, wenn die neuen Handlungen für die Art und Höhe der zu erwartenden Disziplinarmaßnahme voraussichtlich nicht ins Gewicht fallen oder ihre Einbeziehung das Disziplinarverfahren erheblich verzögern würde; Absatz 2 Satz 4 und 5 gilt entsprechend. [2] Ungeachtet einer Fortsetzung des Disziplinarverfahrens nach Satz 1 kann wegen der neuen Handlungen bis zur Zustellung der Ladung zur mündlichen Verhandlung oder bis zur Zustellung eines Beschlusses nach § 59 Nachtragsdisziplinarklage erhoben werden. [3] Die neuen Handlungen können auch Gegenstand eines neuen Disziplinarverfahrens sein.

(4) Wird innerhalb der nach Absatz 2 bestimmten Frist nicht Nachtragsdisziplinarklage erhoben, setzt das Gericht das Disziplinarverfahren ohne Einbeziehung der neuen Handlungen fort; Absatz 3 Satz 2 und 3 gilt entsprechend.

§ 54 Belehrung der Beamten. Der Beamte ist durch den Vorsitzenden gleichzeitig mit der Zustellung der Disziplinarklage oder der Nachtragsdisziplinarklage auf die Fristen des § 55 Abs. 1 und des § 58 Abs. 2 sowie auf die Folgen der Fristversäumung hinzuweisen.

§ 55 Mängel des behördlichen Disziplinarverfahrens oder der Klageschrift. (1) Bei einer Disziplinarklage hat der Beamte wesentliche Mängel des behördlichen Disziplinarverfahrens oder der Klageschrift innerhalb zweier Monate nach Zustellung der Klage oder der Nachtragsdisziplinarklage geltend zu machen.

(2) Wesentliche Mängel, die nicht oder nicht innerhalb der Frist des Absatzes 1 geltend gemacht werden, kann das Gericht unberücksichtigt lassen, wenn ihre Berücksichtigung nach seiner freien Überzeugung die Erledigung des Disziplinarverfahrens verzögern würde und der Beamte über die Folgen der Fristversäumung belehrt worden ist; dies gilt nicht, wenn der Beamte zwingede Gründe für die Verspätung glaubhaft macht.

(3) [1] Das Gericht kann dem Dienstherrn zur Beseitigung eines wesentlichen Mangels, den der Beamte rechtzeitig geltend gemacht hat oder dessen Berücksichtigung es unabhängig davon für angezeigt hält, eine Frist setzen. [2] § 53 Abs. 2 Satz 3 bis 5 gilt entsprechend. [3] Wird der Mangel innerhalb der Frist nicht beseitigt, wird das Disziplinarverfahren durch Beschluss des Gerichts eingestellt.

(4) Die rechtskräftige Einstellung nach Absatz 3 steht einem rechtskräftigen Urteil gleich.

§ 56 Beschränkung des Disziplinarverfahrens. [1]Das Gericht kann das Disziplinarverfahren beschränken, indem es solche Handlungen ausscheidet, die für die Art und Höhe der zu erwartenden Disziplinarmaßnahme nicht oder voraussichtlich nicht ins Gewicht fallen. [2]Die ausgeschiedenen Handlungen können nicht wieder in das Disziplinarverfahren einbezogen werden, es sei denn, die Voraussetzungen für die Beschränkung entfallen nachträglich. [3]Werden die ausgeschiedenen Handlungen nicht wieder einbezogen, können sie nach dem unanfechtbaren Abschluss des Disziplinarverfahrens nicht Gegenstand eines neuen Disziplinarverfahrens sein.

§ 57 Bindung an tatsächliche Feststellungen aus anderen Verfahren.

(1) [1]Die tatsächlichen Feststellungen eines rechtskräftigen Urteils im Straf- oder Bußgeldverfahren oder im verwaltungsgerichtlichen Verfahren, durch das nach § 9 des Bundesbesoldungsgesetzes[1)] über den Verlust der Besoldung bei schuldhaftem Fernbleiben vom Dienst entschieden worden ist, sind im Disziplinarverfahren, das denselben Sachverhalt zum Gegenstand hat, für das Gericht bindend. [2]Es hat jedoch die erneute Prüfung solcher Feststellungen zu beschließen, die offenkundig unrichtig sind.

(2) Die in einem anderen gesetzlich geordneten Verfahren getroffenen tatsächlichen Feststellungen sind nicht bindend, können aber der Entscheidung ohne erneute Prüfung zugrunde gelegt werden.

§ 58 Beweisaufnahme. (1) Das Gericht erhebt die erforderlichen Beweise.

(2) [1]Bei einer Disziplinarklage sind Beweisanträge von dem Dienstherrn in der Klageschrift und von dem Beamten innerhalb zweier Monate nach Zustellung der Klage oder der Nachtragsdisziplinarklage zu stellen. [2]Ein verspäteter Antrag kann abgelehnt werden, wenn seine Berücksichtigung nach der freien Überzeugung des Gerichts die Erledigung des Disziplinarverfahrens verzögern würde und der Beamte über die Folgen der Fristversäumung belehrt worden ist; dies gilt nicht, wenn zwingende Gründe für die Verspätung glaubhaft gemacht werden.

(3) Die Bestimmungen der Strafprozessordnung über die Pflicht, als Zeuge auszusagen oder als Sachverständiger ein Gutachten zu erstatten, über die Ablehnung von Sachverständigen sowie über die Vernehmung von Angehörigen des öffentlichen Dienstes als Zeugen und Sachverständige gelten entsprechend.

§ 59 Entscheidung durch Beschluss. (1) [1]Bei einer Disziplinarklage kann das Gericht, auch nach der Eröffnung der mündlichen Verhandlung, mit Zustimmung der Beteiligten durch Beschluss

1. auf die erforderliche Disziplinarmaßnahme (§ 5) erkennen, wenn nur ein Verweis, eine Geldbuße, eine Kürzung der Dienstbezüge oder eine Kürzung des Ruhegehalts verwirkt ist, oder
2. die Disziplinarklage abweisen.

[1)] Nr. **18**.

[2] Zur Erklärung der Zustimmung kann den Beteiligten von dem Gericht, dem Vorsitzenden oder dem Berichterstatter eine Frist gesetzt werden, nach deren Ablauf die Zustimmung als erteilt gilt, wenn nicht ein Beteiligter widersprochen hat.

(2) Der rechtskräftige Beschluss nach Absatz 1 steht einem rechtskräftigen Urteil gleich.

§ 60 Mündliche Verhandlung, Entscheidung durch Urteil. (1) [1] Das Gericht entscheidet über die Klage, wenn das Disziplinarverfahren nicht auf andere Weise abgeschlossen wird, auf Grund mündlicher Verhandlung durch Urteil. [2] § 106 der Verwaltungsgerichtsordnung wird nicht angewandt.

(2) [1] Bei einer Disziplinarklage dürfen nur die Handlungen zum Gegenstand der Urteilsfindung gemacht werden, die dem Beamten in der Klage oder der Nachtragsdisziplinarklage als Dienstvergehen zur Last gelegt werden. [2] Das Gericht kann in dem Urteil

1. auf die erforderliche Disziplinarmaßnahme (§ 5) erkennen oder
2. die Disziplinarklage abweisen.

(3) Bei der Klage gegen eine Disziplinarverfügung prüft das Gericht neben der Rechtmäßigkeit auch die Zweckmäßigkeit der angefochtenen Entscheidung.

§ 61 Grenzen der erneuten Ausübung der Disziplinarbefugnisse.

(1) Soweit der Dienstherr die Disziplinarklage zurückgenommen hat, können die ihr zugrunde liegenden Handlungen nicht mehr Gegenstand eines Disziplinarverfahrens sein.

(2) [1] Hat das Gericht unanfechtbar über die Klage gegen eine Disziplinarverfügung entschieden, ist hinsichtlich der dieser Entscheidung zugrunde liegenden Handlungen eine erneute Ausübung der Disziplinarbefugnisse nur wegen solcher erheblicher Tatsachen und Beweismittel zulässig, die keinen Eingang in das gerichtliche Disziplinarverfahren gefunden haben. [2] Eine Verschärfung der Disziplinarmaßnahme nach Art oder Höhe oder die Erhebung der Disziplinarklage ist nur innerhalb von drei Monaten nach der Zustellung des Urteils zulässig, es sei denn, es ergeht wegen desselben Sachverhalts ein rechtskräftiges Urteil auf Grund von tatsächlichen Feststellungen, die von denjenigen tatsächlichen Feststellungen, auf denen die Entscheidung beruht, abweichen.

Abschnitt 2. Besondere Verfahren

§ 62 Antrag auf gerichtliche Fristsetzung. (1) [1] Ist ein behördliches Disziplinarverfahren nicht innerhalb von sechs Monaten seit der Einleitung durch Einstellung, durch Erlass einer Disziplinarverfügung oder durch Erhebung der Disziplinarklage abgeschlossen worden, kann der Beamte bei dem Gericht die gerichtliche Bestimmung einer Frist zum Abschluss des Disziplinarverfahrens beantragen. [2] Die Frist des Satzes 1 ist gehemmt, solange das Disziplinarverfahren nach § 22 ausgesetzt ist.

(2) [1] Liegt ein zureichender Grund für den fehlenden Abschluss des behördlichen Disziplinarverfahrens innerhalb von sechs Monaten nicht vor, bestimmt das Gericht eine Frist, in der es abzuschließen ist. [2] Anderenfalls lehnt es den Antrag ab. [3] § 53 Abs. 2 Satz 3 bis 5 gilt entsprechend.

(3) Wird das behördliche Disziplinarverfahren innerhalb der nach Absatz 2 bestimmten Frist nicht abgeschlossen, ist es durch Beschluss des Gerichts einzustellen.

(4) Der rechtskräftige Beschluss nach Absatz 3 steht einem rechtskräftigen Urteil gleich.

§ 63 Antrag auf Aussetzung der vorläufigen Dienstenthebung und der Einbehaltung von Bezügen. (1) [1] Der Beamte kann die Aussetzung der vorläufigen Dienstenthebung und der Einbehaltung von Dienst- oder Anwärterbezügen beim Gericht beantragen; Gleiches gilt für den Ruhestandsbeamten bezüglich der Einbehaltung von Ruhegehalt. [2] Der Antrag ist bei dem Oberverwaltungsgericht zu stellen, wenn bei ihm in derselben Sache ein Disziplinarverfahren anhängig ist.

(2) Die vorläufige Dienstenthebung und die Einbehaltung von Bezügen sind auszusetzen, wenn ernstliche Zweifel an ihrer Rechtmäßigkeit bestehen.

(3) Für die Änderung oder Aufhebung von Beschlüssen über Anträge nach Absatz 1 gilt § 80 Abs. 7 der Verwaltungsgerichtsordnung entsprechend.

Kapitel 3. Disziplinarverfahren vor dem Oberverwaltungsgericht

Abschnitt 1. Berufung

§ 64 Statthaftigkeit, Form und Frist der Berufung. (1) [1] Gegen das Urteil des Verwaltungsgerichts über eine Disziplinarklage steht den Beteiligten die Berufung an das Oberverwaltungsgericht zu. [2] Die Berufung ist bei dem Verwaltungsgericht innerhalb eines Monats nach Zustellung des vollständigen Urteils schriftlich einzulegen und zu begründen. [3] Die Begründungsfrist kann auf einen vor ihrem Ablauf gestellten Antrag von dem Vorsitzenden verlängert werden. [4] Die Begründung muss einen bestimmten Antrag sowie die im Einzelnen anzuführenden Gründe der Anfechtung (Berufungsgründe) enthalten. [5] Mangelt es an einem dieser Erfordernisse, ist die Berufung unzulässig.

(2) [1] Im Übrigen steht den Beteiligten die Berufung gegen das Urteil des Verwaltungsgerichts nur zu, wenn sie von dem Verwaltungsgericht oder dem Oberverwaltungsgericht zugelassen wird. [2] Die §§ 124 und 124a der Verwaltungsgerichtsordnung sind anzuwenden.

§ 65 Berufungsverfahren. (1) [1] Für das Berufungsverfahren gelten die Bestimmungen über das Disziplinarverfahren vor dem Verwaltungsgericht entsprechend, soweit sich aus diesem Gesetz nichts anderes ergibt. [2] Die §§ 53 und 54 werden nicht angewandt.

(2) Wesentliche Mängel des behördlichen Disziplinarverfahrens, die nach § 55 Abs. 2 unberücksichtigt bleiben durften, bleiben auch im Berufungsverfahren unberücksichtigt.

(3) [1] Ein Beweisantrag, der vor dem Verwaltungsgericht nicht innerhalb der Frist des § 58 Abs. 2 gestellt worden ist, kann abgelehnt werden, wenn seine Berücksichtigung nach der freien Überzeugung des Oberverwaltungsgerichts die Erledigung des Disziplinarverfahrens verzögern würde und der Beamte im ersten Rechtszug über die Folgen der Fristversäumung belehrt worden ist; dies gilt nicht, wenn zwingende Gründe für die Verspätung glaubhaft gemacht werden. [2] Beweisanträge, die das Verwaltungsgericht zu Recht abgelehnt hat, bleiben auch im Berufungsverfahren ausgeschlossen.

(4) Die durch das Verwaltungsgericht erhobenen Beweise können der Entscheidung ohne erneute Beweisaufnahme zugrunde gelegt werden.

§ 66 Mündliche Verhandlung, Entscheidung durch Urteil. [1]Das Oberverwaltungsgericht entscheidet über die Berufung, wenn das Disziplinarverfahren nicht auf andere Weise abgeschlossen wird, auf Grund mündlicher Verhandlung durch Urteil. [2]§ 106 der Verwaltungsgerichtsordnung wird nicht angewandt.

Abschnitt 2. Beschwerde

§ 67 Statthaftigkeit, Form und Frist der Beschwerde. (1) Für die Statthaftigkeit, Form und Frist der Beschwerde gelten die §§ 146 und 147 der Verwaltungsgerichtsordnung.

(2) Gegen Beschlüsse des Verwaltungsgerichts, durch die nach § 59 Abs. 1 über eine Disziplinarklage entschieden wird, kann die Beschwerde nur auf das Fehlen der Zustimmung der Beteiligten gestützt werden.

(3) Für das Beschwerdeverfahren gegen Beschlüsse des Verwaltungsgerichts über eine Aussetzung nach § 63 gilt § 146 Abs. 4 der Verwaltungsgerichtsordnung entsprechend.

§ 68 Entscheidung des Oberverwaltungsgerichts. Das Oberverwaltungsgericht entscheidet über die Beschwerde durch Beschluss.

Kapitel 4. Disziplinarverfahren vor dem Bundesverwaltungsgericht

§ 69 Form, Frist und Zulassung der Revision. Für die Zulassung der Revision, für die Form und Frist der Einlegung der Revision und der Einlegung der Beschwerde gegen ihre Nichtzulassung sowie für die Revisionsgründe gelten die §§ 132, 133, 137 bis 139 der Verwaltungsgerichtsordnung.

§ 70 Revisionsverfahren, Entscheidung über die Revision. (1) Für das Revisionsverfahren gelten die Bestimmungen über das Disziplinarverfahren vor dem Oberverwaltungsgericht entsprechend.

(2) Für die Entscheidung über die Revision gelten die §§ 143 und 144 der Verwaltungsgerichtsordnung.

Kapitel 5. Wiederaufnahme des gerichtlichen Disziplinarverfahrens

§ 71 Wiederaufnahmegründe. (1) Die Wiederaufnahme des durch rechtskräftiges Urteil abgeschlossenen Disziplinarverfahrens ist zulässig, wenn

1. in dem Urteil eine Disziplinarmaßnahme ausgesprochen worden ist, die nach Art oder Höhe im Gesetz nicht vorgesehen ist,
2. Tatsachen oder Beweismittel beigebracht werden, die erheblich und neu sind,
3. das Urteil auf dem Inhalt einer unechten oder verfälschten Urkunde oder auf einem vorsätzlich oder fahrlässig falsch abgegebenen Zeugnis oder Gutachten beruht,
4. ein Urteil, auf dessen tatsächlichen Feststellungen das Urteil im Disziplinarverfahren beruht, durch ein anderes rechtskräftiges Urteil aufgehoben worden ist,

5. an dem Urteil ein Richter oder Beamtenbeisitzer mitgewirkt hat, der sich in dieser Sache der strafbaren Verletzung einer Amtspflicht schuldig gemacht hat,
6. an dem Urteil ein Richter oder Beamtenbeisitzer mitgewirkt hat, der von der Ausübung des Richteramts kraft Gesetzes ausgeschlossen war, es sei denn, dass die Gründe für den gesetzlichen Ausschluss bereits erfolglos geltend gemacht worden waren,
7. der Beamte nachträglich glaubhaft ein Dienstvergehen eingesteht, das in dem Disziplinarverfahren nicht hat festgestellt werden können, oder
8. im Verfahren der Disziplinarklage nach dessen rechtskräftigem Abschluss in einem wegen desselben Sachverhalts eingeleiteten Straf- oder Bußgeldverfahren unanfechtbar eine Entscheidung ergeht, nach der gemäß § 14 die Disziplinarmaßnahme nicht zulässig wäre.

(2) [1] Erheblich im Sinne des Absatzes 1 Nr. 2 sind Tatsachen und Beweismittel, wenn sie allein oder in Verbindung mit den früher getroffenen Feststellungen geeignet sind, eine andere Entscheidung zu begründen, die Ziel der Wiederaufnahme des Disziplinarverfahrens sein kann. [2] Neu im Sinne des Absatzes 1 Nr. 2 sind Tatsachen und Beweismittel, die dem Gericht bei seiner Entscheidung nicht bekannt gewesen sind. [3] Ergeht nach Eintritt der Rechtskraft des Urteils im Disziplinarverfahren in einem wegen desselben Sachverhalts eingeleiteten Straf- oder Bußgeldverfahren ein rechtskräftiges Urteil auf Grund von tatsächlichen Feststellungen, die von denjenigen tatsächlichen Feststellungen des Urteils im Disziplinarverfahren abweichen, auf denen es beruht, gelten die abweichenden Feststellungen des Urteils im Straf- oder Bußgeldverfahren als neue Tatsachen im Sinne des Absatzes 1 Nr. 2.

(3) In den Fällen des Absatzes 1 Nr. 3 und 5 ist die Wiederaufnahme des Disziplinarverfahrens nur zulässig, wenn wegen der behaupteten Handlung eine rechtskräftige strafgerichtliche Verurteilung erfolgt ist oder wenn ein strafgerichtliches Verfahren aus anderen Gründen als wegen Mangels an Beweisen nicht eingeleitet oder nicht durchgeführt werden kann.

§ 72 Unzulässigkeit der Wiederaufnahme. (1) Die Wiederaufnahme des durch rechtskräftiges Urteil abgeschlossenen Disziplinarverfahrens ist unzulässig, wenn nach dem Eintritt der Rechtskraft

1. ein Urteil im Straf- oder Bußgeldverfahren ergangen ist, das sich auf denselben Sachverhalt gründet und diesen ebenso würdigt, solange dieses Urteil nicht rechtskräftig aufgehoben worden ist, oder
2. ein Urteil im Strafverfahren ergangen ist, durch das der Verurteilte sein Amt oder seinen Anspruch auf Ruhegehalt verloren hat oder ihn verloren hätte, wenn er noch im Dienst gewesen wäre oder Ruhegehalt bezogen hätte.

(2) Die Wiederaufnahme des Disziplinarverfahrens zuungunsten des Beamten ist außerdem unzulässig, wenn seit dem Eintritt der Rechtskraft des Urteils drei Jahre vergangen sind.

§ 73 Frist, Verfahren. (1) [1] Der Antrag auf Wiederaufnahme des Disziplinarverfahrens muss bei dem Gericht, dessen Entscheidung angefochten wird, binnen drei Monaten schriftlich oder zur Niederschrift des Urkundsbeamten der Geschäftsstelle eingereicht werden. [2] Die Frist beginnt mit dem Tag, an dem der Antragsberechtigte von dem Grund für die Wiederaufnahme Kenntnis erhalten hat. [3] In dem Antrag ist das angefochtene Urteil zu bezeichnen und anzugeben, inwieweit es angefochten wird und welche Änderungen beantragt werden; die Anträge sind unter Bezeichnung der Beweismittel zu begründen.

(2) Für das weitere Verfahren gelten die Bestimmungen über das gerichtliche Disziplinarverfahren entsprechend, soweit sich aus diesem Gesetz nichts anderes ergibt.

§ 74 Entscheidung durch Beschluss. (1) Das Gericht kann den Antrag, auch nach der Eröffnung der mündlichen Verhandlung, durch Beschluss verwerfen, wenn es die gesetzlichen Voraussetzungen für seine Zulassung nicht für gegeben oder ihn für offensichtlich unbegründet hält.

(2) [1] Das Gericht kann vor der Eröffnung der mündlichen Verhandlung mit Zustimmung der zuständigen Behörde durch Beschluss das angefochtene Urteil aufheben und die Disziplinarklage abweisen oder die Disziplinarverfügung aufheben. [2] Der Beschluss ist unanfechtbar.

(3) Der rechtskräftige Beschluss nach Absatz 1 sowie der Beschluss nach Absatz 2 stehen einem rechtskräftigen Urteil gleich.

§ 75 Mündliche Verhandlung, Entscheidung des Gerichts. (1) Das Gericht entscheidet, wenn das Wiederaufnahmeverfahren nicht auf andere Weise abgeschlossen wird, auf Grund mündlicher Verhandlung durch Urteil.

(2) Gegen das Urteil des Verwaltungsgerichts und des Oberverwaltungsgerichts kann das in dem jeweiligen Verfahren statthafte Rechtsmittel eingelegt werden.

§ 76 Rechtswirkungen, Entschädigung. (1) [1] Wird in einem Wiederaufnahmeverfahren das angefochtene Urteil zugunsten des Beamten aufgehoben, erhält dieser von dem Eintritt der Rechtskraft des aufgehobenen Urteils an die Rechtsstellung, die er erhalten hätte, wenn das aufgehobene Urteil der Entscheidung entsprochen hätte, die im Wiederaufnahmeverfahren ergangen ist. [2] Wurde in dem aufgehobenen Urteil auf Entfernung aus dem Beamtenverhältnis oder auf Aberkennung des Ruhegehalts erkannt, gilt § 42 des Bundesbeamtengesetzes[1)] entsprechend.

(2) [1] Der Beamte und die Personen, denen er kraft Gesetzes unterhaltspflichtig ist, können im Falle des Absatzes 1 neben den hiernach nachträglich zu gewährenden Bezügen in entsprechender Anwendung des Gesetzes über die Entschädigung für Strafverfolgungsmaßnahmen vom 8. März 1971 (BGBl. I S. 157) in der jeweils geltenden Fassung Ersatz des sonstigen Schadens vom Dienstherrn verlangen. [2] Der Anspruch ist innerhalb von drei Monaten nach dem rechtskräftigen Abschluss des Wiederaufnahmeverfahrens bei der für die Erhebung der Disziplinarklage zuständigen Behörde geltend zu machen.

Kapitel 6. Kosten

§ 77 Kostentragung und erstattungsfähige Kosten. (1) Für die Kostentragungspflicht der Beteiligten und die Erstattungsfähigkeit von Kosten gelten die Bestimmungen der Verwaltungsgerichtsordnung entsprechend, sofern sich aus den nachfolgenden Vorschriften nichts anderes ergibt.

[1)] Nr. 2.

(2) Wird eine Disziplinarverfügung trotz Vorliegens eines Dienstvergehens aufgehoben, können die Kosten ganz oder teilweise dem Beamten auferlegt werden.

(3) In Verfahren über den Antrag auf gerichtliche Fristsetzung (§ 62) hat das Gericht zugleich mit der Entscheidung über den Fristsetzungsantrag über die Kosten des Verfahrens zu befinden.

(4) Kosten im Sinne dieser Vorschrift sind auch die Kosten des behördlichen Disziplinarverfahrens.

§ 78 Gerichtskosten. [1] In gerichtlichen Disziplinarverfahren werden Gebühren nach dem Gebührenverzeichnis der Anlage zu diesem Gesetz erhoben. [2] Im Übrigen sind die für Kosten in Verfahren vor den Gerichten der Verwaltungsgerichtsbarkeit geltenden Vorschriften des Gerichtskostengesetzes entsprechend anzuwenden.

Teil 5. Unterhaltsbeitrag, Unterhaltsleistung und Begnadigung

§ 79 Unterhaltsbeitrag bei Entfernung aus dem Beamtenverhältnis oder bei Aberkennung des Ruhegehalts. (1) Die Zahlung des Unterhaltsbeitrags nach § 10 Abs. 3 oder § 12 Abs. 2 beginnt, soweit in der Entscheidung nichts anderes bestimmt ist, zum Zeitpunkt des Verlusts der Dienstbezüge oder des Ruhegehalts.

(2) [1] Die Zahlung des Unterhaltsbeitrags nach § 12 Abs. 2 steht unter dem Vorbehalt der Rückforderung, wenn für denselben Zeitraum eine Rente auf Grund der Nachversicherung gewährt wird. [2] Zur Sicherung des Rückforderungsanspruchs hat der Ruhestandsbeamte eine entsprechende Abtretungserklärung abzugeben.

(3) Das Gericht kann in der Entscheidung bestimmen, dass der Unterhaltsbeitrag ganz oder teilweise an Personen gezahlt wird, zu deren Unterhalt der Beamte oder Ruhestandsbeamte verpflichtet ist; nach Rechtskraft der Entscheidung kann dies die oberste Dienstbehörde bestimmen.

(4) [1] Auf den Unterhaltsbeitrag werden Erwerbs- und Erwerbsersatzeinkommen im Sinne des § 18a Abs. 2 sowie Abs. 3 Satz 1 und 2 des Vierten Buches Sozialgesetzbuch angerechnet. [2] Der frühere Beamte oder frühere Ruhestandsbeamte ist verpflichtet, der obersten Dienstbehörde alle Änderungen in seinen Verhältnissen, die für die Zahlung des Unterhaltsbeitrags bedeutsam sein können, unverzüglich anzuzeigen. [3] Kommt er dieser Pflicht schuldhaft nicht nach, kann ihm der Unterhaltsbeitrag ganz oder teilweise mit Wirkung für die Vergangenheit entzogen werden. [4] Die Entscheidung trifft die oberste Dienstbehörde.

(5) Der Anspruch auf den Unterhaltsbeitrag erlischt, wenn der Betroffene wieder in ein öffentlich-rechtliches Amts- oder Dienstverhältnis berufen wird.

§ 80 Unterhaltsleistung bei Mithilfe zur Aufdeckung von Straftaten.

(1) [1] Im Falle der Entfernung aus dem Beamtenverhältnis oder der Aberkennung des Ruhegehalts kann die zuletzt zuständige oberste Dienstbehörde dem ehemaligen Beamten oder ehemaligen Ruhestandsbeamten, der gegen das Verbot der Annahme von Belohnungen oder Geschenken verstoßen hat, die Gewährung einer monatlichen Unterhaltsleistung zusagen, wenn er sein Wissen über Tatsachen offenbart hat, deren Kenntnis dazu beigetragen hat, Strafta-

ten, insbesondere nach den §§ 331 bis 335 des Strafgesetzbuches, zu verhindern oder über seinen eigenen Tatbeitrag hinaus aufzuklären. [2]Die Nachversicherung ist durchzuführen.

(2) [1]Die Unterhaltsleistung ist als Prozentsatz der Anwartschaft auf eine Altersrente, die sich aus der Nachversicherung ergibt, oder einer entsprechenden Leistung aus der berufsständischen Alterssicherung mit folgenden Maßgaben festzusetzen:

1. Die Unterhaltsleistung darf die Höhe der Rentenanwartschaft aus der Nachversicherung nicht erreichen;
2. Unterhaltsleistung und Rentenanwartschaft aus der Nachversicherung dürfen zusammen den Betrag nicht übersteigen, der sich als Ruhegehalt nach § 14 Abs. 1 des Beamtenversorgungsgesetzes[1)] ergäbe.

[2]Die Höchstgrenzen nach Satz 1 gelten auch für die Zeit des Bezugs der Unterhaltsleistung; an die Stelle der Rentenanwartschaft aus der Nachversicherung tritt die anteilige Rente.

(3) Die Zahlung der Unterhaltsleistung an den früheren Beamten kann erst erfolgen, wenn dieser das 65. Lebensjahr vollendet hat oder eine Rente wegen Erwerbs- oder Berufsunfähigkeit aus der gesetzlichen Rentenversicherung oder eine entsprechende Leistung aus der berufsständischen Versorgung erhält.

(4) [1]Der Anspruch auf die Unterhaltsleistung erlischt bei erneutem Eintritt in den öffentlichen Dienst sowie in den Fällen, die bei einem Ruhestandsbeamten das Erlöschen der Versorgungsbezüge nach § 59 des Beamtenversorgungsgesetzes zur Folge hätten. [2]Der hinterbliebene Ehegatte oder Lebenspartner erhält 55 Prozent der Unterhaltsleistung, wenn zum Zeitpunkt der Entfernung aus dem Beamtenverhältnis oder der Aberkennung des Ruhegehalts die Ehe oder Lebenspartnerschaft bereits bestanden hatte.

§ 81 Begnadigung. (1) [1]Dem Bundespräsidenten steht das Begnadigungsrecht in Disziplinarsachen nach diesem Gesetz zu. [2]Er kann es anderen Stellen übertragen.

(2) Wird die Entfernung aus dem Beamtenverhältnis oder die Aberkennung des Ruhegehalts im Gnadenweg aufgehoben, gilt § 43 Satz 2 des Bundesbeamtengesetzes[2)] entsprechend.

Teil 6. Besondere Bestimmungen für einzelne Beamtengruppen und für Ruhestandsbeamte

§ 82 Polizeivollzugsbeamte des Bundes. Das Bundesministerium des Innern, für Bau und Heimat bestimmt durch Rechtsverordnung, welche Vorgesetzten der Polizeivollzugsbeamten des Bundes als Dienstvorgesetzte im Sinne des § 33 Abs. 2, Abs. 3 Nr. 2 und Abs. 5 gelten.

§ 83 Beamte der bundesunmittelbaren Körperschaften, Anstalten und Stiftungen des öffentlichen Rechts. (1) [1]Das für die Aufsicht zuständige Bundesministerium gilt im Sinne dieses Gesetzes als oberste Dienstbehörde der Beamten der bundesunmittelbaren Körperschaften, Anstalten und Stiftungen

---

[1)] Nr. 27.
[2)] Nr. 2.

des öffentlichen Rechts. [2]Es kann durch Rechtsverordnung im Einvernehmen mit dem Bundesministerium des Innern, für Bau und Heimat seine Befugnisse auf nachgeordnete Behörden übertragen und bestimmen, wer als nachgeordnete Behörde, Dienstvorgesetzter und höherer Dienstvorgesetzter im Sinne dieses Gesetzes anzusehen ist. [3]Es kann durch Rechtsverordnung im Einvernehmen mit dem Bundesministerium des Innern, für Bau und Heimat darüber hinaus die Zuständigkeit für Verweise, Geldbußen und Kürzungen der Dienstbezüge abweichend von § 33 regeln.

(2) Für die in Absatz 1 bezeichneten Körperschaften, Anstalten und Stiftungen des öffentlichen Rechts gilt § 144 Abs. 2 des Bundesbeamtengesetzes[1)] entsprechend.

§ 84 Ausübung der Disziplinarbefugnisse bei Ruhestandsbeamten. [1]Bei Ruhestandsbeamten werden die Disziplinarbefugnisse durch die zum Zeitpunkt des Eintritts in den Ruhestand zuständige oberste Dienstbehörde ausgeübt. [2]Diese kann ihre Befugnisse durch allgemeine Anordnung ganz oder teilweise auf nachgeordnete Dienstvorgesetzte übertragen; die Anordnung ist im Bundesgesetzblatt zu veröffentlichen. [3]Besteht die zuständige oberste Dienstbehörde nicht mehr, bestimmt das Bundesministerium des Innern, für Bau und Heimat, welche Behörde zuständig ist.

Teil 7. Übergangs- und Schlussbestimmungen

§ 85 Übergangsbestimmungen. (1) [1]Die nach bisherigem Recht eingeleiteten Disziplinarverfahren werden in der Lage, in der sie sich bei Inkrafttreten dieses Gesetzes befinden, nach diesem Gesetz fortgeführt, soweit in den Absätzen 2 bis 7 nichts Abweichendes bestimmt ist. [2]Maßnahmen, die nach bisherigem Recht getroffen worden sind, bleiben rechtswirksam.

(2) Die folgenden Disziplinarmaßnahmen nach bisherigem Recht stehen folgenden Disziplinarmaßnahmen nach diesem Gesetz gleich:

1. die Gehaltskürzung der Kürzung der Dienstbezüge,
2. die Versetzung in ein Amt derselben Laufbahn mit geringerem Endgrundgehalt der Zurückstufung und
3. die Entfernung aus dem Dienst der Entfernung aus dem Beamtenverhältnis.

(3) Vor dem Inkrafttreten dieses Gesetzes eingeleitete förmliche Disziplinarverfahren werden nach bisherigem Recht fortgeführt.

(4) [1]Die Behörde des Bundesdisziplinaranwalts wird mit Ablauf des 31. Dezember 2003 aufgelöst. [2]Ab diesem Zeitpunkt fertigt die Einleitungsbehörde in den Fällen von Absatz 3 die Anschuldigungsschrift; die Vorschriften der Bundesdisziplinarordnung sind nicht anzuwenden, soweit sie den Bundesdisziplinaranwalt betreffen.

(5) [1]Für die Wiederaufnahme von Disziplinarverfahren, die vor dem Inkrafttreten dieses Gesetzes rechtskräftig abgeschlossen worden sind, gilt bis zum Ablauf des 31. Dezember 2003 Abschnitt IV der Bundesdisziplinarordnung. [2]Ab diesem Zeitpunkt gelten die Bestimmungen dieses Gesetzes.

---

1) Nr. 2.

(6) Die nach bisherigem Recht in einem Disziplinarverfahren ergangenen Entscheidungen sind nach bisherigem Recht zu vollstrecken, wenn sie unanfechtbar geworden sind.

(7) [1] Die Frist für das Verwertungsverbot und ihre Berechnung für die Disziplinarmaßnahmen, die vor dem Inkrafttreten dieses Gesetzes verhängt worden sind, bestimmen sich nach diesem Gesetz. [2] Dies gilt nicht, wenn die Frist und ihre Berechnung nach bisherigem Recht für den Beamten günstiger ist.

(8) [1] Gebühren nach § 78 Satz 1 werden nur für die nach dem 31. Dezember 2009 anhängig werdenden gerichtlichen Verfahren erhoben. [2] Dies gilt nicht im Verfahren über ein Rechtsmittel, das nach dem 31. Dezember 2009 eingelegt worden ist.

§ 86 Verwaltungsvorschriften. Die zur Durchführung dieses Gesetzes erforderlichen Verwaltungsvorschriften erlässt das Bundesministerium des Innern, für Bau und Heimat; die Verwaltungsvorschriften sind im Gemeinsamen Ministerialblatt zu veröffentlichen.

Anlage
(zu § 78)

Gebührenverzeichnis

Gliederung

Abschnitt 1 Klageverfahren erster Instanz
Abschnitt 2 Zulassung und Durchführung der Berufung
Abschnitt 3 Revision
Abschnitt 4 Besondere Verfahren
Abschnitt 5 Rüge wegen Verletzung des Anspruchs auf rechtliches Gehör
Abschnitt 6 Beschwerde

Nr.	Gebührentatbestand	Gebührenbetrag oder Satz der jeweiligen Gebühr 10 bis 17
	Vorbemerkung: Das Verfahren über den Antrag auf Wiederaufnahme gilt als neuer Rechtszug.	
	Abschnitt 1 **Klageverfahren erster Instanz**	
	Verfahren über eine Disziplinarklage mit dem Antrag auf	
10	– Entfernung aus dem Beamtenverhältnis	360,00 €
11	– Aberkennung des Ruhegehalts	360,00 €
12	– Zurückstufung	240,00 €
	Verfahren über die Klage gegen eine Disziplinarverfügung, in der als Disziplinarmaßnahme ausgesprochen worden ist	
13	– Kürzung der Dienstbezüge	180,00 €
14	– Kürzung des Ruhegehalts	180,00 €
15	– Geldbuße	120,00 €
16	– Verweis	60,00 €
17	Verfahren über die Klage gegen eine Disziplinarverfügung, wenn nur eine Kostenentscheidung in der Disziplinarverfügung angegriffen wird, oder gegen eine Einstellungsverfügung (§ 32 BDG)	60,00 €

Nr.	Gebührentatbestand	Gebührenbetrag oder Satz der jeweiligen Gebühr 10 bis 17
18	Beendigung des gesamten Verfahrens durch 1. Zurücknahme der Klage a) vor dem Schluss der mündlichen Verhandlung oder b) wenn eine solche nicht stattfindet, vor Ablauf des Tages, an dem die Entscheidung in der Hauptsache der Geschäftsstelle übermittelt wird, oder 2. Erledigungserklärungen, wenn keine Entscheidung über die Kosten ergeht oder die Entscheidung einer zuvor mitgeteilten Einigung der Beteiligten über die Kostentragung oder der Kostenübernahmeerklärung eines Beteiligten folgt: Die Gebühren 10 bis 17 ermäßigen sich auf	0,5
	Die Gebühr ermäßigt sich auch, wenn mehrere Ermäßigungstatbestände erfüllt sind.	
	Abschnitt 2 **Zulassung und Durchführung der Berufung**	
20	Verfahren über die Zulassung der Berufung: Soweit der Antrag abgelehnt wird	1,0
21	Verfahren über die Zulassung der Berufung: Soweit der Antrag zurückgenommen oder das Verfahren durch anderweitige Erledigung beendet wird	0,5
	Die Gebühr entsteht nicht, soweit die Berufung zugelassen wird.	
22	Verfahren über die Berufung im Allgemeinen	1,5
23	Beendigung des gesamten Verfahrens durch Zurücknahme der Berufung oder der Klage, bevor die Schrift zur Begründung der Berufung bei Gericht eingegangen ist: Die Gebühr 22 ermäßigt sich auf	0,5
	Erledigungserklärungen stehen der Zurücknahme gleich, wenn keine Entscheidung über die Kosten ergeht oder die Entscheidung einer zuvor mitgeteilten Einigung der Beteiligten über die Kostentragung oder der Kostenübernahmeerklärung eines Beteiligten folgt.	
24	Beendigung des gesamten Verfahrens, wenn nicht Nummer 23 erfüllt ist, durch 1. Zurücknahme der Berufung oder der Klage a) vor dem Schluss der mündlichen Verhandlung oder b) wenn eine solche nicht stattfindet, vor Ablauf des Tages, an dem die Entscheidung in der Hauptsache der Geschäftsstelle übermittelt wird, oder 2. Erledigungserklärungen, wenn keine Entscheidung über die Kosten ergeht oder die Entscheidung einer zuvor mitgeteilten Einigung der Beteiligten über die Kostentragung oder der Kostenübernahmeerklärung eines Beteiligten folgt: Die Gebühr 22 ermäßigt sich auf	1,0
	Die Gebühr ermäßigt sich auch, wenn mehrere Ermäßigungstatbestände erfüllt sind.	
	Abschnitt 3 **Revision**	
30	Verfahren über die Revision im Allgemeinen	2,0
31	Beendigung des gesamten Verfahrens durch Zurücknahme der Revision oder der Klage, bevor die Schrift zur Begründung der Revision bei Gericht eingegangen ist:	

Nr.	Gebührentatbestand	Gebührenbetrag oder Satz der jeweiligen Gebühr 10 bis 17
	Die Gebühr 30 ermäßigt sich auf	1,0
	Erledigungserklärungen stehen der Zurücknahme gleich, wenn keine Entscheidung über die Kosten ergeht oder die Entscheidung einer zuvor mitgeteilten Einigung der Beteiligten über die Kostentragung oder der Kostenübernahmeerklärung eines Beteiligten folgt.	
32	Beendigung des gesamten Verfahrens, wenn nicht Nummer 31 erfüllt ist, durch 1. Zurücknahme der Revision oder der Klage a) vor dem Schluss der mündlichen Verhandlung oder b) wenn eine solche nicht stattfindet, vor Ablauf des Tages, an dem die Entscheidung in der Hauptsache der Geschäftsstelle übermittelt wird, oder 2. Erledigungserklärungen, wenn keine Entscheidung über die Kosten ergeht oder die Entscheidung einer zuvor mitgeteilten Einigung der Beteiligten über die Kostentragung oder der Kostenübernahmeerklärung eines Beteiligten folgt:	
	Die Gebühr 30 ermäßigt sich auf	1,5
	Die Gebühr ermäßigt sich auch, wenn mehrere Ermäßigungstatbestände erfüllt sind.	

Nr.	Gebührentatbestand	Gebührenbetrag oder Satz der jeweiligen Gebühr 40 und 41
	Abschnitt 4 **Besondere Verfahren**	
40	Verfahren über den Antrag auf Aussetzung der vorläufigen Dienstenthebung und der Einbehaltung von Bezügen	180,00 €
41	Verfahren über den Antrag auf gerichtliche Festsetzung einer Frist zum Abschluss des Disziplinarverfahrens einschließlich der Einstellung des Disziplinarverfahrens nach fruchtlosem Ablauf der Frist	60,00 €
42	Beendigung des gesamten Verfahrens durch 1. Zurücknahme des Antrags a) vor dem Schluss der mündlichen Verhandlung oder b) wenn eine solche nicht stattfindet, vor Ablauf des Tages, an dem die Entscheidung über den Antrag der Geschäftsstelle übermittelt wird, oder 2. Erledigungserklärungen, wenn keine Entscheidung über die Kosten ergeht oder die Entscheidung einer zuvor mitgeteilten Einigung der Beteiligten über die Kostentragung oder der Kostenübernahmeerklärung eines Beteiligten folgt:	
	Die Gebühren 40 und 41 ermäßigen sich auf	0,5
	Die Gebühr ermäßigt sich auch, wenn mehrere Ermäßigungstatbestände erfüllt sind.	
	Abschnitt 5 **Rüge wegen Verletzung des Anspruchs auf rechtliches Gehör**	
50	Verfahren über die Rüge wegen Verletzung des Anspruchs auf rechtliches Gehör:	
	Die Rüge wird in vollem Umfang verworfen oder zurückgewiesen	50,00 €

Nr.	Gebührentatbestand	Gebührenbetrag oder Satz der jeweiligen Gebühr 10 bis 17 und 40
	Abschnitt 6 Beschwerde	
60	Verfahren über die Beschwerde gegen die Entscheidung über den Antrag auf Aussetzung der vorläufigen Dienstenthebung und der Einbehaltung von Bezügen	1,5
61	Verfahren über die Beschwerde gegen eine Entscheidung in der Hauptsache durch Beschluss nach § 59 BDG	1,5
62	Verfahren über die Beschwerde gegen die Nichtzulassung der Revision: Die Beschwerde wird verworfen oder zurückgewiesen	1,5
63	Beendigung des gesamten Verfahrens durch 1. Zurücknahme der Beschwerde, der Klage oder des Antrags a) vor dem Schluss der mündlichen Verhandlung oder b) wenn eine solche nicht stattfindet, vor Ablauf des Tages, an dem die Entscheidung über die Beschwerde der Geschäftsstelle übermittelt wird, oder 2. Erledigungserklärungen, wenn keine Entscheidung über die Kosten ergeht oder die Entscheidung einer zuvor mitgeteilten Einigung der Beteiligten über die Kostentragung oder der Kostenübernahmeerklärung eines Beteiligten folgt: Die Gebühren 60 bis 62 ermäßigen sich auf	0,75
	Die Gebühr ermäßigt sich auch, wenn mehrere Ermäßigungstatbestände erfüllt sind.	
64	Verfahren über nicht besonders aufgeführte Beschwerden im disziplinargerichtlichen Verfahren, die nicht nach anderen Vorschriften gebührenfrei sind: Die Beschwerde wird verworfen oder zurückgewiesen	50,00 €

18. Bundesbesoldungsgesetz[1]

In der Fassung der Bekanntmachung vom 19. Juni 2009[2] (BGBl. I S. 1434)

FNA 2032-1

zuletzt geänd. durch Art. 72, 73 G über die Entschädigung der Soldatinnen und Soldaten und zur Neuordnung des Soldatenversorgungsrechts v. 20.8.2021 (BGBl. I S. 3932)

Inhaltsübersicht

Abschnitt 1. Allgemeine Vorschriften

§ 1 Anwendungsbereich
§ 2 Regelung durch Gesetz
§ 3 Anspruch auf Besoldung
§ 4 Weitergewährung der Besoldung bei Versetzung in den einstweiligen Ruhestand
§ 5 Besoldung bei mehreren Hauptämtern
§ 6 Besoldung bei Teilzeitbeschäftigung
§ 6a Besoldung bei begrenzter Dienstfähigkeit
§ 7 Vorschuss während der Familienpflegezeit und Pflegezeit, Verordnungsermächtigung
§ 7a Zuschläge bei Hinausschieben des Eintritts in den Ruhestand
§ 8 Kürzung der Besoldung bei Gewährung einer Versorgung durch eine zwischenstaatliche oder überstaatliche Einrichtung
§ 9 Verlust der Besoldung bei schuldhaftem Fernbleiben vom Dienst
§ 9a Anrechnung anderer Einkünfte auf die Besoldung
§ 10 Anrechnung von Sachbezügen auf die Besoldung
§ 11 Abtretung von Bezügen, Verpfändung, Aufrechnungs- und Zurückbehaltungsrecht
§ 12 Rückforderung von Bezügen
§ 13 Ausgleichszulage für den Wegfall von Stellenzulagen
§ 14 Anpassung der Besoldung
§ 14a Versorgungsrücklage
§ 15 Dienstlicher Wohnsitz
§ 16 Amt, Dienstgrad
§ 17 Aufwandsentschädigungen
§ 17a Zahlungsweise
§ 17b Lebenspartnerschaft

Abschnitt 2. Grundgehalt, Leistungsbezüge an Hochschulen

Unterabschnitt 1. Allgemeine Grundsätze

§ 18 Grundsatz der funktionsgerechten Besoldung
§ 19 Bestimmung des Grundgehaltes nach dem Amt
§ 19a Besoldung bei Verleihung eines anderen Amtes
§ 19b Besoldung bei Wechsel in den Dienst des Bundes

Unterabschnitt 2. Beamte und Soldaten

§ 20 Bundesbesoldungsordnungen A und B
§ 21 (weggefallen)
§ 22 (weggefallen)
§ 23 Eingangsämter für Beamte
§ 24 Eingangsamt für Beamte in besonderen Laufbahnen
§ 25 (weggefallen)
§ 26 (weggefallen)
§ 27 Bemessung des Grundgehaltes
§ 28 Berücksichtigungsfähige Zeiten
§ 29 Öffentlich-rechtliche Dienstherren

---

[1] Die Änderungen durch G v. 20.8.2021 (BGBl. I S. 3932) treten erst **mWv 1.1.2024** bzw. **mWv 1.1.2025** in Kraft und sind noch nicht im Text berücksichtigt.

[2] Neubekanntmachung des Bundesbesoldungsgesetzes idF der Bek. v. 6.8.2002 (BGBl. I S. 3020) in der ab 1.7.2009 geltenden Fassung.

§ 30 Nicht zu berücksichtigende Dienstzeiten
§ 31 (weggefallen)

Unterabschnitt 3. Professoren sowie hauptberufliche Leiter von Hochschulen und Mitglieder von Leitungsgremien an Hochschulen

§ 32 Bundesbesoldungsordnung W
§ 32a Bemessung des Grundgehaltes
§ 32b Berücksichtigungsfähige Zeiten
§ 33 Leistungsbezüge
§ 34 (weggefallen)
§ 35 Forschungs- und Lehrzulage
§ 36 (weggefallen)

Unterabschnitt 4. Richter und Staatsanwälte

§ 37 Bundesbesoldungsordnung R
§ 38 Bemessung des Grundgehaltes

Abschnitt 3. Familienzuschlag

§ 39 Grundlage des Familienzuschlages
§ 40 Stufen des Familienzuschlages
§ 41 Änderung des Familienzuschlages

Abschnitt 4. Zulagen, Prämien, Zuschläge, Vergütungen

§ 42 Amtszulagen und Stellenzulagen
§ 42a Prämien und Zulagen für besondere Leistungen
§ 42b Prämie für besondere Einsatzbereitschaft
§ 43 Personalgewinnungs- und Personalbindungsprämie
§ 43a Prämien für Angehörige der Spezialkräfte der Bundeswehr
§ 44 Verpflichtungsprämie für Soldaten auf Zeit
§ 45 Zulage für die Wahrnehmung befristeter Funktionen
§ 46 (weggefallen)
§ 47 Zulagen für besondere Erschwernisse
§ 48 Mehrarbeitsvergütung
§ 49 Vergütung für Vollziehungsbeamte in der Bundesfinanzverwaltung; Verordnungsermächtigung
§ 50 Mehrarbeitsvergütung für Soldaten
§ 50a Vergütung für Soldaten mit besonderer zeitlicher Belastung
§ 50b Vergütung für Bereitschaftsdienst und Rufbereitschaft im Sanitätsdienst in Bundeswehrkrankenhäusern
§ 50c Vergütung für Beamte im Einsatzdienst der Bundeswehrfeuerwehren
§ 51 Andere Zulagen und Vergütungen

Abschnitt 5. Auslandsbesoldung

§ 52 Auslandsdienstbezüge
§ 53 Auslandszuschlag
§ 54 Mietzuschuss
§ 55 Kaufkraftausgleich
§ 56 Auslandsverwendungszuschlag
§ 57 Auslandsverpflichtungsprämie
§ 58 Zulage für Kanzler an großen Botschaften

Abschnitt 6. Anwärterbezüge

§ 59 Anwärterbezüge
§ 60 Anwärterbezüge nach Ablegung der Zwischenprüfung oder der Laufbahnprüfung
§ 61 Anwärtergrundbetrag
§ 62 Anwärtererhöhungsbetrag
§ 63 Anwärtersonderzuschläge
§ 64 (weggefallen)
§ 65 Anrechnung anderer Einkünfte
§ 66 Kürzung der Anwärterbezüge

Abschnitt 7. (weggefallen)

§ 67 (weggefallen)
§ 68 (weggefallen)

Abschnitt 8. Dienstkleidung, Heilfürsorge, Unterkunft

§ 69 Dienstkleidung und Unterkunft für Soldaten
§ 69a Heilfürsorge für Soldaten
§ 70 Dienstkleidung, Heilfürsorge, Unterkunft für Polizeivollzugsbeamte des Bundes
§ 70a Dienstkleidung für Beamte

Abschnitt 9. Übergangs- und Schlussvorschriften

§ 71 Rechtsverordnungen, allgemeine Verwaltungsvorschriften
§ 72 Übergangsregelung zu den §§ 6, 43, 43b, 44 und 63
§ 73 Übergangsregelung bei Gewährung einer Versorgung durch eine zwischenstaatliche oder überstaatliche Einrichtung
§ 74 Übergangsregelung zu den Änderungen der Anlage I durch das Besoldungsstrukturenmodernisierungsgesetz
§ 74a Übergangsregelung aus Anlass der Übertragung ehebezogener Regelungen im öffentlichen Dienstrecht auf Lebenspartnerschaften
§ 75 Übergangszahlung
§ 76 Konkurrenzregelung beim Grundgehalt für den vom Besoldungsüberleitungsgesetz erfassten Personenkreis
§ 77 Übergangsvorschriften aus Anlass des Professorenbesoldungsreformgesetzes
§ 77a Übergangsregelung aus Anlass des Professorenbesoldungsneuregelungsgesetzes
§ 78 Übergangsregelung für Beamte bei den Postnachfolgeunternehmen
§ 79 *(aufgehoben)*
§ 80 Übergangsregelung für beihilfeberechtigte Polizeivollzugsbeamte des Bundes
§ 80a Übergangsregelung für Verpflichtungsprämien für Soldaten auf Zeit aus Anlass des Bundeswehrreform-Begleitgesetzes
§ 80b Übergangsregelung zum Auslandsverwendungszuschlag
§ 81 Übergangsregelungen bei Zulagenänderungen aus Anlass des Versorgungsreformgesetzes 1998
§ 82 *(aufgehoben)*
§ 83 Übergangsregelung für Ausgleichszulagen
§ 83a Übergangsregelung für die Besoldung bei Verleihung eines anderen Amtes oder bei Wechsel in den Dienst des Bundes
§ 84 Anpassung von Bezügen nach fortgeltendem Recht
§ 85 Anwendungsbereich in den Ländern

Anlage I Bundesbesoldungsordnungen A und B
Anlage II Bundesbesoldungsordnung W
Anlage III Bundesbesoldungsordnung R
Anlage IV Grundgehalt
Anlage V Familienzuschlag
Anlage VI Auslandszuschlag
Anlage VII (weggefallen)
Anlage VIII Anwärtergrundbetrag
Anlage IX Amtszulagen, Stellenzulagen, andere Zulagen

Abschnitt 1. Allgemeine Vorschriften

§ 1 Anwendungsbereich (1) Dieses Gesetz regelt die Besoldung der

1. Beamten des Bundes; ausgenommen sind Ehrenbeamte,
2. Richter des Bundes; ausgenommen sind ehrenamtliche Richter,
3. Berufssoldaten und Soldaten auf Zeit.

(2) Zur Besoldung gehören folgende Dienstbezüge:

1. Grundgehalt,
2. Leistungsbezüge für Professoren sowie hauptberufliche Leiter von Hochschulen und Mitglieder von Leitungsgremien an Hochschulen,
3. Familienzuschlag,
4. Zulagen,

5. Vergütungen,
6. Auslandsbesoldung.

(3) Zur Besoldung gehören ferner folgende sonstige Bezüge:
1. Anwärterbezüge,
2. vermögenswirksame Leistungen.

(4) Dieses Gesetz gilt nicht für die öffentlich-rechtlichen Religionsgesellschaften und ihre Verbände.

§ 2 Regelung durch Gesetz. (1) Die Besoldung der Beamten, Richter und Soldaten wird durch Gesetz geregelt.

(2) [1] Zusicherungen, Vereinbarungen und Vergleiche, die dem Beamten, Richter oder Soldaten eine höhere als die ihm gesetzlich zustehende Besoldung verschaffen sollen, sind unwirksam. [2] Das Gleiche gilt für Versicherungsverträge, die zu diesem Zweck abgeschlossen werden.

(3) Der Beamte, Richter oder Soldat kann auf die ihm gesetzlich zustehende Besoldung weder ganz noch teilweise verzichten; ausgenommen sind die vermögenswirksamen Leistungen.

§ 3 Anspruch auf Besoldung. (1) [1] Die Beamten, Richter und Soldaten haben Anspruch auf Besoldung. [2] Der Anspruch entsteht mit dem Tag, an dem ihre Ernennung, Versetzung, Übernahme oder ihr Übertritt in den Dienst des Bundes wirksam wird. [3] Bedarf es zur Verleihung eines Amtes mit anderem Endgrundgehalt (Grundgehalt) keiner Ernennung oder wird der Beamte, Richter oder Soldat rückwirkend in eine Planstelle eingewiesen, so entsteht der Anspruch mit dem Tag, der in der Einweisungsverfügung bestimmt ist.

(2) Der Anspruch auf Besoldung endet mit Ablauf des Tages, an dem der Beamte, Richter oder Soldat aus dem Dienstverhältnis ausscheidet, soweit gesetzlich nichts anderes bestimmt ist.

(3) Besteht der Anspruch auf Besoldung nicht für einen vollen Kalendermonat, so wird nur der Teil der Bezüge gezahlt, der auf den Anspruchszeitraum entfällt, soweit gesetzlich nichts Anderes bestimmt ist.

(4) [1] Die Dienstbezüge nach § 1 Absatz 2 Nr. 1 bis 3 werden monatlich im Voraus gezahlt. [2] Die anderen Bezüge werden monatlich im Voraus gezahlt, soweit nichts Anderes bestimmt ist.

(5) Werden Bezüge nach dem Tag der Fälligkeit gezahlt, so besteht kein Anspruch auf Verzugszinsen.

(6) [1] Bei der Berechnung von Bezügen nach § 1 sind die sich ergebenden Bruchteile eines Cents unter 0,5 abzurunden und Bruchteile von 0,5 und mehr aufzurunden. [2] Zwischenrechnungen werden jeweils auf zwei Dezimalstellen durchgeführt. [3] Jeder Bezügebestandteil ist einzeln zu runden.

§ 3a *(aufgehoben)*

§ 4 Weitergewährung der Besoldung bei Versetzung in den einstweiligen Ruhestand. (1) [1] Der in den einstweiligen Ruhestand versetzte Beamte, Richter oder Soldat erhält für den Monat, in dem ihm die Versetzung in den einstweiligen Ruhestand mitgeteilt worden ist, und für die folgenden drei Monate die Bezüge weiter, die ihm am Tag vor der Versetzung zustanden; Änderungen beim Familienzuschlag sind zu berücksichtigen. [2] Aufwandsentschädigungen werden nur bis zum Beginn des einstweiligen Ruhestandes gezahlt.

(2) [1]Bezieht der in den einstweiligen Ruhestand versetzte Beamte, Richter oder Soldat Einkünfte aus einer Verwendung im Dienst eines öffentlich-rechtlichen Dienstherrn (§ 29 Absatz 1) oder eines Verbandes, dessen Mitglieder öffentlich-rechtliche Dienstherren sind, so werden die Bezüge um den Betrag dieser Einkünfte verringert. [2]Dem Dienst bei einem öffentlich-rechtlichen Dienstherrn steht gleich die Tätigkeit im Dienst einer zwischenstaatlichen oder überstaatlichen Einrichtung, an der ein öffentlich-rechtlicher Dienstherr oder ein Verband, dessen Mitglieder öffentlich-rechtliche Dienstherren sind, durch Zahlung von Beiträgen oder Zuschüssen oder in anderer Weise beteiligt ist. [3]Die Entscheidung, ob die Voraussetzungen erfüllt sind, trifft das Bundesministerium des Innern, für Bau und Heimat oder die von ihm bestimmte Stelle.

§ 5 Besoldung bei mehreren Hauptämtern. [1]Hat der Beamte, Richter oder Soldat mit Genehmigung der obersten Dienstbehörde gleichzeitig mehrere besoldete Hauptämter inne, so wird die Besoldung aus dem Amt mit den höheren Dienstbezügen gewährt, soweit gesetzlich nichts Anderes bestimmt ist. [2]Sind für die Ämter Dienstbezüge in gleicher Höhe vorgesehen, so werden die Dienstbezüge aus dem ihm zuerst übertragenen Amt gezahlt, soweit gesetzlich nichts anderes bestimmt ist.

§ 6 Besoldung bei Teilzeitbeschäftigung. (1) [1]Bei Teilzeitbeschäftigung werden die Dienstbezüge und die Anwärterbezüge im gleichen Verhältnis wie die Arbeitszeit gekürzt. [2]Dies gilt nicht für Bezüge, die während eines Erholungsurlaubs gezahlt werden, soweit der Urlaubsanspruch in Höhe des unionsrechtlich gewährleisteten Mindesturlaubsanspruchs (Artikel 7 Absatz 1 der Richtlinie 2003/88/EG des Europäischen Parlaments und des Rates vom 4. November 2003 über bestimmte Aspekte der Arbeitszeitgestaltung [ABl. L 299 vom 18.11.2003, S. 9]) während einer Vollzeitbeschäftigung erworben wurde, aber aus den in § 5a Absatz 1 Satz 1 der Erholungsurlaubsverordnung[1)] genannten Gründen während dieser Zeit nicht erfüllt werden konnte.

(1a) [1]Abweichend von Absatz 1 Satz 1 werden bei einer Teilzeitbeschäftigung nach § 9 der Arbeitszeitverordnung[2)] oder nach § 9 der Soldatenteilzeitbeschäftigungsverordnung die folgenden Bezüge entsprechend der tatsächlich geleisteten Arbeitszeit gewährt:

1. steuerfreie Bezüge,
2. Vergütungen und
3. Stellen- und Erschwerniszulagen, deren Voraussetzung die tatsächliche Verwendung in dem zulagefähigen Bereich oder die Ausübung der zulageberechtigenden Tätigkeit ist.

[2]Bei der Ermittlung der Mieteigenbelastung nach § 54 Absatz 1 sind die Dienstbezüge maßgeblich, die entsprechend der tatsächlich geleisteten Arbeitszeit zustünden. [3]§ 2a der Altersteilzeitzuschlagsverordnung[3)] in der Fassung der Bekanntmachung vom 23. August 2001 (BGBl. I S. 2239) gilt entsprechend.

---

1) Nr. **12**.
2) Nr. **10**.
3) Nr. **22**.

(2) [1]Die Bundesregierung wird ermächtigt, durch Rechtsverordnung bei Altersteilzeit nach § 93 des Bundesbeamtengesetzes[1)] sowie nach entsprechenden Bestimmungen für Richter die Gewährung eines nichtruhegehaltfähigen Zuschlags zur Besoldung zu regeln. [2]Zuschlag und Besoldung dürfen zusammen 83 Prozent der Nettobesoldung nicht überschreiten, die nach der bisherigen Arbeitszeit, die für die Bemessung der ermäßigten Arbeitszeit während der Altersteilzeit zugrunde gelegt worden ist, zustehen würde; § 6a ist zu berücksichtigen. [3]Abweichend von Satz 2 dürfen Zuschlag und Besoldung im Geschäftsbereich des Bundesministeriums der Verteidigung zusammen 88 Prozent betragen, wenn Dienstposten infolge von Strukturmaßnahmen auf Grund der Neuausrichtung der Bundeswehr wegfallen. [4]Für den Fall der vorzeitigen Beendigung der Altersteilzeit ist ein Ausgleich zu regeln. [5]Absatz 1a Satz 1 und 2 gilt entsprechend.

(3) [1]Abweichend von Absatz 2 sowie den §§ 1 und 2 der Altersteilzeitzuschlagsverordnung wird in den Fällen des § 93 Absatz 3 und 4 des Bundesbeamtengesetzes zusätzlich zur Besoldung nach Absatz 1 ein nicht ruhegehaltfähiger Zuschlag in Höhe von 20 Prozent der Dienstbezüge gewährt, die entsprechend der während der Altersteilzeit ermäßigten Arbeitszeit zustehen; § 6a ist zu berücksichtigen. [2]Dienstbezüge im Sinne des Satzes 1 sind das Grundgehalt, der Familienzuschlag, Amtszulagen, Stellenzulagen, Zuschüsse zum Grundgehalt für Professoren an Hochschulen, die bei der Deutschen Bundesbank gewährte Bankzulage, Überleitungszulagen und Ausgleichszulagen, die wegen des Wegfalls oder der Verminderung solcher Bezüge zustehen. [3]Bezüge, die nicht der anteiligen Kürzung nach Absatz 1 unterliegen, bleiben unberücksichtigt; dies gilt nicht für Stellenzulagen im Sinne von Absatz 1a Satz 1 Nummer 3. [4]Absatz 1a Satz 1 und 2 gilt entsprechend. [5]Für den Fall, dass die Altersteilzeit vorzeitig beendet wird, ist § 2a der Altersteilzeitzuschlagsverordnung entsprechend anzuwenden.

(4) Im Fall des § 53 Absatz 4 des Bundesbeamtengesetzes wird zusätzlich zur Besoldung nach Absatz 1 ein nicht ruhegehaltfähiger Zuschlag in Höhe von 50 Prozent desjenigen nicht um einen Versorgungsabschlag geminderten Ruhegehaltes gewährt, das bei einer Versetzung in den Ruhestand am Tag vor dem Beginn der Teilzeitbeschäftigung zustünde.

§ 6a Besoldung bei begrenzter Dienstfähigkeit. (1) Bei begrenzter Dienstfähigkeit (§ 45 des Bundesbeamtengesetzes[1)]) erhält der Beamte oder Richter Dienstbezüge entsprechend § 6 Absatz 1.

(2) [1]Begrenzt Dienstfähige erhalten zusätzlich zu den Dienstbezügen nach Absatz 1 einen nicht ruhegehaltfähigen Zuschlag. [2]Der Zuschlag beträgt 50 Prozent des Unterschiedsbetrages zwischen den nach Absatz 1 gekürzten Dienstbezügen und den Dienstbezügen, die bei einer Vollzeitbeschäftigung zustünden.

(3) In die Zuschlagsberechnung nach Absatz 2 sind einzubeziehen:

1. das Grundgehalt,
2. der Familienzuschlag,
3. Amts- und Stellenzulagen,
4. Überleitungs- und Ausgleichszulagen,

[1)] Nr. 2.

5. Zuschüsse und Leistungsbezüge für Professoren sowie hauptamtliche Leiter an Hochschulen und für Mitglieder von Leitungsgremien an Hochschulen.

(4) Wird die Arbeitszeit auf Grund einer Teilzeitbeschäftigung zusätzlich reduziert, verringert sich der Zuschlag nach Absatz 2 entsprechend dem Verhältnis zwischen der wegen begrenzter Dienstfähigkeit verringerten Arbeitszeit und der insgesamt reduzierten Arbeitszeit.

(5) Der Zuschlag nach Absatz 2 wird nicht gewährt neben einem Zuschlag

1. nach § 6 Absatz 2 in Verbindung mit der Altersteilzeitzuschlagsverordnung[1)],
2. nach § 6 Absatz 3 oder Absatz 4,
3. nach § 7a,
4. nach § 2 der Telekom-Beamtenaltersteilzeitverordnung,
5. nach § 2 der Postbeamtenaltersteilzeitverordnung oder
6. nach § 2 der Deutsche-Bank-Beamtenaltersteilzeitverordnung.

§ 7 Vorschuss während der Familienpflegezeit und Pflegezeit, Verordnungsermächtigung. (1) [1]Während einer Familienpflegezeit nach § 92a des Bundesbeamtengesetzes[2)] und einer Pflegezeit nach § 92b des Bundesbeamtengesetzes wird ein Vorschuss gewährt. [2]Dieser Vorschuss wird zusätzlich zu den Dienstbezügen nach § 6 Absatz 1 gewährt. [3]Der Vorschuss ist nach Ablauf der Familienpflegezeit oder Pflegezeit mit den laufenden Dienstbezügen zu verrechnen oder in einer Summe zurückzuzahlen.

(2) Ein Vorschuss wird nicht gewährt, wenn für eine frühere Familienpflegezeit oder Pflegezeit zusammen die Höchstdauer von 24 Monaten ausgeschöpft und der gezahlte Vorschuss noch nicht vollständig zurückgezahlt worden ist.

(3) Die Einzelheiten der Gewährung, Verrechnung und Rückzahlung des Vorschusses regelt die Bundesregierung durch Rechtsverordnung.

(4) Für die Familienpflegezeit nach § 30a Absatz 6 des Soldatengesetzes und die Pflegezeit nach § 30a Absatz 7 des Soldatengesetzes gelten die Absätze 1 bis 3 entsprechend.

§ 7a Zuschläge bei Hinausschieben des Eintritts in den Ruhestand.

(1) [1]Bei einem Hinausschieben des Eintritts in den Ruhestand nach § 53 Absatz 1 bis 3 des Bundesbeamtengesetzes[2)] oder nach § 44 Absatz 1 des Soldatengesetzes wird ein Zuschlag gewährt. [2]Der Zuschlag wird nicht neben einem Zuschlag nach § 6 Absatz 2 in Verbindung mit der Altersteilzeitzuschlagsverordnung[1)] und nicht neben einem Zuschlag nach § 6 Absatz 3 gewährt. [3]Der Zuschlag beträgt 10 Prozent des Grundgehalts und ist nicht ruhegehaltfähig. [4]Er wird erst gewährt ab Beginn des Kalendermonats, der auf den Zeitpunkt des Erreichens der gesetzlichen Altersgrenze folgt und wenn der Höchstsatz des Ruhegehalts nach § 14 Absatz 1 des Beamtenversorgungsgesetzes[3)] oder nach § 26 Absatz 1 des Soldatenversorgungsgesetzes erreicht ist. [5]Wird der Höchstruhegehaltssatz im Zeitraum des Hinausschiebens erreicht, wird der Zuschlag ab dem Beginn des folgenden Kalendermonats gewährt.

[1)] Nr. 22.
[2)] Nr. 2.
[3)] Nr. 27.

(2) [1] Ein weiterer, nicht ruhegehaltfähiger Zuschlag in Höhe von 5 Prozent des Grundgehalts wird gewährt, wenn die oberste Dienstbehörde oder die von ihr bestimmte Stelle entscheidet, dass die Funktion zur Herbeiführung eines im besonderen öffentlichen Interesse liegenden unaufschiebbaren und zeitgebundenen Ergebnisses im Inland wahrgenommen werden muss. [2] Absatz 1 Satz 2 gilt entsprechend. [3] Der Zuschlag wird ab dem Kalendermonat gewährt, der auf den Zeitpunkt des Erreichens der gesetzlichen Altersgrenze folgt. [4] Er wird unabhängig davon gewährt, ob der Höchstsatz des Ruhegehalts nach § 14 Absatz 1 des Beamtenversorgungsgesetzes oder nach § 26 Absatz 1 des Soldatenversorgungsgesetzes erreicht ist.

(3) [1] Bei einer Teilzeitbeschäftigung bei Hinausschieben des Eintritts in den Ruhestand nach § 53 Absatz 1 bis 3 des Bundesbeamtengesetzes wird ein nicht ruhegehaltfähiger Zuschlag gewährt, dessen Bemessungsgrundlage das Ruhegehalt ist, das bei Versetzung in den Ruhestand wegen Erreichens der gesetzlichen Altersgrenze zugestanden hätte. [2] Absatz 1 Satz 2 gilt entsprechend. [3] Die Höhe des Zuschlags entspricht dem Teil des erdienten Ruhegehalts, der sich aus dem Verhältnis der Freistellung zur regelmäßigen Arbeitszeit ergibt. [4] Die Zuschläge nach den Absätzen 1 und 2 bleiben hiervon unberührt.

§ 7b *(aufgehoben)*

§ 8 Kürzung der Besoldung bei Gewährung einer Versorgung durch eine zwischenstaatliche oder überstaatliche Einrichtung. (1) [1] Erhält ein Beamter, Richter oder Soldat aus der Verwendung im öffentlichen Dienst einer zwischenstaatlichen oder überstaatlichen Einrichtung eine Versorgung, werden seine Dienstbezüge gekürzt. [2] Die Kürzung beträgt 1,79375 Prozent für jedes im zwischenstaatlichen oder überstaatlichen Dienst vollendete Jahr; ihm verbleiben jedoch mindestens 40 Prozent seiner Dienstbezüge. [3] Erhält er als Invaliditätspension die Höchstversorgung aus seinem Amt bei der zwischenstaatlichen oder überstaatlichen Einrichtung, werden die Dienstbezüge um 60 Prozent gekürzt. [4] Der Kürzungsbetrag darf die von der zwischenstaatlichen oder überstaatlichen Einrichtung gewährte Versorgung nicht übersteigen.

(2) [1] Als Zeit im zwischenstaatlichen oder überstaatlichen Dienst wird auch die Zeit gerechnet, in welcher der Beamte, Richter oder Soldat ohne Ausübung eines Amtes bei einer zwischenstaatlichen oder überstaatlichen Einrichtung einen Anspruch auf Vergütung oder sonstige Entschädigung hat und Ruhegehaltsansprüche erwirbt. [2] Entsprechendes gilt für Zeiten nach dem Ausscheiden aus dem Dienst einer zwischenstaatlichen oder überstaatlichen Einrichtung, die dort bei der Berechnung des Ruhegehalts wie Dienstzeiten berücksichtigt werden.

(3) Dienstbezüge im Sinne des Absatzes 1 sind das Grundgehalt, der Familienzuschlag, Amtszulagen, ruhegehaltfähige Stellenzulagen und ruhegehaltfähige Leistungsbezüge für Professoren sowie hauptberufliche Leiter von Hochschulen und Mitglieder von Leitungsgremien an Hochschulen.

§ 9 Verlust der Besoldung bei schuldhaftem Fernbleiben vom Dienst.

[1] Bleibt der Beamte, Richter oder Soldat ohne Genehmigung schuldhaft dem Dienst fern, so verliert er für die Zeit des Fernbleibens seine Bezüge. [2] Dies gilt auch bei einem Fernbleiben vom Dienst für Teile eines Tages. [3] Der Verlust der Bezüge ist festzustellen.

§ 9a Anrechnung anderer Einkünfte auf die Besoldung. (1) [1]Haben Beamte, Richter oder Soldaten Anspruch auf Besoldung für eine Zeit, in der sie nicht zur Dienstleistung verpflichtet waren, kann ein infolge der unterbliebenen Dienstleistung für diesen Zeitraum erzieltes anderes Einkommen auf die Besoldung angerechnet werden. [2]Der Beamte, Richter oder Soldat ist zur Auskunft verpflichtet. [3]In den Fällen einer vorläufigen Dienstenthebung auf Grund eines Disziplinarverfahrens gelten die besonderen Vorschriften des Disziplinarrechts.

(2) [1]Erhält ein Beamter oder Richter aus einer Verwendung nach § 29 des Bundesbeamtengesetzes[1)] anderweitig Bezüge, werden diese auf die Besoldung angerechnet. [2]In besonderen Fällen kann die oberste Dienstbehörde von der Anrechnung ganz oder teilweise absehen, soweit die im Kalenderjahr gezahlten anderweitigen Bezüge den Betrag eines Anfangsgrundgehaltes der jeweiligen Besoldungsgruppe nicht übersteigen. [3]Darüber hinaus kann die oberste Dienstbehörde im Einvernehmen mit dem Bundesministerium des Innern, für Bau und Heimat in besonderen Fällen von der Anrechnung ganz oder teilweise absehen. [4]Die Sätze 1 bis 3 gelten entsprechend für Soldaten.

§ 10 Anrechnung von Sachbezügen auf die Besoldung. Erhält ein Beamter, Richter oder Soldat Sachbezüge, so werden diese unter Berücksichtigung ihres wirtschaftlichen Wertes mit einem angemessenen Betrag auf die Besoldung angerechnet, soweit nichts anderes bestimmt ist.

§ 11 Abtretung von Bezügen, Verpfändung, Aufrechnungs- und Zurückbehaltungsrecht. (1) Der Beamte, Richter oder Soldat kann, wenn gesetzlich nichts Anderes bestimmt ist, Ansprüche auf Bezüge nur abtreten oder verpfänden, soweit sie der Pfändung unterliegen.

(2) [1]Gegenüber Ansprüchen auf Bezüge kann der Dienstherr ein Aufrechnungs- oder Zurückbehaltungsrecht nur in Höhe des pfändbaren Teils der Bezüge geltend machen. [2]Dies gilt nicht, soweit gegen den Beamten, Richter oder Soldaten ein Anspruch auf Schadenersatz wegen vorsätzlicher unerlaubter Handlung besteht.

§ 12 Rückforderung von Bezügen. (1) Wird ein Beamter, Richter oder Soldat durch eine gesetzliche Änderung seiner Bezüge einschließlich der Einreihung seines Amtes in die Besoldungsgruppen der Besoldungsordnungen rückwirkend schlechter gestellt, so sind die Unterschiedsbeträge nicht zu erstatten.

(2) [1]Im Übrigen regelt sich die Rückforderung zuviel gezahlter Bezüge nach den Vorschriften des Bürgerlichen Gesetzbuchs über die Herausgabe einer ungerechtfertigten Bereicherung, soweit gesetzlich nichts Anderes bestimmt ist. [2]Der Kenntnis des Mangels des rechtlichen Grundes der Zahlung steht es gleich, wenn der Mangel so offensichtlich war, dass der Empfänger ihn hätte erkennen müssen. [3]Von der Rückforderung kann aus Billigkeitsgründen mit Zustimmung der obersten Dienstbehörde oder der von ihr bestimmten Stelle ganz oder teilweise abgesehen werden.

(3) [1]Geldleistungen, die für die Zeit nach dem Tode des Beamten, Richters oder Soldaten auf ein Konto bei einem Geldinstitut überwiesen wurden, gelten

---

[1)] Nr. 2.

als unter Vorbehalt erbracht. [2]Das Geldinstitut hat sie der überweisenden Stelle zurück zu überweisen, wenn diese sie als zu Unrecht erbracht zurückfordert. [3]Eine Verpflichtung zur Rücküberweisung besteht nicht, soweit über den entsprechenden Betrag bei Eingang der Rückforderung bereits anderweitig verfügt wurde, es sei denn, dass die Rücküberweisung aus einem Guthaben erfolgen kann. [4]Das Geldinstitut darf den überwiesenen Betrag nicht zur Befriedigung eigener Forderungen verwenden.

(4) [1]Soweit Geldleistungen für die Zeit nach dem Tode des Beamten, Richters oder Soldaten zu Unrecht erbracht worden sind, haben die Personen, die die Geldleistung in Empfang genommen oder über den entsprechenden Betrag verfügt haben, diesen Betrag der überweisenden Stelle zu erstatten, sofern er nicht nach Absatz 3 von dem Geldinstitut zurücküberwiesen wird. [2]Ein Geldinstitut, das eine Rücküberweisung mit dem Hinweis abgelehnt hat, dass über den entsprechenden Betrag bereits anderweitig verfügt wurde, hat der überweisenden Stelle auf Verlangen Namen und Anschrift der Personen, die über den Betrag verfügt haben, und etwaiger neuer Kontoinhaber zu benennen. [3]Ein Anspruch gegen die Erben bleibt unberührt.

§ 13 Ausgleichszulage für den Wegfall von Stellenzulagen. (1) [1]Der Wegfall einer Stellenzulage aus dienstlichen Gründen, die nicht vom Beamten, Richter oder Soldaten zu vertreten sind, wird ausgeglichen, wenn die Stellenzulage zuvor in einem Zeitraum von sieben Jahren insgesamt mindestens fünf Jahre zugestanden hat. [2]Die Ausgleichszulage wird auf den Betrag festgesetzt, der am Tag vor dem Wegfall zugestanden hat. [3]Jeweils nach Ablauf eines Jahres vermindert sich die Ausgleichszulage ab Beginn des Folgemonats um 20 Prozent des nach Satz 2 maßgebenden Betrages. [4]Erhöhen sich die Dienstbezüge wegen des Anspruchs auf eine Stellenzulage, wird diese auf die Ausgleichszulage angerechnet. [5]Zeiten des Bezugs von Stellenzulagen, die bereits zu einem Anspruch auf eine Ausgleichszulage geführt haben, bleiben für weitere Ausgleichsansprüche unberücksichtigt.

(2) Bestand innerhalb des Zeitraumes nach Absatz 1 Satz 1 ein Anspruch auf mehrere Stellenzulagen für einen Gesamtzeitraum von mindestens fünf Jahren, ohne dass eine der Stellenzulagen allein für fünf Jahre zugestanden hat, gilt Absatz 1 mit der Maßgabe, dass die Stellenzulage mit dem jeweils niedrigsten Betrag ausgeglichen wird.

(3) Ist eine Stellenzulage infolge einer Versetzung nach § 28 Absatz 3 des Bundesbeamtengesetzes[1)] weggefallen, gilt Absatz 1 mit der Maßgabe, dass sich der Zeitraum des Bezugs der Stellenzulage nach Absatz 1 Satz 1 und Absatz 2 Satz 1 auf zwei Jahre verkürzt.

(4) Die Absätze 1 bis 3 gelten entsprechend, wenn ein Ruhegehaltempfänger erneut in ein Beamten-, Richter- oder Soldatenverhältnis berufen wird oder wenn im unmittelbaren Zusammenhang mit einem Verwendungswechsel eine zuvor gewährte Stellenzulage nur noch mit einem geringeren Betrag zusteht und die jeweilige Zulagenvorschrift keinen anderweitigen Ausgleich vorsieht.

§ 14 Anpassung der Besoldung. (1) Die Besoldung wird entsprechend der Entwicklung der allgemeinen wirtschaftlichen und finanziellen Verhältnisse

---

[1)] Nr. **2**.

und unter Berücksichtigung der mit den Dienstaufgaben verbundenen Verantwortung durch Gesetz regelmäßig angepasst.

(2)[1] [1]Ab dem 1. April 2021 gelten unter Berücksichtigung einer Erhöhung

1. des Grundgehalts,
2. des Familienzuschlags mit Ausnahme der Erhöhungsbeträge für die Besoldungsgruppen A 3 bis A 5,
3. der Amtszulagen und
4. der Anwärtergrundbeträge

um jeweils 1,2 Prozent die Monatsbeträge der Anlagen IV, V, VIII und IX dieses Gesetzes. [2]Satz 1 Nummer 1 gilt nicht für die Besoldungsgruppen B 11 und R 10.

(3)[2] Ab 1. April 2021 gelten für den Auslandszuschlag unter Berücksichtigung einer Erhöhung

1. der Ober- und Untergrenzen der Grundgehaltsspannen um 1,2 Prozent und
2. der Monatsbeträge der Zonenstufen um 0,96 Prozent

die Monatsbeträge der Anlage VI.

(4) [1]Zur Abmilderung der zusätzlichen Belastung durch die COVID-19-Pandemie im Jahr 2020 wird Beamten und Soldaten eine einmalige Sonderzahlung gewährt. [2]Die Höhe der Sonderzahlung beträgt

1.	für die Besoldungsgruppen A 3 bis A 8	600 Euro,
2.	für die Besoldungsgruppen A 9 bis A 12	400 Euro,
3.	für die Besoldungsgruppen A 13 bis A 15	300 Euro,
4.	für Anwärter	200 Euro.

[3]Die Zahlung wird nur gewährt, wenn

1. das Dienstverhältnis am 1. Oktober 2020 bestanden hat und
2. mindestens an einem Tag zwischen dem 1. März 2020 und dem 31. Oktober 2020 ein Anspruch auf Dienstbezüge aus einem Amt der Besoldungsgruppen A 3 bis A 15 oder auf Anwärterbezüge bestanden hat.

[4]§ 6 Absatz 1 und § 6a Absatz 1 und 3 gelten entsprechend. [5]Maßgebend sind jeweils die Verhältnisse am 1. Oktober 2020. [6]Die Zahlung wird jedem Berechtigten nur einmal gewährt; ihr steht eine entsprechende Leistung aus einem anderen Rechtsverhältnis im öffentlichen Dienst des Bundes gleich. [7]Die Zahlung bleibt bei der Berechnung der Zuschläge nach § 6 Absatz 2 bis 4 und § 6a Absatz 2 sowie bei sonstigen Bezügen unberücksichtigt.

---

[1] Wortlaut des § 14 Abs. 2 **ab 1.4.2022** (vgl. G v. 9.7.2021, BGBl. I S. 2444):

„(2) Ab dem 1. April 2022 gelten unter Berücksichtigung einer Erhöhung
1. des Grundgehalts,
2. des Familienzuschlags mit Ausnahme der Erhöhungsbeträge für die Besoldungsgruppen A 3 bis A 5,
3. der Amtszulagen und
4. der Anwärtergrundbeträge
um jeweils 1,8 Prozent die Monatsbeträge der Anlagen IV, V, VIII und IX dieses Gesetzes."

[2] Wortlaut des § 14 Abs. 3 **ab 1.4.2022** (vgl. G v. 9.7.2021, BGBl. I S. 2444):

„(3) Ab 1. April 2022 gelten für den Auslandszuschlag unter Berücksichtigung einer Erhöhung
1. der Ober- und Untergrenzen der Grundgehaltsspannen um 1,8 Prozent und
2. der Monatsbeträge der Zonenstufen um 1,44 Prozent
die Monatsbeträge der Anlage VI."

§ 14a Versorgungsrücklage. (1) [1]Um die Versorgungsleistungen angesichts der demographischen Veränderungen und des Anstiegs der Zahl der Versorgungsempfänger sicherzustellen, wird eine Versorgungsrücklage als Sondervermögen aus der Verminderung der Besoldungs- und Versorgungserhöhungen nach Absatz 2 gebildet. [2]Dafür werden bis zum 31. Dezember 2024 Erhöhungen der Besoldung und Versorgung vermindert.

(2) [1]Jede Erhöhung nach § 14 Absatz 1 wird um 0,2 Prozentpunkte vermindert. [2]Werden Besoldung und Versorgung durch dasselbe Gesetz zeitlich gestaffelt erhöht, erfolgt die Verminderung nur bei der ersten Erhöhung. [3]Die Unterschiedsbeträge gegenüber den nicht nach Satz 1 verminderten Erhöhungen werden der Versorgungsrücklage des Bundes zugeführt. [4]Die Mittel der Versorgungsrücklage dürfen nur zur Finanzierung der Versorgungsausgaben verwendet werden.

(3) Die Unterschiedsbeträge nach Absatz 2 und 50 Prozent der Verminderung der Versorgungsausgaben durch das Versorgungsänderungsgesetz 2001 vom 20. Dezember 2001 (BGBl. I S. 3926) werden der Versorgungsrücklage jährlich, letztmalig in 2031, zugeführt.

(4) Das Nähere, insbesondere die Verwaltung und Anlage des Sondervermögens, wird durch ein besonderes Gesetz geregelt.

§ 15 Dienstlicher Wohnsitz. (1) [1]Dienstlicher Wohnsitz des Beamten oder Richters ist der Ort, an dem die Behörde oder ständige Dienststelle ihren Sitz hat. [2]Dienstlicher Wohnsitz des Soldaten ist sein Standort.

(2) [1]Die oberste Dienstbehörde kann als dienstlichen Wohnsitz anweisen:

1. den Ort, der Mittelpunkt der dienstlichen Tätigkeit des Beamten, Richters oder Soldaten ist,
2. den Ort, in dem der Beamte, Richter oder Soldat mit Zustimmung der vorgesetzten Dienststelle wohnt,
3. einen Ort im Inland, wenn der Beamte oder Soldat im Ausland an der deutschen Grenze beschäftigt ist.

[2]Sie kann diese Befugnis auf nachgeordnete Stellen übertragen.

§ 16 Amt, Dienstgrad. Soweit in Vorschriften dieses Gesetzes auf das Amt verwiesen wird, steht dem Amt der Dienstgrad des Soldaten gleich.

§ 17 Aufwandsentschädigungen. [1]Aufwandsentschädigungen dürfen nur gewährt werden, wenn und soweit aus dienstlicher Veranlassung finanzielle Aufwendungen entstehen, deren Übernahme dem Beamten, Richter oder Soldaten nicht zugemutet werden kann, und der Haushaltsplan Mittel zur Verfügung stellt. [2]Aufwandsentschädigungen in festen Beträgen sind nur zulässig, wenn auf Grund tatsächlicher Anhaltspunkte oder tatsächlicher Erhebungen nachvollziehbar ist, dass und in welcher Höhe dienstbezogene finanzielle Aufwendungen typischerweise entstehen; sie werden im Einvernehmen mit dem Bundesministerium des Innern, für Bau und Heimat festgesetzt.

§ 17a Zahlungsweise. [1]Für die Zahlung der Besoldung nach § 1 Absatz 2 und 3 und von Aufwandsentschädigungen nach § 17 hat der Empfänger auf Verlangen der zuständigen Behörde ein Konto anzugeben, für das die Verordnung (EU) Nr. 260/2012 des Europäischen Parlaments und des Rates vom 14. März 2012 zur Festlegung der technischen Vorschriften und der Geschäftsanforderungen für Überweisungen und Lastschriften in Euro und zur Änderung der Verordnung (EG) Nr. 924/2009 (ABl. L 94 vom 30.3.2012, S. 22) gilt. [2] Die Übermittlungskosten mit Ausnahme der Kosten für die Gutschrift auf dem Konto des Empfängers trägt der Dienstherr, die Kontoeinrichtungs-, Kontoführungs- oder Buchungsgebühren trägt der Empfänger. [3] Eine Auszahlung auf andere Weise kann nur zugestanden werden, wenn dem Empfänger die Einrichtung oder Benutzung eines Kontos aus wichtigem Grund nicht zugemutet werden kann.

§ 17b Lebenspartnerschaft. [1] Die Vorschriften dieses Gesetzes, die sich auf das Bestehen oder das frühere Bestehen einer Ehe beziehen, gelten entsprechend für das Bestehen oder das frühere Bestehen einer Lebenspartnerschaft. [2] Die Vorschriften dieses Gesetzes, die sich auf den Ehegatten beziehen, gelten entsprechend für den Lebenspartner.

Abschnitt 2. Grundgehalt, Leistungsbezüge an Hochschulen

Unterabschnitt 1. Allgemeine Grundsätze

§ 18 Grundsatz der funktionsgerechten Besoldung. (1) [1] Die Funktionen der Beamten und Soldaten sind nach den mit ihnen verbundenen Anforderungen sachgerecht zu bewerten und Ämtern zuzuordnen. [2] Eine Funktion kann bis zu drei Ämtern einer Laufbahngruppe, in obersten Bundesbehörden allen Ämtern einer Laufbahngruppe zugeordnet werden. [3] Bei Soldaten gilt dies in der Laufbahngruppe der Mannschaften für alle Dienstgrade und in der Laufbahngruppe der Unteroffiziere für bis zu vier Dienstgrade.

(2) [1] Abweichend von Absatz 1 Satz 1 und 2 kann in der Bundesbesoldungsordnung B jede Funktion nur einem Amt zugeordnet werden. [2] Für die Zuordnung zu einem Amt der Bundesbesoldungsordnung B, das eine Grundamtsbezeichnung trägt, bedarf die zuständige oberste Bundesbehörde des Einvernehmens des Bundesministeriums des Innern, für Bau und Heimat und des Bundesministeriums der Finanzen.

§ 19 Bestimmung des Grundgehaltes nach dem Amt. (1) [1] Das Grundgehalt des Beamten, Richters oder Soldaten bestimmt sich nach der Besoldungsgruppe des ihm verliehenen Amtes. [2] Ist ein Amt noch nicht in einer Bundesbesoldungsordnung enthalten oder ist es mehreren Besoldungsgruppen zugeordnet, bestimmt sich das Grundgehalt nach der Besoldungsgruppe, die in der Einweisungsverfügung bestimmt ist; die Einweisung bedarf bei Körperschaften, Anstalten und Stiftungen des öffentlichen Rechts in den Fällen, in denen das Amt in einer Bundesbesoldungsordnung noch nicht enthalten ist, der Zustimmung der obersten Rechtsaufsichtsbehörde im Einvernehmen mit dem Bundesministerium des Innern, für Bau und Heimat. [3] Ist dem Beamten oder Richter noch kein Amt verliehen worden, so bestimmt sich das Grundgehalt des Beamten nach der Besoldungsgruppe seines Eingangsamtes, das Grundgehalt des Richters und des Staatsanwalts nach der Besoldungsgruppe R 1; soweit die Einstellung in einem anderen als dem Eingangsamt erfolgt ist, bestimmt sich das Grundgehalt nach der entsprechenden Besoldungsgruppe.

(2) Ist einem Amt gesetzlich eine Funktion zugeordnet oder richtet sich die Zuordnung eines Amtes zu einer Besoldungsgruppe einschließlich der Gewährung von Amtszulagen nach einem gesetzlich festgelegten Bewertungsmaßstab,

insbesondere nach der Zahl der Planstellen, so gibt die Erfüllung dieser Voraussetzungen allein keinen Anspruch auf die Besoldung aus diesem Amt.

§ 19a Besoldung bei Verleihung eines anderen Amtes. [1] Verringert sich während eines Dienstverhältnisses nach § 1 Absatz 1 das Grundgehalt durch Verleihung eines anderen Amtes aus Gründen, die nicht vom Beamten, Richter oder Soldaten zu vertreten sind, ist abweichend von § 19 das Grundgehalt zu zahlen, das dem Besoldungsempfänger bei einem Verbleiben in dem bisherigen Amt zugestanden hätte. [2] Satz 1 gilt entsprechend bei einem Wechsel eines Beamten in das Dienstverhältnis eines Richters oder bei einem Wechsel eines Richters in das Dienstverhältnis eines Beamten. [3] Veränderungen in der Bewertung des bisherigen Amtes bleiben unberücksichtigt. [4] Die Sätze 1 und 2 gelten entsprechend für Amtszulagen, auch bei Übertragung einer anderen Funktion. [5] Die Sätze 1 bis 3 gelten nicht im Fall des § 24 Absatz 6 Satz 3 des Bundesbeamtengesetzes[1)] sowie im Fall der Übertragung eines Amtes in einem Dienstverhältnis auf Zeit.

§ 19b Besoldung bei Wechsel in den Dienst des Bundes. (1) [1] Verringert sich auf Grund einer Versetzung, die auf Antrag erfolgt, die Summe aus dem Grundgehalt, den grundgehaltsergänzenden Zulagen und der auf diese Beträge entfallenden Sonderzahlung, ist eine Ausgleichszulage zu gewähren. [2] Dies gilt nicht für einen Wechsel in die Besoldungsgruppe W 2 oder W 3.

(2) [1] Die Ausgleichszulage bemisst sich nach dem Unterschied zwischen den Summen nach Absatz 1 in der bisherigen Verwendung und in der neuen Verwendung zum Zeitpunkt der Versetzung. [2] Sie verringert sich bei jeder Erhöhung des Grundgehaltes um ein Drittel des Erhöhungsbetrages.

(3) [1] Bei einer Versetzung aus dienstlichen Gründen, einer Übernahme oder einem Übertritt gelten die Absätze 1 und 2 entsprechend. [2] Zur Bestimmung der Ausgleichszulage ist in diesen Fällen auch eine in der bisherigen Verwendung nach Landesrecht gewährte Ausgleichszulage oder eine andere Leistung einzubeziehen, die für die Verringerung von Grundgehalt und grundgehaltsergänzenden Zulagen zustand. [3] Die Ausgleichszulage nach den Sätzen 1 und 2 ist ruhegehaltfähig, soweit sie ruhegehaltfähige Dienstbezüge ausgleicht. [4] Als Bestandteil der Versorgungsbezüge verringert sie sich bei jeder auf das Grundgehalt bezogenen Erhöhung der Versorgungsbezüge um ein Drittel des Erhöhungsbetrages.

(4) Die Absätze 1 bis 3 gelten entsprechend beim Eintritt eines Richters in ein Dienstverhältnis nach § 1 Absatz 1 Nummer 1.

Unterabschnitt 2. Beamte und Soldaten

§ 20 Bundesbesoldungsordnungen A und B. (1) [1] Die Ämter der Beamten und Soldaten und ihre Besoldungsgruppen werden in Bundesbesoldungsordnungen geregelt. [2] Dabei sind die Ämter nach ihrer Wertigkeit unter Berücksichtigung der gemeinsamen Belange aller Dienstherren den Besoldungsgruppen zuzuordnen.

(2) [1] Die Bundesbesoldungsordnung A – aufsteigende Gehälter – und die Bundesbesoldungsordnung B – feste Gehälter – sind Anlage I. [2] Die Grundgehaltssätze der Besoldungsgruppen sind in Anlage IV ausgewiesen.

---

1) Nr. 2.

§§ 21, 22 (weggefallen)

§ 23 Eingangsämter für Beamte. (1) Die Eingangsämter für Beamte sind folgenden Besoldungsgruppen zuzuweisen:
1. in Laufbahnen des einfachen Dienstes der Besoldungsgruppe A 3 oder A 4,
2. in Laufbahnen
   a) des mittleren nichttechnischen Dienstes der Besoldungsgruppe A 6,
   b) des mittleren technischen Dienstes der Besoldungsgruppe A 6 oder A 7,
   c) des mittleren nichttechnischen Dienstes bei der Zollverwaltung der Besoldungsgruppe A 7,
3. in Laufbahnen des gehobenen Dienstes der Besoldungsgruppe A 9,
4. in Laufbahnen des höheren Dienstes der Besoldungsgruppe A 13.

(2) [1] Soweit für die Zulassung zu den Laufbahnen des gehobenen technischen Verwaltungsdienstes oder des gehobenen naturwissenschaftlichen Dienstes ein mit einem Bachelor abgeschlossenes Hochschulstudium oder ein gleichwertiger Abschluss gefordert wird, ist das Eingangsamt für Beamte mit einem solchen Abschluss der Besoldungsgruppe A 10 oder A 11 zuzuweisen. [2] Dies gilt auch für Beamte in technischen Fachverwendungen in Sonderlaufbahnen des gehobenen Dienstes mit einem Abschluss in einem ingenieurwissenschaftlichen oder einem naturwissenschaftlichen Studiengang oder in einem Studiengang, bei dem Inhalte aus den Bereichen der Informatik oder der Informationstechnik überwiegen.

§ 24 Eingangsamt für Beamte in besonderen Laufbahnen. (1) [1] Das Eingangsamt in Sonderlaufbahnen, bei denen
1. die Ausbildung mit einer gegenüber dem nichttechnischen oder technischen Verwaltungsdienst besonders gestalteten Prüfung abgeschlossen wird oder die Ablegung einer zusätzlichen Prüfung vorgeschrieben ist und
2. im Eingangsamt Anforderungen gestellt werden, die bei sachgerechter Bewertung zwingend die Zuweisung des Eingangsamtes zu einer anderen Besoldungsgruppe als nach § 23 erfordern,

kann der höheren Besoldungsgruppe zugewiesen werden, in die gleichwertige Ämter eingereiht sind. [2] Die Festlegung als Eingangsamt ist in den Bundesbesoldungsordnungen zu kennzeichnen.

(2) Das Eingangsamt in Laufbahnen des einfachen Dienstes kann, wenn die Voraussetzung des Absatzes 1 Satz 1 Nummer 2 erfüllt ist, der höheren Besoldungsgruppe zugewiesen werden, in die gleichwertige Ämter eingereiht sind.

§ 25 *(aufgehoben)*

§ 26 *(aufgehoben)*

§ 27 Bemessung des Grundgehaltes. (1) [1] Das Grundgehalt wird, soweit nicht gesetzlich etwas Anderes bestimmt ist, nach Stufen bemessen. [2] Dabei erfolgt der Aufstieg in eine nächsthöhere Stufe nach bestimmten Dienstzeiten, in denen anforderungsgerechte Leistungen erbracht wurden (Erfahrungszeiten).

(2) [1] Mit der ersten Ernennung mit Anspruch auf Dienstbezüge im Anwendungsbereich dieses Gesetzes wird ein Grundgehalt der Stufe 1 festgesetzt,

soweit nicht Erfahrungszeiten nach § 28 Absatz 1 bis 3 anerkannt werden. [2]Die Stufe wird mit Wirkung vom Ersten des Monats festgesetzt, in dem die Ernennung wirksam wird. [3]Die Stufenfestsetzung ist dem Beamten oder Soldaten schriftlich mitzuteilen. [4]Die Sätze 1 bis 3 gelten entsprechend für

1. die Versetzung, die Übernahme und den Übertritt in den Dienst des Bundes,
2. den Wechsel aus einem Amt der Bundesbesoldungsordnungen B, R, W oder C in ein Amt der Bundesbesoldungsordnung A sowie
3. die Einstellung eines ehemaligen Beamten, Richters, Berufssoldaten oder Soldaten auf Zeit in ein Amt der Bundesbesoldungsordnung A.

(3) [1]Das Grundgehalt steigt nach Erfahrungszeiten von zwei Jahren in der Stufe 1, von jeweils drei Jahren in den Stufen 2 bis 4 und von jeweils vier Jahren in den Stufen 5 bis 7. [2]Abweichend von Satz 1 beträgt die Erfahrungszeit in den Stufen 5 bis 7 bei Beamten in den Laufbahnen des einfachen Dienstes und bei Soldaten in den Laufbahnen der Mannschaften jeweils drei Jahre. [3]Zeiten ohne Anspruch auf Dienstbezüge verzögern den Aufstieg um diese Zeiten, soweit in § 28 Absatz 5 nicht etwas anderes bestimmt ist. [4]Die Zeiten sind auf volle Monate abzurunden.

(4) [1]Wird festgestellt, dass die Leistungen des Beamten oder Soldaten nicht den mit dem Amt verbundenen Anforderungen entsprechen, verbleibt er in seiner bisherigen Stufe des Grundgehaltes. [2]Die Feststellung nach Satz 1 erfolgt auf der Grundlage einer geeigneten Leistungseinschätzung. [3]Ist die Leistungseinschätzung älter als zwölf Monate, ist ergänzend eine aktuelle Leistungseinschätzung zu erstellen. [4]Für die Feststellung nach Satz 1 können nur Leistungen berücksichtigt werden, auf die vor der Feststellung hingewiesen wurde.

(5) [1]Wird auf der Grundlage einer weiteren Leistungseinschätzung festgestellt, dass die Leistungen des Beamten oder Soldaten wieder den mit dem Amt verbundenen Anforderungen entsprechen, erfolgt der Aufstieg in die nächsthöhere Stufe am ersten Tag des Monats, in dem diese Feststellung erfolgt. [2]Wird in der Folgezeit festgestellt, dass der Beamte oder Soldat Leistungen erbringt, die die mit dem Amt verbundenen Anforderungen erheblich übersteigen, gilt der von dieser Feststellung erfasste Zeitraum nicht nur als laufende Erfahrungszeit, sondern wird zusätzlich so angerechnet, dass er für die Zukunft die Wirkung eines früheren Verbleibens in der Stufe entsprechend mindert oder aufhebt. [3]Die für diese Anrechnung zu berücksichtigenden Zeiten sind auf volle Monate abzurunden. [4]Maßgebender Zeitpunkt ist der Erste des Monats, in dem die entsprechende Feststellung erfolgt.

(6) [1]Bei dauerhaft herausragenden Leistungen kann Beamten und Soldaten der Bundesbesoldungsordnung A für den Zeitraum bis zum Erreichen der nächsten Stufe das Grundgehalt der nächsthöheren Stufe gezahlt werden (Leistungsstufe). [2]Die Zahl der in einem Kalenderjahr bei einem Dienstherrn vergebenen Leistungsstufen darf 15 Prozent der Zahl der bei dem Dienstherrn vorhandenen Beamten und Soldaten der Bundesbesoldungsordnung A, die das Endgrundgehalt noch nicht erreicht haben, nicht übersteigen. [3]Die Bundesregierung wird ermächtigt, nähere Regelungen durch Rechtsverordnung zu treffen. [4]In der Rechtsverordnung kann zugelassen werden, dass bei Dienstherren mit weniger als sieben Beamten im Sinne des Satzes 2 in jedem Kalenderjahr einem Beamten die Leistungsstufe gewährt wird.

(7) [1]Die Entscheidung nach den Absätzen 4 bis 6 trifft die zuständige oberste Dienstbehörde oder die von ihr bestimmte Stelle. [2]Sie ist dem Beamten oder

Soldaten schriftlich mitzuteilen. [3]Widerspruch, Beschwerde nach der Wehrbeschwerdeordnung und Anfechtungsklage haben keine aufschiebende Wirkung.

(8) In der Probezeit nach § 11 Absatz 1 des Bundesbeamtengesetzes[1)] erfolgt das Aufsteigen in den Stufen entsprechend den in Absatz 3 genannten Zeiträumen.

(9) [1]Der Beamte oder Soldat verbleibt in seiner bisherigen Stufe, solange er vorläufig des Dienstes enthoben ist. [2]Führt ein Disziplinarverfahren nicht zur Entfernung aus dem Dienst oder endet das Dienstverhältnis nicht durch Entlassung auf Antrag des Beamten oder Soldaten oder infolge strafgerichtlicher Verurteilung, regelt sich das Aufsteigen im Zeitraum seiner vorläufigen Dienstenthebung nach Absatz 3.

§ 28 Berücksichtigungsfähige Zeiten. (1) [1]Beamten und Soldaten werden bei der ersten Stufenfestsetzung als Erfahrungszeiten im Sinne des § 27 Absatz 2 anerkannt:

1. Zeiten einer gleichwertigen hauptberuflichen Tätigkeit außerhalb eines Soldatenverhältnisses, die für Beamte nicht Voraussetzung für den Erwerb der Laufbahnbefähigung oder für Soldaten nicht Voraussetzung für die Einstellung mit einem Dienstgrad einer Besoldungsgruppe bis A 13 sind,
2. Zeiten als Berufssoldat oder Soldat auf Zeit,
3. Zeiten von mindestens vier Monaten und insgesamt höchstens zwei Jahren, in denen Wehrdienst, soweit er nicht unter Nummer 2 fällt, Zivildienst, Bundesfreiwilligendienst, Entwicklungsdienst oder ein freiwilliges soziales oder ökologisches Jahr geleistet wurde,
4. Verfolgungszeiten nach dem Beruflichen Rehabilitierungsgesetz, soweit eine Erwerbstätigkeit, die einem Dienst bei einem öffentlich-rechtlichen Dienstherrn (§ 29) entspricht, nicht ausgeübt werden konnte.

[2]Mit Zustimmung des Bundesministeriums des Innern, für Bau und Heimat kann hiervon abgewichen werden, wenn für die Zulassung zu einer Laufbahn besondere Voraussetzungen gelten. [3]Zeiten nach Satz 1 werden durch Unterbrechungszeiten nach Absatz 5 Nummer 2 bis 5 nicht vermindert. [4]Erfahrungszeiten nach Satz 1 stehen gleich:

1. Zeiten einer Kinderbetreuung von bis zu drei Jahren für jedes Kind (Kinderbetreuungszeiten),
2. Zeiten der tatsächlichen Pflege von Eltern, Schwiegereltern, Ehegatten, Geschwistern oder Kindern, die nach ärztlichem Gutachten pflegebedürftig sind, von bis zu drei Jahren für jeden dieser Angehörigen (Pflegezeiten).

(2) [1]Beamten können weitere hauptberufliche Zeiten, die nicht Voraussetzung für den Erwerb der Laufbahnbefähigung sind, ganz oder teilweise anerkannt werden, soweit diese für die Verwendung förderlich sind. [2]Wird für die Einstellung ein mit einem Master abgeschlossenes Hochschulstudium oder ein gleichwertiger Abschluss vorausgesetzt, sind Beamten dafür zwei Jahre als Erfahrungszeit anzuerkennen. [3]Zusätzliche Qualifikationen, die nicht im Rahmen von hauptberuflichen Zeiten erworben wurden, können Beamten in besonderen Einzelfällen, insbesondere zur Deckung des Personalbedarfs, mit bis

---

[1)] Nr. 2.

zu drei Jahren als Erfahrungszeit im Sinne des § 27 Absatz 3 anerkannt werden. [4] Die Entscheidungen nach den Sätzen 1 und 3 trifft die oberste Dienstbehörde oder die von ihr bestimmte Stelle. [5] Absatz 1 Satz 2 und 3 gilt entsprechend.

(3) [1] Werden Soldaten auf Grund ihrer beruflichen Qualifikation mit einem höheren Dienstgrad eingestellt, können entsprechend den jeweiligen Einstellungsvoraussetzungen als Erfahrungszeiten anerkannt werden:

1. in der Laufbahngruppe der Unteroffiziere für die Einstellung mit einem Dienstgrad einer Besoldungsgruppe bis A 7 höchstens vier Jahre und
2. in der Laufbahngruppe der Offiziere für die Einstellung mit einem Dienstgrad einer Besoldungsgruppe bis A 13 höchstens sechs Jahre.

[2] Im Übrigen können hauptberufliche Zeiten ganz oder teilweise als Erfahrungszeiten anerkannt werden, soweit diese für die Verwendung förderlich sind. [3] Absatz 2 Satz 3 gilt entsprechend.

(4) [1] Derselbe Zeitraum kann nur einmal anerkannt werden. [2] Die Zeiten nach den Absätzen 1 bis 3 sind zu addieren und danach auf volle Monate aufzurunden.

(5) Abweichend von § 27 Absatz 3 Satz 3 wird der Aufstieg in den Stufen durch folgende Zeiten nicht verzögert:

1. Kinderbetreuungs- und Pflegezeiten nach Absatz 1 Satz 4,
2. Zeiten einer Beurlaubung ohne Dienstbezüge, die nach gesetzlichen Bestimmungen dienstlichen Interessen dient; dies gilt auch, wenn durch die oberste Dienstbehörde oder die von ihr bestimmte Stelle schriftlich oder elektronisch anerkannt ist, dass der Urlaub dienstlichen Interessen oder öffentlichen Belangen dient,
3. Zeiten, die nach dem Arbeitsplatzschutzgesetz nicht zu dienstlichen Nachteilen führen dürfen,
4. Zeiten einer Eignungsübung nach dem Eignungsübungsgesetz und
5. Zeiten, die in einem kommunalen Wahlbeamtenverhältnis erbracht wurden.

(6) Zeiten, die nach § 28 Absatz 3 Nummer 1 oder 2 des Bundesbesoldungsgesetzes in der bis zum 30. Juni 2009 geltenden Fassung berücksichtigt wurden, werden auf die Zeiten nach Absatz 5 Nummer 1 angerechnet.

§ 29 Öffentlich-rechtliche Dienstherren. (1) Öffentlich-rechtliche Dienstherren im Sinne dieses Gesetzes sind der Bund, die Länder, die Gemeinden (Gemeindeverbände) und andere Körperschaften, Anstalten und Stiftungen des öffentlichen Rechts mit Ausnahme der öffentlich-rechtlichen Religionsgesellschaften und ihrer Verbände.

(2) Der Tätigkeit im Dienst eines öffentlich-rechtlichen Dienstherrn stehen gleich:

1. die gleichartige Tätigkeit
   a) im öffentlichen Dienst eines Organs, einer Einrichtung oder eines Mitgliedstaats der Europäischen Union oder
   b) bei einer öffentlichen zwischenstaatlichen oder überstaatlichen Einrichtung oder Verwaltung und
2. die von volksdeutschen Vertriebenen und Spätaussiedlern ausgeübte gleichartige Tätigkeit im Dienst eines öffentlich-rechtlichen Dienstherrn ihres Herkunftslandes.

§ 30 Nicht zu berücksichtigende Dienstzeiten. (1) [1] § 28 Absatz 1 bis 3 gilt nicht für Zeiten einer Tätigkeit für das Ministerium für Staatssicherheit oder das Amt für Nationale Sicherheit. [2] Dies gilt auch für Zeiten, die vor einer solchen Tätigkeit zurückgelegt worden sind. [3] Satz 1 gilt auch für Zeiten einer Tätigkeit als Angehöriger der Grenztruppen der ehemaligen Deutschen Demokratischen Republik.

(2) [1] Absatz 1 Satz 1 und 2 gilt auch für Zeiten einer Tätigkeit, die auf Grund einer besonderen persönlichen Nähe zum System der ehemaligen Deutschen Demokratischen Republik übertragen war. [2] Das Vorliegen dieser Voraussetzung wird insbesondere widerlegbar vermutet, wenn der Beamte oder Soldat

1. vor oder bei Übertragung der Tätigkeit eine hauptamtliche oder hervorgehobene ehrenamtliche Funktion in der Sozialistischen Einheitspartei Deutschlands, dem Freien Deutschen Gewerkschaftsbund, der Freien Deutschen Jugend oder einer vergleichbaren systemunterstützenden Partei oder Organisation innehatte oder
2. als mittlere oder obere Führungskraft in zentralen Staatsorganen, als obere Führungskraft beim Rat eines Bezirkes, als Vorsitzender des Rates eines Kreises oder einer kreisfreien Stadt oder in einer vergleichbaren Funktion tätig war oder
3. hauptamtlich Lehrender an den Bildungseinrichtungen der staatstragenden Parteien oder einer Massen- oder gesellschaftlichen Organisation war oder
4. Absolvent der Akademie für Staat und Recht oder einer vergleichbaren Bildungseinrichtung war.

§ 31 (weggefallen)

Unterabschnitt 3. Professoren sowie hauptberufliche Leiter von Hochschulen und Mitglieder von Leitungsgremien an Hochschulen

§ 32 Bundesbesoldungsordnung W. [1] Die Ämter der Professoren und ihre Besoldungsgruppen sind in der Bundesbesoldungsordnung W (Anlage II) geregelt. [2] Die Grundgehaltssätze sind in Anlage IV ausgewiesen. [3] Die Sätze 1 und 2 gelten auch für hauptberufliche Leiter von Hochschulen und Mitglieder von Leitungsgremien an Hochschulen, die nicht Professoren sind, soweit ihre Ämter nicht Besoldungsgruppen der Bundesbesoldungsordnungen A und B zugewiesen sind.

§ 32a Bemessung des Grundgehaltes. (1) [1] Das Grundgehalt wird, soweit nicht gesetzlich etwas Anderes bestimmt ist, nach Stufen bemessen. [2] Dabei erfolgt der Aufstieg in eine nächsthöhere Stufe nach bestimmten Dienstzeiten, in denen anforderungsgerechte Leistungen erbracht wurden (Erfahrungszeiten).

(2) [1] Mit der Ernennung zum Professor mit Anspruch auf Dienstbezüge wird in der Besoldungsgruppe W 2 oder W 3 ein Grundgehalt der Stufe 1 festgesetzt, soweit nicht Erfahrungszeiten nach § 32b Absatz 1 anerkannt werden. [2] Die Stufe wird mit Wirkung vom Ersten des Monats festgesetzt, in dem die Ernennung wirksam wird. [3] Die Sätze 1 und 2 gelten entsprechend für

1. die in § 27 Absatz 2 Satz 4 Nummer 1 genannten Fälle,
2. den Wechsel aus einem Amt der Bundesbesoldungsordnungen A, B, C oder R oder der Besoldungsgruppe W 1.

(3) Das Grundgehalt steigt nach Erfahrungszeiten von jeweils sieben Jahren in den Stufen 1 und 2.

(4) [1] Zeiten ohne Anspruch auf Dienstbezüge verzögern den Aufstieg in den Stufen um diese Zeiten, soweit in § 32b nicht etwas Anderes bestimmt ist. [2] Die Zeiten sind auf volle Monate abzurunden.

(5) [1] § 27 Absatz 4, 5 und 6 Satz 1 und 2 gilt entsprechend. [2] Die Besonderheiten der Hochschulen sind zu berücksichtigen. [3] Die in § 33 Absatz 4 genannten Stellen werden ermächtigt, nach dem dort bestimmten Verfahren nähere Regelungen durch Rechtsverordnung zu treffen.

(6) [1] Die Entscheidung nach Absatz 2 trifft die oberste Dienstbehörde oder die von ihr bestimmte Stelle. [2] Die Entscheidung nach § 27 Absatz 4, 5 und 6 Satz 1 und 2 in Verbindung mit Absatz 5 Satz 1 trifft die Hochschule. [3] Satz 2 gilt nicht für Entscheidungen, die die Hochschulleitung betreffen; mit Ausnahme der Bewertung der wissenschaftlichen Leistung trifft diese Entscheidungen die oberste Dienstbehörde. [4] Entscheidungen nach den Sätzen 1 bis 3 sind dem Professor oder dem hauptamtlichen Mitglied der Hochschulleitung schriftlich mitzuteilen. [5] Gegen die Entscheidung nach § 27 Absatz 4, 5 und 6 Satz 1 und 2 in Verbindung mit Absatz 5 Satz 1 haben Widerspruch und Anfechtungsklage keine aufschiebende Wirkung.

§ 32b Berücksichtigungsfähige Zeiten. (1) [1] Bei der ersten Stufenfestsetzung werden als Erfahrungszeiten anerkannt:

1. Zeiten einer hauptberuflichen Tätigkeit an einer deutschen staatlichen Hochschule als
   a) Professor oder Vertretungsprofessor,
   b) Mitglied der Hochschulleitung oder Dekan,
2. Zeiten einer hauptberuflichen Tätigkeit als Professor oder Vertretungsprofessor
   a) an einer deutschen staatlich anerkannten Hochschule,
   b) an einer ausländischen Hochschule,

   sofern die Hochschule an die Berufung von Professoren und Vertretungsprofessoren Anforderungen stellt, die denen nach § 131 des Bundesbeamtengesetzes[1)] entsprechen.

[2] Zeiten einer hauptberuflichen wissenschaftlichen Tätigkeit an einer öffentlich geförderten in- oder ausländischen Forschungseinrichtung oder bei einer internationalen Forschungsorganisation können als Erfahrungszeiten anerkannt werden, wenn die Tätigkeit derjenigen eines in die Besoldungsgruppe W 2 oder W 3 eingestuften Professors gleichwertig ist und die Einrichtung oder Organisation an die Berufung Anforderungen stellt, die denen nach § 131 des Bundesbeamtengesetzes entsprechen. [3] Zeiten als Juniorprofessor werden nicht anerkannt. [4] Zeiten nach den Sätzen 1 und 2 werden durch Zeiten nach Absatz 2 nicht vermindert und werden auf volle Monate aufgerundet.

(2) Abweichend von § 32a Absatz 4 wird der Aufstieg in den Stufen durch Zeiten nach § 28 Absatz 5 nicht verzögert.

---

1) Nr. 2.

§ 33 Leistungsbezüge. (1) [1]In den Besoldungsgruppen W 2 und W 3 werden nach Maßgabe der nachfolgenden Vorschriften neben dem als Mindestbezug gewährten Grundgehalt variable Leistungsbezüge vergeben:

1. aus Anlass von Berufungs- und Bleibeverhandlungen,
2. für besondere Leistungen in Forschung, Lehre, Kunst, Weiterbildung und Nachwuchsförderung sowie
3. für die Wahrnehmung von Funktionen oder besonderen Aufgaben im Rahmen der Hochschulselbstverwaltung oder der Hochschulleitung.

[2]Leistungsbezüge nach Satz 1 Nummer 1 und 2 können befristet oder unbefristet sowie als Einmalzahlung vergeben werden. [3]Leistungsbezüge nach Satz 1 Nummer 3 werden für die Dauer der Wahrnehmung der Funktion oder Aufgabe gewährt.

(2) [1]Leistungsbezüge dürfen den Unterschiedsbetrag zwischen den Grundgehältern der Besoldungsgruppe W 3 und der Besoldungsgruppe B 10 übersteigen, wenn

1. dies erforderlich ist, um den Professor aus dem Bereich außerhalb der deutschen Hochschulen zu gewinnen oder um die Abwanderung des Professors in diesen Bereich abzuwenden,
2. der Professor bereits Leistungsbezüge erhält, die den Unterschiedsbetrag zwischen den Grundgehältern der Besoldungsgruppe W 3 und der Besoldungsgruppe B 10 übersteigen, und dies erforderlich ist, um den Professor für eine andere deutsche Hochschule zu gewinnen oder um seine Abwanderung an eine andere deutsche Hochschule zu verhindern,
3. die Anwendung des § 77a zu einer Überschreitung des Unterschiedsbetrages führt.

[2]Satz 1 gilt entsprechend für hauptberufliche Leiter von Hochschulen und Mitglieder von Leitungsgremien an Hochschulen, die nicht Professor sind.

(3) [1]Leistungsbezüge nach Absatz 1 Satz 1 Nummer 1 und 2 sind bis zur Höhe von zusammen 22 Prozent des jeweiligen Grundgehalts ruhegehaltfähig, soweit sie unbefristet gewährt und jeweils mindestens zwei Jahre bezogen worden sind; werden sie befristet gewährt, können sie bei wiederholter Vergabe für ruhegehaltfähig erklärt werden. [2]Für Leistungsbezüge nach Absatz 1 Satz 1 Nummer 3 gilt § 15a des Beamtenversorgungsgesetzes[1)] entsprechend mit der Maßgabe, dass der Betrag der Leistungsbezüge als Unterschiedsbetrag gilt. [3]Leistungsbezüge nach Absatz 1 Satz 1 Nummer 1 und 2 können über den Prozentsatz nach Satz 1 hinaus für ruhegehaltfähig erklärt werden. [4]Treffen ruhegehaltfähige Leistungsbezüge nach Absatz 1 Satz 1 Nummer 1 und 2 mit solchen nach Absatz 1 Satz 1 Nummer 3 zusammen, die vor Beginn des Bemessungszeitraumes nach Satz 1 vergeben worden sind, wird nur der bei der Berechnung des Ruhegehalts für den Beamten günstigere Betrag als ruhegehaltfähiger Dienstbezug berücksichtigt.

(4) [1]Das Nähere zur Gewährung der Leistungsbezüge regeln durch Rechtsverordnung ohne Zustimmung des Bundesrates

1. das Bundesministerium der Verteidigung für seinen Geschäftsbereich,

---

1) Nr. 27.

2. das Bundesministerium des Innern, für Bau und Heimat im Einvernehmen mit dem für den jeweiligen Fachbereich zuständigen Bundesministerium für die Fachbereiche der Hochschule des Bundes für öffentliche Verwaltung sowie
3. das Bundesministerium für Arbeit und Soziales im Einvernehmen mit dem Bundesministerium des Innern, für Bau und Heimat für die Hochschule der Bundesagentur für Arbeit.

[2] Insbesondere sind Bestimmungen zu treffen
1. über das Vergabeverfahren, über die Zuständigkeit für die Vergabe sowie über die Voraussetzungen und die Kriterien der Vergabe,
2. zur Ruhegehaltfähigkeit unbefristet gewährter Leistungsbezüge, die 22 Prozent des jeweiligen Grundgehalts übersteigen (Absatz 3 Satz 3), und von befristet gewährten Leistungsbezügen (Absatz 3 Satz 1 zweiter Halbsatz) sowie
3. über die Erhöhung oder Verminderung von Leistungsbezügen aus Anlass von Besoldungsanpassungen nach § 14.

§ 34 *(aufgehoben)*

§ 35 Forschungs- und Lehrzulage. [1] Das Bundesministerium der Verteidigung für seinen Bereich, das Bundesministerium des Innern, für Bau und Heimat im Einvernehmen mit den für die jeweiligen Fachbereiche zuständigen Bundesministerien für die Hochschule des Bundes für öffentliche Verwaltung sowie das Bundesministerium für Arbeit und Soziales im Einvernehmen mit dem Bundesministerium des Innern, für Bau und Heimat für die Hochschule der Bundesagentur für Arbeit können durch Rechtsverordnung vorsehen, dass an Professoren, die Mittel privater Dritter für Forschungsvorhaben oder Lehrvorhaben der Hochschule einwerben und diese Vorhaben durchführen, für die Dauer des Drittmittelflusses aus diesen Mitteln eine nicht ruhegehaltfähige Zulage vergeben werden kann. [2] Eine Zulage für die Durchführung von Lehrvorhaben darf nur vergeben werden, wenn die entsprechende Lehrtätigkeit des Professors nicht auf seine Regellehrverpflichtung angerechnet wird. [3] Das Bundesministerium für Arbeit und Soziales kann im Einvernehmen mit dem Bundesministerium des Innern, für Bau und Heimat die Befugnis nach Satz 1 auf den Vorstand der Bundesagentur für Arbeit durch Rechtsverordnung übertragen; Rechtsverordnungen, die auf Grund der Übertragung vom Vorstand der Bundesagentur für Arbeit erlassen werden, bedürfen des Einvernehmens mit dem Bundesministerium für Arbeit und Soziales und dem Bundesministerium des Innern, für Bau und Heimat.

§ 36 (weggefallen)

Unterabschnitt 4. Richter und Staatsanwälte

§ 37 Bundesbesoldungsordnung R. [1] Die Ämter der Richter und Staatsanwälte, mit Ausnahme der Ämter der Vertreter des öffentlichen Interesses bei den Gerichten der Verwaltungsgerichtsbarkeit, und ihre Besoldungsgruppen sind in der Bundesbesoldungsordnung R (Anlage III) geregelt. [2] Die Grundgehaltssätze der Besoldungsgruppen sind in Anlage IV ausgewiesen.

§ 38 Bemessung des Grundgehaltes. (1) [1]Das Grundgehalt wird, soweit gesetzlich nichts Anderes bestimmt ist, nach Stufen bemessen. [2]Das Aufsteigen in den Stufen erfolgt entsprechend den in § 27 Absatz 3 Satz 1 genannten Zeiträumen. [3]Zeiten ohne Anspruch auf Dienstbezüge verzögern den Aufstieg um diese Zeiten; die Zeiten sind auf volle Monate abzurunden.

(2) [1]Mit der ersten Ernennung mit Anspruch auf Dienstbezüge im Anwendungsbereich dieses Gesetzes wird grundsätzlich ein Grundgehalt der Stufe 1 festgesetzt, soweit nicht nach Absatz 3 Zeiten anerkannt werden. [2]Die Stufe wird mit Wirkung vom Ersten des Monats festgesetzt, in dem die Ernennung wirksam wird; die Stufenfestsetzung ist dem Richter oder Staatsanwalt schriftlich mitzuteilen. [3]Die Sätze 1 und 2 gelten entsprechend für

1. die Versetzung, die Übernahme und den Übertritt in den Dienst des Bundes,
2. den Wechsel aus einem Amt der Bundesbesoldungsordnungen A, B, W oder C in ein Amt der Bundesbesoldungsordnung R sowie
3. die Einstellung eines ehemaligen Beamten, Richters, Berufssoldaten oder Soldaten auf Zeit in ein Amt der Bundesbesoldungsordnung R.

(3) Die §§ 28 und 30 sind entsprechend anzuwenden.

(4) [1]Der Anspruch auf das Aufsteigen in den Stufen ruht für die Dauer einer vorläufigen Dienstenthebung. [2]Führt ein Disziplinarverfahren zur Entfernung aus dem Dienst oder endet das Dienstverhältnis durch Entlassung auf Antrag des Richters oder Staatsanwaltes oder infolge strafgerichtlicher Verurteilung, so erlischt der Anspruch auch für die Zeit des Ruhens.

Abschnitt 3. Familienzuschlag

§ 39 Grundlage des Familienzuschlages. (1) [1]Der Familienzuschlag wird nach der Anlage V gewährt. [2]Seine Höhe richtet sich nach der Besoldungsgruppe und der Stufe, die den Familienverhältnissen des Beamten, Richters oder Soldaten entspricht. [3]Für Beamte auf Widerruf im Vorbereitungsdienst (Anwärter) ist die Besoldungsgruppe des Eingangsamtes maßgebend, in das der Anwärter nach Abschluss des Vorbereitungsdienstes unmittelbar eintritt.

(2) [1]Bei ledigen Beamten oder Soldaten, die auf Grund dienstlicher Verpflichtungen in einer Gemeinschaftsunterkunft wohnen, wird der in Anlage V ausgebrachte Betrag auf das Grundgehalt angerechnet. [2]Steht ihnen Kindergeld nach dem Einkommensteuergesetz oder nach dem Bundeskindergeldgesetz zu oder würde es ihnen ohne Berücksichtigung des § 64 oder § 65 des Einkommensteuergesetzes oder des § 3 oder § 4 des Bundeskindergeldgesetzes zustehen, so erhalten sie zusätzlich den Unterschiedsbetrag zwischen der Stufe 1 und der Stufe des Familienzuschlages, der der Anzahl der Kinder entspricht. [3]§ 40 Absatz 5 gilt entsprechend.

§ 40 Stufen des Familienzuschlages. (1) [1]Zur Stufe 1 gehören:

1. verheiratete Beamte, Richter und Soldaten,
2. verwitwete Beamte, Richter und Soldaten,
3. geschiedene Beamte, Richter und Soldaten sowie Beamte, Richter und Soldaten, deren Ehe aufgehoben oder für nichtig erklärt ist, wenn sie dem früheren Ehegatten aus der letzten Ehe zum Unterhalt verpflichtet sind,

4. andere Beamte, Richter und Soldaten, die ein Kind nicht nur vorübergehend in ihre Wohnung aufgenommen haben, für das ihnen Kindergeld nach dem Einkommensteuergesetz oder nach dem Bundeskindergeldgesetz zusteht oder ohne Berücksichtigung der §§ 64 und 65 des Einkommensteuergesetzes oder der §§ 3 und 4 des Bundeskindergeldgesetzes zustehen würde, sowie andere Beamte, Richter und Soldaten, die eine Person nicht nur vorübergehend in ihre Wohnung aufgenommen haben, weil sie aus beruflichen oder gesundheitlichen Gründen ihrer Hilfe bedürfen.

[2] Als in die Wohnung aufgenommen gilt ein Kind auch dann, wenn der Beamte, Richter oder Soldat es auf seine Kosten anderweitig untergebracht hat, ohne dass dadurch die häusliche Verbindung mit ihm aufgehoben werden soll. [3] Beanspruchen mehrere nach Satz 1 Nummer 4 Anspruchsberechtigte, Angestellte im öffentlichen Dienst oder auf Grund einer Tätigkeit im öffentlichen Dienst Versorgungsberechtigte wegen der Aufnahme einer Person oder mehrerer Personen in die gemeinsam bewohnte Wohnung einen Familienzuschlag der Stufe 1 oder eine entsprechende Leistung, wird der Betrag der Stufe 1 des für den Beamten, Richter oder Soldaten maßgebenden Familienzuschlages nach der Zahl der Berechtigten anteilig gewährt. [4] Satz 3 gilt entsprechend, wenn bei dauernd getrennt lebenden Eltern ein Kind in die Wohnungen beider Elternteile aufgenommen worden ist.

(2) [1] Zur Stufe 2 und den folgenden Stufen gehören die Beamten, Richter und Soldaten der Stufe 1, denen Kindergeld nach dem Einkommensteuergesetz oder nach dem Bundeskindergeldgesetz zusteht oder ohne Berücksichtigung des § 64 oder § 65 des Einkommensteuergesetzes oder des § 3 oder § 4 des Bundeskindergeldgesetzes zustehen würde. [2] Zur Stufe 2 und den folgenden Stufen gehören auch die Beamten, Richter und Soldaten der Stufe 1, die Kinder ihres Lebenspartners in ihren Haushalt aufgenommen haben, wenn andere Beamte, Richter oder Soldaten der Stufe 1 bei sonst gleichem Sachverhalt zur Stufe 2 oder einer der folgenden Stufen gehörten. [3] Die Stufe richtet sich nach der Anzahl der berücksichtigungsfähigen Kinder.

(3) [1] Ledige und geschiedene Beamte, Richter und Soldaten sowie Beamte, Richter und Soldaten, deren Ehe aufgehoben oder für nichtig erklärt ist, denen Kindergeld nach dem Einkommensteuergesetz oder nach dem Bundeskindergeldgesetz zusteht oder ohne Berücksichtigung des § 64 oder § 65 des Einkommensteuergesetzes oder des § 3 oder § 4 des Bundeskindergeldgesetzes zustehen würde, erhalten zusätzlich zum Grundgehalt den Unterschiedsbetrag zwischen der Stufe 1 und der Stufe des Familienzuschlages, der der Anzahl der berücksichtigungsfähigen Kinder entspricht. [2] Dies gilt auch für Beamte, Richter und Soldaten, deren Lebenspartnerschaft aufgehoben worden ist und die Kinder ihres früheren Lebenspartners in ihren Haushalt aufgenommen haben, wenn Beamte, Richter oder Soldaten, die geschieden sind oder deren Ehe aufgehoben oder für nichtig erklärt ist, bei sonst gleichem Sachverhalt den Unterschiedsbetrag erhielten. [3] Absatz 5 gilt entsprechend.

(4) [1] Steht der Ehegatte eines Beamten, Richters oder Soldaten als Beamter, Richter, Soldat oder Angestellter im öffentlichen Dienst oder ist er auf Grund einer Tätigkeit im öffentlichen Dienst nach beamtenrechtlichen Grundsätzen versorgungsberechtigt und stünde ihm ebenfalls der Familienzuschlag der Stufe 1 oder einer der folgenden Stufen oder eine entsprechende Leistung in Höhe von mindestens der Hälfte der Stufe 1 des Familienzuschlages zu, so erhält der

Beamte, Richter oder Soldat den Betrag der Stufe 1 des für ihn maßgebenden Familienzuschlages zur Hälfte; dies gilt auch für die Zeit, für die der Ehegatte Mutterschaftsgeld bezieht. [2] § 6 findet auf den Betrag keine Anwendung, wenn einer der Ehegatten vollbeschäftigt oder nach beamtenrechtlichen Grundsätzen versorgungsberechtigt ist oder beide Ehegatten in Teilzeit beschäftigt sind und dabei zusammen mindestens die regelmäßige Arbeitszeit bei Vollzeitbeschäftigung erreichen.

(5) [1] Stünde neben dem Beamten, Richter oder Soldaten einer anderen Person, die im öffentlichen Dienst steht oder auf Grund einer Tätigkeit im öffentlichen Dienst nach beamtenrechtlichen Grundsätzen oder nach einer Ruhelohnordnung versorgungsberechtigt ist, der Familienzuschlag nach Stufe 2 oder einer der folgenden Stufen zu, so wird der auf das Kind entfallende Betrag des Familienzuschlages dem Beamten, Richter oder Soldaten gewährt, wenn und soweit ihm das Kindergeld nach dem Einkommensteuergesetz oder nach dem Bundeskindergeldgesetz gewährt wird oder ohne Berücksichtigung des § 65 des Einkommensteuergesetzes oder des § 4 des Bundeskindergeldgesetzes vorrangig zu gewähren wäre; dem Familienzuschlag nach Stufe 2 oder einer der folgenden Stufen stehen der Sozialzuschlag nach den Tarifverträgen für Arbeiter des öffentlichen Dienstes, eine sonstige entsprechende Leistung oder das Mutterschaftsgeld gleich. [2] Auf das Kind entfällt derjenige Betrag, der sich aus der für die Anwendung des Einkommensteuergesetzes oder des Bundeskindergeldgesetzes maßgebenden Reihenfolge der Kinder ergibt. [3] § 6 findet auf den Betrag keine Anwendung, wenn einer der Anspruchsberechtigten im Sinne des Satzes 1 vollbeschäftigt oder nach beamtenrechtlichen Grundsätzen versorgungsberechtigt ist oder mehrere Anspruchsberechtigte in Teilzeit beschäftigt sind und dabei zusammen mindestens die regelmäßige Arbeitszeit bei Vollzeitbeschäftigung erreichen.

(6) [1] Öffentlicher Dienst im Sinne der Absätze 1, 4 und 5 ist die Tätigkeit im Dienste des Bundes, eines Landes, einer Gemeinde oder anderer Körperschaften, Anstalten und Stiftungen des öffentlichen Rechts oder der Verbände von solchen; ausgenommen ist die Tätigkeit bei öffentlich-rechtlichen Religionsgesellschaften oder ihren Verbänden, sofern nicht bei organisatorisch selbständigen Einrichtungen, insbesondere bei Schulen, Hochschulen, Krankenhäusern, Kindergärten, Altersheimen, die Voraussetzungen des Satzes 3 erfüllt sind. [2] Dem öffentlichen Dienst steht die Tätigkeit im Dienst einer zwischenstaatlichen oder überstaatlichen Einrichtung gleich, an der der Bund oder eine der in Satz 1 bezeichneten Körperschaften oder einer der dort bezeichneten Verbände durch Zahlung von Beiträgen oder Zuschüssen oder in anderer Weise beteiligt ist. [3] Dem öffentlichen Dienst steht ferner gleich die Tätigkeit im Dienst eines sonstigen Arbeitgebers, der die für den öffentlichen Dienst geltenden Tarifverträge oder Tarifverträge wesentlich gleichen Inhaltes oder die darin oder in Besoldungsgesetzen über Familienzuschläge oder Sozialzuschläge getroffenen Regelungen oder vergleichbare Regelungen anwendet, wenn der Bund oder eine der in Satz 1 bezeichneten Körperschaften oder Verbände durch Zahlung von Beiträgen oder Zuschüssen oder in anderer Weise beteiligt ist. [4] Die Entscheidung, ob die Voraussetzungen erfüllt sind, trifft das Bundesministerium des Innern oder die von ihm bestimmte Stelle.

(7) Die Bezügestellen des öffentlichen Dienstes (Absatz 6) dürfen die zur Durchführung dieser Vorschrift erforderlichen personenbezogenen Daten erheben und untereinander austauschen.

§ 41 Änderung des Familienzuschlages. [1]Der Familienzuschlag wird vom Ersten des Monats an gezahlt, in den das hierfür maßgebende Ereignis fällt. [2]Er wird nicht mehr gezahlt für den Monat, in dem die Anspruchsvoraussetzungen an keinem Tage vorgelegen haben. [3]Die Sätze 1 und 2 gelten entsprechend für die Zahlung von Teilbeträgen der Stufen des Familienzuschlages.

Abschnitt 4. Zulagen, Prämien, Zuschläge, Vergütungen

§ 42 Amtszulagen und Stellenzulagen. (1) [1]Für herausgehobene Funktionen können Amtszulagen und Stellenzulagen vorgesehen werden. [2]Sie dürfen 75 Prozent des Unterschiedsbetrages zwischen dem Endgrundgehalt der Besoldungsgruppe des Beamten, Richters oder Soldaten und dem Endgrundgehalt der nächsthöheren Besoldungsgruppe nicht übersteigen, soweit gesetzlich nichts Anderes bestimmt ist.

(2) [1]Die Amtszulagen sind unwiderruflich und ruhegehaltfähig. [2]Sie gelten als Bestandteil des Grundgehaltes.

(3) [1]Die Stellenzulagen dürfen nur für die Dauer der Wahrnehmung der herausgehobenen Funktionen gewährt werden. [2]Wird dem Beamten, Richter oder Soldaten vorübergehend eine andere Funktion übertragen, die zur Herbeiführung eines im besonderen öffentlichen Interesse liegenden unaufschiebbaren und zeitgebundenen Ergebnisses im Inland wahrgenommen werden muss, wird für die Dauer ihrer Wahrnehmung die Stellenzulage weiter gewährt; sie wird für höchstens drei Monate auch weiter gewährt, wenn die vorübergehende Übertragung einer anderen Funktion zur Sicherung der Funktionsfähigkeit des Behördenbereichs, in dem der Beamte, Richter oder Soldat eingesetzt wird, dringend erforderlich ist. [3]Daneben wird eine Stellenzulage für diese andere Funktion nur in der Höhe des Mehrbetrages gewährt. [4]Die Entscheidung, ob die Voraussetzungen des Satzes 2 vorliegen, trifft die oberste Dienstbehörde oder die von ihr bestimmte Stelle.

(4) Die Stellenzulagen sind widerruflich und nur ruhegehaltfähig, wenn dies gesetzlich bestimmt ist.

§ 42a Prämien und Zulagen für besondere Leistungen. (1) Die Bundesregierung wird ermächtigt, durch Rechtsverordnung die Gewährung von Leistungsprämien (Einmalzahlungen) und Leistungszulagen zur Abgeltung herausragender besonderer Leistungen folgender Besoldungsempfänger in Besoldungsgruppen mit aufsteigenden Gehältern zu regeln:

1. Beamte und Soldaten,
2. Richter, die ihr Amt nicht ausüben,
3. Staatsanwälte.

(2) [1]Die Gesamtzahl der in einem Kalenderjahr bei einem Dienstherrn vergebenen Leistungsprämien und Leistungszulagen darf 15 Prozent der Zahl der bei dem Dienstherrn vorhandenen Besoldungsempfänger nach Absatz 1 nicht übersteigen. [2]Die Überschreitung des Prozentsatzes nach Satz 1 ist in dem Umfang zulässig, in dem von der Möglichkeit der Vergabe von Leistungsstufen nach § 27 Absatz 6 Satz 2 kein Gebrauch gemacht wird. [3]In der Verordnung kann zugelassen werden, dass bei Dienstherren mit weniger als sieben Besoldungsempfängern in jedem Kalenderjahr einem Besoldungsempfänger eine Leistungsprämie oder eine Leistungszulage gewährt werden kann. [4]Leistungs-

prämien und Leistungszulagen sind nicht ruhegehaltfähig; erneute Bewilligungen sind möglich. [5]Die Zahlung von Leistungszulagen ist zu befristen; bei Leistungsabfall sind sie zu widerrufen. [6]Leistungsprämien dürfen das Anfangsgrundgehalt der Besoldungsgruppe des Besoldungsempfängers, Leistungszulagen dürfen monatlich 7 Prozent des Anfangsgrundgehaltes nicht übersteigen. [7]Die Entscheidung über die Bewilligung trifft die zuständige oberste Dienstbehörde oder die von ihr bestimmte Stelle.

(3) [1]In der Verordnung sind Anrechnungs- oder Ausschlussvorschriften zu Zahlungen, die aus demselben Anlass geleistet werden, vorzusehen. [2]In der Verordnung kann vorgesehen werden, dass Leistungsprämien und Leistungszulagen, die an mehrere Besoldungsempfänger wegen ihrer wesentlichen Beteiligung an einer durch enges arbeitsteiliges Zusammenwirken erbrachten Leistung vergeben werden, zusammen nur als eine Leistungsprämie oder Leistungszulage im Sinne des Absatzes 2 Satz 1 gelten. [3]Leistungsprämien und Leistungszulagen nach Satz 2 dürfen zusammen 250 Prozent des in Absatz 2 Satz 6 geregelten Umfangs nicht übersteigen; maßgeblich ist die höchste Besoldungsgruppe der an der Leistung wesentlich beteiligten Besoldungsempfänger. [4]Für Teilprämien und Teilzulagen, die sich nach den Sätzen 2 und 3 für die einzelnen Besoldungsempfänger ergeben, gilt Absatz 2 Satz 6 entsprechend. [5]Bei Übertragung eines anderen Amtes mit höherem Endgrundgehalt (Grundgehalt) oder bei Gewährung einer Amtszulage können in der Verordnung Anrechnungs- oder Ausschlussvorschriften zu Leistungszulagen vorgesehen werden.

(4) [1]Bis zur Festlegung eines höheren Prozentsatzes entspricht das Vergabebudget für die jeweiligen Leistungsbezahlungsinstrumente mindestens 0,3 Prozent der Ausgaben für die Besoldung im jeweiligen Haushalt. [2]Im Bundeshaushalt werden hiervon jährlich zentral veranschlagte Mittel in Höhe von 31 Millionen Euro zur Verfügung gestellt. [3]Für die Ermittlung der Besoldungsausgaben wird jeweils das vorangegangene Kalenderjahr zugrunde gelegt. [4]Das Vergabebudget ist zweckentsprechend zu verwenden und jährlich vollständig auszuzahlen.

§ 42b Prämie für besondere Einsatzbereitschaft. (1) Einem Beamten oder Soldaten kann für seine Verwendung bei der Herbeiführung eines im besonderen öffentlichen Interesse liegenden unaufschiebbaren und zeitgebundenen Ergebnisses im Inland eine Prämie gewährt werden.

(2) [1]Die Prämie beträgt

1. für eine Verwendung von bis zu sechs Monaten bis zu 3 000 Euro,
2. für eine weitere, darüber hinausgehende Verwendung halbjährlich bis zu 1 500 Euro.

[2]Die Höhe der Prämie bemisst sich nach der Dauer der Verwendung, der Bedeutung des Ergebnisses für das öffentliche Interesse sowie der Herausforderung für den Beamten oder Soldaten. [3]Die Auszahlung erfolgt nach erfolgreichem Abschluss der Verwendung. [4]Im Fall des Satzes 1 Nummer 2 kann die Auszahlung halbjährlich erfolgen.

(3) Die Entscheidung über die Gewährung der Prämie trifft die oberste Dienstbehörde im Einvernehmen mit dem Bundesministerium des Innern, für Bau und Heimat und dem Bundesministerium der Finanzen.

(4) Die Absätze 1 bis 3 gelten auch für Beamte auf Widerruf.

§ 43 Personalgewinnungs- und Personalbindungsprämie. (1) [1]Einem zu gewinnenden Beamten oder Berufssoldaten kann eine nicht ruhegehaltfähige Personalgewinnungsprämie gewährt werden,

1. um einen oder mehrere gleichartige Dienstposten anforderungsgerecht besetzen zu können oder
2. um sicherzustellen, dass Funktionen in von den obersten Dienstbehörden bestimmten Verwendungsbereichen wahrgenommen werden können.

[2]Der Entscheidung kann eine prognostizierte Bewerberlage zugrunde gelegt werden.

(2) [1]Die Prämie wird für höchstens 48 Monate gewährt. [2]Sie wird in einem Betrag gezahlt. [3]Abweichend davon kann die Prämie in Teilbeträgen für mindestens sechs Monate gezahlt werden. [4]Nach der Erstgewährung kann die Prämie zweimal wiederholt gewährt werden, wenn – unterstellt, dass der Beamte oder Berufssoldat noch nicht gewonnen wurde – die Voraussetzungen des Absatzes 1 Satz 1 wieder oder immer noch vorlägen. [5]Der Gewährungszeitraum endet spätestens mit dem Erreichen der Altersgrenze nach § 51 Absatz 1 bis 3 des Bundesbeamtengesetzes[1)] oder nach § 45 Absatz 1 des Soldatengesetzes.

(3) [1]Die Prämie kann für jeden Monat der erstmaligen Gewährung bis zu 30 Prozent des Grundgehalts der jeweiligen Besoldungsgruppe betragen; bei Beamten und Berufssoldaten der Besoldungsgruppen der Bundesbesoldungsordnung A ist das jeweilige Anfangsgrundgehalt zugrunde zu legen. [2]Die Höhe der Prämie sowie Beginn und Ende des Gewährungszeitraums sind festzusetzen. [3]Bei wiederholter Gewährung der Prämie verringert sich der Höchstbetrag nach Satz 1 erster Halbsatz jeweils um ein Drittel.

(4) [1]Im dringenden dienstlichen Interesse kann eine nicht ruhegehaltfähige Personalbindungsprämie gewährt werden, um die Abwanderung eines Beamten oder Berufssoldaten aus dem Bundesdienst zu verhindern, wenn das Einstellungsangebot eines anderen Dienstherrn oder eines anderen Arbeitgebers vorliegt. [2]Absatz 1 Satz 2, Absatz 2 Satz 1 und 2 sowie Absatz 3 Satz 2 gelten entsprechend. [3]Die Höhe der Prämie kann für jeden Monat des Gewährungszeitraums bis zu 50 Prozent der Differenz zwischen dem Grundgehalt zum Zeitpunkt der Prämiengewährung und dem Gehalt des Einstellungsangebots, höchstens 75 Prozent des Grundgehalts zum Zeitpunkt der Prämiengewährung, betragen.

(5) [1]Berufssoldaten kann eine nicht ruhegehaltfähige Personalbindungsprämie auch gewährt werden, um eine längere als die eingeplante Verweildauer auf dem Dienstposten oder in dem Verwendungsbereich zu ermöglichen. [2]In diesem Fall ist die Prämie nach Absatz 3 Satz 1 zu bemessen. [3]Absatz 1 Satz 2 sowie die Absätze 2 und 3 Satz 2 gelten entsprechend.

(6) [1]Der Beamte oder Berufssoldat, dem die Prämie gewährt worden ist, ist verpflichtet, für den Gewährungszeitraum auf dem jeweiligen Dienstposten zu verbleiben oder eine Funktion im jeweiligen Verwendungsbereich wahrzunehmen. [2]Der Gewährungszeitraum wird durch Unterbrechungen, die zusammengerechnet länger als ein Zwölftel des Gewährungszeitraums andauern, entsprechend verlängert. [3]Wird die Verpflichtung nach Satz 1 nicht erfüllt, ist die

---

[1)] Nr. 2.

Prämie in voller Höhe zurückzuzahlen. [4]Von der Rückforderung kann aus Billigkeitsgründen abgesehen werden, wenn die Verpflichtung nach Satz 1 aus Gründen, die der Beamte oder Berufssoldat nicht zu vertreten hat, nicht erfüllt werden kann. [5]Von der Rückforderung ist abzusehen, wenn der Beamte oder Berufssoldat stirbt oder wegen Dienstunfähigkeit in den Ruhestand versetzt wird.

(7) Die Prämie wird nicht gewährt neben

1. einer Prämie für Angehörige der Spezialkräfte der Bundeswehr nach § 43a,
2. einer Verpflichtungsprämie für Soldaten auf Zeit nach § 44, soweit die Personalgewinnungs- oder Personalbindungsprämie die Verpflichtungsprämie nicht übersteigt,
3. einem Zuschlag nach § 53 Absatz 1 Satz 5 zur Sicherung einer anforderungsgerechten Besetzung von Dienstposten im Ausland sowie
4. einer Auslandsverpflichtungsprämie nach § 57 Absatz 1.

(8) Die Ausgaben für die Prämien eines Dienstherrn dürfen 0,5 Prozent der im jeweiligen Einzelplan veranschlagten jährlichen Besoldungsausgaben, zuzüglich der im Rahmen einer flexibilisierten Haushaltsführung für diesen Zweck erwirtschafteten Mittel, nicht überschreiten.

(9) Die Entscheidungen nach dieser Vorschrift trifft die oberste Dienstbehörde oder die von ihr bestimmte Stelle.

§ 43a Prämien für Angehörige der Spezialkräfte der Bundeswehr.

(1) Wer als Kommandosoldat oder als Kampfschwimmer für Einsatzaufgaben der Spezialkräfte der Bundeswehr verwendet oder für eine solche Verwendung ausgebildet wird, erhält Prämien nach Maßgabe der Absätze 2 bis 4.

(2) [1]Eine Prämie in Höhe von einmalig 5 000 Euro erhält, wer ab dem 1. April 2008 ein Auswahlverfahren bei den Spezialkräften der Bundeswehr für eine Verwendung im Sinne des Absatzes 1 bestanden hat und ausgebildet wird. [2]Der Anspruch entsteht mit Beginn dieser Ausbildung. [3]Er erlischt rückwirkend, wenn die Ausbildung aus Gründen, die der Soldat zu vertreten hat, endet, bevor der Anspruch auf eine Prämie nach Absatz 3 entstanden ist.

(3) [1]Eine Prämie in Höhe von einmalig 11 000 Euro erhält, wer die Ausbildung für Einsatzaufgaben der Spezialkräfte der Bundeswehr erfolgreich abgeschlossen hat und entsprechend verwendet wird. [2]Der Anspruch entsteht mit Beginn der Verwendung. [3]Er erlischt rückwirkend, wenn die Verwendung aus Gründen, die der Soldat zu vertreten hat, vor Ablauf von sechs Jahren seit Beginn der Ausbildung für eine Verwendung nach Absatz 1 endet. [4]Satz 3 gilt entsprechend, wenn diese Verwendung aus Gründen, die der Soldat zu vertreten hat, für einen Zeitraum von mehr als drei Monaten unterbrochen und dadurch die Verwendungsdauer von insgesamt sechs Jahren nicht erreicht wird.

(4) [1]Eine Prämie in Höhe von 7 000 Euro pro Jahr erhält, wer über sechs Jahre hinaus für Einsatzaufgaben der Spezialkräfte der Bundeswehr zur Verfügung steht. [2]Der Zeitraum von sechs Jahren rechnet ab dem Beginn der Ausbildung für eine Verwendung nach Absatz 1. [3]Der Anspruch entsteht zu Beginn des siebten oder eines jeden weiteren Jahres der Verwendung. [4]Besteht die Verwendung aus Gründen, die der Soldat zu vertreten hat, nicht während des gesamten Jahres, steht nur der Teil der Prämie zu, der der Verwendungsdauer entspricht.

§ 43b *(aufgehoben)*

§ 44 Verpflichtungsprämie für Soldaten auf Zeit. (1) Einem Soldaten auf Zeit, der in vom Bundesministerium der Verteidigung bestimmten Verwendungsbereichen mit Personalmangel verwendet wird, kann zur Sicherstellung der Funktionsfähigkeit des Verwendungsbereichs eine Verpflichtungsprämie gewährt werden

1. bei der Begründung eines Dienstverhältnisses,
2. bei der Weiterverpflichtung eines Soldaten auf Zeit oder
3. bei einem bestehenden Dienstverhältnis, um einen Dienstposten anforderungsgerecht besetzen zu können.

(2) Ein Personalmangel in einem Verwendungsbereich liegt vor, wenn die personellen Zielvorgaben, die sich aus der militärischen Personalbedarfsplanung ergeben, seit mindestens sechs Monaten zu nicht mehr als 90 Prozent erfüllt werden können und keine Anhaltspunkte dafür vorliegen, dass dieser Schwellenwert innerhalb der nächsten 24 Monate überschritten wird.

(3) [1] Die Prämie kann für jedes Jahr der Gewährung bis zum Zweifachen des Anfangsgrundgehalts der jeweiligen Besoldungsgruppe betragen. [2] Für die personelle Einsatzbereitschaft der Bundeswehr besonders relevantes Schlüsselpersonal kann die Prämie bis zum Dreieinhalbfachen des Anfangsgrundgehalts der jeweiligen Besoldungsgruppe betragen. [3] Die Höhe der Prämie sowie Beginn und Ende des Gewährungszeitraums sind festzusetzen.

(4) [1] Die Prämie wird frühestens nach Ablauf einer Dienstzeit von sechs Monaten gezahlt. [2] Die für die Prämienbemessung maßgebliche Dienstzeit bemisst sich unter Ausschluss der nach § 40 Absatz 6 des Soldatengesetzes in der Dienstzeitfestsetzung eingerechneten Zeiten. [3] Wird die Dienstzeit stufenweise festgesetzt, wird die Prämie anteilig entsprechend der jeweils festgesetzten Dienstzeit gewährt.

(5) [1] Mit Gewährung der Prämie besteht für den Soldaten auf Zeit die Verpflichtung, mindestens für den Gewährungszeitraum im Dienst zu verbleiben. [2] Unterbrechungen, die zusammengerechnet länger als ein Zwölftel des Gewährungszeitraums andauern, verlängern den Gewährungszeitraum entsprechend. [3] Erfüllt der Soldat auf Zeit die Verpflichtung nicht, so hat er die Prämie in voller Höhe zurückzuzahlen. [4] Von der Rückforderung kann aus Billigkeitsgründen abgesehen werden, wenn die Verpflichtung nach Satz 1 aus Gründen, die vom Soldaten auf Zeit nicht zu vertreten sind, nicht erfüllt werden kann. [5] Von der Rückforderung ist abzusehen, wenn der Soldat auf Zeit stirbt oder wegen Dienstunfähigkeit entlassen wird.

(6) [1] Die Prämie wird nicht gewährt neben

1. einer Prämie für Angehörige der Spezialkräfte der Bundeswehr nach § 43a sowie
2. einem Zuschlag nach § 53 Absatz 1 Satz 5 zur Sicherung einer anforderungsgerechten Besetzung von Dienstposten im Ausland.

[2] Prämien nach Absatz 1 Nummer 1 bis 3 können nebeneinander gewährt werden, soweit sie insgesamt den Höchstbetrag nach Absatz 3 Satz 2 nicht übersteigen.

(7) [1] Entscheidungen nach den Absätzen 1 und 3 bis 6, insbesondere über eine Staffelung der Prämienbeträge in den Fällen des Absatzes 1, trifft das

Bundesministerium der Verteidigung oder die von ihm bestimmte Stelle. [2] Dabei sind insbesondere die für den Verwendungsbereich geforderten Qualifikationen, der Personalmangel sowie der Gewährungszeitraum zu berücksichtigen.

§ 45 Zulage für die Wahrnehmung befristeter Funktionen. (1) [1] Wird einem Beamten oder Soldaten eine herausgehobene Funktion befristet übertragen, kann er eine Zulage zu seinen Dienstbezügen erhalten. [2] Satz 1 gilt entsprechend für die Übertragung einer herausgehobenen Funktion, die üblicherweise nur befristet wahrgenommen wird. [3] Die Zulage kann ab dem siebten Monat der ununterbrochenen Wahrnehmung bis zu einer Dauer von höchstens fünf Jahren gezahlt werden.

(2) [1] Die Zulage wird bis zur Höhe des Unterschiedsbetrages zwischen dem Grundgehalt seiner Besoldungsgruppe und dem Grundgehalt der Besoldungsgruppe, die der Wertigkeit der wahrgenommenen Funktion entspricht, höchstens jedoch der dritten folgenden Besoldungsgruppe, gewährt. [2] Die Zulage vermindert sich bei jeder Beförderung um den jeweiligen Erhöhungsbetrag. [3] § 13 findet keine Anwendung.

(3) Die Entscheidung über die Zahlung der Zulage trifft im Rahmen haushaltsrechtlicher Bestimmungen die oberste Dienstbehörde.

§ 46 *(aufgehoben)*

§ 47 Zulagen für besondere Erschwernisse. (1) [1] Die Bundesregierung wird ermächtigt, durch Rechtsverordnung die Gewährung von Zulagen zur Abgeltung besonderer, bei der Bewertung des Amtes oder bei der Regelung der Anwärterbezüge nicht berücksichtigter Erschwernisse (Erschwerniszulagen) zu regeln. [2] Die Zulagen sind widerruflich und nichtruhegehaltfähig. [3] Es kann bestimmt werden, inwieweit mit der Gewährung von Erschwerniszulagen ein besonderer Aufwand des Beamten, Richters oder Soldaten mit abgegolten ist.

(2) Die Bundesregierung kann die Befugnis zur Regelung der Abgeltung besonderer Erschwernisse, die durch Dienst zu wechselnden Zeiten entstehen, durch Rechtsverordnung übertragen

1. für Beamte des Bundeseisenbahnvermögens, die der Deutsche Bahn Aktiengesellschaft oder einer nach § 2 Absatz 1 und § 3 Absatz 3 des Deutsche Bahn Gründungsgesetzes vom 27. Dezember 1993 (BGBl. I S. 2378, 2386) ausgegliederten Gesellschaft zugewiesen sind, auf das Bundesministerium für Verkehr und digitale Infrastruktur, das die Regelung im Einvernehmen mit dem Bundesministerium der Finanzen und dem Bundesministerium des Innern, für Bau und Heimat trifft, und
2. für Beamte, die bei einem Postnachfolgeunternehmen beschäftigt sind, auf das Bundesministerium der Finanzen, das die Regelung nach Anhörung des Vorstands des Postnachfolgeunternehmens im Einvernehmen mit dem Bundesministerium des Innern, für Bau und Heimat trifft.

§ 48 Mehrarbeitsvergütung. (1) [1] Die Bundesregierung wird ermächtigt, durch Rechtsverordnung die Gewährung einer Mehrarbeitsvergütung (§ 88 des Bundesbeamtengesetzes[1)]) für Beamte zu regeln, soweit die Mehrarbeit nicht

[1)] Nr. 2.

durch Dienstbefreiung ausgeglichen wird. [2]Die Vergütung darf nur für Beamte in Bereichen vorgesehen werden, in denen nach Art der Dienstverrichtung eine Mehrarbeit messbar ist. [3]Die Höhe der Vergütung ist nach dem Umfang der tatsächlich geleisteten Mehrarbeit festzusetzen. [4]Sie ist unter Zusammenfassung von Besoldungsgruppen zu staffeln; für Teilzeitbeschäftigte können abweichende Regelungen getroffen werden.

(2) Die Bundesregierung wird ermächtigt, durch Rechtsverordnung die Gewährung einer Ausgleichszahlung in Höhe der zum Zeitpunkt des Ausgleichsanspruchs geltenden Sätze der Mehrarbeitsvergütung für Beamte zu regeln, bei denen ein Arbeitszeitausgleich aus einer langfristigen ungleichmäßigen Verteilung der Arbeitszeit, während der eine von der für sie jeweils geltenden regelmäßigen Arbeitszeit abweichende Arbeitszeit festgelegt wurde, nicht oder nur teilweise möglich ist.

§ 49 Vergütung für Vollziehungsbeamte in der Bundesfinanzverwaltung; Verordnungsermächtigung. (1) [1]Das Bundesministerium der Finanzen wird ermächtigt, durch Rechtsverordnung im Einvernehmen mit dem Bundesministerium des Innern, für Bau und Heimat die Gewährung einer Vergütung für Beamte zu regeln, die als Vollziehungsbeamte in der Bundesfinanzverwaltung tätig sind. [2]Die Rechtsverordnung bedarf nicht der Zustimmung des Bundesrates.

(2) In der Rechtsverordnung ist zu regeln, welche Vollstreckungshandlungen vergütet werden.

(3) [1]Die Höhe der Vergütung kann bemessen werden

1. nach den Beträgen, die durch Vollstreckungshandlungen vereinnahmt werden,
2. nach der Art der vorgenommenen Vollstreckungshandlungen,
3. nach der Zahl der vorgenommenen Vollstreckungshandlungen.

[2]Für das Kalenderjahr oder den Kalendermonat können Höchstbeträge bestimmt werden.

(4) In der Rechtsverordnung kann bestimmt werden, inwieweit mit der Vergütung ein besonderer Aufwand des Beamten mit abgegolten ist.

§ 50 Mehrarbeitsvergütung für Soldaten. [1]Das Bundesministerium des Innern, für Bau und Heimat wird ermächtigt, durch Rechtsverordnung im Einvernehmen mit dem Bundesministerium der Verteidigung und dem Bundesministerium der Finanzen in Fällen, in denen die regelmäßige wöchentliche Arbeitszeit gilt, die Gewährung einer Mehrarbeitsvergütung für Soldaten zu regeln, soweit die Mehrarbeit nicht durch Dienstbefreiung ausgeglichen wird. [2]Die Vergütung darf nur für Soldaten in Bereichen vorgesehen werden, in denen nach der Art der Dienstverrichtung eine Mehrarbeit messbar ist. [3]Die Höhe der Vergütung ist nach dem Umfang der tatsächlich geleisteten Mehrarbeit festzusetzen. [4]Sie ist unter Zusammenfassung von Besoldungsgruppen zu staffeln; für Teilzeitbeschäftigte können abweichende Regelungen getroffen werden.

§ 50a Vergütung für Soldaten mit besonderer zeitlicher Belastung.

(1) Soldaten mit Dienstbezügen nach der Bundesbesoldungsordnung A erhalten für tatsächlich geleistete Dienste in den in § 30c Absatz 4 des Soldaten-

gesetzes genannten Fällen eine Vergütung, soweit ein über einen dienstfreien Tag im Kalendermonat hinausgehender zeitlicher Ausgleich nicht gewährt werden kann.

(2) Die Vergütung beträgt 91 Euro für jeden Tag, für den keine Freistellung vom Dienst gewährt werden kann.

(3) Die Vergütung wird nicht gewährt

1. neben Auslandsbesoldung nach Abschnitt 5,
2. für Dienst, der als erzieherische Maßnahme angeordnet worden ist, sowie für Dienst, der während der Vollstreckung von gerichtlicher Freiheitsentziehung, Disziplinararrest oder Ausgangsbeschränkung geleistet worden ist,
3. im Spannungs- oder Verteidigungsfall,
4. für Dienst im Bereitschaftsfall.

(4) Neben der Vergütung nach Absatz 1 wird keine Vergütung nach den §§ 50 und 50b gewährt.

§ 50b Vergütung für Bereitschaftsdienst und Rufbereitschaft im Sanitätsdienst in Bundeswehrkrankenhäusern. (1) Das Bundesministerium des Innern, für Bau und Heimat wird ermächtigt, durch Rechtsverordnung im Einvernehmen mit dem Bundesministerium der Verteidigung und dem Bundesministerium der Finanzen die Gewährung einer Vergütung für Beamte und Soldaten im Sanitätsdienst in Bundeswehrkrankenhäusern mit Dienstbezügen nach der Bundesbesoldungsordnung A zu regeln für Zeiten

1. eines Bereitschaftsdienstes außerhalb der regelmäßigen Arbeitszeit,
2. einer Rufbereitschaft,
3. einer tatsächlichen Inanspruchnahme während einer Rufbereitschaft.

(2) [1] Zeiten eines Bereitschaftsdienstes werden entsprechend der durchschnittlich anfallenden tatsächlichen Inanspruchnahme pauschal berücksichtigt. [2] Zeiten einer Rufbereitschaft, die 10 Stunden im Kalendermonat übersteigen, werden zu einem Achtel berücksichtigt. [3] Zeiten einer tatsächlichen Inanspruchnahme während einer Rufbereitschaft werden vollständig berücksichtigt. [4] Zeiten einer Tätigkeit, für die Gebühren nach der Gebührenordnung für Ärzte oder der Gebührenordnung für Zahnärzte berechnet werden können, bleiben unberücksichtigt.

§ 50c Vergütung für Beamte im Einsatzdienst der Bundeswehrfeuerwehren. (1) [1] Beamte, die im Einsatzdienst der Bundeswehrfeuerwehren verwendet werden und deren regelmäßige wöchentliche Arbeitszeit 48 Stunden beträgt, erhalten für jeden geleisteten Dienst von mehr als 10 Stunden eine Vergütung, wenn sie sich zu einer Verlängerung der regelmäßigen wöchentlichen Arbeitszeit auf bis zu 54 Stunden im Siebentageszeitraum schriftlich oder elektronisch bereit erklärt haben und die über 48 Stunden hinausgehende wöchentliche Arbeitszeit nicht durch Freizeit ausgeglichen werden kann. [2] Die Vergütung beträgt bei einer durchschnittlichen Arbeitszeit von 54 Stunden im Siebentageszeitraum

1.	für einen Dienst von mehr als 10 Stunden	25,50 Euro,
2.	für einen Dienst von 24 Stunden	51 Euro.

(2) [1] Bei einer geringeren durchschnittlichen wöchentlichen Arbeitszeit werden die Beträge nach Absatz 1 Satz 2 anteilig gewährt, und zwar entsprechend

dem Teil der durchschnittlichen wöchentlichen Arbeitszeit, der über 48 Stunden hinausgeht. [2]Dabei ist die durchschnittliche wöchentliche Arbeitszeit in einem Kalendermonat auf volle Stunden zu runden. [3]Bei einem Bruchteil von mindestens 30 Minuten wird aufgerundet; ansonsten wird abgerundet.

§ 51 Andere Zulagen und Vergütungen. [1]Andere als die in diesem Abschnitt geregelten Zulagen und Vergütungen dürfen nur gewährt werden, soweit dies gesetzlich bestimmt ist. [2]Vergütungen für Nebentätigkeiten im öffentlichen Dienst bleiben unberührt.

Abschnitt 5. Auslandsbesoldung

§ 52 Auslandsdienstbezüge. (1) [1]Auslandsdienstbezüge werden gezahlt bei dienstlichem und tatsächlichem Wohnsitz im Ausland (ausländischer Dienstort), der nicht einer Tätigkeit im Grenzverkehr und nicht einer besonderen Verwendung im Ausland dient (allgemeine Verwendung im Ausland). [2]Sie setzen sich zusammen aus Auslandszuschlag und Mietzuschuss.

(2) [1]Die Auslandsdienstbezüge werden bei Umsetzung oder Versetzung zwischen dem Inland und dem Ausland vom Tag nach dem Eintreffen am ausländischen Dienstort bis zum Tag vor der Abreise aus diesem Ort gezahlt. [2]Bei Umsetzung oder Versetzung im Ausland werden sie bis zum Tag des Eintreffens am neuen Dienstort nach den für den bisherigen Dienstort maßgebenden Sätzen gezahlt.

(3) [1]Die Absätze 1 und 2 gelten entsprechend, wenn der Beamte, Richter oder Soldat für einen Zeitraum von mehr als drei Monaten vom Inland ins Ausland oder im Ausland abgeordnet oder kommandiert ist. [2]Der Abordnung kann eine Verwendung im Ausland nach § 29 des Bundesbeamtengesetzes[1)] gleichgestellt werden. [3]Absatz 1 Satz 1 gilt nicht

1. bei einer Umsetzung, Abordnung oder Kommandierung vom Ausland in das Inland für mehr als drei Monate,
2. bei einer Umsetzung, Abordnung oder Kommandierung vom Ausland in das Inland für bis zu drei Monate, wenn die Voraussetzungen des Satzes 1 nicht erfüllt sind,
3. wenn der Besoldungsempfänger nach der Umsetzung, Abordnung oder Kommandierung vom Ausland in das Inland nicht mehr in das Ausland zurückkehrt.

[4]Die oberste Dienstbehörde kann im Einvernehmen mit dem Bundesministerium des Innern, für Bau und Heimat Ausnahmen von den Sätzen 1 und 2 zulassen.

(4) [1]Beamte, Richter und Soldaten, denen für ihre Person das Grundgehalt einer höheren Besoldungsgruppe als der für ihr Amt im Ausland vorgesehenen zusteht, erhalten die Auslandsdienstbezüge nur nach der niedrigeren Besoldungsgruppe. [2]Das Grundgehalt der niedrigeren Besoldungsgruppe und der entsprechende Familienzuschlag werden auch dem Kaufkraftausgleich zugrunde gelegt.

---

1) Nr. 2.

§ 53 Auslandszuschlag. (1) [1]Der Auslandszuschlag gilt materiellen Mehraufwand sowie allgemeine und dienstortbezogene immaterielle Belastungen der allgemeinen Verwendung im Ausland ab. [2]Er bemisst sich nach der Höhe des Mehraufwands und der Belastungen, zusammengefasst in Dienstortstufen, sowie des zustehenden Grundgehalts, darüber hinaus nach der Anzahl der berücksichtigungsfähigen Personen sowie der Bereitstellung von Gemeinschaftsunterkunft oder -verpflegung oder entsprechenden Geldleistungen. [3]Der Ermittlung des materiellen Mehraufwands und der dienstortbezogenen immateriellen Belastungen werden standardisierte Dienstortbewertungen im Verhältnis zum Sitz der Bundesregierung zugrunde gelegt. [4]Die allgemeinen immateriellen Belastungen des Auslandsdienstes werden dienstortunabhängig abgegolten. [5]Bei außergewöhnlichen materiellen Mehraufwendungen oder immateriellen Belastungen kann die oberste Dienstbehörde zur Abgeltung dieser Mehraufwendungen oder Belastungen oder zur Sicherung einer anforderungsgerechten Besetzung von Dienstposten im Ausland im Einvernehmen mit dem Auswärtigen Amt, dem Bundesministerium des Innern, für Bau und Heimat und dem Bundesministerium der Finanzen befristet einen Zuschlag in Höhe von bis zu 700 Euro monatlich im Verwaltungswege festsetzen.

(2) [1]Der Auslandszuschlag für den Beamten, Richter oder Soldaten wird nach der Tabelle in Anlage VI.1 gezahlt. [2]Bei der ersten neben dem Beamten, Richter oder Soldaten berücksichtigungsfähigen Person nach Absatz 4 Nr. 1 oder 3 erhöht sich der Betrag um 40 Prozent. [3]Für alle anderen berücksichtigungsfähigen Personen wird jeweils ein Zuschlag nach der Tabelle in Anlage VI.2 gezahlt. [4]Wird dem Beamten, Richter oder Soldaten Gemeinschaftsunterkunft oder Gemeinschaftsverpflegung bereitgestellt, so verringert sich der Betrag nach den Sätzen 1 und 2 auf 85 Prozent. [5]Werden sowohl Gemeinschaftsunterkunft als auch Gemeinschaftsverpflegung bereitgestellt, so verringert sich der Betrag nach den Sätzen 1 und 2 auf 70 Prozent. [6]Die Sätze 4 und 5 gelten auch, wenn entsprechende Geldleistungen gezahlt werden.

(3) [1]Hat eine berücksichtigungsfähige Person ebenfalls Anspruch auf Auslandsdienstbezüge gegen einen öffentlich-rechtlichen Dienstherrn (§ 29 Abs. 1) oder einen Verband, dessen Mitglieder öffentlich-rechtliche Dienstherren sind, wird der Auslandszuschlag für jeden Berechtigten nach der Tabelle in Anlage VI.1 gezahlt. [2]§ 4 Abs. 2 Satz 2 und 3 ist anzuwenden. [3]Bei ermäßigter regelmäßiger Arbeitszeit erhalten beide Berechtigte zusammen mindestens den Auslandszuschlag eines Berechtigten mit einer berücksichtigungsfähigen Person, der zustünde, wenn die von beiden geleistete Arbeitszeit von einem der Berechtigten allein geleistet würde. [4]Für jede weitere berücksichtigungsfähige Person wird einem der Berechtigten ein Zuschlag nach Tabelle VI.2 gewährt. [5]Die Zahlung wird an denjenigen geleistet, den die beiden bestimmen oder dem die weitere berücksichtigungsfähige Person zuzuordnen ist; ist der Empfänger danach nicht bestimmbar, erhält jeder Berechtigte die Hälfte des Zuschlags.

(4) Im Auslandszuschlag berücksichtigungsfähige Personen sind:

1. Ehegatten, die mit dem Beamten, Richter oder Soldaten am ausländischen Dienstort eine gemeinsame Wohnung haben und sich überwiegend dort aufhalten,
2. Kinder, für die dem Beamten, Richter oder Soldaten Kindergeld nach den Vorschriften des Einkommensteuergesetzes zusteht oder ohne Berücksichti-

gung des § 63 Absatz 1 Satz 6, des § 64 oder des § 65 des Einkommensteuergesetzes zustehen würde und

a) die sich nicht nur vorübergehend im Ausland aufhalten,

b) die sich nicht nur vorübergehend im Inland aufhalten, wenn dort kein Haushalt eines Elternteils besteht, der für das Kind bis zum Erreichen der Volljährigkeit sorgeberechtigt ist oder war, oder

c) die sich in der Übergangszeit zwischen zwei Ausbildungsabschnitten befinden, wenn und soweit sich der Beginn des nächsten Ausbildungsabschnitts durch die Auslandsverwendung des Beamten, Richters oder Soldaten verzögert hat, ungeachtet der zeitlichen Beschränkung nach § 63 Absatz 1 Satz 2 in Verbindung mit § 32 Absatz 4 Satz 1 Nummer 2 Buchstabe b des Einkommensteuergesetzes, höchstens jedoch für ein Jahr;

diese Kinder sind auch beim Familienzuschlag zu berücksichtigen,

3. Personen, denen der Beamte, Richter oder Soldat in seiner Wohnung am ausländischen Dienstort nicht nur vorübergehend Unterkunft und Unterhalt gewährt, weil er gesetzlich oder sittlich dazu verpflichtet ist oder aus beruflichen oder gesundheitlichen Gründen ihrer Hilfe bedarf; dies gilt bei gesetzlicher oder sittlicher Verpflichtung zur Unterhaltsgewährung nicht, wenn für den Unterhalt der aufgenommenen Person Mittel zur Verfügung stehen, die den in § 8 Absatz 1 Nummer 1 des Vierten Buches Sozialgesetzbuch genannten Monatsbetrag übersteigen.

(5) [1] Begründet eine berücksichtigungsfähige Person im Sinne des Absatzes 4 Nummer 1 oder 3 erst später einen Wohnsitz am ausländischen Dienstort oder gibt sie ihn vorzeitig auf, werden ab dem Eintreffen rückwirkend bis zum Beginn der Verwendung des Beamten, Richters oder Soldaten oder ab dem Auszug aus der gemeinsamen Wohnung bis zum Ende der Verwendung 70 Prozent des für diese Person geltenden Satzes gewährt, längstens jedoch für sechs Monate. [2] Stirbt eine im ausländischen Haushalt lebende berücksichtigungsfähige Person, wird sie beim Auslandszuschlag bis zum Ende der Verwendung weiter berücksichtigt, längstens jedoch für zwölf Monate.

(6) [1] Empfängern von Auslandsdienstbezügen, für die das Gesetz über den Auswärtigen Dienst gilt, wird unter Berücksichtigung des § 29 jenes Gesetzes ein um 4 Prozent ihrer Dienstbezüge im Ausland erhöhter Auslandszuschlag gezahlt. [2] Dies gilt bei nur befristeter Verwendung im Auswärtigen Dienst nach Ablauf des sechsten Jahres der Verwendung im Ausland; Unterbrechungen von weniger als fünf Jahren sind unschädlich. [3] Verheirateten Empfängern von Auslandsdienstbezügen, für die das Gesetz über den Auswärtigen Dienst gilt, kann unter Berücksichtigung des § 29 des genannten Gesetzes ein um bis zu 18,6 Prozent ihres Grundgehalts zuzüglich Amtszulagen, höchstens jedoch um 18,6 Prozent des Grundgehalts aus der Endstufe der Besoldungsgruppe A 14 erhöhter Auslandszuschlag gezahlt werden, der zum Aufbau einer eigenständigen Altersvorsorge des Ehegatten zu verwenden ist; Erwerbseinkommen des Ehegatten wird berücksichtigt. [4] Voraussetzung der Gewährung ist, dass der Nachweis der Verwendung im Sinne des Satzes 3 nach Maßgabe der Auslandszuschlagsverordnung erbracht wird. [5] Abweichend von den Sätzen 3 und 4 kann Empfängern von Auslandsdienstbezügen mit Ehegatten mit ausschließlich ausländischer Staatsangehörigkeit, die keinen Verwendungsnachweis erbringen, ein um bis zu 6 Prozent ihrer Dienstbezüge im Ausland erhöhter Auslandszuschlag gezahlt werden. [6] Für Personen im Sinne des Absatzes 4 Nummer 3

kann dem Besoldungsempfänger unter entsprechender Berücksichtigung des § 29 des Gesetzes über den Auswärtigen Dienst ein um bis zu 6 Prozent seiner Dienstbezüge im Ausland erhöhter Auslandszuschlag gezahlt werden, soweit der Besoldungsempfänger nicht bereits einen Zuschlag nach Satz 3 erhält; Erwerbseinkommen dieser Personen wird berücksichtigt.

(7) Das Auswärtige Amt regelt die Einzelheiten des Auslandszuschlags einschließlich dessen Erhöhung nach Absatz 6 Satz 3 sowie die Zuteilung der Dienstorte zu den Stufen des Auslandszuschlags durch Rechtsverordnung im Einvernehmen mit dem Bundesministerium des Innern, für Bau und Heimat, dem Bundesministerium der Finanzen und dem Bundesministerium der Verteidigung.

§ 54 Mietzuschuss. (1) [1]Der Mietzuschuss wird gewährt, wenn die Miete für den als notwendig anerkannten leeren Wohnraum (zuschussfähige Miete) 18 Prozent der Summe aus Grundgehalt, Familienzuschlag der Stufe 1, Amts-, Stellen-, Ausgleichs- und Überleitungszulagen mit Ausnahme des Kaufkraftausgleichs übersteigt. [2]Der Mietzuschuss beträgt 90 Prozent des Mehrbetrages. [3]Beträgt die Mieteigenbelastung

1. bei Beamten und Soldaten in den Besoldungsgruppen A 3 bis A 8 mehr als 20 Prozent,
2. bei Beamten und Soldaten in den Besoldungsgruppen A 9 und höher sowie bei Richtern mehr als 22 Prozent

der Bezüge nach Satz 1, so wird der volle Mehrbetrag als Mietzuschuss erstattet. [4]Der Mietzuschuss wird nicht gewährt, solange ein Anspruch auf Kostenerstattung nach der Auslandsumzugskostenverordnung besteht.

(2) [1]Bei einem Empfänger von Auslandsdienstbezügen, für den das Gesetz über den Auswärtigen Dienst nicht gilt, wird bei der Ermittlung der zuschussfähigen Miete im Sinne von Absatz 1 Satz 1 die vom Auswärtigen Amt festgelegte Mietobergrenze oder, wenn keine Mietobergrenze festgelegt wurde, die im Einzelfall anerkannte Miete zugrunde gelegt. [2]Die nach Satz 1 festgelegte Mietobergrenze oder die im Einzelfall anerkannte Miete wird um 20 Prozent vermindert.

(3) [1]Erwirbt oder errichtet der Beamte, Richter oder Soldat oder eine beim Auslandszuschlag berücksichtigte Person ein Eigenheim oder eine Eigentumswohnung, so kann, wenn dienstliche Interessen nicht entgegenstehen, ein Zuschuss in sinngemäßer Anwendung des Absatzes 1 gewährt werden. [2]Anstelle der Miete treten 0,65 Prozent des Kaufpreises, der auf den als notwendig anerkannten leeren Wohnraum entfällt. [3]Der Zuschuss beträgt höchstens 0,3 Prozent des anerkannten Kaufpreises; er darf jedoch den Betrag des Mietzuschusses nach Absatz 1 bei Zugrundelegung einer Miete nach den ortsüblichen Sätzen für vergleichbare Objekte nicht übersteigen. [4]Nebenkosten bleiben unberücksichtigt.

(4) [1]Hat der Beamte, Richter oder Soldat mit seinem Ehegatten am ausländischen Dienstort eine gemeinsame Wohnung inne und erhält der Ehegatte ebenfalls Auslandsdienstbezüge nach § 52 Absatz 1 oder 3 oder Arbeitsentgelt in entsprechender Anwendung des § 52 Absatz 1 oder 3, so wird nur ein Mietzuschuss gewährt. [2]Der Berechnung des Prozentsatzes nach Absatz 1 Satz 1 sind die Dienstbezüge und das entsprechende Arbeitsentgelt beider Ehegatten zugrunde zu legen. [3]Der Mietzuschuss wird dem Ehegatten gezahlt, den die

Ehegatten bestimmen. [4]Treffen sie keine Bestimmung, erhält jeder Ehegatte die Hälfte des Mietzuschusses; § 6 ist nicht anzuwenden.

(5) Inhaber von Dienstwohnungen im Ausland erhalten keinen Mietzuschuss.

§ 55 Kaufkraftausgleich. (1) [1]Entspricht bei einer allgemeinen Verwendung im Ausland die Kaufkraft der Besoldung am ausländischen Dienstort nicht der Kaufkraft der Besoldung am Sitz der Bundesregierung, ist der Unterschied durch Zu- oder Abschläge auszugleichen (Kaufkraftausgleich). [2]Beim Mietzuschuss sowie beim Auslandszuschlag für im Inland lebende Kinder wird ein Kaufkraftausgleich nicht vorgenommen.

(2) [1]Das Statistische Bundesamt ermittelt für den einzelnen Dienstort nach einer wissenschaftlichen Berechnungsmethode auf Grund eines Preisvergleichs und des Wechselkurses zwischen den Währungen den Prozentsatz, um den die Lebenshaltungskosten am ausländischen Dienstort höher oder niedriger sind als am Sitz der Bundesregierung (Teuerungsziffer). [2]Die Teuerungsziffern sind vom Statistischen Bundesamt bekannt zu machen.

(3) [1]Der Kaufkraftausgleich wird anhand der Teuerungsziffer festgesetzt. [2]Die Berechnungsgrundlage beträgt 60 Prozent des Grundgehaltes, der Anwärterbezüge, des Familienzuschlags, des Auslandszuschlags sowie der Zulagen und Vergütungen, deren jeweilige besondere Voraussetzungen auch bei Verwendung im Ausland vorliegen. [3]Abweichend hiervon beträgt die Berechnungsgrundlage 100 Prozent bei Anwärtern, die bei einer von ihnen selbst ausgewählten Stelle im Ausland ausgebildet werden.

(4) Die Einzelheiten zur Festsetzung des Kaufkraftausgleichs regelt das Auswärtige Amt im Einvernehmen mit dem Bundesministerium des Innern, für Bau und Heimat und dem Bundesministerium der Finanzen, hinsichtlich der Bundeswehrstandorte im Ausland auch im Einvernehmen mit dem Bundesministerium der Verteidigung, durch allgemeine Verwaltungsvorschrift.

§ 56 Auslandsverwendungszuschlag. (1) [1]Auslandsverwendungszuschlag wird gezahlt bei einer Verwendung im Rahmen einer humanitären oder unterstützenden Maßnahme, die auf Grund eines Übereinkommens, eines Vertrages oder einer Vereinbarung mit einer zwischenstaatlichen oder überstaatlichen Einrichtung oder mit einem auswärtigen Staat im Ausland oder außerhalb des deutschen Hoheitsgebietes auf Schiffen oder in Luftfahrzeugen stattfindet (besondere Verwendung im Ausland). [2]Dies gilt für

1. Verwendungen auf Beschluss der Bundesregierung,
2. Einsätze des Technischen Hilfswerks im Ausland nach § 1 Absatz 2 Nummer 2 des THW-Gesetzes, wenn zwischen dem Bundesministerium des Innern, für Bau und Heimat und dem Auswärtigen Amt Einvernehmen über das Vorliegen einer Verwendung nach Satz 1 besteht,
3. humanitäre Hilfsdienste und Hilfsleistungen der Streitkräfte nach § 2 Absatz 2 Satz 3 des Parlamentsbeteiligungsgesetzes, wenn zwischen dem Bundesministerium der Verteidigung und dem Auswärtigen Amt Einvernehmen über das Vorliegen einer Verwendung nach Satz 1 besteht,
4. Maßnahmen der Streitkräfte, die keine humanitären Hilfsdienste oder Hilfsleistungen nach § 2 Absatz 2 Satz 3 des Parlamentsbeteiligungsgesetzes sind, wenn zwischen dem Bundesministerium der Verteidigung und dem Auswär-

tigen Amt Einvernehmen über das Vorliegen einer Verwendung nach Satz 1 besteht, oder

5. Einsätze der Bundespolizei nach den §§ 8 und 65 des Bundespolizeigesetzes, einschließlich der in diesem Rahmen und zu diesem Zweck abgeordneten oder zugewiesenen Beamten anderer Verwaltungen, des Bundesamtes für Migration und Flüchtlinge, des Bundeskriminalamtes und des Bundesamtes für Verfassungsschutz, wenn zwischen dem Bundesministerium des Innern, für Bau und Heimat und dem Auswärtigen Amt Einvernehmen über das Vorliegen einer Verwendung nach Satz 1 besteht.

[3] Satz 1 gilt entsprechend für eine Verwendung im Ausland oder außerhalb des deutschen Hoheitsgebietes auf Schiffen oder in Luftfahrzeugen, die ausschließlich dazu dient, eine besondere Verwendung im Ausland

1. unmittelbar vorzubereiten oder
2. unmittelbar im Anschluss endgültig abzuschließen, soweit dies wegen unvorhersehbarer Umstände nicht innerhalb der geplanten Dauer der besonderen Verwendung im Ausland möglich ist.

(2) [1] Auslandsverwendungszuschlag wird auch gezahlt für eine besondere Verwendung im Ausland, die mit außergewöhnlichen Risiken und Gefährdungen verbunden ist. [2] Dies gilt für

1. Angehörige der Spezialkräfte der Bundeswehr sowie Soldaten, die zur unmittelbaren Unterstützung der Spezialkräfte der Bundeswehr in dieser besonderen Verwendung im Ausland unter entsprechenden Belastungen eingesetzt werden, wenn das Bundesministerium der Verteidigung eine Maßnahme als entsprechende Verwendung festgelegt hat,
2. Angehörige der GSG 9 der Bundespolizei sowie Beamte, die zur unmittelbaren Unterstützung der GSG 9 der Bundespolizei in dieser besonderen Verwendung im Ausland unter entsprechenden Belastungen eingesetzt werden, wenn das Bundesministerium des Innern, für Bau und Heimat eine Maßnahme als entsprechende Verwendung festgelegt hat.

(3) [1] Der Auslandsverwendungszuschlag gilt alle materiellen Mehraufwendungen und immateriellen Belastungen der besonderen Verwendung im Ausland mit Ausnahme der nach deutschem Reisekostenrecht zustehenden Reisekostenvergütung ab. [2] Dazu gehören insbesondere Mehraufwendungen auf Grund besonders schwieriger Bedingungen im Rahmen der Verwendung oder Belastungen durch Unterbringung in provisorischen Unterkünften sowie Belastungen durch eine spezifische Bedrohung der Mission oder deren Durchführung in einem Konfliktgebiet. [3] Er wird für jeden Tag der Verwendung gewährt und bei einer Verwendung nach Absatz 1 als einheitlicher Tagessatz abgestuft nach dem Umfang der Mehraufwendungen und Belastungen für jede Verwendung festgesetzt. [4] Der Tagessatz der höchsten Stufe beträgt 145 Euro. [5] Dauert die Verwendung im Einzelfall weniger als 15 Tage, kann der Satz der nächst niedrigeren Stufe ausgezahlt werden. [6] In den Fällen des Absatzes 2 wird der Tagessatz der höchsten Stufe gewährt. [7] Die endgültige Abrechnung erfolgt nach Abschluss der Verwendung. [8] Abschlagszahlungen können monatlich im Voraus geleistet werden. [9] Ein Anspruch auf Auslandsdienstbezüge an einem anderen ausländischen Dienstort bleibt unberührt; auf den Auslandsverwendungszuschlag wird jedoch auf Grund der geringeren Aufwendungen und

Belastungen am bisherigen ausländischen Dienstort pauschaliert ein Anteil des Auslandszuschlags nach § 53 angerechnet.

(4) [1]Steht Beamten, Richtern oder Soldaten ein Auslandsverwendungszuschlag aus einer Verwendung nach Absatz 1 an einem ausländischen Dienstort zu und befindet sich ein anderer Beamter, Richter oder Soldat an diesem Ort auf Dienstreise, gelten für Letzteren ab dem 15. Tag der Dienstreise rückwirkend ab dem Tag der Ankunft am ausländischen Dienstort die Vorschriften über den Auslandsverwendungszuschlag entsprechend. [2]Das gilt nur, wenn die Dienstreise hinsichtlich der Mehraufwendungen und Belastungen einer Verwendung nach Absatz 1 entspricht. [3]Ist der Beamte, Richter oder Soldat wegen Verschleppung, Gefangenschaft oder aus sonstigen mit dem Dienst zusammenhängenden Gründen, die er nicht zu vertreten hat, dem Einflussbereich des Dienstherrn entzogen, werden für diesen Zeitraum Aufwandsentschädigungen und Zulagen, die zum Zeitpunkt des Eintritts des Ereignisses zustanden, weiter gewährt; daneben steht ihm Auslandsverwendungszuschlag nach dem Tagessatz der höchsten Stufe zu.

(5) [1]Werden von einem auswärtigen Staat oder einer über- oder zwischenstaatlichen Einrichtung Leistungen für eine besondere Verwendung gewährt, sind diese, soweit damit nicht Reisekosten abgegolten werden, in vollem Umfang auf den Auslandsverwendungszuschlag anzurechnen. [2]Die Anrechnung erfolgt jeweils bezogen auf einen Kalendermonat. [3]§ 9a Abs. 2 ist nicht anzuwenden.

(6) Das Bundesministerium des Innern, für Bau und Heimat regelt die Einzelheiten des Auslandsverwendungszuschlags im Einvernehmen mit dem Auswärtigen Amt, dem Bundesministerium der Finanzen und dem Bundesministerium der Verteidigung durch Rechtsverordnung.

§ 57 Auslandsverpflichtungsprämie. (1) [1]Einem Beamten, der sich verpflichtet hat, im Rahmen einer besonderen Verwendung im Ausland mindestens zwei Wochen Dienst zu leisten, kann eine Auslandsverpflichtungsprämie gewährt werden, wenn

1. es sich um eine Verwendung nach § 56 Absatz 1 Satz 2 Nummer 5 handelt und
2. die Verwendung im Rahmen einer über- oder zwischenstaatlichen Zusammenarbeit oder im Rahmen einer Mission der Europäischen Union oder einer internationalen Organisation erfolgt und
3. die Europäische Union oder eine internationale Organisation Mitgliedern einer von ihr in denselben Staat entsandten Mission für materielle Mehraufwendungen und immaterielle Belastungen sowie für Reisekosten höhere auslandsbezogene Gesamtleistungen gewährt.

[2]Der Höchstbetrag der Prämie entspricht dem Unterschiedsbetrag zur höheren auslandsbezogenen Gesamtleistung im auf die Verpflichtung folgenden Verwendungszeitraum.

(2) [1]Für die Zahlung der Prämie gilt § 56 Absatz 2 Satz 6 und 7 entsprechend. [2]Die Prämie darf nur gezahlt werden, wenn während der Mindestverpflichtungszeit ununterbrochen Anspruch auf Auslandsverwendungszuschlag bestand. [3]Wird dieser Zeitraum aus Gründen nicht erreicht, die vom Beamten nicht zu vertreten sind, gilt § 3 Absatz 3 entsprechend.

§ 58 Zulage für Kanzler an großen Botschaften. (1) Einem Beamten des Auswärtigen Dienstes der Besoldungsgruppe A 13 wird während der Dauer seiner Verwendung als Kanzler an einer Auslandsvertretung eine Zulage gewährt, wenn

1. der Leiter der Auslandsvertretung in die Besoldungsgruppe B 9 eingestuft ist oder
2. er die Geschäfte des Inneren Dienstes mehrerer Vertretungen leitet und der Leiter mindestens einer dieser Auslandsvertretungen in die Besoldungsgruppe B 6 eingestuft ist.

(2) [1] Die Zulage beträgt

1. für Kanzler an den Botschaften in London, Moskau, Paris, Peking und Washington sowie an den Ständigen Vertretungen bei der Europäischen Union in Brüssel und bei den Vereinten Nationen in New York 35 Prozent des Auslandszuschlags nach Anlage VI.1 Grundgehaltsspanne 9 Zonenstufe 13,
2. für Kanzler an den übrigen Auslandsvertretungen 15 Prozent des Auslandszuschlags nach Anlage VI.1 Grundgehaltsspanne 9 Zonenstufe 13.

[2] Sie wird nicht neben einer Zulage nach § 45 gewährt.

Abschnitt 6. Anwärterbezüge

§ 59 Anwärterbezüge. (1) Beamte auf Widerruf im Vorbereitungsdienst (Anwärter) erhalten Anwärterbezüge.

(2) [1] Zu den Anwärterbezügen gehören der Anwärtergrundbetrag, der Anwärtererhöhungsbetrag und die Anwärtersonderzuschläge. [2] Daneben werden der Familienzuschlag und die vermögenswirksamen Leistungen gewährt. [3] Zulagen und Vergütungen werden nur gewährt, wenn dies gesetzlich besonders bestimmt ist.

(3) [1] Anwärter mit dienstlichem Wohnsitz im Ausland erhalten zusätzlich Bezüge entsprechend der Auslandsbesoldung. [2] Der Berechnung des Mietzuschusses sind der Anwärtergrundbetrag, der Familienzuschlag der Stufe 1, der Anwärtererhöhungsbetrag und der Anwärtersonderzuschlag zugrunde zu legen. [3] Der Auslandszuschlag bemisst sich nach dem Anwärtergrundbetrag, dem Anwärtererhöhungsbetrag und dem Anwärtersonderzuschlag.

(4) [1] Absatz 3 gilt nicht für Anwärter, die bei einer von ihnen selbst gewählten Stelle im Ausland ausgebildet werden. [2] § 55 gilt mit der Maßgabe, dass mindestens die Bezüge nach Absatz 2 verbleiben.

(5) Für Anwärter, die im Rahmen ihres Vorbereitungsdienstes ein Studium ableisten, kann die Gewährung der Anwärterbezüge von der Erfüllung von Auflagen abhängig gemacht werden.

§ 60 Anwärterbezüge nach Ablegung der Zwischenprüfung oder der Laufbahnprüfung. [1] Nach Ablegung der Zwischenprüfung oder der Laufbahnprüfung wird die Besoldung bis zum Ende des laufenden Monats weitergewährt, wenn das Beamtenverhältnis des Anwärters kraft Rechtsvorschrift oder allgemeiner Verwaltungsanordnung endet

1. mit dem endgültigen Nichtbestehen der Zwischenprüfung,
2. mit dem Bestehen oder endgültigen Nichtbestehen der Laufbahnprüfung.

[2] Wird bereits vor diesem Zeitpunkt ein Anspruch auf Bezüge aus einer hauptberuflichen Tätigkeit bei einem öffentlich-rechtlichen Dienstherrn (§ 29 Absatz 1) oder bei einer Ersatzschule erworben, so wird die Besoldung nur bis zum Tage vor Beginn dieses Anspruchs belassen.

§ 61 Anwärtergrundbetrag. Der Anwärtergrundbetrag bemisst sich nach Anlage VIII.

§ 62 Anwärtererhöhungsbetrag. Anwärter, deren Zulassung zum Vorbereitungsdienst das Bestehen der erweiterten Sicherheitsüberprüfung mit Sicherheitsermittlungen nach § 10 Nummer 3 des Sicherheitsüberprüfungsgesetzes vorausgesetzt hat, erhalten einen Anwärtererhöhungsbetrag in Höhe von 10 Prozent des Anwärtergrundbetrages.

§ 63 Anwärtersonderzuschläge. (1) [1] Besteht ein Mangel an qualifizierten Bewerbern, kann die oberste Dienstbehörde Anwärtersonderzuschläge gewähren. [2] Sofern das Anfangsgrundgehalt des Eingangsamtes der Laufbahn durch die Gewährung der Anwärtersonderzuschläge nicht erreicht wird, können Anwärtersonderzuschläge von bis zu 90 Prozent des Anwärtergrundbetrages gewährt werden. [3] Anwärtern, denen ein Anwärtererhöhungsbetrag nach § 62 zusteht, können Anwärtersonderzuschläge unter der Voraussetzung, dass das Anfangsgrundgehalt des Eingangsamtes der Laufbahn nicht erreicht wird, von bis zu 80 Prozent des Anwärtergrundbetrages gewährt werden.

(2) Anspruch auf Anwärtersonderzuschläge besteht nur, wenn der Anwärter

1. nicht vor dem Abschluss des Vorbereitungsdienstes oder wegen schuldhaften Nichtbestehens der Laufbahnprüfung ausscheidet und
2. unmittelbar im Anschluss an das Bestehen der Laufbahnprüfung für mindestens fünf Jahre als Beamter des Bundes oder als Soldat tätig ist.

(3) [1] Werden die in Absatz 2 genannten Voraussetzungen aus Gründen, die der Beamte oder frühere Beamte zu vertreten hat, nicht erfüllt, ist der Anwärtersonderzuschlag in voller Höhe zurückzuzahlen. [2] § 12 bleibt unberührt.

§ 64 (weggefallen)

§ 65 Anrechnung anderer Einkünfte. (1) [1] Erhalten Anwärter ein Entgelt für eine Nebentätigkeit innerhalb oder für eine genehmigungspflichtige Nebentätigkeit außerhalb des öffentlichen Dienstes, so wird das Entgelt auf die Anwärterbezüge angerechnet, soweit es diese übersteigt. [2] Als Anwärtergrundbetrag werden jedoch mindestens 30 Prozent des Anfangsgrundgehaltes der Eingangsbesoldungsgruppe der Laufbahn gewährt.

(2) Hat der Anwärter einen arbeitsrechtlichen Anspruch auf ein Entgelt für eine in den Ausbildungsrichtlinien vorgeschriebene Tätigkeit außerhalb des öffentlichen Dienstes, so wird das Entgelt auf die Anwärterbezüge angerechnet, soweit die Summe von Entgelt, Anwärterbezügen und Familienzuschlag die Summe von Grundgehalt und Familienzuschlag übersteigt, die einem Beamten mit gleichem Familienstand im Eingangsamt der entsprechenden Laufbahn in der ersten Stufe zusteht.

(3) Übt ein Anwärter gleichzeitig eine Tätigkeit im öffentlichen Dienst mit mindestens der Hälfte der dafür geltenden regelmäßigen Arbeitszeit aus, gilt § 5 entsprechend.

§ 66 Kürzung der Anwärterbezüge. (1) Die oberste Dienstbehörde oder die von ihr bestimmte Stelle kann den Anwärtergrundbetrag bis auf 30 Prozent des Grundgehaltes, das einem Beamten der entsprechenden Laufbahn in der ersten Stufe zusteht, herabsetzen, wenn der Anwärter die vorgeschriebene Laufbahnprüfung nicht bestanden hat oder sich die Ausbildung aus einem vom Anwärter zu vertretenden Grunde verzögert.

(2) Von der Kürzung ist abzusehen

1. bei Verlängerung des Vorbereitungsdienstes infolge genehmigten Fernbleibens oder Rücktritts von der Prüfung,
2. in besonderen Härtefällen.

(3) Wird eine Zwischenprüfung nicht bestanden oder ein sonstiger Leistungsnachweis nicht erbracht, so ist die Kürzung auf den sich daraus ergebenden Zeitraum der Verlängerung des Vorbereitungsdienstes zu beschränken.

Abschnitt 7. (weggefallen)

§§ 67, 68 (weggefallen)

Abschnitt 8. Dienstkleidung, Heilfürsorge, Unterkunft

§ 69 Dienstkleidung und Unterkunft für Soldaten. (1) Soldaten werden die Dienstkleidung und die Ausrüstung unentgeltlich bereitgestellt.

(2) [1] Das Bundesministerium der Verteidigung kann bestimmen, dass Offiziere, deren Restdienstzeit am Tage ihrer Ernennung zum Offizier mehr als zwölf Monate beträgt, Teile der Dienstkleidung, die nicht zur Einsatz- und Arbeitsausstattung gehören, selbst zu beschaffen haben. [2] Diesen Offizieren wird ein einmaliger Zuschuss zu den Kosten der von ihnen zu beschaffenden Dienstkleidung und für deren besondere Abnutzung eine Entschädigung gewährt. [3] Der Zuschuss kann ausgeschiedenen ehemaligen Offizieren beim Wiedereintritt in die Bundeswehr erneut gewährt werden.

(3) [1] Das Bundesministerium der Verteidigung kann bestimmen, dass Berufssoldaten und Soldaten auf Zeit, die nicht den Laufbahnen der Offiziere angehören, auf Antrag einen Zuschuss zu den Kosten der Beschaffung der Ausgehuniform erhalten können, wenn

1. sie auf mindestens acht Jahre verpflichtet sind und
2. noch mindestens vier Jahre im Dienst verbleiben.

[2] Nach Ablauf von fünf Jahren kann der Zuschuss erneut gewährt werden.

(4) Die Zahlungen nach Absatz 2 Satz 2 und 3 sowie Absatz 3 sollen an eine vom Bundesministerium der Verteidigung bestimmte Kleiderkasse geleistet werden, die sie treuhänderisch für die Soldaten verwaltet.

(5) [1] Tragen Soldaten auf dienstliche Anordnung im Dienst statt Dienstkleidung eigene Zivilkleidung, erhalten sie für deren besondere Abnutzung eine Entschädigung. [2] Offiziere erhalten die Entschädigung nur, solange sie keine Entschädigung nach Absatz 2 Satz 2 erhalten.

(6) Für Soldaten, die auf Grund dienstlicher Anordnung verpflichtet sind, in Gemeinschaftsunterkunft zu wohnen, wird die Unterkunft unentgeltlich bereitgestellt.

(7) [1] Soldaten werden die notwendigen Kosten für die Fahrten zur Unterkunft und zurück erstattet. [2] Das Nähere bestimmt das Bundesministerium der Verteidigung durch allgemeine Verwaltungsvorschrift.

(8) Die allgemeinen Verwaltungsvorschriften zu den Absätzen 1 bis 5 erlässt das Bundesministerium der Verteidigung im Einvernehmen mit dem Bundesministerium des Innern, für Bau und Heimat.

§ 69a Heilfürsorge für Soldaten. (1) [1] Soldaten, die Anspruch auf Besoldung oder auf ein Ausbildungsgeld nach § 30 Absatz 2 des Soldatengesetzes haben, wird Heilfürsorge in Form der unentgeltlichen truppenärztlichen Versorgung gewährt; dies gilt auch während der Zeit einer Beurlaubung nach § 28 Absatz 5 des Soldatengesetzes, sofern die Soldaten nicht Anspruch auf Familienhilfe nach § 10 des Fünften Buches Sozialgesetzbuch haben, oder während der Zeit einer Beurlaubung nach § 28 Absatz 7 oder § 30a Absatz 7 des Soldatengesetzes. [2] Soldaten, die eine Wehrdienstbeschädigung erlitten haben, erhalten Leistungen im Rahmen der Heilbehandlung nach dem Bundesversorgungsgesetz, wenn diese für die Soldaten günstiger sind.

(2) Kann der Anspruch auf unentgeltliche truppenärztliche Versorgung nicht durch medizinische Einrichtungen der Bundeswehr erfüllt werden, können auf Veranlassung von Ärzten oder Zahnärzten der Bundeswehr oder im Notfall Erbringer medizinischer Leistungen außerhalb der Bundeswehr in Anspruch genommen werden.

(3) [1] Die unentgeltliche truppenärztliche Versorgung umfasst grundsätzlich nur medizinisch notwendige und wirtschaftlich angemessene Leistungen

1. in Krankheitsfällen,
2. zur Vorbeugung gegen Krankheiten oder Behinderungen und zur medizinischen Rehabilitation,
3. zur Früherkennung von Krankheiten,
4. zur Durchführung von Schutzimpfungen und sonstigen medizinischen Prophylaxemaßnahmen sowie
5. bei Schwangerschaft, Entbindung und nicht rechtswidrigem Schwangerschaftsabbruch.

[2] Diese Leistungen müssen mindestens den nach dem Fünften Buch Sozialgesetzbuch zu gewährenden Leistungen entsprechen. [3] Die besonderen Anforderungen an die Erhaltung oder Wiederherstellung der Dienst- und Verwendungsfähigkeit der Soldaten sind zu berücksichtigen.

(4) Kosten für eine künstliche Befruchtung werden in entsprechender Anwendung des § 27a des Fünften Buches Sozialgesetzbuch übernommen.

(5) Die unentgeltliche truppenärztliche Versorgung umfasst nicht:

1. medizinische Maßnahmen, die keine Heilbehandlung darstellen,
2. Leistungen von Heilpraktikern.

(6) Bei Pflegebedürftigkeit werden ergänzend zu den Leistungen der Pflegeversicherung nach dem Elften Buch Sozialgesetzbuch Leistungen in derselben Höhe gewährt.

(7) Die näheren Einzelheiten der unentgeltlichen truppenärztlichen Versorgung regelt das Bundesministerium der Verteidigung durch Rechtsverordnung

im Einvernehmen mit dem Bundesministerium des Innern und dem Bundesministerium der Finanzen.

§ 70 Dienstkleidung, Heilfürsorge, Unterkunft für Polizeivollzugsbeamte des Bundes. (1) [1]Beamten des Polizeivollzugsdienstes der Bundespolizei werden die Ausrüstung und die Dienstkleidung unentgeltlich bereitgestellt. [2]Abweichend hiervon kann das Bundesministerium des Innern, für Bau und Heimat bestimmen, dass Beamte des gehobenen und des höheren Polizeivollzugsdienstes der Bundespolizei Dienstkleidung, die nicht zur Einsatz- und Arbeitsausstattung gehört, selbst zu beschaffen haben. [3]Ihnen wird für die zu beschaffende Dienstkleidung ein einmaliger Bekleidungszuschuss und für deren besondere Abnutzung eine Entschädigung gewährt. [4]Der Zuschuss und die Entschädigung nach Satz 3 sollen an eine vom Bundesministerium des Innern, für Bau und Heimat bestimmte Kleiderkasse geleistet werden. [5]Das Nähere zu den Sätzen 2 bis 4 regelt das Bundesministerium des Innern, für Bau und Heimat durch allgemeine Verwaltungsvorschrift. [6]Die Sätze 1 bis 4 gelten für Verwaltungsbeamte der Bundespolizei, soweit sie zum Tragen von Dienstkleidung verpflichtet werden, entsprechend.

(2) [1]Den Polizeivollzugsbeamten in der Bundespolizei und beim Deutschen Bundestag wird Heilfürsorge gewährt. [2]Dies gilt auch

1. während der Inanspruchnahme von Elternzeit und während der Zeit einer Beurlaubung nach § 92 Absatz 1 oder § 92b Absatz 1 des Bundesbeamtengesetzes[1)], sofern die Beamten nicht nach § 10 des Fünften Buches Sozialgesetzbuch familienversichert sind, sowie
2. in den Fällen des § 26 Absatz 3 der Sonderurlaubsverordnung[2)].

[3]Das Nähere regelt das Bundesministerium des Innern, für Bau und Heimat in Anlehnung an das Fünfte Buch Sozialgesetzbuch und das Elfte Buch Sozialgesetzbuch durch Rechtsverordnung im Einvernehmen mit dem Bundesministerium der Finanzen.

(3) Für Polizeivollzugsbeamte der Bundespolizei, die auf Grund dienstlicher Verpflichtung in Gemeinschaftsunterkunft wohnen, wird die Unterkunft unentgeltlich bereitgestellt.

§ 70a Dienstkleidung für Beamte. (1) Beamten, die zum Tragen von Dienstkleidung verpflichtet sind, wird diese unentgeltlich bereitgestellt.

(2) Beamten der Zollverwaltung, die zur Teilnahme am Dienstsport verpflichtet sind, wird für die dienstlich bedingte Abnutzung privater Sportbekleidung eine Abnutzungsentschädigung gewährt.

(3) Das Nähere regelt das jeweils zuständige Bundesministerium im Einvernehmen mit dem Bundesministerium des Innern, für Bau und Heimat durch allgemeine Verwaltungsvorschrift.

[1)] Nr. 2.
[2)] Nr. 13.

Abschnitt 9. Übergangs- und Schlussvorschriften

§ 71 Rechtsverordnungen, allgemeine Verwaltungsvorschriften.

(1) Rechtsverordnungen nach diesem Gesetz bedürfen nicht der Zustimmung des Bundesrates.

(2) [1] Allgemeine Verwaltungsvorschriften erlässt das Bundesministerium des Innern, für Bau und Heimat, wenn gesetzlich nichts Anderes bestimmt ist. [2] Soweit die Besoldung der Richter und Staatsanwälte berührt ist, erlässt sie das Bundesministerium des Innern, für Bau und Heimat im Einvernehmen mit dem Bundesministerium der Justiz und für Verbraucherschutz. [3] Soweit die Besoldung der Soldaten berührt ist, erlässt sie das Bundesministerium des Innern, für Bau und Heimat im Einvernehmen mit dem Bundesministerium der Verteidigung.

§ 72 Übergangsregelung zu den §§ 6, 43, 43b, 44 und 63. (1) [1] § 6 in der bis zum 31. Dezember 2019 geltenden Fassung ist weiterhin anzuwenden, wenn der Beamte, Richter oder Soldat

1. vor dem 31. Dezember 2019 eine Teilzeitbeschäftigung nach § 9 der Arbeitszeitverordnung[1)] oder nach § 9 der Soldatinnen- und Soldatenteilzeitbeschäftigungsverordnung oder eine Altersteilzeit im Blockmodell begonnen und
2. sich am 1. Januar 2020 bereits in der Freistellungsphase befunden hat.

[2] Stellenzulagen im Sinne von § 6 Absatz 1a Satz 1 Nummer 3, die erstmals ab dem 1. Januar 2020 gewährt werden, bleiben unberücksichtigt. [3] Befand sich der Beamte, Richter oder Soldat am 1. Januar 2020 noch in der Arbeitsphase eines in Satz 1 bezeichneten Teilzeitmodells, besteht für die Zeit von Beginn des Teilzeitmodells bis zum 31. Dezember 2019 Anspruch auf Bezüge nach Maßgabe des § 6 Absatz 1a. [4] § 6 Absatz 3 Satz 3 gilt entsprechend.

(2) § 43 Absatz 6 und 7 in der bis zum 31. Dezember 2019 geltenden Fassung ist auf Personalgewinnungszuschläge, die nach § 43 bis zum 31. Dezember 2019 gewährt wurden, weiterhin anzuwenden.

(3) § 43b Absatz 4 in der bis zum 31. Dezember 2019 geltenden Fassung ist bei Soldaten, die eine Verpflichtungsprämie nach § 43b bis zum 31. Dezember 2019 erhalten haben, weiterhin anzuwenden.

(4) § 44 Absatz 5 und 6 in der bis zum 31. Dezember 2019 geltenden Fassung ist auf Personalbindungszuschläge, die nach § 44 bis zum 31. Dezember 2019 gewährt wurden, weiterhin anzuwenden.

(5) § 63 Absatz 2 und 3 in der bis zum 31. Dezember 2019 geltenden Fassung ist auf Anwärtersonderzuschläge, die nach § 63 in der bis zum 31. Dezember 2019 geltenden Fassung gewährt wurden, weiterhin anzuwenden.

§ 72a *(aufgehoben)*

§ 73 Übergangsregelung bei Gewährung einer Versorgung durch eine zwischenstaatliche oder überstaatliche Einrichtung. [1] Bei Zeiten im Sinne des § 8 Absatz 1 Satz 1, die bis zum 31. Dezember 1991 zurückgelegt sind, ist § 8 in der bis zu diesem Zeitpunkt geltenden Fassung anzuwenden. [2] Für

---

1) Nr. **10**.

Zeiten ab dem 1. Januar 1992 bis zum 31. Dezember 2002 beträgt die Kürzung nach § 8 Absatz 1 Satz 2 1,875 Prozent. [3] Für Zeiten ab dem 1. Januar 2003 ist der Prozentsatz des § 8 Absatz 1 Satz 2 vervielfältigt mit dem jeweiligen in § 69e Absatz 3 und 4 des Beamtenversorgungsgesetzes[1)] genannten Faktor anzuwenden.

§ 74 Übergangsregelung zu den Änderungen der Anlage I durch das Besoldungsstrukturenmodernisierungsgesetz. Amtsbezeichnungen, die mit dem Inkrafttreten des Besoldungsstrukturenmodernisierungsgesetzes weggefallen, werden weitergeführt.

§ 74a Übergangsregelung aus Anlass der Übertragung ehebezogener Regelungen im öffentlichen Dienstrecht auf Lebenspartnerschaften.

(1) Für Beamte, Richter und Soldaten in Lebenspartnerschaften gelten für die Zeit vom 1. Januar 2009 bis zum 30. Juni 2010 folgende Übergangsregelungen:

1. Für den Auslandszuschlag gelten § 55 und die Anlagen VIa bis VIh sowie die Rechtsverordnung nach § 55 Absatz 5 Satz 4 in der bis zum 30. Juni 2010 geltenden Fassung entsprechend, soweit sie sich auf das Bestehen oder das frühere Bestehen einer Ehe oder auf den Ehegatten beziehen.
2. Anspruch auf Auslandskinderzuschlag nach § 56 in der bis zum 30. Juni 2010 geltenden Fassung haben auch Beamte, Richter und Soldaten, die während dieses Zeitraums Kinder ihres Lebenspartners in ihren Haushalt aufgenommen hatten; § 32 Absatz 3 bis 5 des Einkommensteuergesetzes gilt entsprechend.
3. Für den Mietzuschuss gilt § 57 in der bis zum 30. Juni 2010 geltenden Fassung, soweit er sich auf den Ehegatten bezieht, mit folgenden Maßgaben entsprechend: Der Mietzuschuss wird dem Lebenspartner gezahlt, den die Lebenspartner bestimmen. Treffen sie keine Bestimmung, erhält jeder Lebenspartner die Hälfte des Mietzuschusses; § 6 ist nicht anzuwenden.

(2) [1] Für Beamte, Richter und Soldaten in Lebenspartnerschaften gilt für die Zeit vom 1. Juli 2010 bis zum 24. November 2011 § 54 Absatz 3 in der bis zum 31. Juli 2013 geltenden Fassung, soweit er sich auf den Ehegatten bezieht, mit folgenden Maßgaben entsprechend: Der Mietzuschuss wird dem Lebenspartner gezahlt, den die Lebenspartner bestimmen. [2] Treffen sie keine Bestimmung, erhält jeder Lebenspartner die Hälfte des Mietzuschusses; § 6 ist nicht anzuwenden.

(3) [1] Beamten, Richtern und Soldaten in Lebenspartnerschaften, die vor dem 1. Januar 2009 einen Anspruch auf Familienzuschlag geltend gemacht haben, über den noch nicht abschließend entschieden worden ist, wird der Familienzuschlag rückwirkend gezahlt. [2] Die Zahlung erfolgt ab dem Beginn des Haushaltsjahres, in dem der Anspruch geltend gemacht worden ist, frühestens jedoch ab dem Monat, in dem die Lebenspartnerschaft begründet wurde. [3] Für die Nachzahlung ist die jeweils geltende Fassung der Anlage V anzuwenden.

§ 75 Übergangszahlung. (1) [1] Das Bundesministerium des Innern, für Bau und Heimat wird ermächtigt, durch Rechtsverordnung die Gewährung einer Übergangszahlung für Beamte des einfachen und mittleren Dienstes zu regeln,

---

1) Nr. 27.

die nach einer hauptberuflichen Tätigkeit in der Bundesverwaltung von mindestens einem Jahr vom Arbeitnehmerverhältnis in das Beamtenverhältnis übernommen worden sind und deren Nettobezüge danach geringer als die zuletzt im Arbeitnehmerverhältnis gewährten sind. [2] Eine Übergangszahlung darf nur für Beamte in Laufbahnen vorgesehen werden, in denen der Nachwuchs in erheblichem Umfang aus dem Arbeitnehmerverhältnis gewonnen wird. [3] Die Laufbahnen werden in der Rechtsverordnung festgelegt.

(2) [1] Die Höhe der Übergangszahlung ist das Dreizehnfache des Betrages, um den die Nettobezüge nach der Übernahme in das Beamtenverhältnis geringer sind als die Nettobezüge, die zuletzt im Arbeitnehmerverhältnis gewährt worden sind, höchstens jedoch 1 533,88 Euro. [2] Beträgt die Verringerung monatlich bis 5,11 Euro, wird eine Übergangszahlung nicht gewährt. [3] Es wird bestimmt, wie die Verringerung der Nettobezüge zu ermitteln ist, insbesondere in welchem Umfang Lohn- und Besoldungsbestandteile in den einzelnen Bereichen bei der Vergleichsberechnung zu berücksichtigen sind. [4] Die Übergangszahlung ist zurückzuzahlen, wenn der Beamte vor Ablauf eines Jahres aus dem Beamtenverhältnis ausscheidet und er dies zu vertreten hat.

§ 76 Konkurrenzregelung beim Grundgehalt für den vom Besoldungsüberleitungsgesetz erfassten Personenkreis. [1] Ansprüche auf Grundgehalt nach Anlage IV sind neben Ansprüchen auf Grundgehalt nach den Anlagen 1 oder 2 des Besoldungsüberleitungsgesetzes[1)] ausgeschlossen. [2] Der Anspruch auf Grundgehalt nach Anlage IV entsteht erst mit der endgültigen Zuordnung zu oder dem endgültigen Erreichen einer Stufe des Grundgehaltes nach den Vorschriften des Besoldungsüberleitungsgesetzes. [3] Bis zu diesem Zeitpunkt besteht ein Anspruch auf Grundgehalt nach den Anlagen 1 oder 2 des Besoldungsüberleitungsgesetzes.

§ 77 Übergangsvorschriften aus Anlass des Professorenbesoldungsreformgesetzes. (1) [1] Für Professoren der Bundesbesoldungsordnung C, die am Tag des Inkrafttretens der auf Grund § 33 Absatz 4 zu erlassenden Regelungen oder, soweit diese Regelungen bis zum 31. Dezember 2004 noch nicht erlassen sind, am 1. Januar 2005 im Amt befindlich sind, finden § 1 Absatz 2 Nummer 2, § 8 Absatz 3, § 13 Absatz 1 Satz 5, Absatz 4 Satz 1, der 3. Unterabschnitt im 2. Abschnitt, §§ 43, 50, die Anlagen I und II und die Hochschulleitungs-Stellenzulagenverordnung in der bis zum 22. Februar 2002 geltenden Fassung sowie die Anlagen IV und IX nach Maßgabe des Bundesbesoldungs- und -versorgungsanpassungsgesetzes 2000 vom 19. April 2001 (BGBl. I S. 618) sowie unter Berücksichtigung der weiteren Anpassungen der Besoldung nach § 14 und mit der Maßgabe, dass die Beträge der Tabellen der dortigen Anlagen IV und IX um 2,5 Prozent ab dem 1. Juli 2009 und um weitere 2,44 Prozent ab dem 1. Januar 2012 erhöht werden, Anwendung; eine Erhöhung von Dienstbezügen durch die Gewährung von Zuschüssen nach § 1 Absatz 2 Nummer 2 in der bis zum 22. Februar 2002 geltenden Fassung ist ausgeschlossen. [2] Abweichend von Satz 1 finden im Fall einer Berufung auf eine höherwertige Professur an der gleichen Hochschule oder einer Berufung an eine andere Hochschule oder auf Antrag des Beamten § 1 Absatz 2 Nummer 2, § 8 Absatz 3, der 3. Unterabschnitt im 2. Abschnitt, die §§ 43 und 50 und die Anlagen I, II und IV in der nach dem 23. Februar 2002 jeweils geltenden

---

[1)] Nr. **19**.

Fassung mit der Maßgabe Anwendung, dass Professoren der Besoldungsgruppe C 4 ein Amt der Besoldungsgruppe W 3 und Professoren der Besoldungsgruppen C 2 und C 3 ein Amt der Besoldungsgruppe W 2 oder W 3 übertragen wird. [3] Der Antrag des Beamten ist unwiderruflich. [4] In den Fällen des Satzes 2 finden die §§ 13 und 19a keine Anwendung. [5] Für Beamte, die bei den Postnachfolgeunternehmen beschäftigt sind, sind die Sätze 2 bis 4 nicht anzuwenden.

(2) Für die Hochschuldozenten, Oberassistenten, Oberingenieure und wissenschaftlichen Assistenten, die am Tag des Inkrafttretens der auf Grund § 33 Absatz 4 zu erlassenden Regelungen, oder, soweit diese Regelungen bis zum 31. Dezember 2004 noch nicht erlassen sind, am 1. Januar 2005 im Amt befindlich sind, sind der 3. Unterabschnitt im 2. Abschnitt sowie Anlage II in der bis zum 22. Februar 2002 geltenden Fassung sowie die Anlagen IV und IX nach Maßgabe des Bundesbesoldungs- und -versorgungsanpassungsgesetzes 2000 vom 19. April 2001 (BGBl. I S. 618) sowie unter Berücksichtigung der weiteren Anpassungen der Besoldung nach § 14 und mit der Maßgabe, dass die Beträge der Tabellen der dortigen Anlagen IV und IX um 2,5 Prozent ab dem 1. Juli 2009 und um weitere 2,44 Prozent ab dem 1. Januar 2012 erhöht werden, anzuwenden.

(3) *(aufgehoben)*

(4) Das Bundesministerium des Innern, für Bau und Heimat macht die nach den Absätzen 1 und 2 durch Anpassungen erhöhten Bezüge im Bundesgesetzblatt bekannt.

§ 77a Übergangsregelung aus Anlass des Professorenbesoldungsneuregelungsgesetzes. (1) [1] Professoren sowie hauptberufliche Leiter von Hochschulen und Mitglieder von Leitungsgremien an Hochschulen, die am 31. Dezember 2012 der Besoldungsgruppe W 2 oder W 3 angehört haben, werden auf der Grundlage des an diesem Tag maßgeblichen Amtes den Stufen des Grundgehaltes nach Anlage IV in der ab 1. Januar 2013 geltenden Fassung unter Anerkennung von berücksichtigungsfähigen Zeiten nach § 32b zugeordnet. [2] Satz 1 gilt entsprechend für Beurlaubte ohne Anspruch auf Dienstbezüge. [3] Bei der Zuordnung sind die berücksichtigungsfähigen Zeiten zugrunde zu legen, die bei einer Beendigung der Beurlaubung am 31. Dezember 2012 anzuerkennen gewesen wären. [4] Die Sätze 2 und 3 gelten entsprechend in den Fällen der §§ 40 und 46 des Bundesbeamtengesetzes[1)]. [5] § 32a Absatz 6 Satz 1 und 4 gilt entsprechend.

(2) [1] Monatlich gewährte Leistungsbezüge, die nach § 33 Absatz 1 Satz 1 Nummer 1 am 1. Januar 2013 zugestanden haben, verringern sich um die Differenz zwischen dem am 1. Januar 2013 auf Grund des Professorenbesoldungsneuregelungsgesetzes vom 11. Juni 2013 (BGBl. I S. 1514) zustehenden Grundgehalt und dem Grundgehalt, das an diesem Tag nach § 14 Absatz 2 in der Fassung des Artikels 2 des Bundesbesoldungs- und -versorgungsanpassungsgesetzes 2012/2013 vom 15. August 2012 (BGBl. I S. 1670) zugestanden hat. [2] Dabei sind mindestens 30 Prozent der Leistungsbezüge zu belassen. [3] Stehen mehrere Leistungsbezüge nach Satz 1 zu, werden sie in folgender Reihenfolge verringert, bis die Differenz erreicht ist:

1. unbefristete Leistungsbezüge,

[1)] Nr. 2.

2. befristete ruhegehaltfähige Leistungsbezüge,
3. sonstige befristete Leistungsbezüge.

[4] Stehen innerhalb der Kategorien nach Satz 3 mehrere Leistungsbezüge zu, werden zunächst die Leistungsbezüge verringert, die zu einem früheren Zeitpunkt vergeben worden sind; bei wiederholter Vergabe befristeter Leistungsbezüge ist insoweit auf den Zeitpunkt der erstmaligen Vergabe abzustellen. [5] Am gleichen Tag gewährte Leistungsbezüge verringern sich anteilig.

(3) [1] Für monatliche Leistungsbezüge nach § 33 Absatz 1 Satz 1 Nummer 1, die in der Zeit vom 1. Januar 2013 bis zum 19. Juni 2013 erstmalig oder erneut gewährt worden sind oder über deren Vergabe in diesem Zeitraum entschieden worden ist, gilt Absatz 2 entsprechend. [2] Die Verringerung tritt am Tag der erstmaligen oder erneuten Gewährung der Leistungsbezüge ein.

(4) Bei einem Aufstieg in den Stufen sind die nach den Absätzen 2 und 3 verringerten Leistungsbezüge um die Differenz zwischen den Stufen zu verringern, soweit dadurch der Mindestbehalt nach Absatz 2 Satz 2 nicht unterschritten wird.

(5) [1] § 33 Absatz 3 Satz 1 gilt auch für Leistungsbezüge nach § 33 Absatz 1 Satz 1 Nummer 1 und 2, die am 1. Januar 2013 zugestanden haben, die in der Zeit vom 1. Januar 2013 bis zum 19. Juni 2013 erstmalig oder erneut gewährt worden sind oder über deren Vergabe in diesem Zeitraum entschieden worden ist. [2] Für Professoren sowie hauptberufliche Leiter von Hochschulen und Mitglieder von Leitungsgremien an Hochschulen, die am 31. Dezember 2012 der Besoldungsgruppe W 2 oder W 3 angehört haben und vor Erreichen der Stufe 3 des Grundgehaltes nach Anlage IV in den Ruhestand versetzt werden, sind bei den ruhegehaltfähigen Bezügen unter Anwendung der §§ 32 und 33 in der bis zum 31. Dezember 2012 geltenden Fassung nach Maßgabe des Artikels 2 des Bundesbesoldungs- und -versorgungsanpassungsgesetzes 2012/2013 vom 15. August 2012 (BGBl. I S. 1670) mindestens zugrunde zu legen

1. das Grundgehalt, das am 1. Januar 2013 zugestanden hat, und
2. der Teil der Leistungsbezüge, der am 1. Januar 2013 ruhegehaltfähig gewesen ist.

(6) [1] Sind monatliche Leistungsbezüge bis zum 19. Juni 2013 nach § 33 Absatz 3 Satz 3 für ruhegehaltfähig erklärt worden, wird der sich nach dieser Erklärung ergebende Prozentsatz zur Bestimmung der Ruhegehaltfähigkeit der von der Verringerung nach den Absätzen 2 bis 4 nicht erfassten Leistungsbezüge durch einen ruhegehaltfähigen Betrag ersetzt. [2] Der Betrag bemisst sich nach der Differenz zwischen dem am 1. Januar 2013 auf Grund des Professorenbesoldungsneuregelungsgesetzes vom 11. Juni 2013 (BGBl. I S. 1514) zustehenden Grundgehalt und der Summe der ruhegehaltfähigen Bezüge nach Absatz 5 Satz 2, die an diesem Tag unter Anwendung der §§ 32 und 33 in der bis zum 31. Dezember 2012 geltenden Fassung nach Maßgabe des Artikels 2 des Bundesbesoldungs- und -versorgungsanpassungsgesetzes 2012/2013 vom 15. August 2012 (BGBl. I S. 1670) zugestanden haben. [3] Der Betrag nimmt an Anpassungen der Besoldung nach § 14 teil.

§ 78 Übergangsregelung für Beamte bei den Postnachfolgeunternehmen. (1) [1] Für Beamte, die bei den Postnachfolgeunternehmen beschäftigt sind, sind die Beträge des Grundgehaltes nach Anlage IV, des Familienzuschlags nach Anlage V und der Amts- und Stellenzulagen nach Anlage IX mit dem

Faktor 0,9524 zu multiplizieren. [2]Die Beträge des Grundgehaltes in den Besoldungsgruppen A 2 bis A 8 sind vor der Multiplikation um 10,42 Euro zu vermindern. [3]Es werden aber mindestens die zuletzt geltenden Beträge gezahlt.

(2) Das Bundesministerium des Innern, für Bau und Heimat macht die Beträge nach Absatz 1 in der jeweils geltenden Fassung im Bundesgesetzblatt bekannt.

§ 79 *(aufgehoben)*

§ 80 Übergangsregelung für beihilfeberechtigte Polizeivollzugsbeamte des Bundes. (1) [1]Polizeivollzugsbeamten der Bundespolizei, die am 1. Januar 1993 Beihilfe nach den Beihilfevorschriften des Bundes erhalten, wird diese weiterhin gewährt. [2]Auf Antrag erhalten sie an Stelle der Beihilfe Heilfürsorge nach § 70 Abs. 2. [3]Der Antrag ist unwiderruflich.

(2) [1]Polizeivollzugsbeamten beim Deutschen Bundestag, die am 31. Dezember 2021 Beihilfe erhalten, wird diese weiterhin gewährt. [2]Auf Antrag erhalten sie anstelle der Beihilfe Heilfürsorge nach § 70 Absatz 2. [3]Der Antrag ist unwiderruflich.

§ 80a Übergangsregelung für Verpflichtungsprämien für Soldaten auf Zeit aus Anlass des Bundeswehrreform-Begleitgesetzes. § 85a Absatz 4 in der bis zum 31. Dezember 2012 geltenden Fassung ist auf Verpflichtungsprämien, die nach § 85a in der Zeit vom 1. Januar 2011 bis zum 31. Dezember 2012 gewährt wurden, weiterhin anzuwenden.

§ 80b Übergangsregelung zum Auslandsverwendungszuschlag. Beamten und Soldaten, die am 31. Mai 2017 eine Vergütung nach § 50a oder Auslandsdienstbezüge nach § 52 beziehen, werden diese bis zur Beendigung ihrer jeweiligen Verwendung weitergewährt, soweit dies für die Betroffenen günstiger ist als die Gewährung des Auslandsverwendungszuschlags nach § 56 in der ab dem 1. Juni 2017 geltenden Fassung.

§ 81 Übergangsregelungen bei Zulagenänderungen aus Anlass des Versorgungsreformgesetzes 1998. [1]Soweit durch das Versorgungsreformgesetz 1998 die Ruhegehaltfähigkeit von Zulagen wegfällt oder Zulagen, die der Berechtigte bezogen hat, nicht mehr zu den ruhegehaltfähigen Dienstbezügen gehören, sind für Empfänger von Dienstbezügen, die bis zum 31. Dezember 2007 in den Ruhestand treten oder versetzt werden, die bisherigen Vorschriften über die Ruhegehaltfähigkeit in der bis zum 31. Dezember 1998 geltenden Fassung weiter anzuwenden, für Empfänger von Dienstbezügen der Besoldungsgruppen A 1 bis A 9 bei einer Zurruhesetzung bis zum 31. Dezember 2010. [2]Dies gilt nicht, wenn die Zulage nach dem 1. Januar 1999 erstmals gewährt wird.

§ 82 *(aufgehoben)*

§ 83 Übergangsregelung für Ausgleichszulagen. § 19a gilt entsprechend, wenn ein Anspruch auf eine ruhegehaltfähige Ausgleichszulage wegen der Verringerung oder des Verlustes einer Amtszulage während eines Dienstverhältnisses nach § 1 Absatz 1 bis zum 30. Juni 2009 entstanden ist, und in den Fällen des § 2 Absatz 6 des Besoldungsüberleitungsgesetzes[1)].

§ 83a Übergangsregelung für die Besoldung bei Verleihung eines anderen Amtes oder bei Wechsel in den Dienst des Bundes. (1) Der Anspruch nach § 19a Satz 2 besteht ab dem 1. März 2012 auch für Wechsel in der Zeit vom 1. Juli 2009 bis zum 21. März 2012.

(2) [1] Für Beamte, Richter und Soldaten, die in der Zeit vom 1. Juli 2009 bis zum 21. März 2012 auf Grund einer Versetzung, einer Übernahme oder eines Übertritts in den Dienst des Bundes gewechselt sind, ist § 19b mit der Maßgabe anzuwenden, dass eine Ausgleichszulage ab dem 1. März 2012 gewährt wird. [2] Sie wird in der Höhe gewährt, die sich am 22. März 2012 ergäbe, wenn die Zulage bereits seit dem Wechsel in den Dienst des Bundes zugestanden hätte.

§ 84 Anpassung von Bezügen nach fortgeltendem Recht. Die Anpassung nach § 14 Absatz 2 gilt entsprechend für

1. die Grundgehaltssätze (Gehaltssätze) in den Regelungen über künftig wegfallende Ämter,
2. die Amtszulagen in Überleitungsvorschriften oder Regelungen über künftig wegfallende Ämter,
3. die in festen Beträgen ausgewiesenen Zuschüsse zum Grundgehalt nach den Vorbemerkungen Nummer 1 und 2 sowie die allgemeine Stellenzulage nach Vorbemerkung Nummer 2b der Anlage II in der bis zum 22. Februar 2002 geltenden Fassung,
4. die Beträge der Amtszulagen nach Anlage 2 der Verordnung zur Überleitung in die im Zweiten Gesetz zur Vereinheitlichung und Neuregelung des Besoldungsrechts in Bund und Ländern geregelten Ämter und über die künftig wegfallenden Ämter vom 1. Oktober 1975 (BGBl. I S. 2608), geändert durch Artikel 9 des Gesetzes vom 24. März 1997 (BGBl. I S. 590).

§ 85 Anwendungsbereich in den Ländern. Für die Beamten und Richter der Länder, der Gemeinden, der Gemeindeverbände sowie der sonstigen der Aufsicht eines Landes unterstehenden Körperschaften, Anstalten und Stiftungen des öffentlichen Rechts gilt das Bundesbesoldungsgesetz in der bis zum 31. August 2006 geltenden Fassung, soweit nichts Anderes bestimmt ist.

Anlage I
(zu § 20 Absatz 2 Satz 1)

Bundesbesoldungsordnungen A und B

Vorbemerkungen

I. Allgemeine Vorbemerkungen

1. Amtsbezeichnungen

(1) Weibliche Beamte führen die Amtsbezeichnung soweit möglich in der weiblichen Form.

(2) [1] Die in den Bundesbesoldungsordnungen A und B gesperrt gedruckten Amtsbezeichnungen sind Grundamtsbezeichnungen. [2] Den Grundamtsbezeichnungen können Zusätze beigefügt werden, die hinweisen auf

1. den Dienstherrn oder den Verwaltungsbereich,

[1)] Nr. **19**.

2. die Laufbahn,

3. die Fachrichtung.

[3] Die Grundamtsbezeichnungen „Rat", „Oberrat", „Direktor", „Leitender Direktor", „Direktor und Professor", „Erster Direktor", „Oberdirektor", „Präsident" und „Präsident und Professor" dürfen nur in Verbindung mit einem Zusatz nach Satz 2 verliehen werden.

(3) [1] Über die Beifügung der Zusätze zu den Grundamtsbezeichnungen der Bundesbesoldungsordnung B entscheidet das Bundesministerium des Innern, für Bau und Heimat im Einvernehmen mit dem Bundesministerium der Finanzen. [2] Das Bundesministerium des Innern, für Bau und Heimat macht die Zusätze zu den Grundamtsbezeichnungen der Bundesbesoldungsordnung B jährlich zum 1. März im Gemeinsamen Ministerialblatt bekannt.

(4) [1] Die Regelungen in der Bundesbesoldungsordnung A für Ämter des mittleren, gehobenen und höheren Polizeivollzugsdienstes – mit Ausnahme des kriminalpolizeilichen Vollzugsdienstes – gelten auch für die Polizeivollzugsbeamten beim Deutschen Bundestag. [2] Diese führen die Amtsbezeichnungen des Polizeivollzugsdienstes mit dem Zusatz „beim Deutschen Bundestag".

2. „Direktor und Professor" in den Besoldungsgruppen B 1, B 2 und B 3

[1] Die Ämter „Direktor und Professor" in den Besoldungsgruppen B 1, B 2 und B 3 dürfen nur an Beamte verliehen werden, denen in wissenschaftlichen Forschungseinrichtungen oder in Dienststellen und Einrichtungen mit eigenen wissenschaftlichen Forschungsbereichen überwiegend wissenschaftliche Forschungsaufgaben obliegen. [2] Dienststellen und Einrichtungen mit eigenen wissenschaftlichen Forschungsbereichen sind:

Bundesagentur für Arbeit

Bundesamt für Bauwesen und Raumordnung

Bundesamt für Naturschutz

Bundesamt für Seeschifffahrt und Hydrographie

Bundesamt für Strahlenschutz

Bundesamt für Verbraucherschutz und Lebensmittelsicherheit

Bundesanstalt für Arbeitsschutz und Arbeitsmedizin

Bundesanstalt für Geowissenschaften und Rohstoffe

Bundesanstalt für Materialforschung und -prüfung

Bundesanstalt für Straßenwesen

Bundesinstitut für Arzneimittel und Medizinprodukte

Bundesinstitut für Risikobewertung

Bundesinstitut für Sportwissenschaft

Bundeskriminalamt

Deutscher Wetterdienst

Eisenbahn-Bundesamt

Friedrich-Loeffler-Institut, Bundesforschungsinstitut für Tiergesundheit

Johann Heinrich von Thünen-Institut, Bundesforschungsinstitut für Ländliche Räume, Wald und Fischerei

Julius Kühn-Institut, Bundesforschungsinstitut für Kulturpflanzen

Max Rubner-Institut, Bundesforschungsinstitut für Ernährung und Lebensmittel

Paul-Ehrlich-Institut

Physikalisch-Technische Bundesanstalt

Robert Koch-Institut

Umweltbundesamt

Wehrtechnische Dienststelle für Schiffe und Marinewaffen, Maritime Technologie und Forschung

Wehrwissenschaftliches Institut für Werk- und Betriebsstoffe.

2a. Leiter von unteren Verwaltungsbehörden und Leiter von allgemeinbildenden oder beruflichen Schulen

[1] Die Ämter der Leiter von unteren Verwaltungsbehörden mit einem beim jeweiligen Dienstherrn örtlich begrenzten Zuständigkeitsbereich sowie die Ämter der Leiter von allgemeinbildenden oder

beruflichen Schulen dürfen nur in Besoldungsgruppen der Bundesbesoldungsordnung A eingestuft werden. [2]Die Ämter der Leiter besonders bedeutender und zugleich besonders großer unterer Verwaltungsbehörden der Zollverwaltung dürfen auch in Besoldungsgruppen der Bundesbesoldungsordnung B eingestuft werden.

3. Zuordnung von Funktionen zu den Ämtern

Den Grundamtsbezeichnungen beigefügte Zusätze bezeichnen die Funktionen, die diesen Ämtern zugeordnet werden können, nicht abschließend.

II. Stellenzulagen

4. Zulage für militärische Führungsfunktionen

(1) Eine Stellenzulage nach Anlage IX erhalten Soldaten in Besoldungsgruppen bis A 14

1. als Kompaniechef oder in vergleichbarer Führungs- oder Ausbildungsfunktion,
2. als Zugführer oder in vergleichbarer Führungs- oder Ausbildungsfunktion,
3. als Gruppenführer oder in vergleichbarer Führungs- oder Ausbildungsfunktion,
4. als Truppführer oder in vergleichbarer Führungs- oder Ausbildungsfunktion,
5. mit Weisungsrecht gegenüber Zivilpersonen in der Funktion als Vertreter des Bundes als Arbeitgeber im Sinne der Gewerbeordnung.

(2) Sofern mehrere Voraussetzungen des Absatzes 1 gleichzeitig erfüllt sind, wird nur die höhere Zulage gewährt.

(3) [1]Die Zulage nach Absatz 1 wird neben einer anderen Stellenzulage nur gewährt, soweit sie diese übersteigt. [2]Neben einer Amtszulage in der Besoldungsgruppe A 13 wird die Zulage nach Absatz 1 nicht gewährt.

(4) Das Nähere regelt das Bundesministerium der Verteidigung im Einvernehmen mit dem Bundesministerium des Innern, für Bau und Heimat durch allgemeine Verwaltungsvorschrift.

4a. Zulage für Soldaten als Kompaniefeldwebel

Soldaten der Besoldungsgruppen A 7 bis A 9 erhalten als Kompaniefeldwebel eine Stellenzulage nach Anlage IX.

5. Zulage für flugzeugtechnisches Personal, flugsicherungstechnisches Personal der militärischen Flugsicherung und technisches Personal des Einsatzführungsdienstes

(1) Eine Stellenzulage nach Anlage IX erhalten Beamte und Soldaten als erster Spezialist oder in höherwertigen Funktionen in einer Verwendung als

1. flugzeugtechnisches Personal,
2. flugsicherungstechnisches Personal der militärischen Flugsicherung und als technisches Personal des Einsatzführungsdienstes,
3. hauptamtliches Personal zentraler Ausbildungseinrichtungen, das nach einer Verwendung gemäß Nummer 1 oder Nummer 2 Beamte und Soldaten für solche Verwendungen ausbildet.

(2) Die Stellenzulage wird neben einer Stellenzulage nach den Nummern 4, 6, 6a oder 9a nur gewährt, soweit sie diese übersteigt.

5a. Zulage für Beamte und Soldaten im militärischen Flugsicherungsbetriebsdienst, Einsatzführungsdienst und Geoinformationsdienst der Bundeswehr

(1) Eine Stellenzulage nach Anlage IX erhalten Beamte und Soldaten, die im militärischen Flugsicherungsbetriebsdienst, im Einsatzführungsdienst und im Geoinformationsdienst der Bundeswehr verwendet werden

1. als Flugsicherungskontrollpersonal in
   a) Flugsicherungssektoren,
   b) Flugsicherungsstellen,
   c) einer Lehrtätigkeit an einer Schule,
2. als Flugdatenbearbeitungspersonal in Flugsicherungssektoren,
3. als Flugberatungspersonal in
   a) Flugsicherungsstellen,
   b) zentralen Stellen des Flugberatungsdienstes,
   c) einer Lehrtätigkeit an einer Schule,

4. als Betriebspersonal des Einsatzführungsdienstes
   a) mit erfolgreich abgeschlossenem Lehrgang Radarleitung/Einsatzführungsoffizier,
   b) ohne Lehrgang Radarleitung/Einsatzführungsoffizier
      aa) im Einsatzdienst in Luftverteidigungsanlagen,
      bb) in einer Lehrtätigkeit im Einsatzführungsdienst,
5. in Stabs-, Fach- und Truppenführerfunktionen – nicht jedoch bei einer obersten Bundesbehörde – sowie als Ausbildungspersonal der militärischen Flugsicherung oder des Einsatzführungsdienstes,
6. im Flugwetterberatungsdienst oder im Wetterbeobachtungsdienst auf Flugplätzen mit Flugbetrieb der Bundeswehr oder in den zentralen Geoinformationsberatungsstellen.

(2) Die Stellenzulage wird neben einer Stellenzulage nach den Nummern 6, 8, 9 oder 9a nur gewährt, soweit sie diese übersteigt.

(3) Die allgemeinen Verwaltungsvorschriften erlässt das Bundesministerium der Verteidigung im Einvernehmen mit dem Bundesministerium des Innern, für Bau und Heimat.

6. Zulage für Beamte und Soldaten in fliegerischer Verwendung

(1) [1] Eine Stellenzulage nach Anlage IX erhalten Beamte und Soldaten in Besoldungsgruppen der Bundesbesoldungsordnung A, wenn sie verwendet werden

1. als Luftfahrzeugführer mit der Erlaubnis zum Führen ein- oder zweisitziger strahlgetriebener Kampf- oder Schulflugzeuge oder als Waffensystemoffizier mit der Erlaubnis zum Einsatz auf zweisitzigen strahlgetriebenen Kampf- oder Schulflugzeugen,
2. als Luftfahrzeugführer mit der Erlaubnis zum Führen sonstiger strahlgetriebener Flugzeuge oder sonstiger Luftfahrzeuge oder als Luftfahrzeugoperationsoffizier,
3. als Steuerer mit der Erlaubnis und Berechtigung zum Führen und Bedienen unbemannter Luftfahrtgeräte, die nach Instrumentenflugregeln geführt und bedient werden müssen,
4. als Flugtechniker in der Bundespolizei oder als sonstige ständige Luftfahrzeugbesatzungsangehörige in der Bundeswehr.

[2] Die Stellenzulage erhöht sich um den Betrag nach Anlage IX für verantwortliche Luftfahrzeugführer, die mit der Berechtigung eines Kommandanten auf Flugzeugen verwendet werden, für die eine Mindestbesatzung von zwei Luftfahrzeugführern vorgeschrieben ist. [3] Die Erhöhung gilt bis zum 31. Dezember 2023.

(2) [1] Die zuletzt nach Absatz 1 Satz 1 gewährte Stellenzulage wird nach Beendigung der Verwendung, auch über die Besoldungsgruppe A 16 hinaus, für fünf Jahre weitergewährt, wenn der Beamte oder Soldat

1. mindestens fünf Jahre in einer Tätigkeit nach Absatz 1 verwendet worden ist oder
2. bei der Verwendung nach Absatz 1 einen Dienstunfall im Flugdienst oder eine durch die Besonderheiten dieser Verwendung bedingte gesundheitliche Schädigung erlitten hat, die die weitere Verwendung nach Absatz 1 ausschließen.

[2] Der Fünfjahreszeitraum verlängert sich bei Soldaten, die zur Erhaltung ihres fliegerischen Könnens verpflichtet sind, um zwei Drittel des Verpflichtungszeitraumes, höchstens jedoch um drei Jahre. [3] Danach verringert sich die Stellenzulage auf 50 Prozent.

(3) [1] Hat der Beamte oder Soldat einen Anspruch auf eine Stellenzulage nach Absatz 2 und wechselt er in eine weitere Verwendung, mit der ein Anspruch auf eine geringere Stellenzulage nach Absatz 1 verbunden ist, so erhält er zusätzlich zu der geringeren Stellenzulage den Unterschiedsbetrag zu der Stellenzulage nach Absatz 2. [2] Nach Beendigung der weiteren Verwendung wird die Stellenzulage nach Absatz 2 Satz 1 und 2 nur weitergewährt, soweit sie noch nicht vor der weiteren Verwendung bezogen und auch nicht während der weiteren Verwendung durch den Unterschiedsbetrag zwischen der geringeren Stellenzulage und der Stellenzulage nach Absatz 2 abgegolten worden ist. [3] Der Berechnung der Stellenzulage nach Absatz 2 Satz 3 wird die höhere Stellenzulage zugrunde gelegt.

(4) Eine Stellenzulage nach Absatz 1 Satz 1 ist in Höhe von 50 Prozent ruhegehaltfähig, wenn

1. sie mindestens fünf Jahre bezogen worden ist oder
2. das Dienstverhältnis beendet worden ist
   a) durch Tod oder
   b) durch Dienstunfähigkeit infolge eines durch die Verwendung erlittenen Dienstunfalls oder einer durch die Besonderheiten dieser Verwendung bedingten gesundheitlichen Schädigung.

(5) [1]Die Stellenzulage wird neben einer Stellenzulage nach Nummer 8 nur gewährt, soweit sie diese übersteigt. [2]Abweichend von Satz 1 wird die Stellenzulage nach Absatz 1 neben einer Stellenzulage nach Nummer 8 gewährt, soweit sie deren Hälfte übersteigt.

(6) [1]Der Erwerb der Berechtigung nach Absatz 1 Satz 2 wird durch allgemeine Verwaltungsvorschrift des Bundesministeriums der Verteidigung geregelt. [2]Im Übrigen erlässt die oberste Dienstbehörde die allgemeinen Verwaltungsvorschriften im Einvernehmen mit dem Bundesministerium des Innern, für Bau und Heimat.

6a. Zulage für Beamte und Soldaten als Luftfahrttechnisches Prüfpersonal und freigabeberechtigtes Personal

(1) Beamte und Soldaten erhalten eine Stellenzulage nach Anlage IX, wenn sie eine der folgenden Qualifikationen besitzen und entsprechend der Qualifikation verwendet werden:

1. die Erlaubnis als Nachprüfer von Luftfahrtgerät,
2. die Erlaubnis als Prüfer von Luftfahrtgerät,
3. die Berechtigung der Kategorie B oder Kategorie C zur Freigabe von Luftfahrzeugen oder Komponenten nach der Verordnung (EU) Nr. 1321/2014 der Kommission vom 26. November 2014 über die Aufrechterhaltung der Lufttüchtigkeit von Luftfahrzeugen und luftfahrttechnischen Erzeugnissen, Teilen und Ausrüstungen und die Erteilung von Genehmigungen für Organisationen und Personen, die diese Tätigkeiten ausführen (ABl. L 362 vom 17.12.2014, S. 1),
4. die Erlaubnis zur Prüfung der Lufttüchtigkeit,
5. die Berechtigung als Prüfer für zerstörungsfreie Prüfungen von Luftfahrzeugen, Luftfahrtgeräten und Zusatzausrüstungen mit Zertifizierung nach DIN EN 4179, Ausgabe März 2017, in Verbindung mit den für den Geschäftsbereich des Bundesministeriums der Verteidigung geltenden Zulassungsvorschriften.

(2) Die Stellenzulage wird neben einer Stellenzulage nach Nummer 4, 5a oder 9a nur gewährt, soweit sie diese übersteigt.

7. Zulage für Beamte und Soldaten bei obersten Behörden sowie bei obersten Gerichtshöfen des Bundes

(1) Beamte und Soldaten erhalten, wenn sie bei obersten Bundesbehörden oder bei obersten Gerichtshöfen des Bundes verwendet werden, eine Stellenzulage nach Anlage IX.

(2) [1]Die Stellenzulage wird nicht neben der bei der Deutschen Bundesbank gewährten Bankzulage und neben Auslandsdienstbezügen oder Auslandsverwendungszuschlag nach Abschnitt 5 gewährt. [2]Die Stellenzulage wird neben Stellenzulagen nach den Nummern 6, 6a, 8 bis 9, 10 und 15 bis 19 nur gewährt, soweit sie diese übersteigt.

(3) Beamte und Soldaten erhalten während der Verwendung bei obersten Behörden eines Landes, das für die Beamten bei seinen obersten Behörden eine Regelung entsprechend Absatz 1 getroffen hat, die Stellenzulage in der nach dem Besoldungsrecht dieses Landes bestimmten Höhe.

8. Zulage für Beamte und Soldaten bei den Nachrichtendiensten

(1) Beamte und Soldaten erhalten, wenn sie bei den Nachrichtendiensten des Bundes oder der Länder verwendet werden, eine Stellenzulage nach Anlage IX.

(2) Nachrichtendienste sind der Bundesnachrichtendienst, das Bundesamt für den Militärischen Abschirmdienst, das Bundesamt für Verfassungsschutz sowie die Einrichtungen für Verfassungsschutz der Länder.

8a. Zulage für Beamte der Bundeswehr und Soldaten in der Fernmelde- und elektronischen Aufklärung, der satellitengestützten abbildenden Aufklärung oder der Luftbildauswertung

(1) [1]Beamte der Bundeswehr und Soldaten erhalten eine Stellenzulage nach Anlage IX, wenn sie verwendet werden in

1. der Fernmelde- und elektronischen Aufklärung,
2. der satellitengestützten abbildenden Aufklärung oder
3. der Luftbildauswertung.

[2]Die Zulage erhalten unter den gleichen Voraussetzungen auch Beamte auf Widerruf, die einen Vorbereitungsdienst ableisten.

(2) Durch die Stellenzulage werden die mit dem Dienst allgemein verbundenen Erschwernisse und Aufwendungen mit abgegolten.

(3) Die Stellenzulage wird neben einer Stellenzulage nach den Nummern 5, 5a, 6, 6a oder 8 nur gewährt, soweit sie diese übersteigt.

8b. Zulage für Beamte bei dem Bundesamt für Sicherheit in der Informationstechnik und bei der Zentralen Stelle für Informationstechnik im Sicherheitsbereich

(1) Beamte erhalten eine Stellenzulage nach Anlage IX, wenn sie verwendet werden

1. beim Bundesamt für Sicherheit in der Informationstechnik oder
2. bei der Zentralen Stelle für Informationstechnik im Sicherheitsbereich.

(2) Die Stellenzulage wird neben einer Stellenzulage nach Nummer 9 nur gewährt, soweit sie diese übersteigt.

8c. Zulage für Beamte und Soldaten bei dem Bundesamt für Migration und Flüchtlinge

(1) Beamte und Soldaten erhalten, wenn sie bei dem Bundesamt für Migration und Flüchtlinge verwendet werden, bis zum 31. Dezember 2023 eine Stellenzulage nach Anlage IX.

(2) Durch die Stellenzulage werden die mit dem Dienst allgemein verbundenen Erschwernisse und Aufwendungen mit abgegolten.

9. Zulage für Beamte und Soldaten mit vollzugspolizeilichen Aufgaben

(1) Eine Stellenzulage nach Anlage IX erhalten, soweit ihnen Dienstbezüge nach der Bundesbesoldungsordnung A zustehen,

1. Polizeivollzugsbeamte,
2. Feldjäger,
3. Beamte der Zollverwaltung, die
   a) in der Grenzabfertigung verwendet werden,
   b) in einem Bereich verwendet werden, in dem gemäß Bestimmung des Bundesministeriums der Finanzen typischerweise vollzugspolizeilich geprägte Tätigkeiten wahrgenommen werden, oder
   c) mit vollzugspolizeilichen Aufgaben betraut sind.

(2) Eine Zulage nach Absatz 1 erhalten unter den gleichen Voraussetzungen auch Beamte auf Widerruf, die einen Vorbereitungsdienst ableisten.

(3) Die Stellenzulage wird nicht neben einer Stellenzulage nach Nummer 8 gewährt.

(4) Durch die Stellenzulage werden die Besonderheiten des jeweiligen Dienstes, insbesondere der mit dem Posten- und Streifendienst sowie dem Nachtdienst verbundene Aufwand sowie der Aufwand für Verzehr mit abgegolten.

9a. Zulage im maritimen Bereich

(1) [1]Eine Stellenzulage nach Anlage IX erhalten Beamte der Bundeswehr und Soldaten, wenn sie verwendet werden

1. als Angehörige einer Besatzung in Dienst gestellter seegehender Schiffe der Marine oder anderer Seestreitkräfte,
2. als Angehörige einer Besatzung in Dienst gestellter U-Boote der Marine oder anderer Seestreitkräfte oder
3. als Kampfschwimmer oder Minentaucher mit gültigem Kampfschwimmer- oder Minentaucherschein auf einer Stelle des Stellenplans, die eine Kampfschwimmer- oder Minentaucherausbildung voraussetzt.

[2]Sind gleichzeitig mehrere Tatbestände nach Satz 1 Nummer 1 bis 3 erfüllt, wird nur die höhere Zulage gewährt.

(2) [1]Die Stellenzulage nach Absatz 1 Satz 1 Nummer 1 oder Nummer 2 erhalten auch Beamte der Bundeswehr und Soldaten, die auf Grund einer Abordnung oder einer Kommandierung Aufgaben an Bord eines seegehenden Schiffes oder U-Bootes der Marine oder anderer Streitkräfte zu erfüllen haben, ohne zur Besatzung zu gehören. [2]Ist dieses Schiff oder U-Boot noch nicht in Dienst gestellt, steht die Zulage ab dem Tag der Zugehörigkeit zur Fahrmannschaft für die Dauer der Verwendung zu. [3]Absatz 1 Satz 2 gilt entsprechend.

(3) Eine Stellenzulage nach Anlage IX erhalten auch Beamte und Soldaten in einer Verwendung als

1. Angehörige einer Besatzung anderer seegehender Schiffe, die überwiegend zusammenhängend mehrstündig seewärts der in § 1 der Flaggenrechtsverordnung festgelegten Grenzen der Seefahrt verwendet werden,

2. Angehörige einer Besatzung anderer, als der unter Nummer 1 genannter seegehender Schiffe,
3. Taucher für den maritimen Einsatz.

(4) Die Stellenzulage wird neben einer anderen Stellenzulage, mit Ausnahme der Stellenzulage nach Nummer 4a, Nummer 8a oder Nummer 9, nur gewährt, soweit sie diese übersteigt.

(5) Das Nähere kann die oberste Bundesbehörde durch allgemeine Verwaltungsvorschriften im Einvernehmen mit dem Bundesministerium des Innern, für Bau und Heimat und dem Bundesministerium der Finanzen regeln.

10. Zulage für Beamte und Soldaten im Einsatzdienst der Feuerwehr

(1) [1] Beamte und Soldaten der Bundesbesoldungsordnung A, die im Einsatzdienst der Feuerwehr verwendet werden, erhalten eine Stellenzulage nach Anlage IX. [2] Die Zulage erhalten unter den gleichen Voraussetzungen auch Beamte auf Widerruf, die Vorbereitungsdienst leisten.

(2) Die Zulage erhält auch hauptamtliches feuerwehrdiensttaugliches Personal zentraler Ausbildungseinrichtungen der Bundeswehr, das nach einer Verwendung nach Absatz 1

1. Beamte und Soldaten für den Einsatzdienst der Feuerwehr ausbildet oder
2. in der unmittelbaren Unterstützung der Ausbildung für den Einsatzdienst der Feuerwehr verwendet wird.

(3) Durch die Stellenzulage nach Absatz 1 werden die Besonderheiten des Einsatzdienstes der Feuerwehr, insbesondere der mit dem Nachtdienst verbundene Aufwand sowie der Aufwand für Verzehr mit abgegolten.

11. Zulage für Beamte der Bundeswehr als Gebietsärzte sowie für Soldaten als Rettungsmediziner oder als Gebietsärzte

(1) Eine Stellenzulage nach Anlage IX erhalten bis zum 31. Dezember 2023

1. Beamte der Bundeswehr der Besoldungsgruppen A 13 bis A 16 mit der Approbation als Arzt, die die Weiterbildung zum Gebietsarzt erfolgreich abgeschlossen haben und in diesem Fachgebiet in einer kurativen Sanitätseinrichtung der Bundeswehr verwendet werden,
2. Soldaten der Besoldungsgruppen A 13 bis A 16 als Sanitätsoffiziere mit der Approbation als Arzt, die
   a) über die Zusatzqualifikation Rettungsmedizin verfügen und dienstlich zur Erhaltung dieser Qualifikation verpflichtet sind oder
   b) die Weiterbildung zum Gebietsarzt erfolgreich abgeschlossen haben und in diesem Fachgebiet verwendet werden.

(2) Bei gleichzeitigem Vorliegen der Voraussetzungen nach Absatz 1 Nummer 2 Buchstabe a und b wird die Stellenzulage nur einmal gewährt.

(3) [1] Die Zulage nach Absatz 1 Nummer 2 wird um den Betrag nach Anlage IX erhöht, wenn der Soldat als Angehöriger einer Besatzung in Dienst gestellter seegehender Schiffe der Marine oder anderer Seestreitkräfte verwendet wird. [2] Erfüllt der Soldat entsprechende Aufgaben auf einem solchen Schiff auf Grund einer Kommandierung, ohne zur Besatzung zu gehören, erhält er diesen Betrag anteilig für die Dauer der Kommandierung.

(4) Den Erwerb und die Erhaltung der Zusatzqualifikation Rettungsmedizin regelt das Bundesministerium der Verteidigung durch allgemeine Verwaltungsvorschrift.

12. Zulage für Beamte mit Meisterprüfung oder Abschlussprüfung als staatlich geprüfter Techniker

Beamte in Laufbahnen des mittleren Dienstes, in denen die Meisterprüfung oder die Abschlussprüfung als staatlich geprüfter Techniker vorgeschrieben ist, erhalten, wenn sie die Prüfung bestanden haben, eine Stellenzulage nach Anlage IX.

13. Zulage für Beamte im Außendienst der Steuerprüfung oder der Zollfahndung sowie bei der Zentralstelle für Finanztransaktionsuntersuchungen

(1) Beamte des mittleren Dienstes und des gehobenen Dienstes in der Steuerverwaltung und der Zollverwaltung erhalten für die Zeit ihrer Verwendung im Außendienst der Steuerprüfung oder der Zollfahndung eine Stellenzulage nach Anlage IX.

(2) [1] Beamte, die bei der Zentralstelle für Finanztransaktionsuntersuchungen verwendet werden, erhalten eine Stellenzulage nach Anlage IX. [2] Mit der Zulage werden die mit der Tätigkeit allgemein verbundenen Aufwendungen abgegolten.

(3) Die Stellenzulage nach Absatz 1 oder Absatz 2 wird neben einer Stellenzulage nach Nummer 9 nur gewährt, soweit sie diese übersteigt.

(4) Die allgemeinen Verwaltungsvorschriften erlässt das Bundesministerium der Finanzen im Einvernehmen mit dem Bundesministerium des Innern, für Bau und Heimat.

14. Zulage für Flugsicherungslotsen

(1) Beamte des gehobenen Dienstes in den Besoldungsgruppen A 9 bis A 11 und Soldaten in diesen Besoldungsgruppen erhalten im Flugsicherungskontrolldienst eine Stellenzulage nach Anlage IX.

(2) Die Stellenzulage wird nicht neben einer Stellenzulage nach den Nummern 6a bis 10 gewährt.

15. Zulage für Beamte beim Bundeskriminalamt, bei der Bundespolizei und der Zollverwaltung

(1) [1] Beamte erhalten eine Stellenzulage nach Anlage IX, wenn sie verwendet werden

1. im Bundeskriminalamt,
2. in der Bundespolizei oder
3. in der Zollverwaltung
   a) im Zollkriminalamt oder
   b) in einer örtlichen Behörde der Zollverwaltung in Bereichen, in denen typischerweise Außendienst oder gefährdungsrelevante Tätigkeiten wahrgenommen werden.

[2] Die Bereiche nach Satz 1 Nummer 3 Buchstabe b bestimmt das Bundesministerium der Finanzen durch allgemeine Verwaltungsvorschrift.

(2) Die Zulage wird nicht neben einer Stellenzulage nach Nummer 9 oder Nummer 13 gewährt.

(3) Mit der Zulage werden auch die mit der Tätigkeit allgemein verbundenen Aufwendungen abgegolten.

16. Zulage für Beamte und Soldaten der Cyberverteidigung bei der Bundeswehr

(1) Eine Stellenzulage nach Anlage IX erhalten Beamte und Soldaten der Bundeswehr in Besoldungsgruppen der Bundesbesoldungsordnung A, wenn sie verwendet werden

1. für Computernetzwerkoperationen im Rahmen der Cyberverteidigung,
2. für die Entwicklung und Bereitstellung informationstechnischer Systeme und Verfahren für die Aufgaben nach Nummer 1 oder
3. für die Aus- und Fortbildung für Aufgaben nach Nummer 1.

(2) Für denselben Zeitraum wird die Zulage nur einmal gewährt.

(3) Die Stellenzulage wird neben einer anderen Stellenzulage nur gewährt, soweit sie diese übersteigt.

(4) Die allgemeinen Verwaltungsvorschriften erlässt das Bundesministerium der Verteidigung.

17. Zulage für Beamte bei der Bundesanstalt für den Digitalfunk der Behörden und Organisationen mit Sicherheitsaufgaben und beim Informationstechnikzentrum Bund

(1) Beamte erhalten eine Stellenzulage nach Anlage IX, wenn sie verwendet werden

1. bei der Bundesanstalt für den Digitalfunk der Behörden und Organisationen mit Sicherheitsaufgaben oder
2. beim Informationstechnikzentrum Bund.

(2) Die Stellenzulage wird neben einer anderen Stellenzulage nur gewährt, soweit sie diese übersteigt.

18. Zulage für Beamte der Bundeswehr und Soldaten in Verwendungen zur Aufrechterhaltung und Sicherstellung des IT-Betriebs und der IT-Infrastruktur der Bundeswehr

(1) Eine Stellenzulage nach Anlage IX erhalten Beamte der Bundeswehr und Soldaten, die bei zentralen Einrichtungen des Geschäftsbereichs des Bundesministeriums der Verteidigung unmittelbar für die Aufrechterhaltung und Sicherstellung des IT-Betriebs und der IT-Infrastruktur der Bundeswehr verwendet werden.

(2) Die Stellenzulage wird nicht neben einer Stellenzulage nach Nummer 8a, 8b oder 16 gewährt.

(3) Die allgemeinen Verwaltungsvorschriften erlässt das Bundesministerium der Verteidigung.

19. Zulage für Beamte der Zentrale der Bundesagentur für Arbeit

[1] Beamte, die in der Zentrale der Bundesagentur für Arbeit verwendet werden, erhalten eine Zulage nach Anlage IX. [2] Mit der Zulage werden auch die mit der Tätigkeit allgemein verbundenen Aufwendungen abgegolten.

Bundesbesoldungsordnung A

Besoldungsgruppe A 2

(aufgehoben)

Besoldungsgruppe A 3

Hauptamtsgehilfe
Oberaufseher*1)
Oberschaffner*1)
Oberwachtmeister*1) *2)

Grenadier, Jäger, Panzerschütze, Panzergrenadier, Panzerjäger, Kanonier, Panzerkanonier, Pionier, Panzerpionier, Funker, Panzerfunker, Schütze, Flieger, Sanitätssoldat, Matrose
Gefreiter*3)

---

*1) **Amtl. Anm.:** Erhält eine Amtszulage nach Anlage IX.

*2) **Amtl. Anm.:** Beamte im Justizdienst erhalten eine Amtszulage nach Anlage IX. Neben der Amtszulage steht eine Amtszulage nach Fußnote 1 nicht zu.

*3) **Amtl. Anm.:** Erhält eine Amtszulage nach Anlage IX.

Besoldungsgruppe A 4

Amtsmeister
Hauptaufseher*1)
Hauptschaffner*1)
Hauptwachtmeister*1) *2)
Oberwart*1) *3)

Obergefreiter
Hauptgefreiter*4)

---

*1) **Amtl. Anm.:** Erhält eine Amtszulage nach Anlage IX.

*2) **Amtl. Anm.:** Beamte im Justizdienst erhalten eine Amtszulage nach Anlage IX. Neben der Amtszulage steht eine Amtszulage nach der Fußnote 1 nicht zu.

*3) **Amtl. Anm.:** Als Eingangsamt.

*4) **Amtl. Anm.:** Erhält eine Amtszulage nach Anlage IX.

Besoldungsgruppe A 5

Betriebsassistent*1) *2)
Erster Hauptwachtmeister*1) *2) *3)
Hauptwart*1) *2)
Oberamtsmeister*2)

Stabsgefreiter
Oberstabsgefreiter*1)
Unteroffizier
Maat
Fahnenjunker
Seekadett

---

*1) **Amtl. Anm.:** Erhält eine Amtszulage nach Anlage IX.

*2) **Amtl. Anm.:** Soweit nicht in der Besoldungsgruppe A 6.
*3) **Amtl. Anm.:** Beamte im Justizdienst erhalten eine Amtszulage nach Anlage IX. Neben der Amtszulage steht eine Amtszulage nach der Fußnote 1 nicht zu.

Besoldungsgruppe A 6

Betriebsassistent*1)
Erster Hauptwachtmeister*1)*2)
Hauptwart*1)
Oberamtsmeister*1)
Sekretär*3)
Korporal
Stabskorporal*5)

Stabsunteroffizier*4)
Obermaat*4)

---

*1) **Amtl. Anm.:** Soweit nicht in der Besoldungsgruppe A 5.
*2) **Amtl. Anm.:** Beamte im Justizdienst erhalten eine Amtszulage nach Anlage IX.
*3) **Amtl. Anm.:** Als Eingangsamt.
*4) **Amtl. Anm.:** Soweit nicht in der Besoldungsgruppe A 7.
*5) **Amtl. Anm.:** Erhält eine Amtszulage nach Anlage IX.

Besoldungsgruppe A 7

Brandmeister*1)
Oberlokomotivführer*2)
Obersekretär*3)
Oberwerkmeister*2)
Polizeimeister*1)

Stabsunteroffizier*4)
Obermaat*4)
Feldwebel
Bootsmann
Fähnrich
Fähnrich zur See
Oberfeldwebel*5)
Oberbootsmann*5)

---

*1) **Amtl. Anm.:** Als Eingangsamt.
*2) **Amtl. Anm.:** Auch als Eingangsamt.
*3) **Amtl. Anm.:** Auch als Eingangsamt für Laufbahnen des mittleren technischen Dienstes.
*4) **Amtl. Anm.:** Soweit nicht in der Besoldungsgruppe A 6.
*5) **Amtl. Anm.:** Erhält eine Amtszulage nach Anlage IX.

Besoldungsgruppe A 8

Hauptlokomotivführer
Hauptsekretär
Hauptwerkmeister
Oberbrandmeister
Polizeiobermeister

Hauptfeldwebel*1)

Hauptbootsmann*1)
Oberfähnrich*1)
Oberfähnrich zur See*1)

---

*1) **Amtl. Anm.:** Erhält eine Amtszulage nach Anlage IX.

Besoldungsgruppe A 9

Amtsinspektor*1)
Betriebsinspektor*1)
Hauptbrandmeister*1)
Inspektor
Kapitän
Konsulatssekretär
Kriminalkommissar
Polizeihauptmeister*1)
Polizeikommissar

Stabsfeldwebel
Stabsbootsmann
Oberstabsfeldwebel*1)
Oberstabsbootsmann*1)
Leutnant
Leutnant zur See

---

*1) **Amtl. Anm.:** Beamte und Soldaten in Funktionen, die sich von denen der Besoldungsgruppe A 9 abheben, können eine Amtszulage nach Anlage IX erhalten.

Besoldungsgruppe A 10*1)

Konsulatssekretär Erster Klasse
Kriminaloberkommissar
Oberinspektor
Polizeioberkommissar
Seekapitän

Oberleutnant
Oberleutnant zur See

---

*1) **Amtl. Anm.:** Auch als Eingangsamt (siehe § 23 Absatz 2).

Besoldungsgruppe A 11*1)

Amtmann
Kanzler*2)
Kriminalhauptkommissar*3)
Polizeihauptkommissar*3)
Seeoberkapitän

Hauptmann*3)
Kapitänleutnant*3)

---

*1) **Amtl. Anm.:** Auch als Eingangsamt (siehe § 23 Absatz 2).
*2) **Amtl. Anm.:** Im Auswärtigen Dienst.

*3) **Amtl. Anm.**: Soweit nicht in der Besoldungsgruppe A 12.

Besoldungsgruppe A 12

Amtsrat
Kanzler Erster Klasse*1) *2)
Kriminalhauptkommissar*3)
Polizeihauptkommissar*3)
Rechnungsrat
– als Prüfungsbeamter beim Bundesrechnungshof –
Seehauptkapitän*1)

Hauptmann*3)
Kapitänleutnant*3)

---

*1) **Amtl. Anm.**: Soweit nicht in der Besoldungsgruppe A 13.
*2) **Amtl. Anm.**: Im Auswärtigen Dienst.
*3) **Amtl. Anm.**: Soweit nicht in der Besoldungsgruppe A 11.

Besoldungsgruppe A 13*1)

Akademischer Rat
– als wissenschaftlicher Mitarbeiter an einer Hochschule –
Erster Kriminalhauptkommissar
Erster Polizeihauptkommissar
Kanzler Erster Klasse*3) *4)
Konsul
Kustos
Legationsrat
Militärrabbiner*5)
Oberamtsrat
Oberrechnungsrat
– als Prüfungsbeamter beim Bundesrechnungshof –
Pfarrer*5)
Rat
Seehauptkapitän*3)
Fachschuloberlehrer*6) *7) *8)
Studienrat
– im höheren Dienst –*9)

Stabshauptmann
Stabskapitänleutnant
Major
Korvettenkapitän
Stabsapotheker
Stabsarzt
Stabsveterinär

---

*1) **Amtl. Anm.**: Beamte des gehobenen Dienstes und Soldaten im Dienstgrad Stabshauptmann oder Stabskapitänleutnant in Funktionen, die sich von denen der Besoldungsgruppe A 13 abheben, können eine Amtszulage nach Anlage IX erhalten.
*2) **Amtl. Anm.**: *(aufgehoben)*
*3) **Amtl. Anm.**: Soweit nicht in der Besoldungsgruppe A 12.

*4) **Amtl. Anm.:** Im Auswärtigen Dienst.
*5) **Amtl. Anm.:** Soweit nicht in der Besoldungsgruppe A 14.
*6) **Amtl. Anm.:** Mit der Befähigung für das Lehramt an Realschulen.
*7) **Amtl. Anm.:** Erhält als der ständige Vertreter eines Fachschuldirektors oder als Fachvorsteher eine Amtszulage nach Anlage IX.
*8) **Amtl. Anm.:** Als Eingangsamt.
*9) **Amtl. Anm.:** Mit der Befähigung für das Lehramt an Gymnasien oder beruflichen Schulen.

Besoldungsgruppe A 14

Akademischer Oberrat
– als wissenschaftlicher Mitarbeiter an einer Hochschule –
Konsul Erster Klasse
Legationsrat Erster Klasse*2)
Militärrabbiner*4)
Oberkustos
Oberrat
Pfarrer*4)
Fachschuldirektor
– als Leiter einer Bundeswehrfachschule mit Lehrgängen, die zu einem Abschluss führen, der dem der Realschule entspricht –*5)
Fachschuloberlehrer
– als der ständige Vertreter des Direktors einer Fachschule als Leiter einer Fachschule mit beruflichem Unterricht mit bis zu 360 Unterrichtsteilnehmern –*6) *7)
– als Stufenleiter Sekundarstufe I bei einer Bundeswehrfachschule –*6)
Oberstudienrat
– im höheren Dienst –*8)
Regierungsschulrat
– im Schulaufsichtsdienst –

Oberstleutnant*3)
Fregattenkapitän*3)
Oberstabsapotheker
Oberstabsarzt
Oberstabsveterinär

---

*1) **Amtl. Anm.:** *(aufgehoben)*
*2) **Amtl. Anm.:** Führt während der Verwendung als Leiter einer Botschaft oder Gesandtschaft die Amtsbezeichnung „Botschafter" oder „Gesandter".
*3) **Amtl. Anm.:** Soweit nicht in der Besoldungsgruppe A 15.
*4) **Amtl. Anm.:** Soweit nicht in der Besoldungsgruppe A 13.
*5) **Amtl. Anm.:** Erhält eine Amtszulage nach Anlage IX.
*6) **Amtl. Anm.:** Mit der Befähigung für das Lehramt an Realschulen.
*7) **Amtl. Anm.:** Bei Schulen mit Teilzeitunterricht rechnen 2,5 Unterrichtsteilnehmer mit Teilzeitunterricht als einer.
*8) **Amtl. Anm.:** Mit der Befähigung für das Lehramt an Gymnasien oder beruflichen Schulen.

Besoldungsgruppe A 15

Akademischer Direktor
– als wissenschaftlicher Mitarbeiter an einer Hochschule –
Botschafter*1)
Botschaftsrat
Bundesbankdirektor*2)
Dekan

Direktor[*3)]
Generalkonsul[*4)]
Gesandter[*4)]
Hauptkustos
Koordinierender Militärrabbiner
Museumsdirektor und Professor
Vortragender Legationsrat
Direktor einer Fachschule
– als Leiter einer Fachschule mit beruflichem Unterricht mit bis zu 360 Unterrichtsteilnehmern –[*8) *9)]
Regierungsschuldirektor
– als Dezernent (Referent) im Schulaufsichtsdienst –
Studiendirektor
– im höheren Dienst
als der ständige Vertreter des Leiters einer Fachschule mit beruflichem Unterricht mit mehr als 360 Unterrichtsteilnehmern,[*8) *9)]
zur Koordinierung schulfachlicher Aufgaben –

Oberstleutnant[*7) *10)]
Fregattenkapitän[*7) *10)]
Oberfeldapotheker
Flottillenapotheker
Oberfeldarzt
Flottillenarzt
Oberfeldveterinär

[*1)] **Amtl. Anm.:** Soweit nicht in den Besoldungsgruppen A 16, B 3, B 6, B 9.
[*2)] **Amtl. Anm.:** Soweit nicht in den Besoldungsgruppen A 16, B 3, B 5, B 6, B 9.
[*3)] **Amtl. Anm.:** Soweit nicht in den Besoldungsgruppen A 16, B 2, B 3, B 4, B 6, B 7, B 8, B 9. Prüfer als Gruppenleiter beim Deutschen Patent- und Markenamt erhalten eine Amtszulage nach Anlage IX.
[*4)] **Amtl. Anm.:** Soweit nicht in den Besoldungsgruppen A 16, B 3, B 6.
[*5)] **Amtl. Anm.:** *(aufgehoben)*
[*6)] **Amtl. Anm.:** *(aufgehoben)*
[*7)] **Amtl. Anm.:** Soweit nicht in der Besoldungsgruppe A 14.
[*8)] **Amtl. Anm.:** Erhält eine Amtszulage nach Anlage IX.
[*9)] **Amtl. Anm.:** Bei Schulen mit Teilzeitunterricht rechnen 2,5 Unterrichtsteilnehmer mit Teilzeitunterricht als einer.
[*10)] **Amtl. Anm.:** Auf herausgehobenen Dienstposten.

Besoldungsgruppe A 16

Abteilungsdirektor
Abteilungspräsident
Botschafter[*1)]
Botschaftsrat Erster Klasse
Bundesbankdirektor[*2)]
Direktor[*3)]
Generalkonsul[*4)]
Gesandter[*4)]
Leitender Akademischer Direktor
– als wissenschaftlicher Mitarbeiter an einer Hochschule –[*5)]
Leitender Dekan

Leitender Direktor*6)
Leitender Militärrabbiner
Ministerialrat
– bei einer obersten Bundesbehörde oder beim Bundeseisenbahnvermögen –*7)
Museumsdirektor und Professor
Vortragender Legationsrat Erster Klasse*7)
Leitender Regierungsschuldirektor
– als Dezernent (Referent) im Schulaufsichtsdienst –
Oberstudiendirektor
– im höheren Dienst als Leiter einer Fachschule mit beruflichem Unterricht mit mehr als 360 Unterrichtsteilnehmern –*8)
Oberst*9)
Kapitän zur See*9)
Oberstapotheker*9)
Flottenapotheker*9)
Oberstarzt*9)
Flottenarzt*9)
Oberstveterinär*9)

---

*1) **Amtl. Anm.:** Soweit nicht in den Besoldungsgruppen A 15, B 3, B 6, B 9.
*2) **Amtl. Anm.:** Soweit nicht in den Besoldungsgruppen A 15, B 3, B 5, B 6, B 9.
*3) **Amtl. Anm.:** Soweit nicht in den Besoldungsgruppen A 15, B 2, B 3, B 4, B 5, B 6, B 7, B 8, B 9.
*4) **Amtl. Anm.:** Soweit nicht in den Besoldungsgruppen A 15, B 3, B 6.
*5) **Amtl. Anm.:** Nur in Stellen von besonderer Bedeutung.
*6) **Amtl. Anm.:** Für die Leiter von besonders großen und besonders bedeutenden unteren Verwaltungsbehörden sowie die Leiter von Mittelbehörden oder Oberbehörden können nach Maßgabe des Haushalts Planstellen mit einer Amtszulage nach Anlage IX ausgestattet werden.
*7) **Amtl. Anm.:** Soweit nicht in der Besoldungsgruppe B 3.
*8) **Amtl. Anm.:** Bei Schulen mit Teilzeitunterricht rechnen 2,5 Unterrichtsteilnehmer mit Teilzeitunterricht als einer.
*9) **Amtl. Anm.:** Soweit nicht in den Besoldungsgruppen B 2, B 3.

Bundesbesoldungsordnung B

Besoldungsgruppe B 1

Direktor und Professor*1)

---

*1) **Amtl. Anm.:** Soweit nicht in den Besoldungsgruppen B 2, B 3, B 5, B 6.

Besoldungsgruppe B 2

Abteilungsdirektor, Abteilungspräsident
– als Leiter einer großen und bedeutenden Abteilung
bei einer Mittel- oder Oberbehörde,
bei einer sonstigen Dienststelle oder Einrichtung, wenn deren Leiter mindestens in die Besoldungsgruppe B 5 eingestuft ist –
Direktor*1)
Direktor und Professor*2)
Vizepräsident
– bei einer Dienststelle oder sonstigen Einrichtung, wenn der Leiter in die Besoldungsgruppe B 5 eingestuft ist –*3)
Oberst*4)
Kapitän zur See*4)
Oberstapotheker*4)

Oberstarzt[*4)]
Flottenarzt[*4)]
Oberstveterinär[*4)]

[*1)] **Amtl. Anm.:** Soweit nicht in den Besoldungsgruppen A 15, A 16, B 3, B 4, B 5, B 6, B 7, B 8, B 9.

[*2)] **Amtl. Anm.:** Soweit nicht in den Besoldungsgruppen B 1, B 3, B 5, B 6.

[*3)] **Amtl. Anm.:** Der Amtsbezeichnung kann ein Zusatz beigefügt werden, der auf die Dienststelle oder sonstige Einrichtung hinweist, der der Amtsinhaber angehört. Der Zusatz „und Professor" darf beigefügt werden, wenn der Leiter der Dienststelle oder sonstigen Einrichtung diesen Zusatz in der Amtsbezeichnung führt.

[*4)] **Amtl. Anm.:** Soweit nicht in den Besoldungsgruppen A 16, B 3.

Besoldungsgruppe B 3

Abteilungsdirektor, Abteilungspräsident

– als der ständige Vertreter eines Direktionspräsidenten bei der Generalzolldirektion –

– als Leiter der Zentralabteilung des Bundesinstituts für Berufsbildung –

– beim Bundesamt für den Militärischen Abschirmdienst –

– beim Informationstechnikzentrum Bund –

– beim Bundeszentralamt für Steuern –

– als Leiter einer großen Abteilung bei einer wissenschaftlichen Forschungseinrichtung, wenn der Leiter mindestens in die Besoldungsgruppe B 7 eingestuft ist –

Abteilungsdirektor bei der Deutschen Rentenversicherung Bund

– als Leiter einer besonders großen und besonders bedeutenden Abteilung –

Abteilungsdirektor bei der Deutschen Rentenversicherung Knappschaft-Bahn-See

– als Leiter einer besonders großen und besonders bedeutenden Abteilung –

Abteilungspräsident beim Bundesamt für Soziale Sicherung

– als Leiter einer besonders großen und besonders bedeutenden Abteilung –

Botschafter[*1)]
Bundesbankdirektor[*2)]
Direktor[*3)]
Direktor und Professor[*4)]
Generalkonsul[*5)]
Gesandter[*5)]
Kurator der Museumsstiftung Post und Telekommunikation
Leitender Postdirektor

– bei der Bundesanstalt für Post und Telekommunikation Deutsche Bundespost –

– bei der Deutschen Post AG –

– bei der Deutschen Bank AG –

– bei der Deutschen Telekom AG –

Ministerialrat

– bei einer obersten Bundesbehörde oder beim Bundeseisenbahnvermögen –[*6)] [*7)]

– als Mitglied des Bundesrechnungshofes –

Vizepräsident

– bei einer Dienststelle oder sonstigen Einrichtung, wenn der Leiter in die Besoldungsgruppe B 6 eingestuft ist –[*8)]

Vortragender Legationsrat Erster Klasse[*6)]
Oberst[*9)]
Kapitän zur See[*9)]
Oberstapotheker[*9)]

Flottenapotheker[*9)]
Oberstarzt[*9)]
Flottenarzt[*9)]
Oberstveterinär[*9)]

[*1)] **Amtl. Anm.:** Soweit nicht in den Besoldungsgruppen A 15, A 16, B 6, B 9.
[*2)] **Amtl. Anm.:** Soweit nicht in den Besoldungsgruppen A 15, A 16, B 5, B 6, B 9.
[*3)] **Amtl. Anm.:** Soweit nicht in den Besoldungsgruppen A 15, A 16, B 2, B 4, B 5, B 6, B 7, B 8, B 9.
[*4)] **Amtl. Anm.:** Soweit nicht in den Besoldungsgruppen B 1, B 2, B 5, B 6.
[*5)] **Amtl. Anm.:** Soweit nicht in den Besoldungsgruppen A 15, A 16, B 6.
[*6)] **Amtl. Anm.:** Soweit nicht in der Besoldungsgruppe A 16.
[*7)] **Amtl. Anm.:** Der Leiter des Präsidialbüros des Präsidenten des Deutschen Bundestages erhält eine Stellenzulage in Höhe des Unterschiedsbetrages zwischen dem Grundgehalt der Besoldungsgruppe B 3 und dem Grundgehalt der Besoldungsgruppe B 6.
[*8)] **Amtl. Anm.:** Der Amtsbezeichnung kann ein Zusatz beigefügt werden, der auf die Dienststelle oder sonstige Einrichtung hinweist, der der Amtsinhaber angehört. Der Zusatz „und Professor" darf beigefügt werden, wenn der Leiter der Dienststelle oder sonstigen Einrichtung diesen Zusatz in der Amtsbezeichnung führt.
[*9)] **Amtl. Anm.:** Soweit nicht in den Besoldungsgruppen A 16, B 2.

Besoldungsgruppe B 4

Direktor[*1)]
Erster Direktor[*2)]
Leitender Direktor des Marinearsenals
Präsident[*3)]
Vizepräsident
– bei einer Dienststelle oder sonstigen Einrichtung, wenn der Leiter in die Besoldungsgruppe B 7 eingestuft ist –[*4)]

[*1)] **Amtl. Anm.:** Soweit nicht in den Besoldungsgruppen A 15, A 16, B 2, B 3, B 6, B 7, B 8, B 9.
[*2)] **Amtl. Anm.:** Soweit nicht in den Besoldungsgruppen B 5, B 6.
[*3)] **Amtl. Anm.:** Soweit nicht in den Besoldungsgruppen B 5, B 6, B 7, B 8, B 9.
[*4)] **Amtl. Anm.:** Der Amtsbezeichnung kann ein Zusatz beigefügt werden, der auf die Dienststelle oder sonstige Einrichtung hinweist, der der Amtsinhaber angehört. Der Zusatz „und Professor" darf beigefügt werden, wenn der Leiter der Dienststelle oder sonstigen Einrichtung diesen Zusatz in der Amtsbezeichnung führt.

Besoldungsgruppe B 5

Bundesbankdirektor[*1)]
Direktor[*2)]
Direktor und Professor[*3)]
Erster Direktor[*4)]
Generaldirektor der Staatsbibliothek der Stiftung Preußischer Kulturbesitz
Generaldirektor und Professor der Staatlichen Museen der Stiftung Preußischer Kulturbesitz
Inspekteur der Bereitschaftspolizeien der Länder
Oberdirektor[*5)]
Präsident[*6)]
Präsident und Professor[*7)]
Vizepräsident, Vizedirektor
– bei einer Dienststelle oder sonstigen Einrichtung, wenn der Leiter in die Besoldungsgruppe B 8 eingestuft ist –[*8)]

[*1)] **Amtl. Anm.:** Soweit nicht in den Besoldungsgruppen A 15, A 16, B 3, B 6, B 9.
[*2)] **Amtl. Anm.:** Soweit nicht in den Besoldungsgruppen A 15, A 16, B 2, B 3, B 4, B 6, B 7, B 8, B 9.

*3) **Amtl. Anm.**: Soweit nicht in den Besoldungsgruppen B 1, B 2, B 3, B 6.
*4) **Amtl. Anm.**: Soweit nicht in den Besoldungsgruppen B 4, B 6, B 8.
*5) **Amtl. Anm.**: Soweit nicht in den Besoldungsgruppen B 6, B 7.
*6) **Amtl. Anm.**: Soweit nicht in den Besoldungsgruppen B 4, B 6, B 7, B 8, B 9.
*7) **Amtl. Anm.**: Soweit nicht in den Besoldungsgruppen B 6, B 7, B 8.
*8) **Amtl. Anm.**: Der Amtsbezeichnung kann ein Zusatz beigefügt werden, der auf die Dienststelle oder sonstige Einrichtung hinweist, der der Amtsinhaber angehört. Der Zusatz „und Professor" darf beigefügt werden, wenn der Leiter der Dienststelle oder sonstigen Einrichtung diesen Zusatz in der Amtsbezeichnung führt.

Besoldungsgruppe B 6

Botschafter*1)
Bundesbankdirektor*2)
Bundeswehrdisziplinaranwalt
Direktionspräsident bei der Generalzolldirektion
Direktor*3)
Direktor und Professor*4)
Erster Direktor*5)
Generaldirektor der Deutschen Nationalbibliothek
Generalkonsul*6)
Gesandter*6)
Leiter des Militärrabbinats
Militärgeneraldekan
Militärgeneralvikar
Ministerialdirigent
– bei einer obersten Bundesbehörde
als Leiter einer Abteilung,*7)
als Leiter einer Unterabteilung,*8)
als der ständige Vertreter eines in die Besoldungsgruppe B 9 eingestuften Abteilungsleiters, soweit kein Unterabteilungsleiter vorhanden ist –*8)
– beim Bundespräsidialamt und beim Bundeskanzleramt als Leiter einer auf Dauer eingerichteten Gruppe –
Oberdirektor*9)
Präsident*10)
Präsident und Professor*11)
Vizepräsident
– bei einer Dienststelle oder sonstigen Einrichtung, wenn der Leiter in die Besoldungsgruppe B 9 eingestuft ist –*12)
– beim Bundesamt für den Militärischen Abschirmdienst –
Brigadegeneral
Flottillenadmiral
Generalapotheker
Generalarzt
Admiralarzt

---

*1) **Amtl. Anm.**: Soweit nicht in den Besoldungsgruppen A 15, A 16, B 3, B 9.
*2) **Amtl. Anm.**: Soweit nicht in den Besoldungsgruppen A 15, A 16, B 3, B 5, B 9.
*3) **Amtl. Anm.**: Soweit nicht in den Besoldungsgruppen A 15, A 16, B 2, B 3, B 4, B 5, B 7, B 8, B 9.
*4) **Amtl. Anm.**: Soweit nicht in den Besoldungsgruppen B 1, B 2, B 3, B 5.
*5) **Amtl. Anm.**: Soweit nicht in den Besoldungsgruppen B 4, B 5, B 8.
*6) **Amtl. Anm.**: Soweit nicht in den Besoldungsgruppen A 15, A 16, B 3.
*7) **Amtl. Anm.**: Soweit die Funktion nicht dem Amt des Ministerialdirektors in die Besoldungsgruppe B 9 zugeordnet ist.

*8) **Amtl. Anm.:** Soweit die Funktion nicht dem Amt des Ministerialrats in die Besoldungsgruppe B 3 zugeordnet ist.
*9) **Amtl. Anm.:** Soweit nicht in den Besoldungsgruppen B 5, B 7.
*10) **Amtl. Anm.:** Soweit nicht in den Besoldungsgruppen B 4, B 5, B 7, B 8, B 9.
*11) **Amtl. Anm.:** Soweit nicht in den Besoldungsgruppen B 5, B 7, B 8.
*12) **Amtl. Anm.:** Der Amtsbezeichnung kann ein Zusatz beigefügt werden, der auf die Dienststelle oder sonstige Einrichtung hinweist, der der Amtsinhaber angehört.

Besoldungsgruppe B 7

Direktor*1)

Ministerialdirigent

– im Bundesministerium der Verteidigung als ständiger Vertreter des Leiters einer großen oder bedeutenden Abteilung oder als Leiter des Stabes Organisation und Revision –

Oberdirektor*2)

Präsident*3)

Präsident und Professor*4)

Vizepräsident

– der Generalzolldirektion –

– eines Amtes der Bundeswehr, dessen Leiter in die Besoldungsgruppe B 9 eingestuft ist –

Generalmajor

Konteradmiral

Generalstabsarzt

Admiralstabsarzt

---

*1) **Amtl. Anm.:** Soweit nicht in den Besoldungsgruppen A 15, A 16, B 2, B 3, B 4, B 6, B 8, B 9; nur bei Trägern der Sozialversicherung.
*2) **Amtl. Anm.:** Für höchstens einen Geschäftsführer, dessen Funktion sich von denen der Geschäftsführer in den Besoldungsgruppen B 5, B 6 abhebt.
*3) **Amtl. Anm.:** Soweit nicht in den Besoldungsgruppen B 4, B 5, B 6, B 8, B 9.
*4) **Amtl. Anm.:** Soweit nicht in den Besoldungsgruppen B 5, B 6, B 8.

Besoldungsgruppe B 8

Direktor*1)

Erster Direktor*2)

Präsident*3)

Präsident und Professor*4)

---

*1) **Amtl. Anm.:** Soweit nicht in den Besoldungsgruppen A 15, A 16, B 2, B 3, B 4, B 6, B 7, B 9; nur bei Trägern der Sozialversicherung.
*2) **Amtl. Anm.:** Soweit nicht in den Besoldungsgruppen B 4, B 5, B 6.
*3) **Amtl. Anm.:** Soweit nicht in den Besoldungsgruppen B 4, B 5, B 6, B 7, B 9.
*4) **Amtl. Anm.:** Soweit nicht in den Besoldungsgruppen B 5, B 6, B 7.

Besoldungsgruppe B 9

Botschafter*1)

Bundesbankdirektor*2)

Direktor beim Bundesverfassungsgericht

Ministerialdirektor

– bei einer obersten Bundesbehörde als Leiter einer Abteilung –*3)

Präsident*4)

Vizepräsident des Bundesrechnungshofes

Generalleutnant

Vizeadmiral

Generaloberstabsarzt

Admiraloberstabsarzt

*1) **Amtl. Anm.:** Soweit nicht in den Besoldungsgruppen A 15, A 16, B 3, B 6.
*2) **Amtl. Anm.:** Soweit nicht in den Besoldungsgruppen A 15, A 16, B 3, B 5, B 6.
*3) **Amtl. Anm.:** Soweit die Funktion nicht dem Amt des Ministerialdirigenten in Besoldungsgruppe B 6 zugeordnet ist. Auch in der Funktion einer übergeordneten Leitung mehrerer Abteilungen.
*4) **Amtl. Anm.:** Soweit nicht in den Besoldungsgruppen B 4, B 5, B 6, B 7, B 8.

Besoldungsgruppe B 10

Ministerialdirektor
– als Stellvertretender Chef des Presse- und Informationsamtes der Bundesregierung –
– als Stellvertretender Sprecher der Bundesregierung –
– als der leitende Beamte beim Beauftragten der Bundesregierung für Kultur und Medien –
Präsident der Deutschen Rentenversicherung Bund
General*1)
Admiral*1)

*1) **Amtl. Anm.:** Erhält als Generalinspekteur der Bundeswehr eine Amtszulage nach Anlage IX.

Besoldungsgruppe B 11

Präsident des Bundesrechnungshofes
Staatssekretär

Anlage II
(zu § 32 Satz 1)

Bundesbesoldungsordnung W

Vorbemerkungen

1. Zulagen

(1) [1] Für Professoren, die bei obersten Bundesbehörden oder bei obersten Gerichtshöfen des Bundes verwendet werden, gilt die Nummer 7 der Vorbemerkungen zu den Bundesbesoldungsordnungen A und B mit der Maßgabe entsprechend, dass sich die Zulage in der Besoldungsgruppe W 1 nach dem Endgrundgehalt der Besoldungsgruppe A 13 und in den Besoldungsgruppen W 2 und W 3 nach dem Grundgehalt der Besoldungsgruppe B 3 berechnet. [2] Bei Professoren, denen bei ihrer Verwendung bei obersten Bundesbehörden oder bei obersten Gerichtshöfen des Bundes ein zweites Hauptamt als Beamter oder Richter übertragen worden ist, richtet sich die Stellenzulage nach dem zweiten Hauptamt. [3] Die für das zweite Hauptamt maßgebende Besoldungsgruppe bestimmt sich nach der in Anlage IX für die Beamten, Richter und Soldaten bei obersten Behörden und obersten Gerichtshöfen des Bundes getroffenen Regelung.

(2) Professoren der Besoldungsgruppe W 1 erhalten, wenn sie sich als Hochschullehrer bewährt haben (§ 132 Absatz 2 Satz 2 des Bundesbeamtengesetzes[1]), ab dem Zeitpunkt der ersten Verlängerung des Beamtenverhältnisses auf Zeit eine nicht ruhegehaltfähige Zulage in Höhe von monatlich 273,00 Euro.

2. Dienstbezüge für Professoren als Richter

[1] Professoren an einer Hochschule, die zugleich das Amt eines Richters der Besoldungsgruppen R 1 oder R 2 ausüben, erhalten, solange sie beide Ämter bekleiden, die Dienstbezüge aus ihrem Amt als Professor und eine nicht ruhegehaltfähige Zulage. [2] Die Zulage beträgt, wenn der Professor ein Amt der Besoldungsgruppe R 1 ausübt, monatlich 205,54 Euro, wenn er ein Amt der Besoldungsgruppe R 2 ausübt, monatlich 230,08 Euro.

3. Amtsbezeichnungen

Weibliche Beamte führen die Amtsbezeichnung in der weiblichen Form.

[1] Nr. 2.

Besoldungsgruppe W 1

Professor als Juniorprofessor*1)

***1) Amtl. Anm.:** Nach § 131 Absatz 2 des Bundesbeamtengesetzes an einer Universität oder gleichgestellten Hochschule.

Besoldungsgruppe W 2

Professor*1)

Universitätsprofessor*1)

Präsident der …*1) *2) *3)

Vizepräsident der …*1) *2) *3)

Kanzler der …*1) *2) *3)

***1) Amtl. Anm.:** Soweit nicht in der Besoldungsgruppe W 3.

***2) Amtl. Anm.:** Der Amtsbezeichnung ist ein Zusatz beizufügen, der auf die Hochschule hinweist, der der Amtsinhaber angehört.

***3) Amtl. Anm.:** Soweit nicht in Besoldungsgruppen der Bundesbesoldungsordnungen A und B (§ 32 Satz 3).

Besoldungsgruppe W 3

Professor*1)

Universitätsprofessor*1)

Präsident der …*1) *2) *3)

Vizepräsident der …*1) *2) *3)

Kanzler der …*1) *2) *3)

***1) Amtl. Anm.:** Soweit nicht in der Besoldungsgruppe W 2.

***2) Amtl. Anm.:** Der Amtsbezeichnung ist ein Zusatz beizufügen, der auf die Hochschule hinweist, der der Amtsinhaber angehört.

***3) Amtl. Anm.:** Soweit nicht in Besoldungsgruppen der Bundesbesoldungsordnungen A und B (§ 32 Satz 3).

Anlage III
(zu § 37 Satz 1)

Bundesbesoldungsordnung R

Vorbemerkungen

1. Amtsbezeichnungen

Weibliche Richter und Staatsanwälte führen die Amtsbezeichnungen in der weiblichen Form.

2. Zulage für Richter und Staatsanwälte bei obersten Gerichtshöfen des Bundes sowie bei obersten Behörden

(1) Richter und Staatsanwälte erhalten, wenn sie bei obersten Gerichtshöfen des Bundes oder obersten Bundesbehörden verwendet werden, eine Stellenzulage nach Anlage IX.

(2) [1] Die Stellenzulage wird nicht neben der bei der Deutschen Bundesbank gewährten Bankzulage und neben Auslandsdienstbezügen oder Auslandsverwendungszuschlag nach Abschnitt 5 gewährt. [2] Sie wird neben einer Zulage nach Nummer 8 der Vorbemerkungen zu den Bundesbesoldungsordnungen A und B nur gewährt, soweit sie diese übersteigt.

(3) Richter und Staatsanwälte erhalten während der Verwendung bei obersten Behörden eines Landes, das für die Richter und Staatsanwälte für die Verwendung bei seinen obersten Behörden eine Stellenzulage vorsieht, die Stellenzulage in der nach dem Besoldungsrecht dieses Landes bestimmten Höhe.

Besoldungsgruppe R 1

(aufgehoben)

Besoldungsgruppe R 2

Richter am Bundespatentgericht
Vorsitzender Richter am Truppendienstgericht
Vizepräsident des Truppendienstgerichts*1)
Staatsanwalt beim Bundesgerichtshof

---

*1) **Amtl. Anm.:** Erhält als der ständige Vertreter des Präsidenten eine Amtszulage nach Anlage IX.

Besoldungsgruppe R 3

Vorsitzender Richter am Bundespatentgericht
Präsident des Truppendienstgerichts
Oberstaatsanwalt beim Bundesgerichtshof

Besoldungsgruppe R 4
(aufgehoben)

Besoldungsgruppe R 5

Vizepräsident des Bundespatentgerichts

Besoldungsgruppe R 6

Richter am Bundesarbeitsgericht
Richter am Bundesfinanzhof
Richter am Bundesgerichtshof
Richter am Bundessozialgericht
Richter am Bundesverwaltungsgericht
Bundesanwalt beim Bundesgerichtshof

Besoldungsgruppe R 7

Bundesanwalt beim Bundesgerichtshof
– als Abteilungsleiter bei der Bundesanwaltschaft –
– als der ständige Vertreter des Generalbundesanwalts –*1)

---

*1) **Amtl. Anm.:** Erhält eine Amtszulage nach Anlage IX.

Besoldungsgruppe R 8

Vorsitzender Richter am Bundesarbeitsgericht
Vorsitzender Richter am Bundesfinanzhof
Vorsitzender Richter am Bundesgerichtshof
Vorsitzender Richter am Bundessozialgericht
Vorsitzender Richter am Bundesverwaltungsgericht
Präsident des Bundespatentgerichts
Vizepräsident des Bundesarbeitsgerichts*1)
Vizepräsident des Bundesfinanzhofs*1)
Vizepräsident des Bundesgerichtshofs*1)
Vizepräsident des Bundessozialgerichts*1)
Vizepräsident des Bundesverwaltungsgerichts*1)

---

*1) **Amtl. Anm.:** Erhält eine Amtszulage nach Anlage IX.

Besoldungsgruppe R 9

Generalbundesanwalt beim Bundesgerichtshof

Besoldungsgruppe R 10

Präsident des Bundesarbeitsgerichts
Präsident des Bundesfinanzhofs
Präsident des Bundesgerichtshofs
Präsident des Bundessozialgerichts
Präsident des Bundesverwaltungsgerichts

Anlage IV
(zu § 20 Absatz 2 Satz 2, § 32 Satz 2, § 37 Satz 2)
gültig ab 1. April 2021

Grundgehalt

1. Bundesbesoldungsordnung A

Besol-dungs-gruppe	Grundgehalt (Monatsbetrag in Euro)							
	Stufe 1	Stufe 2	Stufe 3	Stufe 4	Stufe 5	Stufe 6	Stufe 7	Stufe 8
A 3	2 328,82	2 381,37	2 433,93	2 476,24	2 518,54	2 560,85	2 603,17	2 645,47
A 4	2 377,55	2 440,35	2 503,16	2 553,16	2 603,17	2 653,17	2 703,15	2 749,33
A 5	2 395,47	2 473,67	2 536,48	2 598,05	2 659,60	2 722,42	2 783,93	2 844,20
A 6	2 446,75	2 537,80	2 630,08	2 700,59	2 773,68	2 844,20	2 922,39	2 990,34
A 7	2 568,56	2 649,34	2 755,77	2 864,70	2 971,11	3 078,81	3 159,59	3 240,34
A 8	2 717,27	2 814,72	2 951,87	3 090,36	3 228,80	3 324,96	3 422,39	3 518,55
A 9	2 932,64	3 028,80	3 180,10	3 333,93	3 485,19	3 588,03	3 695,00	3 799,32
A 10	3 139,05	3 271,10	3 462,14	3 654,03	3 849,49	3 985,52	4 121,51	4 257,58
A 11	3 588,03	3 790,06	3 990,79	4 192,84	4 331,49	4 470,16	4 608,82	4 747,51
A 12	3 846,87	4 085,89	4 326,23	4 565,24	4 731,64	4 895,38	5 060,46	5 228,18
A 13	4 511,11	4 735,60	4 958,76	5 183,27	5 337,78	5 493,62	5 648,10	5 799,96
A 14	4 639,19	4 928,39	5 218,93	5 508,12	5 707,52	5 908,28	6 107,66	6 308,41
A 15	5 670,55	5 932,04	6 131,43	6 330,86	6 530,27	6 728,35	6 926,44	7 123,18
A 16	6 255,58	6 559,33	6 789,09	7 018,88	7 247,34	7 478,46	7 708,22	7 935,38

Erhöhungsbeträge für die Besoldungsgruppen A 5, A 6, A 9 und A 10

Das Grundgehalt erhöht sich in den Besoldungsgruppen A 5 und A 6

– für Beamte des mittleren Dienstes sowie
– für Soldaten in der Laufbahngruppe der Unteroffiziere sowie für Fahnenjunker und Seekadetten

um 23,47 Euro.

Es erhöht sich in den Besoldungsgruppen A 9 und A 10

– für Beamte des gehobenen Dienstes sowie
– für Offiziere

um 10,24 Euro.

Beträge für die weggefallene Besoldungsgruppe A 2

Die Beträge für die weggefallene Besoldungsgruppe A 2 macht das Bundesministerium des Innern, für Bau und Heimat im Bundesgesetzblatt bekannt.

2. Bundesbesoldungsordnung B

Besoldungsgruppe	Grundgehalt (Monatsbetrag in Euro)
B 1	7 123,18
B 2	8 274,75
B 3	8 762,03

Besoldungsgruppe	Grundgehalt (Monatsbetrag in Euro)
B 4	9 271,77
B 5	9 856,81
B 6	10 412,79
B 7	10 948,93
B 8	11 510,15
B 9	12 206,11
B 10	14 367,90
B 11	14 808,25

3. Bundesbesoldungsordnung W

Besoldungsgruppe	Grundgehalt (Monatsbetrag in Euro)		
W 1	4 957,46		
	Stufe 1	Stufe 2	Stufe 3
W 2	6 158,91	6 521,21	6 883,50
W 3	6 883,50	7 366,55	7 849,61

4. Bundesbesoldungsordnung R

Besol-dungs-gruppe	Grundgehalt (Monatsbetrag in Euro)							
	Stufe 1	Stufe 2	Stufe 3	Stufe 4	Stufe 5	Stufe 6	Stufe 7	Stufe 8
R 2	5 481,70	5 763,02	6 042,99	6 425,95	6 811,53	7 195,84	7 581,46	7 967,07
R 3	8 762,03							
R 5	9 856,81							
R 6	10 412,79							
R 7	10 948,93							
R 8	11 510,15							
R 9	12 206,11							
R 10	14 808,25							

Beträge für die weggefallenen Besoldungsgruppen R 1 und R 4

Die Beträge für die weggefallenen Besoldungsgruppen R 1 und R 4 macht das Bundesministerium des Innern, für Bau und Heimat im Bundesgesetzblatt bekannt.

Anlage IV
(zu § 20 Absatz 2 Satz 2, § 32 Satz 2, § 37 Satz 2)
gültig ab 1. April 2022

Grundgehalt

1. Bundesbesoldungsordnung A

Besol-dungs-gruppe	Grundgehalt (Monatsbetrag in Euro)							
	Stufe 1	Stufe 2	Stufe 3	Stufe 4	Stufe 5	Stufe 6	Stufe 7	Stufe 8
A 3	2 370,74	2 424,23	2 477,74	2 520,81	2 563,87	2 606,95	2 650,03	2 693,09
A 4	2 420,35	2 484,28	2 548,22	2 599,12	2 650,03	2 700,93	2 751,81	2 798,82
A 5	2 438,59	2 518,20	2 582,14	2 644,81	2 707,47	2 771,42	2 834,04	2 895,40
A 6	2 490,79	2 583,48	2 677,42	2 749,20	2 823,61	2 895,40	2 974,99	3 044,17
A 7	2 614,79	2 697,03	2 805,37	2 916,26	3 024,59	3 134,23	3 216,46	3 298,67

Besol- dungs- gruppe	Grundgehalt (Monatsbetrag in Euro)							
	Stufe 1	Stufe 2	Stufe 3	Stufe 4	Stufe 5	Stufe 6	Stufe 7	Stufe 8
A 8	2 766,18	2 865,38	3 005,00	3 145,99	3 286,92	3 384,81	3 483,99	3 581,88
A 9	2 985,43	3 083,32	3 237,34	3 393,94	3 547,92	3 652,61	3 761,51	3 867,71
A 10	3 195,55	3 329,98	3 524,46	3 719,80	3 918,78	4 057,26	4 195,70	4 334,22
A 11	3 652,61	3 858,28	4 062,62	4 268,31	4 409,46	4 550,62	4 691,78	4 832,97
A 12	3 916,11	4 159,44	4 404,10	4 647,41	4 816,81	4 983,50	5 151,55	5 322,29
A 13	4 592,31	4 820,84	5 048,02	5 276,57	5 433,86	5 592,51	5 749,77	5 904,36
A 14	4 722,70	5 017,10	5 312,87	5 607,27	5 810,26	6 014,63	6 217,60	6 421,96
A 15	5 772,62	6 038,82	6 241,80	6 444,82	6 647,81	6 849,46	7 051,12	7 251,40
A 16	6 368,18	6 677,40	6 911,29	7 145,22	7 377,79	7 613,07	7 846,97	8 078,22

Erhöhungsbeträge für die Besoldungsgruppen A 5, A 6, A 9 und A 10

Das Grundgehalt erhöht sich in den Besoldungsgruppen A 5 und A 6

– für Beamte des mittleren Dienstes sowie

– für Soldaten in der Laufbahngruppe der Unteroffiziere sowie für Fahnenjunker und Seekadetten

um 23,89 Euro.

Es erhöht sich in den Besoldungsgruppen A 9 und A 10

– für Beamte des gehobenen Dienstes sowie

– für Offiziere

um 10,42 Euro.

Beträge für die weggefallene Besoldungsgruppe A 2

Die Beträge für die weggefallene Besoldungsgruppe A 2 macht das Bundesministerium des Innern, für Bau und Heimat im Bundesgesetzblatt bekannt.

2. Bundesbesoldungsordnung B

Besoldungsgruppe	Grundgehalt (Monatsbetrag in Euro)
B 1	7 251,40
B 2	8 423,70
B 3	8 919,75
B 4	9 438,66
B 5	10 034,23
B 6	10 600,22
B 7	11 146,01
B 8	11 717,33
B 9	12 425,82
B 10	14 626,52
B 11	15 074,80

3. Bundesbesoldungsordnung W

Besoldungsgruppe	Grundgehalt (Monatsbetrag in Euro)		
W 1	5 046,69		
	Stufe 1	Stufe 2	Stufe 3
W 2	6 269,77	6 638,59	7 007,40
W 3	7 007,40	7 499,15	7 990,90

4. Bundesbesoldungsordnung R

Besol-dungs-gruppe	Grundgehalt (Monatsbetrag in Euro)							
	Stufe 1	Stufe 2	Stufe 3	Stufe 4	Stufe 5	Stufe 6	Stufe 7	Stufe 8
R 2	5 580,37	5 866,75	6 151,76	6 541,62	6 934,14	7 325,37	7 717,93	8 110,48
R 3	8 919,75							
R 5	10 034,23							
R 6	10 600,22							
R 7	11 146,01							
R 8	11 717,33							
R 9	12 425,82							
R 10	15 074,80							

Beträge für die weggefallenen Besoldungsgruppen R 1 und R 4

Die Beträge für die weggefallenen Besoldungsgruppen R 1 und R 4 macht das Bundesministerium des Innern, für Bau und Heimat im Bundesgesetzblatt bekannt.

Anlage V
(zu § 39 Absatz 1 Satz 1)

gültig ab 1. April 2021

Familienzuschlag
(Monatsbetrag in Euro)

Stufe 1 (§ 40 Absatz 1)	Stufe 2 (§ 40 Absatz 2)
151,16	280,35

Der Familienzuschlag erhöht sich

– für das zweite zu berücksichtigende Kind um 129,19 Euro,

– für jedes weitere zu berücksichtigende Kind um 402,51 Euro.

Erhöhungsbeträge für die Besoldungsgruppen A 3 bis A 5 und für Anwärter des einfachen Dienstes

Für die Besoldungsgruppen A 3 bis A 5 und für Anwärter des einfachen Dienstes erhöht sich der Familienzuschlag wie folgt:

1. für das erste zu berücksichtigende Kind für die Besoldungsgruppen A 3 bis A 5 und für Anwärter des einfachen Dienstes um 5,37 Euro,
2. für jedes weitere zu berücksichtigende Kind
   – in der Besoldungsgruppe A 3 und für Anwärter des einfachen Dienstes um 26,84 Euro,
   – in der Besoldungsgruppe A 4 um 21,47 Euro,
   – in der Besoldungsgruppe A 5 um 16,10 Euro.

Soweit dadurch im Einzelfall die Besoldung hinter derjenigen aus einer niedrigeren Besoldungsgruppe zurückbleibt, wird der Unterschiedsbetrag zusätzlich gewährt.

Anrechnungsbetrag nach § 39 Absatz 2 Satz 1

– Besoldungsgruppen A 3 bis A 8: 127,33 Euro
– Besoldungsgruppen A 9 bis A 12: 135,16 Euro

Anlage V
(zu § 39 Absatz 1 Satz 1)

gültig ab 1. April 2022

Familienzuschlag
(Monatsbetrag in Euro)

Stufe 1 (§ 40 Absatz 1)	Stufe 2 (§ 40 Absatz 2)
153,88	285,40

Der Familienzuschlag erhöht sich

– für das zweite zu berücksichtigende Kind um 131,52 Euro,

– für jedes weitere zu berücksichtigende Kind um 409,76 Euro.

Erhöhungsbeträge für die Besoldungsgruppen A 3 bis A 5 und für Anwärter des einfachen Dienstes

Für die Besoldungsgruppen A 3 bis A 5 und für Anwärter des einfachen Dienstes erhöht sich der Familienzuschlag

wie folgt:

1. für das erste zu berücksichtigende Kind für die Besoldungsgruppen A 3 bis A 5 und für Anwärter des einfachen Dienstes um 5,37 Euro,
2. für jedes weitere zu berücksichtigende Kind
   – in der Besoldungsgruppe A 3 und für Anwärter des einfachen Dienstes um 26,84 Euro,
   – in der Besoldungsgruppe A 4 um 21,47 Euro,
   – in der Besoldungsgruppe A 5 um 16,10 Euro.

Soweit dadurch im Einzelfall die Besoldung hinter derjenigen aus einer niedrigeren Besoldungsgruppe zurückbleibt, wird der Unterschiedsbetrag zusätzlich gewährt.

Anrechnungsbetrag nach § 39 Absatz 2 Satz 1

– Besoldungsgruppen A 3 bis A 8: 129,62 Euro
– Besoldungsgruppen A 9 bis A 12: 137,60 Euro

Anlage VI
(zu § 53 Absatz 2 Satz 1 und 3 sowie Absatz 3 Satz 1 und 4)

gültig ab 1. April 2021

Auslandszuschlag

VI.1 (Monatsbetrag in Euro)

Grundgehaltsspanne	1	2	3	4	5	6	7	8	9	10	11	12	13	14	15
	bis 2 403,85	2 403,86 bis 2 707,83	2 707,84 bis 3 053,19	3 053,20 bis 3 445,59	3 445,60 bis 3 900,86	3 900,87 bis 4 422,68	4 422,69 bis 5 015,62	5 015,63 bis 5 689,28	5 689,29 bis 6 454,73	6 454,74 bis 7 324,48	7 324,49 bis 8 312,69	8 312,70 bis 9 435,47	9 435,48 bis 10 711,25	10 711,26 bis 12 160,83	ab 12 160,84
Zonenstufe															
1	806,60	874,01	946,34	1 027,24	1 114,29	1 211,11	1 316,51	1 432,99	1 561,71	1 705,12	1 862,03	1 928,22	1 998,08	2 072,87	2 152,56
2	897,28	969,61	1 048,09	1 133,89	1 228,29	1 332,49	1 445,26	1 570,30	1 707,60	1 859,55	2 026,28	2 102,28	2 183,20	2 269,00	2 360,93
3	986,79	1 065,25	1 149,81	1 241,76	1 343,52	1 453,83	1 575,20	1 707,60	1 853,45	2 014,02	2 189,35	2 276,37	2 368,30	2 466,36	2 569,32
4	1 076,26	1 160,86	1 251,58	1 349,65	1 457,49	1 575,20	1 703,89	1 844,85	1 999,32	2 168,48	2 353,57	2 450,43	2 553,41	2 662,50	2 777,70
5	1 167,00	1 256,49	1 353,33	1 457,49	1 571,51	1 696,54	1 832,61	1 980,94	2 143,97	2 322,94	2 517,84	2 624,51	2 738,50	2 858,63	2 987,32
6	1 256,49	1 352,12	1 453,83	1 565,39	1 686,74	1 817,91	1 961,32	2 118,22	2 289,85	2 477,38	2 682,10	2 798,55	2 923,62	3 054,78	3 195,75
7	1 347,19	1 447,71	1 555,58	1 673,23	1 800,75	1 939,26	2 091,26	2 255,52	2 435,71	2 631,84	2 846,37	2 973,86	3 108,69	3 252,12	3 404,12
8	1 436,66	1 543,33	1 657,34	1 781,16	1 914,73	2 060,60	2 220,00	2 392,82	2 580,36	2 786,29	3 010,63	3 147,92	3 293,79	3 448,26	3 612,50
9	1 527,35	1 638,94	1 759,05	1 888,99	2 029,98	2 183,20	2 348,68	2 530,11	2 726,21	2 940,76	3 174,87	3 321,98	3 478,89	3 644,36	3 820,90
10	1 616,85	1 734,54	1 860,79	1 996,86	2 143,97	2 304,56	2 477,38	2 666,18	2 872,09	3 095,23	3 337,93	3 496,06	3 662,77	3 840,51	4 029,29
11	1 706,38	1 830,15	1 961,32	2 104,74	2 259,19	2 425,90	2 607,34	2 803,48	3 016,77	3 249,65	3 502,20	3 670,14	3 847,85	4 037,88	4 238,92
12	1 797,06	1 925,75	2 063,09	2 212,61	2 373,18	2 547,27	2 736,04	2 940,76	3 162,62	3 404,12	3 666,45	3 844,18	4 032,95	4 234,01	4 447,30
13	1 886,56	2 021,37	2 164,78	2 319,27	2 487,20	2 668,63	2 864,78	3 078,06	3 308,51	3 558,58	3 830,69	4 018,27	4 218,07	4 430,11	4 655,71
14	1 977,26	2 116,99	2 266,55	2 427,13	2 602,43	2 789,97	2 993,46	3 214,10	3 453,17	3 713,04	3 994,97	4 192,32	4 403,17	4 626,27	4 864,07
15	2 066,74	2 212,61	2 367,09	2 534,99	2 716,43	2 911,34	3 123,40	3 351,42	3 599,04	3 867,51	4 159,23	4 367,62	4 588,24	4 823,65	5 072,46
16	2 156,22	2 308,24	2 468,80	2 642,88	2 830,43	3 033,93	3 252,12	3 488,68	3 744,88	4 021,93	4 322,27	4 541,67	4 773,37	5 019,75	5 280,87
17	2 246,94	2 403,84	2 570,55	2 750,74	2 945,66	3 155,27	3 380,83	3 625,98	3 890,78	4 176,39	4 486,52	4 715,76	4 958,45	5 215,89	5 490,48
18	2 336,44	2 498,22	2 672,29	2 858,63	3 059,65	3 276,63	3 510,76	3 763,28	4 035,42	4 330,83	4 650,79	4 889,82	5 143,57	5 413,25	5 698,88
19	2 427,13	2 593,85	2 774,03	2 966,51	3 173,64	3 397,99	3 639,47	3 899,36	4 181,32	4 485,31	4 815,07	5 063,87	5 328,67	5 609,40	5 907,26
20	2 516,61	2 689,44	2 874,54	3 074,38	3 288,89	3 519,34	3 768,18	4 036,64	4 327,18	4 639,75	4 979,31	5 237,96	5 513,76	5 805,50	6 115,64

VI.2

Zonenstufe	Monatsbetrag in Euro
1	155,68
2	171,61
3	187,56
4	203,47
5	220,65
6	236,57
7	252,51
8	268,46
9	284,37
10	300,34
11	316,29
12	332,20
13	348,14
14	364,08
15	380,00
16	395,96
17	411,91
18	427,82
19	444,96
20	460,90

Anlage VI
(zu § 53 Absatz 2 Satz 1 und 3 sowie Absatz 3 Satz 1 und 4)

gültig ab 1. April 2022

Auslandszuschlag

VI.1 (Monatsbetrag in Euro)

Grundgehaltsspanne	1	2	3	4	5	6	7	8	9	10	11	12	13	14	15
	bis 2 447,12	2 447,13 bis 2 756,57	2 756,58 bis 3 108,15	3 108,16 bis 3 507,61	3 507,62 bis 3 971,08	3 971,09 bis 4 502,29	4 502,30 bis 5 105,90	5 105,91 bis 5 791,69	5 791,70 bis 6 570,92	6 570,93 bis 7 456,32	7 456,33 bis 8 462,32	8 462,33 bis 9 605,31	9 605,32 bis 10 904,05	10 904,06 bis 12 379,72	ab 12 379,73
Zonenstufe															
1	818,22	886,60	959,97	1 042,03	1 130,34	1 228,55	1 335,47	1 453,63	1 584,20	1 729,67	1 888,84	1 955,99	2 026,85	2 102,72	2 183,56
2	910,20	983,57	1 063,18	1 150,22	1 245,98	1 351,68	1 466,07	1 592,91	1 732,19	1 886,33	2 055,46	2 132,55	2 214,64	2 301,67	2 394,93
3	1 001,00	1 080,59	1 166,37	1 259,64	1 362,87	1 474,77	1 597,88	1 732,19	1 880,14	2 043,02	2 220,88	2 309,15	2 402,40	2 501,88	2 606,32
4	1 091,76	1 177,58	1 269,60	1 369,08	1 478,48	1 597,88	1 728,43	1 871,42	2 028,11	2 199,71	2 387,46	2 485,72	2 590,18	2 700,84	2 817,70
5	1 183,80	1 274,58	1 372,82	1 478,48	1 594,14	1 720,97	1 859,00	2 009,47	2 174,84	2 356,39	2 554,10	2 662,30	2 777,93	2 899,79	3 030,34
6	1 274,58	1 371,59	1 474,77	1 587,93	1 711,03	1 844,09	1 989,56	2 148,72	2 322,82	2 513,05	2 720,72	2 838,85	2 965,72	3 098,77	3 241,77
7	1 366,59	1 468,56	1 577,98	1 697,32	1 826,68	1 967,19	2 121,37	2 288,00	2 470,78	2 669,74	2 887,36	3 016,68	3 153,46	3 298,95	3 453,14
8	1 457,35	1 565,55	1 681,21	1 806,81	1 942,30	2 090,27	2 251,97	2 427,28	2 617,52	2 826,41	3 053,98	3 193,25	3 341,22	3 497,91	3 664,52
9	1 549,34	1 662,54	1 784,38	1 916,19	2 059,21	2 214,64	2 382,50	2 566,54	2 765,47	2 983,11	3 220,59	3 369,82	3 528,99	3 696,84	3 875,92
10	1 640,13	1 759,52	1 887,59	2 025,61	2 174,84	2 337,75	2 513,05	2 704,57	2 913,45	3 139,80	3 386,00	3 546,40	3 715,51	3 895,81	4 087,31
11	1 730,95	1 856,50	1 989,56	2 135,05	2 291,72	2 460,83	2 644,89	2 843,85	3 060,21	3 296,44	3 552,63	3 722,99	3 903,26	4 096,03	4 299,96
12	1 822,94	1 953,48	2 092,80	2 244,47	2 407,35	2 583,95	2 775,44	2 983,11	3 208,16	3 453,14	3 719,25	3 899,54	4 091,02	4 294,98	4 511,34
13	1 913,73	2 050,48	2 195,95	2 352,67	2 523,02	2 707,06	2 906,03	3 122,38	3 356,15	3 609,82	3 885,85	4 076,13	4 278,81	4 493,90	4 722,75
14	2 005,73	2 147,47	2 299,19	2 462,08	2 639,90	2 830,15	3 036,57	3 260,38	3 502,90	3 766,51	4 052,50	4 252,69	4 466,58	4 692,89	4 934,11
15	2 096,50	2 244,47	2 401,18	2 571,49	2 755,55	2 953,26	3 168,38	3 399,68	3 650,87	3 923,20	4 219,12	4 430,51	4 654,31	4 893,11	5 145,50
16	2 187,27	2 341,48	2 504,35	2 680,94	2 871,19	3 077,62	3 298,95	3 538,92	3 798,81	4 079,85	4 384,51	4 607,07	4 842,11	5 092,03	5 356,91
17	2 279,30	2 438,46	2 607,57	2 790,35	2 988,08	3 200,71	3 429,51	3 678,19	3 946,81	4 236,53	4 551,13	4 783,67	5 029,85	5 291,00	5 569,54
18	2 370,08	2 534,19	2 710,77	2 899,79	3 103,71	3 323,81	3 561,31	3 817,47	4 093,53	4 393,19	4 717,76	4 960,23	5 217,64	5 491,20	5 780,94
19	2 462,08	2 631,20	2 813,98	3 009,23	3 219,34	3 446,92	3 691,88	3 955,51	4 241,53	4 549,90	4 884,41	5 136,79	5 405,40	5 690,18	5 992,32
20	2 552,85	2 728,17	2 915,93	3 118,65	3 336,25	3 570,02	3 822,44	4 094,77	4 389,49	4 706,56	5 051,01	5 313,39	5 593,16	5 889,10	6 203,71

VI.2

Zonenstufe	Monatsbetrag in Euro
1	157,92
2	174,08
3	190,26
4	206,40
5	223,83
6	239,98
7	256,15
8	272,33
9	288,46
10	304,66
11	320,84
12	336,98
13	353,15
14	369,32
15	385,47
16	401,66
17	417,84
18	433,98
19	451,37
20	467,54

Anlage VII
(weggefallen)

Anlage VIII
(zu § 61)
gültig ab 1. April 2021

Anwärtergrundbetrag

Laufbahnen	Grundbetrag (Monatsbetrag in Euro)
des einfachen Dienstes	1 210,76
des mittleren Dienstes	1 284,22
des gehobenen Dienstes	1 530,00
des höheren Dienstes	2 345,33

Anlage VIII
(zu § 61)
gültig ab 1. April 2022

Anwärtergrundbetrag

Laufbahnen	Grundbetrag (Monatsbetrag in Euro)
des einfachen Dienstes	1 232,55
des mittleren Dienstes	1 307,34
des gehobenen Dienstes	1 557,54
des höheren Dienstes	2 387,55

Anlage IX
(zu den Anlagen I und III)
gültig ab 1. April 2021

Zulagen

– in der Reihenfolge der Gesetzesstellen –

	Dem Grunde nach geregelt in	Zulagenberechtigter Personenkreis, soweit nicht bereits in Anlage I oder Anlage III geregelt	Monatsbetrag in Euro
	1	2	3
1	**Anlage I (Bundesbesoldungsordnungen A und B)**		
2	Vorbemerkung		
3		Stellenzulagen	
4	Nummer 4		
5	Absatz 1		
6	Nummer 1		150,00
7	Nummer 2		130,00
8	Nummer 3, 4 und 5		100,00
9	Nummer 4a		135,00
10	Nummer 5	Beamte der Besoldungsgruppen A 5 und A 6 Mannschaften der Besoldungsgruppen A 5 und A 6 Unteroffiziere der Besoldungsgruppen A 5 und A 6	53,00
11		Beamte der Besoldungsgruppen A 7 bis A 9 Unteroffiziere der Besoldungsgruppen A 7 bis A 9	75,00
12		Offiziere Beamte des gehobenen und höheren Dienstes	113,00

	Dem Grunde nach geregelt in	Zulagenberechtigter Personenkreis, soweit nicht bereits in Anlage I oder Anlage III geregelt	Monatsbetrag in Euro
	1	2	3
13	Nummer 5a		
14	Absatz 1		
15	Nummer 1		
16	Buchstabe a	Beamte des mittleren Dienstes Unteroffiziere der Besoldungsgruppen A 5 bis A 9	308,00
17		Beamte des gehobenen Dienstes Offiziere der Besoldungsgruppen A 9 bis A 12 Offiziere des militärfachlichen Dienstes der Besoldungsgruppe A 13	340,00
18	Buchstabe b	Beamte des mittleren Dienstes Unteroffiziere der Besoldungsgruppen A 5 bis A 9	263,00
19		Beamte des gehobenen Dienstes Offiziere der Besoldungsgruppen A 9 bis A 12 Offiziere des militärfachlichen Dienstes der Besoldungsgruppe A 13	295,00
20	Buchstabe c	Beamte des gehobenen und des höheren Dienstes Offiziere der Besoldungsgruppen A 9 bis A 12 Offiziere des militärfachlichen Dienstes der Besoldungsgruppe A 13 Offiziere des Truppendienstes der Besoldungsgruppe A 13 und höher	340,00
21	Nummer 2 und 3	Beamte des mittleren Dienstes Unteroffiziere der Besoldungsgruppen A 5 bis A 9	212,00
22		Beamte des gehobenen Dienstes Offiziere der Besoldungsgruppen A 9 bis A 12 Offiziere des militärfachlichen Dienstes der Besoldungsgruppe A 13	237,00
23	Nummer 4		
24	Buchstabe a	Beamte und Soldaten mit Radarleit-Jagdlizenz	340,00
25		Beamte des mittleren und gehobenen Dienstes ohne Radarleit-Jagdlizenz Unteroffiziere der Besoldungsgruppen A 5 bis A 9 ohne Radarleit-Jagdlizenz Offiziere der Besoldungsgruppen A 9 bis A 12 ohne Radarleit-Jagdlizenz Offiziere des militärfachlichen Dienstes der Besoldungsgruppe A 13 ohne Radarleit-Jagdlizenz	263,00
26	Buchstabe b	Beamte des mittleren und des gehobenen Dienstes Unteroffiziere der Besoldungsgruppen A 5 bis A 9 Offiziere der Besoldungsgruppen A 9 bis A 12 Offiziere des militärfachlichen Dienstes der Besoldungsgruppe A 13	212,00
27	Nummer 5 und 6	Beamte des mittleren Dienstes Unteroffiziere der Besoldungsgruppen A 5 bis A 9	135,00
28		Beamte des gehobenen Dienstes Offiziere der Besoldungsgruppen A 9 bis A 12 Offiziere des militärfachlichen Dienstes der Besoldungsgruppe A 13	212,00

	Dem Grunde nach geregelt in	Zulagenberechtigter Personenkreis, soweit nicht bereits in Anlage I oder Anlage III geregelt	Monatsbetrag in Euro
	1	2	3
29		Beamte des höheren Dienstes Offiziere des Truppendienstes der Besoldungsgruppen A 13 und höher	295,00
30	Nummer 6		
31	Absatz 1 Satz 1		
32	Nummer 1		680,00
33	Nummer 2		540,00
34	Nummer 3		475,00
35	Nummer 4		435,00
36	Absatz 1 Satz 2		615,00
37	Nummer 6a		150,00
38	Nummer 7	Beamte und Soldaten der Besoldungsgruppe(n)	
39		– A 3 bis A 5	165,00
40		– A 6 bis A 9	220,00
41		– A 10 bis A 13	275,00
42		– A 14, A 15, B 1	330,00
43		– A 16, B 2 bis B 4	400,00
44		– B 5 bis B 7	470,00
45		– B 8 bis B 10	540,00
46		– B 11	610,00
47	Nummer 8	Beamte und Soldaten der Besoldungsgruppen	
48		– A 3 bis A 5	150,00
49		– A 6 bis A 9	200,00
50		– A 10 bis A 13	250,00
51		– A 14 und höher	300,00
52	Nummer 8a	Beamte und Soldaten der Besoldungsgruppen	
53		– A 3 bis A 5	103,00
54		– A 6 bis A 9	141,00
55		– A 10 bis A 13	174,00
56		– A 14 und höher	206,00
57		Anwärter der Laufbahngruppe	
58		– des mittleren Dienstes	75,00
59		– des gehobenen Dienstes	99,00
60		– des höheren Dienstes	122,00
61	Nummer 8b	Beamte der Besoldungsgruppen	
62		– A 3 bis A 5	120,00
63		– A 6 bis A 9	160,00
64		– A 10 bis A 13	200,00
65		– A 14 und höher	240,00
66	Nummer 8c	Beamte und Soldaten der Besoldungsgruppen	
67		– A 3 bis A 5	85,00
68		– A 6 bis A 9	110,00
69		– A 10 bis A 13	125,00
70		– A 14 und höher	140,00
71	Nummer 9	Beamte und Soldaten nach einer Dienstzeit von	
72		– einem Jahr	95,00
73		– zwei Jahren	228,00

	Dem Grunde nach geregelt in	Zulagenberechtigter Personenkreis, soweit nicht bereits in Anlage I oder Anlage III geregelt	Monatsbetrag in Euro
	1	2	3
74	Nummer 9a		
75	Absatz 1		
76	Nummer 1		350,00
77	Nummer 2		700,00
78	Nummer 3		225,00
79	Absatz 3		
80	Nummer 1		136,00
81	Nummer 2 und 3		76,00
82	Nummer 10	Beamte und Soldaten nach einer Dienstzeit von	
83		– einem Jahr	95,00
84		– zwei Jahren	190,00
85	Nummer 11		
86	Absatz 1		
87	Nummer 1		415,00
88	Nummer 2		615,00
89	Absatz 3		220,00
90	Nummer 12		55,00
91	Nummer 13		
92	Absatz 1	Beamte des mittleren Dienstes	110,00
93		Beamte des gehobenen Dienstes	160,00
94	Absatz 2 Satz 1	Beamte der Besoldungsgruppen	
95		– A 6 bis A 9	200,00
96		– A 10 bis A 13	210,00
97		– A 14 bis A 16	220,00
98	Nummer 14		35,00
99	Nummer 15	Beamte der Besoldungsgruppen	
100		– A 3 bis A 5	70,00
101		– A 6 bis A 9	90,00
102		– A 10 bis A 13	110,00
103		– A 14 und höher	140,00
104	Nummer 16	Beamte und Soldaten der Besoldungsgruppen	
105		– A 3 bis A 5	150,00
106		– A 6 bis A 9	200,00
107		– A 10 bis A 13	250,00
108		– A 14 und höher	300,00
109	Nummer 17	Beamte der Besoldungsgruppen	
110		– A 3 bis A 5	96,00
111		– A 6 bis A 9	128,00
112		– A 10 bis A 13	160,00
113		– A 14 und höher	192,00
114	Nummer 18	Beamte und Soldaten der Besoldungsgruppen	
115		– A 3 bis A 5	96,00
116		– A 6 bis A 9	128,00
117		– A 10 bis A 13	160,00
118		– A 14 und höher	192,00
119	Nummer 19	Beamte der Besoldungsgruppen	
120		– A 3 bis A 5	20,00

	Dem Grunde nach geregelt in		Zulagenberechtigter Personenkreis, soweit nicht bereits in Anlage I oder Anlage III geregelt	Monatsbetrag in Euro
	1		2	3
121			– A 6 bis A 9	40,00
122			– A 10 bis A 13	60,00
123			– A 14 und höher	80,00
124	Amtszulagen			
125	Besol-dungs-gruppe	Fußnote (n)		
126	A 3	1		43,89
127		2		80,96
128		3		40,87
129	A 4	1		43,89
130		2		80,96
131		4		8,82
132	A 5	1		43,89
133		3		80,96
134	A 6	2, 5		43,89
135	A 7	5		54,51
136	A 8	1		70,22
137	A 9	1		326,75
138	A 13	1		332,06
139		7		151,78
140	A 14	5		227,66
141	A 15	3		303,53
142		8		227,66
143	A 16	6		254,60
144	B 10	1		526,10
145	**Anlage III (Bundesbesoldungsordnung R)**			
146	Stellenzulage			
147	Vorbemerkung			
148	Nummer 2		Richter und Staatsanwälte der Besoldungsgruppen	
149			– R 2 und R 3	400,00
150			– R 5 bis R 7	470,00
151			– R 8 und höher	540,00
152	Amtszulagen			
153	Besol-dungs-gruppe	Fußnote		
154	R 2	1		251,71
155	R 7	1		374,32
156	R 8	1		503,32

Anlage IX
(zu den Anlagen I und III)
gültig ab 1. April 2022

Zulagen

– in der Reihenfolge der Gesetzesstellen –

	Dem Grunde nach geregelt in	Zulagenberechtigter Personenkreis, soweit nicht bereits in Anlage I oder Anlage III geregelt	Monatsbetrag in Euro
	1	2	3
1	**Anlage I (Bundesbesoldungsordnungen A und B)**		
2	Vorbemerkung		
3		Stellenzulagen	
4	Nummer 4		
5	Absatz 1		
6	Nummer 1		150,00
7	Nummer 2		130,00
8	Nummer 3, 4 und 5		100,00
9	Nummer 4a		135,00
10	Nummer 5	Mannschaften Unteroffiziere Beamte der Besoldungsgruppen A 5 und A 6	53,00
11		Unteroffiziere Beamte der Besoldungsgruppen A 7 bis A 9	75,00
12		Offiziere Beamte des gehobenen und höheren Dienstes	113,00
13	Nummer 5a		
14	Absatz 1		
15	Nummer 1		
16	Buchstabe a	Beamte des mittleren Dienstes Unteroffiziere der Besoldungsgruppen A 5 bis A 9	308,00
17		Beamte des gehobenen Dienstes Offiziere der Besoldungsgruppen A 9 bis A 12 Offiziere des militärfachlichen Dienstes der Besoldungsgruppe A 13	340,00
18	Buchstabe b	Beamte des mittleren Dienstes Unteroffiziere der Besoldungsgruppen A 5 bis A 9	263,00
19		Beamte des gehobenen Dienstes Offiziere der Besoldungsgruppen A 9 bis A 12 Offiziere des militärfachlichen Dienstes der Besoldungsgruppe A 13	295,00
20	Buchstabe c	Beamte des gehobenen und des höheren Dienstes Offiziere der Besoldungsgruppen A 9 bis A 12 Offiziere des militärfachlichen Dienstes der Besoldungsgruppe A 13 Offiziere des Truppendienstes der Besoldungsgruppe A 13 und höher	340,00
21	Nummer 2 und 3	Beamte des mittleren Dienstes Unteroffiziere der Besoldungsgruppen A 5 bis A 9	212,00
22		Beamte des gehobenen Dienstes Offiziere der Besoldungsgruppen A 9 bis A 12 Offiziere des militärfachlichen Dienstes der Besoldungsgruppe A 13	237,00
23	Nummer 4		
24	Buchstabe a	Beamte und Soldaten mit Radarleit-Jagdlizenz	340,00
25		Beamte des mittleren und gehobenen Dienstes ohne Radarleit-Jagdlizenz	263,00

	Dem Grunde nach geregelt in	Zulagenberechtigter Personenkreis, soweit nicht bereits in Anlage I oder Anlage III geregelt	Monatsbetrag in Euro
	1	2	3
		Unteroffiziere der Besoldungsgruppen A 5 bis A 9 ohne Radarleit-Jagdlizenz Offiziere der Besoldungsgruppen A 9 bis A 12 ohne Radarleit-Jagdlizenz Offiziere des militärfachlichen Dienstes der Besoldungsgruppe A 13 ohne Radarleit-Jagdlizenz	
26	Buchstabe b	Beamte des mittleren und des gehobenen Dienstes Unteroffiziere der Besoldungsgruppen A 5 bis A 9 Offiziere der Besoldungsgruppen A 9 bis A 12 Offiziere des militärfachlichen Dienstes der Besoldungsgruppe A 13	212,00
27	Nummer 5 und 6	Beamte des mittleren Dienstes Unteroffiziere der Besoldungsgruppen A 5 bis A 9	135,00
28		Beamte des gehobenen Dienstes Offiziere der Besoldungsgruppen A 9 bis A 12 Offiziere des militärfachlichen Dienstes der Besoldungsgruppe A 13	212,00
29		Beamte des höheren Dienstes Offiziere des Truppendienstes der Besoldungsgruppen A 13 und höher	295,00
30	Nummer 6		
31	Absatz 1 Satz 1		
32	Nummer 1		680,00
33	Nummer 2		540,00
34	Nummer 3		475,00
35	Nummer 4		435,00
36	Absatz 1 Satz 2		615,00
37	Nummer 6a		150,00
38	Nummer 7	Beamte und Soldaten der Besoldungsgruppe(n)	
39		– A 3 bis A 5	165,00
40		– A 6 bis A 9	220,00
41		– A 10 bis A 13	275,00
42		– A 14, A 15, B 1	330,00
43		– A 16, B 2 bis B 4	400,00
44		– B 5 bis B 7	470,00
45		– B 8 bis B 10	540,00
46		– B 11	610,00
47	Nummer 8	Beamte und Soldaten der Besoldungsgruppen	
48		– A 3 bis A 5	150,00
49		– A 6 bis A 9	200,00
50		– A 10 bis A 13	250,00
51		– A 14 und höher	300,00
52	Nummer 8a	Beamte und Soldaten der Besoldungsgruppen	
53		– A 3 bis A 5	103,00
54		– A 6 bis A 9	141,00
55		– A 10 bis A 13	174,00
56		– A 14 und höher	206,00
57		Anwärter der Laufbahngruppe	
58		– des mittleren Dienstes	75,00

	Dem Grunde nach geregelt in	Zulagenberechtigter Personenkreis, soweit nicht bereits in Anlage I oder Anlage III geregelt	Monatsbetrag in Euro
	1	2	3
59		– des gehobenen Dienstes	99,00
60		– des höheren Dienstes	122,00
61	Nummer 8b	Beamte der Besoldungsgruppen	
62		– A 3 bis A 5	120,00
63		– A 6 bis A 9	160,00
64		– A 10 bis A 13	200,00
65		– A 14 und höher	240,00
66	Nummer 8c	Beamte und Soldaten der Besoldungsgruppen	
67		– A 3 bis A 5	85,00
68		– A 6 bis A 9	110,00
69		– A 10 bis A 13	125,00
70		– A 14 und höher	140,00
71	Nummer 9	Beamte und Soldaten nach einer Dienstzeit von	
72		– einem Jahr	95,00
73		– zwei Jahren	228,00
74	Nummer 9a		
75	Absatz 1		
76	Nummer 1		350,00
77	Nummer 2		700,00
78	Nummer 3		225,00
79	Absatz 3		
80	Nummer 1		136,00
81	Nummer 2 und 3		76,00
82	Nummer 10	Beamte und Soldaten nach einer Dienstzeit von	
83		– einem Jahr	95,00
84		– zwei Jahren	190,00
85	Nummer 11		
86	Absatz 1		
87	Nummer 1		415,00
88	Nummer 2		615,00
89	Absatz 3		220,00
90	Nummer 12		55,00
91	Nummer 13		
92	Absatz 1	Beamte des mittleren Dienstes	110,00
93		Beamte des gehobenen Dienstes	160,00
94	Absatz 2 Satz 1	Beamte der Besoldungsgruppen	
95		– A 6 bis A 9	200,00
96		– A 10 bis A 13	210,00
97		– A 14 bis A 16	220,00
98	Nummer 14		35,00
99	Nummer 15	Beamte der Besoldungsgruppen	
100		– A 3 bis A 5	70,00
101		– A 6 bis A 9	90,00
102		– A 10 bis A 13	110,00
103		– A 14 und höher	140,00
104	Nummer 16	Beamte und Soldaten der Besoldungsgruppen	
105		– A 3 bis A 5	150,00

	Dem Grunde nach geregelt in		Zulagenberechtigter Personenkreis, soweit nicht bereits in Anlage I oder Anlage III geregelt	Monatsbetrag in Euro
	1		2	3
106			– A 6 bis A 9	200,00
107			– A 10 bis A 13	250,00
108			– A 14 und höher	300,00
109	Nummer 17		Beamte der Besoldungsgruppen	
110			– A 3 bis A 5	96,00
111			– A 6 bis A 9	128,00
112			– A 10 bis A 13	160,00
113			– A 14 und höher	192,00
114	Nummer 18		Beamte und Soldaten der Besoldungsgruppen	
115			– A 3 bis A 5	96,00
116			– A 6 bis A 9	128,00
117			– A 10 bis A 13	160,00
118			– A 14 und höher	192,00
119	Nummer 19		Beamte der Besoldungsgruppen	
120			– A 3 bis A 5	20,00
121			– A 6 bis A 9	40,00
122			– A 10 bis A 13	60,00
123			– A 14 und höher	80,00
124	Amtszulagen			
125	Besoldungsgruppe	Fußnote		
126	A 3	1		44,68
127		2		82,42
128		3		41,61
129	A 4	1		44,68
130		2		82,42
131		4		8,98
132	A 5	1		44,68
133		3		82,42
134	A 6	2, 5		44,68
135	A 7	5		55,49
136	A 8	1		71,48
137	A 9	1		332,63
138	A 13	1		338,04
139		7		154,51
140	A 14	5		231,76
141	A 15	3		308,99
142		8		231,76
143	A 16	6		259,18
144	B 10	1		535,57
145	**Anlage III (Bundesbesoldungsordnung R)**			
146	Stellenzulage			
147	Vorbemerkung			
148	Nummer 2		Richter und Staatsanwälte der Besoldungsgruppen	
149			– R 2 und R 3	400,00
150			– R 5 bis R 7	470,00
151			– R 8 und höher	540,00
152	Amtszulagen			

	Dem Grunde nach geregelt in		Zulagenberechtigter Personenkreis, soweit nicht bereits in Anlage I oder Anlage III geregelt	Monatsbetrag in Euro
	1		2	3
153	Besoldungsgruppe	Fußnote (n)		
154	R 2	1		256,24
155	R 7	1		381,06
156	R 8	1		512,38

19. Besoldungsüberleitungsgesetz (BesÜG)[1)]

Vom 5. Februar 2009
(BGBl. I S. 160, ber. S. 462)

FNA 2032-30

zuletzt geänd. durch Art. 69 Elfte ZuständigkeitsanpassungsVO v. 19.6.2020 (BGBl. I S. 1328)

§ 1 Geltungsbereich. Dieses Gesetz gilt für die

1. Beamtinnen und Beamten des Bundes,
2. Richterinnen und Richter des Bundes,
3. Berufssoldatinnen und Berufssoldaten, Soldatinnen auf Zeit und Soldaten auf Zeit,

soweit sie am 1. Juli 2009 und am Vortag den Besoldungsgruppen der Bundesbesoldungsordnung A oder den Besoldungsgruppen R 1 oder R 2 angehören.

§ 2 Zuordnung zu den Stufen und Überleitungsstufen des Grundgehaltes in den Besoldungsgruppen der Bundesbesoldungsordnung A.

(1) [1]Empfängerinnen und Empfänger von Dienstbezügen nach einer Besoldungsgruppe der Bundesbesoldungsordnung A im Sinne des § 1 Nr. 1 und 3 werden auf der Grundlage des am 30. Juni 2009 maßgeblichen Amtes mit den für Juni 2009 zustehenden Dienstbezügen nach Maßgabe der folgenden Absätze den Stufen oder Überleitungsstufen des Grundgehaltes der Anlage 1 in der ab 1. Juli 2009 gültigen Fassung zugeordnet. [2]Satz 1 gilt entsprechend für Beurlaubte ohne Anspruch auf Dienstbezüge. [3]Bei ihnen sind für die Zuordnung die Dienstbezüge zugrunde zu legen, die bei einer Beendigung der Beurlaubung am 30. Juni 2009 maßgebend wären. [4]Die Sätze 2 und 3 gelten entsprechend in den Fällen der §§ 40 und 46 des Bundesbeamtengesetzes[2)] sowie des § 25 des Soldatengesetzes.

(2) [1]Dienstbezüge im Sinne des Absatzes 1 sind das Grundgehalt und die Zulage nach Vorbemerkung Nummer 27 Abs. 1 der Anlage I (Bundesbesoldungsordnungen A und B) des Bundesbesoldungsgesetzes[3)] in der am 30. Juni 2009 geltenden Fassung. [2]Zur Vornahme der Zuordnung sind deren Beträge jeweils rechnerisch um 2,5 Prozent zu erhöhen. [3]In den Besoldungsgruppen A 2 bis A 8 ist zusätzlich ein Betrag von 10,42 Euro hinzuzurechnen. [4]Der sich nach den Sätzen 1 bis 3 ergebende Betrag ist kaufmännisch auf volle Euro zu runden.

(3) [1]Die Zuordnung erfolgt zu der Stufe oder Überleitungsstufe des Grundgehaltes der Anlage 1 in der ab 1. Juli 2009 gültigen Fassung der entsprechenden Besoldungsgruppe, die dem Betrag nach Absatz 2 Satz 4 entspricht. [2]Für den Personenkreis, für den in der Anlage 1 in der ab 1. Juli 2009 gültigen Fassung Erhöhungsbeträge ausgewiesen sind, sind zum Zweck der Zuordnung die kaufmännisch auf volle Euro zu rundenden Erhöhungsbeträge den Beträgen der Stufen und Überleitungsstufen hinzuzurechnen. [3]Ist eine Zuordnung nach den Sätzen 1 und 2 nicht möglich, erfolgt die Zuordnung zu der Stufe oder

---

[1)] Verkündet als Art. 3 DienstrechtsneuordnungsG v. 5.2.2009 (BGBl. I S. 160); Inkrafttreten gem. Art. 17 Abs. 7 dieses G am 1.7.2009.

[2)] Nr. 2.

[3)] Nr. 18.

Überleitungsstufe des Grundgehaltes der Anlage 1 in der ab 1. Juli 2009 gültigen Fassung der entsprechenden Besoldungsgruppe mit dem nächsthöheren Betrag.

(4) Mit Ausnahme der Angehörigen der Laufbahnen der Offiziere des Truppendienstes, des Militärmusikdienstes, des Sanitätsdienstes und des Geoinformationsdienstes der Bundeswehr werden Soldatinnen auf Zeit und Soldaten auf Zeit, die nach Absatz 3 der Überleitungsstufe zur Stufe 2 zugeordnet würden, der Stufe 2 zugeordnet; statt einer Zuordnung zur Überleitungsstufe zur Stufe 3 erfolgt eine Zuordnung zur Stufe 3.

(5) [1] Die Zuordnung zu einer Stufe oder einer Überleitungsstufe erfolgt zunächst vorläufig und wird, wenn nicht bereits eine Zuordnung nach Satz 2 erfolgt, mit Ablauf des 30. Juni 2013 zu einer endgültigen Zuordnung. [2] Wird im Zeitraum nach Satz 1 eine Ernennung durch Verleihung eines Amtes oder Dienstgrades einer höheren Besoldungsgruppe der Bundesbesoldungsordnung A wirksam, erfolgt die endgültige Zuordnung mit dem Wirksamwerden dieser Ernennung, wobei die Ernannten so gestellt werden, als ob die Ernennung am 30. Juni 2009 wirksam gewesen wäre.

(6) [1] Steht am 30. Juni 2009 eine Ausgleichszulage wegen der Verminderung von Grundgehalt zu, sind bei den Dienstbezügen im Sinne des Absatzes 1 die Dienstbezüge zu berücksichtigen, die bei Anwendung des § 19a des Bundesbesoldungsgesetzes maßgebend wären. [2] In diesen Fällen erfolgt die Zuordnung zu der Stufe oder Überleitungsstufe des Grundgehaltes der Besoldungsgruppe, die bei Anwendung des § 19a des Bundesbesoldungsgesetzes maßgebend wäre. [3] Die Zuordnung ist endgültig; Absatz 5 ist nicht anzuwenden.

(7) [1] Bei der Zuordnung nach Absatz 3 bleiben Leistungsstufen unberücksichtigt. [2] Zu ermitteln ist aber der Betrag, der sich bei einer Berücksichtigung der Leistungsstufe ergeben würde. [3] Die Differenz der sich nach den Sätzen 1 und 2 ergebenden Beträge wird als ruhegehaltfähiger Mehrbetrag gezahlt. [4] Dieser Mehrbetrag verringert sich bei Erhöhungen des Grundgehaltes aufgrund von § 3 oder § 27 Abs. 3 des Bundesbesoldungsgesetzes in voller Höhe der Bezügeverbesserung. [5] Ab dem Zeitpunkt, zu dem die nächste Stufe nach § 27 Abs. 2 des Bundesbesoldungsgesetzes in der am 30. Juni 2009 geltenden Fassung ohne Berücksichtigung der Leistungsstufe erreicht worden wäre, verringert sich der Mehrbetrag zusätzlich bei allgemeinen Erhöhungen der Dienstbezüge um ein Drittel des Erhöhungsbetrages und durch die Verleihung eines Amtes mit höherem Endgrundgehalt bis zur vollen Höhe der Bezügeverbesserung; dies gilt bei Verleihung eines Amtes oder Dienstgrades einer höheren Besoldungsgruppe der Bundesbesoldungsordnung A nur, wenn vor der Verleihung bereits eine endgültige Zuordnung nach Absatz 5 erfolgte. [6] Bei einer endgültigen Zuordnung nach Absatz 5 Satz 2 werden die Ernannten mit dem Wirksamwerden der Ernennung zum Zweck der Ermittlung des Mehrbetrags in entsprechender Anwendung der Sätze 1 bis 5 so gestellt, als ob die Ernennung am 30. Juni 2009 wirksam gewesen wäre. [7] Erfolgt bis zu dem Zeitpunkt, zu dem die nächste Stufe nach § 27 Abs. 2 des Bundesbesoldungsgesetzes in der am 30. Juni 2009 geltenden Fassung ohne Berücksichtigung der Leistungsstufe erreicht worden wäre, eine weitere Ernennung durch Verleihung eines Amtes oder Dienstgrades einer höheren Besoldungsgruppe der Bundesbesoldungsordnung A, ist der Mehrbetrag in entsprechender Anwendung der Sätze 1 bis 6 erneut zu ermitteln. [8] Der nach den Sätzen 6 oder 7 ermittelte Mehrbetrag verringert sich nach den Sätzen 4 und 5. [9] Wird eine Leistungsstufe während

der Zuordnung zu einer Überleitungsstufe oder zu einer vorläufigen Stufe vergeben, ist für die Höhe der Leistungsstufe abweichend von § 27 Absatz 6 des Bundesbesoldungsgesetzes der Betrag maßgebend, der am 30. Juni 2009 als Leistungsstufe gewährt worden wäre. [10] Dieser ruhegehaltfähige Betrag verringert sich nach den Sätzen 4 und 5. [11] Die Sätze 6 bis 8 sind entsprechend anzuwenden. [12] Bis zu dem Zeitpunkt, zu dem die nächste Stufe nach § 27 Abs. 2 des Bundesbesoldungsgesetzes in der am 30. Juni 2009 geltenden Fassung ohne Berücksichtigung der Leistungsstufe erreicht worden wäre, nimmt der Mehrbetrag oder Betrag an allgemeinen Anpassungen der Grundgehaltssätze (§ 14 des Bundesbesoldungsgesetzes) teil. [13] Mehrbeträge werden auf das Vergabebudget nach § 42a Abs. 4 des Bundesbesoldungsgesetzes angerechnet.

(8) Bei Teilzeitbeschäftigten sind für die Zuordnung zu den Stufen oder Überleitungsstufen des Grundgehaltes der Anlage 1 in der ab 1. Juli 2009 gültigen Fassung die Dienstbezüge maßgebend, die ihnen bei Vollzeitbeschäftigung zustehen würden.

(9) Stehen nicht für alle Tage oder für keinen Tag im Juni 2009 Dienstbezüge zu, sind bei der Zuordnung zu den Stufen des Grundgehaltes der Anlage 1 in der ab 1. Juli 2009 gültigen Fassung die Dienstbezüge nach Absatz 2 maßgebend, die für den ganzen Monat zustehen würden.

(10) Wird in den Fällen des § 27 Abs. 3 Satz 3 des Bundesbesoldungsgesetzes in der bis zum 30. Juni 2009 geltenden Fassung festgestellt, dass die Leistungen wieder den mit dem Amt verbundenen Anforderungen entsprechen, werden die Betroffenen ab dem ersten Tag des Monats, in dem diese Feststellung erfolgt, so gestellt, als ob eine Hemmung des Aufstiegs in den Stufen nicht vorgelegen hätte.

(11) In den Fällen des § 27 Absatz 9 Satz 2 des Bundesbesoldungsgesetzes werden die Betroffenen so gestellt, als ob ein Fall des § 27 Absatz 5 Satz 1 des Bundesbesoldungsgesetzes in der bis zum 30. Juni 2009 geltenden Fassung nicht vorgelegen hätte.

§ 3 Aufstieg in eine Stufe des Grundgehaltes in den Besoldungsgruppen der Bundesbesoldungsordnung A. (1) [1] Mit der Zuordnung zu einer Stufe des Grundgehaltes der Anlage 1 in der ab 1. Juli 2009 gültigen Fassung beginnt die für den Aufstieg maßgebende Erfahrungszeit nach § 27 Abs. 3 des Bundesbesoldungsgesetzes[1)]. [2] Bei einer Zuordnung zur Stufe 5 auf der Grundlage von Dienstbezügen der Besoldungsgruppen A 7 bis A 12 wird ab dem Zeitpunkt, ab dem das Grundgehalt nach § 27 Abs. 2 des Bundesbesoldungsgesetzes in der am 30. Juni 2009 geltenden Fassung gestiegen wäre, der Betrag der Überleitungsstufe zur Stufe 6 gezahlt; Satz 1 bleibt unberührt. [3] Bei einer Zuordnung zu einer Stufe auf der Grundlage von Dienstbezügen der Besoldungsgruppen A 2 bis A 5 und bei einer Zuordnung zur Stufe 7 auf der Grundlage von Dienstbezügen der Besoldungsgruppe A 6 wird die nächsthöhere Stufe zu dem Zeitpunkt erreicht, zu dem das Grundgehalt nach § 27 Abs. 2 des Bundesbesoldungsgesetzes in der am 30. Juni 2009 geltenden Fassung gestiegen wäre, wenn sich dadurch ein früherer Zeitpunkt als bei einem Aufstieg nach § 27 Abs. 3 des Bundesbesoldungsgesetzes ergibt. [4] Mit Ausnahme der Angehörigen der Laufbahnen der Offiziere des Truppendienstes,

---

1) Nr. **18**.

des Militärmusikdienstes, des Sanitätsdienstes und des Geoinformationsdienstes der Bundeswehr gilt dies auch für Soldatinnen auf Zeit und Soldaten auf Zeit, die auf der Grundlage von Dienstbezügen der Besoldungsgruppen A 6 oder A 7 der Stufe 1 zugeordnet werden. [5] Mit diesem Aufstieg beginnt die maßgebende Erfahrungszeit nach § 27 Abs. 3 des Bundesbesoldungsgesetzes.

(2) [1] Bei einer Zuordnung zu einer Überleitungsstufe wird die dazugehörige Stufe des Grundgehaltes zu dem Zeitpunkt erreicht, zu dem das Grundgehalt nach § 27 Abs. 2 des Bundesbesoldungsgesetzes in der am 30. Juni 2009 geltenden Fassung gestiegen wäre, spätestens jedoch zu dem Zeitpunkt, zu dem ein Aufstieg nach § 27 Abs. 3 des Bundesbesoldungsgesetzes in Verbindung mit Absatz 3 möglich wäre. [2] Wenn die Zuordnung zu einer Überleitungsstufe auf der Grundlage von Dienstbezügen der Besoldungsgruppe A 15 oder A 16 erfolgt, gilt Satz 1 mit der Maßgabe, dass nicht die der Überleitungsstufe zugehörige Stufe des Grundgehaltes, sondern die nächsthöhere Stufe erreicht wird. [3] Mit dem jeweiligen Aufstieg in eine Stufe des Grundgehaltes der Anlage 1 beginnt die für den Aufstieg maßgebende Erfahrungszeit nach § 27 Abs. 3 des Bundesbesoldungsgesetzes.

(3) Die maßgebende Erfahrungszeit nach Absatz 1 Satz 1 und 5 sowie Absatz 2 Satz 3 beträgt für den Aufstieg von Stufe 2 nach Stufe 3 abweichend von § 27 Abs. 3 des Bundesbesoldungsgesetzes zwei Jahre.

(4) [1] In den Fällen des Absatzes 1 Satz 2 bis 4 und des Absatzes 2 verzögert sich der Aufstieg um Zeiten ohne Anspruch auf Dienstbezüge. [2] Satz 1 gilt nicht für Zeiten nach § 28 Absatz 5 des Bundesbesoldungsgesetzes, soweit diese nicht bereits nach § 28 Abs. 3 Nr. 1 oder 2 des Bundesbesoldungsgesetzes in der bis zum 30. Juni 2009 geltenden Fassung berücksichtigt wurden.

§ 4 Zuordnung zu den Stufen und Überleitungsstufen des Grundgehaltes in den Besoldungsgruppen R 1 und R 2. [1] Empfängerinnen und Empfänger von Dienstbezügen nach der Besoldungsgruppe R 1 oder R 2[1)] im Sinne des § 1 Nr. 1 und 2 werden auf der Grundlage der ihnen im Juni 2009 zustehenden Dienstbezüge den Stufen oder Überleitungsstufen des Grundgehaltes der Anlage 2 in der ab 1. Juli 2009 gültigen Fassung zugeordnet. [2] § 2 Abs. 1 Satz 2 bis 4, Abs. 2 Satz 2 und 4 sowie Abs. 3, 6, 8 und 9 gilt entsprechend. [3] Die Zuordnung zu einer Überleitungsstufe bleibt auch in den Fällen der Verleihung eines Amtes der Besoldungsgruppe R 2 bestehen. [4] Mit dem Wirksamwerden der Ernennung ist die der Stufe zugewiesene Überleitungsstufe der Besoldungsgruppe R 2 maßgebend.

§ 5 Aufstieg in eine Stufe des Grundgehaltes in den Besoldungsgruppen R 1 und R 2. (1) [1] Bei einer Zuordnung zu einer Stufe des Grundgehaltes der Anlage 2 in der ab 1. Juli 2009 gültigen Fassung wird die nächsthöhere Stufe zu dem Zeitpunkt erreicht, zu dem die nächsthöhere Lebensaltersstufe nach § 38 Abs. 1 des Bundesbesoldungsgesetzes[1)] in der am 30. Juni 2009 geltenden Fassung erreicht worden wäre. [2] Mit diesem Aufstieg beginnt die maßgebende Erfahrungszeit nach § 38 Abs. 1 Satz 2 des Bundesbesoldungsgesetzes. [3] Bei der Zuordnung zu einer Stufe auf der Grundlage von Dienstbezügen nach der Lebensaltersstufe 2 der Besoldungsgruppe R 2 nach § 38 Abs. 1 des Bundesbesoldungsgesetzes in der am 30. Juni 2009 geltenden

---

[1)] Nr. **18**.

Fassung gilt Satz 2 mit der Maßgabe, dass sich die Zeit für den Aufstieg in die Stufe 3 nach § 27 Abs. 3 des Bundesbesoldungsgesetzes um ein Jahr verkürzt. [4] Bei der Zuordnung zu einer Stufe auf der Grundlage von Dienstbezügen nach der Lebensaltersstufe 5 der Besoldungsgruppe R 1 sowie den Lebensaltersstufen 3, 4 und 5 der Besoldungsgruppe R 2 nach § 38 Abs. 1 des Bundesbesoldungsgesetzes in der am 30. Juni 2009 geltenden Fassung gilt Satz 2 mit der Maßgabe, dass sich die Zeit für den Aufstieg in die Stufen 3, 4 und 5 nach § 27 Abs. 3 des Bundesbesoldungsgesetzes um jeweils ein Jahr verkürzt.

(2) [1] Bei einer Zuordnung zu einer Überleitungsstufe wird die dazugehörige Stufe des Grundgehaltes zu dem Zeitpunkt erreicht, zu dem das Grundgehalt nach § 38 Abs. 1 des Bundesbesoldungsgesetzes in der am 30. Juni 2009 geltenden Fassung gestiegen wäre. [2] Erfolgt die Zuordnung zu der Überleitungsstufe zu den Stufen 2, 3, 4 oder 5, gilt Satz 1 mit der Maßgabe, dass nicht die der Überleitungsstufe zugehörige Stufe, sondern die nächsthöhere Stufe des Grundgehaltes erreicht wird. [3] Mit dem Aufstieg in die jeweilige Stufe des Grundgehaltes der Anlage 2 beginnt die maßgebende Erfahrungszeit nach § 38 Abs. 1 Satz 2 des Bundesbesoldungsgesetzes. [4] Erfolgt die Zuordnung zu der Überleitungsstufe zu den Stufen 6 oder 7, gilt Satz 3 mit der Maßgabe, dass sich die Erfahrungszeit in der dazugehörigen Stufe um die Zeiten des Verweilens in der Überleitungsstufe verkürzt.

(3) [1] In den Fällen des Absatzes 1 Satz 1 und des Absatzes 2 verzögert sich der Aufstieg um Zeiten ohne Anspruch auf Dienstbezüge. [2] § 3 Abs. 4 Satz 2 gilt entsprechend.

§ 5a Teilnahme der Grundgehaltssätze an Besoldungsanpassungen.

(1) Die Monatsbeträge der Anlagen nehmen an allgemeinen Anpassungen der Besoldung nach § 14 des Bundesbesoldungsgesetzes[1)] teil.

(2) Das Bundesministerium des Innern, für Bau und Heimat macht die Monatsbeträge nach Absatz 1 in der jeweils geltenden Fassung im Bundesgesetzblatt bekannt.[2)]

§ 6 Regelungen für Beamtinnen und Beamte bei den Postnachfolgeunternehmen. (1) Beamtinnen und Beamte in den Besoldungsgruppen der Bundesbesoldungsordnung A, die bei den Postnachfolgeunternehmen beschäftigt sind, werden gemäß § 2 den Stufen oder Überleitungsstufen des Grundgehaltes zugeordnet.

(2) [1] Nach der Zuordnung zu den Stufen oder Überleitungsstufen des Grundgehaltes ist auf die Beträge der Anlage 1 dieses Gesetzes § 78 Abs. 1 des Bundesbesoldungsgesetzes[1)] anzuwenden. [2] Es wird aber mindestens der Betrag aus Grundgehalt und der Zulage nach Vorbemerkung Nummer 27 Abs. 1 der Anlage I (Bundesbesoldungsordnungen A und B) des Bundesbesoldungsgesetzes in der am 30. Juni 2009 geltenden Fassung gezahlt.

(3) Das Bundesministerium des Innern, für Bau und Heimat macht die sich nach Absatz 2 jeweils ergebenden Beträge im Bundesgesetzblatt bekannt.

---

1) Nr. **18**.
2) Siehe Anlagen 1 und 2.

Anlage 1
Gültig ab 1. April 2021

Überleitungstabelle für die Besoldungsgruppen der Bundesbesoldungsordnung A

Besoldungs-gruppe	Grundgehalt (Monatsbetrag in Euro)														
	Stufe 1	Überlei-tungsstufe zu Stufe 2	Stufe 2	Überlei-tungsstufe zu Stufe 3	Stufe 3	Überlei-tungsstufe zu Stufe 4	Stufe 4	Überlei-tungsstufe zu Stufe 5	Stufe 5	Überlei-tungsstufe zu Stufe 6	Stufe 6	Überlei-tungsstufe zu Stufe 7	Stufe 7	Überlei-tungsstufe zu Stufe 8	Stufe 8
A 2	2 242,94		2 292,89		2 344,21		2 382,65	2 391,63	2 422,41	2 441,64	2 462,16	2 490,35	2 501,88		2 541,63
A 3	2 328,82		2 381,37		2 433,93		2 476,24	2 486,49	2 518,54	2 539,07	2 560,85	2 592,91	2 603,17		2 645,47
A 4	2 377,55		2 440,35		2 503,16		2 553,16	2 563,44	2 603,17	2 626,25	2 653,17	2 687,78	2 703,15		2 749,33
A 5	2 395,47		2 473,67		2 536,48		2 598,05	2 618,55	2 659,60	2 694,20	2 722,42	2 768,54	2 783,93		2 844,20
A 6	2 446,75	2 514,72	2 537,80	2 582,66	2 630,08	2 650,61	2 700,59	2 718,58	2 773,68	2 786,49	2 844,20	2 854,44	2 922,39		2 990,34
A 7	2 568,56	2 631,38	2 649,34	2 715,99	2 755,77	2 800,63	2 864,70	2 885,20	2 971,11	3 057,00	3 078,81	3 118,55	3 159,59	3 178,81	3 240,34
A 8	2 717,27	2 789,06	2 814,72	2 899,34	2 951,87	3 008,30	3 090,36	3 118,55	3 228,80	3 300,59	3 324,96	3 373,69	3 422,39	3 446,73	3 518,55
A 9	2 932,64	3 005,74	3 028,80	3 122,39	3 180,10	3 239,07	3 333,93	3 355,74	3 485,19	3 553,17	3 588,03	3 634,23	3 695,00	3 717,43	3 799,32
A 10	3 139,05	3 240,34	3 271,10	3 390,34	3 462,14	3 539,06	3 654,03	3 692,34	3 849,49	3 948,53	3 985,52	4 052,86	4 121,51	4 155,87	4 257,58
A 11	3 588,03	3 746,48	3 790,06	3 903,64	3 990,79	4 063,42	4 192,84	4 220,57	4 331,49	4 430,55	4 470,16	4 537,50	4 608,82	4 643,15	4 747,51
A 12	3 846,87	4 034,37	4 085,89	4 223,22	4 326,23	4 412,05	4 565,24	4 600,93	4 731,64	4 850,49	4 895,38	4 977,27	5 060,46	5 102,72	5 228,18
A 13	4 511,11	4 714,47	4 735,60	4 917,83	4 958,76	5 121,22	5 183,27	5 255,92	5 337,78	5 391,93	5 493,62	5 527,95	5 648,10	5 663,94	5 799,96
A 14	4 639,19	4 902,00	4 928,39	5 164,79	5 218,93	5 428,90	5 508,12	5 605,87	5 707,52	5 780,19	5 908,28	5 957,11	6 107,66	6 132,78	6 308,41
A 15	5 670,55	5 673,23	5 932,04	5 963,73	6 131,43	6 194,86	6 330,86	6 425,95	6 530,27	6 658,35	6 728,35	6 892,09	6 926,44	6 931,70	7 123,18
A 16	6 255,58	6 258,23	6 559,33	6 593,64	6 789,09	6 861,72	7 018,88	7 129,82	7 247,34	7 399,20	7 478,46	7 667,28	7 708,22	7 714,80	7 935,38

Erhöhungsbeträge für die Besoldungsgruppen A 5, A 6, A 9 und A 10

Das Grundgehalt erhöht sich in den Besoldungsgruppen A 5 und A 6

– für Beamte des mittleren Dienstes sowie

– für Soldaten in der Laufbahngruppe der Unteroffiziere sowie für Fahnenjunker und Seekadetten

um 23,47 Euro.
Es erhöht sich in den Besoldungsgruppen A 9 und A 10

– für Beamte des gehobenen Dienstes sowie

– für Offiziere

um 10,24 Euro.

Anlage 1
Gültig ab 1. April 2022

Überleitungstabelle für die Besoldungsgruppen der Bundesbesoldungsordnung A

Besoldungs-gruppe	Grundgehalt (Monatsbetrag in Euro)														
	Stufe 1	Überleitungsstufe zu Stufe 2	Stufe 2	Überleitungsstufe zu Stufe 3	Stufe 3	Überleitungsstufe zu Stufe 4	Stufe 4	Überleitungsstufe zu Stufe 5	Stufe 5	Überleitungsstufe zu Stufe 6	Stufe 6	Überleitungsstufe zu Stufe 7	Stufe 7	Überleitungsstufe zu Stufe 8	Stufe 8
A 2	2 283,31		2 334,16		2 386,41		2 425,54	2 434,68	2 466,01	2 485,59	2 506,48	2 535,18	2 546,91		2 587,38
A 3	2 370,74		2 424,23		2 477,74		2 520,81	2 531,25	2 563,87	2 584,77	2 606,95	2 639,58	2 650,03		2 693,09
A 4	2 420,35		2 484,28		2 548,22		2 599,12	2 609,58	2 650,03	2 673,52	2 700,93	2 736,16	2 751,81		2 798,82
A 5	2 438,59		2 518,20		2 582,14		2 644,81	2 665,68	2 707,47	2 742,70	2 771,42	2 818,37	2 834,04		2 895,40
A 6	2 490,79	2 559,98	2 583,48	2 629,15	2 677,42	2 698,32	2 749,20	2 767,51	2 823,61	2 836,65	2 895,40	2 905,82	2 974,99		3 044,17
A 7	2 614,79	2 678,74	2 697,03	2 764,88	2 805,37	2 851,04	2 916,26	2 937,13	3 024,59	3 112,03	3 134,23	3 174,68	3 216,46	3 236,03	3 298,67
A 8	2 766,18	2 839,26	2 865,38	2 951,53	3 005,00	3 062,45	3 145,99	3 174,68	3 286,92	3 360,00	3 384,81	3 434,42	3 483,99	3 508,77	3 581,88
A 9	2 985,43	3 059,84	3 083,32	3 178,59	3 237,34	3 297,37	3 393,94	3 416,14	3 547,92	3 617,13	3 652,61	3 699,65	3 761,51	3 784,34	3 867,71
A 10	3 195,55	3 298,67	3 329,98	3 451,37	3 524,46	3 602,76	3 719,80	3 758,80	3 918,78	4 019,60	4 057,26	4 125,81	4 195,70	4 230,68	4 334,22
A 11	3 652,61	3 813,92	3 858,28	3 973,91	4 062,62	4 136,56	4 268,31	4 296,54	4 409,46	4 510,30	4 550,62	4 619,18	4 691,78	4 726,73	4 832,97
A 12	3 916,11	4 106,99	4 159,44	4 299,24	4 404,10	4 491,47	4 647,41	4 683,75	4 816,81	4 937,80	4 983,50	5 066,86	5 151,55	5 194,57	5 322,29
A 13	4 592,31	4 799,33	4 820,84	5 006,35	5 048,02	5 213,40	5 276,57	5 350,53	5 433,86	5 488,98	5 592,51	5 627,45	5 749,77	5 765,89	5 904,36
A 14	4 722,70	4 990,24	5 017,10	5 257,76	5 312,87	5 526,62	5 607,27	5 706,78	5 810,26	5 884,23	6 014,63	6 064,34	6 217,60	6 243,17	6 421,96
A 15	5 772,62	5 775,35	6 038,82	6 071,08	6 241,80	6 306,37	6 444,82	6 541,62	6 647,81	6 778,20	6 849,46	7 016,15	7 051,12	7 056,47	7 251,40
A 16	6 368,18	6 370,88	6 677,40	6 712,33	6 911,29	6 985,23	7 145,22	7 258,16	7 377,79	7 532,39	7 613,07	7 805,29	7 846,97	7 853,67	8 078,22

Erhöhungsbeträge für die Besoldungsgruppen A 5, A 6, A 9 und A 10

Das Grundgehalt erhöht sich in den Besoldungsgruppen A 5 und A 6

– für Beamte des mittleren Dienstes sowie

– für Soldaten in der Laufbahngruppe der Unteroffiziere sowie für Fahnenjunker und Seekadetten

um 23,89 Euro.
Es erhöht sich in den Besoldungsgruppen A 9 und A 10

– für Beamte des gehobenen Dienstes sowie

– für Offiziere

um 10,42 Euro.

Anlage 2
Gültig ab 1. April 2021

Überleitungstabelle für die Besoldungsgruppen R 1 und R 2

Besoldungsgruppe	Grundgehalt (Monatsbetrag in Euro)														
	Stufe 1	Überleitungsstufe zu Stufe 2	Stufe 2	Überleitungsstufe zu Stufe 3	Stufe 3	Überleitungsstufe zu Stufe 4	Stufe 4	Überleitungsstufe zu Stufe 5	Stufe 5	Überleitungsstufe zu Stufe 6	Stufe 6	Überleitungsstufe zu Stufe 7	Stufe 7	Überleitungsstufe zu Stufe 8	Stufe 8
R 1	4 511,11	4 821,44	4 945,56	5 097,42	5 381,36	5 649,45	5 766,99	5 926,77	6 151,26	6 202,77	6 536,87	6 754,76	6 919,83	7 032,06	7 308,07
R 2	5 481,70		5 763,02		6 042,99	6 311,05	6 425,95	6 588,36	6 811,53	6 864,40	7 195,84	7 416,39	7 581,46	7 692,39	7 967,07

Anlage 2
Gültig ab 1. April 2022

Überleitungstabelle für die Besoldungsgruppen R 1 und R 2

Besoldungsgruppe	Grundgehalt (Monatsbetrag in Euro)														
	Stufe 1	Überleitungsstufe zu Stufe 2	Stufe 2	Überleitungsstufe zu Stufe 3	Stufe 3	Überleitungsstufe zu Stufe 4	Stufe 4	Überleitungsstufe zu Stufe 5	Stufe 5	Überleitungsstufe zu Stufe 6	Stufe 6	Überleitungsstufe zu Stufe 7	Stufe 7	Überleitungsstufe zu Stufe 8	Stufe 8
R 1	4 592,31	4 908,23	5 034,58	5 189,17	5 478,22	5 751,14	5 870,80	6 033,45	6 261,98	6 314,42	6 654,53	6 876,35	7 044,39	7 158,64	7 439,62
R 2	5 580,37		5 866,75		6 151,76	6 424,65	6 541,62	6 706,95	6 934,14	6 987,96	7 325,37	7 549,89	7 717,93	7 830,85	8 110,48

20. Verordnung des Bundes über leistungsbezogene Besoldungsinstrumente (Bundesleistungsbesoldungsverordnung – BLBV)[1]

Vom 23. Juli 2009
(BGBl. I S. 2170)

FNA 2032-1-36

zuletzt geänd. durch Art. 7 VO zur Änd. dienstrechtl. Verordnungen aus Anlass des BesoldungsstrukturenmodernisierungsG v. 8.1.2020 (BGBl. I S. 27)

Auf Grund des § 27 Absatz 7 und des § 42a Absatz 1 des Bundesbesoldungsgesetzes[2] in der Fassung der Bekanntmachung vom 19. Juni 2009 (BGBl. I S. 1434) verordnet die Bundesregierung:

§ 1 Geltungsbereich. Diese Verordnung gilt für Besoldungsempfängerinnen und Besoldungsempfänger in den Besoldungsgruppen der Bundesbesoldungsordnung A sowie in den Besoldungsgruppen R 1 und R 2.

§ 2 Begriffsbestimmungen. (1) Leistungsbezogene Besoldungsinstrumente im Sinne dieser Verordnung sind Leistungsstufe, Leistungsprämie und Leistungszulage.

(2) Besoldungsempfängerinnen und Besoldungsempfänger im Sinne dieser Verordnung sind:

1. Beamtinnen und Beamte, Soldatinnen und Soldaten,
2. Richterinnen und Richter, die ihr Amt nicht ausüben,
3. Staatsanwältinnen und Staatsanwälte.

§ 3 Leistungsstufe. [1]Die Leistungsstufe dient der Anerkennung dauerhaft herausragender Leistungen. [2]Beamtinnen und *Beamte*[3] sowie Soldatinnen und Soldaten, die dauerhaft herausragende Leistungen erbringen, kann für den Zeitraum bis zum Erreichen der nächsten Stufe das Grundgehalt der nächsthöheren Stufe gezahlt werden.

§ 4 Leistungsprämie. (1) Die Leistungsprämie dient der Anerkennung einer herausragenden besonderen Leistung; sie soll in engem zeitlichen Zusammenhang mit der Leistung stehen.

(2) [1]Die Leistungsprämie wird als Einmalzahlung gewährt. [2]Die Höhe ist der erbrachten Leistung entsprechend zu bemessen. [3]Es kann ein Betrag bis zur Höhe des Anfangsgrundgehaltes der Besoldungsgruppe gewährt werden, der die Besoldungsempfängerin oder der Besoldungsempfänger zum Zeitpunkt der Entscheidung angehört.

§ 5 Leistungszulage. (1) [1]Die Leistungszulage dient der Anerkennung einer herausragenden besonderen Leistung, die bereits über einen Zeitraum von mindestens drei Monaten erbracht worden ist und auch für die Zukunft

---

[1] Siehe hierzu auch die Durchführungshinweise des BMI.
[2] Nr. **18**.
[3] Richtig wohl: „Beamten".

erwartet wird. [2] Zugleich ist sie Anreiz, diese Leistung auch künftig zu erbringen. [3] Die Leistungszulage kann für bis zu drei Monate rückwirkend gewährt werden. [4] Bei Leistungsabfall ist sie für die Zukunft zu widerrufen.

(2) [1] Die Höhe und die Dauer der Gewährung sind der erbrachten Leistung entsprechend zu bemessen. [2] Es kann monatlich ein Betrag bis zur Höhe von 7 Prozent des Anfangsgrundgehaltes der Besoldungsgruppe gewährt werden, der die Besoldungsempfängerin oder der Besoldungsempfänger bei der Festsetzung der Leistungszulage angehört. [3] Die Leistungszulage darf längstens für einen zusammenhängenden Zeitraum von einem Jahr gewährt werden; innerhalb dieses Zeitraums ist die Verlängerung der Zahlung zulässig. [4] Eine weitere Leistungszulage darf frühestens ein Jahr nach Ablauf dieses Zeitraums gewährt werden. [5] Die Leistungszulage wird nachträglich gezahlt.

§ 6 Vergabemöglichkeiten. (1) [1] Die Zahl der in einem Kalenderjahr bei einem Dienstherrn vergebenen Leistungsstufen darf 15 Prozent der Zahl der bei dem Dienstherrn am 1. Januar vorhandenen Besoldungsempfängerinnen und Besoldungsempfänger in Besoldungsgruppen der Bundesbesoldungsordnung A, die das Endgrundgehalt noch nicht erreicht haben, nicht übersteigen. [2] Bei Anstalten, Stiftungen und Körperschaften mit weniger als sieben Besoldungsempfängerinnen und Besoldungsempfängern in Besoldungsgruppen der Bundesbesoldungsordnung A, die das Endgrundgehalt noch nicht erreicht haben, kann in jedem Kalenderjahr einer Besoldungsempfängerin oder einem Besoldungsempfänger eine Leistungsstufe gewährt werden.

(2) [1] Die Gesamtzahl der in einem Kalenderjahr bei einem Dienstherrn vergebenen Leistungsprämien und Leistungszulagen darf 15 Prozent der Zahl der bei dem Dienstherrn am 1. Januar vorhandenen Besoldungsempfängerinnen und Besoldungsempfänger nicht übersteigen. [2] Eine Überschreitung des Prozentsatzes nach Satz 1 ist jedoch in dem Umfang zulässig, in dem von der Möglichkeit der Vergabe von Leistungsstufen kein Gebrauch gemacht wird. [3] Bei Anstalten, Stiftungen und Körperschaften mit weniger als sieben Besoldungsempfängerinnen und Besoldungsempfängern kann in jedem Kalenderjahr einer Besoldungsempfängerin oder einem Besoldungsempfänger eine Leistungsprämie oder Leistungszulage gewährt werden.

§ 7 Teamregelungen. (1) Leistungsprämien oder Leistungszulagen, die wegen einer wesentlichen Beteiligung an einer durch enges arbeitsteiliges Zusammenwirken erbrachten Leistung an mehrere Besoldungsempfängerinnen oder Besoldungsempfänger gewährt werden, gelten zusammen nur als eine Leistungsprämie oder Leistungszulage im Sinne des § 6 Absatz 2 Satz 1.

(2) [1] Leistungsprämien und Leistungszulagen dürfen zusammen 250 Prozent des in § 4 Absatz 2 Satz 3 und § 5 Absatz 2 Satz 2 geregelten Umfangs nicht übersteigen; maßgeblich ist die höchste Besoldungsgruppe, der die an der Leistung wesentlich Beteiligten angehören. [2] Für Teilprämien und Teilzulagen, die sich für die einzelnen Besoldungsempfängerinnen oder Besoldungsempfänger ergeben, gilt § 4 Absatz 2 Satz 3 und § 5 Absatz 2 Satz 2 entsprechend.

§ 8 Ausschluss- und Konkurrenzregelungen. (1) [1] Leistungsbezogene Besoldungsinstrumente dürfen nicht neben einer Zulage nach § 45 des Bundesbesoldungsgesetzes[1)] gewährt werden, soweit sie auf Grund desselben Sachverhalts gewährt werden. [2]Neben einer Zulage für die Tätigkeit bei obersten Bundesbehörden sowie bei obersten Gerichtshöfen des Bundes können leistungsbezogene Besoldungsinstrumente nur insoweit gewährt werden, als die Gesamtheit aller Instrumente 15 Prozent der Zahl der dort am 1. Januar jeweils vorhandenen Besoldungsempfängerinnen und Besoldungsempfänger nicht übersteigt.

(2) [1]Eine Leistungsstufe darf nicht gewährt werden vor Ablauf eines Jahres seit der Berufung in ein Beamtenverhältnis auf Probe. [2]Sie soll nicht gewährt werden innerhalb eines Jahres nach der letzten Verleihung eines Amtes mit höherem Endgrundgehalt.

(3) Leistungsprämien und Leistungszulagen dürfen nicht gewährt werden in Bereichen, in denen folgende Leistungselemente gewährt werden:

1. Zuwendungen für besondere Leistungen nach § 31 Absatz 4 des Gesetzes über die Deutsche Bundesbank,
2. Zulagen nach der Postleistungszulagenverordnung, Leistungsentgelt nach der Postleistungsentgeltverordnung oder der Postbankleistungsentgeltverordnung oder
3. Zulagen der Deutsche Bahn Aktiengesellschaft oder der ausgegliederten Gesellschaften nach § 2 Absatz 1 oder § 3 Absatz 3 des Deutsche Bahn Gründungsgesetzes.

§ 9 Entscheidungsberechtigte und Verfahren. (1) [1]In den obersten Bundesbehörden entscheidet die Leitung der Abteilung über die Gewährung der leistungsbezogenen Besoldungsinstrumente. [2]Für Bereiche in obersten Bundesbehörden, die nicht der Leitung einer Abteilung unterstehen, legt die Leitung der obersten Bundesbehörde die Entscheidungsberechtigten fest. [3]In den übrigen Bundesbehörden bestimmt deren Leitung die Entscheidungsberechtigten; dabei ist der Grundsatz der dezentralen Vergabe zu berücksichtigen. [4]Die Leitung der obersten Bundesbehörde kann abweichende Regelungen treffen; dabei ist der Grundsatz der dezentralen Vergabe zu berücksichtigen.

(2) [1]Die Zahl der von den Entscheidungsberechtigten jeweils vergebenen Leistungsstufen darf 15 Prozent der Zahl der ihnen unterstellten Besoldungsempfängerinnen und Besoldungsempfänger in Besoldungsgruppen der Bundesbesoldungsordnung A, die das Endgrundgehalt noch nicht erreicht haben, nicht übersteigen. [2]Die Gesamtzahl der von den Entscheidungsberechtigten jeweils vergebenen Leistungsprämien und Leistungszulagen darf 15 Prozent der Zahl der ihnen unterstellten Besoldungsempfängerinnen und Besoldungsempfänger nicht überschreiten. [3]Die Entscheidungsberechtigten können den Prozentsatz nach Satz 2 in dem Umfang überschreiten, in dem sie von der Möglichkeit der Vergabe von Leistungsstufen keinen Gebrauch machen.

(3) [1]Die Entscheidungsberechtigten haben die jeweilige herausragende Leistung zu dokumentieren. [2]Sie sollen alle Laufbahngruppen und das zahlenmäßige Verhältnis von Besoldungsempfängerinnen und Besoldungsempfängern berücksichtigen. [3]Vor der Entscheidung sollen die übrigen Vorgesetzten der Besoldungsempfängerin oder des Besoldungsempfängers gehört werden.

[1)] Nr. **18**.

(4) [1] Die Leitung der obersten Bundesbehörde kann bis zu einem Fünftel der jeweiligen Vergabemöglichkeiten von Entscheidungsberechtigten auf andere übertragen. [2] Für die Leitungen der übrigen Bundesbehörden gilt Satz 1 entsprechend für ihren Bereich, soweit die Leitung der obersten Bundesbehörde nichts anderes bestimmt.

(5) Die Leitungen der obersten Bundesbehörden und die Leitungen der übrigen Bundesbehörden können die Befugnisse nach den Absätzen 1 und 4 einer Vertretung übertragen.

§ 10 Vorschriften für besondere Teile des öffentlichen Dienstes.

(1) [1] Bei der Bundesanstalt für Immobilienaufgaben, der Bundesagentur für Arbeit und den bundesunmittelbaren Sozialversicherungsträgern, die das Recht besitzen, Beamtinnen und Beamte zu haben, bestimmt der Vorstand die Entscheidungsberechtigten; dabei ist der Grundsatz der dezentralen Vergabe zu berücksichtigen. [2] Die Vorstände der bundesunmittelbaren Sozialversicherungsträger können ihre Befugnisse auf die Geschäftsführung übertragen.

(2) Das Bundesministerium für Verkehr und digitale Infrastruktur oder eine von ihm bestimmte Stelle trifft für die Beamtinnen und Beamten, die den Eisenbahnen des Bundes zugewiesen sind, Regelungen zu den Entscheidungsberechtigten und zum Verfahren.

§ 11 Inkrafttreten, Außerkrafttreten. [1] Diese Verordnung tritt mit Wirkung vom 1. Juli 2009 in Kraft. [2] Gleichzeitig treten die Leistungsstufenverordnung in der Fassung der Bekanntmachung vom 25. September 2002 (BGBl. I S. 3743), die zuletzt durch Artikel 348 der Verordnung vom 31. Oktober 2006 (BGBl. I S. 2407) geändert worden ist, und die Leistungsprämien- und -zulagenverordnung in der Fassung der Bekanntmachung vom 25. September 2002 (BGBl. I S. 3745), die zuletzt durch Artikel 15 Absatz 37 des Gesetzes vom 5. Februar 2009 (BGBl. I S. 160) geändert worden ist, außer Kraft.

21. Verordnung über die Gewährung von Mehrarbeitsvergütung für Beamtinnen und Beamte des Bundes (Bundesmehrarbeitsvergütungsverordnung – BMVergV)[1)]

In der Fassung der Bekanntmachung vom 4. November 2009[2)]
(BGBl. I S. 3701)

FNA 2032-1-10

zuletzt geänd. durch Art. 8, 9 G zur Anpassung der Bundesbesoldung und -versorgung für 2021/2022 und zur Änd. weiterer dienstrechtl. Vorschriften v. 9.7.2021 (BGBl. I S. 2444)

§ 1 [Grundsatz für Vergütungen] Vergütungen für Mehrarbeit an Beamtinnen und Beamte des Bundes dürfen nur nach Maßgabe dieser Verordnung gezahlt werden.

§ 2 [Anwendungsbereich] (1) Beamtinnen und Beamten mit Dienstbezügen in Besoldungsgruppen mit aufsteigenden Gehältern kann in folgenden Bereichen für Mehrarbeit eine Vergütung gewährt werden:

1. im ärztlichen und Pflegedienst der Krankenhäuser, Kliniken und Sanatorien,
2. im Betriebsdienst des Bundeseisenbahnvermögens, soweit dieser bei der Deutsche Bahn Aktiengesellschaft sowie einer gemäß § 2 Abs. 1 und § 3 Absatz 3 des Deutschen Bahn Gründungsgesetzes vom 27. Dezember 1993 (BGBl. I S. 2378, 2386) ausgegliederten Gesellschaft geleistet wird, und im Dienst der Nachfolgeunternehmen der Deutschen Bundespost,
3. im Abfertigungsdienst der Zollverwaltung,
4. im polizeilichen Vollzugsdienst,
5. im Einsatzdienst der Berufsfeuerwehr,
6. im Schuldienst als Lehrkraft.

(2) Absatz 1 gilt entsprechend auch in anderen Bereichen, soweit Mehrarbeit geleistet wird im Rahmen eines

1. Dienstes in Bereitschaft,
2. Schichtdienstes,
3. allgemein geltenden besonderen Dienstplanes, wenn ihn die Eigenart des Dienstes erfordert,
4. Dienstes, der ausschließlich aus gleichartigen, im Wesentlichen die gleiche Arbeitszeit erfordernden Arbeitsvorgängen besteht, für die der Dienstherr Richtwerte eingeführt hat,
5. Dienstes zur Herbeiführung eines im öffentlichen Interesse liegenden unaufschiebbaren und termingebundenen Ergebnisses.

(3) Eine Mehrarbeitsvergütung wird nicht gewährt neben

1. einer Vergütung nach § 50c des Bundesbesoldungsgesetzes[3)],

---

[1)] Die VO wurde erlassen aufgrund von § 48 Abs. 1 BBesG.

[2)] Neubekanntmachung der MehrarbeitsvergütungsVO idF der Bek. v. 3.12.1998 (BGBl. I S. 3494) in der ab 23.7.2009 geltenden Fassung.

[3)] Nr. **18**.

2. Auslandsbesoldung nach Abschnitt 5 des Bundesbesoldungsgesetzes,
3. einer Vergütung nach der Sanitätsdienstvergütungsverordnung.

(4) Ist die Gewährung einer Mehrarbeitsvergütung neben einer Zulage ganz oder teilweise ausgeschlossen, gilt dies auch für eine nach Wegfall der Zulage gewährte Ausgleichszulage, solange diese noch nicht bis zur Hälfte aufgezehrt ist.

§ 3 [Voraussetzungen der Vergütung] (1) Die Vergütung wird nur gewährt, wenn die Mehrarbeit

1. von Beamtinnen und Beamten geleistet wurde, für die beamtenrechtliche Arbeitszeitregelungen gelten,
2. schriftlich oder elektronisch angeordnet oder genehmigt wurde,
3. aus zwingenden dienstlichen Gründen nicht durch Dienstbefreiung innerhalb eines Jahres ausgeglichen werden kann und
4. die sich aus der regelmäßigen wöchentlichen Arbeitszeit ergebende Arbeitszeit um mehr als fünf Stunden im Kalendermonat (Mindeststundenzahl) übersteigt.

(2) [1] Soweit nur während eines Teils eines Kalendermonats Dienst geleistet wurde, gilt die Mindeststundenzahl für die jeweils anteilige Arbeitszeit. [2] Sie verkürzt sich bei Teilzeitbeschäftigung entsprechend dem Umfang der bewilligten Teilzeitbeschäftigung.

(3) Besteht keine feste tägliche Arbeitszeit, so dass eine Mehrarbeit nicht für den einzelnen Arbeitstag, sondern nur auf Grund der regelmäßigen wöchentlichen Arbeitszeit für eine volle Woche ermittelt werden kann, so ist Mehrarbeit innerhalb einer Kalenderwoche, wenn diese zum Teil auf den laufenden, zum Teil auf den folgenden Kalendermonat fällt, diesem zuzurechnen.

§ 4 [Höhe der Vergütung] (1)[1)] Die Vergütung beträgt je Stunde

1. in den Besoldungsgruppen A 3 bis A 4	13,61 Euro,
2. in den Besoldungsgruppen A 5 bis A 8	16,08 Euro,
3. in den Besoldungsgruppen A 9 bis A 12	22,09 Euro,
4. in den Besoldungsgruppen A 13 bis A 16	30,41 Euro.

(2) Diese Beträge gelten auch für Beamtinnen und Beamte vergleichbarer Besoldungsgruppen, die der Bundesbesoldungsordnung C angehören.

[1)] Wortlaut des § 4 Abs. 1 **ab 1.4.2022** (vgl. G v. 9.7.2021, BGBl. I S. 2444):
„(1) Die Vergütung beträgt je Stunde

1. in den Besoldungsgruppen A 3 bis A 4	13,85 Euro,
2. in den Besoldungsgruppen A 5 bis A 8	16,37 Euro,
3. in den Besoldungsgruppen A 9 bis A 12	22,49 Euro,
4. in den Besoldungsgruppen A 13 bis A 16	30,96 Euro.“

(3)[1] Bei Mehrarbeit im Schuldienst beträgt die Vergütung abweichend von Absatz 1 je Unterrichtsstunde für Lehrkräfte an Fachhochschulen und Fachschulen des Bundes

1. im gehobenen Dienst 30,22 Euro,
2. im höheren Dienst 35,30 Euro.

(4) Die in den Absätzen 1 und 3 enthaltenen Vergütungssätze gelten nur für Mehrarbeit, die nach dem Inkrafttreten dieser Sätze geleistet wird.

§ 4a [Teilzeitbeschäftigung] (1) Teilzeitbeschäftigte erhalten bis zur Erreichung der regelmäßigen Arbeitszeit von Vollzeitbeschäftigten je Stunde Mehrarbeit eine Vergütung in Höhe des auf eine Stunde entfallenden Anteils der Besoldung entsprechender Vollzeitbeschäftigter.

(2) [1] Zur Ermittlung der auf eine Stunde entfallenden anteiligen Besoldung sind die monatlichen Bezüge entsprechender Vollzeitbeschäftigter durch das 4,348-Fache ihrer regelmäßigen wöchentlichen Arbeitszeit zu teilen. [2] Bezüge, die nicht der anteiligen Kürzung nach § 6 Absatz 1 des Bundesbesoldungsgesetzes[2] unterliegen, bleiben unberücksichtigt.

(3) Mehrarbeit, die über die Arbeitszeit von Vollzeitbeschäftigten hinausgeht, wird nach § 4 Absatz 1 und 3 vergütet.

§ 5 [Berechnung der Mehrarbeit] (1) [1] Als Mehrarbeitsstunde im Sinne der §§ 3, 4 Absatz 1 und 2 sowie § 4a gilt die volle Zeitstunde. [2] Hiervon abweichend wird eine Stunde Dienst in Bereitschaft nur entsprechend dem Umfang der erfahrungsgemäß bei der betreffenden Tätigkeit durchschnittlich anfallenden Inanspruchnahme berücksichtigt; dabei ist schon die Ableistung eines Dienstes in Bereitschaft als solche in jeweils angemessenem Umfang anzurechnen.

(2) [1] Bei Mehrarbeit im Schuldienst beträgt die Mindeststundenzahl nach § 3 Absatz 1 Nummer 4 drei Unterrichtsstunden. [2] § 3 Absatz 2 gilt entsprechend.

(3) Ergibt sich bei der monatlichen Mehrarbeitsstundenberechnung ein Bruchteil einer Stunde, so werden 30 Minuten und mehr auf eine volle Stunde aufgerundet, weniger als 30 Minuten bleiben unberücksichtigt.

§ 6 (weggefallen)

§ 7 (weggefallen)

§ 8 (Inkrafttreten)

---

[1] Wortlaut des § 4 Abs. 3 **ab 1.4.2022** (vgl. G v. 9.7.2021, BGBl. I S. 2444):

„(3) Bei Mehrarbeit im Schuldienst beträgt die Vergütung abweichend von Absatz 1 je Unterrichtsstunde für Lehrkräfte an Fachhochschulen und Fachschulen des Bundes

1. im gehobenen Dienst 30,76 Euro,
2. im höheren Dienst 35,94 Euro.“

[2] Nr. **18**.

22. Verordnung über die Gewährung eines Zuschlags bei Altersteilzeit (Altersteilzeitzuschlagsverordnung – ATZV)

In der Fassung der Bekanntmachung vom 23. August 2001[1]
(BGBl. I S. 2239)

FNA 2032-1-29

zuletzt geänd. durch Art. 15 Abs. 38 DienstrechtsneuordnungsG v. 5.2.2009 (BGBl. I S. 160)

§ 1 Gewährung eines Altersteilzeitzuschlags. Den in § 6 Abs. 2 des Bundesbesoldungsgesetzes[2] genannten Beamten und Richtern wird ein nichtruhegehaltfähiger Altersteilzeitzuschlag gewährt, soweit die Altersteilzeit mindestens mit der Hälfte der bisherigen Arbeitszeit, die für die Bemessung der ermäßigten Arbeitszeit während der Altersteilzeit zugrunde gelegt worden ist, durchgeführt wird.

§ 2 Höhe und Berechnung. (1) [1] Der Zuschlag wird gewährt in Höhe des Unterschiedsbetrages zwischen der Nettobesoldung, die sich aus dem Umfang der Teilzeitbeschäftigung ergibt, und 83 vom Hundert der Nettobesoldung, die nach der bisherigen Arbeitszeit, die für die Bemessung der ermäßigten Arbeitszeit während der Altersteilzeit zugrunde gelegt worden ist, bei Beamten mit begrenzter Dienstfähigkeit (§ 45 des Bundesbeamtengesetzes[3] oder entsprechendes Landesrecht) unter Berücksichtigung des § 72a des Bundesbesoldungsgesetzes[2], zustehen würde. [2] Zur Ermittlung dieser letztgenannten Nettobesoldung ist die Bruttobesoldung um die Lohnsteuer entsprechend der individuellen Steuerklasse (§§ 38a, 38b des Einkommensteuergesetzes), den Solidaritätszuschlag (§ 4 Satz 1 des Solidaritätszuschlaggesetzes 1995) und um einen Abzug in Höhe von 8 vom Hundert der Lohnsteuer zu vermindern; Freibeträge (§ 39a des Einkommensteuergesetzes) oder sonstige individuelle Merkmale bleiben unberücksichtigt.

(2) Brutto- und Nettobesoldung im Sinne des Absatzes 1 sind das Grundgehalt, der Familienzuschlag, Amtszulagen, Stellenzulagen, Zuschüsse zum Grundgehalt für Professoren an Hochschulen und die bei der Deutschen Bundesbank gewährte Bankzulage, Überleitungszulagen und Ausgleichszulagen, die wegen des Wegfalls oder der Verminderung solcher Bezüge zustehen, sowie die jährliche Sonderzahlungen.

(3) [1] Für Beamte im Geschäftsbereich des Bundesministeriums der Verteidigung, deren Dienstposten durch Auflösung oder Verkleinerung von Dienststellen oder durch eine wesentliche Änderung des Aufbaus oder der Aufgaben einer Dienststelle einschließlich der damit verbundenen Umgliederung oder Verlegung auf Grund der Neuausrichtung der Bundeswehr wegfallen, gelten die Absätze 1 bis 3 mit der Maßgabe, dass der Zuschlag auf der Grundlage von 88 vom Hundert der maßgebenden Nettobesoldung bemessen wird. [2] Dies gilt entsprechend für Beamte, deren Dienstposten mit Beamten nach Satz 1 neu besetzt werden.

---

[1] Neubekanntmachung der ATZV v. 21.10.1998 (BGBl. I S. 3191) in der ab 1.7.2000 geltenden Fassung.
[2] Nr. **18**.
[3] Nr. **2**.

§ 2a Ausgleich bei vorzeitiger Beendigung der Altersteilzeit. [1] Wenn die Altersteilzeit mit ungleichmäßiger Verteilung der Arbeitszeit (Blockmodell) vorzeitig endet und die insgesamt gezahlten Altersteilzeitbezüge geringer sind als die Besoldung, die nach der tatsächlichen Beschäftigung ohne Altersteilzeit zugestanden hätte, ist ein Ausgleich in Höhe des Unterschiedsbetrages zu gewähren. [2] Dabei bleiben Zeiten ohne Dienstleistung in der Arbeitsphase, soweit sie insgesamt sechs Monate überschreiten, unberücksichtigt. [3] Abweichendes Landesrecht bleibt unberührt.

§ 3 (Inkrafttreten)

23. Verordnung über Beihilfe in Krankheits-, Pflege- und Geburtsfällen (Bundesbeihilfeverordnung – BBhV)

Vom 13. Februar 2009
(BGBl. I S. 326)

FNA 2030-2-30-1

zuletzt geänd. durch Art. 1 Neunte ÄndVO v. 1.12.2020 (BGBl. I S. 2713, ber. 2021 S. 343)

Auf Grund des § 80 Abs. 4 des Bundesbeamtengesetzes[1] vom 5. Februar 2009 (BGBl. I S. 160) verordnet das Bundesministerium des Innern im Einvernehmen mit dem Auswärtigen Amt, dem Bundesministerium der Finanzen, dem Bundesministerium der Verteidigung und dem Bundesministerium für Gesundheit:

Inhaltsübersicht

Kapitel 1. Allgemeine Vorschriften

§ 1 Regelungsgegenstand
§ 2 Beihilfeberechtigte Personen
§ 3 Beamtinnen und Beamte im Ausland
§ 4 Berücksichtigungsfähige Personen
§ 5 Konkurrenzen
§ 6 Beihilfefähigkeit von Aufwendungen
§ 7 Verweisungen auf das Sozialgesetzbuch
§ 8 Ausschluss der Beihilfefähigkeit
§ 9 Anrechnung von Leistungen
§ 10 Beihilfeanspruch
§ 11 Aufwendungen im Ausland

Kapitel 2. Aufwendungen in Krankheitsfällen

Abschnitt 1. Ambulante Leistungen

§ 12 Ärztliche Leistungen
§ 13 Leistungen von Heilpraktikerinnen und Heilpraktikern
§ 14 Zahnärztliche Leistungen
§ 15 Implantologische Leistungen
§ 15a Kieferorthopädische Leistungen
§ 15b Funktionsanalytische und funktionstherapeutische Leistungen
§ 16 Auslagen, Material- und Laborkosten
§ 17 Zahnärztliche Leistungen für Beamtinnen und Beamte auf Widerruf
§ 18 Psychotherapie, psychosomatische Grundversorgung, psychotherapeutische Akutbehandlung
§ 18a Gemeinsame Vorschriften für psychoanalytisch begründete Verfahren, Verhaltenstherapie und Systemische Therapie
§ 19 Psychoanalytisch begründete Verfahren
§ 20 Verhaltenstherapie
§ 20a Systemische Therapie
§ 21 Psychosomatische Grundversorgung

Abschnitt 2. Sonstige Aufwendungen

§ 22 Arznei- und Verbandmittel, Medizinprodukte
§ 23 Heilmittel
§ 24 Komplextherapie, integrierte Versorgung und Leistungen psychiatrischer und psychosomatischer Institutsambulanzen
§ 25 Hilfsmittel, Geräte zur Selbstbehandlung und Selbstkontrolle, Körperersatzstücke
§ 26 Behandlung in zugelassenen Krankenhäusern
§ 26a Behandlung in nicht zugelassenen Krankenhäusern
§ 27 Häusliche Krankenpflege, Kurzzeitpflege bei fehlender Pflegebedürftigkeit

---

[1] Nr. 2.

§ 28 Familien- und Haushaltshilfe
§ 29 Familien- und Haushaltshilfe im Ausland
§ 30 Soziotherapie
§ 30a Neuropsychologische Therapie
§ 31 Fahrtkosten
§ 32 Unterkunftskosten
§ 33 Lebensbedrohliche oder regelmäßig tödlich verlaufende Krankheiten

Abschnitt 3. Rehabilitation

§ 34 Anschlussheil- und Suchtbehandlungen
§ 35 Rehabilitationsmaßnahmen
§ 36 Voraussetzungen für Rehabilitationsmaßnahmen

Kapitel 3. Aufwendungen in Pflegefällen

§ 37 Pflegeberatung, Anspruch auf Beihilfe für Pflegeleistungen
§ 38 Anspruchsberechtigte bei Pflegeleistungen
§ 38a Häusliche Pflege
§ 38b Kombinationsleistungen
§ 38c Häusliche Pflege bei Verhinderung der Pflegeperson
§ 38d Teilstationäre Pflege
§ 38e Kurzzeitpflege
§ 38f Ambulant betreute Wohngruppen
§ 38g Pflegehilfsmittel und Maßnahmen zur Verbesserung des Wohnumfeldes
§ 38h Leistungen zur sozialen Sicherung der Pflegeperson
§ 39 Vollstationäre Pflege
§ 39a Einrichtungen der Behindertenhilfe
§ 39b Aufwendungen bei Pflegegrad 1
§ 40 Palliativversorgung
§ 40a Gesundheitliche Versorgungsplanung für die letzte Lebensphase

Kapitel 4. Aufwendungen in anderen Fällen

§ 41 Früherkennungsuntersuchungen und Vorsorgemaßnahmen
§ 42 Schwangerschaft und Geburt
§ 43 Künstliche Befruchtung
§ 43a Sterilisation, Empfängnisregelung und Schwangerschaftsabbruch
§ 44 Überführungskosten
§ 45 Erste Hilfe, Entseuchung, Kommunikationshilfe
§ 45a Organspende und andere Spenden
§ 45b Klinisches Krebsregister

Kapitel 5. Umfang der Beihilfe

§ 46 Bemessung der Beihilfe
§ 47 Abweichender Bemessungssatz
§ 48 Begrenzung der Beihilfe
§ 49 Eigenbehalte
§ 50 Belastungsgrenzen

Kapitel 6. Verfahren und Zuständigkeit

§ 51 Bewilligungsverfahren
§ 51a Zahlung an Dritte
§ 52 Zuordnung von Aufwendungen
§ 53 (weggefallen)
§ 54 Antragsfrist
§ 55 Geheimhaltungspflicht
§ 56 Festsetzungsstellen
§ 57 Verwaltungsvorschriften *(aufgehoben)*

Kapitel 7. Übergangs- und Schlussvorschriften

§ 58 Übergangsvorschriften
§ 59 Inkrafttreten

Anlage 1 (zu § 6 Absatz 2) Ausgeschlossene und teilweise ausgeschlossene Untersuchungen und Behandlungen
Anlage 2 (zu § 6 Absatz 3 Satz 4) Höchstbeträge für die Angemessenheit der Aufwendungen für Heilpraktikerleistungen

Anlage 3 (zu den §§ 18 bis 21) Ambulant durchgeführte psychotherapeutische Behandlungen und Maßnahmen der psychosomatischen Grundversorgung
Anlage 4 (zu § 22 Absatz 1) Beihilfefähige Medizinprodukte
Anlage 5 (zu § 22 Absatz 2 Nummer 1) Arzneimittel, die überwiegend der Erhöhung der Lebensqualität dienen
Anlage 6 (zu § 22 Absatz 2 Nummer 3 Buchstabe c) Beihilfefähigkeit nicht verschreibungspflichtiger Arzneimittel
Anlage 7 (weggefallen)
Anlage 8 (zu § 22 Absatz 4) Von der Beihilfefähigkeit ausgeschlossene oder beschränkt beihilfefähige Arzneimittel
Anlage 9 (zu § 23 Absatz 1) Höchstbeträge für beihilfefähige Aufwendungen für Heilmittel
Anlage 10 (zu § 23 Absatz 1 und § 24 Absatz 1) Zugelassene Leistungserbringerinnen und Leistungserbringer für Heilmittel
Anlage 11 (zu § 25 Absatz 1 und 4) Beihilfefähige Aufwendungen für Hilfsmittel, Geräte zur Selbstbehandlung und Selbstkontrolle, Körperersatzstücke
Anlage 12 (zu § 25 Absatz 1, 2 und 4) Nicht beihilfefähige Hilfsmittel, Geräte zur Selbstbehandlung und Selbstkontrolle
Anlage 13 (zu § 41 Absatz 1 Satz 3) Nach § 41 Absatz 1 Satz 3 beihilfefähige Früherkennungsuntersuchungen, Vorsorgemaßnahmen und Schutzimpfungen
Anlage 14 (zu § 41 Absatz 3) Früherkennungsprogramm für erblich belastete Personen mit einem erhöhten familiären Brust- oder Eierstockkrebsrisiko
Anlage 14a (zu § 41 Absatz 4) Früherkennungsprogramm für erblich belastete Personen mit einem erhöhten familiären Darmkrebsrisiko
Anlage 15 (weggefallen)
Anlage 16 Antrag auf Gewährung von Beihilfe und auf Direktabrechnung

Kapitel 1. Allgemeine Vorschriften

§ 1 Regelungsgegenstand Diese Verordnung regelt die Einzelheiten der Gewährung von Beihilfe nach § 80 Absatz 6 des Bundesbeamtengesetzes[1)].

§ 2 Beihilfeberechtigte Personen. (1) Soweit nicht die Absätze 2 bis 5 etwas Anderes bestimmen, ist beihilfeberechtigt, wer im Zeitpunkt der Leistungserbringung

1. Beamtin oder Beamter,
2. Versorgungsempfängerin oder Versorgungsempfänger oder
3. frühere Beamtin oder früherer Beamter

ist.

(2) [1] Die Beihilfeberechtigung setzt ferner voraus, dass der beihilfeberechtigten Person Dienstbezüge, Amtsbezüge, Anwärterbezüge, Ruhegehalt, Witwengeld, Witwergeld, Waisengeld, Unterhaltsbeiträge nach Abschnitt II oder Abschnitt V, nach § 22 Absatz 1 oder nach § 26 Absatz 1 des Beamtenversorgungsgesetzes[2)] oder Übergangsgeld nach Abschnitt VI des Beamtenversorgungsgesetzes zustehen. [2] Die Beihilfeberechtigung besteht auch, wenn Bezüge wegen Elternzeit oder der Anwendung von Ruhens-, Anrechnungs- oder Kürzungsvorschriften nicht gezahlt werden. [3] Ruhens- und Anrechnungsvorschriften im Sinne von Satz 2 sind insbesondere § 22 Absatz 1 Satz 2, die §§ 53 bis 56, § 61 Absatz 2 Satz 2 und Absatz 3 des Beamtenversorgungsgesetzes, § 9a des Bundesbesoldungsgesetzes[3)] sowie § 10 Absatz 4 und 6 des Postpersonalrechtsgesetzes. [4] Der Anspruch auf Beihilfe bleibt bei Urlaub unter Wegfall der

---

1) Nr. **2**.
2) Nr. **27**.
3) Nr. **18**.

Besoldung nach der Sonderurlaubsverordnung[1] unberührt, wenn dieser nicht länger als einen Monat dauert.

(3) Nicht beihilfeberechtigt sind

1. Ehrenbeamtinnen und Ehrenbeamte,
2. Beamtinnen und Beamte, deren Dienstverhältnis auf weniger als ein Jahr befristet ist, es sei denn, dass sie insgesamt mindestens ein Jahr ununterbrochen im öffentlichen Dienst im Sinne des § 40 Abs. 6 des Bundesbesoldungsgesetzes beschäftigt sind, und
3. Beamtinnen und Beamte sowie Versorgungsempfängerinnen und Versorgungsempfänger, denen Leistungen nach § 11 des Europaabgeordnetengesetzes, § 27 des Abgeordnetengesetzes oder entsprechenden vorrangigen landesrechtlichen Vorschriften zustehen.

(4) Nicht beihilfeberechtigt nach dieser Verordnung sind diejenigen Beamtinnen und Beamten des Bundeseisenbahnvermögens, die zum Zeitpunkt der Zusammenführung der Deutschen Bundesbahn und der Deutschen Reichsbahn Beamtinnen oder Beamte der Deutschen Bundesbahn waren.

(5) Nicht beihilfeberechtigt nach dieser Verordnung sind diejenigen Beamtinnen und Beamten, die A-Mitglieder der Postbeamtenkrankenkasse sind, soweit die Satzung für beihilfefähige Aufwendungen dieser Mitglieder Sachleistungen vorsieht und diese nicht durch einen Höchstbetrag begrenzt sind.

§ 3 Beamtinnen und Beamte im Ausland. Beihilfeberechtigt nach § 2 Abs. 1 Nr. 1 sind auch diejenigen Beamtinnen und Beamten, die ihren dienstlichen Wohnsitz im Ausland haben oder in das Ausland abgeordnet sind.

§ 4 Berücksichtigungsfähige Personen. (1) Ehegattinnen, Ehegatten, Lebenspartnerinnen und Lebenspartner beihilfeberechtigter Personen sind berücksichtigungsfähig.

(2) [1]Kinder sind berücksichtigungsfähig, wenn sie beim Familienzuschlag der beihilfeberechtigten Person nach dem Besoldungs- und Versorgungsrecht berücksichtigungsfähig sind. [2]Dies gilt für beihilfeberechtigte Personen nach § 3, wenn

1. Anspruch auf einen Auslandszuschlag nach § 53 Absatz 4 Nummer 2 und 2a des Bundesbesoldungsgesetzes besteht oder
2. ein Auslandszuschlag nach § 53 Absatz 4 Nummer 2 und 2a des Bundesbesoldungsgesetzes nur deshalb nicht gezahlt wird, weil im Inland ein Haushalt eines Elternteils besteht, der für das Kind sorgeberechtigt ist oder war.

[3]Befinden sich Kinder nach Vollendung des 25. Lebensjahres noch in Schul- oder Berufsausbildung, sind sie weiter berücksichtigungsfähig, wenn die Ausbildung durch einen freiwilligen Wehrdienst nach § 58b des Soldatengesetzes, einen Freiwilligendienst nach dem Bundesfreiwilligendienstgesetz oder dem Jugendfreiwilligendienstegesetz oder einen vergleichbaren anerkannten Freiwilligendienst oder durch eine Tätigkeit als Entwicklungshelfer im Sinne des § 1 Absatz 1 des Entwicklungshelfer-Gesetzes unterbrochen oder verzögert worden ist. [4]Die Dauer der weiteren Berücksichtigungsfähigkeit entspricht der Dauer des abgeleisteten Dienstes, insgesamt höchstens zwölf Monate.

---

[1] Nr. **13**.

(3) Angehörige beihilfeberechtigter Waisen sind nicht berücksichtigungsfähig.

§ 5 Konkurrenzen. (1) Die Beihilfeberechtigung aus einem Dienstverhältnis oder ein Anspruch auf Leistungen der Krankenfürsorge in entsprechender Anwendung der Beihilferegelungen für Beamtinnen und Beamte schließt

1. eine Beihilfeberechtigung auf Grund eines Versorgungsanspruchs sowie
2. die Berücksichtigungsfähigkeit nach § 4

aus.

(2) [1] Die Beihilfeberechtigung auf Grund eines Versorgungsbezugs schließt die Beihilfeberechtigung auf Grund früherer Versorgungsansprüche sowie als berücksichtigungsfähige Person aus. [2] Satz 1 gilt nicht, wenn der frühere Versorgungsanspruch aus einem eigenen Dienstverhältnis folgt.

(3) [1] Absatz 1 Nummer 2 und Absatz 2 Satz 1 gelten nicht, wenn eine berücksichtigungsfähige Person nach § 4 Absatz 1, deren Aufwendungen auch nach § 6 Absatz 2 beihilfefähig sind,

1. mit einer beihilfeberechtigten Person nach § 3 in häuslicher Gemeinschaft am Auslandsdienstort lebt und
2. auf den eigenen Anspruch aus der Beihilfeberechtigung verzichtet.

[2] Der Verzicht ist der Festsetzungsstelle nachzuweisen.

(4) [1] Die Beihilfeberechtigung auf Grund privatrechtlicher Rechtsbeziehungen nach Regelungen, die dieser Verordnung im Wesentlichen vergleichbar sind, geht

1. der Beihilfeberechtigung aufgrund eines Versorgungsanspruchs und
2. der Berücksichtigungsfähigkeit nach § 4

vor. [2] Keine im Wesentlichen vergleichbare Regelung stellt der bei teilzeitbeschäftigten Arbeitnehmerinnen und Arbeitnehmern zu quotelnde Beihilfeanspruch dar.

(5) Absatz 4 ist nicht anzuwenden bei privat krankenversicherten Versorgungsempfängerinnen und Versorgungsempfängern, die

1. eine Teilzeitbeschäftigung als Tarifbeschäftigte im öffentlichen Dienst ausüben und
2. auf Grund ihres dienstrechtlichen Status weder einen Beitragszuschuss nach § 257 des Fünften Buches Sozialgesetzbuch erhalten noch nach § 5 des Fünften Buches Sozialgesetzbuch versicherungspflichtig sind.

(6) [1] Ein Kind wird bei der beihilfeberechtigten Person berücksichtigt, die den Familienzuschlag für das Kind erhält. [2] Beihilfeberechtigt im Sinne von Satz 1 sind auch Personen, die einen Anspruch auf Beihilfe haben, der in seinem Umfang dem Anspruch nach dieser Verordnung im Wesentlichen vergleichbar ist, unabhängig von der jeweiligen Anspruchsgrundlage. [3] Familienzuschlag für das Kind im Sinne von Satz 1 sind die Leistungen nach den §§ 39, 40 und 53 des Bundesbesoldungsgesetzes[1)] oder vergleichbare Leistungen, die im Hinblick auf das Kind gewährt werden. [4] Die Sätze 1 und 2 gelten nicht für Personen, die Anspruch auf Heilfürsorge oder auf truppenärztliche Versorgung haben.

[1)] Nr. **18**.

§ 6 Beihilfefähigkeit von Aufwendungen. (1) [1]Aufwendungen sind beihilfefähig, wenn zum Zeitpunkt des Entstehens der Aufwendungen

1. die Beihilfeberechtigung besteht oder
2. die Voraussetzungen für die Berücksichtigungsfähigkeit nach § 4 erfüllt sind.

[2]Die Aufwendungen gelten als zu dem Zeitpunkt entstanden, zu dem die sie begründende Leistung erbracht wird.

(2) [1]Aufwendungen einer nach § 4 Absatz 1 berücksichtigungsfähigen Person sind beihilfefähig, wenn der Gesamtbetrag ihrer Einkünfte (§ 2 Absatz 3 in Verbindung mit Absatz 5a des Einkommensteuergesetzes) einschließlich vergleichbarer ausländischer Einkünfte oder der Gesamtbetrag ihrer vergleichbaren ausländischen Einkünfte im zweiten Kalenderjahr vor Beantragung der Beihilfe 20 000 Euro nicht übersteigt. [2]Sind die Einkünfte im laufenden Kalenderjahr geringer, sind Aufwendungen der Ehegattin, des Ehegatten, der Lebenspartnerin oder des Lebenspartners unter Vorbehalt bereits im laufenden Kalenderjahr beihilfefähig. [3]Die von der Ehegattin, dem Ehegatten, der Lebenspartnerin oder dem Lebenspartner der beihilfeberechtigten Personen nach § 3 im Rahmen einer durch Auslandsverwendung der beihilfeberechtigten Person aufgenommenen oder fortgeführten Erwerbstätigkeit erzielten ausländischen Einkünfte bleiben unberücksichtigt. [4]Auf Anforderung der Festsetzungsstelle ist der Gesamtbetrag der Einkünfte durch Vorlage einer Kopie des Steuerbescheids oder, wenn dieser nicht oder noch nicht vorliegt, durch andere geeignete Unterlagen nachzuweisen. [5]Weist der Steuerbescheid den Gesamtbetrag der Einkünfte nicht vollständig aus, können andere Nachweise gefordert werden. [6]Der Betrag nach Satz 1 wird im gleichen Verhältnis, wie sich der Rentenwert West auf Grund der Rentenwertbestimmungsverordnung erhöht, angepasst und auf volle Euro abgerundet. [7]Die Anpassung erfolgt mit Wirkung für das auf das Inkrafttreten der Rentenwertbestimmungsverordnung folgende Kalenderjahr. [8]Das Bundesministerium des Innern, für Bau und Heimat gibt den jeweils angepassten Betrag durch Rundschreiben bekannt.

(3) [1]Beihilfefähig sind grundsätzlich nur notwendige und wirtschaftlich angemessene Aufwendungen. [2]Andere Aufwendungen sind ausnahmsweise beihilfefähig, soweit diese Verordnung die Beihilfefähigkeit vorsieht.

(4) [1]Die Notwendigkeit von Aufwendungen für Untersuchungen und Behandlungen setzt grundsätzlich voraus, dass diese nach einer wissenschaftlich anerkannten Methode vorgenommen werden. [2]Als nicht notwendig gelten in der Regel Untersuchungen und Behandlungen, soweit sie in der Anlage 1 ausgeschlossen werden.

(5) [1]Aufwendungen für ärztliche, zahnärztliche und psychotherapeutische Leistungen sind wirtschaftlich angemessen, wenn sie sich innerhalb des in der einschlägigen Gebührenordnung vorgesehenen Gebührenrahmens halten. [2]Als nicht wirtschaftlich angemessen gelten Aufwendungen auf Grund einer Vereinbarung nach § 2 der Gebührenordnung für Ärzte, nach § 2 der Gebührenordnung für Zahnärzte oder nach den Sätzen 2 bis 4 der allgemeinen Bestimmungen des Abschnitts G der Anlage 1 zur Gebührenordnung für Zahnärzte, soweit sie die gesetzlichen Gebühren übersteigen. [3]Wirtschaftlich angemessen sind auch Leistungen, die auf Grund von Vereinbarungen oder Verträgen zwischen Leistungserbringerinnen oder Leistungserbringern und gesetzlichen Krankenkassen nach dem Fünften Buch Sozialgesetzbuch, Unternehmen der privaten Krankenversicherung oder Beihilfeträgern erbracht worden sind, wenn

dadurch Kosten eingespart werden. [4] Aufwendungen für Leistungen von Heilpraktikerinnen oder Heilpraktikern sind wirtschaftlich angemessen, wenn sie die Höchstbeträge nach Anlage 2 nicht übersteigen.

(6) [1] Für Personen, die nach § 3 beihilfeberechtigt oder bei einer nach § 3 beihilfeberechtigten Person berücksichtigungsfähig sind, gelten unter Berücksichtigung der besonderen Verhältnisse im Ausland die ortsüblichen Gebühren als wirtschaftlich angemessen. [2] Gelten Höchstbeträge nach Anlage 11, kann in entsprechender Anwendung des § 55 des Bundesbesoldungsgesetzes[1)] der für den Dienstort jeweils geltende Kaufkraftausgleich hinzutreten.

(7) [1] In Ausnahmefällen kann das Bundesministerium des Innern, für Bau und Heimat im Einvernehmen mit dem Bundesministerium der Finanzen die einmalige Beteiligung des Bundes als Beihilfeträger an allgemeinen, nicht individualisierbaren Maßnahmen erklären. [2] Hierfür zu leistende Zahlungen und Erstattungen kann das Bundesministerium des Innern, für Bau und Heimat auf die Einrichtungen oder Stellen des Bundes, die Beihilfe nach dieser Verordnung gewähren, aufteilen. [3] Auf Anforderung des Bundesministeriums des Innern, für Bau und Heimat leisten die Einrichtungen oder Stellen entsprechende Abschläge und Zahlungen. [4] Die Anteile bemessen sich nach dem Verhältnis der tatsächlichen Beihilfeausgaben im Jahr 2009; jährliche Ausgaben unter 1 000 Euro bleiben außer Betracht. [5] Auf Verlangen von mindestens fünf obersten Bundesbehörden oder Behörden der mittelbaren Bundesverwaltung setzt das Bundesministerium des Innern, für Bau und Heimat die Anteile entsprechend dem Verhältnis der tatsächlichen Beihilfeausgaben im Vorjahr für zukünftige Maßnahmen neu fest.

(8) [1] Sofern im Einzelfall die Ablehnung der Beihilfe eine besondere Härte darstellen würde, kann die oberste Dienstbehörde mit Zustimmung des Bundesministeriums des Innern, für Bau und Heimat eine Beihilfe zur Milderung der Härte gewähren. [2] Die Entscheidung ist besonders zu begründen und zu dokumentieren.

§ 7 Verweisungen auf das Sozialgesetzbuch. [1] Soweit sich Inhalt und Ausgestaltung von Leistungen, zu denen Beihilfe gewährt wird, an Vorschriften des Fünften Buches Sozialgesetzbuch anlehnen, setzt die Beihilfefähigkeit der Aufwendungen voraus, dass für die Leistungen einschließlich der Arzneimittel nach dem allgemein anerkannten Stand der medizinischen Erkenntnisse der diagnostische oder therapeutische Nutzen, die medizinische Notwendigkeit und die Wirtschaftlichkeit nachgewiesen sind sowie insbesondere ein Arzneimittel zweckmäßig ist und keine andere, wirtschaftlichere Behandlungsmöglichkeit mit vergleichbarem diagnostischen oder therapeutischen Nutzen verfügbar ist. [2] Wird in dieser Verordnung auf Vorschriften des Fünften Buches Sozialgesetzbuch verwiesen, die ihrerseits auf Richtlinien des Gemeinsamen Bundesausschusses nach § 91 des Fünften Buches Sozialgesetzbuch, Entscheidungen oder Vereinbarungen der Spitzenverbände der gesetzlichen Krankenkassen oder Satzungsbestimmungen von gesetzlichen Krankenkassen verweisen oder Bezug nehmen, hat sich die Rechtsanwendung unter Berücksichtigung des Fürsorgegrundsatzes nach § 78 des Bundesbeamtengesetzes[2)] an den in diesen Normen oder Entscheidungen niedergelegten Grundsätzen zu orientieren. [3] Dies

---

[1)] Nr. **18**.
[2)] Nr. **2**.

gilt insbesondere für die §§ 22 und 27 Abs. 1 Satz 2, §§ 30 und 40 Abs. 1, § 41 Abs. 1, § 43 Abs. 1 und § 50 Abs. 1 Satz 4. [4] Im Übrigen gelten die Vorschriften des Sozialgesetzbuches, auf die diese Verordnung verweist, entsprechend, soweit die grundsätzlichen Unterschiede zwischen Beihilfe- und Sozialversicherungsrecht dies nicht ausschließen.

§ 8 Ausschluss der Beihilfefähigkeit. (1) Nicht beihilfefähig sind Aufwendungen

1. soweit Personen, die beihilfeberechtigt oder bei beihilfeberechtigten Personen berücksichtigungsfähig sind, einen Anspruch auf Heilfürsorge nach § 70 Absatz 2 des Bundesbesoldungsgesetzes[1)] oder entsprechenden landesrechtlichen Vorschriften haben,
2. für Gutachten, die nicht von der Festsetzungsstelle, sondern auf Verlangen der beihilfeberechtigten oder der berücksichtigungsfähigen Person veranlasst worden sind,
3. für ärztliche und zahnärztliche Bescheinigungen für berücksichtigungsfähige Personen mit Ausnahme medizinisch notwendiger Bescheinigungen,
4. für den Besuch vorschulischer oder schulischer Einrichtungen oder von Werkstätten für Behinderte,
5. für berufsfördernde, berufsvorbereitende, berufsbildende und heilpädagogische Maßnahmen,
6. für Untersuchungen und Behandlungen als Folge medizinisch nicht indizierter Maßnahmen, insbesondere ästhetischer Operationen, Tätowierungen oder Piercings.

(2) Ferner sind Aufwendungen nicht beihilfefähig, soweit ein Ersatzanspruch gegen einen Dritten besteht, der nicht auf den Dienstherrn oder von ihm Beauftragte übergeht.

(3) Nicht beihilfefähig sind gesetzlich vorgesehene Zuzahlungen und Kostenanteile, Selbstbehalte nach § 53 des Fünften Buches Sozialgesetzbuch sowie Aufwendungen für von der Krankenversorgung ausgeschlossene Arznei-, Hilfs- und Heilmittel sowie gesondert ausgewiesene Abschläge für Verwaltungskosten und entgangene Apotheker- und Herstellerrabatte bei der Kostenerstattung nach § 13 Abs. 2 des Fünften Buches Sozialgesetzbuch.

(4) [1] Nicht beihilfefähig sind erbrachte Leistungen nach

1. dem Dritten Kapitel des Fünften Buches Sozialgesetzbuch,
2. dem Ersten Abschnitt des Zweiten Kapitels des Sechsten Buches Sozialgesetzbuch,
3. dem Ersten, Zweiten, Vierten und Fünften Unterabschnitt des Ersten Abschnitts des Dritten Kapitels des Siebten Buches Sozialgesetzbuch,
4. Teil 1 Kapitel 9 und 11 des Neunten Buches Sozialgesetzbuch.

[2] Satz 1 Nummer 1 gilt nicht bei Kostenerstattung nach § 13 des Fünften Buches Sozialgesetzbuch für freiwillige Mitglieder der gesetzlichen Krankenversicherung einschließlich der familienversicherten Personen nach § 10 des Fünften Buches Sozialgesetzbuch. [3] Bei Personen, denen ein Zuschuss oder Arbeitgeberanteil zum Krankenversicherungsbeitrag gewährt wird oder die

[1)] Nr. 18.

einen Anspruch auf beitragsfreie Krankenfürsorge haben, gelten als Leistungen auch

1. die über die Festbeträge hinausgehenden Beträge für Arznei-, Verband- und Hilfsmittel nach dem Fünften Buch Sozialgesetzbuch und
2. Aufwendungen, die darauf beruhen, dass Versicherte die ihnen zustehenden Leistungen nicht in Anspruch genommen haben; dies gilt auch, wenn Leistungserbringerinnen und Leistungserbringer in anderen Mitgliedstaaten der Europäischen Union in Anspruch genommen werden; ausgenommen sind Aufwendungen für Wahlleistungen im Krankenhaus.

[4] Satz 3 gilt nicht für

1. Personen, die Leistungen nach § 10 Absatz 2, 4 oder 6 des Bundesversorgungsgesetzes oder hierauf Bezug nehmenden Vorschriften erhalten,
2. freiwillige Mitglieder der gesetzlichen Krankenversicherung,
3. berücksichtigungsfähige Kinder, die von der Pflichtversicherung in der gesetzlichen Kranken- oder Rentenversicherung einer anderen Person erfasst werden, und
4. berücksichtigungsfähige Personen nach § 4 Absatz 1, die mit einer nach § 3 beihilfeberechtigten Person am Auslandsdienstort in häuslicher Gemeinschaft leben und dort auf Grund einer eigenen Berufstätigkeit entweder pflichtversichert sind oder einen Anspruch auf beitragsfreie Krankenfürsorge haben.

(5) Die Absätze 3 und 4 gelten nicht für Leistungen nach dem Zwölften Buch Sozialgesetzbuch, wenn Ansprüche auf den Sozialhilfeträger übergeleitet worden sind.

§ 9 Anrechnung von Leistungen. (1) [1] Soweit Aufwendungen auf Grund von Rechtsvorschriften oder arbeitsvertraglichen Vereinbarungen von dritter Seite getragen oder erstattet werden, sind sie vor Berechnung der Beihilfe von den beihilfefähigen Aufwendungen abzuziehen. [2] Dies gilt nicht für Leistungen an beihilfeberechtigte Personen, die dem Gemeinsamen Krankheitsfürsorgesystem der Organe der Europäischen Union angehören. [3] Unterhaltsansprüche von beihilfeberechtigten Personen gelten nicht als Ansprüche auf Kostenerstattung.

(2) Von Aufwendungen für Zahnersatz, Zahnkronen und Suprakonstruktionen ist der abstrakt höchstmögliche Festzuschuss der gesetzlichen Krankenversicherung abzuziehen.

(3) [1] Sind Leistungsansprüche gegenüber Dritten nicht geltend gemacht worden, sind sie gleichwohl bei der Beihilfefestsetzung zu berücksichtigen. [2] Hierbei sind Aufwendungen für Arznei- und Verbandmittel in voller Höhe anzusetzen. [3] Andere Aufwendungen, bei denen der fiktive Leistungsanspruch gegenüber Dritten nicht ermittelt werden kann, sind um 50 Prozent zu kürzen. [4] Die Sätze 1 bis 3 gelten nicht für

1. Leistungsansprüche nach § 10 Abs. 2, 4 und 6 des Bundesversorgungsgesetzes oder nach Vorschriften, die hierauf Bezug nehmen,
2. berücksichtigungsfähige Kinder, die von der Pflichtversicherung in der gesetzlichen Kranken- oder Rentenversicherung einer anderen Person erfasst werden,
3. Leistungsansprüche aus einem freiwilligen Versicherungsverhältnis in der gesetzlichen Krankenversicherung, und

4. Leistungsansprüche berücksichtigungsfähiger Personen nach § 4 Absatz 1, die mit einer nach § 3 beihilfeberechtigten Person am Auslandsdienstort in häuslicher Gemeinschaft leben und dort auf Grund einer eigenen Berufstätigkeit entweder pflichtversichert sind oder einen Anspruch auf beitragsfreie Krankenfürsorge haben.

(4) Bei Personen, die nach § 3 beihilfeberechtigt oder bei einer nach § 3 beihilfeberechtigten Person berücksichtigungsfähig sind, kann von der Anrechnung eines Leistungsanteils nach Absatz 3 Satz 1 bis 3 abgesehen werden, wenn die zustehenden Leistungen wegen Gefahr für Leib und Leben nicht in Anspruch genommen werden konnten oder wegen der besonderen Verhältnisse im Ausland tatsächlich nicht zu erlangen waren.

§ 10 Beihilfeanspruch. (1) [1] Auf Beihilfe besteht ein Rechtsanspruch. [2] Der Anspruch kann nicht abgetreten und grundsätzlich nicht verpfändet oder gepfändet werden. [3] Die Pfändung wegen einer Forderung auf Grund einer beihilfefähigen Leistung der Forderungsgläubigerin oder des Forderungsgläubigers ist insoweit zulässig, als die Beihilfe noch nicht ausgezahlt ist.

(2) Nach dem Tod der beihilfeberechtigten Person kann die Beihilfe mit befreiender Wirkung auf folgende Konten gezahlt werden:

1. das Bezügekonto der oder des Verstorbenen,
2. ein anderes Konto, das von der oder dem Verstorbenen im Antrag oder in der Vollmacht angegeben wurde, oder
3. ein Konto einer oder eines durch Erbschein oder durch eine andere öffentliche oder öffentlich beglaubigte Urkunde ausgewiesenen Erbin oder Erben.

§ 11 Aufwendungen im Ausland. (1) [1] Aufwendungen für Leistungen in einem Mitgliedstaat der Europäischen Union sind wie im Inland entstandene Aufwendungen zu behandeln. [2] § 6 Absatz 3 Satz 1 bis 3 ist in diesen Fällen nicht anzuwenden. [3] Aufwendungen für Leistungen außerhalb der Europäischen Union sind beihilfefähig bis zu der Höhe, in der sie im Inland entstanden und beihilfefähig wären.

(2) [1] Außerhalb der Europäischen Union entstandene Aufwendungen nach Absatz 1 sind ohne Beschränkung auf die Kosten, die im Inland entstanden wären, beihilfefähig, wenn

1. sie bei einer Dienstreise entstanden sind und die Behandlung nicht bis zur Rückkehr in das Inland hätte aufgeschoben werden können,
2. sie für ärztliche und zahnärztliche Leistungen 1 000 Euro je Krankheitsfall nicht übersteigen,
3. in der Nähe der deutschen Grenze wohnende beihilfeberechtigte oder berücksichtigungsfähige Personen bei akutem Behandlungsbedarf das nächstgelegene Krankenhaus aufsuchen mussten,
4. beihilfeberechtigte oder berücksichtigungsfähige Personen zur Notfallversorgung das nächstgelegene Krankenhaus aufsuchen mussten oder
5. die Beihilfefähigkeit vor Antritt der Reise anerkannt worden ist.

[2] Eine Anerkennung nach Satz 1 Nummer 5 kommt ausnahmsweise in Betracht, wenn ein von der Festsetzungsstelle beauftragtes ärztliches Gutachten nachweist, dass die Behandlung außerhalb der Europäischen Union zwingend notwendig ist, weil hierdurch eine wesentlich größere Erfolgsaussicht zu erwar-

ten oder eine Behandlung innerhalb der Europäischen Union nicht möglich ist; in Ausnahmefällen kann die Anerkennung nachträglich erfolgen.

(3) [1] Bei Personen, die nach § 3 beihilfeberechtigt oder bei einer nach § 3 beihilfeberechtigten Person berücksichtigungsfähig sind, sind Aufwendungen, die während eines nicht dienstlich bedingten Aufenthaltes außerhalb des Gastlandes und außerhalb der Europäischen Union im Ausland entstehen, nur insoweit und bis zu der Höhe beihilfefähig, wie sie im Gastland oder im Inland entstanden und beihilfefähig wären. [2] Dies gilt nicht in den Fällen des § 31 Abs. 5.

Kapitel 2. Aufwendungen in Krankheitsfällen

Abschnitt 1. Ambulante Leistungen

§ 12 Ärztliche Leistungen. [1] Aufwendungen für ambulante ärztliche Untersuchungen und Behandlungen sind nach Maßgabe des § 6 in Krankheitsfällen grundsätzlich beihilfefähig. [2] Die Vorschriften des Kapitels 4 bleiben unberührt. [3] Aufwendungen für Dienstunfähigkeitsbescheinigungen für den Dienstherrn der beihilfeberechtigten Person trägt die Festsetzungsstelle.

§ 13 Leistungen von Heilpraktikerinnen und Heilpraktikern. Aufwendungen für Leistungen von Heilpraktikerinnen und Heilpraktikern sind nach Maßgabe des § 6 Absatz 3 Satz 4 und nach § 22 Absatz 6 beihilfefähig.

§ 14 Zahnärztliche Leistungen. [1] Aufwendungen für ambulante zahnärztliche und kieferorthopädische Untersuchungen und Behandlungen sind nach Maßgabe des § 6 grundsätzlich beihilfefähig. [2] Für Zahnersatz und implantologische Leistungen kann der Festsetzungsstelle vor Aufnahme der Behandlung ein Heil- und Kostenplan vorgelegt werden. [3] Die Kosten des Heil- und Kostenplanes gehören zu den beihilfefähigen Aufwendungen. [4] Aufwendungen für Dienstunfähigkeitsbescheinigungen für den Dienstherrn der beihilfeberechtigten Person trägt die Festsetzungsstelle.

§ 15 Implantologische Leistungen. (1) [1] Aufwendungen für implantologische Leistungen nach Abschnitt K der Anlage 1 zur Gebührenordnung für Zahnärzte und alle damit in Zusammenhang stehenden weiteren Aufwendungen nach der Anlage zur Gebührenordnung für Ärzte und der Anlage 1 zur Gebührenordnung für Zahnärzte sind beihilfefähig bei

1. größeren Kiefer- oder Gesichtsdefekten, die ihre Ursache haben in
   a) Tumoroperationen,
   b) Entzündungen des Kiefers,
   c) Operationen infolge großer Zysten,
   d) Operationen infolge von Osteopathien, sofern keine Kontraindikation für eine Implantatversorgung vorliegt,
   e) angeborenen Fehlbildungen des Kiefers, Lippen-Kiefer-Gaumen-Spalten, ektodermalen Dysplasien oder
   f) Unfällen,
2. dauerhaft bestehender extremer Xerostomie, insbesondere bei einer Tumorbehandlung,
3. generalisierter genetischer Nichtanlage von Zähnen,

4. nicht willentlich beeinflussbaren muskulären Fehlfunktionen im Mund- und Gesichtsbereich oder
5. implantatbasiertem Zahnersatz im zahnlosen Ober- oder Unterkiefer.

[2] Im Fall des Satzes 1 Nummer 5 sind die Aufwendungen für höchstens vier Implantate je Kiefer, einschließlich bereits vorhandener Implantate, zu denen Beihilfen oder vergleichbare Leistungen aus öffentlichen Kassen gewährt wurden, beihilfefähig. [3] Maßgebend für die Voraussetzung eines zahnlosen Ober- oder Unterkiefers ist der Zeitpunkt der Fixierung der Prothese. [4] Zahnlos im Sinne der Verordnung ist ein Kiefer ohne Zähne und Zahnfragmente.

(2) [1] Liegt keiner der in Absatz 1 Satz 1 genannten Fälle vor, sind die Aufwendungen für höchstens zwei Implantate je Kiefer, einschließlich bereits vorhandener Implantate, zu denen Beihilfen oder vergleichbare Leistungen aus öffentlichen Kassen gewährt wurden, beihilfefähig. [2] Die Aufwendungen, einschließlich der Material- und Laborkosten nach den §§ 4 und 9 der Gebührenordnung für Zahnärzte, sind entsprechend dem Verhältnis der Zahl der nicht beihilfefähigen Implantate zur Gesamtzahl der Implantate zu kürzen.

(3) Die Aufwendungen für Suprakonstruktionen auf Implantaten sind im Rahmen des § 16 stets beihilfefähig.

§ 15a Kieferorthopädische Leistungen. (1) [1] Aufwendungen für kieferorthopädische Leistungen sind beihilfefähig, wenn

1. bei Behandlungsbeginn das 18. Lebensjahr noch nicht vollendet ist oder
2. bei schweren Kieferanomalien, insbesondere bei angeborenen Missbildungen des Gesichts oder eines Kiefers, skelettalen Dysgnathien oder verletzungsbedingten Kieferfehlstellungen, eine kombinierte kieferchirurgische und kieferorthopädische Behandlung erfolgt.

[2] Voraussetzung ist, dass die Festsetzungsstelle den Aufwendungen vor Beginn der Behandlung auf der Grundlage eines vorgelegten Heil- und Kostenplanes zugestimmt hat. [3] Die Aufwendungen für die Erstellung des Heil- und Kostenplanes nach Satz 2 sind beihilfefähig.

(2) Für eine kieferorthopädische Behandlung Erwachsener ist abweichend von Absatz 1 Satz 1 Nummer 1 eine Beihilfe zu Aufwendungen zu bewilligen, wenn durch ein Gutachten bestätigt wird, dass

1. die Behandlung ausschließlich medizinisch indiziert ist und ästhetische Gründe ausgeschlossen werden können,
2. keine Behandlungsalternative vorhanden ist,
3. erhebliche Folgeprobleme bestehen, insbesondere bei einer craniomandibulären Dysfunktion.

(3) Bei einem Wechsel der Kieferorthopädin oder des Kieferorthopäden, den die beihilfeberechtigte oder die berücksichtigungsfähige Person zu vertreten hat, bleiben nur die Aufwendungen beihilfefähig, die nach dem Heil- und Kostenplan, dem die Festsetzungsstelle zugestimmt hatte, noch nicht abgerechnet sind.

(4) [1] Ist eine Weiterbehandlung über den Regelfall eines vierjährigen Zeitraums hinaus medizinisch notwendig, muss der Festsetzungsstelle vor Ablauf der laufenden Behandlung ein neuer Heil- und Kostenplan vorgelegt werden. [2] Pro Jahr der Weiterbehandlung werden 25 Prozent der Aufwendungen für die kieferorthopädischen Leistungen nach den Nummern 6030 bis 6080 der An-

lage 1 zur Gebührenordnung für Zahnärzte als beihilfefähig anerkannt. [3]Aufwendungen für eine Behandlung, die vor Vollendung des 18. Lebensjahres begonnen wurde, sind auch bei einer medizinisch notwendigen Weiterbehandlung nach Vollendung des 18. Lebensjahres beihilfefähig.

(5) Aufwendungen für Leistungen zur Retention sind bis zu zwei Jahre nach Abschluss der kieferorthopädischen Behandlung beihilfefähig, die auf Grundlage des Heil- und Kostenplanes nach Absatz 1 Satz 2 von der Festsetzungsstelle genehmigt wurde.

(6) [1]Aufwendungen für kieferorthopädische Leistungen vor Beginn der zweiten Phase des Zahnwechsels sind nur beihilfefähig bei

1. Beseitigung von Habits bei einem habituellen Distalbiss bei distal sagittaler Stufe mit einer Frontzahnstufe von mehr als 9 Millimetern,
2. Beseitigung von Habits bei einem habituellen offenen oder seitlichen Biss bei vertikaler Stufe von mehr als 4 Millimetern,
3. Offenhalten von Lücken infolge vorzeitigen Milchzahnverlustes,
4. Frühbehandlung
   a) eines Distalbisses bei distal sagittaler Stufe mit einer Frontzahnstufe von mehr als 9 Millimetern,
   b) eines lateralen Kreuz- oder Zwangsbisses bei transversaler Abweichung mit einseitigem oder beidseitigem Kreuzbiss, der durch präventive Maßnahmen nicht zu korrigieren ist,
   c) einer Bukkalokklusion, Nonokklusion oder Lingualokklusion permanenter Zähne bei transversaler Abweichung,
   d) eines progenen Zwangsbisses oder frontalen Kreuzbisses bei mesial sagittaler Stufe,
   e) bei Platzmangel zum Schaffen von Zahnlücken von mehr als 3 und höchstens 4 Millimetern oder zum Vergrößern von Zahnlücken um mehr als 3 und höchstens 4 Millimetern,
5. früher Behandlung
   a) einer Lippen-Kiefer-Gaumen-Spalte oder anderer kraniofazialer Anomalien,
   b) eines skelettal offenen Bisses bei vertikaler Stufe von mehr als 4 Millimetern,
   c) einer Progenie bei mesial sagittaler Stufe,
   d) verletzungsbedingter Kieferfehlstellungen.

[2]Die Frühbehandlung nach Satz 1 Nummer 4 soll nicht vor Vollendung des dritten Lebensjahres begonnen und innerhalb von sechs Kalenderquartalen abgeschlossen werden; eine reguläre kieferorthopädische Behandlung kann sich anschließen, wenn die zweite Phase des Zahnwechsels vorliegt. [3]Aufwendungen für den Einsatz individuell gefertigter Behandlungsgeräte sind neben den Aufwendungen für eine Behandlung nach Satz 1 Nummer 4 oder Nummer 5 gesondert beihilfefähig.

§ 15b Funktionsanalytische und funktionstherapeutische Leistungen.

(1) [1]Aufwendungen für funktionsanalytische und funktionstherapeutische Leistungen sind nur beihilfefähig, wenn eine der folgenden Indikationen vorliegt:

1. Kiefer- und Muskelerkrankungen,
2. Zahnfleischerkrankungen im Rahmen einer systematischen Parodontalbehandlung,
3. Behandlungen mit Aufbissbehelfen mit adjustierten Oberflächen nach den Nummern 7010 und 7020 der Anlage 1 zur Gebührenordnung für Zahnärzte,
4. umfangreiche kieferorthopädische Maßnahmen einschließlich kieferorthopädisch-kieferchirurgischer Operationen oder
5. umfangreiche Gebisssanierungen.

[2] Eine Gebisssanierung ist umfangreich, wenn in einem Kiefer mindestens acht Seitenzähne mit Zahnersatz oder Inlays versorgt werden müssen, wobei fehlende Zähne sanierungsbedürftigen gleichstehen, und wenn die richtige Schlussbissstellung nicht mehr auf andere Weise herstellbar ist.

(2) Die beihilfeberechtigte Person hat der Festsetzungsstelle eine Kopie der zahnärztlichen Dokumentation nach Nummer 8000 der Anlage 1 zur Gebührenordnung für Zahnärzte vorzulegen.

§ 16 Auslagen, Material- und Laborkosten. (1) [1] Gesondert berechenbare Aufwendungen für Auslagen, Material- und Laborkosten nach § 4 Abs. 3 und § 9 der Gebührenordnung für Zahnärzte, die bei einer zahnärztlichen Behandlung nach den Nummern 2130 bis 2320, 5000 bis 5340, 7080 bis 7100 und 9000 bis 9170 der Anlage 1 zur Gebührenordnung für Zahnärzte entstanden sind, sind zu 60 Prozent beihilfefähig. [2] Dies gilt nicht bei Indikationen nach § 15 Absatz 1 Satz 1 Nummer 1 bis 4.

(2) Wenn der auf die in Absatz 1 genannten Aufwendungen entfallende Anteil nicht nachgewiesen ist, sind 40 Prozent des Gesamtrechnungsbetrages anzusetzen.

§ 17 Zahnärztliche Leistungen für Beamtinnen und Beamte auf Widerruf. (1) Aufwendungen für zahnärztliche Leistungen für Beamtinnen und Beamte auf Widerruf und Personen, die bei ihnen berücksichtigungsfähig sind, sind beihilfefähig, soweit sie nicht in Absatz 2 ausgenommen sind.

(2) [1] Von der Beihilfefähigkeit nach Absatz 1 ausgenommen sind Aufwendungen für

1. prothetische Leistungen,
2. Inlays und Zahnkronen,
3. funktionsanalytische und funktionstherapeutische Leistungen sowie
4. implantologische Leistungen.

[2] Aufwendungen nach Satz 1 sind ausnahmsweise beihilfefähig, wenn sie auf einem Unfall während des Vorbereitungsdienstes beruhen oder wenn die beihilfeberechtigte Person zuvor mindestens drei Jahre ununterbrochen im öffentlichen Dienst beschäftigt gewesen ist.

§ 18 Psychotherapie, psychosomatische Grundversorgung, psychotherapeutische Akutbehandlung. (1) Aufwendungen für Leistungen der Psychotherapie in den Behandlungsformen psychoanalytisch begründete Verfahren, Verhaltenstherapie und Systemische Therapie sowie für Leistungen der psychosomatischen Grundversorgung sind nach Maßgabe der Absätze 3 und 4 sowie der §§ 18a bis 21 beihilfefähig.

(2) [1] Aufwendungen für eine psychotherapeutische Akutbehandlung sind als Einzeltherapie in Einheiten von mindestens 25 Minuten bis zu 24 Behandlungen je Krankheitsfall bis zu 51 Euro beihilfefähig. [2] Für Personen, die das 21. Lebensjahr noch nicht vollendet haben, und Personen mit geistiger Behinderung sind Aufwendungen für eine psychotherapeutische Akutbehandlung unter Einbeziehung von Bezugspersonen bis zu 30 Behandlungen beihilfefähig. [3] Soll sich eine Behandlung nach den §§ 19 bis 20a anschließen, ist § 18a Absatz 3 zu beachten. [4] Die Zahl der durchgeführten Akutbehandlungen ist auf das Kontingent der Behandlungen nach den §§ 19 bis 20a anzurechnen.

(3) [1] Vor einer Behandlung durch Psychotherapeutinnen oder Psychotherapeuten oder durch Kinder- und Jugendlichenpsychotherapeutinnen oder Kinder- und Jugendlichenpsychotherapeuten muss eine somatische Abklärung spätestens nach den probatorischen Sitzungen oder vor der Einleitung des Begutachtungsverfahrens erfolgen. [2] Die Beihilfefähigkeit setzt voraus, dass die somatische Abklärung durch eine Ärztin oder einen Arzt in einem schriftlichen oder elektronischen Konsiliarbericht bestätigt wird.

(4) Nicht beihilfefähig sind Aufwendungen für

1. gleichzeitige Behandlungen nach § 18 Absatz 2 und den §§ 19 bis 21,
2. Leistungen nach Abschnitt 1 der Anlage 3.

§ 18a Gemeinsame Vorschriften für psychoanalytisch begründete Verfahren, Verhaltenstherapie und Systemische Therapie. (1) Aufwendungen für Leistungen der Psychotherapie sind beihilfefähig bei

1. affektiven Störungen: depressive Episoden, rezidivierende depressive Störungen und Dysthymie,
2. Angststörungen und Zwangsstörungen,
3. somatoformen Störungen und dissoziativen Störungen,
4. Anpassungsstörungen und Reaktionen auf schwere Belastungen,
5. Essstörungen,
6. nichtorganischen Schlafstörungen,
7. sexuellen Funktionsstörungen,
8. Persönlichkeits- und Verhaltensstörungen.

(2) [1] Neben oder nach einer somatischen ärztlichen Behandlung von Krankheiten oder deren Auswirkungen sind Aufwendungen für Leistungen der Psychotherapie beihilfefähig bei

1. psychischen Störungen und Verhaltensstörungen
   a) durch psychotrope Substanzen; im Fall einer Abhängigkeit nur, wenn Suchtmittelfreiheit oder Abstinenz erreicht ist oder voraussichtlich innerhalb von zehn Sitzungen erreicht werden kann,
   b) durch Opioide und gleichzeitiger stabiler substitutionsgestützter Behandlung im Zustand der Beigebrauchsfreiheit,
2. seelischen Krankheiten auf Grund frühkindlicher emotionaler Mangelzustände oder tiefgreifender Entwicklungsstörungen, in Ausnahmefällen auch bei seelischen Krankheiten, die im Zusammenhang mit frühkindlichen körperlichen Schädigungen oder Missbildungen stehen,

3. seelischen Krankheiten als Folge schwerer chronischer Krankheitsverläufe,
4. schizophrenen und affektiven psychotischen Störungen.

[2] Die Beihilfefähigkeit setzt voraus, dass die Leistungen von einer Ärztin, einem Arzt, einer Therapeutin oder einem Therapeuten nach den Abschnitten 2 bis 4 der Anlage 3 erbracht werden. [3] Eine Sitzung der Psychotherapie umfasst eine Behandlungsdauer von mindestens 50 Minuten bei einer Einzelbehandlung und von mindestens 100 Minuten bei einer Gruppenbehandlung.

(3) [1] Aufwendungen für Leistungen der Psychotherapie, die zu den wissenschaftlich anerkannten Verfahren gehören und nach den Abschnitten B und G der Anlage zur Gebührenordnung für Ärzte abgerechnet werden, sind beihilfefähig, wenn

1. sie der Feststellung, Heilung oder Linderung von Störungen nach Absatz 1 dienen, bei denen eine Psychotherapie indiziert ist,
2. nach einer biographischen Analyse oder einer Verhaltensanalyse und nach höchstens fünf, bei analytischer Psychotherapie nach höchstens acht probatorischen Sitzungen ein Behandlungserfolg zu erwarten ist und
3. die Festsetzungsstelle vor Beginn der Behandlung die Beihilfefähigkeit der Aufwendungen auf Grund eines Gutachtens zu Notwendigkeit, Art und Umfang der Behandlung anerkannt hat, es sei denn, dass es sich um eine Kurzzeittherapie handelt.

[2] Aufwendungen für Maßnahmen nach Satz 1 Nummer 2 sind auch dann beihilfefähig, wenn sich eine psychotherapeutische Behandlung später als nicht notwendig erwiesen hat.

(4) [1] Das Gutachten nach Absatz 3 Satz 1 Nummer 3 ist bei einer Gutachterin oder einem Gutachter einzuholen, die oder der von der Kassenärztlichen Bundesvereinigung im Einvernehmen mit den Bundesverbänden der Vertragskassen nach § 12 der Psychotherapie-Vereinbarung in der jeweils geltenden auf der Internetseite der Kassenärztlichen Bundesvereinigung (www.kbv.de) veröffentlichten Fassung bestellt worden ist. [2] Für Personen, die nach § 3 beihilfeberechtigt oder bei einer nach § 3 beihilfeberechtigten Person berücksichtigungsfähig sind, kann das Gutachten beim Gesundheitsdienst des Auswärtigen Amtes oder bei einer oder einem vom Gesundheitsdienst des Auswärtigen Amtes beauftragten Ärztin oder Arzt eingeholt werden.

(5) [1] Haben Personen, die nach § 3 beihilfeberechtigt oder bei einer nach § 3 beihilfeberechtigten Person berücksichtigungsfähig sind, am Dienstort keinen persönlichen Zugang zu muttersprachlichen psychotherapeutischen Behandlungen, sind die Aufwendungen für die folgenden Leistungen auch dann beihilfefähig, wenn die Leistungen telekommunikationsgestützt erbracht werden:

1. tiefenpsychologisch fundierte Psychotherapie nach Nummer 861 der Anlage zur Gebührenordnung für Ärzte oder
2. Verhaltenstherapie nach Nummer 870 der Anlage zur Gebührenordnung für Ärzte.

[2] Bei telekommunikationsgestützter Therapie sind bis zu 15 Sitzungen beihilfefähig. [3] Aufwendungen für Telekommunikationsdienstleistungen sind nicht beihilfefähig. [4] Wird von einer tiefenpsychologisch fundierten Psychotherapie oder Verhaltenstherapie in Gruppen oder von einer analytischen Psychotherapie als Einzel- oder Gruppentherapie zu einer telekommunikationsgestützten Thera-

pie gewechselt, sind die Aufwendungen für die telekommunikationsgestützte Therapie beihilfefähig, wenn die Festsetzungsstelle die Beihilfefähigkeit nach Einholung eines Gutachtens zur Notwendigkeit des Wechsels anerkannt hat. [5]Aufwendungen für Leistungen nach Satz 1 sind nur beihilfefähig, wenn diese im Rahmen einer im Inland begonnenen psychotherapeutischen Behandlung zur weiteren Stabilisierung des erreichten Behandlungserfolgs notwendig sind.

(6) [1]Aufwendungen für Kurzzeittherapien sind ohne Genehmigung durch die Festsetzungsstelle bis zu 24 Sitzungen als Einzel- oder Gruppenbehandlung beihilfefähig. [2]Erbrachte Sitzungen im Rahmen der psychotherapeutischen Akutbehandlung werden mit der Anzahl der Sitzungen der Kurzzeittherapie verrechnet. [3]Die bereits in Anspruch genommenen Sitzungen der Kurzzeittherapie sind auf eine genehmigungspflichtige Therapie nach den §§ 19 bis 20a anzurechnen.

(7) Aufwendungen für eine Eye-Movement-Desensitization-and-Reprocessing-Behandlung sind nur bei Personen, die das 18. Lebensjahr vollendet haben, mit posttraumatischen Belastungsstörungen im Rahmen eines umfassenden Behandlungskonzepts der Verhaltenstherapie, der tiefenpsychologisch fundierten Psychotherapie oder analytischen Psychotherapie beihilfefähig.

§ 19 Psychoanalytisch begründete Verfahren. (1) [1]Aufwendungen für psychoanalytisch begründete Verfahren mit ihren beiden Behandlungsformen, der tiefenpsychologisch fundierten Psychotherapie und der analytischen Psychotherapie (Nummern 860 bis 865 der Anlage zur Gebührenordnung für Ärzte), sind je Krankheitsfall in folgendem Umfang beihilfefähig:

1. tiefenpsychologisch fundierte Psychotherapie von Personen, die das 21. Lebensjahr vollendet haben:

	Einzelbehandlung	Gruppenbehandlung
im Regelfall	60 Sitzungen	60 Sitzungen
in Ausnahmefällen	weitere 40 Sitzungen	weitere 20 Sitzungen

2. analytische Psychotherapie von Personen, die das 21. Lebensjahr vollendet haben:

	Einzelbehandlung	Gruppenbehandlung
im Regelfall	160 Sitzungen	80 Sitzungen
in Ausnahmefällen	weitere 140 Sitzungen	weitere 70 Sitzungen

3. tiefenpsychologisch fundierte oder analytische Psychotherapie von Personen, die das 14. Lebensjahr, aber noch nicht das 21. Lebensjahr vollendet haben:

	Einzelbehandlung	Gruppenbehandlung
im Regelfall	90 Sitzungen	60 Sitzungen
in Ausnahmefällen	weitere 90 Sitzungen	weitere 30 Sitzungen

4. tiefenpsychologisch fundierte oder analytische Psychotherapie von Personen, die das 14. Lebensjahr noch nicht vollendet haben:

	Einzelbehandlung	Gruppenbehandlung
im Regelfall	70 Sitzungen	60 Sitzungen
in Ausnahmefällen	weitere 80 Sitzungen	weitere 30 Sitzungen

[2]Bei einer Kombination von Einzel- und Gruppenbehandlung richtet sich die Beihilfefähigkeit der Aufwendungen nach der überwiegend durchgeführten Behandlung. [3]Überwiegt die Einzelbehandlung, so werden zwei als Gruppen-

behandlung durchgeführte Sitzungen als eine Sitzung der Einzelbehandlung gewertet. [4] Überwiegt die Gruppenbehandlung, so wird eine als Einzelbehandlung durchgeführte Sitzung als zwei Sitzungen der Gruppenbehandlung gewertet.

(2) In den Fällen des Absatzes 1 Satz 1 Nummer 3 sind Aufwendungen für eine Psychotherapie, die vor Vollendung des 21. Lebensjahres begonnen wurde, zur Sicherung des Therapieerfolges auch nach Vollendung des 21. Lebensjahres beihilfefähig.

(3) In Ausnahmefällen kann die oberste Dienstbehörde die Beihilfefähigkeit von Aufwendungen für die Behandlung auch für eine über die in Absatz 1 Satz 1 festgelegte Höchstzahl von Sitzungen hinaus anerkennen, wenn die medizinische Notwendigkeit durch ein Gutachten belegt wird.

(4) [1] Aufwendungen für Sitzungen, in die auf Grund einer durch Gutachten belegten medizinischen Notwendigkeit Bezugspersonen einbezogen werden, sind bei Einzelbehandlung bis zu einem Viertel und bei Gruppenbehandlung bis zur Hälfte der bewilligten Zahl von Sitzungen zusätzlich beihilfefähig, wenn die zu therapierende Person das 21. Lebensjahr noch nicht vollendet hat. [2] Bei Personen, die das 21. Lebensjahr vollendet haben, werden die Sitzungen, in die Bezugspersonen einbezogen werden, in voller Höhe auf die bewilligte Zahl der Sitzungen angerechnet.

(5) [1] Im Rahmen psychoanalytisch begründeter Verfahren ist die simultane Kombination von Einzel- und Gruppentherapie grundsätzlich ausgeschlossen. [2] Aufwendungen für Leistungen einer solchen Kombination sind nur beihilfefähig, wenn sie auf dem Gebiet der tiefenpsychologisch fundierten Psychotherapie bei niederfrequenten Therapien auf Grund eines besonders begründeten Erstantrags erbracht werden.

(6) Aufwendungen für katathymes Bilderleben sind nur im Rahmen eines übergeordneten tiefenpsychologischen Therapiekonzepts beihilfefähig.

§ 20 Verhaltenstherapie. (1) Aufwendungen für eine Verhaltenstherapie (Nummern 870 und 871 der Anlage zur Gebührenordnung für Ärzte) sind je Krankheitsfall in folgendem Umfang beihilfefähig:

	Einzelbehandlung	Gruppenbehandlung
im Regelfall	60 Sitzungen	60 Sitzungen
wenn das Behandlungsziel nicht innerhalb von 45 Sitzungen erreicht worden ist	weitere 20 Sitzungen	weitere 20 Sitzungen

(2) § 19 Absatz 1 Satz 2 bis 4 und Absatz 2 bis 4 gilt entsprechend.

(3) Aufwendungen für eine Rational-Emotive Therapie sind nur im Rahmen eines umfassenden verhaltenstherapeutischen Behandlungskonzepts beihilfefähig.

§ 20a Systemische Therapie. (1) Aufwendungen für eine Systemische Therapie sind je Krankheitsfall für Personen, die das 18. Lebensjahr vollendet haben, in folgendem Umfang, auch im Mehrpersonensetting, beihilfefähig:

	Einzelbehandlung	Gruppenbehandlung
im Regelfall	36 Sitzungen	36 Sitzungen
in Ausnahmefällen	weitere 12 Sitzungen	weitere 12 Sitzungen

(2) § 19 Absatz 3 gilt entsprechend.

§ 21 Psychosomatische Grundversorgung. (1) Die psychosomatische Grundversorgung im Sinne dieser Verordnung umfasst

1. verbale Interventionen im Rahmen der Nummer 849 des Gebührenverzeichnisses für ärztliche Leistungen der Gebührenordnung für Ärzte und
2. Hypnose, autogenes Training und progressive Muskelrelaxation nach Jacobson nach den Nummern 845 bis 847 der Anlage zur Gebührenordnung für Ärzte.

(2) [1] Je Krankheitsfall sind beihilfefähig Aufwendungen für

1. verbale Intervention als Einzelbehandlung mit bis zu 25 Sitzungen, sowohl über einen kürzeren Zeitraum als auch im Verlauf chronischer Erkrankungen über einen längeren Zeitraum in niederfrequenter Form,
2. Hypnose als Einzelbehandlung mit bis zu zwölf Sitzungen sowie
3. autogenes Training und progressive Muskelrelaxation nach Jacobson als Einzel- oder Gruppenbehandlung mit bis zu zwölf Sitzungen; eine Kombination von Einzel- und Gruppenbehandlung ist hierbei möglich.

[2] Aufwendungen für Leistungen nach Satz 1 Nummer 1 sind nicht beihilfefähig, wenn sie zusammen mit Aufwendungen für Leistungen nach Satz 1 Nummer 2 und 3 in derselben Sitzung entstanden sind. [3] Neben den Aufwendungen für Leistungen nach Absatz 1 Nummer 1 sind Aufwendungen für somatische ärztliche Untersuchungen und Behandlungen von Krankheiten und deren Auswirkungen beihilfefähig.

(3) Aufwendungen für eine bis zu sechs Monate dauernde ambulante psychosomatische Nachsorge nach einer stationären psychosomatischen Behandlung sind bis zu der Höhe der Vergütung, die von den gesetzlichen Krankenkassen oder den Rentenversicherungsträgern zu tragen ist, beihilfefähig.

Abschnitt 2. Sonstige Aufwendungen

§ 22 Arznei- und Verbandmittel, Medizinprodukte. (1) Beihilfefähig sind Aufwendungen für ärztlich oder zahnärztlich nach Art und Umfang schriftlich verordnete oder während einer Behandlung verbrauchte

1. Arzneimittel nach § 2 des Arzneimittelgesetzes, die apothekenpflichtig sind,
2. Verbandmittel,
3. Harn- und Blutteststreifen sowie
4. Stoffe und Zubereitungen aus Stoffen, die als Medizinprodukte im Sinne des Medizinprodukterechts zur Anwendung am oder im menschlichen Körper bestimmt, in Anlage 4 aufgeführt sind und die dort genannten Maßgaben erfüllen.

(2) Nicht beihilfefähig sind Aufwendungen für

1. Arzneimittel, die überwiegend der Erhöhung der Lebensqualität dienen (Anlage 5), es sei denn, dass im Einzelfall nicht der in Anlage 5 genannte Zweck, sondern die Behandlung einer anderen Körperfunktionsstörung im Vordergrund steht, die eine Krankheit ist, und
   a) es keine anderen zur Behandlung dieser Krankheit zugelassenen Arzneimittel gibt oder
   b) die anderen zugelassenen Arzneimittel im Einzelfall unverträglich sind oder sich als nicht wirksam erwiesen haben,

2. verschreibungspflichtige Arzneimittel zur Behandlung von
   a) Erkältungskrankheiten und grippalen Infekten einschließlich der bei diesen Krankheiten anzuwendenden Schnupfenmittel, Schmerzmittel, hustendämpfenden und hustenlösenden Mittel, sofern es sich um geringfügige Gesundheitsstörungen handelt,
   b) Mund- und Rachenerkrankungen, ausgenommen bei
      aa) Pilzinfektionen,
      bb) Geschwüren in der Mundhöhle oder
      cc) nach chirurgischen Eingriffen im Hals-, Nasen- und Ohrenbereich,
   c) Verstopfung, ausgenommen zur Behandlung von Erkrankungen im Zusammenhang mit Tumorleiden, Megacolon, Divertikulose, Divertikulitis, Mukoviszidose, neurogener Darmlähmung, vor diagnostischen Eingriffen, bei phosphatbindender Medikation, bei chronischer Niereninsuffizienz, bei der Opiat- sowie Opioidtherapie und in der Terminalphase oder
   d) Reisekrankheiten, ausgenommen bei der Anwendung gegen Erbrechen bei Tumortherapie und anderen Erkrankungen, zum Beispiel Menièrescher Symptomkomplex,

   soweit die Arzneimittel nicht für Minderjährige bestimmt sind,
3. nicht verschreibungspflichtige Arzneimittel, es sei denn, sie
   a) sind bestimmt für Personen, die das zwölfte Lebensjahr noch nicht vollendet haben oder für Personen, die das 18. Lebensjahr noch nicht vollendet haben und an Entwicklungsstörungen leiden,
   b) wurden für diagnostische Zwecke, Untersuchungen oder ambulante Behandlungen benötigt und
      aa) in der Rechnung als Auslagen abgerechnet oder
      bb) auf Grund einer ärztlichen Verordnung zuvor von der beihilfeberechtigten oder berücksichtigungsfähigen Person selbst beschafft,
   c) gelten bei der Behandlung einer schwerwiegenden Erkrankung als Therapiestandard und werden mit dieser Begründung ausnahmsweise verordnet; die beihilfefähigen Ausnahmen ergeben sich aus Anlage 6,
   d) sind in der Fachinformation zum Hauptarzneimittel eines beihilfefähigen Arzneimittels als Begleitmedikation zwingend vorgeschrieben oder
   e) werden zur Behandlung unerwünschter Arzneimittelwirkungen, die beim bestimmungsgemäßen Gebrauch eines beihilfefähigen Arzneimittels auftreten können, eingesetzt; dabei muss die unerwünschte Arzneimittelwirkung lebensbedrohlich sein oder die Lebensqualität auf Dauer nachhaltig beeinträchtigen,
4. traditionell angewendete Arzneimittel nach § 109 Absatz 3 und § 109a des Arzneimittelgesetzes mit einem oder mehreren der folgenden Hinweise auf der äußeren Umhüllung oder der Packungsbeilage des Arzneimittels:
   a) zur Stärkung oder Kräftigung,
   b) zur Besserung des Befindens,
   c) zur Unterstützung der Organfunktion,
   d) zur Vorbeugung,
   e) als mild wirkendes Arzneimittel,
5. traditionelle pflanzliche Arzneimittel nach § 39a des Arzneimittelgesetzes,

6. hormonelle Mittel zur Empfängnisverhütung; dies gilt nicht bei Personen unter 22 Jahren oder wenn diese Mittel unabhängig von der arzneimittelrechtlichen Zulassung zur Behandlung einer Krankheit verordnet werden,
7. gesondert ausgewiesene Versandkosten.

(3) [1] Aufwendungen für Arzneimittel, für die Festbeträge nach § 35 Absatz 3, 5 und 6 des Fünften Buches Sozialgesetzbuch festgesetzt sind, sind nur bis zur Höhe der Festbeträge beihilfefähig, die das Bundesinstitut für Arzneimittel und Medizinprodukte nach § 35 Absatz 8 des Fünften Buches Sozialgesetzbuch im Internet veröffentlicht. [2] Aufwendungen für Arzneimittel nach Satz 1 sind über den Festbetrag hinaus beihilfefähig, wenn die Arzneimittel
1. in medizinisch begründeten Einzelfällen verordnet worden sind oder
2. in Richtlinien nach § 129 Absatz 1a Satz 2 des Fünften Buches Sozialgesetzbuch bestimmt sind.

(4) [1] Aufwendungen für Arzneimittel, bei denen nach allgemein anerkanntem Stand der medizinischen Erkenntnisse der diagnostische oder therapeutische Nutzen, die medizinische Notwendigkeit oder die Wirtschaftlichkeit nicht nachgewiesen ist, sind nach Maßgabe der Anlage 8 beihilfefähig. [2] Arzneimittel nach Satz 1 können darüber hinaus im Einzelfall als beihilfefähig anerkannt werden, wenn eine medizinische Stellungnahme darüber vorgelegt wird, dass das Arzneimittel zur Behandlung notwendig ist.

(5) [1] Aufwendungen für ärztlich verordnete Aminosäuremischungen, Eiweißhydrolysate, Elementardiäten und Sondennahrung sind zur enteralen Ernährung bei fehlender oder eingeschränkter Fähigkeit, sich auf natürliche Weise ausreichend zu ernähren, beihilfefähig, wenn eine Modifizierung der natürlichen Ernährung oder sonstige ärztliche, pflegerische oder ernährungstherapeutische Maßnahmen zur Verbesserung der Ernährungssituation nicht ausreichen. [2] Aufwendungen für Elementardiäten sind beihilfefähig für Personen, die das dritte Lebensjahr noch nicht vollendet haben, mit Kuhmilcheiweiß-Allergie; dies gilt ferner bei Neurodermitis für einen Zeitraum von einem halben Jahr, sofern Elementardiäten für diagnostische Zwecke eingesetzt werden. [3] Im Übrigen sind Aufwendungen für Lebensmittel, Nahrungsergänzungsmittel, Krankenkost und diätetische Lebensmittel nicht beihilfefähig.

(6) Die Absätze 1 bis 4 gelten entsprechend für Aufwendungen für Arznei- und Verbandmittel, Teststreifen und Medizinprodukte, die eine Heilpraktikerin oder ein Heilpraktiker während einer Behandlung verbraucht hat.

§ 23 Heilmittel. (1) Aufwendungen für ärztlich oder zahnärztlich verordnete Heilmittel und bei der Anwendung der Heilmittel verbrauchte Stoffe sind nach Maßgabe der Anlagen 9 und 10 beihilfefähig.

(2) [1] Bei Personen, die nach § 3 beihilfeberechtigt oder bei einer nach § 3 beihilfeberechtigten Person berücksichtigungsfähig sind, beurteilt sich die Angemessenheit der Aufwendungen für ärztlich oder zahnärztlich verordnete Heilmittel anstelle der in Anlage 9 genannten Höchstbeträge nach den ortsüblichen Gebühren unter Berücksichtigung der besonderen Verhältnisse im Ausland. [2] Die beihilfefähigen Aufwendungen mindern sich um 10 Prozent der Kosten, die die Höchstbeträge nach Anlage 9 übersteigen, höchstens jedoch um 10 Euro. [3] Diese Minderung gilt nicht für Personen, die das 18. Lebensjahr noch nicht vollendet haben.

§ 24 Komplextherapie, integrierte Versorgung und Leistungen psychiatrischer und psychosomatischer Institutsambulanzen. (1) [1]Aufwendungen für Leistungen, die in Form von ambulanten, voll- oder teilstationären Komplextherapien erbracht und pauschal berechnet werden, sind abweichend von § 6 Absatz 3 Satz 1 und 2 und § 23 Absatz 1 in angemessener Höhe beihilfefähig. [2]Komplextherapie ist eine aus verschiedenen, sich ergänzenden Teilen zusammengesetzte Therapie spezifischer Krankheitsbilder und wird von einem interdisziplinären Team erbracht.

(2) [1]Aufwendungen für Leistungen psychiatrischer oder psychosomatischer Institutsambulanzen sind entsprechend § 118 des Fünften Buches Sozialgesetzbuch beihilfefähig bis zur Höhe der Vergütungen, die die Einrichtung mit dem Verband der privaten Krankenversicherung e.V., mit einem Landesverband der Krankenkassen, mit einem privaten Krankenversicherungsunternehmen oder mit Sozialversicherungsträgern in einer Vereinbarung getroffen hat.

(3) [1]Aufwendungen für die ambulante sozialpädiatrische Behandlung von Kindern in sozialpädiatrischen Zentren, die zu einer solchen Behandlung nach § 119 Absatz 1 Satz 1 des Fünften Buches Sozialgesetzbuch ermächtigt wurden, sind beihilfefähig bis zu der Höhe der Vergütung, die die Einrichtung mit dem Verband der privaten Krankenversicherung e. V., mit einem Landesverband der Krankenkassen, mit einem privaten Krankenversicherungsunternehmen oder mit Sozialversicherungsträgern in einer Vereinbarung getroffen hat. [2]Aufwendungen für sozialpädagogische Leistungen sind nicht beihilfefähig.

(4) Aufwendungen für Leistungen, die als integrierte Versorgung erbracht und pauschal berechnet werden, sind in der Höhe der Pauschalbeträge beihilfefähig, wenn dazu Verträge zwischen den Leistungserbringerinnen und Leistungserbringern und den Unternehmen der privaten Krankenversicherung oder Beihilfeträgern abgeschlossen wurden oder Verträge zu integrierten Versorgungsformen nach § 140a des Fünften Buches Sozialgesetzbuch bestehen.

(5) Bei chronisch Kranken oder schwerstkranken Personen, die das 14. Lebensjahr, in besonders schwerwiegenden Fällen das 18. Lebensjahr, noch nicht vollendet haben, sind Aufwendungen für sozialmedizinische Nachsorgemaßnahmen beihilfefähig, wenn die Maßnahmen

1. durchgeführt werden im Anschluss an
   a) eine Behandlung in einem Krankenhaus, das nach § 108 des Fünften Buches Sozialgesetzbuch zugelassen ist,
   b) eine Behandlung in einem Krankenhaus, das die Voraussetzungen des § 107 Absatz 1 des Fünften Buches Sozialgesetzbuch erfüllt, aber nicht nach § 108 des Fünften Buches Sozialgesetzbuch zugelassen ist, oder
   c) eine stationäre Rehabilitationsmaßnahme im Sinne von § 35 Absatz 1 Satz 1 Nummer 1 oder Nummer 3 und
2. erforderlich sind, um den stationären Aufenthalt zu verkürzen oder die anschließende ambulante ärztliche Behandlung zu sichern.

§ 25 Hilfsmittel, Geräte zur Selbstbehandlung und Selbstkontrolle, Körperersatzstücke. (1) [1]Aufwendungen für ärztlich verordnete Hilfsmittel, Geräte zur Selbstbehandlung und Selbstkontrolle sowie Körperersatzstücke sind beihilfefähig, wenn sie im Einzelfall erforderlich sind, um den Erfolg der Krankenbehandlung zu sichern, einer drohenden Behinderung vorzubeugen oder eine Behinderung auszugleichen. [2]Beihilfefähig sind vorbehaltlich des

Absatzes 4 Aufwendungen für Anschaffung, Reparatur, Ersatz, Betrieb, Unterweisung in den Gebrauch und Unterhaltung der in Anlage 11 genannten Hilfsmittel, Geräte zur Selbstbehandlung und Selbstkontrolle und Körperersatzstücke unter den dort genannten Voraussetzungen. [3] Aufwendungen für den Ersatz eines unbrauchbar gewordenen Gegenstandes im Sinne von Satz 1 sind nach Ablauf von sechs Monaten seit Anschaffung beihilfefähig, wenn eine erneute ärztliche Verordnung vorliegt.

(2) Nicht beihilfefähig sind Aufwendungen für

1. Hilfsmittel und Geräte zur Selbstbehandlung und Selbstkontrolle, die
   a) einen geringen oder umstrittenen therapeutischen Nutzen haben,
   b) einen niedrigen Abgabepreis haben,
   c) der allgemeinen Lebenshaltung zuzurechnen sind oder
   d) in Anlage 12 genannt sind, und
2. gesondert ausgewiesene Versandkosten.

(3) Aufwendungen für das Mieten von Hilfsmitteln und Geräten zur Selbstbehandlung und Selbstkontrolle nach Absatz 1 Satz 1 sind beihilfefähig, soweit sie nicht höher als die Aufwendungen für deren Anschaffung sind.

(4) [1] Sind Hilfsmittel und Geräte zur Selbstbehandlung und Selbstkontrolle im Sinne des Absatzes 1 Satz 1 weder in Anlage 11 oder 12 aufgeführt noch mit den aufgeführten Gegenständen vergleichbar, sind hierfür getätigte Aufwendungen ausnahmsweise beihilfefähig, wenn dies im Hinblick auf die Fürsorgepflicht nach § 78 des Bundesbeamtengesetzes[1)] notwendig ist. [2] Die Festsetzungsstelle entscheidet in Fällen des Satzes 1 mit Zustimmung der obersten Dienstbehörde. [3] Die oberste Dienstbehörde hat bei Aufwendungen von mehr als 600 Euro vor ihrer Zustimmung das Einvernehmen mit dem Bundesministerium des Innern, für Bau und Heimat herzustellen. [4] Soweit das Einvernehmen des Bundesministeriums des Innern, für Bau und Heimat allgemein erklärt ist, kann die oberste Dienstbehörde ihre Zuständigkeit auf eine andere Behörde übertragen. [5] Absatz 2 bleibt unberührt.

(5) [1] Aufwendungen für den Betrieb und die Unterhaltung der Hilfsmittel und Geräte zur Selbstbehandlung und Selbstkontrolle im Sinne des Absatzes 1 Satz 1 sind nur in Höhe des 100 Euro je Kalenderjahr übersteigenden Betrages beihilfefähig. [2] Nicht beihilfefähig sind Aufwendungen für Batterien von Hörgeräten sowie Pflege- und Reinigungsmittel für Kontaktlinsen. [3] Die Sätze 1 und 2 gelten nicht für Personen, die das 18. Lebensjahr noch nicht vollendet haben.

(6) Beihilfefähig sind auch Aufwendungen für Hilfsmittel, die eine dritte Person durch einen Sicherheitsmechanismus vor Nadelstichverletzungen schützen, wenn die beihilfeberechtigte oder berücksichtigungsfähige Person selbst nicht zur Anwendung des Hilfsmittels in der Lage ist und es hierfür einer Tätigkeit der dritten Person bedarf, bei der die Gefahr einer Infektion durch Stichverletzungen, insbesondere durch Blutentnahmen und Injektionen, besteht oder angenommen werden kann.

[1)] Nr. 2.

§ 26 Behandlung in zugelassenen Krankenhäusern. (1) Aufwendungen für Behandlungen in zugelassenen Krankenhäusern nach § 108 des Fünften Buches Sozialgesetzbuch sind beihilfefähig, soweit sie entstanden sind für

1. vorstationäre und nachstationäre Krankenhausbehandlungen nach § 115a des Fünften Buches Sozialgesetzbuch,
2. allgemeine Krankenhausleistungen (§ 2 Absatz 2 des Krankenhausentgeltgesetzes und § 2 Absatz 2 der Bundespflegesatzverordnung),
3. im Zusammenhang mit den Nummern 1 und 2 berechenbare Leistungen der Belegärztinnen und Belegärzte (§ 18 Absatz 1 Satz 2 des Krankenhausentgeltgesetzes),
4. die aus medizinischen Gründen notwendige Unterbringung einer Begleitperson im Krankenhaus (§ 2 Absatz 2 Satz 2 Nummer 3 des Krankenhausentgeltgesetzes),
5. Wahlleistungen in Form
   a) gesondert berechneter wahlärztlicher Leistungen im Sinne des § 17 des Krankenhausentgeltgesetzes und des § 16 Satz 2 der Bundespflegesatzverordnung,
   b) einer gesondert berechneten Unterkunft im Sinne des § 17 des Krankenhausentgeltgesetzes und des § 16 Satz 2 der Bundespflegesatzverordnung bis zur Höhe der Kosten eines Zweibettzimmers der jeweiligen Fachabteilung abzüglich eines Betrages von 14,50 Euro täglich und
   c) anderer im Zusammenhang mit Leistungen nach den Buchstaben a und b erbrachter ärztlicher Leistungen oder Leistungen nach § 22.

(2) Ist bei einer stationären Behandlung die Anwesenheit einer Begleitperson aus medizinischen Gründen notwendig, eine Mitaufnahme in das Krankenhaus jedoch nicht möglich, sind Aufwendungen für die Unterbringung und Verpflegung der Begleitperson auch außerhalb des Krankenhauses bis zur Höhe der Kosten für eine Mitaufnahme der Begleitperson in das Krankenhaus beihilfefähig.

(3) Aufwendungen für eine stationsäquivalente psychiatrische Behandlung nach § 115d des Fünften Buches Sozialgesetzbuch sind beihilfefähig.

§ 26a Behandlung in nicht zugelassenen Krankenhäusern. (1) Aufwendungen für Behandlungen in Krankenhäusern, die die Voraussetzungen des § 107 Absatz 1 des Fünften Buches Sozialgesetzbuch erfüllen, aber nicht nach § 108 des Fünften Buches Sozialgesetzbuch zugelassen sind, sind wie folgt beihilfefähig:

1. bei Indikationen, die in Krankenhäusern mit einer Zulassung nach § 108 des Fünften Buches Sozialgesetzbuch mit Fallpauschalen nach dem Krankenhausentgeltgesetz abgerechnet werden:
   a) die Aufwendungen für die allgemeinen Krankenhausleistungen (§ 26 Absatz 1 Nummer 2) bis zu dem Betrag, der sich bei Anwendung des Fallpauschalenkatalogs nach § 9 Absatz 1 Nummer 1 des Krankenhausentgeltgesetzes unter Zugrundelegung des einheitlichen Basisfallwertes nach § 10 Absatz 9 Satz 5 und 6 des Krankenhausentgeltgesetzes für die Hauptabteilung ergibt,
   b) die nach § 17b Absatz 4 des Krankenhausfinanzierungsgesetzes ausgegliederten Pflegepersonalkosten, und zwar für jeden Belegungstag die maß-

gebliche Bewertungsrelation aus dem Pflegeerlöskatalog nach § 17b Absatz 4 Satz 5 des Krankenhausfinanzierungsgesetzes multipliziert mit dem in § 15 Absatz 2a Satz 1 des Krankenhausentgeltgesetzes genannten Betrag, und

c) Zusatzentgelte bis zu der im Zusatzentgeltkatalog nach § 9 Absatz 1 Nummer 2 des Krankenhausentgeltgesetzes ausgewiesenen Höhe;

2. bei Indikationen, die in Krankenhäusern mit einer Zulassung nach § 108 des Fünften Buches Sozialgesetzbuch nach dem pauschalierenden Entgeltsystem für psychiatrische und psychosomatische Einrichtungen nach § 17d des Krankenhausfinanzierungsgesetzes und in psychosomatischen Einrichtungen abgerechnet werden:
   a) das nach Anlage 1a oder Anlage 2a des PEPP-Entgeltkatalogs berechnete Entgelt bei Anwendung des pauschalen Basisentgeltwertes in Höhe von 300 Euro,
   b) Zusatzentgelte bis zu den in Anlage 3 des PEPP-Entgeltkatalogs ausgewiesenen Beträgen und
   c) ergänzende Tagesentgelte nach Anlage 5 des PEPP-Entgeltkatalogs bei Anwendung des pauschalen Basisentgeltwertes von 300 Euro;

   maßgebend ist die jeweils geltende, auf der Internetseite des Instituts für das Entgeltsystem im Krankenhaus veröffentlichte Fassung des PEPP-Entgeltkatalogs,
3. gesondert berechnete Wahlleistungen für Unterkunft bis zur Höhe von 1,5 Prozent der oberen Grenze des einheitlichen Basisfallwertkorridors, der nach § 10 Absatz 9 des Krankenhausentgeltgesetzes vereinbart ist, abzüglich 14,50 Euro täglich,
4. bei einer Notfallversorgung, wenn das nächstgelegene Krankenhaus aufgesucht werden musste,
5. die Unterbringung einer Begleitperson im Krankenhaus, soweit dies aus medizinischen Gründen notwendig ist (§ 2 Absatz 2 Satz 2 Nummer 3 des Krankenhausentgeltgesetzes).

(2) Ist bei einer stationären Behandlung die Anwesenheit einer Begleitperson aus medizinischen Gründen notwendig, eine Mitaufnahme in das Krankenhaus jedoch nicht möglich, sind Aufwendungen für die Unterbringung und Verpflegung der Begleitperson auch außerhalb des Krankenhauses bis zur Höhe der Kosten für eine Mitaufnahme der Begleitperson in das Krankenhaus beihilfefähig.

(3) Gesondert in Rechnung gestellte Aufwendungen für ärztliche Leistungen sind, sofern die Abrechnung nach der Anlage zur Gebührenordnung für Ärzte erfolgt, neben den Aufwendungen nach Absatz 1 beihilfefähig.

(4) Mit den Beträgen nach Absatz 1 sind Aufwendungen für Leistungen abgegolten, die

1. von Krankenhäusern zusätzlich in Rechnung gestellt werden und
2. Bestandteile der allgemeinen Krankenhausleistungen nach § 2 Absatz 2 des Krankenhausentgeltgesetzes und § 2 Absatz 2 der Bundespflegesatzverordnung sind.

(5) Vor der Aufnahme in ein Krankenhaus nach Absatz 1 kann bei der Festsetzungsstelle eine Übersicht über die voraussichtlich entstehenden Kosten zur Prüfung der Beihilfefähigkeit eingereicht werden.

(6) [1]Bei Personen, die nach § 3 beihilfeberechtigt sind oder die bei einer nach § 3 beihilfeberechtigten Person berücksichtigungsfähig sind, sind für Unterkunft und Verpflegung in ausländischen Krankenhäusern unter Berücksichtigung der besonderen Verhältnisse am Behandlungsort die entstandenen Aufwendungen abzüglich eines Betrages von 14,50 Euro täglich beihilfefähig, sofern die Unterbringung derjenigen in einem Zweibettzimmer im Inland nach § 26 Absatz 1 Nummer 5 Buchstabe b entspricht. [2]Satz 1 gilt nicht, wenn aus medizinischen Gründen eine andere Unterbringung notwendig ist. [3]Beihilfefähig sind auch Aufwendungen, die für den Einsatz von Unternehmen entstehen, die bei der Abrechnung von im Ausland erbrachten stationären Leistungen tätig werden.

§ 27 Häusliche Krankenpflege, Kurzzeitpflege bei fehlender Pflegebedürftigkeit. (1) [1]Beihilfefähig sind Aufwendungen für häusliche Krankenpflege, soweit sie angemessen und nach ärztlicher Bescheinigung erforderlich sind und die Pflege

1. nicht länger als vier Wochen dauert,
2. weder von der beihilfeberechtigten oder berücksichtigungsfähigen Person noch von einer anderen im Haushalt lebenden Person durchgeführt werden kann und
3. im eigenen Haushalt oder an einem anderen geeigneten Ort erbracht wird.

[2]Angemessen im Sinne des Satzes 1 sind Aufwendungen bis zur Höhe des tariflichen oder ortsüblichen Entgelts einer Pflegekraft der öffentlichen oder frei gemeinnützigen Träger, die für die häusliche Krankenpflege in Betracht kommen. [3]Bis zu dieser Höhe beihilfefähig sind auch die Aufwendungen für eine Ersatzpflegekraft, die die Ärztin oder der Arzt für geeignet erklärt.

(2) [1]Häusliche Krankenpflege nach Absatz 1 Satz 1 umfasst

1. Behandlungspflege, Grundpflege und hauswirtschaftliche Versorgung,
2. verrichtungsbezogene krankheitsspezifische Pflegemaßnahmen,
3. ambulante psychiatrische Krankenpflege und
4. ambulante Palliativversorgung.

[2]Aufwendungen für die erforderliche Grundpflege und die hauswirtschaftliche Versorgung einer beihilfeberechtigten oder berücksichtigungsfähigen Person sind beihilfefähig bei

1. schwerer Erkrankung oder
2. akuter Verschlimmerung einer Erkrankung,

insbesondere nach einem Krankenhausaufenthalt, einer ambulanten Operation oder einer ambulanten Krankenhausbehandlung. [3]Satz 2 gilt nicht im Fall einer Pflegebedürftigkeit der Pflegegrade 2 bis 5. [4]Aufwendungen für medizinische Behandlungspflege beihilfeberechtigter und berücksichtigungsfähiger Personen in den in § 43a des Elften Buches Sozialgesetzbuch genannten vollstationären Einrichtungen oder in Räumlichkeiten der Hilfe für behinderte Menschen im Sinne von § 43a des Elften Buches Sozialgesetzbuch sind beihilfefähig, wenn ein besonders hoher Bedarf an medizinischer Behandlungspflege besteht und die Leistungserbringung nicht zu den Aufgaben der Einrichtungen oder Räumlichkeiten gehört.

(3) [1]In Ausnahmefällen können die Aufwendungen für die häusliche Krankenpflege für einen längeren Zeitraum anerkannt werden, wenn eine ärztliche

Bescheinigung darüber vorgelegt wird, dass häusliche Krankenpflege über einen längeren Zeitraum notwendig ist. [2]Die ambulante Palliativversorgung nach Absatz 2 Satz 1 Nummer 4 ist regelmäßig als Ausnahmefall zu werten. [3]Ist eine Behandlungspflege erforderlich, um sicherzustellen, dass das Ziel der ärztlichen Behandlung erreicht wird, ist Absatz 1 Satz 1 Nummer 1 nicht anzuwenden.

(4) Wird häusliche Krankenpflege im Sinne der Absätze 1, 2 und 3 durch die Ehegattin, den Ehegatten, die Lebenspartnerin, den Lebenspartner, die Eltern oder die Kinder der gepflegten Person durchgeführt, sind nur beihilfefähig:

1. Aufwendungen für Fahrtkosten der die häusliche Krankenpflege durchführenden Person und
2. eine an die die häusliche Krankenpflege durchführende Person gezahlte Vergütung bis zur Höhe der infolge der häuslichen Krankenpflege ausgefallenen Arbeitseinkünfte.

(5) Ist häusliche Krankenpflege nach Absatz 1

1. bei schwerer Krankheit oder
2. wegen akuter Verschlimmerung einer Krankheit,

insbesondere nach einem Krankenhausaufenthalt, nach einer ambulanten Operation oder nach einer ambulanten Krankenhausbehandlung nicht ausreichend und liegt keine Pflegebedürftigkeit der Pflegegrade 2 bis 5 vor, sind Aufwendungen für eine Kurzzeitpflege entsprechend § 42 des Elften Buches Sozialgesetzbuch in zugelassenen Einrichtungen nach dem Elften Buch Sozialgesetzbuch oder in anderen geeigneten Einrichtungen beihilfefähig, wenn die Notwendigkeit der Kurzzeitpflege ärztlich bescheinigt worden ist.

(6) Beihilfefähig sind auch Aufwendungen für die Versorgung chronischer und schwer heilender Wunden in spezialisierten Einrichtungen.

§ 28 Familien- und Haushaltshilfe. (1) [1]Die Aufwendungen für eine Familien- und Haushaltshilfe sind pro Stunde in Höhe von 0,32 Prozent der sich aus § 18 des Vierten Buches Sozialgesetzbuch ergebenden monatlichen Bezugsgröße, aufgerundet auf volle Euro, beihilfefähig, wenn

1. die den Haushalt führende beihilfeberechtigte oder berücksichtigungsfähige Person den Haushalt wegen ihrer notwendigen außerhäuslichen Unterbringung (§ 24 Absatz 1 und 3, §§ 26, 26a und 32 Absatz 1, §§ 34 und 35 Absatz 1 Nummer 1 bis 5, §§ 39 und 40 Absatz 2) nicht weiterführen kann oder verstorben ist,
2. im Haushalt mindestens eine beihilfeberechtigte oder berücksichtigungsfähige Person verbleibt, die pflegebedürftig ist oder das zwölfte Lebensjahr noch nicht vollendet hat, und
3. keine andere im Haushalt lebende Person den Haushalt weiterführen kann.

[2]In Ausnahmefällen kann im Hinblick auf die Fürsorgepflicht nach § 78 des Bundesbeamtengesetzes[1)] mit Zustimmung der obersten Dienstbehörde von diesen Voraussetzungen abgewichen werden.

[1)] Nr. 2.

(2) [1] Aufwendungen für eine Familien- und Haushaltshilfe, deren Notwendigkeit ärztlich bescheinigt worden ist, sind in der in Absatz 1 bestimmten Höhe bis zu 28 Tagen beihilfefähig

1. bei schwerer Krankheit oder
2. bei akuter Verschlimmerung einer Krankheit,

insbesondere unmittelbar nach einem Krankenhausaufenthalt, unmittelbar nach einer ambulanten Operation oder unmittelbar nach einer ambulanten Krankenhausbehandlung. [2] Satz 1 gilt auch für Alleinstehende. [3] Absatz 1 Satz 2 und § 27 Absatz 4 gelten entsprechend.

(3) [1] Nach dem Tod der haushaltführenden Person sind die Aufwendungen nach Absatz 1 für sechs Monate, in Ausnahmefällen für zwölf Monate, beihilfefähig. [2] § 27 Absatz 4 gilt entsprechend.

(4) Werden statt der Inanspruchnahme einer Familien- und Haushaltshilfe berücksichtigungsfähige Personen, die das zwölfte Lebensjahr noch nicht vollendet haben, oder pflegebedürftige berücksichtigungsfähige oder selbst beihilfeberechtigte Personen in einem Heim oder in einem fremden Haushalt untergebracht, sind die Aufwendungen hierfür bis zu den sonst notwendigen Kosten einer Familien- und Haushaltshilfe beihilfefähig.

(5) Aufwendungen für notwendige Fahrtkosten sind in Höhe der Reisekostenvergütung nach den §§ 3, 4 und 5 Absatz 1 des Bundesreisekostengesetzes[1)] beihilfefähig.

§ 29 Familien- und Haushaltshilfe im Ausland. (1) Aufwendungen beihilfeberechtigter Personen nach § 3 für eine Familien- und Haushaltshilfe sind auch dann beihilfefähig, wenn

1. eine ambulante ärztliche Behandlung der beihilfeberechtigten oder berücksichtigungsfähigen Person, die den Haushalt allein führt, in einem anderen Land als dem Gastland notwendig ist,
2. mindestens eine berücksichtigungsfähige Person, die das vierte Lebensjahr noch nicht vollendet hat, im Haushalt zurückbleibt und
3. die Behandlung wenigstens zwei Übernachtungen erfordert.

(2) [1] Im Geburtsfall sind die Aufwendungen für eine Familien- und Haushaltshilfe auch dann beihilfefähig, wenn eine sachgemäße ärztliche Versorgung am Dienstort nicht gewährleistet ist und der Dienstort wegen späterer Fluguntauglichkeit vorzeitig verlassen werden muss. [2] Maßgeblich ist die ärztlich festgestellte notwendige Abwesenheitsdauer.

(3) [1] Werden statt der Inanspruchnahme einer Familien- und Haushaltshilfe berücksichtigungsfähige Personen, die das vierte Lebensjahr noch nicht vollendet haben, beim Verlassen des Dienstortes mitgenommen, sind die hierfür notwendigen Fahrtkosten beihilfefähig. [2] Übernehmen die Ehegattin, der Ehegatte, die Lebenspartnerin, der Lebenspartner, die Eltern oder die Kinder des die Familien- und Haushaltshilfe in Anspruch Nehmenden die Führung des Haushalts, sind die damit verbundenen Fahrtkosten bis zur Höhe der andernfalls für eine Familien- und Haushaltshilfe anfallenden Aufwendungen beihilfefähig.

[1)] Nr. **24**.

§ 30 Soziotherapie. [1] Aufwendungen für Soziotherapie sind beihilfefähig, wenn die beihilfeberechtigte oder berücksichtigungsfähige Person wegen einer schweren psychischen Erkrankung nicht in der Lage ist, ärztliche oder ärztlich verordnete Leistungen selbständig in Anspruch zu nehmen, und durch die Soziotherapie eine Krankenhausbehandlung vermieden oder verkürzt wird. [2] Dies gilt auch, wenn die Krankenhausbehandlung geboten, aber nicht durchführbar ist. [3] Inhalt und Ausgestaltung der Soziotherapie richten sich nach § 37a des Fünften Buches Sozialgesetzbuch.

§ 30a Neuropsychologische Therapie. (1) [1] Aufwendungen für ambulante neuropsychologische Therapie sind beihilfefähig, wenn sie

1. der Behandlung akut erworbener Hirnschädigungen oder Hirnerkrankungen dienen, insbesondere nach Schlaganfall oder Schädel-Hirn-Trauma und
2. durchgeführt werden von Fachärztinnen oder Fachärzten
   a) für Neurologie,
   b) für Nervenheilkunde, Psychiatrie, Psychiatrie und Psychotherapie,
   c) Kinder- und Jugendmedizin mit Schwerpunkt Neuropädiatrie oder
   d) Neurochirurgie und Kinder- und Jugendpsychiatrie und -psychotherapie,

   die zusätzlich zu ihrer Gebietsbezeichnung über eine neuropsychologische Zusatzqualifikation verfügen.

[2] Satz 1 gilt auch bei Behandlungen, die durchgeführt werden von

1. Psychotherapeutinnen oder Psychotherapeuten,
2. ärztlichen Psychotherapeutinnen oder Psychotherapeuten,
3. psychologischen Psychotherapeutinnen oder Psychotherapeuten oder
4. Kinder- und Jugendlichenpsychotherapeutinnen oder Kinder- und Jugendlichenpsychotherapeuten,

wenn diese über eine neuropsychologische Zusatzqualifikation verfügen. [3] Der Umfang der beihilfefähigen Aufwendungen richtet sich nach Absatz 3.

(2) Nicht beihilfefähig sind Aufwendungen für eine ambulante neuropsychologische Therapie, wenn

1. ausschließlich angeborene Einschränkungen oder Behinderungen der Hirnleistungsfunktionen ohne sekundäre organische Hirnschädigung behandelt werden, insbesondere Aufmerksamkeitsdefizit-Syndrom mit oder ohne Hyperaktivität (ADHS oder ADS), Intelligenzminderung,
2. es sich um Hirnerkrankungen mit progredientem Verlauf im fortgeschrittenen Stadium, insbesondere mittel- und hochgradige Demenz vom Alzheimertyp, handelt,
3. die Hirnschädigung oder die Hirnerkrankung mit neuropsychologischen Defiziten bei erwachsenen Patientinnen und Patienten länger als fünf Jahre zurückliegt.

(3) [1] Aufwendungen für neuropsychologische Behandlungen sind in folgendem Umfang beihilfefähig:

1. bis zu fünf probatorische Sitzungen sowie
2. bei Einzelbehandlung, gegebenenfalls unter Einbeziehung von Bezugspersonen

	wenn eine Behandlungseinheit mindestens 25 Minuten dauert	wenn eine Behandlungseinheit mindestens 50 Minuten dauert
Regelfall	120 Behandlungseinheiten	60 Behandlungseinheiten
Ausnahmefall	40 weitere Behandlungseinheiten	20 weitere Behandlungseinheiten

3. bei Gruppenbehandlung, bei Kindern und Jugendlichen, gegebenenfalls unter Einbeziehung von Bezugspersonen

wenn eine Behandlungseinheit mindestens 50 Minuten dauert	wenn eine Behandlungseinheit mindestens 100 Minuten dauert
80 Behandlungseinheiten	40 Behandlungseinheiten

[2] Bei einer Kombination von Einzel- und Gruppenbehandlung ist die gesamte Behandlung nach Satz 1 Nummer 2 beihilfefähig.

§ 31 Fahrtkosten. (1) [1] Beihilfefähig sind Aufwendungen für ärztlich verordnete Fahrten

1. im Zusammenhang mit einer stationären Krankenbehandlung einschließlich einer vor- und nachstationären Krankenbehandlung,
2. anlässlich einer Verlegung in ein anderes Krankenhaus,
3. anlässlich einer ambulanten Operation und damit in Zusammenhang stehenden Vor- oder Nachbehandlungen nur, wenn dadurch eine stationäre Krankenbehandlung verkürzt oder vermieden wird,
4. mit einem Krankentransportwagen, wenn während der Fahrt eine fachliche Betreuung oder eine fachgerechte Lagerung benötigt wird,
5. zur ambulanten Behandlung einer Erkrankung; die Versorgung einschließlich Diagnostik in einer geriatrischen Institutsambulanz im Sinne des § 118a des Fünften Buches Sozialgesetzbuch ist einer ambulanten Behandlung gleichzusetzen oder
6. um ein untergebrachtes, schwer erkranktes Kind der beihilfeberechtigten oder berücksichtigungsfähigen Person zu besuchen, das das 18. Lebensjahr noch nicht vollendet hat und bei dem zur Sicherung des Therapieerfolgs regelmäßige Besuche der Eltern nötig sind.

[2] Satz 1 gilt entsprechend für Fahrten, die durch Zahnärztinnen oder Zahnärzte oder durch Psychotherapeutinnen oder Psychotherapeuten nach § 28 Absatz 1 Satz 1 des Fünften Buches Sozialgesetzbuch verordnet worden sind, wenn die Fahrten im Zusammenhang mit einer zahnärztlichen oder psychotherapeutischen Behandlung stehen.

(2) [1] Ohne ärztliche Verordnung sind Aufwendungen beihilfefähig für

1. Rettungsfahrten und -flüge, auch wenn eine stationäre Behandlung nicht erforderlich ist,
2. notwendige Fahrten zur ambulanten Dialyse, onkologischen Strahlentherapie, parenteralen antineoplastischen Arzneimitteltherapie oder parenteralen onkologischen Chemotherapie,
3. Fahrten nach Absatz 1 Nummer 1 bis 5 beihilfeberechtigter oder berücksichtigungsfähiger Personen

a) mit einem Schwerbehindertenausweis mit dem Merkzeichen aG, Bl oder H oder

b) der Pflegegrade 3 bis 5 oder

4. Fahrten anlässlich einer Verlegung in ein anderes Krankenhaus, wenn die Festsetzungsstelle der Verlegung zugestimmt hat.

[2] Ist der Anlass der Fahrt aus den Belegen nicht ersichtlich, so ist dieser auf andere Weise nachzuweisen.

(3) Wirtschaftlich angemessen sind nur die Fahrten auf dem direkten Weg zwischen dem jeweiligen Aufenthaltsort der beihilfeberechtigten oder berücksichtigungsfähigen Person und dem Ort der nächst erreichbaren geeigneten Behandlungsmöglichkeit, außer es besteht ein zwingender medizinischer Grund für die Behandlung an einem entfernteren Ort.

(4) Erstattet werden:

1. bei Rettungsfahrten und -flügen sowie bei Fahrten mit Krankentransportwagen der nach dem jeweiligem Landes- oder Kommunalrecht berechnete Betrag; fehlt dieser, gilt § 6 Absatz 3 und 5 Satz 3 und Absatz 6,
2. bei Benutzung regelmäßig verkehrender Beförderungsmittel die Kosten in Höhe der niedrigsten Beförderungsklasse,
3. bei Benutzung eines privaten Kraftfahrzeugs die Kosten entsprechend § 5 Absatz 1 des Bundesreisekostengesetzes[1)]; bei gemeinsamer Fahrt einer beihilfeberechtigten oder berücksichtigungsfähigen Person mit weiteren beihilfeberechtigten oder berücksichtigungsfähigen Personen mit einem Kraftfahrzeug sind die Fahrtkosten insgesamt nur einmal beihilfefähig,
4. bei Fahrten mit einem Taxi, wenn ein öffentliches Verkehrsmittel nicht benutzt werden kann, die Kosten bis zur Höhe der nach der jeweiligen Taxiordnung berechneten Taxe.

(5) [1] Nicht beihilfefähig sind

1. die Kosten für die Rückbeförderung wegen Erkrankung während einer Urlaubsreise oder einer anderen privaten Reise,
2. die Kosten für die Beförderung anderer Personen als der erkrankten beihilfeberechtigten oder berücksichtigungsfähigen Person, es sei denn, die Beförderung von Begleitpersonen ist medizinisch notwendig,
3. die Kosten für andere als die in Absatz 1 Nummer 6 genannten Besuchsfahrten,
4. die Fahrtkosten einschließlich Flugkosten anlässlich von Untersuchungen und Behandlungen außerhalb der Europäischen Union.

[2] Kosten nach Satz 1 Nummer 4 sind ausnahmsweise beihilfefähig, wenn zwingende medizinische Gründe für Untersuchungen und Behandlungen außerhalb der Europäischen Union vorliegen. [3] Die Festsetzungsstelle entscheidet in Fällen des Satzes 2 mit Zustimmung der obersten Dienstbehörde. [4] Die Erteilung der Zustimmung bedarf des Einvernehmens des Bundesministeriums des Innern, für Bau und Heimat.

(6) [1] Ist für Personen, die nach § 3 beihilfeberechtigt oder bei einer nach § 3 beihilfeberechtigten Person berücksichtigungsfähig sind, in Krankheits- oder Geburtsfällen eine notwendige medizinische Versorgung im Gastland nicht

---

[1)] Nr. 24.

gewährleistet, sind die Kosten der Beförderung zum nächstgelegenen geeigneten Behandlungsort einschließlich der Kosten für die Rückfahrt beihilfefähig, wenn

1. eine sofortige Behandlung geboten war oder
2. die Festsetzungsstelle die Beihilfefähigkeit dieser Aufwendungen vorher dem Grunde nach anerkannt hat; in Ausnahmefällen kann die Anerkennung nachträglich erfolgen.

[2] Die Hin- und Rückfahrt gelten als eine Fahrt.

§ 32 Unterkunftskosten. (1) [1] Aufwendungen für die Unterkunft anlässlich notwendiger auswärtiger ambulanter ärztlicher, zahnärztlicher oder psychotherapeutischer Leistungen sind bis 150 Prozent des Betrags nach § 7 Absatz 1 Satz 1 des Bundesreisekostengesetzes[1)] beihilfefähig. [2] Ist eine Begleitperson medizinisch erforderlich, sind Aufwendungen für deren Unterkunft in gleicher Höhe beihilfefähig.

(2) [1] Werden ärztlich verordnete Heilmittel in einer Einrichtung verabreicht, die der Betreuung und der Behandlung von Kranken oder Behinderten dient, sind auch Pauschalen beihilfefähig. [2] Dies gilt auch, wenn die Pauschalen einen Verpflegungsanteil enthalten.

(3) [1] Aufwendungen nach den Absätzen 1 und 2 sind bei Personen, die nach § 3 beihilfeberechtigt oder bei einer nach § 3 beihilfeberechtigten Person berücksichtigungsfähig sind, auch dann beihilfefähig, wenn sie außerhalb des Gastlandes erbracht werden. [2] Aufwendungen für eine Unterkunft im Ausland sind bis zur Höhe von 150 Prozent des Auslandsübernachtungsgelds (§ 3 Absatz 1 der Auslandsreisekostenverordnung) beihilfefähig.

§ 33 Lebensbedrohliche oder regelmäßig tödlich verlaufende Krankheiten. [1] Beihilfefähig sind Aufwendungen für medizinische Leistungen anlässlich einer lebensbedrohlichen Erkrankung, anlässlich einer im Regelfall tödlich verlaufenden Erkrankung oder anlässlich einer Erkrankung, die diesen beiden Arten von Erkrankungen wertungsmäßig vergleichbar ist, wenn

1. eine allgemein anerkannte, dem medizinischen Standard entsprechende Behandlung nicht zur Verfügung steht und
2. eine nicht ganz entfernt liegende Aussicht auf Heilung oder auf eine spürbare positive Einwirkung auf den Krankheitsverlauf besteht.

[2] Die Festsetzungsstelle entscheidet in Fällen des Satzes 1 im Einvernehmen mit der obersten Dienstbehörde. [3] Die oberste Dienstbehörde hat vor ihrer Zustimmung das Einvernehmen mit dem Bundesministerium des Innern, für Bau und Heimat herzustellen.

Abschnitt 3. Rehabilitation

§ 34 Anschlussheil- und Suchtbehandlungen. (1) [1] Aufwendungen für ärztlich verordnete Anschlussheilbehandlungen, die als medizinische Rehabilitationsmaßnahmen in Rehabilitationseinrichtungen, mit denen ein Versorgungsvertrag nach § 111 Absatz 2 Satz 1 oder § 111c des Fünften Buches Sozialgesetzbuch besteht, durchgeführt werden, sind beihilfefähig. [2] Eine An-

---

[1)] Nr. 24.

schlussheilbehandlung im Sinne des Satzes 1 liegt vor, wenn sich die Rehabilitationsmaßnahme an einen Krankenhausaufenthalt zur Behandlung einer schwerwiegenden Erkrankung anschließt oder im Zusammenhang mit einer Krankenhausbehandlung steht. [3] Satz 1 gilt auch für Anschlussheilbehandlungen, wenn diese nach einer ambulanten Operation, Strahlen- oder Chemotherapie notwendig sind.

(2) [1] Aufwendungen für ärztlich verordnete Suchtbehandlungen, die als medizinische Rehabilitationsmaßnahmen oder Entwöhnungen in Rehabilitationseinrichtungen, mit denen ein Versorgungsvertrag nach § 111 Absatz 2 Satz 1 des Fünften Buches Sozialgesetzbuch besteht, durchgeführt werden, sind beihilfefähig. [2] Aufwendungen für die ambulante Nachsorge nach einer stationären Entwöhnungsbehandlung sind in angemessener Höhe beihilfefähig.

(3) [1] Die Beihilfefähigkeit nach den Absätzen 1 und 2 setzt voraus, dass die ärztliche Verordnung die Rehabilitationsmaßnahme jeweils nach Art und Dauer begründet. [2] Die Einrichtung muss für die Durchführung der Anschlussheil- oder Suchtbehandlung geeignet sein. [3] Maßnahmen nach Absatz 2 sind nur nach Zustimmung durch die Festsetzungsstelle beihilfefähig. [4] In Ausnahmefällen kann die Zustimmung nachträglich erfolgen.

(4) § 26 Absatz 1 Nummer 5, § 35 Absatz 2 Satz 1 und 2 Nummer 2 bis 4 und 5 Buchstabe a und b gelten entsprechend, jedoch ohne die zeitliche Begrenzung nach § 35 Absatz 2 Satz 2 Nummer 5 Buchstabe a und b auf 21 Tage.

(5) Fahrtkosten für die An- und Abreise einschließlich Gepäckbeförderung sind beihilfefähig

1. bei einem aus medizinischen Gründen notwendigen Transport mit einem Krankentransportwagen nach § 31 Absatz 4 Nummer 1,
2. bei Fahrten mit regelmäßig verkehrenden Beförderungsmitteln in Höhe der tatsächlichen Aufwendungen bis zu den für Fahrten in der niedrigsten Beförderungsklasse anfallenden Kosten,
3. bei Benutzung eines privaten Kraftfahrtzeugs entsprechend § 5 Absatz 1 des Bundesreisekostengesetzes[1)], jedoch nicht mehr als 200 Euro für die Gesamtmaßnahme,
4. bei Benutzung eines Taxis nur, wenn der Festsetzungsstelle auf Grund einer ärztlichen Bestätigung die Notwendigkeit der Beförderung nachgewiesen wird und die Festsetzungsstelle die Aufwendungen vorher anerkannt hat.

(6) Werden unter den Voraussetzungen des Absatzes 3 Rehabilitationsmaßnahmen nach Absatz 1 oder Absatz 2 in Rehabilitationseinrichtungen durchgeführt, mit denen kein Versorgungsvertrag nach § 111 Absatz 2 Satz 1 des Fünften Buches Sozialgesetzbuch besteht, sind Aufwendungen nur entsprechend den §§ 12, 13, 18, 22 bis 25, 26a und § 35 Absatz 2 Satz 2 Nummer 2 bis 4 beihilfefähig.

§ 35 Rehabilitationsmaßnahmen. (1) [1] Beihilfefähig sind Aufwendungen für

1. stationäre Rehabilitationsmaßnahmen in Vorsorge- oder Rehabilitationseinrichtungen, mit denen ein Versorgungsvertrag nach § 111 Absatz 2 Satz 1 des

---

[1)] Nr. **24**.

Fünften Buches Sozialgesetzbuch besteht oder in Vorsorge- oder Rehabilitationseinrichtungen in anderen Mitgliedstaaten der Europäischen Union, die im jeweiligen nationalen System der Krankenversicherung zur Versorgung der Versicherten berechtigt sind,

2. Mutter-Kind- oder Vater-Kind-Rehabilitationsmaßnahmen in Vorsorge- oder Rehabilitationseinrichtungen, mit denen ein Versorgungsvertrag nach § 111a des Fünften Buches Sozialgesetzbuch besteht,
3. ärztlich verordnete familienorientierte Rehabilitation für berücksichtigungsfähige Kinder, die an schweren chronischen Erkrankungen, insbesondere Krebserkrankungen oder Mukoviszidose, leiden oder deren Zustand nach Operationen am Herzen oder nach Organtransplantationen eine solche Maßnahme erfordert,
4. ambulante Rehabilitationsmaßnahmen unter ärztlicher Leitung nach einem Rehabilitationsplan in einem anerkannten Heilbad oder Kurort zur Wiederherstellung oder Erhaltung der Dienstfähigkeit sowie zur Verhütung oder Vermeidung von Krankheiten oder deren Verschlimmerung für beihilfeberechtigte Personen nach § 2 Abs. 1 Nr. 1,
5. ärztlich verordnete ambulante Rehabilitationsmaßnahmen in Rehabilitationseinrichtungen oder durch wohnortnahe Einrichtungen und
6. ärztlich verordneten Rehabilitationssport entsprechend der Rahmenvereinbarung über den Rehabilitationssport und das Funktionstraining der Bundesarbeitsgemeinschaft für Rehabilitation.

[2]Das Bundesministerium des Innern, für Bau und Heimat gibt die Übersicht der anerkannten Heilbäder und Kurorte durch Rundschreiben bekannt. [3]Die Unterkunft muss sich am Heilbad oder Kurort befinden.

(2) [1]Für Rehabilitationsmaßnahmen nach Absatz 1 Satz 1 sind Aufwendungen nach den §§ 12, 13, 18, 22 bis 25 und 26 Absatz 1 Nummer 5 beihilfefähig. [2]Daneben sind bei Leistungen nach Absatz 1 Satz 1 Nummer 1 bis 4 beihilfefähig:

1. Fahrtkosten für die An- und Abreise einschließlich Gepäckbeförderung
   a) bei einem aus medizinischen Gründen notwendigen Transport mit einem Krankentransportwagen nach § 31 Absatz 4 Nummer 1,
   b) bei Fahrten mit regelmäßig verkehrenden Beförderungsmitteln in Höhe der tatsächlichen Aufwendungen bis zu den in der niedrigsten Beförderungsklasse anfallenden Kosten, insgesamt jedoch nicht mehr als 200 Euro für die Gesamtmaßnahme,
   c) bei Benutzung eines privaten Kraftfahrzeugs nach § 31 Absatz 4 Nummer 3, jedoch nicht mehr als 200 Euro für die Gesamtmaßnahme,
   d) bei Benutzung eines Taxis nur in Fällen des Absatzes 1 Satz 1 Nummer 1 oder § 31 Absatz 2 Nummer 3 unter Beachtung des § 36 Absatz 1 Satz 2 Nummer 4,
2. nachgewiesener Verdienstausfall einer Begleitperson,
3. Aufwendungen für Kurtaxe, auch für die Begleitperson,
4. Aufwendungen für einen ärztlichen Schlussbericht,
5. Aufwendungen für Unterkunft und Verpflegung
   a) bei stationären Rehabilitationsmaßnahmen einschließlich der pflegerischen Leistungen bis zur Höhe des niedrigsten Satzes der Einrichtung für

höchstens 21 Tage ohne An- und Abreisetage, es sei denn, eine Verlängerung ist aus gesundheitlichen Gründen dringend erforderlich,

b) der Begleitperson bei stationären Rehabilitationsmaßnahmen für höchstens 21 Tage ohne An- und Abreisetage bis zur Höhe des niedrigsten Satzes, es sei denn, eine Verlängerung ist aus gesundheitlichen Gründen der oder des Begleiteten dringend erforderlich,

c) bei Mutter-Kind- oder Vater-Kind-Rehabilitationsmaßnahmen für höchstens 21 Tage ohne An- und Abreisetage in Höhe der Entgelte, die die Einrichtung einem Sozialleistungsträger in Rechnung stellt,

d) bei ambulanten Rehabilitationsmaßnahmen nach Absatz 1 Satz 1 Nummer 4 in Höhe von 16 Euro täglich für höchstens 21 Tage ohne An- und Abreisetage und

e) der Begleitperson bei ambulanten Rehabilitationsmaßnahmen nach Absatz 1 Satz 1 Nummer 4 in Höhe von 13 Euro täglich für höchstens 21 Tage ohne An- und Abreisetage.

[3] Aufwendungen für eine Begleitperson sind nur beihilfefähig, wenn die medizinische Notwendigkeit einer Begleitung aus dem Gutachten nach § 36 Absatz 1 Satz 2 hervorgeht; bei Personen bis zum vollendeten zwölften Lebensjahr wird die medizinische Notwendigkeit der Begleitung unterstellt. [4] Bei Leistungen nach Absatz 1 Satz 1 Nummer 5 sind nachgewiesene Fahrtkosten bis zu 10 Euro pro Behandlungstag für die Hin- und Rückfahrt beihilfefähig, sofern die Rehabilitationseinrichtung keine kostenfreie Transportmöglichkeit anbietet. [5] Bei der Nutzung eines privaten Kraftfahrzeugs oder eines anderen motorgetriebenen Fahrzeugs gilt § 5 Absatz 1 des Bundesreisekostengesetzes[1)] entsprechend. [6] Aufwendungen für Leistungen nach Absatz 1 Satz 1 Nummer 6 sind bis zur Höhe des Betrages nach Anlage 9 Abschnitt 1 Nummer 7 je Übungseinheit beihilfefähig.

(3) Ist bei einer stationären Rehabilitationsmaßnahme die Anwesenheit einer Begleitperson aus medizinischen Gründen notwendig, eine Mitaufnahme in der stationären Rehabilitationseinrichtung jedoch nicht möglich, sind Aufwendungen für Unterbringung und Verpflegung der Begleitperson außerhalb der Rehabilitationseinrichtung bis zur Höhe der Kosten nach Absatz 2 Satz 2 Nummer 5 Buchstabe b beihilfefähig.

§ 36 Voraussetzungen für Rehabilitationsmaßnahmen. (1) [1] Aufwendungen für Rehabilitationsmaßnahmen nach § 35 Absatz 1 Satz 1 Nummer 1, 2 und 4 sind nur beihilfefähig, wenn die Festsetzungsstelle auf Antrag die Beihilfefähigkeit vor Beginn der Rehabilitationsmaßnahme anerkannt hat. [2] Sie hat hierzu ein Gutachten einer Amtsärztin, eines Amtsarztes, einer von ihr beauftragten Ärztin oder eines von ihr beauftragten Arztes einzuholen, das Aussagen darüber enthält, dass

1. die Rehabilitationsmaßnahme medizinisch notwendig ist,
2. eine ambulante ärztliche Behandlung und die Anwendung von Heilmitteln am Wohnort wegen erheblich beeinträchtigter Gesundheit nicht ausreichen, um die Rehabilitationsziele zu erreichen,
3. bei stationären Rehabilitationsmaßnahmen nach § 35 Absatz 1 Satz 1 Nummer 1 ein gleichwertiger Erfolg nicht auch durch eine ambulante Rehabilita-

[1)] Nr. **24**.

tionsmaßnahme nach § 35 Absatz 1 Satz 1 Nummer 4 erzielt werden kann; dies gilt nicht, wenn eine beihilfeberechtigte oder berücksichtigungsfähige Person eine Angehörige oder einen Angehörigen pflegt,
4. eine Fahrt mit einem Taxi nach § 35 Absatz 2 Satz 2 Nummer 1 Buchstabe d medizinisch notwendig ist, und
5. eine Begleitperson medizinisch notwendig ist.

[3] Für die Anerkennung von Rehabilitationsmaßnahmen nach § 35 Absatz 1 Satz 1 Nummer 1 ist ein Gutachten nicht notwendig, wenn die beihilfeberechtigte oder berücksichtigungsfähige Person mit der Mitteilung der Entscheidung über die Pflegebedürftigkeit eine Rehabilitationsempfehlung erhalten hat, aus der hervorgeht, dass die Durchführung einer solchen Rehabilitationsmaßnahme angezeigt ist. [4] Wird die Rehabilitationsmaßnahme nicht innerhalb von vier Monaten nach Anerkennung begonnen, entfällt der Anspruch auf Beihilfe zu der anerkannten Rehabilitationsmaßnahme. [5] In Ausnahmefällen kann die Anerkennung auch nachträglich erfolgen.

(2) Die Anerkennung von Rehabilitationsmaßnahmen nach Absatz 1 ist nicht zulässig, wenn im laufenden oder den drei vorherigen Kalenderjahren eine als beihilfefähig anerkannte Rehabilitationsmaßnahme nach Absatz 1 durchgeführt wurde, es sei denn, nach dem Gutachten ist aus medizinischen Gründen eine Rehabilitationsmaßnahme nach Absatz 1 in einem kürzeren Zeitabstand dringend notwendig.

(3) [1] Für Personen, die nach § 3 beihilfeberechtigt oder bei einer nach § 3 beihilfeberechtigten Person berücksichtigungsfähig sind, sind Aufwendungen für eine Rehabilitationsmaßnahme im Sinne des § 35 Absatz 1 Satz 1 Nummer 1 in einer ausländischen Einrichtung außerhalb der Europäischen Union auch beihilfefähig, wenn vor Beginn der Maßnahme die oder der von der Festsetzungsstelle beauftragte Ärztin oder Arzt die Einrichtung für geeignet erklärt hat und die stationäre Rehabilitationsmaßnahme nicht in einem Staat der Europäischen Union durchgeführt werden kann. [2] Dem Antrag auf Anerkennung der Beihilfefähigkeit sind Unterlagen über die in Aussicht genommene Einrichtung beizufügen. [3] Wird eine Rehabilitationsmaßnahme nach § 35 Absatz 1 Satz 1 Nummer 1 bis 4 in einem Staat der Europäischen Union durchgeführt, sind die Beförderungskosten zwischen dem Auslandsdienstort und dem Behandlungsort beihilfefähig, wenn die An- und Abreise nicht mit einer Heimaturlaubsreise oder einer anderen amtlich bezahlten Reise verbunden werden kann. [4] Dies gilt auch, wenn eine Rehabilitationsmaßnahme auf Grund der in § 9 Abs. 1 erwähnten Rechtsvorschriften oder arbeitsvertraglichen Vereinbarungen gewährt wird, soweit der Kostenträger Fahrtkosten für die Abreise vom und die Anreise zum Auslandsdienstort nicht übernimmt und die Festsetzungsstelle die Beihilfefähigkeit der Fahrtkosten vorher dem Grunde nach anerkannt hat.

Kapitel 3. Aufwendungen in Pflegefällen

§ 37 Pflegeberatung, Anspruch auf Beihilfe für Pflegeleistungen.

(1) [1] Der Bund beteiligt sich an den personenbezogenen Kosten der Träger für eine Pflegeberatung nach § 7a des Elften Buches Sozialgesetzbuch, wenn
1. beihilfeberechtigte und berücksichtigungsfähige Personen Leistungen der Pflegeversicherung

a) beziehen oder

b) beantragt haben und erkennbar Hilfe- und Beratungsbedarf besteht und

2. eine entsprechende Vereinbarung des Bundes und den Trägern der Pflegeberatung nach § 7a des Elften Buches Sozialgesetzbuch besteht.

[2] Der von der Festsetzungsstelle zu zahlende Betrag wird durch Rundschreiben des Bundesministeriums des Innern, für Bau und Heimat bekanntgegeben.

(2) Beihilfeberechtigte und berücksichtigungsfähige Personen erhalten Beihilfe zu Pflegeleistungen nach Maßgabe der §§ 38 bis 38g und der §§ 39 bis 39b, wenn sie pflegebedürftig im Sinne der §§ 14 und 15 des Elften Buches Sozialgesetzbuch sind.

§ 38 Anspruchsberechtigte bei Pflegeleistungen. Aufwendungen für Pflegeleistungen sind nur beihilfefähig bei beihilfeberechtigten oder berücksichtigungsfähigen Personen

1. der Pflegegrade 2 bis 5 nach Maßgabe der §§ 38a bis 39a und
2. des Pflegegrades 1 nach § 39b.

§ 38a Häusliche Pflege. (1) [1] Aufwendungen für häusliche Pflege entsprechend § 36 Absatz 1 und 2 des Elften Buches Sozialgesetzbuch in Form von körperbezogenen Pflegemaßnahmen, pflegerischen Betreuungsmaßnahmen und Hilfen bei der Haushaltsführung sind in Höhe der in § 36 Absatz 3 des Elften Buches Sozialgesetzbuch genannten Beträge beihilfefähig. [2] Voraussetzung ist, dass die häusliche Pflege durch geeignete Pflegekräfte erbracht wird, die in einem Vertragsverhältnis zur Pflegekasse oder zu einer ambulanten Pflegeeinrichtung stehen, mit der die jeweilige Pflegekasse einen Versorgungsvertrag abgeschlossen hat. [3] Satz 1 ist nicht anwendbar, wenn Aufwendungen wegen desselben Sachverhalts für eine häusliche Krankenpflege nach § 27 beihilfefähig sind. [4] § 36 Absatz 4 Satz 1 des Elften Buches Sozialgesetzbuch gilt entsprechend.

(2) Aufwendungen für Leistungen

1. zur Entlastung pflegender Angehöriger und vergleichbar nahestehender Pflegepersonen in ihrer Eigenschaft als Pflegende oder
2. zur Förderung der Selbständigkeit und Selbstbestimmtheit der pflegebedürftigen Personen bei der Gestaltung ihres Alltags

sind entsprechend den §§ 45a und 45b des Elften Buches Sozialgesetzbuch beihilfefähig.

(3) [1] Anstelle der Beihilfe nach Absatz 1 wird eine Pauschalbeihilfe gewährt, sofern die häusliche Pflege durch andere als die in Absatz 1 Satz 2 genannten Pflegekräfte erfolgt. [2] Die Höhe der Pauschalbeihilfe richtet sich dabei nach § 37 Absatz 1 des Elften Buches Sozialgesetzbuch. [3] Ein aus der privaten oder der sozialen Pflegeversicherung zustehendes Pflegegeld und entsprechende Erstattungen oder Sachleistungen auf Grund sonstiger Rechtsvorschriften sind auf Pauschalbeihilfen anzurechnen. [4] Beihilfeberechtigte oder berücksichtigungsfähige Personen, die nicht gegen das Risiko der Pflegebedürftigkeit versichert sind, erhalten die Pauschalbeihilfe zur Hälfte.

(4) [1] Besteht der Anspruch auf Pauschalbeihilfe nicht für einen vollen Kalendermonat, wird die Pauschalbeihilfe für den Teilmonat nur anteilig gewährt;

dabei ist ein Kalendermonat mit 30 Tagen anzusetzen. [2]Pauschalbeihilfe wird fortgewährt

1. während einer Verhinderungspflege nach § 38c für bis zu sechs Wochen je Kalenderjahr und
2. während einer Kurzzeitpflege nach § 38e für bis zu acht Wochen je Kalenderjahr.

[3]Die Höhe der fortgewährten Pauschalbeihilfe beträgt die Hälfte der vor Beginn der Verhinderungs- oder Kurzzeitpflege geleisteten Pauschalbeihilfe. [4]Verstirbt die pflegebedürftige Person, wird die Pauschalbeihilfe bis zum Ende des Kalendermonats gewährt, in dem der Tod eingetreten ist.

(5) [1]Pauschalbeihilfe wird nicht gewährt, sofern ein Anspruch auf Entschädigungsleistungen nach § 35 des Bundesversorgungsgesetzes besteht. [2]Ein Anspruch auf Pflegepauschalen im Rahmen der Kriegsopferfürsorge nach § 26c des Bundesversorgungsgesetzes berührt die Gewährung von Pauschalbeihilfe nicht.

(6) [1]Beihilfefähig sind auch Aufwendungen für Beratungsbesuche im Sinne des § 37 Absatz 3 des Elften Buches Sozialgesetzbuch, sofern für den jeweiligen Beratungsbesuch Anspruch auf Zahlung eines Zuschusses durch die private oder soziale Pflegeversicherung besteht. [2]§ 37 Absatz 4 Satz 1 des Elften Buches Sozialgesetzbuch bleibt unberührt. [3]Der Umfang der beihilfefähigen Aufwendungen bestimmt sich entsprechend § 37 Absatz 3 des Elften Buches Sozialgesetzbuch. [4]§ 37 Absatz 6 des Elften Buches Sozialgesetzbuch gilt entsprechend.

§ 38b Kombinationsleistungen. (1) [1]Erfolgt die häusliche Pflegehilfe nach § 38a Absatz 1 nur teilweise durch eine geeignete Pflegekraft, die die Voraussetzungen nach § 38a Absatz 1 Satz 2 erfüllt, wird neben der Beihilfe anteilige Pauschalbeihilfe nach § 38a Absatz 3 gewährt. [2]Die Pauschalbeihilfe wird um den Prozentsatz vermindert, zu dem Beihilfe nach § 38a Absatz 1 gewährt wird.

(2) [1]Die anteilige Pauschalbeihilfe wird fortgewährt

1. während einer Verhinderungspflege nach § 38c für bis zu sechs Wochen je Kalenderjahr und
2. während einer Kurzzeitpflege nach § 38e für bis zu acht Wochen je Kalenderjahr.

[2]Die Höhe der fortgewährten Pauschalbeihilfe beträgt die Hälfte der vor Beginn der Verhinderungs- oder Kurzzeitpflege geleisteten Pauschalbeihilfe.

(3) Pflegebedürftige Personen in vollstationären Einrichtungen der Hilfe für behinderte Menschen erhalten ungeminderte Pauschalbeihilfe anteilig für die Tage, an denen sie sich in häuslicher Pflege befinden.

§ 38c Häusliche Pflege bei Verhinderung der Pflegeperson. [1]Ist eine Pflegeperson wegen Erholungsurlaubs, Krankheit oder aus anderen Gründen an der häuslichen Pflege gehindert, so sind Aufwendungen für eine notwendige Ersatzpflege entsprechend § 39 des Elften Buches Sozialgesetzbuch beihilfefähig. [2]Voraussetzung ist, dass die Pflegeperson die pflegebedürftige beihilfeberechtigte oder berücksichtigungsfähige Person vor der erstmaligen Verhinderung mindestens sechs Monate in ihrer häuslichen Umgebung gepflegt hat.

§ 38d Teilstationäre Pflege. (1) Aufwendungen für teilstationäre Pflege in Einrichtungen der Tages- oder Nachtpflege sind entsprechend § 41 Absatz 2 des Elften Buches Sozialgesetzbuch beihilfefähig, wenn

1. häusliche Pflege nicht in ausreichendem Umfang sichergestellt werden kann oder
2. die teilstationäre Pflege zur Ergänzung oder Stärkung der häuslichen Pflege erforderlich ist.

(2) Die teilstationäre Pflege umfasst auch die notwendige Beförderung der pflegebedürftigen Person von der Wohnung zur Einrichtung der Tages- oder Nachtpflege und zurück.

(3) Aufwendungen für Leistungen der teilstationären Pflege sind neben den Aufwendungen nach § 38a Absatz 1 oder 3 oder nach § 38b beihilfefähig.

§ 38e Kurzzeitpflege. Kann die häusliche Pflege zeitweise nicht, noch nicht oder nicht im erforderlichen Umfang erbracht werden und reicht auch teilstationäre Pflege nicht aus, sind Aufwendungen für Kurzzeitpflege entsprechend § 42 des Elften Buches Sozialgesetzbuch beihilfefähig.

§ 38f Ambulant betreute Wohngruppen. [1]Entstehen Aufwendungen nach § 38a Absatz 1, 2 oder 3 oder nach § 38b in ambulant betreuten Wohngruppen und sind auch die Voraussetzungen nach § 38a Absatz 1 des Elften Buches Sozialgesetzbuch erfüllt, wird eine weitere Beihilfe entsprechend § 38a Absatz 1 des Elften Buches Sozialgesetzbuch zum jeweiligen Bemessungssatz gewährt. [2]Daneben sind Aufwendungen im Rahmen der Anschubfinanzierung zur Gründung ambulant betreuter Wohngruppen entsprechend § 45e des Elften Buches Sozialgesetzbuch beihilfefähig.

§ 38g Pflegehilfsmittel und Maßnahmen zur Verbesserung des Wohnumfeldes. [1]Beihilfefähig sind Aufwendungen für

1. Pflegehilfsmittel nach § 40 Absatz 1 bis 3 und 5 des Elften Buches Sozialgesetzbuch und
2. Maßnahmen zur Verbesserung des Wohnumfeldes der pflegebedürftigen Person nach § 40 Absatz 4 des Elften Buches Sozialgesetzbuch.

[2]Die Aufwendungen nach Satz 1 sind nur beihilfefähig, wenn auch ein Anspruch auf anteilige Zuschüsse für die jeweiligen Leistungen gegen die private oder soziale Pflegeversicherung besteht. [3]Bei privater Pflegeversicherung ist derjenige Betrag dem Grunde nach beihilfefähig, der für die Berechnung der anteiligen Versicherungsleistungen zugrunde gelegt worden ist.

§ 38h Leistungen zur sozialen Sicherung der Pflegeperson. (1) Auf Antrag der Pflegeperson sind beihilfefähig

1. Zuschüsse zur Kranken- und Pflegeversicherung nach § 44a Absatz 1 und 4 des Elften Buches Sozialgesetzbuch und
2. Pflegeunterstützungsgeld nach § 44a Absatz 3 des Elften Buches Sozialgesetzbuch.

(2) Die Festsetzungsstelle führt an die jeweiligen Leistungsträger Leistungen ab für die

1. Pflegeperson im Sinne des § 19 des Elften Buches Sozialgesetzbuch zur sozialen Sicherung nach § 44 Absatz 1, 2 und 2b des Elften Buches Sozialgesetzbuch und
2. Bezieherinnen und Bezieher von Pflegeunterstützungsgeld nach § 26 Absatz 2 Nummer 2b des Dritten Buches Sozialgesetzbuch in Verbindung mit den §§ 345 und 347 des Dritten Buches Sozialgesetzbuch.

(3) Die Leistungen nach den Absätzen 1 und 2 werden in der Höhe gewährt, die dem Bemessungssatz der beihilfeberechtigten oder berücksichtigungsfähigen Person entspricht.

§ 39 Vollstationäre Pflege. (1) [1] Aufwendungen für vollstationäre Pflege in einer zugelassenen Pflegeeinrichtung im Sinne des § 72 Absatz 1 Satz 1 des Elften Buches Sozialgesetzbuch oder in einer vergleichbaren Pflegeeinrichtung sind beihilfefähig, wenn häusliche oder teilstationäre Pflege nicht möglich ist oder wegen der Besonderheit des Einzelfalls nicht in Betracht kommt. [2] Beihilfefähig sind:

1. pflegebedingte Aufwendungen einschließlich der Aufwendungen für Betreuung und
2. Aufwendungen für medizinische Behandlungspflege, sofern hierzu nicht nach § 27 Beihilfe gewährt wird.

[3] § 43 Absatz 2 und 4 des Elften Buches Sozialgesetzbuch gilt entsprechend.

(2) [1] Rechnet die Pflegeeinrichtung monatlich ab, so sind auf besonderen Antrag Aufwendungen für Pflegeleistungen, die über die nach Absatz 1 beihilfefähigen Aufwendungen hinausgehen, sowie für Verpflegung und Unterkunft einschließlich der Investitionskosten beihilfefähig, sofern von den durchschnittlichen monatlichen nach Absatz 3 maßgeblichen Einnahmen höchstens ein Betrag in Höhe der Summe der folgenden monatlichen Beträge verbleibt:

1. 8 Prozent des Grundgehalts der Stufe 8 der Besoldungsgruppe A 13 für jede beihilfeberechtigte und jede berücksichtigungsfähige Person sowie für jede Ehegattin oder jeden Ehegatten oder für jede Lebenspartnerin oder jeden Lebenspartner, für die oder den ein Anspruch nach Absatz 1 oder nach § 43 Absatz 1, 2 und 4 des Elften Buches Sozialgesetzbuch besteht,
2. 30 Prozent des Grundgehalts der Stufe 8 der Besoldungsgruppe A 13 für eine beihilfeberechtigte Person sowie für eine Ehegattin oder einen Ehegatten oder für eine Lebenspartnerin oder einen Lebenspartner, für die oder den kein Anspruch nach Absatz 1 oder nach § 43 Absatz 1, 2 und 4 des Elften Buches Sozialgesetzbuch besteht,
3. 3 Prozent des Grundgehalts der Stufe 8 der Besoldungsgruppe A 13 für jedes berücksichtigungsfähige Kind, für das kein Anspruch auf Beihilfe nach Absatz 1 oder nach § 43 Absatz 1, 2 und 4 des Elften Buches Sozialgesetzbuch besteht, und
4. 3 Prozent des Grundgehalts der letzten Besoldungsgruppe für die beihilfeberechtigte Person.

[2] Satz 1 gilt bei anderen Abrechnungszeiträumen entsprechend. [3] Hat eine beihilfeberechtigte oder eine berücksichtigungsfähige Person Anspruch auf Zuschuss zu den Unterkunfts-, Investitions- und Verpflegungskosten nach landesrechtlichen Vorschriften, sind die Aufwendungen nach Satz 1 in Höhe des tatsächlich gezahlten Zuschusses zu mindern.

(3) [1]Maßgeblich sind die im Kalenderjahr vor der Antragstellung erzielten Einnahmen. [2]Einnahmen sind:

1. die Bruttobezüge nach § 1 Absatz 2 Nummer 1 und 3 und Absatz 3 des Bundesbesoldungsgesetzes[1)], die nach Anwendung von Ruhens-, Kürzungs- und Anrechnungsvorschriften verbleiben, und der Altersteilzeitzuschlag; unberücksichtigt bleibt der kinderbezogene Familienzuschlag,
2. die Bruttobezüge nach § 2 des Beamtenversorgungsgesetzes[2)], die nach Anwendung von Ruhens-, Kürzungs- und Anrechnungsvorschriften verbleiben; unberücksichtigt bleiben das Sterbegeld nach § 18 des Beamtenversorgungsgesetzes, der Unterschiedsbetrag nach § 50 Absatz 1 Satz 2 des Beamtenversorgungsgesetzes, sofern der beihilfeberechtigten Person nicht nach § 57 des Beamtenversorgungsgesetzes geringere Versorgungsbezüge zustehen, sowie der Unfallausgleich nach § 35 des Beamtenversorgungsgesetzes und die Unfallentschädigung nach § 43 des Beamtenversorgungsgesetzes,
3. der Zahlbetrag der Renten aus der gesetzlichen Rentenversicherung und aus einer zusätzlichen Alters- und Hinterbliebenenversorgung der beihilfeberechtigten Person, der Ehegattin oder des Ehegatten oder der Lebenspartnerin oder des Lebenspartners; maßgeblich ist der Betrag, der sich vor Abzug der Beiträge zur Kranken- und Pflegeversicherung und ohne Berücksichtigung des Beitragszuschusses ergibt; eine Leistung für Kindererziehung nach § 294 des Sechsten Buches Sozialgesetzbuch bleibt unberücksichtigt,
4. der unter § 2 Absatz 3 des Einkommensteuergesetzes fallende Gesamtbetrag der Einkünfte der Ehegattin oder des Ehegatten oder der Lebenspartnerin oder des Lebenspartners; unberücksichtigt bleibt der Anteil einer gesetzlichen Rente, der der Besteuerung unterliegt.

[3]Die Einnahmen sind jährlich nachzuweisen. [4]Macht die beihilfeberechtigte Person glaubhaft, dass die aktuellen Einnahmen voraussichtlich wesentlich geringer sind als die im Kalenderjahr vor der Antragstellung erzielten durchschnittlichen monatlichen Einnahmen, sind die Einnahmen im jeweiligen Pflegemonat zugrunde zu legen. [5]Hat die beihilfeberechtigte Person keine Einnahmen nach Satz 1 aus dem Kalenderjahr vor Antragstellung, werden die voraussichtlichen Einnahmen im jeweiligen Pflegemonat zugrunde gelegt. [6]Befinden sich verheiratete oder in einer Lebenspartnerschaft lebende Personen in vollstationärer Pflege und verstirbt die beihilfeberechtigte Person, sind die aktuellen Einnahmen im jeweiligen Pflegemonat zugrunde zu legen, bis die Voraussetzungen nach Satz 4 nicht mehr vorliegen.

(4) Beihilfefähig sind Aufwendungen für zusätzliche Betreuung und Aktivierung entsprechend § 43b des Elften Buches Sozialgesetzbuch, die über die nach Art und Schwere der Pflegebedürftigkeit notwendige Versorgung hinausgeht.

(5) Beihilfefähig sind Aufwendungen entsprechend § 87a Absatz 4 des Elften Buches Sozialgesetzbuch, wenn

1. die pflegebedürftige beihilfeberechtigte oder berücksichtigungsfähige Person nach der Durchführung aktivierender oder rehabilitativer Maßnahmen in einen niedrigeren Pflegegrad zurückgestuft wurde oder

---

1) Nr. **18**.
2) Nr. **27**.

2. festgestellt wurde, dass die zuvor pflegebedürftige beihilfeberechtigte oder berücksichtigungsfähige Person nicht mehr pflegebedürftig im Sinne der §§ 14 und 15 des Elften Buches Sozialgesetzbuch ist.

(6) Absatz 2 gilt nicht für Zusatzleistungen nach § 88 des Elften Buches Sozialgesetzbuch.

§ 39a Einrichtungen der Behindertenhilfe. [1] Aufwendungen für Pflege, Betreuung und für Leistungen der medizinischen Behandlungspflege in einer vollstationären Einrichtung im Sinne des § 71 Absatz 4 Nummer 1 des Elften Buches Sozialgesetzbuch, in der die Teilhabe am Arbeitsleben, an Bildung oder die soziale Teilhabe, die schulische Ausbildung oder die Erziehung behinderter Menschen im Vordergrund des Einrichtungszwecks stehen, sind entsprechend § 43a des Elften Buches Sozialgesetzbuch beihilfefähig. [2] Satz 1 gilt auch für pflegebedürftige Personen in Räumlichkeiten im Sinne des § 71 Absatz 4 Nummer 3 des Elften Buches Sozialgesetzbuch, in denen Leistungen der Eingliederungshilfe für Menschen mit Behinderungen nach Teil 2 des Neunten Buches Sozialgesetzbuch erbracht werden.

§ 39b Aufwendungen bei Pflegegrad 1. [1] Für pflegebedürftige beihilfeberechtigte oder berücksichtigungsfähige Personen des Pflegegrades 1 sind Aufwendungen beihilfefähig für:

1. Beratung im eigenen Haushalt nach § 38a Absatz 6,
2. zusätzliche Leistungen in ambulant betreuten Wohngruppen nach § 38f, ohne dass Aufwendungen nach § 38a Absatz 1, 2 oder 3 oder nach § 38b entstanden sein müssen,
3. Pflegehilfsmittel sowie Maßnahmen zur Verbesserung des Wohnumfeldes nach § 38g,
4. zusätzliche Betreuung und Aktivierung in stationären Pflegeeinrichtungen nach § 39 Absatz 4,
5. vollstationäre Pflege nach § 39 Absatz 1 in Höhe von 125 Euro monatlich,
6. den Entlastungsbetrag nach § 38a Absatz 2 in Verbindung mit § 45b des Elften Buches Sozialgesetzbuch,
7. Rückstufung nach § 39 Absatz 5.

[2] Daneben beteiligt sich der Bund an den Kosten der Pflegeberatung nach § 37 Absatz 1 und an den Leistungen zur sozialen Sicherung der Pflegepersonen nach § 38h Absatz 1 und Absatz 2 Nummer 2.

§ 40 Palliativversorgung. (1) [1] Aufwendungen für spezialisierte ambulante Palliativversorgung sind beihilfefähig, wenn wegen einer nicht heilbaren, fortschreitenden und weit fortgeschrittenen Erkrankung bei einer zugleich begrenzten Lebenserwartung eine besonders aufwändige Versorgung notwendig ist. [2] § 37b Abs. 1 Satz 3 und 4 sowie § 37b Abs. 2 und 3 des Fünften Buches Sozialgesetzbuch gelten entsprechend.

(2) Aufwendungen für eine stationäre oder teilstationäre palliativmedizinische Versorgung in einem Hospiz sind nach Maßgabe einer ärztlichen Bescheinigung und in angemessener Höhe beihilfefähig, wenn eine ambulante Versorgung im eigenen Haushalt oder in der Familie nicht erbracht werden kann.

(3) [1] Der Bund beteiligt sich an den personenbezogenen Kosten ambulanter Hospizdienste für erbrachte Sterbebegleitung einschließlich palliativpflegerischer Beratung bei beihilfeberechtigten und berücksichtigungsfähigen Personen. [2] Voraussetzung einer Kostenbeteiligung ist eine Vereinbarung zwischen dem Bund und den für die Wahrnehmung der Interessen der ambulanten Hospizdienste maßgeblichen Spitzenorganisationen. [3] Der von der Festsetzungsstelle zu zahlende Betrag wird durch Rundschreiben des Bundesministeriums des Innern, für Bau und Heimat bekanntgegeben.

§ 40a Gesundheitliche Versorgungsplanung für die letzte Lebensphase. (1) Beihilfefähig sind entsprechend § 132g des Fünften Buches Sozialgesetzbuch Aufwendungen für eine gesundheitliche Versorgungsplanung für die letzte Lebensphase in zugelassenen Pflegeeinrichtungen im Sinne des § 43 des Elften Buches Sozialgesetzbuch und in Einrichtungen der Eingliederungshilfe für behinderte Menschen.

(2) Die Höhe der beihilfefähigen Aufwendungen richtet sich nach § 15 insbesondere Absatz 5 der Vereinbarung zwischen dem GKV-Spitzenverband und den Trägern vollstationärer Pflegeeinrichtungen und Einrichtungen der Eingliederungshilfe für Menschen mit Behinderung vom 13. Dezember 2017[1)] in Verbindung mit den Vergütungsvereinbarungen der jeweiligen Träger der Einrichtungen mit den Landesverbänden der Krankenkassen und den Verbänden der Ersatzkassen.

Kapitel 4. Aufwendungen in anderen Fällen

§ 41 Früherkennungsuntersuchungen und Vorsorgemaßnahmen.

(1) [1] Aufwendungen für Leistungen zur ärztlichen Früherkennung und Vorsorge im ärztlichen Bereich sind beihilfefähig. [2] Die §§ 20i, 25, 25a und 26 des Fünften Buches Sozialgesetzbuch gelten entsprechend. [3] Daneben sind die in Anlage 13 aufgeführten Früherkennungsuntersuchungen, Vorsorgemaßnahmen und Schutzimpfungen beihilfefähig.

(2) Aufwendungen für Leistungen zur zahnärztlichen Früherkennung und Vorsorge sind beihilfefähig für

1. Früherkennungsuntersuchungen auf Zahn-, Mund- und Kieferkrankheiten,
2. Maßnahmen zur Verhütung von Zahnerkrankungen (Individualprophylaxe) und
3. prophylaktische zahnärztliche Leistungen nach Abschnitt B und den Nummern 0010, 0070, 2000, 4050, 4055 und 4060 der Anlage 1 zur Gebührenordnung für Zahnärzte und Nummer 1 der Anlage zur Gebührenordnung für Ärzte.

(3) Aufwendungen für Leistungen im Rahmen des Früherkennungsprogramms für erblich belastete Personen mit einem erhöhten familiären Brust- oder Eierstockkrebsrisiko sind nach Maßgabe der Anlage 14 beihilfefähig.

(4) Aufwendungen für Leistungen im Rahmen des Früherkennungsprogramms für erblich belastete Personen mit einem erhöhten familiären Darmkrebsrisiko sind nach Maßgabe der Anlage 14a beihilfefähig.

[1)] **Amtl. Anm.:** https://www.gkv-spitzenverband.de/krankenversicherung/hospiz_und_palliativversorgung/letzte_lebensphase/gesundheitliche_versorgungsplanung.jsp.

(5) Bei Personen, die das 16. Lebensjahr vollendet haben, sind Aufwendungen beihilfefähig für

1. ärztliche Beratungen zu Fragen der medikamentösen Präexpositionsprophylaxe zur Verhütung einer Ansteckung mit HIV,
2. Untersuchungen, die bei Anwendung der für die medikamentöse Präexpositionsprophylaxe zugelassenen Arzneimittel erforderlich sind.

(6) Das Bundesministerium des Innern, für Bau und Heimat kann die Beihilfefähigkeit von Aufwendungen für Maßnahmen zur Früherkennung, Überwachung und Verhütung von Erkrankungen, die nicht nach anderen Vorschriften dieser Verordnung beihilfefähig sind, in Verwaltungsvorschriften für diejenigen Fälle ausnahmsweise zulassen, in denen die Gewährung von Beihilfe im Hinblick auf die Fürsorgepflicht nach § 78 des Bundesbeamtengesetzes[1)] notwendig ist.

(7) § 31 Abs. 5 in Verbindung mit § 49 Absatz 4 Nummer 3 gilt entsprechend.

§ 42 Schwangerschaft und Geburt. (1) Bei einer Schwangerschaft und in Geburtsfällen sind neben den Leistungen nach Kapitel 2 beihilfefähig Aufwendungen für

1. ärztliche Betreuung während der Schwangerschaft und nach der Entbindung,
2. die Hebamme oder den Entbindungspfleger im Rahmen der jeweiligen landesrechtlichen Gebührenordnung,
3. von Hebammen oder Entbindungspflegern geleitete Einrichtungen im Sinne des § 134a des Fünften Buches Sozialgesetzbuch,
4. eine Haus- und Wochenpflegekraft für bis zu zwei Wochen nach der Geburt bei Hausentbindungen oder ambulanten Entbindungen. § 27 Absatz 4 gilt entsprechend.

(2) [1]Bei Personen, die nach § 3 beihilfeberechtigt oder bei einer nach § 3 beihilfeberechtigten Person berücksichtigungsfähig sind, sind in Geburtsfällen zusätzlich die vor Aufnahme in ein Krankenhaus am Entbindungsort entstehenden Kosten der Unterkunft beihilfefähig. [2]§ 32 Abs. 3 Satz 2 gilt entsprechend. [3]Dies gilt nicht für die Unterkunft im Haushalt des Ehegatten, der Lebenspartnerin, der Eltern oder der Kinder der Schwangeren.

§ 43 Künstliche Befruchtung. (1) Aufwendungen für eine künstliche Befruchtung einschließlich der Arzneimittel, die im Zusammenhang damit verordnet werden, sind beihilfefähig, wenn

1. die künstliche Befruchtung nach ärztlicher Feststellung erforderlich ist,
2. nach ärztlicher Feststellung eine hinreichende Aussicht besteht, dass durch die künstliche Befruchtung eine Schwangerschaft herbeigeführt wird,
3. die Personen, die eine künstliche Befruchtung in Anspruch nehmen wollen, miteinander verheiratet sind,
4. beide Ehegatten das 25. Lebensjahr vollendet haben,
5. die Ehefrau das 40. Lebensjahr und der Ehemann das 50. Lebensjahr noch nicht vollendet hat,

---

1) Nr. 2.

6. ausschließlich Ei- und Samenzellen der Ehegatten verwendet werden,
7. sich die Ehegatten vor Durchführung der künstlichen Befruchtung von einer Ärztin oder einem Arzt, die oder der die Behandlung nicht selbst durchführt, über eine solche Behandlung unter Berücksichtigung ihrer medizinischen, psychischen und sozialen Aspekte haben unterrichten lassen und
8. die künstliche Befruchtung von einer Ärztin oder einem Arzt oder einer Einrichtung durchgeführt wird, der oder dem eine Genehmigung nach § 121a Absatz 2 des Fünften Buches Sozialgesetzbuch erteilt worden ist.

(2) [1] Die Aufwendungen für eine künstliche Befruchtung werden der Person zugeordnet, bei der die jeweilige Einzelleistung durchgeführt wird. [2] Die Aufwendungen für folgende Einzelleistungen der künstlichen Befruchtung sind dem Mann zuzuordnen:

1. Maßnahmen im Zusammenhang mit der Gewinnung, Untersuchung und Aufbereitung gegebenenfalls einschließlich der Kapazitation des männlichen Samens,
2. notwendige Laboruntersuchungen und
3. Beratung der Ehegatten über die speziellen Risiken der künstlichen Befruchtung und für die gegebenenfalls in diesem Zusammenhang erfolgende humangenetische Beratung.

(3) Die Aufwendungen für folgende Einzelleistungen der künstlichen Befruchtung sind der Frau zuzuordnen:

1. extrakorporale Leistungen im Zusammenhang mit der Zusammenführung von Eizellen und Samen und
2. Beratung der Ehegatten über die individuellen medizinischen, psychischen und sozialen Aspekte der künstlichen Befruchtung.

(4) [1] Im Einzelnen sind die Aufwendungen wie folgt beihilfefähig:

Nr.	Behandlungsmethode	Indikationen	Anzahl der beihilfefähigen Versuche
1	intrazervikale, intrauterine oder intratubare Insemination im Spontanzyklus, gegebenenfalls nach Auslösung der Ovulation durch HCG-Gabe, gegebenenfalls nach Stimulation mit Antiöstrogenen	– somatische Ursachen (zum Beispiel Impotentia coeundi, retrograde Ejakulation, Hypospadie, Zervikalkanalstenose, Dyspareunie) – gestörte Spermatozoen-Mukus-Interaktion – Subfertilität des Mannes – Immunologisch bedingte Sterilität	acht
2	intrazervikale, intrauterine oder intratubare Insemination nach hormoneller Stimulation mit Gonadotropinen	– Subfertilität des Mannes – Immunologisch bedingte Sterilität	drei
3	In-vitro-Fertilisation mit Embryo-Transfer, gegebenenfalls als Zygoten-Transfer oder als Embryo-Intrafallopian-Transfer	– Zustand nach Tubenamputation – anders, auch mikrochirurgisch, nicht behandelbarer Tubenverschluss – anders nicht behandelbarer tubarer Funktionsverlust, auch bei Endometriose	drei; der dritte Versuch ist nur beihilfefähig, wenn in einem von zwei Behandlungszyklen eine Befruchtung stattgefunden hat

Nr.	Behandlungsmethode	Indikationen	Anzahl der beihilfefähigen Versuche
		– idiopathische, unerklärbare Sterilität, sofern alle diagnostischen und sonstigen therapeutischen Möglichkeiten der Sterilitätsbehandlung einschließlich einer psychologischen Exploration ausgeschöpft sind – Subfertilität des Mannes, sofern Behandlungsversuche nach Nummer 2 keinen Erfolg versprechen oder erfolglos geblieben sind – immunologisch bedingte Sterilität, sofern Behandlungsversuche nach Nummer 2 keinen Erfolg versprechen oder erfolglos geblieben sind	
4	intratubarer Gameten-Transfer	– anders nicht behandelbarer tubarer Funktionsverlust, auch bei Endometriose – idiopathische, unerklärbare Sterilität, sofern alle diagnostischen und sonstigen therapeutischen Möglichkeiten der Sterilitätsbehandlung einschließlich einer psychologischen Exploration ausgeschöpft sind – Subfertilität des Mannes, sofern Behandlungsversuche nach Nummer 2 keinen Erfolg versprechen oder erfolglos geblieben sind	zwei
5	Intracytoplasmatische Spermieninjektion	schwere männliche Fertilitätsstörung, dokumentiert durch zwei aktuelle Spermiogramme, die auf der Grundlage des Handbuchs der Weltgesundheitsorganisation zu „Examination and processing of human semen“ erstellt worden sind; die Untersuchung des Mannes durch Ärztinnen und Ärzte mit der Zusatzbezeichnung „Andrologie“ muss der Indikationsstellung vorausgehen	drei; der dritte Versuch ist nur beihilfefähig, wenn in einem von zwei Behandlungszyklen eine Befruchtung stattgefunden hat

[2] Sofern eine Indikation sowohl für eine In-vitro-Fertilisation als auch für einen intratubaren Gameten-Transfer vorliegt, sind nur die Aufwendungen für eine Maßnahme beihilfefähig. [3] Das Gleiche gilt bei einer nebeneinander möglichen In-vitro-Fertilisation und einer Intracytoplasmatischen Spermieninjektion. [4] Im Fall eines totalen Fertilisationsversagens beim ersten Versuch einer In-vitro-

Fertilisation sind die Aufwendungen für eine Intracytoplasmatische Spermieninjektion für maximal zwei darauffolgende Zyklen beihilfefähig.

(5) Aufwendungen nach Absatz 2 Satz 2, Absatz 3 und Absatz 4 sind zu 50 Prozent beihilfefähig.

(6) Aufwendungen für eine künstliche Befruchtung nach einer vorhergehenden Sterilisation, die nicht medizinisch notwendig war, sind nicht beihilfefähig.

(7) [1] Aufwendungen für Maßnahmen, die über die künstliche Befruchtung hinausgehen, insbesondere die Kryokonservierung von Samenzellen, imprägnierten Eizellen oder noch nicht transferierten Embryonen, sind außer in den Fällen des Satzes 2 nicht beihilfefähig. [2] Aufwendungen für eine Kryokonservierung sind beihilfefähig, wenn die Kryokonservierung unmittelbar durch eine Krankheit bedingt ist und die oberste Dienstbehörde der Beihilfefähigkeit der entsprechenden Aufwendungen zugestimmt hat. [3] Die oberste Dienstbehörde hat vor ihrer Zustimmung das Einvernehmen mit dem Bundesministerium des Innern, für Bau und Heimat herzustellen.

§ 43a Sterilisation, Empfängnisregelung und Schwangerschaftsabbruch. (1) Aufwendungen für eine durch eine Ärztin oder einen Arzt vorgenommene Sterilisation sind beihilfefähig, wenn die Sterilisation wegen einer Krankheit notwendig ist.

(2) [1] Aufwendungen für die ärztliche Beratung zu Fragen der Empfängnisregelung einschließlich der hierfür notwendigen ärztlichen Untersuchungen und der ärztlich verordneten empfängnisregelnden Mittel sind beihilfefähig. [2] Aufwendungen für ärztlich verordnete Mittel zur Empfängnisverhütung sowie für deren Applikation sind nur bei beihilfeberechtigten und berücksichtigungsfähigen Personen bis zum vollendeten 22. Lebensjahr beihilfefähig, es sei denn, die Mittel sind nach ärztlicher Bestätigung zur Behandlung einer Krankheit notwendig. [3] Aufwendungen für allgemeine Sexualaufklärung oder Sexualberatung sind nicht beihilfefähig.

(3) [1] Für einen nicht rechtswidrigen Schwangerschaftsabbruch sind Aufwendungen nach den §§ 12, 22, 26, 28, 29, 31 und 32 beihilfefähig. [2] Daneben sind auch Aufwendungen für die ärztliche Beratung über die Erhaltung der Schwangerschaft und die ärztliche Untersuchung und Begutachtung zur Feststellung der Voraussetzungen eines nicht rechtswidrigen Schwangerschaftsabbruchs beihilfefähig.

§ 44 Überführungskosten. (1) Ist eine beihilfeberechtigte Person während einer Dienstreise, Abordnung, Zuweisung oder vor einem dienstlich bedingten Umzug außerhalb des Ortes ihrer Hauptwohnung nach § 22 Absatz 1 des Bundesmeldegesetzes verstorben, so sind die Kosten der Überführung beihilfefähig.

(2) [1] Für Personen, die nach § 3 beihilfeberechtigt oder bei einer nach § 3 beihilfeberechtigten Person berücksichtigungsfähig sind, sind die Kosten der Überführung in das Inland bis zum Beisetzungsort beihilfefähig. [2] Liegt der Beisetzungsort nicht im Inland, so sind Aufwendungen bis zur Höhe der Überführungskosten, die für eine Überführung in das Inland entstanden wären, beihilfefähig.

§ 45 Erste Hilfe, Entseuchung, Kommunikationshilfe. (1) Beihilfefähig sind die Aufwendungen für Erste Hilfe und für eine behördlich angeordnete Entseuchung sowie für die dabei verbrauchten Stoffe.

(2) Aufwendungen für Kommunikationshilfen für gehörlose, hochgradig schwerhörige oder ertaubte beihilfeberechtigte oder berücksichtigungsfähige Personen sind bei medizinisch notwendiger ambulanter oder stationärer Untersuchung und Behandlung, bei Verabreichung von Heilmitteln, bei Versorgung mit Hilfsmitteln, Zahnersatzversorgung oder Pflegeleistungen beihilfefähig, wenn

1. in Verwaltungsverfahren das Recht auf Verwendung einer Kommunikationshilfe nach § 9 des Behindertengleichstellungsgesetzes bestünde und
2. im Einzelfall der Informationsfluss zwischen Leistungserbringerin oder Leistungserbringer und den beihilfeberechtigten oder berücksichtigungsfähigen Personen nur so gewährleistet werden kann.

§ 45a Organspende und andere Spenden. (1) [1]Beihilfefähig sind Aufwendungen bei postmortalen Organspenden für die Vermittlung, Entnahme, Versorgung, Organisation der Bereitstellung und für den Transport des Organs zur Transplantation, sofern es sich bei den Organempfängerinnen oder Organempfängern um beihilfeberechtigte oder berücksichtigungsfähige Personen handelt. [2]Die Höhe der Aufwendungen nach Satz 1 richtet sich nach den Entgelten, die die Vertragsparteien nach § 11 Absatz 2 des Transplantationsgesetzes vereinbart haben. [3]Das Bundesministerium des Innern, für Bau und Heimat gibt folgende Pauschalen durch Rundschreiben bekannt:

1. für die Organisation der Bereitstellung eines postmortal gespendeten Organs,
2. für die Aufwandserstattung der Entnahmekrankenhäuser,
3. für die Finanzierung des Transplantationsbeauftragten,
4. für die Finanzierung des Betriebs der Geschäftsstelle Transplantationsmedizin und des Transplantationsregisters,
5. für die Flugtransportkosten,
6. für den Einsatz des Organ Care Systems je transplantiertem Herz.

(2) [1]Aufwendungen für eine Spenderin oder einen Spender von Organen, Geweben, Blutstammzellen oder anderen Blutbestandteilen sind entsprechend Kapitel 2 und § 7 Absatz 1 des Bundesreisekostengesetzes[1)] beihilfefähig, wenn die Empfängerin oder der Empfänger der Spende eine beihilfeberechtigte oder berücksichtigungsfähige Person ist. [2]Der Spenderin oder dem Spender wird auf Antrag auch der nachgewiesene transplantationsbedingte Ausfall von Arbeitseinkünften anteilig in Höhe des Bemessungssatzes der Empfängerin oder des Empfängers ausgeglichen. [3]Dem Arbeitgeber der Spenderin oder des Spenders wird auf Antrag das fortgezahlte Entgelt anteilig in Höhe des Bemessungssatzes der Empfängerin oder des Empfängers erstattet. [4]Den Spenderinnen und Spendern gleichgestellt sind Personen, die als Spenderin oder Spender vorgesehen waren, aber nicht in Betracht kommen.

(3) Aufwendungen für die Registrierung beihilfeberechtigter und berücksichtigungsfähiger Personen für die Suche nach einer nicht verwandten Blut-

---

[1)] Nr. **24**.

stammzellspenderin oder einem nicht verwandten Blutstammzellspender im Zentralen Knochenmarkspender-Register sind beihilfefähig.

§ 45b Klinisches Krebsregister. (1) [1]Der Bund beteiligt sich an den personenbezogenen Kosten der Krebsregistrierung beihilfeberechtigter und berücksichtigungsfähiger Personen unmittelbar gegenüber dem klinischen Krebsregister für

1. jede verarbeitete Meldung zur Neuerkrankung an einem Tumor nach § 65c Absatz 4 Satz 2 bis 4 und Absatz 5 Satz 1 des Fünften Buches Sozialgesetzbuch sowie
2. jede landesrechtlich vorgesehene Meldung der zu übermittelnden klinischen Daten an ein klinisches Krebsregister nach § 65c Absatz 6 Satz 1 des Fünften Buches Sozialgesetzbuch.

[2]Voraussetzung der Kostenbeteiligung ist eine Vereinbarung zwischen dem Bund und dem klinischen Krebsregister.

(2) Der von der Festsetzungsstelle zu zahlende Betrag wird durch Rundschreiben des Bundesministeriums des Innern, für Bau und Heimat bekanntgegeben.

Kapitel 5. Umfang der Beihilfe

§ 46 Bemessung der Beihilfe. (1) [1]Beihilfe wird als prozentualer Anteil (Bemessungssatz) der beihilfefähigen Aufwendungen gewährt. [2]Maßgeblich ist der Bemessungssatz im Zeitpunkt der Leistungserbringung. [3]In Pflegefällen können, soweit dies in dieser Verordnung ausdrücklich vorgesehen ist, auch Pauschalen gezahlt werden.

(2) Soweit Absatz 3 nichts Anderes bestimmt, beträgt der Bemessungssatz für

1. beihilfeberechtigte Personen 50 Prozent,
2. Empfängerinnen und Empfänger von Versorgungsbezügen mit Ausnahme der Waisen 70 Prozent,
3. berücksichtigungsfähige Personen nach § 4 Absatz 1 70 Prozent und
4. berücksichtigungsfähige Kinder sowie Waisen 80 Prozent.

(3) [1]Sind zwei oder mehr Kinder berücksichtigungsfähig, beträgt der Bemessungssatz für die beihilfeberechtigte Person 70 Prozent. [2]Dies gilt bei mehreren beihilfeberechtigten Personen nur für diejenigen, die den Familienzuschlag nach den §§ 39 und 40 des Bundesbesoldungsgesetzes[1)] oder den Auslandszuschlag nach § 53 Absatz 4 Nummer 2 und 2a des Bundesbesoldungsgesetzes beziehen. [3]§ 5 Absatz 5 Satz 2 bis 4 gilt entsprechend. [4]Satz 2 ist nur dann anzuwenden, wenn einer beihilfeberechtigten Person nicht aus anderen Gründen bereits ein Bemessungssatz von 70 Prozent zusteht. [5]Der Bemessungssatz für beihilfeberechtigte Personen, die Elternzeit in Anspruch nehmen, beträgt 70 Prozent. [6]Der Bemessungssatz für entpflichtete Hochschullehrerinnen und Hochschullehrer beträgt 70 Prozent, wenn ihnen sonst auf Grund einer nach § 5 nachrangigen Beihilfeberechtigung ein Bemessungssatz von 70 Prozent zustände.

---

1) Nr. **18**.

(4) Für Personen, die nach § 28 Abs. 2 des Elften Buches Sozialgesetzbuch Leistungen der Pflegeversicherung grundsätzlich zur Hälfte erhalten, beträgt der Bemessungssatz bezüglich dieser Aufwendungen 50 Prozent.

§ 47 Abweichender Bemessungssatz. (1) Die oberste Dienstbehörde oder eine von ihr bestimmte Behörde kann im Hinblick auf die Fürsorgepflicht nach § 78 des Bundesbeamtengesetzes[1)] den Bemessungssatz für Aufwendungen anlässlich einer Dienstbeschädigung angemessen erhöhen, soweit nicht bereits Ansprüche nach dem Beamtenversorgungsgesetz[2)] bestehen.

(2) [1] Den Bemessungssatz für beihilfefähige Aufwendungen nach den Kapiteln 2 und 4 von Versorgungsempfängerinnen, Versorgungsempfängern und berücksichtigungsfähigen Personen mit geringen Gesamteinkünften kann die oberste Dienstbehörde für höchstens drei Jahre um höchstens 10 Prozentpunkte erhöhen, wenn der Beitragsaufwand für eine beihilfekonforme private Krankenversicherung 15 Prozent ihrer oder seiner Gesamteinkünfte übersteigt. [2] Zu den maßgebenden Gesamteinkünften zählt das durchschnittliche Monatseinkommen der zurückliegenden zwölf Monate aus Bruttoversorgungsbezügen, Sonderzahlungen, Renten, Kapitalerträgen und aus sonstigen laufenden Einnahmen der beihilfeberechtigten Person und ihrer berücksichtigungsfähigen Personen nach § 4 Absatz 1; unberücksichtigt bleiben Grundrenten nach dem Bundesversorgungsgesetz, Blindengeld, Wohngeld und Leistungen für Kindererziehung nach § 294 des Sechsten Buches Sozialgesetzbuch. [3] Die geringen Gesamteinkünfte betragen 150 Prozent des Ruhegehalts nach § 14 Abs. 4 Satz 2 und 3 des Beamtenversorgungsgesetzes. [4] Der Betrag erhöht sich um 255,65 Euro, wenn für die berücksichtigungsfähige Person nach § 4 Absatz 1 ebenfalls Beiträge zur privaten Krankenversicherung gezahlt werden. [5] Ein zu zahlender Versorgungsausgleich der Versorgungsempfängerin oder des Versorgungsempfängers mindert die anzurechnenden Gesamteinkünfte nicht. [6] Bei einer erneuten Antragstellung ist von den fiktiven Beiträgen zur Krankenversicherung auszugehen, die sich unter Zugrundelegung eines Bemessungssatzes nach § 46 ergeben würden.

(3) [1] Die oberste Dienstbehörde kann den Bemessungssatz in weiteren Ausnahmefällen im Einvernehmen mit dem Bundesministerium des Innern, für Bau und Heimat angemessen erhöhen, wenn dies im Hinblick auf die Fürsorgepflicht nach § 78 des Bundesbeamtengesetzes zwingend geboten ist. [2] Hierbei ist ein sehr strenger Maßstab anzulegen. [3] Bei dauernder Pflegebedürftigkeit ist eine Erhöhung ausgeschlossen.

(4) [1] Für beihilfefähige Aufwendungen, für die trotz ausreichender und rechtzeitiger Versicherung auf Grund eines individuellen Ausschlusses wegen angeborener Leiden oder bestimmter Krankheiten keine Versicherungsleistungen gewährt werden oder für die die Leistungen auf Dauer eingestellt worden sind (Aussteuerung), erhöht sich der Bemessungssatz um 20 Prozentpunkte, jedoch höchstens auf 90 Prozent. [2] Dies gilt nur, wenn das Versicherungsunternehmen die Bedingungen nach § 257 Abs. 2a Satz 1 Nr. 1 bis 4 des Fünften Buches Sozialgesetzbuch erfüllt. [3] Satz 1 ist nicht anzuwenden auf Aufwendungen nach den §§ 37 bis 39b.

[1)] Nr. 2.
[2)] Nr. 27.

(5) [1]Bei beihilfeberechtigten und berücksichtigungsfähigen Personen, die freiwillig in der gesetzlichen Krankenversicherung versichert sind, erhöht sich der Bemessungssatz auf 100 Prozent der beihilfefähigen Aufwendungen, die sich nach Anrechnung der Leistungen und Erstattungen der gesetzlichen Krankenversicherung ergeben. [2]Dies gilt nicht für beihilfefähige Aufwendungen, wenn für diese keine Leistungen oder Erstattungen von der gesetzlichen Krankenversicherung erbracht werden.

(6) Der Bemessungssatz erhöht sich für Personen, die nach § 3 beihilfeberechtigt oder bei einer nach § 3 beihilfeberechtigten Person berücksichtigungsfähig sind, in den Fällen nach § 31 Abs. 5 und § 41 Abs. 5 auf 100 Prozent der beihilfefähigen Aufwendungen, soweit diese Aufwendungen 153 Euro übersteigen und in Fällen nach § 36 Abs. 3, soweit diese Aufwendungen 200 Euro übersteigen.

(7) In Fällen des § 39 Absatz 2 und des § 44 erhöht sich der Bemessungssatz auf 100 Prozent.

(8) Für Personen, die nach § 3 beihilfeberechtigt oder bei einer nach § 3 beihilfeberechtigten Person berücksichtigungsfähig sind, erhöht sich der Bemessungssatz für beihilfefähige Aufwendungen nach den §§ 38 und 39b auf 100 Prozent, wenn ein Pflegegrad vorliegt und während des dienstlichen Auslandsaufenthalts keine Leistungen der privaten oder sozialen Pflegeversicherung gewährt werden.

(9) [1]Das Bundesministerium des Innern, für Bau und Heimat kann für Gruppen von beihilfeberechtigten Personen Abweichungen von den §§ 46 und 47 festlegen, wenn ihnen bis zum Entstehen eines Beihilfeanspruchs nach dieser Verordnung ein Anspruch auf Beihilfe nach Landesrecht zustand und die Änderung der Anspruchsgrundlage auf einer bundesgesetzlichen Regelung beruht. [2]Die Abweichungen sollen so festgelegt werden, dass wirtschaftliche Nachteile, die sich aus unterschiedlichen Regelungen über den Bemessungssatz ergeben, ausgeglichen werden. [3]Die Festlegung bedarf des Einvernehmens des Bundesministeriums der Finanzen und des Ressorts, das nach der Geschäftsverteilung der Bundesregierung für die Belange der betroffenen beihilfeberechtigten Personen zuständig ist.

§ 48 Begrenzung der Beihilfe. (1) [1]Die Beihilfe darf zusammen mit den Leistungen, die aus demselben Anlass aus einer Krankenversicherung, aus einer Pflegeversicherung, auf Grund anderer Rechtsvorschriften oder auf Grund arbeitsvertraglicher Vereinbarungen gewährt werden, die dem Grunde nach beihilfefähigen Aufwendungen nicht übersteigen. [2]Leistungen aus Krankentagegeld-, Krankenhaustagegeld-, Pflegetagegeld-, Pflegezusatz-, Pflegerenten- und Pflegerentenzusatzversicherungen bleiben unberücksichtigt, soweit sie nicht der Befreiung von der Versicherungspflicht nach § 22 des Elften Buches Sozialgesetzbuch dienen. [3]Ebenfalls unberücksichtigt bleibt das Sterbegeld nach § 18 Absatz 2 Nummer 2 des Beamtenversorgungsgesetzes[1]. [4]Dem Grunde nach beihilfefähig sind die Aufwendungen, für die im Einzelfall eine Beihilfe zu gewähren ist, in tatsächlicher Höhe. [5]Die Aufwendungen nach den §§ 35 bis 39b werden jeweils getrennt, die übrigen Aufwendungen zusammen abgerechnet. [6]Dabei ist der Summe der Aufwendungen, die mit dem Antrag geltend

[1] Nr. 27.

gemacht werden und die dem Grunde nach beihilfefähig sind, die Gesamtsumme der hierauf entfallenden Leistungen gegenüberzustellen.

(2) [1] Die beihilfeberechtigte Person hat nachzuweisen:

1. den Umfang des bestehenden Kranken- und Pflegeversicherungsschutzes und
2. die gewährten Leistungen.

[2] Satz 1 Nummer 2 gilt nicht für Erstattungen aus einer Kranken- oder Pflegeversicherung nach einem Prozentsatz.

§ 49 Eigenbehalte. (1) [1] Die beihilfefähigen Aufwendungen mindern sich um 10 Prozent der Kosten, mindestens um 5 und höchstens um 10 Euro, jedoch jeweils nicht um mehr als die tatsächlichen Kosten bei

1. Arznei- und Verbandmitteln nach § 22 Absatz 1 Nummer 1 und 2, Produkten nach § 22 Absatz 5 Satz 1 sowie bei Medizinprodukten nach Anlage 4,
2. Hilfsmitteln, Geräten zur Selbstbehandlung und Selbstkontrolle und Körperersatzstücken nach § 25,
3. Fahrten mit Ausnahme der Fälle nach § 35 Abs. 2,
4. Familien- und Haushaltshilfe je Kalendertag und
5. Soziotherapie je Kalendertag.

[2] Maßgebend für den Abzugsbetrag nach Satz 1 Nummer 1 ist der Apothekenabgabepreis oder der Festbetrag der jeweiligen Packung des verordneten Arznei- und Verbandmittels. [3] Dies gilt auch bei Mehrfachverordnungen oder bei der Abgabe der verordneten Menge in mehreren Packungen. [4] Bei zum Verbrauch bestimmten Hilfsmitteln, außer bei zum Verbrauch bestimmten Pflegehilfsmitteln, beträgt der Eigenbehalt 10 Prozent der insgesamt beihilfefähigen Aufwendungen, jedoch höchstens 10 Euro für den gesamten Monatsbedarf.

(2) Die beihilfefähigen Aufwendungen mindern sich um 10 Euro je Kalendertag bei

1. vollstationären Krankenhausleistungen nach § 26 Absatz 1 Nummer 2, § 26a Absatz 1 Nummer 1, 2 und 4 und stationäre Behandlungen in Rehabilitationseinrichtungen nach § 34 Absatz 1, 2 und 5, höchstens für insgesamt 28 Tage im Kalenderjahr, und
2. Rehabilitationsmaßnahmen nach § 35 Absatz 1 Satz 1 Nummer 1 und 2.

(3) Die beihilfefähigen Aufwendungen mindern sich bei häuslicher Krankenpflege um 10 Prozent der Kosten für die ersten 28 Tage der Inanspruchnahme im Kalenderjahr und um 10 Euro je Verordnung.

(4) Eigenbehalte sind nicht abzuziehen von Aufwendungen für

1. Personen, die das 18. Lebensjahr noch nicht vollendet haben außer Fahrtkosten,
2. Schwangere im Zusammenhang mit Schwangerschaftsbeschwerden oder der Entbindung,
3. ambulante ärztliche und zahnärztliche Vorsorgeleistungen sowie Leistungen zur Früherkennung von Krankheiten einschließlich der dabei verwandten Arzneimittel,

4. Leistungen im Zusammenhang mit einer künstlichen Befruchtung nach § 43 einschließlich der dabei verwendeten Arzneimittel,
5. Arznei- und Verbandmittel nach § 22 Absatz 1 Nummer 1 und 2,
   a) die für diagnostische Zwecke, Untersuchungen und ambulanten Behandlungen benötigt und
      aa) in der Rechnung als Auslagen abgerechnet oder
      bb) auf Grund einer ärztlichen Verordnung zuvor von der beihilfeberechtigten oder berücksichtigungsfähigen Person selbst beschafft worden sind oder
   b) deren Apothekeneinkaufspreis einschließlich Umsatzsteuer mindestens 30 Prozent niedriger ist als der jeweils gültige Festbetrag, der diesem Preis zugrunde liegt,
6. Heil- und Hilfsmittel, soweit vom Bundesministerium des Innern, für Bau und Heimat beihilfefähige Höchstbeträge festgesetzt worden sind,
7. Harn- und Blutteststreifen,
8. Spenderinnen und Spender nach § 45a Absatz 2,
9. Arzneimittel nach § 22, wenn auf Grund eines Arzneimittelrückrufs oder einer von der zuständigen Behörde vorgenommenen Einschränkung der Verwendbarkeit eines Arzneimittels erneut ein Arzneimittel verordnet werden musste.

§ 50 Belastungsgrenzen. (1) [1] Auf Antrag sind nach Überschreiten der Belastungsgrenze nach Satz 5

1. Eigenbehalte nach § 49 von den beihilfefähigen Aufwendungen für ein Kalenderjahr nicht abzuziehen,
2. Aufwendungen für ärztlich oder zahnärztlich verordnete nicht verschreibungspflichtige Arzneimittel nach § 22 Absatz 2 Nummer 3, die nicht den Ausnahmeregelungen unterliegen, in voller Höhe als beihilfefähig anzuerkennen, wenn die Aufwendungen pro verordnetem Arzneimittel über folgenden Beträgen liegen:

a)	für beihilfeberechtigte Personen der Besoldungsgruppen A 2 bis A 8 und Anwärterinnen und Anwärter sowie berücksichtigungsfähige Personen	8 Euro,
b)	für beihilfeberechtigte Personen der Besoldungsgruppen A 9 bis A 12 sowie berücksichtigungsfähige Personen	12 Euro,
c)	für beihilfeberechtigte Personen höherer Besoldungsgruppen sowie berücksichtigungsfähige Personen	16 Euro.

[2] Ein Antrag muss spätestens bis zum Ablauf des Jahres gestellt werden, das auf das Jahr folgt, in dem die Eigenbehalte nach § 49 einbehalten worden sind. [3] Dabei sind die Beträge nach § 49 Absatz 1 bis 3 entsprechend der Höhe des tatsächlichen Abzugs sowie Aufwendungen für Arzneimittel nach Nummer 2 zum entsprechenden Bemessungssatz zu berücksichtigen. [4] Die beihilfeberechtigte Person hat das Einkommen nach § 39 Absatz 3, die anrechenbaren Eigenbehalte und die Aufwendungen für nicht verschreibungspflichtige Arz-

neimittel nachzuweisen. [5]Die Belastungsgrenze beträgt für beihilfeberechtigte Personen und berücksichtigungsfähige Personen zusammen 2 Prozent der jährlichen Einnahmen nach § 39 Absatz 3 Satz 1 sowie für chronisch Kranke nach der Chroniker-Richtlinie des Gemeinsamen Bundesausschusses in der Fassung vom 22. Januar 2004 (BAnz. S. 1343), die zuletzt durch Beschluss vom 15. Februar 2018 (BAnz. AT 05.03.2018 B4) geändert worden ist, 1 Prozent der jährlichen Einnahmen nach § 39 Absatz 3 Satz 2.

(2) [1]Maßgeblich ist das Datum des Entstehens der Aufwendungen. [2]Die Einnahmen der Ehegattin, des Ehegatten, der Lebenspartnerin oder des Lebenspartners werden nicht berücksichtigt, wenn sie oder er Mitglied der gesetzlichen Krankenversicherung oder selbst beihilfeberechtigt ist. [3]Die Einnahmen vermindern sich bei verheirateten oder in einer Lebenspartnerschaft lebenden beihilfeberechtigten Personen um 15 Prozent und für jedes Kind nach § 4 Absatz 2 um den Betrag, der sich aus § 32 Absatz 6 Satz 1 bis 3 des Einkommensteuergesetzes ergibt. [4]Maßgebend für die Feststellung der Belastungsgrenze sind jeweils die jährlichen Einnahmen des vorangegangenen Kalenderjahres.

(3) Werden die Kosten der Unterbringung in einem Heim oder einer ähnlichen Einrichtung von einem Träger der Sozialhilfe oder der Kriegsopferfürsorge getragen, ist für die Berechnung der Belastungsgrenze der nach Maßgabe des Regelbedarfs-Ermittlungsgesetzes zu ermittelnde Regelsatz anzuwenden.

Kapitel 6. Verfahren und Zuständigkeit

§ 51 Bewilligungsverfahren. (1) [1]Über die Notwendigkeit und die wirtschaftliche Angemessenheit von Aufwendungen nach § 6 entscheidet die Festsetzungsstelle. [2]Die beihilfeberechtigte Person ist zur Mitwirkung verpflichtet. [3]§ 60 Absatz 1 Satz 1, die §§ 62 und 65 bis 67 des Ersten Buches Sozialgesetzbuch sind entsprechend anzuwenden. [4]Sie kann hierzu auf eigene Kosten ein Sachverständigengutachten einholen. [5]Ist für die Erstellung des Gutachtens die Mitwirkung der oder des Betroffenen nicht erforderlich, sind die nötigen Gesundheitsdaten vor der Übermittlung so zu pseudonymisieren, dass die Gutachterin oder der Gutachter einen Personenbezug nicht herstellen kann.

(2) [1]In Pflegefällen hat die Festsetzungsstelle im Regelfall das Gutachten zugrunde zu legen, das für die private oder soziale Pflegeversicherung zum Vorliegen dauernder Pflegebedürftigkeit sowie zu Art und notwendigem Umfang der Pflege erstellt worden ist. [2]Ist die beihilfeberechtigte oder berücksichtigungsfähige Person nicht in der privaten oder sozialen Pflegeversicherung versichert, lässt die Festsetzungsstelle ein entsprechendes Gutachten erstellen. [3]Satz 2 gilt entsprechend bei Personen, die nach § 3 beihilfeberechtigt oder bei einer nach § 3 beihilfeberechtigten Person berücksichtigungsfähig sind, wenn für diese kein Gutachten für die private oder soziale Pflegeversicherung erstellt worden ist. [4]Auf Antrag kann die Festsetzungsstelle Beihilfe für Aufwendungen in Pflegefällen (§§ 37 bis 39) bis zu zwölf Monate regelmäßig wiederkehrend leisten, wenn die beihilfeberechtigte Person sich in dem Antrag verpflichtet,

1. der Festsetzungsstelle jede Änderung der Angaben im Beihilfeantrag unaufgefordert und unverzüglich mitzuteilen und
2. den Beihilfeanspruch übersteigende Zahlungen zu erstatten.

(3) [1]Die Beihilfe wird auf schriftlichen oder elektronischen Antrag der beihilfeberechtigten Person bei der Festsetzungsstelle gewährt. [2]Die dem Antrag zugrunde liegenden Belege sind der Festsetzungsstelle als Zweitschrift oder in Kopie mit dem Antrag oder gesondert vorzulegen. [3]Bei Aufwendungen nach § 26 sind zusätzlich die Entlassungsanzeige und die Wahlleistungsvereinbarung vorzulegen, die nach § 16 Satz 2 der Bundespflegesatzverordnung oder nach § 17 des Krankenhausentgeltgesetzes vor Erbringung der Wahlleistungen abgeschlossen worden sind. [4]Bei Aufwendungen nach § 26a gilt Satz 3 entsprechend. [5]Liegen konkrete Anhaltspunkte dafür vor, dass eingereichte Belege gefälscht oder verfälscht sind, kann die Festsetzungsstelle mit Einwilligung der beihilfeberechtigten Person bei dem Urheber des Beleges Auskunft über die Echtheit einholen. [6]Wird die Einwilligung verweigert, ist die Beihilfe zu den betreffenden Aufwendungen abzulehnen. [7]Auf Rezepten muss die Pharmazentralnummer des verordneten Arzneimittels angegeben sein, es sei denn, sie ist wegen des Kaufes im Ausland nicht erforderlich. [8]Sofern die Festsetzungsstelle dies zulässt, können auch die Belege elektronisch übermittelt werden. [9]Die Festsetzungsstelle kann einen unterschriebenen Beihilfeantrag in Papierform verlangen.

(4) [1]Die Belege über Aufwendungen im Ausland müssen grundsätzlich den im Inland geltenden Anforderungen entsprechen. [2]Kann die beihilfeberechtigte Person die für den Kostenvergleich notwendigen Angaben nicht beibringen, hat die Festsetzungsstelle die Angemessenheit der Aufwendungen festzustellen. [3]Auf Anforderung muss mindestens für eine Bescheinigung des Krankheitsbildes und der erbrachten Leistungen eine Übersetzung vorgelegt werden.

(5) [1]Der Bescheid über die Bewilligung oder die Ablehnung der beantragten Beihilfe (Beihilfebescheid) wird von der Festsetzungsstelle schriftlich oder elektronisch erlassen. [2]Soweit Belege zur Prüfung des Anspruchs auf Abschläge für Arzneimittel benötigt werden, können sie einbehalten werden. [3]Soweit die Festsetzungsstelle elektronische Dokumente zur Abbildung von Belegen herstellt, werden diese einbehalten. [4]Spätestens sechs Monate nach Unanfechtbarkeit des Beihilfebescheides oder nach dem Zeitpunkt, zu dem die Belege für Prüfungen einer der Rabattgewährung nach § 3 des Gesetzes über Rabatte für Arzneimittel nicht mehr benötigt werden, sind sie zu vernichten und elektronische Abbildungen spurenlos zu löschen.

(6) Der Beihilfebescheid kann vollständig durch automatisierte Einrichtungen erlassen werden, sofern kein Anlass dazu besteht, den Einzelfall durch einen Amtsträger zu bearbeiten.

(7) Zur Vermeidung unbilliger Härten kann die Festsetzungsstelle nach vorheriger Anhörung der beihilfeberechtigten Person zulassen, dass berücksichtigungsfähige Personen oder deren gesetzliche Vertreterinnen oder Vertreter ohne Zustimmung der beihilfeberechtigten Person die Beihilfe selbst beantragen.

(8) [1]Beihilfe wird nur gewährt, wenn die mit dem Antrag geltend gemachten Aufwendungen insgesamt mehr als 200 Euro betragen. [2]Die Festsetzungsstelle kann bei drohender Verjährung oder zur Vermeidung anderer unbilliger Härten Ausnahmen zulassen.

(9) Die Festsetzungsstelle kann auf Antrag der beihilfeberechtigten Person Abschlagszahlungen leisten.

§ 51a Zahlung an Dritte. (1) Die Festsetzungsstelle kann die Beihilfe auf Antrag der beihilfeberechtigten Person an Dritte auszahlen.

(2) [1]Leistungen nach § 26 Absatz 1 Nummer 1, 2, 4 und 5 können direkt zwischen dem Krankenhaus oder dem vom Krankenhaus beauftragten Rechnungssteller und Festsetzungsstelle abgerechnet werden, wenn

1. der Bund eine entsprechende Rahmenvereinbarung mit der Deutschen Krankenhausgesellschaft e. V. abgeschlossen hat und
2. ein Antrag nach Anlage 16 vorliegt.

[2]Die Festsetzungsstelle hat abrechnungsrelevante Klärungen mit dem Krankenhaus oder dem vom Krankenhaus beauftragten Rechnungssteller durchzuführen. [3]Der Beihilfebescheid ist der beihilfeberechtigten Person bekannt zu geben.

(3) [1]Besteht die Möglichkeit eines elektronischen Datenaustauschs zwischen den Dritten und der Festsetzungsstelle, ist die Beihilfe auf Antrag der beihilfeberechtigten Person direkt an die Leistungserbringer oder von diesen beauftragten Abrechnungsstellen auszuzahlen, wenn die beihilfeberechtigte und die berücksichtigungsfähige Person ihre Einwilligung in die Datenverarbeitung erteilt oder ihre Einwilligung in die Entbindung von der Schweigepflicht der Leistungserbringer erteilt hat. [2]Absatz 2 Satz 2 und 3 gilt entsprechend.

§ 52 Zuordnung von Aufwendungen. Beihilfefähige Aufwendungen werden zugeordnet:

1. für eine Familien- und Haushaltshilfe der außerhäuslich untergebrachten Person,
2. für eine Begleitperson der oder dem Begleiteten,
3. für eine familienorientierte Rehabilitationsmaßnahme dem erkrankten Kind und
4. in Geburtsfällen einschließlich der Aufwendungen des Krankenhauses für das gesunde Neugeborene der Mutter.

§ 53 *(aufgehoben)*

§ 54 Antragsfrist. (1) [1]Beihilfe wird nur gewährt, wenn sie innerhalb eines Jahres nach Rechnungsdatum beantragt wird. [2]Für den Beginn der Frist ist bei Pflegeleistungen der letzte Tag des Monats maßgebend, in dem die Pflege erbracht wurde. [3]Hat ein Sozialhilfeträger oder im Bereich der Pflege der Träger der Kriegsopferfürsorge vorgeleistet, beginnt die Frist mit dem Ersten des Monats, der auf den Monat folgt, in dem der Sozialhilfeträger oder der Träger der Kriegsopferfürsorge die Aufwendungen bezahlt hat. [4]Die Frist beginnt in Fällen des § 45a Absatz 2 Satz 2 und 3 mit Ablauf des Jahres, in dem die Transplantation oder gegebenenfalls der Versuch einer Transplantation erfolgte.

(2) Die Frist ist auch gewahrt, wenn der Antrag von beihilfeberechtigten Personen nach § 3 innerhalb der Frist nach Absatz 1 bei der zuständigen Beschäftigungsstelle im Ausland eingereicht wird.

§ 55 Geheimhaltungspflicht. Die bei der Bearbeitung des Beihilfeantrags bekannt gewordenen personenbezogenen Daten sind geheim zu halten.

§ 56 Festsetzungsstellen. (1) Festsetzungsstellen sind
1. die obersten Dienstbehörden für die Anträge ihrer Bediensteten und der Leiterinnen und Leiter der ihnen unmittelbar nachgeordneten Behörden,
2. die den obersten Dienstbehörden unmittelbar nachgeordneten Behörden für die Anträge der Bediensteten ihres Geschäftsbereichs und
3. die Versorgungsstellen für die Anträge der Versorgungsempfängerinnen und der Versorgungsempfänger.

(2) [1] Die obersten Dienstbehörden können die Zuständigkeit für ihren Geschäftsbereich abweichend regeln. [2] Die Übertragung ist im Bundesgesetzblatt zu veröffentlichen.

(3) Die Festsetzungsstellen haben die Abschläge für Arzneimittel nach dem Gesetz über Rabatte für Arzneimittel geltend zu machen.

§ 57 *(aufgehoben)*

Kapitel 7. Übergangs- und Schlussvorschriften

§ 58 Übergangsvorschriften. (1) Die Anpassung des Betrages nach § 6 Absatz 2 Satz 1 auf Grund der Sätze 6 und 7 des § 6 Absatz 2 erfolgt erstmals für die Beantragung der Beihilfe im Jahr 2024.

(2) Die §§ 141, 144 Absatz 1 und 3 und § 145 des Elften Buches Sozialgesetzbuch gelten entsprechend.

(3) § 51a gilt nicht für bis zum 31. Juli 2018 eingeführte Verfahren zur direkten Abrechnung von beihilfefähigen Aufwendungen nach § 26 Absatz 1 Nummer 1, 2, 4 und 5.

(4) Die Berücksichtigungsfähigkeit von Kindern, die sich in Schul- oder Berufsausbildung befinden und deren Schul- oder Berufsabschluss sich im Jahr 2020 durch die COVID-19-Pandemie verzögert, verlängert sich um den Zeitraum der Verzögerung.

§ 59 Inkrafttreten. Diese Verordnung tritt am Tag nach der Verkündung[1)] in Kraft.

Anlage 1
(zu § 6 Absatz 2)

Ausgeschlossene und teilweise ausgeschlossene Untersuchungen und Behandlungen

Abschnitt 1. Völliger Ausschluss

1.1 Anwendung tonmodulierter Verfahren, Audio-Psycho-Phonologie-Therapie (zum Beispiel nach Tomatis, Hörtraining nach Volf, audiovokale Integration und Therapie, Psychophonie-Verfahren zur Behandlung einer Migräne)
1.2 Atlastherapie nach Arlen
1.3 autohomologe Immuntherapien
1.4 autologe-Target-Cytokine-Therapie nach Klehr
1.5 ayurvedische Behandlungen, zum Beispiel nach Maharishi
2.1 Behandlung mit nicht beschleunigten Elektronen nach Nuhr
2.2 Biophotonen-Therapie

---

1) Verkündet am 13.2.2009.

2.3 Bioresonatorentests

2.4 Blutkristallisationstests zur Erkennung von Krebserkrankungen

2.5 Bogomoletz-Serum

2.6 brechkraftverändernde Operation der Hornhaut des Auges (Keratomileusis) nach Barraquer

2.7 Bruchheilung ohne Operation

3.1 Colon-Hydro-Therapie und ihre Modifikationen

3.2 computergestützte mechanische Distraktionsverfahren, zur nichtoperativen segmentalen Distraktion an der Wirbelsäule (zum Beispiel SpineMED-Verfahren, DRX 9000, Accu-SPINA)

3.3 computergestütztes Gesichtsfeldtraining zur Behandlung nach einer neurologischbedingten Erkrankung oder Schädigung

3.4 cytotoxologische Lebensmitteltests

4.1 DermoDyne-Therapie (DermoDyne-Lichtimpfung)

5.1 Elektroneuralbehandlungen nach Croon

5.2 Elektronneuraldiagnostik

5.3 epidurale Wirbelsäulenkathetertechnik nach Racz

6.1 Frischzellentherapie

7.1 Ganzheitsbehandlungen auf bioelektrisch-heilmagnetischer Grundlage (zum Beispiel Bioresonanztherapie, Decoderdermographie, Elektroakupunktur nach Voll, elektronische Systemdiagnostik, Medikamententests nach der Bioelektrischen Funktionsdiagnostik, Mora-Therapie)

7.2 gezielte vegetative Umstimmungsbehandlung oder gezielte vegetative Gesamtumschaltung durch negative statische Elektrizität

8.1 Heileurhythmie

8.2 Höhenflüge zur Asthma- oder Keuchhustenbehandlung

8.3 Hornhautimplantation refraktiv zur Korrektur der Presbyopie

9.1 immunoaugmentative Therapie

9.2 Immunseren (Serocytol-Präparate)

9.3 isobare oder hyperbare Inhalationstherapien mit ionisiertem oder nichtionisiertem Sauerstoff oder Ozon einschließlich der oralen, parenteralen oder perkutanen Aufnahme (zum Beispiel hämatogene Oxidationstherapie, Sauerstoff-Darmsanierung, Sauerstoff-Mehrschritt-Therapie nach von Ardenne)

10.1 (frei)

11.1 kinesiologische Behandlung

11.2 Kirlian-Fotografie

11.3 kombinierte Serumtherapie (zum Beispiel Wiedemann-Kur)

11.4 konduktive Förderung nach Petö

12.1 Laser-Behandlung im Bereich der physikalischen Therapie

13.1 modifizierte Eigenblutbehandlung (zum Beispiel nach Garthe, Blut-Kristall-Analyse unter Einsatz der Präparate Autohaemin, Antihaemin und Anhaemin) und sonstige Verfahren, bei denen aus körpereigenen Substanzen der Patientin oder des Patienten individuelle Präparate gefertigt werden (zum Beispiel Gegensensibilisierung nach Theurer, Clustermedizin)

14.1 Neurostimulation nach Molsberger

14.2 neurotopische Diagnostik und Therapie

14.3 niedrig dosierter, gepulster Ultraschall

15.1 osmotische Entwässerungstherapie

16.1 photodynamische Therapie in der Parodontologie

16.2 Psycotron-Therapie

16.3 pulsierende Signaltherapie

16.4 Pyramidenenergiebestrahlung

17.1 (frei)

18.1 Regeneresen-Therapie

18.2 Reinigungsprogramm mit Megavitaminen und Ausschwitzen

18.3 Rolfing-Behandlung
19.1 Schwingfeld-Therapie
19.2 SIPARI-Methode
20.1 Thermoregulationsdiagnostik
20.2 Transorbitale Wechselstromstimulation bei Optikusatrophie (zum Beispiel SAVIR-Verfahren)
20.3 Trockenzellentherapie
21.1 (frei)
22.1 Vaduril-Injektionen gegen Parodontose
22.2 Vibrationsmassage des Kreuzbeins
23.1 (frei)
24.1 (frei)
25.1 (frei)
26.1 Zellmilieu-Therapie

Abschnitt 2. Teilweiser Ausschluss

1. Chelattherapie
   Aufwendungen sind nur beihilfefähig bei Behandlung von Schwermetallvergiftung, Morbus Wilson und Siderose. Alternative Schwermetallausleitungen gehören nicht zur Behandlung einer Schwermetallvergiftung.
2. Extrakorporale Stoßwellentherapie (ESWT) im orthopädischen und schmerztherapeutischen Bereich
   Aufwendungen sind nur beihilfefähig bei Behandlung von Tendinosis calcarea, Pseudarthrose, Fasziitis plantaris, therapierefraktäre Epicondylitis humeri radialis und therapierefraktäre Achillodynie. Auf der Grundlage des Beschlusses der Bundesärztekammer zur Analogbewertung der ESWT sind Gebühren nach Nummer 1800 der Anlage zur Gebührenordnung für Ärzte beihilfefähig. Daneben sind keine Zuschläge beihilfefähig.
3. Hyperbare Sauerstofftherapie (Überdruckbehandlung)
   Aufwendungen sind nur beihilfefähig bei Behandlung von Kohlenmonoxidvergiftung, Gasgangrän, chronischen Knocheninfektionen, Septikämien, schweren Verbrennungen, Gasembolien, peripherer Ischämie, diabetisches Fußsyndrom ab Wagner Stadium II oder von Tinnitusleiden, die mit Perzeptionsstörungen des Innenohres verbunden sind.
4. Hyperthermiebehandlung
   Aufwendungen sind nur beihilfefähig bei Tumorbehandlungen in Kombination mit Chemo- oder Strahlentherapie.
5. Klimakammerbehandlung
   Aufwendungen sind nur beihilfefähig, wenn andere übliche Behandlungsmethoden nicht zum Erfolg geführt haben und die Festsetzungsstelle auf Grund des Gutachtens von einer Ärztin oder einem Arzt, die oder den sie bestimmt, vor Beginn der Behandlung zugestimmt hat.
6. Lanthasol-Aerosol-Inhalationskur
   Aufwendungen sind nur beihilfefähig, wenn die Aerosol-Inhalationskuren mit hochwirksamen Medikamenten, zum Beispiel Aludrin, durchgeführt werden.
7. Magnetfeldtherapie
   Aufwendungen sind nur beihilfefähig bei Behandlung von atrophen Pseudarthrosen, bei Endoprothesenlockerung, idiopathischer Hüftnekrose und verzögerter Knochenbruchheilung, wenn die Magnetfeldtherapie in Verbindung mit einer sachgerechten chirurgischen Therapie durchgeführt wird, sowie bei psychiatrischen Erkrankungen.
8. Ozontherapie
   Aufwendungen sind nur beihilfefähig bei Gasinsufflationen, wenn damit arterielle Verschlusserkrankungen behandelt werden. Vor Aufnahme der Behandlung ist die Zustimmung der Festsetzungsstelle einzuholen.
9. Radiale extrakorporale Stoßwellentherapie (r-ESWT)
   Aufwendungen sind nur beihilfefähig im orthopädischen und schmerztherapeutischen Bereich bei Behandlung der therapierefraktären Epicondylitis humeri radialis oder einer therapierefraktären Fasciitis plantaris. Auf der Grundlage des Beschlusses der Bundesärztekammer zur Analogbewer-

tung der r-ESWT sind Gebühren nach Nummer 302 der Anlage zur Gebührenordnung für Ärzte beihilfefähig. Zuschläge sind nicht beihilfefähig.

10. Therapeutisches Reiten (Hippotherapie)
Aufwendungen sind nur beihilfefähig bei ausgeprägten cerebralen Bewegungsstörungen (Spastik) oder schwerer geistiger Behinderung, sofern die ärztlich verordnete Behandlung von Angehörigen der Gesundheits- oder Medizinalfachberufe (zum Beispiel Krankengymnastin oder Krankengymnast) mit entsprechender Zusatzausbildung durchgeführt wird. Die Aufwendungen sind nach den Nummern 4 bis 6 der Anlage 9 beihilfefähig.

11. Thymustherapie und Behandlung mit Thymuspräparaten
Aufwendungen sind nur beihilfefähig bei Krebsbehandlungen, wenn andere übliche Behandlungsmethoden nicht zum Erfolg geführt haben.

12. Visusverbessernde Maßnahmen
   a) Austausch natürlicher Linsen
   Bei einer reinen visusverbessernden Operation sind Aufwendungen nur beihilfefähig, wenn der Austausch die einzige Möglichkeit ist, um eine Verbesserung des Visus zu erreichen. Die Aufwendungen für die Linsen sind dabei nur bis zur Höhe der Kosten einer Monofokallinse, höchstens bis zu 270 Euro pro Linse beihilfefähig. Satz 2 gilt auch für Linsen bei einer Kataraktoperation.
   b) Chirurgische Hornhautkorrektur durch Laserbehandlung
   Aufwendungen sind nur beihilfefähig, wenn eine Korrektur durch eine Brille oder Kontaktlinsen nach augenärztlicher Feststellung nicht möglich ist.
   c) Implantation einer additiven Linse, auch einer Add-on-Intraokularlinse
   Aufwendungen sind nur beihilfefähig, wenn die Implantation die einzige Möglichkeit ist, um eine Verbesserung des Visus zu erreichen.
   d) Implantation einer phaken Intraokularlinse
   Aufwendungen sind nur beihilfefähig, wenn die Implantation die einzige Möglichkeit ist, um eine Verbesserung des Visus zu erreichen.

   Aufwendungen für visusverbessernde Maßnahmen sind nur dann beihilfefähig, wenn die Festsetzungsstelle den Maßnahmen vor Aufnahme der Behandlung zugestimmt hat.

Anlage 2
(zu § 6 Absatz 3 Satz 4)

Höchstbeträge für die Angemessenheit der Aufwendungen für Heilpraktikerleistungen

Nummer	Leistungsbeschreibung	vereinbarter Höchstbetrag
1 – 10	**Allgemeine Leistungen**	
1	Für die eingehende, das gewöhnliche Maß übersteigende Untersuchung	12,50 €
2a	Erhebung der homöopathischen Erstanamnese mit einer Mindestdauer von einer Stunde je Behandlungsfall	80,00 €
2b	Durchführung des vollständigen Krankenexamens mit Repertorisation nach den Regeln der klassischen Homöopathie *Anmerkung: Die Leistung nach Nummer 2b ist in einer Sitzung nur einmal und innerhalb von sechs Monaten höchstens dreimal berechnungsfähig.*	35,00 €
3	Kurze Information, auch mittels Fernsprecher, oder Ausstellung einer Wiederholungsverordnung, als einzige Leistung pro Inanspruchnahme der Heilpraktikerin/des Heilpraktikers	3,00 €
4	Eingehende Beratung, die das gewöhnliche Maß übersteigt, von mindestens 15 Minuten Dauer, gegebenenfalls einschließlich einer Untersuchung *Anmerkung: Eine Leistung nach Nummer 4 ist nur als alleinige Leistung oder im Zusammenhang mit einer Leistung nach Nummer 1 oder Nummer 17.1 beihilfefähig.*	18,50 €
5	Beratung, auch mittels Fernsprecher, gegebenenfalls, einschließlich einer kurzen Untersuchung *Anmerkung: Eine Leistung nach Nummer 5 ist nur einmal pro Behandlungsfall neben einer anderen Leistung beihilfefähig.*	9,00 €

Nummer	Leistungsbeschreibung	vereinbarter Höchstbetrag
6	Für die gleichen Leistungen wie unter Nummer 5, jedoch außerhalb der normalen Sprechstundenzeit	13,00 €
7	Für die gleichen Leistungen wie unter Nummer 5, jedoch bei Nacht, zwischen 20 und 7 Uhr	18,00 €
8	Für die gleichen Leistungen wie unter Nummer 5, jedoch sonn- und feiertags *Anmerkung: Als allgemeine Sprechstunde gilt die durch Aushang festgesetzte Zeit, selbst wenn sie nach 20 Uhr festgesetzt ist. Eine Berechnung des Honorars nach den Nummern 6 bis 8 kann also nur dann erfolgen, wenn die Beratung außerhalb der festgesetzten Zeiten stattfand und der Patient nicht schon vor Ablauf derselben im Wartezimmer anwesend war. Ebenso können für Sonn- und Feiertage nicht die dafür vorgesehenen erhöhten Honorare zur Berechnung kommen, wenn der Heilpraktiker gewohnheitsmäßig an Sonn- und Feiertagen Sprechstunden hält.*	20,00 €
9	**Hausbesuch einschließlich Beratung**	
9.1	bei Tag	24,00 €
9.2	in dringenden Fällen (Eilbesuch, sofort ausgeführt)	26,00 €
9.3	bei Nacht und an Sonn- und Feiertagen	29,00 €
10	**Nebengebühren für Hausbesuche**	
10.1	für jede angefangene Stunde bei Tag bis zu 2 km Entfernung zwischen Praxis- und Besuchsort	4,00 €
10.2	für jede angefangene Stunde bei Nacht bis zu 2 km Entfernung zwischen Praxis- und Besuchsort	8,00 €
10.5	für jeden zurückgelegten km bei Tag von 2 bis 25 km Entfernung zwischen Praxis- und Besuchsort	1,00 €
10.6	für jeden zurückgelegten km bei Nacht von 2 bis 25 km Entfernung zwischen Praxis- und Besuchsort	2,00 €
10.7	Handelt es sich um einen Fernbesuch von über 25 km Entfernung zwischen Praxis- und Besuchsort, so können pro Kilometer an Reisekosten in Anrechnung gebracht werden. *Anmerkung: Die Wegkilometer werden nach dem jeweils günstigsten benutzbaren Fahrtweg berechnet. Besucht der Heilpraktiker mehrere Patienten bei einer Besuchsfahrt, werden die Fahrtkosten entsprechend aufgeteilt.*	0,20 €
10.8	Handelt es sich bei einem Krankenbesuch um eine Reise, welche länger als 6 Stunden dauert, so kann die Heilpraktikerin/der Heilpraktiker anstelle des Wegegeldes die tatsächlich entstandenen Reisekosten in Abrechnung bringen und außerdem für den Zeitaufwand pro Stunde Reisezeit berechnen. Die Patientin bzw. der Patient ist hiervon vorher in Kenntnis zu setzen.	16,00 €
11	**Schriftliche Auslassungen und Krankheitsbescheinigungen**	
11.1	Kurze Krankheitsbescheinigung oder Brief im Interesse der Patientin/des Patienten	5,00 €
11.2	Ausführlicher Krankheitsbericht oder Gutachten (DIN A4 engzeilig maschinengeschrieben): Ausführlicher schriftlicher Krankheits- und Befundbericht (einschließlich Angaben zur Anamnese, zu den Befunden, zur epikritischen Bewertung und gegebenenfalls zur Therapie)	15,00 €
	Ausführlicher Krankheitsbericht oder Gutachten (DIN A4 engzeilig maschinengeschrieben): Schriftliche gutachterliche Äußerung	16,00 €
11.3	Individuell angefertigter schriftlicher Diätplan bei Ernährungs- und Stoffwechselerkrankungen	8,00 €
12	**Chemisch-physikalische Untersuchungen**	
12.1	Harnuntersuchungen qualitativ mittels Verwendung eines Mehrfachreagenzträgers (Teststreifen) durch visuellen Farbvergleich	3,00 €

Nummer	Leistungsbeschreibung		vereinbarter Höchstbetrag
	Anmerkung: Die einfache qualitative Untersuchung auf Zucker und Eiweiß sowie die Bestimmung des ph-Wertes und des spezifischen Gewichtes sind nicht berechnungsfähig.		
12.2	Harnuntersuchung quantitativ (es ist anzugeben, auf welchen Stoff untersucht wurde, zum Beispiel Zucker usw.)		4,00 €
12.4	Harnuntersuchung, nur Sediment		4,00 €
12.7	Blutstatus (nicht neben den Nummern 12.9, 12.10, 12.11)		10,00 €
12.8	Blutzuckerbestimmung		2,00 €
12.9	Hämoglobinbestimmung		3,00 €
12.10	Differenzierung des gefärbten Blutausstriches		6,00 €
12.11	Zählung der Leuko- und Erythrozyten	Erythrozytenzahl und/oder Hämatokrit und/oder Hämoglobin und/oder mittleres Zellvolumen (MCV) und die errechneten Kenngrößen (zum Beispiel MCH, MCHC) und die Erythrozytenverteilungskurve und/oder Leukozytenzahl und/oder Thrombozytenzahl	3,00 €
		Differenzierung der Leukozyten, elektronisch-zytometrisch, zytochemisch-zytometrisch oder mittels mechanisierter Mustererkennung (Bildanalyse)	1,00 €
12.12	Blutkörperchen-Senkungsgeschwindigkeit einschl. Blutentnahme		3,00 €
12.13	Einfache mikroskopische und/oder chemische Untersuchungen von Körperflüssigkeiten und Ausscheidungen auch mit einfachen oder schwierigen Färbeverfahren sowie Dunkelfeld, pro Untersuchung *Anmerkung: Die Art der Untersuchung ist anzugeben.*		6,00 €
12.14	Aufwendige Chemogramme von Körperflüssigkeiten und Ausscheidungen je nach Umfang pro Einzeluntersuchung *Anmerkung: Die Art der Untersuchung ist anzugeben.*		7,00 €
13	**Sonstige Untersuchungen**		
13.1	Sonstige Untersuchungen unter Zuhilfenahme spezieller Apparaturen oder Färbeverfahren besonders schwieriger Art, zum Beispiel ph-Messungen im strömenden Blut oder Untersuchungen nach v. Bremer, Enderlein usw. *Anmerkung: Die Art der Untersuchung ist anzugeben.*		6,00 €
14	**Spezielle Untersuchungen**		
14.1	Binokulare mikroskopische Untersuchung des Augenvordergrundes *Anmerkung: Eine Leistung nach Nummer 14.1 kann nicht neben einer Leistung nach Nummer 1 oder Nummer 4 berechnet werden. Leistungen nach den Nummern 14.1 und 14.2 können nicht nebeneinander berechnet werden.*		8,00 €
14.2	Binokulare Spiegelung des Augenhintergrundes *Anmerkung: Eine Leistung nach Nummer 14.1 kann nicht neben einer Leistung nach Nummer 1 oder Nummer 4 berechnet werden. Leistungen nach den Nummern 14.1 und 14.2 können nicht nebeneinander berechnet werden.*		8,00 €
14.3	Grundumsatzbestimmung nach Read		5,00 €
14.4	Grundumsatzbestimmung mit Hilfe der Atemgasuntersuchung		20,00 €
14.5	Prüfung der Lungenkapazität (Spirometrische Untersuchung)		7,00 €
14.6	Elektrokardiogramm mit Phonokardiogramm und Ergometrie, vollständiges Programm		41,00 €
14.7	Elektrokardiogramm mit Standardableitungen, Goldbergerableitungen, Nehbsche Ableitungen, Brustwandableitungen		14,00 €
14.8	Oszillogramm-Methoden		11,00 €

Nummer	Leistungsbeschreibung	vereinbarter Höchstbetrag
14.9	Spezielle Herz-Kreislauf-Untersuchungen *Anmerkung: Nicht neben Nummer 1 oder Nummer 4 berechenbar.*	8,00 €
14.10	Ultraschall-Gefäßdoppler-Untersuchung zu peripheren Venendruck-/ oder Strömungsmessungen	9,00 €
17	**Neurologische Untersuchungen**	
17.1	Neurologische Untersuchung	21,00 €
18 – 23	**Spezielle Behandlungen**	
20	**Atemtherapie, Massagen**	
20.1	Atemtherapeutische Behandlungsverfahren	8,00 €
20.2	Nervenpunktmassage nach Cornelius, Aurelius u.a., Spezialnervenmassage	6,00 €
20.3	Bindegewebsmassage	6,00 €
20.4	Teilmassage (Massage einzelner Körperteile)	4,00 €
20.5	Großmassage	6,00 €
20.6	Sondermassagen Unterwasserdruckstrahlmassage (Wanneninhalt mindestens 400 Liter, Leistung der Apparatur mindestens 4 bar)	8,00 €
20.6	Sondermassagen Massage im extramuskulären Bereich (zum Beispiel Bindegewebsmassage, Periostmassage, manuelle Lymphdrainage)	6,00 €
	Extensionsbehandlung mit Schrägbett, Extensionstisch, Perlgerät	6,00 €
20.7	Behandlung mit physikalischen oder medicomechanischen Apparaten	6,00 €
20.8	Einreibungen zu therapeutischen Zwecken in die Haut	4,00 €
21	**Akupunktur**	
21.1	Akupunktur einschließlich Pulsdiagnose	23,00 €
21.2	Moxibustionen, Injektionen und Quaddelungen in Akupunkturpunkte	7,00 €
22	**Inhalationen**	
22.1	Inhalationen, soweit sie von der Heilpraktikerin/dem Heilpraktiker mit den verschiedenen Apparaten in der Sprechstunde ausgeführt werden	3,00 €
24 – 30	**Blutentnahmen – Injektionen – Infusionen – Hautableitungsverfahren**	
24	**Eigenblut, Eigenharn**	
24.1	Eigenblutinjektion	11,00 €
25	**Injektionen, Infusionen**	
25.1	Injektion, subkutan	5,00 €
25.2	Injektion, intramuskulär	5,00 €
25.3	Injektion, intravenös, intraarteriell	7,00 €
25.4	Intrakutane Reiztherapie (Quaddelbehandlung), pro Sitzung	7,00 €
25.5	Injektion, intraartikulär	11,50 €
25.6	Neural- oder segmentgezielte Injektionen nach Hunecke	11,50 €
25.7	Infusion	8,00 €
25.8	Dauertropfeninfusion *Anmerkung: Die Beihilfefähigkeit der mit der Infusion eingebrachten Medikamente richtet sich nach dem Beihilferecht des jeweiligen Beihilfeträgers.*	12,50 €
26	**Blutentnahmen**	
26.1	Blutentnahme	3,00 €
26.2	Aderlass	12,00 €
27	**Hautableitungsverfahren, Hautreizverfahren**	
27.1	Setzen von Blutegeln, ggf. einschl. Verband	5,00 €
27.2	Skarifikation der Haut	4,00 €

Nummer	Leistungsbeschreibung	vereinbarter Höchstbetrag
27.3	Setzen von Schröpfköpfen, unblutig	5,00 €
27.4	Setzen von Schröpfköpfen, blutig	5,00 €
27.5	Schröpfkopfmassage einschl. Gleitmittel	5,00 €
27.6	Anwendung großer Saugapparate für ganze Extremitäten	5,00 €
27.7	Setzen von Fontanellen	5,00 €
27.8	Setzen von Cantharidenblasen	5,00 €
27.9	Reinjektion des Blaseninhaltes (aus Nummer 27.8)	5,00 €
27.10	Anwendung von Pustulantien	5,00 €
27.12	Biersche Stauung	5,00 €
28	**Infiltrationen**	
28.1	Behandlung mittels paravertebraler Infiltration, einmalig	9,00 €
28.2	Behandlung mittels paravertebraler Infiltration, mehrmalig	15,00 €
29	**Roedersches Verfahren**	
29.1	Roedersches Behandlungs- und Mandelabsaugverfahren	5,00 €
30	**Sonstiges**	
30.1	Spülung des Ohres	5,00 €
31	**Wundversorgung, Verbände und Verwandtes**	
31.1	Eröffnung eines oberflächlichen Abszesses	9,00 €
31.2	Entfernung von Aknepusteln pro Sitzung	8,00 €
32	**Versorgung einer frischen Wunde**	
32.1	bei einer kleinen Wunde	8,00 €
32.2	bei einer größeren und verunreinigten Wunde	13,00 €
33	**Verbände (außer zur Wundbehandlung)**	
33.1	Verbände, jedes Mal	5,00 €
33.2	Elastische Stütz- und Pflasterverbände	7,00 €
33.3	Kompressions- oder Zinkleimverband *Anmerkung: Die Beihilfefähigkeit des für den Verband verbrauchten Materials richtet sich nach dem Beihilferecht des jeweiligen Beihilfeträgers.*	10,00 €
34	**Gelenk- und Wirbelsäulenbehandlung**	
34.1	Chiropraktische Behandlung	4,00 €
34.2	Gezielter chiropraktischer Eingriff an der Wirbelsäule *Anmerkung: Die Leistung nach Nummer 34.2 ist nur einmal je Sitzung berechnungsfähig.*	17,00 €
35	**Osteopathische Behandlung**	
35.1	des Unterkiefers	11,00 €
35.2	des Schultergelenkes und der Wirbelsäule	21,00 €
35.3	der Handgelenke, des Oberschenkels, des Unterschenkels, des Vorderarmes und der Fußgelenke	21,00 €
35.4	des Schlüsselbeins und der Kniegelenke	12,00 €
35.5	des Daumens	10,00 €
35.6	einzelner Finger und Zehen	10,00 €
36	**Hydro- und Elektrotherapie, Medizinische Bäder und sonstige hydrotherapeutische Anwendungen** *Anmerkung: Alle nicht aufgeführten Bäder sind nicht beihilfefähig.*	
36.1	Leitung eines ansteigenden Vollbades	7,00 €
36.2	Leitung eines ansteigenden Teilbades	4,00 €
36.3	Spezialdarmbad (subaquales Darmbad)	13,00 €
36.4	Kneippsche Güsse	4,00 €
37	**Elektrische Bäder und Heißluftbäder** *Anmerkung: Alle nicht aufgeführten Bäder sind nicht beihilfefähig.*	

Nummer	Leistungsbeschreibung	vereinbarter Höchstbetrag
37.1	Teilheißluftbad, zum Beispiel Kopf oder Arm	3,00 €
37.2	Ganzheißluftbad, zum Beispiel Rumpf oder Beine	5,00 €
37.3	Heißluftbad im geschlossenen Kasten	5,00 €
37.4	Elektrisches Vierzellenbad	4,00 €
37.5	Elektrisches Vollbad (Stangerbad)	8,00 €
38	**Spezialpackungen** *Anmerkung: Alle nicht aufgeführten Packungen sind nicht beihilfefähig.*	
38.1	Fangopackungen	3,00 €
38.2	Paraffinpackungen, örtliche	3,00 €
38.3	Paraffinganzpackungen	3,00 €
38.4	Kneippsche Wickel- und Ganzpackungen, Prießnitz- und Schlenzpackungen	3,00 €
39	**Elektro-physikalische Heilmethoden**	
39.1	Einfache oder örtliche Lichtbestrahlungen	3,00 €
39.2	Ganzbestrahlungen	8,00 €
39.4	Faradisation, Galvanisation und verwandte Verfahren (Schwellstromgeräte)	4,00 €
39.5	Anwendung der Influenzmaschine	4,00 €
39.6	Anwendung von Heizsonnen (Infrarot)	4,00 €
39.7	Verschorfung mit heißer Luft und heißen Dämpfen	8,00 €
39.8	Behandlung mit hochgespannten Strömen, Hochfrequenzströmen in Verbindung mit verschiedenen Apparaten	3,00 €
39.9	Langwellenbehandlung (Diathermie), Kurzwellen- und Mikrowellenbehandlung	3,00 €
39.10	Magnetfeldtherapie mit besonderen Spezialapparaten	4,00 €
39.11	Elektromechanische und elektrothermische Behandlung (je nach Aufwand und Dauer)	4,00 €
39.12	Niederfrequente Reizstromtherapie, zum Beispiel Jono-Modulator	4,00 €
39.13	Ultraschall-Behandlung	4,00 €

Anlage 3
(zu den §§ 18 bis 21)

Ambulant durchgeführte psychotherapeutische Behandlungen und Maßnahmen der psychosomatischen Grundversorgung

Abschnitt 1. Psychotherapeutische Leistungen

1. Nicht beihilfefähig sind Aufwendungen für:
   a) Familientherapie,
   b) Funktionelle Entspannung nach Marianne Fuchs,
   c) Gesprächspsychotherapie (zum Beispiel nach Rogers),
   d) Gestalttherapie,
   e) Körperbezogene Therapie,
   f) Konzentrative Bewegungstherapie,
   g) Logotherapie,
   h) Musiktherapie,
   i) Heileurhythmie,
   j) Psychodrama,
   k) Respiratorisches Biofeedback,
   l) Transaktionsanalyse.
2. Nicht zu den psychotherapeutischen Leistungen im Sinne der §§ 18 bis 21 gehören:

a) Behandlungen, die zur schulischen, beruflichen oder sozialen Anpassung oder Förderung bestimmt sind,

b) Maßnahmen der Erziehungs-, Ehe-, Familien-, Lebens-, Paar- oder Sexualberatung,

c) Heilpädagogische und ähnliche Maßnahmen sowie

d) Psychologische Maßnahmen, die der Aufarbeitung und Überwindung sozialer Konflikte dienen.

Abschnitt 2. Psychosomatische Grundversorgung

1. Aufwendungen für eine verbale Intervention sind nur beihilfefähig, wenn die Behandlung durchgeführt wird von einer Fachärztin oder einem Facharzt für
   a) Allgemeinmedizin,
   b) Augenheilkunde,
   c) Frauenheilkunde und Geburtshilfe,
   d) Haut- und Geschlechtskrankheiten,
   e) Innere Medizin,
   f) Kinder- und Jugendlichenmedizin,
   g) Kinder- und Jugendpsychiatrie und -psychotherapie,
   h) Neurologie,
   i) Phoniatrie und Pädaudiologie,
   j) Psychiatrie und Psychotherapie,
   k) Psychotherapeutische Medizin oder Psychosomatische Medizin und Psychotherapie oder
   l) Urologie.
2. Aufwendungen für übende und suggestive Interventionen (autogenes Training, progressive Muskelrelaxation nach Jacobson, Hypnose) sind nur dann beihilfefähig, wenn die Behandlung durchgeführt wird von
   a) einer Ärztin oder einem Arzt,
   b) einer Psychologischen Psychotherapeutin oder einem Psychologischen Psychotherapeuten,
   c) einer Kinder- und Jugendlichenpsychotherapeutin oder einem Kinder- und Jugendlichenpsychotherapeuten,
   d) einer Psychotherapeutin oder einem Psychotherapeuten.

   Die behandelnde Person muss über Kenntnisse und Erfahrungen in der Anwendung der entsprechenden Intervention verfügen.

Abschnitt 3. Tiefenpsychologisch fundierte und analytische Psychotherapie

1. Leistungen der anerkannten Psychotherapieform tiefenpsychologisch fundierte oder analytische Psychotherapie dürfen bei Personen, die das 18. Lebensjahr vollendet haben, nur von folgenden Personen erbracht werden:
   a) Psychotherapeutinnen und Psychotherapeuten mit einer Weiterbildung für die Behandlung von Erwachsenen in diesem Verfahren,
   b) Psychologischen Psychotherapeutinnen und Psychologischen Psychotherapeuten mit einer vertieften Ausbildung in diesem Verfahren.
2. Leistungen der anerkannten Psychotherapieform tiefenpsychologisch fundierte oder analytische Psychotherapie dürfen bei Personen, die das 18. Lebensjahr noch nicht vollendet haben, nur von folgenden Personen erbracht werden:
   a) Psychotherapeutinnen und Psychotherapeuten mit einer Weiterbildung für die Behandlung von Kindern und Jugendlichen in diesem Verfahren,
   b) Psychologischen Psychotherapeutinnen und Psychologischen Psychotherapeuten mit einer vertieften Ausbildung in diesem Verfahren und einer Zusatzqualifikation für die Behandlung von Kindern und Jugendlichen, die die Anforderungen des § 6 Absatz 4 der Psychotherapievereinbarung erfüllt,
   c) Kinder- und Jugendlichenpsychotherapeutinnen und Kinder- und Jugendlichenpsychotherapeuten mit einer vertieften Ausbildung in diesem Verfahren.

3. Wird die Behandlung von einer ärztlichen Psychotherapeutin oder einem ärztlichen Psychotherapeuten durchgeführt, muss diese Person Fachärztin oder Facharzt für eines der folgenden Fachgebiete sein:

   a) Psychotherapeutische Medizin,

   b) Psychiatrie und Psychotherapie oder Psychosomatische Medizin und Psychotherapie,

   c) Kinder- und Jugendlichenpsychiatrie und -psychotherapie oder

   d) Ärztin oder Arzt mit der Bereichs- oder Zusatzbezeichnung „Psychotherapie" oder „Psychoanalyse".

   Eine Fachärztin oder ein Facharzt für Psychotherapeutische Medizin, Psychiatrie und Psychotherapie oder Kinder- und Jugendlichenpsychiatrie und -psychotherapie sowie eine Ärztin oder ein Arzt mit der Bereichsbezeichnung „Psychotherapie" kann nur tiefenpsychologisch fundierte Psychotherapie (Nummern 860 bis 862 der Anlage zur Gebührenordnung für Ärzte) durchführen. Eine Ärztin oder ein Arzt mit der Bereichs- oder Zusatzbezeichnung „Psychoanalyse" oder mit der vor dem 1. April 1984 verliehenen Bereichsbezeichnung „Psychotherapie" kann auch analytische Psychotherapie (Nummern 863 und 864 der Anlage zur Gebührenordnung für Ärzte) durchführen.

4. Voraussetzung für die Beihilfefähigkeit der Aufwendungen in Ausnahmefällen (§ 19 Absatz 1 Nummer 3 und 4) ist, dass vor Beginn der Behandlung eine erneute eingehende Begründung der Therapeutin oder des Therapeuten vorgelegt wird und die Festsetzungsstelle vor Beginn der Behandlung zugestimmt hat. Zeigt sich bei der Therapie, dass das Behandlungsziel innerhalb der vorgesehenen Anzahl der Sitzungen nicht erreicht wird, kann in Ausnahmefällen eine weitere begrenzte Behandlungsdauer anerkannt werden. Die Anerkennung darf erst im letzten Behandlungsabschnitt erfolgen. Voraussetzung für die Anerkennung ist eine Indikation nach § 18a Absatz 1 und 2, die nach ihrer besonderen Symptomatik und Struktur eine besondere tiefenpsychologisch fundierte oder analytische Bearbeitung erfordert und eine hinreichende Prognose über das Erreichen des Behandlungsziels erlaubt.

Abschnitt 4. Verhaltenstherapie

1. Leistungen der Verhaltenstherapie dürfen bei Personen, die das 18. Lebensjahr vollendet haben, nur von folgenden Personen erbracht werden:

   a) Psychotherapeutinnen und Psychotherapeuten mit einer Weiterbildung für die Behandlung von Erwachsenen in diesem Verfahren,

   b) Psychologischen Psychotherapeutinnen und Psychologischen Psychotherapeuten mit einer vertieften Ausbildung in diesem Verfahren.

2. Leistungen der Verhaltenstherapie dürfen bei Personen, die das 18. Lebensjahr noch nicht vollendet haben, nur von folgenden Personen erbracht werden:

   a) Psychotherapeutinnen und Psychotherapeuten mit einer Weiterbildung für die Behandlung von Kindern und Jugendlichen in diesem Verfahren,

   b) Psychologischen Psychotherapeutinnen und Psychologischen Psychotherapeuten mit einer vertieften Ausbildung in diesem Verfahren und einer Zusatzqualifikation für die Behandlung von Kindern und Jugendlichen, die die Anforderungen des § 6 Absatz 4 der Psychotherapeutenvereinbarung erfüllt,

   c) Kinder- und Jugendlichenpsychotherapeutinnen und Kinder- und Jugendlichenpsychotherapeuten mit einer vertieften Ausbildung in diesem Verfahren.

3. Wird die Behandlung von einer ärztlichen Psychotherapeutin oder einem ärztlichen Psychotherapeuten durchgeführt, muss diese Person Fachärztin oder Facharzt für eines der folgenden Fachgebiete sein:

   a) Psychotherapeutische Medizin oder Psychosomatische Medizin,

   b) Psychiatrie und Psychotherapie,

   c) Kinder- und Jugendlichenpsychiatrie und -psychotherapie oder

   d) Ärztin oder Arzt mit der Bereichs- oder Zusatzbezeichnung „Psychotherapie".

   Ärztliche Psychotherapeutinnen oder ärztliche Psychotherapeuten, die keine Fachärztinnen oder Fachärzte sind, können die Behandlung durchführen, wenn sie den Nachweis erbringen, dass sie während ihrer Weiterbildung schwerpunktmäßig Kenntnisse und Erfahrungen in Verhaltenstherapie erworben haben.

Abschnitt 5. Systemische Therapie

1. Leistungen der Systemischen Therapie dürfen nur von folgenden Personen erbracht werden:
   a) Psychotherapeutinnen und Psychotherapeuten mit einer Weiterbildung in diesem Verfahren,
   b) Psychologischen Psychotherapeutinnen und Psychologischen Psychotherapeuten mit einer vertieften Ausbildung in diesem Verfahren,
   c) Psychologischen Psychotherapeutinnen und Psychologischen Psychotherapeuten mit einer vertieften Ausbildung in einem Verfahren nach Abschnitt 3 oder 4 und einer Zusatzqualifikation für dieses Verfahren, die die Anforderungen des § 6 Absatz 8 der Psychotherapievereinbarung erfüllt.
2. Wird die Behandlung von einer ärztlichen Psychotherapeutin oder einem ärztlichen Psychotherapeuten durchgeführt, muss diese Person Fachärztin oder Facharzt für eines der folgenden Fachgebiete sein:
   a) Psychiatrie und Psychotherapie,
   b) Psychosomatische Medizin und Psychotherapie oder
   c) Ärztin oder Arzt mit der Zusatzbezeichnung „Psychotherapie"

   mit erfolgreicher Weiterbildung auf dem Gebiet der Systemischen Therapie.

Abschnitt 6. Eye-Movement-Desensitization-and-Reprocessing-Behandlung

1. Leistungen der Eye-Movement-Desensitization-and-Reprocessing-Behandlung dürfen nur von folgenden Personen erbracht werden:
   a) Psychotherapeutinnen und Psychotherapeuten mit einer Weiterbildung in einem Verfahren nach Abschnitt 3 oder 4,
   b) Psychologischen Psychotherapeutinnen und Psychologischen Psychotherapeuten mit einer vertieften Ausbildung in einem Verfahren nach Abschnitt 3 oder 4.
2. Wird die Behandlung von einer Psychologischen Psychotherapeutin oder einem Psychologischen Psychotherapeuten, einer Psychotherapeutin oder einem Psychotherapeuten durchgeführt, muss diese Person Kenntnisse und praktische Erfahrungen in der Behandlung der posttraumatischen Belastungsstörung und in der Eye-Movement-Desensitization-and-Reprocessing-Behandlung erworben haben.
3. Wurde die Qualifikation nach Nummer 1 oder Nummer 2 bei Psychologischen Psychotherapeutinnen oder Psychologischen Psychotherapeuten nicht im Rahmen der Ausbildung und bei Psychotherapeutinnen oder Psychotherapeuten nicht im Rahmen der Weiterbildung erworben, muss die behandelnde Person
   a) in mindestens 40 Stunden eingehende Kenntnisse in der Theorie der Traumabehandlung und der Eye-Movement-Desensitization-and-Reprocessing-Behandlung erworben haben und
   b) mindestens 40 Stunden Einzeltherapie mit mindestens fünf abgeschlossenen Eye-Movement-Desensitization-and-Reprocessing-Behandlungsabschnitten unter Supervision von mindestens 10 Stunden mit Eye-Movement-Desensitization-and-Reprocessing-Behandlung durchgeführt haben.
4. Wird die Behandlung von einer ärztlichen Psychotherapeutin oder einem ärztlichen Psychotherapeuten durchgeführt, muss diese Person
   a) die Voraussetzungen nach Abschnitt 3 oder 4 erfüllen und
   b) Kenntnisse und praktische Erfahrungen in der Behandlung der posttraumatischen Belastungsstörung und in der Eye-Movement-Desensitization-and-Reprocessing-Behandlung erworben haben.

Anlage 4
(zu § 22 Absatz 1)

Beihilfefähige Medizinprodukte

Nr.	Produktbezeichnung	Medizinische Anwendungsfälle
0		
	1xklysma salinisch	Zur raschen und nachhaltigen Entleerung des Enddarms vor Operationen und diagnostischen Eingriffen; nicht zur Anwendung bei Personen, die das sechste Lebensjahr noch nicht vollendet haben.

Nr.	Produktbezeichnung	Medizinische Anwendungsfälle
1		
1.1	ALCON BSS	Zur Irrigation im Rahmen extraokularer und intraokularer Eingriffe.
1.2	AMO ENDOSOL	Für intraokulare und topische Spülungen des Auges bei chirurgischen Prozeduren und für diagnostische und therapeutische Maßnahmen.
1.3	Ampuwa für Spülzwecke	Zum Anfeuchten von Tamponaden und Verbänden; zur Atemluftbefeuchtung nur zur Anwendung in geschlossenen Systemen in medizinisch notwendigen Fällen; jeweils in einer Menge, die ausschließlich für die einmalige Anwendung geeignet ist.
1.4	Amvisc	Zur Anwendung als Operationshilfe bei ophthalmischen Eingriffen am vorderen Augenabschnitt.
1.5	Amvisc Plus	Zur Anwendung als Operationshilfe bei ophthalmischen Eingriffen am vorderen Augenabschnitt.
1.6	Aqua B. Braun	Zur Spülung und Reinigung bei operativen Eingriffen, zur Spülung von Wunden und Verbrennungen, zum Anfeuchten von Wundtamponaden, Tüchern und Verbänden, zur Überprüfung der Durchlässigkeit von Blasenkathetern und zur mechanischen Augenspülung.
2		
2.1	Bausch & Lomb Balanced Salt Solution	Zur Irrigation im Rahmen extraokularer und intraokularer Eingriffe.
2.2	BD PosiFlushSP	Ausschließlich zur Spülung von In-situ-Gefäßzugangssystemen; nicht in einem sterilen Umfeld verwendbar.
2.3	BD PosiFlushXS	Ausschließlich zum Spülen von In-situ-Gefäßzugangssystemen, bei Verwendung aseptischer Technik in einem sterilen Umfeld.
2.4	belAir NaCl 0,9 %	Als isotone Trägerlösung bei der Verwendung von Inhalaten in Verneblern oder Aerosolgeräten. Dies gilt nur für die Fälle, in denen der Zusatz einer isotonen Trägerlösung in der Fachinformation des arzneistoffhaltigen Inhalats zwingend vorgesehen ist.
2.5	BSS DISTRA-SOL	Zur Spülung der Vorderkammer während Kataraktoperationen und anderer intraokularer Eingriffe.
2.6	BSS PLUS (Alcon Pharma GmbH)	Als intraokulare Spüllösung bei chirurgischen Eingriffen im Auge, bei denen eine intraokulare Perfusion erforderlich ist.
2.7	BSS STERILE SPÜLLÖSUNG (Alcon Pharma GmbH)	Zur Irrigation im Rahmen extraokularer und intraokularer Eingriffe.
3	**unbesetzt**	
4		
4.1	Dimet 20	Behandlung des Kopfhaares bei Pediculosis capitis bei Personen, die a) das zwölfte Lebensjahr noch nicht vollendet haben, b) das zwölfte, aber noch nicht das 18. Lebensjahr vollendet haben und an Entwicklungsstörungen leiden.
4.2	Dk-line	Zur Anwendung als Operationshilfe in der Ophthalmochirurgie, zur mechanischen Netzhautentfaltung nach Netzhautablösungen/PVR/PDR, Riesenrissen oder okularen Traumata sowie zur vereinfachten Entfernung subluxierter Linsen und Fremdkörper aus dem Glaskörperraum.
4.3	DuoVisc	Zur Anwendung als Operationshilfe in der Ophthalmochirurgie des vorderen Augenabschnitts bei Kataraktextraktion und Implantation einer Intraokularlinse.

Nr.	Produktbezeichnung	Medizinische Anwendungsfälle
5		
5.1	EtoPril	Behandlung des Kopfhaares bei Pediculosis capitis bei Personen, die a) das zwölfte Lebensjahr noch nicht vollendet haben, b) das zwölfte, aber noch nicht das 18. Lebensjahr vollendet haben und an Entwicklungsstörungen leiden.
5.2	Eye-Lotion Balanced Salt Solution	Zur Irrigation im Rahmen extraokularer und intraokularer Eingriffe.
6		
6.1	Freka-Clyss	Behandlung a) der Obstipation im Zusammenhang mit Tumorleiden, Megacolon (mit Ausnahme des toxischen Megacolons), Divertikulose, Mukoviszidose oder neurogener Darmlähmung, b) vor diagnostischen Eingriffen, c) bei Opiat- sowie Opioidtherapie und d) in der Terminalphase bei Personen, die das zwölfte Lebensjahr vollendet haben. Behandlung der Obstipation, zur raschen und nachhaltigen Entleerung des Enddarms vor Operationen, zur Vorbereitung von urologischen, röntgenologischen und gynäkologischen Untersuchungen sowie vor Rektoskopien bei Personen, die das zwölfte, aber noch nicht das 18. Lebensjahr vollendet haben und an Entwicklungsstörungen leiden.
6.2	Freka Drainjet NaCl 0,9 %	Zur internen und externen Anwendung wie Perfusion des extrakorporalen Systems bei der Hämodialyse, postoperative Blasenspülung bei allen urologischen Eingriffen, Spülungen im Magen-Darm-Trakt und von Fisteln und Drainagen. Auch zur Wundbehandlung und zum Anfeuchten von Tüchern und Verbänden.
6.3	Freka Drainjet Purisole SM verdünnt	Zur intraoperativen und postoperativen Blasenspülung bei urologischen Eingriffen.
7	**unbesetzt**	
8		
8.1	Healon	Für die intraokulare Verwendung bei Augenoperationen.
8.2	Healon5	Als viskoelastische Lösung für die intraokulare Verwendung bei Operationen am vorderen Augenabschnitt.
8.3	Healon GV	Als viskoelastische Lösung für die intraokulare Verwendung bei Operationen am vorderen Augenabschnitt.
8.4	Hedrin Once Liquid Gel	Behandlung des Kopfhaares bei Pediculosis capitis bei Personen, die a) den sechsten Lebensmonat, aber noch nicht das zwölfte Lebensjahr vollendet haben, b) das zwölfte, aber noch nicht das 18. Lebensjahr vollendet haben und an Entwicklungsstörungen leiden.
8.5	HSO	Zur Anwendung als Operationshilfe bei ophthalmischen Eingriffen am vorderen und hinteren Augenabschnitt.
8.6	HSO Plus	Zur Anwendung als Operationshilfe bei ophthalmischen Eingriffen am vorderen und hinteren Augenabschnitt.
8.7	Hylo-Gel	Als synthetische Tränenflüssigkeit bei Autoimmunerkrankungen (Sjögren-Syndrom mit deutlichen Funktionsstörungen [trockenes Auge Grad 2], Epidermolysis bulosa, okulares Pemphigoid), Fehlen oder Schädigung der Tränendrüse, Fazialisparese oder bei Lagophthalmus.
9		

Nr.	Produktbezeichnung	Medizinische Anwendungsfälle
9.1	InstillaGel Lubri	Zur Anwendung bei Personen mit Katheterisierung.
9.2	IsoFree	Als Trägerlösung bei der Verwendung von Inhalaten in Verneblern oder Aerosolgeräten, wenn der Zusatz einer isotonen Trägerlösung in der Fachinformation des arzneistoffhaltigen Inhalats zwingend vorgesehen ist.
9.3	ISOMOL	Behandlung a) der Obstipation im Zusammenhang mit Tumorleiden, Megacolon (mit Ausnahme des toxischen Megacolons), Divertikulose, Divertikulitis, Mukoviszidose oder neurogener Darmlähmung, b) bei phosphatbindender Medikation bei chronischer Niereninsuffizienz, c) bei Opiat- sowie Opioidtherapie und d) in der Terminalphase bei Personen, die das zwölfte Lebensjahr vollendet haben. Behandlung der Obstipation bei Personen, die das zwölfte, aber noch nicht das 18. Lebensjahr vollendet haben und an Entwicklungsstörungen leiden.
9.4	Isotonische Kochsalzlösung zur Inhalation (Eifelfango)	Als Trägerlösung bei der Verwendung von Inhalaten in Verneblern oder Aerosolgeräten, wenn der Zusatz einer isotonen Trägerlösung in der Fachinformation des arzneistoffhaltigen Inhalats zwingend vorgesehen ist.
10	**unbesetzt**	
11		
11.1	Kinderlax elektrolytfrei	Zur Behandlung der Obstipation für Personen, die den fünften Lebensmonat, aber noch nicht das zwölfte Lebensjahr vollendet haben.
11.2	Klistier Fresenius	Behandlung a) der Obstipation im Zusammenhang mit Tumorleiden, Megacolon (mit Ausnahme des kongenitalen Megacolons), Divertikulose, Mukoviszidose oder neurogener Darmlähmung, b) vor diagnostischen Eingriffen, c) bei Opiat- sowie Opioidtherapie und d) in der Terminalphase bei Personen, die das zwölfte Lebensjahr vollendet haben. Behandlung der Obstipation, zur raschen und nachhaltigen Entleerung des Enddarms vor Operationen, zur Vorbereitung von urologischen, röntgenologischen und gynäkologischen Untersuchungen sowie vor Rektoskopien bei Personen, die das zwölfte, aber noch nicht das 18. Lebensjahr vollendet haben und an Entwicklungsstörungen leiden.
11.3	Kochsalz 0,9 % Inhalat Pädia	Als Trägerlösung bei der Verwendung von Inhalaten in Verneblern oder Aerosolgeräten, wenn der Zusatz einer Trägerlösung in der Fachinformation des arzneistoffhaltigen Inhalats zwingend vorgesehen ist.
12	**unbesetzt**	
13		
13.1	Macrogol AbZ	Behandlung a) der Obstipation im Zusammenhang mit Tumorleiden, Megacolon (mit Ausnahme des toxischen Megacolons), Divertikulose, Divertikulitis, Mukoviszidose oder neurogener Darmlähmung, b) bei phosphatbindender Medikation bei chronischer Niereninsuffizienz, c) bei Opiat- sowie Opioidtherapie und

Nr.	Produktbezeichnung	Medizinische Anwendungsfälle
		d) in der Terminalphase bei Personen, die das zwölfte Lebensjahr vollendet haben. Behandlung der Obstipation bei Personen, die das zwölfte, aber noch nicht das 18. Lebensjahr vollendet haben und an Entwicklungsstörungen leiden.
13.2	Macrogol dura	Behandlung a) der Obstipation im Zusammenhang mit Tumorleiden, Megacolon (mit Ausnahme des toxischen Megacolons), Divertikulose, Divertikulitis, Mukoviszidose oder neurogener Darmlähmung, b) bei phosphatbindender Medikation bei chronischer Niereninsuffizienz, c) bei Opiat- sowie Opioidtherapie und d) in der Terminalphase bei Personen, die das zwölfte Lebensjahr vollendet haben. Behandlung der Obstipation bei Personen, die das zwölfte, aber noch nicht das 18. Lebensjahr vollendet haben und an Entwicklungsstörungen leiden.
13.3	Macrogolratiopharm	Behandlung a) der Obstipation im Zusammenhang mit Tumorleiden, Megacolon (mit Ausnahme des toxischen Megacolons), Divertikulose, Divertikulitis, Mukoviszidose oder neurogener Darmlähmung, b) bei phosphatbindender Medikation bei chronischer Niereninsuffizienz, c) bei Opiat- sowie Opioidtherapie und d) in der Terminalphase bei Personen, die das zwölfte Lebensjahr vollendet haben. Behandlung der Obstipation bei Personen, die das zwölfte, aber noch nicht das 18. Lebensjahr vollendet haben und an Entwicklungsstörungen leiden.
13.4	Macrogolratiopharm flüssig Orange	Behandlung a) der Obstipation im Zusammenhang mit Tumorleiden, Megacolon (mit Ausnahme des toxischen Megacolons), Divertikulose, Divertikulitis, Mukoviszidose oder neurogener Darmlähmung, b) bei phosphatbindender Medikation bei chronischer Niereninsuffizienz, c) bei Opiat- sowie Opioidtherapie und d) in der Terminalphase bei Personen, die das zwölfte Lebensjahr vollendet haben. Behandlung der Obstipation bei Personen, die das zwölfte, aber noch nicht das 18. Lebensjahr vollendet haben und an Entwicklungsstörungen leiden.
13.5	Macrogol TAD	Behandlung a) der Obstipation im Zusammenhang mit Tumorleiden, Megacolon (mit Ausnahme des toxischen Megacolons), Divertikulose, Divertikulitis, Mukoviszidose oder neurogener Darmlähmung, b) bei phosphatbindender Medikation bei chronischer Niereninsuffizienz, c) bei Opiat- sowie Opioidtherapie und d) in der Terminalphase bei Personen, die das zwölfte Lebensjahr vollendet haben.

Nr.	Produktbezeichnung	Medizinische Anwendungsfälle
		Behandlung der Obstipation bei Personen, die das zwölfte, aber noch nicht das 18. Lebensjahr vollendet haben und an Entwicklungsstörungen leiden.
13.6	Medicoforum Laxativ	Behandlung a) der Obstipation im Zusammenhang mit Tumorleiden, Megacolon (mit Ausnahme des toxischen Megacolons), Divertikulose, Divertikulitis, Mukoviszidose oder neurogener Darmlähmung, b) bei phosphatbindender Medikation bei chronischer Niereninsuffizienz, c) bei Opiat- sowie Opioidtherapie und d) in der Terminalphase bei Personen, die das zwölfte Lebensjahr vollendet haben. Behandlung der Obstipation bei Personen, die das zwölfte, aber noch nicht das 18. Lebensjahr vollendet haben und an Entwicklungsstörungen leiden.
13.7	Microvisc plus	Zur Anwendung als Operationshilfe in der Ophthalmochirurgie des vorderen Augenabschnitts.
13.8	Mosquito med Läuse-Shampoo	Behandlung des Kopfhaares bei Pediculosis capitis bei Personen, die a) das zwölfte Lebensjahr noch nicht vollendet haben, b) das zwölfte, aber noch nicht das 18. Lebensjahr vollendet haben und an Entwicklungsstörungen leiden.
13.9	Mosquito med Läuse-Shampoo 10	Behandlung des Kopfhaares bei Pediculosis capitis bei Personen, die a) das zwölfte Lebensjahr noch nicht vollendet haben, b) das zwölfte, aber noch nicht das 18. Lebensjahr vollendet haben und an Entwicklungsstörungen leiden.
13.10	MOVICOL	Behandlung a) der Obstipation im Zusammenhang mit Tumorleiden, Megacolon (mit Ausnahme des toxischen Megacolons), Divertikulose, Divertikulitis, Mukoviszidose oder neurogener Darmlähmung, b) bei phosphatbindender Medikation der chronischen Niereninsuffizienz, c) bei Opiat- oder Opioidtherapie und d) in der Terminalphase bei Personen, die das zwölfte Lebensjahr vollendet haben. Behandlung der Obstipation bei Personen, die das zwölfte, aber noch nicht das 18. Lebensjahr vollendet haben und an Entwicklungsstörungen leiden.
13.11	MOVICOL aromafrei	Behandlung a) der Obstipation im Zusammenhang mit Tumorleiden, Megacolon (mit Ausnahme des toxischen Megacolons), Divertikulose, Divertikulitis, Mukoviszidose oder neurogener Darmlähmung, b) bei phosphatbindender Medikation bei chronischer Niereninsuffizienz, c) bei Opiat- sowie Opioidtherapie und d) in der Terminalphase bei Personen, die das zwölfte Lebensjahr vollendet haben. Behandlung der Obstipation bei Personen, die das zwölfte, aber noch nicht das 18. Lebensjahr vollendet haben und an Entwicklungsstörungen leiden.
13.12	MOVICOL flüssig Orange	Behandlung

Nr.	Produktbezeichnung	Medizinische Anwendungsfälle
		a) der Obstipation im Zusammenhang mit Tumorleiden, Megacolon (mit Ausnahme des toxischen Megacolons), Divertikulose, Divertikulitis, Mukoviszidose oder neurogener Darmlähmung, b) bei phosphatbindender Medikation bei chronischer Niereninsuffizienz, c) bei Opiat- sowie Opioidtherapie und d) in der Terminalphase bei Personen, die das zwölfte Lebensjahr vollendet haben. Behandlung der Obstipation bei Personen, die das zwölfte, aber noch nicht das 18. Lebensjahr vollendet haben und an Entwicklungsstörungen leiden.
13.13	MOVICOL Junior aromafrei	Behandlung der Obstipation bei Personen, die das zweite, aber noch nicht das elfte Lebensjahr vollendet haben. Behandlung der Koprostase bei Personen, die das fünfte, aber noch nicht das elfte Lebensjahr vollendet haben.
13.14	MOVICOL Junior Schoko	Behandlung der Obstipation bei Personen, die das zweite, aber noch nicht das elfte Lebensjahr vollendet haben.
13.15	MOVICOL Schoko	Behandlung a) der Obstipation im Zusammenhang mit Tumorleiden, Megacolon (mit Ausnahme des toxischen Megacolons), Divertikulose, Divertikulitis, Mukoviszidose oder neurogener Darmlähmung, b) bei phosphatbindender Medikation bei chronischer Niereninsuffizienz, c) bei Opiat- sowie Opioidtherapie und d) in der Terminalphase bei Personen, die das zwölfte Lebensjahr vollendet haben. Behandlung der Obstipation bei Personen, die das zwölfte, aber noch nicht das 18. Lebensjahr vollendet haben und an Entwicklungsstörungen leiden.
13.16	MOVICOL V	Behandlung a) der Obstipation im Zusammenhang mit Tumorleiden, Megacolon (mit Ausnahme des toxischen Megacolons), Divertikulose, Divertikulitis, Mukoviszidose oder neurogener Darmlähmung, b) bei phosphatbindender Medikation bei chronischer Niereninsuffizienz, c) bei Opiat- sowie Opioidtherapie und d) in der Terminalphase bei Personen, die das zwölfte Lebensjahr vollendet haben. Behandlung der Obstipation bei Personen, die das zwölfte, aber noch nicht das 18. Lebensjahr vollendet haben und an Entwicklungsstörungen leiden.
13.17	MucoClear 6 %	Zur symptomatischen Inhalationsbehandlung der Mukoviszidose bei Personen, die das fünfte Lebensjahr vollendet haben.
13.18	myVISC Hyal 1.0	Zur Anwendung als Operationshilfe in der Ophthalmochirurgie des vorderen Augenabschnitts.
14		
14.1	NaCl 0,9 % B. Braun	Zur Spülung und Reinigung bei operativen Eingriffen, zur Spülung von Wunden und Verbrennungen, zum Anfeuchten von Wundtamponaden, Tüchern und Verbänden, zur Überprüfung der Durchlässigkeit von Blasenkathetern sowie zur mechanischen Augenspülung.

Nr.	Produktbezeichnung	Medizinische Anwendungsfälle
14.2	NaCl 0,9 % Fresenius Kabi	Zur internen und externen Anwendung wie Perfusion des extrakorporalen Systems bei der Hämodialyse, der postoperativen Blasenspülung bei allen urologischen Eingriffen, Spülungen im Magen-Darm-Trakt und von Fisteln und Drainagen. Auch zur Wundbehandlung und zum Anfeuchten von Tüchern und Verbänden; jeweils in einer Menge, die ausschließlich für die einmalige Anwendung geeignet ist.
14.3	Natriumchlorid-Lösung 6 % zur Inhalation	Zur symptomatischen Inhalationsbehandlung der Mukoviszidose bei Personen, die das sechste Lebensjahr vollendet haben.
14.4	Nebusal 7 %	Zur symptomatischen Inhalationsbehandlung der Mukoviszidose bei Personen, die das sechste Lebensjahr vollendet haben.
14.5	NYDA	Behandlung des Kopfhaares bei Pediculosis capitis bei Personen, die a) das zwölfte Lebensjahr noch nicht vollendet haben, b) das zwölfte, aber noch nicht das 18. Lebensjahr vollendet haben und an Entwicklungsstörungen leiden.
14.6	NYDA Läusespray	Behandlung des Kopfhaares bei Pediculosis capitis bei Personen, die a) das zwölfte Lebensjahr noch nicht vollendet haben, b) das zwölfte, aber noch nicht das 18. Lebensjahr vollendet haben und an Entwicklungsstörungen leiden.
15		
15.1	OcuCoat	Zur Anwendung als Operationshilfe in der Ophthalmochirurgie des vorderen Augenabschnitts.
15.2	Oculentis BSS	Zur Irrigation im Rahmen extraokularer und intraokularer Eingriffe.
15.3	Okta-line	Zur Anwendung als Operationshilfe in der Ophthalmochirurgie, zur mechanischen Netzhautentfaltung nach Netzhautablösungen/PVR/PDR, Riesenrissen, okularen Traumata sowie zur vereinfachten Entfernung subluxierter Linsen und Fremdkörper aus dem Glaskörperraum.
15.4	Optyluron NHS 1,0 %	Zur Anwendung als Operationshilfe in der Ophthalmochirurgie des vorderen Augenabschnitts.
15.5	Optyluron NHS 1,4 %	Zur Anwendung als Operationshilfe in der Ophthalmochirurgie des vorderen Augenabschnitts.
15.6	Oxane 1300	Zur intraokularen Tamponade bei schweren Formen der Netzhautablösung sowie allen Netzhautablösungen, die mit anderen Therapieformen nicht behandelt werden können. Ausgenommen ist die Anwendung bei zentralen Foramina mit Ablösung und bei schweren diabetischen Retinopathien.
15.7	Oxane 5700	Zur intraokularen Tamponade bei schweren Formen der Netzhautablösung sowie allen Netzhautablösungen, die mit anderen Therapieformen nicht behandelt werden können. Ausgenommen ist die Anwendung bei zentralen Foramina mit Ablösung und bei schweren diabetischen Retinopathien.
16		
16.1	PädiaSalin 6 %	Zur symptomatischen Inhalationsbehandlung der Mukoviszidose für Personen, die das sechste Lebensjahr vollendet haben.
16.2	Paranix ohne Nissenkamm	Behandlung des Kopfhaares bei Pediculosis capitis bei Personen, die

Nr.	Produktbezeichnung	Medizinische Anwendungsfälle
		a) das zwölfte Lebensjahr noch nicht vollendet haben, b) das zwölfte, aber noch nicht das 18. Lebensjahr vollendet haben und an Entwicklungsstörungen leiden.
16.3	PARI NaCl Inhalationslösung	Als Trägerlösung bei der Verwendung von Inhalaten in Verneblern oder Aerosolgeräten. Dies gilt nur für die Fälle, in denen der Zusatz einer Trägerlösung in der Fachinformation des arzneistoffhaltigen Inhalats zwingend vorgesehen ist.
16.4	ParkoLax	Behandlung a) der Obstipation im Zusammenhang mit Tumorleiden, Megacolon (mit Ausnahme des toxischen Megacolons), Divertikulose, Divertikulitis, Mukoviszidose oder neurogener Darmlähmung, b) bei phosphatbindender Medikation bei chronischer Niereninsuffizienz, c) bei Opiat- sowie Opioidtherapie und d) in der Terminalphase bei Personen, die das zwölfte Lebensjahr vollendet haben. Behandlung der Obstipation bei Personen, die das zwölfte, aber noch nicht das 18. Lebensjahr vollendet haben und an Entwicklungsstörungen leiden.
16.5	Pe-Ha-Luron 1,0 %	Zur Anwendung als Operationshilfe in der Ophthalmochirurgie des vorderen Augenabschnitts.
16.6	Pe-Ha-Visco 2,0 %	Zur Anwendung als Operationshilfe in der Ophthalmochirurgie des vorderen Augenabschnitts.
16.7	POLYVISC 2,0 %	Zur Anwendung als Operationshilfe in der Ophthalmochirurgie des vorderen Augenabschnitts.
16.8	POLYSOL	Zur Irrigation im Rahmen extraokularer und intraokularer Eingriffe.
16.9	ProVisc	Zur Anwendung als Operationshilfe in der Ophthalmochirurgie des vorderen Augenabschnitts bei Kataraktextraktion und Implantation einer Intraokularlinse.
16.10	PURI CLEAR	Zur Irrigation im Rahmen extraokularer und intraokularer Eingriffe.
16.11	Purisole SM verdünnt	Zur intraoperativen und postoperativen Blasenspülung bei urologischen Eingriffen; jeweils in einer Menge, die ausschließlich für die einmalige Anwendung geeignet ist.
17	**unbesetzt**	
18		
18.1	Ringer B. Braun	Zur Spülung und Reinigung bei operativen Eingriffen, zur Spülung von Wunden und Verbrennungen sowie zur intraoperativen und postoperativen Spülung bei endoskopischen Eingriffen.
18.2	Ringer Fresenius Spüllösung	Zum Freispülen und Reinigen des Operationsgebietes, zum Feuchthalten des Gewebes, zur Wundspülung bei äußeren Traumen und Verbrennungen, zur Spülung bei diagnostischen Untersuchungen sowie zum Anfeuchten von Wunden und Verbänden; jeweils in einer Menge, die ausschließlich für die einmalige Anwendung geeignet ist.
19		
19.1	Saliva natura	Zur Behandlung krankheitsbedingter Mundtrockenheit bei onkologischen Erkrankungen oder Autoimmunerkrankungen.
19.2	Sentöl	Zur Irrigation im Rahmen extraokularer und intraokularer Eingriffe.

Nr.	Produktbezeichnung	Medizinische Anwendungsfälle
19.3	Serag BSS	Zur Irrigation im Rahmen extraokularer und intraokularer Eingriffe.
19.4	Serumwerk-Augenspüllösung BSS	Zur Irrigation im Rahmen extraokularer und intraokularer Eingriffe.
20		
20.1	TauroSept	Als Katheter-Block-Lösung zur Instillation von venösen Gefäßkathetern zur Vorbeugung gegen Blutstrominfektionen für parenteral ernährte Personen, die das 18. Lebensjahr vollendet haben. Dies gilt nicht bei malignen Grunderkrankungen oder bereits vorhandenem Katheter und katheterassoziierten Blutstrominfektionen in der Vorgeschichte.
20.2	TP SalineFlush	Ausschließlich zum Spülen von In-situ-Gefäßzugangssystemen.
21	**unbesetzt**	
22		
22.1	VISCOAT	Zur Anwendung bei ophthalmologischen Eingriffen am vorderen Augenabschnitt, insbesondere bei Kataraktextraktion und Implantation einer Intraokularlinse.
22.2	VISMED	Als synthetische Tränenflüssigkeit bei Autoimmunerkrankungen (Sjögren-Syndrom mit deutlichen Funktionsstörungen [trockenes Auge Grad 2], Epidermolysis bullosa, okuläres Pemphigoid), Fehlen oder Schädigung der Tränendrüse, Fazialisparese oder bei Lagophthalmus.
22.3	VISMED MULTI	Als synthetische Tränenflüssigkeit bei Autoimmunerkrankungen (Sjögren-Syndrom mit deutlichen Funktionsstörungen [trockenes Auge Grad 2], Epidermolysis bullosa, okuläres Pemphigoid), Fehlen oder Schädigung der Tränendrüse, Fazialisparese oder bei Lagophthalmus.
23	**unbesetzt**	
24	**unbesetzt**	
25	**unbesetzt**	
26		
26.1	Z-HYALIN	Zur Unterstützung intraokularer Eingriffe am vorderen Augenabschnitt bei Kataraktoperationen.

Anlage 5
(zu § 22 Absatz 2 Nummer 1)

Arzneimittel, die überwiegend der Erhöhung der Lebensqualität dienen

Abschnitt 1. Regulierung des Körpergewichts (zentral wirkend)

Wirkstoff	Fertigarzneimittel, alle Wirkstärken
A 08 AA 01 Phentermin	
A 08 AA 02 Fenfluramin	
A 08 AA 03 Amfepramon	REGENON TENUATE Retard
A 08 AA 04 Dexfenfluramin	
A 08 AA 05 Mazindol	
A 08 AA 06 Etilamfetamin	
A 08 AA 07 Cathin	ALVALIN
A 08 AA 08 Clobenzorex	
A 08 AA 09 Mefenorex	
A 08 AA 10 Sibutramin	
A 08 AA 13 Phenylpropanolamin	

Wirkstoff	Fertigarzneimittel, alle Wirkstärken
A 08 AA 62 Bupropion, Naltrexon	Mysimba
A 08 AA 63 Phenylpropanolamin, Kombinationen	
A 08 AX 01 Rimonabant	
A 08 AX 02 Liraglutid A 10 BJ 02 (gilt nur bei der Anwendung zur Gewichtsreduktion)	Saxenda
A 08 AH 02 Fucus vesiculosus	Fucus-Gastreu S R59 Gracia Redumax
A 08 AH 01 Calotropis gigantea (madar)	Cefamadar

Abschnitt 2. Regulierung des Körpergewichts (peripher wirkend)

Wirkstoff	Fertigarzneimittel, alle Wirkstärken
A 08 AB 01 Orlistat	alli XENICAL alle generischen Orlistat-Fertigarzneimittel

Abschnitt 3. Behandlung der sexuellen Dysfunktion

Wirkstoff	Fertigarzneimittel, alle Wirkstärken
G 04 BE 01 Alprostadil (außer als Diagnostikum)	CAVERJECT CAVERJECT Impuls MUSE VIRIDAL Vitaros HEXAL
G 04 BE 02 Papaverin	
G 04 BE 03 Sildenafil	VIAGRA alle generischen Sildenafil-Fertigarzneimittel
G 04 BE 04 Yohimbin	YOCON GLENWOOD
V 03 AB 36 Phentolamin (gilt nur bei der Anwendung zur Behandlung der sexuellen Dysfunktion) C 04 AB 01 (gilt nur bei der Anwendung zur Behandlung der sexuellen Dysfunktion)	
G 04 BE 06 Moxisylyt	
G 04 BE 07 Apomorphin	
G 04 BE 08 Tadalafil (außer Tadalafil 5 mg zur Behandlung des benignen Prostatasyndroms bei Männern, die das 18. Lebensjahr vollendet haben)	CIALIS alle generischen Tadalafil-Fertigarzneimittel
G 04 BE 09 Vardenafil	LEVITRA alle generischen Vardenafil-Fertigarzneimittel
G 04 BE 10 Avanafil	SPEDRA
N 01 BB 20 Lidocain; Prilocain	Fortacin
G 04 BE 30 Kombinationen	
G 04 BE 52 Papaverin Kombinationen	
G 04 BX 14 Dapoxetinhydrochlorid	Priligy
Turnera diffusa	Cefagil DESEO Neradin

Wirkstoff	Fertigarzneimittel, alle Wirkstärken
Turnera diffusa Kombinationen	Damiana N Oligoplex Virilis – Gastreu S R41 Yohimbin Vitalkomplex

Abschnitt 4. Bekämpfung der Nikotinabhängigkeit

Wirkstoff	Fertigarzneimittel, alle Wirkstärken
N 07 BA 01 Nicotin	NIQUITIN Nicopass Nicorette Nicotinell Nikofrenon
N 07 BA 02 Bupropion N 06 AX 12 (gilt nur bei Anwendung zur Behandlung der Nikotinabhängigkeit)	ZYBAN
N 07 BA 03 Varenicline	Champix

Abschnitt 5. Steigerung des sexuellen Verlangens

Wirkstoff	Fertigarzneimittel, alle Wirkstärken
G 03 BA 03 Testosteron	
Turnera diffusa	Cefagil DESEO Neradin Remisens
Turnera diffusa Kombinationen	Damiana N Oligoplex Virilis – Gastreu S R41 Yohimbin Vitalkomplex

Abschnitt 6. Verbesserung des Haarwuchses

Wirkstoff	Fertigarzneimittel, alle Wirkstärken
D 11 AX 01 Minoxidil	ALOPEXY 5 % REGAINE Minoxidil BIO-H-TIN-Pharma Minoxicutan
D 11 AX 10 Finasterid	PROPECIA Finahair Finapil alle generischen Finasterid-Fertigarzneimittel
Estradiolbenzoat; Prednisolon, Salicylsäure	ALPICORT F
Alfatradiol	ELL CRANELL PANTOSTIN
Dexamethason; Alfatradiol	
Thiamin; Calcium pantothenat; Hefe, medizinisch; L-Cystin; Keratin	Pantovigar
H 02 AB 01 Betamethasonacetat (gilt für das Anwendungsgebiet Alopecia areata)	Celestan alle generischen Betamethasonacetat-Fertigarzneimittel
H 02 AB 08 Triamcinolon (Triamcinolonacetonid, Triamcinolonhexacetonid) (gilt für das Anwendungsgebiet Alopecia areata)	Volon Lederlon alle generischen Triamcinolon-Fertigarzneimittel

Abschnitt 7. Verbesserung des Aussehens

Wirkstoff	Fertigarzneimittel, alle Wirkstärken
M 03 AX 01 Clostridium botulinum Toxin Typ A	Azzalure Vistabel Bocouture Vial

Anlage 6
(zu § 22 Absatz 2 Nummer 3 Buchstabe c)

Beihilfefähigkeit nicht verschreibungspflichtiger Arzneimittel

Schwerwiegende Erkrankungen und Standardtherapeutika zu deren Behandlung sind:

1. Abführmittel nur zur Behandlung von Erkrankungen im Zusammenhang mit Tumorleiden, Megacolon, Divertikulose, Divertikulitis, Mukoviszidose, neurogener Darmlähmung, vor diagnostischen Eingriffen, bei phosphatbindender Medikation bei chronischer Niereninsuffizienz, Opiat- sowie Opioidtherapie und in der Terminalphase.
2. Acetylsalicylsäure (bis 300 mg/Dosiseinheit) als Thrombozyten-Aggregationshemmer bei koronarer Herzkrankheit (gesichert durch Symptomatik und ergänzende nichtinvasive oder invasive Diagnostik) und in der Nachsorge von Herzinfarkt und Schlaganfall sowie nach arteriellen Eingriffen.
3. Acetylsalicylsäure und Paracetamol nur zur Behandlung schwerer und schwerster Schmerzen in Co-Medikation mit Opioiden.
4. Acidosetherapeutika nur zur Behandlung von dialysepflichtiger Nephropathie und chronischer Niereninsuffizienz sowie bei Neoblase, Ileumconduit, Nabelpouch und Implantation der Harnleiter in den Dünndarm.
5. Topische Anästhetika und/oder Antiseptika nur zur Selbstbehandlung schwerwiegender generalisierter blasenbildender Hauterkrankungen (zum Beispiel Epidermolysis bullosa, hereditaria; Pemphigus).
6. Antihistaminika
   nur in Notfallsets zur Behandlung bei Bienen-, Wespen-, Hornissengift-Allergien,
   nur zur Behandlung schwerer rezidivierender Urticarien,
   nur bei schwerwiegendem anhaltendem Pruritus,
   nur zur Behandlung bei persistierender allergischer Rhinitis mit schwerwiegender Symptomatik, bei der eine topische nasale Behandlung mit Glukokortikoiden nicht ausreichend ist.
7. Antimykotika nur zur Behandlung von Pilzinfektionen im Mund- und Rachenraum.
8. Antiseptika und Gleitmittel nur für Personen mit Katheterisierung.
9. Arzneistofffreie Injektions-/Infusions-, Träger- und Elektrolytlösungen sowie parenterale Osmodiuretika bei Hirnödem (Mannitol, Sorbitol).
10. Calciumverbindungen (mindestens 300 mg Calcium-Ion/Dosiseinheit) und Vitamin D (freie oder fixe Kombination) sowie Vitamin D als Monopräparat bei ausreichender Calciumzufuhr über die Nahrung
    nur zur Behandlung der manifesten Osteoporose,
    nur zeitgleich zur Steroidtherapie bei Erkrankungen, die voraussichtlich einer mindestens sechsmonatigen Steroidtherapie in einer Dosiseinheit von wenigstens 7,5 mg Prednisolonäquivalent bedürfen,
    bei Bisphosphonat-Behandlung nach der Angabe in der jeweiligen Fachinformation bei zwingender Notwendigkeit.
11. Calciumverbindungen als Monopräparate
    bei Pseudohypo- und Hypoparathyreodismus,
    bei Bisphosphonat-Behandlung nach der Angabe in der jeweiligen Fachinformation, bei zwingender Notwendigkeit.
12. Levocarnitin nur zur Behandlung bei endogenem Carnitinmangel.
13. Citrate nur zur Behandlung von Harnkonkrementen.
14. Dinatriumcromoglycat-(DNCG-)haltige Arzneimittel (oral) nur zur symptomatischen Behandlung der systemischen Mastozytose.

15. E.-coli-Stamm Nissle 1917 nur zur Behandlung der Colitis ulcerosa in der Remissionsphase bei Unverträglichkeit von Mesalazin.
16. Eisen-(II)-Verbindungen nur zur Behandlung von gesicherter Eisenmangelanämie.
17. Flohsamen und Flohsamenschalen nur zur unterstützenden Quellmittel-Behandlung bei Morbus Crohn, Kurzdarmsyndrom und HIV-assoziierter Diarrhö.
18. Folsäure und Folinate nur bei Therapie mit Folsäureantagonisten sowie zur Behandlung des kolorektalen Karzinoms.
19. Ginkgo-biloba-Blätter-Extrakt (Aceton-Wasser-Auszug, standardisiert 240 mg Tagesdosiseinheit) nur zur Behandlung der Demenz.
20. Glukokortikoide, topisch nasal nur zur Behandlung bei persistierender allergischer Rhinitis mit schwerwiegender Symptomatik".
21. Harnstoffhaltige Dermatika mit einem Harnstoffgehalt von mindestens 5 Prozent nur bei gesicherter Diagnose bei Ichthyosen, wenn keine therapeutischen Alternativen für die jeweilige Patientin oder den jeweiligen Patienten indiziert sind.
22. Iodid nur zur Behandlung von Schilddrüsenerkrankungen.
23. Iod-Verbindungen nur zur Behandlung von Ulcera und Dekubitalgeschwüren.
24. Kaliumverbindungen als Monopräparate nur zur Behandlung der Hypokaliämie.
25. Lactulose und Lactitol nur zur Senkung der enteralen Ammoniakresorption bei Leberversagen im Zusammenhang mit der hepatischen Enzephalopathie.
26. Lösungen und Emulsionen zur parenteralen Ernährung einschließlich der notwendigen Vitamine und Spurenelemente.
27. Magnesiumverbindungen, oral, nur bei angeborenen Magnesiumverlusterkrankungen.
28. Magnesiumverbindungen, parenteral, nur zur Behandlung bei nachgewiesenem Magnesiummangel und zur Behandlung bei erhöhtem Eklampsierisiko.
29. Metixenhydrochlorid nur zur Behandlung des Parkinson-Syndroms.
30. Mistel-Präparate, parenteral, auf Mistellektin normiert, nur in der palliativen Therapie von malignen Tumoren zur Verbesserung der Lebensqualität.
31. Niclosamid nur zur Behandlung von Bandwurmbefall.
32. Nystatin nur zur Behandlung von Mykosen bei immunsupprimierten Personen.
33. Ornithinaspartat nur zur Behandlung des hepatischen (Prä-)Komas und der episodischen, hepatischen Enzephalopathie.
34. Pankreasenzyme nur zur Behandlung der chronischen, exokrinen Pankreasinsuffizienz oder Mukoviszidose sowie zur Behandlung der funktionellen Pankreasinsuffizienz nach Gastrektomie bei Vorliegen einer Steatorrhoe.
35. Phosphatbinder nur zur Behandlung der Hyperphosphatämie bei chronischer Niereninsuffizienz und Dialyse.
36. Phosphatverbindungen bei Hypophosphatämie, die durch eine entsprechende Ernährung nicht behoben werden kann.
37. Salicylsäurehaltige Zubereitungen (mindestens 2 Prozent Salicylsäure) in der Dermatotherapie als Teil der Behandlung der Psoriasis und hyperkeratotischer Ekzeme.
38. Synthetischer Speichel nur zur Behandlung krankheitsbedingter Mundtrockenheit bei onkologischen oder Autoimmun-Erkrankungen.
39. Synthetische Tränenflüssigkeit bei Autoimmun-Erkrankungen (Sjögren-Syndrom mit deutlichen Funktionsstörungen [trockenes Auge Grad 2], Epidermolysis bullosa, okulares Pemphigoid), Fehlen oder Schädigung der Tränendrüse, Fazialisparese oder bei Lagophthalmus.
40. Vitamin K als Monopräparat nur bei nachgewiesenem, schwerwiegendem Vitaminmangel, der durch eine entsprechende Ernährung nicht behoben werden kann.
41. Wasserlösliche Vitamine, auch in Kombinationen, nur bei der Dialyse.
42. Wasserlösliche Vitamine, Benfotiamin und Folsäure als Monopräparate nur bei nachgewiesenem, schwerwiegendem Vitaminmangel, der durch eine entsprechende Ernährung nicht behoben werden kann (Folsäure: 5 mg/Dosiseinheit).
43. Zinkverbindungen als Monopräparat nur zur Behandlung der enteropathischen Akrodermatitis und durch Hämodialysebehandlung bedingtem nachgewiesenem Zinkmangel sowie zur Hemmung der Kupferaufnahme bei Morbus Wilson.

44. Arzneimittel zur sofortigen Anwendung
    Antidote bei akuten Vergiftungen,
    Lokalanästhetika zur Injektion,
    apothekenpflichtige nicht verschreibungspflichtige Arzneimittel, die im Rahmen der ärztlichen Behandlung zur sofortigen Anwendung in der Praxis verfügbar sein müssen, können verordnet werden, wenn entsprechende Vereinbarungen zwischen den Verbänden der Krankenkassen und den Kassenärztlichen Vereinigungen getroffen werden.

Bei den in Satz 1 genannten schwerwiegenden Erkrankungen sind Aufwendungen für anthroposophische und homöopathische Arzneimittel dann beihilfefähig, wenn die Anwendung als Therapiestandard in der jeweiligen Therapierichtung angezeigt ist.

Anlage 7

(aufgehoben)

Anlage 8
(zu § 22 Absatz 4)

Von der Beihilfefähigkeit ausgeschlossene oder beschränkt beihilfefähige Arzneimittel

Folgende Wirkstoffe oder Wirkstoffgruppen sind nur unter den genannten Voraussetzungen beihilfefähig:

1. Alkoholentwöhnungsmittel sind nur beihilfefähig zur Unterstützung der
   a) Aufrechterhaltung der Abstinenz bei alkoholkranken Patientinnen oder Patienten im Rahmen eines therapeutischen Gesamtkonzepts mit begleitenden psychosozialen und soziotherapeutischen Maßnahmen,
   b) Reduktion des Alkoholkonsums bei alkoholkranken Patientinnen oder Patienten, die zu einer Abstinenztherapie hingeführt werden, für die aber entsprechende Therapiemöglichkeiten nicht zeitnah zur Verfügung stehen, für die Dauer von höchstens drei Monaten, in Ausnahmefällen für die Dauer von weiteren drei Monaten.

   Voraussetzung für die Beihilfefähigkeit ist, dass die Erforderlichkeit der Alkoholentwöhnungsmittel in der ärztlichen Verordnung besonders begründet worden ist.
2. Antidiabetika, orale, sind nur beihilfefähig nach einer Therapie mit nichtmedikamentösen Maßnahmen, die erfolglos war; die Anwendung anderer therapeutischer Maßnahmen ist zu dokumentieren.
3. Antidysmenorrhoika sind nur beihilfefähig als
   a) Prostaglandinsynthetasehemmer bei Regelschmerzen,
   b) systemische hormonelle Behandlung von Regelanomalien.
4. Clopidogrel als Monotherapie zur Prävention atherothrombotischer Ereignisse bei Personen mit Herzinfarkt, mit ischämischem Schlaganfall oder mit nachgewiesener peripherer arterieller Verschlusskrankheit ist nur beihilfefähig für Personen mit
   a) Amputation oder Gefäßintervention, bedingt durch periphere arterielle Verschlusskrankheit (pAVK), oder
   b) diagnostisch eindeutig gesicherter typischer Claudicatio intermittens mit Schmerzrückbildung in weniger als 10 Minuten bei Ruhe oder
   c) Acetylsalicylsäure-Unverträglichkeit, soweit wirtschaftlichere Alternativen nicht eingesetzt werden können.
5. Clopidogrel in Kombination mit Acetylsalicylsäure bei akutem Koronarsyndrom zur Prävention atherothrombotischer Ereignisse ist nur beihilfefähig bei Patienten mit
   a) akutem Koronarsyndrom ohne ST-Strecken-Hebung während eines Behandlungszeitraums von bis zu zwölf Monaten,
   b) Myokardinfarkt mit ST-Strecken-Hebung, für die eine Thrombolyse infrage kommt, während eines Behandlungszeitraums von bis zu 28 Tagen,
   c) akutem Koronarsyndrom mit ST-Strecken-Hebungs-Infarkt, denen bei einer perkutanen Koronarintervention ein Stent implantiert worden ist.
6. Glinide zur Behandlung des Diabetes mellitus Typ 2; hierzu zählen:

a) Nateglinid

b) Repaglinid.

Repaglinid ist nur beihilfefähig bei Behandlung niereninsuffizienter Personen mit einer Kreatinin-Clearance von weniger als 25 ml/min, sofern keine anderen oralen Antidiabetika in Frage kommen und eine Insulintherapie nicht angezeigt ist.

7. Insulinanaloga, schnell wirkend zur Behandlung des Diabetes mellitus Typ 2; hierzu zählen:

a) Insulin Aspart,

b) Insulin Glulisin,

c) Insulin Lispro.

Diese Wirkstoffe sind nur beihilfefähig, solange sie im Vergleich zu schnell wirkendem Humaninsulin nicht mit Mehrkosten verbunden sind. Dies gilt nicht für Personen,

a) die gegen den Wirkstoff Humaninsulin allergisch sind,

b) bei denen trotz Intensivierung der Therapie eine stabile adäquate Stoffwechsellage mit Humaninsulin nicht erreichbar ist, dies aber mit schnell wirkenden Insulinanaloga nachweislich gelingt, oder

c) bei denen auf Grund unverhältnismäßig hoher Humaninsulindosen eine Therapie mit schnell wirkenden Insulinanaloga im Einzelfall wirtschaftlicher ist.

8. Insulinanaloga, lang wirkend zur Behandlung von Diabetes mellitus Typ 2; hierzu zählen:

a) Insulin glargin,

b) Insulin detemir.

Diese Wirkstoffe sind nur beihilfefähig, solange sie im Vergleich zu intermediär wirkendem Humaninsulin nicht mit Mehrkosten verbunden sind; die notwendige Dosiseinheit zur Erreichung des therapeutischen Ziels ist zu berücksichtigen. Satz 2 gilt nicht für

a) eine Behandlung mit Insulin glargin für Personen, bei denen im Rahmen einer intensivierten Insulintherapie auch nach individueller Überprüfung des Therapieziels und individueller Anpassung des Ausmaßes der Blutzuckersenkung in Ausnahmefällen ein hohes Risiko für schwere Hypoglykämien bestehen bleibt, oder

b) Personen, die gegen intermediär wirkende Humaninsuline allergisch sind.

9. Prostatamittel sind nur beihilfefähig

a) einmalig für eine Dauer von 24 Wochen als Therapieversuch sowie

b) längerfristig, sofern der Therapieversuch nach Buchstabe a erfolgreich verlaufen ist.

10. Saftzubereitungen sind für Erwachsene nur beihilfefähig in Ausnahmefällen; die Gründe müssen dabei in der Person liegen.

Anlage 9
(zu § 23 Absatz 1)

Höchstbeträge für beihilfefähige Aufwendungen für Heilmittel

Abschnitt 1. Leistungsverzeichnis

Nr.	Leistung	beihilfefähiger Höchstbetrag in Euro bis 31.12. 2018	beihilfefähiger Höchstbetrag in Euro ab 1.1.2019
	Bereich Inhalation		
1	Inhalationstherapie, auch mittels Ultraschallvernebelung		
	a) als Einzelinhalation	8,00	8,80
	b) als Rauminhalation in einer Gruppe, je Teilnehmerin oder Teilnehmer	4,30	4,80
	c) als Rauminhalation in einer Gruppe bei Anwendung ortsgebundener natürlicher Heilwässer, je Teilnehmerin oder Teilnehmer	6,80	7,50
	Aufwendungen für die für Inhalationen erforderlichen Zusätze sind daneben gesondert beihilfefähig.		

Nr.	Leistung	beihilfefähiger Höchstbetrag in Euro bis 31.12. 2018	beihilfefähiger Höchstbetrag in Euro ab 1.1.2019
2	Radon-Inhalation		
	a) im Stollen	13,60	14,90
	b) mittels Hauben	16,60	18,20
	Bereich Krankengymnastik, Bewegungsübungen		
3	Physiotherapeutische Erstbefundung zur Erstellung eines Behandlungsplans	15,00	16,50
4	Krankengymnastik, auch auf neurophysiologischer Grundlage, Atemtherapie, einschließlich der zur Leistungserbringung erforderlichen Massage, als Einzelbehandlung, Richtwert: 20 Minuten	23,40	25,70
5	Krankengymnastik auf neurophysiologischer Grundlage (Bobath, Vojta, Propriozeptive Neuromuskuläre Fazilitation (PNF)) bei zentralen Bewegungsstörungen nach Vollendung des 18. Lebensjahres, als Einzelbehandlung, Richtwert: 30 Minuten	30,70	33,80
6	Krankengymnastik auf neurophysiologischer Grundlage (Bobath, Vojta) bei zentralen Bewegungsstörungen für Kinder längstens bis zur Vollendung des 18. Lebensjahres als Einzelbehandlung, Richtwert: 45 Minuten	41,20	45,30
7	Krankengymnastik in einer Gruppe (2 bis 5 Personen), Richtwert: 25 Minuten je Teilnehmerin oder Teilnehmer	7,40	8,20
8	Krankengymnastik bei zerebralen Dysfunktionen in einer Gruppe (2 bis 4 Personen), Richtwert: 45 Minuten je Teilnehmerin oder Teilnehmer	13,00	14,30
9	Krankengymnastik (Atemtherapie) bei Mukoviszidose und schweren Bronchialerkrankungen als Einzelbehandlung, Richtwert: 60 Minuten	64,90	71,40
10	Krankengymnastik im Bewegungsbad		
	a) als Einzelbehandlung einschließlich der erforderlichen Nachruhe, Richtwert: 30 Minuten	28,30	31,20
	b) in einer Gruppe (2 bis 3 Personen), je Teilnehmerin oder Teilnehmer einschließlich der erforderlichen Nachruhe, Richtwert: 30 Minuten	17,80	19,50
	c) in einer Gruppe (4 bis 5 Personen), je Teilnehmerin oder Teilnehmer einschließlich der erforderlichen Nachruhe, Richtwert: 30 Minuten	14,20	15,60
11	Manuelle Therapie, Richtwert: 30 Minuten	27,00	29,70
12	Chirogymnastik (funktionelle Wirbelsäulengymnastik), Richtwert: 20 Minuten	17,30	19,00
13	Bewegungsübungen		
	a) als Einzelbehandlung, Richtwert: 20 Minuten	9,20	10,20
	b) in einer Gruppe (2 bis 5 Personen), Richtwert: 20 Minuten	6,00	6,60
14	Bewegungsübungen im Bewegungsbad		
	a) als Einzelbehandlung einschließlich der erforderlichen Nachruhe, Richtwert: 30 Minuten	28,30	31,20
	b) in einer Gruppe (2 bis 3 Personen), je Teilnehmerin oder Teilnehmer einschließlich der erforderlichen Nachruhe, Richtwert: 30 Minuten	17,80	19,50
	c) in einer Gruppe (4 bis 5 Personen), je Teilnehmerin oder Teilnehmer einschließlich der erforderlichen Nachruhe, Richtwert: 30 Minuten	14,20	15,60
15	Erweiterte ambulante Physiotherapie (EAP), Richtwert: 120 Minuten je Behandlungstag	98,30	108,10

Nr.	Leistung	beihilfefähiger Höchstbetrag in Euro bis 31.12. 2018	beihilfefähiger Höchstbetrag in Euro ab 1.1.2019
16	Gerätegestützte Krankengymnastik (KG-Gerät) einschließlich Medizinischen Aufbautrainings (MAT) und Medizinischer Trainingstherapie (MTT), je Sitzung für eine parallele Einzelbehandlung (bis zu 3 Personen), Richtwert: 60 Minuten, begrenzt auf maximal 25 Behandlungen je Kalenderhalbjahr	42,00	46,20
17	Traktionsbehandlung mit Gerät (zum Beispiel Schrägbrett, Extensionstisch, Perl'sches Gerät, Schlingentisch) als Einzelbehandlung, Richtwert: 20 Minuten	8,00	8,80
	Bereich Massagen		
18	Massage einzelner oder mehrerer Körperteile		
	a) Klassische Massagetherapie (KMT), Segment-, Periost-, Reflexzonen-, Bürsten- und Colonmassage, Richtwert: 20 Minuten	16,60	18,20
	b) Bindegewebsmassage (BGM), Richtwert: 30 Minuten	16,60	18,20
19	Manuelle Lymphdrainage (MLD)		
	a) Teilbehandlung, Richtwert: 30 Minuten	23,40	25,70
	b) Großbehandlung, Richtwert: 45 Minuten	35,00	38,50
	c) Ganzbehandlung, Richtwert: 60 Minuten	53,00	58,30
	d) Kompressionsbandagierung einer Extremität, Aufwendungen für das notwendige Polster- und Bindenmaterial (zum Beispiel Mullbinden, Kurzzugbinden, Fließpolsterbinden) sind daneben beihilfefähig	11,30	12,40
20	Unterwasserdruckstrahlmassage einschließlich der erforderlichen Nachruhe, Richtwert: 20 Minuten	27,70	30,50
	Bereich Palliativversorgung		
21	Physiotherapeutische Komplexbehandlung in der Palliativversorgung, Richtwert: 60 Minuten	60,00	66,00
	Bereich Packungen, Hydrotherapie, Bäder		
22	Heiße Rolle einschließlich der erforderlichen Nachruhe	12,40	13,60
23	Warmpackung eines oder mehrerer Körperteile einschließlich der erforderlichen Nachruhe		
	a) bei Anwendung wiederverwendbarer Packungsmaterialien (zum Beispiel Fango-Paraffin, Moor-Paraffin, Pelose, Turbatherm)	14,20	15,60
	b) bei Anwendung einmal verwendbarer natürlicher Peloide (Heilerde, Moor, Naturfango, Pelose, Schlamm, Schlick) ohne Verwendung von Folie oder Vlies zwischen Haut und Peloid		
	aa) Teilpackung	32,90	36,20
	bb) Großpackung	43,40	47,80
24	Schwitzpackung (zum Beispiel spanischer Mantel, Salzhemd, Dreiviertel-Packung nach Kneipp) einschließlich der erforderlichen Nachruhe	17,90	19,70
25	Kaltpackung (Teilpackung)		
	a) Anwendung von Lehm, Quark oder Ähnlichem	9,20	10,20
	b) Anwendung einmal verwendbarer Peloide (Heilerde, Moor, Naturfango, Pelose, Schlamm, Schlick) ohne Verwendung von Folie oder Vlies zwischen Haut und Peloid	18,50	20,30
26	Heublumensack, Peloidkompresse	11,00	12,10
27	Wickel, Auflagen, Kompressen und andere, auch mit Zusatz	5,50	6,10
28	Trockenpackung	3,70	4,10

Nr.	Leistung	beihilfefähiger Höchstbetrag in Euro bis 31.12. 2018	beihilfefähiger Höchstbetrag in Euro ab 1.1.2019
29	a) Teilguss, Teilblitzguss, Wechselteilguss	3,70	4,10
	b) Vollguss, Vollblitzguss, Wechselvollguss	5,50	6,10
	c) Abklatschung, Abreibung, Abwaschung	4,90	5,40
30	a) an- oder absteigendes Teilbad (zum Beispiel nach Hauffe) einschließlich der erforderlichen Nachruhe	14,80	16,20
	b) an- oder absteigendes Vollbad (Überwärmungsbad) einschließlich der erforderlichen Nachruhe	24,00	26,40
31	Wechselbad einschließlich der erforderlichen Nachruhe		
	a) Teilbad	11,00	12,10
	b) Vollbad	16,00	17,60
32	Bürstenmassagebad einschließlich der erforderlichen Nachruhe	22,80	25,10
33	Naturmoorbad einschließlich der erforderlichen Nachruhe		
	a) Teilbad	39,40	43,30
	b) Vollbad	47,90	52,70
34	Sandbad einschließlich der erforderlichen Nachruhe		
	a) Teilbad	34,40	37,90
	b) Vollbad	39,40	43,30
35	Balneo-Phototherapie (Sole-Phototherapie) und Licht-Öl-Bad einschließlich Nachfetten und der erforderlichen Nachruhe	39,40	43,30
36	Medizinisches Bad mit Zusatz		
	a) Hand- oder Fußbad	8,00	8,80
	b) Teilbad einschließlich der erforderlichen Nachruhe	16,00	17,60
	c) Vollbad einschließlich der erforderlichen Nachruhe	22,20	24,40
	d) bei mehreren Zusätzen je weiterer Zusatz	3,70	4,10
37	Gashaltiges Bad		
	a) gashaltiges Bad (zum Beispiel Kohlensäurebad, Sauerstoffbad) einschließlich der erforderlichen Nachruhe	23,40	25,70
	b) gashaltiges Bad mit Zusatz einschließlich der erforderlichen Nachruhe	27,00	29,70
	c) Kohlendioxidgasbad (Kohlensäuregasbad) einschließlich der erforderlichen Nachruhe	25,20	27,70
	d) Radon-Bad einschließlich der erforderlichen Nachruhe	22,20	24,40
	e) Radon-Zusatz, je 500 000 Millistat	3,70	4,10
38	Aufwendungen für andere als die in diesem Abschnitt bezeichneten Bäder sind nicht beihilfefähig. Bei Teil- und Vollbädern mit ortsgebundenen natürlichen Heilwässern erhöhen sich die Höchstbeträge nach Nummer 36 Buchstabe a bis c und nach Nummer 37 Buchstabe b um 3,70 Euro und ab 1.1.2019 um 4,10 Euro. Weitere Zusätze hierzu sind nach Maßgabe der Nummer 36 Buchstabe d beihilfefähig.		
	Bereich Kälte- und Wärmebehandlung		
39	Kältetherapie bei einem oder mehreren Körperteilen mit lokaler Applikation intensiver Kälte in Form von Eiskompressen, tiefgekühlten Eis- oder Gelbeuteln, direkter Abreibung, Kaltgas und Kaltluft mit entsprechenden Apparaturen sowie Eisteilbädern in Fuß- oder Armbadewannen	11,80	12,90
40	Wärmetherapie mittels Heißluft bei einem oder mehreren Körperteilen, Richtwert: 20 Minuten	6,80	7,50
41	Ultraschall-Wärmetherapie	10,80	11,90

Nr.	Leistung	beihilfefähiger Höchstbetrag in Euro bis 31.12. 2018	beihilfefähiger Höchstbetrag in Euro ab 1.1.2019
	Bereich Elektrotherapie		
42	Elektrotherapie einzelner oder mehrerer Körperteile mit individuell eingestellten Stromstärken und Frequenzen	7,40	8,20
43	Elektrostimulation bei Lähmungen	14,20	15,60
44	Iontophorese	7,40	8,20
45	Hydroelektrisches Teilbad (Zwei- oder Vierzellenbad)	13,60	14,90
46	Hydroelektrisches Vollbad (zum Beispiel Stangerbad), auch mit Zusatz, einschließlich der erforderlichen Nachruhe	26,40	29,00
	Bereich Stimm-, Sprech- und Sprachtherapie		
47	Stimm-, sprech- und sprachtherapeutische Erstbefundung zur Erstellung eines Behandlungsplans, einmal je Behandlungsfall	98,20	108,00
48	Einzelbehandlung bei Atem-, Stimm-, Sprech-, Sprach-, Hör- und Schluckstörungen		
	a) Richtwert: 30 Minuten	38,00	41,80
	b) Richtwert: 45 Minuten	53,60	59,00
	c) Richtwert: 60 Minuten	62,60	68,90
	d) Richtwert: 90 Minuten	94,00	103,40
	Aufwendungen für die Vor- und Nachbereitung, die Verlaufsdokumentation, den sprachtherapeutischen Bericht sowie für die Beratung der Patientin oder des Patienten und ihrer oder seiner Bezugspersonen sind daneben nicht beihilfefähig.		
49	Gruppenbehandlung bei Atem-, Stimm-, Sprech-, Sprach-, Hör- und Schluckstörungen, je Teilnehmerin oder Teilnehmer		
	a) Gruppe (2 Personen), Richtwert: 45 Minuten	45,80	50,40
	b) Gruppe (3 bis 5 Personen), Richtwert: 45 Minuten	31,40	34,60
	c) Gruppe (2 Personen), Richtwert: 90 Minuten	61,40	67,60
	d) Gruppe (3 bis 5 Personen), Richtwert: 90 Minuten	51,00	56,10
	Aufwendungen für die Vor- und Nachbereitung, die Verlaufsdokumentation, den sprachtherapeutischen Bericht sowie für die Beratung der Patientin oder des Patienten und ihrer oder seiner Bezugspersonen sind daneben nicht beihilfefähig.		
	Bereich Ergotherapie (Beschäftigungstherapie)		
50	Funktionsanalyse und Erstgespräch einschließlich Beratung und Behandlungsplanung, einmal je Behandlungsfall	38,00	41,80
51	Einzelbehandlung		
	a) bei motorisch-funktionellen Störungen, Richtwert: 30 Minuten	38,00	41,80
	b) bei sensomotorischen oder perzeptiven Störungen, Richtwert: 45 Minuten	49,80	54,80
	c) bei psychisch-funktionellen Störungen, Richtwert: 60 Minuten	65,80	72,30
	d) bei psychisch-funktionellen Störungen als Belastungserprobung, Richtwert: 120 Minuten	116,50	128,20
	e) als Beratung zur Integration in das häusliche und soziale Umfeld im Rahmen eines Hausbesuchs, einmal pro Behandlungsfall		
	aa) bis zu 3 Einheiten am Tag, je Einheit		
	aaa) bei motorisch-funktionellen Störungen	37,00	40,70
	bbb) bei sensomotorischen oder perzeptiven Störungen	49,40	54,40

Nr.	Leistung	beihilfefähiger Höchstbetrag in Euro bis 31.12. 2018	beihilfefähiger Höchstbetrag in Euro ab 1.1.2019
	bb) bis zu 2 Einheiten am Tag, je Einheit bei psychisch-funktionellen Störungen	61,60	67,70
52	Gruppenbehandlung		
	a) bei motorisch-funktionellen Störungen, Richtwert: 30 Minuten, je Teilnehmerin oder Teilnehmer	14,50	16,00
	b) bei sensomotorischen oder perzeptiven Störungen, Richtwert: 45 Minuten, je Teilnehmerin oder Teilnehmer	18,70	20,60
	c) bei psychisch-funktionellen Störungen, Richtwert: 90 Minuten, je Teilnehmerin oder Teilnehmer	34,40	37,90
	d) bei psychisch-funktionellen Störungen als Belastungserprobung, Richtwert: 180 Minuten, je Teilnehmerin oder Teilnehmer	63,80	70,20
53	Hirnleistungstraining/Neuropsychologisch orientierte Einzelbehandlung, Richtwert: 30 Minuten	42,00	46,20
54	Hirnleistungstraining als Gruppenbehandlung, Richtwert: 45 Minuten, je Teilnehmerin oder Teilnehmer	18,70	20,60
	Bereich Podologie		
55	Hornhautabtragung an beiden Füßen	24,20	26,70
56	Hornhautabtragung an einem Fuß	17,20	18,90
57	Nagelbearbeitung an beiden Füßen	22,80	25,10
58	Nagelbearbeitung an einem Fuß	17,20	18,90
59	Podologische Komplexbehandlung (Hornhautabtragung und Nagelbearbeitung) beider Füße	37,80	41,60
60	Podologische Komplexbehandlung (Hornhautabtragung und Nagelbearbeitung) eines Fußes	24,20	26,70
61	Erstversorgung mit einer Federstahldraht-Orthonyxiespange nach Ross-Fraser, einteilig, einschließlich Abdruck und Anfertigung der Passiv-Nagel-Korrektur-Spange nach Modell, Applikation sowie Spangenkontrolle nach 1 bis 2 Wochen	176,90	194,60
62	Regulierung der Orthonyxiespange nach Ross-Fraser, einteilig, einschließlich Spangenkontrolle nach 1 bis 2 Tagen	34,00	37,40
63	Ersatzversorgung mit einer Orthonyxiespange nach Ross-Fraser, einteilig, infolge Verlusts oder Bruchs der Spange bei vorhandenem Modell einschließlich Applikation	58,90	64,80
64	Versorgung mit einer konfektionierten bilateralen Federstahldraht-Orthonyxiespange, dreiteilig, einschließlich individueller Spangenformung, Applikation und Spangensitzkontrolle nach 1 bis 2 Tagen	68,00	74,80
65	Versorgung mit einer konfektionierten Klebespange, einteilig, einschließlich Applikation und Spangensitzkontrolle nach 1 bis 2 Tagen	34,00	37,40
	Bereich Ernährungstherapie		
66	Erstgespräch mit Behandlungsplanung, Richtwert: 60 Minuten	60,00	66,00
67	Einzelbehandlung, Richtwert: 30 Minuten, begrenzt auf maximal 12 Behandlungen pro Jahr	30,00	33,00
68	Gruppenbehandlung, Richtwert: 30 Minuten, begrenzt auf maximal 12 Behandlungen pro Jahr	10,00	11,00
	Bereich Sonstiges		
69	Ärztlich verordneter Hausbesuch	11,00	12,10
70	Fahrtkosten für Fahrten der behandelnden Person (nur bei ärztlich verordnetem Hausbesuch) bei Benutzung eines Kraftfahr-		

Nr.	Leistung	beihilfefähiger Höchstbetrag in Euro bis 31.12. 2018	beihilfefähiger Höchstbetrag in Euro ab 1.1.2019
	zeuges in Höhe von 0,30 Euro je Kilometer oder die niedrigsten Kosten eines regelmäßig verkehrenden Beförderungsmittels		
71	Werden auf demselben Weg mehrere Patientinnen oder Patienten besucht, sind die Aufwendungen nach den Nummern 69 und 70 nur anteilig je Patientin oder Patient beihilfefähig.		

Richtwert im Sinne des Leistungsverzeichnisses ist die Zeitangabe zur regelmäßigen Dauer der jeweiligen Therapiemaßnahme (Regelbehandlungszeit). Er beinhaltet die Durchführung der Therapiemaßnahme einschließlich der Vor- und Nachbereitung. Die Regelbehandlungszeit darf nur aus medizinischen Gründen unterschritten werden.

Abschnitt 2. Erweiterte ambulante Physiotherapie

1. Aufwendungen für eine EAP nach Abschnitt 1 Nummer 15 sind nur dann beihilfefähig, wenn die Therapie in einer Einrichtung, die durch die gesetzlichen Krankenkassen oder Berufsgenossenschaften zur ambulanten Rehabilitation oder zur EAP zugelassen ist und bei einer der folgenden Indikationen angewendet wird:
   a) Wirbelsäulensyndrome mit erheblicher Symptomatik bei
      aa) nachgewiesenem frischem Bandscheibenvorfall (auch postoperativ),
      bb) Protrusionen mit radikulärer, muskulärer und statischer Symptomatik,
      cc) nachgewiesenen Spondylolysen und Spondylolisthesen mit radikulärer, muskulärer und statischer Symptomatik,
      dd) instabilen Wirbelsäulenverletzungen mit muskulärem Defizit und Fehlstatik, wenn die Leistungen im Rahmen einer konservativen oder postoperativen Behandlung erbracht werden,
      ee) lockerer korrigierbarer thorakaler Scheuermann-Kyphose von mehr als 50° Grad nach Cobb,
   b) Operationen am Skelettsystem bei
      aa) posttraumatischen Osteosynthesen,
      bb) Osteotomien der großen Röhrenknochen,
   c) prothetischer Gelenkersatz bei Bewegungseinschränkungen oder muskulären Defiziten bei
      aa) Schulterprothesen,
      bb) Knieendoprothesen,
      cc) Hüftendoprothesen,
   d) operativ oder konservativ behandelte Gelenkerkrankungen, einschließlich Instabilitäten bei
      aa) Kniebandrupturen (Ausnahme isoliertes Innenband),
      bb) Schultergelenkläsionen, insbesondere nach
         aaa) operativ versorgter Bankard-Läsion,
         bbb) Rotatorenmanschettenruptur,
         ccc) schwerer Schultersteife (frozen shoulder),
         ddd) Impingement-Syndrom,
         eee) Schultergelenkluxation,
         fff) tendinosis calcarea,
         ggg) periathritis humero-scapularis,
      cc) Achillessehnenrupturen und Achillessehnenabriss,
   e) Amputationen.

   Voraussetzung für die Beihilfefähigkeit ist zudem eine Verordnung von
   a) einer Krankenhausärztin oder einem Krankenhausarzt,
   b) einer Fachärztin oder einem Facharzt für Orthopädie, Neurologie oder Chirurgie,
   c) einer Ärztin oder einem Arzt für Physikalische und Rehabilitative Medizin oder

d) einer Allgemeinärztin oder einem Allgemeinarzt mit der Zusatzbezeichnung „Physikalische und Rehabilitative Medizin".

2. Eine Verlängerung der erweiterten ambulanten Physiotherapie erfordert eine erneute ärztliche Verordnung. Eine Bescheinigung der Therapieeinrichtung oder von bei dieser beschäftigten Ärztinnen oder Ärzten reicht nicht aus. Nach Abschluss der erweiterten ambulanten Physiotherapie ist der Festsetzungsstelle die Therapiedokumentation zusammen mit der Rechnung vorzulegen.

3. Die erweiterte ambulante Physiotherapie umfasst je Behandlungstag mindestens folgende Leistungen:

   a) Krankengymnastische Einzeltherapie,

   b) Physikalische Therapie,

   c) MAT.

4. Werden Lymphdrainage, Massage, Bindegewebsmassage, Isokinetik oder Unterwassermassage zusätzlich erbracht, sind diese Leistungen mit dem Höchstbetrag nach Abschnitt 1 Nummer 15 abgegolten.

5. Die Patientin oder der Patient muss die durchgeführten Leistungen auf der Tagesdokumentation unter Angabe des Datums bestätigen.

Abschnitt 3. Medizinisches Aufbautraining

1. Aufwendungen für ein ärztlich verordnetes MAT nach Abschnitt 1 Nummer 16 mit Sequenztrainingsgeräten zur Behandlung von Funktions- und Leistungseinschränkungen im Stütz- und Bewegungsapparat sind beihilfefähig, wenn

   a) das Training verordnet wird von

      aa) einer Krankenhausärztin oder einem Krankenhausarzt,

      bb) einer Fachärztin oder einem Facharzt für Orthopädie, Neurologie oder Chirurgie,

      cc) einer Ärztin oder einem Arzt für Physikalische und Rehabilitative Medizin oder

      dd) einer Allgemeinärztin oder einem Allgemeinarzt mit der Zusatzbezeichnung „Physikalische und Rehabilitative Medizin",

   b) Therapieplanung und Ergebniskontrolle von einer Ärztin oder einem Arzt der Therapieeinrichtung vorgenommen werden und

   c) jede therapeutische Sitzung unter ärztlicher Aufsicht durchgeführt wird; die Durchführung therapeutischer und diagnostischer Leistungen kann teilweise an speziell geschultes medizinisches Personal delegiert werden.

2. Die Beihilfefähigkeit ist auf maximal 25 Behandlungen je Kalenderhalbjahr begrenzt.

3. Die Angemessenheit und damit Beihilfefähigkeit der Aufwendungen richtet sich bei Leistungen, die von einer Ärztin oder einem Arzt erbracht werden, nach dem Beschluss der Bundesärztekammer zur Analogbewertung der Medizinischen Trainingstherapie. Danach sind folgende Leistungen bis zum 2,3-fachen der Gebührensätze der Anlage zur Gebührenordnung für Ärzte beihilfefähig:

   a) Eingangsuntersuchung zur Medizinischen Trainingstherapie einschließlich biomechanischer Funktionsanalyse der Wirbelsäule, spezieller Schmerzanamnese und gegebenenfalls anderer funktionsbezogener Messverfahren sowie Dokumentation Nummer 842 der Anlage zur Gebührenordnung für Ärzte analog. Aufwendungen für eine Kontrolluntersuchung (Nummer 842 der Anlage zur Gebührenordnung für Ärzte analog) nach Abschluss der Behandlungsserie sind beihilfefähig.

   b) Medizinische Trainingstherapie mit Sequenztraining einschließlich progressiv-dynamischen Muskeltrainings mit speziellen Therapiemaschinen (Nummer 846 der Anlage zur Gebührenordnung für Ärzte analog), zuzüglich zusätzlichen Geräte-Sequenztrainings (Nummer 558 der Anlage zur Gebührenordnung für Ärzte analog) und begleitender krankengymnastischer Übungen (Nummer 506 der Anlage zur Gebührenordnung für Ärzte). Aufwendungen für Leistungen nach Nummer 506, Nummer 558 analog sowie Nummer 846 analog der Anlage zur Gebührenordnung für Ärzte sind pro Sitzung jeweils nur einmal beihilfefähig.

4. Werden die Leistungen von zugelassenen Leistungserbringerinnen oder Leistungserbringern für Heilmittel erbracht, richtet sich die Angemessenheit der Aufwendungen nach Abschnitt 1 Nummer 16.

5. Aufwendungen für Fitness- und Kräftigungsmethoden, die nicht den Anforderungen nach Nummer 1 entsprechen, sind nicht beihilfefähig. Dies ist auch dann der Fall, wenn sie an identischen Trainingsgeräten mit gesundheitsfördernder Zielsetzung durchgeführt werden.

Abschnitt 4. Palliativversorgung

1. Aufwendungen für Palliativversorgung nach Abschnitt 1 Nummer 21 sind gesondert beihilfefähig, sofern sie nicht bereits von § 40 Absatz 1 umfasst sind.
2. Aufwendungen für Palliativversorgung werden als beihilfefähig anerkannt bei
   a) passiven Bewegungsstörungen mit Verlust, Einschränkung und Instabilität funktioneller Bewegung im Bereich der Wirbelsäule, der Gelenke, der discoligamentären Strukturen,
   b) aktiven Bewegungsstörungen bei Muskeldysbalancen oder -insuffizienz,
   c) atrophischen und dystrophischen Muskelveränderungen,
   d) spastischen Lähmungen (cerebral oder spinal bedingt),
   e) schlaffen Lähmungen,
   f) abnormen Bewegungen/Koordinationsstörungen bei Erkrankungen des zentralen Nervensystems,
   g) Schmerzen bei strukturellen Veränderungen im Bereich der Bewegungsorgane,
   h) funktionellen Störungen von Organsystemen (zum Beispiel Herz-Kreislauferkrankungen, Lungen-/Bronchialerkrankungen, Erkrankungen eines Schließmuskels oder der Beckenbodenmuskulatur),
   i) unspezifischen schmerzhaften Bewegungsstörungen, Funktionsstörungen, auch bei allgemeiner Dekonditionierung.
3. Aufwendungen für physiotherapeutische Komplexbehandlung in der Palliativversorgung nach Abschnitt 1 Nummer 21 umfassen folgende Leistungen:
   a) Behandlung einzelner oder mehrerer Körperteile entsprechend dem individuell erstellten Behandlungsplan,
   b) Wahrnehmungsschulung,
   c) Behandlung von Organfehlfunktionen (zum Beispiel Atemtherapie),
   d) dosiertes Training (zum Beispiel Bewegungsübungen),
   e) angepasstes, gerätegestütztes Training,
   f) Anwendung entstauender Techniken,
   g) Anwendung von Massagetechniken im Rahmen der lokalen Beeinflussung im Behandlungsgebiet als vorbereitende oder ergänzende Maßnahme der krankengymnastischen Behandlung,
   h) ergänzende Beratung,
   i) Begleitung in der letzten Lebensphase,
   j) Anleitung oder Beratung der Bezugsperson,
   k) Hilfsmittelversorgung,
   l) interdisziplinäre Absprachen.

Anlage 10
(zu § 23 Absatz 1 und § 24 Absatz 1)

Leistungserbringerinnen und Leistungserbringer für Heilmittel

Die Beihilfefähigkeit setzt voraus, dass das Heilmittel in einem der folgenden Bereiche und von einer der folgenden Personen angewandt wird und dass die Anwendung dem Berufsbild der Leistungserbringerin oder des Leistungserbringers entspricht:

1. Bereich Inhalation, Krankengymnastik, Bewegungsübungen, Massagen, Palliativversorgung, Packungen, Hydrotherapie, Bäder, Kälte- und Wärmebehandlung, Elektrotherapie
   a) Physiotherapeutin oder Physiotherapeut,
   b) Masseurin und medizinische Bademeisterin oder Masseur und medizinischer Bademeister,
   c) Krankengymnastin oder Krankengymnast,
2. Bereich Stimm-, Sprech- und Sprachtherapie

a) Logopädin oder Logopäde,

b) Sprachtherapeutin oder Sprachtherapeut,

c) staatlich geprüfte Atem-, Sprech- und Stimmlehrerin der Schule Schlaffhorst-Andersen oder staatlich geprüfter Atem-, Sprech- und Stimmlehrer der Schule Schlaffhorst-Andersen,

d) Sprachheilpädagogin oder Sprachheilpädagoge,

e) klinische Linguistin oder klinischer Linguist,

f) klinische Sprechwissenschaftlerin oder klinischer Sprechwissenschaftler,

g) bei Kindern für sprachtherapeutische Leistungen bei Sprachentwicklungsstörungen, Stottern oder Poltern auch

aa) Sprachheilpädagogin oder Sprachheilpädagoge,

bb) Diplomlehrerin für Sprachgeschädigte oder Sprachgestörte oder Diplomlehrer für Sprachgeschädigte oder Sprachgestörte,

cc) Diplomvorschulerzieherin für Sprachgeschädigte oder Sprachgestörte oder Diplomvorschulerzieher für Sprachgeschädigte oder Sprachgestörte,

dd) Diplomerzieherin für Sprachgeschädigte oder Sprachgestörte oder Diplomerzieher für Sprachgeschädigte oder Sprachgestörte,

h) Diplompatholinguistin oder Diplompatholinguist,

3. Bereich Ergotherapie (Beschäftigungstherapie einschließlich Bereich Kälte- und Wärmebehandlung)

a) Ergotherapeutin oder Ergotherapeut,

b) Beschäftigungs- und Arbeitstherapeutin oder Beschäftigungs- und Arbeitstherapeut,

4. Bereich Podologie

a) Podologin oder Podologe,

b) medizinische Fußpflegerin oder medizinischer Fußpfleger nach § 1 des Podologengesetzes,

5. Bereich Ernährungstherapie

a) Diätassistentin oder Diätassistent,

b) Oecotrophologin oder Oecotrophologe,

c) Ernährungswissenschaftlerin oder Ernährungswissenschaftler.

Anlage 11
(zu § 25 Absatz 1 und 4)

Beihilfefähige Aufwendungen für Hilfsmittel, Geräte zur Selbstbehandlung und Selbstkontrolle, Körperersatzstücke

Abschnitt 1. Hilfsmittel, Geräte zur Selbstbehandlung und Selbstkontrolle, Körperersatzstücke

Die Aufwendungen für die Anschaffung der nachstehend aufgeführten Hilfsmittel, Geräte und Körperersatzstücke sind – gegebenenfalls im Rahmen der Höchstbeträge – beihilfefähig, wenn sie von einer Ärztin oder einem Arzt verordnet werden:

1.1 Abduktionslagerungskeil

1.2 Absauggerät (zum Beispiel bei Kehlkopferkrankung)

1.3 Adaptionshilfen

1.4 Anpassungen für diverse Gebrauchsgegenstände (zum Beispiel Universalhalter für Schwerstbehinderte zur Erleichterung der Körperpflege und zur Nahrungsaufnahme)

1.5 Alarmgerät für Epileptikerinnen oder Epileptiker

1.6 Anatomische Brillenfassung

1.7 Anus-praeter-Versorgungsartikel

1.8 Anzieh- oder Ausziehhilfen

1.9 Aquamat

1.10 Armmanschette

1.11 Armtragegurt oder -tuch

1.12 Arthrodesensitzkissen oder -sitzkoffer
1.13 Atemtherapiegeräte
1.14 Atomiseur (zur Medikamenten-Aufsprühung)
1.15 Auffahrrampen für einen Krankenfahrstuhl
1.16 Aufrichteschlaufe
1.17 Aufrichtstuhl (für Aufrichtfunktion sind bis zu 150 Euro beihilfefähig)
1.18 Aufstehgestelle
1.19 Auftriebshilfe (bei Schwerstbehinderung)
1.20 Augenbadewanne, -dusche, -spülglas, -flasche, -pinsel, -pipette oder -stäbchen
1.21 Augenschielklappe, auch als Folie
2.1 Badestrumpf
2.2 Badewannensitz (bei Schwerstbehinderung, Totalendoprothese, Hüftgelenk-Luxations-Gefahr oder Polyarthritis)
2.3 Badewannenverkürzer
2.4 Ballspritze
2.5 Behinderten-Dreirad
2.6 Bestrahlungsmaske für ambulante Strahlentherapie
2.7 Bettnässer-Weckgerät
2.8 Beugebandage
2.9 Billroth-Batist-Lätzchen
2.10 Blasenfistelbandage
2.11 Blindenführhund (einschließlich Geschirr, Leine, Halsband, Maulkorb)
2.12 Blindenleitgerät (Ultraschallbrille, Ultraschallleitgerät)
2.13 Blindenstock, -langstock oder -taststock
2.14 Blutgerinnungsmessgerät (bei erforderlicher Dauerantikoagulation oder künstlichem Herzklappenersatz)
2.15 Blutlanzette
2.16 Blutzuckermessgerät
2.17 Bracelet
2.18 Bruchband
3.1 Clavicula-Bandage
3.2 Cochlea-Implantate einschließlich Zubehör
3.3 Communicator (bei dysarthrischen Sprechstörungen)
3.4 Computerspezialausstattung für Behinderte; Spezialhardware und Spezialsoftware bis zu 3 500 Euro, gegebenenfalls zuzüglich bis zu 5 400 Euro für eine Braillezeile mit 40 Modulen
4.1 Defibrillatorweste
4.2 Dekubitus-Schutzmittel (zum Beispiel Auf- oder Unterlagen für das Bett, Spezialmatratzen, Keile, Kissen, Auf- oder Unterlagen für den Rollstuhl, Schützer für Ellenbogen, Unterschenkel und Füße)
4.3 Delta-Gehrad
4.4 Drehscheibe, Umsetzhilfen
4.5 Duschsitz oder -stuhl
5.1 Einlagen, orthopädische, einschließlich der zur Anpassung notwendigen Ganganalyse
5.2 Einmal-Schutzhose bei Querschnittgelähmten
5.3 Ekzemmanschette
5.4 Elektroscooter bis zu 2 500 Euro, ausgenommen Zulassung und Versicherung
5.5 Elektrostimulationsgerät
5.6 Epicondylitisbandage oder -spange mit Pelotten
5.7 Epitrainbandage
5.8 Ernährungssonde

6.1 Fepo-Gerät (funktionelle elektronische Peronaeus-Prothese)
6.2 Fersenschutz (Kissen, Polster, Schale, Schoner)
6.3 Fingerling
6.4 Fingerschiene
6.5 Fixationshilfen
6.6 Fußteil-Entlastungsschuh (Einzelschuhversorgung)
7.1 Gehgipsgalosche
7.2 Gehhilfen und -übungsgeräte
7.3 Gehörschutz
7.4 Genutrain-Aktiv-Kniebandage
7.5 Gerät zur Behandlung mit elektromagnetischen Wechselfeldern bei atropher Pseudarthrose, Endoprothesenlockerung, idiopathischer Hüftnekrose oder verzögerter Knochenbruchheilung (in Verbindung mit einer sachgerechten chirurgischen Therapie)
7.6 Gerät zur kontinuierlichen Gewebezuckermessung (Continuous Glucose Monitoring – CGM, Flash Glucose Monitoring – FGM) einschließlich Sensoren bei Personen mit einem insulinpflichtigen Diabetes mellitus; daneben sind Aufwendungen für übliche Blutzuckermessgeräte einschließlich der erforderlichen Bluttestreifen beihilfefähig
7.7 Gesichtsteilersatzstücke (Ektoprothese, Epithese)
7.8 Gilchrist-Bandage
7.9 Gipsbett, Liegeschale
7.10 Glasstäbchen
7.11 Gummihose bei Blasen- oder Darminkontinenz
7.12 Gummistrümpfe
8.1 Halskrawatte, Hals-, Kopf-, Kinnstütze
8.2 Handgelenkriemen
8.3 Hebekissen
8.4 Heimdialysegerät
8.5 Helfende Hand, Scherenzange
8.6 Herz-Atmungs-Überwachungsgerät oder -monitor
8.7 Hochtontherapiegerät
8.8 Hörgeräte (Hinter-dem-Ohr-Geräte [HdO-Geräte] sowie In-dem-Ohr-Geräte [IdO-Geräte] einschließlich Otoplastik, Taschengeräte, Hörbrillen, Schallsignale überleitende Geräte [C.R.O.S.-Geräte, Contralateral Routing of Signals], drahtlose Hörhilfen), alle fünf Jahre einschließlich der Nebenkosten, es sei denn, aus medizinischen oder technischen Gründen ist eine vorzeitige Verordnung zwingend erforderlich; Aufwendungen sind für Personen ab 15 Jahren auf 1 500 Euro je Ohr begrenzt, gegebenenfalls zuzüglich der Aufwendungen für eine medizinisch indizierte notwendige Fernbedienung; der Höchstbetrag kann überschritten werden, soweit dies erforderlich ist, um eine ausreichende Versorgung bei beidseitiger an Taubheit grenzender Schwerhörigkeit oder bei vergleichbar schwerwiegenden Sachverhalten zu gewährleisten
9.1 Impulsvibrator
9.2 Infusionsbesteck oder -gerät und Zubehör
9.3 Inhalationsgerät, einschließlich Sauerstoff und Zubehör, jedoch keine Luftbefeuchter, -filter, -wäscher
9.4 Innenschuh, orthopädischer
9.5 Insulinapplikationshilfen und Zubehör (Insulindosiergerät, -pumpe, -injektor)
9.6 Irisschale mit geschwärzter Pupille bei entstellenden Veränderungen der Hornhaut eines blinden Auges
10.1 (frei)
11.1 Kanülen und Zubehör
11.2 Katapultsitz
11.3 Katheter, auch Ballonkatheter, und Zubehör

11.4 Kieferspreizgerät
11.5 Klosett-Matratze für den häuslichen Bereich bei dauernder Bettlägerigkeit und bestehender Inkontinenz
11.6 Klumpfußschiene
11.7 Klumphandschiene
11.8 Klyso
11.9 Knetmaterial für Übungszwecke bei cerebral-paretischen Kindern
11.10 Kniekappe/-bandage, Kreuzgelenkbandage
11.11 Kniepolster/-rutscher bei Unterschenkelamputation
11.12 Knöchel- und Gelenkstützen
11.13 Körperersatzstücke einschließlich Zubehör, abzüglich eines Eigenanteils von 15 Euro für Brustprothesenhalter und 40 Euro für Badeanzüge, Bodys oder Korseletts für Brustprothesenträgerinnen
11.14 Kompressionsstrümpfe/-strumpfhose
11.15 Koordinator nach Schielbehandlung
11.16 Kopfring mit Stab, Kopfschreiber
11.17 Kopfschützer
11.18 Korrektursicherungsschuh
11.19 Krabbler für Spastikerinnen und Spastiker
11.20 Krampfaderbinde
11.21 Krankenfahrstuhl und Zubehör
11.22 Krankenpflegebett
11.23 Krankenstock
11.24 Kreuzstützbandage
11.25 Krücke
12.1 Latextrichter bei Querschnittlähmung
12.2 Leibbinde, jedoch keine Nieren-, Flanell- und Wärmeleibbinden
12.3 Lesehilfen (Leseständer, Blattwendestab, Blattwendegerät, Blattlesegerät, Auflagegestell)
12.4 Lichtsignalanlage für Gehörlose und hochgradig Schwerhörige
12.5 Lifter (Krankenlifter, Multilift, Bad-Helfer, Krankenheber oder Badewannenlifter)
12.6 Lispelsonde
12.7 Lumbalbandage
13.1 Malleotrain-Bandage
13.2 Mangoldsche Schnürbandage
13.3 Manutrain-Bandage
13.4 Maßschuhe, orthopädische, die nicht serienmäßig herstellbar sind, abzüglich eines Eigenanteils von 64 Euro:
13.4.1 Straßenschuhe (Erstausstattung zwei Paar, Ersatzbeschaffung regelmäßig frühestens nach zwei Jahren),
13.4.2 Hausschuhe (Erstausstattung zwei Paar, Ersatzbeschaffung regelmäßig frühestens nach zwei Jahren),
13.4.3 Sportschuhe (Erstausstattung ein Paar, Ersatzbeschaffung regelmäßig frühestens nach zwei Jahren),
13.4.4 Badeschuhe (Erstausstattung ein Paar, Ersatzbeschaffung regelmäßig frühestens nach vier Jahren),
13.4.5 Interimsschuhe (wegen vorübergehender Versorgung entfällt der Eigenanteil von 64 Euro)
13.5 Milchpumpe
13.6 Mundsperrer
13.7 Mundstab/-greifstab
14.1 Narbenschützer

14.2 Neurodermitis-Overall für Personen, die das zwölfte Lebensjahr noch nicht vollendet haben (zwei pro Jahr und bis zu 80 Euro je Overall)

15.1 Orthese, Orthoprothese, Korrekturschienen, Korsetts und Ähnliches, auch Haltemanschetten und Ähnliches

15.2 Orthesenschuhe, abzüglich eines Eigenanteils von 64 Euro

15.3 Orthopädische Zurichtungen an Konfektionsschuhen (höchstens sechs Paar Schuhe pro Jahr)

16.1 Pavlik-Bandage

16.2 Peak-Flow-Meter

16.3 Penisklemme

16.4 Peronaeusschiene, Heidelberger Winkel

16.5 Phonator

16.6 Polarimeter

16.7 Psoriasiskamm

17.1 Quengelschiene

18.1 Rauchwarnmelder für Gehörlose und hochgradig Schwerhörige

18.2 Reflektometer

18.3 Rektophor

18.4 Rollator

18.5 Rollbrett

18.6 Rutschbrett

19.1 Schede-Rad

19.2 Schrägliegebrett

19.3 Schutzbrille für Blinde

19.4 Schutzhelm für Behinderte

19.5 Schwellstromapparat

19.6 Segofix-Bandagensystem

19.7 Sitzkissen für Oberschenkelamputierte

19.8 Sitzschale, wenn Sitzkorsett nicht ausreicht

19.9 Skolioseumkrümmungsbandage

19.10 Spastikerhilfen (Gymnastik-/Übungsgeräte)

19.11 Spezialschuhe für Diabetiker, abzüglich eines Eigenanteils von 64 Euro

19.12 Sphinkter-Stimulator

19.13 Sprachverstärker nach Kehlkopfresektion

19.14 Spreizfußbandage

19.15 Spreizhose/-schale/-wagenaufsatz

19.16 Spritzen

19.17 Stabilisationsschuhe bei Sprunggelenkschäden, Achillessehnenschäden oder Lähmungszuständen (eine gleichzeitige Versorgung mit Orthesen oder Orthesenschuhen ist ausgeschlossen)

19.18 Stehübungsgerät

19.19 Stomaversorgungsartikel, Sphinkter-Plastik

19.20 Strickleiter zum Aufrichten und Übersetzen Gelähmter

19.21 Stubbies

19.22 Stumpfschutzhülle

19.23 Stumpfstrumpf

19.24 Suspensorium

19.25 Symphysengürtel

20.1 Talocrur (Sprunggelenkmanschette nach Dr. Grisar)

20.2 Therapeutische Bewegungsgeräte (nur mit Spasmenschaltung)

20.3 Therapiestuhl

20.4 Tinnitusgerät

20.5 Toilettenhilfen bei Schwerbehinderten oder Personen mit Hüfttotalendoprothese

20.6 Tracheostomaversorgungsartikel, auch Wasserschutzgerät (Larchel)

20.7 Tragegurtsitz

21.1 Übertragungsanlagen – zur Befriedung von allgemeinen Grundbedürfnissen des täglichen Lebens zusätzlich zu einem Hörgerät oder einem Cochlea-Implantat oder wenn bei peripherer Normalhörigkeit auf Grund einer auditiven Verarbeitungs- und Wahrnehmungsstörung eine pathologische Einschränkung des Sprachverstehens im Störschall besteht

21.2 Übungsschiene

21.3 Urinale

21.4 Urostomiebeutel

22.1 Verbandschuhe (Einzelschuhversorgung)

22.2 Vibrationstrainer bei Taubheit

23.1 Wasserfeste Gehhilfe

23.2 Wechseldruckgerät

24.1 (frei)

25.1 (frei)

26.1 Zyklomat-Hormon-Pumpe.

Abschnitt 2. Perücken

Aufwendungen für ärztlich verordnete Voll- oder Teilperücken einschließlich Befestigungselementen wie Klebestreifen und Spangen sowie Materialien zur Befestigung sind bis zu einem Betrag von 512 Euro beihilfefähig, wenn, vorübergehend oder langfristig, großflächiger und massiver Haarverlust wegen einer Krankheit oder im Zusammenhang mit einer Krankheit vorliegt, insbesondere bei:

1. Chemotherapie,
2. Strahlenbehandlung,
3. vorübergehender oder dauerhafter Medikamentengabe,
4. Operationen,
5. Infekten oder entzündlichen Erkrankungen,
6. Stoffwechselerkrankungen,
7. psychischen Erkrankungen mit oder durch Haarverlust,
8. sonstigen Erkrankungen mit Haarverlust,
9. Deformation des Kopfes mit entstellender Wirkung,
10. Unfallfolgen.

Aufwendungen für eine zweite Voll- oder Teilperücke zum Wechseln sind nur beihilfefähig, wenn eine Voll- oder Teilperücke länger als ein Jahr getragen werden muss. Aufwendungen für die erneute Beschaffung einer Voll- oder Teilperücke sind beihilfefähig, wenn

1. seit der vorangegangenen Beschaffung einer Voll- oder Teilperücke aus Kunststoff ein Jahr vergangen ist,
2. seit der vorangegangenen Beschaffung einer Voll- oder Teilperücke aus Echthaar zwei Jahre vergangen sind oder
3. sich bei Kindern vor Ablauf der vorgenannten Zeiträume die Kopfform geändert hat.

Bei der Erstverordnung sind auch die Aufwendungen für einen Perückenkopf beihilfefähig.

Abschnitt 3. Blindenhilfsmittel und Mobilitätstraining

1. Aufwendungen für zwei Langstöcke sowie gegebenenfalls elektronische Blindenleitgeräte nach ärztlicher Verordnung sind beihilfefähig.
2. Aufwendungen für die erforderliche Unterweisung im Gebrauch dieser Hilfsmittel (Mobilitätstraining) sind in folgendem Umfang beihilfefähig:
   a) Aufwendungen für eine Ausbildung im Gebrauch des Langstockes sowie für eine Schulung in Orientierung und Mobilität bis zu folgenden Höchstbeträgen:

aa) Unterrichtsstunde à 60 Minuten, einschließlich 15 Minuten Vor- und Nachbereitung sowie der Erstellung von Unterrichtsmaterial, bis zu 100 Unterrichtsstunden 63,50 Euro,

bb) Fahrtzeit der Trainerin oder des Trainers je Zeitstunde, wobei jede angefangene Stunde im 5-Minuten-Takt anteilig berechnet wird 50,48 Euro,

cc) Fahrtkosten der Trainerin oder des Trainers je gefahrenen Kilometer 0,30 Euro oder die niedrigsten Kosten eines regelmäßig verkehrenden Beförderungsmittels,

dd) notwendige Unterkunft und Verpflegung der Trainerin oder des Trainers, soweit eine tägliche Rückkehr zum Wohnort der Trainerin oder des Trainers nicht zumutbar ist, je Tag 26 Euro.

Das Mobilitätstraining wird grundsätzlich als Einzeltraining ambulant oder stationär in einer Spezialeinrichtung durchgeführt. Werden an einem Tag mehrere Blinde unterrichtet, können die genannten Aufwendungen der Trainerin oder des Trainers nur anteilig berücksichtigt werden,

b) Aufwendungen für ein erforderliches Nachtraining (zum Beispiel bei Wegfall eines noch vorhandenen Sehrestes, Wechsel des Wohnortes) werden entsprechend Buchstabe a anerkannt,

c) Aufwendungen für ein ergänzendes Training an Blindenleitgeräten können in der Regel bis zu 30 Stunden anerkannt werden, gegebenenfalls einschließlich der Kosten für Unterkunft und Verpflegung sowie der Fahrtkosten der Trainerin oder des Trainers in entsprechendem Umfang. Die Anerkennung weiterer Stunden ist möglich, wenn die Trainerin oder der Trainer oder eine Ärztin oder ein Arzt die Notwendigkeit bescheinigt.

3. Die entstandenen Aufwendungen für das Mobilitätstraining sind durch die Rechnung einer Blindenorganisation nachzuweisen. Ersatzweise kann auch eine unmittelbare Abrechnung durch die Mobilitätstrainerin oder den Mobilitätstrainer akzeptiert werden, falls sie oder er zur Rechnungsstellung gegenüber den gesetzlichen Krankenkassen berechtigt ist. Bei Umsatzsteuerpflicht (ein Nachweis des Finanzamtes ist vorzulegen) erhöhen sich die beihilfefähigen Aufwendungen um die jeweils gültige Umsatzsteuer.

4. Aufwendungen für ärztlich verordnete elektronische Systeme zur Informationsverarbeitung und Informationsausgabe für Blinde sind beihilfefähig.

Abschnitt 4. Sehhilfen

Unterabschnitt 1. Allgemeine Bestimmungen der Beihilfefähigkeit von Sehhilfen

1. Voraussetzung für die Beihilfefähigkeit der Aufwendungen für die erstmalige Beschaffung einer Sehhilfe ist, dass diese von einer Augenärztin oder einem Augenarzt verordnet worden ist. Bei der Ersatzbeschaffung genügt die Refraktionsbestimmung von einer Augenoptikerin oder einem Augenoptiker; die Aufwendungen hierfür sind bis zu 13 Euro beihilfefähig.
2. Aufwendungen für erneute Beschaffung einer Sehhilfe sind beihilfefähig, wenn bei gleichbleibendem Visus seit dem Kauf der bisherigen Sehhilfe drei, bei weichen Kontaktlinsen zwei Jahre vergangen sind oder vor Ablauf dieses Zeitraums die erneute Beschaffung der Sehhilfe notwendig ist, weil
   a) sich die Refraktion geändert hat,
   b) die bisherige Sehhilfe verloren gegangen oder unbrauchbar geworden ist,
   c) sich die Kopfform geändert hat.
3. Als Sehhilfen zur Verbesserung des Visus sind beihilfefähig:
   a) Brillengläser,
   b) Kontaktlinsen,
   c) vergrößernde Sehhilfen.
4. Bei Personen, die der Vollzeitschulpflicht unterliegen, sind Aufwendungen für eine Brille beihilfefähig, wenn sie für die Teilnahme am Schulsport erforderlich ist. Die Höhe der beihilfefähigen Aufwendungen richtet sich nach dem Unterabschnitt 2 Nummer 1 und 2; für die Brillenfassung sind Aufwendungen bis zu 52 Euro beihilfefähig.

Unterabschnitt 2. Brillengläser zur Verbesserung des Visus

1. Aufwendungen für Brillengläser sind bis zu folgenden Höchstbeträgen beihilfefähig:
   a) für vergütete Gläser mit Gläserstärken bis +/- 6 Dioptrien (dpt):

- aa) Einstärkengläser:
  - aaa) für ein sphärisches Glas 31,00 Euro,
  - bbb) für ein zylindrisches Glas 41,00 Euro,
- bb) Mehrstärkengläser:
  - aaa) für ein sphärisches Glas 72,00 Euro,
  - bbb) für ein zylindrisches Glas 92,50 Euro,

b) für vergütete Gläser mit Gläserstärken über +/- 6 dpt zuzüglich je Glas 21,00 Euro,
c) für Dreistufen- oder Multifokalgläser zuzüglich je Glas 21,00 Euro,
d) für Gläser mit prismatischer Wirkung zuzüglich je Glas 21,00 Euro.

2. Zusätzlich zu den Aufwendungen nach Nummer 1 sind Mehraufwendungen für Kunststoff-, Leicht- und Lichtschutzgläser bei den jeweils genannten Indikationen bis zu folgenden Höchstbeträgen beihilfefähig:

a) für Kunststoffgläser und hochbrechende mineralische Gläser (Leichtgläser) zuzüglich je Glas 21,00 Euro,
- aa) für Gläserstärken ab +6/- 8 dpt,
- bb) für Anisometropien ab 2 dpt,
- cc) unabhängig von der Gläserstärke
  - aaa) für Personen, die das 14. Lebensjahr noch nicht vollendet haben,
  - bbb) für Personen mit chronischem Druckekzem der Nase, mit Fehlbildungen oder Missbildungen des Gesichts, insbesondere im Nasen- und Ohrenbereich, wenn trotz optimaler Anpassung unter Verwendung von Silikatgläsern ein befriedigender Sitz der Brille nicht gewährleistet ist,
  - ccc) für Brillen, die im Rahmen der Vollzeitschulpflicht für die Teilnahme am Schulsport erforderlich sind,

b) für Lichtschutzgläser oder fototrope Gläser zuzüglich je Glas 11,00 Euro,
- aa) bei umschriebenen Transparenzverlusten (Trübungen) im Bereich der brechenden Medien, die zu Lichtstreuungen führen (zum Beispiel Hornhautnarben, Linsentrübungen, Glaskörpertrübungen),
- bb) bei krankhaften, andauernden Pupillenerweiterungen,
- cc) bei Fortfall der Pupillenverengung (zum Beispiel absolute oder reflektorische Pupillenstarre, Adie-Kehrer-Syndrom),
- dd) bei chronisch-rezidivierenden Reizzuständen der vorderen und mittleren Augenabschnitte, die medikamentös nicht behebbar sind (zum Beispiel Keratoconjunctivitis, Iritis, Cyclitis),
- ee) bei entstellenden Veränderungen im Bereich der Lider und ihrer Umgebung (zum Beispiel Lidkolobom, Lagophthalmus, Narbenzug) und Behinderung des Tränenflusses,
- ff) bei Ciliarneuralgie,
- gg) bei Blendung auf Grund entzündlicher oder degenerativer Erkrankungen der Netzhaut, der Aderhaut oder der Sehnerven,
- hh) bei totaler Farbenblindheit,
- ii) bei unerträglichen Blendungserscheinungen bei praktischer Blindheit,
- jj) bei intrakraniellen Erkrankungen, bei denen nach ärztlicher Erfahrung eine pathologische Lichtempfindlichkeit besteht (zum Beispiel Hirnverletzungen, Hirntumoren),
- kk) bei Gläserstärken ab +10 dpt wegen Vergrößerung der Eintrittspupille.

3. Nicht beihilfefähig sind Aufwendungen für:

a) hochbrechende Lentikulargläser,
b) entspiegelte Gläser,
c) polarisierende Gläser,
d) Gläser mit härtender Oberflächenbeschichtung,
e) Gläser und Zurichtungen an der Brille zur Verhinderung von Unfallschäden am Arbeitsplatz oder für den Freizeitbereich,
f) Bildschirmbrillen,
g) Brillenversicherungen,

h) Gläser für eine sogenannte Zweitbrille, deren Korrektionsstärken bereits den vorhandenen Gläsern entsprechen (Mehrfachverordnung),
i) Gläser für eine sogenannte Reservebrille, die zum Beispiel aus Gründen der Verkehrssicherheit benötigt werden,
j) Gläser für Sportbrillen, außer im Fall des Unterabschnitts 1 Nummer 5,
k) Brillenetuis,
l) Brillenfassungen, außer im Fall des Unterabschnitts 1 Nummer 5.

Unterabschnitt 3. Kontaktlinsen zur Verbesserung des Visus

1. Aufwendungen für Kontaktlinsen zur Verbesserung des Visus sind beihilfefähig bei:
   a) Myopie ab 8 dpt,
   b) Hyperopie ab 8 dpt,
   c) irregulärem Astigmatismus, wenn damit eine um mindestens 20 Prozent verbesserte Sehstärke gegenüber Brillengläsern erreicht wird,
   d) Astigmatismus rectus und inversus ab 3 dpt,
   e) Astigmatismus obliquus (Achslage 45° +/- 30° oder 135° +/- 30°) ab 2 dpt,
   f) Keratokonus,
   g) Aphakie,
   h) Aniseikonie von mehr als 7 Prozent (die Aniseikoniemessung ist nach einer allgemein anerkannten reproduzierbaren Bestimmungsmethode durchzuführen und zu dokumentieren),
   i) Anisometropie ab 2 dpt.
2. Aufwendungen für Kurzzeitlinsen sind je Kalenderjahr nur beihilfefähig
   a) für sphärische Kontaktlinsen bis zu 154 Euro,
   b) für torische Kontaktlinsen bis zu 230 Euro.
3. Bei Vorliegen einer Indikation nach Nummer 1 sind zusätzlich Aufwendungen für eine Brille nach Unterabschnitt 2 ungeachtet von Unterabschnitt 1 Nummer 2 beihilfefähig. Liegt keine Indikation nach Nummer 1 vor, sind nur die vergleichbaren Kosten für Gläser beihilfefähig.
4. Nicht beihilfefähig sind:
   a) Kontaktlinsen als postoperative Versorgung (auch als Verbandlinse oder Verbandschale) nach nicht beihilfefähigen Eingriffen,
   b) Kontaktlinsen in farbigen Ausführungen zur Veränderung oder Verstärkung der körpereigenen Farbe der Iris,
   c) One-Day-Linsen,
   d) multifokale Mehrstärkenkontaktlinsen,
   e) Kontaktlinsen mit Lichtschutz und sonstigen Kantenfiltern,
   f) Reinigungs- und Pflegemittel für Personen, die das 18. Lebensjahr vollendet haben.

Unterabschnitt 4. Vergrößernde Sehhilfen zur Verbesserung der Sehschärfe

1. Aufwendungen für folgende ärztlich verordnete vergrößernde Sehhilfen sind beihilfefähig:
   a) optisch vergrößernde Sehhilfen für die Nähe bei einem mindestens 1,5-fachen Vergrößerungsbedarf vorrangig als Hellfeldlupe, Hand- und Standlupe, gegebenenfalls mit Beleuchtung, oder Brillengläser mit Lupenwirkung (Lupengläser); in Ausnahmefällen als Fernrohrlupenbrillensystem (zum Beispiel nach Galilei, Kepler) einschließlich der Systemträger,
   b) elektronisch vergrößernde Sehhilfen für die Nähe als mobile oder nicht mobile Systeme bei einem mindestens 6-fachen Vergrößerungsbedarf,
   c) optisch vergrößernde Sehhilfen für die Ferne als fokussierende Handfernrohre oder Monokulare.

   Voraussetzung für die Beihilfefähigkeit ist, dass die Sehhilfe von einer Fachärztin oder einem Facharzt für Augenheilkunde verordnet worden ist, die oder der die Notwendigkeit und die Art der benötigten Sehhilfen selbst oder in Zusammenarbeit mit einer entsprechend ausgestatteten Augenoptikerin oder einem entsprechend ausgestatteten Augenoptiker bestimmt hat.
2. Nicht beihilfefähig sind Aufwendungen für:

a) Fernrohrlupenbrillensysteme (zum Beispiel nach Galilei oder Kepler) für die Zwischendistanz (Raumkorrektur) oder die Ferne,
b) separate Lichtquellen (zum Beispiel zur Kontrasterhöhung oder zur Ausleuchtung der Lektüre),
c) Fresnellinsen.

Unterabschnitt 5. Therapeutische Sehhilfen

1. Aufwendungen für folgende therapeutische Sehhilfen zur Behandlung einer Augenverletzung oder Augenerkrankung sind beihilfefähig, wenn die Sehhilfe von einer Fachärztin oder einem Facharzt für Augenheilkunde verordnet worden ist:
   a) Glas mit Lichtschutz mit einer Transmission bis 75 Prozent bei
      aa) Substanzverlusten der Iris, die den Blendschutz herabsetzen (zum Beispiel Iriskolobom, Aniridie, traumatische Mydriasis, Iridodialyse),
      bb) Albinismus.

      Ist beim Lichtschutzglas zusätzlich ein Refraktionsausgleich erforderlich, so sind die Aufwendungen für die entsprechenden Gläser nach Unterabschnitt 2 beihilfefähig. Zusätzlich sind die Aufwendungen für einen konfektionierten Seitenschutz beihilfefähig, wenn der Seitenschutz erfolgreich getestet wurde.
   b) Glas mit Ultraviolett-(UV-)Kantenfilter (400 Nanometer Wellenlänge) bei
      aa) Aphakie,
      bb) Photochemotherapie zur Absorption des langwelligen UV-Lichts,
      cc) UV-Schutz nach Pseudophakie, wenn keine Intraokularlinse mit UV-Schutz implantiert wurde,
      dd) Iriskolobom,
      ee) Albinismus.

      Ist beim Kantenfilterglas zusätzlich ein Refraktionsausgleich und bei Albinismus zudem eine Transmissionsminderung notwendig, so sind die Aufwendungen für die entsprechenden Gläser nach Unterabschnitt 2 beihilfefähig. Zusätzlich sind die Aufwendungen für einen konfektionierten Seitenschutz beihilfefähig, wenn der Seitenschutz erfolgreich getestet wurde.
   c) Glas mit Kantenfilter als Bandpassfilter mit einem Transmissionsmaximum bei einer Wellenlänge von 450 Nanometer bei Blauzapfenmonochromasie. Ist beim Kantenfilterglas zusätzlich ein Refraktionsausgleich und gegebenenfalls auch eine Transmissionsminderung notwendig, sind die Aufwendungen für die entsprechenden Gläser nach Unterabschnitt 2 beihilfefähig. Vorbehaltlich einer erfolgreichen Austestung sind zusätzlich die Aufwendungen für einen konfektionierten Seitenschutz beihilfefähig.
   d) Glas mit Kantenfilter (Wellenlänge größer als 500 Nanometer) als Langpassfilter zur Vermeidung der Stäbchenbleichung und zur Kontrastanhebung bei
      aa) angeborenem Fehlen von oder angeborenem Mangel an Zapfen in der Netzhaut (Achromatopsie, inkomplette Achromatopsie),
      bb) dystrophischen Netzhauterkrankungen (zum Beispiel Zapfendystrophien, Zapfen-Stäbchen-Dystrophien, Stäbchen-Zapfen-Dystrophien, Retinopathia pigmentosa, Chorioidemie),
      cc) Albinismus.

      Das Ausmaß der Transmissionsminderung und die Lage der Kanten der Filter sind individuell zu erproben, die subjektive Akzeptanz ist zu überprüfen. Ist beim Kantenfilterglas zusätzlich ein Refraktionsausgleich notwendig, so sind die Aufwendungen für die entsprechenden Gläser nach Unterabschnitt 2 beihilfefähig. Zusätzlich sind die Aufwendungen für einen konfektionierten Seitenschutz beihilfefähig, wenn der Seitenschutz erfolgreich getestet wurde.
   e) Horizontale Prismen in Gläsern

      ab 3 Prismendioptrien und Folien mit prismatischer Wirkung

      ab 3 Prismendioptrien (Gesamtkorrektur auf beiden Augen) sowie vertikale Prismen und Folien

      ab 1 Prismendioptrie, bei
      aa) krankhaften Störungen in der sensorischen und motorischen Zusammenarbeit der Augen mit dem Ziel, Binokularsehen zu ermöglichen und die sensorische Zusammenarbeit der Augen zu verbessern,
      bb) Augenmuskelparesen, um Muskelkontrakturen zu beseitigen oder zu verringern.

Voraussetzung für die Beihilfefähigkeit ist, dass die Verordnung auf Grund einer umfassenden augenärztlichen orthoptisch-pleoptischen Diagnostik ausgestellt ist. Verordnungen, die auf Grund isolierter Ergebnisse einer subjektiven Heterophie-Testmethode ausgestellt sind, werden nicht anerkannt.

Bei wechselnder Prismenstärke oder temporärem Einsatz, zum Beispiel prä- oder postoperativ, sind nur die Aufwendungen für Prismenfolien ohne Trägerglas beihilfefähig. Ausgleichsprismen bei übergroßen Brillendurchmessern sowie Höhenausgleichsprismen bei Mehrstärkengläsern sind nicht beihilfefähig.

Ist bei Brillengläsern mit therapeutischen Prismen zusätzlich ein Refraktionsausgleich notwendig, so sind die Aufwendungen der entsprechenden Brillengläser nach Unterabschnitt 2 beihilfefähig.

f) Okklusionsschalen oder -linsen bei dauerhaft therapeutisch nicht anders beeinflussbarer Doppelwahrnehmung;
g) Kunststoff-Bifokalgläser mit besonders großem Nahteil zur Behebung des akkommodativen Schielens bei Personen, die das 18. Lebensjahr noch nicht vollendet haben;
h) Okklusionspflaster und -folien als Amblyopietherapeutika, nachrangig Okklusionskapseln;
i) Uhrglasverbände oder konfektionierter Seitenschutz bei unvollständigem Lidschluss (zum Beispiel infolge einer Gesichtslähmung) oder bei Zustand nach Keratoplastik, um das Austrocknen der Hornhaut zu vermeiden;
j) Irislinsen mit durchsichtigem, optisch wirksamem Zentrum bei Substanzverlusten der Iris, die den Blendschutz herabsetzen (zum Beispiel Iriskolobom, Aniridie, traumatische Mydriasis, Iridodialyse oder Albinismus);
k) Verbandlinsen oder -schalen bei oder nach
   aa) Hornhauterosionen oder -epitheldefekten,
   bb) Abrasio nach Operation,
   cc) Verätzung oder Verbrennung,
   dd) Hornhautverletzungen (perforierend oder lamellierend),
   ee) Keratoplastik,
   ff) Hornhautentzündungen und -ulzerationen (zum Beispiel Keratitis bullosa, Keratitis neuroparalytica, Keratitis e lagophtalmo, Keratitis filiformis);
l) Kontaktlinsen als Medikamententräger zur kontinuierlichen Medikamentenzufuhr;
m) Kontaktlinsen
   aa) bei ausgeprägtem, fortgeschrittenem Keratokonus mit keratokonusbedingten pathologischen Hornhautveränderungen und Hornhautradius unter 7 Millimeter zentral oder im Apex,
   bb) nach Hornhauttransplantation oder Keratoplastik;
n) Kunststoffgläser als Schutzgläser bei
   aa) erheblich sturzgefährdeten Personen, die an Epilepsie oder an Spastiken erkrankt sind,
   bb) funktionell Einäugigen (bestkorrigierter Visus mindestens eines Auges unter 0,2).

   Ist zusätzlich ein Refraktionsausgleich notwendig, sind die Aufwendungen für die entsprechenden Brillengläser nach Unterabschnitt 2 beihilfefähig. Kontaktlinsen sind bei dieser Indikation nicht beihilfefähig.

2. Nicht beihilfefähig sind Aufwendungen für
   a) Kantenfilter bei
      aa) altersbedingter Makuladegeneration,
      bb) diabetischer Retinopathie,
      cc) Opticusatrophie (außer im Zusammenhang mit einer dystrophischen Netzhauterkrankung),
      dd) Fundus myopicus,
   b) Verbandlinsen oder -schalen nach nicht beihilfefähigen Eingriffen,
   c) Okklusionslinsen und -schalen als Amblyopietherapeutikum.

Anlage 12
(zu § 25 Absatz 1, 2 und 4)

Nicht beihilfefähige Hilfsmittel, Geräte zur Selbstbehandlung und Selbstkontrolle

Nicht zu den beihilfefähigen Hilfsmitteln gehören Gegenstände, die weder notwendig noch wirtschaftlich angemessen (§ 6 Absatz 1) sind, die einen geringen oder umstrittenen therapeutischen Nutzen oder einen geringen Abgabepreis haben (§ 25 Absatz 2) oder die zur allgemeinen Lebenshaltung gehören. Nicht beihilfefähig sind insbesondere folgende Gegenstände:

1.1 Adju-Set/-Sano
1.2 Angorawäsche
1.3 antiallergene Matratzen, Matratzenbezüge und Bettbezüge
1.4 Aqua-Therapie-Hose
1.5 Arbeitsplatte zum Krankenfahrstuhl
1.6 Augenheizkissen
1.7 Autofahrerrückenstütze
1.8 Autokindersitz
1.9 Autokofferraumlifter
1.10 Autolifter
2.1 Badewannengleitschutz/-kopfstütze/-matte
2.2 Bandagen (soweit nicht in Anlage 11 aufgeführt)
2.3 Basalthermometer
2.4 Bauchgurt
2.5 Bestrahlungsgeräte/-lampen zur Selbstbehandlung, soweit nicht in Anlage 11 aufgeführt
2.6 Bett (soweit nicht in Anlage 11 aufgeführt)
2.7 Bettbrett/-füllung/-lagerungskissen/-platte/-rost/-stütze
2.8 Bett-Tisch
2.9 Bidet
2.10 Bildschirmbrille
2.11 Bill-Wanne
2.12 Blinden-Uhr
2.13 Blutdruckmessgerät
2.14 Brückentisch
3.1 (frei)
4.1 Dusche
5.1 Einkaufsnetz
5.2 Einmal-Handschuhe, es sei denn, sie sind bei regelmäßiger Katheterisierung, zur endotrachialen Absaugung, im Zusammenhang mit sterilem Ansaugkatheter oder bei Querschnittgelähmten zur Darmentleerung erforderlich
5.3 Eisbeutel und -kompressen
5.4 Elektrische Schreibmaschine
5.5 Elektrische Zahnbürste
5.6 Elektrofahrzeuge, soweit nicht in Anlage 11 aufgeführt
5.7 Elektro-Luftfilter
5.8 Elektronic-Muscle-Control (EMC 1000)
5.9 Erektionshilfen
5.10 Ergometer
5.11 Ess- und Trinkhilfen
5.12 Expander
6.1 Fieberthermometer
6.2 Fußgymnastik-Rolle, Fußwippe (zum Beispiel Venentrainer)
7.1 Garage für Krankenfahrzeuge

8.1 Handschuhe, es sei denn, sie sind nach Nummer 11.21 der Anlage 11 erforderlich
8.2 Handtrainer
8.3 Hängeliege
8.4 Hantel (Federhantel)
8.5 Hausnotrufsystem
8.6 Hautschutzmittel
8.7 Heimtrainer
8.8 Heizdecke/-kissen
8.9 Hilfsgeräte für die Hausarbeit
8.10 Höhensonne
8.11 Hörkissen
8.12 Hörkragen Akusta-Coletta
9.1 Intraschallgerät (Schallwellengerät)
9.2 Inuma-Gerät (alpha, beta, gamma)
9.3 Ionisierungsgeräte (zum Beispiel Ionisator, Pollimed 100)
9.4 Ionopront, Permox-Sauerstofferzeuger
10.1 (frei)
11.1 Katzenfell
11.2 Klingelleuchten, die nicht von Nummer 12.4 der Anlage 11 erfasst sind
11.3 Knickfußstrumpf
11.4 Knoche Natur-Bruch-Slip
11.5 Kolorimeter
11.6 Kommunikationssystem
11.7 Kraftfahrzeug einschließlich behindertengerechter Umrüstung
11.8 Krankenunterlagen, es sei denn,

a) sie sind in direktem Zusammenhang mit der Behandlung einer Krankheit erforderlich (Blasen- oder Darminkontinenz im Rahmen einer Dekubitusbehandlung oder bei Dermatitiden),

b) neben der Blasen- oder Darminkontinenz liegen so schwere Funktionsstörungen vor (zum Beispiel Halbseitenlähmung mit Sprachverlust), dass sonst der Eintritt von Dekubitus oder Dermatitiden droht,

c) die Teilnahme am gesellschaftlichen Leben wird damit wieder ermöglicht

11.9 Kreislaufgerät
12.1 Lagerungskissen/-stütze, ausgenommen Nummer 1.1 der Anlage 11
12.2 Language-Master
12.3 Luftreinigungsgeräte
13.1 Magnetfolie
13.2 Monophonator
13.3 Mundusche
14.1 Nackenheizkissen
15.1 Öldispersionsapparat
16.1 Pulsfrequenzmesser
17.1 (frei)
18.1 Rotlichtlampe
18.2 Rückentrainer
19.1 Salbenpinsel
19.2 Schlaftherapiegerät
19.3 Schuhe, soweit nicht in Anlage 11 aufgeführt
19.4 Spezialsitze
19.5 Spirometer

19.6 Spranzbruchband
19.7 Sprossenwand
19.8 Sterilisator
19.9 Stimmübungssystem für Kehlkopflose
19.10 Stockroller
19.11 Stockständer
19.12 Stufenbett
19.13 SUNTRONIC-System (AS 43)
20.1 Taktellgerät
20.2 Tamponapplikator
20.3 Tandem für Behinderte
20.4 Telefonverstärker
20.5 Telefonhalter
20.6 Therapeutische Wärme-/Kältesegmente
20.7 Treppenlift, Monolift, Plattformlift
21.1 Übungsmatte
21.2 Ultraschalltherapiegeräte
21.3 Urin-Prüfgerät
22.1 Venenkissen
23.1 Waage
23.2 Wandstandgerät
24.1 (frei)
25.1 (frei)
26.1 Zahnpflegemittel
26.2 Zweirad für Behinderte.

Anlage 13
(zu § 41 Absatz 1 Satz 3)

Nach § 41 Absatz 1 Satz 3 beihilfefähige Früherkennungsuntersuchungen, Vorsorgemaßnahmen und Schutzimpfungen

1 Früherkennungsuntersuchungen und Vorsorgemaßnahmen
1.1 Telemedizinische Betreuung (Telemonitoring) bei chronischer Herzinsuffizienz
1.2 Früherkennungsuntersuchungen
1.2.1 U 10 bei Personen, die das siebte, aber noch nicht das neunte Lebensjahr vollendet haben
1.2.2 U 11 bei Personen, die das neunte, aber noch nicht das elfte Lebensjahr vollendet haben
1.2.3 J 2 bei Personen, die das 16., aber noch nicht das 18. Lebensjahr vollendet haben
2 Schutzimpfungen
2.1 Frühsommer-Meningoenzephalitis-(FSME-)Schutzimpfungen ohne Einschränkungen
2.2 Grippeschutzimpfungen ohne Einschränkungen

Anlage 14
(zu § 41 Absatz 3)

Früherkennungsprogramm für erblich belastete Personen mit einem erhöhten familiären Brust- oder Eierstockkrebsrisiko

Aufwendungen für die Teilnahme am Früherkennungsprogramm für erblich belastete Personen mit einem erhöhten familiären Brust- oder Eierstockkrebsrisiko setzen sich aus den Aufwendungen für

1. Risikofeststellung und interdisziplinäre Beratung,
2. genetische Analyse,
3. Teilnahme an einem Strukturierten Früherkennungsprogramm

zusammen und sind mit den nachstehenden Pauschalen beihilfefähig, wenn diese Untersuchungen in einer in Nummer 4 aufgeführten Klinik durchgeführt werden.

1. Risikofeststellung und interdisziplinäre Beratung
   Pro Familie sind die Aufwendungen für eine einmalige Risikofeststellung mit interdisziplinärer Erstberatung, Stammbaumerfassung und Mitteilung des Genbefundes pauschal in Höhe von 900 Euro beihilfefähig. Die Pauschale beinhaltet auch die Beratung weiterer Familienmitglieder.
2. Genetische Analyse
   Aufwendungen für eine genetische Analyse bei einer an Brust- oder Eierstockkrebs erkrankten Person (Indexfall) sind pauschal in Höhe von 4 500 Euro beihilfefähig. Wird eine ratsuchende gesunde Person nur hinsichtlich der mutierten Gensequenz untersucht, sind die Aufwendungen in Höhe von 250 Euro beihilfefähig.
   Die genetische Analyse wird bei den Indexfällen durchgeführt. Dabei handelt es sich in der Regel um einen diagnostischen Gentest, dessen Kosten der erkrankten Person zugerechnet werden. Dagegen werden die Kosten einer sich als prädiktiver Gentest darstellenden genetischen Analyse der Indexperson der gesunden ratsuchenden Person zugerechnet. Ein prädiktiver Gentest liegt vor, wenn sich aus dem Test keine Therapieoptionen für die Indexperson mehr ableiten lassen, die genetische Analyse also keinen diagnostischen Charakter hat. Eine solche Situation ist gesondert durch eine schriftliche ärztliche Stellungnahme zu attestieren.
3. Teilnahme an einem Strukturierten Früherkennungsprogramm
   Aufwendungen für die Teilnahme an einem strukturierten Früherkennungsprogramm sind einmal jährlich in Höhe von pauschal 580 Euro beihilfefähig.
4. Im Deutschen Konsortium Familiärer Brust- und Eierstockkrebs zusammengeschlossene universitäre Zentren

   a) Berlin
   Charité – Universitätszentrum Berlin, Brustzentrum

   b) Dresden
   Medizinische Fakultät der Technischen Universität Dresden
   Klinik und Poliklinik für Frauenheilkunde und Geburtshilfe

   c) Düsseldorf
   Universitätsklinikum Düsseldorf, Frauenklinik, Brustzentrum

   d) Erlangen
   Universitätsklinikum Erlangen
   Familiäres Brust- und Eierstockkrebszentrum

   e) Frankfurt
   Universitätsklinikum Frankfurt
   Klinik für Frauenheilkunde und Geburtshilfe

   f) Freiburg
   Institut für Humangenetik des Universitätsklinikums Freiburg

   g) Göttingen
   Universitäts-Medizin Göttingen, Brustzentrum, Gynäkologisches Krebszentrum

   h) Greifswald
   Institut für Humangenetik der Universitätsmedizin Greifswald

   i) Halle
   Universitätsklinikum Halle, Klinik und Poliklinik für Gynäkologie

   j) Hamburg
   Brustzentrum Klinik und Poliklinik für Gynäkologie
   Universitätsklinikum Hamburg-Eppendorf

   k) Hannover
   Institut für Humangenetik, Medizinische Hochschule Hannover

   l) Heidelberg
   Institut für Humangenetik der Universität Heidelberg

   m) Kiel
   Klinik für Gynäkologie und Geburtshilfe des Universitätsklinikums Schleswig-Holstein

   n) Köln
   Zentrum Familiärer Brust- und Eierstockkrebs

o) Leipzig
Institut für Humangenetik der Universität Leipzig
Zentrum für familiären Brust- und Eierstockkrebs

p) Mainz
Zentrum für familiären Brust- und Eierstockkrebs der Universitätsmedizin Mainz, Institut für Humangenetik und Klinik für Frauengesundheit

q) München
Universitätsfrauenklinik der Ludwig-Maximilians-Universität München-Großhadern
Universitätsfrauenklinik der Technischen Universität München am Klinikum rechts der Isar

r) Münster
Institut für Humangenetik der Universität Münster

s) Regensburg
Institut für Humangenetik, Universität Regensburg

t) Tübingen
Universität Tübingen, Institut für Humangenetik

u) Ulm
Frauenklinik und Poliklinik der Universität Ulm

v) Würzburg
Institut für Humangenetik der Universität Würzburg

Anlage 14a
(zu § 41 Absatz 4)

Früherkennungsprogramm für erblich belastete Personen mit einem erhöhten familiären Darmkrebsrisiko

Aufwendungen für die Teilnahme am Früherkennungsprogramm für erblich belastete Personen mit einem erhöhten familiären Darmkrebsrisiko setzen sich aus den Aufwendungen für

1. Risikofeststellung und interdisziplinäre Beratung,
2. Tumorgewebsdiagnostik,
3. genetische Analyse (Untersuchung auf Keimbahnmutation),
4. Früherkennungsmaßnahmen

zusammen und sind in Höhe der nachstehenden Pauschalen beihilfefähig, wenn diese Untersuchungen in einer in nachstehender Nummer 5 aufgeführten Klinik durchgeführt werden.

1. Risikofeststellung und interdisziplinäre Beratung
Unter der Voraussetzung, dass die revidierten Bethesda-Kriterien in der Familie der ratsuchenden Person erfüllt sind, sind die Aufwendungen für die erstmalige Risikofeststellung und interdisziplinäre Beratung einschließlich Erhebung des Familienbefundes und Organisation der diagnostischen Abklärung einmalig in Höhe von 600 Euro beihilfefähig. Aufwendungen für jede weitere Beratung einer Person, in deren Familie bereits das Lynch-Syndrom oder Polyposis-Syndrom bekannt ist, sind in Höhe von 300 Euro beihilfefähig.

2. Tumorgewebsdiagnostik
Aufwendungen für die immunhistochemische Untersuchung am Tumorgewebe hinsichtlich der Expression der Mismatch-Reparatur-Gene MLH1, MSH2, MSH6 und PMS sowie gegebenenfalls die Mikrosatellitenanalyse und Testung auf somatische Mutationen im Tumorgewebe sind in Höhe von 500 Euro beihilfefähig. Ist die Analyse des Tumorgewebes negativ und das Ergebnis eindeutig, sind Aufwendungen für weitere Untersuchungen auf eine Mutation nicht beihilfefähig. Bei Verdacht eines Polyposis-Syndroms entfällt eine Tumorgewebsdiagnostik.

3. Genetische Analyse (Untersuchung auf Keimbahnmutation)
Aufwendungen für eine genetische Analyse zur Mutationssuche auf eine bis dahin in der Familie nicht identifizierten Keimbahnmutation bei einem Indexfall oder bei Vorliegen der Voraussetzungen bei einem ratsuchenden Verdachtsfall sind in Höhe von 3 500 Euro beihilfefähig, wenn die Einschlusskriterien und möglichst eine abgeschlossene Tumorgewebsdiagnostik, die auf das Vorliegen einer MMR-Mutation hinweist, vorliegen. Aufwendungen für die prädiktive oder diagnostische Testung weiterer Personen auf eine in der Familie bekannte Genmutation sind in Höhe von 350 Euro beihilfefähig.

4. Früherkennungsmaßnahmen
Unter den Voraussetzungen, dass ein Lynch- oder ein Polyposis-Syndrom vorliegt, sind Aufwendungen für eine jährliche endoskopische Untersuchung des Magendarmtraktes einschließlich Biopsien, Polypektomien und Videoendoskopien in Höhe von 540 Euro beihilfefähig.

5. Kliniken des Deutschen HNPCC-Konsortiums

a) Berlin
Charité – Universitätsmedizin Berlin

b) Bochum
Ruhr-Universität Bochum
Knappschaftskrankenhaus, Medizinische Universitätsklinik

c) Bonn
Institut für Humangenetik, Biomedizinisches Zentrum

d) Dresden
Abteilung Chirurgische Forschung, Universitätsklinikum Carl Gustav Carus

e) Düsseldorf
Institut für Humangenetik und Anthropologie, Universitätsklinikum Düsseldorf

f) Halle
Universitätsklinikum Halle

g) Hannover
Medizinische Hochschule

h) Heidelberg
Abteilung für Angewandte Tumorbiologie, Pathologisches Institut des Universitätsklinikums Heidelberg

i) Köln
Universitätsklinikum Köln

j) Leipzig
Universität Leipzig

k) Lübeck
Klinik für Chirurgie, Universität zu Lübeck und Universitätsklinikum Schleswig-Holstein, Campus Lübeck

l) München
Medizinische Klinik, Ludwig-Maximilians-Universität
Medizinisch-Genetisches Zentrum

m) Münster
Universitätsklinikum Münster

n) Tübingen
Universität Tübingen

o) Ulm
Universitätsklinikum Ulm

p) Wuppertal
HELIOS Universitätsklinikum Wuppertal

Anlage 15

(aufgehoben)

Anlage 16
(zu § 51a Absatz 2)

Absender (Krankenhaus)

Antrag auf Gewährung von Beihilfe und auf Direktabrechnung

mit einem zugelassenen Krankenhaus (§ 108 SGB V)

Vertrauliche Beihilfeangelegenheit!

1. Angaben zur beihilfeberechtigten Person (von dieser auszufüllen):

Beihilfe-Identifikationsnummer

Familienname, Vorname

Geburtsdatum . .

Anschrift

2. Angaben zur behandelten Person, wenn nicht Nummer 1:

Familienname, Vorname

Geburtsdatum . .

3. Antragsvoraussetzungen (von der beihilfeberechtigten Person auszufüllen)

Eine Direktabrechnung ist <u>nicht</u> möglich, wenn mit diesem Antrag

- erstmals eine Beihilfe beantragt oder
- eine der folgenden Fragen mit „Ja" beantwortet wird.

a) Haben sich seit dem letzten Beihilfeantrag in einem der folgenden Bereiche Änderungen ergeben? ➢ Wechsel des Ausbildungs-, Dienst- oder Beschäftigungsverhältnisses, Beurlaubung, Eintritt in den Ruhestand, Bezug von Versorgungsbezügen, ➢ Familienstand (nur wenn die berücksichtigungsfähige Person behandelt wird), ➢ Anzahl der im Familienzuschlag berücksichtigungsfähigen Kinder (z. B. bei Geburt), ➢ Krankenversicherungsschutz, ➢ anderweitige Beihilfeberechtigung (auch der berücksichtigungsfähigen Person, wenn diese behandelt wird), ➢ Berücksichtigungsfähigkeit von Kindern bei einem anderen Elternteil, ➢ Einkünfte der Ehegattin / des Ehegatten oder der Lebenspartnerin / des Lebenspartners, wenn die Ehegattin / der Ehegatte oder die Lebenspartnerin / der Lebenspartner behandelt wird.	☐ Ja Es haben sich bei mindestens einem der angeführten Sachverhalte Änderungen ergeben. ☐ Nein Es haben sich keine Änderungen bei den angeführten Sachverhalten ergeben.
b) Stehen der behandelten Person andere Krankenfürsorgeleistungen (mit Ausnahme der beihilfekonformen privaten Krankenversicherung) zu, z. B. Heilfürsorge oder Krankenhilfe nach Bundesversorgungs-, Opferentschädigungs- oder Entwicklungshelfer-Gesetz?	☐ Ja ☐ Nein
c) Bei Direktabrechnung beleg- oder wahlärztlicher Leistungen: Wird die Behandlung durch einen nahen Angehörigen (§ 8 Absatz 1 Nummer 7 BBhV) durchgeführt?	☐ Ja ☐ Nein
d) Erfolgt die Behandlung anlässlich eines Unfalls?	☐ Ja ☐ Nein

Erklärungen der beihilfeberechtigten Person:

- Meine Angaben sind richtig und vollständig.
- Ich ermächtige das Krankenhaus und von ihm beauftragte Rechnungssteller, direkt mit der Festsetzungsstelle abzurechnen, und die Festsetzungsstelle, die Beihilfe unmittelbar an das Krankenhaus oder den Rechnungssteller zu zahlen.
- Mit der Übermittlung meiner Daten zur Person, Diagnosen, Behandlungsdaten und den sonstigen in § 301 Absatz 1 und 2 des Fünften Buches Sozialgesetzbuch genannten Daten zwischen dem Krankenhaus, dem Rechnungssteller und der Festsetzungsstelle bin ich einverstanden, soweit diese zur Prüfung des Zahlungsanspruchs des Krankenhauses erforderlich ist. Ich entbinde das Krankenhaus, die behandelnden Ärzte, den Rechnungssteller und die Festsetzungsstelle insoweit von der Schweigepflicht.
- Die Festsetzungsstelle kann Rückfragen direkt mit dem Krankenhaus oder dem Rechnungssteller klären.
- Für die Bezahlung nicht beihilfefähiger Leistungen bin ich selbst verantwortlich.

Datum, Unterschrift der beihilfeberechtigten Person oder der bevollmächtigten Person
(Die Vollmacht muss der Festsetzungsstelle vorliegen.)

Erklärungen der behandelten volljährigen Person:

- Ich bin mit der Übermittlung meiner Daten zur Person, Diagnosen und Behandlungsdaten sowie der sonstigen in § 301 Absatz 1 und 2 des Fünften Buches Sozialgesetzbuch genannten Daten zwischen Krankenhaus und der Festsetzungsstelle einverstanden. Ich entbinde das Krankenhaus, den Rechnungssteller und die Festsetzungsstelle von der Schweigepflicht.
- Die Festsetzungsstelle kann Rückfragen direkt mit dem Krankenhaus oder dem Rechnungssteller klären.
- Für die Bezahlung nicht beihilfefähiger Leistungen bin ich selbst verantwortlich.

____
Datum, Unterschrift der volljährigen behandelten Person

4. Angaben des Krankenhauses (vom Krankenhaus auszufüllen)

Das Verfahren richtet sich nach der zwischen der DKG und dem Bund abgeschlossenen Rahmenvereinbarung über eine Direktabrechnung von Krankenhausleistungen – Beihilfe – im schriftlichen Verfahren.

Bitte senden Sie diesen Antrag zusammen mit der Aufnahmeanzeige zeitnah nach Aufnahme der zu behandelnden Person in das Krankenhaus an die Festsetzungsstelle. Ist die Aufnahmeanzeige nicht beigefügt, kann eine Direktabrechnung nicht erfolgen. Für die Berücksichtigung von wahlärztlichen Leistungen oder Wahlleistungen bei der Direktabrechnung ist die entsprechende Wahlleistungsvereinbarung zwingend beizufügen. Die Festsetzungsstelle wird Ihnen zeitnah bestätigen, ob eine Direktabrechnung erfolgen kann und in welchem Umfang eine Leistungsverpflichtung besteht. Die Rechnung ist der Festsetzungsstelle mit der Entlassungsanzeige zuzuleiten (nicht bei Zwischenrechnungen).

Verzichtet die Festsetzungsstelle auf die vorherige Übermittlung dieses Antrages, ist dieser mit der Rechnung nebst Aufnahmeanzeige, Entlassungsanzeige und gegebenenfalls der Wahlleistungsvereinbarung zu übersenden.

Sollte keine Direktabrechnung erfolgen können, wenden Sie sich wegen der Begleichung der Rechnung bitte an die behandelte Person. Auch Kostenanteile, für die keine Beihilfe gewährt werden kann, sind der behandelten Person direkt in Rechnung zu stellen.

Aufnahmedatum:	Aufnahmenummer:
Einweisungsdiagnosen:	
Aufnahmediagnosen (ICD):	
Verweildauer: ______ Tage	(voraussichtliches) Entlassungsdatum:
Aufnahmeanzeige bitte beifügen.	

Verlegung von einem anderen Krankenhaus	☐ Ja	☐ Nein
Behandlung durch einen Belegarzt	☐ Ja	☐ Nein
Hat eine vorstationäre Behandlung stattgefunden?	☐ Ja	☐ Nein
Werden die Kosten hierfür von diesem Antrag mit erfasst?	☐ Ja	☐ Nein

Handelt es sich um eine Wiederaufnahme?	☐ Ja	☐ Nein
Wurden wahlärztliche Leistungen oder Wahlleistungen vereinbart?	☐ Ja	☐ Nein
Die Vereinbarung bitte gegebenenfalls beifügen.		
Findet (voraussichtlich) eine nachstationäre Behandlung statt?	☐ Ja	☐ Nein
Werden die Kosten hierfür von diesem Antrag mit erfasst?	☐ Ja	☐ Nein

Ansprechperson und Rufnummer bei Rückfragen:

____
Datum, Unterschrift, Stempel

24. Bundesreisekostengesetz (BRKG)

Vom 26. Mai 2005
(BGBl. I S. 1418)

FNA 2032-28

zuletzt geänd. durch Art. 9 G zur Regelung des Erscheinungsbilds von Beamtinnen und Beamten sowie zur Änd. weiterer dienstrechtl. Vorschriften v. 28.6.2021 (BGBl. I S. 2250)

Nichtamtliche Inhaltsübersicht

§ 1	Geltungsbereich
§ 2	Dienstreisen
§ 3	Anspruch auf Reisekostenvergütung
§ 3a	Vollständig automatisierter Erlass des Bescheides über die Reisekostenvergütung
§ 4	Fahrt- und Flugkostenerstattung
§ 5	Wegstreckenentschädigung
§ 6	Tagegeld
§ 7	Übernachtungsgeld
§ 8	Auslagenerstattung bei längerem Aufenthalt am Geschäftsort
§ 9	Aufwands- und Pauschvergütung
§ 10	Erstattung sonstiger Kosten
§ 11	Bemessung der Reisekostenvergütung in besonderen Fällen
§ 12	Erkrankung während einer Dienstreise
§ 13	Verbindung von Dienstreisen mit privaten Reisen
§ 14	Auslandsdienstreisen
§ 15	Trennungsgeld
§ 16	Verwaltungsvorschriften

§ 1 Geltungsbereich. (1) Dieses Gesetz regelt Art und Umfang der Reisekostenvergütung der Beamtinnen, Beamten, Richterinnen und Richter des Bundes sowie der Soldatinnen und Soldaten und der in den Bundesdienst abgeordneten Beamtinnen, Beamten, Richterinnen und Richter.

(2) Die Reisekostenvergütung umfasst

1. die Fahrt- und Flugkostenerstattung (§ 4),
2. die Wegstreckenentschädigung (§ 5),
3. das Tagegeld (§ 6),
4. das Übernachtungsgeld (§ 7),
5. die Auslagenerstattung bei längerem Aufenthalt am Geschäftsort (§ 8),
6. die Aufwands- und Pauschvergütung (§ 9) sowie
7. die Erstattung sonstiger Kosten (§ 10).

§ 2 Dienstreisen. (1) [1] Dienstreisen sind Reisen zur Erledigung von Dienstgeschäften außerhalb der Dienststätte. [2] Sie müssen, mit Ausnahme von Dienstreisen am Dienst- oder Wohnort, schriftlich oder elektronisch angeordnet oder genehmigt worden sein, es sei denn, dass eine Anordnung oder Genehmigung nach dem Amt der Dienstreisenden oder dem Wesen des Dienstgeschäfts nicht in Betracht kommt. [3] Dienstreisen sollen nur durchgeführt werden, wenn sie aus dienstlichen Gründen notwendig sind. [4] Dienstreisen dürfen nur angeordnet oder genehmigt werden, wenn das Dienstgeschäft nicht auf andere Weise, insbesondere durch Einsatz digitaler Kommunikationsmittel, erledigt werden kann. [5] Dienstreisen sind auch Reisen aus Anlass der Versetzung, Abordnung oder Kommandierung.

(2) Die Dauer der Dienstreise bestimmt sich nach der Abreise und Ankunft an der Wohnung, es sei denn, die Dienstreise beginnt oder endet an der Dienststätte.

§ 3 Anspruch auf Reisekostenvergütung. (1) [1] Dienstreisenden werden auf Antrag die dienstlich veranlassten notwendigen Reisekosten vergütet. [2] Werden Dienstreisen umweltverträglich und nachhaltig durchgeführt, sind die dadurch entstehenden notwendigen Kosten zu erstatten, soweit sie in angemessenem Verhältnis zu den Zielen der Umweltverträglichkeit und Nachhaltigkeit stehen.

(2) [1] Der Anspruch auf Reisekostenvergütung erlischt, wenn sie nicht innerhalb einer Ausschlussfrist von sechs Monaten nach Beendigung der Dienstreise schriftlich oder elektronisch beantragt wird. [2] Die zuständigen Stellen können bis zum Ablauf von sechs Monaten nach Antragstellung die Vorlage der maßgeblichen Kostenbelege verlangen. [3] Werden diese Belege auf Anforderung nicht innerhalb von drei Monaten vorgelegt, kann der Vergütungsantrag insoweit abgelehnt werden.

(3) Leistungen, die Dienstreisende ihres Amtes wegen von dritter Seite aus Anlass einer Dienstreise erhalten, sind auf die Reisekostenvergütung anzurechnen.

(4) [1] Bei Dienstreisen für eine auf Veranlassung der zuständigen Behörde ausgeübte Nebentätigkeit haben Dienstreisende nur Anspruch auf Reisekostenvergütung, die nicht von anderer Stelle zu übernehmen ist. [2] Das gilt auch dann, wenn Dienstreisende auf ihren Anspruch gegen diese Stelle verzichtet haben.

§ 3a Vollständig automatisierter Erlass des Bescheides über die Reisekostenvergütung. Der Bescheid über die Reisekostenvergütung kann vollständig durch automatische Einrichtungen erlassen werden.

§ 4 Fahrt- und Flugkostenerstattung. (1) [1] Entstandene Kosten für Fahrten auf dem Land- oder Wasserweg mit regelmäßig verkehrenden Beförderungsmitteln werden bis zur Höhe der niedrigsten Beförderungsklasse erstattet. [2] Für Bahnfahrten von mindestens zwei Stunden können die entstandenen Fahrtkosten der nächsthöheren Klasse erstattet werden. [3] Wurde aus dienstlichen oder wirtschaftlichen Gründen ein Flugzeug benutzt, werden die Kosten der niedrigsten Flugklasse erstattet. [4] Kosten einer höheren Klasse regelmäßig verkehrender Beförderungsmittel können erstattet werden, wenn dienstliche Gründe dies im Einzelfall oder allgemein erfordern.

(2) [1] Mögliche Fahrpreisermäßigungen sind zu berücksichtigen. [2] Fahrtkosten werden nicht erstattet, wenn eine unentgeltliche Beförderungsmöglichkeit genutzt werden kann.

(3) Dienstreisenden, denen für Bahnfahrten die Kosten der niedrigsten Beförderungsklasse zu erstatten wären, werden bei einem Grad der Behinderung von mindestens 50 die Kosten der nächsthöheren Klasse erstattet.

(4) Wurde aus triftigem Grund ein Mietwagen oder ein Taxi benutzt, werden die entstandenen notwendigen Kosten erstattet.

§ 5 Wegstreckenentschädigung. (1) [1] Für Fahrten mit anderen als den in § 4 genannten Beförderungsmitteln wird eine Wegstreckenentschädigung gewährt. [2] Sie beträgt bei Benutzung eines Kraftfahrzeuges oder eines anderen motorbetriebenen Fahrzeuges 20 Cent je Kilometer zurückgelegter Strecke, höchstens jedoch 130 Euro. [3]Die oberste Bundesbehörde kann den Höchstbetrag auf 150 Euro festsetzen, wenn dienstliche Gründe dies im Einzelfall oder allgemein erfordern.

(2) [1]Besteht an der Benutzung eines Kraftwagens ein erhebliches dienstliches Interesse, beträgt die Wegstreckenentschädigung 30 Cent je Kilometer zurückgelegter Strecke. [2]Das erhebliche dienstliche Interesse muss vor Antritt der Dienstreise in der Anordnung oder Genehmigung schriftlich oder elektronisch festgestellt werden.

(3) Benutzen Dienstreisende zur Erledigung von Dienstgeschäften regelmäßig ein Fahrrad, wird Wegstreckenentschädigung nach Maßgabe einer allgemeinen Verwaltungsvorschrift gemäß § 16 gewährt.

(4) Eine Wegstreckenentschädigung wird Dienstreisenden nicht gewährt, wenn sie

1. eine vom Dienstherrn unentgeltlich zur Verfügung gestellte Beförderungsmöglichkeit nutzen konnten oder
2. von anderen Dienstreisenden des Bundes oder eines anderen Dienstherrn in einem Kraftwagen mitgenommen wurden.

§ 6 Tagegeld. (1) [1]Als Ersatz von Mehraufwendungen für Verpflegung erhalten Dienstreisende ein Tagegeld. [2]Die Höhe des Tagegeldes bemisst sich nach der Verpflegungspauschale zur Abgeltung tatsächlich entstandener, beruflich veranlasster Mehraufwendungen im Inland nach dem Einkommensteuergesetz. [3]Besteht zwischen der Dienststätte oder der Wohnung und der Stelle, an der das Dienstgeschäft erledigt wird, nur eine geringe Entfernung, wird Tagegeld nicht gewährt.

(2) [1]Erhalten Dienstreisende ihres Amtes wegen unentgeltlich Verpflegung, werden von dem zustehenden Tagegeld für das Frühstück 20 Prozent und für das Mittag- und Abendessen je 40 Prozent des Tagegeldes für einen vollen Kalendertag einbehalten. [2]Gleiches gilt, wenn das Entgelt für Verpflegung in den erstattungsfähigen Fahrt-, Übernachtungs- oder Nebenkosten enthalten ist. [3]Die Sätze 1 und 2 sind auch dann anzuwenden, wenn Dienstreisende ihres Amtes wegen unentgeltlich bereitgestellte Verpflegung ohne triftigen Grund nicht in Anspruch nehmen. [4]Die oberste Dienstbehörde kann in besonderen Fällen niedrigere Einbehaltungssätze zulassen.

§ 7 Übernachtungsgeld. (1) [1]Für eine notwendige Übernachtung erhalten Dienstreisende pauschal 20 Euro. [2]Höhere Übernachtungskosten werden erstattet, soweit sie notwendig sind.

(2) Übernachtungsgeld wird nicht gewährt

1. für die Dauer der Benutzung von Beförderungsmitteln,
2. bei Dienstreisen am oder zum Wohnort für die Dauer des Aufenthalts an diesem Ort,
3. bei unentgeltlicher Bereitstellung einer Unterkunft des Amtes wegen, auch wenn diese Unterkunft ohne triftigen Grund nicht genutzt wird, und
4. in den Fällen, in denen das Entgelt für die Unterkunft in den erstattungsfähigen Fahrt- oder sonstigen Kosten enthalten ist, es sei denn, dass eine Übernachtung aufgrund einer zu frühen Ankunft am Geschäftsort oder einer zu späten Abfahrt von diesem zusätzlich erforderlich wird.

§ 8 Auslagenerstattung bei längerem Aufenthalt am Geschäftsort.

[1] Dauert der dienstlich veranlasste Aufenthalt an demselben auswärtigen Geschäftsort länger als 14 Tage, wird vom 15. Tag an ein um 50 Prozent ermäßigtes Tagegeld gewährt; in besonderen Fällen kann die oberste Dienstbehörde oder die von ihr ermächtigte Behörde auf eine Ermäßigung des Tagegeldes verzichten. [2] Notwendige Übernachtungskosten werden erstattet; ein pauschales Übernachtungsgeld nach § 7 Abs. 1 wird nicht gewährt. [3] Als Reisebeihilfe für Heimfahrten werden für jeweils 14 Tage des Aufenthalts am Geschäftsort je nach benutztem Beförderungsmittel Fahrt- oder Flugkosten bis zur Höhe des in § 4 Abs. 1 Satz 1 oder 3 oder in § 5 Abs. 1 genannten Betrages gewährt. [4] Wird der Geschäftsort aufgrund von Heimfahrten verlassen, wird für die Zeit des Aufenthalts in der Wohnung Tagegeld nicht gewährt.

§ 9 Aufwands- und Pauschvergütung. (1) [1] Dienstreisende, denen erfahrungsgemäß geringerer Aufwand für Verpflegung oder Unterkunft als allgemein üblich entsteht, erhalten nach näherer Bestimmung der obersten Dienstbehörde oder der von ihr ermächtigten Behörde anstelle von Tagegeld, Übernachtungsgeld und Auslagenerstattung nach § 8 Satz 1 und 2 eine entsprechende Aufwandsvergütung. [2] Diese kann auch nach Stundensätzen bemessen werden.

(2) Die oberste Dienstbehörde oder die von ihr ermächtigte Behörde kann für regelmäßige oder gleichartige Dienstreisen anstelle der Reisekostenvergütung oder einzelner ihrer Bestandteile eine Pauschvergütung gewähren, die nach dem Durchschnitt der in einem bestimmten Zeitraum sonst anfallenden Reisekostenvergütungen zu bemessen ist.

§ 10 Erstattung sonstiger Kosten. (1) Zur Erledigung des Dienstgeschäfts notwendige Auslagen, die nicht nach den §§ 4 bis 9 zu erstatten sind, werden als Nebenkosten erstattet.

(2) [1] Entfällt eine Dienstreise aus einem von der oder dem Bediensteten nicht zu vertretenden Grund, werden durch die Vorbereitung entstandene, nach diesem Gesetz abzugeltende Auslagen erstattet. [2] Dies gilt auch für Kosten nach § 3 Absatz 1 Satz 2.

§ 11 Bemessung der Reisekostenvergütung in besonderen Fällen.

(1) [1] Für Dienstreisen aus Anlass der Versetzung, Abordnung oder Kommandierung wird das Tagegeld für die Zeit bis zur Ankunft am neuen Dienstort gewährt; im Übrigen gilt § 2 Abs. 2. [2] Das Tagegeld wird für die Zeit bis zum Ablauf des Ankunftstages gewährt, wenn den Dienstreisenden vom nächsten Tag an Trennungsreise- oder Trennungstagegeld zusteht; daneben wird Übernachtungsgeld (§ 7) gewährt. [3] Für Dienstreisen im Sinne des Satzes 1 wird das Tagegeld vom Beginn des Abfahrtstages an gewährt, wenn für den vorhergehenden Tag Trennungsreise- oder Trennungstagegeld gewährt wird. [4] Für ein- und zweitägige Abordnungen oder Kommandierungen ist bei der Festsetzung der Reisekostenvergütung abweichend von den Sätzen 1 bis 3 die gesamte Dauer der Abwesenheit von der Wohnung oder bisherigen Dienststätte zugrunde zu legen.

(2) [1] Für Reisen aus Anlass der Einstellung kann Reisekostenvergütung wie für Dienstreisen gewährt werden; Absatz 1 ist entsprechend anzuwenden. [2] Die

Reisekostenvergütung darf dabei nicht höher sein als der Betrag, der für eine Dienstreise von der Wohnung zur Dienststätte zu erstatten wäre.

(3) [1] Reisekostenvergütung kann ferner gewährt werden

1. für Einstellungsreisen vor dem Wirksamwerden der Ernennung zur Beamtin, zum Beamten, zur Richterin, zum Richter, zur Soldatin oder zum Soldaten und
2. für Reisen aus Anlass des Ausscheidens aus dem Dienst wegen Ablaufs der Dienstzeit oder wegen Dienstunfähigkeit von Beamtinnen und Beamten auf Widerruf, von Soldatinnen und Soldaten auf Zeit oder von Soldaten, die aufgrund der Wehrpflicht Wehrdienst leisten; dies gilt für Reisen in das Ausland nur bis zum inländischen Grenzort oder dem inländischen Flughafen, von dem die Flugreise angetreten wird.

[2] Die Absätze 1 und 2 Satz 2 gelten entsprechend.

(4) Für Reisen zum Zwecke der Ausbildung oder Fortbildung, die teilweise im dienstlichen Interesse liegen, können mit Zustimmung der obersten Dienstbehörde oder der von ihr ermächtigten Behörde entstandene Kosten bis zur Höhe der für Dienstreisen zustehenden Reisekostenvergütung erstattet werden.

(5) Übernachten Dienstreisende in ihrer außerhalb des Geschäftsorts gelegenen Wohnung, wird für jede Hin- und Rückfahrt aus Anlass einer Übernachtung als Ersatz der Fahrtauslagen ein Betrag in Höhe der Übernachtungspauschale nach § 7 gewährt.

§ 12 Erkrankung während einer Dienstreise. [1] Erkranken Dienstreisende und werden sie in ein Krankenhaus aufgenommen, werden für jeden vollen Kalendertag des Krankenhausaufenthalts die notwendigen Auslagen für die Unterkunft am Geschäftsort erstattet. [2] Für eine Besuchsreise einer oder eines Angehörigen aus Anlass einer durch ärztliche Bescheinigung nachgewiesenen lebensgefährlichen Erkrankung der oder des Dienstreisenden werden Fahrtauslagen gemäß § 4 Abs. 1 Satz 1 und 3 oder § 5 Abs. 1 erstattet.

§ 13 Verbindung von Dienstreisen mit privaten Reisen. (1) [1] Werden Dienstreisen mit privaten Reisen verbunden, wird die Reisekostenvergütung so bemessen, als ob nur die Dienstreise durchgeführt worden wäre. [2] Die Reisekostenvergütung nach Satz 1 darf die sich nach dem tatsächlichen Reiseverlauf ergebende nicht übersteigen. [3] Werden Dienstreisen mit einem Urlaub von mehr als fünf Arbeitstagen verbunden, werden nur die zusätzlich für die Erledigung des Dienstgeschäfts entstehenden Kosten als Fahrtauslagen entsprechend den §§ 4 und 5 erstattet; Tage- und Übernachtungsgeld wird für die Dauer des Dienstgeschäfts sowie für die zusätzliche Reisezeit gewährt.

(2) [1] Wird in besonderen Fällen angeordnet oder genehmigt, dass die Dienstreise an einem vorübergehenden Aufenthaltsort anzutreten oder zu beenden ist, wird die Reisekostenvergütung abweichend von Absatz 1 nach der Abreise von oder der Ankunft an diesem Ort bemessen. [2] Entsprechendes gilt, wenn in diesen Fällen die Dienstreise an der Wohnung oder Dienststätte beginnt oder endet. [3] Absatz 1 Satz 2 ist entsprechend anzuwenden.

(3) [1] Wird aus dienstlichen Gründen die vorzeitige Beendigung einer Urlaubsreise angeordnet, gilt die Rückreise vom Urlaubsort unmittelbar oder über den Geschäftsort zur Dienststätte als Dienstreise, für die Reisekostenvergütung gewährt wird. [2] Außerdem werden die Fahrtauslagen für die kürzeste Reise-

strecke von der Wohnung zum Urlaubsort, an dem die Bediensteten die Anordnung erreicht, im Verhältnis des nicht ausgenutzten Teils der Urlaubsreise zur vorgesehenen Dauer der Urlaubsreise erstattet.

(4) [1] Aufwendungen der Dienstreisenden und der sie begleitenden Personen, die durch die Unterbrechung oder vorzeitige Beendigung einer Urlaubsreise verursacht worden sind, werden in angemessenem Umfang erstattet. [2] Dies gilt auch für Aufwendungen, die aus diesen Gründen nicht ausgenutzt werden konnten; hinsichtlich der Erstattung von Aufwendungen für die Hin- und Rückfahrt ist Absatz 3 Satz 2 sinngemäß anzuwenden.

§ 14 Auslandsdienstreisen. (1) Auslandsdienstreisen sind Dienstreisen im oder ins Ausland sowie vom Ausland ins Inland.

(2) Nicht als Auslandsdienstreisen gelten Dienstreisen der im Grenzverkehr tätigen Beamtinnen und Beamten im Bereich ausländischer Lokalgrenzbehörden, zwischen solchen Bereichen und zwischen diesen und dem Inland.

(3) Das Bundesministerium des Innern, für Bau und Heimat wird ermächtigt, durch Rechtsverordnung wegen der besonderen Verhältnisse abweichende Vorschriften über die Reisekostenvergütung für Auslandsdienstreisen bezüglich der Anordnung und Genehmigung von Dienstreisen, der Fahrt- und Flugkosten, des Auslandstage- und Auslandsübernachtungsgeldes, der Reisebeihilfen, der Kriterien der Erstattung klimabedingter Bekleidung und anderer Nebenkosten zu erlassen.

§ 15 Trennungsgeld. (1) [1] Beamtinnen, Beamte, Richterinnen und Richter, die an einen Ort außerhalb des Dienst- und Wohnortes ohne Zusage der Umzugskostenvergütung abgeordnet werden, erhalten für die ihnen dadurch entstehenden notwendigen Aufwendungen unter Berücksichtigung der häuslichen Ersparnis ein Trennungsgeld nach einer Rechtsverordnung, die für Abordnungen im Inland das Bundesministerium des Innern, für Bau und Heimat erlässt. [2] Diese Verordnung ist auch anzuwenden für Abordnungen im oder ins Ausland sowie vom Ausland ins Inland, soweit aufgrund der Ermächtigung des Absatzes 2 keine Sonderregelungen ergangen sind. [3] Dasselbe gilt für Kommandierungen von Soldatinnen und Soldaten und die vorübergehende dienstliche Tätigkeit bei einer anderen Stelle als einer Dienststelle. [4] Der Abordnung stehen die Zuweisung nach § 29 des Bundesbeamtengesetzes[1)] oder nach § 20 des Beamtenstatusgesetzes[2)] gleich.

(2) Absatz 1 Satz 1 und 3 gilt entsprechend für Abordnungen ohne Zusage der Umzugskostenvergütung im oder ins Ausland sowie vom Ausland ins Inland, soweit die besonderen Bedürfnisse des Auslandsdienstes und die besonderen Verhältnisse im Ausland es erfordern mit der Maßgabe, dass das Auswärtige Amt die Rechtsverordnung im Einvernehmen mit dem Bundesministerium des Innern, für Bau und Heimat, dem Bundesministerium der Verteidigung und dem Bundesministerium der Finanzen erlässt.

(3) Werden Beamtinnen oder Beamte auf Widerruf im Vorbereitungsdienst zum Zwecke ihrer Ausbildung einer Ausbildungsstelle an einem anderen Ort als dem bisherigen Dienst- und Wohnort zugewiesen, können ihnen die da-

1) Nr. 2.
2) Nr. 4.

durch entstehenden notwendigen Mehrauslagen ganz oder teilweise erstattet werden.

§ 16 Verwaltungsvorschriften. [1] Allgemeine Verwaltungsvorschriften zu diesem Gesetz erlässt das Bundesministerium des Innern, für Bau und Heimat. [2] Verwaltungsvorschriften zu den Sondervorschriften für die Reisekostenvergütung für Auslandsdienstreisen erlässt das Bundesministerium des Innern, für Bau und Heimat im Einvernehmen mit dem Auswärtigen Amt.

25. Gesetz über die Umzugskostenvergütung für die Bundesbeamten, Richter im Bundesdienst und Soldaten (Bundesumzugskostengesetz – BUKG)

In der Fassung der Bekanntmachung vom 11. Dezember 1990[1)]
(BGBl. I S. 2682)

FNA 2032-3

zuletzt geänd. durch Art. 7 BesoldungsstrukturenmodernisierungsG v. 9.12.2019 (BGBl. I S. 2053)

Nichtamtliche Inhaltsübersicht

§ 1 Anwendungsbereich
§ 2 Anspruch auf Umzugskostenvergütung
§ 3 Zusage der Umzugskostenvergütung
§ 4 Zusage der Umzugskostenvergütung in besonderen Fällen
§ 5 Umzugskostenvergütung
§ 6 Beförderungsauslagen
§ 7 Reisekosten
§ 8 Mietentschädigung
§ 9 Andere Auslagen
§ 10 Pauschvergütung für sonstige Umzugsauslagen
§ 11 Umzugskostenvergütung in Sonderfällen
§ 12 Trennungsgeld
§ 13 Auslandsumzüge
§ 14 Sondervorschriften für Auslandsumzüge
§ 15 Dienstortbestimmung, Verwaltungsvorschriften
§ 16 Übergangsvorschrift

§ 1 Anwendungsbereich. (1) [1] Dieses Gesetz regelt Art und Umfang der Erstattung von Auslagen aus Anlaß der in den §§ 3 und 4 bezeichneten Umzüge und der in § 12 genannten Maßnahmen. [2] Berechtigte sind:

1. Bundesbeamte und in den Bundesdienst abgeordnete Beamte,
2. Richter im Bundesdienst und in den Bundesdienst abgeordnete Richter,
3. Berufssoldaten und Soldaten auf Zeit,
4. Beamte und Richter (Nummern 1 und 2) und Berufssoldaten im Ruhestand,
5. frühere Beamte und Richter (Nummern 1 und 2) und Berufssoldaten, die wegen Dienstunfähigkeit oder Erreichens der Altersgrenze entlassen worden sind,
6. Hinterbliebene der in den Nummern 1 bis 5 bezeichneten Personen.

(2) Hinterbliebene sind der Ehegatte, Lebenspartner, Verwandte bis zum vierten Grade, Verschwägerte bis zum zweiten Grade, Pflegekinder und Pflegeeltern, wenn diese Personen zur Zeit des Todes zur häuslichen Gemeinschaft des Verstorbenen gehört haben.

(3) Eine häusliche Gemeinschaft im Sinne dieses Gesetzes setzt ein Zusammenleben in gemeinsamer Wohnung oder in enger Betreuungsgemeinschaft in demselben Hause voraus.

[1)] Neubekanntmachung des BundesumzugskostenG idF der Bek. v. 13.11.1973 (BGBl. I S. 1628) in der ab 1.7.1990 geltenden Fassung.

§ 2 Anspruch auf Umzugskostenvergütung. (1) [1] Voraussetzung für den Anspruch auf Umzugskostenvergütung ist die schriftliche oder elektronische Zusage. [2] Sie soll gleichzeitig mit der den Umzug veranlassenden Maßnahme erteilt werden. [3] In den Fällen des § 4 Abs. 3 muß die Umzugskostenvergütung vor dem Umzug zugesagt werden.

(2) [1] Die Umzugskostenvergütung wird nach Beendigung des Umzuges gewährt. [2] Sie ist innerhalb einer Ausschlußfrist von einem Jahr bei der Beschäftigungsbehörde, in den Fällen des § 4 Abs. 3 bei der letzten Beschäftigungsbehörde, schriftlich oder elektronisch zu beantragen. [3] Die Frist beginnt mit dem Tage nach Beendigung des Umzuges, in den Fällen des § 11 Abs. 3 Satz 1 mit der Bekanntgabe des Widerrufs.

(3) [1] Umzugskostenvergütung wird nicht gewährt, wenn nicht innerhalb von fünf Jahren nach Wirksamwerden der Zusage der Umzugskostenvergütung umgezogen wird. [2] Die oberste Dienstbehörde kann diese Frist in besonders begründeten Ausnahmefällen um längstens zwei Jahre verlängern. [3] § 4 Abs. 3 Satz 2 bleibt unberührt.

§ 3 Zusage der Umzugskostenvergütung. (1) Die Umzugskostenvergütung ist zuzusagen für Umzüge

1. aus Anlaß der Versetzung aus dienstlichen Gründen an einen anderen Ort als den bisherigen Dienstort, es sei denn, daß
   a) mit einer baldigen weiteren Versetzung an einen anderen Dienstort zu rechnen ist,
   b) der Umzug aus besonderen Gründen nicht durchgeführt werden soll,
   c) die Wohnung auf einer üblicherweise befahrenen Strecke weniger als 30 Kilometer von der neuen Dienststätte entfernt ist oder im neuen Dienstort liegt (Einzugsgebiet) oder
   d) der Berechtigte auf die Zusage der Umzugskostenvergütung unwiderruflich verzichtet und dienstliche Gründe den Umzug nicht erfordern,
2. auf Anweisung des Dienstvorgesetzten, die Wohnung innerhalb bestimmter Entfernung von der Dienststelle zu nehmen oder eine Dienstwohnung zu beziehen,
3. aus Anlaß der Räumung einer Dienstwohnung auf dienstliche Weisung,
4. aus Anlaß der Aufhebung einer Versetzung nach einem Umzug mit Zusage der Umzugskostenvergütung.

(2) Absatz 1 Nr. 1 gilt entsprechend für Umzüge aus Anlaß

1. der Verlegung der Beschäftigungsbehörde,
2. der nicht nur vorübergehenden Zuteilung aus dienstlichen Gründen zu einem anderen Teil der Beschäftigungsbehörde,
3. der Übertragung eines anderen Richteramtes nach § 32 Abs. 2 des Deutschen Richtergesetzes oder eines weiteren Richteramtes nach § 27 Abs. 2 des vorgenannten Gesetzes.

(3) [1] Die oberste Dienstbehörde kann festlegen, dass die Zusage der Umzugskostenvergütung erst drei Jahre nach der Personalmaßnahme wirksam wird; dies gilt nicht für Ledige ohne eigene Wohnung. [2] Voraussetzung ist, dass

1. der festgelegte Bereich
   a) eine besondere Versetzungshäufigkeit aufweist oder

b) von wesentlichen Restrukturierungen betroffen ist und

2. es sich nicht um Auslandsumzüge nach § 13 handelt; abweichend davon ist bei Umzügen vom Inland ins Ausland eine Festlegung nach Satz 1 möglich, soweit dienstliche Gründe einen Umzug nicht erfordern.

[3] Die Festlegung nach Satz 1 bedarf des Einvernehmens des Bundesministeriums der Finanzen insbesondere im Hinblick auf dessen Gesamtverantwortung für die Ausführung des Haushaltsplans. [4] Erklärt der Berechtigte innerhalb von drei Jahren nach dem Wirksamwerden der Personalmaßnahme schriftlich oder elektronisch, dass er umzugswillig ist, wird die Zusage der Umzugskostenvergütung mit dem Zeitpunkt des Zugangs der Erklärung wirksam, wenn die Voraussetzungen nach den Absätzen 1 und 2 noch gegeben sind.

(4) Absatz 3 gilt auch im Falle einer erneuten Personalmaßnahme ohne Dienstortwechsel, bei der der Verbleib am Dienstort aus zwingenden dienstlichen Gründen notwendig ist.

§ 4 Zusage der Umzugskostenvergütung in besonderen Fällen.

(1) Die Umzugskostenvergütung kann in entsprechender Anwendung des § 3 Abs. 1 Nr. 1 zugesagt werden für Umzüge aus Anlaß

1. der Einstellung,
2. der Abordnung oder Kommandierung,
3. der vorübergehenden Zuteilung aus dienstlichen Gründen zu einem anderen Teil der Beschäftigungsbehörde,
4. der vorübergehenden dienstlichen Tätigkeit bei einer anderen Stelle als einer Dienststelle.

(2) Die Umzugskostenvergütung kann ferner zugesagt werden für Umzüge aus Anlaß

1. der Aufhebung oder Beendigung einer Maßnahme nach Absatz 1 Nr. 2 bis 4 nach einem Umzug mit Zusage der Umzugskostenvergütung,
2. der Räumung einer bundeseigenen oder im Besetzungsrecht des Bundes stehenden Mietwohnung, wenn sie auf Veranlassung der obersten Dienstbehörde oder der von ihr ermächtigten Behörde im dienstlichen Interesse geräumt werden soll,
3. einer Versetzung oder eines Wohnungswechsels wegen des Gesundheitszustandes des Berechtigten, des mit ihm in häuslicher Gemeinschaft lebenden Ehegatten oder Lebenspartners oder der mit ihm in häuslicher Gemeinschaft lebenden, beim Familienzuschlag nach dem Bundesbesoldungsgesetz[1)] berücksichtigungsfähigen Kinder, wobei die Notwendigkeit des Umzuges amts- oder vertrauensärztlich bescheinigt sein muß,
4. eines Wohnungswechsels, der notwendig ist, weil die Wohnung wegen der Zunahme der Zahl der zur häuslichen Gemeinschaft gehörenden, beim Familienzuschlag nach dem Bundesbesoldungsgesetz berücksichtigungsfähigen Kinder unzureichend geworden ist. Unzureichend ist eine Wohnung, wenn die Zimmerzahl der bisherigen Wohnung um mindestens zwei hinter der zustehenden Zimmerzahl zurückbleibt. Dabei darf für jede vor und nach dem Umzug zur häuslichen Gemeinschaft des Berechtigten gehörende Person (§ 6 Abs. 3 Satz 2 und 3) nur ein Zimmer zugebilligt werden.

[1)] Nr. 18.

(3) [1] Die Umzugskostenvergütung kann ferner für Umzüge aus Anlaß der Beendigung des Dienstverhältnisses Berechtigten nach § 1 Abs. 1 Satz 2 Nr. 4 bis 6 zugesagt werden, wenn

1. ein Verbleiben an Grenzorten, kleineren abgelegenen Plätzen oder Inselorten nicht zumutbar ist oder
2. in den vorausgegangenen zehn Jahren mindestens ein Umzug mit Zusage der Umzugskostenvergütung an einen anderen Ort durchgeführt wurde.

[2] Die Umzugskostenvergütung wird nur gewährt, wenn innerhalb von zwei Jahren nach Beendigung des Dienstverhältnisses umgezogen wird. [3] Sie wird nicht gewährt, wenn das Dienstverhältnis aus Disziplinargründen oder zur Aufnahme einer anderen Tätigkeit beendet wurde.

(4) Der Abordnung nach Absatz 1 Nr. 2 stehen die Zuweisung nach § 29 des Bundesbeamtengesetzes[1)] oder nach § 20 des Beamtenstatusgesetzes[2)] gleich.

§ 5 Umzugskostenvergütung. (1) Die Umzugskostenvergütung umfaßt

1. Beförderungsauslagen (§ 6),
2. Reisekosten (§ 7),
3. Mietentschädigung (§ 8),
4. andere Auslagen (§ 9),
5. Pauschvergütung für sonstige Umzugsauslagen (§ 10),
6. Auslagen nach § 11.

(2) Zuwendungen, die für denselben Umzug von einer anderen Dienst- oder Beschäftigungsstelle gewährt werden, sind auf die Umzugskostenvergütung insoweit anzurechnen, als für denselben Zweck Umzugskostenvergütung nach diesem Gesetz gewährt wird.

(3) [1] Die aufgrund einer Zusage nach § 4 Abs. 1 Nr. 1 oder Abs. 2 Nr. 3 oder 4 gewährte Umzugskostenvergütung ist zurückzuzahlen, wenn der Berechtigte vor Ablauf von zwei Jahren nach Beendigung des Umzuges aus einem von ihm zu vertretenden Grunde aus dem Bundesdienst ausscheidet. [2] Die oberste Dienstbehörde kann hiervon Ausnahmen zulassen, wenn der Berechtigte unmittelbar in ein Dienst- oder Beschäftigungsverhältnis zu einem anderen öffentlich-rechtlichen Dienstherrn im Geltungsbereich dieses Gesetzes oder zu einer in § 40 Abs. 6 Satz 2 und 3 des Bundesbesoldungsgesetzes[3)] bezeichneten Einrichtung übertritt.

§ 6 Beförderungsauslagen. (1) [1] Die notwendigen Auslagen für das Befördern des Umzugsgutes von der bisherigen zur neuen Wohnung werden erstattet. [2] Liegt die neue Wohnung im Ausland, so werden in den Fällen des § 3 Abs. 1 Nr. 3, § 4 Abs. 2 Nr. 2 und Abs. 3 Satz 1 die Beförderungsauslagen bis zum inländischen Grenzort erstattet.

(2) Auslagen für das Befördern von Umzugsgut, das sich außerhalb der bisherigen Wohnung befindet, werden höchstens insoweit erstattet, als sie beim Befördern mit dem übrigen Umzugsgut erstattungsfähig wären.

[1)] Nr. 2.
[2)] Nr. 4.
[3)] Nr. 18.

(3) [1]Umzugsgut sind die Wohnungseinrichtung und in angemessenem Umfang andere bewegliche Gegenstände und Haustiere, die sich am Tage vor dem Einladen des Umzugsgutes im Eigentum, Besitz oder Gebrauch des Berechtigten oder anderer Personen befinden, die mit ihm in häuslicher Gemeinschaft leben. [2]Andere Personen im Sinne des Satzes 1 sind der Ehegatte, der Lebenspartner sowie die ledigen Kinder, Stief- und Pflegekinder. [3]Es gehören ferner dazu die nicht ledigen in Satz 2 genannten Kinder und Verwandte bis zum vierten Grade, Verschwägerte bis zum zweiten Grade und Pflegeeltern, wenn der Berechtigte diesen Personen aus gesetzlicher oder sittlicher Verpflichtung nicht nur vorübergehend Unterkunft und Unterhalt gewährt, sowie Hausangestellte und solche Personen, deren Hilfe der Berechtigte aus beruflichen oder gesundheitlichen Gründen nicht nur vorübergehend bedarf.

§ 7 Reisekosten. (1) [1]Die Auslagen für die Reise des Berechtigten und der zur häuslichen Gemeinschaft gehörenden Personen (§ 6 Abs. 3 Satz 2 und 3) von der bisherigen zur neuen Wohnung werden wie bei Dienstreisen des Berechtigten erstattet, in den Fällen des § 4 Abs. 3 Satz 1 Nr. 1 wie sie bei Dienstreisen im letzten Dienstverhältnis zu erstatten wären. [2]Tagegeld wird vom Tage des Einladens des Umzugsgutes an bis zum Tage des Ausladens mit der Maßgabe gewährt, daß auch diese beiden Tage als volle Reisetage gelten. [3]Übernachtungsgeld wird für den Tag des Ausladens des Umzugsgutes nur gewährt, wenn eine Übernachtung außerhalb der neuen Wohnung notwendig gewesen ist.

(2) [1]Absatz 1 Satz 1 gilt entsprechend für zwei Reisen einer Person oder eine Reise von zwei Personen zum Suchen oder Besichtigen einer Wohnung mit der Maßgabe, daß die Fahrkosten bis zur Höhe der billigsten Fahrkarte der allgemein niedrigsten Klasse eines regelmäßig verkehrenden Beförderungsmittels erstattet werden. [2]Tage- und Übernachtungsgeld wird je Reise für höchstens zwei Reise- und zwei Aufenthaltstage gewährt.

(3) [1]Für eine Reise des Berechtigten zur bisherigen Wohnung zur Vorbereitung und Durchführung des Umzuges werden Fahrkosten gemäß Absatz 2 Satz 1 erstattet. [2]Die Fahrkosten einer anderen Person für eine solche Reise werden im gleichen Umfang erstattet, wenn sich zur Zeit des Umzuges am bisherigen Wohnort weder der Berechtigte noch eine andere Person (§ 6 Abs. 3 Satz 2 und 3) befunden hat, der die Vorbereitung und Durchführung des Umzuges zuzumuten war. [3]Wird der Umzug vor dem Wirksamwerden einer Maßnahme nach den §§ 3, 4 Abs. 1 durchgeführt, so werden die Fahrkosten für die Rückreise von der neuen Wohnung zum Dienstort, in den Fällen des § 4 Abs. 1 Nr. 1 zur bisherigen Wohnung, gemäß Absatz 2 Satz 1 erstattet.

(4) § 6 Abs. 1 Satz 2 gilt entsprechend.

§ 8 Mietentschädigung. (1) [1]Miete für die bisherige Wohnung wird bis zu dem Zeitpunkt, zu dem das Mietverhältnis frühestens gelöst werden konnte, längstens jedoch für sechs Monate erstattet, wenn für dieselbe Zeit Miete für die neue Wohnung gezahlt werden mußte. [2]Ferner werden die notwendigen Auslagen für das Weitervermieten der Wohnung innerhalb der Vertragsdauer bis zur Höhe der Miete für einen Monat erstattet. [3]Die Sätze 1 und 2 gelten auch für die Miete einer Garage.

(2) [1]Miete für die neue Wohnung, die nach Lage des Wohnungsmarktes für eine Zeit gezahlt werden mußte, während der die Wohnung noch nicht benutzt

werden konnte, wird längstens für drei Monate erstattet, wenn für dieselbe Zeit Miete für die bisherige Wohnung gezahlt werden mußte. [2] Entsprechendes gilt für die Miete einer Garage.

(3) [1] Die bisherige Wohnung im eigenen Haus oder die Eigentumswohnung steht der Mietwohnung gleich mit der Maßgabe, daß die Mietentschädigung längstens für ein Jahr gezahlt wird. [2] Die oberste Dienstbehörde kann diese Frist in besonders begründeten Ausnahmefällen um längstens sechs Monate verlängern. [3] An die Stelle der Miete tritt der ortsübliche Mietwert der Wohnung. [4] Entsprechendes gilt für die eigene Garage. [5] Für die neue Wohnung im eigenen Haus oder die neue Eigentumswohnung wird Mietentschädigung nicht gewährt.

(4) Miete nach den Absätzen 1 bis 3 wird nicht für eine Zeit erstattet, in der die Wohnung oder die Garage ganz oder teilweise anderweitig vermietet oder benutzt worden ist.

§ 9 Andere Auslagen. (1) Die notwendigen ortsüblichen Maklergebühren für die Vermittlung einer Mietwohnung und einer Garage oder die entsprechenden Auslagen bis zu dieser Höhe für eine eigene Wohnung werden erstattet.

(2) Die Auslagen für einen durch den Umzug bedingten zusätzlichen Unterricht der Kinder des Berechtigten (§ 6 Absatz 3 Satz 2) werden erstattet, pro Kind jedoch höchstens 20 Prozent des am Tag vor dem Einladen des Umzugsgutes maßgeblichen Endgrundgehaltes der Besoldungsgruppe A 13.

§ 10 Pauschvergütung für sonstige Umzugsauslagen. (1) [1] Berechtigte, die am Tage vor dem Einladen des Umzugsgutes eine Wohnung hatten und nach dem Umzug wieder eine Wohnung eingerichtet haben, erhalten eine Pauschvergütung für sonstige Umzugsauslagen. [2] Sie beträgt

1. für Berechtigte 15 Prozent,
2. für jede andere Person im Sinne des § 6 Absatz 3 Satz 1, die auch nach dem Umzug mit dem Berechtigten in häuslicher Gemeinschaft lebt, 10 Prozent

des am Tag vor dem Einladen des Umzugsgutes maßgeblichen Endgrundgehaltes der Besoldungsgruppe A 13.

(2) [1] Bei Berechtigten, die die Voraussetzungen des Absatzes 1 Satz 1 nicht erfüllen, beträgt die Pauschvergütung 3 Prozent des am Tag vor dem Einladen des Umzugsgutes maßgeblichen Endgrundgehaltes der Besoldungsgruppe A 13. [2] Die Pauschvergütung nach Satz 2 wird gewährt, wenn das Umzugsgut aus Anlass einer vorangegangenen Auslandsverwendung untergestellt war.

(3) [1] Eine Wohnung im Sinne des Absatzes 1 besteht aus einer geschlossenen Einheit von mehreren Räumen, in der ein Haushalt geführt werden kann, darunter stets eine Küche oder ein Raum mit Kochgelegenheit. [2] Zu einer Wohnung gehören außerdem Wasserversorgung, Ausguß und Toilette.

(4) In den Fällen des § 11 Abs. 3 werden die nachgewiesenen notwendigen Auslagen bis zur Höhe der Pauschvergütung erstattet.

(5) Ist innerhalb von fünf Jahren ein Umzug mit Zusage der Umzugskostenvergütung nach den §§ 3, 4 Abs. 1 Nr. 2 bis 4 oder Abs. 2 Nr. 1 vorausgegangen, so wird ein Häufigkeitszuschlag in Höhe von 50 vom Hundert der Pauschvergütung nach Absatz 1 gewährt, wenn beim vorausgegangenen und

beim abzurechnenden Umzug die Voraussetzungen des Absatzes 1 Satz 1 vorgelegen haben.

(6) [1] Für eine umziehende Person kann für denselben Umzug nur eine Pauschvergütung gewährt werden. [2] Ist eine Person zugleich Berechtigter und andere Person im Sinne des § 6 Absatz 3 Satz 1, wird der Pauschbetrag nach Absatz 1 Satz 2 Nummer 1 gewährt.

§ 11 Umzugskostenvergütung in Sonderfällen. (1) [1] Ein Beamter mit Wohnung im Sinne des § 10 Abs. 3, dem Umzugskostenvergütung für einen Umzug nach § 3 Abs. 1 Nr. 1, 3 oder 4, § 4 Abs. 1 Nr. 1 bis 4, Abs. 2 Nr. 1 zugesagt ist, kann für den Umzug in eine vorläufige Wohnung Umzugskostenvergütung erhalten, wenn die zuständige Behörde diese Wohnung vorher schriftlich oder elektronisch als vorläufige Wohnung anerkannt hat. [2] Bis zum Umzug in die endgültige Wohnung darf eine Wohnung nur einmal als vorläufige Wohnung anerkannt werden.

(2) [1] In den Fällen des § 4 Abs. 2 Nr. 3 und 4 werden höchstens die Beförderungsauslagen (§ 6) und die Reisekosten (§ 7) erstattet, die bei einem Umzug über eine Entfernung von fünfundzwanzig Kilometern entstanden wären. [2] Im Falle des § 4 Abs. 3 Satz 1 Nr. 2 werden nur die Beförderungsauslagen (§ 6) erstattet. [3] Satz 2 gilt auch für das Befördern des Umzugsgutes des Ehegatten oder Lebenspartners, wenn der Berechtigte innerhalb von sechs Monaten nach dem Tag geheiratet oder die Lebenspartnerschaft begründet hat, an dem die Umzugskostenvergütung nach § 3 Abs. 1 Nr. 1 oder 2 oder Abs. 2 oder § 4 Abs. 1 oder Abs. 2 Nr. 1 zugesagt worden ist.

(3) [1] Wird die Zusage der Umzugskostenvergütung aus von dem Berechtigten nicht zu vertretenden Gründen widerrufen, so werden die durch die Vorbereitung des Umzuges entstandenen notwendigen, nach diesem Gesetz erstattungsfähigen Auslagen erstattet. [2] Muß in diesem Fall ein anderer Umzug durchgeführt werden, so wird dafür Umzugskostenvergütung gewährt; Satz 1 bleibt unberührt. [3] Die Sätze 1 und 2 gelten entsprechend, wenn die Zusage der Umzugskostenvergütung zurückgenommen, anderweitig aufgehoben wird oder sich auf andere Weise erledigt.

§ 12 Trennungsgeld. (1) Trennungsgeld wird gewährt

1. in den Fällen des § 3 Abs. 1 Nr. 1, 3 und 4 sowie Abs. 2, ausgenommen bei Vorliegen der Voraussetzungen des § 3 Abs. 1 Nr. 1 Buchstaben c und d,
2. wenn eine Festlegung nach § 3 Absatz 3 Satz 1 erfolgt ist und der Berechtigte die Umzugswilligkeit nicht erklärt hat,
3. in den Fällen des § 4 Abs. 1 Nr. 2 bis 4 und Abs. 2 Nr. 1 oder 3, soweit der Berechtigte an einen anderen Ort als den bisherigen Dienstort versetzt wird, und
4. bei der Einstellung mit Zusage der Umzugskostenvergütung

für die dem Berechtigten durch die getrennte Haushaltsführung, das Beibehalten der Wohnung oder der Unterkunft am bisherigen Wohnort oder das Unterstellen des zur Führung eines Haushalts notwendigen Teils der Wohnungseinrichtung entstehenden notwendigen Auslagen unter Berücksichtigung der häuslichen Ersparnis.

(2) [1] Ist dem Berechtigten die Umzugskostenvergütung zugesagt worden, so darf Trennungsgeld nur gewährt werden, wenn er uneingeschränkt umzugs-

willig ist und nachweislich wegen Wohnungsmangels am neuen Dienstort einschließlich des Einzugsgebietes (§ 3 Abs. 1 Nr. 1 Buchstabe c) nicht umziehen kann. [2]Diese Voraussetzungen müssen seit dem Tage erfüllt sein, an dem die Umzugskostenvergütung zugesagt worden oder, falls für den Berechtigten günstiger, die Maßnahme wirksam geworden oder die Dienstwohnung geräumt worden ist.

(3) [1]Nach Wegfall des Wohnungsmangels darf Trennungsgeld nur weitergewährt werden, wenn und solange dem Umzug des umzugswilligen Berechtigten einer der folgenden Hinderungsgründe entgegensteht:

1. Vorübergehende schwere Erkrankung des Berechtigten oder eines seiner Familienangehörigen (§ 6 Abs. 3 Satz 2 und 3) bis zur Dauer von einem Jahr;
2. Beschäftigungsverbote für die Berechtigte oder eine Familienangehörige (§ 6 Abs. 3 Satz 2 und 3) für die Zeit vor oder nach einer Entbindung nach mutterschutzrechtlichen Vorschriften;
3. Schul- oder Berufsausbildung eines Kindes (§ 6 Abs. 3 Satz 2 und 3) bis zum Ende des Schul- oder Ausbildungsjahres. Befindet sich das Kind in der Jahrgangsstufe 12 einer Schule, so verlängert sich die Gewährung des Trennungsgeldes bis zum Ende des folgenden Schuljahres; befindet sich das Kind im vorletzten Ausbildungsjahr eines Berufsausbildungsverhältnisses, so verlängert sich die Gewährung des Trennungsgeldes bis zum Ende des folgenden Ausbildungsjahres;
4. Schul- oder Berufsausbildung eines schwerbehinderten Kindes (§ 6 Abs. 3 Satz 2 und 3). Trennungsgeld wird bis zur Beendigung der Ausbildung gewährt, solange diese am neuen Dienst- oder Wohnort oder in erreichbarer Entfernung davon wegen der Behinderung nicht fortgesetzt werden kann;
5. Akute lebensbedrohende Erkrankung eines Elternteils des Berechtigten, seines Ehegatten oder Lebenspartners, wenn dieser in hohem Maße Hilfe des Ehegatten, Lebenspartners oder Familienangehörigen des Berechtigten erhält;
6. Schul- oder erste Berufsausbildung des Ehegatten oder Lebenspartners in entsprechender Anwendung der Nummer 3.

[2]Trennungsgeld darf auch gewährt werden, wenn zum Zeitpunkt des Wirksamwerdens der dienstlichen Maßnahme kein Wohnungsmangel, aber einer dieser Hinderungsgründe vorliegt. [3]Liegt bei Wegfall des Hinderungsgrundes ein neuer Hinderungsgrund vor, kann mit Zustimmung der obersten Dienstbehörde Trennungsgeld bis zu längstens einem Jahr weiterbewilligt werden. [4]Nach Wegfall des Hinderungsgrundes darf Trennungsgeld auch bei erneutem Wohnungsmangel nicht gewährt werden.

(4) [1]Im Anschluss an die Zeit, für die Trennungsgeld nach Absatz 1 Nummer 2 gewährt worden ist, wird auf Antrag des Berechtigten für weitere fünf Jahre Trennungsgeld gewährt. [2]Der Antrag ist vor Ablauf des Zeitraums nach § 3 Absatz 3 Satz 1 zu stellen. [3]Die Zusage der Umzugskostenvergütung erlischt bei Gewährung des Trennungsgeldes nach Satz 1 und kann nicht erneut erteilt werden.

(5) [1]Das Bundesministerium des Innern, für Bau und Heimat wird ermächtigt, durch Rechtsverordnung, die nicht der Zustimmung des Bundesrates bedarf, Vorschriften über die Gewährung des Trennungsgeldes zu erlassen.

²Dabei kann bestimmt werden, daß Trennungsgeld auch bei der Einstellung ohne Zusage der Umzugskostenvergütung gewährt wird und daß in den Fällen des § 3 Abs. 1 Nr. 1 Buchstabe d der Berechtigte für längstens ein Jahr Reisebeihilfen für Heimfahrten erhält.

§ 13 Auslandsumzüge. (1) Auslandsumzüge sind Umzüge zwischen Inland und Ausland sowie im Ausland.

(2) ¹Als Auslandsumzüge gelten nicht die Umzüge

1. der im Grenzverkehr tätigen Beamten, und zwar auch dann nicht, wenn sie im Anschluß an die Tätigkeit im Grenzverkehr in das Inland oder in den Fällen des § 3 Abs. 1 Nr. 3, § 4 Abs. 2 Nr. 2 bis 4, Abs. 3 Satz 1 im Ausland umziehen,
2. in das Ausland in den Fällen des § 3 Abs. 1 Nr. 3, § 4 Abs. 2 Nr. 2 bis 4, Abs. 3 Satz 1,
3. in das Inland in den Fällen des § 3 Abs. 1 Nr. 2 und 3,
4. aus Anlaß einer Einstellung, Versetzung, Abordnung oder Kommandierung und der in § 3 Abs. 2, § 4 Abs. 1 Nr. 3, Abs. 2 Nr. 2 bis 4 bezeichneten Maßnahmen im Inland einschließlich ihrer Aufhebung, wenn die bisherige oder die neue Wohnung im Ausland liegt.

²In den Fällen des Satzes 1 Nr. 2 bis 4 wird für die Umzugsreise (§ 7 Abs. 1) Tage- und Übernachtungsgeld nur für die notwendige Reisedauer gewährt; § 7 Abs. 2 und 3 findet keine Anwendung.

§ 14 Sondervorschriften für Auslandsumzüge. (1) ¹Das Auswärtige Amt wird ermächtigt, im Einvernehmen mit dem Bundesministerium des Innern, für Bau und Heimat, dem Bundesministerium der Verteidigung und dem Bundesministerium der Finanzen für Auslandsumzüge durch Rechtsverordnungen, die nicht der Zustimmung des Bundesrates bedürfen, nähere Vorschriften über die notwendige Umzugskostenvergütung (Auslandsumzugskostenverordnung, Absatz 2) sowie das notwendige Trennungsgeld (Auslandstrennungsgeldverordnung, Absatz 3) zu erlassen, soweit die besonderen Bedürfnisse des Auslandsdienstes und die besonderen Verhältnisse im Ausland es erfordern. ²Soweit aufgrund dieser Ermächtigung keine Sonderregelungen ergangen sind, finden auch auf Auslandsumzüge die §§ 6 bis 12 Anwendung.

(2) In der Auslandsumzugskostenverordnung sind insbesondere zu regeln:

1. Erstattung der Auslagen für Umzugsvorbereitungen einschließlich Wohnungsbesichtigungsreisen,
2. Erstattung der Beförderungsauslagen,
3. Berücksichtigung bis zu 50 vom Hundert der eingesparten Beförderungsauslagen für zurückgelassene Personenkraftfahrzeuge,
4. Erstattung der Auslagen für die Umzugsreise des Berechtigten und der zu seiner häuslichen Gemeinschaft gehörenden Personen,
5. Gewährung von Beihilfen zu den Fahrkosten von Personen, die mit der Reise in die häusliche Gemeinschaft aufgenommen werden, und zu den Kosten des Beförderns des Heiratsgutes an den Auslandsdienstort, wenn der Anspruchsberechtigte nach seinem Umzug in das Ausland heiratet,
6. Gewährung von Beihilfen zu den Fahrkosten sowie zu den Kosten der Beförderung des anteiligen Umzugsgutes eines Mitglieds der häuslichen Gemeinschaft, wenn es sich vom Berechtigten während seines Auslands-

dienstes auf Dauer trennt, bis zur Höhe der Kosten für eine Rückkehr an den letzten Dienstort im Inland,
7. Gewährung der Mietentschädigung,
8. Gewährung der Pauschvergütung für sonstige Umzugsauslagen und Aufwand,
9. Erstattung der nachgewiesenen sonstigen Umzugsauslagen,
10. Erstattung der Lagerkosten oder der Auslagen für das Unterstellen zurückgelassenen Umzugsgutes,
11. Berücksichtigung bis zu 50 vom Hundert der eingesparten Lagerkosten für zurückgelassenes Umzugsgut,
12. Erstattung der Kosten für das Beibehalten der Wohnung im Inland in den Fällen des Absatzes 5,
13. Erstattung der Auslagen für umzugsbedingten zusätzlichen Unterricht,
14. Erstattung der Mietvertragsabschluß-, Gutachter-, Makler- oder vergleichbarer Kosten für die eigene Wohnung,
15. Beiträge zum Beschaffen oder Instandsetzen von Wohnungen,
16. Beiträge zum Beschaffen technischer Geräte und Einrichtungen, die aufgrund der örtlichen Gegebenheiten notwendig sind,
17. Beitrag zum Beschaffen klimabedingter Kleidung,
18. Ausstattungsbeitrag bei Auslandsverwendung,
19. Einrichtungsbeitrag für Leiter von Auslandsvertretungen und funktionell selbständigen Delegationen, die von Botschaftern geleitet werden, sowie für ständige Vertreter und Leiter von Außenstellen von Auslandsvertretungen,
20. Erstattung der Auslagen für die Rückführung von Personen und Umzugsgut aus Sicherheitsgründen,
21. Erstattung der Auslagen für Umzüge in besonderen Fällen,
22. Erstattung der Auslagen für Umzüge in eine vorläufige Wohnung,
23. Erstattung der Umzugsauslagen beim Ausscheiden aus dem Dienst im Ausland.

(3) In der Auslandstrennungsgeldverordnung sind insbesondere zu regeln:
1. Entschädigung für getrennte Haushaltsführung,
2. Entschädigung für getrennte Haushaltsführung aus zwingenden persönlichen Gründen,
3. Entschädigung bei täglicher Rückkehr zum Wohnort,
4. Mietersatz,
5. Gewährung von Trennungsgeld, wenn keine Auslandsdienstbezüge gewährt werden,
6. Gewährung von Trennungsgeld im Einzelfall aus Sicherheitsgründen oder wegen anderer außergewöhnlicher Verhältnisse im Ausland (Trennungsgeld in Krisenfällen),
7. Gewährung von Reisebeihilfen für Heimfahrten für je drei Monate, in besonderen Fällen für je zwei Monate der Trennung. Dies gilt auch für längstens ein Jahr, wenn der Berechtigte auf die Zusage der Umzugskostenvergütung unwiderruflich verzichtet und dienstliche Gründe den Umzug nicht erfordern.

(4) Abweichend von § 2 Abs. 2 Satz 1 entsteht der Anspruch auf die Pauschvergütung, den Beitrag zum Beschaffen klimabedingter Kleidung, den Ausstattungsbeitrag und den Einrichtungsbeitrag zu dem Zeitpunkt, an dem die Umzugskostenvergütung nach § 3 oder § 4 zugesagt wird.

(5) Abweichend von den §§ 3 und 4 kann die Umzugskostenvergütung auch in Teilen zugesagt werden, wenn dienstliche Gründe es erfordern.

(6) [1] Abweichend von § 2 Abs. 2 Satz 2 beträgt die Ausschlußfrist bei Auslandsumzügen zwei Jahre. [2] Wird in den Fällen des Absatzes 2 Nr. 16 die Beitragsfähigkeit erst nach Beendigung des Umzuges anerkannt, beginnt die Ausschlußfrist mit der Anerkennung. [3] In den Fällen des Absatzes 2 Nr. 5 und 6 beginnt sie mit dem Eintreffen am beziehungsweise der Abreise vom Dienstort. [4] Bei laufenden Zahlungen muß die erste Zahlung innerhalb der Frist geleistet werden. [5] Auf einen vor Fristablauf gestellten Antrag können in besonderen Fällen auch später geleistete Zahlungen berücksichtigt werden.

(7) Die oberste Dienstbehörde kann die Umzugskostenvergütung allgemein oder im Einzelfall ermäßigen, soweit besondere Verhältnisse es rechtfertigen.

§ 15 Dienstortbestimmung, Verwaltungsvorschriften. (1) Die oberste Dienstbehörde wird ermächtigt, im Einvernehmen mit dem Bundesministerium des Innern, für Bau und Heimat benachbarte Gemeinden zu einem Dienstort zu bestimmen, wenn sich Liegenschaften derselben Dienststelle über das Gebiet mehrerer Gemeinden erstrecken.

(2) Die allgemeinen Verwaltungsvorschriften zu diesem Gesetz erlässt das Bundesministerium des Innern, für Bau und Heimat im Einvernehmen mit dem Bundesministerium der Justiz und für Verbraucherschutz und dem Bundesministerium der Verteidigung.

§ 16 Übergangsvorschrift. Ist ein Mietbeitrag vor der Verkündung dieses Gesetzes bewilligt worden, wird er nach bisherigem Recht weiter gewährt.

26. Verordnung über das Trennungsgeld bei Versetzungen und Abordnungen im Inland (Trennungsgeldverordnung – TGV)[1]

In der Fassung der Bekanntmachung vom 29. Juni 1999[2]
(BGBl. I S. 1533)

FNA 2032-3-10

zuletzt geänd. durch Art. 12 VO zur Änd. dienstrechtl. Verordnungen aus Anlass des BesoldungsstrukturenmodernisierungsG v. 8.1.2020 (BGBl. I S. 27)

Nichtamtliche Inhaltsübersicht

§ 1 Anwendungsbereich
§ 2 Trennungsgeld nach Zusage der Umzugskostenvergütung
§ 3 Trennungsgeld beim auswärtigen Verbleiben
§ 4 Sonderbestimmungen beim auswärtigen Verbleiben
§ 5 Reisebeihilfe für Heimfahrten
§ 5a Reisebeihilfe für Heimfahrten bei Einsatz im Rahmen von Unterstützungsmaßnahmen zur Bewältigung der steigenden Zahl von Asylbewerbern
§ 5b (weggefallen)
§ 6 Trennungsgeld bei täglicher Rückkehr zum Wohnort
§ 7 Sonderfälle
§ 8 Ende des Trennungsgeldanspruchs
§ 9 Verfahrensvorschriften
§ 10 Anwendungsvorschrift

§ 1 Anwendungsbereich. (1) Berechtigte nach dieser Verordnung sind
1. Bundesbeamte und in den Bundesdienst abgeordnete Beamte,
2. Richter im Bundesdienst und in den Bundesdienst abgeordnete Richter und
3. Berufssoldaten und Soldaten auf Zeit.

(2) Trennungsgeld wird gewährt aus Anlaß der
1. Versetzung aus dienstlichen Gründen,
2. Aufhebung einer Versetzung nach einem Umzug mit Zusage der Umzugskostenvergütung,
3. Verlegung der Beschäftigungsbehörde,
4. nicht nur vorübergehenden Zuteilung aus dienstlichen Gründen zu einem anderen Teil der Beschäftigungsbehörde,
5. Übertragung eines anderen Richteramtes nach § 32 Abs. 2 des Deutschen Richtergesetzes oder eines weiteren Richteramtes nach § 27 Abs. 2 des vorgenannten Gesetzes,
6. Abordnung oder Kommandierung, auch im Rahmen der Aus- und Fortbildung,
7. Zuweisung nach § 29 des Bundesbeamtengesetzes[3] und § 20 des Beamtenstatusgesetzes[4],

---

[1] Die VO wurde erlassen auf Grund von § 18, § 15 Abs. 1 und 2 sowie § 21 Abs. 1 BUKG und § 16 Abs. 6 und § 22 BRKG.

[2] Neubekanntmachung der TrennungsgeldVO idF der Bek. v. 28.12.1994 (BGBl. 1995 I S. 2) in der ab 1.6.1999 geltenden Fassung.

[3] Nr. 2.

[4] Nr. 4.

8. vorübergehenden Zuteilung aus dienstlichen Gründen zu einem anderen Teil der Beschäftigungsbehörde,
9. vorübergehenden dienstlichen Tätigkeit bei einer anderen Stelle als einer Dienststelle,
10. Aufhebung oder Beendigung einer Maßnahme nach den Nummern 6 bis 9 nach einem Umzug mit Zusage der Umzugskostenvergütung,
11. Versetzung mit Zusage der Umzugskostenvergütung nach § 4 Abs. 2 Nr. 3 des Bundesumzugskostengesetzes[1)],
12. Einstellung mit Zusage der Umzugskostenvergütung,
13. Einstellung ohne Zusage der Umzugskostenvergütung bei vorübergehender Dauer des Dienstverhältnisses, der vorübergehenden Verwendung am Einstellungsort oder während der Probezeit; die Gewährung von Trennungsgeld in diesen Fällen bedarf der Zustimmung der obersten Dienstbehörde oder der von ihr ermächtigten nachgeordneten Behörde,
14. Räumung einer Dienstwohnung auf dienstliche Weisung, solange der zur Führung eines Haushalts notwendige Teil der Wohnungseinrichtung untergestellt werden muß.

(3) Trennungsgeld wird nur gewährt, wenn

1. bei Maßnahmen nach Absatz 2 Nr. 1 bis 13 der neue Dienstort ein anderer als der bisherige Dienstort ist und bei Maßnahmen nach Absatz 2 Nummer 1 bis 5 sowie den Nummern 10 bis 13 die Wohnung nicht im Einzugsgebiet (§ 3 Abs. 1 Nr. 1 Buchstabe c des Bundesumzugskostengesetzes) liegt,
2. bei Maßnahmen nach Absatz 2 Nr. 1 bis 5 der Berechtigte nicht unwiderruflich auf die Zusage der Umzugskostenvergütung verzichtet und dienstliche Gründe den Umzug nicht erfordern (§ 3 Abs. 1 Nr. 1 Buchstabe d des Bundesumzugskostengesetzes).

(4) Die Absätze 2 und 3 gelten auch für im Grenzverkehr tätige Beamte im Bereich ausländischer Lokalgrenzbehörden, zwischen solchen Bereichen und zwischen diesen und dem Inland.

§ 2 Trennungsgeld nach Zusage der Umzugskostenvergütung.

(1) [1] Ist Umzugskostenvergütung zugesagt, steht Trennungsgeld zu,

1. wenn der Berechtigte seit dem Tag des Wirksamwerdens der Zusage oder, falls für ihn günstiger, der Maßnahme nach § 1 Abs. 2 uneingeschränkt umzugswillig ist und
2. solange er wegen Wohnungsmangels im Einzugsgebiet (§ 3 Abs. 1 Nr. 1 Buchstabe c des Bundesumzugskostengesetzes[1)]) nicht umziehen kann.

[2] Uneingeschränkt umzugswillig ist, wer sich unter Ausschöpfung aller Möglichkeiten nachweislich und fortwährend um eine angemessene Wohnung bemüht. [3] Angemessen ist eine Wohnung, die den familiären Bedürfnissen des Berechtigten entspricht. [4] Dabei ist von der bisherigen Wohnungsgröße auszugehen, es sei denn, daß sie in einem erheblichen Mißverhältnis zur Zahl der zum Haushalt gehörenden Personen steht. [5] Die Lage des Wohnungsmarktes im Einzugsgebiet (§ 3 Abs. 1 Nr. 1 Buchstabe c des Bundesumzugskostengesetzes) ist zu berücksichtigen. [6] Bei unverheirateten Berechtigten ohne Wohnung im

[1)] Nr. **25**.

Sinne des § 10 Abs. 3 des Bundesumzugskostengesetzes gilt als Wohnung auch ein möbliertes Zimmer oder eine bereitgestellte Gemeinschaftsunterkunft.

(2) [1] Nach Wegfall des Wohnungsmangels darf Trennungsgeld nur weitergewährt werden, wenn und solange dem Umzug des umzugswilligen Berechtigten im Zeitpunkt des Wegfalls des Wohnungsmangels einer der folgenden Hinderungsgründe entgegensteht:

1. vorübergehende schwere Erkrankung des Berechtigten oder eines seiner Familienangehörigen (§ 6 Abs. 3 Satz 2 und 3 des Bundesumzugskostengesetzes) bis zur Dauer von einem Jahr;
2. Beschäftigungsverbote für die Berechtigte oder eine Familienangehörige (§ 6 Abs. 3 Satz 2 und 3 des Bundesumzugskostengesetzes) für die Zeit vor oder nach einer Entbindung nach mutterschutzrechtlichen Vorschriften oder entsprechendem Landesrecht;
3. Schul- oder Berufsausbildung eines Kindes (§ 6 Abs. 3 Satz 2 und 3 des Bundesumzugskostengesetzes) bis zum Ende des Schul- oder Ausbildungsjahres. Befindet sich das Kind in der Jahrgangsstufe 12 einer Schule, so verlängert sich die Gewährung des Trennungsgeldes bis zum Ende des folgenden Schuljahres; befindet sich das Kind im vorletzten Ausbildungsjahr eines Berufsausbildungsverhältnisses, so verlängert sich die Gewährung des Trennungsgeldes bis zum Ende des folgenden Ausbildungsjahres;
4. Schul- oder Berufsausbildung eines schwerbehinderten Kindes (§ 6 Abs. 3 Satz 2 und 3 des Bundesumzugskostengesetzes). Trennungsgeld wird bis zur Beendigung der Ausbildung gewährt, solange diese am neuen Dienst- oder Wohnort oder in erreichbarer Entfernung davon wegen der Behinderung nicht fortgesetzt werden kann;
5. akute lebensbedrohende Erkrankung eines Elternteils des Berechtigten, seines Ehegatten oder Lebenspartners, wenn dieser in hohem Maße Hilfe des Ehegatten, Lebenspartners oder Familienangehörigen des Berechtigten erhält;
6. Schul- oder erste Berufsausbildung des Ehegatten oder Lebenspartners in entsprechender Anwendung der Nummer 3.

[2] Trennungsgeld darf auch gewährt werden, wenn zum Zeitpunkt des Wirksamwerdens der dienstlichen Maßnahme kein Wohnungsmangel, aber einer oder mehrere dieser Hinderungsgründe vorliegen. [3] Liegt bei Wegfall des Hinderungsgrundes ein neuer Hinderungsgrund vor, kann mit Zustimmung der obersten Dienstbehörde Trennungsgeld bis zu längstens einem Jahr weiterbewilligt werden. [4] Nach Wegfall des Hinderungsgrundes darf Trennungsgeld auch bei erneutem Wohnungsmangel nicht gewährt werden.

(3) Ist ein Umzug, für den Umzugskostenvergütung zugesagt ist, aus Anlaß einer Maßnahme nach § 1 Abs. 2 vor deren Wirksamwerden durchgeführt, kann Trennungsgeld in sinngemäßer Anwendung dieser Verordnung bis zum Tag vor der Dienstantrittsreise, längstens für sechs Monate gewährt werden.

(4) Wird die Zusage der Umzugskostenvergütung außerhalb eines Rechtsbehelfsverfahrens aufgehoben, wird dadurch ein Trennungsgeldanspruch nicht begründet; ein erloschener Trennungsgeldanspruch lebt nicht wieder auf.

§ 3 Trennungsgeld beim auswärtigen Verbleiben. (1) [1] Ein Berechtigter, der nicht täglich zum Wohnort zurückkehrt und dem die tägliche Rückkehr nicht zuzumuten oder aus dienstlichen Gründen nicht gestattet ist, erhält für die ersten 14 Tage nach beendeter Dienstantrittsreise als Trennungsgeld die gleiche Vergütung wie bei Dienstreisen (Trennungsreisegeld). [2] Die tägliche Rückkehr zum Wohnort ist in der Regel nicht zuzumuten, wenn beim Benutzen regelmäßig verkehrender Beförderungsmittel die Abwesenheit von der Wohnung mehr als zwölf Stunden oder die benötigte Zeit für das Zurücklegen der Strecke zwischen Wohnung und Dienststätte und zurück mehr als drei Stunden beträgt. [3] Ändert sich vorübergehend der Beschäftigungsort auf Grund einer Maßnahme nach § 1 Abs. 2 oder für volle Kalendertage der Abwesenheit wegen einer Dienstreise für längstens drei Monate, wird bei Rückkehr nach Beendigung der Maßnahme oder Dienstreise Trennungsreisegeld gewährt, soweit der Anspruchszeitraum nach Satz 1 noch nicht ausgeschöpft war.

(2) [1] Vom 15. Tag, im Falle des § 2 Abs. 3 vom Tag nach Beendigung des Umzuges an wird unter der Voraussetzung, daß eine Wohnung oder Unterkunft am bisherigen Wohnort beibehalten wird, als Trennungsgeld Trennungstagegeld und Trennungsübernachtungsgeld nach Maßgabe des § 8 des Bundesreisekostengesetzes[1)] gewährt. [2] Ist Umzugskostenvergütung nicht zugesagt, wird vom 15. Tage an Trennungsgeld nach Maßgabe des § 8 des Bundesreisekostengesetzes auch gewährt, solange nach dem Umzug eine Wohnung oder Unterkunft außerhalb des neuen Dienstortes einschließlich des Einzugsgebietes (§ 3 Abs. 1 Nr. 1 Buchstabe c des Bundesumzugskostengesetzes[2)]) weiter besteht und mehrere Haushalte geführt werden; § 7 Abs. 2 ist zu beachten. [3] § 6 Absatz 2 und § 7 Absatz 2 des Bundesreisekostengesetzes gelten entsprechend.

(3) Notwendige Fahrtkosten zwischen der außerhalb des Dienstortes bereitgestellten Unterkunft und der Dienststätte werden in entsprechender Anwendung des § 5 Absatz 4 erstattet.

§ 4 Sonderbestimmungen beim auswärtigen Verbleiben. (1) Das Tagegeld des Trennungsreisegeldes und das Trennungstagegeld werden für volle Kalendertage

1. der Abwesenheit vom neuen Dienstort und dem Ort der auf Grund einer dienstlichen Maßnahme nach § 1 Abs. 2 bezogenen Unterkunft,
2. des Aufenthaltes in einem Krankenhaus, einer Sanatoriumsbehandlung oder einer Heilkur,
3. der Beschäftigungsverbote nach den mutterschutzrechtlichen Bestimmungen

nicht gewährt.

(2) Auf das Tagegeld des Trennungsreisegeldes ist die für eine Dienstreise oder einen Dienstgang von weniger als 24 Stunden Dauer zustehende Reisekostenvergütung für Verpflegungsmehraufwand anzurechnen.

(3) Das Übernachtungsgeld des Trennungsreisegeldes und das Trennungsübernachtungsgeld werden bei einer Änderung des Dienstortes auf Grund einer Maßnahme nach § 1 Abs. 2 und in den Fällen des Absatzes 1 weitergewährt, solange die Aufgabe einer entgeltlichen Unterkunft nicht zumutbar oder wegen der mietvertraglichen Bindung nicht möglich ist.

(4) [1] Wird der Dienstort in den Fällen des Absatzes 1 Nr. 3 oder auf Grund einer Erkrankung verlassen, werden die Fahrauslagen bis zur Höhe der Kosten für die Fahrt zum Wohnort und zurück wie bei einer Dienstreise erstattet.

---

1) Nr. **24**.
2) Nr. **25**.

[2]Nach Rückkehr steht dem Berechtigten kein Trennungsreisegeld zu, wenn die Unterkunft wieder in Anspruch genommen werden kann, für die das Trennungsgeld nach Absatz 3 bis zur Rückkehr gewährt wird.

(5) Berechtigte, denen erfahrungsgemäß geringere Aufwendungen für Verpflegung als allgemein entstehen, erhalten nach näherer Bestimmung der obersten Dienstbehörde oder der von ihr ermächtigten nachgeordneten Behörde entsprechend den notwendigen Mehrauslagen ein ermäßigtes Trennungsgeld.

(6) [1]Ändert sich der neue Dienstort auf Grund einer Maßnahme nach § 1 Abs. 2 für längstens drei Monate, werden nachgewiesene notwendige Kosten für das Beibehalten der Unterkunft erstattet. [2]Bei tatsächlicher oder zumutbarer täglicher Rückkehr wird neben dem Trennungsgeld nach § 3 eine Entschädigung nach § 6 Abs. 1, 3 und 4 gewährt.

(7) Bei Elternzeit und bei Freistellungen nach dem Pflegezeitgesetz werden die nachgewiesenen notwendigen Kosten für das Beibehalten der Unterkunft für längstens drei Monate erstattet.

(8) Wird nach einem Umzug mit Zusage der Umzugskostenvergütung kein Trennungsgeld für die bisherige Unterkunft mehr gewährt, werden die notwendigen Auslagen für diese Unterkunft längstens bis zu dem Zeitpunkt erstattet, zu dem das Mietverhältnis frühestens gelöst werden kann.

§ 5 Reisebeihilfe für Heimfahrten. (1) Ein Berechtigter nach § 3 hat einen Anspruch auf Reisebeihilfen nach Maßgabe des § 8 des Bundesreisekostengesetzes[1)].

(2) Verzichtet ein Berechtigter bei Maßnahmen nach § 1 Abs. 2 Nr. 1 bis 5 unwiderruflich auf die Zusage der Umzugskostenvergütung, und ist aus dienstlichen Gründen ein Umzug nicht erforderlich (§ 3 Abs. 1 Nr. 1 Buchstabe d des Bundesumzugskostengesetzes[2)]), gilt Absatz 1 mit der Maßgabe, daß Reisebeihilfe für längstens ein Jahr gewährt wird.

(3) Anstelle einer Reise des Berechtigten kann eine Reise folgender Personen berücksichtigt werden:

1. des Ehegatten, des Lebenspartners oder eines Kindes oder
2. eines Verwandten bis zum vierten Grad, eines Verschwägerten bis zum zweiten Grad, eines Pflegekindes oder von Pflegeeltern, wenn der Berechtigte mit diesen Personen in häuslicher Gemeinschaft lebt und ihnen aus gesetzlicher oder sittlicher Verpflichtung nicht nur vorübergehend Unterkunft und Unterhalt ganz oder überwiegend gewährt.

(4) [1]Als Reisebeihilfe werden pro Heimfahrt Fahrt- oder Flugkosten nach Maßgabe des § 8 des Bundesreisekostengesetzes gewährt. [2]§ 4 Absatz 2 des Bundesreisekostengesetzes gilt entsprechend.

§ 5a[3)] Reisebeihilfe für Heimfahrten bei Einsatz im Rahmen von Unterstützungsmaßnahmen zur Bewältigung der steigenden Zahl von Asylbewerbern. [1]Berechtigte nach § 3, die zur Bewältigung der steigenden Zahl von Asylbewerbern für von der obersten Dienstbehörde beschlossene personelle Unterstützungsmaßnahmen eingesetzt werden, erhalten eine Reise-

---

[1)] Nr. **24**.
[2)] Nr. **25**.
[3)] Zur Anwendung siehe § 10.

beihilfe für jede Woche. [2] § 5 Absatz 1 Satz 2 bis 4 und Absatz 2 bis 4 bleibt im Übrigen unberührt.

§ 5b (weggefallen)

§ 6 Trennungsgeld bei täglicher Rückkehr zum Wohnort. (1) [1] Ein Berechtigter, der täglich an den Wohnort zurückkehrt oder dem die tägliche Rückkehr zuzumuten ist (§ 3 Abs. 1 Satz 2), erhält als Trennungsgeld Fahrtkostenerstattung oder Wegstreckenentschädigung wie bei Dienstreisen. [2] Hierauf sind die Fahrauslagen anzurechnen, die für das Zurücklegen der Strecke zwischen Wohnung und der bisherigen, bei einer Kette von Maßnahmen nach § 1 Abs. 2 der ursprünglichen Dienststätte entstanden wären, wenn die Entfernung mindestens fünf Kilometer beträgt. [3] Dabei ist als Aufwand ein Betrag von 0,08 Euro je Entfernungskilometer und Arbeitstag zugrunde zu legen. [4] Von der Anrechnung ist ganz oder teilweise abzusehen, wenn der Berechtigte nachweist, daß er bei Fahrten zwischen Wohnung und bisheriger Dienststätte üblicherweise keinen entsprechenden Aufwand hätte.

(2) Zusätzlich wird ein Verpflegungszuschuß von 2,05 Euro je Arbeitstag gewährt, wenn die notwendige Abwesenheit von der Wohnung mehr als elf Stunden beträgt, es sei denn, daß Anspruch auf Reisekostenvergütung für Verpflegungsmehraufwand besteht.

(3) Muß aus dienstlichen Gründen am Dienstort übernachtet werden, werden die dadurch entstandenen notwendigen Mehraufwendungen erstattet.

(4) [1] Das Trennungsgeld nach den Absätzen 1 und 2 darf das in einem Kalendermonat zustehende Trennungsgeld nach den §§ 3 und 4 sowie das Tage- und Übernachtungsgeld für die Hin- und Rückreise nicht übersteigen. [2] Als Übernachtungsgeld wird für die ersten 14 Tage höchstens der Betrag nach § 7 Abs. 1 Satz 1 des Bundesreisekostengesetzes[1)] und ab dem 15. Tag als Trennungsübernachtungsgeld 75 Prozent dieses Betrages berücksichtigt.

§ 7 Sonderfälle. (1) Anspruch auf Trennungsgeld besteht weiter, wenn sich aus Anlaß einer neuen Maßnahme nach § 1 Abs. 2 der neue Dienstort nicht ändert.

(2) Nach einem Umzug, für den Umzugskostenvergütung nicht zu gewähren ist, darf das Trennungsgeld nicht höher sein als das bisherige.

(3) [1] Das Trennungsgeld kann ganz oder teilweise versagt werden, wenn die Führung der Dienstgeschäfte verboten ist oder infolge einer vorläufigen Dienstenthebung oder einer gesetzmäßig angeordneten Freiheitsentziehung der Dienst nicht ausgeübt werden kann. [2] Das gilt nicht, wenn der Berechtigte auf Grund einer dienstlichen Weisung am Dienstort bleibt.

(4) Anspruch auf Trennungsgeld besteht nur, solange Anspruch auf Besoldung besteht; § 4 Absatz 7 bleibt hiervon unberührt.

§ 8 Ende des Trennungsgeldanspruchs. (1) Das Trennungsgeld wird bis zum Tag des Wegfalls der maßgebenden Voraussetzungen gewährt.

(2) Bei einem Umzug mit Zusage der Umzugskostenvergütung wird Trennungsgeld längstens gewährt bis vor dem Tag, für den der Berechtigte für seine

---

[1)] Nr. 24.

Person Reisekostenerstattung nach § 7 Abs. 1 des Bundesumzugskostengesetzes[1)] erhält, im übrigen bis zum Tag des Ausladens des Umzugsgutes.

(3) Bei einer neuen dienstlichen Maßnahme nach § 1 Abs. 2 wird Trennungsgeld bis zu dem Tag gewährt, an dem der Dienstort verlassen wird, bei Gewährung von Reisekostenvergütung für diesen Tag bis zum vorausgehenden Tag.

§ 9 Verfahrensvorschriften. (1) [1]Das Trennungsgeld ist innerhalb einer Ausschlußfrist von einem Jahr nach Beginn der Maßnahme nach § 1 Abs. 2 schriftlich oder elektronisch zu beantragen. [2]Trennungsgeld wird monatlich nachträglich auf Grund von Forderungsnachweisen gezahlt, die der Berechtigte innerhalb einer Ausschlußfrist von einem Jahr nach Ablauf des maßgeblichen Kalendermonats abzugeben hat. [3]Satz 2 gilt entsprechend für Anträge auf Reisebeihilfe nach Ablauf des maßgebenden Anspruchszeitraums.

(2) Der Berechtigte hat nachzuweisen, daß die Voraussetzungen für die Trennungsgeldgewährung vorliegen, insbesondere hat er das fortwährende Bemühen um eine Wohnung (§ 2 Abs. 1) zu belegen.

(3) Die oberste Dienstbehörde bestimmt die Behörde, die das Trennungsgeld gewährt.

§ 10 Anwendungsvorschrift. § 5a ist nur bis zum 31. Dezember 2023 anzuwenden.

§§ 11–15 *(aufgehoben)*

[1)] Nr. 25.

27. Gesetz über die Versorgung der Beamten und Richter des Bundes (Beamtenversorgungsgesetz – BeamtVG)[1] [2] [3] [4]

In der Fassung der Bekanntmachung vom 24. Februar 2010[5]
(BGBl. I S. 150)

FNA 2030-25

zuletzt geänd. durch Art. 20g G zur Änd. des InfektionsschutzG und weiterer G anlässlich der Aufhebung der Feststellung der epidemischen Lage von nationaler Tragweite v. 22.11.2021 (BGBl. I S. 4906)

Inhaltsübersicht

Abschnitt 1. Allgemeine Vorschriften

§ 1 Geltungsbereich
§ 1a Lebenspartnerschaft
§ 2 Arten der Versorgung
§ 3 Regelung durch Gesetz

Abschnitt 2. Ruhegehalt, Unterhaltsbeitrag

§ 4 Entstehen und Berechnung des Ruhegehalts
§ 5 Ruhegehaltfähige Dienstbezüge
§ 6 Regelmäßige ruhegehaltfähige Dienstzeit
§ 6a Zeiten im öffentlichen Dienst einer zwischenstaatlichen oder überstaatlichen Einrichtung
§ 7 Erhöhung der ruhegehaltfähigen Dienstzeit
§ 8 Berufsmäßiger Wehrdienst und vergleichbare Zeiten
§ 9 Nichtberufsmäßiger Wehrdienst und vergleichbare Zeiten
§ 10 Zeiten im privatrechtlichen Arbeitsverhältnis im öffentlichen Dienst
§ 11 Sonstige Zeiten
§ 12 Ausbildungszeiten
§ 12a Nicht zu berücksichtigende Zeiten
§ 12b Zeiten in dem in Artikel 3 des Einigungsvertrages genannten Gebiet
§ 13 Zurechnungszeit und Zeit gesundheitsschädigender Verwendung
§ 14 Höhe des Ruhegehalts
§ 14a Vorübergehende Erhöhung des Ruhegehaltssatzes
§ 15 Unterhaltsbeitrag für entlassene Beamte auf Lebenszeit und auf Probe
§ 15a Beamte auf Zeit und auf Probe in leitender Funktion

Abschnitt 3. Hinterbliebenenversorgung

§ 16 Allgemeines
§ 17 Bezüge für den Sterbemonat
§ 18 Sterbegeld
§ 19 Witwengeld
§ 20 Höhe des Witwengeldes
§ 21 Witwenabfindung
§ 22 Unterhaltsbeitrag für nicht witwengeldberechtigte Witwen und frühere Ehefrauen
§ 23 Waisengeld

---

[1] Die in der Neubekanntmachung v. 24.2.2010 als Fußnoten wiedergegebenen, zum 1.9.2009 in Kraft getretenen Änderungen durch das G v. 3.4.2009 (BGBl. I S. 700) wurden in den laufenden Text übernommen.

[2] Zur Anwendung in den Ländern siehe § 108.

[3] Die Änderung durch das G v. 12.12.2019 (BGBl. I S. 2652) tritt erst **mWv 1.1.2024** in Kraft und ist noch nicht im Text berücksichtigt.

[4] Die Änderungen durch G v. 20.8.2021 (BGBl. I S. 3932) treten erst **mWv 1.1.2024** bzw. **mWv 1.1.2025** in Kraft und sind noch nicht im Text berücksichtigt.

[5] Neubekanntmachung des Beamtenversorgungsgesetzes idF der Bek. v. 16.3.1999 (BGBl. I S. 322) in der ab 1.7.2009 geltenden Fassung.

§ 24 Höhe des Waisengeldes
§ 25 Zusammentreffen von Witwengeld, Waisengeld und Unterhaltsbeiträgen
§ 26 Unterhaltsbeitrag für Hinterbliebene von Beamten auf Lebenszeit und auf Probe
§ 27 Beginn der Zahlungen
§ 28 Witwerversorgung

Abschnitt 4. Bezüge bei Verschollenheit

§ 29 Zahlung der Bezüge

Abschnitt 5. Unfallfürsorge

§ 30 Allgemeines
§ 31 Dienstunfall
§ 31a Einsatzversorgung
§ 32 Erstattung von Sachschäden und besonderen Aufwendungen
§ 33 Heilverfahren
§ 34 Pflegekosten
§ 35 Unfallausgleich
§ 36 Unfallruhegehalt
§ 37 Erhöhtes Unfallruhegehalt
§ 38 Unterhaltsbeitrag für frühere Beamte und frühere Ruhestandsbeamte
§ 38a Unterhaltsbeitrag bei Schädigung eines ungeborenen Kindes
§ 39 Unfall-Hinterbliebenenversorgung
§ 40 Unterhaltsbeitrag für Verwandte der aufsteigenden Linie
§ 41 Unterhaltsbeitrag für Hinterbliebene
§ 42 Höchstgrenzen der Hinterbliebenenversorgung
§ 43 Einmalige Unfallentschädigung und einmalige Entschädigung
§ 43a Schadensausgleich in besonderen Fällen
§ 44 Nichtgewährung von Unfallfürsorge
§ 45 Meldung und Untersuchungsverfahren
§ 46 Begrenzung der Unfallfürsorgeansprüche
§ 46a (weggefallen)

Abschnitt 6. Übergangsgeld, Ausgleich

§ 47 Übergangsgeld
§ 47a Übergangsgeld für entlassene politische Beamte
§ 48 Ausgleich bei besonderen Altersgrenzen

Abschnitt 7. Gemeinsame Vorschriften

§ 49 Festsetzung und Zahlung der Versorgungsbezüge, Versorgungsauskunft
§ 50 Familienzuschlag und Ausgleichsbetrag
§ 50a Kindererziehungszuschlag
§ 50b Kindererziehungsergänzungszuschlag
§ 50c Kinderzuschlag zum Witwengeld
§ 50d Pflege- und Kinderpflegeergänzungszuschlag
§ 50e Vorübergehende Gewährung von Zuschlägen
§ 50f Abzug für Pflegeleistungen
§ 51 Abtretung, Verpfändung, Aufrechnungs- und Zurückbehaltungsrecht
§ 52 Rückforderung von Versorgungsbezügen
§ 53 Zusammentreffen von Versorgungsbezügen mit Erwerbs- und Erwerbsersatzeinkommen
§ 53a Zusammentreffen von Versorgungsbezügen mit Altersgeld, Witwenaltersgeld oder Waisenaltersgeld
§ 54 Zusammentreffen mehrerer Versorgungsbezüge
§ 55 Zusammentreffen von Versorgungsbezügen mit Renten
§ 55a Zusammentreffen von Versorgungsbezügen mit Versorgungsabfindungen
§ 56 Zusammentreffen von Versorgungsbezügen mit einer laufenden Alterssicherungsleistung aus zwischenstaatlicher oder überstaatlicher Verwendung
§ 57 Kürzung der Versorgungsbezüge nach der Ehescheidung
§ 58 Abwendung der Kürzung der Versorgungsbezüge
§ 59 Erlöschen der Versorgungsbezüge wegen Verurteilung
§ 60 Erlöschen der Versorgungsbezüge bei Ablehnung einer erneuten Berufung
§ 61 Erlöschen der Witwen- und Waisenversorgung
§ 62 Anzeigepflicht
§ 62a Versorgungsbericht, Mitteilungspflichten

§ 63 Gleichstellungen

Abschnitt 8. Sondervorschriften

§ 64 Entzug von Hinterbliebenenversorgung
§ 65 Nichtberücksichtigung der Versorgungsbezüge

Abschnitt 9. Versorgung besonderer Beamtengruppen

§ 66 Beamte auf Zeit
§ 67 Professoren an Hochschulen, Hochschuldozenten, Oberassistenten, Oberingenieure, Wissenschaftliche und Künstlerische Assistenten mit Bezügen nach § 77 Absatz 2 des Bundesbesoldungsgesetzes sowie Professoren und hauptberufliche Leiter und Mitglieder von Leitungsgremien an Hochschulen mit Bezügen nach der Bundesbesoldungsordnung W
§ 68 Ehrenbeamte

Abschnitt 10. Übergangsvorschriften

§ 69 Anwendung bisherigen und neuen Rechts für am 1. Januar 1977 vorhandene Versorgungsempfänger
§ 69a Anwendung bisherigen und neuen Rechts für am 1. Januar 1992 vorhandene Versorgungsempfänger
§ 69b Übergangsregelungen für vor dem 1. Juli 1997 eingetretene Versorgungsfälle
§ 69c Übergangsregelungen für vor dem 1. Januar 1999 eingetretene Versorgungsfälle und für am 1. Januar 1999 vorhandene Beamte
§ 69d Übergangsregelungen für vor dem 1. Januar 2001 eingetretene Versorgungsfälle und für am 1. Januar 2001 vorhandene Beamte und Versorgungsempfänger
§ 69e Übergangsregelungen aus Anlass des Versorgungsänderungsgesetzes 2001 sowie des Dienstrechtsneuordnungsgesetzes
§ 69f Übergangsregelungen zur Berücksichtigung von Hochschulausbildungszeiten
§ 69g Versorgungsüberleitungsregelungen aus Anlass des Dienstrechtsneuordnungsgesetzes
§ 69h Übergangsregelungen zur Anhebung des Ruhestandseintrittsalters
§ 69i Übergangsregelung aus Anlass des Einsatzversorgungs-Verbesserungsgesetzes und des Bundeswehr-Attraktivitätssteigerungsgesetzes
§ 69j Übergangsregelung aus Anlass des Professorenbesoldungsneuregelungsgesetzes
§ 69k Übergangsregelung aus Anlass des Gesetzes zur Änderung des Versorgungsrücklagegesetzes und weiterer dienstrechtlicher Vorschriften
§ 69l Übergangsregelung zu § 55
§ 69m Übergangsregelung aus Anlass des Besoldungsstrukturenmodernisierungsgesetzes

Abschnitt 11. Anpassung der Versorgungsbezüge

§ 70 Allgemeine Anpassung
§ 71 Erhöhung der Versorgungsbezüge
§§ 72 bis 76 (weggefallen)

Abschnitt 12. (weggefallen)

Abschnitt 13. Übergangsvorschriften alten Rechts

§ 84 Ruhegehaltfähige Dienstzeit
§ 85 Ruhegehaltssatz für am 31. Dezember 1991 vorhandene Beamte
§ 85a Erneute Berufung in das Beamtenverhältnis
§ 86 Hinterbliebenenversorgung
§ 87 Unfallfürsorge
§ 88 Abfindung
§ 89 (weggefallen)
§ 90 Zusammentreffen von Versorgungsbezügen mit Versorgung aus zwischenstaatlicher und überstaatlicher Verwendung
§ 91 Hochschullehrer, Wissenschaftliche Assistenten und Lektoren
§§ 92 bis 104 (weggefallen)

Abschnitt 14. Schlussvorschriften

§ 105 Außerkrafttreten
§ 106 Verweisung auf aufgehobene Vorschriften
§ 107 Ermächtigung zum Erlass von Rechtsverordnungen und Verwaltungsvorschriften
§ 107a Überleitungsregelungen aus Anlass der Herstellung der Einheit Deutschlands
§ 107b Verteilung der Versorgungslasten
§ 107c Verteilung der Versorgungslasten bei erneuter Berufung in ein öffentlich-rechtliches Dienstverhältnis in dem in Artikel 3 des Einigungsvertrages genannten Gebiet

§ 107d Befristete Ausnahme für Verwendungseinkommen
§ 107e Sonderregelungen zur Bewältigung der COVID-19-Pandemie
§ 108 Anwendungsbereich in den Ländern
§ 109 (Inkrafttreten)

Abschnitt 1. Allgemeine Vorschriften

§ 1 Geltungsbereich. (1) Dieses Gesetz regelt die Versorgung der Beamten des Bundes.

(2) Dieses Gesetz gilt nach Maßgabe des Deutschen Richtergesetzes entsprechend für die Versorgung der Richter des Bundes.

(3) Dieses Gesetz gilt nicht für die öffentlich-rechtlichen Religionsgesellschaften und ihre Verbände.

§ 1a Lebenspartnerschaft. Von den Vorschriften dieses Gesetzes gelten entsprechend:

1. Vorschriften, die sich auf das Bestehen oder das frühere Bestehen einer Ehe beziehen, für das Bestehen oder das frühere Bestehen einer Lebenspartnerschaft,
2. Vorschriften, die sich auf die Eheschließung oder die Heirat beziehen, für die Begründung einer Lebenspartnerschaft,
3. Vorschriften, die sich auf die Auflösung oder Scheidung einer Ehe beziehen, für die Aufhebung einer Lebenspartnerschaft,
4. Vorschriften, die sich auf den Ehegatten beziehen, für den Lebenspartner,
5. Vorschriften, die sich auf den geschiedenen Ehegatten oder früheren Ehegatten beziehen, für den früheren Lebenspartner aus einer aufgehobenen Lebenspartnerschaft und
6. Vorschriften, die sich auf die Witwe, den Witwer oder den hinterbliebenen Ehegatten beziehen, für den hinterbliebenen Lebenspartner.

§ 2 Arten der Versorgung. Versorgungsbezüge sind

1. Ruhegehalt oder Unterhaltsbeitrag,
2. Hinterbliebenenversorgung,
3. Bezüge bei Verschollenheit,
4. Unfallfürsorge,
5. Übergangsgeld,
6. Ausgleich bei besonderen Altersgrenzen,
7. Erhöhungsbetrag nach § 14 Absatz 4 Satz 3 Halbsatz 1,
8. Unterschiedsbetrag nach § 50 Absatz 1 Satz 2 und 3,
9. Leistungen nach den §§ 50a bis 50e,
10. Ausgleichsbetrag nach § 50 Absatz 3,
11. Anpassungszuschlag nach § 69b Satz 5,
12. Einmalzahlung nach Abschnitt 11.

§ 3 Regelung durch Gesetz. (1) Die Versorgung der Beamten und ihrer Hinterbliebenen wird durch Gesetz geregelt.

(2) [1] Zusicherungen, Vereinbarungen und Vergleiche, die dem Beamten eine höhere als die ihm gesetzlich zustehende Versorgung verschaffen sollen, sind

unwirksam. [2]Das Gleiche gilt für Versicherungsverträge, die zu diesem Zweck abgeschlossen werden.

(3) Auf die gesetzlich zustehende Versorgung kann weder ganz noch teilweise verzichtet werden.

Abschnitt 2. Ruhegehalt, Unterhaltsbeitrag

§ 4 Entstehen und Berechnung des Ruhegehalts. (1) [1]Ein Ruhegehalt wird nur gewährt, wenn der Beamte

1. eine Dienstzeit von mindestens fünf Jahren abgeleistet hat oder
2. infolge Krankheit, Verwundung oder sonstiger Beschädigung, die er sich ohne grobes Verschulden bei Ausübung oder aus Veranlassung des Dienstes zugezogen hat, dienstunfähig geworden ist.

[2]Die Dienstzeit wird vom Zeitpunkt der ersten Berufung in das Beamtenverhältnis ab gerechnet und nur berücksichtigt, sofern sie ruhegehaltfähig ist; § 6 Absatz 1 Satz 3 und 4 ist insoweit nicht anzuwenden. [3]Zeiten, die kraft gesetzlicher Vorschrift als ruhegehaltfähig gelten oder nach § 10 als ruhegehaltfähige Dienstzeit berücksichtigt werden, sind einzurechnen; Satz 2 zweiter Halbsatz gilt entsprechend. [4]Satz 3 gilt nicht für Zeiten, die der Beamte vor dem 3. Oktober 1990 in dem in Artikel 3 des Einigungsvertrages genannten Gebiet zurückgelegt hat.

(2) Der Anspruch auf Ruhegehalt entsteht mit dem Beginn des Ruhestandes, in den Fällen des § 4 des Bundesbesoldungsgesetzes[1)] nach Ablauf der Zeit, für die Dienstbezüge gewährt werden.

(3) Das Ruhegehalt wird auf der Grundlage der ruhegehaltfähigen Dienstbezüge und der ruhegehaltfähigen Dienstzeit berechnet.

§ 5 Ruhegehaltfähige Dienstbezüge. (1) [1]Ruhegehaltfähige Dienstbezüge sind

1. das Grundgehalt,
2. der Familienzuschlag (§ 50 Absatz 1) der Stufe 1,
3. sonstige Dienstbezüge, die im Besoldungsrecht als ruhegehaltfähig bezeichnet sind,
4. Leistungsbezüge nach § 33 Absatz 1 des Bundesbesoldungsgesetzes[1)], soweit sie nach § 33 Absatz 3 des Bundesbesoldungsgesetzes ruhegehaltfähig sind oder auf Grund der nach § 33 Absatz 4 des Bundesbesoldungsgesetzes erlassenen Rechtsverordnungen für ruhegehaltfähig erklärt wurden,

die dem Beamten in den Fällen der Nummern 1 und 3 zuletzt zugestanden haben oder in den Fällen der Nummer 2 nach dem Besoldungsrecht zustehen würden; sie werden mit dem Faktor 0,9901 vervielfältigt. [2]Bei Teilzeitbeschäftigung und Beurlaubung ohne Dienstbezüge (Freistellung) gelten als ruhegehaltfähige Dienstbezüge die dem letzten Amt entsprechenden vollen ruhegehaltfähigen Dienstbezüge. [3]Satz 2 gilt entsprechend bei eingeschränkter Verwendung eines Beamten wegen begrenzter Dienstfähigkeit nach § 45 des

---

[1)] Nr. 18.

Bundesbeamtengesetzes[1]. [4] § 78 des Bundesbesoldungsgesetzes ist nicht anzuwenden.

(2) Ist der Beamte wegen Dienstunfähigkeit auf Grund eines Dienstunfalls im Sinne des § 31 in den Ruhestand versetzt worden, so ist das Grundgehalt der nach Absatz 1 Satz 1 Nummer 1, Absatz 3 oder 5 maßgebenden Besoldungsgruppe nach der Stufe zugrunde zu legen, die er bis zum Eintritt in den Ruhestand wegen Erreichens der Altersgrenze hätte erreichen können.

(3) [1] Ist ein Beamter aus einem Amt in den Ruhestand getreten, das nicht der Eingangsbesoldungsgruppe seiner Laufbahn oder das keiner Laufbahn angehört, und hat er die Dienstbezüge dieses oder eines mindestens gleichwertigen Amtes vor dem Eintritt in den Ruhestand nicht mindestens zwei Jahre erhalten, so sind ruhegehaltfähig nur die Bezüge des vorher bekleideten Amtes. [2] Hat der Beamte vorher ein Amt nicht bekleidet, so setzt die oberste Dienstbehörde im Einvernehmen mit dem Bundesministerium des Innern, für Bau und Heimat oder mit der von diesem bestimmten Behörde die ruhegehaltfähigen Dienstbezüge bis zur Höhe der ruhegehaltfähigen Dienstbezüge der nächstniedrigeren Besoldungsgruppe fest. [3] In die Zweijahresfrist einzurechnen ist die innerhalb dieser Frist liegende Zeit einer Beurlaubung ohne Dienstbezüge, soweit sie als ruhegehaltfähig berücksichtigt worden ist.

(4) Absatz 3 gilt nicht, wenn der Beamte vor Ablauf der Frist infolge von Krankheit, Verwundung oder sonstiger Beschädigung, die er sich ohne grobes Verschulden bei Ausübung oder aus Veranlassung des Dienstes zugezogen hat, in den Ruhestand getreten ist.

(5) [1] Das Ruhegehalt eines Beamten, der früher ein mit höheren Dienstbezügen verbundenes Amt bekleidet und diese Bezüge mindestens zwei Jahre erhalten hat, wird, sofern der Beamte in ein mit geringeren Dienstbezügen verbundenes Amt nicht lediglich auf seinen im eigenen Interesse gestellten Antrag übergetreten ist, nach den höheren ruhegehaltfähigen Dienstbezügen des früheren Amtes und der gesamten ruhegehaltfähigen Dienstzeit berechnet. [2] Absatz 3 Satz 3 und Absatz 4 gelten entsprechend. [3] Das Ruhegehalt darf jedoch die ruhegehaltfähigen Dienstbezüge des letzten Amtes nicht übersteigen.

(6) [1] Verringern sich bei einem Wechsel in ein Amt der Besoldungsordnung W die ruhegehaltfähigen Dienstbezüge, berechnet sich das Ruhegehalt aus den ruhegehaltfähigen Dienstbezügen des früheren Amtes und der gesamten ruhegehaltfähigen Dienstzeit, sofern der Beamte die Dienstbezüge des früheren Amtes mindestens zwei Jahre erhalten hat; hierbei ist die zum Zeitpunkt des Wechsels in die Besoldungsordnung W erreichte Stufe des Grundgehaltes zugrunde zu legen. [2] Auf die Zweijahresfrist wird der Zeitraum, in dem der Beamte Dienstbezüge aus einem Amt der Besoldungsordnung W erhalten hat, angerechnet. [3] Absatz 5 Satz 2 und 3 gilt entsprechend.

§ 6 Regelmäßige ruhegehaltfähige Dienstzeit. (1) [1] Ruhegehaltfähig ist die Dienstzeit, die der Beamte vom Tage seiner ersten Berufung in das Beamtenverhältnis an im Dienst eines öffentlich-rechtlichen Dienstherrn im Beamtenverhältnis zurückgelegt hat. [2] Dies gilt nicht für die Zeit

1. *(aufgehoben)*

---

[1] Nr. 2.

2. in einem Amt, das die Arbeitskraft des Beamten nur nebenbei beansprucht,
3. einer Tätigkeit als Beamter, der ohne Ruhegehaltsberechtigung nur Gebühren bezieht, soweit sie nicht nach § 11 Nummer 1 Buchstabe a berücksichtigt wird,
4. einer ehrenamtlichen Tätigkeit,
5. einer Beurlaubung ohne Dienstbezüge; Zeiten einer Beurlaubung ohne Dienstbezüge, die keine Zeiten im öffentlichen Dienst einer zwischenstaatlichen oder überstaatlichen Einrichtung sind, können berücksichtigt werden, wenn
   a) spätestens bei Beendigung des Urlaubs schriftlich oder elektronisch anerkannt worden ist, dass dieser dienstlichen Interessen oder öffentlichen Belangen dient, und
   b) der Beamte für die Dauer der Beurlaubung einen Versorgungszuschlag zahlt, sofern gesetzlich nichts anderes bestimmt ist; der Versorgungszuschlag beträgt 30 Prozent der ohne Beurlaubung zustehenden ruhegehaltfähigen Dienstbezüge, wobei Leistungsbezüge nach § 5 Absatz 1 Nummer 4 von Anfang an in voller Höhe zu berücksichtigen sind; das Bundesministerium des Innern, für Bau und Heimat kann Ausnahmen zulassen,
6. eines schuldhaften Fernbleibens vom Dienst unter Verlust der Dienstbezüge,
7. für die eine Abfindung aus öffentlichen Mitteln gewährt ist.

[3] Zeiten einer Teilzeitbeschäftigung sind nur zu dem Teil ruhegehaltfähig, der dem Verhältnis der ermäßigten zur regelmäßigen Arbeitszeit entspricht; Zeiten einer Altersteilzeit nach § 93 des Bundesbeamtengesetzes[1)] sowie nach entsprechenden Bestimmungen für Richter sind zu neun Zehnteln der Arbeitszeit ruhegehaltfähig, die der Bemessung der ermäßigten Arbeitszeit während der Altersteilzeit zugrunde gelegt worden ist. [4] Zeiten der eingeschränkten Verwendung eines Beamten wegen begrenzter Dienstfähigkeit nach § 45 des Bundesbeamtengesetzes sind nur zu dem Teil ruhegehaltfähig, der dem Verhältnis der ermäßigten zur regelmäßigen Arbeitszeit entspricht, mindestens im Umfang des § 13 Absatz 1 Satz 1.

(2) [1] Nicht ruhegehaltfähig sind Dienstzeiten
1. in einem Beamtenverhältnis, das durch eine Entscheidung der in § 41 Absatz 1 des Bundesbeamtengesetzes bezeichneten Art oder durch Disziplinarurteil beendet worden ist,
2. in einem Beamtenverhältnis auf Probe oder auf Widerruf, wenn der Beamte entlassen worden ist, weil er eine Handlung begangen hat, die bei einem Beamten auf Lebenszeit mindestens eine Kürzung der Dienstbezüge zur Folge hätte,
3. in einem Beamtenverhältnis, das durch Entlassung auf Antrag des Beamten beendet worden ist,
   a) wenn ihm ein Verfahren mit der Folge des Verlustes der Beamtenrechte oder der Entfernung aus dem Dienst drohte oder
   b) wenn der Beamte den Antrag gestellt hat, um einer drohenden Entlassung nach Nummer 2 zuvorzukommen.

[1)] Nr. 2.

[2] Die oberste Dienstbehörde kann Ausnahmen zulassen.

(3) Der im Beamtenverhältnis zurückgelegten Dienstzeit stehen gleich

1. die im Richterverhältnis zurückgelegte Dienstzeit,
2. die nach dem 8. Mai 1945 zurückgelegte Zeit als Mitglied der Bundesregierung oder einer Landesregierung,
3. die Zeit der Bekleidung des Amtes eines Parlamentarischen Staatssekretärs bei einem Mitglied der Bundesregierung nach dem 14. Dezember 1972 oder bei einem Mitglied einer Landesregierung, soweit entsprechende Voraussetzungen vorliegen.

§ 6a Zeiten im öffentlichen Dienst einer zwischenstaatlichen oder überstaatlichen Einrichtung. (1) [1] Zeiten einer hauptberuflichen Tätigkeit, die vor Beginn des Ruhestandes im öffentlichen Dienst einer zwischenstaatlichen oder überstaatlichen Einrichtung zurückgelegt worden sind, werden auf Antrag als ruhegehaltfähige Dienstzeit berücksichtigt. [2] § 6 Absatz 1 Satz 3 gilt entsprechend.

(2) [1] Hat der Beamte bei seinem Ausscheiden aus dem öffentlichen Dienst bei einer zwischenstaatlichen oder überstaatlichen Einrichtung einen Anspruch auf eine Alterssicherungsleistung in Form eines Kapitalbetrages, ist dem Antrag nach Absatz 1 Satz 1 nur dann stattzugeben, wenn der Beamte den ihm insgesamt zustehenden Betrag innerhalb von sechs Monaten nach Antragstellung an den Dienstherrn abführt. [2] Dauerte die Verwendung nach Beginn des Ruhestandes an, bleibt der Kapitalbetrag in Höhe des auf die Dauer der Verwendung nach Beginn des Ruhestandes entfallenden Anteils unberücksichtigt. [3] Bei der Anwendung des Satzes 2 gilt § 14 Absatz 1 Satz 2 und 3 entsprechend. [4] Hat der Beamte oder Ruhestandsbeamte vor seinem Ausscheiden aus dem öffentlichen Dienst der zwischenstaatlichen oder überstaatlichen Einrichtung unmittelbar oder mittelbar Zahlungen aus der einmaligen Leistung erhalten oder hat die Einrichtung diese durch Aufrechnung oder in anderer Form verringert, ist bei der Anwendung der Sätze 1 und 2 der ungekürzte Betrag zu berücksichtigen; Entsprechendes gilt, sofern der Beamte oder Ruhestandsbeamte auf die einmalige Alterssicherungsleistung verzichtet oder diese nicht beantragt. [5] Auf freiwilligen Beiträgen beruhende Anteile, einschließlich darauf entfallender Erträge, bleiben außer Betracht.

(3) [1] Liegt die Zeit der Verwendung bei einer zwischenstaatlichen oder überstaatlichen Einrichtung vor der Berufung in das Beamtenverhältnis zum Bund oder der Versetzung in den Bundesdienst, ist der Kapitalbetrag vom Beginn des auf die Beendigung der Verwendung folgenden Monats bis zum Ablauf des Monats, der dem Eintritt in den Bundesdienst vorausgeht, zu verzinsen. [2] Der Zinssatz beträgt für das Jahr zwei Prozentpunkte über dem Basiszinssatz, mindestens aber 2 Prozent. [3] § 14 Absatz 1 Satz 2 und 3 gilt entsprechend.

(4) [1] Der Antrag kann im Fall des Anspruchs auf eine Alterssicherungsleistung in Form eines Kapitalbetrages (Absatz 2) nur bis zum Ablauf des zwölften Kalendermonats nach Beendigung der Verwendung bei einer zwischenstaatlichen oder überstaatlichen Einrichtung oder nach der Berufung in das Beamtenverhältnis gestellt werden; die Versetzung in den Bundesdienst steht dabei der Berufung in das Beamtenverhältnis gleich. [2] In den übrigen Fällen kann der Antrag nur bis zum Ablauf des zwölften Monats nach Beginn des Ruhestandes

nach § 30 Nummer 4 des Bundesbeamtengesetzes[1)] gestellt werden; dauert die Verwendung über den Beginn des Ruhestandes hinaus an, tritt an die Stelle des Ruhestandsbeginns die Beendigung der Verwendung bei einer zwischenstaatlichen oder überstaatlichen Einrichtung. [3]Der Antrag wirkt ab Ruhestandsbeginn.

§ 7 Erhöhung der ruhegehaltfähigen Dienstzeit. [1]Die ruhegehaltfähige Dienstzeit nach § 6 erhöht sich um die Zeit, die

1. ein Ruhestandsbeamter in einem seine Arbeitskraft voll beanspruchenden Dienstverhältnis als Beamter, Richter, Berufssoldat oder in einem Amtsverhältnis im Sinne des § 6 Absatz 3 Nummer 2 und 3 zurückgelegt hat, ohne einen neuen Versorgungsanspruch zu erlangen,
2. im einstweiligen Ruhestand zurückgelegt worden ist, bis zu drei Jahren, wenn die Versetzung in den einstweiligen Ruhestand nach dem 31. Dezember 2011 erfolgt ist.

[2]§ 6 Absatz 1 Satz 2 Nummer 5 und 6 und Absatz 2 gilt entsprechend, für die Anwendung des Satzes 1 Nummer 1 außerdem § 6 Absatz 1 Satz 2 Nummer 7.

§ 8 Berufsmäßiger Wehrdienst und vergleichbare Zeiten. (1) Als ruhegehaltfähig gilt die Dienstzeit, in der ein Beamter vor der Berufung in das Beamtenverhältnis berufsmäßig im Dienst der Bundeswehr, der Nationalen Volksarmee der ehemaligen Deutschen Demokratischen Republik oder im Vollzugsdienst der Polizei gestanden hat.

(2) § 6 Absatz 1 Satz 2 Nummer 5 bis 7, Satz 3 und Absatz 2 gilt entsprechend.

§ 9 Nichtberufsmäßiger Wehrdienst und vergleichbare Zeiten.
(1) Als ruhegehaltfähig gilt die Zeit, während der ein Beamter vor der Berufung in das Beamtenverhältnis

1. nichtberufsmäßigen Wehrdienst in der Bundeswehr oder der Nationalen Volksarmee der ehemaligen Deutschen Demokratischen Republik oder einen vergleichbaren zivilen Ersatzdienst oder Polizeivollzugsdienst geleistet hat oder
2. sich insgesamt länger als drei Monate in einem Gewahrsam (§ 1 Absatz 1 Nummer 1 in Verbindung mit § 9 des Häftlingshilfegesetzes in der bis zum 28. Dezember 1991 geltenden Fassung) befunden hat oder
3. sich auf Grund einer Krankheit oder Verwundung als Folge eines Dienstes nach Nummer 1 oder im Sinne des § 8 Absatz 1 im Anschluss an die Entlassung arbeitsunfähig in einer Heilbehandlung befunden hat.

(2) § 6 Absatz 1 Satz 2 Nummer 2, 5 bis 7 und Absatz 2 gilt entsprechend.

§ 10 Zeiten im privatrechtlichen Arbeitsverhältnis im öffentlichen Dienst. [1]Als ruhegehaltfähig sollen auch folgende Zeiten berücksichtigt werden, in denen ein Beamter vor der Berufung in das Beamtenverhältnis im privatrechtlichen Arbeitsverhältnis im Dienst eines öffentlich-rechtlichen Dienstherrn ohne von dem Beamten zu vertretende Unterbrechung tätig war, sofern diese Tätigkeit zu seiner Ernennung geführt hat:

[1)] Nr. 2.

1. Zeiten einer hauptberuflichen in der Regel einem Beamten obliegenden oder später einem Beamten übertragenen entgeltlichen Beschäftigung oder
2. Zeiten einer für die Laufbahn des Beamten förderlichen Tätigkeit.

[2]Der Tätigkeit im Dienst eines öffentlich-rechtlichen Dienstherrn steht die Tätigkeit im Dienst von Einrichtungen gleich, die von mehreren der im Satz 1 bezeichneten Dienstherren durch Staatsvertrag oder Verwaltungsabkommen zur Erfüllung oder Koordinierung ihnen obliegender hoheitsrechtlicher Aufgaben geschaffen worden sind. [3]Zeiten mit einer geringeren als der regelmäßigen Arbeitszeit dürfen nur zu dem Teil als ruhegehaltfähig berücksichtigt werden, der dem Verhältnis der tatsächlichen zur regelmäßigen Arbeitszeit entspricht.

§ 11 Sonstige Zeiten. Die Zeit, während der ein Beamter vor der Berufung in das Beamtenverhältnis

1. a) als Rechtsanwalt oder Verwaltungsrechtsrat oder als Beamter oder Notar, der ohne Ruhegehaltsberechtigung nur Gebühren bezieht, oder
   b) hauptberuflich im Dienst öffentlich-rechtlicher Religionsgesellschaften oder ihrer Verbände (Artikel 140 des Grundgesetzes) oder im öffentlichen oder nichtöffentlichen Schuldienst oder
   c) hauptberuflich im Dienst der Fraktionen des Bundestages oder der Landtage oder kommunaler Vertretungskörperschaften oder
   d) hauptberuflich im Dienst von kommunalen Spitzenverbänden oder ihren Landesverbänden sowie von Spitzenverbänden der Sozialversicherung oder ihren Landesverbänden

   tätig gewesen ist oder
2. hauptberuflich im ausländischen öffentlichen Dienst gestanden hat oder
3. a) auf wissenschaftlichem, künstlerischem, technischem oder wirtschaftlichem Gebiet besondere Fachkenntnisse erworben hat, die die notwendige Voraussetzung für die Wahrnehmung seines Amtes bilden, oder
   b) als Entwicklungshelfer im Sinne des Entwicklungshelfer-Gesetzes tätig gewesen ist,

kann als ruhegehaltfähige Dienstzeit berücksichtigt werden, die Zeit nach Nummer 1 Buchstabe a und Nummer 3 jedoch höchstens bis zur Hälfte und in der Regel nicht über zehn Jahre hinaus.

§ 12 Ausbildungszeiten. (1) [1]Die verbrachte Mindestzeit

1. der außer der allgemeinen Schulbildung vorgeschriebenen Ausbildung (Fachschul-, Hochschul- und praktische Ausbildung, Vorbereitungsdienst, übliche Prüfungszeit),
2. einer praktischen hauptberuflichen Tätigkeit, die für die Übernahme in das Beamtenverhältnis vorgeschrieben ist,

kann als ruhegehaltfähige Dienstzeit berücksichtigt werden, die Zeit einer Fachschulausbildung einschließlich der Prüfungszeit bis zu 1 095 Tagen und die Zeit einer Hochschulausbildung einschließlich der Prüfungszeit bis zu 855 Tagen, insgesamt höchstens bis zu 1 095 Tagen. [2]Wird die allgemeine Schulbildung durch eine andere Art der Ausbildung ersetzt, so steht diese der Schulbildung gleich. [3]Zum Zeitpunkt des Ruhestandseintritts ist das Ruhegehalt unter Berücksichtigung von Hochschulausbildungszeiten nach Satz 1 zu berechnen. [4] Auf eine praktische hauptberufliche Tätigkeit nach Satz 1 Nummer 2 ist § 6 Absatz 1 Satz 3 entsprechend anzuwenden.

(1a) [1] Ergibt eine Berechnung des Ruhegehalts unter Berücksichtigung von Hochschulausbildungszeiten nach Absatz 1 Satz 1 in der bis zum 11. Februar 2009 geltenden Fassung gegenüber der Ruhegehaltsberechnung nach Absatz 1 Satz 3 einen Differenzbetrag, der größer ist als der Rentenbetrag, der sich durch Vervielfältigung des aktuellen Rentenwertes mit dem Faktor 2,25 ergibt, bleibt es bei der Berechnung des Ruhegehalts unter Berücksichtigung von Hochschulausbildungszeiten nach Absatz 1 Satz 1 in der bis zum 11. Februar 2009 geltenden Fassung, soweit dadurch eine ruhegehaltfähige Gesamtdienstzeit von 40 Jahren nicht überschritten wird. [2] Die der Berechnung nach Satz 1 zugrunde gelegten Hochschulausbildungszeiten sind um die Hochschulausbildungszeiten zu vermindern, die dem Rentenbetrag entsprechen, der sich durch Vervielfältigung des aktuellen Rentenwertes mit dem Faktor 2,25 ergibt.

(2) [1] Für Beamte des Vollzugsdienstes und des Einsatzdienstes der Feuerwehr können verbrachte Zeiten einer praktischen Ausbildung und einer praktischen hauptberuflichen Tätigkeit anstelle einer Berücksichtigung nach Absatz 1 bis zu einer Gesamtzeit von fünf Jahren als ruhegehaltfähige Dienstzeit berücksichtigt werden, wenn sie für die Wahrnehmung des Amtes förderlich sind. [2] Absatz 1 Satz 2 und 4 gilt entsprechend.

(3) Hat der Beamte sein Studium nach der Festsetzung von Regelstudienzeiten in dem jeweiligen Studiengang begonnen, kann die tatsächliche Studiendauer nur insoweit berücksichtigt werden, als die Regelstudienzeit einschließlich der Prüfungszeit nicht überschritten ist.

(4) [1] Bei anderen als Laufbahnbewerbern können Zeiten nach Absatz 1 als ruhegehaltfähig berücksichtigt werden, wenn und soweit sie für Laufbahnbewerber vorgeschrieben sind. [2] Ist eine Laufbahn der Fachrichtung des Beamten bei einem Dienstherrn noch nicht gestaltet, so gilt das Gleiche für solche Zeiten, die bei Gestaltung der Laufbahn mindestens vorgeschrieben werden müssen.

§ 12a Nicht zu berücksichtigende Zeiten. Zeiten nach § 30 des Bundesbesoldungsgesetzes[1)] sind nicht ruhegehaltfähig.

§ 12b Zeiten in dem in Artikel 3 des Einigungsvertrages genannten Gebiet. (1) [1] Wehrdienstzeiten und vergleichbare Zeiten nach den §§ 8 und 9, Beschäftigungszeiten nach § 10 und sonstige Zeiten nach den §§ 11 und 67 Absatz 2, die der Beamte vor dem 3. Oktober 1990 in dem in Artikel 3 des Einigungsvertrages genannten Gebiet zurückgelegt hat, werden nicht als ruhegehaltfähige Dienstzeit berücksichtigt, sofern die allgemeine Wartezeit für die gesetzliche Rentenversicherung erfüllt ist und diese Zeiten als rentenrechtliche Zeiten berücksichtigungsfähig sind; Ausbildungszeiten nach § 12 sind nicht ruhegehaltfähig, soweit die allgemeine Wartezeit für die gesetzliche Rentenversicherung erfüllt ist. [2] Rentenrechtliche Zeiten sind auch solche im Sinne des Artikels 2 des Renten-Überleitungsgesetzes.

(2) Sofern die allgemeine Wartezeit für die gesetzliche Rentenversicherung nicht erfüllt ist, können die in Absatz 1 genannten Zeiten im Rahmen der dort

---

[1)] Nr. **18**.

genannten Vorschriften insgesamt höchstens bis zu fünf Jahren als ruhegehaltfähig berücksichtigt werden.

§ 13 Zurechnungszeit und Zeit gesundheitsschädigender Verwendung. (1) [1]Ist der Beamte vor Vollendung des sechzigsten Lebensjahres wegen Dienstunfähigkeit in den Ruhestand versetzt worden, wird die Zeit vom Beginn des Ruhestandes bis zum Ablauf des Monats der Vollendung des sechzigsten Lebensjahres, soweit diese nicht nach anderen Vorschriften als ruhegehaltfähig berücksichtigt wird, für die Berechnung des Ruhegehalts der ruhegehaltfähigen Dienstzeit zu zwei Dritteln hinzugerechnet (Zurechnungszeit). [2]Ist der Beamte nach § 46 des Bundesbeamtengesetzes[1)] erneut in das Beamtenverhältnis berufen worden, so wird eine der Berechnung des früheren Ruhegehalts zugrunde gelegene Zurechnungszeit insoweit berücksichtigt, als die Zahl der dem neuen Ruhegehalt zugrunde liegenden Dienstjahre hinter der Zahl der dem früheren Ruhegehalt zugrunde gelegenen Dienstjahre zurückbleibt.

(2) [1]Die Zeit der Verwendung eines Beamten in Ländern, in denen er gesundheitsschädigenden klimatischen Einflüssen ausgesetzt ist, kann bis zum Doppelten als ruhegehaltfähige Dienstzeit berücksichtigt werden, wenn sie ununterbrochen mindestens ein Jahr gedauert hat. [2]Entsprechendes gilt für einen beurlaubten Beamten, dessen Tätigkeit in den in Satz 1 genannten Gebieten öffentlichen Belangen oder dienstlichen Interessen diente, wenn dies spätestens bei Beendigung des Urlaubs anerkannt worden ist.

(3) [1]Zeiten einer besonderen Verwendung im Ausland können bis zum Doppelten als ruhegehaltfähige Dienstzeit berücksichtigt werden, wenn sie

1. einzeln ununterbrochen mindestens 30 Tage gedauert haben und
2. insgesamt mindestens 180 Tage gedauert haben.

[2]Eine besondere Verwendung im Ausland ist eine Verwendung nach § 31a Absatz 1 Satz 2 in der während der Verwendung geltenden Fassung.

(4) Sind sowohl die Voraussetzungen des Absatzes 1 als auch die Voraussetzungen der Absätze 2 und 3 erfüllt, findet nur die für den Beamten günstigere Vorschrift Anwendung.

§ 14 Höhe des Ruhegehalts. (1) [1]Das Ruhegehalt beträgt für jedes Jahr ruhegehaltfähiger Dienstzeit 1,79375 Prozent, insgesamt jedoch höchstens 71,75 Prozent, der ruhegehaltfähigen Dienstbezüge. [2]Bei der Berechnung der Jahre ruhegehaltfähiger Dienstzeit werden unvollständige Jahre als Dezimalzahl angegeben. [3]Dabei wird ein Jahr mit 365 Tagen angesetzt und wird das Ergebnis kaufmännisch auf zwei Dezimalstellen gerundet. [4]Der Ruhegehaltssatz wird ebenfalls kaufmännisch auf zwei Dezimalstellen gerundet.

(2) (weggefallen)

(3) [1]Das Ruhegehalt vermindert sich um 3,6 Prozent für jedes Jahr, um das der Beamte

1. vor Ablauf des Monats, in dem er das 65. Lebensjahr vollendet, nach § 52 Absatz 1 und 2 des Bundesbeamtengesetzes[1)] in den Ruhestand versetzt wird,

---

[1)] Nr. 2.

2. vor Ablauf des Monats, in dem er die für ihn geltende gesetzliche Altersgrenze erreicht, nach § 52 Absatz 3 des Bundesbeamtengesetzes in den Ruhestand versetzt wird,
3. vor Ablauf des Monats, in dem er das 65. Lebensjahr vollendet, wegen Dienstunfähigkeit, die nicht auf einem Dienstunfall beruht, in den Ruhestand versetzt wird;

die Minderung des Ruhegehalts darf 10,8 vom Hundert in den Fällen der Nummern 1 und 3 und 14,4 vom Hundert in den Fällen der Nummer 2 nicht übersteigen. [2]Absatz 1 Satz 2 bis 4 gilt entsprechend. [3]Gilt für den Beamten eine vor der Vollendung des 65. Lebensjahres liegende Altersgrenze, tritt sie in den Fällen des Satzes 1 Nummer 1 und 3 an die Stelle des 65. Lebensjahres. [4]Gilt für den Beamten eine nach Vollendung des 67. Lebensjahres liegende Altersgrenze, wird in den Fällen des Satzes 1 Nummer 2 nur die Zeit bis zum Ablauf des Monats berücksichtigt, in dem der Beamte das 67. Lebensjahr vollendet. [5]In den Fällen des Satzes 1 Nummer 2 ist das Ruhegehalt nicht zu vermindern, wenn der Beamte zum Zeitpunkt des Eintritts in den Ruhestand das 65. Lebensjahr vollendet und mindestens 45 Jahre mit ruhegehaltfähigen Dienstzeiten nach den §§ 6, 8 bis 10, Zeiten im Sinne des § 6a und nach § 14a Absatz 2 Satz 1 erster Halbsatz berücksichtigungsfähigen Pflichtbeitragszeiten, soweit sie nicht im Zusammenhang mit Arbeitslosigkeit stehen, und Zeiten nach § 50d sowie Zeiten einer dem Beamten zuzuordnenden Erziehung eines Kindes bis zu dessen vollendetem zehnten Lebensjahr zurückgelegt hat. [6]In den Fällen des Satzes 1 Nummer 3 ist das Ruhegehalt nicht zu vermindern, wenn der Beamte zum Zeitpunkt des Eintritts in den Ruhestand das 63. Lebensjahr vollendet und mindestens 40 Jahre mit ruhegehaltfähigen Dienstzeiten nach den §§ 6, 8 bis 10, Zeiten im Sinne des § 6a und nach § 14a Absatz 2 Satz 1 erster Halbsatz berücksichtigungsfähigen Pflichtbeitragszeiten, soweit sie nicht im Zusammenhang mit Arbeitslosigkeit stehen, und Zeiten nach § 50d sowie Zeiten einer dem Beamten zuzuordnenden Erziehung eines Kindes bis zu dessen vollendetem zehnten Lebensjahr zurückgelegt hat. [7]Soweit sich bei der Berechnung nach den Sätzen 5 und 6 Zeiten überschneiden, sind diese nur einmal zu berücksichtigen.

(4) [1]Das Ruhegehalt beträgt mindestens fünfunddreißig Prozent der ruhegehaltfähigen Dienstbezüge (§ 5). [2]An die Stelle des Ruhegehalts nach Satz 1 treten, wenn dies günstiger ist, fünfundsechzig Prozent der jeweils ruhegehaltfähigen Dienstbezüge aus der Endstufe der Besoldungsgruppe A 4. [3]Die Mindestversorgung nach Satz 2 erhöht sich um 30,68 Euro für den Ruhestandsbeamten und die Witwe; der Erhöhungsbetrag bleibt bei einer Kürzung nach § 25 außer Betracht. [4]Die Sätze 1 bis 3 sind nicht anzuwenden, wenn der Beamte eine ruhegehaltfähige Dienstzeit nach den §§ 6, 6a, 8 bis 10 und 67 von weniger als fünf Jahren zurückgelegt hat oder das erdiente Ruhegehalt allein wegen fehlender Berücksichtigung von Zeiten nach § 6a als ruhegehaltfähig hinter der Mindestversorgung nach den Sätzen 1 bis 3 zurückbleibt. [5]Satz 4 gilt nicht, wenn in Fällen des § 4 Absatz 1 Satz 1 Nummer 2 der Beamte wegen Dienstunfähigkeit in den Ruhestand versetzt worden ist.

(5) [1]Übersteigt beim Zusammentreffen von Mindestversorgung nach Absatz 4 mit einer Rente nach Anwendung des § 55 die Versorgung das erdiente Ruhegehalt, so ruht die Versorgung bis zur Höhe des Unterschieds zwischen dem erdienten Ruhegehalt und der Mindestversorgung; in den von § 85 erfassten Fällen gilt das nach dieser Vorschrift maßgebliche Ruhegehalt als

erdient. [2]Der Erhöhungsbetrag nach Absatz 4 Satz 3 sowie der Unterschiedsbetrag nach § 50 Absatz 1 bleiben bei der Berechnung außer Betracht. [3]Die Summe aus Versorgung und Rente darf nicht hinter dem Betrag der Mindestversorgung zuzüglich des Unterschiedsbetrages nach § 50 Absatz 1 zurückbleiben. [4]Zahlbar bleibt mindestens das erdiente Ruhegehalt zuzüglich des Unterschiedsbetrages nach § 50 Absatz 1. [5]Die Sätze 1 bis 4 gelten entsprechend für Witwen und Waisen.

(6) [1]Bei einem in den einstweiligen Ruhestand versetzten Beamten beträgt das Ruhegehalt für die Dauer der Zeit, die der Beamte das Amt, aus dem er in den einstweiligen Ruhestand versetzt worden ist, innehatte, mindestens für die Dauer von sechs Monaten, längstens für die Dauer von drei Jahren, 71,75 Prozent der ruhegehaltfähigen Dienstbezüge aus der Endstufe der Besoldungsgruppe, in der sich der Beamte zur Zeit seiner Versetzung in den einstweiligen Ruhestand befunden hat. [2]Das erhöhte Ruhegehalt darf die Dienstbezüge, die dem Beamten in diesem Zeitpunkt zustanden, nicht übersteigen; das nach sonstigen Vorschriften ermittelte Ruhegehalt darf nicht unterschritten werden.

§ 14a Vorübergehende Erhöhung des Ruhegehaltssatzes. (1) Der nach § 14 Absatz 1, § 36 Absatz 3 Satz 1, § 66 Absatz 2 und § 85 Absatz 4 berechnete Ruhegehaltssatz erhöht sich vorübergehend, wenn der Beamte vor Erreichen der Regelaltersgrenze nach § 51 Absatz 1 und 2 des Bundesbeamtengesetzes[1)] in den Ruhestand getreten ist und er

1. bis zum Beginn des Ruhestandes die Wartezeit von 60 Kalendermonaten für eine Rente der gesetzlichen Rentenversicherung erfüllt hat,
2. a) wegen Dienstunfähigkeit im Sinne des § 44 Absatz 1 des Bundesbeamtengesetzes in den Ruhestand versetzt worden ist oder

   b) wegen Erreichens einer besonderen Altersgrenze in den Ruhestand getreten ist,
3. einen Ruhegehaltssatz von 66,97 Prozent noch nicht erreicht hat und
4. kein Erwerbs- oder Erwerbsersatzeinkommen nach § 53 Absatz 7 bezieht, das im Durchschnitt des Kalenderjahres 525 Euro monatlich übersteigt.

(2) [1]Die Erhöhung des Ruhegehaltssatzes beträgt 0,95667 Prozent für je zwölf Kalendermonate der für die Erfüllung der Wartezeit (Absatz 1 Nummer 1) anrechnungsfähigen Pflichtbeitragszeiten, soweit sie vor Begründung des Beamtenverhältnisses zurückgelegt worden sind; unberücksichtigt bleiben

1. Pflichtbeitragszeiten, die als ruhegehaltfähig berücksichtigt worden sind,
2. Pflichtbeitragszeiten, für die Leistungen nach § 50e Absatz 1 Satz 1 vorübergehend gewährt werden.

[2]Die Erhöhung ist kaufmännisch auf zwei Dezimalstellen zu runden; der erhöhte Ruhegehaltssatz darf 66,97 Prozent nicht überschreiten. [3]In den Fällen des § 14 Absatz 3 ist das Ruhegehalt, das sich nach Anwendung der Sätze 1 und 2 ergibt, entsprechend zu vermindern. [4]Für die Berechnung nach Satz 1 wird die Gesamtzahl der Kalendermonate in Jahre umgerechnet. [5]Dabei werden unvollständige Jahre als Dezimalzahl angegeben. [6]Das Ergebnis wird kaufmännisch auf zwei Dezimalstellen gerundet.

---

1) Nr. 2.

(3) [1]Die Erhöhung fällt spätestens mit Ablauf des Monats weg, in dem der Ruhestandsbeamte die Regelaltersgrenze nach § 51 Absatz 1 und 2 des Bundesbeamtengesetzes erreicht. [2]Sie endet vorher, wenn der Ruhestandsbeamte

1. aus den anrechnungsfähigen Pflichtbeitragszeiten eine Versichertenrente einer inländischen oder ausländischen Alterssicherungseinrichtung bezieht, mit Ablauf des Tages vor dem Beginn der Rente, oder
2. in den Fällen des Absatzes 1 Nummer 2 Buchstabe a nicht mehr dienstunfähig ist, mit Ablauf des Monats, in dem ihm der Wegfall der Erhöhung mitgeteilt wird, oder
3. ein Erwerbseinkommen bezieht, mit Ablauf des Tages vor dem Beginn der Erwerbstätigkeit.

[3]§ 35 Absatz 3 Satz 2 gilt sinngemäß.

(4) [1]Die Erhöhung des Ruhegehaltssatzes wird auf Antrag vorgenommen. [2]Anträge, die innerhalb von drei Monaten nach Eintritt des Beamten in den Ruhestand gestellt werden, gelten als zum Zeitpunkt des Ruhestandseintritts gestellt. [3]Wird der Antrag zu einem späteren Zeitpunkt gestellt, so tritt die Erhöhung vom Beginn des Antragsmonats an ein.

§ 15 Unterhaltsbeitrag für entlassene Beamte auf Lebenszeit und auf Probe. (1) Einem Beamten auf Lebenszeit, der vor Ableistung einer Dienstzeit von fünf Jahren (§ 4 Absatz 1 Satz 1 Nummer 1) wegen Dienstunfähigkeit oder Erreichens der Altersgrenze nach § 32 Absatz 1 Nummer 2 des Bundesbeamtengesetzes[1)] entlassen ist, kann auf Antrag ein Unterhaltsbeitrag bis zur Höhe des Ruhegehalts bewilligt werden.

(2) Das Gleiche gilt für einen Beamten auf Probe, der wegen Dienstunfähigkeit oder wegen Erreichens der Altersgrenze entlassen ist (§ 34 Absatz 1 Satz 1 Nummer 3, Absatz 4 des Bundesbeamtengesetzes).

§ 15a Beamte auf Zeit und auf Probe in leitender Funktion. (1) § 15 ist auf Beamtenverhältnisse auf Zeit und auf Probe in leitender Funktion nicht anzuwenden.

(2) Aus diesen Beamtenverhältnissen auf Probe und auf Zeit ergibt sich kein selbständiger Anspruch auf Versorgung; die Unfallfürsorge bleibt hiervon unberührt.

(3) [1]Tritt ein Beamter auf Zeit nach Ablauf der ersten Amtszeit wieder in sein vorheriges Amt im Beamtenverhältnis auf Lebenszeit oder im Richterverhältnis auf Lebenszeit ein, berechnen sich die ruhegehaltfähigen Dienstbezüge aus dem Beamtenverhältnis auf Lebenszeit oder aus dem Richterverhältnis auf Lebenszeit zuzüglich eines Unterschiedsbetrages zwischen diesen und den Dienstbezügen, die im Beamtenverhältnis auf Zeit ruhegehaltfähig wären. [2]Der Unterschiedsbetrag wird gewährt in Höhe eines Viertels, wenn dem Beamten das Amt mindestens fünf Jahre, in Höhe der Hälfte, wenn es mindestens fünf Jahre und zwei Amtszeiten übertragen war.

(4) Tritt der Beamte auf Zeit wegen Erreichens der gesetzlichen Altersgrenze in den Ruhestand, berechnen sich die ruhegehaltfähigen Dienstbezüge aus dem Beamtenverhältnis auf Zeit, wenn dem Beamten das Amt mindestens fünf Jahre übertragen war.

---

1) Nr. 2.

(5) Wird der Beamte auf Zeit während seiner Amtszeit wegen Dienstunfähigkeit in den Ruhestand versetzt, gilt Absatz 4 entsprechend.

Abschnitt 3. Hinterbliebenenversorgung

§ 16 Allgemeines. Die Hinterbliebenenversorgung (§§ 17 bis 28) umfasst
1. Bezüge für den Sterbemonat,
2. Sterbegeld,
3. Witwengeld,
4. Witwenabfindung,
5. Waisengeld,
6. Unterhaltsbeiträge,
7. Witwerversorgung.

§ 17 Bezüge für den Sterbemonat. (1) [1]Den Erben eines verstorbenen Beamten, Ruhestandsbeamten oder entlassenen Beamten verbleiben für den Sterbemonat die Bezüge des Verstorbenen. [2]Dies gilt auch für eine für den Sterbemonat gewährte Aufwandsentschädigung.

(2) Die an den Verstorbenen noch nicht gezahlten Teile der Bezüge für den Sterbemonat können statt an die Erben auch an die in § 18 Absatz 1 bezeichneten Hinterbliebenen gezahlt werden.

§ 18 Sterbegeld. (1) [1]Beim Tode eines Beamten mit Dienstbezügen oder eines Beamten auf Widerruf im Vorbereitungsdienst erhalten der hinterbliebene Ehegatte und die Abkömmlinge des Beamten Sterbegeld. [2]Das Sterbegeld ist in Höhe des Zweifachen der Dienstbezüge oder der Anwärterbezüge des Verstorbenen ausschließlich der Zuschläge für Personen nach § 53 Absatz 4 Nummer 2 des Bundesbesoldungsgesetzes[1)], des Auslandsverwendungszuschlags und der Vergütungen in einer Summe zu zahlen; § 5 Absatz 1 Satz 2 und 3 gilt entsprechend. [3]Die Sätze 1 und 2 gelten entsprechend beim Tod eines Ruhestandsbeamten oder eines entlassenen Beamten, der im Sterbemonat einen Unterhaltsbeitrag erhalten hat; an die Stelle der Dienstbezüge tritt das Ruhegehalt oder der Unterhaltsbeitrag zuzüglich des Unterschiedsbetrages nach § 50 Absatz 1.

(2) Sind Anspruchsberechtigte im Sinne des Absatzes 1 nicht vorhanden, ist Sterbegeld auf Antrag zu gewähren
1. Verwandten der aufsteigenden Linie, Geschwistern, Geschwisterkindern sowie Stiefkindern, wenn sie zur Zeit des Todes des Beamten mit diesem in häuslicher Gemeinschaft gelebt haben oder wenn der Verstorbene ganz oder überwiegend ihr Ernährer gewesen ist,
2. sonstigen Personen, die die Kosten der letzten Krankheit oder der Bestattung getragen haben, bis zur Höhe ihrer Aufwendungen, höchstens jedoch in Höhe des Sterbegeldes nach Absatz 1 Satz 2 und 3.

(3) [1]Stirbt eine Witwe oder eine frühere Ehefrau eines Beamten, der im Zeitpunkt des Todes Witwengeld oder ein Unterhaltsbeitrag zustand, so erhalten die in Absatz 1 genannten Kinder Sterbegeld, wenn sie berechtigt sind,

---

1) Nr. **18**.

Waisengeld oder einen Unterhaltsbeitrag zu beziehen und wenn sie zur Zeit des Todes zur häuslichen Gemeinschaft der Verstorbenen gehört haben. [2] Absatz 1 Satz 2 erster Halbsatz gilt entsprechend mit der Maßgabe, dass an die Stelle der Dienstbezüge das Witwengeld oder der Unterhaltsbeitrag tritt.

(4) Sind mehrere gleichberechtigte Personen vorhanden, so ist für die Bestimmung des Zahlungsempfängers die Reihenfolge der Aufzählung in den Absätzen 1 und 2 maßgebend; bei Vorliegen eines wichtigen Grundes kann von dieser Reihenfolge abgewichen oder das Sterbegeld aufgeteilt werden.

§ 19 Witwengeld. (1) [1] Die Witwe eines Beamten auf Lebenszeit, der die Voraussetzungen des § 4 Absatz 1 erfüllt hat, oder eines Ruhestandsbeamten erhält Witwengeld. [2] Dies gilt nicht, wenn

1. die Ehe mit dem Verstorbenen nicht mindestens ein Jahr gedauert hat, es sei denn, dass nach den besonderen Umständen des Falles die Annahme nicht gerechtfertigt ist, dass es der alleinige oder überwiegende Zweck der Heirat war, der Witwe eine Versorgung zu verschaffen, oder
2. die Ehe erst nach dem Eintritt des Beamten in den Ruhestand geschlossen worden ist und der Ruhestandsbeamte zur Zeit der Eheschließung die Regelaltersgrenze nach § 51 Absatz 1 und 2 des Bundesbeamtengesetzes[1)] bereits erreicht hatte.

(2) Absatz 1 gilt auch für die Witwe eines Beamten auf Probe, der an den Folgen einer Dienstbeschädigung (§ 49 Absatz 1 des Bundesbeamtengesetzes) verstorben ist oder dem die Entscheidung nach § 49 Absatz 2 des Bundesbeamtengesetzes zugestellt war.

§ 20 Höhe des Witwengeldes. (1) [1] Das Witwengeld beträgt 55 Prozent des Ruhegehalts, das der Verstorbene erhalten hat oder hätte erhalten können, wenn er am Todestage in den Ruhestand getreten wäre. [2] Das Witwengeld beträgt nach Anwendung des § 50c mindestens 60 Prozent des Ruhegehaltes nach § 14 Absatz 4 Satz 2; § 14 Absatz 4 Satz 3 ist anzuwenden. [3] § 14 Absatz 6 sowie die §§ 14a und 50e sind nicht anzuwenden. [4] Änderungen des Mindestruhegehalts (§ 14 Absatz 4) sind zu berücksichtigen.

(2) [1] War die Witwe mehr als zwanzig Jahre jünger als der Verstorbene und ist aus der Ehe ein Kind nicht hervorgegangen, so wird das Witwengeld (Absatz 1) für jedes angefangene Jahr des Altersunterschiedes über zwanzig Jahre um fünf Prozent gekürzt, jedoch höchstens um fünfzig Prozent. [2] Nach fünfjähriger Dauer der Ehe werden für jedes angefangene Jahr ihrer weiteren Dauer dem gekürzten Betrag fünf Prozent des Witwengeldes hinzugesetzt, bis der volle Betrag wieder erreicht ist. [3] Das nach Satz 1 errechnete Witwengeld darf nicht hinter dem Mindestwitwengeld (Absatz 1 in Verbindung mit § 14 Absatz 4) zurückbleiben.

(3) Von dem nach Absatz 2 gekürzten Witwengeld ist auch bei der Anwendung des § 25 auszugehen.

§ 21 Witwenabfindung. (1) Eine Witwe, die Anspruch auf Witwengeld oder auf einen Unterhaltsbeitrag hat, erhält im Falle einer Heirat eine Witwenabfindung.

---

1) Nr. 2.

(2) [1]Die Witwenabfindung beträgt das Vierundzwanzigfache des für den Monat, in dem die Witwe heiratet, nach Anwendung der Anrechnungs-, Kürzungs- und Ruhensvorschriften zu zahlenden Betrages des Witwengeldes oder Unterhaltsbeitrages; eine Kürzung nach § 25 und die Anwendung der §§ 53 und 54 Absatz 1 Satz 1 Nummer 3 bleiben jedoch außer Betracht. [2]Die Abfindung ist in einer Summe zu zahlen.

(3) Lebt der Anspruch auf Witwengeld oder auf Unterhaltsbeitrag nach § 61 Absatz 3 wieder auf, so ist die Witwenabfindung, soweit sie für eine Zeit berechnet ist, die nach dem Wiederaufleben des Anspruchs auf Witwengeld oder Unterhaltsbeitrag liegt, in angemessenen monatlichen Teilbeträgen einzubehalten.

§ 22 Unterhaltsbeitrag für nicht witwengeldberechtigte Witwen und frühere Ehefrauen. (1) [1]In den Fällen des § 19 Absatz 1 Satz 2 Nummer 2 ist, sofern die besonderen Umstände des Falles keine volle oder teilweise Versagung rechtfertigen, ein Unterhaltsbeitrag in Höhe des Witwengeldes zu gewähren. [2]Einkünfte sind in angemessenem Umfang anzurechnen. [3]Verzichtet die Versorgungsberechtigte auf Einkünfte oder wird ihr an deren Stelle eine Kapitalleistung gezahlt, ist der Betrag anzurechnen, der ansonsten zu zahlen wäre; § 55 Absatz 1 Satz 8 und 9 gilt entsprechend.

(2) [1]Der geschiedenen Ehefrau eines verstorbenen Beamten oder Ruhestandsbeamten, die im Falle des Fortbestehens der Ehe Witwengeld erhalten hätte, ist auf Antrag ein Unterhaltsbeitrag insoweit zu gewähren, als sie im Zeitpunkt des Todes des Beamten oder Ruhestandsbeamten gegen diesen einen Anspruch auf schuldrechtlichen Versorgungsausgleich nach § 1587f Nummer 2 des Bürgerlichen Gesetzbuchs in der bis zum 31. August 2009 geltenden Fassung wegen einer Anwartschaft oder eines Anspruchs nach § 1587a Absatz 2 Nummer 1 des Bürgerlichen Gesetzbuchs in der bis zum 31. August 2009 geltenden Fassung hatte. [2]Der Unterhaltsbeitrag wird jedoch nur gewährt,

1. solange die geschiedene Ehefrau erwerbsgemindert im Sinne des Sechsten Buches Sozialgesetzbuch ist oder mindestens ein waisengeldberechtigtes Kind erzieht oder
2. wenn sie das sechzigste Lebensjahr vollendet hat.

[3]Der Erziehung eines waisengeldberechtigten Kindes steht die Sorge für ein waisengeldberechtigtes Kind mit körperlichen oder geistigen Gebrechen gleich. [4]Der nach Satz 1 festgestellte Betrag ist in einem Prozentsatz des Witwengeldes festzusetzen; der Unterhaltsbeitrag darf fünf Sechstel des entsprechend § 57 gekürzten Witwengeldes nicht übersteigen. [5]§ 21 gilt entsprechend.

(3) Absatz 2 gilt entsprechend für die frühere Ehefrau eines verstorbenen Beamten oder Ruhestandsbeamten, deren Ehe mit diesem aufgehoben oder für nichtig erklärt war.

§ 23 Waisengeld. (1) Die Kinder eines verstorbenen Beamten auf Lebenszeit, eines verstorbenen Ruhestandsbeamten oder eines verstorbenen Beamten auf Probe, der an den Folgen einer Dienstbeschädigung (§ 49 Absatz 1 des Bundesbeamtengesetzes[1)]) verstorben ist oder dem die Entscheidung nach § 49

[1)] Nr. 2.

Absatz 2 des Bundesbeamtengesetzes zugestellt war, erhalten Waisengeld, wenn der Beamte die Voraussetzungen des § 4 Absatz 1 erfüllt hat.

(2) [1] Kein Waisengeld erhalten die Kinder eines verstorbenen Ruhestandsbeamten, wenn das Kindschaftsverhältnis durch Annahme als Kind begründet wurde und der Ruhestandsbeamte in diesem Zeitpunkt bereits im Ruhestand war und die Regelaltersgrenze nach § 51 Absatz 1 und 2 des Bundesbeamtengesetzes erreicht hatte. [2] Es kann ihnen jedoch ein Unterhaltsbeitrag bis zur Höhe des Waisengeldes bewilligt werden.

§ 24 Höhe des Waisengeldes. (1) [1] Das Waisengeld beträgt für die Halbwaise zwölf Prozent und für die Vollwaise zwanzig Prozent des Ruhegehalts, das der Verstorbene erhalten hat oder hätte erhalten können, wenn er am Todestag in den Ruhestand getreten wäre. [2] § 14 Absatz 6 sowie die §§ 14a und 50e sind nicht anzuwenden. [3] Änderungen des Mindestruhegehalts (§ 14 Absatz 4) sind zu berücksichtigen.

(2) Wenn die Mutter des Kindes des Verstorbenen nicht zum Bezuge von Witwengeld berechtigt ist und auch keinen Unterhaltsbeitrag in Höhe des Witwengeldes erhält, wird das Waisengeld nach dem Satz für Vollwaisen gezahlt; es darf zuzüglich des Unterhaltsbeitrages den Betrag des Witwengeldes und des Waisengeldes nach dem Satz für Halbwaisen nicht übersteigen.

(3) Ergeben sich für eine Waise Waisengeldansprüche aus Beamtenverhältnissen mehrerer Personen, wird nur das höchste Waisengeld gezahlt.

§ 25 Zusammentreffen von Witwengeld, Waisengeld und Unterhaltsbeiträgen. (1) [1] Witwen- und Waisengeld dürfen weder einzeln noch zusammen den Betrag des ihrer Berechnung zugrunde zu legenden Ruhegehalts übersteigen. [2] Ergibt sich an Witwen- und Waisengeld zusammen ein höherer Betrag, so werden die einzelnen Bezüge im gleichen Verhältnis gekürzt.

(2) Nach dem Ausscheiden eines Witwen- oder Waisengeldberechtigten erhöht sich das Witwen- oder Waisengeld der verbleibenden Berechtigten vom Beginn des folgenden Monats an insoweit, als sie nach Absatz 1 noch nicht den vollen Betrag nach § 20 oder § 24 erhalten.

(3) Die Absätze 1 und 2 gelten entsprechend, wenn neben Witwen- oder Waisengeld ein Unterhaltsbeitrag nach § 22 Absatz 2 oder 3 oder § 86 Absatz 1 gewährt wird.

(4) [1] Unterhaltsbeiträge nach § 22 Absatz 1 gelten für die Anwendung der Absätze 1 bis 3 als Witwengeld. [2] Unterhaltsbeiträge nach § 23 Absatz 2 dürfen nur insoweit bewilligt werden, als sie allein oder zusammen mit gesetzlichen Hinterbliebenenbezügen die in Absatz 1 Satz 1 bezeichnete Höchstgrenze nicht übersteigen.

§ 26 Unterhaltsbeitrag für Hinterbliebene von Beamten auf Lebenszeit und auf Probe. (1) Der Witwe, der geschiedenen Ehefrau (§ 22 Absatz 2, 3) und den Kindern eines Beamten, dem nach § 15 ein Unterhaltsbeitrag bewilligt worden ist oder hätte bewilligt werden können, kann auf Antrag die in den §§ 19, 20 und 22 bis 25 vorgesehene Versorgung bis zu der dort bezeichneten Höhe als Unterhaltsbeitrag bewilligt werden.

(2) § 21 gilt entsprechend.

§ 27 Beginn der Zahlungen. (1) [1]Die Zahlung des Witwen- und Waisengeldes sowie eines Unterhaltsbeitrages nach § 22 Absatz 1 oder § 23 Absatz 2 beginnt mit dem Ablauf des Sterbemonats. [2]Kinder, die nach diesem Zeitpunkt geboren werden, erhalten Waisengeld vom Ersten des Geburtsmonats an.

(2) Die Zahlung eines Unterhaltsbeitrages nach § 22 Absatz 2 oder 3 beginnt mit dem Ersten des Monats, in dem eine der in § 22 Absatz 2 Satz 2 genannten Voraussetzungen eintritt, frühestens jedoch mit Ablauf des Sterbemonats.

(3) Die Absätze 1 und 2 gelten entsprechend für die Zahlung eines Unterhaltsbeitrages nach § 26.

§ 28 Witwerversorgung. [1]Die §§ 19 bis 27 gelten entsprechend für den Witwer oder den geschiedenen Ehemann (§ 22 Absatz 2, 3) einer verstorbenen Beamtin oder Ruhestandsbeamtin. [2]An die Stelle des Witwengeldes im Sinne der Vorschriften dieses Gesetzes tritt das Witwergeld, an die Stelle der Witwe der Witwer.

Abschnitt 4. Bezüge bei Verschollenheit

§ 29 Zahlung der Bezüge. (1) Ein verschollener Beamter, Ruhestandsbeamter oder sonstiger Versorgungsempfänger erhält die ihm zustehenden Bezüge bis zum Ablauf des Monats, in dem die oberste Dienstbehörde oder die von ihr bestimmte Stelle feststellt, dass sein Ableben mit Wahrscheinlichkeit anzunehmen ist.

(2) [1]Vom Ersten des Monats ab, der dem in Absatz 1 bezeichneten Zeitpunkt folgt, erhalten die Personen, die im Falle des Todes des Verschollenen Witwen- oder Waisengeld erhalten würden oder einen Unterhaltsbeitrag erhalten könnten, diese Bezüge. [2]Die §§ 17 und 18 gelten nicht.

(3) [1]Kehrt der Verschollene zurück, so lebt sein Anspruch auf Bezüge, soweit nicht besondere gesetzliche Gründe entgegenstehen, wieder auf. [2]Nachzahlungen sind längstens für die Dauer eines Jahres zu leisten; die nach Absatz 2 für den gleichen Zeitraum gewährten Bezüge sind anzurechnen.

(4) Ergibt sich, dass bei einem Beamten die Voraussetzungen des § 9 des Bundesbesoldungsgesetzes[1)] vorliegen, so können die nach Absatz 2 gezahlten Bezüge von ihm zurückgefordert werden.

(5) Wird der Verschollene für tot erklärt oder die Todeszeit gerichtlich festgestellt oder eine Sterbeurkunde über den Tod des Verschollenen ausgestellt, so ist die Hinterbliebenenversorgung von dem Ersten des auf die Rechtskraft der gerichtlichen Entscheidung oder die Ausstellung der Sterbeurkunde folgenden Monats ab unter Berücksichtigung des festgestellten Todeszeitpunktes neu festzusetzen.

Abschnitt 5. Unfallfürsorge

§ 30 Allgemeines. (1) [1]Wird ein Beamter durch einen Dienstunfall verletzt, so wird ihm und seinen Hinterbliebenen Unfallfürsorge gewährt. [2]Unfallfürsorge wird auch dem Kind einer Beamtin gewährt, das durch deren Dienstunfall während der Schwangerschaft unmittelbar geschädigt wurde. [3]Satz 2 gilt

---

[1)] Nr. **18**.

auch, wenn die Schädigung durch besondere Einwirkungen verursacht worden ist, die generell geeignet sind, bei der Mutter einen Dienstunfall im Sinne des § 31 Absatz 3 zu verursachen.

(2) [1] Die Unfallfürsorge umfasst

1. Erstattung von Sachschäden und besonderen Aufwendungen (§ 32),
2. Heilverfahren (§§ 33, 34),
3. Unfallausgleich (§ 35),
4. Unfallruhegehalt oder Unterhaltsbeitrag (§§ 36 bis 38),
5. Unfall-Hinterbliebenenversorgung (§§ 39 bis 42),
6. einmalige Unfallentschädigung und einmalige Entschädigung (§ 43),
7. Schadensausgleich in besonderen Fällen (§ 43a),
8. Einsatzversorgung im Sinne des § 31a.

[2] Im Fall von Absatz 1 Satz 2 und 3 erhält das Kind der Beamtin Leistungen nach den Nummern 2 und 3 sowie nach § 38a.

(3) Im Übrigen gelten die allgemeinen Vorschriften.

§ 31 Dienstunfall. (1) [1] Dienstunfall ist ein auf äußerer Einwirkung beruhendes, plötzliches, örtlich und zeitlich bestimmbares, einen Körperschaden verursachendes Ereignis, das in Ausübung des Dienstes eingetreten ist. [2] Zum Dienst gehören auch

1. Dienstreisen und die dienstliche Tätigkeit am Bestimmungsort,
2. die Teilnahme an dienstlichen Veranstaltungen und
3. Nebentätigkeiten im öffentlichen Dienst oder in dem ihm gleichstehenden Dienst, zu deren Übernahme der Beamte gemäß § 98 des Bundesbeamtengesetzes[1)] verpflichtet ist, oder Nebentätigkeiten, deren Wahrnehmung von ihm im Zusammenhang mit den Dienstgeschäften erwartet wird, sofern der Beamte hierbei nicht in der gesetzlichen Unfallversicherung versichert ist (§ 2 Siebtes Buch Sozialgesetzbuch).

(2) [1] Als Dienst gilt auch das Zurücklegen des mit dem Dienst zusammenhängenden Weges zu und von der Dienststelle. [2] Hat der Beamte wegen der Entfernung seiner ständigen Familienwohnung vom Dienstort an diesem oder in dessen Nähe eine Unterkunft, so gilt Satz 1 auch für den Weg zwischen der Familienwohnung und der Dienststelle. [3] Der Zusammenhang mit dem Dienst gilt als nicht unterbrochen, wenn der Beamte

1. von dem unmittelbaren Weg zwischen der Wohnung und der Dienststelle in vertretbarem Umfang abweicht,
   a) um ein eigenes Kind, für das ihm dem Grunde nach Kindergeld zusteht, wegen seiner eigenen Berufstätigkeit oder der Berufstätigkeit seines Ehegatten in fremde Obhut zu geben oder aus fremder Obhut abzuholen oder
   b) weil er mit anderen berufstätigen oder in der gesetzlichen Unfallversicherung versicherten Personen gemeinsam ein Fahrzeug für den Weg zu und von der Dienststelle benutzt, oder
2. in seiner Wohnung Dienst leistet und Wege zurücklegt, um ein Kind im Sinne des Satzes 3 Nummer 1 Buchstabe a in fremde Obhut zu geben oder aus fremder Obhut abzuholen.

[1)] Nr. 2.

[4] Ein Unfall, den der Verletzte bei Durchführung des Heilverfahrens (§ 33) oder auf einem hierzu notwendigen Wege erleidet, gilt als Folge eines Dienstunfalles.

(3) [1] Erkrankt ein Beamter, der wegen der Art seiner dienstlichen Verrichtungen der Gefahr der Erkrankung an einer bestimmten Krankheit besonders ausgesetzt ist, an dieser Krankheit, so gilt die Erkrankung als Dienstunfall, es sei denn, dass der Beamte sich die Krankheit außerhalb des Dienstes zugezogen hat. [2] Die Erkrankung gilt jedoch stets als Dienstunfall, wenn sie durch gesundheitsschädigende Verhältnisse verursacht worden ist, denen der Beamte am Ort seines dienstlich angeordneten Aufenthalts im Ausland besonders ausgesetzt war. [3] Als Krankheiten im Sinne des Satzes 1 kommen die in Anlage 1 zur Berufskrankheiten-Verordnung vom 31. Oktober 1997 (BGBl. I S. 2623) in der jeweils geltenden Fassung genannten Krankheiten mit den dort bezeichneten Maßgaben in Betracht. [4] Für die Feststellung einer Krankheit als Dienstunfall sind auch den Versicherungsschutz nach § 2, § 3 oder § 6 des Siebten Buches Sozialgesetzbuch begründende Tätigkeiten zu berücksichtigen, wenn sie ihrer Art nach geeignet waren, die Krankheit zu verursachen, und die schädigende Einwirkung überwiegend durch dienstliche Verrichtungen nach Satz 1 verursacht worden ist.

(4) [1] Dem durch Dienstunfall verursachten Körperschaden ist ein Körperschaden gleichzusetzen, den ein Beamter außerhalb seines Dienstes erleidet, wenn er im Hinblick auf sein pflichtgemäßes dienstliches Verhalten oder wegen seiner Eigenschaft als Beamter angegriffen wird. [2] Gleichzuachten ist ferner ein Körperschaden, den ein Beamter im Ausland erleidet, wenn er bei Kriegshandlungen, Aufruhr oder Unruhen, denen er am Ort seines dienstlich angeordneten Aufenthaltes im Ausland besonders ausgesetzt war, angegriffen wird.

(5) Unfallfürsorge wie bei einem Dienstunfall kann auch gewährt werden, wenn ein Beamter, der zur Wahrnehmung einer Tätigkeit, die öffentlichen Belangen oder dienstlichen Interessen dient, beurlaubt worden ist und in Ausübung dieser Tätigkeit einen Körperschaden erleidet.

§ 31a Einsatzversorgung. (1) [1] Unfallfürsorge wie bei einem Dienstunfall wird auch dann gewährt, wenn ein Beamter auf Grund eines in Ausübung des Dienstes eingetretenen Unfalls oder einer derart eingetretenen Erkrankung im Sinne des § 31 bei einer besonderen Verwendung im Ausland eine gesundheitliche Schädigung erleidet (Einsatzunfall). [2] Eine besondere Verwendung im Ausland ist eine Verwendung auf Grund eines Übereinkommens oder einer Vereinbarung mit einer über- oder zwischenstaatlichen Einrichtung oder mit einem auswärtigen Staat im Ausland oder außerhalb des deutschen Hoheitsgebietes auf Schiffen oder in Luftfahrzeugen,

1. für die ein Beschluss der Bundesregierung vorliegt oder
2. die im Rahmen von Maßnahmen nach § 56 Absatz 1 Satz 2 Nummer 4 des Bundesbesoldungsgesetzes[1)] stattfindet.

[3] Dem steht eine sonstige Verwendung im Ausland oder außerhalb des deutschen Hoheitsgebietes auf Schiffen oder in Luftfahrzeugen mit vergleichbar gesteigerter Gefährdungslage gleich. [4] Die Verwendung im Sinne der Sätze 2

[1)] Nr. **18**.

und 3 beginnt mit dem Eintreffen im Einsatzgebiet und endet mit dem Verlassen des Einsatzgebietes.

(2) Gleiches gilt, wenn bei einem Beamten eine Erkrankung oder ihre Folgen oder ein Unfall auf gesundheitsschädigende oder sonst vom Inland wesentlich abweichende Verhältnisse bei einer Verwendung im Sinne des Absatzes 1 zurückzuführen sind oder wenn eine gesundheitliche Schädigung bei dienstlicher Verwendung im Ausland auf einen Unfall oder eine Erkrankung im Zusammenhang mit einer Verschleppung oder einer Gefangenschaft zurückzuführen ist oder darauf beruht, dass der Beamte aus sonstigen mit dem Dienst zusammenhängenden Gründen dem Einflussbereich des Dienstherrn entzogen ist.

(3) § 31 Absatz 5 gilt entsprechend.

(4) Die Unfallfürsorge ist ausgeschlossen, wenn sich der Beamte vorsätzlich oder grob fahrlässig der Gefährdung ausgesetzt oder die Gründe für eine Verschleppung, Gefangenschaft oder sonstige Einflussbereichsentziehung herbeigeführt hat, es sei denn, dass der Ausschluss für ihn eine unbillige Härte wäre.

§ 32 Erstattung von Sachschäden und besonderen Aufwendungen.

[1] Sind bei einem Dienstunfall Kleidungsstücke oder sonstige Gegenstände, die der Beamte zur Dienstausübung oder während der Dienstzeit benötigt und deshalb mit sich geführt hat, beschädigt oder zerstört worden oder abhanden gekommen, so kann dafür Ersatz geleistet werden. [2] Anträge auf Gewährung von Sachschadenersatz nach Satz 1 sind innerhalb einer Ausschlussfrist von drei Monaten zu stellen. [3] Sind durch eine Erste-Hilfe-Leistung nach dem Unfall besondere Kosten entstanden, so ist dem Beamten der nachweisbar notwendige Aufwand zu ersetzen.

§ 33 Heilverfahren. (1) Das Heilverfahren umfasst

1. die notwendigen ärztlichen, zahnärztlichen und psychotherapeutischen Maßnahmen,
2. die notwendige Versorgung mit Arznei-, Verband-, Heil- und Hilfsmitteln, mit Geräten zur Selbstbehandlung und zur Selbstkontrolle sowie mit Körperersatzstücken, die den Erfolg der Heilbehandlung sichern oder die Unfallfolgen erleichtern sollen,
3. die notwendigen Krankenhausleistungen,
4. die notwendigen Rehabilitationsmaßnahmen,
5. die notwendige Pflege (§ 34),
6. die notwendige Haushaltshilfe und
7. die notwendigen Fahrten.

(2) Der Verletzte ist verpflichtet, sich einer Krankenhausbehandlung zu unterziehen, wenn sie nach einer Stellungnahme eines durch die Dienstbehörde bestimmten Arztes zur Sicherung des Heilerfolges notwendig ist.

(3) [1] Der Verletzte ist verpflichtet, sich einer ärztlichen Untersuchung und Behandlung zu unterziehen, es sei denn, dass sie mit einer erheblichen Gefahr für Leben oder Gesundheit des Verletzten verbunden ist. [2] Das Gleiche gilt für eine Operation dann, wenn sie keinen erheblichen Eingriff in die körperliche Unversehrtheit bedeutet. [3] Die oberste Dienstbehörde oder die von ihr be-

stimmte Stelle kann bestimmen, welcher Arzt die Untersuchung oder Behandlung nach Satz 1 durchführt.

(4) [1] Verursachen die Folgen des Dienstunfalles außergewöhnliche Kosten für Kleider- und Wäscheverschleiß, so sind diese in angemessenem Umfang zu ersetzen. [2] Kraftfahrzeughilfe wird gewährt, wenn der Verletzte infolge des Dienstunfalls nicht nur vorübergehend auf die Benutzung eines Kraftfahrzeugs angewiesen ist, um die zur Dienstausübung erforderlichen Wege zurückzulegen. [3] Notwendige Aufwendungen für eine bedarfsgerechte Anpassung des Wohnumfelds werden erstattet, wenn infolge des Dienstunfalls nicht nur vorübergehend die Anpassung vorhandenen oder die Beschaffung bedarfsgerechten Wohnraums erforderlich ist. [4] Ist der Verletzte an den Folgen des Dienstunfalles verstorben, so können auch die Kosten für die Überführung und die Bestattung in angemessener Höhe erstattet werden.

(5) Die Durchführung regelt das Bundesministerium des Innern, für Bau und Heimat im Einvernehmen mit dem Bundesministerium der Finanzen durch Rechtsverordnung.

§ 34 Pflegekosten. [1] Ist der Verletzte infolge des Dienstunfalles so hilflos, dass er nicht ohne fremde Hilfe und Pflege auskommen kann, so sind ihm die Kosten einer notwendigen Pflege in angemessenem Umfang zu erstatten. [2] Die Dienstbehörde kann jedoch selbst für die Pflege Sorge tragen.

§ 35 Unfallausgleich. (1) [1] Ist der Verletzte infolge des Dienstunfalles in seiner Erwerbsfähigkeit länger als sechs Monate um mindestens 25 Prozent gemindert, so erhält er, solange dieser Zustand andauert, neben den Dienstbezügen, den Anwärterbezügen oder dem Ruhegehalt einen Unfallausgleich. [2] Dieser wird in Höhe der Grundrente nach § 31 Absatz 1 bis 3 in Verbindung mit § 30 Absatz 1 Satz 2 zweiter Halbsatz des Bundesversorgungsgesetzes gewährt. [3] Wird die Minderung der Erwerbsfähigkeit bei der Feststellung gestaffelt eingeschätzt, ist der Unfallausgleich in Höhe desjenigen Grades der Minderung der Erwerbsfähigkeit zu zahlen, der wenigstens sechs Monate Bestand hat.

(2) [1] Die Minderung der Erwerbsfähigkeit ist nach der körperlichen Beeinträchtigung im allgemeinen Erwerbsleben zu beurteilen. [2] Hat bei Eintritt des Dienstunfalles eine abschätzbare Minderung der Erwerbsfähigkeit bereits bestanden, so ist für die Berechnung des Unfallausgleichs von der individuellen Erwerbsfähigkeit des Verletzten, die unmittelbar vor dem Eintritt des Dienstunfalles bestand, auszugehen und zu ermitteln, welcher Teil dieser individuellen Erwerbsfähigkeit durch den Dienstunfall gemindert wurde. [3] Beruht die frühere Erwerbsminderung auf einem Dienstunfall, so kann ein einheitlicher Unfallausgleich festgesetzt werden.

(3) [1] Der Unfallausgleich wird neu festgestellt, wenn in den Verhältnissen, die für die Feststellung maßgebend gewesen sind, eine wesentliche Änderung eingetreten ist. [2] Zu diesem Zweck ist der Beamte verpflichtet, sich auf Anordnung der obersten Dienstbehörde durch einen von ihr bestimmten Arzt untersuchen zu lassen; die oberste Dienstbehörde kann diese Befugnis auf andere Stellen übertragen.

(4) Der Unfallausgleich wird auch während einer Beurlaubung ohne Dienstbezüge gewährt.

§ 36 Unfallruhegehalt. (1) Ist der Beamte infolge des Dienstunfalles dienstunfähig geworden und deswegen in den Ruhestand versetzt worden, so erhält er Unfallruhegehalt.

(2) Für die Berechnung des Unfallruhegehalts eines vor Vollendung des 60. Lebensjahres in den Ruhestand versetzten Beamten wird der ruhegehaltfähigen Dienstzeit nur die Hälfte der Zurechnungszeit nach § 13 Absatz 1 hinzugerechnet; § 13 Absatz 4 gilt entsprechend.

(3) [1] Der Ruhegehaltssatz nach § 14 Absatz 1 erhöht sich um 20 Prozent. [2] Das Unfallruhegehalt beträgt mindestens 66,67 Prozent der ruhegehaltfähigen Dienstbezüge und darf 75 Prozent der ruhegehaltfähigen Dienstbezüge nicht übersteigen. [3] Es darf nicht hinter 75 Prozent der jeweils ruhegehaltfähigen Dienstbezüge aus der Endstufe der Besoldungsgruppe A 4 zurückbleiben; § 14 Absatz 4 Satz 3 gilt entsprechend.

§ 37 Erhöhtes Unfallruhegehalt. (1) [1] Setzt sich ein Beamter bei Ausübung einer Diensthandlung einer damit verbundenen besonderen Lebensgefahr aus und erleidet er infolge dieser Gefährdung einen Dienstunfall, so sind bei der Bemessung des Unfallruhegehalts 80 Prozent der ruhegehaltfähigen Dienstbezüge aus der Endstufe der übernächsten Besoldungsgruppe zugrunde zu legen, wenn er infolge dieses Dienstunfalles dienstunfähig geworden und in den Ruhestand versetzt wurde und im Zeitpunkt der Versetzung in den Ruhestand infolge des Dienstunfalles in seiner Erwerbsfähigkeit um mindestens 50 Prozent beschränkt ist. [2] Satz 1 gilt mit der Maßgabe, dass sich für Beamte der Laufbahngruppe des einfachen Dienstes die ruhegehaltfähigen Dienstbezüge mindestens nach der Besoldungsgruppe A 6, für Beamte der Laufbahngruppe des mittleren Dienstes mindestens nach der Besoldungsgruppe A 9, für Beamte der Laufbahngruppe des gehobenen Dienstes mindestens nach der Besoldungsgruppe A 12 und für Beamte der Laufbahngruppe des höheren Dienstes mindestens nach der Besoldungsgruppe A 16 bemessen; die Einteilung in Laufbahngruppen gilt für die Polizeivollzugsbeamten, die sonstigen Beamten des Vollzugsdienstes und die Beamten des Einsatzdienstes der Berufsfeuerwehr entsprechend.

(2) Unfallruhegehalt nach Absatz 1 wird auch gewährt, wenn der Beamte

1. in Ausübung des Dienstes durch einen rechtswidrigen Angriff oder
2. außerhalb seines Dienstes durch einen Angriff im Sinne des § 31 Absatz 4

einen Dienstunfall mit den in Absatz 1 genannten Folgen erleidet.

(3) Unfallruhegehalt nach Absatz 1 wird auch gewährt, wenn ein Beamter einen Einsatzunfall oder ein diesem gleichstehendes Ereignis im Sinne des § 31a erleidet und er infolge des Einsatzunfalls oder des diesem gleichstehenden Ereignisses dienstunfähig geworden und in den Ruhestand versetzt wurde und im Zeitpunkt der Versetzung in den Ruhestand infolge des Einsatzunfalls oder des diesem gleichstehenden Ereignisses in seiner Erwerbsfähigkeit um mindestens 50 Prozent beschränkt ist.

§ 38 Unterhaltsbeitrag für frühere Beamte und frühere Ruhestandsbeamte. (1) [1] Ein durch Dienstunfall verletzter früherer Beamter, dessen Beamtenverhältnis nicht durch Eintritt oder Versetzung in den Ruhestand geendet hat, erhält neben dem Heilverfahren (§§ 33, 34) für die Dauer einer durch den Dienstunfall verursachten Erwerbsbeschränkung einen Unterhaltsbeitrag. [2] Der Anspruch erlischt ab der Gewährung von Altersgeld.

(2) Der Unterhaltsbeitrag beträgt

1. bei völliger Erwerbsunfähigkeit 66,67 Prozent der ruhegehaltfähigen Dienstbezüge nach Absatz 4,
2. bei Minderung der Erwerbsfähigkeit um wenigstens 25 Prozent den der Minderung entsprechenden Teil des Unterhaltsbeitrages nach Nummer 1.

(3) [1] Im Falle des Absatzes 2 Nummer 2 kann der Unterhaltsbeitrag, solange der Verletzte aus Anlass des Unfalles unverschuldet arbeitslos ist, bis auf den Betrag nach Nummer 1 erhöht werden. [2] Bei Hilflosigkeit des Verletzten gilt § 34 entsprechend.

(4) [1] Die ruhegehaltfähigen Dienstbezüge bestimmen sich nach § 5 Absatz 1. [2] Bei einem früheren Beamten auf Widerruf im Vorbereitungsdienst sind die Dienstbezüge zugrunde zu legen, die er bei der Ernennung zum Beamten auf Probe zuerst erhalten hätte; das Gleiche gilt bei einem früheren Polizeivollzugsbeamten auf Widerruf mit Dienstbezügen. [3] Ist der Beamte wegen Dienstunfähigkeit infolge des Dienstunfalles entlassen worden, gilt § 5 Absatz 2 entsprechend. [4] Der Unterhaltsbeitrag für einen früheren Beamten auf Widerruf, der ein Amt bekleidete, das seine Arbeitskraft nur nebenbei beanspruchte, ist nach billigem Ermessen festzusetzen.

(5) [1] Ist der Beamte wegen Dienstunfähigkeit infolge des Dienstunfalles entlassen worden, darf der Unterhaltsbeitrag nach Absatz 2 Nummer 1 nicht hinter dem Mindestunfallruhegehalt (§ 36 Absatz 3 Satz 3) zurückbleiben. [2] Ist der Beamte wegen Dienstunfähigkeit infolge eines Dienstunfalles der in § 37 bezeichneten Art entlassen worden und war er im Zeitpunkt der Entlassung infolge des Dienstunfalles in seiner Erwerbsfähigkeit um mindestens fünfzig Prozent beschränkt, treten an die Stelle des Mindestunfallruhegehalts achtzig Prozent der ruhegehaltfähigen Dienstbezüge aus der Endstufe der Besoldungsgruppe, die sich bei sinngemäßer Anwendung des § 37 ergibt. [3] Absatz 4 Satz 4 gilt entsprechend.

(6) [1] Die Minderung der Erwerbsfähigkeit ist nach der körperlichen Beeinträchtigung im allgemeinen Erwerbsleben zu beurteilen. [2] Zum Zwecke der Nachprüfung des Grades der Minderung der Erwerbsfähigkeit ist der frühere Beamte verpflichtet, sich auf Anordnung der obersten Dienstbehörde durch einen von ihr bestimmten Arzt untersuchen zu lassen; die oberste Dienstbehörde kann diese Befugnis auf andere Stellen übertragen.

(7) Die Absätze 1 bis 6 gelten entsprechend für einen durch Dienstunfall verletzten früheren Ruhestandsbeamten, der seine Rechte als Ruhestandsbeamter verloren hat oder dem das Ruhegehalt aberkannt worden ist.

§ 38a Unterhaltsbeitrag bei Schädigung eines ungeborenen Kindes.

(1) Der Unterhaltsbeitrag wird im Fall des § 30 Absatz 1 Satz 2 und 3 für die Dauer der durch einen Dienstunfall der Mutter verursachten Minderung der Erwerbsfähigkeit gewährt

1. bei Verlust der Erwerbsfähigkeit in Höhe des Mindestunfallwaisengeldes nach § 39 Absatz 1 Nummer 2 in Verbindung mit § 36 Absatz 3 Satz 3,
2. bei Minderung der Erwerbsfähigkeit um mindestens 25 Prozent in Höhe eines der Minderung der Erwerbsfähigkeit entsprechenden Teils des Unterhaltsbeitrages nach Nummer 1.

(2) [1] § 38 Absatz 6 gilt entsprechend. [2] Bei Minderjährigen wird die Minderung der Erwerbsfähigkeit nach den Auswirkungen bemessen, die sich bei Erwachsenen mit gleichem Gesundheitsschaden ergeben würden. [3] Die Sorgeberechtigten sind verpflichtet, Untersuchungen zu ermöglichen.

(3) Der Unterhaltsbeitrag beträgt vor Vollendung des 14. Lebensjahres 30 Prozent, vor Vollendung des 18. Lebensjahres 50 Prozent der Sätze nach Absatz 1.

(4) Der Anspruch auf Unterhaltsbeitrag ruht insoweit, als während einer Heimpflege von mehr als einem Kalendermonat Pflegekosten gemäß § 34 erstattet werden.

(5) Hat ein Unterhaltsbeitragsberechtigter Anspruch auf Waisengeld nach diesem Gesetz, wird nur der höhere Versorgungsbezug gezahlt.

§ 39 Unfall-Hinterbliebenenversorgung. (1) [1] Ist ein Beamter, der Unfallruhegehalt erhalten hätte, oder ein Ruhestandsbeamter, der Unfallruhegehalt bezog, an den Folgen des Dienstunfalles verstorben, so erhalten seine Hinterbliebenen Unfall-Hinterbliebenenversorgung. [2] Für diese gelten folgende besondere Vorschriften:

1. Das Witwengeld beträgt sechzig Prozent des Unfallruhegehalts (§§ 36, 37).
2. [1] Das Waisengeld beträgt für jedes waisengeldberechtigte Kind (§ 23) dreißig Prozent des Unfallruhegehalts. [2] Es wird auch elternlosen Enkeln gewährt, deren Unterhalt zur Zeit des Dienstunfalles ganz oder überwiegend durch den Verstorbenen bestritten wurde.

(2) Ist ein Ruhestandsbeamter, der Unfallruhegehalt bezog, nicht an den Folgen des Dienstunfalles verstorben, so steht den Hinterbliebenen nur Versorgung nach Abschnitt 3 zu; diese Bezüge sind aber unter Zugrundelegung des Unfallruhegehalts zu berechnen.

§ 40 Unterhaltsbeitrag für Verwandte der aufsteigenden Linie. [1] Verwandten der aufsteigenden Linie, deren Unterhalt zur Zeit des Dienstunfalles ganz oder überwiegend durch den Verstorbenen (§ 39 Absatz 1) bestritten wurde, ist für die Dauer der Bedürftigkeit ein Unterhaltsbeitrag von zusammen dreißig Prozent des Unfallruhegehalts zu gewähren, mindestens jedoch vierzig Prozent des in § 36 Absatz 3 Satz 3 genannten Betrages. [2] Sind mehrere Personen dieser Art vorhanden, so wird der Unterhaltsbeitrag den Eltern vor den Großeltern gewährt; an die Stelle eines verstorbenen Elternteiles treten dessen Eltern.

§ 41 Unterhaltsbeitrag für Hinterbliebene. (1) Ist in den Fällen des § 38 der frühere Beamte oder der frühere Ruhestandsbeamte an den Folgen des Dienstunfalles verstorben, so erhalten seine Hinterbliebenen einen Unterhaltsbeitrag in Höhe des Witwen- und Waisengeldes, das sich nach den allgemeinen Vorschriften unter Zugrundelegung des Unterhaltsbeitrages nach § 38 Absatz 2 Nummer 1 ergibt.

(2) Ist der frühere Beamte oder der frühere Ruhestandsbeamte nicht an den Folgen des Dienstunfalles verstorben, so kann seinen Hinterbliebenen ein Unterhaltsbeitrag bis zur Höhe des Witwen- und Waisengeldes bewilligt werden, das sich nach den allgemeinen Vorschriften unter Zugrundelegung des Unterhaltsbeitrages ergibt, den der Verstorbene im Zeitpunkt seines Todes bezogen hat.

(3) Für die Hinterbliebenen eines an den Unfallfolgen verstorbenen Beamten gilt Absatz 1 entsprechend, wenn nicht Unfall-Hinterbliebenenversorgung nach § 39 zusteht.

(4) § 21 gilt entsprechend.

§ 42 Höchstgrenzen der Hinterbliebenenversorgung. [1]Die Unfallversorgung der Hinterbliebenen (§§ 39 bis 41) darf insgesamt die Bezüge (Unfallruhegehalt oder Unterhaltsbeitrag) nicht übersteigen, die der Verstorbene erhalten hat oder hätte erhalten können. [2]Abweichend von Satz 1 sind in den Fällen des § 37 als Höchstgrenze mindestens die ruhegehaltfähigen Dienstbezüge aus der Endstufe der übernächsten anstelle der von dem Verstorbenen tatsächlich erreichten Besoldungsgruppe zugrunde zu legen. [3]§ 25 ist entsprechend anzuwenden. [4]Der Unfallausgleich (§ 35) sowie der Zuschlag bei Arbeitslosigkeit (§ 38 Absatz 3 Satz 1) bleiben sowohl bei der Berechnung des Unterhaltsbeitrages nach § 41 als auch bei der vergleichenden Berechnung nach § 25 außer Betracht.

§ 43 Einmalige Unfallentschädigung und einmalige Entschädigung.

(1) Ein Beamter des Bundes, der einen Dienstunfall der in § 37 bezeichneten Art erleidet, erhält eine einmalige Unfallentschädigung von 150 000 Euro, wenn er nach Feststellung der obersten Dienstbehörde oder der von ihr bestimmten Stelle infolge des Unfalls in seiner Erwerbsfähigkeit dauerhaft um wenigstens 50 Prozent beeinträchtigt ist.

(2) Ist ein Beamter des Bundes an den Folgen eines Dienstunfalles der in § 37 bezeichneten Art verstorben und hat er eine einmalige Unfallentschädigung nach Absatz 1 nicht erhalten, wird seinen Hinterbliebenen eine einmalige Unfallentschädigung nach Maßgabe der folgenden Bestimmungen gewährt:

1. Die Witwe sowie die versorgungsberechtigten Kinder erhalten eine Entschädigung in Höhe von insgesamt 100 000 Euro.
2. Sind Anspruchsberechtigte im Sinne der Nummer 1 nicht vorhanden, so erhalten die Eltern und die in Nummer 1 bezeichneten, nicht versorgungsberechtigten Kinder eine Entschädigung in Höhe von insgesamt 40 000 Euro.
3. Sind Anspruchsberechtigte im Sinne der Nummern 1 und 2 nicht vorhanden, so erhalten die Großeltern und Enkel eine Entschädigung in Höhe von insgesamt 20 000 Euro.

(3) [1]Die Absätze 1 und 2 gelten entsprechend, wenn ein Beamter, der

1. als Angehöriger des besonders gefährdeten fliegenden Personals während des Flugdienstes,
2. als Helm- oder Schwimmtaucher während des besonders gefährlichen Tauchdienstes,
3. im Bergrettungsdienst während des Einsatzes und der Ausbildung oder
4. als Angehöriger des besonders gefährdeten Munitionsuntersuchungspersonals während des dienstlichen Umgangs mit Munition oder
5. als Angehöriger eines Verbandes der Bundespolizei für besondere polizeiliche Einsätze bei einer besonders gefährlichen Diensthandlung im Einsatz oder in der Ausbildung dazu oder

6. im Einsatz beim Ein- oder Aushängen von Außenlasten bei einem Drehflügelflugzeug

einen Unfall erleidet, der nur auf die eigentümlichen Verhältnisse des Dienstes nach den Nummern 1 bis 6 zurückzuführen ist. [2]Die Bundesregierung bestimmt durch Rechtsverordnung den Personenkreis des Satzes 1 und die zum Dienst im Sinne des Satzes 1 gehörenden dienstlichen Verrichtungen. [3]Die Sätze 1 und 2 gelten entsprechend für andere Angehörige des öffentlichen Dienstes, zu deren Dienstobliegenheiten Tätigkeiten der in Satz 1 Nummer 1 bis 6 bezeichneten Art gehören.

(4) (weggefallen)

(5) Absatz 1 gilt entsprechend, wenn ein Beamter oder ein anderer Angehöriger des öffentlichen Dienstes einen Einsatzunfall oder ein diesem gleichstehendes Ereignis im Sinne des § 31a erleidet.

(6) Die Hinterbliebenen erhalten eine einmalige Entschädigung nach Maßgabe des Absatzes 2, wenn ein Beamter oder ein anderer Angehöriger des öffentlichen Dienstes an den Folgen eines Einsatzunfalls oder eines diesem gleichstehenden Ereignisses im Sinne des § 31a verstorben ist.

(7) [1]Für die einmalige Entschädigung nach den Absätzen 5 und 6 gelten § 31 Absatz 5 und § 31a Absatz 4 entsprechend. [2]Besteht auf Grund derselben Ursache Anspruch sowohl auf eine einmalige Unfallentschädigung nach den Absätzen 1 bis 3 als auch auf eine einmalige Entschädigung nach Absatz 5 oder 6, wird nur die einmalige Entschädigung gewährt.

§ 43a Schadensausgleich in besonderen Fällen. (1) [1]Schäden, die einem Beamten oder anderen Angehörigen des öffentlichen Dienstes während einer Verwendung im Sinne des § 31a Absatz 1 infolge von besonderen, vom Inland wesentlich abweichenden Verhältnissen, insbesondere infolge von Kriegshandlungen, kriegerischen Ereignissen, Aufruhr, Unruhen oder Naturkatastrophen oder als Folge der Ereignisse nach § 31a Absatz 2 entstehen, werden ihm in angemessenem Umfang ersetzt. [2]Gleiches gilt für Schäden des Beamten oder anderen Angehörigen des öffentlichen Dienstes durch einen Gewaltakt gegen staatliche Amtsträger, Einrichtungen oder Maßnahmen, wenn der Beamte oder andere Angehörige des öffentlichen Dienstes von dem Gewaltakt in Ausübung des Dienstes oder wegen seiner Eigenschaft als Beamter oder anderer Angehöriger des öffentlichen Dienstes betroffen ist.

(2) Im Falle einer Verwendung im Sinne des § 31a Absatz 1 wird einem Beamten oder anderen Angehörigen des öffentlichen Dienstes ein angemessener Ausgleich auch für Schäden infolge von Maßnahmen einer ausländischen Regierung, die sich gegen die Bundesrepublik Deutschland richten, gewährt.

(3) [1]Ist ein Beamter oder anderer Angehöriger des öffentlichen Dienstes an den Folgen des schädigenden Ereignisses der in Absatz 1 oder 2 bezeichneten Art verstorben, wird ein angemessener Ausgleich gewährt

1. der Witwe sowie den versorgungsberechtigten Kindern,
2. den Eltern sowie den nicht versorgungsberechtigten Kindern, wenn Hinterbliebene der in Nummer 1 bezeichneten Art nicht vorhanden sind.

[2]Der Ausgleich für ausgefallene Versicherungen wird der natürlichen Person gewährt, die der Beamte oder andere Angehörige des öffentlichen Dienstes im Versicherungsvertrag begünstigt hat. [3]Sind Versicherungsansprüche zur Finanzierung des Erwerbs von Wohneigentum an eine juristische Person abgetreten

worden, wird der Ausgleich für die ausgefallene Versicherung an diese juristische Person gezahlt, wenn die Abtretung durch den Beamten dazu gedient hat, eine natürliche Person von Zahlungspflichten auf Grund der Finanzierung des Wohneigentums freizustellen.

(4) [1] Der Schadensausgleich nach den Absätzen 1 bis 3 wird nur einmal gewährt. [2] Wird er auf Grund derselben Ursache nach § 63b des Soldatenversorgungsgesetzes vorgenommen, sind die Absätze 1 bis 3 nicht anzuwenden.

(5) Die Absätze 1 bis 4 sind auch auf Schäden bei dienstlicher Verwendung im Ausland anzuwenden, die im Zusammenhang mit einer Verschleppung oder einer Gefangenschaft entstanden sind oder darauf beruhen, dass der Geschädigte aus sonstigen mit dem Dienst zusammenhängenden Gründen dem Einflussbereich des Dienstherrn entzogen ist.

(6) Für den Schadensausgleich gelten § 31 Absatz 5 und § 31a Absatz 4 entsprechend.

§ 44 Nichtgewährung von Unfallfürsorge. (1) Unfallfürsorge wird nicht gewährt, wenn der Verletzte den Dienstunfall vorsätzlich herbeigeführt hat.

(2) [1] Hat der Verletzte eine die Heilbehandlung betreffende Anordnung ohne gesetzlichen oder sonstigen wichtigen Grund nicht befolgt und wird dadurch seine Dienst- oder Erwerbsfähigkeit ungünstig beeinflusst, so kann ihm die oberste Dienstbehörde oder die von ihr bestimmte Stelle die Unfallfürsorge insoweit versagen. [2] Der Verletzte ist auf diese Folgen schriftlich hinzuweisen.

(3) Hinterbliebenenversorgung nach den Unfallfürsorgevorschriften wird im Falle des § 22 Absatz 1 nicht gewährt.

§ 45 Meldung und Untersuchungsverfahren. (1) [1] Unfälle, aus denen Unfallfürsorgeansprüche nach diesem Gesetz entstehen können, sind innerhalb einer Ausschlussfrist von zwei Jahren nach dem Eintritt des Unfalles schriftlich oder elektronisch bei dem Dienstvorgesetzten des Verletzten zu melden. [2] § 32 Satz 2 bleibt unberührt. [3] Die Frist nach Satz 1 gilt auch dann als gewahrt, wenn der Unfall bei der zuständigen Dienstunfallfürsorgestelle gemeldet worden ist.

(2) [1] Nach Ablauf der Ausschlussfrist wird Unfallfürsorge nur gewährt, wenn seit dem Unfall noch nicht zehn Jahre vergangen sind und gleichzeitig glaubhaft gemacht wird, dass mit der Möglichkeit einer den Anspruch auf Unfallfürsorge begründenden Folge des Unfalles nicht habe gerechnet werden können oder dass der Berechtigte durch außerhalb seines Willens liegende Umstände gehindert worden ist, den Unfall zu melden. [2] Die Meldung muss, nachdem mit der Möglichkeit einer den Anspruch auf Unfallfürsorge begründenden Folge des Unfalles gerechnet werden konnte oder das Hindernis für die Meldung weggefallen ist, innerhalb dreier Monate erfolgen. [3] Die Unfallfürsorge wird in diesen Fällen vom Tage der Meldung an gewährt; zur Vermeidung von Härten kann sie auch von einem früheren Zeitpunkt an gewährt werden.

(3) [1] Der Dienstvorgesetzte hat jeden Unfall, der ihm von Amts wegen oder durch die Meldung des verletzten Beamten bekannt wird, unverzüglich zu untersuchen und das Ergebnis der zuständigen Dienstunfallfürsorgestelle mitzuteilen. [2] Die oberste Dienstbehörde oder die von ihr bestimmte Stelle entscheidet, ob ein Dienstunfall vorliegt und ob der Verletzte den Unfall vorsätzlich herbeigeführt hat. [3] Die Entscheidung ist dem Verletzten oder seinen Hinterbliebenen bekanntzugeben.

(4) [1]Unfallfürsorge nach § 30 Absatz 1 Satz 2 wird nur gewährt, wenn der Unfall der Beamtin innerhalb der Fristen nach den Absätzen 1 und 2 gemeldet und als Dienstunfall anerkannt worden ist. [2]Der Anspruch auf Unfallfürsorge nach § 30 Absatz 2 Satz 2 ist innerhalb von zwei Jahren vom Tag der Geburt an von den Sorgeberechtigten geltend zu machen. [3]Absatz 2 gilt mit der Maßgabe, dass die Zehn-Jahres-Frist am Tag der Geburt zu laufen beginnt. [4]Der Antrag muss, nachdem mit der Möglichkeit einer Schädigung durch einen Dienstunfall der Mutter während der Schwangerschaft gerechnet werden konnte oder das Hindernis für den Antrag weggefallen ist, innerhalb von drei Monaten gestellt werden.

§ 46 Begrenzung der Unfallfürsorgeansprüche. (1) [1]Der verletzte Beamte und seine Hinterbliebenen haben aus Anlass eines Dienstunfalles gegen den Dienstherrn nur die in den §§ 30 bis 43a geregelten Ansprüche. [2]Ist der Beamte nach dem Dienstunfall in den Dienstbereich eines anderen öffentlich-rechtlichen Dienstherrn versetzt worden, so richten sich die Ansprüche gegen diesen; das Gleiche gilt in den Fällen des gesetzlichen Übertritts oder der Übernahme bei der Umbildung von Körperschaften. [3]Satz 2 gilt in den Fällen, in denen der Beamte aus dem Dienstbereich eines öffentlich-rechtlichen Dienstherrn außerhalb des Geltungsbereichs dieses Gesetzes zu einem Dienstherrn im Geltungsbereich dieses Gesetzes versetzt wird, mit der Maßgabe, dass dieses Gesetz angewendet wird.

(2) [1]Weitergehende Ansprüche auf Grund allgemeiner gesetzlicher Vorschriften können gegen einen öffentlich-rechtlichen Dienstherrn im Bundesgebiet oder gegen die in seinem Dienst stehenden Personen nur dann geltend gemacht werden, wenn der Dienstunfall

1. durch eine vorsätzliche unerlaubte Handlung einer solchen Person verursacht worden oder
2. bei der Teilnahme am allgemeinen Verkehr eingetreten ist.

[2]Im Fall des Satzes 1 Nummer 2 sind Leistungen, die dem Beamten und seinen Hinterbliebenen nach diesem Gesetz gewährt werden, auf die weitergehenden Ansprüche anzurechnen; der Dienstherr, der Leistungen nach diesem Gesetz gewährt, hat keinen Anspruch auf Ersatz dieser Leistungen gegen einen anderen öffentlich-rechtlichen Dienstherrn im Bundesgebiet.

(3) Ersatzansprüche gegen andere Personen bleiben unberührt.

(4) [1]Auf laufende und einmalige Geldleistungen, die nach diesem Gesetz wegen eines Körper-, Sach- oder Vermögensschadens gewährt werden, sind Geldleistungen anzurechnen, die wegen desselben Schadens von anderer Seite erbracht werden. [2]Hierzu gehören insbesondere Geldleistungen, die von Drittstaaten oder von zwischenstaatlichen oder überstaatlichen Einrichtungen gewährt oder veranlasst werden. [3]Nicht anzurechnen sind Leistungen privater Schadensversicherungen, die auf Beiträgen der Beamten oder anderen Angehörigen des öffentlichen Dienstes beruhen; dies gilt nicht in den Fällen des § 32.

§ 46a (weggefallen)

Abschnitt 6. Übergangsgeld, Ausgleich

§ 47 Übergangsgeld. (1) [1]Ein Beamter mit Dienstbezügen, der nicht auf eigenen Antrag entlassen wird, erhält als Übergangsgeld nach vollendeter einjähriger Beschäftigungszeit das Einfache und bei längerer Beschäftigungszeit für jedes weitere volle Jahr ihrer Dauer die Hälfte, insgesamt höchstens das Sechsfache der Dienstbezüge (§ 1 Absatz 2 Nummer 1 bis 4 des Bundesbesoldungsgesetzes[1)]) des letzten Monats. [2]§ 5 Absatz 1 Satz 2 gilt entsprechend. [3]Das Übergangsgeld wird auch dann gewährt, wenn der Beamte im Zeitpunkt der Entlassung ohne Dienstbezüge beurlaubt war. [4]Maßgebend sind die Dienstbezüge, die der Beamte im Zeitpunkt der Entlassung erhalten hätte.

(2) [1]Als Beschäftigungszeit gilt die Zeit ununterbrochener hauptberuflicher entgeltlicher Tätigkeit im Dienste desselben Dienstherrn oder der Verwaltung, deren Aufgaben der Dienstherr übernommen hat, sowie im Falle der Versetzung die entsprechende Zeit im Dienste des früheren Dienstherrn; die vor einer Beurlaubung ohne Dienstbezüge liegende Beschäftigungszeit wird mit berücksichtigt. [2]Zeiten mit einer Ermäßigung der regelmäßigen Arbeitszeit sind nur zu dem Teil anzurechnen, der dem Verhältnis der ermäßigten zur regelmäßigen Arbeitszeit entspricht.

(3) Das Übergangsgeld wird nicht gewährt, wenn

1. der Beamte wegen eines Verhaltens im Sinne der §§ 31, 32 Absatz 1 Nummer 1 und 3, Absatz 2, § 34 Absatz 1 Satz 1 Nummer 1 und § 40 Absatz 2 des Bundesbeamtengesetzes[2)] entlassen wird oder
2. ein Unterhaltsbeitrag nach § 15 bewilligt wird oder
3. die Beschäftigungszeit als ruhegehaltfähige Dienstzeit angerechnet wird oder
4. der Beamte mit der Berufung in ein Richterverhältnis oder mit der Ernennung zum Beamten auf Zeit entlassen wird.

(4) [1]Das Übergangsgeld wird in Monatsbeträgen für die der Entlassung folgende Zeit wie die Dienstbezüge gezahlt. [2]Es ist längstens bis zum Ende des Monats zu zahlen, in dem der Beamte die für sein Beamtenverhältnis bestimmte gesetzliche Altersgrenze erreicht hat. [3]Beim Tode des Empfängers ist der noch nicht ausgezahlte Betrag den Hinterbliebenen in einer Summe zu zahlen.

(5) Bezieht der entlassene Beamte Erwerbs- oder Erwerbsersatzeinkommen im Sinne des § 53 Absatz 7, verringert sich das Übergangsgeld um den Betrag dieser Einkünfte.

§ 47a Übergangsgeld für entlassene politische Beamte. (1) [1]Ein Beamter, der aus einem Amt im Sinne des § 54 des Bundesbeamtengesetzes[2)] nicht auf eigenen Antrag entlassen wird, erhält ein Übergangsgeld in Höhe von 71,75 Prozent der ruhegehaltfähigen Dienstbezüge aus der Endstufe der Besoldungsgruppe, in der er sich zur Zeit seiner Entlassung befunden hat. [2]§ 4 des Bundesbesoldungsgesetzes[1)] gilt entsprechend.

(2) Das Übergangsgeld wird für die Dauer der Zeit, die der Beamte das Amt, aus dem er entlassen worden ist, innehatte, mindestens für die Dauer von sechs Monaten, längstens für die Dauer von drei Jahren, gewährt.

(3) § 47 Absatz 3 Nummer 1 bis 4 und Absatz 4 gilt entsprechend.

(4) Bezieht der entlassene Beamte Erwerbs- oder Erwerbsersatzeinkommen im Sinne des § 53 Absatz 7, so verringern sich die in entsprechender Anwendung des § 4 des Bundesbesoldungsgesetzes fortgezahlten Bezüge und das

---

[1)] Nr. **18**.
[2)] Nr. **2**.

Übergangsgeld um den Betrag dieser Einkünfte; § 63 Nummer 10 findet keine Anwendung.

§ 48 Ausgleich bei besonderen Altersgrenzen. (1) [1]Beamte des Vollzugsdienstes, Beamte des Einsatzdienstes der Feuerwehr und Beamte im Flugverkehrskontrolldienst, die vor Vollendung des 67. Lebensjahres wegen Erreichens der besonderen Altersgrenze in den Ruhestand treten, erhalten neben dem Ruhegehalt einen Ausgleich in Höhe des Fünffachen der Dienstbezüge (§ 1 Absatz 2 Nummer 1, 3 und 4 des Bundesbesoldungsgesetzes[1)]) des letzten Monats, jedoch nicht über 4 091 Euro. [2]Dieser Betrag verringert sich um jeweils ein Fünftel für jedes Jahr, das über die besondere Altersgrenze hinaus abgeleistet wird. [3]§ 5 Absatz 1 Satz 2 gilt entsprechend. [4]Der Ausgleich ist bei Eintritt in den Ruhestand in einer Summe zu zahlen. [5]Der Ausgleich wird nicht neben einer einmaligen (Unfall-)Entschädigung im Sinne des § 43 gewährt.

(2) [1]Schwebt zum Zeitpunkt des Eintritts in den Ruhestand gegen den Beamten ein Verfahren auf Rücknahme der Ernennung oder ein Verfahren, das nach § 41 Absatz 1 des Bundesbeamtengesetzes[2)] zum Verlust der Beamtenrechte führen könnte, oder ist gegen den Beamten Disziplinarklage erhoben worden, darf der Ausgleich erst nach dem rechtskräftigen Abschluss des Verfahrens und nur gewährt werden, wenn kein Verlust der Versorgungsbezüge eingetreten ist. [2]Die disziplinarrechtlichen Vorschriften bleiben unberührt.

(3) Der Ausgleich wird im Falle der Bewilligung von Urlaub bis zum Eintritt in den Ruhestand nach § 95 Absatz 1 Nummer 2 des Bundesbeamtengesetzes nicht gewährt.

Abschnitt 7. Gemeinsame Vorschriften

§ 49 Festsetzung und Zahlung der Versorgungsbezüge, Versorgungsauskunft. (1) [1]Die oberste Dienstbehörde setzt die Versorgungsbezüge fest, bestimmt die Person des Zahlungsempfängers und entscheidet über die Berücksichtigung von Zeiten als ruhegehaltfähige Dienstzeit sowie über die Bewilligung von Versorgungsbezügen auf Grund von Kannvorschriften. [2]Sie kann diese Befugnisse im Einvernehmen mit dem Bundesministerium des Innern, für Bau und Heimat auf andere Stellen übertragen.

(2) [1]Entscheidungen über die Bewilligung von Versorgungsbezügen auf Grund von Kannvorschriften dürfen erst beim Eintritt des Versorgungsfalles getroffen werden; vorherige Zusicherungen sind unwirksam. [2]Bei der Einstellung eines Beamten des Bundes ist auf Antrag zu entscheiden, ob ruhegehaltfähige Zeiten nach § 10 vorliegen und Zeiten auf Grund der §§ 11 und 12 als ruhegehaltfähig berücksichtigt werden können. [3]Satz 2 gilt für die Versetzung eines Beamten von einem anderen Dienstherrn in den Dienst des Bundes entsprechend. [4]Die Entscheidungen stehen unter dem Vorbehalt des Gleichbleibens der Sach- und Rechtslage, die diesen Entscheidungen zugrunde liegt.

(3) Entscheidungen in versorgungsrechtlichen Angelegenheiten, die eine grundsätzliche, über den Einzelfall hinausgehende Bedeutung haben, sind von dem für das Versorgungsrecht zuständigen Ministerium zu treffen.

---

1) Nr. **18**.
2) Nr. **2**.

(4) Die Versorgungsbezüge sind, soweit nichts anderes bestimmt ist, für die gleichen Zeiträume und im gleichen Zeitpunkt zu zahlen wie die Dienstbezüge der Beamten.

(5) Werden Versorgungsbezüge nach dem Tag der Fälligkeit gezahlt, so besteht kein Anspruch auf Verzugszinsen.

(6) Hat ein Versorgungsberechtigter seinen Wohnsitz oder dauernden Aufenthalt außerhalb des Geltungsbereichs dieses Gesetzes, so kann die oberste Dienstbehörde oder die von ihr bestimmte Stelle die Zahlung der Versorgungsbezüge von der Bestellung eines Empfangsbevollmächtigten im Geltungsbereich dieses Gesetzes abhängig machen.

(7) [1] Für die Zahlung der Versorgungsbezüge hat der Empfänger auf Verlangen der zuständigen Behörde ein Konto anzugeben oder einzurichten, auf das die Überweisung erfolgen kann. [2] Die Übermittlungskosten mit Ausnahme der Kosten für die Gutschrift auf dem Konto des Empfängers trägt die die Versorgungsbezüge zahlende Stelle; bei einer Überweisung der Versorgungsbezüge auf ein im Ausland geführtes Konto trägt der Versorgungsempfänger die Kosten und die Gefahr der Übermittlung der Versorgungsbezüge sowie die Kosten einer Meldung nach § 11 Absatz 2 des Außenwirtschaftsgesetzes in Verbindung mit einer auf Grund dieser Vorschrift erlassenen Rechtsverordnung. [3] Die Kontoeinrichtungs-, Kontoführungs- oder Buchungsgebühren trägt der Empfänger. [4] Eine Auszahlung auf andere Weise kann nur zugestanden werden, wenn dem Empfänger die Einrichtung oder Benutzung eines Kontos aus wichtigem Grund nicht zugemutet werden kann.

(8) [1] Bei der Berechnung von Versorgungsbezügen sind die sich ergebenden Bruchteile eines Cents unter 0,5 abzurunden und ab 0,5 aufzurunden. [2] Zwischenrechnungen werden jeweils auf zwei Dezimalstellen durchgeführt. [3] Jeder Versorgungsbestandteil ist einzeln zu runden. [4] Abweichend von den Sätzen 1 und 2 sind bei der Berechnung von Leistungen nach den §§ 50a bis 50d die Regelungen des § 121 des Sechsten Buches Sozialgesetzbuch anzuwenden.

(9) Beträge von weniger als fünf Euro sind nur auf Verlangen des Empfangsberechtigten auszuzahlen.

(10) [1] Die zuständige Dienstbehörde hat dem Beamten auf schriftlichen oder elektronischen Antrag eine Auskunft zum Anspruch auf Versorgungsbezüge nach der Sach- und Rechtslage zum Zeitpunkt der Auskunftserteilung zu erteilen. [2] Die Auskunft steht unter dem Vorbehalt künftiger Sach- und Rechtsänderungen sowie der Richtigkeit und Vollständigkeit der zugrunde liegenden Daten.

§ 50 Familienzuschlag und Ausgleichsbetrag. (1) [1] Auf den Familienzuschlag finden die für die Beamten geltenden Vorschriften des Besoldungsrechts Anwendung. [2] Der Unterschiedsbetrag zwischen Stufe 1 und der nach dem Besoldungsrecht in Betracht kommenden Stufe des Familienzuschlags wird nach Anwendung des Faktors nach § 5 Absatz 1 Satz 1 neben dem Ruhegehalt gezahlt. [3] Er wird unter Berücksichtigung der nach den Verhältnissen des Beamten oder Ruhestandsbeamten für die Stufen des Familienzuschlags in Betracht kommenden Kinder neben dem Witwengeld gezahlt, soweit die Witwe Anspruch auf Kindergeld für diese Kinder hat oder ohne Berücksichtigung der §§ 64, 65 des Einkommensteuergesetzes oder der §§ 3, 4 des Bundeskindergeldgesetzes haben würde; soweit hiernach ein Anspruch auf den Unterschiedsbetrag nicht besteht, wird er neben dem Waisengeld gezahlt, wenn die Waise bei den Stufen des Familienzuschlags zu berücksichtigen ist oder zu berücksichtigen wäre, wenn der Beamte oder Ruhestandsbeamte noch lebte. [4] Sind mehrere Anspruchsberechtigte vorhanden, wird der Unterschiedsbetrag auf die Anspruchsberechtigten nach der Zahl der auf sie entfallenden Kinder zu gleichen Teilen aufgeteilt. [5] § 40 Absatz 7 des Bundesbesoldungsgesetzes[1)] gilt entsprechend.

(2) (weggefallen)

(3) [1] Neben dem Waisengeld wird ein Ausgleichsbetrag gezahlt, der dem Betrag für das erste Kind nach § 66 Absatz 1 des Einkommensteuergesetzes entspricht, wenn in der Person der Waise die Voraussetzungen des § 32 Absatz 1 bis 5 des Einkommensteuergesetzes erfüllt sind, Ausschlussgründe nach § 65 des Einkommensteuergesetzes nicht vorliegen, keine Person vorhanden ist, die nach § 62 des Einkommensteuergesetzes oder nach § 1 des Bundeskindergeldgesetzes anspruchsberechtigt ist, und die Waise keinen Anspruch auf Kindergeld nach § 1 Absatz 2 des Bundeskindergeldgesetzes hat. [2] Der Ausgleichsbetrag gilt für die Anwendung der §§ 53 und 54 nicht als Versorgungsbezug. [3] Im Falle des § 54 wird er nur zu den neuen Versorgungsbezügen gezahlt.

§ 50a Kindererziehungszuschlag. (1) [1] Das Ruhegehalt erhöht sich für jeden Monat einer dem Beamten zuzuordnenden Kindererziehungszeit um einen Kindererziehungszuschlag. [2] Dies gilt nicht, wenn der Beamte wegen der Erziehung des Kindes in der gesetzlichen Rentenversicherung versicherungspflichtig (§ 3 Satz 1 Nummer 1 Sechstes Buch Sozialgesetzbuch) war und die allgemeine Wartezeit für eine Rente der gesetzlichen Rentenversicherung erfüllt ist. [3] § 249 Absatz 4 bis 6 und § 249a des Sechsten Buches Sozialgesetzbuch gelten entsprechend.

(2) [1] Die Kindererziehungszeit beginnt mit dem ersten Kalendermonat, der auf die Geburt folgt, und endet

1. für ein vor dem 1. Januar 1992 geborenes Kind nach 30 Kalendermonaten,
2. für ein nach dem 31. Dezember 1991 geborenes Kind nach 36 Kalendermonaten.

[2] Die Kindererziehungszeit endet vorzeitig mit dem

1. Tod des Kindes,
2. Eintritt oder der Versetzung des Anspruchsberechtigten in den Ruhestand,
3. Tod des Anspruchsberechtigten oder
4. Wechsel der Zuordnung der Erziehungszeit zu einem anderen Elternteil.

[3] Wird während einer Kindererziehungszeit vom erziehenden Elternteil ein weiteres Kind erzogen, für das dem erziehenden Elternteil eine Kindererziehungszeit zuzuordnen ist, wird die Kindererziehungszeit für dieses und jedes weitere Kind um die Anzahl der Kalendermonate der gleichzeitigen Erziehung verlängert.

(3) Für die Zuordnung der Kindererziehungszeit zu einem Elternteil (§ 56 Absatz 1 Satz 1 Nummer 3 und Absatz 3 Nummer 2 und 3 Erstes Buch Sozialgesetzbuch) gilt § 56 Absatz 2 des Sechsten Buches Sozialgesetzbuch entsprechend.

[1)] Nr. **18**.

(4) Die Höhe des Kindererziehungszuschlags entspricht für jeden Monat der Kindererziehungszeit dem in § 70 Absatz 2 Satz 1 des Sechsten Buches Sozialgesetzbuch bestimmten Bruchteil des aktuellen Rentenwerts.

(5) [1] Der um den Kindererziehungszuschlag erhöhte Betrag, der sich unter Berücksichtigung der ruhegehaltfähigen Dienstbezüge und der auf die Kindererziehungszeit entfallenden ruhegehaltfähigen Dienstzeit als Ruhegehalt ergeben würde, darf die Höchstgrenze nicht übersteigen. [2] Als Höchstgrenze gilt der Betrag, der sich unter Berücksichtigung des aktuellen Rentenwerts nach dem Sechsten Buch Sozialgesetzbuch und des auf die Jahre der Kindererziehungszeit entfallenden Höchstwerts an Entgeltpunkten in der Rentenversicherung nach Anlage 2b zum Sechsten Buch Sozialgesetzbuch als Rente ergeben würde.

(6) Das um den Kindererziehungszuschlag erhöhte Ruhegehalt darf nicht höher sein als das Ruhegehalt, das sich unter Berücksichtigung des Höchstruhegehaltssatzes und der ruhegehaltfähigen Dienstbezüge aus der Endstufe der Besoldungsgruppe, aus der sich das Ruhegehalt berechnet, ergeben würde.

(7) [1] Der Kindererziehungszuschlag gilt als Teil des Ruhegehalts. [2] Auf das Mindestruhegehalt ist die Erhöhung nach Absatz 1 nicht anzuwenden.

§ 50b Kindererziehungsergänzungszuschlag. (1) [1] Das Ruhegehalt erhöht sich um einen Kindererziehungsergänzungszuschlag, wenn

1. nach dem 31. Dezember 1991 liegende Zeiten der Erziehung eines Kindes bis zur Vollendung des zehnten Lebensjahres oder Zeiten der nichterwerbsmäßigen Pflege eines pflegebedürftigen Kindes (§ 3 Sechstes Buch Sozialgesetzbuch) bis zur Vollendung des 18. Lebensjahres
   a) mit entsprechenden Zeiten für ein anderes Kind zusammentreffen oder
   b) mit Zeiten im Beamtenverhältnis, die als ruhegehaltfähig berücksichtigt werden, oder Zeiten nach § 50d Absatz 1 Satz 1 zusammentreffen,
2. für diese Zeiten kein Anspruch nach § 70 Absatz 3a Satz 2 des Sechsten Buches Sozialgesetzbuch besteht und
3. dem Beamten die Zeiten nach § 50a Absatz 3 zuzuordnen sind.

[2] Der Kindererziehungsergänzungszuschlag wird nicht für Zeiten gewährt, für die ein Kindererziehungszuschlag zusteht.

(2) Die Höhe des Kindererziehungsergänzungszuschlags entspricht für jeden angefangenen Monat, in dem die Voraussetzungen nach Absatz 1 erfüllt waren,

1. im Fall von Absatz 1 Nummer 1 Buchstabe a dem in § 70 Absatz 3a Satz 2 Buchstabe b des Sechsten Buches Sozialgesetzbuch bestimmten Bruchteil des aktuellen Rentenwerts,
2. im Fall von Absatz 1 Nummer 1 Buchstabe b einem Bruchteil in Höhe von 0,0208 des aktuellen Rentenwerts.

(3) [1] § 50a Absatz 5 gilt entsprechend mit der Maßgabe, dass in Satz 1 neben den Kindererziehungszuschlag der Kindererziehungsergänzungszuschlag und eine Leistung nach § 50d Absatz 1 sowie bei der Ermittlung der Höchstgrenze an die Stelle des in Satz 2 genannten Höchstwerts an Entgeltpunkten für jeden Monat der Zeiten nach den §§ 50a und 50b der in § 70 Absatz 2 Satz 1 des Sechsten Buches Sozialgesetzbuch bestimmte Bruchteil des aktuellen Rentenwerts tritt. [2] § 50a Absatz 6 und 7 gilt entsprechend.

§ 50c Kinderzuschlag zum Witwengeld. (1) [1]Das Witwengeld nach § 20 Absatz 1 erhöht sich für jeden Monat einer nach § 50a Absatz 3 zuzuordnenden Kindererziehungszeit bis zum Ablauf des Monats, in dem das Kind das dritte Lebensjahr vollendet hat, um einen Kinderzuschlag. [2]Der Zuschlag ist Bestandteil der Versorgung. [3]Satz 1 gilt nicht bei Bezügen nach § 20 Absatz 1 in Verbindung mit § 14 Absatz 4 Satz 2.

(2) [1]War die Kindererziehungszeit dem vor Vollendung des dritten Lebensjahres des Kindes Verstorbenen zugeordnet, erhalten Witwen und Witwer den Kinderzuschlag anteilig mindestens für die Zeit, die bis zum Ablauf des Monats, in dem das Kind das dritte Lebensjahr vollendet hat, fehlt. [2]Stirbt ein Beamter vor der Geburt des Kindes, sind der Berechnung des Kinderzuschlags 36 Kalendermonate zugrunde zu legen, wenn das Kind innerhalb von 300 Tagen nach dem Tod geboren wird. [3]Ist das Kind später geboren, wird der Zuschlag erst nach Ablauf des in § 50a Absatz 2 Satz 1 genannten Zeitraums gewährt. [4]Verstirbt das Kind vor der Vollendung des dritten Lebensjahres, ist der Kinderzuschlag anteilig zu gewähren.

(3) Die Höhe des Kinderzuschlags entspricht für jeden Monat der Kindererziehungszeit, in dem die Voraussetzungen des Absatzes 1 erfüllt waren, 55 Prozent des in § 78a Absatz 1 Satz 3 des Sechsten Buches Sozialgesetzbuch bestimmten Bruchteils des aktuellen Rentenwerts.

(4) § 50a Absatz 7 Satz 1 gilt entsprechend.

§ 50d Pflege- und Kinderpflegeergänzungszuschlag. (1) [1]War ein Beamter nach § 3 Satz 1 Nummer 1a des Sechsten Buches Sozialgesetzbuch versicherungspflichtig, weil er einen Pflegebedürftigen nicht erwerbsmäßig gepflegt hat, erhält er für die Zeit der Pflege einen Pflegezuschlag zum Ruhegehalt. [2]Dies gilt nicht, wenn die allgemeine Wartezeit in der gesetzlichen Rentenversicherung erfüllt ist.

(2) [1]Hat ein Beamter ein ihm nach § 50a Absatz 3 zuzuordnendes pflegebedürftiges Kind nicht erwerbsmäßig gepflegt (§ 3 Sechstes Buch Sozialgesetzbuch), erhält er neben dem Pflegezuschlag einen Kinderpflegeergänzungszuschlag. [2]Dieser wird längstens für die Zeit bis zur Vollendung des 18. Lebensjahres des pflegebedürftigen Kindes und nicht neben einem Kindererziehungsergänzungszuschlag oder einer Leistung nach § 70 Absatz 3a des Sechsten Buches Sozialgesetzbuch gewährt.

(3) [1]Die Höhe des Pflegezuschlags ergibt sich aus der Vervielfältigung der nach § 166 Absatz 2 in Verbindung mit § 70 Absatz 1 des Sechsten Buches Sozialgesetzbuch für die Zeit der Pflege nach Absatz 1 ermittelten Entgeltpunkte mit dem aktuellen Rentenwert. [2]Die Höhe des Kinderpflegeergänzungszuschlags ergibt sich aus dem in § 70 Absatz 3a Satz 2 Buchstabe a und Satz 3 des Sechsten Buches Sozialgesetzbuch bestimmten Bruchteil des aktuellen Rentenwerts.

(4) [1]§ 50a Absatz 5 bis 7 gilt entsprechend. [2]§ 50a Absatz 5 gilt bei der Anwendung des Absatzes 2 mit der Maßgabe, dass bei der Ermittlung der Höchstgrenze an die Stelle des in Satz 2 genannten Höchstwerts an Entgeltpunkten für jeden Monat berücksichtigungsfähiger Kinderpflegezeit der in § 70 Absatz 2 Satz 1 des Sechsten Buches Sozialgesetzbuch bestimmte Bruchteil des aktuellen Rentenwerts tritt.

§ 50e Vorübergehende Gewährung von Zuschlägen. (1) [1]Versorgungsempfänger, die vor Erreichen der Regelaltersgrenze nach § 51 Absatz 1 und 2 des Bundesbeamtengesetzes[1)] in den Ruhestand treten, erhalten vorübergehend Leistungen entsprechend den §§ 50a, 50b und 50d, wenn

1. bis zum Beginn des Ruhestandes die allgemeine Wartezeit für eine Rente der gesetzlichen Rentenversicherung erfüllt ist,
2. a) sie wegen Dienstunfähigkeit im Sinne des § 44 Absatz 1 des Bundesbeamtengesetzes in den Ruhestand versetzt worden sind oder
   b) sie wegen Erreichens einer besonderen Altersgrenze in den Ruhestand getreten sind,
3. entsprechende Leistungen nach dem Sechsten Buch Sozialgesetzbuch dem Grunde nach zustehen, jedoch vor dem Erreichen der maßgebenden Altersgrenze noch nicht gewährt werden,
4. sie einen Ruhegehaltssatz von 66,97 Prozent noch nicht erreicht haben,
5. sie kein Erwerbs- oder Erwerbsersatzeinkommen nach § 53 Absatz 7 beziehen, das im Durchschnitt des Kalenderjahres 525 Euro monatlich übersteigt.

[2]Durch die Leistung nach Satz 1 darf der Betrag nicht überschritten werden, der sich bei Berechnung des Ruhegehalts mit einem Ruhegehaltssatz von 66,97 Prozent ergibt.

(2) [1]Die Leistung entfällt spätestens mit Ablauf des Monats, in dem der Versorgungsempfänger die Regelaltersgrenze nach § 51 Absatz 1 und 2 des Bundesbeamtengesetzes erreicht. [2]Sie endet vorher, wenn der Versorgungsempfänger

1. eine Versichertenrente der gesetzlichen Rentenversicherung bezieht, mit Ablauf des Tages vor dem Beginn der Rente, oder
2. ein Erwerbseinkommen (§ 53 Absatz 7 Satz 1 und 2) bezieht, das im Durchschnitt des Kalenderjahres 525 Euro monatlich übersteigt, mit Ablauf des Tages vor Beginn der Erwerbstätigkeit.

(3) [1]Die Leistung wird auf Antrag gewährt. [2]Anträge, die innerhalb von drei Monaten nach Eintritt des Beamten in den Ruhestand gestellt werden, gelten als zum Zeitpunkt des Ruhestandseintritts gestellt. [3]Wird der Antrag zu einem späteren Zeitpunkt gestellt, so wird die Leistung vom Beginn des Antragsmonats an gewährt.

§ 50f Abzug für Pflegeleistungen. [1]Die zu zahlenden Versorgungsbezüge vermindern sich um den hälftigen Prozentsatz nach § 55 Absatz 1 Satz 1 des Elften Buches Sozialgesetzbuch, sofern eine Beihilfeberechtigung nach § 2 der Bundesbeihilfeverordnung[2)] besteht. [2]Versorgungsbezüge nach Satz 1 sind

1. Ruhegehalt, Witwengeld, Waisengeld, Unterhaltsbeitrag zuzüglich des Unterschiedsbetrages nach § 50 Absatz 1 Satz 2 bis 4,
2. Leistungen nach § 4 Absatz 2 Nummer 3 bis 7 des Gesetzes über die Gewährung einer jährlichen Sonderzuwendung in der Fassung der Bekanntmachung vom 15. Dezember 1998 (BGBl. I S. 3642), das zuletzt durch Artikel 18 des Gesetzes vom 10. September 2003 (BGBl. I S. 1798) geändert worden ist.

---

1) Nr. 2.
2) Nr. 23.

[3]Die Verminderung darf den Betrag, der sich aus dem hälftigen Prozentsatz nach § 55 Absatz 1 Satz 1 des Elften Buches Sozialgesetzbuch des zwölften Teils der jährlichen Beitragsbemessungsgrenze in der Pflegeversicherung (§ 55 Absatz 2 des Elften Buches Sozialgesetzbuch) errechnet, nicht übersteigen.

§ 51 Abtretung, Verpfändung, Aufrechnungs- und Zurückbehaltungsrecht. (1) Ansprüche auf Versorgungsbezüge können, wenn gesetzlich nichts anderes bestimmt ist, nur insoweit abgetreten oder verpfändet werden, als sie der Pfändung unterliegen.

(2) [1]Gegenüber Ansprüchen auf Versorgungsbezüge kann der Dienstherr ein Aufrechnungs- oder Zurückbehaltungsrecht nur in Höhe des pfändbaren Teils der Versorgungsbezüge geltend machen. [2]Dies gilt nicht, soweit gegen den Versorgungsberechtigten ein Anspruch auf Schadenersatz wegen vorsätzlicher unerlaubter Handlung besteht.

(3) [1]Ansprüche auf Sterbegeld (§ 18), auf Erstattung der Kosten des Heilverfahrens (§ 33) und der Pflege (§ 34), auf Unfallausgleich (§ 35) sowie auf eine einmalige Unfallentschädigung (§ 43) und auf Schadensausgleich in besonderen Fällen (§ 43a) können weder gepfändet noch abgetreten noch verpfändet werden. [2]Forderungen des Dienstherrn gegen den Verstorbenen aus Vorschuss- oder Darlehensgewährungen sowie aus Überzahlungen von Dienst- oder Versorgungsbezügen können auf das Sterbegeld angerechnet werden.

§ 52 Rückforderung von Versorgungsbezügen. (1) Wird ein Versorgungsberechtigter durch eine gesetzliche Änderung seiner Versorgungsbezüge mit rückwirkender Kraft schlechter gestellt, so sind die Unterschiedsbeträge nicht zu erstatten.

(2) [1]Im Übrigen regelt sich die Rückforderung zuviel gezahlter Versorgungsbezüge nach den Vorschriften des Bürgerlichen Gesetzbuchs über die Herausgabe einer ungerechtfertigten Bereicherung, soweit gesetzlich nichts anderes bestimmt ist. [2]Der Kenntnis des Mangels des rechtlichen Grundes der Zahlung steht es gleich, wenn der Mangel so offensichtlich war, dass der Empfänger ihn hätte erkennen müssen. [3]Von der Rückforderung kann aus Billigkeitsgründen mit Zustimmung der obersten Dienstbehörde oder der von ihr bestimmten Stelle ganz oder teilweise abgesehen werden.

(3) [1]Die Rückforderung von Beträgen von weniger als fünf Euro unterbleibt. [2]Treffen mehrere Einzelbeträge zusammen, gilt die Grenze für die Gesamtrückforderung.

(4) § 118 Absatz 3 bis 5 des Sechsten Buches Sozialgesetzbuch gilt entsprechend.

§ 53 Zusammentreffen von Versorgungsbezügen mit Erwerbs- und Erwerbsersatzeinkommen. (1) [1]Bezieht ein Versorgungsberechtigter Erwerbs- oder Erwerbsersatzeinkommen (Absatz 7), erhält er daneben seine Versorgungsbezüge nur bis zum Erreichen der in Absatz 2 bezeichneten Höchstgrenze. [2]Satz 1 ist nicht auf Empfänger von Waisengeld anzuwenden.

(2) Als Höchstgrenze gelten

1. für Ruhestandsbeamte und Witwen die ruhegehaltfähigen Dienstbezüge aus der Endstufe der Besoldungsgruppe, aus der sich das Ruhegehalt berechnet, mindestens ein Betrag in Höhe des Eineinhalbfachen der jeweils ruhegehalt-

fähigen Dienstbezüge aus der Endstufe der Besoldungsgruppe A 4, zuzüglich des jeweils zustehenden Unterschiedsbetrages nach § 50 Absatz 1,
2. *(aufgehoben)*
3. für Ruhestandsbeamte, die wegen Dienstunfähigkeit, die nicht auf einem Dienstunfall beruht, oder nach § 52 Absatz 1 und 2 des Bundesbeamtengesetzes[1] in den Ruhestand getreten sind, bis zum Ablauf des Monats, in dem die Regelaltersgrenze nach § 51 Absatz 1 und 2 des Bundesbeamtengesetzes erreicht wird, 71,75 Prozent der ruhegehaltfähigen Dienstbezüge aus der Endstufe der Besoldungsgruppe, aus der sich das Ruhegehalt berechnet, mindestens ein Betrag in Höhe von 71,75 Prozent des Eineinhalbfachen der jeweils ruhegehaltfähigen Dienstbezüge aus der Endstufe der Besoldungsgruppe A 4, zuzüglich des jeweils zustehenden Unterschiedsbetrages nach § 50 Absatz 1 sowie eines Betrages von monatlich 525 Euro.

(3) (weggefallen)

(4) (weggefallen)

(5) [1] Dem Versorgungsberechtigten ist mindestens ein Betrag in Höhe von 20 Prozent seines jeweiligen Versorgungsbezuges (§ 2) zu belassen. [2] Satz 1 gilt nicht beim Bezug von Verwendungseinkommen, das mindestens aus derselben Besoldungsgruppe oder einer vergleichbaren Entgeltgruppe berechnet wird, aus der sich auch die ruhegehaltfähigen Dienstbezüge bestimmen. [3] Für sonstiges in der Höhe vergleichbares Verwendungseinkommen gelten Satz 2 und Absatz 7 Satz 4 entsprechend.

(6) [1] Bei der Ruhensberechnung für einen früheren Beamten oder früheren Ruhestandsbeamten, der Anspruch auf Versorgung nach § 38 hat, ist mindestens ein Betrag als Versorgung zu belassen, der unter Berücksichtigung seiner Minderung der Erwerbsfähigkeit infolge des Dienstunfalles dem Unfallausgleich entspricht. [2] Dies gilt nicht, wenn die Minderung der Erwerbsfähigkeit weniger als 25 Prozent beträgt oder wegen desselben Unfalls Grundrente nach dem Bundesversorgungsgesetz zusteht.

(7) [1] Erwerbseinkommen sind Einkünfte aus nichtselbständiger Arbeit einschließlich Abfindungen, aus selbständiger Arbeit sowie aus Gewerbebetrieb und aus Land- und Forstwirtschaft. [2] Nicht als Erwerbseinkommen gelten
1. Aufwandsentschädigungen,
2. im Rahmen der Einkunftsarten nach Satz 1 anerkannte Betriebsausgaben und Werbungskosten nach dem Einkommensteuergesetz,
3. Jubiläumszuwendungen,
4. ein Unfallausgleich nach § 35,
5. steuerfreie Einnahmen für Leistungen zur Grundpflege oder hauswirtschaftlichen Versorgung nach § 3 Nummer 36 des Einkommensteuergesetzes,
6. Einkünfte aus Tätigkeiten, die nach Art und Umfang Nebentätigkeiten im Sinne des § 100 Absatz 1 Nummer 2 des Bundesbeamtengesetzes entsprechen,
7. als Einmalzahlung gewährte Leistungsbezüge im Sinne der Bundesleistungsbesoldungsverordnung[2] und des § 18 (Bund) des Tarifvertrags für den öffent-

---

[1] Nr. 2.
[2] Nr. 20.

lichen Dienst und vergleichbare Leistungen aus einer Beschäftigung im öffentlichen Dienst sowie

8. Bezüge nach den §§ 52 bis 56 des Bundesbesoldungsgesetzes[1)], wenn ein Versorgungsberechtigter auf Grund seiner Verwendung außerhalb des Geltungsbereiches des Grundgesetzes[2)] ein Einkommen nach Absatz 8 bezieht.

[3] Erwerbsersatzeinkommen sind Leistungen, die auf Grund oder in entsprechender Anwendung öffentlich-rechtlicher Vorschriften kurzfristig erbracht werden, um Erwerbseinkommen zu ersetzen. [4] Erwerbs- und Erwerbsersatzeinkommen werden in den Monaten des Zusammentreffens mit Versorgungsbezügen mit einem Zwölftel des im Kalenderjahr erzielten Einkommens angerechnet.

(8) [1] Nach Ablauf des Monats, in dem der Versorgungsberechtigte die Regelaltersgrenze nach § 51 Absatz 1 und 2 des Bundesbeamtengesetzes erreicht, gelten die Absätze 1 bis 7 nur für Erwerbseinkommen aus einer Verwendung im öffentlichen Dienst (Verwendungseinkommen). [2] Dies ist jede Beschäftigung im Dienst von Körperschaften, Anstalten und Stiftungen des deutschen öffentlichen Rechts oder ihrer Verbände; ausgenommen ist die Beschäftigung bei öffentlich-rechtlichen Religionsgesellschaften oder ihren Verbänden. [3] Der Verwendung im öffentlichen Dienst steht gleich die Verwendung im öffentlichen Dienst einer zwischenstaatlichen oder überstaatlichen Einrichtung, an der eine Körperschaft oder ein Verband im Sinne des Satzes 2 durch Zahlung von Beiträgen oder Zuschüssen oder in anderer Weise beteiligt ist. [4] Ob die Voraussetzungen zutreffen, entscheidet auf Antrag der zuständigen Stelle oder des Versorgungsberechtigten das Bundesministerium des Innern, für Bau und Heimat.

(9) [1] Bezieht ein Wahlbeamter auf Zeit im Ruhestand neben seinen Versorgungsbezügen Verwendungseinkommen nach Absatz 8, findet anstelle der Absätze 1 bis 8 § 53 in der bis zum 31. Dezember 1998 geltenden Fassung Anwendung. [2] Satz 1 gilt entsprechend für Hinterbliebene.

(10) Bezieht ein Beamter im einstweiligen Ruhestand Erwerbs- und Erwerbsersatzeinkommen nach Absatz 7, das nicht Verwendungseinkommen nach Absatz 8 ist, ruhen die Versorgungsbezüge um fünfzig Prozent des Betrages, um den sie und das Einkommen die Höchstgrenze übersteigen.

§ 53a Zusammentreffen von Versorgungsbezügen mit Altersgeld, Witwenaltersgeld oder Waisenaltersgeld. [1] Bezieht ein Versorgungsempfänger Altersgeld, Witwenaltersgeld oder Waisenaltersgeld nach dem Altersgeldgesetz vom 28. August 2013 (BGBl. I S. 3386) oder eine vergleichbare Alterssicherungsleistung, ruhen seine Versorgungsbezüge nach Anwendung des § 55 in Höhe des jeweiligen Betrages des Altersgelds, Witwenaltersgelds oder Waisenaltersgelds. [2] Satz 1 gilt nicht beim Bezug einer Mindestversorgung nach § 14 Absatz 4. [3] Beim Zusammentreffen von Ruhegehalt mit Witwenaltersgeld wird mindestens ein Betrag in Höhe des Ruhegehalts zuzüglich 20 Prozent des Witwenaltersgelds gezahlt. [4] Beim Zusammentreffen von Witwen- oder Witwergeld mit Altersgeld wird mindestens ein Betrag in Höhe des Altersgelds zuzüglich 20 Prozent des Witwen- oder Witwergelds gezahlt.

---

1) Nr. **18**.

2) Auszugsweise abgedruckt unter Nr. **1**.

§ 54 Zusammentreffen mehrerer Versorgungsbezüge. (1) [1]Erhalten aus einer Verwendung im öffentlichen Dienst (§ 53 Absatz 8) an neuen Versorgungsbezügen

1. ein Ruhestandsbeamter Ruhegehalt oder eine ähnliche Versorgung,
2. eine Witwe oder Waise aus der Verwendung des verstorbenen Beamten oder Ruhestandsbeamten Witwengeld, Waisengeld oder eine ähnliche Versorgung,
3. eine Witwe Ruhegehalt oder eine ähnliche Versorgung,

so sind neben den neuen Versorgungsbezügen die früheren Versorgungsbezüge nur bis zum Erreichen der in Absatz 2 bezeichneten Höchstgrenze zu zahlen. [2]Dabei darf die Gesamtversorgung nicht hinter der früheren Versorgung zurückbleiben.

(2) [1]Als Höchstgrenze gelten

1. für Ruhestandsbeamte (Absatz 1 Satz 1 Nummer 1) das Ruhegehalt, das sich unter Zugrundelegung der gesamten ruhegehaltfähigen Dienstzeit und der ruhegehaltfähigen Dienstbezüge aus der Endstufe der Besoldungsgruppe, aus der sich das frühere Ruhegehalt berechnet, ergibt, zuzüglich des Unterschiedsbetrages nach § 50 Absatz 1,
2. für Witwen und Waisen (Absatz 1 Satz 1 Nummer 2) das Witwen- oder Waisengeld, das sich aus dem Ruhegehalt nach Nummer 1 ergibt, zuzüglich des Unterschiedsbetrages nach § 50 Absatz 1,
3. für Witwen (Absatz 1 Satz 1 Nummer 3) 71,75 Prozent, in den Fällen des § 36 75 Prozent, in den Fällen des § 37 80 Prozent, der ruhegehaltfähigen Dienstbezüge aus der Endstufe der Besoldungsgruppe, aus der sich das dem Witwengeld zugrunde liegende Ruhegehalt bemisst, zuzüglich des Unterschiedsbetrages nach § 50 Absatz 1.

[2]Ist bei einem an der Ruhensregelung nach Satz 1 Nummer 1 oder 2 beteiligten Versorgungsbezug das Ruhegehalt nach § 14 Absatz 3 gemindert, ist das für die Höchstgrenze maßgebende Ruhegehalt in sinngemäßer Anwendung dieser Vorschrift festzusetzen. [3]Ist bei der Ruhensregelung nach Satz 1 Nummer 3 das dem Witwengeld zugrunde liegende Ruhegehalt nach § 14 Absatz 3 gemindert, ist die Höchstgrenze entsprechend dieser Vorschrift zu berechnen, wobei dem zu vermindernden Ruhegehalt mindestens ein Ruhegehaltssatz von 71,75 Prozent zugrunde zu legen ist. [4]Ist bei einem an der Ruhensregelung nach Satz 1 Nummer 1 oder 2 beteiligten Versorgungsbezug der Ruhegehaltssatz nach § 14 Absatz 1 Satz 1 Halbsatz 2 oder 3 dieses Gesetzes in der bis zum 31. Dezember 1991 geltenden Fassung gemindert, ist der für die Höchstgrenze maßgebende Ruhegehaltssatz in sinngemäßer Anwendung dieser Vorschrift festzusetzen. [5]Ist bei der Ruhensregelung nach Satz 1 Nummer 3 der Ruhegehaltssatz des dem Witwengeld zugrunde liegenden Ruhegehalts nach § 14 Absatz 1 Satz 1 Halbsatz 2 oder 3 dieses Gesetzes in der bis zum 31. Dezember 1991 geltenden Fassung gemindert, ist die Höchstgrenze entsprechend dieser Vorschrift zu berechnen, wobei der zu vermindernde Ruhegehaltssatz mindestens 71,75 Prozent beträgt.

(3) Im Falle des Absatzes 1 Nummer 3 ist neben dem neuen Versorgungsbezug mindestens ein Betrag in Höhe von 20 Prozent des früheren Versorgungsbezuges zu belassen.

(4) [1] Erwirbt ein Ruhestandsbeamter einen Anspruch auf Witwer- oder Witwengeld oder eine ähnliche Versorgung, so erhält er daneben sein Ruhegehalt zuzüglich des Unterschiedsbetrages nach § 50 Absatz 1 nur bis zum Erreichen der in Absatz 2 Satz 1 Nummer 3 sowie Satz 3 und 5 bezeichneten Höchstgrenze; beruht das Witwengeld, das Witwergeld oder die ähnliche Versorgung auf dem Recht eines anderen Dienstherrn und gewährt dieser eine einmalige Sonderzahlung, so ist die monatliche Höchstgrenze um ein Zwölftel der tatsächlich an die Witwe oder den Witwer gewährten Sonderzahlung zu erhöhen. [2] Die Gesamtbezüge dürfen nicht hinter seinem Ruhegehalt zuzüglich des Unterschiedsbetrages nach § 50 Absatz 1 sowie eines Betrages in Höhe von 20 Prozent des neuen Versorgungsbezuges zurückbleiben. [3] Absatz 1 Satz 2 ist anzuwenden.

(4a) [1] Ist ein an der Ruhensregelung beteiligter Versorgungsbezug auf Grund eines Versorgungsausgleichs zu kürzen, bleibt die Kürzung bei der Anwendung der Absätze 1 bis 4 unberücksichtigt. [2] § 57 ist auf den nach Anwendung der Absätze 1 bis 4 verbleibenden Versorgungsbezug anzuwenden.

(5) § 53 Absatz 6 gilt entsprechend.

§ 55 Zusammentreffen von Versorgungsbezügen mit Renten.

(1) [1] Versorgungsbezüge werden neben Renten nur bis zum Erreichen der in Absatz 2 bezeichneten Höchstgrenze gezahlt. [2] Als Renten gelten

1. Renten aus den gesetzlichen Rentenversicherungen,

1a. Renten nach dem Gesetz über die Alterssicherung der Landwirte,

2. Renten aus einer zusätzlichen Alters- oder Hinterbliebenenversorgung für Angehörige des öffentlichen Dienstes,

3. Renten aus der gesetzlichen Unfallversicherung, wobei für den Ruhegehaltsempfänger ein dem Unfallausgleich (§ 35) entsprechender Betrag unberücksichtigt bleibt; bei einer Minderung der Erwerbsfähigkeit um 20 Prozent bleiben zwei Drittel der Mindestgrundrente nach dem Bundesversorgungsgesetz, bei einer Minderung der Erwerbsfähigkeit um 10 Prozent ein Drittel der Mindestgrundrente nach dem Bundesversorgungsgesetz unberücksichtigt,

4. Leistungen aus einer berufsständischen Versorgungseinrichtung oder aus einer befreienden Lebensversicherung, zu denen der Arbeitgeber auf Grund eines Beschäftigungsverhältnisses im öffentlichen Dienst mindestens die Hälfte der Beiträge oder Zuschüsse in dieser Höhe geleistet hat.

[3] Wird eine Rente im Sinne des Satzes 2 nicht beantragt oder auf sie verzichtet oder wird an deren Stelle ein Kapitalbetrag gezahlt, so tritt an die Stelle der Rente der Betrag, der vom Leistungsträger ansonsten zu zahlen wäre. [4] Erfolgt die Zahlung eines Kapitalbetrages, weil kein Anspruch auf eine laufende Rente besteht, so ist der Betrag zugrunde zu legen, der sich bei einer Verrentung der einmaligen Zahlung ergibt. [5] Die Sätze 3 und 4 gelten nicht, wenn der Ruhestandsbeamte innerhalb von drei Monaten nach Zufluss den Kapitalbetrag zuzüglich der hierauf gewährten Zinsen an den Dienstherrn abführt. [6] Zu den Renten und den Leistungen nach Nummer 4 rechnet nicht der Kinderzuschuss. [7] Renten, Rentenerhöhungen und Rentenminderungen, die auf § 1587b des Bürgerlichen Gesetzbuchs oder § 1 des Gesetzes zur Regelung von Härten im Versorgungsausgleich, jeweils in der bis zum 31. August 2009 geltenden Fassung, beruhen, sowie übertragene Anrechte nach Maßgabe des

Versorgungsausgleichsgesetzes und Zuschläge oder Abschläge beim Rentensplitting unter Ehegatten nach § 76c des Sechsten Buches Sozialgesetzbuch bleiben unberücksichtigt. [8] Der Verrentungsbetrag nach Satz 4 berechnet sich nach folgender Formel:

$$EP \times aRW = VrB.$$

[9] In dieser Formel bedeutet:

EP: Entgeltpunkte, die sich ergeben durch Multiplikation des Kapitalbetrages in Euro mit dem für dessen Auszahlungsjahr maßgeblichen Faktor zur Umrechnung von Kapitalwerten in Entgeltpunkte nach § 187 Absatz 3 des Sechsten Buches Sozialgesetzbuch und anschließende Division durch Euro; die Entgeltpunkte werden kaufmännisch auf vier Dezimalstellen gerundet;

aRW: aktueller Rentenwert in Euro,

VrB: Verrentungsbetrag in Euro.

(2) [1] Als Höchstgrenze gelten

1. für Ruhestandsbeamte der Betrag, der sich als Ruhegehalt zuzüglich des Unterschiedsbetrages nach § 50 Absatz 1 ergeben würde, wenn der Berechnung zugrunde gelegt werden
   a) bei den ruhegehaltfähigen Dienstbezügen die Endstufe der Besoldungsgruppe, aus der sich das Ruhegehalt berechnet,
   b) als ruhegehaltfähige Dienstzeit die Zeit vom vollendeten siebzehnten Lebensjahr bis zum Eintritt des Versorgungsfalles abzüglich von Zeiten nach § 12a und nicht ruhegehaltfähiger Zeiten im Sinne des § 6a, zuzüglich ruhegehaltfähiger Dienstzeiten vor Vollendung des 17. Lebensjahres sowie der Zeiten, um die sich die ruhegehaltfähige Dienstzeit erhöht, und der bei der Rente berücksichtigten Zeiten einer rentenversicherungspflichtigen Beschäftigung oder Tätigkeit nach Eintritt des Versorgungsfalles,
2. für Witwen der Betrag, der sich als Witwengeld zuzüglich des Unterschiedsbetrages nach § 50 Absatz 1, für Waisen der Betrag, der sich als Waisengeld zuzüglich des Unterschiedsbetrages nach § 50 Absatz 1, wenn dieser neben dem Waisengeld gezahlt wird, aus dem Ruhegehalt nach Nummer 1 ergeben würde.

[2] Ist bei einem an der Ruhensregelung beteiligten Versorgungsbezug das Ruhegehalt nach § 14 Absatz 3 gemindert, ist das für die Höchstgrenze maßgebende Ruhegehalt in sinngemäßer Anwendung dieser Vorschrift festzusetzen. [3] Ist bei einem an der Ruhensregelung beteiligten Versorgungsbezug der Ruhegehaltssatz nach § 14 Absatz 1 Satz 1 Halbsatz 2 oder 3 dieses Gesetzes in der bis zum 31. Dezember 1991 geltenden Fassung gemindert, ist der für die Höchstgrenze maßgebende Ruhegehaltssatz in sinngemäßer Anwendung dieser Vorschrift festzusetzen.

(3) Als Renten im Sinne des Absatzes 1 gelten nicht

1. bei Ruhestandsbeamten (Absatz 2 Nummer 1) Hinterbliebenenrenten aus einer Beschäftigung oder Tätigkeit des Ehegatten,
2. bei Witwen und Waisen (Absatz 2 Nummer 2) Renten auf Grund einer eigenen Beschäftigung oder Tätigkeit.

(4) [1]Bei Anwendung der Absätze 1 und 2 bleibt außer Ansatz der Teil der Rente (Absatz 1), der

1. dem Verhältnis der Versicherungsjahre auf Grund freiwilliger Weiterversicherung oder Selbstversicherung zu den gesamten Versicherungsjahren oder, wenn sich die Rente nach Werteinheiten berechnet, dem Verhältnis der Werteinheiten für freiwillige Beiträge zu der Summe der Werteinheiten für freiwillige Beiträge, Pflichtbeiträge, Ersatzzeiten und Ausfallzeiten oder, wenn sich die Rente nach Entgeltpunkten berechnet, dem Verhältnis der Entgeltpunkte für freiwillige Beiträge zu der Summe der Entgeltpunkte für freiwillige Beiträge, Pflichtbeiträge, Ersatzzeiten, Zurechnungszeiten und Anrechnungszeiten entspricht,
2. auf einer Höherversicherung beruht,
3. auf Entgeltpunkten beruht, die auf Zeiten einer Verwendung bei einer Einrichtung im Sinne des § 6a zurückzuführen sind, sofern diese Zeiten nicht als ruhegehaltfähige Dienstzeiten nach § 6a berücksichtigt werden.

[2]Dies gilt nicht, soweit der Arbeitgeber mindestens die Hälfte der Beiträge oder Zuschüsse in dieser Höhe geleistet hat.

(5) Bei Anwendung des § 53 ist von der nach Anwendung der Absätze 1 bis 4 verbleibenden Gesamtversorgung auszugehen.

(6) [1]Beim Zusammentreffen von zwei Versorgungsbezügen mit einer Rente ist zunächst der neuere Versorgungsbezug nach den Absätzen 1 bis 4 und danach der frühere Versorgungsbezug unter Berücksichtigung des gekürzten neueren Versorgungsbezuges nach § 54 zu regeln. [2]Der hiernach gekürzte frühere Versorgungsbezug ist unter Berücksichtigung des gekürzten neueren Versorgungsbezuges nach den Absätzen 1 bis 4 zu regeln; für die Berechnung der Höchstgrenze nach Absatz 2 ist hierbei die Zeit bis zum Eintritt des neueren Versorgungsfalles zu berücksichtigen.

(7) § 53 Absatz 6 gilt entsprechend.

(8) [1]Den in Absatz 1 bezeichneten Renten stehen entsprechende wiederkehrende Geldleistungen gleich, die auf Grund der Zugehörigkeit zu Zusatz- oder Sonderversorgungssystemen der ehemaligen Deutschen Demokratischen Republik geleistet werden oder die von einem ausländischen Versicherungsträger nach einem für die Bundesrepublik Deutschland wirksamen zwischen- oder überstaatlichen Abkommen gewährt werden. [2]Für die Umrechnung von Renten ausländischer Versorgungsträger gilt § 17a Absatz 1 des Vierten Buches Sozialgesetzbuch entsprechend.

§ 55a Zusammentreffen von Versorgungsbezügen mit Versorgungsabfindungen. (1) [1]Neben einer nach Landesrecht gezahlten ergänzenden Versorgungsabfindung wird das Ruhegehalt nur bis zum Erreichen der in Absatz 2 genannten Höchstgrenzen gezahlt. [2]Auf die ergänzende Versorgungsabfindung sind dabei die Vorgaben des § 55 Absatz 1 Satz 4, 8 und 9 anzuwenden. [3]Dies gilt nicht, wenn der Beamte den erhaltenen Betrag innerhalb eines Jahres nach Berufung in den Dienst des Bundes an den Dienstherrn abführt; § 6a Absatz 3 ist entsprechend anzuwenden.

(2) Als Höchstgrenzen gelten die in § 55 Absatz 2 Satz 1 Nummer 1 bezeichneten Höchstgrenzen sinngemäß.

(3) § 55 Absatz 3 gilt entsprechend.

§ 56 Zusammentreffen von Versorgungsbezügen mit einer laufenden Alterssicherungsleistung aus zwischenstaatlicher oder überstaatlicher Verwendung. (1) Steht einem Ruhestandsbeamten auf Grund einer Verwendung im öffentlichen Dienst einer zwischenstaatlichen oder überstaatlichen Einrichtung von dieser Einrichtung eine laufende Alterssicherungsleistung zu und ist die Zeit dieser Verwendung nach § 6a Absatz 1 ruhegehaltfähig, ruht sein deutsches Ruhegehalt in Höhe des in Absatz 2 bezeichneten Betrages.

(2) [1] Das Ruhegehalt ruht nach Anwendung von § 14 Absatz 3 in Höhe der aus einer Verwendung bei der zwischenstaatlichen oder überstaatlichen Einrichtung zustehenden laufenden Alterssicherungsleistung. [2] Beruht diese Leistung auch auf Zeiten nach Beginn des Ruhestandes, bleibt die laufende Alterssicherungsleistung in Höhe des auf die Dauer der Verwendung nach Beginn des Ruhestandes entfallenden Anteils unberücksichtigt; § 14 Absatz 1 Satz 2 und 3 gilt entsprechend. [3] Bei der Anwendung des Satzes 1 werden auch Ansprüche auf Alterssicherungsleistungen berücksichtigt, die der Beamte während der Zeit erworben hat, in der er, ohne ein Amt bei der zwischenstaatlichen oder überstaatlichen Einrichtung auszuüben, dort einen Anspruch auf Vergütung oder sonstige Entschädigung hat. [4] Satz 3 gilt entsprechend für nach dem Ausscheiden aus dem Dienst einer zwischenstaatlichen oder überstaatlichen Einrichtung erworbene und bei der Berechnung der Alterssicherungsleistung berücksichtigte Ansprüche. [5] Ist die Alterssicherungsleistung durch Teilkapitalisierung, Aufrechnung oder in anderer Form verringert worden, ist bei der Anwendung der Sätze 1 und 2 der ungekürzt zustehende Betrag zugrunde zu legen. [6] Satz 5 gilt entsprechend, sofern der Beamte oder Ruhestandsbeamte auf die laufende Alterssicherungsleistung verzichtet oder diese nicht beantragt. [7] Auf freiwilligen Beiträgen beruhende Anteile, einschließlich darauf entfallender Erträge, bleiben außer Betracht.

(3) Absatz 2 gilt ungeachtet der Ruhegehaltfähigkeit einer Verwendungszeit nach § 6a entsprechend, wenn der Ruhestandsbeamte Anspruch auf Invaliditätspension aus seinem Amt bei der zwischenstaatlichen oder überstaatlichen Einrichtung hat.

(4) [1] Steht der Witwe oder den Waisen eines Beamten oder Ruhestandsbeamten eine laufende Alterssicherungsleistung der zwischenstaatlichen oder überstaatlichen Einrichtung für Hinterbliebene zu und ist die Zeit der Verwendung des Beamten nach § 6a Absatz 1 ruhegehaltfähig, ruhen das deutsche Witwengeld und Waisengeld in Höhe der Alterssicherungsleistung der zwischenstaatlichen oder überstaatlichen Einrichtung. [2] Absatz 2 Satz 2 bis 7 und Absatz 3 gelten entsprechend.

(5) Der sich nach den Absätzen 1 bis 4 ergebende Ruhensbetrag ist von den nach Anwendung der §§ 53 bis 55 verbleibenden Versorgungsbezügen abzuziehen.

§ 57 Kürzung der Versorgungsbezüge nach der Ehescheidung.

(1) [1] Sind durch Entscheidung des Familiengerichts

1. Anwartschaften in einer gesetzlichen Rentenversicherung nach § 1587b Absatz 2 des Bürgerlichen Gesetzbuchs in der bis zum 31. August 2009 geltenden Fassung oder
2. Anrechte nach dem Versorgungsausgleichsgesetz

übertragen oder begründet worden, werden nach Wirksamkeit dieser Entscheidung die Versorgungsbezüge der ausgleichspflichtigen Person und ihrer Hinterbliebenen nach Anwendung von Ruhens-, Kürzungs- und Anrechnungsvorschriften um den nach Absatz 2 oder Absatz 3 berechneten Betrag gekürzt. [2]Das Ruhegehalt, das die ausgleichspflichtige Person im Zeitpunkt der Wirksamkeit der Entscheidung des Familiengerichts über den Versorgungsausgleich erhält, wird erst gekürzt, wenn aus der Versicherung der ausgleichsberechtigten Person eine Rente zu gewähren ist; dies gilt nur, wenn der Anspruch auf Ruhegehalt vor dem 1. September 2009 entstanden und das Verfahren über den Versorgungsausgleich zu diesem Zeitpunkt eingeleitet worden ist. [3]Das einer Vollwaise zu gewährende Waisengeld wird nicht gekürzt, wenn nach dem Recht der gesetzlichen Rentenversicherungen die Voraussetzungen für die Gewährung einer Waisenrente aus der Versicherung der ausgleichsberechtigten Person nicht erfüllt sind.

(2) [1]Der Kürzungsbetrag für das Ruhegehalt berechnet sich aus dem Monatsbetrag der durch die Entscheidung des Familiengerichts begründeten Anwartschaften oder übertragenen Anrechte; in den Fällen des § 10 Absatz 2 des Versorgungsausgleichsgesetzes berechnet sich der Kürzungsbetrag aus dem sich nach Verrechnung ergebenden Monatsbetrag. [2]Der Monatsbetrag erhöht oder vermindert sich bei einem Beamten um die Vomhundertsätze der nach dem Ende der Ehezeit bis zum Zeitpunkt des Eintritts in den Ruhestand eingetretenen Erhöhungen oder Verminderungen der beamtenrechtlichen Versorgungsbezüge, die in festen Beträgen festgesetzt sind. [3]Vom Zeitpunkt des Eintritts in den Ruhestand an, bei einem Ruhestandsbeamten vom Tag nach dem Ende der Ehezeit an, erhöht oder vermindert sich der Kürzungsbetrag in dem Verhältnis, in dem sich das Ruhegehalt vor Anwendung von Ruhens-, Kürzungs- und Anrechnungsvorschriften durch Anpassung der Versorgungsbezüge erhöht oder vermindert.

(3) Der Kürzungsbetrag für das Witwen- und Waisengeld berechnet sich aus dem Kürzungsbetrag nach Absatz 2 für das Ruhegehalt, das der Beamte erhalten hat oder hätte erhalten können, wenn er am Todestag in den Ruhestand getreten wäre, nach den Anteilssätzen des Witwen- oder Waisengeldes.

(4) Ein Unterhaltsbeitrag nach § 22 Absatz 2 oder 3 oder nach entsprechendem bisherigen Recht und eine Abfindungsrente nach bisherigem Recht werden nicht gekürzt.

(5) In den Fällen des Absatzes 1 Satz 2 und des § 5 des Gesetzes zur Regelung von Härten im Versorgungsausgleich vom 21. Februar 1983 in der bis zum 31. August 2009 geltenden Fassung steht die Zahlung des Ruhegehalts der ausgleichspflichtigen Person für den Fall rückwirkender oder erst nachträglich bekanntwerdender Rentengewährung an die ausgleichsberechtigte Person oder deren Hinterbliebene unter dem Vorbehalt der Rückforderung.

§ 58 Abwendung der Kürzung der Versorgungsbezüge. (1) Die Kürzung der Versorgungsbezüge nach § 57 kann von dem Beamten oder Ruhestandsbeamten ganz oder teilweise durch Zahlung eines Kapitalbetrages an den Dienstherrn abgewendet werden.

(2) [1]Als voller Kapitalbetrag wird der Betrag angesetzt, der aufgrund der Entscheidung des Familiengerichts zu leisten gewesen wäre, erhöht oder vermindert um die Prozentsätze der nach dem Ende der Ehezeit bis zum Tag der Zahlung des Kapitalbetrages eingetretenen Erhöhungen oder Verminderungen

der beamtenrechtlichen Versorgungsbezüge, die in festen Beträgen festgesetzt sind. [2] Vom Zeitpunkt des Eintritts in den Ruhestand an, bei einem Ruhestandsbeamten vom Tage nach dem Ende der Ehezeit an, erhöht oder vermindert sich der Kapitalbetrag in dem Verhältnis, in dem sich das Ruhegehalt vor Anwendung von Ruhens-, Kürzungs- und Anrechnungsvorschriften durch Anpassung der Versorgungsbezüge erhöht oder vermindert.

(3) Bei teilweiser Zahlung vermindert sich die Kürzung der Versorgungsbezüge in dem entsprechenden Verhältnis; der Betrag der teilweisen Zahlung soll den Monatsbetrag der Dienstbezüge des Beamten oder des Ruhegehalts des Ruhestandsbeamten nicht unterschreiten.

(4) Ergeht nach der Scheidung eine Entscheidung zur Abänderung des Wertausgleichs und sind Zahlungen nach Absatz 1 erfolgt, sind im Umfang der Abänderung zu viel gezahlte Beiträge unter Anrechnung der nach § 57 anteilig errechneten Kürzungsbeträge zurückzuzahlen.

§ 59 Erlöschen der Versorgungsbezüge wegen Verurteilung. (1) [1] Ein Ruhestandsbeamter,

1. gegen den wegen einer vor Beendigung des Beamtenverhältnisses begangenen Tat eine Entscheidung ergangen ist, die nach § 41 Absatz 1 des Bundesbeamtengesetzes[1)] zum Verlust der Beamtenrechte geführt hätte, oder
2. der wegen einer nach Beendigung des Beamtenverhältnisses begangenen Tat durch ein deutsches Gericht im Geltungsbereich dieses Gesetzes im ordentlichen Strafverfahren
   a) wegen einer vorsätzlichen Tat zu Freiheitsstrafe von mindestens zwei Jahren oder
   b) wegen einer vorsätzlichen Tat, die nach den Vorschriften über Friedensverrat, Hochverrat, Gefährdung des demokratischen Rechtsstaates oder Landesverrat und Gefährdung der äußeren Sicherheit strafbar ist, zu Freiheitsstrafe von mindestens sechs Monaten

   verurteilt worden ist,

verliert mit der Rechtskraft der Entscheidung seine Rechte als Ruhestandsbeamter. [2] Entsprechendes gilt, wenn der Ruhestandsbeamte auf Grund einer Entscheidung des Bundesverfassungsgerichts gemäß Artikel 18 des Grundgesetzes ein Grundrecht verwirkt hat.

(2) Die §§ 42 und 43 des Bundesbeamtengesetzes sind entsprechend anzuwenden.

§ 60 Erlöschen der Versorgungsbezüge bei Ablehnung einer erneuten Berufung. [1] Kommt ein Ruhestandsbeamter entgegen den Vorschriften des § 46 Absatz 1 und des § 57 des Bundesbeamtengesetzes[1)] einer erneuten Berufung in das Beamtenverhältnis schuldhaft nicht nach, obwohl er auf die Folgen eines solchen Verhaltens schriftlich hingewiesen worden ist, so verliert er für diese Zeit seine Versorgungsbezüge. [2] Die oberste Dienstbehörde stellt den Verlust der Versorgungsbezüge fest. [3] Eine disziplinarrechtliche Verfolgung wird dadurch nicht ausgeschlossen.

---

1) Nr. 2.

§ 61 Erlöschen der Witwen- und Waisenversorgung. (1) [1]Der Anspruch der Witwen und Waisen auf Versorgungsbezüge erlischt

1. für jeden Berechtigten mit dem Ende des Monats, in dem er stirbt,
2. für jede Witwe außerdem mit dem Ende des Monats, in dem sie heiratet,
3. für jede Waise außerdem mit dem Ende des Monats, in dem sie das achtzehnte Lebensjahr vollendet,
4. für jeden Berechtigten, der durch ein deutsches Gericht im Geltungsbereich dieses Gesetzes im ordentlichen Strafverfahren wegen eines Verbrechens zu Freiheitsstrafe von mindestens zwei Jahren oder wegen einer vorsätzlichen Tat, die nach den Vorschriften über Friedensverrat, Hochverrat, Gefährdung des demokratischen Rechtsstaates oder Landesverrat und Gefährdung der äußeren Sicherheit strafbar ist, zu Freiheitsstrafe von mindestens sechs Monaten verurteilt worden ist, mit der Rechtskraft des Urteils.

[2]Entsprechendes gilt, wenn der Berechtigte auf Grund einer Entscheidung des Bundesverfassungsgerichts gemäß Artikel 18 des Grundgesetzes ein Grundrecht verwirkt hat. [3]In den Fällen des Satzes 1 Nummer 4 und des Satzes 2 gilt § 41 sinngemäß. [4]Die §§ 42 und 43 des Bundesbeamtengesetzes[1)] finden entsprechende Anwendung.

(2) [1]Waisengeld wird nach Vollendung des 18. Lebensjahres auf Antrag gewährt, solange die Waise

1. das 27. Lebensjahr noch nicht vollendet hat und
   a) sich in Schulausbildung oder Berufsausbildung befindet,
   b) sich in einer Übergangszeit von höchstens vier Kalendermonaten befindet, die zwischen zwei Ausbildungsabschnitten oder zwischen einem Ausbildungsabschnitt und der Ableistung des gesetzlichen Wehr- oder Zivildienstes oder der Ableistung eines freiwilligen Dienstes im Sinne des Buchstaben c liegt, oder
   c) einen freiwilligen Dienst im Sinne des § 32 Absatz 4 Satz 1 Nummer 2 Buchstabe d des Einkommensteuergesetzes leistet;
2. wegen körperlicher, geistiger oder seelischer Behinderung außerstande ist, sich selbst zu unterhalten; Waisengeld wird auch über das 27. Lebensjahr hinaus gewährt, wenn
   a) die Behinderung vor Vollendung des 27. Lebensjahres eingetreten ist und
   b) die Waise ledig oder verwitwet ist oder ihr Ehegatte oder früherer Ehegatte ihr keinen ausreichenden Unterhalt leisten kann oder dem Grunde nach nicht unterhaltspflichtig ist und sie auch nicht unterhält.

[2]In den Fällen des Satzes 1 Nummer 1 Buchstabe a und b sowie Nummer 2 erhöht sich die jeweilige Altersgrenze für eine Waise, die einen in § 32 Absatz 5 Satz 1 Nummer 1 oder 2 des Einkommensteuergesetzes genannten Dienst oder eine in § 32 Absatz 5 Satz 1 Nummer 3 des Einkommensteuergesetzes genannte Tätigkeit ausgeübt hat, um den Zeitraum, der der Dauer des jeweiligen Dienstes oder der jeweiligen Tätigkeit entspricht. [3]Die Altersgrenze erhöht sich jedoch höchstens um die Dauer des inländischen gesetzlichen Grundwehrdienstes oder bei anerkannten Kriegsdienstverweigerern um die Dauer des inländischen gesetzlichen Zivildienstes. [4]Die Ableistung eines freiwilligen

---

1) Nr. 2.

Dienstes im Sinne des Satzes 1 Nummer 1 Buchstabe c ist kein gleichgestellter Dienst im Sinne des Satzes 2. [5]In den Fällen des Satzes 1 Nummer 2 wird Waisengeld ungeachtet der Höhe eines eigenen Einkommens dem Grunde nach gewährt. [6]Soweit ein eigenes Einkommen der Waise jedoch das Zweifache des Mindestvollwaisengeldes nach § 14 Absatz 4 Satz 2 in Verbindung mit § 24 Absatz 1 übersteigt, wird es zur Hälfte auf das Waisengeld zuzüglich des Unterschiedsbetrages nach § 50 Absatz 1 angerechnet.

(3) [1]Hat eine Witwe geheiratet und wird die Ehe aufgelöst, so lebt der Anspruch auf Witwengeld wieder auf; ein von der Witwe infolge Auflösung der Ehe erworbener neuer Versorgungs-, Unterhalts- oder Rentenanspruch ist auf das Witwengeld und den Unterschiedsbetrag nach § 50 Absatz 1 anzurechnen. [2]Wird eine in Satz 1 genannte Leistung nicht beantragt oder wird auf sie verzichtet oder wird an ihrer Stelle eine Abfindung, Kapitalleistung oder Beitragserstattung gezahlt, ist der Betrag anzurechnen, der ansonsten zu zahlen wäre. [3]Der Auflösung der Ehe steht die Nichtigerklärung gleich.

§ 62 Anzeigepflicht. (1) Die Beschäftigungsstelle hat der die Versorgungsbezüge anweisenden Stelle (Regelungsbehörde) jede Verwendung eines Versorgungsberechtigten unter Angabe der gewährten Bezüge, ebenso jede spätere Änderung der Bezüge oder die Zahlungseinstellung sowie die Gewährung einer Versorgung unverzüglich anzuzeigen.

(2) [1]Der Versorgungsberechtigte ist verpflichtet, der Regelungsbehörde

1. die Verlegung des Wohnsitzes,
2. den Bezug und jede Änderung von Einkünften nach den §§ 10, 14 Absatz 5, §§ 14a, 22 Absatz 1 Satz 2 und §§ 47, 47a sowie den §§ 53 bis 56 und 61 Absatz 2,
3. die Witwe auch die Heirat (§ 61 Absatz 1 Satz 1 Nummer 2) sowie im Falle der Auflösung dieser Ehe den Erwerb und jede Änderung eines neuen Versorgungs-, Unterhalts- oder Rentenanspruchs (§ 61 Absatz 3 Satz 1 zweiter Halbsatz),
4. die Begründung eines neuen öffentlich-rechtlichen Dienstverhältnisses oder eines privatrechtlichen Arbeitsverhältnisses im öffentlichen Dienst in den Fällen des § 47 Absatz 5 und des § 47a,
5. die Erfüllung der allgemeinen Wartezeit nach dem Sechsten Buch Sozialgesetzbuch

unverzüglich anzuzeigen. [2]Auf Verlangen der Regelungsbehörde ist der Versorgungsberechtigte verpflichtet, Nachweise vorzulegen oder der Erteilung erforderlicher Nachweise oder Auskünfte, die für die Versorgungsbezüge erheblich sind, durch Dritte zuzustimmen. [3]Die Regelungsbehörde oder die für das Bezügezahlungsverfahren zuständige Stelle darf diejenigen Daten übermitteln, die für Datenübermittlungen nach § 69 Absatz 1 Nummer 1 und 2 des Zehnten Buches Sozialgesetzbuch oder nach § 151 des Sechsten Buches Sozialgesetzbuch erforderlich sind.

(2a) [1]Wer Dienstunfallfürsorgeleistungen nach Abschnitt 5 beantragt oder erhält, hat gegenüber der obersten Dienstbehörde oder der von ihr bestimmten Stelle alle Tatsachen anzugeben, die für die Leistung erheblich sind. [2]Absatz 2 Satz 2 gilt entsprechend.

(3) [1]Kommt ein Versorgungsberechtigter der ihm nach Absatz 2 Satz 1 Nummer 2 und 3 auferlegten Verpflichtung schuldhaft nicht nach, so kann ihm

die Versorgung ganz oder teilweise auf Zeit oder Dauer entzogen werden. [2]Beim Vorliegen besonderer Verhältnisse kann die Versorgung ganz oder teilweise wieder zuerkannt werden. [3]Die Entscheidung trifft die oberste Dienstbehörde oder die von ihr bestimmte Stelle.

(4) Solange ein Versorgungsberechtigter der Verpflichtung nach Absatz 2 Nummer 1 schuldhaft nicht nachkommt, kann die Auszahlung der Versorgungsbezüge vorübergehend ausgesetzt werden.

§ 62a Versorgungsbericht, Mitteilungspflichten. (1) Die Bundesregierung soll dem Deutschen Bundestag in jeder Wahlperiode einen Bericht über die jeweils im Vorjahr erbrachten Versorgungsleistungen im öffentlichen Dienst, über die Entwicklung der Sondervermögen nach dem Versorgungsrücklagegesetz sowie über Vorausberechnungen der zumindest in den nächsten 30 Jahren zu erwartenden Versorgungsleistungen vorlegen.

(2) [1]Öffentliche Stellen im Sinne des § 2 Absatz 1 und 2 des Bundesdatenschutzgesetzes, die Dienstvorgesetzte im Sinne des § 3 Absatz 2 des Bundesbeamtengesetzes[1)] sind, übermitteln dem Bundesministerium des Innern, für Bau und Heimat die für die Erstellung des Berichtes erforderlichen Daten

1. zu den Gründen der Dienstunfähigkeit nach Hauptdiagnoseklassen und
2. zur Person und letzten Beschäftigung des Betroffenen, die zur statistischen Auswertung erforderlich sind.

[2]Soweit entsprechende Daten nicht vorliegen, können bei anderen als den in Satz 1 genannten Stellen, insbesondere solchen, die mit der ärztlichen Begutachtung beauftragt wurden, Angaben zu Gründen einer Versetzung in den Ruhestand erhoben werden.

§ 63 Gleichstellungen. Für die Anwendung dieses Abschnitts gelten

1. ein Unterhaltsbeitrag nach § 15 als Ruhegehalt,
2. ein Unterhaltsbeitrag nach § 38 als Ruhegehalt, außer für die Anwendung des § 59,
3. ein Unterhaltsbeitrag nach § 26 als Witwen- oder Waisengeld,
4. ein Unterhaltsbeitrag nach den §§ 41 und 61 Absatz 1 Satz 3 als Witwen- oder Waisengeld, außer für die Anwendung des § 61 Absatz 1 Satz 1 Nummer 4 und Satz 2,
5. ein Unterhaltsbeitrag nach § 22 Absatz 1 und § 40 als Witwengeld,
6. ein Unterhaltsbeitrag nach § 22 Absatz 2 oder 3 als Witwengeld, außer für die Anwendung des § 57,
7. ein Unterhaltsbeitrag nach § 23 Absatz 2 als Waisengeld,

7a. ein Unterhaltsbeitrag nach § 38a als Waisengeld,

8. ein Unterhaltsbeitrag nach § 43 des Bundesbeamtengesetzes[1)], den §§ 59 und 61 Absatz 1 Satz 4 und § 68 als Ruhegehalt, Witwen- oder Waisengeld,
9. die Bezüge der nach § 32 des Deutschen Richtergesetzes oder einer entsprechenden gesetzlichen Vorschrift nicht im Amt befindlichen Richter und Mitglieder einer obersten Rechnungsprüfungsbehörde als Ruhegehalt,

---

[1)] Nr. 2.

10. die Bezüge, die nach oder entsprechend § 4 Absatz 1 Satz 1 des Bundesbesoldungsgesetzes[1] gewährt werden, als Ruhegehalt;

die Empfänger dieser Versorgungsbezüge gelten als Ruhestandsbeamte, Witwen oder Waisen.

Abschnitt 8. Sondervorschriften

§ 64 Entzug von Hinterbliebenenversorgung. (1) [1]Die oberste Dienstbehörde kann Empfängern von Hinterbliebenenversorgung die Versorgungsbezüge auf Zeit teilweise oder ganz entziehen, wenn sie sich gegen die freiheitliche demokratische Grundordnung im Sinne des Grundgesetzes[2] betätigt haben; § 41 gilt sinngemäß. [2]Die diese Maßnahme rechtfertigenden Tatsachen sind in einem Untersuchungsverfahren festzustellen, in dem die eidliche Vernehmung von Zeugen und Sachverständigen zulässig und der Versorgungsberechtigte zu hören ist.

(2) § 61 Absatz 1 Satz 1 Nummer 4 und Satz 2 bleibt unberührt.

§ 65 Nichtberücksichtigung der Versorgungsbezüge. [1]Werden Versorgungsberechtigte im öffentlichen Dienst (§ 53 Absatz 8) verwendet, so sind ihre Bezüge aus dieser Beschäftigung ohne Rücksicht auf die Versorgungsbezüge zu bemessen. [2]Das Gleiche gilt für eine auf Grund der Beschäftigung zu gewährende Versorgung.

Abschnitt 9. Versorgung besonderer Beamtengruppen

§ 66 Beamte auf Zeit. (1) Für die Versorgung der Beamten auf Zeit und ihrer Hinterbliebenen gelten die Vorschriften für die Versorgung der Beamten auf Lebenszeit und ihrer Hinterbliebenen entsprechend, soweit in diesem Gesetz nichts anderes bestimmt ist.

(2) [1]Für Beamte auf Zeit, die eine ruhegehaltfähige Dienstzeit von zehn Jahren zurückgelegt haben, beträgt das Ruhegehalt, wenn es für sie günstiger ist, nach einer Amtszeit von acht Jahren als Beamter auf Zeit 33,48345 Prozent der ruhegehaltfähigen Dienstbezüge und steigt mit jedem weiteren vollen Amtsjahr als Beamter auf Zeit um 1,91333 Prozent der ruhegehaltfähigen Dienstbezüge bis zum Höchstruhegehaltssatz von 71,75 Prozent. [2]Als Amtszeit rechnet hierbei auch die Zeit bis zur Dauer von fünf Jahren, die ein Beamter auf Zeit im einstweiligen Ruhestand zurückgelegt hat. [3]§ 14 Absatz 3 findet Anwendung. [4]Die Sätze 1 bis 3 finden auf zu Beamten auf Zeit ernannte Militärgeistliche keine Anwendung.

(3) Ein Übergangsgeld nach § 47 wird nicht gewährt, wenn der Beamte auf Zeit einer gesetzlichen Verpflichtung, sein Amt nach Ablauf der Amtszeit unter erneuter Berufung in das Beamtenverhältnis weiterzuführen, nicht nachkommt.

(4) [1]Führt der Beamte auf Zeit nach Ablauf seiner Amtszeit sein bisheriges Amt unter erneuter Berufung als Beamter auf Zeit für die folgende Amtszeit weiter, gilt für die Anwendung dieses Gesetzes das Beamtenverhältnis als nicht unterbrochen. [2]Satz 1 gilt entsprechend für Beamte auf Zeit, die aus ihrem

---

[1] Nr. **18**.
[2] Auszugsweise abgedruckt unter Nr. **1**.

bisherigen Amt ohne Unterbrechung in ein vergleichbares oder höherwertiges Amt unter erneuter Berufung als Beamter auf Zeit gewählt werden.

(5) Wird ein Beamter auf Zeit wegen Dienstunfähigkeit entlassen, gelten die §§ 15 und 26 entsprechend.

§ 67 Professoren an Hochschulen, Hochschuldozenten, Oberassistenten, Oberingenieure, Wissenschaftliche und Künstlerische Assistenten mit Bezügen nach § 77 Absatz 2 des Bundesbesoldungsgesetzes sowie Professoren und hauptberufliche Leiter und Mitglieder von Leitungsgremien an Hochschulen mit Bezügen nach der Bundesbesoldungsordnung W. (1) [1] Für die Versorgung der zu Beamten ernannten Professoren an Hochschulen, Hochschuldozenten, Oberassistenten, Oberingenieure, Wissenschaftlichen und Künstlerischen Assistenten mit Bezügen nach § 77 Absatz 2 des Bundesbesoldungsgesetzes[1)] und ihrer Hinterbliebenen gelten die Vorschriften dieses Gesetzes, soweit nachfolgend nichts anderes bestimmt ist. [2] Satz 1 gilt auch für die Versorgung der zu Beamten ernannten Professoren und der hauptberuflichen Leiter und Mitglieder von Leitungsgremien an Hochschulen mit Bezügen nach der Bundesbesoldungsordnung W und ihre Hinterbliebenen.

(2) [1] Ruhegehaltfähig ist auch die Zeit, in der die Professoren, Hochschuldozenten, Oberassistenten, Oberingenieure, Wissenschaftlichen und Künstlerischen Assistenten nach der Habilitation dem Lehrkörper einer Hochschule angehört haben. [2] Als ruhegehaltfähig gilt auch die zur Vorbereitung für die Promotion benötigte Zeit bis zu zwei Jahren. [3] Die in einer Habilitationsordnung vorgeschriebene Mindestzeit für die Erbringung der Habilitationsleistungen oder sonstiger gleichwertiger wissenschaftlicher Leistungen kann als ruhegehaltfähige Dienstzeit berücksichtigt werden; soweit die Habilitationsordnung eine Mindestdauer nicht vorschreibt, sind bis zu drei Jahre berücksichtigungsfähig. [4] Die nach erfolgreichem Abschluss eines Hochschulstudiums vor der Ernennung zum Professor, Hochschuldozenten, Oberassistenten, Oberingenieur, Wissenschaftlichen und Künstlerischen Assistenten liegende Zeit einer hauptberuflichen Tätigkeit, in der besondere Fachkenntnisse erworben wurden, die für die Wahrnehmung des Amtes förderlich sind, soll im Falle des § 44 Absatz 1 Nummer 4 Buchstabe c des Hochschulrahmengesetzes als ruhegehaltfähig berücksichtigt werden; im Übrigen kann sie bis zu fünf Jahren in vollem Umfang, darüber hinaus bis zur Hälfte als ruhegehaltfähig berücksichtigt werden. [5] Zeiten nach Satz 4 können in der Regel insgesamt nicht über zehn Jahre hinaus als ruhegehaltfähig berücksichtigt werden. [6] Zeiten mit einer geringeren als der regelmäßigen Arbeitszeit dürfen nur bis zu dem Teil als ruhegehaltfähig berücksichtigt werden, der dem Verhältnis der tatsächlichen zur regelmäßigen Arbeitszeit entspricht.

(3) [1] Bei der Einstellung eines in Absatz 1 genannten Beamten in den Dienst des Bundes ist auf Antrag zu entscheiden, ob

1. ruhegehaltfähige Zeiten nach Absatz 2 Satz 1, 2 und 4 erster Halbsatz sowie nach § 10 vorliegen und
2. Zeiten auf Grund des Absatzes 2 Satz 3 und 4 zweiter Halbsatz sowie der §§ 11 und 12 als ruhegehaltfähig berücksichtigt werden können.

---

1) Nr. **18**.

[2] Satz 1 gilt für die Versetzung von einem anderen Dienstherrn in den Dienst des Bundes entsprechend. [3] Diese Entscheidungen stehen unter dem Vorbehalt eines Gleichbleibens der Rechtslage, die ihnen zugrunde liegt.

(4) Für Hochschuldozenten, Oberassistenten, Oberingenieure, Wissenschaftliche und Künstlerische Assistenten beträgt das Übergangsgeld abweichend von § 47 Absatz 1 Satz 1 für ein Jahr Dienstzeit das Einfache, insgesamt höchstens das Sechsfache der Dienstbezüge (§ 1 Absatz 2 Nummer 1 bis 4 des Bundesbesoldungsgesetzes) des letzten Monats.

§ 68 Ehrenbeamte. [1] Erleidet der Ehrenbeamte einen Dienstunfall (§ 31), so hat er Anspruch auf ein Heilverfahren (§ 33). [2] Außerdem kann ihm Ersatz von Sachschäden (§ 32) und von der obersten Dienstbehörde oder der von ihr bestimmten Stelle im Einvernehmen mit dem Bundesministerium des Innern, für Bau und Heimat ein nach billigem Ermessen festzusetzender Unterhaltsbeitrag bewilligt werden. [3] Das Gleiche gilt für seine Hinterbliebenen.

Abschnitt 10. Übergangsvorschriften

§ 69 Anwendung bisherigen und neuen Rechts für am 1. Januar 1977 vorhandene Versorgungsempfänger. (1) Die Rechtsverhältnisse der am 1. Januar 1992 vorhandenen Ruhestandsbeamten, entpflichteten Hochschullehrer, Witwen, Waisen und sonstigen Versorgungsempfänger regeln sich, sofern der Versorgungsfall oder die Entpflichtung vor dem 1. Januar 1977 eingetreten oder wirksam geworden ist, nach dem bis zum 31. Dezember 1976 geltenden Recht mit folgenden Maßgaben:

1. Die Witwenabfindung richtet sich nach diesem Gesetz.
2. [1] Die §§ 3, 9, 22 Absatz 1 Satz 2 und 3, die §§ 33, 34, 42 Satz 2, die §§ 49 bis 50a, 51, 52, 55 Absatz 1 Satz 7 und Absatz 2 bis 8, die §§ 57 bis 65, 69e Absatz 3, 4 und 7 sowie § 70 dieses Gesetzes sind anzuwenden. [2] § 6 Absatz 1 Satz 5, § 10 Absatz 2, § 14a Absatz 1, 3 und 4, § 55 Absatz 1 Satz 1 und 2 und § 56 sind in der bis zum 31. Dezember 1991 geltenden Fassung anzuwenden. [3] § 14a Absatz 2 Satz 1 bis 3, § 53 Absatz 1, 2 Nummer 1 bis 3 erste Höchstgrenzenalternative, Absatz 3 bis 10 sowie § 54 sind in der am 1. Januar 2002 geltenden Fassung anzuwenden; § 53 Absatz 2 Nummer 3 zweite Höchstgrenzenalternative dieses Gesetzes ist mit der Maßgabe anzuwenden, dass an die Stelle der Zahl „71,75" die Zahl „75" tritt. [4] In den Fällen der §§ 140 und 141a des Bundesbeamtengesetzes[1)] in der Fassung vom 28. Juli 1972 (BGBl. I S. 1288) oder des entsprechenden Landesrechts richten sich die ruhegehaltfähigen Dienstbezüge und der Ruhegehaltssatz nach den §§ 36 und 37 in der bis zum 31. Dezember 1991 geltenden Fassung; § 69e Absatz 3 und 4 ist in diesen Fällen nicht anzuwenden. [5] Satz 4 Halbsatz 2 gilt entsprechend für die Bezüge der entpflichteten Hochschullehrer sowie für die von den §§ 181a und 181b des Bundesbeamtengesetzes in der Fassung vom 28. Juli 1972 (BGBl. I S. 1288) oder entsprechenden landesrechtlichen Vorschriften erfassten Versorgungsempfänger. [6] Ist in den Fällen des § 54 dieses Gesetzes die Ruhensregelung nach dem bis zum 31. Dezember 1976 geltenden Recht für den Versorgungsempfänger günstiger, verbleibt es dabei, solange eine weitere Versorgung besteht. [7] Solange ein über den 1. Januar

---

1) Nr. 2.

1999 hinaus bestehendes Beschäftigungsverhältnis andauert, finden, wenn dies für den Versorgungsempfänger günstiger ist, die §§ 53 und 53a in der bis zum 31. Dezember 1998 geltenden Fassung, längstens für weitere sieben Jahre vom 1. Januar 1999 an, mit folgenden Maßgaben Anwendung:

a) Ist in den Fällen des § 53 die Ruhensregelung nach dem bis zum 31. Dezember 1976 geltenden Recht für den Versorgungsempfänger günstiger, verbleibt es dabei, solange ein über den 31. Dezember 1976 hinaus bestehendes Beschäftigungsverhältnis andauert.

b) Ist in den Fällen des § 53 die Ruhensregelung nach dem bis zum 31. Dezember 1991 geltenden Recht günstiger, verbleibt es dabei, solange ein über den 31. Dezember 1991 hinaus bestehendes Beschäftigungsverhältnis andauert.

c) Bei der Anwendung des § 53a Absatz 1 Satz 1 treten an die Stelle der dort genannten Vorschriften die entsprechenden Vorschriften des bis zum 31. Dezember 1976 geltenden Rechts.

d) § 53a gilt nicht, solange eine am 31. Dezember 1991 über diesen Zeitpunkt hinaus bestehende Beschäftigung oder Tätigkeit eines Ruhestandsbeamten andauert.

3. Die Mindestversorgungsbezüge (§ 14 Absatz 4 Satz 2 und 3) und die Mindestunfallversorgungsbezüge bestimmen sich nach diesem Gesetz.

4. [1] Als Ruhegehalt im Sinne der §§ 53 bis 58, 62 und 65 gelten auch die Bezüge der entpflichteten beamteten Hochschullehrer; die Empfänger dieser Bezüge gelten als Ruhestandsbeamte. [2] Die Bezüge der entpflichteten beamteten Hochschullehrer gelten unter Hinzurechnung des dem Entpflichteten zustehenden, mindestens des zuletzt zugesicherten Vorlesungsgeldes (Kolleggeldpauschale) als Höchstgrenze im Sinne des § 53 Absatz 2 Nummer 1 und 3 dieses Gesetzes und als ruhegehaltfähige Dienstbezüge im Sinne des § 53a Absatz 2 in der bis zum 31. Dezember 1998 geltenden Fassung. [3] § 65 gilt nicht für entpflichtete Hochschullehrer, die die Aufgaben der von ihnen bis zur Entpflichtung innegehabten Stelle vertretungsweise wahrnehmen.

5. [1] Die Rechtsverhältnisse der Hinterbliebenen eines Ruhestandsbeamten, der nach dem 31. Dezember 1976 und vor dem 1. Januar 1992 verstorben ist, richten sich nach diesem Gesetz in der bis zum 31. Dezember 1991 geltenden Fassung, jedoch unter Zugrundelegung des bisherigen Ruhegehalts; § 22 Absatz 1 Satz 2 und § 55 Absatz 4 finden in der ab 1. Januar 1992 geltenden Fassung dieses Gesetzes Anwendung. [2] § 53 findet Anwendung. [3] § 53 findet, wenn dies für den Versorgungsempfänger günstiger ist, in der bis zum 31. Dezember 1998 geltenden Fassung, längstens für weitere sieben Jahre vom 1. Januar 1999 an, Anwendung, solange ein über den 1. Januar 1999 hinaus bestehendes Beschäftigungsverhältnis andauert. [4] § 53 findet, wenn dies für den Versorgungsempfänger günstiger ist, in der bis zum 31. Dezember 1991 geltenden Fassung Anwendung, solange ein über den 31. Dezember 1991 hinaus bestehendes Beschäftigungsverhältnis, längstens für weitere sieben Jahre vom 1. Januar 1999 an, andauert. [5] § 26 dieses Gesetzes ist auch auf Hinterbliebene eines früheren Beamten auf Lebenszeit oder auf Widerruf anwendbar, dem nach dem bis zum 31. Dezember 1976 geltenden Recht ein Unterhaltsbeitrag bewilligt war oder hätte bewilligt werden können. [6] Für die Hinterbliebenen eines entpflichteten Hochschullehrers, der nach dem 31. Dezember 1976 und vor dem 1. Januar 1992

verstorben ist, gilt § 91 Absatz 2 Nummer 3 in der bis zum 31. Dezember 1991 geltenden Fassung entsprechend.

6. [1] Die Rechtsverhältnisse der Hinterbliebenen eines Ruhestandsbeamten, der nach dem 31. Dezember 1991 verstorben ist, regeln sich nach diesem Gesetz, jedoch unter Zugrundelegung des bisherigen Ruhegehalts; § 56 findet in der bis zum 31. Dezember 1991 geltenden Fassung Anwendung. [2] Für die Hinterbliebenen eines entpflichteten Hochschullehrers, der nach dem 31. Dezember 1991 verstorben ist, gilt § 91 Absatz 2 Nummer 3 entsprechend.

(2) [1] Für die am 1. Januar 1977 vorhandenen früheren Beamten, früheren Ruhestandsbeamten und ihre Hinterbliebenen gelten die §§ 38, 41 und 61 Absatz 1 Satz 3; § 82 findet in der bis zum 31. Dezember 1991 geltenden Fassung Anwendung. [2] Für eine sich danach ergebende Versorgung gelten die Vorschriften des Absatzes 1, wobei § 38 Absatz 4 Satz 3 und § 38 Absatz 5 anzuwenden sind.

(3) [1] Haben nach bisherigem Recht Versorgungsbezüge nicht zugestanden, werden Zahlungen nur auf Antrag gewährt, und zwar vom Ersten des Monats, in dem der Antrag gestellt worden ist. [2] Anträge, die bis zum 31. Dezember 1977 gestellt werden, gelten als am 1. Januar 1977 gestellt.

(4) [1] Absatz 1 Nummer 2 Satz 3 ist mit dem Inkrafttreten der achten auf den 31. Dezember 2002 folgenden Anpassung nach § 70 nicht mehr anzuwenden. [2] Ab dem genannten Zeitpunkt sind § 14a Absatz 1 Satz 1 Nummer 3 und Absatz 2 Satz 1 bis 3 sowie die §§ 53 und 54 dieses Gesetzes anzuwenden; bei der Anwendung von § 56 Absatz 1 Satz 1 in der bis zum 31. Dezember 1991 geltenden Fassung gilt § 69e Absatz 4 für die Verminderung der Prozentsätze entsprechend.

§ 69a Anwendung bisherigen und neuen Rechts für am 1. Januar 1992 vorhandene Versorgungsempfänger. Die Rechtsverhältnisse der am 1. Januar 1992 vorhandenen Ruhestandsbeamten, entpflichteten Hochschullehrer, Witwen, Waisen und sonstigen Versorgungsempfänger regeln sich, sofern der Versorgungsfall oder die Entpflichtung nach dem 31. Dezember 1976 eingetreten oder wirksam geworden ist, nach dem bis zum 31. Dezember 1991 geltenden Recht mit folgenden Maßgaben:

1. [1] § 22 Absatz 1 Satz 2 und 3, § 42 Satz 2, die §§ 49, 50, 50a, 52, 55 Absatz 1 Satz 7 und Absatz 2 bis 8 sowie die §§ 57, 58, 61, 62 und 69e Absatz 3, 4, 6 und 7 dieses Gesetzes sind anzuwenden. [2] § 14a Absatz 2 Satz 1 bis 3, § 53 Absatz 1, 2 Nummer 1 bis 3 erste Höchstgrenzenalternative, Absatz 3 bis 10 sowie § 54 sind in der am 1. Januar 2002 geltenden Fassung anzuwenden. [3] § 53 Absatz 2 Nummer 3 zweite Höchstgrenzenalternative dieses Gesetzes ist mit der Maßgabe anzuwenden, dass an die Stelle der Zahl „71,75" die Zahl „75" tritt. [4] Auf die von § 82 in der bis zum 31. Dezember 1991 geltenden Fassung erfassten Versorgungsfälle ist § 69e Absatz 3 und 4 nicht anzuwenden.
2. Solange ein über den 1. Januar 1999 hinaus bestehendes Beschäftigungsverhältnis andauert, finden, wenn dies für den Versorgungsempfänger günstiger ist, die §§ 53 und 53a in der bis zum 31. Dezember 1998 geltenden Fassung, längstens für weitere sieben Jahre vom 1. Januar 1999 an, mit folgenden Maßgaben Anwendung:

a) Ist in den Fällen des § 53 die Ruhensregelung nach dem bis zum 31. Dezember 1991 geltenden Recht günstiger, verbleibt es dabei, solange ein über den 31. Dezember 1991 hinaus bestehendes Beschäftigungsverhältnis andauert.
b) Bei der Anwendung des § 53a Absatz 1 Satz 1 treten an die Stelle der dort genannten Vorschriften die entsprechenden Vorschriften des bis zum 31. Dezember 1991 geltenden Rechts.
c) § 53a gilt nicht, solange eine am 31. Dezember 1991 über diesen Zeitpunkt hinaus bestehende Beschäftigung oder Tätigkeit eines Ruhestandsbeamten andauert.

3. [1] Die Rechtsverhältnisse der Hinterbliebenen eines Ruhestandsbeamten, der nach dem 31. Dezember 1991 verstorben ist, regeln sich nach den ab dem 1. Januar 1992 geltenden Vorschriften, jedoch unter Zugrundelegung des bisherigen Ruhegehalts. [2] § 56 findet in der bis zum 31. Dezember 1991 geltenden Fassung Anwendung. [3] Für die Hinterbliebenen eines entpflichteten Hochschullehrers, der nach dem 31. Dezember 1991 verstorben ist, gilt § 91 Absatz 2 Nummer 3 entsprechend.
4. § 69 Absatz 1 Nummer 3 gilt entsprechend.
5. [1] Nummer 1 Satz 2 und 3 ist mit dem Inkrafttreten der achten auf den 31. Dezember 2002 folgenden Anpassung nach § 70 nicht mehr anzuwenden. [2] Ab dem genannten Zeitpunkt sind § 14a Absatz 1 Satz 1 Nummer 3 und Absatz 2 Satz 1 bis 3 sowie die §§ 53 und 54 dieses Gesetzes anzuwenden. [3] Bei der Anwendung von § 56 Absatz 1 Satz 1 in der bis zum 31. Dezember 1991 geltenden Fassung gilt § 69e Absatz 4 für die Verringerung der Prozentsätze entsprechend.

§ 69b Übergangsregelungen für vor dem 1. Juli 1997 eingetretene Versorgungsfälle. [1] Für Versorgungsfälle, die vor dem 1. Juli 1997 eingetreten sind, finden § 5 Absatz 2, § 12 Absatz 1 Satz 1, § 13 Absatz 1 Satz 1, § 36 Absatz 2 und § 66 Absatz 7 in der bis zum 30. Juni 1997 geltenden Fassung Anwendung. [2] Satz 1 gilt entsprechend für künftige Hinterbliebene eines vor dem 1. Juli 1997 vorhandenen Versorgungsempfängers. [3] Versorgungsempfänger, die am 28. Februar 1997 einen Erhöhungsbetrag nach § 14 Absatz 2 in der an diesem Tag geltenden Fassung bezogen haben, erhalten diesen weiter mit der Maßgabe, dass sich dieser Erhöhungsbetrag bei der nächsten allgemeinen Erhöhung der Versorgungsbezüge um die Hälfte verringert; die Verringerung darf jedoch die Hälfte der allgemeinen Erhöhung nicht übersteigen. [4] Bei einer weiteren allgemeinen Erhöhung der Versorgungsbezüge entfällt der verbleibende Erhöhungsbetrag. [5] Versorgungsempfänger, die am 30. Juni 1997 einen Anpassungszuschlag gemäß § 71 in der an diesem Tag geltenden Fassung bezogen haben, erhalten diesen in Höhe des zu diesem Zeitpunkt zustehenden Betrages weiter. [6] Künftige Hinterbliebene der in den Sätzen 3 und 5 genannten Versorgungsempfänger erhalten die jeweiligen Beträge entsprechend anteilig.

§ 69c Übergangsregelungen für vor dem 1. Januar 1999 eingetretene Versorgungsfälle und für am 1. Januar 1999 vorhandene Beamte.

(1) [1] Für Versorgungsfälle, die vor dem 1. Januar 1999 eingetreten sind, finden § 4 Absatz 1 Satz 1 Nummer 3, § 5 Absatz 3 bis 5, die §§ 7, 14 Absatz 6 sowie die §§ 43 und 66 Absatz 6 in der bis zum 31. Dezember 1998 geltenden

Fassung Anwendung. [2] Satz 1 gilt entsprechend für künftige Hinterbliebene eines vor dem 1. Januar 1999 vorhandenen Versorgungsempfängers.

(2) Für Beamte, die vor dem 1. Januar 2001 befördert worden sind oder denen ein anderes Amt mit höherem Endgrundgehalt verliehen worden ist, findet § 5 Absatz 3 bis 5 in der bis zum 31. Dezember 1998 geltenden Fassung Anwendung.

(3) Für Beamte, denen erstmals vor dem 1. Januar 1999 ein Amt im Sinne des § 36 des Bundesbeamtengesetzes[1)] in der bis zum 31. Dezember 1998 geltenden Fassung oder des entsprechenden Landesrechts übertragen worden war, finden § 4 Absatz 1 Satz 1 Nummer 3, die §§ 7 und 14 Absatz 6 in der bis zum 31. Dezember 1998 geltenden Fassung Anwendung.

(4) [1] Die §§ 53 und 53a in der bis zum 31. Dezember 1998 geltenden Fassung finden, wenn dies für den Versorgungsempfänger günstiger ist, längstens für weitere sieben Jahre vom 1. Januar 1999 an, Anwendung, solange eine am 31. Dezember 1998 über diesen Zeitpunkt hinaus ausgeübte Beschäftigung oder Tätigkeit des Versorgungsempfängers andauert. [2] Im Falle des Satzes 1 sind ebenfalls anzuwenden § 2 Absatz 5 Satz 4, Absatz 7 und 8 des Gesetzes zur Übernahme der Beamten und Arbeitnehmer der Bundesanstalt für Flugsicherung vom 23. Juli 1992 (BGBl. I S. 1370, 1376) in der bis zum 31. Dezember 1998 geltenden Fassung sowie § 2 Absatz 3 des Bundeswehrbeamtenanpassungsgesetzes vom 20. Dezember 1991 (BGBl. I S. 2378) in der bis zum 31. Dezember 1997 geltenden Fassung und § 2 Absatz 3 des Gesetzes zur Verbesserung der personellen Struktur in der Bundeszollverwaltung vom 11. Dezember 1990 (BGBl. I S. 2682, 2690) in der bis zum 31. Dezember 1995 geltenden Fassung.

§ 69d Übergangsregelungen für vor dem 1. Januar 2001 eingetretene Versorgungsfälle und für am 1. Januar 2001 vorhandene Beamte und Versorgungsempfänger. (1) [1] Auf Versorgungsfälle, die vor dem 1. Januar 2001 eingetreten sind, sind § 13 Absatz 1 Satz 1, § 14 Absatz 3 und § 36 Absatz 2 in der bis zum 31. Dezember 2000 geltenden Fassung anzuwenden; § 85a ist in der bis zum 31. Dezember 2000 geltenden Fassung anzuwenden, wenn dies für den Versorgungsempfänger günstiger ist. [2] Satz 1 gilt entsprechend für künftige Hinterbliebene eines vor dem 1. Januar 2001 vorhandenen Versorgungsempfängers.

(2) [1] Für am 1. Januar 2001 vorhandene Wahlbeamte auf Zeit im Ruhestand, deren Beschäftigungsverhältnis über den 1. Januar 2001 hinaus andauert, gilt § 53a in der bis zum 31. Dezember 2000 geltenden Fassung längstens bis zum 31. Dezember 2007, wenn dies für den Versorgungsempfänger günstiger ist als die Anwendung des § 53 Absatz 10. [2] Für am 1. Januar 1992 vorhandene Wahlbeamte auf Zeit im Ruhestand bleibt § 69a unberührt.

(3) Für am 1. Januar 2001 vorhandene Beamte, die bis zum 31. Dezember 2003 wegen Dienstunfähigkeit in den Ruhestand versetzt werden, gilt Folgendes:

1. § 14 Absatz 3 ist mit folgenden Maßgaben anzuwenden:

[1)] Nr. 2.

Zeitpunkt der Versetzung in den Ruhestand	Minderung des Ruhegehalts für jedes Jahr des vorgezogenen Ruhestandes (Prozent)	Höchstsatz der Gesamtminderung des Ruhegehalts (Prozent)
vor dem 1.1.2002	1,8	3,6
vor dem 1.1.2003	2,4	7,2
vor dem 1.1.2004	3,0	10,8

2. § 13 Absatz 1 Satz 1 ist mit folgenden Maßgaben anzuwenden:

Zeitpunkt der Versetzung in den Ruhestand	Umfang der Berücksichtigung als Zurechnungszeit in Zwölfteln
vor dem 1.1.2002	5
vor dem 1.1.2003	6
vor dem 1.1.2004	7

(4) Für am 1. Januar 2001 vorhandene Beamte, die vor dem 1. Januar 1942 geboren sind, wegen Dienstunfähigkeit in den Ruhestand versetzt werden und zu diesem Zeitpunkt mindestens 40 Jahre ruhegehaltfähige Dienstzeit nach § 6, § 8 oder § 9 zurückgelegt haben, gilt Absatz 1 entsprechend.

(5) Auf am 1. Januar 2001 vorhandene Beamte, die bis zum 16. November 1950 geboren und am 16. November 2000 schwerbehindert im Sinne des § 2 Absatz 2 des Neunten Buches Sozialgesetzbuch sind sowie nach § 52 Absatz 1 und 2 des Bundesbeamtengesetzes[1] in den Ruhestand versetzt werden, ist § 14 Absatz 3 nicht anzuwenden.

§ 69e Übergangsregelungen aus Anlass des Versorgungsänderungsgesetzes 2001 sowie des Dienstrechtsneuordnungsgesetzes. (1) Die Rechtsverhältnisse der am 1. Januar 2002 vorhandenen Ruhestandsbeamten, entpflichteten Hochschullehrer, Witwen, Waisen und sonstigen Versorgungsempfänger regeln sich nach dem bis zum 31. Dezember 2001 geltenden Recht mit folgenden Maßgaben:

1. Die Absätze 3, 4, 6 und 7, § 22 Absatz 1 Satz 3, § 42 Satz 2, die §§ 49 bis 50a, 50b, 50d bis 50f, 52, 54 Absatz 1 Satz 2, § 55 Absatz 1 Satz 3 bis 7 sowie die §§ 57, 58, 61, 62 und 85 Absatz 11 dieses Gesetzes sind anzuwenden. Artikel 11 des Gesetzes zur Änderung des Beamtenversorgungsgesetzes, des Soldatenversorgungsgesetzes sowie sonstiger versorgungsrechtlicher Vorschriften vom 20. September 1994 (BGBl. I S. 2442) bleibt unberührt.
2. § 14a Absatz 1 Satz 1 Nummer 3 und Absatz 2 Satz 1 bis 3, § 53 Absatz 1, 2 Nummer 1 bis 3 erste Höchstgrenzenalternative, Absatz 3, 4, 5 Satz 1 und Absatz 6 bis 10 sowie § 54 Absatz 2 bis 5 sind in der am 1. Januar 2002 geltenden Fassung anzuwenden. § 50e Absatz 1 dieses Gesetzes ist mit der Maßgabe anzuwenden, dass an die Stelle der Zahl „66,97“ die Zahl „70“ tritt. § 53 Absatz 2 Nummer 3 zweite Höchstgrenzenalternative dieses Gesetzes ist mit der Maßgabe anzuwenden, dass an die Stelle der Zahl „71,75“ die Zahl „75“ tritt. Die Sätze 1 bis 3 sind mit dem Inkrafttreten der achten auf den 31. Dezember 2002 folgenden Anpassung nach § 70 nicht

[1] Nr. 2.

mehr anzuwenden. Ab dem genannten Zeitpunkt sind § 14a Absatz 1 Satz 1 Nummer 3 und Absatz 2 Satz 1 bis 3 sowie *die*[1)] § 53 Absatz 1, 2, 5 Satz 1 und Absatz 6 bis 10 sowie § 54 dieses Gesetzes anzuwenden.

3. Mit dem Inkrafttreten der achten auf den 31. Dezember 2002 folgenden Anpassung nach § 70 ist § 56 Absatz 1 und 6 in der bis zum 31. Dezember 2001 geltenden Fassung mit der Maßgabe anzuwenden, dass an die Stelle der Zahl „1,875“ die Zahl „1,79375“ sowie an die Stelle der Zahl „2,5“ die Zahl „2,39167“ tritt. § 69c Absatz 5 bleibt unberührt.

(2) [1] Auf Versorgungsfälle, die nach dem 31. Dezember 2001 eintreten, sind § 14 Absatz 1 und 6, § 14a Absatz 1 Satz 1 Nummer 3 und Absatz 2, § 47a Absatz 1, die §§ 50e und 53 Absatz 2 Nummer 3 erste Höchstgrenzenalternative, § 54 Absatz 2 sowie § 66 Absatz 2 und 8 in der bis zum 31. Dezember 2002 geltenden Fassung anzuwenden. [2] § 50e Absatz 1 dieses Gesetzes ist mit der Maßgabe anzuwenden, dass an die Stelle der Zahl „66,97“ jeweils die Zahl „70“ tritt. [3] § 53 Absatz 2 Nummer 3 zweite Höchstgrenzenalternative dieses Gesetzes ist mit der Maßgabe anzuwenden, dass an die Stelle der Zahl „71,75“ die Zahl „75“ tritt. [4] § 56 Absatz 1 und 6 ist mit der Maßgabe anzuwenden, dass an die Stelle der Zahl „1,79375“ die Zahl „1,875“ sowie an die Stelle der Zahl „2,39167“ die Zahl „2,5“ tritt. [5] Die Sätze 1 bis 4 sind mit dem Inkrafttreten der achten auf den 31. Dezember 2002 folgenden Anpassung nach § 70 nicht mehr anzuwenden.

(3) [1] Ab der ersten auf den 31. Dezember 2002 folgenden Anpassung nach § 70 werden die der Berechnung der Versorgungsbezüge zugrunde liegenden ruhegehaltfähigen Dienstbezüge bis zur siebten Anpassung nach § 70 durch einen Anpassungsfaktor nach Maßgabe der folgenden Tabelle vermindert:

Anpassung nach dem 31. Dezember 2002	Anpassungsfaktor
1.	0,99458
2.	0,98917
3.	0,98375
4.	0,97833
5.	0,97292
6.	0,96750
7.	0,96208

[2] Dies gilt nicht für das Ruhegehalt, das durch Anwendung des § 14 Absatz 4 Satz 1 und 2 und § 91 Absatz 2 Nummer 1 ermittelt ist. [3] Für Versorgungsbezüge, deren Berechnung ein Ortszuschlag nach dem Bundesbesoldungsgesetz[2)] in der bis zum 30. Juni 1997 geltenden Fassung nicht zugrunde liegt, und für Versorgungsbezüge, die in festen Beträgen festgesetzt sind, sowie bei der Anwendung von Ruhensvorschriften (§§ 53 bis 56) gelten die Sätze 1 und 2 entsprechend. [4] Zu den ruhegehaltfähigen Dienstbezügen im Sinne des Satzes 1 gehören auch die Anpassungszuschläge, der Strukturausgleich sowie Erhöhungszuschläge nach den Artikeln 5 und 6 des Siebenten Gesetzes zur Änderung des Bundesbesoldungsgesetzes vom 15. April 1970 (BGBl. I S. 339). [5] Für die von den Erhöhungen 2003/2004 nach § 71 ausgenommenen Ver-

---

1) Wortlaut amtlich.

2) Nr. **18**.

sorgungsempfänger beginnt die Verminderung nach Satz 1 am 1. Januar 2005 mit dem dritten Anpassungsfaktor.

(4) [1] In Versorgungsfällen, die vor der achten auf den 31. Dezember 2002 folgenden Anpassung nach § 70 eingetreten sind, wird der den Versorgungsbezügen zugrunde liegende Ruhegehaltssatz mit dem Inkrafttreten und vor dem Vollzug der achten Anpassung nach § 70 mit dem Faktor 0,95667 vervielfältigt; § 14 Absatz 1 Satz 2 und 3 ist anzuwenden. [2] Der nach Satz 1 verminderte Ruhegehaltssatz gilt als neu festgesetzt. [3] Er ist ab dem Tag der achten Anpassung nach § 70 der Berechnung der Versorgungsbezüge zugrunde zu legen. [4] Satz 1 gilt nicht für das Ruhegehalt, das durch Anwendung des § 14 Absatz 4 Satz 1 und 2 und § 91 Absatz 2 Nummer 1 ermittelt ist.

(4a) Für die Verteilung der Versorgungslasten bei Beamten und Richtern, die vor dem 1. Januar 2002 in den Dienst eines anderen Dienstherrn übernommen worden sind, gilt § 107b Absatz 1 in der bis zum 31. Dezember 2001 geltenden Fassung.

(5) [1] § 19 Absatz 1 Satz 2 Nummer 1 ist in der bis zum 31. Dezember 2001 geltenden Fassung anzuwenden, wenn die Ehe vor dem 1. Januar 2002 geschlossen wurde. [2] § 20 Absatz 1 Satz 1 ist in der bis zum 31. Dezember 2001 geltenden Fassung anzuwenden, wenn die Ehe vor dem 1. Januar 2002 geschlossen wurde und mindestens ein Ehegatte vor dem 2. Januar 1962 geboren ist. [3] § 50c ist in diesen Fällen nicht anzuwenden.

(6) [1] In den Fällen des § 36 Absatz 3 gilt unbeschadet des § 85 der § 14 Absatz 1 Satz 1 in der bis zum 31. Dezember 2002 geltenden Fassung. [2] In den Fällen des Satzes 1 sowie des § 37 sind die Absätze 3, 4 und 7 sowie § 85 Absatz 11 nicht anzuwenden.

(7) Die Wirkungen der Minderungen der der Berechnung der Versorgungsbezüge zugrunde liegenden ruhegehaltfähigen Dienstbezüge sind bis zum 31. Dezember 2011 unter Berücksichtigung der allgemeinen Entwicklung der Alterssicherungssysteme und der Situation in den öffentlich-rechtlichen Versorgungssystemen sowie der Entwicklung der allgemeinen wirtschaftlichen und finanziellen Verhältnisse zu prüfen.

§ 69f Übergangsregelungen zur Berücksichtigung von Hochschulausbildungszeiten. (1) Auf Versorgungsfälle, die vor dem 12. Februar 2009 eingetreten sind, ist § 12 Absatz 1 Satz 1 in der bis zum 11. Februar 2009 geltenden Fassung anzuwenden.

(2) Für Versorgungsfälle, die nach dem 11. Februar 2009 und bis zum 31. Dezember 2012 eintreten, ist § 12 Absatz 1 Satz 1 in der bis zum 11. Februar 2009 geltenden Fassung mit der Maßgabe anzuwenden, dass sich die danach höchstens anrechenbare Zeit einer Hochschulausbildung für jeden nach diesem Tag beginnenden Kalendermonat bis einschließlich des Kalendermonats, in dem der Versorgungsfall eintritt, um jeweils fünf Tage vermindert.

§ 69g Versorgungsüberleitungsregelungen aus Anlass des Dienstrechtsneuordnungsgesetzes. (1) Für Versorgungsfälle, die vor dem 1. Juli 2009 eingetreten sind, gilt Folgendes:

1. § 5 Absatz 1 dieses Gesetzes ist mit folgenden Maßgaben anzuwenden:

a) § 2 Absatz 1 Satz 1 sowie Absatz 2 Satz 1, 2 und 4 des Besoldungsüberleitungsgesetzes[1] gilt entsprechend. Die Zuordnung im Sinne des § 2 Absatz 3 des Besoldungsüberleitungsgesetzes erfolgt innerhalb der Besoldungsgruppe, aus der sich das Ruhegehalt berechnet, zu dem Betrag der Stufe, der dem Betrag nach § 2 Absatz 2 Satz 1, 2 und 4 des Besoldungsüberleitungsgesetzes entspricht oder unmittelbar darunter liegt. Liegt der zugeordnete Betrag nach Satz 2 unter dem Betrag nach § 2 Absatz 2 Satz 1, 2 und 4 des Besoldungsüberleitungsgesetzes, wird in Höhe der Differenz ein Überleitungsbetrag als ruhegehaltfähiger Dienstbezug gewährt. Der Überleitungsbetrag ist bei allgemeinen Erhöhungen oder Verminderungen der Versorgungsbezüge nach § 70 entsprechend anzupassen. Der Überleitungsbetrag gehört zu den der Bemessung nach § 2 der Zweiten Besoldungs-Übergangsverordnung zugrunde zu legenden Dienstbezügen. Auf die ruhegehaltfähigen Dienstbezüge nach Satz 1, die nicht von Satz 2 erfasst werden, ist § 2 Absatz 2 Satz 2 des Besoldungsüberleitungsgesetzes entsprechend anzuwenden.

b) Für Versorgungsbezüge, deren Berechnung ruhegehaltfähige Dienstbezüge nach der Bundesbesoldungsordnung B zugrunde liegen, gelten die Beträge nach § 20 Absatz 2 des Bundesbesoldungsgesetzes.

c) Für die nicht von den Buchstaben a und b erfassten ruhegehaltfähigen Dienstbezüge mit Ausnahme des Familienzuschlags der Stufe 1 gilt § 2 Absatz 2 Satz 2 des Besoldungsüberleitungsgesetzes entsprechend. Zu den ruhegehaltfähigen Dienstbezügen nach Satz 1 gehören auch die Anpassungszuschläge, der Strukturausgleich sowie Erhöhungszuschläge nach den Artikeln 5 und 6 des Siebenten Gesetzes zur Änderung des Bundesbesoldungsgesetzes vom 15. April 1970 (BGBl. I S. 339).

2. *(aufgehoben)*

3. Für Versorgungsbezüge, die in festen Beträgen festgesetzt sind, gelten § 2 Absatz 2 Satz 2 des Besoldungsüberleitungsgesetzes sowie der Faktor nach § 5 Absatz 1 Satz 1 entsprechend.

(2) Für Versorgungsfälle, die ab dem 1. Juli 2009 eintreten, gilt Folgendes:

1. § 5 Absatz 1 ist für Beamte, die aus einer zugeordneten Überleitungsstufe nach § 2 Absatz 3 des Besoldungsüberleitungsgesetzes in den Ruhestand treten oder versetzt werden, mit folgenden Maßgaben anzuwenden: Ruhegehaltfähig ist das Grundgehalt der Stufe, die unmittelbar unter der nach § 2 Absatz 3 des Besoldungsüberleitungsgesetzes zugeordneten Überleitungsstufe liegt. In Höhe der Differenz zu dem Betrag der Überleitungsstufe nach Satz 1 wird ein Überleitungsbetrag als ruhegehaltfähiger Dienstbezug gewährt. Absatz 1 Nummer 1 Buchstabe a Satz 4 und 5 ist anzuwenden.

2. Absatz 1 Nummer 3 gilt entsprechend.

(3) Für Versorgungsfälle, die vor dem 1. Januar 2012 eingetreten sind, werden die Bezüge und Bezügebestandteile nach den Absätzen 1 und 2 mit Ausnahme der Bezüge nach Absatz 1 Nummer 1 Buchstabe b und Nummer 2 sowie nach Absatz 2 Nummer 2 in Verbindung mit Absatz 1 Nummer 2 um 2,44 Prozent erhöht.

---

[1] Nr. **19**.

§ 69h Übergangsregelungen zur Anhebung des Ruhestandseintrittsalters. (1) Für Beamte, die nach dem 11. Februar 2009 nach § 52 Absatz 1 und 2 des Bundesbeamtengesetzes[1] in den Ruhestand versetzt werden, ist § 14 Absatz 3 mit folgenden Maßgaben anzuwenden:

1. An die Stelle der Vollendung des 65. Lebensjahres tritt, wenn sie vor dem 1. Januar 1952 geboren sind, die Vollendung des 63. Lebensjahres.
2. An die Stelle der Vollendung des 65. Lebensjahres tritt, wenn sie nach dem 31. Dezember 1951 und vor dem 1. Januar 1964 geboren sind, das Erreichen folgenden Lebensalters:

Geburtsdatum bis	Lebensalter	
	Jahr	Monat
31. Januar 1952	63	1
29. Februar 1952	63	2
31. März 1952	63	3
30. April 1952	63	4
31. Mai 1952	63	5
31. Dezember 1952	63	6
31. Dezember 1953	63	7
31. Dezember 1954	63	8
31. Dezember 1955	63	9
31. Dezember 1956	63	10
31. Dezember 1957	63	11
31. Dezember 1958	64	0
31. Dezember 1959	64	2
31. Dezember 1960	64	4
31. Dezember 1961	64	6
31. Dezember 1962	64	8
31. Dezember 1963	64	10

3. Für am 12. Februar 2009 vorhandene Beamte, die vor dem 1. Januar 1955 geboren sind, deren Schwerbehinderung im Sinne des § 2 Absatz 2 des Neunten Buches Sozialgesetzbuch bis zum 31. Dezember 2006 anerkannt und denen Altersteilzeit nach § 93 Absatz 1 des Bundesbeamtengesetzes bewilligt wurde, sowie für Beamte, die nach den §§ 52 und 93 Absatz 2 Satz 3 des Bundesbeamtengesetzes in den Ruhestand versetzt werden, gilt § 14 Absatz 3 in der bis zum 11. Februar 2009 geltenden Fassung.

(2) Für Beamte, die nach dem 11. Februar 2009 nach § 52 Absatz 3 des Bundesbeamtengesetzes in den Ruhestand versetzt werden, ist § 14 Absatz 3 Satz 1 Nummer 2 mit folgenden Maßgaben anzuwenden:

1. An die Stelle des Erreichens der gesetzlichen Altersgrenze tritt, wenn sie vor dem 1. Januar 1949 geboren sind, die Vollendung des 65. Lebensjahres.

---

[1] Nr. **2**.

2. An die Stelle des Erreichens der gesetzlichen Altersgrenze tritt, wenn sie nach dem 31. Dezember 1948 und vor dem 1. Januar 1950 geboren sind, das Erreichen folgenden Lebensalters:

Geburtsdatum bis	Lebensalter	
	Jahr	Monat
31. Januar 1949	65	1
28. Februar 1949	65	2
31. Dezember 1949	65	3

3. Für am 12. Februar 2009 vorhandene Beamte, die vor dem 1. Januar 1955 geboren sind und denen Altersteilzeit nach § 93 Absatz 1 des Bundesbeamtengesetzes bewilligt wurde, tritt an die Stelle des Erreichens der für den Beamten geltenden gesetzlichen Altersgrenze die Vollendung des 65. Lebensjahres.

(3) Für Beamte, die nach dem 11. Februar 2009 wegen Dienstunfähigkeit, die nicht auf einem Dienstunfall beruht, in den Ruhestand versetzt werden, ist § 14 Absatz 3 mit folgenden Maßgaben anzuwenden:

1. An die Stelle der Vollendung des 65. Lebensjahres tritt, wenn sie vor dem 1. Januar 2012 in den Ruhestand versetzt werden, die Vollendung des 63. Lebensjahres.
2. An die Stelle der Vollendung des 65. Lebensjahres tritt, wenn sie nach dem 31. Dezember 2011 und vor dem 1. Januar 2024 in den Ruhestand versetzt werden, das Erreichen folgenden Lebensalters:

Zeitpunkt der Versetzung in den Ruhestand vor dem	Lebensalter	
	Jahr	Monat
1. Februar 2012	63	1
1. März 2012	63	2
1. April 2012	63	3
1. Mai 2012	63	4
1. Juni 2012	63	5
1. Januar 2013	63	6
1. Januar 2014	63	7
1. Januar 2015	63	8
1. Januar 2016	63	9
1. Januar 2017	63	10
1. Januar 2018	63	11
1. Januar 2019	64	0
1. Januar 2020	64	2
1. Januar 2021	64	4
1. Januar 2022	64	6
1. Januar 2023	64	8
1. Januar 2024	64	10

3. Für Beamte, die vor dem 1. Januar 2024 in den Ruhestand versetzt werden, gilt § 14 Absatz 3 Satz 6 mit der Maßgabe, dass an die Stelle der Zahl „40“ die Zahl „35“ tritt.

§ 69i Übergangsregelung aus Anlass des Einsatzversorgungs-Verbesserungsgesetzes und des Bundeswehr-Attraktivitätssteigerungsgesetzes. [1] Ist der Anspruch nach § 43 in der Zeit vom 1. November 1991 bis zum 12. Dezember 2011 entstanden, beträgt die Unfallentschädigung

1.	im Fall des § 43 Absatz 1	150 000 Euro,
2.	im Fall des § 43 Absatz 2 Nummer 1	100 000 Euro,
3.	im Fall des § 43 Absatz 2 Nummer 2	40 000 Euro,
4.	im Fall des § 43 Absatz 2 Nummer 3	20 000 Euro.

[2] Aus gleichem Anlass bereits gewährte Leistungen nach § 43 sind anzurechnen.

§ 69j Übergangsregelung aus Anlass des Professorenbesoldungsneuregelungsgesetzes. [1] Die ruhegehaltfähigen Dienstbezüge nach § 5 Absatz 1 Satz 1 Nummer 1 und 4 der Professoren sowie der hauptberuflichen Leiter von Hochschulen und Mitglieder von Leitungsgremien an Hochschulen, die vor dem 1. Januar 2013 aus einem Amt der Besoldungsgruppe W 2 oder W 3 in den Ruhestand versetzt worden sind, werden neu festgesetzt. [2] § 77a des Bundesbesoldungsgesetzes[1)] gilt entsprechend. [3] Die ruhegehaltfähigen Dienstbezüge nach Satz 1 sind nach Maßgabe des Satzes 2 zusammen mindestens in der Höhe festzusetzen, in der sie auf der Grundlage des bis zum 31. Dezember 2012 geltenden Rechts festgesetzt worden sind. [4] Für Hinterbliebene gelten die Sätze 1 bis 3 entsprechend.

§ 69k Übergangsregelung aus Anlass des Gesetzes zur Änderung des Versorgungsrücklagegesetzes und weiterer dienstrechtlicher Vorschriften. [1] Für Versorgungsfälle, die vor dem 11. Januar 2017 eingetreten sind, sind § 6 Absatz 1 Satz 2 Nummer 1, § 8 Absatz 1, § 9 Absatz 1, § 10 Satz 1, die §§ 11, 12 Absatz 1 Satz 1 und Absatz 2, § 13 Absatz 2 Satz 1 und 3, § 14a Absatz 2 Satz 1, § 38 Absatz 2 Nummer 2 und § 55 Absatz 2 in der bis zum 10. Januar 2017 geltenden Fassung anzuwenden. [2] Satz 1 gilt entsprechend für künftige Hinterbliebene eines vor dem 11. Januar 2017 vorhandenen Versorgungsempfängers.

§ 69l Übergangsregelung zu § 55. [1] § 55 Absatz 1 Satz 2 Nummer 1a gilt nicht für Versorgungsfälle, die am 14. Juni 2017 vorhanden waren. [2] Für Versorgungsfälle, die nach dem 14. Juni 2017 eintreten, sind Renten nach dem Gesetz über die Alterssicherung der Landwirte mit der Maßgabe zu berücksichtigen, dass der Teil der Rente nach dem Gesetz über die Alterssicherung der Landwirte außer Ansatz bleibt, der auf rentenrechtlichen Zeiten beruht, die bis zum 14. Juni 2017 zurückgelegt worden sind.

§ 69m Übergangsregelung aus Anlass des Besoldungsstrukturenmodernisierungsgesetzes. (1) [1] § 6a findet auf am 30. Juni 2020 vorhandene Beamte Anwendung, wenn eine Verwendung im Sinne des § 6a Absatz 1 vor dem 1. Juli 2020

---

1) Nr. 18.

1. begonnen hat und über diesen Zeitpunkt hinaus andauert oder
2. bereits beendet war und der Beamte auf Grund dieser Verwendung einen Anspruch auf eine laufende Alterssicherungsleistung hat oder
3. bereits beendet war und der Beamte auf Grund dieser Verwendung einen Anspruch auf eine Alterssicherungsleistung in Form eines Kapitalbetrages (§ 6a Absatz 2) hat mit den Maßgaben, dass
   a) abweichend von § 6a Absatz 3 Satz 1 der Kapitalbetrag vom Beginn des auf die Beendigung der Verwendung folgenden Monats bis zum 30. Juni 2020 zu verzinsen ist und
   b) der Antrag nach § 6a Absatz 4 Satz 1 bis zum 31. Januar 2022 gestellt werden kann.

[2] Die Zeit einer vor dem 1. Juli 2020 bereits beendeten Verwendung im Dienst einer zwischenstaatlichen oder überstaatlichen Einrichtung ist ungeachtet des § 6a ruhegehaltfähig, sofern die für diese Zeit zustehende Alterssicherungsleistung im Sinne des § 6a Absatz 2 bereits vor dem 1. Juli 2020 an den Dienstherrn abgeführt worden ist.

(2) [1] Für am 30. Juni 2020 vorhandene Versorgungsempfänger gilt vorbehaltlich von Satz 2 die bisherige Rechtslage weiter, insbesondere sind § 6 Absatz 3 Nummer 4, § 7 Satz 1 Nummer 1 Buchstabe b, § 55 Absatz 1 Satz 8 und 9, die §§ 56, 69c Absatz 5 sowie § 85 Absatz 6 Satz 2 bis 4 in der bis zum 30. Juni 2020 geltenden Fassung weiter anzuwenden; dabei bleiben § 69 Absatz 1 Nummer 2 Satz 2, Nummer 4 Satz 1, Nummer 6 Satz 1, Absatz 4 Satz 2, § 69a Nummer 3 Satz 2, Nummer 5 Satz 3 und § 69e Absatz 1 Nummer 3 Satz 1 unberührt. [2] Versorgungsempfänger nach Satz 1, deren Ruhensbetrag mittels Höchstgrenzenberechnung nach § 56 Absatz 1 Satz 1 in Verbindung mit Absatz 2 in einer zwischen dem 1. Oktober 1994 und dem 30. Juni 2020 anzuwendenden Fassung bestimmt wird, können einmalig für die Zukunft beantragen, dass ihr Ruhegehalt in Höhe von 1,79375 Prozent der ruhegehaltfähigen Dienstbezüge für jedes Jahr einer Verwendung im öffentlichen Dienst einer zwischenstaatlichen oder überstaatlichen Einrichtung ruht; der Unterschiedsbetrag nach § 50 Absatz 1 ruht für jedes Jahr einer Verwendung im öffentlichen Dienst einer zwischenstaatlichen oder überstaatlichen Einrichtung in Höhe von 2,5 Prozent. [3] Bei der Anwendung von Satz 2 ist § 69c Absatz 5 Satz 1 bis 4 in der bis zum 30. Juni 2020 geltenden Fassung vorrangig zu berücksichtigen. [4] Dienstzeiten, die über volle Jahre hinausgehen, sind einzubeziehen; § 14 Absatz 1 Satz 2 und 3 gilt entsprechend. [5] Zeiten ab Beginn des Ruhestandes sind nicht zu berücksichtigen, es sei denn, sie führen zu einer Erhöhung des Ruhegehaltssatzes. [6] Die zuständige Behörde erteilt auf schriftlichen oder elektronischen Antrag Auskunft zur Höhe des Ruhensbetrages nach Satz 2 zu dem nach Satz 7 oder 8 maßgeblichen Zeitpunkt. [7] Anträge, die bis zum 31. Juli 2021 gestellt werden, gelten als zum 1. Juli 2020 gestellt. [8] Wird der Antrag später gestellt, tritt die Änderung mit Beginn des Antragsmonats ein. [9] Vor dem Änderungszeitpunkt entstandene Ruhensbeträge bleiben unberührt. [10] Die Sätze 1 bis 9 gelten entsprechend für künftige Hinterbliebene eines vor dem 1. Juli 2020 vorhandenen Ruhestandsbeamten.

(2a) [1] Versorgungsempfänger nach Absatz 2 Satz 1, bei denen sich der Ruhensbetrag nach § 56 in einer bis zum 30. September 1994 geltenden Fassung bestimmt, können einmalig für die Zukunft beantragen, dass bei der Ermittlung des Ruhensbetrages Zeiten ab Beginn des Ruhestandes nicht zu berücksichtigen sind. [2]Dies gilt nicht, wenn die Zeiten nach Beginn des Ruhestandes zu einer Erhöhung des Ruhegehaltssatzes führen. [3]Absatz 2 Satz 4 und 6 bis 9 gilt entsprechend.

(3) [1]Für am 31. August 2020 vorhandene Ruhestandsbeamte, bei denen eine ruhegehaltfähige Zeit nach § 85 Absatz 7 in der bis zum 31. August 2020 geltenden Fassung berücksichtigt worden ist, ist § 50a auf schriftlichen oder elektronischen Antrag anzuwenden. [2]Dem Antrag ist stattzugeben, wenn am 1. September 2020 das Ruhegehalt ohne Zeiten nach § 85 Absatz 7 Satz 1 in der bis zum 31. August 2020 geltenden Fassung zusammen mit dem Kindererziehungszuschlag nach § 50a Absatz 1 in Verbindung mit Absatz 2 Satz 1 Nummer 1 sowie Absatz 5 und 6 dieses Gesetzes das Ruhegehalt übersteigt, das sich unter Berücksichtigung des § 85 Absatz 7 in der bis zum 31. August 2020 geltenden Fassung ergibt. [3]Anträge, die innerhalb von drei Monaten ab dem 1. September 2020 gestellt werden, gelten als zum 1. September 2020 gestellt. [4]Wird der Antrag zu einem späteren Zeitpunkt gestellt, tritt die Änderung mit Beginn des Antragsmonats ein. [5]Wurde dem Antrag stattgegeben, ist § 85 Absatz 7 in der bis zum 31. August 2020 geltenden Fassung ab dem Zeitpunkt der Gewährung eines Kindererziehungszuschlags nach § 50a nicht mehr anzuwenden. [6]Die Sätze 1 bis 5 gelten entsprechend für vor dem 1. September 2020 vorhandene Hinterbliebene.

Abschnitt 11. Anpassung der Versorgungsbezüge

§ 70 Allgemeine Anpassung. (1) Werden die Dienstbezüge der Besoldungsberechtigten allgemein erhöht oder vermindert, sind von demselben Zeitpunkt an die Versorgungsbezüge durch Bundesgesetz entsprechend zu regeln.

(2) Als allgemeine Änderung der Dienstbezüge im Sinne des Absatzes 1 gelten auch die Neufassung der Grundgehaltstabelle mit unterschiedlicher Änderung der Grundgehaltssätze und die allgemeine Erhöhung oder Verminderung der Dienstbezüge um feste Beträge.

§ 71 Erhöhung der Versorgungsbezüge. (1) [1]Bei Versorgungsempfängern gilt die Erhöhung nach § 14 Absatz 2 des Bundesbesoldungsgesetzes[1)] entsprechend für die

1. in § 5 Absatz 1 Satz 1 Nummer 1 und § 69g Absatz 1 Nummer 1 Buchstabe a Satz 3 dieses Gesetzes sowie in § 84 Nummer 1, 3 und 4 des Bundesbesoldungsgesetzes genannten Bezügebestandteile,
2. Leistungsbezüge nach § 5 Absatz 1 Satz 1 Nummer 4, soweit sie nach den auf Grund des § 33 Absatz 4 des Bundesbesoldungsgesetzes erlassenen Rechtsverordnungen an den regelmäßigen Besoldungsanpassungen teilnehmen,
3. den Versorgungsbezügen zugrunde liegenden Grundvergütungen,
4. den Versorgungsbezügen zugrunde liegenden Grundgehältern nach fortgeltenden oder früheren Besoldungsordnungen.

[2]Satz 1 gilt entsprechend für Empfänger von Versorgungsbezügen der weggefallenen Besoldungsgruppen A 1 und A 2.

[1)] Nr. **18**.

(2)[1] [1] Versorgungsbezüge, deren Berechnung ein Ortszuschlag nach dem Bundesbesoldungsgesetz in der bis zum 30. Juni 1997 geltenden Fassung nicht zugrunde liegt, werden ab 1. April 2021 um 1,1 Prozent erhöht, wenn der Versorgungsfall vor dem 1. Juli 1997 eingetreten ist. [2] Satz 1 gilt entsprechend für

1. Hinterbliebene eines vor dem 1. Juli 1997 vorhandenen Versorgungsempfängers,
2. Versorgungsbezüge, die in festen Beträgen festgesetzt sind,
3. den Betrag nach Artikel 13 § 2 Absatz 4 des Fünften Gesetzes zur Änderung besoldungsrechtlicher Vorschriften vom 28. Mai 1990 (BGBl. I S. 967).

§ 72 *(aufgehoben)*

§§ 73–76 (weggefallen)

Abschnitt 12. (weggefallen)

§§ 77–83 (weggefallen)

Abschnitt 13. Übergangsvorschriften alten Rechts

§ 84 Ruhegehaltfähige Dienstzeit. [1] Für am 1. Januar 1977 vorhandene Beamte können zum Ausgleich von Härten Zeiten, die nach dem bis zum 31. Dezember 1976 geltenden Recht ruhegehaltfähig waren, als ruhegehaltfähig galten oder als ruhegehaltfähig berücksichtigt werden konnten und vor dem 1. Januar 1977 zurückgelegt worden sind, im Anwendungsbereich des bis zum 31. Dezember 1976 geltenden Rechts als ruhegehaltfähig berücksichtigt werden. [2] Die Entscheidung trifft das Bundesministerium des Innern, für Bau und Heimat.

§ 85 Ruhegehaltssatz für am 31. Dezember 1991 vorhandene Beamte.

(1) [1] Hat das Beamtenverhältnis, aus dem der Beamte in den Ruhestand tritt, oder ein unmittelbar vorangehendes anderes öffentlich-rechtliches Dienstverhältnis bereits am 31. Dezember 1991 bestanden, bleibt der zu diesem Zeitpunkt erreichte Ruhegehaltssatz gewahrt. [2] Dabei richtet sich die Berechnung der ruhegehaltfähigen Dienstzeit und des Ruhegehaltssatzes nach dem bis zum 31. Dezember 1991 geltenden Recht; § 14 Absatz 1 Satz 1 Halbsatz 2 und 3 findet hierbei keine Anwendung. [3] Der sich nach den Sätzen 1 und 2 ergebende Ruhegehaltssatz steigt mit jedem Jahr, das vom 1. Januar 1992 an nach dem von diesem Zeitpunkt an geltenden Recht als ruhegehaltfähige Dienstzeit zurückgelegt wird, um ein Prozent der ruhegehaltfähigen Dienstbezüge bis zum Höchstsatz von fünfundsiebzig Prozent; insoweit gilt § 14 Absatz 1 Satz 2 und 3 entsprechend. [4] Bei der Anwendung von Satz 3 bleiben Zeiten bis zur Vollendung einer zehnjährigen ruhegehaltfähigen Dienstzeit außer Betracht; § 13 Absatz 1 findet in der bis zum 31. Dezember 1991 geltenden Fassung Anwendung. [5] § 14 Absatz 3 findet Anwendung.

---

[1] In § 71 Abs. 2 Satz 1 werden **mWv 1.4.2022** die Wörter „1. April 2021 um 1,1 Prozent" durch die Wörter „1. April 2022 um 1,7 Prozent" ersetzt (vgl. G v. 9.7.2021, BGBl. I S. 2444).

(2) Für die Beamten auf Zeit, deren Beamtenverhältnis über den 31. Dezember 1991 hinaus fortbesteht, ist § 66 Absatz 2, 4 und 6 in der bis zum 31. Dezember 1991 geltenden Fassung anzuwenden.

(3) [1] Hat das Beamtenverhältnis, aus dem der Beamte in den Ruhestand tritt, oder ein unmittelbar vorangehendes anderes öffentlich-rechtliches Dienstverhältnis bereits am 31. Dezember 1991 bestanden und erreicht der Beamte vor dem 1. Januar 2002 die für ihn jeweils maßgebende gesetzliche Altersgrenze, so richtet sich die Berechnung der ruhegehaltfähigen Dienstzeit und des Ruhegehaltssatzes nach dem bis zum 31. Dezember 1991 geltenden Recht. [2] Satz 1 gilt entsprechend, wenn ein von dieser Vorschrift erfasster Beamter vor dem Zeitpunkt des Erreichens der jeweils maßgebenden gesetzlichen Altersgrenze wegen Dienstunfähigkeit oder auf Antrag in den Ruhestand versetzt wird oder verstirbt.

(4) [1] Der sich nach Absatz 1, 2 oder 3 ergebende Ruhegehaltssatz wird der Berechnung des Ruhegehalts zugrunde gelegt, wenn er höher ist als der Ruhegehaltssatz, der sich nach diesem Gesetz für die gesamte ruhegehaltfähige Dienstzeit ergibt. [2] Der sich nach Absatz 1 ergebende Ruhegehaltssatz darf den Ruhegehaltssatz, der sich nach dem bis zum 31. Dezember 1991 geltenden Recht ergäbe, nicht übersteigen.

(5) Hat das Beamtenverhältnis, aus dem der Beamte in den Ruhestand tritt, oder ein unmittelbar vorangehendes anderes öffentlich-rechtliches Dienstverhältnis bereits am 31. Dezember 1991 bestanden, ist § 14 Absatz 3 mit folgenden Maßgaben anzuwenden:

Bei Erreichen der Altersgrenze nach § 42 Absatz 4 Satz 1 Nummer 2 des Bundesbeamtengesetzes oder entsprechendem Landesrecht		beträgt der Prozentsatz der Minderung für jedes Jahr
vor dem	1. Januar 1998	0,0,
nach dem	31. Dezember 1997	0,6,
nach dem	31. Dezember 1998	1,2,
nach dem	31. Dezember 1999	1,8,
nach dem	31. Dezember 2000	2,4,
nach dem	31. Dezember 2001	3,0,
nach dem	31. Dezember 2002	3,6.

(6) [1] Errechnet sich der Ruhegehaltssatz nach Absatz 1 in Verbindung mit Absatz 4 Satz 2, Absatz 2 oder 3, ist entsprechend diesen Vorschriften auch der Ruhegehaltssatz für die Höchstgrenze nach § 54 Absatz 2 und § 55 Absatz 2 zu berechnen. [2] § 14 Absatz 1 Satz 2 bis 4 gilt entsprechend.

(7) *(aufgehoben)*

(8) Auf die am 31. Dezember 1991 vorhandenen Beamten, denen auf Grund eines bis zu diesem Zeitpunkt erlittenen Dienstunfalles ein Unfallausgleich gewährt wird, findet § 35 in der bis zum 31. Dezember 1991 geltenden Fassung Anwendung.

(9) Bei der Anwendung der Absätze 1 und 3 bleibt der am 31. Dezember 1991 erreichte Ruhegehaltssatz auch dann gewahrt, wenn dem Beamtenverhältnis, aus dem der Beamte in den Ruhestand tritt, mehrere öffentlich-rechtliche Dienstverhältnisse in unmittelbarem zeitlichen Zusammenhang mit dem

am 31. Dezember 1991 bestehenden öffentlich-rechtlichen Dienstverhältnis vorangegangen sind.

(10) Einem öffentlich-rechtlichen Dienstverhältnis steht ein Beschäftigungsverhältnis im Sinne des § 5 Absatz 1 Nummer 2 und des § 6 Absatz 1 Nummer 2 des Sechsten Buches Sozialgesetzbuch gleich.

(11) Für den nach den Absätzen 1 bis 4 ermittelten Ruhegehaltssatz gilt § 69e Absatz 4 entsprechend.

(12) Die §§ 12a und 12b sind anzuwenden.

§ 85a Erneute Berufung in das Beamtenverhältnis. [1]Bei einem nach § 46 oder § 57 des Bundesbeamtengesetzes[1)] erneut in das Beamtenverhältnis berufenen Beamten bleibt der am Tag vor der erneuten Berufung in das Beamtenverhältnis vor Anwendung von Ruhens-, Kürzungs- und Anrechnungsvorschriften zustehende Betrag des Ruhegehalts gewahrt. [2]Tritt der Beamte erneut in den Ruhestand, wird die ruhgehaltfähige Dienstzeit und das Ruhegehalt nach dem im Zeitpunkt der Zurruhesetzung geltenden Recht berechnet. [3]Bei der Anwendung des § 85 Absatz 1 und 3 gilt die Zeit des Ruhestandes nicht als Unterbrechung des Beamtenverhältnisses; die Zeit im Ruhestand ist nicht ruhegehaltfähig. [4]Das höhere Ruhegehalt wird gezahlt.

§ 86 Hinterbliebenenversorgung. (1) Die Gewährung von Unterhaltsbeiträgen an geschiedene Ehegatten richtet sich nach den bis zum 31. Dezember 1976 geltenden beamtenrechtlichen Vorschriften, wenn die Ehe vor dem 1. Juli 1977 geschieden, aufgehoben oder für nichtig erklärt worden ist.

(2) [1]Die Vorschrift des § 19 Absatz 1 Satz 2 Nummer 2 über den Ausschluss von Witwengeld findet keine Anwendung, wenn die Ehe am 1. Januar 1977 bestanden und das bis zu diesem Zeitpunkt geltende Landesrecht den Ausschlussgrund nicht enthalten hat. [2]An die Stelle des fünfundsechzigsten Lebensjahres in § 19 Absatz 1 Satz 2 Nummer 2 tritt ein in der bis zum 31. Dezember 1976 geltenden landesrechtlichen Vorschrift vorgesehenes höheres Lebensalter, wenn die Ehe am 1. Januar 1977 bestanden hat.

(3) Die Vorschriften über die Kürzung des Witwengeldes bei großem Altersunterschied der Ehegatten (§ 20 Absatz 2) finden keine Anwendung, wenn die Ehe am 1. Januar 1977 bestanden und das bis zu diesem Zeitpunkt für den Beamten oder Ruhestandsbeamten geltende Landesrecht entsprechende Kürzungsvorschriften nicht enthalten hat.

(4) Die Vorschrift des § 22 Absatz 2 in der bis zum 31. Juli 1989 geltenden Fassung findet Anwendung, wenn ein Scheidungsverfahren bis zum 31. Juli 1989 rechtshängig geworden ist oder die Parteien bis zum 31. Juli 1989 eine Vereinbarung nach § 1587o des Bürgerlichen Gesetzbuchs in der bis zum 31. August 2009 geltenden Fassung getroffen haben.

§ 87 Unfallfürsorge. (1) Für die am 1. Januar 1977 vorhandenen Beamten steht ein vor diesem Zeitpunkt erlittener Dienstunfall im Sinne des bisherigen Bundes- oder Landesrechts dem Dienstunfall im Sinne dieses Gesetzes gleich.

(2) *(aufgehoben)*

[1)] Nr. 2.

(3) Eine Entschädigung aus einer Unfallversicherung, für die der Dienstherr die Beiträge gezahlt hat, ist auf die Unfallentschädigung nach § 43 Absatz 3 anzurechnen.

§ 88 Abfindung. (1) Bei der Entlassung einer verheirateten Beamtin bis zum 31. August 1977 finden die bisherigen Vorschriften über die Abfindung nach § 152 des Bundesbeamtengesetzes[1] oder dem entsprechenden bisherigen Landesrecht weiter Anwendung.

(2) [1] Eine erneut in das Beamtenverhältnis berufene Beamtin kann eine früher erhaltene Abfindung an ihren neuen Dienstherrn zurückzahlen. [2] Hierbei sind anstelle der Dienstbezüge, die der Abfindung zugrunde lagen, die Dienstbezüge nach § 1 Absatz 2 Nummer 1 bis 4 des Bundesbesoldungsgesetzes[2] nach der Besoldungsgruppe des vor der Abfindung innegehabten Amtes zugrunde zu legen, die sich ergeben würden, wenn die im Zeitpunkt der erneuten Berufung in das Beamtenverhältnis maßgebenden Grundgehalts- und Familienzuschlagssätze im Monat vor der Entlassung gegolten hätten. [3] Der Antrag auf Rückzahlung ist innerhalb einer Ausschlussfrist von zwei Jahren nach Inkrafttreten dieses Gesetzes, bei erneuter Berufung in das Beamtenverhältnis auf Lebenszeit nach dem Inkrafttreten dieses Gesetzes innerhalb einer Ausschlussfrist von zwei Jahren nach der Berufung in das Beamtenverhältnis auf Lebenszeit zu stellen. [4] Eine teilweise Rückzahlung der Abfindung ist nicht zulässig. [5] Nach der Rückzahlung werden die Zeiten vor der Entlassung aus dem früheren Dienstverhältnis besoldungs- und versorgungsrechtlich so behandelt, als wäre eine Abfindung nicht gewährt worden. [6] Satz 5 gilt entsprechend, wenn eine Beamtin bei erneuter Berufung in das Beamtenverhältnis innerhalb der Ausschlussfrist nach Satz 3 auf eine zugesicherte aber noch nicht gezahlte Abfindungsrente verzichtet.

§ 89 (weggefallen)

§ 90 Zusammentreffen von Versorgungsbezügen mit Versorgung aus zwischenstaatlicher und überstaatlicher Verwendung. (1) Bei der Anwendung des § 56 Absatz 1 bleibt die Zeit, die ein Beamter oder Ruhestandsbeamter vor dem 1. Juli 1968 im Dienst einer zwischenstaatlichen oder überstaatlichen Einrichtung tätig war, bis zu sechs Jahren außer Betracht.

(2) Auf die am 1. Juli 1968 vorhandenen Versorgungsempfänger findet § 56 Absatz 1 Satz 3 mit der Maßgabe Anwendung, dass ihnen zwölf Prozent der ruhegehaltfähigen Dienstbezüge als Versorgung verbleiben.

(3) Hat ein Beamter oder Versorgungsempfänger vor dem 1. Juli 1968 bei seinem Ausscheiden aus dem öffentlichen Dienst einer zwischenstaatlichen oder überstaatlichen Einrichtung anstelle einer Versorgung einen Kapitalbetrag als Abfindung oder Zahlung aus einem Versorgungsfonds erhalten, sind Absatz 1, § 56 Absatz 3 und § 69c Absatz 5 anzuwenden.

§ 91 Hochschullehrer, Wissenschaftliche Assistenten und Lektoren.

(1) [1] Auf die Versorgung der Hochschullehrer, Wissenschaftlichen Assistenten und Lektoren im Sinne des Kapitels I Abschnitt V, 3. Titel des Beamten-

---

[1] Nr. 2.
[2] Nr. 18.

rechtsrahmengesetzes[1] in der vor dem Inkrafttreten des Hochschulrahmengesetzes geltenden Fassung, die nicht als Professoren oder als Hochschulassistenten übernommen worden sind, und ihrer Hinterbliebenen finden die für Beamte auf Lebenszeit, auf Probe oder auf Widerruf geltenden Vorschriften dieses Gesetzes nach Maßgabe der bis zum 31. Dezember 1976 geltenden landesrechtlichen Vorschriften Anwendung. [2] § 67 Absatz 2 Satz 1 gilt entsprechend.

(2) Für Professoren, die nach dem 31. Dezember 1976 von ihren amtlichen Pflichten entbunden werden (Entpflichtung), und ihre Hinterbliebenen gilt Folgendes:

1. [1] Die §§ 53 bis 58, 62 und 65 finden Anwendung; hierbei gelten die Bezüge der entpflichteten Professoren als Ruhegehalt, die Empfänger als Ruhestandsbeamte. [2] § 65 gilt nicht für entpflichtete Hochschullehrer, die die Aufgaben der von ihnen bis zur Entpflichtung innegehabten Stelle vertretungsweise wahrnehmen.
2. Die Bezüge der entpflichteten Professoren gelten unter Hinzurechnung des dem Entpflichteten zustehenden, mindestens des zuletzt vor einer Überleitung nach dem nach § 72 des Hochschulrahmengesetzes erlassenen Landesgesetz zugesicherten Vorlesungsgeldes (Kolleggeldpauschale) als Höchstgrenze im Sinne des § 53 Absatz 2 Nummer 1 und 3 dieses Gesetzes sowie als ruhegehaltfähige Dienstbezüge im Sinne des § 53a Absatz 2 in der bis zum 31. Dezember 1998 geltenden Fassung.
3. [1] Für die Versorgung der Hinterbliebenen eines entpflichteten Hochschullehrers gilt dieses Gesetz mit der Maßgabe, dass sich die Bemessung des den Hinterbliebenenbezügen zugrunde zu legenden Ruhegehalts sowie die Bemessung des Sterbe-, Witwen- und Waisengeldes der Hinterbliebenen nach dem vor dem 1. Januar 1977 geltenden Landesrecht bestimmt. [2] Für die Anwendung des § 19 Absatz 1 Satz 2 Nummer 2 und des § 23 Absatz 2 gelten die entpflichteten Professoren als Ruhestandsbeamte.
4. [1] Für Professoren, die unter § 76 Absatz 4 des Hochschulrahmengesetzes fallen, wird abweichend von Nummer 2 das Vorlesungsgeld (Kolleggeldpauschale), das ihnen beim Fortbestand ihres letzten Beamtenverhältnisses als Professor im Landesdienst vor der Annahme des Beamtenverhältnisses an einer Hochschule der Bundeswehr zuletzt zugesichert worden wäre, der Höchstgrenze im Sinne des § 53 Absatz 2 Nummer 1 und 3 dieses Gesetzes sowie den ruhegehaltfähigen Dienstbezügen im Sinne des § 53a Absatz 2 in der bis zum 31. Dezember 1998 geltenden Fassung hinzugerechnet. [2] Für ihre Hinterbliebenen gilt in den Fällen der Nummer 3 das Landesrecht, das für das Beamtenverhältnis als Professor im Landesdienst maßgebend war.

(3) Die Versorgung der Hinterbliebenen eines nach dem nach § 72 des Hochschulrahmengesetzes erlassenen Landesgesetz übergeleiteten Professors, der einen Antrag nach § 76 Absatz 2 des Hochschulrahmengesetzes nicht gestellt hat, regelt sich nach § 67 dieses Gesetzes, wenn der Professor vor der Entpflichtung verstorben ist.

§§ 92–104 (weggefallen)

---

[1] Nr. 3.

Abschnitt 14. Schlussvorschriften

§ 105 Außerkrafttreten. [1] Soweit Rechtsvorschriften den Vorschriften dieses Gesetzes entsprechen oder widersprechen, treten sie mit dem Inkrafttreten dieses Gesetzes außer Kraft. [2] Dies gilt nicht für die nachstehenden Vorschriften in der beim Inkrafttreten dieses Gesetzes geltenden Fassung:

1. § 27 Absatz 2 des Landesbesoldungsgesetzes Baden-Württemberg,
2. Artikel 77 Absatz 2, Artikel 77a, 123 des Gesetzes über kommunale Wahlbeamte des Landes Bayern,
3. § 191 des Landesbeamtengesetzes Berlin,
4. § 209 des Hamburgischen Beamtengesetzes,
5. Landesgesetze und Verwaltungsvereinbarungen über die Anwendung der Ruhensvorschriften bei Verwendung im Dienst öffentlich-rechtlicher Religionsgesellschaften und ihrer Verbände oder bei Ersatzschulen,
6. Vorschriften über die Rechtsstellung der in den Bundestag oder den Landtag gewählten Beamten und Richter; solche Vorschriften können auch nach Inkrafttreten dieses Gesetzes noch erlassen werden.

§ 106 Verweisung auf aufgehobene Vorschriften. Soweit in Gesetzen und Verordnungen auf Vorschriften oder Bezeichnungen verwiesen wird, die durch dieses Gesetz außer Kraft treten oder aufgehoben werden, treten an ihre Stelle die entsprechenden Vorschriften oder die Bezeichnungen dieses Gesetzes.

§ 107 Ermächtigung zum Erlass von Rechtsverordnungen und Verwaltungsvorschriften. [1] Rechtsverordnungen nach diesem Gesetz bedürfen nicht der Zustimmung des Bundesrates. [2] Die zur Durchführung dieses Gesetzes erforderlichen allgemeinen Verwaltungsvorschriften erlässt das Bundesministerium des Innern, für Bau und Heimat im Einvernehmen mit dem Bundesministerium der Finanzen.

§ 107a Überleitungsregelungen aus Anlass der Herstellung der Einheit Deutschlands. [1] Die Bundesregierung wird ermächtigt, durch Rechtsverordnung, die bis zum 31. Dezember 2009 zu erlassen ist, für die Beamtenversorgung Übergangsregelungen zu bestimmen, die den besonderen Verhältnissen in dem in Artikel 3 des Einigungsvertrages genannten Gebiet Rechnung tragen. [2] Diese Verordnungsermächtigung erstreckt sich insbesondere auf Berechnungsgrundlagen, Höhe von Versorgungsleistungen und Ruhensregelungen abweichend von diesem Gesetz.

§ 107b Verteilung der Versorgungslasten. (1) [1] Wird ein Beamter oder Richter im Einvernehmen mit seinem Dienstherrn in den Dienst eines anderen Dienstherrn übernommen, so tragen der aufnehmende Dienstherr und der abgebende Dienstherr bei Eintritt des Versorgungsfalles die Versorgungsbezüge anteilig nach Maßgabe der Absätze 2 bis 5, wenn der Beamte oder Richter bereits auf Lebenszeit ernannt worden ist und dem abgebenden Dienstherrn nach Ablegung der Laufbahnprüfung oder Feststellung der Befähigung mindestens fünf Jahre zur Dienstleistung zur Verfügung stand; dies gilt nicht für Beamte auf Zeit sowie für Beamte, die beim aufnehmenden Dienstherrn in ein Beamtenverhältnis auf Zeit berufen werden. [2] Bei einem bundesübergreifenden Dienstherrenwechsel gilt Satz 1 nur, wenn der Versorgungsfall vor dem Inkrafttreten des Versorgungslastenteilungs-Staatsvertrags für den Bund eingetreten ist. [3]In diesem Fall ist § 10 des Versorgungslastenteilungs-Staatsvertrags anzuwenden.

(2) [1]Versorgungsbezüge im Sinne des Absatzes 1 Satz 1 sind alle regelmäßig wiederkehrenden Leistungen aus dem Beamten- oder Richterverhältnis, die mit oder nach Eintritt des Versorgungsfalles fällig werden. [2]Ist dem Beamten oder Richter aus Anlass oder nach der Übernahme vom aufnehmenden Dienstherrn ein höherwertiges Amt verliehen worden, so bemisst sich der Anteil des abgebenden Dienstherrn so, wie wenn der Beamte oder Richter in dem beim abgebenden Dienstherrn zuletzt bekleideten Amt verblieben wäre. [3]Entsprechendes gilt für Berufungsgewinne im Hochschulbereich und für Zulagen für die Wahrnehmung einer höherwertigen Funktion.

(3) Wird der übernommene Beamte oder Richter vom aufnehmenden Dienstherrn in den einstweiligen Ruhestand versetzt, beginnt die Versorgungslastenbeteiligung des abgebenden Dienstherrn erst mit der Antragsaltersgrenze (§ 52 Absatz 3 des Bundesbeamtengesetzes[1)]) des Beamten oder Richters, spätestens jedoch mit Einsetzen der Hinterbliebenenversorgung.

(4) [1]Die Versorgungsbezüge werden in dem Verhältnis der beim abgebenden Dienstherrn abgeleisteten ruhegehaltfähigen Dienstzeiten zu den beim aufnehmenden Dienstherrn abgeleisteten ruhegehaltfähigen Dienstzeiten aufgeteilt, dabei bleiben Ausbildungszeiten (z.B. Studium, Vorbereitungsdienst) unberücksichtigt; Zeiten einer Beurlaubung, für die der beurlaubende Dienstherr die Ruhegehaltfähigkeit anerkannt oder zugesichert hat, stehen den bei ihm abgeleisteten ruhegehaltfähigen Dienstzeiten gleich. [2]Im Falle des Absatzes 3 wird die Zeit im einstweiligen Ruhestand, soweit sie ruhegehaltfähig ist, zu Lasten des aufnehmenden Dienstherrn berücksichtigt. [3]Zeiten, für die der Beamte oder Richter vor der Übernahme bereits zum aufnehmenden Dienstherrn abgeordnet war, gelten als beim abgebenden Dienstherrn abgeleistete Dienstzeiten.

(5) [1]Der aufnehmende Dienstherr hat die vollen Versorgungsbezüge auszuzahlen. [2]Ihm steht gegen den abgebenden Dienstherrn ein Anspruch auf die in den Absätzen 2 und 4 genannten Versorgungsanteile zu. [3]Zahlt an Stelle des aufnehmenden Dienstherrn eine Versorgungskasse die Versorgungsbezüge aus, hat der aufnehmende Dienstherr den ihm nach Satz 2 erstatteten Betrag an die Versorgungskasse abzuführen.

(6)[2)] [1]Ist ein Dienstherr zur Zahlung einer Abfindung nach Abschnitt 2 des Versorgungslastenteilungs-Staatsvertrages verpflichtet und hat zuvor bereits ein Dienstherrenwechsel im Sinne von Absatz 1 Satz 1 von einem anderen Dienstherrn nach § 2 des Bundesbeamtengesetzes stattgefunden, so hat der frühere Dienstherr dem abgebenden Dienstherrn die zu zahlende Abfindung vorbehaltlich des § 17 des Versorgungsrücklagegesetzes anteilig nach den bei ihm zurückgelegten Dienstzeiten zu erstatten. [2]Absatz 2 Satz 2 sowie § 6 Absatz 1 des Versorgungslastenteilungs-Staatsvertrages gelten entsprechend.

[1)] Nr. 2.

[2)] Siehe hierzu Art. 14 Abs. 2 Satz 2 G v. 5.1.2017 (BGBl. I S. 17): „Bereits abgeschlossene Vereinbarungen zur Verteilung der Versorgungslasten bleiben unberührt.“.

§ 107c Verteilung der Versorgungslasten bei erneuter Berufung in ein öffentlich-rechtliches Dienstverhältnis in dem in Artikel 3 des Einigungsvertrages genannten Gebiet. Erwirbt ein Ruhestandsbeamter oder Richter im Ruhestand eines Dienstherrn im Gebiet der Bundesrepublik Deutschland nach dem Stand vom 2. Oktober 1990 auf Grund einer zwischen dem 3. Oktober 1990 und dem 31. Dezember 1999 erfolgten Berufung in ein öffentlich-rechtliches Dienstverhältnis bei einem Dienstherrn in dem in Artikel 3 des Einigungsvertrages genannten Gebiet gegen diesen einen weiteren Versorgungsanspruch, so erstattet der frühere Dienstherr dem neuen Dienstherrn die Versorgungsbezüge in dem Umfang, in dem die beim früheren Dienstherrn entstandenen Versorgungsansprüche infolge der Ruhensvorschrift des § 54 nicht zur Auszahlung gelangen, sofern der Ruhestandsbeamte oder Richter im Ruhestand im Zeitpunkt der Berufung in das neue öffentlich-rechtliche Dienstverhältnis das fünfzigste Lebensjahr vollendet hatte.

§ 107d Befristete Ausnahme für Verwendungseinkommen. [1] Für Ruhestandsbeamte, die ein Verwendungseinkommen aus einer Beschäftigung erzielen, die unmittelbar oder mittelbar

1. im Zusammenhang steht mit der Aufnahme, Betreuung oder Rückführung von Flüchtlingen und ihren Angehörigen oder
2. der Durchführung von migrationsspezifischen Sicherheitsaufgaben im Ausland dient,

beträgt die Höchstgrenze nach § 53 Absatz 2 Nummer 1 erste Alternative bis zum 31. Dezember 2023 120 Prozent der ruhegehaltfähigen Dienstbezüge aus der Endstufe der Besoldungsgruppe, aus der sich das Ruhegehalt berechnet, zuzüglich des jeweils zustehenden Unterschiedsbetrages nach § 50 Absatz 1. [2] Satz 1 gilt für Beamte, die wegen Dienstunfähigkeit oder nach § 52 des Bundesbeamtengesetzes[1)] in den Ruhestand versetzt worden sind, erst nach Ablauf des Monats, in dem sie die Regelaltersgrenze nach § 51 Absatz 1 und 2 des Bundesbeamtengesetzes erreicht haben.

§ 107e Sonderregelungen zur Bewältigung der COVID-19-Pandemie. (1) [1] Für Ruhestandsbeamte, die ein Erwerbseinkommen aus einer Beschäftigung erzielen, die in unmittelbarem Zusammenhang mit der Bewältigung der Auswirkungen der COVID-19-Pandemie steht, beträgt die Höchstgrenze nach § 53 Absatz 2 Nummer 1 erste Alternative bis zum 31. Dezember 2022 150 Prozent der ruhegehaltfähigen Dienstbezüge aus der Endstufe der Besoldungsgruppe, aus der sich das Ruhegehalt berechnet, zuzüglich des jeweils zustehenden Unterschiedsbetrages nach § 50 Absatz 1. [2] § 53 Absatz 5 Satz 2 und 3 ist nicht anzuwenden. [3] Die Sätze 1 und 2 gelten nicht für Beamte, die wegen Dienstunfähigkeit oder nach § 52 Absatz 1 oder 2 des Bundesbeamtengesetzes[1)] in den Ruhestand versetzt worden sind.

(2) Anspruch auf Waisengeld besteht auch dann, wenn wegen der Auswirkungen der COVID-19-Pandemie

1. eine Schul- oder Berufsausbildung oder ein freiwilliger Dienst im Sinne des § 61 Absatz 2 Satz 1 Nummer 1 Buchstabe a oder Buchstabe c nicht angetreten werden kann oder

---

[1)] Nr. 2.

2. die Übergangszeit nach § 61 Absatz 2 Satz 1 Nummer 1 Buchstabe b überschritten wird.

(3) Eine in der Zeit vom 1. März 2020 bis 31. März 2022 gewährte Leistung, die nach § 3 Nummer 11a des Einkommensteuergesetzes steuerfrei ist, gilt bis zu einem Betrag von 1500 Euro nicht als Erwerbseinkommen.

§ 108 Anwendungsbereich in den Ländern. (1) Für die Beamten der Länder, der Gemeinden, der Gemeindeverbände sowie der sonstigen der Aufsicht eines Landes unterstehenden Körperschaften, Anstalten und Stiftungen des öffentlichen Rechts gilt das Beamtenversorgungsgesetz in der bis zum 31. August 2006 geltenden Fassung, soweit es nicht durch Landesrecht ersetzt wurde.

(2) Nach Maßgabe des Deutschen Richtergesetzes ist auf die Versorgung der Richter der Länder das Beamtenversorgungsgesetz in der bis zum 31. August 2006 geltenden Fassung entsprechend anzuwenden, soweit nichts anderes bestimmt ist.

§ 109 (Inkrafttreten)

28. Verordnung über beamtenversorgungsrechtliche Übergangsregelungen nach Herstellung der Einheit Deutschlands (Beamtenversorgungs-Übergangsverordnung – BeamtVÜV)[1]

In der Fassung der Bekanntmachung vom 19. März 1993[2]
(BGBl. I S. 369)

FNA 2030-25-5

zuletzt geänd. durch Art. 3 VO zur Änd. dienstrechtl. Verordnungen aus Anlass des BesoldungsstrukturenmodernisierungsG v. 8.1.2020 (BGBl. I S. 27)

§ 1 Geltungsbereich. (1) [1]Diese Verordnung regelt die Versorgung im Sinne des Beamtenversorgungsgesetzes[3] und der hierzu erlassenen Rechts- und Verwaltungsvorschriften, die in der Anlage zu dieser Verordnung aufgeführt sind. [2]Sie gilt für Beamte und Richter, die nach Inkrafttreten des Einigungsvertrages von ihrer ersten Ernennung oder Wiederernennung an in dem in Artikel 3 des Einigungsvertrages genannten Gebiet (Beitrittsgebiet) verwendet oder in das Beitrittsgebiet versetzt wurden. [3]Sie gilt nach Maßgabe der §§ 3 und 4 auch für Beamte und Richter aus dem früheren Bundesgebiet sowie für Beamte und Richter im Ruhestand, die im Beitrittsgebiet tätig werden.

(2) Die in Anlage I Kapitel XIX Sachgebiet A Abschnitt III Nr. 9 des Einigungsvertrages vom 31. August 1990 (BGBl. 1990 II S. 885, 1142) sowie die in § 2 Absatz 2 bis 6 genannten Maßgaben gelten nicht für Beamte und Richter, deren Versetzung oder Neuernennung in unmittelbarem zeitlichen Anschluß (§ 85 Abs. 9 des Beamtenversorgungsgesetzes in der ab 1. Januar 1992 geltenden Fassung) an ein öffentlich-rechtliches Dienstverhältnis im früheren Bundesgebiet erfolgt.

§ 2 Maßgaben. (1) Das Beamtenversorgungsgesetz[3] gilt unbeschadet der Regelungen in Anlage I Kapitel XIX Sachgebiet A Abschnitt III Nummer 9 des Einigungsvertrags vom 31. August 1990 (BGBl. 1990 II S. 885, 1142) mit den in den folgenden Absätzen bestimmten weiteren Maßgaben.

(2) [1]Wehrdienstzeiten nach den §§ 8 und 9 des Beamtenversorgungsgesetzes, die ein Beamter nach Vollendung des 17. Lebensjahres vor der Berufung in das Beamtenverhältnis im Dienst der Nationalen Volksarmee zurückgelegt hat, gelten als ruhegehaltfähige Dienstzeit höchstens bis zu fünf Jahren, soweit nicht Absatz 5 oder 6 Anwendung findet. [2]Satz 1 gilt entsprechend für vergleichbare Zeiten nach den §§ 8 und 9 des Beamtenversorgungsgesetzes, die ein Beamter bis zum 2. Oktober 1990 im Beitrittsgebiet zurückgelegt hat.

(3) [1]Zeiten, die der Beamte bis zum 2. Oktober 1990 im Beitrittsgebiet hauptberuflich im öffentlichen Dienst zurückgelegt hat, können gemäß § 10 des Beamtenversorgungsgesetzes höchstens bis zu fünf Jahren als ruhegehaltfähig berücksichtigt werden, sofern der Beamte ohne eine von ihm zu ver-

---

[1] Die VO wurde erlassen auf Grund von § 107a BeamtVG.

[2] Neubekanntmachung der BeamtVÜV v. 11.3.1991 (BGBl. I S. 630) in der ab 31.12.1992 geltenden Fassung.

[3] Nr. **27**.

tretende Unterbrechung tätig war und die Tätigkeit zu seiner Ernennung geführt hat. [2] Dies gilt nicht, soweit Absatz 5 oder 6 Anwendung findet. [3] Näheres kann das Bundesministerium des Innern, für Bau und Heimat durch Verwaltungsvorschriften regeln.

(4) Sonstige Zeiten und Ausbildungszeiten nach den §§ 11 und 12 des Beamtenversorgungsgesetzes, die der Beamte bis zum 2. Oktober 1990 im Beitrittsgebiet zurückgelegt hat, können höchstens bis zu fünf Jahren als ruhegehaltfähige Dienstzeit anerkannt werden, soweit nicht Absatz 5 oder 6 Anwendung findet.

(5) [1] Wehrdienstzeiten und vergleichbare Zeiten (§§ 8, 9 des Beamtenversorgungsgesetzes), Beschäftigungszeiten (§ 10 des Beamtenversorgungsgesetzes) und sonstige Zeiten (§§ 11, 67 Absatz 2 des Beamtenversorgungsgesetzes), die der Beamte bis zum 2. Oktober 1990 im Beitrittsgebiet zurückgelegt hat, werden nicht als ruhegehaltfähige Dienstzeit berücksichtigt, soweit die allgemeine Wartezeit für die gesetzliche Rentenversicherung erfüllt ist und diese Zeiten als rentenrechtliche Zeiten bei der Berechnung der Rente aus der gesetzlichen Rentenversicherung zugrunde gelegt werden; Ausbildungszeiten (§ 12 des Beamtenversorgungsgesetzes) sind nicht ruhegehaltfähig, soweit die allgemeine Wartezeit für die gesetzliche Rentenversicherung erfüllt ist. [2] Rentenrechtliche Zeiten sind auch solche im Sinne des Artikels 2 des Renten-Überleitungsgesetzes.

(6) Zeiten nach § 30 des Bundesbesoldungsgesetzes[1)] sind nicht ruhegehaltfähig.

(7) [1] Das Zusammentreffen von Versorgungsbezügen mit Renten, auch aus übergeleiteten Anwartschaften, richtet sich nach § 55 des Beamtenversorgungsgesetzes. [2] Die ruhegehaltfähige Dienstzeit im Sinne des § 55 Absatz 2 Nummer 1 Buchstabe b des Beamtenversorgungsgesetzes ist um Zeiten zu vermindern, die nach Absatz 6 nicht ruhegehaltfähig sind.

(8) [1] Übersteigt beim Zusammentreffen von Mindestversorgung (§ 14 Absatz 4 des Beamtenversorgungsgesetzes) mit einer Rente aus der gesetzlichen Rentenversicherung nach Anwendung des § 55 des Beamtenversorgungsgesetzes die Versorgung das erdiente Ruhegehalt, so ruht die Versorgung bis zur Höhe des Unterschieds zwischen dem erdienten Ruhegehalt und der Mindestversorgung. [2] Der Erhöhungsbetrag nach § 14 Absatz 4 Satz 3 des Beamtenversorgungsgesetzes sowie der Unterschiedsbetrag nach § 50 Absatz 1 des Beamtenversorgungsgesetzes bleiben bei der Berechnung außer Betracht. [3] Die Summe aus Versorgung und Rente darf nicht hinter dem Betrag der Mindestversorgung zuzüglich des Unterschiedsbetrages nach § 50 Absatz 1 des Beamtenversorgungsgesetzes zurückbleiben. [4] Zahlbar bleibt mindestens das erdiente Ruhegehalt zuzüglich des Unterschiedsbetrages nach § 50 Absatz 1 des Beamtenversorgungsgesetzes. [5] Die Sätze 1 bis 4 gelten entsprechend für Witwen und Waisen.

(9) [1] Als Amtszeit im Beamtenverhältnis auf Zeit im Sinne des § 66 Absatz 2 des Beamtenversorgungsgesetzes gilt auch die Zeit, in der ein Wahlamt seit dem 3. Oktober 1990 nicht im Beamtenverhältnis auf Zeit wahrgenommen wurde, soweit dies zum Erreichen einer Amtszeit von acht Jahren erforderlich ist. [2] Der Ruhegehaltssatz vermindert sich beim Zusammentreffen der Versorgungsbezü-

---

[1)] Nr. **18**.

ge mit einer Rente im Sinne des § 55 des Beamtenversorgungsgesetzes um den in § 14 Absatz 1 Satz 1 erster Halbsatz des Beamtenversorgungsgesetzes in der bis zum 31. Dezember 2002 geltenden Fassung bezeichneten Prozentsatz der ruhegehaltfähigen Dienstbezüge, vervielfältigt mit dem jeweiligen in § 69e Absatz 3 und 4 des Beamtenversorgungsgesetzes genannten Faktor, für jedes nach Satz 1 berücksichtigte Jahr. [3]Die Hinterbliebenenversorgung (§§ 17 bis 28 des Beamtenversorgungsgesetzes) bemisst sich aus dem sich nach Satz 2 ergebenden Ruhegehalt.

(10) Die Maßgaben der Absätze 2 bis 9 gelten auch für den Fall, dass ein Beamter zu einem Dienstherrn mit Sitz im bisherigen Geltungsbereich des Bundesrechts übertritt.

§ 3 Verwendung von Beamten und Richtern. (1) Die Zeit der Verwendung eines Beamten oder eines Richters aus dem früheren Bundesgebiet zum Zwecke der Aufbauhilfe im Beitrittsgebiet wird doppelt als ruhegehaltfähige Dienstzeit berücksichtigt, wenn sie ununterbrochen mindestens ein Jahr gedauert hat.

(2) [1]Die Regelung des Absatzes 1 ist bis zum 31. Dezember 1995 befristet. [2]Sie gilt nicht für eine Verwendung, die nach dem 31. Dezember 1994 beginnt.

§ 4 Verwendung von Beamten und Richtern im Ruhestand. (1) [1]Für Beamte und Richter im Ruhestand, die wegen ihrer besonderen Fachkenntnisse zum Zwecke der Aufbauhilfe im Beitrittsgebiet verwendet werden, findet § 53 des Beamtenversorgungsgesetzes[1)] ab dem 3. Oktober 1990 keine Anwendung. [2]Ab dem 1. August 1991 findet § 53 des Beamtenversorgungsgesetzes auf diese Beschäftigungsverhältnisse insoweit Anwendung, als die Summe von Versorgungsbezügen und Verwendungseinkommen eine Höchstgrenze von 130 v.H. der ruhegehaltfähigen Dienstbezüge überschreitet, nach denen sich das Ruhegehalt bemißt. [3]Die erhöhte Höchstgrenze wird ab 1. August 1991 auf die Mindestkürzungsgrenze des § 53 Abs. 2 Nr. 1 des Beamtenversorgungsgesetzes angewandt.

(2) [1]Die ruhegehaltfähige Dienstzeit erhöht sich um die Zeit, die ein Beamter oder Richter im Ruhestand in einer seine Arbeitskraft voll beanspruchenden, entgeltlichen Beschäftigung als Arbeitnehmer im öffentlichen Dienst im Beitrittsgebiet zurückgelegt hat, bis zum Höchstsatz von 75 v.H. der ruhegehaltfähigen Dienstbezüge. [2]§ 69e Abs. 3 und 4 des Beamtenversorgungsgesetzes gilt mit der Maßgabe, dass der in Satz 1 genannte Vomhundertsatz mit dem jeweiligen Anpassungsfaktor zu vervielfältigen ist.

(3) Die Regelungen der Absätze 1 und 2 gelten nicht für Beschäftigungsverhältnisse, die nach dem 31. Dezember 1999 begründet werden.

(4) Erwirbt ein Beamter oder Richter im Ruhestand infolge einer Verwendung im Beitrittsgebiet neben seinem früheren Versorgungsbezug einen neuen Versorgungsbezug, kann er unwiderruflich auf den neuen Versorgungsbezug verzichten.

§ 5 (Inkrafttreten)

[1)] Nr. **27**.

Anlage
(zu § 1 Abs. 1)

Verzeichnis der zum Beamtenversorgungsgesetz erlassenen Rechts- und Verwaltungsvorschriften

A. *(aufgehoben)*

B. Rechtsverordnungen

1. Heilverfahrensverordnung in der jeweils geltenden Fassung
2. Verordnung über die einmalige Unfallentschädigung nach § 43 Absatz 3 des Beamtenversorgungsgesetzes in der jeweils geltenden Fassung

C. Verwaltungsvorschriften

Allgemeine Verwaltungsvorschrift zum Beamtenversorgungsgesetz in der jeweils aktuellen Fassung

29. Bundespersonalvertretungsgesetz (BPersVG)[1)]

Vom 9. Juni 2021
(BGBl. I S. 1614)

FNA 2035-5

– Auszug –

Kapitel 4. Beteiligung des Personalrats

Abschnitt 1. Allgemeines

§ 62 Allgemeine Aufgaben. Der Personalrat hat folgende allgemeine Aufgaben:

1. Maßnahmen, die der Dienststelle und ihren Angehörigen dienen, zu beantragen,
2. darüber zu wachen, dass die zugunsten der Beschäftigten geltenden Gesetze, Verordnungen, Tarifverträge, Dienstvereinbarungen und Verwaltungsanordnungen durchgeführt werden,
3. Anregungen und Beschwerden von Beschäftigten und der Jugend- und Auszubildendenvertretung entgegenzunehmen und, falls sie berechtigt erscheinen, durch Verhandlung mit der Leiterin oder dem Leiter der Dienststelle auf ihre Erledigung hinzuwirken; der Personalrat hat die betreffenden Beschäftigten über den Stand und das Ergebnis der Verhandlungen zu unterrichten,
4. der Benachteiligung von Menschen mit Behinderungen entgegenzuwirken sowie die Inklusion und Teilhabe behinderter Menschen zu fördern, insbesondere die Eingliederung und berufliche Entwicklung schwerbehinderter und ihnen gleichgestellter Beschäftigter und sonstiger besonders schutzbedürftiger, insbesondere älterer Beschäftigter zu fördern sowie Maßnahmen zur beruflichen Förderung schwerbehinderter und ihnen gleichgestellter Beschäftigter zu beantragen,
5. die Durchsetzung der tatsächlichen Gleichstellung von Frauen und Männern zu fördern sowie Benachteiligungen von Menschen, die sich keinem dieser Geschlechter zuordnen, entgegenzuwirken, insbesondere bei der Einstellung,

---

[1)] Verkündet als Art. 1 G v. 9.6.2021 (BGBl. I S. 1614); Inkrafttreten gem. Art. 25 dieses G am 15.6.2021.

Amtl. Anm. zum Mantelgesetz: Artikel 1 dieses Gesetzes dient der Umsetzung der Richtlinie 2002/14/EG des Europäischen Parlaments und des Rates vom 11. März 2002 zur Festlegung eines allgemeinen Rahmens für die Unterrichtung und Anhörung der Arbeitnehmer in der Europäischen Gemeinschaft (ABl. L 80 vom 23.3.2002, S. 29).

Artikel 1 dieses Gesetzes dient der Umsetzung der Richtlinie 2001/23/EG des Rates vom 12. März 2001 zur Angleichung der Rechtsvorschriften der Mitgliedstaaten über die Wahrung von Ansprüchen der Arbeitnehmer beim Übergang von Unternehmen, Betrieben oder Unternehmens- oder Betriebsteilen (ABl. L 82 vom 22.3.2001, S. 16).

Artikel 1 dieses Gesetzes dient der Umsetzung der Richtlinie 2000/43/EG des Rates vom 29. Juni 2000 zur Anwendung des Gleichbehandlungsgrundsatzes ohne Unterschied der Rasse oder der ethnischen Herkunft (ABl. L 180 vom 19.7.2000, S. 22) und der Richtlinie 2000/78/EG des Rates vom 27. November 2000 zur Festlegung eines allgemeinen Rahmens für die Verwirklichung der Gleichbehandlung in Beschäftigung und Beruf (ABl. L 303 vom 2.12.2000, S. 16).

Beschäftigung, Aus-, Fort- und Weiterbildung und dem beruflichen Aufstieg,
6. die Vereinbarkeit von Familie, Pflege und Beruf zu fördern,
7. die Integration ausländischer Beschäftigter in die Dienststelle und das Verständnis zwischen ihnen und den deutschen Beschäftigten zu fördern sowie Maßnahmen zur Bekämpfung gruppenbezogener Menschenfeindlichkeit in der Dienststelle zu beantragen,
8. mit der Jugend- und Auszubildendenvertretung zur Förderung der Belange der Beschäftigten, die das 18. Lebensjahr noch nicht vollendet haben oder sich in einer beruflichen Ausbildung befinden, eng zusammenzuarbeiten sowie
9. Maßnahmen des Arbeitsschutzes und des Gesundheitsschutzes in der Dienststelle zu fördern.

§ 63 Dienstvereinbarungen. (1) [1]Dienstvereinbarungen sind in Angelegenheiten des § 78 Absatz 1 Nummer 12 bis 15, des § 79 Absatz 1 Nummer 4 und 5 sowie des § 80 Absatz 1 zulässig, soweit eine gesetzliche oder tarifliche Regelung nicht besteht und es sich nicht um Einzelangelegenheiten handelt. [2]Arbeitsentgelte und sonstige Arbeitsbedingungen, die durch Tarifvertrag geregelt sind oder üblicherweise geregelt werden, können nicht Gegenstand einer Dienstvereinbarung sein. [3]Dies gilt nicht, wenn ein Tarifvertrag den Abschluss ergänzender Dienstvereinbarungen ausdrücklich zulässt.

(2) Dienstvereinbarungen werden durch die Dienststelle und den Personalrat gemeinsam vereinbart, sind in schriftlicher oder elektronischer Form abzuschließen und in geeigneter Weise bekanntzumachen.

(3) Dienstvereinbarungen, die für einen größeren Bereich gelten, gehen den Dienstvereinbarungen für einen kleineren Bereich vor.

§ 64 Durchführung der Entscheidungen. (1) Entscheidungen, an denen der Personalrat beteiligt war, führt die Dienststelle durch, es sei denn, dass im Einzelfall etwas anderes vereinbart ist.

(2) Der Personalrat darf nicht durch einseitige Handlungen in den Dienstbetrieb eingreifen.

Abschnitt 2. Unterrichtungs- und Teilnahmerechte, Datenschutz

§ 65 Monatsgespräch. [1]Die Leiterin oder der Leiter der Dienststelle und der Personalrat sollen mindestens einmal im Monat zu einer Besprechung zusammentreten. [2]In den Besprechungen soll auch die Gestaltung des Dienstbetriebs behandelt werden, insbesondere alle Vorgänge, die die Beschäftigten wesentlich berühren. [3]Die Leiterin oder der Leiter der Dienststelle und der Personalrat haben über strittige Fragen mit dem ernsten Willen zur Einigung zu verhandeln und Vorschläge für die Beilegung von Meinungsverschiedenheiten zu machen.

§ 66 Informationspflicht der Dienststelle. (1) [1]Der Personalrat ist zur Durchführung seiner Aufgaben rechtzeitig und umfassend zu unterrichten. [2]Ihm sind die hierfür erforderlichen Unterlagen, einschließlich der für die Durchführung seiner Aufgaben erforderlichen personenbezogenen Daten, vorzulegen.

(2) [1]Personalakten dürfen nur mit Zustimmung der oder des Beschäftigten und nur von den von ihr oder ihm bestimmten Mitgliedern des Personalrats eingesehen werden. [2]Dienstliche Beurteilungen sind auf Verlangen der oder des Beschäftigten dem Personalrat zur Kenntnis zu bringen.

§ 67 Beratende Teilnahme an Prüfungen. An Prüfungen, die eine Dienststelle für Beschäftigte ihres Bereichs abnimmt, kann ein Mitglied des für diesen Bereich zuständigen Personalrats, das von diesem benannt ist, beratend teilnehmen.

§ 68 Hinzuziehung in Fragen des Arbeitsschutzes und der Unfallverhütung. (1) Der Personalrat hat bei der Bekämpfung von Unfall- und Gesundheitsgefahren die für den Arbeitsschutz zuständigen Behörden, die Träger der gesetzlichen Unfallversicherung und die übrigen in Betracht kommenden Stellen durch Anregung, Beratung und Auskunft zu unterstützen und sich für die Durchführung der Vorschriften über den Arbeitsschutz und die Unfallverhütung in der Dienststelle einzusetzen.

(2) [1]Die Leiterin oder der Leiter der Dienststelle und die in Absatz 1 genannten Behörden, Träger und sonstigen Stellen sind verpflichtet, bei allen im Zusammenhang mit dem Arbeitsschutz oder der Unfallverhütung stehenden Besichtigungen und Fragen und bei Unfalluntersuchungen den Personalrat oder die von ihm beauftragten Personalratsmitglieder derjenigen Dienststelle hinzuzuziehen, in der die Besichtigung oder Untersuchung stattfindet. [2]Die Leiterin oder der Leiter der Dienststelle hat dem Personalrat unverzüglich die den Arbeitsschutz und die Unfallverhütung betreffenden Auflagen und Anordnungen der in Absatz 1 genannten Stellen mitzuteilen.

(3) An den Besprechungen der Leiterin oder des Leiters der Dienststelle mit den Sicherheitsbeauftragten im Rahmen des § 22 Absatz 2 des Siebten Buches Sozialgesetzbuch nehmen vom Personalrat beauftragte Personalratsmitglieder teil.

(4) Der Personalrat erhält die Protokolle über Untersuchungen, Besichtigungen und Besprechungen, zu denen er oder die von ihm beauftragten Personalratsmitglieder nach den Absätzen 2 und 3 hinzuzuziehen ist oder sind.

(5) Die Leiterin oder der Leiter der Dienststelle hat dem Personalrat eine Kopie der Unfallanzeige nach § 193 des Siebten Buches Sozialgesetzbuch oder des nach beamtenrechtlichen Vorschriften zu erstattenden Berichts auszuhändigen.

§ 69 Datenschutz. [1]Bei der Verarbeitung personenbezogener Daten hat der Personalrat die Vorschriften über den Datenschutz einzuhalten. [2]Soweit der Personalrat zur Erfüllung der in seiner Zuständigkeit liegenden Aufgaben personenbezogene Daten verarbeitet, ist die Dienststelle der für die Verarbeitung Verantwortliche im Sinne der datenschutzrechtlichen Vorschriften. [3]Die Dienststelle und der Personalrat unterstützen sich gegenseitig bei der Einhaltung der datenschutzrechtlichen Vorschriften.

Abschnitt 3. Mitbestimmung

Unterabschnitt 1. Verfahren der Mitbestimmung

§ 70 Verfahren zwischen Dienststelle und Personalrat. (1) Soweit eine Maßnahme der Mitbestimmung des Personalrats unterliegt, kann sie nur mit seiner Zustimmung getroffen werden.

(2) [1] Die Leiterin oder der Leiter der Dienststelle unterrichtet den Personalrat von der beabsichtigten Maßnahme und beantragt seine Zustimmung. [2] Der Personalrat kann verlangen, dass die Leiterin oder der Leiter der Dienststelle die beabsichtigte Maßnahme begründet; die Begründung hat außer in Personalangelegenheiten schriftlich oder elektronisch zu erfolgen.

(3) [1] Der Beschluss des Personalrats über die beantragte Zustimmung ist der Leiterin oder dem Leiter der Dienststelle innerhalb von zehn Arbeitstagen mitzuteilen. [2] In dringenden Fällen kann die Leiterin oder der Leiter der Dienststelle diese Frist auf drei Arbeitstage abkürzen. [3] Der Personalrat und die Leiterin oder der Leiter der Dienststelle können im Einzelfall oder für die Dauer der Amtszeit des Personalrats schriftlich oder elektronisch von Satz 1 abweichende Fristen vereinbaren. [4] Die Maßnahme gilt als gebilligt, wenn nicht der Personalrat fristgerecht die Zustimmung unter Angabe der Gründe schriftlich oder elektronisch verweigert. [5] Soweit dabei Beschwerden oder Behauptungen tatsächlicher Art vorgetragen werden, die für einen Beschäftigten ungünstig sind oder ihm nachteilig werden können, hat die Dienststelle dem Beschäftigten Gelegenheit zur Äußerung zu geben; die Äußerung ist aktenkundig zu machen.

§ 71 Stufenverfahren. (1) [1] Kommt eine Einigung nicht zustande, so kann die Leiterin oder der Leiter der Dienststelle oder der Personalrat die Angelegenheit binnen fünf Arbeitstagen auf dem Dienstweg den übergeordneten Dienststellen, bei denen Stufenvertretungen bestehen, schriftlich oder elektronisch vorlegen. [2] Der Personalrat und die Leiterin oder der Leiter der Dienststelle können im Einzelfall schriftlich oder elektronisch eine abweichende Frist vereinbaren. [3] In Körperschaften, Anstalten oder Stiftungen des öffentlichen Rechts ist als oberste Dienstbehörde das in ihrer Verfassung für die Geschäftsführung vorgesehene oberste Organ anzurufen. [4] In Zweifelsfällen bestimmt die zuständige oberste Bundesbehörde die anzurufende Stelle. [5] Legt die Leiterin oder der Leiter der Dienststelle die Angelegenheit der übergeordneten Dienststelle vor, teilt sie oder er dies dem Personalrat unter Angabe der Gründe mit.

(2) [1] Die übergeordnete Dienststelle soll die Angelegenheit, sofern sie dem Anliegen des Personalrats nicht oder nicht in vollem Umfang entspricht, innerhalb von sechs Wochen der bei ihr gebildeten Stufenvertretung vorlegen. [2] Für das weitere Verfahren gilt § 70 Absatz 2 und 3 entsprechend.

§ 72 Anrufung der Einigungsstelle. Ergibt sich zwischen der obersten Dienstbehörde und der bei ihr bestehenden zuständigen Personalvertretung keine Einigung, kann jede Seite die Einigungsstelle anrufen.

§ 73 Bildung und Zusammensetzung der Einigungsstelle. (1) Die Einigungsstelle wird bei der obersten Dienstbehörde gebildet.

(2) [1] Die Einigungsstelle besteht aus je drei Beisitzerinnen oder Beisitzern, die von der obersten Dienstbehörde und der bei ihr bestehenden zuständigen Personalvertretung bestellt werden, sowie einer oder einem unparteiischen Vor-

sitzenden, auf die oder den sich beide Seiten einigen. [2]Unter den Beisitzerinnen und Beisitzern, die von der Personalvertretung bestellt werden, muss sich je eine Beamtin oder ein Beamter und eine Arbeitnehmerin oder ein Arbeitnehmer befinden, es sei denn, die Angelegenheit betrifft nur die Beamtinnen und Beamten oder nur die Arbeitnehmerinnen und Arbeitnehmer. [3]Kommt eine Einigung über die Person der oder des Vorsitzenden nicht zustande, so bestellt sie oder ihn die Präsidentin oder der Präsident des Bundesverwaltungsgerichts.

§ 74 Verfahren der Einigungsstelle. (1) Die Einigungsstelle soll binnen zwei Monaten nach der Erklärung eines Beteiligten, die Entscheidung der Einigungsstelle herbeiführen zu wollen, entscheiden.

(2) [1]Die Verhandlung ist nicht öffentlich. [2]Der obersten Dienstbehörde und der zuständigen Personalvertretung ist Gelegenheit zur mündlichen Äußerung zu geben. [3]Im Einvernehmen mit den Beteiligten kann die Äußerung schriftlich erfolgen.

(3) [1]Die Einigungsstelle entscheidet durch Beschluss. [2]Sie kann den Anträgen der Beteiligten auch teilweise entsprechen. [3]In den Fällen des § 78 Absatz 5 stellt sie fest, ob ein Grund zur Verweigerung der Zustimmung vorliegt.

(4) [1]Der Beschluss wird mit Stimmenmehrheit gefasst. [2]Er muss sich im Rahmen der geltenden Rechtsvorschriften, insbesondere des Haushaltsgesetzes, halten. [3]Der Beschluss ist den Beteiligten zuzustellen.

(5) [1]Für die Verhandlung und Beschlussfassung der Einigungsstelle gilt § 38 Absatz 3 Satz 1, 2 Nummer 1 und 3 sowie Satz 3 entsprechend. [2]Die Verhandlung und Beschlussfassung mittels Video- oder Telefonkonferenz ist unzulässig, wenn ein Mitglied der Einigungsstelle binnen einer von der oder dem Vorsitzenden zu bestimmenden Frist gegenüber der oder dem Vorsitzenden widerspricht. [3]Mitglieder der Einigungsstelle, die mittels Video- oder Telefonkonferenz teilnehmen, gelten als anwesend.

§ 75 Bindung an die Beschlüsse der Einigungsstelle. (1) Der Beschluss der Einigungsstelle bindet die Beteiligten mit Ausnahme der in den Absätzen 2 und 3 geregelten Fälle.

(2) [1]Die oberste Dienstbehörde kann einen Beschluss der Einigungsstelle in Angelegenheiten, die im Einzelfall wegen ihrer Auswirkungen auf das Gemeinwesen wesentlicher Bestandteil der Regierungsgewalt sind, innerhalb von vier Wochen nach dessen Zustellung ganz oder teilweise aufheben und in der Angelegenheit endgültig entscheiden. [2]Die Aufhebung und deren Gründe sind der Vorsitzenden oder dem Vorsitzenden der Einigungsstelle sowie den beteiligten Dienststellen und Personalvertretungen unverzüglich schriftlich oder elektronisch mitzuteilen.

(3) [1]In den Fällen des § 78 Absatz 1 und des § 80 Absatz 1 Nummer 10 bis 13 und 19 bis 21 beschließt die Einigungsstelle, wenn sie sich nicht der Auffassung der obersten Dienstbehörde anschließt, eine Empfehlung an diese. [2]Die oberste Dienstbehörde entscheidet sodann endgültig.

§ 76 Vorläufige Maßnahmen. [1]Die Leiterin oder der Leiter der Dienststelle kann bei Maßnahmen, die der Natur der Sache nach keinen Aufschub dulden, bis zur endgültigen Entscheidung vorläufige Regelungen treffen. [2]Sie oder er hat dem Personalrat die vorläufige Regelung mitzuteilen und zu begründen und unverzüglich das Verfahren der Mitbestimmung einzuleiten oder fortzusetzen.

§ 77 Initiativrecht des Personalrats. (1) Beantragt der Personalrat eine Maßnahme, die nach den §§ 78 bis 80 seiner Mitbestimmung unterliegt, so hat er sie schriftlich oder elektronisch der Leiterin oder dem Leiter der Dienststelle vorzuschlagen und zu begründen.

(2) [1] Die Leiterin oder der Leiter der Dienststelle soll über den Antrag nach Absatz 1 innerhalb von sechs Wochen unter Angabe der Gründe entscheiden oder, wenn die Einhaltung der Frist nicht möglich ist, einen Sachstandshinweis erteilen. [2] Entspricht die Leiterin oder der Leiter der Dienststelle dem Antrag nicht oder nicht in vollem Umfang, so bestimmt sich das weitere Verfahren

1. in den Fällen des § 78 Absatz 1 Nummer 12, des § 79 Absatz 1 Nummer 4 und 5 sowie des § 80 Absatz 1 Nummer 1, 3, 4, 6 bis 9, 14, 16, 18 und 21 nach den §§ 71 bis 75,
2. in den übrigen Angelegenheiten nach § 71 mit der Maßgabe, dass die oberste Dienstbehörde endgültig entscheidet.

Unterabschnitt 2. Angelegenheiten der Mitbestimmung

§ 78 Mitbestimmung in Personalangelegenheiten. (1) Der Personalrat bestimmt mit in Personalangelegenheiten bei

1. Einstellung,
2. Beförderung, Verleihung eines anderen Amtes mit anderer Amtsbezeichnung beim Wechsel der Laufbahngruppe, Laufbahnwechsel,
3. Übertragung einer höher oder niedriger zu bewertenden Tätigkeit oder eines höher oder niedriger zu bewertenden Dienstpostens,
4. Eingruppierung, Höher- oder Rückgruppierung von Arbeitnehmerinnen oder Arbeitnehmern einschließlich der hiermit jeweils verbundenen Stufenzuordnung, jedoch nicht bei in das Ermessen des Arbeitgebers gestellten Stufenzuordnungen, es sei denn, es wurden allgemeine Grundsätze erlassen,
5. Versetzung zu einer anderen Dienststelle,
6. Umsetzung innerhalb der Dienstelle für mehr als drei Monate, wenn die Umsetzung mit einem Wechsel des Dienstortes verbunden ist und der neue Dienstort sich außerhalb des Einzugsgebietes im Sinne des Umzugskostenrechts befindet,
7. Abordnung, Zuweisung oder Personalgestellung für mehr als drei Monate,
8. Hinausschieben des Eintritts von Beamtinnen oder Beamten in den Ruhestand oder Weiterbeschäftigung von Arbeitnehmerinnen oder Arbeitnehmern über die Altersgrenze hinaus,
9. Anordnungen zur Wahl der Wohnung,
10. Versagung oder Widerruf der Genehmigung einer Nebentätigkeit,
11. Ablehnung eines Antrags nach den §§ 91 bis 92b oder § 95 des Bundesbeamtengesetzes[1)] auf Teilzeitbeschäftigung, Ermäßigung der regelmäßigen Arbeitszeit oder Urlaub,
12. Absehen von der Ausschreibung von Dienstposten, die besetzt werden sollen,

---

[1)] Nr. 2.

13. Auswahl der Teilnehmerinnen und Teilnehmer an Fortbildungsveranstaltungen mit Ausnahme der Nachbesetzung freier Plätze von Fortbildungsveranstaltungen, die in weniger als drei Arbeitstagen beginnen,
14. Bestellung von Vertrauens- oder Betriebsärztinnen und -ärzten als Beschäftigte,
15. Geltendmachung von Ersatzansprüchen gegen eine Beschäftigte oder einen Beschäftigten.

(2) In den Fällen des Absatzes 1 Nummer 15 bestimmt der Personalrat nur auf Antrag der oder des Beschäftigten mit; diese oder dieser ist von der beabsichtigten Maßnahme rechtzeitig vorher in Kenntnis zu setzen.

(3) In Personalangelegenheiten der in § 15 Absatz 2 Nummer 4 bezeichneten Beschäftigten, der Beamtinnen und Beamten auf Zeit und der Beschäftigten mit überwiegend wissenschaftlicher oder künstlerischer Tätigkeit bestimmt der Personalrat nach Absatz 1 nur mit, wenn sie es beantragen.

(4) Absatz 1 gilt nicht

1. für die in § 54 Absatz 1 des Bundesbeamtengesetzes bezeichneten Beamtinnen und Beamten und für entsprechende Arbeitnehmerinnen und Arbeitnehmer sowie
2. für Beamtenstellen von der Besoldungsgruppe A 16 an aufwärts und entsprechende Arbeitnehmerstellen.

(5) Der Personalrat kann in den Fällen des Absatzes 1 seine Zustimmung verweigern, wenn

1. die Maßnahme gegen ein Gesetz, eine Verordnung, eine Bestimmung in einem Tarifvertrag, eine gerichtliche Entscheidung, den Gleichstellungsplan oder eine Verwaltungsanordnung oder gegen eine Richtlinie im Sinne des § 80 Absatz 1 Nummer 12 verstößt,
2. die durch Tatsachen begründete Besorgnis besteht, dass durch die Maßnahme der oder die betroffene Beschäftigte oder andere Beschäftigte benachteiligt werden, ohne dass dies aus dienstlichen oder persönlichen Gründen gerechtfertigt ist, oder
3. die durch Tatsachen begründete Besorgnis besteht, dass die oder der Beschäftigte oder die Bewerberin oder der Bewerber den Frieden in der Dienststelle durch unsoziales oder gesetzwidriges Verhalten stören werde.

§ 79 Mitbestimmung in sozialen Angelegenheiten. (1) Der Personalrat bestimmt mit in sozialen Angelegenheiten bei

1. Gewährung von Unterstützungen, Vorschüssen, Darlehen und entsprechenden sozialen Zuwendungen,
2. Zuweisung und Kündigung von Wohnungen, über die die Beschäftigungsdienststelle verfügt, Ausübung von Belegungs- oder Vorschlagsrechten der Beschäftigungsdienststelle sowie der allgemeinen Festsetzung der Nutzungsbedingungen,
3. Zuweisung von Dienst- und Pachtland und Festsetzung der Nutzungsbedingungen,
4. Errichtung, Verwaltung und Auflösung von Sozialeinrichtungen ohne Rücksicht auf ihre Rechtsform,

5. Aufstellung von Sozialplänen einschließlich Plänen für Umschulungen zum Ausgleich oder zur Milderung von wirtschaftlichen Nachteilen, die der oder dem Beschäftigten infolge von Rationalisierungsmaßnahmen entstehen.

(2) [1] Hat eine Beschäftigte oder ein Beschäftigter eine Leistung nach Absatz 1 Nummer 1 beantragt, wird der Personalrat nur auf ihren oder seinen Antrag beteiligt; auf Verlangen der Antragstellerin oder des Antragstellers bestimmt nur der Vorstand des Personalrats mit. [2] Die Dienststelle hat dem Personalrat nach Abschluss jedes Kalendervierteljahres einen Überblick über die Unterstützungen und entsprechenden sozialen Zuwendungen zu geben. [3] Dabei sind die Anträge und die Leistungen gegenüberzustellen. [4] Auskunft über die von den Antragstellerinnen und Antragstellern angeführten Gründe wird hierbei nicht erteilt.

§ 80 Mitbestimmung in organisatorischen Angelegenheiten. (1) Der Personalrat bestimmt mit, soweit eine gesetzliche oder tarifliche Regelung nicht besteht, über

1. Beginn und Ende der täglichen Arbeitszeit und der Pausen sowie die Verteilung der Arbeitszeit auf die einzelnen Wochentage,
2. Anordnung von Dienstbereitschaft, Bereitschaftsdienst, Rufbereitschaft, Mehrarbeit und Überstunden,
3. Einführung, Änderung und Aufhebung von Arbeitszeitmodellen,
4. Gestaltung der Arbeitsplätze,
5. Einführung, Änderung und Aufhebung von Arbeitsformen außerhalb der Dienststelle,
6. Aufstellung allgemeiner Urlaubsgrundsätze und des Urlaubsplanes, Festsetzung der zeitlichen Lage des Erholungsurlaubs für einzelne Beschäftigte, wenn zwischen der Dienststelle und den beteiligten Beschäftigten kein Einverständnis erzielt wird,
7. Zeit, Ort und Art der Auszahlung der Dienstbezüge und Arbeitsentgelte,
8. Fragen der Lohngestaltung innerhalb der Dienststelle, insbesondere die Aufstellung von Entlohnungsgrundsätzen, die Einführung und Anwendung von neuen Entlohnungsmethoden und deren Änderung sowie die Festsetzung der Akkord- und Prämiensätze und vergleichbarer leistungsbezogener Entgelte, einschließlich der Geldfaktoren,
9. Durchführung der Berufsausbildung bei Arbeitnehmerinnen und Arbeitnehmern,
10. allgemeine Fragen der Fortbildung der Beschäftigten,
11. Beurteilungsrichtlinien,
12. Erlass von Richtlinien über die personelle Auswahl bei Einstellungen, Versetzungen, Umgruppierungen und Kündigungen,
13. Maßnahmen, die der Familienfreundlichkeit, der Vereinbarkeit von Familie, Pflege und Beruf, der Durchsetzung der tatsächlichen Gleichstellung von Frauen und Männern, der Vermeidung von Benachteiligungen von Menschen, die sich keinem dieser Geschlechter zuordnen, sowie der Vermeidung von Benachteiligungen von Menschen mit Behinderungen dienen, insbesondere bei der Einstellung, Beschäftigung, Aus-, Fort- und Weiterbildung und dem beruflichen Aufstieg,

14. Grundsätze über die Bewertung von anerkannten Vorschlägen im Rahmen des behördlichen oder betrieblichen Vorschlagwesens,
15. Inhalt von Personalfragebogen,
16. Maßnahmen zur Verhütung von Dienst- und Arbeitsunfällen und Berufskrankheiten sowie zum Gesundheitsschutz im Rahmen der gesetzlichen Vorschriften oder der Unfallverhütungsvorschriften,
17. Grundsätze des behördlichen oder betrieblichen Gesundheits- und Eingliederungsmanagements,
18. Regelung der Ordnung in der Dienststelle und des Verhaltens der Beschäftigten,
19. Maßnahmen zur Hebung der Arbeitsleistung oder zur Erleichterung des Arbeitsablaufs,
20. Einführung grundlegend neuer Arbeitsmethoden,
21. Einführung und Anwendung technischer Einrichtungen, die dazu bestimmt sind, das Verhalten oder die Leistung der Beschäftigten zu überwachen.

(2) Muss für Gruppen von Beschäftigten die tägliche Arbeitszeit nach Erfordernissen, die die Dienststelle nicht voraussehen kann, unregelmäßig und kurzfristig festgesetzt werden, so beschränkt sich die Mitbestimmung nach Absatz 1 Nummer 1 und 2 auf die Grundsätze für die Aufstellung der Dienstpläne, insbesondere für die Anordnung von Dienstbereitschaft, Mehrarbeit und Überstunden.

Abschnitt 4. Mitwirkung

Unterabschnitt 1. Verfahren der Mitwirkung

§ 81 Verfahren zwischen Dienststelle und Personalrat. (1) Soweit der Personalrat an Entscheidungen mitwirkt, ist die beabsichtigte Maßnahme vor der Durchführung mit dem Ziel einer Verständigung rechtzeitig und eingehend mit ihm zu erörtern.

(2) [1] Äußert sich der Personalrat nicht innerhalb von zehn Arbeitstagen oder hält er bei Erörterung seine Einwendungen oder Vorschläge nicht aufrecht, so gilt die beabsichtigte Maßnahme als gebilligt. [2] Der Personalrat und die Leiterin oder der Leiter der Dienststelle können im Einzelfall oder für die Dauer der Amtszeit des Personalrats schriftlich oder elektronisch eine abweichende Frist vereinbaren. [3] Erhebt der Personalrat Einwendungen, so hat er der Leiterin oder dem Leiter der Dienststelle die Gründe mitzuteilen. [4] Soweit dabei Beschwerden oder Behauptungen tatsächlicher Art vorgetragen werden, die für eine Beschäftigte oder einen Beschäftigten ungünstig sind oder für sie oder ihn nachteilig werden können, hat die Dienststelle der oder dem Beschäftigten Gelegenheit zur Äußerung zu geben; die Äußerung ist aktenkundig zu machen.

(3) Entspricht die Dienststelle den Einwendungen des Personalrats nicht oder nicht in vollem Umfang, so teilt sie dem Personalrat ihre Entscheidung unter Angabe der Gründe schriftlich oder elektronisch mit.

§ 82 Stufenverfahren. (1) [1] Der Personalrat einer nachgeordneten Dienststelle kann die Angelegenheit binnen drei Arbeitstagen nach Zugang der Mitteilung auf dem Dienstweg den übergeordneten Dienststellen, bei denen Stufenvertretungen bestehen, mit dem Antrag auf Entscheidung schriftlich oder elektronisch vorlegen. [2]Die übergeordneten Dienststellen entscheiden nach Verhandlung mit der bei ihnen bestehenden Stufenvertretung. [3]§ 71 Absatz 1 Satz 2 bis 4 gilt entsprechend. [4]Eine Kopie seines Antrags leitet der Personalrat seiner Dienststelle zu.

(2) Ist ein Antrag nach Absatz 1 gestellt, so ist die beabsichtigte Maßnahme bis zur Entscheidung der angerufenen Dienststelle auszusetzen.

§ 83 Vorläufige Maßnahmen. [1]Die Leiterin oder der Leiter der Dienststelle kann bei Maßnahmen, die der Natur der Sache nach keinen Aufschub dulden, bis zur endgültigen Entscheidung vorläufige Regelungen treffen. [2]Sie oder er hat dem Personalrat die vorläufige Regelung mitzuteilen und zu begründen sowie unverzüglich das Verfahren der Mitwirkung einzuleiten oder fortzusetzen.

Unterabschnitt 2. Angelegenheiten der Mitwirkung

§ 84 Angelegenheiten der Mitwirkung. (1) Der Personalrat wirkt mit bei

1. Vorbereitung von Verwaltungsanordnungen einer Dienststelle für die innerdienstlichen, sozialen und persönlichen Angelegenheiten der Beschäftigten ihres Geschäftsbereiches, wenn nicht nach § 118 des Bundesbeamtengesetzes[1)] die Spitzenorganisationen der zuständigen Gewerkschaften bei der Vorbereitung zu beteiligen sind,
2. Auflösung, Einschränkung, Verlegung oder Zusammenlegung, Aufspaltung oder Ausgliederung von Dienststellen oder wesentlichen Teilen von ihnen,
3. Übertragung von Aufgaben der Dienststelle, die üblicherweise von ihren Beschäftigten wahrgenommen werden, auf Dauer an Privatpersonen oder andere Rechtsträger in der Rechtsform des Privatrechts,
4. Erhebung der Disziplinarklage gegen eine Beamtin oder einen Beamten,
5. Entlassung einer Beamtin oder eines Beamten auf Probe oder auf Widerruf, die oder der die Entlassung nicht selbst beantragt hat,
6. vorzeitiger Versetzung in den Ruhestand und Feststellung der begrenzten Dienstfähigkeit.

(2) [1]Maßnahmen nach Absatz 1 Nummer 4 bis 6 gegenüber den in § 78 Absatz 3 genannten Beschäftigten unterliegen nicht der Mitwirkung. [2]Im Übrigen wird der Personalrat in den Fällen des Absatzes 1 Nummer 4 bis 6 nur auf Antrag der oder des Beschäftigten beteiligt; die oder der Beschäftigte ist von der beabsichtigten Maßnahme rechtzeitig vorher in Kenntnis zu setzen. [3]Der Personalrat kann bei der Mitwirkung nach Absatz 1 Nummer 4 Einwendungen auf die in § 78 Absatz 5 Nummer 1 und 2 bezeichneten Gründe stützen.

§ 85 Ordentliche Kündigung. (1) [1]Der Personalrat wirkt bei der ordentlichen Kündigung durch den Arbeitgeber mit. [2]§ 78 Absatz 3 gilt entsprechend. [3]Der Personalrat kann gegen die Kündigung Einwendungen erheben, wenn nach seiner Ansicht

1. bei der Auswahl der zu kündigenden Arbeitnehmerin oder des zu kündigenden Arbeitnehmers soziale Gesichtspunkte nicht oder nicht ausreichend berücksichtigt worden sind,

---

1) Nr. 2.

2. die Kündigung gegen eine Richtlinie nach § 80 Absatz 1 Nummer 12 verstößt,
3. die zu kündigende Arbeitnehmerin oder der zu kündigende Arbeitnehmer an einem anderen Arbeitsplatz in derselben Dienststelle oder in einer anderen Dienststelle desselben Verwaltungszweiges an demselben Dienstort einschließlich seines Einzugsgebietes weiterbeschäftigt werden kann,
4. die Weiterbeschäftigung der Arbeitnehmerin oder des Arbeitnehmers nach zumutbaren Umschulungs- oder Fortbildungsmaßnahmen möglich ist oder
5. die Weiterbeschäftigung der Arbeitnehmerin oder des Arbeitnehmers unter geänderten Vertragsbedingungen möglich ist und die Arbeitnehmerin oder der Arbeitnehmer sich damit einverstanden erklärt.

[4] Wird der Arbeitnehmerin oder dem Arbeitnehmer gekündigt, obwohl der Personalrat Einwendungen gegen die Kündigung erhoben hat, so ist dem Arbeitnehmer mit der Kündigung eine Kopie der Stellungnahme des Personalrats zuzuleiten, es sei denn, dass die Stufenvertretung in der Verhandlung nach § 82 Absatz 1 Satz 2 die Einwendungen nicht aufrechterhalten hat.

(2) [1] Hat die Arbeitnehmerin oder der Arbeitnehmer im Fall des Absatzes 1 Satz 4 nach dem Kündigungsschutzgesetz Klage auf Feststellung erhoben, dass das Arbeitsverhältnis durch die Kündigung nicht aufgelöst ist, so muss der Arbeitgeber auf Verlangen der Arbeitnehmerin oder des Arbeitnehmers diese oder diesen nach Ablauf der Kündigungsfrist bis zum rechtskräftigen Abschluss des Rechtsstreits bei unveränderten Arbeitsbedingungen weiterbeschäftigen. [2] Auf Antrag des Arbeitgebers kann das Arbeitsgericht ihn durch einstweilige Verfügung von der Verpflichtung zur Weiterbeschäftigung nach Satz 1 entbinden, wenn

1. die Klage keine hinreichende Aussicht auf Erfolg bietet oder mutwillig erscheint,
2. die Weiterbeschäftigung zu einer unzumutbaren wirtschaftlichen Belastung des Arbeitgebers führen würde oder
3. der Widerspruch des Personalrats offensichtlich unbegründet war.

(3) Eine Kündigung ist unwirksam, wenn der Personalrat nicht beteiligt worden ist.

Abschnitt 5. Anhörung

§ 86 Außerordentliche Kündigung und fristlose Entlassung. [1] Vor fristlosen Entlassungen und außerordentlichen Kündigungen ist der Personalrat anzuhören. [2] Die Leiterin oder der Leiter der Dienststelle hat die beabsichtigte Maßnahme zu begründen. [3] Hat der Personalrat Bedenken, so hat er sie unter Angabe der Gründe der Leiterin oder dem Leiter der Dienststelle unverzüglich, spätestens jedoch innerhalb von drei Arbeitstagen schriftlich oder elektronisch mitzuteilen. [4] § 85 Absatz 3 gilt entsprechend.

§ 87 Weitere Angelegenheiten der Anhörung. (1) [1] Vor der Weiterleitung von Personalanforderungen zum Haushaltsvoranschlag ist der Personalrat anzuhören. [2] Gibt der Personalrat einer nachgeordneten Dienststelle zu den Personalanforderungen eine Stellungnahme ab, so ist diese mit den Personalanforderungen der übergeordneten Dienststelle vorzulegen. [3] Das gilt entsprechend für die Personalplanung.

(2) Absatz 1 gilt entsprechend für Neu-, Um- und Erweiterungsbauten von Diensträumen.

(3) Vor grundlegenden Änderungen von Arbeitsverfahren und Arbeitsabläufen ist der Personalrat anzuhören.

Sachverzeichnis

Die fetten Ziffern bezeichnen die Gesetze, die mageren deren Paragraphen

Aberkennung des Ruhegehalts, Unterhaltsbeitrag **17** 79
Abfindung entlassener verheirateter Beamtinnen **27** 88
Abordnung an andere Dienststelle **2** 27
Akademische Grade **2** 86
Akteneinsicht **2** 106
Allgemeines Gleichbehandlungsgesetz **5**
Altersgeld Zusammentreffen mit Versorgungsbezügen **27** 53 a
Altersteilzeit, Besoldung **18** 6; Einzelheiten **14**; ruhegehaltfähige Dienstzeit **27** 6; Voraussetzungen **2** 93; Zuschlag **22** 1 ff.
Ambulante Leistungen, Beihilfe **23** 12 ff.
Amtsbezeichnung **2** 39, 86
Amtshandlungen in eigener Sache, Ausschließung **2** 65; von Nichtbeamten **2** 15
Amtshilfe, Bundespersonalausschuss **2** 124
Amtspflichtverletzung, Haftung **2** 75
Amtsverschwiegenheit **2** 67
Andere Bewerber, Beamtenernennung **2** 11, 19
Anerkennung europäische Berufsqualifikationen **9**
Angehörige, Berücksichtigung bei Beihilfe **23** 4
Anhörungspflicht vor Übernahme ungünstiger Bewertungen **2** 109
Anpassungslehrgang, Laufbahnbefähigungsanerkennung **9** 7
Anrechnung von Fachbildung auf Vorbereitungsdienst **2** 17
Anschlussheilbehandlungen **23** 34
Anspruch auf Beihilfe **23** 10; **27** 4 ff.; auf Besoldung **18**; auf Versorgung **27**
Antidiskriminierungsstelle **5** 25 ff.
Antrag auf Entlassung **2** 33; Laufbahnbefähigungsanerkennung **9** 3; auf Versetzung in den Ruhestand **2** 52
Antragsrecht des Beamten **2** 125
Anwärterbezüge, Besoldung **18** 59 ff.
Arbeitsplatz mobiles Arbeiten **10** 10
Arbeitszeit **2** 87 ff.; **10**; *s. a. Teilzeitbeschäftigung;* Begriffsbestimmungen **10** 2; familiengerechte nach BGleiG **6** 12; Geltungsbereich der -regelung **10** 1; gleitende – **10** 7; -konto **10** 7 a; regelmäßige – **10** 3, 4; Rufbereitschaft **10** 12; Ruhepausen und Ruhezeit **10** 5
Arzneimittel **23** 22
Ärztliche Leistungen **23** 12
Aufenthaltsanweisung **2** 73
Auflösung von Behörden **2** 28
Aufstieg nach BLV **8** 35 ff.
Aufwands- und Pauschvergütung bei Dienstreisen **24** 9
Aufwandsentschädigung für Beamte und Richter **18** 17
Ausgleich bei besonderen Altersgrenzen **27** 48; bei vorzeitiger Beendigung der Altersteilzeit **22** 2 a
Ausgleichsmaßnahmen, Laufbahnbefähigungsanerkennung **9** 5
Ausgleichszulagen **18** 13
Ausland, Beihilfe **23** 3, 11, 29
Auslandsbesoldung **18** 52 ff.
Auslandsdienstreisen *s. a. Dienstreise;* Reisekostenvergütung **24** 14
Auslandsumzüge **25** 13 ff.
Auslandsverwendung der Beamten der Länder, Gemeinden und Gemeindeverbände **4** 60
Auslese der Bewerber **2** 17
Ausnahmen von den Berufungsvoraussetzungen **2** 11
Aussagegenehmigung **2** 68
Ausschließung des Beamten von Amtshandlungen **2** 65
Außer Dienst, „a.D." als Zusatz zur Amtsbezeichnung **2** 86

Beamte *s. a. Bundesbeamte;* Altersteilzeit **18**; Arbeitszeit **10**; Beamtenstatusgesetz **4**; Beihilfe **23**; Besoldung **18**; des Bundes *s. Bundesbeamte;* Ehrenbeamte **2** 133; Elterngeld **16**; Erholungsurlaub **12**; Ernennung **7**; Gleichbehandlung **5**; Gleichstellung **6**; Laufbahnen **8**; leistungsbezogene Besoldungsinstrumente **20**; Mehrarbeitsvergütung **21**; Mutterschutz- und Elternzeit **15**; Nebentätigkeit **11**; Personalvertretung **29**; Reisekostenvergütung **24**; Sonderurlaub **13**; Umzugskostenvergütung **25**; Vereinheitlichung des Beamtenrechts **3**; Versorgung **27**
Beamte auf Probe, Dienstbeschädigung **2** 49; Disziplinarmaßnahmen **17** 5; Entlassung **2** 34; Ruhestand **27** 15 a
Beamte auf Widerruf, Disziplinarmaßnahmen **17** 5; Entlassung **2** 37
Beamte auf Zeit, Versorgung **27** 15 a, 66
Beamtenaltersteilzeitverordnung **14**; *s. a. Altersteilzeit*
Beamtengewerkschaft **2** 116

Sachverzeichnis

Beamtenpflichten allgemeine **2** 60
Beamtenrechte 2 60 ff.; Verlust **4** 24
Beamtenrechtsrahmengesetz 3
Beamtenstatusgesetz 4; Beamtenverhältnis **4** 3 ff.; Beendigung des Beamtenverhältnisses **4** 21 ff.; Dienstherrnfähigkeit **4** 2; Ehrenbeamte **4** 5; Ernennung **4** 8 ff.; länderübergreifender Wechsel, Wechsel in die Bundesverwaltung **4** 13 ff.; Rechtliche Stellung im Beamtenverhältnis **4** 33 ff.; Rechtsweg **4** 54; Sonderregelungen für Hochschulpersonal **4** 61; Sonderregelungen für Verwendungen im Ausland **4** 60; Spannungs- und Verteidigungsfall **4** 55 ff.
Beamtenverhältnis 2 30 ff.; Auswahlkriterien **2** 9; der Beamten der Länder, Gemeinden und Gemeindeverbände **4** 3 ff.; Beendigung **4** 21 ff.; Beendigungsgründe **2** 30; Begriff **2** 4 ff.; Dienstunfähigkeit **2** 44 ff.; **4** 26 ff.; Entfernung aus dem – **17** 10; Entfernung aus dem Beamtenverhältnis **17** 34, *s. a. Unterhaltsbeitrag;* Entlassung **2** 31 ff.; Entlassung Beamten der Länder, Gemeinden und Gemeindeverbände **4** 22; Ernennung in das – **2** 10 ff.; auf Lebenszeit, auf Probe, auf Widerruf, auf Zeit **2** 6; Rechte des Beamten **2** 79 ff.; rechtliche Stellung der Beamten der Länder, Gemeinden und Gemeindeverbände **4** 33 ff.; Rechtsweg für Klagen **2** 126; Ruhestand **2** 50; **4** 25; Stellenausschreibung **2** 8; Tätigkeit nach Beendigung des – **4** 41; Tätigkeit nach Beendigung des Beamtenverhältnisses **2** 105; Verlust der Beamtenrechte **4** 25; Voraussetzungen **2** 7; Zulässigkeit **2** 5
Beamtenversorgung 27; Abfindung **27** 88; Abtretung der Bezüge **27** 51; Arten der Versorgung **27** 2; Aufrechnungsrecht bei Bezügen **27** 51; Ausbildungszeiten **27** 12; Ausgleich **27** 48; Ausgleichsbetrag **27** 50; Beamte auf Zeit **27** 66; besondere Ruhegehaltssätze **27** 85; Bezüge bei Verschollenheit **27** 29; Dienstunfall **27** 31; Ehrenbeamte **27** 68; einmalige Unfallentschädigung **27** 43; Entzug der Hinterbliebenenversorgung **27** 64; Erlöschen der Versorgungsbezüge **27** 59 ff.; Familienzuschlag **27** 50; gesetzliche Versorgung **27** 3; Heilverfahren **27** 33; Hilflosigkeitszuschlag **27** 34; Hinterbliebenenversorgung **27** 16 ff., 86; Hochschulassistenten **27** 67; Hochschulprofessoren **27** 67; Kindererziehungszuschlag **27** 50 ff.; Kürzung der Bezüge nach Scheidung **27** 57; Ländervorschriften **27** 108; Lektoren **27** 91; mehrere Versorgungsbezüge **27** 54; Nichtberücksichtigung der Versorgungsbezüge **27** 65; Pflegekosten **27** 34; Rückforderung von Versorgungsbezügen **27** 52; Ruhegehalt **27** 4 ff.; ruhegehaltfähige Dienstbezüge **27** 5; ruhegehaltfähige Dienstzeit **27** 6 ff.; Schadenersatz bei Dienstunfällen **27** 32; Sterbegeld **27** 18; Sterbemonatsbezüge **27** 17; Übergangsgeld **27** 47; Übergangsvorschriften neuen Rechts **27** 84 ff.; Unfallausgleich **27** 35; Unfallfürsorge **27** 30 ff., 87; Unfall-Hinterbliebenenversorgung **27** 39 ff.; Unfallruhegehalt **27** 36 ff.; Unterhaltsbeitrag **27** 15; Unterhaltsbeitrag für Hinterbliebene **27** 26; Verpfändung der Bezüge **27** 51; Verurteilung eines Ruhestandsbeamten **27** 59; vorhandene Versorgungsempfänger **27** 69; Waisengeld **27** 23; wissenschaftliche Assistenten **27** 91; Witwenabfindung **27** 21; Witwengeld **27** 19; Witwerversorgung **27** 28; Zahlung der Versorgungsbezüge **27** 49; Zurückbehaltungsrecht von Bezügen **27** 51; Zusammentreffen mehrerer Versorgungsbezüge **27** 54
Beamtenversorgungsgesetz 27; *s. a. Beamtenversorgung*
Beamtenversorgungs-Übergangsverordnung 28
Beamtenvertretung 2 116
Beendigung, Beamtenverhältnis **2** 30 ff., 67; Nebentätigkeit **2** 103
Befähigung, Beamtenanwärter **2** 11
Beförderung 2 22; nach BLV **8** 32 ff.
Beförderungssperre zwischen Mandaten **2** 23
Befreiung des Beamten von der eigenen Verantwortlichkeit **2** 63
Begnadigung in Disziplinarsachen **17** 81
Begründung des Beamtenverhältnisses **2** 10
Behördenvorstand, Unterrichtung der Medien **2** 70
Behördliches Disziplinarverfahren, Belehrung und Anhörung **17** 20; Beschlagnahmen und Durchsuchungen **17** 27; Beweiserhebung **17** 24; Durchführung **17** 20 ff.; Einleitung **17** 17 ff.; Einstellung **17** 32; Herausgabe von Unterlagen **17** 26; Innerdienstliche Informationen **17** 29; Kostentragungspflicht **17** 37; Widerspruch **17** 41 ff.; Zeugen und Sachverständige **17** 25
Beihilfe für Angehörige **23** 4; Anrechnung von Erstattungen und Sachleistungen **23** 9; Anspruch **23** 10; Aufwendungen im Ausland **23** 11; Aufwendungen in Krankheitsfällen **23** 12 ff.; Aufwendungen in Pflegefällen **23** 37 ff.; Ausschluss **23** 8; für Beamte im Ausland **23** 3; Berechtigte **23** 2; -fähigkeit von Aufwendungen **23** 6; Konkurrenzen **23** 5; in Krankheits-, Pfle-

ge- und Geburtsfällen **23**; für Polizeivollzugsbeamte bei der Bundespolizei **18** 80; Umfang **23** 46 ff.; Unterlagen über – **2** 108; Verfahren und Zuständigkeit **23** 51 ff.; Verweisung auf das SGB **23** 7
Bekanntmachung des Bundespersonalausschusses **2** 124
Belastungsgrenzen 23 50
Belohnung, Annahme **2** 71, *s. a. Bestechung*
Benachteiligung, Bundesgleichstellungsgesetz **6**; Schutz der Beschäftigten vor – **5** 6 ff.; Schutz vor – im Zivilrechtsverkehr **5** 19 ff.
Benachteiligungsverbote bei der Einstellung **2** 25
Beratungspflicht 2 62
Bereitschaftsdienst 10 13; Mehrarbeitsvergütung **21** 2, 5
Berufsqualifikationen, Anerkennung als Laufbahnbefähigung **9**
Berufsverbände 2 116
Berufung in das Beamtenverhältnis **2** 5
Berufungsverfahren in Disziplinarsachen **17** 64 ff.
Beschäftigungsverbot, Mutterschutz- und Elternzeit **15**
Beschwerden im Disziplinarverfahren **17** 67 ff.
Beschwerderecht 2 125
Besoldung, Amtszulagen **18** 42; Anpassung **18** 14; Anwärterbezüge **18** 59 ff.; Ausgleichszulage **18** 13; Auslandsdienstbezüge **18** 52, 52 ff.; Auslandszuschlag **18** 55; für Beamte bei den Postnachfolgeunternehmen **18** 78; der Beamten und Soldaten **18** 20 ff.; Beförderungsämter **18** 25; bei Verleihung eines anderen Amtes **18** 19 a; Bemessung des Grundgehalts **18** 27; Besoldungsdienstalter **18** 28; Besoldungsüberleitungsgesetz **19**; BundesleistungsbesoldungsVO **20**; Dienstlicher Wohnsitz **18** 15; Eingangsämter **18** 23 ff.; Erschwerniszulagen **18** 47; Familienzuschlag **18** 39 ff.; Grundgehalt **18** 18 ff.; Hochschuldozenten **18** 32; Hochschulprofessoren **18** 32; Kaufkraftausgleich **18** 7; Kürzung **18** 8; Ländervorschriften **18** 86; Mehrarbeitsvergütung **18** 48; bei mehreren Hauptämtern **18** 5; Mietzuschuss **18** 57; während des Mutterschutzes **15** 2; für Professoren und Mitglieder an Hochschulen **18** 32 ff.; für Richter und Staatsanwälte **18** 37 ff.; Rückforderung von Bezügen **18** 12; Stellenzulagen **18** 42; teilzeitbeschäftigte Beamte **18** 6; bei Teilzeitbeschäftigung **18** 6; Übergangsvorschriften **18** 71 ff.; Übergangszahlung **18** 75; Urlaub unter Wegfall der – **13** 17; Verlust **18** 9; bei Versetzung in den einstweiligen Ruhestand **18** 4; Zahlungsweise **18** 17 a; Zulagen und Vergütungen **18** 42 ff.
Besoldungsdienstalter 18 28, 30
Besoldungsgruppen *s. Besoldungsordnungen*
Besoldungsordnungen 18 Anl. I–III
Besoldungsüberleitung für Beamte bei den Postnachfolgeunternehmen **19** 6; für Beamte, Richter und Soldaten **19**; Zuordnung und Aufstieg zu den Besoldungsgruppen R 1 und R 2 **19** 4 ff.; Zuordnung und Aufstieg zur Bundesbesoldungsordnung A **19** 2 ff.
Bestechung 2 71
Betreuungsgeld 16 4 a ff.
Beurteilung von Beamten **2** 21; **8** 48 ff.
Beweiserhebung durch den Bundespersonalausschuss **2** 124
Bezüge *s. Dienstbezüge*
Bildungsgänge bei der Zulassung zu Laufbahnen **2** 17
Bundesagentur für Arbeit leistungsbezogene Besoldungsinstrumente **20** 10
Bundesamt für Verfassungsschutz höhere Beamte **2** 54
Bundesanstalt für Immobilienaufgaben leistungsbezogene Besoldungsinstrumente **20** 10
Bundesbank leistungsbezogene Besoldungsinstrumente **20** 8
Bundesbeamte *s. a. Beamte;* Abfindung für entlassene verheiratete Beamtinnen **27** 88; Abordnung **2** 27; Amtsbezeichnungen **2** 86; Anspruch auf Reisekostenvergütung **24** 3; Anwärterbezüge **18** 59 ff.; Arbeitszeit **2** 87 ff.; **10**; Auslandsdienstbezüge **18** 52 ff.; Auslandskinderzuschlag **18** 56 ff.; Beamtenverhältnis **2** 3 ff.; Beamtenvertretung **2** 116 ff.; Beförderungen **2** 22; Beihilfe in Krankheits-, Pflege- und Geburtsfällen **2** 80; Benachteiligungsverbot bei der Einstellung **2** 25; Beschwerdeweg und Rechtsschutz **2** 125 ff.; Besitzstandswahrung **18** 13; Besoldung **18**; Besoldungsüberleitung **19**; Bundespersonalausschuss **2** 119 ff.; Dienstherrnfähigkeit **2** 2; Dienstkleidung **2** 74; **18** 69 ff.; Dienstliche Beurteilung **2** 21; Dienstreisen **24** 2; Dienstunfall **27** 31; Dienstunfallentschädigung **27** 43; Dienstzeugnis **2** 85; Eidespflicht **2** 64; Elternzeit **13**; Entlassung **7**; Erholungsurlaub **12**; Erlöschen der Versorgungsbezüge **27** 59 ff.; Ernennung **7**; Erschwerniszulagen **18** 47; Fahrt und Flugkostenerstattung **24** 4; Führungsämter auf Probe **2** 24; Grundgehalt **18** 18 ff.; Heilfürsorge **18** 69 ff.; Laufbahnen **2** 16 ff.; **8**; auf Lebenszeit, Ernennung **2** 11; Leis-

tungsgrundsatz **8** 3; Mehrarbeitsvergütung **18** 48; Mutterschutz **10**; Mutterschutz, Elternzeit **2** 79; Nebentätigkeit **2** 97 ff.; **13**; oberster Bundesorgane **2** 129; Personalaktenrecht **2** 106 ff.; Pflichten **2** 60 ff.; rechtliche Stellung **2** 60 ff.; Rechtsstellung **2** 136; Reisekosten **2** 81; Reisekostenvergütung **24**; Ruhegehalt **27** 4 ff.; Ruhegehaltberechnung bei Dienstunfällen **27** 36 ff.; ruhegehaltfähige Dienstbezüge **27** 5; ruhegehaltfähige Dienstzeit **27** 6 ff., 84; Schadenersatz bei Dienstunfällen **27** 32; Sonderurlaub **13**; Sterbegeld **27** 18; Sterbemonatsbezüge **27** 17; Teilzeitbeschäftigung **2** 91; **18** 6; Trennungsgeld **2** 83; **24** 15; **25** 12; **26**; Übergangsgeld **27** 47; Übergangszahlung **18** 75; Umzugskosten **25**; Umzugskostenvergütung **2** 82; Unfallausgleich **27** 35; Unfallfürsorge **27** 30 ff., 87; Unfallhinterbliebenenversorgung **27** 39 ff.; Unfallruhegehalt **27** 36; Unterhaltsbeitrag **27** 15; Unterhaltsbeitrag für Hinterbliebene **27** 26; Unterkunft **27** 69 ff.; Urlaub **12**; Verpfändbarkeit der Dienstbezüge **27** 51; Verschollenheitsbezüge **27** 29; Verschwiegenheitspflicht **2** 67; Versetzung **2** 28; Versorgung **27**; Verwendung im Ausland **2** 138; Waisengeld **27** 23; Witwengeld **27** 19; Witwenversorgung **27** 28; Wohnungswahl **2** 72; Zulagen und Vergütungen **18** 42 ff.; Zusammentreffen mehrerer Versorgungsbezüge **27** 54; Zuweisung **2** 29
Bundesbeamtengesetz 2
Bundesbesoldungsgesetz 18; *s. a. Besoldung*
Bundesbesoldungsordnungen *s. Besoldungsordnungen*
Bundesdisziplinargesetz 17
Bundeselterngeld- und Elternzeitgesetz 16
Bundeslaufbahnverordnung 8; Anerkennung von Befähigungen **8** 18 ff.; Begriffsbestimmungen **8** 2; Berufliche Entwicklung **8** 28 ff.; Einstellung von Bewerbern **8** 6 ff.; Sonderregelungen für Bewerber **8** 23 ff.; Vorbereitunsgdienste **8** 10 ff.
Bundesleistungsbesoldungsverordnung 20
Bundesmehrarbeitsvergütungsverordnung 21
Bundesnachrichtendienst höhere Beamte **2** 54
Bundesnebentätigkeitsverordnung 11; *s. a. Nebentätigkeit*
Bundespersonalausschuss 2 119 ff.
Bundespersonalvertretungsgesetz, Auszug **29**
Bundespolizei beihilfeberechtigte Polizeivollzugsbeamte **18** 80
Bundespräsident, Anordnung zur Ernennung und Entlassung von Beamten und Richtern **7**; Ernennung der Beamten **2** 12
Bundesratsbeamte 2 129
Bundesreisekostengesetz 24; *s. a. Reisekostenvergütung*
Bundesrichter, Sonderurlaub **13**
Bundesstaatliche Verfassung 1 20
Bundestagsbeamte 2 129
Bundesumzugskostengesetz 25
Bundesverfassungsgericht, Beamte des – **2** 129

Daten personenbezogene **2** 106
Demokratische Grundordnung, Eintreten für die – **2** 60
Deutsche Bahn leistungsbezogene Besoldungsinstrumente **20** 8
Dienstbekleidung für Soldaten **18** 69 ff.
Dienstbeschädigung, Schadenersatzansprüche *s. a. Dienstunfall*
Dienstbezüge 18 1 ff.; Einbehaltung während Disziplinarverfahren **17** 38 ff.; Kürzung **17** 8, 33, *s. a. Disziplinarmaßnahmen;* bei nichtiger oder zurückgenommener Ernennung **2** 15; bei Zurückstufung **17** 9
Diensteid der Beamten der Länder, Gemeinden und Gemeindeverbände **4** 38; Eidesformel **2** 64; Verweigerung **2** 32
Dienstenthebung vorläufige – während Disziplinarverfahren **17** 38 ff.
Dienstfähigkeit begrenzte **18** 6 a
Dienstfreie Tage 10 6
Dienstgeschäfte, Verbot der Führung **2** 66
Dienstherr 18 29; Abordnung und Versetzung **3** 123; Versorgungslastenteilung bei Wechsel **27** 107 b; Vertretung bei Klagen **2** 127
Dienstherrnfähigkeit der Beamten der Länder, Gemeinden und Gemeindeverbände **4** 2; Beamtenrechtsrahmengesetz **3** 121; Bundesbeamte **2** 2
Dienstkleidung 2 74
Dienstliche Handlungen, Verantwortlichkeit **2** 63
Dienstlicher Wohnsitz des Beamten **18** 15
Dienstreise, Anspruch auf Reisekostenvergütung **24** 2; Arbeitszeit **10** 11; Krankheit **24** 12; Tagegeld **24** 6; Übernachtungsgeld **24** 7; Verbindung mit privaten Reisen **24** 13; Wegstreckenentschädigung **24** 5
Dienstunfähigkeit 2 44; Beamte auf Probe **2** 34, 49; der Beamten der Länder, Gemeinden und Gemeindeverbände **4** 26 ff.; Pensionierung wegen – **2** 44 ff.; Ruhe-

gehalt **27** 4 ff.; Versetzung in den Ruhestand **2** 44
Dienstunfall **27** 31; einmalige Entschädigung **27** 43; Heilverfahren **27** 33; Ruhegehaltsberechnung **27** 36
Dienstvergehen **2** 77
Dienstvorgesetzter, Begriff **2** 3
Dienstweg bei Beschwerden **2** 125
Dienstwohnung **2** 72
Dienstzeiten nicht zu berücksichtigende **18** 30
Dienstzeugnis **2** 85
Disziplinargerichtsbarkeit, Zuständigkeit der Verwaltungsgerichtsbarkeit **17** 45
Disziplinarklage **17** 52 ff.; auf Zurückstufung, Entfernung aus dem Beamtenverhältnis, Aberkennung des Ruhegehalts **17** 34
Disziplinarmaßnahmen **17** 5 ff.; Beamte auf Probe oder Widerruf **17** 5; Bemessung **17** 13; Verjährung **17** 15; Verwertungsverbot **17** 16
Disziplinarurteil **18** 12
Disziplinarverfahren **17** 97 ff.; Antrag auf Aussetzung der vorläufigen Dienstenthebung **17** 63; Antrag auf gerichtliche Fristsetzung **17** 62; behördliches **17** 17 ff.; Berufung **17** 64 ff.; für einzelne Beamtengruppen und für Ruhestandsbeamte **17** 82; gerichtliches **17** 45 ff.; Hauptverhandlung **17** 72 ff.; Mängel des behördlichen – **17** 55; Revision **17** 69 ff.; vorläufige Dienstenthebung **17** 38 ff.
Disziplinarverfügung **17** 33

Ehrenamtliche Tätigkeit, Urlaub zur Ausübung einer – **13** 1
Ehrenbeamte **2** 6, 133; **4** 5; Dienstunfall **27** 68
Eid des Beamten **2** 64
Eigenbehalte, Beihilfe **23** 49
Eignungsprüfung, Laufbahnbefähigungsanerkennung **9** 6
Einfacher Dienst, Anerkennung von Befähigungen **8** 18
Eingangsämter **18** 23 ff.
Einigungsstelle **29** 72 ff.
Einsicht in die Personalakten **2** 106
Einstellung des behördlichen Disziplinarverfahrens **17** 32
Einstweiliger Ruhestand **2** 54; Beginn **2** 56; Ende **2** 58; erneute Berufung **2** 57; Versetzung in den – **2** 54; Zuständigkeit **2** 54
Eisenbahnen des Bundes leistungsbezogene Besoldungsinstrumente **20** 8, 10
Elektronische Gesundheitskarte **23** 53
Elterngeld **16**; Anrechnung von anderen Leistungen **16** 3; Antragstellung **16** 7; Auskunftspflicht **16** 7; Auskunftspflicht des Arbeitgebers **16** 9; Auszahlung und Verlängerungsmöglichkeit **16** 6; Berechtigte **16** 1; Bezugszeitraum **16** 4; Einkommens- und Arbeitszeitnachweis **16** 9; Höhe **16** 2; Rechtsweg **16** 13; Unterhaltspflichten **16** 11; Verhältnis zu anderen Sozialleistungen **16** 10; Zusammentreffen von Ansprüchen **16** 5; Zuständigkeit; Aufbringung der Mittel **16** 12
Elternzeit, Anspruch auf – **16** 15; Anwendung des BEEG **15** 6; der Beamten der Länder, Gemeinden und Gemeindeverbände **4** 46; Befristete Arbeitsverträge **16** 21; Einstellungsvoraussetzung während des – **3** 125 b; Entlassung während der – **15** 8; Erstattung des Krankenversicherungsbeitrags **15** 9; Inanspruchnahme der – **16** 16; Kündigung zum Ende der Elternzeit **16** 19; Kündigungsschutz **16** 18; für Richter und Richterinnen **15** 10; Teilzeitbeschäftigung **15** 7; Urlaub **16** 17; zur Berufsbildung Beschäftigte, in Heimarbeit Beschäftigte **16** 20; Zuschuss bei Beschäftigungsverbot **15** 3
Empfängnisregelung **23** 43
Entfernung aus dem Dienstverhältnis, Unterhaltsbeitrag **17** 79
Entgelt für Nebentätigkeiten **11** 10 ff.
Entlassung **2** 30 ff.; Aufschub im Verteidigungsfall **3** 133 d; Beamte auf Probe **2** 34; Beamte auf Widerruf **2** 37; der Beamten der Länder, Gemeinden und Gemeindeverbände **4** 22 ff.; von Beamten und Richtern **7**; während der Elternzeit **15** 8; kraft Gesetzes **2** 31; auf Verlangen **2** 33; Zuständigkeit **2** 38
Entlassungsfrist bei Beamten auf Probe **2** 34
Entlassungsrecht **7** 1
Entseuchung **23** 45
Erhöhung des Ruhegehaltsatzes **28**
Erholungsurlaub **2** 89; der Beamten der Länder, Gemeinden und Gemeindeverbände **4** 44; für Bundesbeamte **12**
Erkrankung während des Urlaubs **12** 9
Ernennung **2** 10 ff.; der Beamten der Länder, Gemeinden und Gemeindeverbände **4** 8 ff.; von Beamten und Richtern **7**; in das Beamtenverhältnis **2** 10; Ernennungsrecht **7** 1; Ernennungsurkunde **2** 10; Rücknahme **2** 14
Erneute Berufung von in den einstweiligen Ruhestand versetzten Beamten **2** 57; nach Wiederherstellung der Dienstfähigkeit **2** 46
Ersatzansprüche bei Amtspflichtverletzung **2** 75

Sachverzeichnis

Erscheinungsbild 2 61, 4 34; Berufung in das Beamtenverhältnis 4 7
Erschleichung der Beamtenernennung 2 14
Erschwerniszulage, Besoldung 18 47
Erstattung, Reise- und Umzugskosten 25
Erste Hilfe 23 45
Europäische Berufsqualifikationen, Anerkennung als Laufbahnbefähigung 9

Fachbildung, Anrechnung auf Vorbereitungsdienst 2 17
Fahrtkosten im Rahmen der Beihilfe 23 31
Familien- und Haushaltshilfe 23 28 f.
Familienpflegezeit 2 92 a; Besoldung 18 7
Familienzuschlag, Besoldung 18 39 ff.; Versorgung 27 50
Fernbleiben vom Dienst 2 96
Festsetzung des Entgelts für Nebentätigkeiten 11 13
Forschungs- und Lehrzulage für Hochschulprofessoren 18 35
Forschungstätigkeit von Beamten 2 100
Fristlose Entlassung von Beamten auf Probe 2 34
Früherkennungsuntersuchungen 23 41
Führung der Dienstgeschäfte, Untersagung 2 66
Führungsämter auf Probe 2 24
Funktions- und Wettbewerbsfähigkeit 18 72
Fürsorge der Beamten der Länder, Gemeinden und Gemeindeverbände 4 45
Fürsorgepflicht des Dienstherrn 2 78

Gebühren, Laufbahnbefähigungsanerkennung 9 9
Geburten, Beihilfe 23 42
Gefahr im Verzuge sofortige Ausführung dienstlicher Anordnungen 2 63
Gehobener Dienst, Anerkennung von Befähigungen 8 20; Vorbereitungsdienst 8 13
Gehorsamspflicht 2 62
Geldbuße, Disziplinarmaßnahme 17 7; Disziplinarverfügung 17 33
Gemeindebeamte, Abordnung in den Bundesdienst 2 27; Statusrecht 4
Genehmigung, Nebentätigkeit 2 99; 11 9
Generalbundesanwalt einstweiliger Ruhestand 2 36; Versetzung in den einstweiligen Ruhestand 2 54
Gerichtliches Disziplinarverfahren, Beschwerde 17 67 ff.; Beweisaufnahme 17 58; Klageverfahren 17 52 ff.; Kostentragungspflicht 17 77; Wiederaufnahme 17 71 ff.
Geschäftsordnung, Bundespersonalausschuss 2 122
Geschenke, Annahme 2 71, *s. a. Bestechung*
Gewerkschaften, Beteiligung bei Beamtenregelungen 2 116; Mitwirkung der Beamten 2 100
Gleichbehandlungsgesetz, Allgemeines 5 1 ff.
Gleichheitsgrundsatz bei Stellenbesetzung 2 9
Gleichstellung, Allgemeines 6 1 ff.; familiengerechte Arbeitszeiten 6 12 ff.; Gleichstellungsbeauftragte 6 16 ff.; Maßnahmen 6 5 ff.; bei Stellenbesetzung 2 8
Gleichstellungsbeauftragte nach BGleiG 6 16 ff.
Grundgehalt der Beamten 18 18 ff.; Bemessung 18 27
Grundgesetz 1
Grundpflichten der Beamten 2 60; der Beamten der Länder, Gemeinden und Gemeindeverbände 4 33

Haftung für Pflichtverletzung 2 75
Hauptverhandlung im Disziplinarverfahren 17 72 ff.
Häusliche Krankenpflege 23 27
Häusliche Pflege 23 38
Heilfürsorge für Soldaten 18 69 ff.
Heilmittel 23 23
Heilpraktiker 23 13
Heilverfahren 27 33
Hilfsmittel 23 25
Hinterbliebenenversorgung 27 16 ff.; Entzug 27 64
Hochschuldozenten, Versorgung 27 67
Hochschullehrer, Versorgung 27 91
Hochschulpersonal, Besoldung 18 32 ff.; Sonderregelungen 4 61
Höhe des Ruhegehaltsatzes 27 14 ff.
Hoheitsrechtliche Aufgaben 2 5
Höherer Dienst, Anerkennung von Befähigungen 8 21; Vorbereitungsdienst 8 14
Höheres Amt, Laufbahn 2 20
Honorarkonsuln 2 133

Inanspruchnahme von Einrichtungen, Personal oder Material des Dienstherrn bei Ausübung einer Nebentätigkeit 11 9 ff.

Jugendliche Beamte 2 79
Juniorprofessor 2 130
Juristisches Studium als Laufbahnvoraussetzung 2 17

Kaufkraftausgleich bei Auslandsverwendung 18 55
Kindererziehungszuschlag 27 50 ff.; 28

Klage aus dem Beamtenverhältnis **2** 126; **3** 126; bei gerichtlichen Disziplinarverfahren **17** 52 ff.
Kommunikationshilfe 23 45
Komplextherapien 23 24
Konkurrierende Gesetzgebung 1 72 ff.
Körperersatzstücke 23 25
Körperschaft, Begriff **3** 133
Körperverletzung, Schadenersatzanspruch des Beamten **2** 76
Kostentragungspflicht im behördlichen Disziplinarverfahren **17** 37; im gerichtlichen Disziplinarverfahren **17** 77; im Widerspruchsverfahren **17** 44
Krankenhausleistungen 23 26
Krankenversicherung, Erstattung während der Elternzeit **15** 9
Krankheit 2 96; Beihilfe **23,** 12 ff.; während einer Dienstreise **24** 12; Pensionierung wegen – **2** 44
Kündigungsschutz bei Elternzeit **16** 18
Künstliche Befruchtung 23 43

Landesbeamte, Abordnung in den Bundesdienst **2** 27; Besoldung **18** 86; Statusrecht **4**; Versorgung **27** 108
Langzeitkonten, Erprobung **10** 7 a, *s. a. Arbeitszeit*
Laufbahnbefähigung, Beamtenrechtsrahmengesetz **3** 122; aufgrund RL 2005/36/EG **2** 18
Laufbahnbefähigungsanerkennungsverordnung 9; Anerkennungsvoraussetzungen **9** 2; Anpassungslehrgang **9** 7; Antrag **9** 3; Ausgleichsmaßnahmen **9** 5; Eignungsprüfung **9** 6; Gebühren **9** 9; Übermittlung personenbezogener Daten **9** 11; Verfahren **9** 8; Verwaltungszusammenarbeit. **9** 10; zuständige Stelle **9** 4
Laufbahnbewerber 2 11, 19
Laufbahnen 2 16 ff.; **8**; Ämter **8** 9; andere Bewerber **2** 19; Anerkennung von Befähigungen **8** 18 ff.; Aufstieg **8** 35 ff.; Befähigung **8** 8 ff.; Beförderung **8** 32 ff.; Berufliche Entwicklung **8** 28 ff.; Bundespersonalausschuss **2** 19; Dienstliche Beurteilung **8** 48 ff.; Dienstliche Qualifizierung **8** 47; Einstellen von Bewerbern **8** 6 ff.; Einstellung in ein höheres Amt **2** 20; Gehobener Dienst **8** 13; Gestaltung nach BLV **8** 6; Höherer Dienst **8** 14; Laufbahnprüfung **8** 17; Laufbahnwechsel **8** 42; mittlerer Dienst **2** 17; Mittlerer Dienst **8** 12; Personalentwicklung **8** 46; Probezeit **8** 28 ff.; Sonderregelungen für Bewerber **8** 23 ff.; Vorbereitungsdienste **8** 10 ff.
Laufbahnprüfung nach BLV **8** 17
Laufbahnwechsel nach BLV **8** 42

Lebensbedrohliche Krankheiten 23 33
Lebenspartnerschaft, Besoldung **18** 17 b, 74 a; Versorgung **27** 1 a
Lehrtätigkeit 2 100
Lehrzulage 18 35
Leistungsbezogene Besoldungsinstrumente, Ausschlussregelungen **20** 8; Begriff **20** 2; Entscheidungsberechtigte **20** 9; Konkurrenzregelungen **20** 8; Teamregelungen **20** 7; Verfahren **20** 9; Vergabemöglichkeiten **20** 6
Leistungsbezüge für Hochschulprofessoren **18** 33
Leistungsprämie 20 4
Leistungsstufe 20 3
Leistungszulage 20 5
Leitende Funktion auf Probe 2 24
Lektoren, Versorgung **27** 91

Mandat, Urlaub zur Ausübung eines – **2** 90
Mandatsniederlegung und erneute Bewerbung um Sitz im Bundestag **2** 23
Medien, Unterrichtung durch Behördenvorstand **2** 70
Mehrarbeitsvergütung, Anwendungsbereich **21** 2; Berechnung **21** 5; Besoldung **18** 48; Höhe **21** 4; für Nebentätigkeit **2** 104; bei Teilzeitbeschäftigung **21** 4 a; Voraussetzungen **21** 3
Mietentschädigung 25 8
Mietzuschuss bei Auslandsverwendung **18** 54
Mindeststundenzahl, Mehrarbeitsvergütung **21** 3
Ministerialdirektoren einstweiliger Ruhestand **2** 54
Mitteilung des Arztes über die Untersuchungsbefunde **2** 48
Mittelbare Bundesbeamte 2 2
Mittlerer Dienst, Anerkennung von Befähigungen **8** 19; Vorbereitungsdienst **8** 12
Mutterschutz 2 79; **15**; Anwendung des -G **15** 1; der Beamten der Länder, Gemeinden und Gemeindeverbände **4** 46; Besoldung bei Beschäftigungsverbot und Stillzeit **15** 2; Einstellungsvoraussetzung während des – **3** 125 b; Entlassung während der Schwangerschaft und nach der Entbindung **15** 4

Nachtdienst 10 14
Nachtpflege 23 38
Nebenamt im öffentlichen Dienst **2** 67 ff.
Nebentätigkeit 2 97 ff.; der Beamten der Länder, Gemeinden und Gemeindeverbände **4** 40; Begrenzung **2** 100, 104; Genehmigungspflicht **2** 99; nicht genehmi-

gungspflichtige – **2** 100; im öffentlichen Dienst **11** 2; Pflicht zur Übernahme **2** 99; Soldaten **11**; Vergütung **11** 4 ff.; Versagung und Widerruf der Genehmigung **2** 99; Widerruf der Genehmigung **11** 5; Zulassung im Bundesdienst **11** 3
Nichtigkeit der Beamtenernennung **2** 13 ff.

Oberste Dienstbehörde der Bundesbeamten **2** 3
Organspende 23 45

Palliativversorgung 23 40
Pauschalvergütung bei Umzug **25** 10
Personalakten der Beamten der Länder, Gemeinden und Gemeindeverbände **4** 50; Recht auf Einsicht **2** 106
Personalentwicklung nach BLV **8** 46
Personalgewinnung 18 43
Personalrat allgemeine Aufgaben **29** 62; Dienstvereinbarungen **29** 63; Mitbestimmung **29** 70 ff., Mitwirkung **29** 81 ff.
Personalverwaltung 2 119 ff.
Personenbezogene Daten 2 106; Laufbahnbefähigungsanerkennung **9** 11
Pflege *s. a. Familienpflegezeit;* Beihilfe **23** 37 ff.
Pflichten der Beamten **2** 60 ff.
Pflichtverletzung 2 77
Polizeivollzugsbeamte 3 125 a; Disziplinarverfahren **17** 82
Postnachfolgeunternehmen, Beamtenbesoldung **18** 78
Probezeit 2 24; Beamtenanwärter **2** 11; nach BLV **8** 28 ff.
Professoren, Besoldung **18** 32 ff., 77, 77 a; Versorgung **27** 69 j
Prüfung als Laufbahnvoraussetzung **2** 17
Psychotherapeutische Leistungen 23 18 ff.

Rechte des Beamten **2** 79 ff.
Rechtliche Stellung der Beamten der Länder, Gemeinden und Gemeindeverbände **4** 33 ff.
Rechtmäßigkeit dienstlicher Handlungen, Verantwortlichkeit **2** 63
Rechtsmittel im förmlichen Disziplinarverfahren **17** 79 ff.
Rechtsstellung der Beamten **2** 60 ff.; der Beamten der Länder, Gemeinden und Gemeindeverbände **4** 18 ff.
Rechtsweg für Klagen aus dem Beamtenverhältnis **2** 126; **3** 126, 127
Rehabilitation, Beihilfe **23** 34 ff.
Reisebeihilfe für Heimfahrten **26** 5
Reisekostenvergütung 2 81; Anspruch auf – **24** 3; Aufwands- und Pauschvergütung **24** 9; bei Auslandsdienstreisen **24** 14; in besonderen Fällen **24** 5, 11; Dienstreisen und private Reisen **24** 13; Erkrankung während einer Dienstreise **24** 12; bei längerem Aufenthalt am Geschäftsort **24** 8; Tagegeld bei Dienstreisen **24** 6; Übernachtungsgeld **24** 7
Residenzpflicht 2 72
Resturlaub 12 5
Revision im Disziplinarverfahren **17** 69 ff.; bei Klagen aus dem Beamtenverhältnis **3** 127
Richter, Besoldung **18** 37 ff., *s. a. Bundesbesoldungsgesetz;* Besoldungsüberleitung **19**; Elternzeit **13**; Entlassung **7**; Ernennung **7**; Sonderurlaub **13**; Versorgung **27**, *s. a. Beamtenversorgungsgesetz*
Rückgriff bei Amtspflichtverletzung **2** 75; bei Nebentätigkeit **2** 102
Rücknahme der Ernennung **2** 14; der Versetzung in den Ruhestand **2** 46
Rückwirkende Ernennung, Unwirksamkeit **2** 12
Rufbereitschaft 10 12
Ruhegehalt 2 47; **27** 4 ff.; **28**; Aberkennung **17** 12, 34, *s. a. Unterhaltsbeitrag;* Berechnung bei Dienstunfällen **27** 36 ff.; Einbehaltung während Disziplinarverfahren **17** 38 ff.; Kürzung **17** 11, 33, *s. a. Disziplinarmaßnahmen*
Ruhegehaltfähige Dienstzeit 27 6 ff.
Ruhegehaltsfähige Dienstzeit, Ausbildungszeiten **27** 12; Wehrdienst **27** 8
Ruhestand 2 50 ff.; Aufschub im Verteidungsfall **3** 133 c; der Beamten der Länder, Gemeinden und Gemeindeverbände **4** 25 ff.; Beginn **2** 51 ff.; der Bundesbeamten **2** 50 ff.; einstweiliger, Beginn **2** 56; Versetzung in den einstweiligen – **2** 54; Verurteilung von Ruhestandsbeamten **27** 59; Voraussetzungen **2** 50 ff.; Zuschlag bei Hinausschieben **18** 7 a
Ruhestandsbeamte, Disziplinarverfahren **17** 84; Ruhegehalt **2** 47; Tätigkeit nach Beendigung des Beamtenverhältnisses **2** 105; Umzugskostenvergütung **25** 4 ff.
Rundungsregel für Berechnung der Besoldung **18** 3

Schadenersatz bei Amtspflichtverletzungen **2** 75
Schichtdienst 10 8; Mehrarbeitsvergütung **21** 2; Zusatzurlaub **12** 12
Schmerzensgeld, Zahlung durch Dienstherrn **2** 78 a
Schriftstellerische Nebentätigkeit 2 100
Schulbildung als Laufbahnvoraussetzung **2** 17
Schuldienst, Mehrarbeitsvergütung **21** 4, 5

Schwangerschaft, Beihilfe **23** 41 ff.; Beschäftigungsverbot **15** 2; Entlassung während der – **15** 4
Schwangerschaftsabbruch 23 43 a
Schweigepflicht 2 67
Selbstbehandlungs- und Selbstkontrollgeräte 23 25
Soldaten, Besoldungsüberleitung **19**; mit besonderer zeitlicher Belastung, Vergütung **18** 50 a; Entlassung und Ernennung **3** 125; Nebentätigkeit **11**; Reisekostenvergütung **24**; Trennungsgeld **25** 12; **26**; Umzugskostenvergütung **25**; Verpflichtungsprämien **18** 44
Sonderurlaub 13
Sonderzahlung *s. Dienstbezüge*
Sozialversicherungsträger leistungsbezogene Besoldungsinstrumente **20** 10
Soziotherapie 23 30
Spannungs- und Verteidigungsfall, Dienstleistung **4** 55
Staatsanwälte, Besoldung **18** 37 ff.
Staatsbürgerliche Rechte 1 33
Staatssekretäre einstweiliger Ruhestand **2** 54
Statusrecht der Länderbeamten **4**
Stellenausschreibung 2 8
Sterilisation 23 43
Stiftungen des öffentlichen Rechts als Dienstherren **2** 2
Stillzeit, Besoldung während der – **15** 2
Strafbarkeit erkennbare – angeordneter Handlungen **2** 63
Strafverfahren gegen Beamte **3** 125 c; der Beamten der Länder, Gemeinden und Gemeindeverbände **4** 49
Studium als Laufbahnvoraussetzung **2** 17
Suchtbehandlung 23 34

Tagegeld bei Dienstreisen **24** 6
Tagespflege 23 38
Teamregelungen leistungsbezogene Besoldungsinstrumente **20** 7
Teilprämien und Teilzulagen leistungsbezogene Besoldungsinstrumente **20** 7
Teilzeitbeschäftigung 2 91; *s. a. Altersteilzeit;* der Beamten der Länder, Gemeinden und Gemeindeverbände **4** 43; Besoldung **18** 6; nach BGleiG **6** 12; während der Elternzeit **15** 7; familienbedingte **2** 92; Freistellung von der Arbeit **10** 9; Mehrarbeitsvergütung **21** 4 a; Urlaubsdauer bei Übergang **12** 5 a
Titel, Führung bei Entlassung **2** 39; Führung durch Ruhestandsbeamte **2** 86
Tod des Beamten, Schadenersatzansprüche **2** 76
Tödliche Krankheiten 23 33
Trennungsgeld 24 15; **25** 12; **26**
Treueverhältnis, Bundesbeamte **2** 4

Übergangsbestimmungen für Disziplinarverfahren **17** 85 ff.
Übergangsgeld 27 47
Übergangsregelungen, Entscheidungsrecht oberster Bundesbehörden **2** 178 ff.; für Versorgungsfälle **27** 69 d
Übergangszahlung 18 75
Übernachtungsgeld bei Dienstreisen **24** 7
Umwandlung eines Beamtenverhältnisses **2** 10
Umzugskosten 2 82; **25** 2 ff.; Auslandsumzüge **25** 13 ff.; Erstattung **25** 5 ff.; Mietentschädigung **25** 8; Pauschalvergütung **25** 10; Trennungsgeld **25** 12; **26**
Unfall im Beamtendienst, Heilverfahren **27** 33, *s. a. Dienstunfall*
Unfallausgleich für Beamte **27** 35
Unfallentschädigung für Beamte **27** 43
Unfallfürsorge 27 30 ff.; Beamtenversorgung **27** 87
Unfallhinterbliebenenversorgung 27 39 ff.
Unfallruhegehalt 27 36
Unmittelbare Bundesbeamte 2 2
Unpfändbarkeit gewisser Beamtenversorgungsbezüge **27** 51
Unrechtmäßige Anordnungen 2 63
Unterhaltsbeitrag 27 2, 4 ff., 63; bei Aberkennung des Ruhegehalts **17** 12; bei Entfernung aus dem Dienst oder Aberkennung des Ruhegehalts **17** 10, 79; für entlassene Beamte **27** 15; bei Mithilfe zur Aufdeckung von Straftaten **17** 80; für nicht witwengeldberechtigte Witwen und frühere Ehefrauen **27** 22
Unterhaltspflicht, Zahlung des Elterngeldes **16** 11
Unterkunft für Soldaten **18** 69 ff.
Unterkunftskosten im Rahmen der Beihilfe **23** 32
Urkunde über die Ernennung **2** 10
Urlaub 2 89 ff.; *s. a. Erholungsurlaub;* Anrechnung früheren Urlaubs **12** 6; Bemessungsgrundlage **12** 4; für Bundesbeamte **12**; Erkrankung während des – **12** 9; Kürzung bei Elternzeit **16** 17; Urlaubsdauer **12** 5; Verfall **12** 7; unter Wegfall der Besoldung **13** 3, 9, 12, 13, 17; Widerruf und Verlegung **12** 8
Urlaubsjahr 12 1

Verantwortung für dienstliche Handlungen **2** 63
Verbandmittel 23 22

Sachverzeichnis

Verbot der Führung der Dienstgeschäfte **2** 66
Vereinigungsfreiheit 1 9; **2** 116
Verfahren, Laufbahnbefähigungsanerkennung **9** 8; leistungsbezogene Besoldungsinstrumente **20** 9
Verfassungsfeindliches Verhalten, Entzug der Hinterbliebenenversorgung **27** 64
Verfolgung des Beamten bei Dienstvergehen **2** 77
Verfügungen, Zustellung **2** 128
Vergaberahmen für Hochschulprofessoren **18** 34
Verhüllungsverbot 2 61; **4** 34
Verleihung eines Amtes **2** 10
Verletzung eines Beamten infolge Dienstunfalls **2** 49; Schadenersatzanspruch **2** 76
Verpflichtungsprämien für Zeitsoldaten **18** 44
Versagung, Nebentätigkeitsgenehmigung **2** 99
Verschollenheit, Beamtenbezüge **27** 29
Verschwiegenheit im Amt **2** 67
Versetzung 2 28; in den einstweiligen Ruhestand **2** 54; **18** 4
Versorgung 2 47; **27**; *s. a. Beamtenversorgungsgesetz*
Versorgungsbezüge, Erlöschen **27** 59 ff.; Kürzung **27** 57 ff.; Verteilung bei Übernahme in das Beitrittsgebiet **27** 107 b, 107 c; Zusammentreffen mehrerer **27** 54
Versorgungsempfänger vorhandene **27** 69 ff.
Versorgungsrücklage 18 14 a
Verteidigung, Sonderregelung **3** 133 a ff.
Vertretung der Beamteninteressen **2** 116; des Dienstherrn bei Klagen **2** 127
Verwaltungsrechtsweg 2 126; **3** 126
Verwaltungszusammenarbeit, Laufbahnbefähigungsanerkennung **9** 10
Verweis, Disziplinarmaßnahme **17** 6; Disziplinarverfügung **17** 33
Verwendung im Ausland, Sonderregelung **3** 133 ff.
Vollstationäre Pflege 23 39
Vorbereitungsgdienst 2 11 a; **8** 10 ff.; Auswahlverfahren **8** 10 a
Vorgesetzter 2 3; Beschwerden gegen – **2** 125
Vorläufige Dienstenthebung während Disziplinarverfahren **17** 38 ff.
Vormundschaft, Übernahme durch Beamte **2** 97
Vorsorgemaßnahmen 23 41
Vorstrafe von Beamten **2** 14
Vortragstätigkeit eines Beamten **2** 100
Vorübergehende Erhöhung des Ruhegehaltssatzes **27** 14 a
Vorverfahren bei Klagen aus dem Beamtenverhältnis **3** 126

Waisengeld 27 23
Weisungsgebundenheit des Beamten **2** 62; der Beamten der Länder, Gemeinden und Gemeindeverbände **4** 35
Widerruf der Beamtenernennung **2** 37
Widerspruch eines Beamten **3** 126; im Disziplinarverfahren **17** 41 ff.
Widerspruchsverfahren, Kostentragungspflicht **17** 44
Widerstandsrecht 1 20
Wiederaufnahme des gerichtlichen Disziplinarverfahrens **17** 71 ff.
Wiederverwendung in den einstweiligen Ruhestand versetzte Beamte **2** 46
Wissenschaftliche Assistenten, Versorgung **27** 91
Wissenschaftliche Nebentätigkeit 2 100
Witwengeld 27 19
Witwerversorgung 27 28
Wohnsitz dienstlicher **18** 15
Wohnung 2 72; Mietentschädigung **25** 8

Zahlungsweise, Besoldung **18** 17 a
Zahnärztliche Leistungen 23 14 ff.
Zeugniserteilung 2 85
Zurücknahme der Ernennung **2** 14
Zurückstufung, Disziplinarmaßnahme **17** 9; Disziplinarverfügung **17** 34
Zusage der Umzugskostenvergütung **25** 3 ff.
Zusammenschluss zu Berufsverbänden **2** 116
Zusatzurlaub für Wechselschicht-, Schicht- und Nachtarbeit **12** 12
Zuschlag, Altersteilzeit **22** 1 ff.
Zuständigkeit für die Arbeitszeitregelung **10** 16; für die Entlassungsverfügung **2** 38; für die Versetzung in den Ruhestand **2** 59
Zustellung von Verfügungen und Entscheidungen **2** 128
zwischen-/überstaatliche Einrichtung, Dienstzeiten **27** 6a, 56

GG · Grundgesetz
Textausgabe
52. Aufl. 2022. 433 S.
€ 8,90. dtv 5003

TOPTITEL NEU

Mit Menschenrechtskonvention, Verfahrensordnung Europäischer Gerichtshof für Menschenrechte, BundesverfassungsgerichtsG, ParteienG, UntersuchungsausschussG, Vertrag über die Europäische Union i.d.F. des Vertrags von Lissabon, Vertrag über die Arbeitsweise der Europäischen Union und Charta der Grundrechte der Europäischen Union.

VwGO · Verwaltungsgerichtsordnung – Verwaltungsverfahrensgesetz
Textausgabe
46. Aufl. 2021. 414 S.
€ 10,90. dtv 5526
Neu im Oktober 2021

TOPTITEL NEU

Mit VerwaltungszustellungsG, Verwaltungs-VollstreckungsG, Deutschem RichterG, Justizvergütungs- und -entschädigungsG, E-Government-G, MediationsG, Umwelt-RechtsbehelfsG, GerichtsverfassungsG (Auszug), Zivilprozessordnung (Auszug), Streitwertkatalog.

ÖffR · Basistexte Öffentliches Recht
Textausgabe
32. Aufl. 2021. 917 S.
€ 17,90. dtv 5756
Neu im September 2021

TOPTITEL NEU

Mit allen wichtigen Verwaltungsgesetzen einschließlich der EU-Verträge und der EMRK auf aktuellem Stand.

StAG · Staatsangehörigkeitsgesetz
Textausgabe
2009. 335 S.
€ 11,90. dtv 5776

WaffR · Waffenrecht
Textausgabe
19. Aufl. 2021. 488 S.
€ 14,90. dtv 5032

TOPTITEL